SOCIOLOGIE POLITIQUE

Philippe Braud
Professeur des universités
à l'institut d'études politiques de Paris

SOCIOLOGIE POLITIQUE

9e édition

L.G.D.J
lextenso éditions

33, rue du Mail, 75081 Paris Cedex 2
ISBN 978-2-275-03278-8 ISSN 0990-3909

Avant-propos

Il existe probablement beaucoup de livres inutiles, qui déçoivent le lecteur et tendent à discréditer l'écrit. Celui-ci contribuera à en allonger la liste s'il manque son ambition principale : transmettre, de manière claire et accessible, les acquis fondamentaux d'une discipline qui a beaucoup bougé.

Il est très complexe de faire simple et plus confortable, parfois, de se réfugier dans une expression opaque qui protège l'auteur et intimide le lecteur. Le langage adopté ici cherche à être facilement compréhensible par deux types de publics. Ce sont d'abord les étudiants de premier cycle (notamment des filières IEP, Droit, AES et Sciences humaines). Ils sont crédités d'un minimum d'aisance intellectuelle dans le maniement des concepts ; mais il est légitime de leur offrir, autant que nécessaire, des illustrations concrètes des problèmes abordés.

L'autre public, aux frontières plus floues, est constitué par ceux qui ne se satisfont pas entièrement des modes d'explication offerts dans les essais de journalistes ou d'hommes politiques. Cette littérature qui insiste tout naturellement sur le conjoncturel ou sur les comportements individuels, a son irremplaçable utilité sociale ; mais aussi ses limites. C'est là sans doute que se situe l'intérêt de la sociologie politique. Elle aide à aiguiser le regard dans des directions nouvelles et fait émerger des questions significatives ; elle concentre aussi l'attention sur les « biais » qui conditionnent toute entreprise de classement et d'interprétation des réalités politiques observables.

Cet ouvrage a pour objet de dresser une sorte de tableau général de la discipline[1]. Cela veut dire synthétiser les apports de différentes écoles de pensée, et faire connaître les principales conventions de

---

1. Il en existe quelques autres, tous différents par leur approche, leur style d'exposition et le niveau d'approfondissement retenu. D. COLAS, *Sociologie politique,* 1re édition, Paris, PUF, 1994 ; J.-P. COT, J.-P. MOUNIER, *Pour une sociologie politique,* 1re édition, Paris, Seuil 1974 ; J-Y. DORMAGEN, D. MOUCHARD, *Introduction à la sociologie politique*, Bruxelles, De Boeck, 2007 ; J. LAGROYE, *Sociologie politique,* 1re édition,

langage autour desquelles s'est construite une tradition scientifique originale. Des choix sont inévitables qu'on a voulu gouvernés par un double souci d'utilité et d'équité. Il convient en effet d'épargner au lecteur les effets de modes ou de coteries qui conduisent à surestimer l'importance de certains types d'analyse au destin éphémère. À l'inverse, il faut rendre justice à des approches intellectuellement solides quand bien même elles seraient parfaitement étrangères aux préoccupations de l'auteur de cet ouvrage. L'équité commande également de se défaire d'une attitude facile qui consisterait à focaliser l'attention sur les insuffisances ou les manques des œuvres les plus fortes. Tout texte en effet est toujours hautement discutable ; tout livre, même décisif, est troué d'insuffisances et d'aveuglements. Ce manuel d'initiation veut demeurer sobre dans la critique et mettre au contraire l'accent sur les points forts d'analyses qui, en termes de fécondité scientifique, ont fait date intellectuellement. Est-ce à dire qu'il faille inviter le lecteur à abdiquer toute capacité de discussion ? Non, bien au contraire. Mais une entrée prématurée dans la controverse, alors que manquent un minimum de repères globaux, présente l'inconvénient de violenter la liberté de jugement, favorisant ainsi la mise en place de langues de bois aussi préjudiciables dans une discipline savante que dans la vie politique[1].

Le plan comporte plusieurs niveaux. Après un premier chapitre qui pose les « fondamentaux » de toute analyse scientifique du politique, les quatre suivants sont consacrés à ces notions sur lesquelles la sociologie politique fonde son objet : le pouvoir (chap. II), les groupements sociaux (chap. III), l'État (chap. IV), les systèmes et régimes politiques (chap. V) : ils se succèdent selon une logique de déploiement, les phénomènes de pouvoir apparaissant à chaque étape dans une complexité sociale et institutionnelle croissante. L'axe des chapitres VI à XI est construit selon une logique inverse de resserrement. On entend par là qu'il y a focalisation progressive sur des processus et des acteurs

Paris, Presses de la FNSP/Dalloz 1991, avec la collaboration de B. FRANÇOIS et F. SAWICKI à partir de la quatrième édition ; P. DE LAUBIER, *Introduction à la sociologie politique*, Paris, Masson 1983 ; C. LECLERCQ, *Sociologie politique*, Eyrolles, 1994 ; B. DENNI, P. LECOMTE, *Sociologie du politique*, Grenoble, PUG 1990, 2 vol. ; Y. SCHEMEIL, *La Science politique*, Paris, A. Colin, 1994 ; R.-G. SCHWARTZENBERG, *Sociologie politique*, 1re édition, Paris, Montchrestien 1977.

1. Sur la situation de la science politique en Europe, Hans Dieter Klingemann (Ed.), *The state of political science in western Europe*, Opladen, Budrich, 2007 ; aux États-Unis, Ira KATZNELSON, Helen MILNER (Eds.), *Political Science. The State of the Discipline*, NewYork, Norton, 2002. D'un point de vue polémique mais bien informé, Gabriel ALMOND, *A Discipline Divided : Schools and Sects in Political Science*, Newbury, Sage, 1990.

de plus en plus spécifiques politiquement : la socialisation (chap. VI) et l'action collective (chap. VII), puis la participation politique (chap. VIII), enfin les partis (chap. IX), les représentants et gouvernants (chap. X), les politiques publiques et le concept de gouvernance (chap. XI). À un niveau tout à fait différent, se situe le dernier chapitre : « Décrire ou construire le réel ? ». Sa justification tient au fait que l'originalité du discours scientifique par rapport aux autres discours possibles sur le politique est de s'interroger systématiquement sur les conditions méthodologiques de sa propre validité. On n'a donc pas voulu séparer la présentation des réponses et la réflexion sur la manière de poser les questions.

Les bibliographies sont placées à la fin de chaque chapitre de manière à faciliter une sélection plus précise et plus rapide des lectures, en vue d'éventuels approfondissements. Dans un souci de valoriser les ouvrages qui ont résisté à l'épreuve du temps, se trouvent répertoriés à part ceux que l'on a considérés, parfois subjectivement peut-être, comme des classiques. À l'inverse, pour ne pas désorienter le lecteur par des références trop touffues, on s'est efforcé de bannir énergiquement les renvois non indispensables, ou inspirés par la simple complaisance.

Enfin, a été placé en fin de volume un lexique élémentaire. Les définitions proposées ne sauraient certainement pas combler le spécialiste mais elles peuvent faciliter un premier contact avec les concepts courants de la discipline.

Introduction

1. La sociologie politique est un regard, un regard seulement parmi d'autres possibles, sur l'objet politique. Le fait qu'il existe d'autres approches, parallèles voire concurrentes, est facile à mettre en évidence, davantage sans doute que leur influence éventuelle sur le développement de cette discipline. Parmi les principaux discours possibles sur l'objet politique, on retiendra d'abord celui de l'acteur engagé. Militants, représentants, élus, dirigeants mais aussi intellectuels impliqués dans des combats pour une grande cause, élaborent des analyses qui ont toujours une ambition explicative. À ce titre elles se situent sur un terrain semblable à celui de l'analyse savante. Mais elles sont traversées par une logique fondatrice différente : la justification de l'action. Cette dimension conduit à valoriser les faits et les éléments d'appréciation qui ont une utilité stratégique de leur point de vue. Ainsi la nécessité de ne pas affaiblir la cohésion du parti conduit-elle à imposer un minimum de discipline dans l'expression. Il est inévitable de faire silence, délibérément ou inconsciemment, sur des faits susceptibles d'être excessivement démobilisateurs ; surtout peut-être les exigences du combat politique impliquent une recherche de la causalité qui soit productive de soutiens. Cela signifie imputer à son propre camp, autant qu'il est plausible, la responsabilité d'événements positifs et rejeter sur le camp adverse la responsabilité d'événements négatifs.

Cette logique a son utilité sociale, elle ne saurait être condamnée au nom d'une chimérique exigence d'intégrité intellectuelle radicale. Simplement pour comprendre le discours de l'acteur engagé, il est important de savoir « d'où il parle ». Il s'ensuit qu'il est problématique de demeurer un politiste rigoureux lorsqu'on est en même temps un intellectuel mêlé aux combats de la vie politique.

Autre discours sur l'objet politique, celui du philosophe voire du prophète. Sa logique fondatrice est dominée par l'accent placé sur la question des valeurs. Alors que le politiste se demande trivialement : comment ça fonctionne ?, dans cette approche les questions centrales sont plutôt : qu'est-ce qu'un bon gouvernement ? comment envisager un avenir collectif qui assure la Solidarité, la Justice ?, etc. De Kant à Ricœur ou à Rawls, mais aussi de Platon à Marx, le problème de l'Éthique est au centre de leur appréhension du Politique même si parfois est recherchée la caution du prestige de la Science (Marx). L'éthique renvoie à des choix subjectifs ; elle s'appuie sur des propositions qui n'ont pas être démontrables. Et même s'il existe dans nombre de philosophies politiques, un travail visant à identifier et promouvoir des valeurs universelles, la quête d'un Absolu qui serait le Bien politique reste toujours marquée du sceau du relativisme.

Troisième discours sur l'objet politique, majeur aujourd'hui, celui des médias. Par là on entend la manière dont les journalistes professionnels sont conduits à rendre compte des événements politiques, à proposer des interprétations, mais surtout à formuler des grilles de lectures et des systèmes de questions. Le discours médiatique met en avant l'exigence d'informer (le citoyen) ; mais comme l'a très bien montré Jean Baudrillard, sa dynamique interne est plutôt de communiquer pour communiquer, le but ultime de la communication (éduquer le citoyen ? lui permettre de « choisir » ?) étant devenu progressivement assez flou. La logique fondatrice du discours médiatique est, de toute façon, dominée par la préoccupation de retenir l'attention du lecteur (ou du téléspectateur). Sans une audience minimale, le médium en effet disparaît. Dès lors, l'analyse et l'interprétation seront soumises à l'exigence première d'être attractives, séduisantes, compréhensibles par le public ciblé ; il en résulte des choix draconiens en ce qui concerne le niveau d'approfondissement retenu et l'outillage conceptuel utilisable. Cependant il existe des passerelles entre le travail du journaliste et celui de l'analyse scientifique. Ainsi des biographies écrites par des témoins attentifs de la vie politique, soucieux par ailleurs de recourir aux méthodes rigoureuses de l'historien, peuvent-elles à juste titre nourrir une prétention à la scientificité.

Si le discours savant sur l'objet politique ne peut se prévaloir d'une légitimité sociale supérieure, il a une utilité spécifique dans la Société. Sa logique fondatrice en effet est celle de l'élucidation. On peut la comprendre de manière scientiste, comme une ambitieuse tentative de dévoilement du *vrai.* Mais la vérité est-elle accessible ? Surtout, existe-t-il un *vrai* en soi, objectivable, opposable radicalement à ce qui serait l'erreur[1] ? Le travail d'élucidation peut être conçu, de façon plus appropriée, à la fois comme une entreprise d'affinement du

1. Il n'est pas facile d'apprivoiser l'idée qu'il faille renoncer à conquérir une Vérité qui serait opposable à tous. Cela met en jeu trop fortement angoisse et volonté de puissance. La réponse à la question du *vrai* comme absolu se situe au niveau d'une exploration des

regard qui permet de voir *plus,* grâce à la mise en place de techniques d'investigation et de concepts rigoureux, et comme une réflexion constante sur les conditions de validité des résultats. C'est à ce double titre que la production savante n'est pas réductible à une autre démarche sur l'objet politique.

Ces exigences supposent une fidélité constante à une certaine éthique, dont il est vain de vouloir démontrer la justesse objective. Probité et lucidité scientifiques sont des paris. Elles peuvent sans aucun doute engendrer des conséquences bénéfiques sur l'évolution des systèmes politiques. Une meilleure connaissance de leurs mécanismes réels de fonctionnement est de nature à faciliter la maîtrise des difficultés susceptibles de surgir. À l'inverse, elles contribuent, pour reprendre une expression de Max Weber, au « désenchantement du monde » car l'analyse savante est intrinsèquement démythologisante ; elle a pour effet de dissiper de fausses apparences, d'ébranler des illusions fussent-elles socialement utiles[1]. L'élucidation ne sert donc pas nécessairement les bons sentiments ni les « justes » causes. Mais on peut concevoir qu'il y ait progrès moral dans le fait de pouvoir asseoir des convictions authentiques sur moins de naïveté sociale.

Il n'y a pas unanimité sur les usages qui doivent être faits du savoir savant. Certains, comme Raymond Boudon, ont dénoncé avec insistance les confusions entre idéologie et science qu'ils croient pouvoir déceler chez les tenants d'écoles adverses. D'autres, comme Alain Touraine, ont préconisé l'« interventionnisme sociologique », c'est-à-dire la mobilisation explicite des techniques d'observation et d'analyse au service d'une Cause : par exemple la lutte contre la xénophobie et le racisme. Cette conception est loin de faire l'unanimité. Non seulement les résultats concrets ne paraissent pas très probants mais, en outre, on voit surgir le risque de confondre en permanence logiques militantes et logiques savantes. Dans une formule célèbre, Pierre Bourdieu, avance l'idée que « le meilleur service que l'on puisse rendre à la sociologie, c'est de ne rien lui demander », ce qui, manifestement, vise la conception tourainienne. Parallèlement, il stigmatise les tendances à la réappropriation des discours savants au profit de dominants désireux de consolider leur légitimité sociale. Parmi les domaines explicitement visés, les études d'opinion publique à partir de sondages. Cependant, soucieux à la fois de rigueur

mécanismes de défense psychologiques plutôt qu'à un niveau d'intelligence proprement intellectuelle.

1. Sur cette question centrale dans l'œuvre de Max Weber, Pierre BOURETZ, *Les Promesses du monde. Philosophie de Max Weber*, Paris, Gallimard, 1996, avec une préface de Paul Ricœur.

méthodologique et d'engagement aux côtés des « dominés », Pierre Bourdieu veut croire à l'efficacité objective du « dévoilement » des réalités de la domination lorsqu'il oppose les « demi-vérités » de la science officielle aux vertus révolutionnaires de la science véritable. Philippe Corcuff, lui, remet au moins partiellement en cause le principe weberien de neutralité axiologique lorsqu'il plaide en faveur d'un « rapport dialectique » entre le savoir savant soumis à des exigences méthodologiques précises et le savoir militant acquis dans l'expérience de terrain[1]. Une voie dangereuse sans aucun doute mais qui permet de prendre en considération des faits négligés par d'autres approches plus académiques.

En dépit de ces points de vue contrastés, se dégage néanmoins un consensus autour de cette conclusion. Les sciences sociales ne peuvent s'enfermer dans un discours clos sur lui-même ni prétendre à une absurde « gratuité ». Ses usages politiques, culturels, administratifs existent, auxquels il est impossible de n'être pas attentif. L'éthique de la recherche postule d'ailleurs une véritable vigilance concernant les détournements possibles du discours scientifique. Lorsqu'il sert à cautionner des analyses engagées, il peut permettre des effets d'intimidation qui tendent à empêcher les simples citoyens de penser par eux-mêmes, alors que l'un de ses objectifs est précisément de leur fournir les outils supplémentaires d'une réflexion autonome.

2. La sociologie politique est une branche de la science politique, qui conquiert très lentement sa visibilité sociale à partir de la fin du XIXe siècle. Pierre Favre en a soigneusement décrit les étapes. C'est d'abord une histoire faite de « conflits pour l'appropriation de cette discipline dans le haut enseignement français »[2]. Emblématique à cet égard est la polémique en France qui oppose, à la fin des années 1880, le fondateur de l'École libre des Sciences Politiques, Émile Boutmy, et un juriste influent dans les instances de l'enseignement supérieur, Claude Bufnoir. Le premier soutenait la forte autonomie « des sciences politiques » qui sont en « en grande majorité expérimentales et inductives » ; le second mettait l'accent sur l'étroite parenté de celles-ci avec le droit public. Ces escarmouches institutionnelles ont eu une importance à ne pas sous-estimer car les lieux où la science politique a commencé d'être enseignée, ont longtemps imprimé leur marque sur les problématiques, les méthodes et même la définition de la discipline.

1. Philippe CORCUFF, « Sociologie et engagement. Nouvelles pistes épistémologiques », *in* Bernard LAHIRE, *À quoi sert la sociologie ?*, Paris, La Découverte, 2002.
2. Pierre FAVRE, *Naissances de la science politique en France,* 1870-1914, Paris, Fayard 1989, p. 83 et sq.

L'affirmation de la science politique sur le plan intellectuel soulève un débat d'une tout autre ampleur théorique, qui est d'abord généalogique. Une conception longtemps influente l'inscrivait dans le brillant héritage des grands philosophes politiques. Comme l'écrira Bertrand de Jouvenel, « il faut retourner à Aristote, Saint Thomas, Montesquieu. Voilà du tangible et rien d'eux n'est inactuel »[1]. Le prestige de la philosophie politique, de Platon à Rousseau jusqu'à l'idéalisme allemand du XIXe siècle (Fichte, Hegel) tend à une absorption pure et simple de la science politique dans un discours spéculatif ou méditatif axé, selon la terminologie kantienne, sur la question du *Sollen* (devoir être) plutôt que du *Sein* (ce qui est). Cette sensibilité, très présente dans l'œuvre de Hannah Arendt, débouche chez Leo Strauss sur une vision pessimiste de l'évolution occidentale de la réflexion politique. L'abandon des fondements philosophiques de la pensée grecque caractériserait selon lui « les trois vagues de la modernité », c'est-à-dire le rabaissement progressif de la question politique à une question technique où le succès constitue le critère de vérité.

Cette manière de rapprocher intimement philosophie politique et science politique méconnaît, on l'a dit, la profonde différence entre les logiques intellectuelles d'un discours axé principalement sur les jugements de valeurs et celles d'un discours orienté au contraire vers l'élucidation des processus politiques effectifs. Sans doute est-il juste de relever que certains ouvrages de la tradition philosophique recèlent parfois des éléments d'analyse scientifique au sens moderne. Chez Aristote par exemple, *a fortiori* chez Montesquieu, la discussion purement spéculative n'exclut pas d'autres développements fondés sur une observation empirique rigoureuse. Mais ce qui nous intéresse ici c'est de souligner les exigences propres à chaque logique intellectuelle[2]. L'éthique du savant dans l'analyse politique requiert la suspension des préférences morales ou idéologiques, à la fois parce qu'elles peuvent introduire des biais supplémentaires dans l'analyse rigoureuse des faits, et parce qu'elles ne doivent pas indûment mobiliser à leur profit l'autorité de la science. Réciproquement, il est indispensable que la question de l'éthique en politique soit soulevée en permanence et largement débattue ; mais dans la clarté, c'est-à-dire sur le terrain des convictions authentiques et des croyances affichées comme telles.

La conception dominante, aujourd'hui, s'inscrit dans une autre perspective généalogique. Sans méconnaître l'importance d'influences

1. Bertrand de JOUVENEL, *Du Pouvoir. Histoire naturelle de sa croissance*, Paris, Hachette, 1972, p. 510.

2. Pour un développement de l'argumentaire, v. Débat Ph. BRAUD/L. FERRY, « Science politique et philosophie politique », in *Pouvoirs* 1983, n° 26, p. 133 et sq.

plus anciennes, Robert Nisbet situe entre 1830 et 1900 les années cruciales pour la formation des sciences sociales. Outre Tocqueville et Marx, il cite Tönnies, Weber, Durkheim et Simmel, « ces quatre hommes qui, de l'avis de tous, ont fait le plus pour donner une forme systématique à la théorie sociologique moderne »[1]. Leurs ouvrages selon lui ne doivent rien, ou presque, à la philosophie des lumières, notamment à ses penchants pour un discours spéculatif hypothético-déductif ; ils se nourrissent au contraire d'une forte ambition d'examen empirique des réalités observables. Parmi les œuvres plus directement fondatrices de la perspective moderne, il faut citer d'abord celle d'Émile Durkheim. *Les Règles de la méthode sociologique*, paru en 1895, développe une vision déjà très aiguë des conditions auxquelles doit se plier l'investigation savante. Avec un petit nombre d'autres auteurs, il contribue de façon définitive à jeter les bases du raisonnement scientifique en sciences sociales. Mais ce qui frappe aussi, dans l'ensemble de ses ouvrages, c'est l'absence d'une vision autonome de l'objet politique et, corrélativement, l'absorption pure et simple d'une science politique, d'ailleurs jamais nommée, dans la sociologie. Au contraire, Max Weber, dont la formation intellectuelle initiale est plutôt marquée par le droit et l'économie, ne craint pas de placer des problèmes politiques au cœur même de sa démarche scientifique, soit qu'il se préoccupe de l'éthique du chercheur (*Le Savant et le politique*) soit qu'il développe des analyses très élaborées sur des questions comme les modes de légitimation du pouvoir ou la rationalité bureaucratique dans le fonctionnement des États modernes. Plus que tout autre il aura contribué, par son legs de concepts et ses modes d'interrogations, à structurer intellectuellement la science politique comme discipline. Son influence contemporaine demeure aujourd'hui très sensible et ce n'est pas à tort que l'on peut parler de sociologues et de politistes « weberiens ».

À la même époque en France, André Siegfried écrit son *Tableau politique de la France de l'Ouest* (1913). Malgré son absence de postérité immédiate, cette étude, remarquable pour l'époque par le souci systématique de recueillir des données et l'attention apportée au mode de raisonnement scientifique, mérite encore d'être considérée comme une œuvre de référence pour la sociologie électorale.

1. Robert NISBET, *La Tradition sociologique,* Trad., Paris, PUF, 1984, p. 10. À cette liste, Raymond ARON ajoute PARETO. L'auteur du *Traité de Sociologie générale* (publié à Florence en 1916) aborde des problèmes théoriques très contemporains, mais avec un lexique qui ne s'est pas imposé et, de ce fait, paraît souvent obscur *in* R. ARON, *Les Étapes de la pensée sociologique*, Paris, Gallimard, 1967, p. 409 et sq.

Mais le fait majeur dans la sociologie politique européenne, aussi bien en France qu'en Angleterre, en Allemagne et en Italie, c'est la montée en puissance de l'influence intellectuelle américaine. Les années 1950 et, surtout, 1960 et 1970 sont une période de très grande fécondité scientifique des politistes aux États-Unis. Le développement des enquêtes empiriques, la constitution de nouveaux paradigmes, la construction de nouvelles conventions de langages, le renouvellement de la réflexion épistémologique, tous ces phénomènes exercent une attraction presque irrésistible sur nombre de chercheurs européens, quelle que soit d'ailleurs leur spécialité. Il s'ensuit une nette tendance à l'unification transnationale des problématiques et des écoles même si, bien sûr, subsistent de fortes spécificités dans chaque pays. À noter également, en France, la pression intellectuelle féconde, exercée sur la science politique, par les travaux d'historiens, d'anthropologues et surtout de sociologues. Beaucoup de problématiques majeures leur ont été empruntées, notamment à l'école de Pierre Bourdieu mais aussi à celle de Michel Crozier ou de Raymond Boudon.

Dès lors, on peut se demander si la sociologie politique est une simple dimension de la sociologie ou, au contraire, une branche particulière de la science politique. Pour y répondre, il est nécessaire de se dégager des logiques purement corporatistes qui conduisent à des revendications mutuellement contraires, et symétriquement stériles. Le problème est de savoir si l'on peut construire, sur des bases intellectuelles claires, un objet propre à la science politique, dont la sociologie politique constituerait non pas un synonyme comme il est écrit parfois, mais un sous-ensemble.

3. L'objet politique est-il accessible à une définition qui ne soit excessivement arbitraire ? La difficulté de la réponse tient à l'extraordinaire fluidité sémantique du mot politique. L'étymologie grecque indique une référence : ce qui touche à la Cité, c'est-à-dire, par extension, ce qui concerne le gouvernement du groupe. Mais en dehors de cet ancrage, le mot politique véhicule des significations extrêmement diverses, sans même parler de ses connotations qui, selon les contextes, peuvent être très dévalorisantes ou, au contraire, très idéalisatrices.

Comme adjectif le mot politique entre dans une série d'oppositions éclairantes : décision politique/décision technique, ou encore : institution politique/institution administrative mais aussi promotion politique/promotion fondée sur le mérite. Dans l'ordre international surtout, on notera l'antinomie : solution politique/solution militaire et, plus largement, solution de force. Tous ces emplois montrent que le terme renvoie à une activité spécialisée de représentants ou de dirigeants d'une collectivité publique, et tout particulièrement, de l'État.

Comme substantif, le mot fonctionne au féminin aussi bien dans le langage courant que dans le langage savant. On peut passer en revue diverses significations banales :

– la politique comme espace symbolique de compétition entre les candidats à la représentation du Peuple (entrer en politique) ;

– la politique comme activité spécialisée (faire de la politique) ;

– la politique comme ligne de conduite, c'est-à-dire enchaînement de prises de positions et séquence cohérente d'actions et de comportements (la politique gouvernementale...) ;

– une politique (publique), par dérivation du sens précédent, désigne cette activité délibérée appliquée à un objet particulier (la politique de santé, du logement...).

Au masculin, le substantif est d'usage plus restreint, demeurant surtout l'apanage de la littérature scientifique. Le politique renvoie à ce champ social dominé par des conflits d'intérêts régulés par un pouvoir lui-même monopolisateur de la coercition légitime. Cette définition qui s'inspire de l'analyse weberienne, permet d'introduire directement la question de l'objet de la science politique.

Il n'est pas arbitraire de considérer qu'aucune vie sociale n'est possible sans réponses apportées à trois exigences irréductibles. Tout d'abord, produire et distribuer des biens grâce auxquels seront satisfaits les besoins matériels des individus. La division du travail à ce niveau économique est un extraordinaire ciment des solidarités collectives. En second lieu, mettre en place des outils de communication qui permettent l'intercompréhension. On entend par là aussi bien les langages que les croyances partagées et les symboliques communes. Les individus y recherchent le sentiment de leur appartenance collective *(in-groups)* par rapport ou par opposition à d'autres allégeances *(out-groups)*. À côté de ces deux types d'exigences que Lévi-Strauss appelait « l'échange des biens » et « l'échange des signes », il en existe un troisième non moins décisif pour l'existence collective : c'est la maîtrise du problème de la contrainte. Comme l'a fortement souligné Hobbes, la violence de tous contre tous est la négation même de la vie en société. La question politique centrale est donc la régulation de la coercition. Elle opère par marginalisation tendancielle de la violence physique et mise en place d'un ordre juridique effectif. Il existe un système d'injonctions (donner, faire et, surtout peut-être, ne pas faire) qui fait l'objet d'un travail politique permanent de légitimation, en même temps que son effectivité s'appuie sur la monopolisation de la coercition au profit des gouvernements. Dès lors, à côté de l'économie et de la sociologie, la science politique voit se dégager un objet propre qui la constitue comme science sociale à part entière.

Celle-ci peut être subdivisée commodément en quatre branches : théorie politique incluant l'histoire des doctrines et mouvements d'idées ; relations internationales ; science administrative et action publique ; sociologie politique. Sans exagérer la portée de ces distinctions, assez claires néanmoins en pratique, on soulignera que le domaine propre de cette dernière est la dynamique des rapports de forces politiques qui traversent la société globale, étude envisagée à partir d'une observation des pratiques.

Notices bio-bibliographiques

DURKHEIM Émile. Né à Épinal le 15 avril 1858. Études de philosophie. Normale Sup. Professeur à la Faculté des Lettres de Bordeaux où il enseigne le premier cours de sociologie créé en France. Fonde en 1896 la revue : *l'Année sociologique*. Professeur à la Sorbonne à partir de 1902. Meurt à Paris le 15 novembre 1917.

– 1893 *De la Division du travail social.*
– 1895 *Les Règles de la méthode sociologique.*
– 1897 *Le Suicide.*
– 1912 *Les Formes élémentaires de la vie religieuse.*

PARETO Vilfredo. Né à Paris le 15 juillet 1848 dans une famille d'aristocrates génois. Études scientifiques à Turin. Ingénieur puis professeur d'économie à l'université de Lausanne. Nommé en 1923 sénateur du royaume d'Italie par Mussolini. Meurt en Suisse le 19 août 1923.

– 1896 *Cours d'économie politique.*
– 1902 *Les Systèmes socialistes.*
– 1916 *Traité de sociologie générale*.

SIEGFRIED André. Né au Havre le 21 avril 1875 dans une famille d'hommes d'affaires alsaciens émigrés. Études de lettres et de droit. Thèse de Lettres soutenue en 1904 sur la démocratie en Nouvelle-Zélande. Professeur à l'École libre de sciences politiques à partir de 1911, puis au Collège de France (1933). Meurt à Paris en 1959.

– 1913 *Tableau politique de la France de l'Ouest.*
– 1949 *Géographie électorale de l'Ardèche sous la IIIe République*.

SIMMEL Georg. Né à Berlin en 1858 où il demeure jusqu'à 1914. Carrière universitaire médiocre mais, très tôt, grande notoriété. Il n'obtient une chaire qu'à l'âge de 56 ans, à Strasbourg, à la veille de la première guerre mondiale. Il y meurt le 26 septembre 1918.

– 1890 *Sur la Différenciation sociale. Recherches sociales et psychologiques.*

– 1892 *Les Problèmes de la philosophie de l'histoire.*

– 1900 *La Philosophie de l'argent.*

– 1908 *Sociologie. Recherche sur les formes de socialisation.*

TOCQUEVILLE Alexis (de). Né le 29 juillet 1805 à Verneuil, arrière-petit-fils par sa mère de Malesherbes. Études de droit à Paris. Magistrat. Voyage aux États-Unis en 1831-1832. Démissionne de la magistrature. Élu à l'Académie des Sciences Morales et Politiques dès 1838. Député de la Manche de 1839 à 1851 dans la circonscription où se situe le château de sa famille. Ministre des Affaires étrangères en 1849 pendant cinq mois. Meurt à Cannes le 16 avril 1859.

– 1835 *De la Démocratie en Amérique*. Tomes 1 et 2.

– 1840 *De la Démocratie en Amérique*. Tomes 3 et 4.

– 1850-51 *Souvenirs.*

– 1856 *L'Ancien Régime et la Révolution.*

TÖNNIES Ferdinand. Né en 1855 dans le Schleswig-Holstein en Allemagne. Études de philosophie et d'histoire. S'oriente vers la sociologie historique. Carrière universitaire. Meurt à Kiel en 1936.

– 1887 *Communauté et Société.*

– 1925-29 *Études sociologiques et critiques.*

– 1931 *Introduction à la sociologie.*

WEBER Max. Né le 21 avril 1864 à Erfurt en Allemagne. Son père juriste à Berlin sera député à la Diète de Prusse (libéral de droite). Études de droit, d'économie et d'histoire aux Universités de Heidelberg et Berlin. Professeur à l'Université de Fribourg et, bientôt, Heidelberg (1896-1907). En dépression entre 1897 et 1902. Grâce à son indépendance économique il peut se consacrer exclusivement à ses travaux scientifiques. Voyage aux États-Unis. Reprend en 1919 une chaire à l'Université de Munich. Membre de la Commission chargée de rédiger la constitution de Weimar. Meurt à Munich le 14 juin 1920.

– 1896 *Les Causes sociales de la décadence de la civilisation antique.*

– 1904 *L'Objectivité de la connaissance dans la science et la politique sociale.*

– 1904-1905 *L'Éthique protestante et l'esprit du capitalisme.*

– 1913 *Essais sur quelques catégories de la sociologie compréhensive.*

– 1918 *Le Métier et la vocation de savant. Le métier et la vocation de l'homme politique.*

– 1922 Publication posthume d'*Économie et Société,* ouvrage inachevé entamé dès 1909.

Orientation bibliographique

ANSART Pierre, *Les Sociologies contemporaines,* Paris, Seuil, 1990.

ARON Raymond, *Les Étapes de la pensée sociologique*, Paris, Gallimard, 1967.

ARON Raymond, *La Sociologie allemande contemporaine* (1935), Paris, PUF, 1981.

BERTHELOT Jean-Michel (Dir.), *La Sociologie française contemporaine*, Paris, PUF, 2000.

BOUDON Raymond, BOURRICAUD François (Dir.), *Dictionnaire critique de la sociologie*, 2e édition, Paris, PUF, 2000.

BRÉCHON Pierre, *Les Grands courants de la sociologie*, Grenoble, PUG, 2000.

CORCUFF Philippe, *Les Nouvelles sociologies*, 2e édition, Paris, A. Colin, 2007.

CUIN Charles-Henry, GRESLE François, *Histoire de la sociologie* (2 vol.), Paris, La Découverte, 1992.

FREUND Julien, *L'Essence du politique* (1965), 3e édition, Paris, Sirey, 1990.

GOODIN Robert, KLINGEMANN Hans-Dieter, *A New Handbook of Political Science,* Oxford, Oxford University Press, 1996.

GRAWITZ Madeleine, LECA Jean (Dir.), *Traité de Science politique,* Paris, PUF, 1985, 4 tomes.

LAHIRE Bernard, *À quoi sert la sociologie ?,* Paris, La Découverte, 2002.

LATOUR Bruno, *Changer de société. Refaire de la sociologie,* Paris, La Découverte, 2006.

LAWSON Kay, *The Human Polity. A Comparative Introduction to Political Science,* 4e édition, Boston, Houghton Mifflin, 1997.

NISBET Robert, *La Tradition sociologique,* Trad., Paris, PUF, 1984.

Chapitre 1
Les « fondamentaux » de l'analyse politique

Depuis l'Antiquité, la philosophie politique a médité sur un certain nombre de questions fondamentales qui, pour beaucoup, ne sont pas étrangères aux préoccupations de la science politique contemporaine. Dans une synthèse éclairante, Jean-Marie Donégani et Marc Sadoun se sont attachés à les identifier[1].

Certes, les réflexions relatives à la conception du « bon gouvernement », centrales dans ce type de littérature, relèvent d'une démarche qui n'est pas celle de la sociologie politique. Elles s'intéressent en effet à un système idéal plutôt qu'aux faits réels et elles impliquent des choix éthiques plutôt que scientifiques à proprement parler. En revanche, beaucoup de problématiques, analysées par ces auteurs sous forme de couples conceptuels, ne sauraient être ignorées par la sociologie politique. Ce sont, selon leurs termes, les rapports entre « l'individu et le tout », « l'égalité et la différence », « le pouvoir et la domination », « l'intérêt et la volonté », « Eris et Philia » c'est-à-dire la relation ami/ennemi. De telles oppositions notionnelles ont toujours constitué l'architecture intellectuelle sous-jacente à toute analyse savante du politique. Néanmoins leur énumération et surtout la manière de les aborder doivent être adaptées au regard du sociologue. Par ailleurs, il est important de ne pas négliger la part d'imaginaire et d'émotionnel, d'agressivité et de conflit, qui traverse en permanence l'activité politique. L'introduction des concepts de « politique symbolique » et de « conflictualité » semble indispensable pour autoriser une meilleure mise en lumière de cette dimension majeure de la politique.

Dans la mesure où l'on réserve à un chapitre ultérieur l'étude du pouvoir et de la domination, en raison de son importance centrale, les

1. Jean-Marie Donégani, Marc Sadoun, *Qu'est-ce que la politique ?*, Paris, Gallimard, 2007.

problèmes de macro-analyse qui dominent le champ de la science politique, peuvent être regroupés ici autour de trois questionnements :

Quelle importance réserver au rôle respectif des acteurs individuels et des structures collectives ?

Quel statut reconnaître au symbolique dans l'observation de la réalité sociale ?

Quelle place accorder au conflit dans l'émergence du politique ?

Section 1
L'individu et la société

Sans doute une collectivité est-elle composée d'individus, mais la somme des comportements de ses membres suffit-elle à rendre compte correctement de ce que l'on appelle l'institution de la société ? La réponse à cette question qui a pu parfois sembler insoluble, entraîne d'importantes implications pour une compréhension correcte des rapports entre psychologie et sociologie politiques.

§ 1. Le dilemme de la poule et l'œuf

L'individu est un « animal social », ce qui signifie que les êtres humains sont inconcevables en dehors d'une vie collective qui leur fournit à la fois les moyens matériels de subvenir à leurs besoins et les outils intellectuels de leur intercompréhension. D'où l'émergence en philosophie comme en sciences sociales de ces deux concepts vertigineusement généraux : l'Individu, membre d'une collectivité, et la Société composée d'individus. Mais quand il s'est agi de penser les rapports qui les unissent, les fondateurs de la sociologie comme, après eux, de nombreux savants, se sont divisés en deux grandes familles de pensée. Les uns ont considéré que la recherche devait privilégier l'étude des structures sociales parce que ce sont elles qui conditionnent les attitudes et comportements des individus. Pour eux la société est donc, en ce sens, première. D'autres, au contraire, soulignent que ce sont les individus qui construisent et façonnent la société dans laquelle ils se meuvent. Ils en constituent l'élément originaire, ce qui incite à considérer leur activité personnelle comme le point de départ de toute analyse des phénomènes collectifs.

A Les approches holistes

Beaucoup d'écoles privilégient en sociologie ce type de démarche. Elles ont en commun de souligner la dépendance des individus à l'égard de leur environnement, et de réduire l'importance sociale de leur liberté de choix personnelle. Ceci étant, elles se différencient considérablement sur d'autres points. Certaines privilégient la solidarité sociale et tendent à considérer la société comme un tout homogène qui façonne étroitement les comportements de ses membres ; d'autres insistent au contraire sur les contradictions qui traversent les ensembles sociaux, tout en raisonnant largement en termes d'acteurs collectifs[1].

1. La société comme totalité unifiée

Dans la seconde moitié du XIXe siècle le courant organiciste emprunte aux sciences biologiques, alors en plein essor, mais aussi à une tradition intellectuelle beaucoup plus ancienne puisqu'elle remonte à la pensée antique, l'analogie du corps social avec un organisme vivant. Herbert Spencer en est le représentant le plus illustre[2]. Au moment où triomphe en Europe l'idée de nation, la conception selon laquelle la société est un ensemble dont l'homogénéité interne garantit seule la survie, trouve un terrain favorable, au moins dans certains milieux intellectuels. Une forme de solidarité mécanique, analogue à celle qui unit entre eux les divers éléments du corps humain, doit rassembler les membres du corps social dans une œuvre commune, chacun contribuant, là où il est, à assurer les fonctions indispensables au développement harmonieux de l'ensemble. Ces fonctions, ce sont la production et la mise en circulation de biens matériels, l'élaboration et la transmission de savoirs, le gouvernement de la collectivité et la gestion du sacré. On comprend pourquoi ce paradigme a influencé le courant fonctionnaliste (Malinowski, Merton). Celui-ci s'intéresse, en effet, tout particulièrement aux types d'activité qui doivent nécessairement être pris en charge pour permettre à une société de s'affirmer et se pérenniser. Il en résulte que, chez eux, la notion d'individu s'efface derrière celle de rôle, lequel est socialement défini par les exigences de fonctionnement de l'ensemble considéré. Avec Oswald Spengler (*Le Déclin de l'Occident*, 1919), l'analogie avec l'organisme vivant conduit même à repérer dans l'histoire des groupements humains un véritable cycle biologique qui enchaîne irrémédiablement les phases de jeunesse, de maturité, de déclin et de mort.

1. À noter également l'existence d'un holisme purement méthodologique qui consiste à privilégier dans la recherche, pour des raisons pratiques, le recours à des agrégats : statistiques électorales, enquêtes d'opinion, corrélations entre variables lourdes (comme la catégorie socioprofessionnelle, le niveau de diplôme, etc.) et les préférences politiques.
2. Herbert SPENCER, *Principes de sociologie*, 1877-1896.

Émile Durkheim dont l'œuvre demeure encore influente aujourd'hui, valorise également la cohésion sociale, mais en prenant ses distances avec l'organicisme spencerien qu'il a d'ailleurs vivement critiqué. Loin de voir dans les nécessaires solidarités des forces intrinsèquement contraires à l'affirmation des personnalités individuelles, il en fait, au contraire, la condition de leur épanouissement. Sa pensée n'en demeure pas moins fondamentalement holiste. Pour lui, si les sociétés évoluées se caractérisent par une diminution de la solidarité fondée sur les similitudes (donc la prédominance de la masse sur les individus), la division du travail, toujours croissante, assure « la prépondérance progressive d'une solidarité organique » qui, elle-même, engendre une « conscience commune »[1]. Le social est donc omniprésent dans le mental des individus ; il façonne leurs états de conscience grâce à l'émergence d'une morale et d'un droit issus des exigences de cette division du travail. La sociologie peut ainsi se désintéresser des états d'âme individuels qui ne sauraient acquérir une importance significative pour l'explication des dynamiques sociales. Au contraire, ce sont les faits sociaux qui doivent constituer son terrain d'élection. Une conséquence de ce point de vue aboutit à conférer aux phénomènes collectifs une réalité substantielle, une existence objective, même si elle se situe dans l'ordre des représentations mentales des individus qui composent le Tout.

Une autre école de pensée holiste s'affirme avec le courant dit culturaliste qui produit des œuvres importantes dans la première moitié du XXe siècle. Les recherches menées sur des sociétés non européennes par une ethnologie alors en plein essor, ont souvent nourri une conception rigide de la culture, entendue comme un ensemble de normes et de valeurs, de rites et de croyances, qui conditionne étroitement les individus appartenant à un même groupe ethnique ou à une même nation. Disciple de Boas, Ruth Benedict cherche, par exemple, à dégager des « modèles culturels » ou encore l'existence d'un « tempérament » national[2]. Biaisés par l'ethnocentrisme occidental, ces travaux ont souvent tendance à minimiser les capacités internes d'évolution des sociétés observées, surtout s'il s'agit de sociétés considérées comme « primitives », ou même à sous-estimer les contradictions qui les traversent. Un regard trop éloigné des réalités de terrain favorise en effet la propension à ne percevoir que les éléments d'homogénéité entre les membres du groupe considéré. Les travaux

1. Voir le plan de son ouvrage : *De la Division du travail social* (1893) rééd., Paris, PUF, 1967.
2. Ruth BENEDICT, *Patterns of Culture* (1934) et *Le Sabre et le chrysanthème* (1946) sur le tempérament japonais.

d'un Lévi-Strauss sont, eux aussi, marqués par une forme de holisme. Pour l'auteur de *Mythologiques* (1964-1981), la vie sociale se décrypte « en termes de logiques de relations ». La société est déjà présente dans les modes de fonctionnement de la pensée humaine car celle-ci repose sur des systèmes de classements qui préexistent à l'activité mentale des individus. Les structures élémentaires de la parenté, les oppositions paradigmatiques entre le cru et le cuit, le nu et le vêtu..., les productions mythologiques, toutes ces élaborations symboliques sont des illustrations particulières des structures sous-jacentes à toute culture, qui résultent elles-mêmes de lois universelles apparues avec la naissance du langage[1].

2. La société comme espace de luttes et de contradictions

Le marxisme privilégie les classes (acteurs collectifs) et la lutte de classes (relation dialectique) comme facteur déterminant de l'évolution historique. Les classes se définissent par la position occupée au sein des modes de production économique, lesquels engendrent des rapports sociaux et des rapports juridiques déterminés. Le féodalisme, fondé sur l'appropriation des terres par les seigneurs, engendre la classe aristocratique ; le capitalisme fait de la bourgeoisie la classe dominante parce que celle-ci contrôle les moyens modernes de production ainsi que la richesse mobilière. Cependant si Marx privilégie l'importance décisive de l'infrastructure économique pour la compréhension de la structure sociale et politique, il se garde d'établir un lien trop rigide entre l'appartenance de classe et les conceptions idéologiques et politiques des individus. Il admet en effet l'existence de distorsions entre appartenance de classe et conscience de classe, du fait d'idéologies traditionnelles qui contribuent à masquer la réalité de l'exploitation. Plus tard, des théoriciens marxistes comme György Lukàcs (*Histoire et conscience de classe*, 1923) et, plus près de nous, Perry Anderson[2], ont creusé l'étude de ces biais qui contrarient la conscience de classe chez les prolétaires. Ils ont analysé historiquement les mécanismes idéologiques et politiques qui donnent naissance à toutes les « fausses consciences », mais sans jamais remettre en cause le rôle déterminant « en dernière instance » du contrôle du capital économique par les classes dominantes.

1. Claude LÉVI-STRAUSS, *Anthropologie structurale*, Paris, Gallimard, 1958.
2. Perry ANDERSON, *L'État absolutiste. Ses origines et ses voies*, Trad., Paris, Maspero, 1978, et *In the Tracks of Historical Materialism* (1983). Voir aussi Pierre BOURDIEU : « La méconnaissance de la vérité des rapports de classe fait partie de la vérité de ces rapports », *in Le Sens pratique*, Paris, Maspero, 1980, p. 235-236.

Avec Pierre Bourdieu, la domination (idéologique) est placée au cœur du travail du sociologue. Elle est en quelque sorte, dans l'univers des pratiques culturelles et politiques, l'homologue du concept d'exploitation dans le domaine économique. Pour l'auteur de *La Distinction. Critique sociale du jugement* (1979), il est clair que les goûts des individus sont façonnés socialement par les systèmes de classement qu'ils ont incorporés du fait de leur appartenance de classe. Pierre Bourdieu voit l'espace public structuré par des « luttes symboliques », c'est-à-dire des batailles idéologiques pour imposer ce qui doit faire sens dans la définition et l'interprétation des situations vécues. Si « le collectif est déposé en chaque individu sous forme de dispositions durables », c'est en rapport direct avec la position de classe et le rattachement des individus aux classes dominantes ou aux classes dominées idéologiquement[1]. De façon générale, Pierre Bourdieu souligne avec force le poids des déterminismes sociaux sur les comportements des individus. « Le corps socialisé, écrit-il (ce que l'on appelle l'individu ou la personne) ne s'oppose pas à la société : il est une de ses formes d'existence »[2].

B Les approches individualistes

Là encore, règne une grande diversité d'approches même si leur socle commun est l'affirmation selon laquelle la société est le produit de l'activité d'individus qui interagissent entre eux, et non pas la « fabrique » des agents sociaux. D'où il résulte que la seule réalité authentique, ce sont les êtres humains tandis que les entités collectives : les classes, les États, les peuples..., ne sont que des constructions mentales, des abstractions, quand bien même leur usage se révèle utile, voire indispensable, pour rendre compte des conditions dans lesquelles se déroule l'activité sociale des individus. On se contentera ici d'évoquer deux démarches particulièrement influentes en science politique : l'approche weberienne et le courant dit de l'individualisme méthodologique.

1. Le paradigme weberien

Pour l'auteur *d'Économie et Société*, « l'activité sociale » est la seule réalité tangible offerte à l'observation du sociologue ; et cette

1. Pierre BOURDIEU, *Questions de sociologie*, Paris, Minuit, 1980, p. 29.
2. *Ibidem*.

activité est le fait d'individus, « isolés » ou « en masse »[1]. Max Weber observe que le terme individu recouvre des réalités différentes selon ses emplois dans la littérature scientifique. Il distingue : « l'agent empirique, présent dans toute société, qui est, à ce titre, la matière première de toute sociologie... (et) l'être de raison, le sujet normatif des institutions... (qui est) une représentation idéelle et idéale que nous en avons »[2]. À cette première précision, il en ajoute une autre. Quand la sociologie parle d'État, de nation, de famille ou de structures analogues, elle entend par là des structures « qui ne sont que des développements et des ensembles d'une activité spécifique de personnes *singulières* puisque celles-ci constituent seules les agents compréhensibles d'une activité orientée significativement »[3]. C'est seulement dans des buts pratiques que la théorie juridique recourt à la notion de personne morale, sujet de droits et d'obligations. C'est aussi dans un souci de faciliter la compréhension des formes les plus complexes d'activité sociale que la sociologie crée des entités collectives, parle de structures ou d'institutions. Mais ce ne sont que des représentations mentales « qui flottent dans la tête des hommes réels ». Ce qui ne signifie pas que l'on doive négliger leur importance pour comprendre l'influence qu'elles exercent, en retour, sur les comportements des personnes concrètes. Au contraire, Max Weber insistera toujours sur la nécessité de comprendre ce qui fait sens pour les acteurs, c'est-à-dire la manière dont s'organisent mentalement les représentations de leur vécu social. Par ailleurs, s'il recourt à des concepts idéaltypiques, comme celui de féodalité ou d'acteur rationnel, c'est toujours en mettant en garde contre les dangers d'une réification qui consisterait à les doter de caractères invariants ou anthropomorphiques. Là encore, il ne s'agit que de représentations idéelles qui, à ses yeux, ne doivent pas faire écran avec la réalité des situations singulières vécues par des hommes réels.

2. L'individualisme méthodologique

Avec Raymond Boudon, on en distinguera trois formes[4]. La première est l'individualisme méthodologique de type rationnel et utilitariste. C'est celui de Mancur Olson et des analyses dites « éco-

1. Max WEBER, *Économie et société* (1922), Trad., Paris, Plon, 1995, t. 1, p. 52-53.
2. Max WEBER, *L'Éthique protestante et l'esprit du capitalisme* (1904), Trad., Paris, Plon, 1964, p. 122, n° 231.
3. *Économie et société*, *loc. cit.* p. 41.
4. Raymond BOUDON, *L'Idéologie. L'origine des idées reçues*, Paris, Fayard, 1986, p. 313 et sq.

nomistes » de la vie politique. Pour eux, les individus peuvent être analysés comme des acteurs opérant sur un marché. Ils examinent l'offre de biens qui leur est faite et sont mus par le souci d'optimiser le rapport coût/avantage. Mais Olson ne veut retenir que la prise en considération d'avantages ou de coûts matérialisables. Une telle restriction, qui présente l'avantage de faciliter l'observation savante, ne présente pas d'inconvénients d'excessifs quand il s'agit d'examiner des comportements à caractère purement économique ; en revanche, sa validité est beaucoup plus discutable si l'on se situe dans l'arène politique (comportements électoraux par exemple). C'est pourquoi Boudon conclut que la validité de cette forme d'individualisme méthodologique n'est que « locale ». Une seconde variante est, selon lui, de type irrationnel. Cette conception postule que les individus sont déterminés par des raisons « fallacieuses » soit parce qu'ils sont le jouet de leur inconscient, soit parce qu'ils sont manipulés idéologiquement. Raymond Boudon rejette avec énergie cette théorie de la conscience individuelle. Pour lui, les individus ont toujours de bonnes raisons de faire ce qu'ils font, et de croire ce qu'ils croient. La troisième variante lui paraît la plus adaptée aux sciences sociales du politique. Cet individualisme méthodologique est de type rationnel mais non utilitariste. Cela signifie que les phénomènes sociaux sont toujours analysés comme le résultat d'activités individuelles mais si celles-ci font sens pour les acteurs, c'est parce qu'elles leur paraissent conformes à leurs intérêts tels qu'ils les perçoivent, ou encore parce qu'elles sont en accord avec les valeurs auxquelles ils demeurent attachés.

Une conséquence de cette problématique est la nécessité de compléter les corrélations qui peuvent se dégager de grands agrégats statistiques, par des études microsociales des comportements individuels. Les premières n'expliquent rien en elles-mêmes ; ce sont les choix des acteurs qui permettent de comprendre les phénomènes mis en lumière. Ainsi, explique Raymond Boudon : « Une corrélation aussi simple que celle qui lie les prix agricoles aux conditions météorologiques n'a de signification que si on en fait la conséquence de microcomportements obéissant à une certaine logique (des agriculteurs) »[1]. En l'espèce, c'est la décision de certains d'entre eux d'abandonner une culture traditionnelle, prolongeant ainsi la pénurie, ou la décision des autres de tirer parti de la raréfaction de l'offre sur le marché pour obtenir une meilleure rémunération. Et si tous les auteurs

1. Raymond BOUDON, François BOURRICAUD, *Dictionnaire critique de la sociologie*, Paris, PUF, 1982. Entrée « Individualisme méthodologique ».

insistent sur la liberté de choix de l'individu, aucun ne prétend qu'elle est affranchie de toute contrainte. On parlera alors de « rationalité limitée », on identifiera le « champ des possibles ». Reste néanmoins à expliquer l'origine des contraintes proprement sociales. Si la notion de structure est jugée « passe-partout », on reconnaît, bien entendu, que la vie collective exige et met en place des institutions qui réduisent les choix de l'acteur ou modifient les éléments de son calcul rationnel. Plus intéressant néanmoins est l'accent placé sur « les effets émergents » des choix individuels qui, en s'ajoutant, se juxtaposant ou se contrariant, aboutissent à faire surgir des phénomènes que des acteurs rationnels n'ont ni voulus ni souhaités. Par exemple, la pénurie de biens qui résulte d'achats de précaution ou encore la victoire électorale d'un outsider du fait d'abstentions électorales justifiées par la certitude que les jeux étaient faits. Ces effets émergents ou « effets de composition » agissent en retour comme des données externes susceptibles de peser sur les choix individuels.

C Discussion et tentatives de dépassement

L'opposition entre les deux approches des phénomènes sociaux a parfois été exagérément durcie, chaque sensibilité ayant tendance à caricaturer les analyses adverses. Aux yeux des critiques de l'individualisme méthodologique, l'acteur rationnel est souvent présenté comme un individu mutilé, sans passé et sans socialisation, affranchi de toute dépendance à l'égard des pouvoirs ; ce qui, évidemment, n'est pas soutenable. En face, on reproche aux théories holistes un déterminisme absolu qui ferait fi de toute marge d'initiative des acteurs. Ces critiques symétriques sont parfois fondées mais, souvent aussi, elles ignorent les nuances de la véritable démarche des meilleurs auteurs. Avec la notion d'habitus, par exemple, Pierre Bourdieu s'est efforcé de penser l'articulation du déterminisme social avec la trajectoire singulière de l'individu d'une manière qui l'éloigne d'un pur mécanicisme (*infra*, chapitre 2). Quant à Michel Crozier ou Raymond Boudon, ils n'oublient ni les contraintes de situation, ni l'importance des modes de socialisation qui gouvernent l'émergence des valeurs de référence des acteurs. De toute façon, les lecteurs pressés auraient tort de voir dans « l'agent déterminé socialement » ou dans « l'acteur stratège », des types réels qui suffisent à épuiser la complexité des relations individu/société. Ce sont des outils théoriques, des grilles de lecture qui facilitent la sélection des faits jugés les plus pertinents, même s'il est clair que leur mise en œuvre conduit d'un côté à sous-estimer les marges de manœuvre réelles des individus, de l'autre à les surestimer.

Et chez un auteur à tendance holiste, comme Giddens, la notion de structure sert à conceptualiser la nécessaire liaison entre le niveau micro et le niveau macrosocial.

Est-il bien raisonnable, en effet, de privilégier l'opposition Individu/Société et, plus encore, de s'enfermer dans le dilemme : agir/être agi ? Existe-t-il des activités individuelles qui ne soient pas sociales, c'est-à-dire soumises à des contraintes collectives mais, aussi, favorisées par « des règles » ou par « des ressources » (au sens de Giddens) également collectives ? À l'inverse, existe-t-il des structures sociales qui ne soient, en définitive, le produit historiquement constitué d'actions individuelles agrégées entre elles ? Norbert Élias a développé une analyse intéressante qui redistribue les éléments du débat. Il le fait d'abord en insistant sur les inconvénients du concept d'Individu qui semble postuler un état statique, alors que les êtres humains sont en constante mutation ; ils ne sont pas seulement soumis à des processus, ils sont eux-mêmes des processus[1]. Symétriquement, pourrait-on ajouter, le concept de « structure sociale » peut-il être pensé autrement que comme « effet émergent », évolutif lui aussi, de comportements individuels agrégés, actuels ou passés ? Pour sortir d'une alternative stérile, Élias propose le concept de « configuration ». Avec lui, écrit-il, « on peut desserrer la contrainte sociale qui nous oblige à penser et à parler comme si *l'individu* et *la société* étaient deux figures différentes et de surcroît antagonistes »[2]. Filant la comparaison avec le jeu à deux ou *n* joueurs, il décrit la vie sociale comme « le produit d'interpénétrations constantes entre les actes posés par des individus interdépendants ». La configuration la plus simple est évidemment celle où n'existent que deux joueurs (jeu d'échecs). Si l'un d'entre eux est beaucoup plus fort que son partenaire (traduisons : dispose de beaucoup plus de ressources dans l'espace social), alors ses choix d'acteur impriment au déroulement de l'activité sociale une marque décisive. Il en va différemment si les deux joueurs sont de force égale : le déroulement de la partie échappe bien davantage à la seule volonté de l'un ou de l'autre ; une forme d'autonomie de l'interaction s'affirme. Celle-ci est encore plus marquée si le nombre d'acteurs s'élève considérablement, chacun se trouvant confronté aux conséquences de multiples décisions prises avant lui (Monopoly avec trois, quatre, cinq joueurs, voire davantage). *A fortiori* s'il existe, comme c'est le cas concrètement dans la vie sociale, plusieurs niveaux de configurations, hiérarchisés entre

1. Norbert ÉLIAS, *Qu'est-ce que la sociologie ?*, Trad., La Tour d'Aygues, Éd. de l'Aube, 1991, p. 141.
2. Norbert ÉLIAS, *loc. cit*, p. 156-157.

eux : par exemple, les interactions entre militants d'un parti, elles-mêmes conditionnées par le jeu des interactions au niveau des dirigeants, lui-même influencé par le niveau des interactions dans le système multipartisan au plan national, etc. Ainsi Élias peut-il avancer deux conclusions : d'une part, que le poids de l'autonomie individuelle est fonction de la nature et du type d'interactions ; d'autre part, que même si la marge d'initiative de l'acteur se trouve étroitement conditionnée dans les activités sociales complexes, ces dernières n'en demeurent pas moins rapportables à des individus et non à des entités réifiées, c'est-à-dire des structures sociales abusivement traitées comme des êtres collectifs ayant une réalité propre. Avec ce concept fécond de configuration, Élias donne ainsi tout son sens à la démarche dite interactionniste[1].

Luc Boltanski a développé une intéressante analyse des sociétés contemporaines qui met en avant, à juste titre, la notion de réseau et de connexions[2]. On peut considérer ce modèle comme une variante de l'interactionnisme où l'accent se trouve placé sur l'asymétrie des rapports sociaux. Pour lui, en effet, le capitalisme dans sa phase la plus moderne se caractérise par la domination des « mailleurs de réseaux ». Leur grande mobilité, leur capacité à utiliser à leur profit des réseaux plus restreints et des acteurs définis par leurs très faibles connexions sociales, leur confèrent un avantage décisif dans toutes les compétitions de la vie, notamment dans l'arène économique. Les grandes entreprises, par exemple, sont de vastes réseaux de réseaux, à la fois dans leur organisation interne (par opposition au modèle hiérarchique qui prédominait dans une phase antérieure) et dans le rapport à leur environnement, notamment politique. Leurs patrons les plus efficaces sont ceux qui savent établir des relations fécondes d'influence (et de connivence) avec de multiples acteurs économiques mais aussi avec les élites administratives et les gouvernants, ce qui leur permet d'obtenir des conditions plus favorables à l'exercice de leur activité. Les dominés, ce sont au contraire les acteurs dépourvus de connexions étendues, un état de choses qui se traduit pour eux par une mobilité

1. Évoquons aussi la théorie provocatrice, mais stimulante, de Bruno LATOUR de « l'acteur-réseau », développée avec Michel CALLON. Les individus sont intimement interdépendants des objets qu'ils ont créés (nouvelles technologies) ou qu'ils trouvent dans leur environnement (la couche d'ozone, par exemple, aussi bien que le règne animal). Les êtres humains interagissent constamment avec les « objets ». L'auteur en fait découler la nécessité de leur représentation politique par l'intermédiaire des savants. Résurgence nouvelle d'un projet saint-simonien ? Bruno LATOUR, *Changer de société. Refaire de la sociologie*, Paris, La Découverte, 2006.

2. Luc BOLTANSKI, Eve CHIAPELLO, *Le Nouvel esprit du capitalisme*, Paris, Gallimard, 1999.

réduite, aussi bien géographique que sociale. La figure ultime du démuni (de pouvoir ou de sécurité matérielle) devient alors l'exclu. Par définition, il ne dispose d'aucun levier d'influence pour atténuer les rigueurs des défis qu'il lui faut relever. La logique de réseau exerce son emprise dans tous les secteurs de la vie sociale, aussi bien la vie politique et culturelle que l'École et même les relations domestiques. Elle pousse à l'adoption de conduites « égoïstes » et « opportunistes », disons individualistes, qui contribuent à la dislocation des références communes. En ce sens, elle est porteuse d'anomie, à la différence de « la société », au sens de Durkheim, qui propose et impose une conscience collective se superposant aux volitions individuelles. Dans ce monde « connexionniste », il y a donc dissolution tendancielle aussi bien de l'individu que de la société. Mais s'il est clair que les logiques de réseaux se sont développées de façon inconnue jusqu'ici, à l'échelle mondiale, il n'est pas sûr que le « connexionnisme » ne soit pas également un instrument adapté pour déchiffrer les jeux de pouvoir dans toute société, capitaliste ou non. Il y aurait lieu alors de revoir sous un autre éclairage les idéologies efficaces qui, dans le passé, ont réussi à imposer la représentation (illusoire ?) d'une société homogène formatant les comportements des particuliers.

§ 2. Implications : les rapports sociologie/psychologie

Marcel Mauss est l'un des tout premiers sociologues à s'être interrogé sur les bénéfices réciproques d'un dialogue entre ces deux disciplines, dans un texte il est vrai fort décevant[1]. Si l'on aime les idées simples, on sera porté à établir l'équation : sociologie = science du collectif, et psychologie = science de la personne. En conséquence, on pourra penser que les théories individualistes seraient ouvertes aux problématiques psychologiques alors que les théories holistes n'auraient aucune raison de leur concéder quelque place. La réalité est infiniment plus complexe. Les réticences et les résistances surgissent, en réalité, de tous côtés, parfois pour d'excellentes raisons d'ailleurs. La psychologie sociale a été durablement discréditée par les naïvetés de la littérature du début du XXe siècle relatives au « tempérament des peuples », ou encore par les excès et approximations de la « psychologie des foules » d'un

1. Marcel MAUSS, « Rapports réels et pratiques de la sociologie et de la psychologie » (1924), réédité *in* MAUSS, *Sociologie et Anthropologie*, 4e édition, Paris, PUF, 1991, p. 282-310.

Gustave Le Bon[1]. Et pourtant, il existe effectivement une psychologie pour sociologue, qu'elle soit ou non reconnue comme telle. Sans elle, l'étude des phénomènes sociaux serait d'ailleurs par trop aveugle.

A Les objections formulées contre le « psychologisme »

Cette expression péjorative résume la critique des sociologues à l'égard de toute surestimation du facteur psychologique dans l'explication des comportements sociaux. Elle recouvre aussi une profonde méfiance à l'égard de toute importation de concepts ou de problématiques en provenance de la psychologie.

Ces résistances s'expliquent très bien dans les approches holistes. Pour elles, si la sociologie a vocation à traiter de tout, même de la vie privée, du couple ou de la sexualité, sa démarche n'en demeure pas moins radicalement spécifique. Ce qui l'intéresse, ce sont les déterminations sociales. Le biologique et le psychologique sont des « données » que la vie en société modèle, organise et orchestre. Dans l'explication du suicide chez Durkheim comme dans celle des comportements de « remise de soi » chez Bourdieu, l'analyse psychologique est censée n'avoir aucune place. Ce qui importe à leurs yeux, c'est de comprendre comment ces phénomènes sont conditionnés ou favorisés par un état donné des rapports sociaux et par des structures mentales façonnées par la socialisation ou la manipulation idéologique. Les recherches empiriques tendent ainsi à valoriser des agrégats statistiques, des « types moyens », des comportements agrégés, ce qui réduit presque à néant l'attention portée aux singularités individuelles et, *a fortiori*, aux motivations les plus personnelles des acteurs. Sans doute les sociologues, notamment ceux du politique, sont-ils parfois confrontés au rôle émergent de certaines personnalités. Dans la vie politique, par exemple, le style des dirigeants semble bien jouer un rôle non négligeable. Mais, même en ce domaine, les théories holistes affichent une méfiance spontanée à l'égard de tout ce qui pourrait surévaluer l'importance des hommes (ou des femmes) par rapport aux forces sociales. Et d'ailleurs, ajoutera-t-on avec l'auteur de *La Distinction*, ces styles de personnalité, ces dispositions psychologiques, ne sont-elles pas elles-mêmes « socialement constituées » ?

Plus paradoxale, en apparence, est la résistance des théories individualistes à l'égard de la psychologie. On pourrait penser, en effet,

1. Pour une présentation, bienveillante d'ailleurs, de ce courant auquel est jointe l'œuvre de Gabriel de Tarde, voir Serge MOSCOVICI, *L'Âge des foules*, Paris, Fayard, 1981.

que le refus de se contenter d'explications sociologiques macrosociales va redonner toute son importance à l'explication par les motivations personnelles. Il n'en est rien. Pour Raymond Boudon, il n'est pas question de confondre les énoncés microsociologiques et les énoncés psychologiques. En d'autres termes, il lui semble inutile, et d'ailleurs impossible, de mettre à nu les motivations toujours complexes du comportement le plus banal comme : « aller à la manif ». Et quand Tocqueville relève l'attractivité des charges royales aux yeux des propriétaires fonciers du XVIIIe siècle, il lui suffit de constater, écrit Boudon, « les raisons suffisantes au niveau microsociologique du phénomène macrosociologique observé »[1], et cela sans se livrer à une analyse approfondie des motivations psychologiques des uns et des autres. Mais la distinction peut paraître subtile. On pourrait plutôt créditer Tocqueville d'une analyse psychosociologique, certes délibérément simplifiée mais suffisante néanmoins pour rendre compte du plus petit commun dénominateur des motivations personnelles de nombreux bourgeois dans une situation sociale déterminée. En réalité, quand on s'en tient à l'idéal-type de l'acteur rationnel, qui calcule et suppute, cherche à éviter des coûts et à maximiser des avantages, n'est-ce pas une manière encore de faire de la psychologie ? Certes, le modèle est extrêmement réductionniste mais ce qu'il perd assurément en profondeur, lui donne une validité en surface qui facilite la lecture de certains comportements collectifs. Bref, à l'insu même de ceux qui l'utilisent, ce modèle de l'acteur rationnel est bien un modèle psychosociologique. Psychologique parce qu'il avance une hypothèse sur ce qui détermine un être humain à agir : en l'espèce, sa raison plutôt que ses émotions ; sociologique parce que le calcul rationnel est conditionné par le niveau d'information disponible dans une situation sociale déterminée.

On peut en définitive se demander s'il est vraiment concevable d'envisager une psychologie qui fasse l'impasse sur la présence du social dans la tête des gens, et une sociologie qui s'abstienne de s'interroger sur les dynamiques pulsionnelles des individus. Seule la volonté réciproque des sociologues et des psychologues de s'ignorer mutuellement, peut nourrir l'illusion d'une séparation radicale de leurs champs scientifiques respectifs.

1. Raymond BOUDON, *La Place du désordre* (1984), rééd., Paris, PUF, 1991, p. 54.

B Une psychologie pour sociologue

L'expression doit s'entendre en un double sens. D'une part, celui d'un « modèle minimal du sujet » (Goffman), simplifié, étriqué même, qui puisse néanmoins rendre compte des directions dans lesquelles s'oriente l'activité sociale. De manière explicite ou souterraine, ce modèle existe dans toutes les théories sociologiques, qu'elles voient l'activité sociale dominée par la recherche de l'intérêt, la soumission à des passions ou l'allégeance à des croyances. Dans un second sens, la psychologie pour sociologue est une approche qui postule l'alliance intime du social et du pulsionnel, leur interaction permanente (on parle de « corps socialisé »), et l'impossible coupure entre dynamiques émotionnelles d'une part, dynamiques politiques, culturelles ou économiques d'autre part.

1. Pour un modèle psychosociologique du sujet

Les recherches les plus récentes sur le fonctionnement du cerveau humain soulignent toutes la vanité d'une distinction qui oppose la raison à l'émotion dans l'émergence d'un comportement ou d'un jugement de valeur. La révolution cognitive en psychologie a permis de décrire le cerveau comme un super-ordinateur mais, paradoxalement, cette machine est « un outil organisé d'abord pour ressentir avant même que de penser ». Le « processus émotionnel » (*emotional processing*) activé dans une situation donnée, précède le jugement d'évaluation et contribue à le façonner[1]. Le mécanisme est d'ailleurs particulièrement évident dans la formation des jugements politiques. Les catégories d'analyse qui permettent aux citoyens de penser les prises de position des acteurs (gauche et droite, réformiste et révolutionnaire, conservateur et progressiste, etc.) sont toutes affectivement colorées, en fonction de leur socialisation et de leur histoire personnelle. Il est dès lors impossible de prétendre ignorer l'interpénétration profonde du social, du rationnel et de l'émotionnel dans l'élaboration des opinions ou l'apparition des comportements politiques[2].

1. Antonio DAMASIO, *The Feeling of What Happens. Body and Emotion in the Making of Consciousness,* New York, Harcourt, Brace, 1999. Également en français, *L'Erreur de Descartes*, Trad., Paris, Odile Jacob, 1995. Joseph LEDOUX, *The Emotional Brain. The Mysterious Underpinnings of Emotional Life*, New York, Schuster, 2e édition, 1997.
2. Pour une discussion approfondie de ce schéma, Dan Cassino, Milton Lodge, « The Primacy of Affect in Political Evaluations », *in* Russell NEUMANN *et alii* (Eds.), *The Affect Effect*, Chicago, The Chicago University Press, 2007, p. 101-123.

Dans cette perspective, le plus élémentaire des modèles psychosociologiques du sujet est assurément celui qui réduit l'individu au schéma de l'acteur rationnel, c'est-à-dire un acteur purement stratège et calculateur, soucieux de maximiser ses profits et de minimiser ses coûts. Mais de quels profits et de quels coûts s'agit-il ? Goffman a brillamment montré comment, dans les rapports sociaux les plus ordinaires, les individus sont constamment mus par la préoccupation de tenir leur rang, sauver la face, « faire bonne figure » ou, comme le dit encore Ernest Gellner, « éviter les gaffes » qui humilient et font rire de soi. Si l'on perd de vue cet intérêt à protéger l'estime sociale de soi, on ne peut comprendre nombre de choix courants des individus, qu'il s'agisse des stratégies de distinction, adoptées par les *risks takers* désireux de (se) prouver quelque chose, ou, à l'opposé, des refuges dans le conformisme par peur de donner prise à la critique. La problématique psychosociologique de l'estime de soi est également sous-jacente à toute analyse qui repère, dans les comportements d'acteurs, le souci de s'identifier à des groupes valorisés socialement, donc valorisants individuellement. On ne peut expliquer les affichages identitaires de type national, religieux, ethnoculturel voire, dans certains cas, professionnels, si l'on ne mesure pas en quoi ils répondent au souci d'affirmer une fierté, sinon même une supériorité collective, discrète ou bruyante. Ces définitions de soi (se dire « de gauche », « de droite », « ni de droite ni de gauche », ou encore « démocrate », « républicain » « libéral ») qui ne sont pas du tout neutres du point de vue émotionnel, jouent un rôle majeur dans la construction des solidarités actives, dans les processus de sélection des amis et des adversaires (*nous* et *eux*), dans l'attention portée aux problèmes ou aux défis contemporains. De même, les comportements sociaux qui relèvent d'une logique d'engagement dans la sphère publique, s'inscrivent-ils dans ce que Pierre Bourdieu appelle lui-même « l'intérêt au désintéressement ». S'identifier à une grande Cause comme la justice sociale, l'humanitaire, l'écologie, les droits de l'homme..., autorise le gain d'une meilleure image de soi sous le regard des autres (du moins, de ceux qui partagent les mêmes idéaux). Le « souci de soi » (George Mead, Michel Foucault), le besoin d'être « considéré » (Marcel Mauss) ou celui d'être « reconnu » (Charles Taylor) sont des déterminations fondamentales de l'acteur. Leur nécessaire prise en compte fait éclater le côté étriqué des conceptions qui voient dans le seul intérêt d'ordre matériel, la matrice des choix opérés par les individus dans la vie sociale.

Il est clair que, dans la vie politique, les dimensions psychosociologiques jouent un rôle particulièrement important. Les affrontements de convictions, voire de personnes, y tiennent au moins autant de place que les conflits d'intérêts à proprement parler. Il faudrait également reconnaître que bien des revendications sociales sur les salaires ou les conditions de travail sont le travestissement d'une revendication de dignité, du besoin d'être mieux pris en considération. Ce n'est pas un hasard si, dans toute campagne électorale, on crédite les électeurs de jugement et d'intérêt pour les valeurs collectives. Tous les candidats font appel à la peur (celle de perdre des acquis sociaux, celle de voir diluer leur identité historique...) ; proposent des raisons de croire dans l'avenir, offrent des « projets » censés répondre au désir de construire une société plus humaine, plus juste et plus fraternelle. Quant aux militants et dirigeants politiques, leurs comportements ne sont pas déchiffrables de façon plausible si l'on persiste à ignorer les ressorts de l'ambition, l'attrait des jouissances du pouvoir, le besoin d'idéalisation de soi. Mais ces catégories psychologiques sont indissociables de leur contenu sociologique car les gratifications associées aux succès remportés ne sont pas les mêmes selon que la vie politique se déroule sous l'empire de normes démocratiques ou autoritaires, s'insère dans des contextes culturels où les enjeux principaux sont façonnés plutôt par des considérations de grandeur et de prestige ou plutôt par des préoccupations de satisfactions matérielles[1]. Un dirigeant suédois ne vit pas son ambition de la même manière qu'un aspirant au pouvoir en Chine, aux États-Unis ou au Moyen-Orient. Il faut donc interroger les logiques de situation et les opportunités qu'elles offrent, en fonction des enjeux et des règles du jeu propres à chaque régime politique. Mais les distinctions opérées par Norbert Élias, en fonction de la taille des configurations d'acteurs, conservent partout leur entière pertinence. La prise en considération du style psychologique des individus importe d'autant plus que l'observation s'en tient aux situations microsociales et au court terme, par opposition aux structures macrosociales et à la longue durée.

2. Pour la prise en considération des dimensions émotionnelles de toute vie sociale

Non seulement il est inopportun de séparer le psychologique et le sociologique, toujours étroitement articulés entre eux dans la pratique, mais il est encore plus regrettable de réduire le psychologique aux facteurs de personnalité. En réalité, les dynamiques sociales qui constituent le produit émergent d'activités individuelles agrégées, sont

1. Philippe Braud, *Petit traité des émotions, sentiments et passions politiques*, Paris, A. Colin, 2007.

elles-mêmes émotionnellement colorées. Opposer les passions et les intérêts n'a pas grand sens. Les grands classiques du XVIIIe siècle comme Montesquieu ou Adam Smith le savaient bien qui lisaient dans la poursuite d'intérêts purement économiques, la mise en œuvre d'une passion pacifique (mais passion tout de même), par opposition au goût de la guerre et à la quête de prestige militaire. Quand l'auteur de *De l'Esprit des loix*, s'efforce d'identifier ce qu'il appelle « le principe » du gouvernement monarchique, il met l'accent sur une logique sociale prédominante dans ce type de régime, qui consiste à juger les comportements à l'aune du sentiment de l'honneur. Quand Tocqueville décrit l'irrésistible montée du mouvement démocratique aux États-Unis et en Europe, il n'oublie pas d'identifier les gratifications psychologiques qui lui sont intrinsèquement liées (les mille petites satisfactions quotidiennes de l'égalité) ni les craintes que, logiquement, elles font naître au sein d'élites effrayées de leur possible engloutissement dans la masse. Un modèle, plus ambitieux sociologiquement, des dimensions émotionnelles des dynamiques sociales a été proposé par Norbert Elias. Les « processus de psychologisation » qu'il voit à l'œuvre dans l'évolution multiséculaire de l'Occident européen, lui paraissent étroitement articulés aux logiques économiques de division croissante du travail, aux logiques politiques de centralisation du pouvoir (curialisation des guerriers), aux logiques culturelles enfin qui tendent à inculquer par l'éducation une autocontrainte facilitant la forclusion progressive du recours à la violence interne à chaque État (*infra*, chapitre 5).

Ce type d'approche qui exige des analyses fines, adaptées à l'étude de chaque système politique particulier, voire de chaque mode d'organisation politique (parti, syndicat, association, réseau...), doit permettre de mettre en évidence les *incitations émotionnelles* offertes par les institutions ou présentes dans les situations vécues ainsi que les *mécanismes de défense* indispensables à la protection du lien social. Les premières renvoient le plus souvent à la stimulation d'émotions élémentaires comme la peur et l'espoir, l'hostilité et la solidarité, la haine et la compassion, l'ambition et l'esprit de compétition. Il existe, par exemple, une logique impérieuse de campagne électorale : décider les citoyens à se déplacer aux urnes sinon les élus verraient leur légitimité entamée. Cela exige la production de discours ouvrant des perspectives de « changement », c'est-à-dire d'espérances ; cela implique aussi d'exalter la fraternité des citoyens, la fierté de participer à la définition de l'avenir collectif, etc. Tout affaiblissement de l'efficacité de ces incitations émotionnelles mettrait en péril l'institution même du suffrage universel. En même temps, les règles du jeu (juridiques et politiques) qui gouvernent le recours aux urnes, mettent en place des mécanismes défensifs, au sens psychanalytique du terme, qui permettent de limiter les risques inhérents à l'emballement des logiques de la compétition. Le refoulement et l'idéalisation en sont les modes les plus courants. Le premier permet de réduire, ou même d'interdire, l'expression publique de certaines formes de haine qui seraient par trop destructrices du lien social. Le second contribue au bon fonctionnement du suffrage universel en ce sens qu'il facilite une lecture des choix de l'électeur qui substitue à des motivations basses comme l'envie, la jalousie, l'égoïsme corporatiste, des motivations élevées comme la quête de la justice ou le souci de l'intérêt général. Des exigences analogues se retrouvent au sein de n'importe quelle organisation politique car leur bon fonctionnement exige logiquement le maintien de tabous et l'existence d'incitations émotionnelles sélectives pour fortifier l'allégeance des militants.

Section 2

Le réel et le symbolique

En politique la capacité d'agir sur le terrain est souvent plus réduite qu'il n'y paraît. Jadis, les États manquaient de moyens matériels pour affronter efficacement des problèmes aussi graves que la famine, l'absence de travail, le vagabondage. Aujourd'hui, la réduction de la marge de manœuvre des dirigeants d'un État est due plutôt à des causes juridiques ou politiques : d'un côté, la soumission aux lois de l'économie de marché, aux contraintes internationales ; de l'autre, la crainte d'un désaveu électoral en raison des résistances prévisibles de ceux qui craignent d'être lésés. Si, comme l'écrivent Colin Crouch et Wolfgang Streek, les dirigeants politiques sont « peu enclins à révéler à leurs électeurs le secret honteux de leur impuissance »[1], il leur faut investir dans des gestes et une rhétorique qui puissent offrir des satisfactions suffisantes à un autre niveau. En un mot, dans une politique symbolique. C'est pourquoi l'activité politique est à la fois action et communication. Davantage encore qu'en beaucoup d'autres domaines, parler, émettre des messages, c'est agir. Mais les mots ont-ils la même réalité que les faits d'ordre économique ou social ? Et les faits eux-mêmes sont-ils dissociables des mots qui les nomment ? Le langage courant tend à opposer les paroles et les actes, de même qu'il opère une distinction entre une action réelle et une action symbolique, celle-ci étant vaguement rattachée à l'idée d'apparence sans vraie consistance. Pour les sciences sociales, les réponses à envisager sont un peu plus complexes. Il est nécessaire, en effet, d'interroger ces conceptions spontanées que chacun se fait de la réalité, et indispensable de remettre en question le refoulement du symbolique dans l'ordre du marginal ou de l'insignifiant.

1. Lionel Jospin l'a avoué lors de la fermeture de l'usine Renault à Vilvorde... mais cela fait partir d'un style de gouvernement qu'il a payé sévèrement.

§ 1. La réalité de la réalité

La connaissance scientifique des phénomènes procède-t-elle par constats qui dévoileraient le réel « tel qu'il est », grâce à des méthodes d'enquête soigneusement contrôlées ? Ou bien, au contraire, est-elle cantonnée à l'étude des « représentations du réel », lesquelles seraient en fait les seules données véritablement accessibles ? En d'autres termes, le réel existe-t-il comme un donné à découvrir et décrire, ou bien est-il le produit de l'activité de connaissance ? Sur ce problème fondamental, de nature épistémologique, deux familles d'approches sont repérables.

A Les théories positivistes

1. Exposé

Envisagées dans leur acception la plus large, elles ont en commun de considérer les faits comme des données objectives qui s'imposent de l'extérieur à l'observateur. Ils sont là, têtus, résistants ; aucune explication sérieuse, aucune interprétation acceptable de la réalité sociale ne peut se dispenser de s'appuyer sur eux. Nous connaissons donc le monde sur le mode du constat ou du dévoilement. Le chercheur doit simplement se montrer vigilant d'une part pour dissiper les illusions du sens commun, d'autre part pour identifier les artefacts produits par des techniques d'investigation insuffisamment fiables, des méthodes d'analyse trop mal maîtrisées. Cette démarche intellectuelle se situe dans l'héritage du rationalisme aristotelicien et kantien. Selon la thèse classique, il existe des catégories universelles de l'être qui sont constitutives de la réalité des choses : le lieu, le temps, la position, etc. Chez Kant, ces catégories appartiennent à l'univers de la pensée, les fameuses « catégories *a priori* de l'entendement ». Cela signifie que l'observation des phénomènes est déchiffrable à partir des structures « transcendantales » de la raison humaine universelle telles que, par exemple, l'unité et la pluralité, la causalité et la conséquence. Elles existent en soi, indépendamment de toute expérience et avant elle. Les travaux de linguistes prolongent cette démarche lorsqu'ils cherchent à mettre en évidence l'existence de signifiés qui seraient présents dans toutes les langues : Je, quelqu'un, quelque chose, faire, avoir, loin, près, etc.[1]

1. Anna WIERZBICKA, *Semantics, Primes and Universals*, Oxford, Oxford University Press, 1996.

Dès lors, dans cette perspective qui postule l'existence d'« universaux », le chercheur peut accéder à une vision vraie du réel. La vérité est *une* parce que A ne peut pas être à la fois A et non A ; elle est, en outre, *accessible* à condition de se cantonner à la perception et à l'observation du monde empirique qui nous entoure, en se gardant de toute spéculation abstraite.

Pour parler comme Bachelard, la fin du XIXe siècle fut, dans les sciences sociales, « le moment positiviste » par excellence. Il a exercé une puissante influence qui demeure très largement visible jusqu'à nos jours. Quand Durkheim nous dit qu'il faut « traiter les faits sociaux comme des choses », il illustre parfaitement la force de cette conception qui suscitera le plus large écho. Néanmoins, cette vision du rapport au réel est battue en brèche avec une force croissante, depuis l'essor de la phénoménologie et, plus récemment, celui des sciences cognitives[1].

2. Discussion

L'argument antipositiviste fondamental se trouve bien résumé dans cet énoncé de Nelson Goodman : « La pensée ne rencontrera jamais le réel parce qu'il n'est pas d'autre réalité pensable que celle-là même que l'on fabrique en pensant »[2]. Mais l'antipositivisme comporte en réalité deux dimensions. D'une part, dans la perspective cognitiviste, on souligne les limites de nos capacités d'intelligence de l'environnement, limites qui sont, en fait, celles de notre appareil neurocérébral et de son mode de fonctionnement. La réalité existe mais elle n'est intelligible qu'à l'intérieur d'un système de perceptions, le nôtre, lequel est étroitement conditionné par des processus neurobiologiques déterminés. D'autre part, dans la filiation de Husserl, figure majeure de la phénoménologie que Merleau-Ponty contribuera à introduire en France, on insiste sur le fait que c'est la conscience que le sujet pensant a de l'objet, qui est la source des significations qui lui seront attribuées. Pour Husserl, cette conscience opère dans un

1. Daniel ANDLER, *Introduction aux sciences cognitives,* Paris, Gallimard, 1992 ; Pierre JACOB, *Pourquoi les choses ont-elles un sens ?,* Paris, Odile Jacob, 1997.

2. Nelson GOODMAN, *Manières de faire des mondes,* Trad., Paris, Éd. Jacqueline Chambon, 1996, p. 13. Également : « Les défauts de la *vérité* sont nombreux et graves. Interprétée comme la correspondance entre le discours et le monde préfabriqué situé au-delà du discours, elle se heurte à un double inconvénient : il n'existe pas de monde indépendant de toute description ; d'autre part une correspondance entre la description et ce qui n'est pas décrit est chose incompréhensible », dans Nelson GOODMAN, Catherine ELGIN, *Reconceptions en philosophie, dans d'autres arts et dans d'autres sciences*, Paris, PUF, 1994, p. 164.

rapport constant avec autrui, de sorte qu'il se voit fondé à soutenir que « l'intersubjectivité est le socle de l'objectivité du monde ». En d'autres termes, l'objet accessible à l'observation savante, ce n'est pas le réel mais les représentations du réel, telles qu'elles se construisent dans la communication et les échanges entre les êtres humains. Il y a, par conséquent, déplacement de perspective et focalisation moins sur les phénomènes que sur les significations qui leur sont attribuées.

Le débat peut se poursuivre dans les termes suivants. Le monde étudié est-il déjà « organisé », ou est-ce l'observateur qui l'organise en projetant sur lui ses classifications ? Cette formulation du dilemme pose le problème des catégories d'analyse sans lesquelles il est impossible de penser. Avec, par exemple, des classifications directement politiques comme « la droite » ou « la gauche », les conservateurs et les progressistes, le travail proprement idéologique de construction des classifications atteint un maximum de visibilité. Le politiste se trouve alors confronté à l'alternative suivante : ou bien se placer d'un strict point de vue phénoménologique, c'est-à-dire observer comment les individus qui se disent de gauche (ou de droite, du centre, etc.) déclinent cette identité politique, donc être attentif à leur expérience subjective ; ou bien tenter de dégager, par l'observation empirique, des régularités objectives de comportements, des co-occurrences d'opinions, d'attitudes ou de valeurs. Dans la première hypothèse le chercheur ne s'étonnera pas du disparate des attitudes d'individus n'ayant en commun que leur autopositionnement (à gauche, à droite, etc.). Il privilégiera l'étude des usages stratégiques divers de cette identité proclamée, l'identification des bénéfices politiques et des profits psychologiques qui s'y rattachent selon qu'il a affaire à des dirigeants, des militants ou de simples électeurs. Dans la problématique inverse, de type objectiviste/réaliste, l'identité de gauche (ou de droite, du centre, etc.) étant réputée exister en soi, il en recherchera les manifestations indiscutables. Les individus seront donc classés par rapport à elle selon un degré décroissant d'orthodoxie. En d'autres termes, on raisonnera davantage en termes d'invariants (la gauche, la droite...) par rapport auxquels se structurent les comportements fluctuants des individus.

Cette alternative théorique fait écho à la célèbre controverse médiévale entre les tenants du nominalisme pour qui les « universaux », c'est-à-dire les termes par lesquels sont désignés des phénomènes collectifs (la beauté, la blancheur, mais aussi la famille, le pouvoir, l'État) étaient de simples constructions de l'esprit, alors que les réalistes, nous dirions aujourd'hui les positivistes, tenaient ces catégories de classement pour dotées d'une existence authentique, inscrites dans la réalité sensible. Comme l'observe Norbert Élias, Max Weber inclinait assez clairement vers le nominalisme sociologique tandis qu'Émile Durkheim penchait plutôt vers le réalisme[1].

La force de l'argument antipositiviste de Goodman est décisive. Cependant, il est utile, même dans sa perspective, d'introduire *des distinguos supplémentaires*. Si inaccessible, en un sens, que soit le réel, il n'en demeure pas moins que nous expérimentons différents « niveaux de réalité » de notre environnement. Paul Watzlawick le montre bien quand il distingue ce qu'il appelle réalité de premier ordre et réalité de second ordre. « On peut, écrit-il, répondre objectivement à la question de savoir si la baleine est un poisson ou un mammifère à condition d'être d'accord sur les définitions de "poisson" et de "mammifère". Nous utiliserons donc le terme de réalité de premier ordre chaque fois que nous entendons ces aspects accessibles à un consensus de perception et, en particulier, à une preuve (ou une réfutation) expérimentale, répétable ou vérifiable »[2]. Mais, rappelons-le, ce consensus est lui-même conditionné par les instruments de perception qui sont à notre disposition. Watzlawick appelle réalité de second ordre les significations investies dans les propriétés physiques comme, par exemple, l'interdiction de traverser associée à la couleur rouge du feu de signalisation. Or, conclut-il, nous perdons facilement de vue cette distinction. « Nous croyons naïvement que la réalité est la façon dont nous voyons les choses, quiconque les voit autrement devant par nécessité être méchant ou fou. Or, c'est une illusion de penser qu'il existe une réalité de deuxième ordre "réelle", et que les gens "sains" en sont plus conscients que les « fous ».

Il faut encore ajouter que, de toute évidence, le poids relatif de ces deux ordres de « réalité » n'est pas le même dans les sciences de la nature et les sciences sociales. Le comportement d'un oiseau bagué, observé par l'ornithologue, et le déroulement d'une manifestation observée par le politiste posent des problèmes différents. Les acteurs de la manifestation se perçoivent comme manifestants ; en un sens, ils se savent en représentation, c'est-à-dire regardés, filmés, enregistrés. Dans son déroulement, la manifestation elle-même est classée par des observateurs extérieurs : massive ou squelettique, violente ou bon enfant, syndicale ou politique, sans que nécessairement tous les jugements classificatoires portés sur elle soient convergents. Dès lors,

1. Norbert ÉLIAS, *Qu'est-ce que la sociologie ?* (1970), Aix-en-Provence, Éd. de l'Aube, 1991, p. 139 sq. V. également, chez les juristes du début du XXe siècle, le débat sur la personne juridique : réalité ou fiction ?

2. Paul WATZLAWICK, *La Réalité de la réalité. Confusion, désinformation, communication,* Trad., Paris, Seuil, réédition, 1984, p. 137.

quel est le fait à collecter ? La seule réalité physique d'un rassemblement de personnes sur la voie publique ou bien, également, l'ensemble des représentations qu'il suscite chez les participants et les observateurs ? Si l'on retient la seconde hypothèse, la seule concevable en fait, un élément de (re)construction de la réalité se glisse inévitablement dans le processus d'enregistrement des faits. En effet, il faut opérer plus qu'un simple constat matériel et prendre acte des représentations, convergentes ou divergentes, qui se sont constituées autour de ces faits. En sciences sociales et singulièrement en science politique, les objets étudiés sont le plus souvent des réalités de second ordre, c'est-à-dire des représentations. Par exemple, la République, la nation, la citoyenneté, etc. Dès lors, un positivisme strict qui en ferait des « objets réifiés », sans s'interroger sur les processus de construction de ces représentations et leurs usages dans un champ de forces sociales, dégénérerait en aveuglement théorique et conduirait à mettre en place un écran opaque entre l'observateur et l'univers observé.

B La démarche constructiviste

C'est sous l'influence d'Alfred Schütz et de ses disciples Berger et Luckmann, que les thèmes essentiels de la phénoménologie husserlienne ont été introduits dans les problématiques de la recherche sociologique. Mais l'œuvre de Wittgenstein a également exercé une forte influence, notamment à travers les approches dites ethnométhodologiques.

Pour Alfred Schütz qui publie : *La Phénoménologie du monde social*, en 1930, l'énigme scientifique par excellence est de savoir comment on passe d'un monde d'objets bruts à un monde d'objets investis de sens. La réponse se situe dans le fait que la perception subjective qu'un individu a de son environnement, est rendue possible par un travail social de construction du sens. Ses manifestations principales en sont d'abord l'activité de typification, c'est-à-dire la production de systèmes de classements. Ainsi des distinctions entre le vivant et l'inerte, le sacré et le profane ou encore les divisions de la société en ordres, en castes ou en classes. C'est aussi la mise en place, au sein d'une communauté anthropologique donnée, de « contextes de significations », fondés sur des stocks d'expériences et de connaissances accumulées. Il en résulte des « significations partagées et tenues pour acquises », grâce auxquelles les individus en interaction peuvent communiquer, partager des expériences, transmettre des savoirs et, tout simplement, penser.

Le travail mental, aussi bien que social, d'organisation du monde est toujours à l'œuvre et les chercheurs y participent à leur niveau[1]. Ainsi des catégories de l'âge. Bien sûr, on observe une réalité biologique : des individus en début ou en fin du cycle de vie, bref des jeunes et des personnes âgées ; mais l'on passe sans discontinuité d'une étape à l'autre. Rémi Lenoir a montré, après Maurice Halbwachs[2], que la détermination des classes d'âge qui peut paraître si naturelle renvoie à des fondements sociaux. À l'époque moderne, des institutions comme le système scolaire, le système médical, les organismes de protection sociale mettent en place des critères juridiquement définis (l'âge de la retraite par exemple ou celui de la première scolarisation obligatoire). Ce qui est en question, « c'est la définition des pouvoirs associés aux différents moments du cycle de vie, l'étendue et le fondement du pouvoir variant selon la nature des enjeux, propres à chaque classe ou à chaque fraction de classe, de la lutte entre les générations[3] ». Si un tel travail social de classement est repérable à propos de l'âge, *a fortiori* prend-il de l'importance lorsqu'il concerne les catégories socioprofessionnelles ou les classes sociales. C'est l'intérêt des travaux de Luc Boltanski sur les cadres, et ceux d'Alain Desrosières et Laurent Thévenot sur les catégories professionnelles en général, de mettre en lumière ce qui s'y joue en termes de pouvoir, de capacité revendicative et de prestige symbolique. Le positionnement social respectif des classes et des professions est en effet l'enjeu de conflits, ouverts ou larvés, qui impliquent d'abord les acteurs mais aussi les observateurs.

Avec Berger et Luckmann, l'accent se trouve placé sur les processus grâce auxquels se structure et se légitime l'ordre social. Là où ils se distinguent des culturalistes, c'est qu'ils s'intéressent moins aux produits culturels (valeurs, modes de légitimation, normes morales et juridiques) qu'à leur mode d'apparition. D'où leur attention à ce qu'ils appellent les processus d'institutionnalisation. « L'institutionnalisation se manifeste chaque fois que des classes d'acteurs effectuent

1. Bernard FRADIN, Louis QUÉRÉ, Jean WIDMER (Dir.), *L'Enquête sur les catégories. De Durkheim à Sacks*, Paris, EHESS, 1994, Présentation par Louis QUÉRÉ.

2. Maurice HALBWACHS, « Les Statistiques en sociologie » (1935), *in* M. HALBWACHS, *Classes sociales et morphologie,* Paris, Minuit, 1972, p. 329 sq.

3. Rémi LENOIR, « Objet sociologique et problème social », *in* P. CHAMPAGNE, R. LENOIR, D. MERLLIÉ, L. PINTO, *Initiation à la pratique sociologique,* 2e édition, Paris, Dunod, 1990, p. 64. On peut faire la même analyse à propos de la distinction des sexes, d'où la notion anglo-saxonne de *gender*. Thomas LAQUEUR, *La Fabrique du sexe*, Trad., Paris, Gallimard, 1992.

une typification réciproque d'actions habituelles »[1]. Les institutions, comprises ici dans un sens très large, sont des représentations « vécues comme détentrices d'une réalité propre, une réalité qui affronte l'individu comme un fait extérieur et coercitif ». Et ce sont les rôles, endossés par les individus, qui représentent la réalité de l'institution dans les pratiques quotidiennes de la vie : le rôle de représentant du Peuple, par exemple, donne son existence à la notion de Peuple. Pour ces auteurs, les « mythologies, théologies, théories et idéologies, univers symboliques », sont des « machineries conceptuelles » que produisent les sociétés (en fait l'ensemble des interactions sociales) pour ordonner en un tout relativement cohérent l'ensemble des représentations et institutions qui définissent l'ordre social.

Sur cette interprétation du monde social à laquelle il est aujourd'hui assez difficile de ne pas adhérer, la mouvance ethnométhodologique ajoute des éclairages qui ne sont pas dénués d'intérêt, malgré les dérives parfois confuses de certains travaux. Garfinkel, en particulier, souligne que « les savoirs tenus pour acquis » ne sont pas stables mais constituent les enjeux d'une activité permanente de construction et reconstruction. Les acteurs sociaux ne sont pas des « idiots culturels » ; face aux croyances qui donnent sens au monde, ils développent constamment, à leur niveau microsocial, des stratégies et des rhétoriques d'adaptation, de refus ou de défense. En outre, il y a réflexivité de ce qui se dit socialement, c'est-à-dire une logique perpétuelle d'enchaînements, de « réponses à... ». L'énonciation, à un moment donné, est conditionnée par la nécessité pour le locuteur de se positionner par rapport à des énoncés qui viennent d'être produits ; il y a donc une dynamique propre à l'échange. Enfin, tout un courant (John Kitsuse, Donileen Loseke) prend en considération l'importance des dimensions émotionnelles des structures cognitives. Les mots-clés, les systèmes de classements sociaux sont investis affectivement : l'idéalisation entoure la notion de citoyen, l'hostilité celle de terroriste, la compassion celle de victime, la déférence celle de valeurs républicaines ou démocratiques. Plus encore, c'est la communication elle-même qui repose sur une hypothèse générale de « confiance », celle que l'on place dans le discours de l'autre mais aussi dans les catégories du langage social que l'on utilise. D'où l'importance du ton, de la forme, du genre narratif (les « idiomes rhétoriques » chez Kitsuse), pour comprendre les mécanismes de l'activité de persuasion, et l'efficacité des systèmes de représentations du monde.

1. Peter BERGER, Thomas LUCKMANN, *La Construction sociale de la réalité,* Trad., réédition, Paris, A. Colin, 1996, p. 78.

Le réel, au sens positiviste du terme est donc, en un sens, inaccessible. Est-ce à dire qu'il faille adopter face aux sciences sociales une attitude de relativisme absolu ? *Oui,* en ce sens que c'est précisément une caractéristique majeure de l'analyse scientifique que de se percevoir comme dépassable ; la réflexion sur les conditions de production du savoir débouche sur une attitude de modestie qui rejoint la proposition socratique : ce que je sais, c'est que je ne sais rien (rien de définitif ni de clos en tout cas). *Non,* en ce sens que toutes les lectures du réel ne se valent pas en termes de clarification intellectuelle, de puissance d'analyse, de capacité d'élucidation des phénomènes observables. La validité du discours scientifique s'apprécie d'abord à partir de son aptitude à « donner à voir » davantage (ce qui n'est certes pas le cas de tous les ouvrages réputés savants) ; elle s'apprécie aussi à partir de sa prédictibilité d'attitudes et de comportements politiques. De ce double point de vue, il est indéniable que la sociologie politique, depuis un siècle, a enregistré de précieux acquis : grâce à l'engrangement de données incomparablement plus fines ; grâce à la formulation de problématiques qui multiplient les angles d'approche ; grâce enfin à une meilleure identification des constructions mythologiques du politique, y compris, parmi elles, les mythes scientistes.

§ 2. La place du symbolique dans la réalité sociale

Toute organisation sociale recourt à des symboles qui manifestent son existence. La plus modeste association éprouve le besoin de s'attribuer un nom, un sigle ou un logo pour attester sa réalité. Et si, à certaines époques de l'histoire contemporaine, les classes sociales semblent acquérir une matérialité indiscutable, c'est en fait parce qu'un long travail de formulation de leurs intérêts et de leurs aspirations particulières a été opéré, facilitant l'émergence d'une « conscience de classe ». Ainsi des dénominations comme la bourgeoisie et le prolétariat, la gauche et la droite, ou encore la communauté internationale, les États-Unis, la Russie, ne désignent-elles pas seulement des entités collectives, plus ou moins factices d'ailleurs. Grâce à la vertu du langage, elles véhiculent des associations d'idées et des savoirs tacites ; elles sont chargées de connotations favorables ou défavorables. En fait, l'ordre du symbolique échappe aussi bien à la simple réalité matérielle qu'à l'illusion et à la fiction. Il produit d'importants effets de réalité dans la vie politique.

A L'activité de symbolisation

La catégorie du symbolique ne se laisse pas facilement cerner avec précision. Outre ses usages un peu faciles, dénués de rigueur scientifique[1], il faut prendre en compte le fait que le mot : symbolique, à la fois adjectif et substantif, revêt des acceptions différentes selon les disciplines. Histoire de l'art, psychanalyse, linguistique et sémiologie l'emploient avec des significations qui ne sont pas celles de l'anthropologie, de la sociologie ou de la science politique. Aussi est-il nécessaire de dégager une définition qui se révèle opératoire pour les sciences sociales.

1. Le symbole comme signe surchargé de sens

Propriété spécifique de l'être humain, l'activité symbolique apparaît étroitement liée à la communication entre les individus, donc à l'échange de signes. Du strict point de vue linguistique, Ferdinand de Saussure définissait le signe comme l'association « arbitraire » d'un signifiant et d'un signifié (par exemple, le mot pour dire la chose). Ce qui distingue d'emblée le signe du symbole, dans la perspective saussurienne, c'est que ce dernier n'est pas choisi de façon totalement arbitraire : il existe « un rudiment de lien naturel entre signifiant et signifié »[2]. Ainsi du soleil symbolisant la majesté du pouvoir, ou du glaive et de la balance évoquant la Justice ou la force du droit.

Avec Edward Sapir, une distinction est opérée entre symbole de référence et symbole de condensation. Ce dernier se révèle en ce qu'il *ajoute* au rapport signifiant/signifié une surcharge de sens. Par là, il entendait des systèmes de significations acquises qui « s'enracinent au cœur de l'inconscient et chargent d'affectivité des types de comportements, des situations qui n'ont pas l'air d'entretenir le moindre rapport avec le sens originel du symbole »[3]. Dan Sperber illustre cette capacité

1. Lucien SFEZ, *La Symbolique politique,* Paris, PUF, 1988, et *La Politique symbolique,* Paris, PUF, 1993, réédition d'un ouvrage déjà paru en 1978 sous un autre titre.

2. Ferdinand SAUSSURE, cité par Françoise GADET, *Saussure, une science de la langue,* Paris, PUF, 1987, p. 39.

3. Edward SAPIR, *Anthropologie* (1934), Trad., Paris, Seuil, 1971, p. 51. Sapir a ultérieurement reconnu que la distinction : symbole de référence et symbole de condensation, pouvait être problématique mais réaffirmé que tout symbole authentique relevait de cette seconde catégorie. Pour une discussion de cette approche, Philippe BRAUD, *L'Émotion en politique, loc. cit.* p. 78 et sq.

d'évocation, caractéristique du symbolique en comparant deux énoncés : allumer un cigare avec une allumette, allumer un cigare avec un billet de banque[1]. Le premier est descriptif d'une opération banale ; le second échappe à une interprétation routinière et purement rationnelle. Il renvoie à une forme de transgression, met en jeu un rapport fantasmatique à l'argent. Qu'il s'agisse d'un mot (République, Liberté), d'un récit (le meurtre d'Œdipe), d'un objet (la croix, le croissant), d'un monument commémoratif (l'arc de triomphe), d'un événement historique (la Résistance, la Collaboration), etc., le symbole authentique est affecté d'une surcharge de sens qui se déploie dans une double direction. *Au niveau cognitif* tout d'abord. Il répond à la nécessité de faciliter la communication sociale en condensant des significations plurielles, des informations multiples, sur un signifiant dont la compréhension n'est possible que grâce à un travail d'éducation et d'apprentissage. Ce sont des savoirs et des croyances partagées qui permettent aux symboles de servir d'instruments de communication au sein d'un même groupe, ou comme marqueurs identitaires entre des groupes aux symboles différents. Ainsi la croix évoque-t-elle, pour les chrétiens, une histoire et une mémoire qui leur est propre tandis qu'elle est perçue comme emblème d'un *out-group* par les musulmans, les juifs ou les incroyants. Cependant la condensation de significations et d'informations sur le symbole ne se conçoit pas comme un mystérieux capital/savoir qui lui serait intégré : elle n'a de sens que dans une relation avec des destinataires. Ainsi du monument commémoratif dans les lieux publics qui, selon les circonstances et les individus, ne recueille qu'indifférence ou attention flottante alors que, à l'occasion d'une cérémonie, il fait l'objet d'un réinvestissement important.

La surcharge de sens, caractéristique du travail symbolique, se situe également *au niveau émotionnel*. La communication sociale, en effet, n'est pas toujours purement instrumentale ou froidement fonctionnelle. Les symboles socialement efficaces ont pour caractéristique de mobiliser l'attention sur divers registres affectifs : celui du respect (ou du mépris), par exemple à l'égard du drapeau national ; celui de l'identification (ou du refus d'identification) à un leader, un régime politique, une idéologie ; celui encore de la « remise de soi » (ou de l'acharnement à détruire) dans les comportements politiques passionnels. Bref ils tendent à susciter des opinions, des attitudes et des comportements relevant de l'amour ou de la haine, de la séduction ou de la répulsion. Il y a donc du symbolique là où se manifeste une

1. « La pensée symbolique est-elle prérationnelle ? », *in* Michel IZARD, Pierre SMITH (Dir.), *La Fonction symbolique, Essais d'anthropologie,* Paris, Gallimard, 1979, p. 33.

capacité à provoquer chez les agents sociaux des projections émotionnelles repérables, positives ou négatives. Tant que l'emblème de la faucille et du marteau demeure identifié au communisme et suscite attachements et dévouements chez les uns, crainte ou répulsion chez d'autres, l'on peut dire que sa dimension symbolique demeure intacte. Il n'en est plus de même quand il devient indifférent, voire indéchiffrable.

2. Le rapport de symbolisation

Il se caractérise par l'existence d'un lien dynamique entre un symbolisé et un symbolisant. Ce qui est symbolisé renvoie souvent à des groupes d'appartenance. Dans l'ordre politique, ce sont les nations, les classes sociales, les familles idéologiques ou religieuses, les groupes ethniques, les minorités culturelles, mais aussi le territoire de l'État, sa capitale, ses frontières... Ce sont également des formes d'organisation institutionnelle, notamment le régime politique objet d'un travail symbolique particulièrement intense, et les pouvoirs publics. Ce sont également les dirigeants et représentants qui parlent au nom de leurs mandants : organismes collégiaux comme l'Assemblée nationale ou le Bureau politique d'un parti, personnes physiques comme un chef d'État ou un ministre (leur fonction leur confère ce que l'on a appelé un « charisme d'institution »). Quant aux symbolisants, ils peuvent être de nature extrêmement variée. Des objets matériels se voient investis affectivement et surchargés de mémoire : drapeaux, armoiries et cocardes[1], édifices publics prestigieux, statues et monuments particulièrement emblématiques comme les monuments aux morts. Dans les communes du nord de la France, les clochers d'églises et les beffrois d'hôtels de ville richement ouvragés ne sont pas de simples décors du paysage urbain mais des rappels d'ordre culturel, historique et politique. Ces symbolisants peuvent aussi être des concepts, des mots-clés, des récits producteurs de systèmes complexes de représentations qui assoient dans les mentalités des « convictions partagées ». Ils sont généralement associés à des événements historiques (la Révolution, la Shoah), des doctrines politiques (le libéralisme, le socialisme), des modèles d'achèvement (la figure du « bon citoyen », du « patriote », du « républicain »). Enfin il existe des rituels, séquences de comportements hautement codifiées, que l'on peut assimiler à

1. Sur la naissance des armoiries et des drapeaux, Michel PASTOUREAU, *Une Histoire symbolique du Moyen Âge occidental,* Paris, Seuil, 2004.

des liturgies politiques. Ce sont, bien sûr, les fêtes nationales, les commémorations officielles, les séances d'ouverture ou de clôture d'une session parlementaire, les passations de pouvoir entre ministres. Mais ces rites politiques recouvrent des pratiques sociales plus larges : la réunion du congrès d'un parti, la tenue d'élections au suffrage universel, qui obéissent à des règles précises, soigneusement agencées pour acquérir une dimension symbolique également décisive.

Il convient de souligner que la dimension symbolique n'est pas intrinsèque aux « objets » qui en constituent le support. Elle est construite par un travail continu de régulation et d'enrichissement du sens, mené au sein d'un groupe par des autorités perçues comme légitimes. La signification du drapeau tricolore et le respect qui lui est dû, sont appris aux citoyens dès l'école et réaffirmés par les usages qui en sont faits lors des cérémonies officielles où s'expriment les représentants autorisés du pays. Il en va de même pour l'institution du suffrage universel, pour la production monumentale et architecturale qui « marque » le territoire d'un État. Tous ces « objets » sont porteurs d'une histoire qui est réputée faire sens. Sans doute peut-elle être plus ou moins oubliée d'un grand nombre de citoyens mais tous savent qu'elle existe et sont, en principe, disponibles pour qu'on la leur rappelle. Dans l'hypothèse inverse, cela voudrait dire que le symbole a perdu toute effectivité.

Il existe des conflits (des luttes symboliques) autour de ce qui doit faire sens et mériter d'être investi émotionnellement. À la fin du XIXe siècle, la tradition républicaine et la gauche se sont emparées du personnage de Jeanne d'Arc pour valoriser non seulement sa résistance nationale à l'invasion étrangère mais aussi sa qualité de victime : victime du roi qui l'abandonne à son destin funeste et victime de l'Église puisqu'elle est condamnée par un tribunal auquel préside un évêque. Au contraire, la tradition catholique et la droite insistaient sur sa sainteté et sa qualité d'envoyée de Dieu qui lui parlait à travers « ses voix ». De même, le territoire d'un État est-il marqué par la production monumentale et architecturale de groupes dominants, parfois concurrents, qui se sont historiquement succédé sur le même espace. À la différence d'autres sociétés, les pays occidentaux entretiennent aujourd'hui avec un soin tout particulier l'héritage artistique du passé, jugé porteur de messages pour le présent. Il s'ensuit une interpellation permanente de la mémoire qui fait écho à des affrontements politiques. Il n'est évidemment pas neutre que la Basilique du Sacré-Cœur dresse son imposante masse de pierre au-dessus des quartiers de la capitale qui furent les derniers bastions de la Commune insurgée en 1871. Du château de Versailles, Guy Chaussinand-Nogaret nous dit qu'il est « la parabole de l'absolutisme »[1] comme les nouveaux quartiers de la Défense, à l'ouest de Paris, le sont de la nouvelle puissance technologique et financière de la France contemporaine. Bien entendu, les traces les plus marquantes d'une organisation sociale ou politique disparue font l'objet de luttes pour l'imposition du sens légitime : instrumentalisation, détournement ou occultation[2]. Sous l'Ancien régime, le château de Versailles avait réussi à éclipser le prestige historique et politique du Louvre ; il fait l'objet au cours du XIXe siècle d'une marginalisation avant de redevenir l'objet d'un travail de réappropriation partielle par la République qui entretient d'ailleurs avec tout cet héritage monarchique (Versailles, Rambouillet, le Grand Louvre d'aujourd'hui...) un rapport ambigu de distance et de déférence. Il n'existe donc aucune interprétation unidimensionnelle d'une symbolique ; celle-ci peut évoluer avec le temps, selon les enjeux et usages sociaux qui se sédimentent autour d'elle.

B L'efficacité politique du symbolique

Comme l'écrit Georges Balandier, « le pouvoir ne peut s'exercer sur les personnes et sur les choses que s'il recourt, autant qu'à la contrainte légitimée, à des outils symboliques et à l'imaginaire »[3]. Cette affirmation ne vaut pas seulement pour les sociétés qu'étudient les africanistes et autres ethnologues ; elle a une valeur générale. Partout, en effet, l'activité de symbolisation est particulièrement intense lorsqu'il s'agit de susciter ou renforcer des liens sociaux et de légitimer le pouvoir qui s'exerce au sein des groupes.

1. Stimuler un lien social

La force ultime des rhétoriques, des mythes et des liturgies politiques réside dans leur capacité à éveiller des émotions tendanciel-

1. Guy CHAUSSINAND-NOGARET, *Le Château de Versailles,* Paris, Complexe, 1994. Sur le marquage du territoire parisien par les statues et noms de rue, v. Céline MONNIER-BRACONNIER, *Improbable Cité. Paris et la transition démocratique au début de la IIIe République*, Thèse Université Paris I, 1998.

2. À Istanbul, Sainte-Sophie qui fut pendant neuf siècles la basilique la plus célèbre de la chrétienté, devint une mosquée le lendemain même de la conquête turque, en 1453, avant d'être transformée en musée sous le régime laïque d'Ataturk. Il faudrait aussi évoquer, de ce point de vue, le cas exceptionnel de Jérusalem, carrefour de projections symboliques favorisées par un héritage monumental particulièrement complexe.

3. Georges BALANDIER, *Le Détour. Pouvoir et modernité,* Paris, Fayard, 1985, p. 88.

lement fusionnelles au sein du groupe visé ; le cas échéant, en lui désignant un adversaire commun. C'est ainsi que chaque parti politique, chaque organisation à forte sociabilité interne, *a fortiori* les communautés de croyants, les nations voire, aujourd'hui, les ensembles civilisationnels au sens de Samuel Huntington, développent en leur sein, à usage interne, des mots-marqueurs sur lesquels se focalisent des projections intenses. L'évocation sous la IIIe République de l'expression « laïcité » dans le monde des enseignants, celle du mot « patrie » dans les mouvements d'anciens combattants suscitait le sentiment profond de convictions partagées qui effaçaient ou relativisaient les motifs subalternes de division. Une expression verbale acquiert alors une *aura* qui dépasse de beaucoup son sens lexical strict. Chacun à leur manière, les discours enflammés sur le nationalisme, le « monde libre » (pendant la guerre froide) ou « l'internationalisme prolétarien » cherchaient à effacer des frontières chez les destinataires de leur message pour y substituer d'autres clôtures. Il en va de même aujourd'hui avec les rhétoriques associées à « la gauche » ou « la droite » dans la vie politique française : par-delà les clivages de profession ou de richesse qui traversent ces familles politiques, il s'agit d'imposer le sentiment d'une commune appartenance, d'essence « supérieure » au niveau politique. L'exemple de la construction européenne montre que les cheminements du travail symbolique sont multiples. On observe d'abord une répétition insistante de discours chaleureux qui convergent dans l'exaltation des bienfaits du rapprochement entre des nations jadis rivales. Sont apparus plus tard des signes matériels de l'appartenance commune : le passeport, le drapeau européen et même l'euro. Des liturgies politiques se sont institutionnalisées qui mettent en scène cette unité : les élections au Parlement de Strasbourg, quoiqu'elles peinent encore à échapper aux enjeux nationaux, et surtout ces réunions périodiques fortement médiatisées des chefs d'État et de gouvernement avec la photo de famille censée concrétiser leur unité et leur convivialité[1].

Le travail du symbolique consiste souvent à dramatiser une menace extérieure, à désigner des adversaires pour mieux réactiver l'exigence d'unité du groupe. Sa forme paroxystique en est le processus de diabolisation. Cela signifie que l'ennemi ainsi désigné n'a pas d'autre caractéristique identifiable que le fait d'être un ennemi. Il l'est d'un bloc, n'ayant plus que des traits négatifs ; un fossé infranchissable distingue ses comportements des comportements amis. Lorsqu'une

1. François FORET, *L'Europe en représentations. Éléments pour une analyse symbolique de l'Union européenne,* Thèse Université Paris I, juin 2001.

guerre éclate, on observe tout particulièrement la mise en œuvre de ce processus dont la rationalité profonde est d'interdire toute faille interne susceptible d'affecter la capacité offensive ou défensive du groupe entraîné dans le conflit (diabolisation réciproque de l'impérialisme et du collectivisme au temps de la guerre froide, du Grand Satan et de l'axe du Mal dans le conflit américano-iranien, etc.). Mais ce processus fonctionne également dans les luttes politiques internes pour faciliter le resserrement des rangs au sein d'un camp et, si possible, en élargir les frontières. Dans les pays d'Europe occidentale, le Parti communiste a longtemps servi de repoussoir dans les batailles électorales, comme aujourd'hui l'extrême droite dans une direction politique opposée.

Les symboliques les plus efficaces sont celles qui réussissent à façonner des identités collectives réputées invariantes. Elles joueront le rôle d'un levier particulièrement efficace de mobilisation pour mettre en œuvre des solidarités agissantes. Il en va ainsi fréquemment avec le sentiment d'appartenance nationale. Lorsque celui-ci se trouve surinvesti grâce à l'exacerbation des discours patriotiques, il favorise considérablement l'enrôlement étatique des énergies au service de la grandeur, voire de l'expansion nationale. L'avènement à la fin du XIXe siècle des armées de citoyens supposait d'ailleurs un travail symbolique intense autour de cette forme de déclinaison identitaire, de façon à convertir les citoyens en soldats prêts au sacrifice suprême. Aujourd'hui, il existe une tendance lourde, dans les sociétés modernes, à « l'effondrement des grandes mémoires organisatrices » (Joël Candau) et, corrélativement, une tendance à l'individualisation des croyances, impliquant un affaiblissement des sentiments d'appartenance identitaire trop unidimensionnels ou trop contraignants. En outre, le sentiment d'appartenance nationale est fréquemment mis en balance avec d'autres formes d'allégeance particulariste. Celles-ci ont pu dans un passé récent prendre la forme de la conscience de classe, surtout dans la classe ouvrière et chez certaines catégories d'intellectuels. Aujourd'hui, la résurgence du « religieux » en divers endroits de la planète participe également de ce mouvement de contestation du monopole identitaire de l'État sur le plan politique. Enfin, le féminisme comme les mouvements d'affirmation des minorités sexuelles tendent à constituer de nouveaux leviers de solidarité identitaire sur des problèmes de société inédits : l'exigence de parité hommes/femmes par exemple.

Une dimension essentielle de l'efficacité symbolique est la capacité d'imposer des classements et de définir des enjeux qui structurent les frontières de regroupements politiques. Ils permettent la formulation de « grandes causes » auxquelles pourront s'identifier militants et sympathisants. À la distinction médiévale des clercs et des laïcs et, en leur sein, des nobles et des roturiers, correspondait une définition des enjeux majeurs des luttes politiques : pour les uns, défendre ou élargir leurs prérogatives ; pour les autres, tenter d'exister dans la sphère politique. Au XIXe siècle, succède un tout autre schéma de classement qui valorise les classes sociales et leur place dans le processus de production économique. Il s'ensuit la légitimation dans la sphère politique de conflits ouvertement économiques et sociaux, ce qui demeure une caractéristique fondamentale des sociétés contemporaines. Sur le terrain des luttes sociales, une problématique majeure est celle qui construit des groupes victimes, de façon à définir qui doit bénéficier de la sollicitude des pouvoirs publics (Murray Edelman). Ainsi, s'agissant de la drogue, l'enjeu politique essentiel est-il de définir qui sont les principales victimes : les drogués ? les petits dealers ? les paysans pauvres des pays producteurs ? ou bien seulement les personnes touchées directement par la criminalité qu'elle engendre ? Selon l'extension plus ou moins restrictive de la qualité de victime, les politiques mises en œuvre prendront un cours différent. Dans un autre domaine, le glissement de vocabulaire qui conduit les uns à parler de « clandestins » ou d'« illégaux », les autres de « sans-papiers », constitue un préalable à la définition de l'action jugée souhaitable à leur égard. Dans nos sociétés, toute dénomination par le manque (les *sans*-logis, les *sans*-travail, etc.) suggère en effet, irrésistiblement, la nécessité de combler un vide. D'où l'importance de ces batailles de labellisation autour des populations concernées.

La problématique victime/victimiseur est, bien entendu, sous-jacente à la revendication de réparation pour des crimes de masse subis par un groupe tout entier : victimes de la Shoah, victimes de l'esclavage, du colonialisme et de l'apartheid, victimes de génocides et de crimes contre l'humanité en divers pays. Elle tend à placer les gouvernements ou les groupes identifiés comme responsables dans une position politique particulièrement délicate ; d'où les luttes symboliques pour l'occultation ou l'entretien de la mémoire. D'un côté des non-dits ou des « blancs » de l'Histoire pour masquer ou refuser un sentiment de culpabilité, favoriser une lecture euphémisante des événements tragiques ; de l'autre, des commémorations pour refuser l'oubli d'événements douloureux, afin de structurer, par le maintien du lien entre le passé et le présent, des jugements de valeurs sur ce qui doit demeurer objet d'admiration ou de répulsion, ce qui doit engager légitimement le repentir ou la réparation. (Voir, à cet égard, le fonctionnement en Afrique du Sud de la Commission Justice et Vérité, créée en 1995).

2. Légitimer un ordre social

Les outils symboliques servent aussi à asseoir des hiérarchies, à souligner les différences d'autorité et de rang, à dire qui doit être au centre de l'ordre social, au moins idéalement. Dans ses travaux devenus classiques sur l'État à Bali, Clifford Geertz opère un rapprochement audacieux mais révélateur, entre cette société traditionnelle du XIXe siècle et la nôtre, soulignant comment notre conception du pouvoir politique occulte celle que Bali exhibe ; et vice-versa. À Bali, les liturgies politiques importaient plus que l'exercice d'un pouvoir juridique de contrainte, au demeurant assez limité. Les normes qui régissaient la vie quotidienne, relevaient en effet de centres de décision dispersés, articulés de façon très complexe mais échappant à l'emprise directe des dirigeants politiques qu'étaient les monarques et les princes. La politique du pouvoir, écrit Geertz, se déployait dans des cérémonies fastueuses où se donnaient à voir les rigoureuses différences de statuts sociaux, de titres et de rangs ; elle s'inscrivait dans l'ostentation architecturale, fortement hiérarchisée, des palais des nobles et des rois ; elle s'exprimait de manière théâtralisée et dramatisée, lorsque la mort du souverain exigeait le sacrifice hautement cérémonialisé de ses jeunes concubines, ou quand sa défaite à la guerre se concluait par un suicide collectif. Au contraire, dans les conceptions instrumentales du pouvoir d'État qui prévalent en Occident, au moins dans la théorie politique (« la cage de fer webérienne »), les dimensions symboliques de l'activité politique sont volontiers ravalées au rang d'artifices secondaires, « plus ou moins habiles, faisant plus ou moins illusion, façonnés pour atteindre les buts plus prosaïques de l'exercice du pouvoir »[1]. Quand on définit l'État comme le monopole de la violence légitime ou comme « le comité exécutif de la classe dirigeante », l'accent placé sur l'exercice d'un pouvoir coercitif tend, bien à tort, à rejeter au rang de fictions secondaires tout ce qui est mises en scènes, théâtralisations ou ritualisations.

Or le travail du symbolique s'est toujours exercé puissamment dans les pays européens et s'exerce encore dans les États modernes au profit du pouvoir politique. Marc Bloch nous a montré comment, à l'époque médiévale, l'idée monarchique a pu résister au morcellement féodal puis s'épanouir grâce à « des représentations intellectuelles et sentimentales » qui faisaient de la personne royale une sorte d'élu de Dieu : c'était le sacre et son onction « quasi sacerdotale », les légendes merveilleuses autour de l'origine de l'huile sainte ou du blason, le

1. Clifford GEERTZ, *Negara. The Theatre State in Nineteenth Century Bali*, Princeton University Press, 1980, p. 122.

pouvoir attribué aux rois de France et d'Angleterre de guérir les écrouelles. « La conception de la royauté sacrée et merveilleuse traversa tout le Moyen Âge sans perdre sa vigueur »[1]. Avec les conceptions contractualistes de la nation ou la vision moderne de l'État comme représentant de l'intérêt général, les modalités du travail symbolique ont changé mais le souci d'exalter le pouvoir n'a pas disparu. Les cérémonies officielles visent toujours, à des degrés divers, à créer une impression de force et de grandeur : les rites d'investiture aussi bien que les fêtes et commémorations officielles, les apparitions solennelles des dirigeants de l'État à l'occasion d'un déplacement en province ou d'une réception de personnalités étrangères, etc. Ces cérémonies se situent dans un espace sacralisé : soit en permanence[2] soit pour la circonstance, comme le montrent par exemple les dispositions séparant rigoureusement les tribunes officielles et l'espace public. Et si, aujourd'hui, l'apparat militaire (garde d'honneur, défilé de troupes) se fait plus discret, il n'a pas disparu. La cérémonie officielle ne se confond pas avec la fête populaire ; elle reste soigneusement maîtrisée, hiérarchisée, réglée. Cette nécessité de rehausser l'autorité de l'État (ou d'une quelconque institution) explique que, parfois, se renforce l'aspect cérémoniel au moment même où s'affaiblit son poids politique. Ainsi en était-il des sénateurs romains entourés sous l'Empire d'un apparat qu'ils dédaignaient aux meilleurs temps de la République ; ainsi en est-il encore, en Grande-Bretagne, des cérémonies du couronnement royal qui n'ont revêtu leur actuelle magnificence qu'à la fin du XIXe siècle. La surcharge de signes dénote fréquemment l'appauvrissement du sens.

La dimension « théâtrale » des cérémonies exige la présence de spectateurs. Bien sûr, les participants sont d'abord le miroir qui renvoie aux représentants du groupe l'éclat de leur puissance, qu'il s'agisse d'une foule nombreuse assistant aux meetings d'un parti, ou aux inaugurations présidées par le chef de l'État ; qu'il s'agisse au contraire de personnes choisies dont les titres et les qualités rehaussent l'éclat de la cérémonie (délégations étrangères, rang des personnalités présentes...). La participation du public aux liturgies politiques a aussi des vertus socialisatrices. La situation cérémonielle se révèle, en effet, favorable à la bonne réception des messages qui émanent des dirigeants ou des représentants, grâce à l'élimination de tous les discours éventuellement dissonants. Lors d'une inauguration officielle ou d'une

1. Marc BLOCH, *Les Rois thaumaturges* (1924), rééd. Paris, Gallimard, 1987, p. 258.
2. Autour d'un monument aux morts, c'est le rôle des grilles ou de quelque substitut « séparatif » : gravillons, plaques de marbre, escalier monumental.

cérémonie de recueillement, les contestataires ne sont pas autorisés à s'exprimer, et la transgression pourra paraître sacrilège. En outre, la communication politique se situe ici sur un registre plus émotionnel que rationnel. Or la force ultime des symboles dépend de leur capacité à parler aux sentiments du plus grand nombre. C'est pourquoi leur vertu réside aussi dans une certaine ambiguïté qui permet à chacun de projeter le plus librement possible ses propres aspirations. Dans les liturgies politiques, la coupure entre officiels et profanes, le choix des lieux, le décorum, l'ordonnancement ritualisé de la cérémonie, la banalité œcuménique des propos tenus, rehaussée par la forme solennelle du discours, tout concourt à favoriser l'efficacité du message. On comprend pourquoi les régimes totalitaires ne se sont pas contentés d'une participation volontaire à ces cérémonials mais se sont au contraire employés à les rendre obligatoires tout en renforçant le faste des mises en scène qui s'y déployaient. Les symboles servent donc également à instruire. La frontière n'est pas toujours claire entre les symboles qui renvoient plutôt au Peuple, à la Patrie ou à la Nation, et ceux qui renvoient directement à l'État et au pouvoir qui s'y exerce. Il peut d'ailleurs s'agir d'une confusion voulue, productrice de légitimité. En France, célébrer la République est une manière oblique, et mieux admise culturellement, de célébrer aussi l'État jacobin. Et si les inscriptions des monuments aux morts mentionnent seulement : « la Patrie reconnaissante », est-il vrai que la figure de l'État, sous l'égide de qui ont été mobilisés les soldats tués à l'ennemi, soit réellement absente en dépit des apparences ?

Les symboles politiques ont enfin pour finalité d'exhiber un ordre idéal du monde (ou des choses) qui correspond plus ou moins à celui qui règne concrètement. Cela est particulièrement vrai des règles protocolaires qui régissent les cérémonies. Leur sophistication et leur rigidité peuvent être très variables, ce qui constitue déjà une indication sur la manière dont se conçoivent les relations sociales. La Chine impériale à l'époque de la dynastie mandchoue fait de l'empereur un « Fils du Ciel » et réprouve la mobilité entre les castes et les classes que les États-Unis se plaisent au contraire à exalter comme l'idéal démocratique par excellence. Or les rituels de pouvoir à la cour de Pékin atteignirent un degré de complexité et de rigueur inouïes alors que la « décontraction démocratique » reste de bon aloi dans les relations du Président américain avec la presse ou les citoyens. Ce n'est pas un hasard si le protocole a davantage mauvaise presse dans les milieux populaires : il sert à rappeler des hiérarchies et des rangs au sein du groupe.

Les gestes rituels par lesquels se dit la soumission au pouvoir supérieur recourent à une « grammaire des postures » extrêmement réduite que l'on retrouve dans des cultures tout à fait différentes. C'est d'abord la distance respectueuse à celui qui personnifie le centre du pouvoir ; c'est encore l'abaissement physique du corps : de la triple génuflexion de la cour byzantine à la simple inclination de tête moderne en passant par le baiser au bas du manteau des rois de France ; c'est enfin l'inconfort : attendre ou faire attendre, être pendant la cérémonie debout ou assis, sur un trône, un fauteuil ou un simple tabouret[1]. Tels sont les modules de base de cette gestuelle qui matérialise la dépendance politique et l'inégalité des statuts. On notera cependant qu'il existe une nette tendance à l'atténuation de la rigueur physique des rituels de soumission ; ainsi la génuflexion et l'inclination du corps jusqu'à terre ont-ils disparu des rituels démocratiques. Cette évolution n'est pas anecdotique : elle s'inscrit probablement dans le même mouvement qui tend à limiter l'exhibition trop visible des inégalités sociales et, surtout, à substituer à la violence matérielle un contrôle par la socialisation. Cette autocontrainte associée au processus démocratique d'individuation, marginalise l'expression *physique* de la dépendance et lui confère une expression toujours plus purement intériorisée.

Le protocole exhibe doublement un ordre idéal des choses. D'abord en ce sens qu'il impose une discipline rigoureuse qui gouverne notamment la répartition des personnalités dans l'espace cérémoniel, le droit à l'expression publique et la succession des prises de paroles. L'objectif est de réguler les rivalités intenses et les prétentions rivales qui ne sauraient se déchaîner en public sans faire naître le risque d'ébranler la cohésion du milieu dirigeant mais aussi celle de la communauté tout entière. Un ordre harmonieux est censé régner aux sommets. Plus subtilement, en rendant spatialement visibles voire ostentatoires, des hiérarchies sociales, morales ou politiques que la cérémonie a pour fonction d'exhiber, il désigne le centre de gravité idéal du groupe. Pas seulement par référence à la détention d'un pouvoir effectif même si ce critère pèse lourdement, mais aussi, et surtout, par référence à des croyances fondatrices de légitimité. Pour Clifford Geertz, « ce sont elles – les couronnes et les investitures, les limousines et les conférences – qui marquent le centre comme centre et donnent à ce qui se passe là son aura qui en fait quelque chose d'important mais lié de quelque étrange manière à la façon dont le

1. Dans ses *Mémoires*, Saint-Simon consacre des pages instructives à l'étiquette en vigueur au Parlement de Paris notamment à la manière dont, selon leurs rangs, les conseillers « opinent » debout ou assis, découverts ou couverts, tournés vers le premier Président ou vers tout autre interlocuteur. SAINT-SIMON, *Mémoires,* 1714-1716, rééd. Paris, Gallimard, 1985, t. 4, p. 54 et sq.

monde est construit »[1]. Ainsi, dans l'ordre monarchique, la reine et les Princes du sang avaient-ils un rang protocolaire qui ne correspondait nullement à leur influence réelle : c'est qu'il s'agissait de manifester et consacrer une vision familiale du politique, au centre de laquelle le roi devait apparaître comme le « père » de ses sujets. Aujourd'hui, en France, avec le protocole républicain, c'est au contraire la légitimité démocratique qui prévaut, tempérée néanmoins par l'hommage rendu à l'âge (synonyme de sagesse ?) et diverses traces subsidiaires de l'ancien ordre symbolique.

1. Clifford GEERTZ, *Savoir local, savoir global,* Trad., Paris, PUF, 1986, p. 156 et 157.

Section 3
La place du conflit

Le mot conflit revêt, dans le langage courant, deux sens différents. On l'emploie d'abord pour désigner les guerres (conflits armés) ou encore les grèves et manifestations de rue (conflits sociaux). Mais il ne s'agit là que de la forme la plus visible et la plus aiguë de la conflictualité. Au sens large, il y a du conflit chaque fois que se constatent des antagonismes d'intérêts et d'aspirations. Ils n'inspirent pas nécessairement des comportements actifs de protestation ou d'agression mais peuvent se limiter à des modes d'expression passifs ou à de discrètes interventions auprès de ceux qui ont le pouvoir de trancher. Les gouvernants sont constamment confrontés à des pressions de type contraire chaque fois qu'il s'agit de réformer ou d'adapter les règles en vigueur. Et même quand les revendications d'un groupe paraissent ne susciter aucune opposition visible, en réalité les autorités compétentes savent bien que, pour les satisfaire, elles devront trouver des ressources supplémentaires ou sacrifier d'autres dépenses, ce qui implique nécessairement un fardeau supporté par d'autres groupes. La notion de conflit apparaît ainsi étroitement liée à l'essence même du politique. D'abord parce que les régimes politiques sont tous issus de luttes d'influence, voire de violences, que l'adoption d'institutions stables cherche à contrôler ou faire oublier. Ensuite parce que le travail politique qui s'effectue avant la prise de décision, consiste en de permanentes négociations pour tenter de concilier des attentes contradictoires, dans l'espoir d'éviter des confrontations ouvertes. Enfin parce que la conquête du pouvoir est l'objet de rivalités, légitimes et ouvertes en démocratie, clandestines ou violentes dans les régimes autoritaires. S'il n'y avait pas de conflits dans la société, on pourrait en rendre compte avec la formule célèbre du socialisme utopiste : « Au gouvernement des hommes se substitue l'administration des choses ».

La recherche de biens, au sens le plus large du terme, constitue sans aucun doute le fil directeur qui permet de comprendre pourquoi des individus s'opposent les uns aux autres. Biens matériels, mais aussi pouvoir, prestige ou considération sociale. C'est généralement le concept d'intérêt qui est mis en avant pour recouvrir l'ensemble des motivations qui poussent à rechercher ces biens. Entendu dans un sens strictement économiste, il appauvrit quelque peu le problème des attentes et des aspirations des gens. En réalité, la politique est également dominée par des conflits d'idées. Ils ne sont pas les moins virulents, même et surtout quand ils servent à masquer des conflits plus prosaïques d'intérêts matériels, des jalousies de catégories sociales voire de simples affrontements de personnes. Quelles qu'en soient les modalités, la notion de conflictualité se situe toujours au cœur de la dynamique sociale. C'est pourquoi d'ailleurs, elle engendre la nécessité absolue de discours compensateurs qui exaltent le lien social, l'unité et la fraternité. La confrontation amis/ennemis que Carl Schmidt place au cœur du politique, suppose des alliances et des solidarités actives.

On s'attachera d'abord à identifier les formes principales d'antagonismes et de conflits avant de s'interroger sur leurs modes de surgissement dans l'arène politique.

§ 1. Les conflits d'intérêts

Exister socialement, c'est exister en face d'autrui, et souvent contre lui. Ainsi du candidat à un emploi, recruté de préférence à d'autres concurrents ; ainsi du haut fonctionnaire désireux de faire prévaloir ses vues auprès de sa hiérarchie ou de son ministre. Les analyses d'un René Girard ont souligné une dimension importante de cette dynamique conflictuelle : c'est la force du « désir mimétique » qui conduit les individus à calquer leurs aspirations sur celles que se sont données certains de leurs semblables. « Une fois que ses besoins primordiaux sont satisfaits..., l'homme désire intensément, mais il ne sait pas exactement quoi... Le sujet attend de cet autre qu'il lui dise ce qu'il faut désirer »[1]. Girard touche ici du doigt le processus de construction sociale des attentes et des exigences. Les « objets » convoités par un individu n'ont de valeur que parce qu'ils sont valorisés : soit par d'autres individus, admirés ou enviés ; soit par des processus culturels complexes qui désignent ce qui est légitimement désirable, ou même impérieusement convoitable (c'est d'ailleurs le ressort de toutes les campagnes de publicité). Le phénomène du désir mimétique est au cœur des mécanismes producteurs de rivalités dès lors qu'il met en place les conditions d'une rencontre de deux désirs sur

1. René GIRARD, *La Violence et le sacré,* Paris, Grasset, 1972, rééd. 1989, p. 217.

un même objet ; il arrive même que la convoitise de l'objet tire son intensité du seul fait que le rival le convoite aussi. Cependant cette approche psychologique doit être complétée par une analyse plus sociologique qui mette en évidence les déterminations sociales du conflit d'intérêt et les matrices fondamentales auxquelles il se rattache.

A Logiques objectives de situation

Les intérêts des individus sont conditionnés par la vision qu'ils ont de leur environnement immédiat et la perception des opportunités qui s'offrent ou non à eux. Leur milieu d'appartenance détermine ainsi des attentes et des aspirations qui leur sont propres. Cependant cette position sociale s'inscrit elle-même dans une trajectoire. Les individus voient leurs intérêts à la lumière de leurs expériences passées et des espérances qu'ils croient pouvoir nourrir quant à leur avenir. Il s'ensuit une double logique de comportements.

1. La variable position sociale

Pour Dahrendorf qui se situait alors dans une problématique marxiste, le conflit n'est compréhensible qu'à partir d'une certaine organisation de l'ordre social. La division du travail, la différenciation des tâches et des rôles, la répartition des biens, le contrôle des moyens de production, etc. tout cela contribue à créer des inégalités d'avantages et de satisfactions. Pour cet auteur, l'appartenance à une classe sociale (groupe latent ayant pris conscience de ses intérêts communs) conditionne objectivement l'intérêt au maintien de cet ordre ou, au contraire, le désir de le transformer[1]. Cependant il serait sommaire d'établir une relation directe et univoque entre l'appartenance de classe et la défense ou, au contraire, la contestation de l'ordre social. Ce ne sont pas nécessairement les plus démunis économiquement qui s'élèvent le plus vigoureusement contre la hiérarchie des revenus, ni les plus dominés qui entrent en rébellion. Lors de révolutions, on a vu chaque camp recruter des sympathisants dans des catégories sociales aux intérêts très disparates. Des officiers tzaristes d'origine aristocratique se sont mis au service de la révolution d'Octobre, des paysans pauvres ont combattu dans les armées blanches. Et le gauchisme européen a toujours recruté une grande partie de ses militants dans des milieux sociaux à capital culturel élevé.

1. Ralf DAHRENDORF, *Classes et conflits de classes dans la société industrielle,* La Haye, Mouton, 1972, p. 190 et s. et p. 249.

Dans une problématique plus affinée on dira que les intérêts et les aspirations des individus sont conditionnés par la position occupée dans un champ social (Pierre Bourdieu[1]). Cette position contribue en effet à circonscrire des sphères d'intérêts propres. Les contribuables, par exemple, ne se sentent pas concernés de la même manière par la politique fiscale de l'État selon qu'ils sont salariés ou non salariés, détenteurs de revenus faibles ou élevés. Ils inclineront, en conséquence, à se faire une conception différente du principe de l'égalité devant l'impôt. Mais selon les situations vécues, les agents sociaux relèvent d'un champ social différent : à certains moments, ils se vivent moins comme contribuables que comme salariés ou parents d'enfants scolarisés ou futurs retraités, etc. Il s'ensuit des variations dans la construction de leurs intérêts et des conflits de hiérarchisation. L'un des aspects essentiels de toute position dans un champ social demeure la distance aux enjeux dominants qui structurent le champ considéré. Ainsi dans un parti politique, considéré comme un champ, le contrôle central des investitures électorales fait-il partie de ces enjeux majeurs. Selon la manière dont responsables locaux et militants sont associés (étroitement, faiblement ou pas du tout) à l'exercice de ce pouvoir, ils inclineront à percevoir différemment leur intérêt à la pérennisation du système mis en place.

2. La variable trajectoire sociale

La position occupée à un moment donné dans un champ social s'inscrit elle-même dans l'axe d'une trajectoire. Un cadre supérieur frais émoulu d'une grande École espère probablement conquérir assez rapidement des responsabilités élevées. Un jeune ouvrier peut envisager son avenir soit comme agent de maîtrise et technicien supérieur, soit comme patron s'établissant à son compte. Anticiper tel projet socioprofessionnel plutôt que tel autre, influence non seulement les représentations du futur mais aussi celles du présent. Dans un autre ordre d'idées, un cadre moyen d'une quarantaine d'années pourra plus volontiers se considérer comme « ayant réussi » s'il est issu d'un milieu très modeste alors que sa perception sera probablement inverse s'il vient d'un milieu social beaucoup plus élevé. En d'autres termes, expérimenter une trajectoire d'ascension, de stagnation ou de déclin, bénéficier des processus de mobilité sociale ou se heurter à des barrages institutionnels, économiques ou culturels, transforme l'appréhension que les individus se font de leurs intérêts.

1. Pierre Bourdieu, « Quelques propriétés des champs » (1976), *in* Pierre Bourdieu, *Questions de sociologie*, Paris, Minuit, 1980, p. 113.

Pour les identifier, il convient donc de se référer non seulement aux milieux d'appartenance d'un individu, mais aussi aux dynamiques induites en amont par son milieu d'origine et, en aval, par les milieux de référence qui structurent ses espérances. Les retraités de la fonction publique et ceux du petit commerce, avec un passé professionnel différent, ne partagent pas nécessairement les mêmes attentes ; pendant trop longtemps ils ont été guidés par des valeurs d'adaptation différentes. Quant aux jeunes diplômés, ils peuvent se donner des objectifs de réussite inégalement réalistes, qui engendreront d'inégales probabilités de déception... ou de satisfaction relative. Bien entendu, ces perceptions d'un avenir souhaitable ou probable sont largement influencées par des valeurs culturelles et des affinités idéologiques qui valorisent soit les chances associées à l'initiative individuelle soit, au contraire, les obstacles qui résultent d'une société d'inégalités.

B Matrices conflictuelles

Si innombrables que soient les oppositions concevables d'intérêts et d'aspirations, il est possible de les rattacher à trois catégories fondamentales d'antagonismes.

1. Antagonismes de frustration

Ils gouvernent les relations qui se constituent entre ceux qui possèdent et ceux qui ne possèdent pas un bien également convoité par tous. C'est en effet l'existence d'une convoitise commune et le constat que seuls certains peuvent la satisfaire, qui fait naître chez les démunis un sentiment de frustration ainsi qu'une agressivité, ouverte ou larvée, à l'égard de ceux qu'ils perçoivent comme privilégiés. Ces derniers ne sont pas nécessairement les plus nantis objectivement. La convoitise de B ne peut porter, en effet, que sur un bien dont il connaît l'existence chez A et qu'il lui envie. L'information, fiable ou erronée, spontanée ou « dirigée », joue donc un rôle majeur dans l'exacerbation de ce type d'antagonismes. À l'échelle internationale, la circulation accrue des individus entre le Nord et le Sud, mais aussi celle des informations notamment par la télévision, a contribué à accroître le sentiment d'être pauvre dans les pays pauvres, aggravant les insatisfactions de beaucoup d'habitants du Sud. Une telle frustration est au principe de ce « désir d'Europe » qui alimente les courants d'immigration clandestine en provenance de l'Afrique maghrébine ou sud-saharienne. Dans l'ordre interne, la sous-estimation courante des écarts de patrimoine entre possédants et démunis conduit, au contraire, à atténuer des antagonismes qui, paradoxalement, sont parfois plus vifs entre des catégories sociales aux conditions professionnelles d'existence plus proches : employés du secteur privé mieux payés que ceux du secteur public à tâche comparable, ou encore cadres supérieurs disposant ou non d'un patrimoine d'héritier.

Les antagonismes de frustration caractérisent, de façon générale, les relations entre riches et pauvres c'est-à-dire nantis et démunis. Démunis de quels biens ? Il s'agit d'abord d'objets de consommation, inégalement accessibles selon le niveau de vie. Ceux-ci apparaissent encore plus précieux quand ils sont investis de la capacité d'attester un prestige social. Les critères n'en seront pas les mêmes selon les classes sociales ou selon les inégalités de développement des nations. Dans un pays très pauvre, la seule possession d'une voiture ou d'un téléviseur suffit à classer dans le monde des privilégiés enviés. Il s'agit également de biens plus immatériels tels que la notoriété, la réputation de compétence, le statut social prestigieux. Sous l'Ancien Régime par exemple, comme aujourd'hui dans les castes indiennes, la jouissance de la condition noble était détachable du niveau de vie économique ; et les inégalités de naissance constituaient des handicaps largement insurmontables. La possession de certains biens matériels et, plus directement encore, celle de certains biens symboliques ont en commun le pouvoir de renforcer l'estime de soi tandis que leur inaccessibilité favorise un sentiment d'infériorité, associé à des jalousies et ressentiments.

Il est possible d'identifier divers scénarios de réponses à ces frustrations, potentiellement productrices d'agressivité contre les groupes désignés comme privilégiés. Une régulation efficace peut résulter d'abord d'un système d'interdits fondés sur la menace efficace de sanctions. Si, par exemple, toute forme d'atteinte aux biens d'autrui est sanctionnée pénalement, on s'abstient alors plus volontiers de clamer sa convoitise, *a fortiori* de la concrétiser, par crainte d'un châtiment. La régulation peut résulter aussi d'un contrôle culturel aboutissant à l'intériorisation par les démunis du caractère inaccessible de ces biens ; pour faciliter la résignation apparaîtra volontiers un discours qui les déprécie comme non désirables voire méprisables. C'est pourquoi, dans des sociétés caractérisées encore par de fortes pénuries matérielles, comme l'Occident jusqu'au XVIIIe siècle, la religion chrétienne qui valorisait le renoncement aux biens de ce monde, pouvait être utilisée dans un sens favorable à la pacification sociale. La régulation peut résulter enfin d'une fluidité sociale minimale qui fait espérer l'obtention, au moins par quelques-uns, des biens convoités. La valorisation de l'esprit d'entreprise sur le plan économique, ou celle du mérite attesté par les diplômes, ont joué un rôle pacificateur des tensions sociales dès la seconde moitié du XIXe siècle en Europe occidentale ; des faits avérés de *success story* leur donnaient du crédit. Mais que survienne un effondrement économique détruisant ces espérances, que s'amorce une crise de société aboutissant à la dissolution des contrôles culturels ou même, simplement, que des groupes prennent conscience que, malgré les discours officiels sur l'égalité des chances, ils se trouvent en fait dans des situations bloquées, alors ces frustrations accumulées souterrainement apparaîtront au grand jour. À la faveur d'une conjoncture opportune (un incident mineur dégénérant en violence), on observera une libération d'agressivité hors de proportion avec ce qui semblera l'avoir motivée, et cela dans un contexte passionnel difficilement maîtrisable.

2. Antagonismes de dépendance

Ils rendent compte de situations où les individus impliqués ont à la fois des intérêts opposés mais aussi des avantages communs à préserver. Un premier type d'exemple concerne les relations entre vendeurs et acheteurs sur un marché. Les premiers aimeraient maximiser leur profit, les seconds minimiser leurs coûts. Mais les vendeurs ont besoin de consommateurs pour continuer leur entreprise ; les acheteurs ont besoin de commerçants pour se procurer les biens qui satisfont leurs désirs. Cet état de fait limite, aussi bien en pratique qu'en théorie, le développement de logiques extrêmes : l'un n'a pas d'intérêt à vendre trop cher s'il veut conserver ses clients ; l'autre n'a pas intérêt à boycotter s'il veut acquérir le bien convoité. Quant à la voie extrême du pillage, elle appauvrit *in fine* les uns et les autres. Un second type d'exemple concerne les relations de travail dans une organisation. Au sein de l'entreprise, le patron souhaite obtenir le maximum de rendement pour un coût donné de rémunération ; le salarié à l'inverse aimerait obtenir le maximum de rémunération pour un niveau donné de tâche accomplie. Pourtant, les uns et les autres ont normalement intérêt à ce que se pérennise l'entreprise sans laquelle le patron ne fait plus de bénéfices et le salarié n'a plus d'emploi. Le raisonnement vaut sous réserve des solutions de substitution susceptibles d'être éventuellement explorées : le salarié peut parfois espérer trouver ailleurs un emploi mieux rémunéré dans la mesure où la conjoncture économique lui est favorable ; et le patron peut souhaiter fermer son établissement pour investir à l'étranger dans des unités de production plus rentables.

C'est donc l'existence d'une relation d'échanges mutuellement avantageuse, fût-ce de façon très inégale, impliquant une fondamentale complémentarité des positions, qui fonde les caractéristiques majeures de ces antagonismes. Aussi les conflits de ce type demeurent-ils généralement circonscrits dans des limites compatibles avec le maintien de l'échange ; fréquemment même, ils demeurent latents lorsque les deux parties anticipent les risques d'affrontements encourus par tous.

3. Antagonismes de concurrence

Ils constituent la matrice de tous ces conflits qui opposent des individus en compétition réglée pour l'obtention des mêmes biens. Les candidats à un même emploi professionnel, les producteurs d'une même denrée sur un marché, les prétendants à un même mandat électif, de façon générale tous les consommateurs d'un bien non disponible de façon illimitée ont, entre eux, des intérêts virtuellement (ou très effectivement) contradictoires. Les conflits susceptibles de surgir sont d'une vigueur qui varie en fonction de trois paramètres cumulés. Le premier concerne l'intensité de la convoitise qu'il suscite. S'il s'agit d'un bien rare et fortement valorisé socialement, les conditions sont réunies pour intensifier la compétition autour de son appropriation. Ainsi du mandat du président de la République sur le marché des mandats électifs. Il n'en va pas de même quand il s'agit de biens trop communs (l'eau pure jusqu'à une époque récente), ou trop peu appréciés comme ces emplois manuels pénibles dont se détournent les travailleurs. Un deuxième paramètre concerne le nombre des prétendants capables d'entrer utilement dans la compétition parce qu'ils disposent des ressources pertinentes. Dans un concours, le ratio : candidats/postes offerts, donne des indications sur la difficulté de la compétition, à condition que les concurrents soient tous d'un niveau suffisant pour avoir réellement une chance. Des concours peuvent drainer une masse énorme de candidats au sein de laquelle seule une petite fraction est réellement armée pour entrer utilement en lices. Le troisième paramètre est l'absence de codification (juridique ou sociale) régissant rigoureusement les conditions de la compétition. Là où prédominent la fraude, la combine ou la « débrouillardise », se multiplient les occasions de conflit. À titre d'illustration, on comparera la manière dont se forme, en Europe, une longue file d'attente dans les pays où la tricherie est tolérée (pays méditerranéens) et ceux où elle est sévèrement prohibée (Grande-Bretagne, pays scandinaves). Dans l'hypothèse de rareté extrême d'un bien, réputé absolument indispensable, il n'existe pas de limite *a priori* à l'exaspération du conflit dès lors que s'effondrent les mécanismes de contrôle : pillages de dépôts alimentaires des Nations Unies par des populations affamées en Albanie

(1991-1992), en Somalie et en Bosnie (1992-1993), plus récemment au Liberia et en Sierra Leone (2003).

La distinction de ces trois matrices d'antagonismes éclaire l'opposition opérée par Lewis Coser entre conflits réalistes et conflits irréalistes. Reprenant une analyse de Simmel, cet auteur identifie les premiers comme étant orientés autour d'un but défini, alors que les seconds sont occasionnés par le besoin de libérer une tension agressive. « Les conflits, écrit-il, qui naissent à la suite d'une frustration de revendications définies ainsi que d'estimations des gains des participants... sont des conflits réalistes dans la mesure où ils sont des moyens pour parvenir à un résultat spécifique »[1]. Ils sont plus faciles à réguler car ils se prêtent à des solutions techniques de compromis où chaque partie peut trouver des motifs partiels de satisfaction : hausse de salaires par exemple. Le conflit cesse dès lors que l'objectif est atteint ou que d'autres réponses acceptables lui ont été données. Les conflits irréalistes sont relativement indépendants de l'objet sur lequel ils portent. « Dans de tels cas, observe encore Coser, on ne met pas en balance moyens pacifiques et moyens agressifs puisque c'est précisément dans les moyens agressifs et non dans le résultat qu'on cherche satisfaction ». Leur dimension psychosociologique se donne à voir d'emblée. Dans la pratique, ce seront fréquemment deux facettes indissociables du conflit, simultanément présentes. Par exemple, la grève au sein d'une entreprise peut être l'occasion à la fois de réclamer de meilleurs salaires mais aussi de dire une hostilité à l'égard de la direction. Les conflits « irréalistes » se concrétisent fréquemment autour de symboles mobilisateurs de passions ; ce qui rend leur solution particulièrement malaisée. La question des crucifix dans les écoles au début du XXe siècle ou, plus récemment, l'affaire du foulard islamique cristallisent l'angoisse d'un groupe atteint dans ses croyances et son identité. D'où l'extraordinaire retentissement qu'ils peuvent atteindre, sans proportion apparente avec leur enjeu concret. L'accumulation de frustrations, quelle qu'en soit l'origine, fait naître la recherche de bouc émissaire même en l'absence, écrit Parsons, « d'antagonisme raisonnable d'idéaux et d'intérêts ». C'est ce qu'avait déjà noté Julien Benda dans l'entre-deux-guerres à propos de l'hostilité aux juifs, mais il est facile de transposer à d'autres situations : « Ce n'est pas l'antisémitisme qui provoque la haine mais au contraire la haine – préexistante à l'état de haine sans objet ou besoin de haïr – qui se jette sur une idée d'objet haïssable, qu'elle trouve toute faite dans le commerce »[2].

1. Lewis COSER, *Les Fonctions du conflit social,* Trad., Paris, PUF, 1982, p. 33 et 35.
2. Julien BENDA, *Mon premier testament,* Paris, Gallimard, 1928, p. 24.

§ 2. Les conflits de valeurs

Si les êtres humains s'affrontent entre eux « pour des idées », et pas seulement pour des intérêts, c'est parce qu'ils accordent la plus grande importance à des convictions qu'ils vont parfois jusqu'à considérer comme constitutives de leur identité. Ainsi, dans l'arène politique, d'aucuns se déclinent-ils comme démocrates ou républicains, libéraux ou socialistes, anticapitalistes et anti/altermondialistes, etc. L'Histoire est remplie de luttes religieuses et idéologiques sans merci, menées au nom de convictions irréconciliables. Et même dans la vie politique la plus routinière, les camps adverses insistent sur les valeurs qui les séparent. Bien entendu, les affrontements d'idées sont rarement sans rapport avec des antagonismes d'intérêts qu'ils aident à rationaliser ou à masquer. L'affichage bruyant de valeurs n'est parfois que le paravent qui cache des rivalités et des convoitises d'une tout autre nature. Les guerres de religion du XVIe siècle avaient aussi pour enjeu la sécularisation des biens d'Église au profit des princes ; les principes de la Révolution française sont restés particulièrement chers aux acquéreurs de Biens nationaux ; et le combat pour le Socialisme, hier, ou pour la Démocratie ou les Droits de l'Homme, aujourd'hui, ont pu couvrir des intentions hégémoniques pures et simples. Cependant, même dans ces situations, la transposition de conflits d'intérêts en conflits de croyances leur confère une dynamique passionnelle propre.

On ne cherchera pas ici à remplir l'impossible tâche de décrire les multiples conflits de valeurs qui tissent la trame de tant d'affrontements politiques. Il s'agit plutôt d'identifier des attitudes fondamentales qui facilitent leur surgissement. La tolérance absolue qui rendrait tout conflit d'idées impossible, n'a jamais existé nulle part. Et cela, essentiellement pour deux ordres de raisons, d'ailleurs intimement liés. C'est d'abord l'impossibilité pour les êtres humains d'accepter un total relativisme en ce qui concerne les conceptions du Bien et du Juste. Il est impossible à quiconque de vivre sans un minimum de repères (que tous n'appelleront pas des repères moraux d'ailleurs) qui permettent d'évaluer ses actes et ceux d'autrui. Ces repères peuvent-ils être universellement partagés, au nom d'une Vérité transcendante ? En pratique, cela apparaît douteux. Second facteur de limitation de la tolérance : la difficulté qu'ont les individus à réellement accepter toutes les différences qui peuvent les séparer, qu'elles soient d'ordre social (les inégalités) ou culturel (les communautarismes). Il en résulte des antagonismes plus ou moins larvés.

A Liberté et Vérité

Si les notions d'Intérêt général, de Justice ou de Bien commun sont des références largement présentes dans l'organisation de toute société politique, elles font l'objet d'interprétations différentes selon les époques ou les familles politiques. Lesquelles de celles-ci sont *vraies* ? On observe partout une distinction, aux frontières mouvantes, entre deux statuts. D'une part, des énoncés discutables, considérés comme vrais par les uns, erronés par les autres, mais tolérés par tous ; d'autre part, des affirmations perçues comme inadmissibles et traitées comme telles. Les premiers ne sauraient être étouffés au nom de la liberté d'expression ; le débat d'idées est alors reconnu comme légitime, ce qui n'enlève rien à son éventuelle virulence. Les secondes sont perçues comme une menace pour l'ordre social et les valeurs qui le fondent ; elles font l'objet d'une répression officielle mais alimentent aussi une résistance sourde ou violente.

1. La Vérité et l'Erreur ont-elles les mêmes droits ?

Cette vieille interrogation scolastique a longtemps servi à justifier des pratiques politiques qui semblent aujourd'hui périmées. Jusqu'à l'époque moderne, la religion officielle dans n'importe quel pays du monde était protégée par des dispositions juridiques qui assuraient sa prééminence. Celles-ci aboutissaient à placer les autres religions dans un statut toujours révocable de simple tolérance, quand elles échappaient à la persécution pure et simple. En outre, les contestations publiques des dogmes ou des rites officiels pouvaient être punies par l'autorité politique, et parfois fort sévèrement. Dans un contexte de foi absolue et fervente, cette politique avait sa logique : si la vérité est salvatrice et l'erreur funeste, alors il est impérieux de combattre celle-ci pour faire triompher celle-là.

Dans les sociétés sécularisées, les vérités de la religion sont renvoyées dans la sphère privée. Le problème de l'égalité de traitement entre la vérité et l'erreur se pose donc en des termes tout à fait différents. Pourtant, il n'a pas disparu. Certes, les démocraties ont considérablement élargi la sphère des libertés d'opinions et il est loisible à chacun de défendre des thèses manifestement erronées ou fantaisistes. Cependant les controverses aux États-Unis relatives à l'enseignement, dans les écoles, des théories dites « créationnistes », parallèlement à celles de l'évolution darwinienne, montrent qu'il est difficile d'admettre l'égalité de traitement entre une conception scientifiquement établie et une théorie qui apparaît pour le moins fragile.

Dans les pays européens, le même problème est d'ailleurs résolu implicitement par la ferme négative. Aujourd'hui, il existe dans les démocraties un corpus de valeurs considérées comme devant être défendues à tout prix en raison de leur supériorité éthique : ce sont les principes de la souveraineté du Peuple, les libertés fondamentales de la personne humaine et le pluralisme politique. Lorsqu'elles paraissent menacées, on admet que des dispositions puissent être prises pour interdire les partis et les organisations qui les remettraient en question. Davantage encore, la reconnaissance par les Nations Unies, dans la dernière décennie du XXe siècle, du droit d'ingérence humanitaire consacre la possibilité de combattre par la force des régimes qui méconnaîtraient gravement ces valeurs.

La logique démocratique tend néanmoins à élargir considérablement le champ des opinions dont l'expression publique est permise. On ne peut manquer d'y voir la conséquence d'un certain relativisme. Qu'est ce que la vérité ? peut-on se demander en beaucoup d'occasions. Vérité pour les uns, erreur pour les autres, pensent beaucoup, et à juste titre. Cependant, il est des théories (politiques ou non) dont on peut démontrer scientifiquement la fausseté mais qui sont néanmoins tolérées au nom de la liberté d'expression. Des butoirs existent cependant. La pénalisation du négationnisme des chambres à gaz le met bien en évidence. Quand l'expression d'une falsification historique est de nature à blesser une communauté entière et, plus largement, tous ceux qui répudient les conséquences sauvages de l'antisémitisme nazi, la répression paraît légitime. Mais il a fallu que cette violence symbolique faite à des convictions, et source de vraies blessures psychologiques, soit reconnue comme insupportable[1]. Dans tous les autres cas, et ils sont innombrables, la polémique pourra se déployer ouvertement.

2. Existe-t-il des valeurs universelles ?

Juridiquement, cette question est aujourd'hui tranchée de façon positive. En effet la Déclaration universelle des droits de l'homme a été adoptée à l'unanimité moins huit abstentions par les cinquante-huit États composant l'Assemblée générale des Nations Unies le 10 décem-

1. En février 2007, Jean-Marie Le Pen qui avait qualifié l'occupation allemande à l'ouest d'« humaine », est condamné à trois mois de prison avec sursis pour « falsification de l'Histoire ». Si, au contraire, les apologies de Robespierre appartiennent à l'ordre du « débat », cela ne signifie pas que ces jugements historiques soient plus fondés mais seulement que les blessures de mémoire, atténuées avec le temps, ne méritent pas, et de loin, le même degré de considération.

bre 1948. Elle constitue aujourd'hui une référence qui n'est jamais répudiée officiellement par un État membre de la communauté internationale. Cependant les apparences sont assez trompeuses. Il est clair que certains articles ont, dès le départ, fait l'objet d'interprétations pour le moins divergentes. On pense par exemple aux articles 19 et 21 alinéa 1 qui proclament le principe de la liberté d'opinion et d'expression et celui d'élections libres. Il est également peu d'États qui n'aient malmené en pratique le droit de « ne pas être arbitrairement arrêté ou détenu » ou l'interdiction de « la torture et de peines ou traitements cruels, inhumains ou dégradants ». Cependant les comportements contraires aux principes proclamés, fussent-ils très nombreux, peuvent ne pas être considérés comme remettant en cause les valeurs affichées s'ils sont effectivement qualifiés comme des violations. Mais qui en décide ? Tous les États n'acceptent pas de s'en remettre à un juge international pour trancher les litiges. Par ailleurs, il existe une sourde mais puissante contestation du caractère universel des Droits de l'Homme proclamés par les instances internationales. D'aucuns en critiquent la vision essentiellement « occidentale ». Peut-il, en effet, exister un universalisme qui ne soit enraciné dans une culture particulière, au moins quant à la sélection et l'interprétation des valeurs retenues comme fondamentales ? La réponse n'est totalement claire que pour ceux qui s'identifient à la civilisation qui leur a donné naissance. Un précédent le prouve assez clairement. Le philosophe Alain Badiou fait de Saint Paul, et du Christianisme, le premier fondateur de l'universalisme ; ce qui correspond en effet à la volonté des croyants de considérer le message évangélique comme valable pour tous les peuples de tous les temps. Mais cet exemple, hautement contesté tout au long de l'Histoire, montre précisément les obstacles qui s'élèvent contre toute prétention à l'universalisme. Cependant, en dépit du caractère assez indécidable de l'existence ou non de valeurs réellement universelles, ce qui demeure avéré c'est que la capacité d'invoquer de manière plausible les valeurs proclamées dans la Déclaration du 10 décembre 1948, c'est-à-dire aujourd'hui les Droits de l'Homme et la démocratie pluraliste, constitue une arme non négligeable pour combattre avec une légitimité renforcée certaines pratiques mais aussi certains systèmes politiques.

B Liberté et Justice

Les conflits de valeurs se focalisent aussi sur la question de savoir dans quelle mesure la liberté individuelle ou collective trouve ses limites dans le refus d'en accepter des implications qui violeraient la

Justice. Celle-ci est souvent associée, à l'époque moderne surtout, au respect de l'Égalité. Or il est de fait que la logique profonde de tout exercice effectif des libertés est de faciliter l'émergence d'inégalités qui peuvent être jugées plus ou moins tolérables. La même logique conduit aussi à la construction de communautés particularistes qui développent leur propre vision du monde, ce qui est susceptible de rendre plus difficile la vie en commun ou, du moins, d'être perçu comme tel. Est-il juste de refuser à ces groupes le droit absolu à la différence au sein d'un même ensemble politique, voire au niveau de la communauté internationale ?

1. Le problème de l'Égalité

La conception contemporaine de la démocratie politique semble résoudre de façon parfaitement harmonieuse la question des rapports entre Liberté et Égalité. Elle postule en effet l'égalité rigoureuse des citoyens dans l'exercice du droit de participation aux affaires publiques, notamment avec le principe du suffrage universel. Par ailleurs elle souligne, à juste titre, que cette participation serait dénuée de toute signification sans la reconnaissance des libertés fondamentales, plus particulièrement des libertés d'opinion et d'expression. Pourtant, les logiques ultimes de ces deux principes fondamentaux sont le plus souvent antagonistes. Ce n'est pas un hasard si les régimes politiques qui ont privilégié le souci d'égalité, ont été amenés à recourir à la contrainte pour tenter de réduire des inégalités sociales sans cesse renaissantes. L'idéal marxiste de société sans classes et sans État suppose une phase intermédiaire de dictature du prolétariat. Or, l'Histoire a concrétisé celle-ci sans jamais atteindre celle-là. À l'inverse, les théories libérales qui prônent la liberté d'entreprendre et le laisser-faire/laisser passer dans la sphère économique, acceptent le caractère inévitable des inégalités qu'engendre toujours une économie de marché fondée sur la libre concurrence. Davantage encore, elles considèrent les inégalités de revenus comme un stimulant particulièrement efficace pour dynamiser l'esprit d'entreprise.

En pratique, il n'existe que des compromis entre ces deux principes de Liberté et d'Égalité, aux conséquences antagonistes. Les clivages politiques les plus fondamentaux se situent sur cette ligne de fracture. Des familles politiques proposent plus de régulation pour protéger les démunis ; et pour ce faire, elles tendent notamment à délégitimer la dimension de la liberté qui s'exerce dans la sphère économique. Ce sont les socialistes et socialisants. « Entre le faible et le fort, c'est la liberté qui opprime, c'est la loi qui libère » affirmait Lacordaire. D'autres familles politiques veulent moins de régulation, au nom d'une conception plus globale de la liberté qui aboutit néanmoins à creuser le fossé qui sépare gagnants et perdants. Ce sont les libéraux. Tous, néanmoins, font des concessions à l'idéal absolu de Liberté ou d'Égalité. Les libéraux demeurent attachés à un ordre social qui suppose des contraintes. Les socialistes répudient l'égalitarisme, ce qui signifie, en pratique, considérer certaines inégalités comme acceptables pour éviter certaines contraintes inacceptables. Le principe, apparemment réconciliateur, de l'égalité des chances ou celui de l'égalité selon les mérites, a d'ailleurs pour vertu de légitimer les inégalités qui résultent de la diversité des comportements. Le caractère virtuellement antagoniste de la liberté et de l'égalité apparaît bien dans l'ambitieuse tentative du philosophe John Rawls de définir la Justice. Sa définition qui met en avant la notion d'équité (« fairness »), se propose de réconcilier liberté et égalité mais elle débouche sur une hiérarchisation qui vise à résoudre des contradictions[1]. Le principe premier, affirme-t-il, est celui de l'égal accès, pour tous, aux libertés fondamentales (liberté de conscience, d'expression et d'association...). Rien ne doit y porter atteinte. Mais ces libertés n'ont pas la même signification selon la place qu'occupent les individus dans la société : la liberté d'expression, par exemple, importe davantage aux intellectuels ; en revanche, elle risque de n'avoir qu'un sens très limité pour les plus démunis de ressources (intellectuelles ou matérielles). Aussi affirme-t-il un second principe : faire en sorte que les individus qui ont des motivations et des capacités comparables, puissent avoir les mêmes chances dans la vie ; les inégalités demeurant acceptables tant qu'elles produisent aussi des avantages aux moins pourvus. Rawls admet donc que priorité doive être donnée au principe de liberté sur le principe d'égalité, puisque celui-ci tend à limiter celui-là.

2. Le problème du droit à la différence

Aux yeux de beaucoup de philosophes, l'harmonie sociale implique que les citoyens partagent des valeurs communes et un langage commun qui garantissent la solidité du lien social. Platon est allé le plus loin dans la poursuite de cet idéal. Les mythes fondateurs de la Cité doivent être enseignés par les vieillards qui en auront le monopole absolu. Ces mythes n'ont pas besoin d'être vrais pourvu qu'ils incitent « la communauté tout entière à parler toujours, durant la totalité de son existence, le plus possible d'une seule et même voix, aussi bien dans

1. John RAWLS, *Théorie de la justice* (1974), Trad., Paris, Seuil, 1987. V. Bertrand GUILLARME, *Rawls et l'égalité démocratique*, Paris, PUF, 1999.

ses chants que dans ses légendes ou dans ses propos »[1]. Ainsi, tous les citoyens en viendront-ils d'eux-mêmes à aimer ce qui est Beau et ce qui est Juste. Dans *La Société ouverte et ses ennemis* (1945), Karl Popper y voit, non sans quelque raison, la définition même du totalitarisme. Mais alors que Platon conserve le projet d'une société rigoureusement hiérarchisée, Marx s'inscrit dans une perspective d'annulation des différences sociales avec cet idéal révolutionnaire d'une « société sans classes et sans État ». Cette conception n'en conduit pas moins à l'avènement inévitable d'une homogénéité de pensée puisque les idéologies ne sont, à ses yeux, que le reflet des différences de classes.

Les démocraties pluralistes connaissent aussi ce problème du droit à la différence, mais posé en des termes nouveaux. Alors que les sociétés d'Ancien Régime multipliaient les statuts privilégiés et reconnaissaient le droit, toujours révocable il est vrai, des communautés particulières à conserver coutumes et traditions spécifiques (le roi règne sur *ses peuples*), les démocraties modernes mettent en œuvre une conception « universaliste » de la citoyenneté. Celle-ci implique que les citoyens sont égaux, sans distinction d'origine, de race, de religion ou de croyances. Cette conception de l'égalité a souvent pour contrepartie des réticences à concéder à un groupe des droits collectifs pour défendre son identité particulariste, notamment en matière de langue, d'enseignement ou de religion. La Justice y trouve-t-elle son compte ? L'objection est soulevée par tous ceux qui considèrent que les êtres humains ne sont pas des individus abstraits mais des personnes enracinées dans une culture, une mémoire et une histoire, constitutives d'une part essentielle de leur « être au monde ». Aussi revendiquent-ils une « politique de reconnaissance » des minorités à forte conscience identitaire. Priver les individus qui se reconnaissent en elles, du droit à leur particularisme serait les mutiler dans leur existence sociale et légitimer en fait l'hégémonie d'une culture majoritaire. Contre eux se dressent ceux qui refusent d'introduire toute forme de communautarisme par crainte de fragmenter la solidarité sociale, et s'en tiennent à une conception de la justice qui suppose un traitement juridique uniforme des individus. Le débat oppose en définitive les tenants d'une société multiculturelle et les tenants d'un pacte sociétaire, les uns et les autres mettant en avant des conceptions de la justice et de l'égalité peu compatibles entre elles.

1. PLATON, *Les Lois*, II, 663. Paris, Gallimard, 1950, p. 689.

§ 3. Conflits larvés, conflits ouverts

Les oppositions d'intérêts et les antagonismes de croyances ne se révèlent pas nécessairement au grand jour. Leur degré de visibilité dans l'espace public dépend de deux ordres de facteurs. D'une part la volonté et la capacité du pouvoir d'en empêcher l'expression, d'autre part, l'influence de cultures politiques qui tendent à exacerber ou, au contraire, à stigmatiser le conflit.

A Le rôle du pouvoir

Au sein d'une organisation, d'un parti ou d'un État, les dirigeants peuvent se révéler incapables d'imposer leur volonté soit parce qu'ils souffrent d'un déficit flagrant de légitimité, soit parce qu'ils ne disposent pas des ressources nécessaires pour faire prévaloir les règles collectives. Leur manque d'autorité ouvre la voie à l'émergence d'une multitude de conflits qui se nourrissent les uns les autres et sont susceptibles de devenir incontrôlables. Les plus évidents sont les affrontements entre prétendants qui cherchent à combler ce vide de pouvoir. Dans les *failed states* (États en faillite), cela signifie à la limite le déclenchement de guerres civiles. Mais, derrière ces luttes et compétitions, se profilent tous ces conflits qui demeurent indéfiniment pendants parce qu'aucune autorité n'a pu dégager une solution ni imposer une décision.

À l'autre extrémité du spectre, il est des formes de pouvoir si autoritaires que les gouvernants peuvent avec succès empêcher l'expression publique de toute insatisfaction ou tout dissentiment. Dans les régimes à parti unique, l'unanimité de façade aussi bien au sein du parti que dans les consultations électorales, règne sans partage. Avec des moyens différents, les dictatures militaires visent le même résultat en suspendant les organisations politiques et les libertés d'expression. Cette absence d'affrontements visibles ne signifie évidemment pas que les conflits d'intérêts ou de valeurs n'existent pas mais ils demeurent clandestins ou latents. Ils ne surgiront sur la scène sociale qu'à la faveur d'un desserrement des contrôles. Ce phénomène explique d'ailleurs le paradoxe relevé par Tocqueville. Les explosions de mécontentements ne surviennent pas quand les choses vont de mal en pis mais, au contraire, quand les gouvernants autocratiques commencent à entamer de timides réformes, relâchant la pression exercée sur les assujettis[1].

1. Alexis de TOCQUEVILLE, *L'Ancien Régime et la Révolution,* rééd. Paris, Gallimard, 1952, t. 1, p. 218 et sq.

Les régimes totalitaires vont encore plus loin dans la négation de la conflictualité. L'intense politisation que soutiennent une intimidation et une propagande de tous les instants, tend à détruire l'idée même que les citoyens d'un État puissent avoir des intérêts divergents ou se réclamer de valeurs distinctes de celles du système en place. Au nom d'un idéal fusionnel : l'abolition des classes, l'absolutisation de l'État ou de la race, les totalitarismes cherchent à déraciner, dans l'esprit des gouvernés, jusqu'au sentiment qu'ils puissent avoir entre eux des conflits légitimes. Ceux-ci se voient rejetés dans l'ordre du virtuel.

Les démocraties pluralistes, au contraire, banalisent en pratique l'idée de conflit. Les libertés d'expression ne peuvent servir qu'à exprimer la pluralité légitime des intérêts et des aspirations dans une société différenciée. De même les organisations démocratiques acceptent-elles la compétition pour le renouvellement de leurs dirigeants et, dans le cadre de leurs statuts, la libre expression de différends sur les objectifs à atteindre ou sur les tactiques à mettre en œuvre. Par ailleurs, des processus institutionnels de canalisation et de régulation des conflits sont mis en place. C'est pourquoi un perpétuel « bruit de fond » résonne dans les arènes démocratiques, qui contraste vigoureusement avec les lourds silences caractéristiques des organisations ou des régimes autoritaires.

De ces analyses se dégage le tableau synthétique suivant qui distingue trois modalités de conflits correspondant à une pression de pouvoir croissante.

Tableau n° 1
Types de conflits

Conflit concrétisé	A et B formulent des exigences contradictoires.
Conflit potentiel	A s'abstient de présenter à B des exigences qui contredisent les intérêts de celui-ci soit par crainte de B, soit parce qu'un tiers T le lui interdit (le pouvoir d'État par exemple).
« Conflit latent »	A a si bien intériorisé le discours de B, ou celui de T, qu'il n'a pas conscience du fait que ses intérêts réels divergent de ceux de B.

B Le rôle des subcultures politiques

Pour Clausewitz, « le vainqueur est toujours pacifique ». L'auteur du fameux traité *De la Guerre*, entendait par là que les bénéficiaires d'un état de fait ont des raisons particulières de redouter et refuser toute revendication qui remette en cause les avantages acquis. Cette logique fonctionne non seulement dans les relations internationales mais aussi dans l'ordre interne, à tous les niveaux de la vie sociale. D'une certaine façon, le marxisme vérifie son assertion puisque, se faisant l'avocat des exploités, il assume pleinement la notion de lutte de classes et la considère non seulement comme une réalité objective mais aussi comme un levier puissant qu'il convient d'utiliser pour faire triompher la révolution.

Cependant, l'idée même de conflit suscite aisément malaise ou inquiétude dans de larges secteurs de la population. Les affrontements ouverts sont source de tensions entre les antagonistes ; ils déchirent des solidarités, contraignent des individus qui ne le souhaitent pas nécessairement, à rallier un camp contre l'autre. En outre, ils sont désorganisateurs dans la mesure où ils entraînent des blocages dans les activités ordinaires, quand ils ne favorisent pas l'émergence de violences. Les coûts d'un conflit qui dégénère, peuvent se révéler bien supérieurs aux avantages escomptés d'une revendication active, non seulement pour ceux qui l'ont initié mais pour le groupe tout entier. Dès lors on comprend pourquoi toute société, toute organisation élabore en permanence un discours qui exalte la nécessité de l'unité et de la solidarité, fait l'éloge de la paix entre les nations ou, plus *mezza voce*, de la paix sociale à l'intérieur de la collectivité. Dans certaines familles politiques, le refus du conflit est associé surtout à l'éloge de l'ordre public ; dans d'autres, on insiste davantage sur le nécessaire dépassement des égoïsmes catégoriels ou nationaux, au nom de l'intérêt général. Le patriotisme de parti, la solidarité nationale sont quelques-uns de ces thèmes qui tendent à dévaloriser l'idée de conflit ouvert, surtout si celui-ci doit revêtir un caractère d'excessive âpreté. Ils exhortent à une autorégulation afin que les confrontations d'intérêts ou de croyances demeurent confinées dans un cadre compatible avec la survie et la prospérité du groupe entier.

Cependant, il existe des subcultures qui insistent plus particulièrement sur la nécessité d'éviter les conflits ouverts. Cela va parfois de pair avec un sentiment d'hostilité à l'égard de la politique, perçue comme fondamentalement diviseuse. Ainsi en va-t-il de l'apolitisme technocratique si puissant entre les deux guerres mondiales dans le monde des affaires et de la haute fonction publique, mais qui demeure une clé de compréhension encore importante aujourd'hui pour comprendre le rapport à la politique de ces catégories sociales. Dans cet univers mental, les problèmes qui se posent à la société du fait des antagonismes d'intérêts et de croyances, appellent des solutions fondées sur une approche scientifique et raisonnée. Priorité est donnée soit aux solutions techniques soit à une vision qui privilégie la dimension économique des problèmes politiques. Dans un autre univers mental, celui des valeurs chrétiennes qui conservent une importance souterraine au-delà du monde des croyants, on considère les conflits ouverts moins comme des dysfonctionnements (perception technocratique) que comme des échecs. Les hommes n'ont pas su se comprendre et dégager ensemble des solutions harmonieuses, inspirées du Bien commun. Les marxistes ont reproché à cette attitude de propager la résignation qui ferait obstacle au progrès social. Mais la critique n'est pas toujours fondée. La sociologue américaine, Suzanne Berger, a montré comment les paysans catholiques du Léon (Finistère-Nord), au début du XXe siècle, avaient entrepris avec succès de s'auto-organiser autour de leur aristocratie locale et de leur clergé plutôt que de poser leurs problèmes professionnels en termes revendicatifs auprès des pouvoirs publics, comme le feront au contraire leurs voisins du Trégor[1].

Dans d'autres groupes enfin, la réticence à porter les conflits sur la place publique trouve sa source dans la conscience d'une vulnérabilité politique ou sociale. Aujourd'hui des minorités culturelles, fortement dominées socialement ou placées dans une situation précaire, préfèrent adopter un profil bas plutôt que de courir le risque d'apparaître comme des perturbateurs de l'ordre existant. Ainsi en est-il de la grande majorité des immigrés dans les pays européens, ou des communautés chrétiennes en terre d'Islam, sauf au Liban. De même, l'histoire du mouvement syndical met-elle en évidence les réticences ou les résistances de certaines catégories de salariés à s'organiser : soit par crainte d'y perdre quelque respectabilité comme les cadres de banque pendant l'entre-deux-guerres, soit par sentiment aigu de leur dépendance chez les gens de maison. Le principal obstacle au développement du syndicalisme revendicatif a toujours été la crainte de perdre un emploi ou de mettre en péril une carrière professionnelle. Les législations modernes, protectrices des travailleurs, ont donc ce double effet de favoriser un apaisement des conflits sociaux les plus rudes mais aussi d'autoriser une plus grande liberté d'expression des mécontentements.

1. Suzanne BERGER, *Les Paysans contre la politique. L'organisation rurale en Bretagne 1911-1974,* Trad., Paris, Seuil, 1975, p. 150 et sq.

Orientation bibliographique

Sur l'individu et la société

Classiques

ADORNO Theodor, FRENKEL-BRUNSVIK Else, LEVINSON Daniel, SANFORD Robert, *The Authoritarian Personality*, New York, Harper, 1950.

BARRY Brian, HARDIN Russell, *Rational Man and Irrational Society?* Recueil de textes, Beverley Hills, Sage, 1982.

DURKHEIM Émile, *De la Division du travail social* (1893), 8e édition, Paris, PUF, 1967.

GOFFMAN Erving, *Les Rites d'interaction* (1967), Trad., Paris, Minuit, rééd. 1988.

MERTON Robert, *Social Theory and Social Structure*, Glencoë, Free Press, 1963.

MILL Stuart, *L'Utilitarisme* (1861), Trad., Paris, Flammarion, 1988.

PARSONS Talcott, *The Social System*, Glencoë, Free Press, 1951.

ROKEACH Milton, *The Open and Closed Mind,* New York, Basic Books, 1960.

SCHÜTZ, *Éléments de sociologie phénoménologique*, Trad., Paris, L'Harmattan, 1998.

WEBER Max, *Économie et société* (1922), tome 1, chap. 1, Trad., rééd. Paris, Agora, 1995.

Études contemporaines

ANSART Pierre, *La Gestion des passions politiques,* Lausanne, L'Âge d'Homme, 1983.

BIRNBAUM Pierre, LECA Jean (Dir.), *Sur l'individualisme,* Paris, Presses de la FNSP, 1986.

BLUMER Herbert, « La société en tant qu'interaction symbolique », *Sociétés* (66), 1999.

BOUDON Raymond, *La Place du désordre. Critique des théories du changement social*, Paris, PUF, 1984.

BOUDON Raymond, *L'Idéologie ou l'origine des idées reçues*, Paris, Fayard, 1986.

BOURDIEU Pierre, *Esquisse d'une théorie de la pratique*, Genève, Droz, 1972.

BOURDIEU Pierre, *Le Sens pratique*, Paris, Minuit, 1980.

BRAUD Philippe, *Petit traité des émotions, sentiments et passions politiques*, Paris, A. Colin, 2007.

CLARKE Simon, HOGETT Paul, THOMPSON Simon (Eds.), *Emotion, Politics and Society*, Londres, Sage, 2006.

COLEMAN Janet (Dir.), *L'Individu dans la théorie politique et dans la pratique*, Trad., Paris, PUF, 1996.

CORCUFF Philippe, « Sociologies et philosophies de l'individualisme », *in* Philippe CORCUFF, Jacques ION, François DE SINGLY, *Politiques de l'individualisme. Entre sociologie et philosophie*, Paris, Textuel, 2005.

CORCUFF Philippe, *Les Nouvelles sociologies. Entre le collectif et l'individuel*, A. Colin, 2007.

DUMONT Louis, *Essais sur l'individualisme*, Paris, Seuil, 1983.

DONÉGANI Jean-Marie, SADOUN Marc, *Qu'est-ce que la politique ?*, Paris, Gallimard, 2007.

ÉLIAS Norbert, *La Société des individus*, Trad., Paris, Fayard, 1991.

ÉLIAS Norbert, *Qu'est-ce que la sociologie ?*, Trad., La Tour d'Entraygues, Éd. de l'Aube, 1991.

GIDDENS, *Central Problems in Social Theory*, Londres, MacMillan, 1979.

GIDDENS Anthony, *La Constitution de la société* (1984), Trad., Paris, PUF, 1987.

GLAD Betty, « Political Psychology. Where Have We Been? Where Are We Going? », *in* William Crotty, *Political Science. Looking to the Future*, Evanston, Northwestern University Press, 1991, t. 3, p. 153-191.

HARRÉ Rom (Ed.), *The Social Construction of Emotions*, Malden, Blackwell, 1989.

KUKLINSKI James, *Citizens and Politics. Perspectives from Political Psychology*, Cambridge, Cambridge University Press, 2001.

KUKLINSKI James, *Thinking about Political Psychology*, Cambridge, Cambridge University Press, 2002.

LAHIRE Bernard, *L'Homme pluriel. Les ressorts de l'action*, Paris, Nathan, 1998.

LATOUR Bruno, *Changer de société. Refaire de la sociologie*, Paris, La Découverte, 2006.

MARCUS George, *The Sentimental Citizen. Emotions in Democratic Politics*, Pennsylvania State University Press, 2002.

MICHEL Johann (Dir.), *Mémoires et histoires. Des identités personnelles aux politiques de reconnaissance*, Rennes, PUR, 2005.

NEUMANN Russell, MARCUS George, CRIGLER Ann, MACKUEN Michael (Eds.), *The Affect Effect. Dynamics of Emotion in Political Thinking and Behavior*, Chicago, The University of Chicago Press, 2007.

OLSON Mancur, *Logique de l'action collective* (1966), Trad., Paris, PUF, 1987.

OTTATI Victor (Ed.), *The Social Psychology of Politics*, New York, Kluwer, 2002.

REDLAWSK David, *Feeling Politics. Affect and Emotion in Political Information*, Londres, Sage, 2006.

ROWAN John, COOPER Mick (Eds.), *The Plural Self. Multiplicity in Everyday Life*, Londres, Sage, 1998.

TAYLOR Charles, *Les Sources du Moi. La formation de l'identité moderne* (1989), Trad., Seuil, 1998.

WEGNER Daniel, *The Illusion of Conscious Will*, Cambridge (Mass), MIT Press, 2002.

WIERZBICKA Anna, *Emotions across Languages and Cultures. Diversity and Universals*, Cambridge, Cambridge University Press, 1999.

Sur le réel et le symbolique

Classiques

BERGER Peter, LUCKMANN Thomas, *La Construction sociale de la réalité* (1966), Trad., Paris, A. Colin, 1996.

BLOCH Marc, *Les Rois thaumaturges* (1924), rééd. Paris, Gallimard, 1987.

CASSIRER Ernst, *La Philosophie des formes symboliques* (1923), Trad., rééd. Paris, Minuit, 1972.

DURKHEIM Émile, *Les Formes élémentaires de la vie religieuse* (1912), rééd., Paris, PUF, 1967.

EDELMAN Murray, *Politics as Symbolic Action,* New York, Harcourt, 1971.

GIRARD René, *La Violence et le sacré* (1972), rééd., Paris, Grasset, 1995.

GOODMAN Nelson, *Manières de faire des mondes* (1978), Trad., Jacqueline Chambon, 1996.

KANTOROWICZ Ernst, *Les Deux corps du roi* (1957), Trad., Paris, Gallimard, 1989.

MAUSS Marcel, « Essai sur le don. Forme et raisons de l'échange dans les sociétés archaïques » (1923/1924), rééd. *in Sociologie et anthropologie*, Paris, PUF, 1991, p. 145 et sq.

SCHÜTZ Alfred, *Le Chercheur et le quotidien. Phénoménologie des sciences sociales* (1971), Trad., Paris, Klincksieck, 1987.

Études contemporaines

AGULHON Maurice, *Marianne au combat. L'imagerie républicaine de 1789 à 1880,* Paris, Flammarion, 1979.

AGULHON Maurice, *De Gaulle, Histoire, symbole, mythe,* Paris, Plon, 2000.

BALANDIER Georges, *Le Pouvoir sur scènes,* Paris, Balland, 1980.

BALANDIER Georges, *Le Détour,* Paris, Fayard, 1985.

BALANDIER Georges, *Sens et puissance*, Paris, PUF, 2004.

BARTHES Roland, *Mythologies,* rééd., Paris, Seuil, 1990.

BLIN Thierry, « Introduction » à Alfred Schütz, *Essais sur le monde ordinaire*, Paris, Le Félin, 1987.

BOURDIEU Pierre, « Le marché des biens symboliques », *L'Année sociologique*, 1971, n° 22, p. 49 et sq.

BOURDIEU Pierre, *Choses dites* (recueil d'articles), Paris, Minuit, 1987, pour « Espace social et pouvoir symbolique », p. 147 et sq. et « La délégation et le fétichisme politique », p. 193 et sq.

BOURDIEU Pierre, *Raisons pratiques. Sur la théorie de l'action*, Paris, Seuil, 1994.

BRAUD Philippe, *L'Émotion en politique*, Paris, Presses de Sciences Po, 1996.

CANETTI Élias, *Masse et puissance* (1960) Trad., Paris, Gallimard, 1986.

DE BAECQUE Antoine, *Le Corps de l'histoire. Métaphores et politique (1770-1800),* Paris, Calmann-Lévy, 1993.

DÉLOYE Yves, HAROCHE Claudine, IHL Olivier, *Le Protocole ou la mise en forme de l'ordre politique,* Paris, L'Harmattan, 1996.

DEREYMEZ Jean-William, IHL Olivier, SABATIER Gérard (Dir.), *Un cérémonial politique : les voyages des chefs d'État*, Paris, L'Harmattan, 1998.

DOSSE François, *L'Empire du sens. L'humanisation des sciences humaines*, Paris, La Découverte, 1997.

EDELMAN Murray, *The Symbolic Uses of Politics,* Chicago, University of Illinois Press, 1964.

EDELMAN Murray, *Political Language: Words that Succeed and Policies that Fail,* New York, Academic Press, 1977.

ELDER Charles, COBB Roger, *The Political Uses of Symbols,* New York, Longman, 1983.

ÉLIAS Norbert, *The Symbol Theory,* Londres, Sage, 1991.

FABRE Daniel, « Le Symbolique. Brève histoire d'un objet » *in* Jacques Revel, Nathan Wachtel (Dir.), *Une école pour les sciences sociales*, Paris, Cerf-EHESS, 1996.

FÉRON Élise, *La Harpe et la couronne. L'imaginaire politique du conflit nord-irlandais*, Lille, Septentrion, 2000.

FÉRON Élise, HASTINGS Michel (Dir.), *L'Imaginaire dans les conflits communautaires*, Paris, L'Harmattan, 2002.

FLEURDORGE Denis, *Les Rituels du Président de la République*, Paris, PUF, 2001.

GANS Herbert, « Symbolic Ethnicity. The Future of Ethnic Groups and Cultures in America » (1979), *in* H. GANS, *Making Sense in America*, New York, Rowman, Littlefield, 1999.

GEERTZ Clifford, *L'État à Bali,* Trad., Paris, Gallimard, 1980.

GEERTZ Clifford, *Negara. The Theatre State in Nineteenth-Century Bali,* Princeton University Press, 1980.

GEERTZ Clifford, « Centres, rois et charisme : réflexions sur les symboliques du pouvoir », *in Savoir local, savoir global,* Trad., Paris, PUF, 1986, p. 153 et sq.

GIRARDET Raoul, *Mythes et mythologies politiques*, Paris, Seuil, 1986.

HACKING Jan, *Entre science et réalité, la construction sociale de quoi ?,* Paris, La Découverte, 2001.

IHL Olivier, *La Fête républicaine*, Paris, Gallimard, 1996.

ISAMBERT François, *Rite et efficacité symbolique*, Paris, Cerf, 1979.

IZARD Michel, SMITH Pierre (Dir.), *La Fonction symbolique,* Paris, Gallimard, 1979.

KERTZER David, *Rites, théorie et pouvoir,* Trad., Paris, La Découverte, 1992.

LANTZ Pierre, *L'investissement symbolique*, Paris, PUF, 1996.

MARIOT Nicolas, *Bains de foule. Les voyages présidentiels en province. 1888-2002*, Paris, Belin, 2006.

MILLER Gale, HOLSTEIN James (Eds.), *Constructionist Controversies. Issues in Social Problems Theory*, New York, Aldine de Gruyter, 1993.

MOREAU Bernard, *Protocole et cérémonial parlementaires*, Paris, L'Harmattan, 1997.

PASTOUREAU Michel, *Une Histoire symbolique du Moyen Âge occidental,* Paris, Seuil, 2004.

PUTNAM Hilary, *The Many Faces of Realism*, La Salle, Open Court, 1987.

PUTNAM Hilary, *Représentation et réalité* (1988), Trad., Paris, Gallimard, 1990.

RIVIÈRE Claude, *Les Liturgies politiques,* Paris, PUF, 1988.

SANSON Rosemonde, *Le 14 juillet, fête et conscience nationale, 1789-1975*, Paris, Gallimard, 1991.
SAPIR Edward, *Anthropologie* (1934), Recueil de textes, Trad., Paris, Seuil, 1971.
SEARS David « Symbolic Politics. A Socio-psychological Theory », *in* Shanto IYENGAR, William MCGUIRE (Eds.), *Explorations in Political Psychology,* Durham, Duke University Press, 1993.
SEGRÉ Monique (Dir.), *Mythes, rites, symboles dans la société contemporaine*, Paris, L'Harmattan, 1997.
SPERBER Dan, *Le Symbolisme en général,* Paris, Hermann, 1985.
TODOROV Tzvetan, *Théories du symbole,* Paris, Seuil, 2e édition, 1985.
WATZLAWICK Paul, *La Réalité de la réalité. Confusion, désinformation, communication*, Trad., Paris, Seuil, 1984.
WILENTZ Sean (Éd.), *Rites of Power*, Philadelphie, University of Pennsylvania Press, 1985.

Sur la conflictualité

Classiques

ARON Raymond, *Paix et guerre entre les nations*, Paris, Calmann-Lévy, 1962.
ARON Raymond, *La Lutte des classes*, Paris, Gallimard, 1964.
DAHRENDORF Ralf, *Classes et conflits de classes dans la société industrielle*, Trad., La Haye, Mouton, 1972.
ENGELS Friedrich, *L'Origine de la famille, de la propriété privée et de l'État* (1890), Trad., Paris, Éditions Sociales, 1983.
HIRSCHMAN Albert, *Les Passions et les intérêts* (1977), Trad., Paris, PUF, 1980.
MARX Karl, *Le Manifeste communiste* (1848), Trad., *in* Œuvres, t. 4, Politique, Paris, Gallimard, 1995.
MARX Karl, *Les Luttes de classes en France* (1850), Trad., *in* Œuvres, t. 4, Politique, Paris, Gallimard, 1995.
SCHMITT Carl, *La Notion de politique* (1932), *Théorie du partisan*, Trad., Paris, Flammarion, 1992.
SIMMEL Georg, *Le Conflit* (1908), Trad., Strasbourg, Circé, 1995.

Études contemporaines

ADAM Gérard, REYNAUD Jean-Daniel, *Conflits du travail et changement social*, Paris, PUF, 1978.

CASTEL Robert, CHAUVEL Louis, MERLLIÉ Dominique (Dir.), *Les Grandes questions économiques et sociales*. t. II, *Les Mutations de la société française*, Paris, La Découverte, 2007.

COSER Lewis, *Les Fonctions du conflit social*, Trad., Paris, PUF, 1982.

CUMIN David, « Ennemi », *in* Thierry DE MONTBRIAL, Jean KLEIN (Dir.), *Dictionnaire de stratégie*, Paris, PUF, 2000.

DUPUY Jean-Pierre, *Le Sacrifice et l'envie. Le libéralisme aux prises avec la justice sociale*, Paris, Calmann-Lévy, 1991.

FREUND Julien, *Sociologie du conflit*, Paris, PUF, 1983.

HOFFE Otfried, *La Justice politique. Fondements d'une philosophie critique du droit et de l'État*, Trad., Paris, PUF, 1991.

HONNETH Axel, « La Reconnaissance comme idéologie » et « Capitalisme et réalisation de soi », *in* Axel HONNETH, *La Société du mépris. Vers une nouvelle théorie critique*, Trad., Paris, La Découverte, 2006.

KYMLICKA Will, *La Citoyenneté multiculturelle. Une théorie libérale du droit des minorités*, Trad., Paris, La Découverte, Syros, 2001.

LUKES Steven, *Power. A Radical View*, Londres, MacMillan, 1974.

MANSFIELD Harvey, « Passions et intérêts », *in* Philippe RAYNAUD, Stéphane RIALS (Dir.), *Dictionnaire de philosophie politique*, Paris, PUF, 1996.

PIKETTY Thomas, *L'économie des inégalités*, Paris, La Découverte, 1997.

RAISONS POLITIQUES, « L'Ennemi » (5), février 2002.

Rawls John, *Théorie de la justice* (1974), Trad., Paris, Seuil, 1987.

REYNAUD Jean-Daniel, *Sociologie des conflits du travail*, Paris, PUF, 1982.

RORTY Richard, *Objectivisme, relativisme et vérité*, Trad., Paris, PUF, 1994.

SANDEL Michael, *Le Libéralisme et les limites de la justice*, Trad., Paris, Seuil, 1999.

SELLIER François, *Les Confrontations sociales en France. 1936-1981*, Paris, PUF, 1984.

SCHNAPPER Dominique, *La Démocratie providentielle. Essai sur l'égalité contemporaine*, Paris, Gallimard, 2002.

TAYLOR Charles, *Multiculturalisme, différence et démocratie*, Aubier, 1992.

TILLY Charles, *La France conteste. De 1600 à nos jours*, Paris, Fayard, 1986.

WALZER Michael, *Sphères de justice* (1983), Trad., Paris, Seuil, 1997.

WIEVIORKA Michel, *La Différence. Identités culturelles : enjeux, débats et politiques*, La Tour d'Aygues, Éd. de l'Aube, 2005.

Chapitre 2
Le pouvoir

Une clarification s'impose quand il s'agit de définir un mot aussi surchargé de significations, dans le langage courant comme dans les usages savants.

Dans une première perspective, le pouvoir est en gros synonyme de gouvernants. Toutefois d'importantes nuances peuvent être décelées. Lorsque par exemple le terme est utilisé par opposition à citoyens (« le citoyen contre le pouvoir... ; rendre le pouvoir aux citoyens »), il connote plutôt l'idée abstraite d'État. Dans le couple : pouvoir/opposition, il désigne seulement le gouvernement et sa majorité ; mais il renvoie à l'instance politique lorsqu'il est opposé à l'administration publique. Au pluriel une expression comme les « pouvoirs publics », est à peu près synonyme d'organes de l'État, au sens constitutionnel du terme ; il en va de même dans la formulation des théories dites de la séparation des pouvoirs. Ainsi, malgré la diversité de ces significations, ce qui fonde la relative cohérence de ce premier faisceau d'emplois sémantiques, c'est l'approche institutionnaliste.

Dans une seconde perspective, toute différente de la première, le pouvoir est une sorte d'essence, de substance ou, mieux, de capital au sens économique du terme. Ainsi l'expression courante : « avoir du pouvoir », sous-entend l'existence d'un détenteur ou d'un possesseur. Celui-ci, à l'instar du propriétaire d'un patrimoine, peut « accroître » ou « dilapider » son pouvoir ; il en tire des « profits » ou des « bénéfices ». De cette conception appelée substantialiste, on peut rapprocher un autre emploi du mot, propre à certains contextes. Bertrand de Jouvenel s'efforçant de définir « le pouvoir pur », l'assimilait au « commandement existant par soi et pour soi »[1]. Le concept connote alors la notion d'énergie à capter, de force primordiale à canaliser, métaphore qui exprime bien la fascination que peut exercer sur les gouvernés la représentation d'un pouvoir difficilement résistible.

1. Bertrand DE JOUVENEL, *Du pouvoir,* Paris, Hachette, 1972, p. 171.

Dans une troisième perspective enfin, le mot pouvoir renvoie à une relation entre deux ou plusieurs personnes. C'est un *pouvoir sur* quelqu'un[1]. Il n'existe réellement que lorsqu'il s'exerce ou, du moins, lorsque s'établit une relation effective, fût-ce au seul niveau des représentations mentales de l'assujetti. Ainsi le maître à penser peut-il parfaitement ignorer qu'un disciple inconnu, quelque part loin de lui, adapte ses comportements à ce qu'il croit être la direction tracée par ses préceptes. C'est dans cette approche dite interactionniste que se situe la célèbre définition proposée par Max Weber : « Le pouvoir est toute chance de faire triompher, au sein d'une relation sociale, sa propre volonté, même contre des résistances ; peu importe sur quoi repose cette chance »[2]. Dans les relations internationales, l'équivalent sémantique est plutôt le mot puissance, et la *Machtpolitik* est une politique étrangère fondée sur les seuls rapports de pouvoir (économiques et militaires). Ainsi entendu, le *pouvoir sur* quelqu'un se distingue du *pouvoir de* faire quelque chose, lequel est une capacité d'action soit matérielle (faire un travail), soit juridique (disposer d'une compétence reconnue par le droit). En effet, le *pouvoir de* faire quelque chose ne s'insère pas nécessairement dans une relation lorsqu'il est simple aptitude physique ou intellectuelle à réaliser un projet.

Entre ces trois angles d'approche : institutionnaliste, substantialiste et interactionniste, il n'y a pas d'assimilation possible. Le premier sert aux constitutionnalistes de lexique d'appoint pour leur analyse des organes de l'État ; mais ce « pouvoir », au sens institutionnel du terme, n'est pas considéré comme un concept théorique rigoureux. Le second ne débouche sur rien d'autre que des métaphores. En revanche, la perspective interactionniste permet d'approfondir considérablement la richesse du concept de pouvoir. C'est pourquoi il convient d'en développer ici quelques implications. Dans une première étape, simplificatrice à l'excès, on cherchera à creuser les particularités de la relation de pouvoir, envisagée en soi ; dans une seconde, cette relation de pouvoir sera replacée dans le cadre plus large d'un environnement qui la conditionne[3].

1. François CHAZEL, « Pouvoir, cause et force », *Revue Française de Sociologie*, 1974, p. 441 sq. Voir également l'article « Pouvoir » *in* Raymond BOUDON, *Traité de sociologie*, Paris, PUF, 1992.

2. Max WEBER, *Économie et Société,* Trad., Paris, réédition, Plon, Agora, 1995, t. I, p. 95. L'auteur distingue le pouvoir (*Macht*), la domination (*Herrschaft*) et l'autorité (Autorität), concepts étudiés ci-après.

3. Pour une synthèse et une discussion approfondie des analyses relatives au concept de pouvoir dans les sciences sociales contemporaines, v. Stewart CLEGG, *Frameworks of Power,* 3e édition, Londres, Sage, 1993.

Section 1
Caractéristiques de la relation de pouvoir

D'innombrables auteurs se sont penchés sur cette question : philosophes ou juristes, sociologues ou psychologues. Dans l'impossibilité de synthétiser tous leurs apports on se contentera de dégager les enseignements de quelques approches majeures avant d'approfondir le clivage essentiel entre pouvoir d'injonction et pouvoir d'influence.

§ 1. Trois approches théoriques

La philosophie politique classique n'a cessé de s'intéresser au phénomène du pouvoir mais, très souvent, du point de vue de la liberté qu'il menace. À l'époque contemporaine, la sociologie a repris l'étude du pouvoir avec des préoccupations moins éthiques que méthodologiques. Ce sont, pour l'essentiel, les théories comportementalistes et les théories de l'échange.

A L'exercice du pouvoir envisagé comme restriction à la liberté d'autrui

Toute une tradition de la philosophie politique fait du pouvoir (d'État) et de la liberté (individuelle) un couple antagoniste. Ce que rappelle le dictionnaire philosophique de Lalande dans sa définition du mot pouvoir : « Le sens général du mot, différent du sens philosophique, est défini comme l'état de l'être qui ne subit pas de contraintes, qui agit conformément à sa volonté et à sa nature ». L'exercice du pouvoir sur autrui, c'est donc ce qui limite sa liberté, voire la supprime. Deux ordres d'interrogations en découlent.

1. La liberté attestée par l'autonomie de la volonté ?

La liberté individuelle, dans la sphère politique, est associée à l'idée selon laquelle des activités mais aussi des modes d'expression voire de simples attitudes constitueraient un domaine entièrement soustrait au contrôle de la puissance politique. La loi ne pourrait que garantir et non pas limiter arbitrairement ou interdire. Cette vision, qui sous-tend la problématique des Droits de l'homme et celle de l'État de droit, s'inscrit directement dans le cadre de la célèbre distinction opérée par Benjamin Constant au début du XIXe siècle entre « liberté des Modernes » et « liberté des Anciens »[1]. La première est une liberté-autonomie ; elle postule une sorte de sphère d'initiative individuelle que l'État s'interdit de régir et qu'il doit au contraire protéger. C'est aux yeux des Libéraux l'empire de la seule volonté personnelle. La liberté des Anciens, par référence aux pratiques démocratiques des cités grecques de l'Antiquité, se contentait d'instaurer une participation effective des citoyens au vote de la loi, mais rien ne limitait l'extension potentielle de ses dispositions répressives. Mais alors que Benjamin Constant concevait cette précieuse liberté/autonomie comme étant l'apanage et l'exigence des seules élites éclairées, un demi-siècle plus tard John Stuart Mill plaide en faveur de son extension au bénéfice du plus grand nombre. Et s'il admet la participation populaire à travers le suffrage universel c'est toujours en vue de consolider un gouvernement qui obéisse à cette maxime ainsi formulée : « La seule fin pour laquelle le pouvoir peut être légitimement utilisé par une communauté civilisée contre l'un de ses membres en dépit de sa volonté est de l'empêcher de nuire à autrui »[2].

Cette vision de la liberté comme sphère d'activité opposable à la puissance de l'État, suppose le développement d'institutions qui assistent le citoyen contre les risques d'arbitraire. Historiquement, ce fut en Grande-Bretagne la tradition inaugurée par la procédure d'*Habeas Corpus*. Le juge indépendant constituera donc une pièce tout à fait essentielle de ce dispositif protecteur. Mais, aujourd'hui, existent aussi des procédures administratives de recours, ainsi que des contre-pouvoirs politiques et médiatiques ; ceux-ci peuvent rendre plus risquées les violations par l'État des garanties qu'il doit accorder aux citoyens pour l'exercice des libertés publiques.

Chez les théoriciens libéraux la vision d'un antagonisme : pouvoir d'État/libertés des individus se prolonge sur le terrain économique avec l'éloge du marché. Dans une situation de concurrence pure et parfaite, chaque comportement individuel des agents n'a pas d'effet sensible direct sur celui de tous les autres. Bref il n'y a pas de dominant. En

1. Benjamin CONSTANT, « De la liberté des anciens comparée à celle des modernes », rééd. *in* B. CONSTANT, *De la Liberté des modernes,* Recueil de textes présenté par Marcel GAUCHET, Paris, Hachette, 1980, p. 512 sq.

2. John Stuart MILL, *L'Utilitarisme* (1863), Trad., Paris, Flammarion, 1988, p. 149.

outre, ce marché suppose le strict respect par l'État des principes du laisser faire/laisser passer. De Richard Cobden bataillant contre les *corn-laws* dans les années 1840 à Friedrich Hayek un siècle plus tard stigmatisant, dans l'État-Providence, « la route de la servitude », il n'y a pas de rupture de continuité. Le marché de libre concurrence, protégé contre l'intervention publique, est toujours présenté comme le degré zéro de la contrainte[1]. En réalité, la thèse ne vaut que si l'on envisage la liberté dans son seul rapport au pouvoir politique : c'est l'anarcho-libéralisme à la Nozick. Il va sans dire qu'en situation concrète, le producteur sur un marché est soumis à d'impérieuses sujétions : existence d'une demande solvable, niveau des prix pratiqués par les concurrents, disponibilité et coût de la main-d'œuvre nécessaire... En d'autres termes, l'absence d'un pouvoir politique exercé par l'État sur les individus ne signifie jamais, littéralement, autonomie absolue de la volonté ; mais il s'agit là d'un mythe mobilisateur.

2. La liberté attestée par le consentement ?

Si exercer du pouvoir sur autrui, c'est limiter sa liberté, la question de son consentement revêt une grande importance. Dans une relation entre deux individus où A « suggère » un comportement à B qui y consent, dira-t-on que B a abdiqué sa liberté et qu'il s'est soumis au pouvoir de A ?

À ce problème, la théorie juridique répond clairement. Pour elle, il existe deux grandes catégories d'actes : le contrat et l'acte unilatéral. Le premier suppose un accord formel entre les parties prenantes, sur la base du fameux principe d'autonomie de la volonté. Sauf les cas de « vices du consentement », le droit considère donc le contrat comme fondamentalement compatible avec la liberté individuelle ; il en est même l'expression. Au contraire, l'acte unilatéral (loi, décret, arrêté, etc.) est juridiquement valide sans le consentement des assujettis. C'est pourquoi la doctrine les considère comme des actes de puissance publique par excellence ; ils mettent en œuvre le pouvoir de l'État.

L'approche juridique accorde donc beaucoup d'importance à l'existence d'un consentement démontrable. En revanche, elle ne peut s'intéresser au contexte social et psychologique dans lequel celui-ci est donné ; trop de conventions juridiques deviendraient aléatoires. Or, le consentement est fréquemment acquis sous l'influence, voire sous la pression irrésistible de tiers. Dans les relations privées, l'état de besoin,

1. Pour une présentation d'ensemble de cette version économique du libéralisme, v. Pierre ROSANVALLON, *Le Capitalisme utopique,* Paris, Seuil, 1979.

la dépendance économique, voire la séduction irrésistible d'un objet aux yeux du consommateur sont des contraintes dont le partenaire au contrat tire fréquemment parti. Dans les relations internationales, les traités sont surtout l'expression des rapports de force existants. L'auteur du *Léviathan*, Hobbes, va même plus loin. « Ce n'est pas le succès des armes, écrit-il, qui donne le droit d'exercer la domination sur le vaincu, mais la convention passée par celui-ci. Et il n'est pas obligé parce que subjugué, c'est-à-dire battu, capturé ou mis en fuite, mais par le seul fait qu'il se rend et fait sa soumission au vainqueur »[1]. Donc pour lui, le vaincu *consent* à subir le joug dès lors qu'il cesse sa résistance.

Même si elle repose sur une conception choquante selon laquelle « la crainte et la liberté sont compatibles »[2], la thèse de Hobbes n'est pas dépourvue de validité politique et psychologique. Dans des situations d'oppression extrême, le fait de renoncer à la résistance pour sauver sa vie, protéger les siens ou épargner des destructions, est effectivement une forme d'acquiescement à l'état de fait même si, bien sûr, le « droit » du vainqueur à s'en prévaloir revêt la plus faible légitimité morale. L'intérêt de cette analyse est de permettre une dissociation très claire entre l'usage du pouvoir et celui de la force. Dans une distinction assez souvent reprise de nos jours, notamment par Hannah Arendt[3], Hobbes oppose en effet le *pouvoir* qui repose toujours sur une forme de « consentement » (quelle qu'en soit la qualité psychologique véritable) et la *violence* ou la force qui s'exerce en dehors de toute « alternative » offerte à l'individu. La contrainte est alors directe et irrésistible. Ainsi de l'opposant réduit au silence par interdiction matérielle de tout contact avec l'extérieur.

Cette analyse a le mérite d'attirer l'attention sur le problème des mobiles du comportement. B peut consentir à la suggestion de A par intérêt (bien ou mal compris), par ignorance ou méconnaissance des données exactes de la situation, voire par aveuglement. Il peut aussi « consentir » par crainte ou encore sous l'aiguillon d'un manque irrésistible. La notion de consentement libre se dérobe alors vertigineusement devant une analyse exigeante. Sans doute faut-il reprendre la définition de la liberté que donne Descartes dans sa IVe Méditation. « La liberté consiste seulement en ce que nous pouvons faire une chose

1. Thomas HOBBES, *Léviathan,* (1651) Trad., Paris, Sirey, 1990, p. 212.
2. Thomas HOBBES, *op. cit.,* p. 222.
3. Hannah ARENDT, *Sur la Violence*, Trad., Paris, Calmann-Lévy, 1989, p. 144 et s. H. ARENDT propose également de distinguer violence et force. Ce dernier terme désignerait « les forces de la nature ou les circonstances (la force des choses) » c'est-à-dire « une énergie qui se libère au cours de mouvements physiques ou sociaux ».

ou ne pas le faire (c'est-à-dire affirmer ou nier, poursuivre ou fuir) *ou plutôt* seulement en ce que nous agissons en telle sorte que nous ne sentons point qu'aucune force extérieure nous y contraigne »[1]. La liberté se situe dans le sentiment subjectif d'être en accord avec les contraintes sociales externes. Sentiment subjectif..., et non absence objective de conditionnements.

Qu'en conclure sinon que se révèle ici un fossé entre la problématique philosophique, d'une part, qui, à juste raison, place au centre de sa méditation éthique sur le phénomène de pouvoir, la question de la liberté, et la problématique sociologique, d'autre part, qui, soucieuse de décrire les réalités empiriquement observables, se trouve contrainte d'emprunter d'autres voies.

B L'exercice du pouvoir envisagé comme la cause d'un comportement

Figure de proue d'une science politique positiviste, Robert Dahl est l'auteur de la célèbre formulation : « A exerce un pouvoir sur B dans la mesure où il obtient de B une action Y que ce dernier n'aurait pas effectuée autrement ». Ainsi du ministre donnant des instructions à ses collaborateurs ; ou encore du leader parlementaire obtenant de l'Assemblée l'adoption d'un texte conforme à ses vœux. Cette approche permet d'établir un lien entre la notion de pouvoir (ou de compétence juridique) et celle de responsabilité. On rencontre là une exigence tout à fait décisive au sein de toute vie sociale. En cas de dommage, il faut pouvoir identifier un responsable à qui imputer l'obligation de réparer. Il apparaît légitime, normalement, d'assimiler responsable et auteur du dommage, si ce dernier a agi librement. En revanche, la responsabilité sera volontiers rejetée sur celui qui avait pouvoir d'obliger l'auteur direct du fait dommageable. Ainsi le supérieur hiérarchique est-il responsable de ses subordonnés, comme le ministre l'est de son administration.

Les politistes de cette école, appelée parfois « comportementaliste », avaient, en proposant cette définition, une préoccupation précise de méthode. Il s'agissait pour eux de fonder scientifiquement l'étude des phénomènes de pouvoir sur l'observation expérimentale et le comparatisme. Ils ont donc cherché un critère adéquat : pour eux, ce sont les décisions visibles et les attitudes repérables qui se rapportent

1. DESCARTES, *Méditations métaphysiques,* rééd. Paris, Vrin, 1978, p. 57.

à l'exercice d'un pouvoir ; bref, les comportements causés par lui. Ainsi, dans son enquête sur le pouvoir municipal à New Haven[1], Robert Dahl recensait-t-il les auteurs de propositions effectivement adoptées par le Conseil, les secteurs dans lesquels ils sont intervenus avec succès, les propositions adverses qu'ils ont pu faire écarter, etc.

Cette définition simple du pouvoir soulève, en réalité, deux difficultés complexes.

1. L'imputation

Dans toute institution où se prennent des décisions, il arrive fréquemment que certains, particulièrement bien informés de l'état d'esprit régnant, anticipent le contenu du consensus majoritaire. Dès lors, ils s'efforcent d'être les premiers à le formuler et proposer la décision qui en découle. Ce sera d'autant plus aisé s'ils détiennent une fonction institutionnelle qui leur donne une prééminence dans le temps de parole et leur permet de choisir le moment de leur intervention. C'est ce que l'on a appelé l'effet caméléon : pour préserver les apparences d'un leadership, ils s'adaptent soigneusement aux particularités du terrain. Parce qu'ils ont pris « l'initiative » ou bien parce qu'ils ont signé le texte du projet, peut-on en conclure qu'ils ont exercé le pouvoir décisif ? En réalité, la décision n'est pas « causée » seulement par eux, mais par toute une configuration de facteurs et d'acteurs s'influençant réciproquement.

L'imputation du pouvoir est un processus de communication qui, souvent, déforme ou simplifie exagérément la réalité soit parce que l'auteur apparent n'est pas l'auteur réel, soit parce qu'un processus décisionnel complexe est attribué, de manière totalement personnalisée, à un seul individu. Les bénéfices de cette imputation sont tels que nombre d'acteurs politiques pratiquent avec soin cette manière d'accroître leur « pouvoir réputationnel ». On peut même avancer qu'une dimension essentielle du travail politique est une activité permanente et acharnée soit pour s'attribuer soit pour se faire reconnaître le mérite de décisions considérées comme importantes ou favorables ; inversement, il consiste à imputer ou tenter d'imputer à des tiers la responsabilité de décisions défavorables, impopulaires ou calamiteuses.

Réciproquement, l'exercice du pouvoir peut se manifester dans l'absence de toute décision, donc l'invisibilité de toute imputation.

1. Robert Dahl, *Qui gouverne ?* (1961), Trad., Paris, A. Colin, 1973, notamment chapitres 9, 10 et 11.

Bachrach et Baratz ont vigoureusement souligné cette autre dimension de la causalité[1]. Exercer un pouvoir peut produire non seulement des comportements observables mais aussi des non-décisions et – surtout s'il est intense – provoquer l'absence de toute contestation visible. Par exemple dans un parti dominé de façon écrasante par son leader, il est impensable que surgisse contre lui une candidature rivale. Dans une institution fortement hiérarchisée, il est exclu de poser des problèmes jugés inopportuns ; il y a des débats tabous et des solutions non concevables. Le processus de réduction au silence ou de régulation de la contestation éventuelle est généralement complexe, mixant des éléments d'ordre juridique, psychologique, politique mais aussi socioculturel. Comme l'écrivent Bachrach et Baratz : « Le pouvoir s'exerce lorsque A consacre ses forces à créer ou renforcer les valeurs sociales et politiques ainsi que les pratiques institutionnelles qui restreignent le domaine du processus politique aux seules questions qui sont relativement peu nuisibles à A »[2]... B se trouve donc empêché de proposer, *a fortiori,* de faire adopter, une décision contraire à la volonté de A. Dans une analyse voisine, c'est ce que Habermas a plus tard appelé la « violence ex-communicationnelle » des institutions. Cette approche, qui a le mérite de la plausibilité en beaucoup de cas d'espèce, n'en soulève pas moins de nouvelles difficultés. L'éventail des non-décisions n'est-il pas, par nature, quasi illimité ? Comment savoir si l'absence d'une décision est imputable à l'exercice d'un pouvoir au sens de Bachrach, ou à une erreur d'appréciation, chez l'observateur, sur ce qui était en pratique envisageable ?

2. Le conflit d'intérêts et d'aspirations

Pour l'école utilitariste anglaise du XVIIIe et du XIXe siècle (Hume, Bentham, John Stuart Mill[3], l'individu est guidé dans ses comportements par la recherche d'un compromis entre les avantages escomptables et les coûts (de tous ordres) qu'il lui faut envisager de subir. C'est la théorie du calcul rationnel. On parle volontiers aujourd'hui de l'hypothèse de « rationalité limitée » depuis les travaux de Herbert

1. Peter BACHRACH, Morton BARATZ, « Two Faces of Power » (1962), Trad. *in* Pierre BIRNBAUM, François CHAZEL, *Le Pouvoir politique,* Paris, Dalloz, 1974, p. 61.
2. *In* Robert BELL, D. EDWARDS, R. WAGNER (Eds), *Political Power,* New York, Free Press, 1969, p. 64.
3. John Stuart MILL, *L'Utilitarisme* (1863), Trad., Paris, Flammarion, 1988.

Simon[1]. Dans une autre perspective (d'ailleurs voisine de certaines analyses de Bentham), Freud observait également que nous opérons de constants compromis entre principe de plaisir et principe de réalité, c'est-à-dire entre le désir de satisfaire immédiatement des pulsions et le souci d'éviter à terme des souffrances et frustrations.

Si A et B, les deux protagonistes d'une relation, ont des intérêts ou des aspirations totalement convergents, leurs préférences doivent être identiques. Y a-t-il encore place pour l'exercice d'un pouvoir du premier sur le second ? D'après la définition de Dahl, la réponse est négative puisque A veut voir B opérer une action que, de toute façon, celui-ci effectuera. Pourtant cette situation appelle deux observations. La première est que l'apparence d'un pouvoir de A sur B peut être préservée, cette apparence se trouvant ensuite à la source d'une « réputation » de pouvoir. C'est l'une des significations possibles du fameux adage : « Je suis leur chef, je les suis ! ». La seconde fait surgir la notion de « pouvoir négatif ». Il se peut que B, voulant précisément éviter de donner l'impression qu'il prend ses ordres auprès de A, soit conduit à adopter un comportement différent pour se démarquer. En régime parlementaire il arrive assez souvent que l'opposition récuse *a priori* une solution parce qu'elle surgit de l'initiative du gouvernement. Des dirigeants habiles savent enfermer leurs adversaires dans des positions difficilement tenables en les contraignant à choisir soit l'alignement sur leur point de vue, soit le rejet de la solution populaire qu'ils soutiennent.

L'analyse du pouvoir comme cause d'un comportement suppose donc normalement une divergence d'intérêts ou d'aspirations entre A et B. Elle seule permet de mesurer la capacité de A à obtenir de B une action différente de celle vers laquelle il inclinait. Cependant, cette analyse est insuffisante. Comme l'a bien montré notamment Steven Lukes, l'exercice le plus efficace du pouvoir tend à modifier la perception que B aura de ses intérêts de façon qu'il en vienne à s'identifier à ceux de A[2]. L'esclave devient d'autant plus esclave qu'il fait systématiquement siens les désirs du maître et n'imagine même plus qu'il puisse avoir des aspirations autonomes. Les leaders à fort charisme personnel peuvent susciter des dévouements éperdus qui se révèlent suicidaires pour ceux qui les suivent.

Plus la relation de pouvoir croît en intensité et en efficience, plus elle tend à nier la différence des rationalités et des aspirations entre les

1. Cet auteur anime, à la fin des années 1950, une importante recherche sur les organisations, au *Carnegie Institute of Technology*. Pour une présentation, consulter E. FRIEDBERG, *Le Pouvoir et la règle*, Paris, Seuil, 1993, p. 43 et sq.
2. Steven LUKES, *Power. A Radical View*, Londres, MacMillan, 8e édition, 1982, p. 23.

êtres humains. Soit, superficiellement, en ôtant toute visibilité extérieure à l'expression d'un dissentiment (critère des situations autoritaires), soit très profondément en opérant un remodelage radical des représentations que se font les assujettis de leurs intérêts et aspirations (critère des situations totalitaires). Parfois le processus se développe dans un contexte fortement émotionnel : dévouement militant à une grande cause, exaltation patriotique des citoyens autour de leur gouvernement. Mais il prend surtout la forme de ce que Dahrendorf a appelé les « intérêts latents » par opposition aux « intérêts manifestes » d'une classe sociale. La domination idéologique des classes dominantes ou, dans un autre vocabulaire, les mécanismes du contrôle social, conduit les dominés à faire explicitement leurs des aspirations et des intérêts étrangers à leurs logiques de situations, tandis que demeurent purement virtuels ceux qui y correspondent[1]. Ainsi, selon Dahrendorf, l'acceptation par les salariés des logiques du profit relèverait de ce processus.

C L'exercice du pouvoir envisagé comme la manifestation d'un échange inégal

Considérons d'abord l'approche des théories de l'échange qui se situent dans une perspective résolument interactionniste, avant d'opérer une brève incursion dans la théorie des jeux.

1. Les théories classiques de l'échange

Pour Peter Blau[2] les relations entre les individus se situent en termes d'échanges d'avantages réciproques : une marchandise en contrepartie d'argent, dans la relation vendeur/acheteur ; un travail en contrepartie d'un salaire, dans la relation employeur/employé ; un avantage moral comme par exemple la gratitude, en contrepartie d'un service bénévolement rendu. C'est le déséquilibre de l'échange qui signale l'importance du pouvoir de l'une des parties sur l'autre. Si le consommateur accepte de payer un prix très élevé, c'est qu'il est en position de faiblesse face au vendeur ; si un cadre supérieur obtient d'une entreprise une rémunération particulièrement forte, c'est qu'il dispose d'une grande puissance de négociation...

1. Ralf DAHRENDORF, *Classes et conflits de classes dans la société industrielle*, Trad., La Haye, Mouton, 1972, p. 176 sq.
2. Peter BLAU, *Exchange and Power in Social Life*, New York, Wiley, 1964.

Il se peut que l'échange soit rendu particulièrement ardu en raison du déséquilibre radical entre ce que A demande et ce que B peut offrir en compensation. Prenons l'exemple du garagiste (A) et du commissaire de police (B). Le second convoite une voiture mise en vente à un prix pour lui inabordable. Quelles solutions sont théoriquement envisageables ? Premier scénario, B décide sagement de renoncer à l'achat ; la relation vendeur/acheteur ne s'établit pas. Deuxième scénario : le commissaire (ripoux) fait pression sur le garagiste pour qu'il lui laisse le véhicule à un « prix d'ami », faisant planer la menace de représailles en cas de refus, ou permettant des contreparties avantageuses en cas d'acceptation (fermer les yeux sur des trafics illicites). Dans ce cas, l'échange inégal (voiture payée au-dessous de son prix) est rendu possible par l'exercice d'un pouvoir de B sur A qui prend la forme d'un chantage.

Le mérite de ces théories de l'échange est de bien mettre en évidence les points suivants :

– la relation de pouvoir s'inscrit dans une alternative et non dans une relation unidirectionnelle fermée. Ou bien... (prix avantageux) et alors... (contrepartie) ; ou bien, au contraire... Le pouvoir n'est pas un attribut mais, comme l'écrit François Chazel, il s'inscrit dans une asymétrie des ressources disponibles ;

– l'intensité effective du pouvoir exercé se mesure à l'importance de l'avantage obtenu. Par exemple dans l'exemple ci-dessus, on dira que plus le prix payé par le commissaire est faible, plus son pouvoir sur le garagiste s'est révélé irrésistible. Relevons néanmoins une situation particulière : celle où un donateur, apparemment très généreux, comble un bénéficiaire de telle sorte qu'il le place vis-à-vis de lui en position (inférieure) de débiteur, ayant un jour à s'acquitter d'une dette. On peut imaginer un troisième scénario, celui où le commissaire se voit spontanément offrir par le garagiste un « prix d'ami » en échange de quoi on lui demande divers services que la déontologie professionnelle réprouve. C'est alors le garagiste qui fait payer l'avantage financier consenti au commissaire en le mettant « à son service ». Ce pouvoir de conférer des largesses, Marcel Mauss l'observait dans les sociétés mélanésiennes ou amérindiennes du potlatch : « Donner, c'est manifester sa supériorité, être plus, plus haut, *magister* ; accepter sans rendre ou sans rendre plus, c'est se subordonner devenir client et serviteur, devenir petit, choir plus bas (*minister*) »[1]. Dans nos sociétés

1. Marcel MAUSS, « Essai sur le don » (1923), réédition avec un avant-propos de Claude Lévi-Strausss *in* Marcel MAUSS, *Sociologie et anthropologie*, Paris, PUF, 1991, p. 269.

contemporaines, il prend la forme de la corruption active : pour une personnalité politique, accepter de recevoir des « cadeaux », soit directement soit indirectement à travers des proches qui bénéficient d'avantages indus, fait naître le soupçon de sa dépendance ou de sa complaisance. La justice, en Europe comme aux États-Unis, poursuit ces agissements avec une vigueur accrue comme le montre la multiplication des affaires (par exemple, les commissions versées par le groupe Elf dans les années 1990) ;

– le pouvoir ne se situe pas seulement dans des transactions ponctuelles ou micro sociales ; il est, plus largement, la capacité d'un acteur à structurer durablement des processus d'échanges qui soient déséquilibrés en sa faveur. C'est à partir de cette perspective que l'« utilitarisme méthodologique » (Brian Barry, Erhard Friedberg) veut penser les contraintes structurelles qui gouvernent les relations particulières d'échange inégal. On citera, par exemple, les opportunités qu'offrent aux dirigeants politiques corrompus leur pouvoir d'autoriser ou non la passation de marchés publics particulièrement importants.

2. Du pouvoir comme échange... à l'échange de coups

La théorie des jeux, dite encore de l'interaction stratégique, permet de complexifier ce schéma élémentaire d'analyse et de le rapprocher des situations concrètes où le pouvoir s'exerce. En effet, la relation de pouvoir est dynamique ; elle évolue en fonction des capacités de réponses de chacun des partenaires aux initiatives prises en amont. En ce domaine il existe deux références majeures : l'œuvre de Erving Goffman et celle de Thomas Schelling. Pour ce dernier, un coup est « la possibilité pour les joueurs de se comporter en cours de partie de manière à transformer irréversiblement le jeu lui-même, à modifier la matrice des gains, l'ordre des choix ou les structures qui permettent la diffusion de l'information »[1]. Les relations de pouvoir s'inscrivent dans des séquences d'échanges d'informations et de comportements qui forment l'objet d'étude de la théorie des jeux[2]. Norbert Élias imagine un jeu à deux personnes (les échecs par exemple) où l'un des joueurs appelé A, est de force très supérieure à

1. Thomas SCHELLING, *Stratégie du conflit* (1960 et 1980), Trad., Paris, PUF, 1986, p. 162. De cet auteur citons également *La Tyrannie des petites décisions*, Trad., Paris, PUF, 1980 et *Choice and Consequence,* Harvard University Press, 1984.

2. John HUBER, Sylvain BROUARD, Éric KERROUCHE, « L'analyse du choix rationnel en science politique », *Revue Internationale de Politique Comparée*, 1997 (4), p. 113 sq.

son partenaire B. A peut alors, en jouant certains coups, enfermer son partenaire dans des réponses précises ; il doit néanmoins tenir compte du fait que celui-ci n'est pas complètement ignorant des possibilités de résistance face à l'offensive adverse. Si, en effet, son incompétence était absolue, c'est le jeu lui-même qui deviendrait impossible. « Lorsqu'on parle, écrit-il, du pouvoir qu'un joueur exerce sur l'autre, ce n'est pas par référence à quelque chose d'absolu, mais à la différence qui existe, en sa faveur, entre sa force au jeu et celle de l'adversaire »[1] ; différence qui se manifestera, dans notre exemple, par l'échange inégal des pièces, en quantité comme en valeur, ce qui atteste la domination de l'un sur l'autre.

Dans un jeu comme celui-ci, à forte inégalité entre les partenaires, A exerce non seulement un pouvoir d'influence sur les réponses de B mais aussi une emprise sur le déroulement lui-même de la partie. Les deux formes de pouvoir doivent en effet être distinguées. D'une partie à l'autre, la domination de A sur B peut rester aussi nette sans que A souhaite répéter la partie précédente. Si, en revanche, les deux partenaires étaient de force égale, l'interdépendance des joueurs, en termes de pouvoir d'influence réciproque, demeurerait très forte mais l'emprise de l'un ou l'autre sur le déroulement de la partie s'affaiblirait.

Norbert Élias distingue ensuite le jeu à plusieurs personnes sur un seul niveau, et le jeu « à deux ou plusieurs étages ». Dans le premier cas, si le nombre de participants est très élevé (aux cartes ou au Monopoly par exemple) chacun attend longtemps avant que son tour n'arrive. Il devient difficile à chaque joueur, pris isolément, de prendre une vue d'ensemble de la partie, et impossible de peser de façon décisive sur son déroulement. Inversement, le coup choisi est fortement conditionné par la tournure déjà prise par la partie qui se déroule. « L'interpénétration d'un nombre de joueurs toujours plus grand semble, aux yeux du joueur individuel, posséder une existence de plus en plus autonome »[2]. La situation échappe à ceux qui en sont pourtant les acteurs.

Dans le second cas, celui du jeu à deux (ou plusieurs) étages, si au niveau supérieur le cercle des participants est petit, chaque joueur retrouve une possibilité de maîtriser la compréhension de ce qui s'y passe. En fonction de sa « force », il peut également exercer du pouvoir (d'influence) sur ses partenaires. Cependant, des éléments d'incertitude sont introduits du fait des répercussions sur le niveau supérieur de ce

1. Norbert ÉLIAS, *Qu'est-ce que la sociologie ?*, Trad., Aix-en-Provence, Éd. de l'Aube, 1991, p. 92.
2. Norbert ÉLIAS, *loc. cit.*, p. 98.

qui se joue au niveau inférieur, là où le nombre des participants est infiniment plus grand. Ce modèle permet de comprendre que dans un système politique représentatif, les représentants (c'est-à-dire les « joueurs » du niveau supérieur, en nombre relativement restreint) sont mus par deux sortes de calculs stratégiques : répondre à la situation créée par les partenaires, mais prendre également en considération dans leurs choix les conséquences que leurs initiatives ont sur les joueurs de niveau inférieur (c'est-à-dire les membres de la société civile). Or, cela est triplement aléatoire : d'abord parce que les joueurs du niveau inférieur étant beaucoup plus nombreux, personne ne maîtrise véritablement le déroulement des situations qui s'y construisent ; ensuite parce que les rivaux du niveau supérieur prennent également des initiatives dont les effets sur le niveau inférieur sont affectés d'incertitude ; enfin parce que les répercussions en retour, sur le niveau supérieur, du déroulement de la partie au niveau inférieur sont largement imprévisibles.

La théorie des jeux peut sembler excessivement abstraite dans ses développements contemporains les plus sophistiqués, lorsque l'outil mathématique est pleinement mobilisé[1]. Mais, réduite à ses principes élémentaires : existence d'une matrice de gains et de coûts, information imparfaite des acteurs impliqués, inégalité de leurs ressources, anticipation partielle par chacun des réponses susceptibles d'être données à ses initiatives, elle constitue une modélisation réaliste de ce qui se passe en situation concrète. Cependant les relations de pouvoir deviennent extraordinairement compliquées dans les systèmes d'interactions à plusieurs niveaux, que ceux-ci soient hiérarchiques (dans l'administration publique ou l'entreprise) ou qu'ils résultent de relations entre systèmes autonomes (interdépendance entre entreprises, administrations étatiques et collectivités locales, mouvements sociaux, partis, associations, réseaux, etc.). D'où l'impression que l'exercice du pouvoir (politique) relève plus d'un art que d'une démarche rigoureusement rationnelle.

1. Pour une mise au point sur les développements récents de la théorie des jeux, Martin SHUBIK, *Théorie des jeux et sciences sociales*, Paris, Economica, 1991 ainsi que James MORROW, *Game Theory for Political Scientists*, Princeton, Princeton University Press, 1994, Evelyn FINK, Scott GATES, Brian HUMES, *Game Theory Topics. Incomplete Information, Repeated Games and N-Player Games,* Londres, Sage, 1998, Gaël GIRAUD, *La Théorie des jeux*, Paris, Flammarion, 2000, Yannis VAROUFAKIS, *Game Theory. Critical Concepts in the Social Sciences*, Londres, Routledge, 2001.

§ 2. Pouvoir d'injonction et pouvoir d'influence

Souvent règne une grande confusion dans l'emploi de ces notions à forte connexion : pouvoir, puissance, influence, autorité, contrainte, etc. Il est pourtant nécessaire que chaque concept ait un contenu clairement défini et que les mots utilisés ne soient pas interchangeables. Une vision précise de ce qui sépare pouvoir d'injonction et pouvoir d'influence permet d'y contribuer grandement[1].

A Le critère de la distinction

De toute évidence, le pouvoir exercé par le chef hiérarchique sur ses subordonnés n'est pas le même que celui du journaliste influent sur ses lecteurs ; l'ordre donné par l'officier à ses hommes n'est pas assimilable aux suggestions faites par le conseiller à son ministre. Et pourtant, dans tous ces cas, il y a capacité d'obtenir d'autrui quelque chose qu'il n'aurait pas fait autrement (action ou inaction).

Peut-on dire que l'injonction serait la condition nécessaire et suffisante du comportement prescrit, alors que l'influence en serait une condition non suffisante ? Ce critère n'est pas satisfaisant. En fait, l'influence du conseiller sur le Prince, du leader charismatique sur les foules peut parfois constituer une suggestion plus irrésistible que bien des commandements impératifs auxquels les assujettis opposent inertie ou mauvaise volonté.

Serait-ce alors le degré de précision du comportement prescrit ? On l'a parfois prétendu. Sans doute, le texte d'un décret et l'ouvrage d'un théoricien politique influent obéissent-ils, de ce point de vue, à des normes toutes différentes. Cependant, il y a de nombreuses exceptions : on pourra faire observer par exemple que les candidats en campagne influencent leurs électeurs en vue d'obtenir un geste précis : le bon choix dans l'urne, tandis que les règlements sur la discipline générale des armées prescrivent « le respect des supérieurs », c'est-à-dire un comportement sujet, en pratique, à de nombreuses modalités d'adaptation.

Est-ce enfin l'existence du consentement de l'assujetti, non requis lorsqu'il y a injonction, sauvegardé lorsqu'il y a influence ? C'est méconnaître la distinction entre l'usage de la force qui « arrache » le

1. Les développements ci-après résument ma propre analyse, Ph. BRAUD, « Du pouvoir en général au pouvoir politique », *in* M. GRAWITZ, J. LECA, *Traité de Science Politique*, Paris, PUF, 1985, t. I, p. 348 et sq.

comportement, et l'exercice authentique du pouvoir. La prescription d'une règle obligatoire ouvre toujours l'alternative : obéir ou ne pas obéir, avec le risque afférent d'une sanction. Donc, s'incliner devant une loi, même assortie de lourdes pénalités, c'est, d'une certaine manière, y consentir. C'est bien la raison pour laquelle la chute d'un régime politique particulièrement dictatorial est l'occasion de découvrir le malaise d'une population qui se considère *a posteriori,* peu ou prou coupable même si elle rejette véhémentement cette « complicité »[1].

Cette observation nous met sur la voie d'un critère beaucoup plus pertinent de discrimination entre ces deux modalités majeures du pouvoir que sont l'injonction et l'influence.

Lorsqu'il y a injonction authentique, l'assujetti ne peut échapper volontairement à la relation de pouvoir. Il lui reste seulement le choix entre deux attitudes : ou bien s'incliner en adoptant le comportement prescrit, ou bien encourir le risque d'une punition. Celle-ci peut être soit la suppression autoritaire d'un avantage escompté, soit l'infliction d'un dommage (privation de la vie, de la liberté, d'un bien matériel...). Dans tous les cas, il encourt, en cas de désobéissance, une détérioration de sa situation.

Lorsqu'il y a influence authentique, l'assujetti se trouve placé devant une alternative différente. Ou bien il adopte tout ou partie du comportement suggéré et, dans ce cas, il accepte délibérément de se placer dans la relation de pouvoir afin de bénéficier d'un avantage : soit une récompense matérielle ou symbolique (par exemple la faveur du personnage influent), soit une gratification psychologique (moindre anxiété, meilleure estime de soi). Ou bien il n'adopte pas le comportement suggéré et, dans cette hypothèse, puisqu'il a résisté à l'influence on peut dire que la relation de pouvoir ne s'est pas nouée.

L'injonction est donc assortie d'une sanction qui relève de l'univers de la punition ; l'influence, d'une contrepartie (sanction positive) qui relève de l'univers de la récompense voire de la séduction.

Cette distinction est essentielle, dans le domaine politique, car le problème de la garantie d'effectivité de la sanction se pose en des termes radicalement différents.

La sanction du pouvoir d'injonction n'est plausible que s'il existe une menace crédible d'emploi de la coercition pour la mettre en œuvre. Il est illusoire, bien entendu, de penser qu'une peine privative de liberté

1. Cf. les nombreux témoignages d'intellectuels russes, est-allemands ou roumains après 1989. Également, à propos de la période nazie, Pierre-Yves GAUDARD, *Le Fardeau de la mémoire*, Paris, Plon, 1997.

puisse être exécutée sans gendarmes ni gardiens de prison. De même, le paiement « spontané « d'une amende est-il facilité par la crainte plausible d'une saisie-arrêt sur le salaire. Au contraire, la sanction du pouvoir d'influence est l'octroi d'un avantage. Du point de vue du bénéficiaire, il n'est donc point besoin de le contraindre à toucher sa récompense. La mise en œuvre de cette sanction positive n'exige nullement l'emploi de la force. Si le haut fonctionnaire accepte de se laisser influencer par un » cadeau », le recours à la contrainte n'a pas sa place dans ce type de relation. Tout au plus, le refus d'honorer une promesse légalement établie peut-il justifier un recours en justice mais ce qui sera sanctionné, c'est le manquement à une obligation juridique (injonction) de respecter ses engagements.

C'est donc l'existence effective d'une possible punition, non éludable, qui permet de saisir, en dépit des apparences parfois contraires, ce qui se joue dans la relation de pouvoir. Une injonction peut être masquée sous une expression lénifiante tandis que des formes verbales comminatoires peuvent ne relever que d'une simple mise en scène, théâtralisée, d'une tentative d'influence.

Cette opposition peut être visualisée dans le tableau ci-après :

Tableau n° 2
Pouvoir d'injonction et pouvoir d'influence

POUVOIR	Injonction	Si refus du comportement prescrit...	...infliction d'un dommage...	...garantie par l'usage plausible de la coercition
	Influence	Si acceptation du comportement suggéré...	...octroi d'une récom-pense...	– – –

B De l'injonction de fait à la règle de droit

L'usage plausible de la coercition pour garantir, en cas de rébellion, l'effectivité de la punition encourue est le critère commun à toutes les formes d'injonctions. Ceci étant, selon les modalités de la coercition, on peut distinguer trois sortes d'injonctions.

Dans l'hypothèse de l'injonction de fait, un individu s'arroge sur autrui un pouvoir qui n'est justifié par aucune autorisation juridique. Il y a simplement exploitation *de facto* d'un rapport de force inégal. L'homme politique soumis par un tiers à un discret chantage financier, le collaborateur du ministre contraint par lui de couvrir une opération illicite, illustrent ce type de situation. Si illégale que soit la pression, la plausibilité d'une punition n'en existe pas moins, bel et bien.

L'injonction morale se distingue de l'injonction de fait en ce qu'elle mobilise à son profit une éthique : des valeurs universelles ou, simplement, la « loi du groupe » consacrée par une tradition perçue comme légitime. Mais elle n'est pas non plus la simple expression d'un pouvoir d'influence parce qu'elle repose sur l'éventuelle mise en œuvre d'une coercition psychologique. Cette notion, aux contours fluides, rend compte pourtant de situations concrètes : celles où le sujet ne peut refuser d'adopter le comportement prescrit sans subir une tension subjectivement insupportable. Ainsi l'excommunication n'était-elle une sanction plausible que dans la mesure où elle visait un croyant fervent, chez qui la perspective d'être « retranché » de son Église aurait fait naître désespoir ou culpabilité intense[1]. La menace d'être exclu d'un parti fortement intégrateur (le PCF à son zénith) a pu jouer sur les militants un rôle analogue.

La norme juridique est l'injonction la plus fortement institutionnalisée. En effet, la capacité de dire le droit caractérise la prérogative de puissance publique exercée par les organes de l'État. Il y a règle de droit lorsque le non-respect d'une prescription (obligation de donner, de faire ou de ne pas faire) entraîne une sanction négative infligée par les tribunaux, voire directement par l'administration. Cette sanction, en principe prévue à l'avance par les textes en vigueur, est garantie par l'usage plausible de la contrainte d'État. Les pénalités décidées par la justice ou l'autorité administrative sont normalement[2] mises en œuvre grâce à des procédures de contrainte. La peine privative de liberté, par exemple, est garantie par l'existence d'une administration pénitentiaire et la mise en œuvre de mesures de sécurité autour des prisons. C'est en ce sens que Max Weber fait du monopole de la coercition légitime le critère distinctif de l'État. *A contrario*, une règle de droit tombe en désuétude lorsqu'elle n'est plus, en général, appliquée. De façon

1. Voir la notion de groupement hiérocratique, chez Max WEBER, défini comme le groupement humain qui « utilise pour garantir ses règlements la contrainte psychique par dispensation ou refus des biens spirituels du salut ». *Économie et Société*, Trad. réédition, Paris, Plon, Agora, 1995, p. 97.

2. Il y a des délinquants qui échappent à la répression pénale mais tant qu'ils demeurent une petite minorité la règle de droit demeure bien « en vigueur ».

particulièrement claire et élaborée, se retrouve la séquence caractéristique du pouvoir d'injonction : prescription/sanction/garantie de son effectivité par la contrainte.

Dans cette perspective s'inscrit la tradition doctrinale qui distinguait classiquement le droit naturel et le droit positif. Alors que les règles du « droit naturel » ne peuvent, en cas de violation, être utilement invoquées devant les tribunaux pour obtenir réparation, les règles du droit positif ouvrent la possibilité d'un recours en justice afin de faire sanctionner les manquements éventuels. Les premières sont de simples normes morales qui suggèrent, conseillent, dessinent un programme souhaitable ; les autres sont des normes auxquelles il faut obtempérer.

C Modalités du pouvoir d'influence

La relation d'influence exclut la contrainte. Elle suppose donc que A, désireux d'obtenir de B certains comportements, puisse lui offrir (intentionnellement ou non) des avantages attractifs. Fondamentalement, l'influence repose donc sur la séduction. Mais selon l'activité déployée par A, deux catégories de notions doivent être distinguées.

1. La persuasion

C'est une démarche, ouverte et intentionnelle, de A pour conduire B à l'action (ou l'inaction) Y qu'il n'aurait pas sans lui adoptée. Persuader peut prendre la forme d'un travail sur les représentations que l'influencé se fait de ses intérêts. Une information supplémentaire lui est donnée, pertinente ou erronée, honnête ou mensongère. Au terme de ce processus qui mobilise des arguments rationnels ou/et affectifs, B voit ses intérêts et ses aspirations différemment ; il agit en conséquence.

Persuader peut prendre également une autre forme, cumulative éventuellement avec la précédente. A fait une promesse ; il laisse entrevoir un avantage matériel ou encore une gratification symbolique qui conduisent B à réviser l'idée qu'il se faisait de son intérêt. Si, par exemple, pour effectuer une mission dangereuse, un mercenaire hésitant se voit offrir le double de la rémunération prévue, il se peut qu'il en vienne à trouver avantageux de se mettre au service de l'agence qui cherche à le recruter. L'activité de persuasion repose donc toujours sur l'octroi d'une information supplémentaire.

La manipulation constitue une variante de la persuasion que l'on caractérisera par son caractère clandestin[1]. A influence B à son insu, il l'oriente sans qu'il le sache vers le comportement souhaité. Manipuler l'opinion publique prendra par exemple la forme d'une campagne de rumeurs dont la source n'est pas identifiée (par exemple, avec l'affaire *Clearstream* en 2005-2006, la circulation longtemps anonyme d'un listing impliquant des personnalités dans des opérations illicites). La réprobation morale qui s'attache au concept de manipulation tient au fait que le manipulé apparaît comme la victime d'un processus déloyal, qui lui obscurcit l'analyse rationnelle des mobiles du manipulateur et rend donc plus difficile une résistance appropriée aux desseins qu'il poursuit.

2. L'autorité légitime

Il n'existe pas de véritable convention savante autour de ce concept employé avec des significations extrêmement variées. Pour redonner à cette notion un minimum de cohérence, on valorisera le fait que cette capacité d'influence se fonde sur des qualités personnelles ou sociales du sujet et, le plus souvent, sur son statut dans la société. « Ce que l'on appelle la force illocutoire d'un discours, écrit Pierre Bourdieu, c'est l'autorité qui s'en dégage à raison du statut social ou politique du locuteur et non pas en raison d'une mythique valeur intrinsèque des mots employés »[2]. Le langage courant l'exprime à sa manière, qui a forgé l'expression : avoir de l'autorité. Une influence de ce type s'exerce du seul fait que puisse être perçu le souhait de celui qui « détient » cette précieuse prérogative. La volonté du détenteur d'autorité n'est pas forcément explicite mais, parfois elle est perçue comme simplement plausible, voire purement imaginaire. Ainsi des militants politiques se réclamant d'un leader, peuvent-ils agir d'une manière qu'ignore, voire réprouverait, celui dont ils invoquent l'autorité. Ce fut ce type de malentendu qui aboutit au meurtre de Thomas Beckett par des chevaliers de l'entourage du roi d'Angleterre Henri II.

Trois situations méritent d'être distinguées :

– l'autorité fondée sur le charisme. Max Weber la définit comme « assise sur la grâce personnelle et extraordinaire d'un individu (charisme) ; elle se caractérise par le dévouement tout personnel des

1. Dans le langage commun, le mot manipulation peut revêtir d'autres sens, et notamment celui d'une influence fondée sur des procédés jugés moralement regrettables.
2. Pierre BOURDIEU, *Ce que parler veut dire,* Paris, Fayard, 1987, p. 111 et sq.

sujets à la cause d'un homme et par leur confiance en sa « seule personne en tant qu'elle se singularise par des qualités prodigieuses, par l'héroïsme ou d'autres particularités exemplaires qui font le Chef »[1]. En fait le ressort de cette forme d'influence ne réside pas seulement dans les qualités exceptionnelles d'un homme mais dans la *relation* qui unit cet individu à tous ceux qui partagent le désir intense de s'identifier à un « grand homme », que les qualités de celui-ci soient réelles ou imaginaires, frappantes pour tous les membres de la société ou seulement pour quelques-uns[2]. Or, il existe des facteurs socioculturels et conjoncturels qui contribuent à stimuler dans certaines catégories de populations le désir de « remise de soi » à un leader providentiel de ce type : par exemple, dans une situation de forte inquiétude provoquée par une catastrophe nationale, une crise économique majeure, un bouleversement des repères culturels jusque-là tenus pour acquis. En échange de la soumission à son héros, l'influencé participe, par procuration, à la grandeur supposée du chef, à son dévouement au bien public, voire à son ascendant viril ;

– l'autorité fondée sur la compétence. La maîtrise ou le contrôle de savoirs, réputés efficaces ou valorisants dans une situation donnée, (celui du médecin face à son malade mais aussi celui du diplômé d'une grande école sur le marché de l'emploi) définit la compétence. Celui qui se soumet à l'autorité de la compétence espère en retour des informations utiles lui permettant un gain d'avantages. Il est utile de distinguer deux modalités de compétence qui, d'ailleurs, sont parfois cumulées par les mêmes personnes. D'une part celle de l'expert spécialisé, détenteur de savoirs pointus, relativement rares et recherchés. C'est, dans la sphère du pouvoir politique, l'autorité du financier, du stratège militaire, du diplomate. D'autre part, celle du responsable hiérarchique qui repose sur le contrôle de réseaux ou circuits de renseignements ; ce contrôle lui permet de disposer d'informations utiles et, par ailleurs, de pratiquer une rétention calculée de ce qu'il sait. L'autorité du ministre, du préfet, du chef d'entreprise participe de cette catégorie, en partie du moins ;

– l'autorité fondée sur des valeurs. Dans toute société il existe des valeurs réputées partagées par tous mais auxquelles se trouvent identifiés de manière privilégiée certaines catégories de personnes ou

1. Max WEBER, *Le Savant et le politique,* Trad., Paris, Plon 1959, rééd. 1979, p. 102 ; avec la préface de Raymond ARON. Également : *Économie et société, op. cit.,* p. 320.
2. Sur cette question Ann Ruth WILNER, *The Spellbinders. Charismatic and Political Leadership,* New Haven, Yale University Press, 1984, p. 18 et sq. L'autorité charismatique s'exerce aussi dans les entreprises. V. Jay CONGER, Rabindra KANUNGO, *Charismatic Leadership in Organizations*, Londres, Sage, 1998.

certains individus. Ce statut prééminent leur confère un pouvoir d'influence spécifique, que Bertrand de Jouvenel appelait le « pouvoir pur ». L'étroitesse du lien entre l'autorité légitime et des croyances respectées, voire sacralisées, explique pourquoi « le mépris est ainsi le plus grand ennemi de l'autorité, et le rire pour elle la menace la plus redoutable »[1]. Ainsi, là où dominent des valeurs religieuses, le fait d'être reconnu (statutairement ou non) comme intermédiaire entre la divinité et les êtres humains, confère aux clercs leur autorité légitime. De même, là où dominent les valeurs guerrières cette autorité bénéficiera-t-elle aux chefs militaires. Dans un système politique reposant sur le droit divin des rois, elle est conférée par l'appartenance à la famille régnante, notamment par le fait d'être le premier né. Plus largement, la légitimité démocratique apparaît liée à la légalité dès lors que le législateur bénéficie d'un large consensus. Dans les États modernes, c'est le rôle du suffrage universel d'investir les représentants élus tout à la fois de la compétence juridique de dire le droit, et de l'autorité qui s'attache à la qualité de mandataire du Peuple. La légalité d'une procédure confère ainsi une présomption (plus ou moins solide il est vrai, plus ou moins générale aussi) de légitimité.

La légitimité fondée sur des croyances, c'est-à-dire, au sens de Pareto, des propositions « indémontrées ou indémontrables », entretient des rapports au moins originaires avec le sacré. On notera d'ailleurs l'origine fréquemment religieuse du pouvoir politique[2]. Le sacré est en effet un ordre de valeurs dont la pertinence n'est pas soumise à la libre discussion mais dont l'interprétation est réservée à des représentants dûment attitrés et initiés. Ainsi du dogme catholique dont la discussion, soustraite au libre examen des théologiens, est réservée au magistère ecclésial ; ainsi également du commentaire de l'idéologie dominante dans un système monolithique de parti d'avant-garde.

La légitimité de la croyance entretient également des rapports avec la tradition. Elle résulte, en ce cas, d'une sorte de « naturalisation » des institutions et des valeurs. Comme l'écrivait Hérodote : « Tous les hommes sont convaincus de l'excellence de leurs coutumes... Il n'est donc pas normal, pour tout autre qu'un fou du moins, de

1. Hannah ARENDT, *Sur la violence,* Trad., Paris, Agora, 1989, p. 145 et 146. V. également, Pierre ANSART, *La Gestion des passions collectives*, Lausanne, L'Âge d'Homme, 1982, p. 180.

2. KOSELECK, commentant Jean Bodin, observe que sa conception de la souveraineté expulse historiquement le religieux de l'ordre politique. Sur l'histoire de l'opposition entre le religieux et le politique au cœur de l'Occident médiéval, voir les travaux de Jacques KRYNEN.

tourner en dérision les choses de ce genre »[1]. L'enracinement dans un passé lointain semble un gage de validité et, surtout, permet de les intégrer dans l'ordre éternel des choses. Ainsi l'ancienneté d'une dynastie a-t-elle fréquemment suscité un légitimisme précieux chez les sujets d'un royaume ; d'où réciproquement la préoccupation de beaucoup de monarques de se donner une lignée d'ancêtres aussi longue et prestigieuse que possible. La consolidation, depuis un siècle en Occident, des normes démocratiques leur confère également une plus-value d'autorité appréciable aujourd'hui.

1. *L'Enquête*, III, 39, *in* HÉRODOTE, *Œuvres complètes*, Paris, Gallimard, 1989, p. 235.

Section 2
Pouvoir, contrôle et domination

L'exercice du pouvoir (politique ou non) se situe à l'intérieur de situations socialement construites. L'analogie sur ce point avec le jeu d'échecs est instructive. Si, à un moment du jeu, une pièce comme la tour menace le pion adverse, ce n'est pas seulement à raison de sa position mais aussi en vertu des règles générales qui gouvernent les mouvements de ces deux catégories de pièces. La puissance de la pièce dominante résulte donc à la fois d'une structure de jeu, propre aux échecs, et de sa position concrète sur une case déterminée.

Trois concepts clés permettent de penser une relation de pouvoir, entre deux ou *n* personnes, dans le cadre des conditionnements sociaux qui lui donnent sens et efficacité : celui de contrôle social, celui de champ social et celui de domination.

§ 1. Le contrôle social

D'origine anglo-saxonne, ce concept désigne l'ensemble des régulations qui pèsent sur les agents sociaux. Ces derniers se voient confrontés à des distinctions comme comportements permis/comportements défendus, comportements normaux/comportements déviants, comportements légitimes/comportements illégitimes ; la définition de ces catégories de jugement exerce une pression sur leurs choix. Certains courants sociologiques tendent à insister surtout sur la réduction de liberté des acteurs ; d'autres au contraire soulignent la marge de manœuvre qui leur reste dans les interstices du contrôle social.

A Contrainte externe et autocontrainte

Une question a hanté la philosophie politique occidentale, de La Boétie à Rousseau. Partout les hommes sont « dans les fers » !

comment se fait-il qu'ils acceptent de se soumettre au bon vouloir d'un petit nombre d'individus, voire d'un seul ? Le premier répondait en affirmant que cette « servitude volontaire » était désirée ; il observait, non sans amertume, que les hommes en sont « enchantés et charmés ». Le second inventait de complexes raisonnements pour prouver dans l'idéal la souveraineté de la volonté générale, à la fois produite par l'unanimité et présente en chaque individu particulier.

Du point de vue de la sociologie politique, le contrôle social sur les individus se manifeste selon deux modalités.

Il existe tout d'abord des *régulations externes,* c'est-à-dire un ensemble de règles obligatoires, subjectivement perçues par les assujettis comme s'imposant du dehors à leur volonté. Elles peuvent être de nature juridique : ce sont les lois et règlements, constitutifs parfois de véritables statuts au sens où ils organisent un ensemble cohérent et articulé de droits et de devoirs (statut de la fonction publique...). Elles peuvent aussi être de nature socioculturelle : ce sont les usages et codes de comportements, les langages, les valeurs et les croyances, etc. Elles peuvent enfin être de nature purement économique : ce sont par exemple les lois du marché dans une économie concurrentielle. Toutes ces régulations gouvernent l'entrée en relation avec autrui définissant, en fonction des situations affrontées, ce qui se fait et ce qui ne se fait pas, ce qui est raisonnable et ce qui ne l'est pas[1]. Ces régulations externes ont une origine plus ou moins aisément identifiable. Les règles juridiques le sont en principe facilement puisqu'elles sont imputables au législateur, c'est-à-dire en fait au pouvoir politique. Mais lorsqu'elles sont très anciennes, il faut les rapporter à la volonté de gouvernants disparus, oubliés, voire à la coutume. Les normes socioculturelles, quant à elles, reposent sur des usages et des pratiques dont l'initiateur est le plus souvent non identifiable, et les lois du marché constituent le type même des processus anonymes de contrôle social.

Cette distinction tire son importance du fait que l'obéissance aux règles perçues comme externes est psychologiquement plus coûteuse ; elle suscite en retour une agressivité virtuelle. En effet, l'évidence ne peut être masquée que l'individu s'incline devant une autre volonté que la sienne. Ce n'est pas le citoyen qui décide du montant de sa cotisation fiscale ; et s'il veut fonder une entreprise, une association ou un parti, il lui faut se couler dans un entrelacs de dispositions qui mêlent intimement l'obligatoire, l'interdit et le permis sous conditions. Dès

1. Le concept de régulation a fait l'objet d'un regain récent d'attention dans la théorie économique et politique. Robert BOYER, Yves SAILLARD (Dir.), *Théorie de la régulation. État des savoirs*, Paris, La Découverte, 1995.

lors, ces contraintes extérieures sont à l'origine de frustrations car « quelque chose » s'interpose visiblement entre le sujet et l'objet de son désir.

Il existe aussi des *régulations internes*. Elles résultent d'un processus psychosocial actif, opéré par l'individu, qui consiste à intérioriser, c'est-à-dire faire siennes, les contraintes extérieures auxquelles il se heurte[1]. Face à une injonction qui l'empêche de suivre ses propres impulsions l'individu en effet a le choix, théoriquement, entre deux scénarios de réponses. Le premier consiste à refuser de s'incliner. Cette attitude peut prendre la forme de l'esquive, c'est-à-dire un comportement de fuite (au sens large du terme). Le coût en sera faible si la non-obéissance passe inaperçue de l'autorité qui a prescrit (par exemple, une fraude fiscale non décelée). Ce peut être aussi ce que Hirschman a appelé des comportements de sortie : l'engagement dans une organisation devient-il trop contraignant ? On la quitte ; la fiscalité du pays paraît-elle trop lourde pour les hauts revenus ? On émigre ou l'on délocalise ses activités. Mais parfois le refus de s'incliner exigerait une rébellion ouverte dont le prix serait excessivement élevé si l'infliction de sanctions redoutées revêtait une véritable plausibilité, que ces sanctions soient pénales, administratives ou « morales » (perte de considération sociale, atteinte à l'estime de soi...).

Lorsque la fuite ou la rébellion sont décidément non envisageables, la meilleure manière de s'incliner, tout en réduisant le coût psychologique de l'atteinte portée à l'autonomie du sujet, c'est encore d'opérer un véritable travail d'appropriation de la règle extérieure. Au terme du processus, l'individu faisant siennes des injonctions sociales incontournables, en arrive à les vivre comme émanant de sa volonté personnelle, de sa conscience intime. Il légitime son obéissance (forcée) soit moralement au nom du civisme ou de normes éthiques, soit rationnellement au nom des nécessaires disciplines de la vie en société. Le processus d'intériorisation permet de s'incliner sans déchoir puisque l'individu a l'impression de ne plus obéir qu'à lui-même. C'est un « travail » de ce type que décrit Norbert Élias lorsqu'il observe, en longue période, la substitution d'une autocontrainte à la violence extérieure qui caractérisait en Occident les temps féodaux[2].

1. Sur ce processus, voir Norbert ÉLIAS, *La Société des individus* (1939), Paris, Fayard, 1991, p. 98 et sq. Également, Élias CANETTI, *Masse et puissance* (1960), rééd. Paris, Gallimard, 1986, p. 323 et s.

2. Norbert ÉLIAS, *La Dynamique de l'Occident* (1939), rééd. Paris, Calmann-Lévy, 1990, p. 203 et sq.

B Rôle et *habitus*

Ces deux concepts, issus de traditions sociologiques différentes, permettent, chacun à leur manière, de montrer comment s'exerce l'articulation des comportements individuels et des contraintes sociales, externes ou intériorisées.

Le *rôle* est une notion classique en sciences sociales qui a fait l'objet de nombreuses définitions. Dans l'acception retenue par les travaux de Ralph Linton et Talcott Parsons il est un ensemble d'attitudes et de comportements attendus d'un agent social à raison de son statut. Il apparaît donc lié à la position tenue dans un espace social. Le rôle impose de remplir certaines fonctions, de se référer à certaines normes, de ne pas sortir d'un certain langage. Ainsi du journaliste ou du militant syndical, du haut fonctionnaire ou de l'usager de l'administration, etc. Chaque individu assume cumulativement divers rôles selon les situations dans lesquelles il se trouve successivement placé : cadre commercial, parent d'élève, contribuable, citoyen/électeur. Le rôle exerce une fonction de clarification des relations interpersonnelles : il permet à chacun d'affronter des situations inédites ou des personnes inconnues avec des repères préétablis. Réciproquement, les tiers savent en gros à quels types de langages ou de comportements ils peuvent s'attendre de la part d'un individu qui est « dans son rôle ». En ce sens, le rôle est sécurisant pour toutes les parties à l'interaction sociale. Mais au prix de contraintes portant sur la liberté subjective[1].

Le recours à la notion de rôle évite de trop surestimer le poids des facteurs de personnalité dans les diverses situations de la vie sociale. Dans la mesure où l'individu est conduit à endosser des rôles très différents à divers moments de son existence, il ne peut pas être perçu comme étant « tout d'un bloc ». Un ouvrier réagit différemment à l'enquêteur selon qu'il est interviewé à l'usine ou à son domicile ; selon qu'on lui parle de relations de voisinage ou des études de ses enfants. Et l'on sait que le militant contestataire qui devient maire ou ministre abandonne vite une part de ses habits de rebelle pour revêtir bientôt ceux du notable[2].

L'*habitus* est une notion que Pierre Bourdieu a imposée dans le lexique sociologique français. Cependant, Émile Durkheim l'utilisait déjà pour souligner le caractère stable et cohérent des modes d'adaptation des individus dans des sociétés fortement intégratrices comme

1. Pour une présentation élémentaire, Jean MAISONNEUVE, *Introduction à la psychosociologie*, Paris, PUF, 1985, p. 74 et s.
2. Bernard LAHIRE, *L'Homme pluriel. Les ressorts de l'action*, Paris, Nathan, 1998.

les sociétés traditionnelles d'Afrique ou du Pacifique, ou encore les internats scolaires et religieux. Et pour Marcel Mauss, le terme est à peu près synonyme de dispositions psychologiques socialement constituées[1]. Chez Pierre Bourdieu, les pratiques des agents (terme préféré ici à acteurs) sont perçues comme étroitement conditionnées à la fois par les structurations du champ social (qui engendrent des « logiques de situations ») et par les dispositions préconstituées des individus, selon la formule : « Habitus + champ = pratique »[2].

Pour l'auteur de *Esquisse d'une théorie de la pratique*, l'habitus est un « système de dispositions, durables et transposables, intégrant toutes les expériences passées... (et qui fonctionne) comme une matrice de perceptions, d'appréciations et d'actions »[3].

Le premier élément de cette définition renvoie directement à un processus d'intériorisation d'usages et d'obligations, effectué à la faveur de situations où s'expérimentent, soit consciemment soit inconsciemment, les contraintes de réalité et les phénomènes de domination. Les réponses effectives de l'individu à une situation donnée sont en quelque sorte mémorisées, en même temps que les règles de comportement qu'il a, en pratique, acceptées. Et s'il y a *éthos de classe,* une notion que Bourdieu utilise parfois comme synonyme de celle d'habitus, c'est bien parce que les individus d'une même strate de population, placés dans des conditions d'existence similaires, sont amenés à réagir de façon analogue aux communes épreuves de réalité qui leur sont imposées (disciplines du travail à la chaîne, conditions d'existence en habitat HLM, faibles ressources culturelles et scolaires, etc.).

Le second élément de la définition renvoie à l'aspect structurant. Les expériences passées de l'individu, intégrées consciemment ou inconsciemment, lui serviront de guide pour affronter les situations ultérieures. L'*habitus* apparaît ainsi comme une sorte de super-logiciel codifiant étroitement les comportements, attitudes et opinions plausibles dans des circonstances nouvelles, fussent-elles imprévues ou imprévisibles. Il n'y a pas génération spontanée des goûts artistiques, des sensibilités politiques ou des jugements de valeur, ni distribution au

1. « Le mot *habitus* traduit infiniment mieux qu'habitude "l'hexis", "l'acquis" et la "faculté" d'Aristote (qui était un psychologue) », écrit Marcel MAUSS, « Les Techniques du corps », *in Sociologie et anthropologie*, réédition Paris, PUF, 1991, p. 368.

2. Pierre BOURDIEU, *La Distinction,* Paris, Minuit, 1979, p. 112.

3. Pierre BOURDIEU, *Esquisse d'une théorie de la pratique*, Droz, 1972, p. 178 et sq. Également, *Le Sens pratique* (1980) réédition Paris, Minuit, 1984, p. 88. À comparer avec cette autre définition, plus récente : « L'habitus est le principe générateur et unificateur qui retraduit les caractéristiques intrinsèques et relationnelles d'une position en un style de vie unitaire », *in Raisons pratiques,* Paris, Seuil, 1994, p. 23.

hasard des styles de vie ni enfin disponibilité entière aux perceptions du monde environnant. L'*habitus* est une grille de lecture mais c'est aussi un grillage imposé par le contrôle social. Cette vision souligne ainsi, peut-être de manière excessive, ce qui lui a été souvent reproché (Héran, Corcuff), le formidable poids des déterminismes sociaux et des contraintes de structures.

C Les interstices du contrôle social : la marge d'initiative de l'acteur

Les analyses de Pierre Bourdieu insistaient sur le contrôle social qui pèse sur les individus, mettant l'accent sur l'importance décisive des conditionnements qui orientent leurs choix. Au contraire, Michel Crozier et les chercheurs qui se situent dans la même perspective que lui, s'intéressent davantage aux marges de liberté présentes au sein des situations dans lesquelles ils se trouvent placés.

Après avoir étudié les relations de pouvoir dans des entreprises (le monopole des tabacs, certaines compagnies d'assurances parisiennes)[1] puis dans l'administration publique[2], Michel Crozier en collaboration avec Erhard Friedberg, a théorisé ses conclusions dans *L'acteur et le système* (1977) et, subsidiairement, *État modeste, État moderne* (1987). Pour Crozier « une situation organisationnelle donnée ne contraint jamais totalement l'acteur. Celui-ci garde toujours une marge de liberté et de négociation »[3]. Pourquoi ? La première raison est l'existence de zones d'incertitude qui laissent une place à l'initiative. Les informations qui permettraient de dégager la meilleure décision ou la meilleure réponse à l'injonction sont insuffisantes ou, au contraire, surabondantes ; elles peuvent également être en partie erronées. Le contribuable, par exemple, peut renoncer à frauder parce qu'il s'exagère les capacités de contrôle du fisc ; mais il peut aussi, à l'inverse, sous-estimer le risque d'être démasqué. La seconde raison est que chaque partie prenante dans ce qu'il appelle « le système d'action », c'est-à-dire une « situation d'interdépendance réciproque entre des acteurs » (au bureau, à l'atelier, dans un service administratif...), dispose, en marge des règles juridiques, de capacités spécifiques de résistance ou d'influence. Ce sont notamment les savoirs techniques irremplaçables des ouvriers

1. Michel CROZIER, *Le Phénomène bureaucratique*, Paris, Seuil, 1963 et *Le Monde des employés de bureau*, Paris, Seuil, 1965.
2. Michel CROZIER, *La Société bloquée,* Paris, Seuil, 1965.
3. Michel CROZIER, Erhard FRIEDBERG, *L'Acteur et le système,* réédition Paris, Seuil, 1981, p. 79.

d'entretien qui leur permettent de faire sentir aux cadres les limites de leur supériorité hiérarchique. Ce sont encore les informations confidentielles auxquelles ont accès les standardistes ou certaines secrétaires des services administratifs ; elles peuvent en faire un usage déstabilisateur.

Ainsi, parallèlement à la structure pyramidale du pouvoir dans une organisation hiérarchique, se manifestent des stratégies d'acteurs, offensives ou défensives. Chacun, en effet, cherche à profiter de l'inévitable « jeu » (au sens mécanique du terme) qui existe dans les rouages de la domination. Il s'agit d'abord de tenter d'élargir sa marge de manœuvre : le supérieur en renforçant son contrôle sur ses subordonnés, les subordonnés en explorant les possibilités de peser sur leur supérieur (organisation syndicale, appel à une instance plus élevée), les pairs en s'efforçant d'élargir leur territoire au détriment de leurs rivaux (ouvriers d'entretien et ouvriers de production, responsables administratifs et responsables financiers, ministres dépensiers et ministre du Budget, etc.). Il s'agit aussi de tenter, autant que faire ce peut, d'échapper à la contrainte soit par des comportements agressifs de contestation, soit par des attitudes de résistance passive, d'inertie ou de fuite (absentéisme). Ce qui est vrai dans l'entreprise s'observe aussi dans la vie politique. Un responsable de parti cherchera à profiter des occasions qui se présentent, pour faire nommer ses amis à des postes de confiance, faciliter leur investiture dans une campagne électorale, la somme de ces choix tactiques conduisant au renforcement de son pouvoir s'ils sont couronnés de succès. À l'inverse, il s'efforcera de limiter l'hostilité à son encontre en s'abstenant de prendre des positions périlleuses ou minoritaires susceptibles de soulever de fortes résistances. Et si les gouvernants n'ont certainement pas les mains libres pour mettre en œuvre toutes les promesses qu'ils ont pu faire aux électeurs (tant de contraintes financières et politiques pèsent sur eux !), il leur revient de savoir agir sur les marges (politique incrémentaliste) ou de savoir exploiter les fenêtres d'opportunité qui résultent de conjonctures économiques et politiques momentanément favorables.

Cette vision qui insiste sur les jeux de pouvoir au niveau microsocial, n'est pas sans rappeler celle de Michel Foucault, à ceci près que celui-ci mettait en avant la contrainte subie et non la marge de liberté. Elle tend à récuser la notion même de domination centrale pour lui substituer la conception d'un pouvoir éclaté dans d'innombrables microsituations où des acteurs, jamais totalement dépourvus de ressources, luttent sans cesse pour livrer des conflits gagnables, éviter des conflits perdus d'avance. Il en résulte le tableau d'une multiplicité pratique d'influences et de contre-pressions, de stratégies disparates conjoignant ou neutralisant leurs effets, le tout constituant, dans sa richesse même et dans sa confusion, le tissu concret de l'exercice du pouvoir dans toute organisation, qu'elle soit politique, administrative ou économique.

Erhard Friedberg a souligné l'évolution en longue période qui pousse les organisations (entreprises, administrations publiques mais aussi institutions politiques) à relâcher les pressions qu'elles exercent sur leurs membres. À un système de commandement exclusivement hiérarchique se substituent souvent des pratiques plus participatives ou, du moins, inspirées par le souci de ménager des rationalités différentes. Les membres de ces organisations plus souples affichent une capacité d'indépendance accrue. Aux niveaux subalternes apparaît « un nouveau profil d'agent connaissant peu de loyauté vis-à-vis de l'organisation, et ayant avec elle un rapport beaucoup plus instrumental ». Aux sommets, « l'homme au complet gris, cher aux pourfendeurs des grandes bureaucraties publiques ou privées, est en train de céder la place à... (un individu) capable de distance et de recul par rapport à ses propres motivations, mettant plutôt en avant l'intérêt voire la difficulté du coup qu'il est en train de jouer et la complexité du jeu dans lequel il est engagé et qu'il veut gagner »[1]. Ainsi cette problématique met-elle utilement l'accent non seulement sur les failles du contrôle social, qui ouvrent des possibilités d'action à la marge même dans les situations les plus autoritairement régies, mais aussi sur une évolution historique qu'il convient en effet d'analyser avec la plus grande attention.

§ 2. Le champ social

Dans son étude intitulée : *Quelques propriétés des champs*, Pierre Bourdieu définit ceux-ci comme « des espaces structurés de positions (ou de postes) dont les propriétés dépendent de leur position (sic) dans ces espaces et qui peuvent être analysées indépendamment des caractéristiques de leurs occupants (en partie déterminées par elles) »[2]. Le champ est donc un lieu où s'organisent des relations de pouvoir et de domination ; non pas entre individus mais entre classes et fractions de classes. Il est aussi un espace de distribution inégale des ressources de pouvoir.

1. Erhard FRIEDBERG, *Le Pouvoir et la règle,* Paris, Seuil, 1993, p. 102 et 103.
2. Pierre BOURDIEU, *Questions de sociologie,* Paris, Minuit, 1981, p. 113.

A Les éléments constitutifs

Qu'il s'agisse du champ de la philosophie, de la religion, de l'économie ou encore, au sein de celui-ci, du champ de l'industrie aéronautique par exemple, il existe toujours un système de « positions » hiérarchiquement inégales : soit en termes de compétence juridique, soit en termes de prestige, d'argent, de capacité économique ou de pouvoir d'influence. Dans le secteur aéronautique, des firmes occupent des positions dominantes par rapport à leurs concurrentes ; au sein de chaque firme, il existe des postes stratégiquement plus importants que d'autres et des directions commerciales, techniques, administratives, financières inégalement influentes. Certains responsables disposent, du fait de leur cursus ou de leur expérience, d'un prestige supérieur ; face à eux, les dirigeants syndicaux ne sont pas non plus dépourvus d'influence si les salariés se révèlent fortement organisés.

La structuration de ces positions s'opère par rapport à *des enjeux* et des intérêts spécifiques, irréductibles aux enjeux d'un autre champ. Pierre Bourdieu prend lui-même l'exemple du philosophe dont il nous dit qu'« on ne le fera pas courir avec des enjeux de géographes ». Désirer faire carrière dans la haute fonction publique ou dans la vie politique implique la poursuite d'objectifs différents de ceux qui motivent le journaliste de télévision, le chercheur de laboratoire ou l'entrepreneur du bâtiment ; et les règles qu'il convient de suivre pour les atteindre, les moyens susceptibles d'être mis en œuvre dans ce but sont également différents. Ainsi peut-on dire qu'un champ social se définit par un système d'enjeux et des logiques de fonctionnement qui lui sont propres, au moins partiellement. Il implique également la connaissance par les agents qui veulent s'y mouvoir avec aisance, des règles du jeu effectivement prévalentes. C'est à cette condition seulement qu'ils pourront y exercer un pouvoir efficace.

Dans cette analyse en termes de champ, les conflits de pouvoirs constituent une dimension majeure des pratiques sociales. Ils se situent à deux niveaux. Les uns sont à caractère plutôt économique et tournent autour de l'appropriation ou du contrôle de biens matériels : pouvoir d'achat, patrimoine, moyens de production. Pierre Bourdieu qui se souvient de la problématique centrale du marxisme renvoie, explicitement ou implicitement, au concept d'exploitation économique. Mais là n'est pas son centre d'intérêt principal.

D'autres enjeux des luttes sociales se situent sur le terrain du symbolique. Il s'agit essentiellement pour les dominants d'imposer leurs définitions de ce qui est légitime, dans un champ donné. Ce peuvent être des usages qu'il convient absolument de respecter, des biens qu'il est valorisant d'acquérir, des jugements de goût qu'il est indispensable de partager pour être reconnu. Dans son ouvrage *La Distinction*[1], Pierre Bourdieu s'est longuement étendu sur des définitions comme le « chic » et le « chiqué », « l'élégant » et le « tape-à-l'œil », y voyant le produit de luttes, à la fois acharnées et masquées, à travers lesquelles les dominants affirment leur supériorité culturelle et maintiennent la distance avec les autres catégories sociales dans un rapport d'inégalité qui puisse être indiscutablement consacré. Les enjeux symboliques concernent donc « tout ce qui, dans le monde social, est de l'ordre de la croyance, du crédit et du discrédit, de la perception et de l'appréciation, de la connaissance et de la reconnaissance, nom, renom, prestige, honneur, gloire, autorité, tout ce qui fait le pouvoir symbolique comme pouvoir reconnu »[2].

Le champ politique est plus spécifiquement structuré par la compétition autour du contrôle de l'appareil d'État, contrôle qui implique des possibilités d'intervention dans l'ensemble de la société régie, aussi bien sur le plan matériel que symbolique : faire régner l'ordre, soutenir l'économie, promouvoir des transferts sociaux, tout cela relève toujours en effet de cette double dimension. Le champ politique est donc vaste ; à certains égards il englobe ou inclut tous les autres champs dès lors que ceux-ci sont régis par des autorités gouvernementales[3].

Si les champs sont des systèmes d'enjeux qui définissent des avantages spécifiques (à convoiter ou acquérir), ils engendrent également *des logiques de situation* qui conditionnent étroitement les comportements des agents positionnés par rapport à ces enjeux. Comme le note pertinemment Bourdieu, tous les individus engagés dans un champ social donné ont en commun la défense de ce qui concerne l'existence même du champ. « La lutte présuppose un accord entre les antagonistes sur ce qui mérite qu'on lutte... tous les présupposés qu'on accepte tacitement, sans même le savoir, par le fait de jouer, d'entrer dans le jeu »[4]. S'il y a toujours des conflits (ouverts ou

1. Sous-titré : *Critique sociale du jugement,* Minuit, 1979.
2. *Loc. cit.* p. 281.
3. Pierre BOURDIEU, « Esprits d'État. Genèse et structure du champ bureaucratique », *in Raisons pratiques. Sur la théorie de l'action,* Paris, Seuil, 1996, p. 101 sq.
4. Pierre BOURDIEU, *Questions de sociologie,* Paris, Minuit, 1981, p. 115 et 116. Il ajoute : « Un des facteurs qui met les différents jeux à l'abri des révolutions totales... c'est précisément l'importance même de l'investissement en temps, en efforts, etc. qui suppose l'entrée dans le jeu et qui... contribue à rendre *impensable* pratiquement la destruction pure et simple du jeu ».

larvés) et des stratégies antagonistes au sein d'un champ déterminé, il y a consensus sur des enjeux et des règles minimales à respecter. La vie politique, par exemple, est faite en démocratie d'affrontements permanents entre les partis mais ceux-ci sont d'accord pour reconnaître l'importance de la participation aux élections et respecter le verdict des urnes pourvu que la compétition ait été suffisamment loyale. De ce fait, il est exceptionnel que se produise une subversion totale : sauf irruption d'un facteur extérieur, la menace est plutôt la paralysie par impuissance ou l'implosion par décroyance.

Dans la conception que Pierre Bourdieu se fait du champ social, ce sont essentiellement les classes sociales, ou les fractions de classes, qui sont parties prenantes dans les compétitions autour des biens matériels ou symboliques dont la rareté fait, en dernière instance, le prix distinctif. Mais comme la domination de classe est facilitée lorsqu'elle demeure occultée, il y aura de vives contestations sur la notion même de classe ou sur la réalité de leurs affrontements dans la sphère politique, celle-ci selon l'auteur étant précisément vouée à masquer les conflits réels au sein de la société.

Pour Pierre Bourdieu, héritier sur ce point d'une tradition fortement marquée par le marxisme, les classes sociales se définissent par rapport à la détention d'un capital. Mais son analyse s'en évade largement car elle ne se réfère pas seulement (pas d'abord) au capital économique : moyens de production, patrimoine... ; elle souligne surtout l'existence d'un capital culturel dont l'auteur de *La Distinction* repère trois modalités principales : le capital scolaire, attesté aujourd'hui par des diplômes inégalement prestigieux ; le capital culturel *stricto sensu* c'est-à-dire l'ensemble des codes de comportements et d'appréciations – éthos de classe – qui permettent d'identifier le bon goût, le jugement, la connaissance de ce qu'il y a à savoir selon l'appartenance de classe ; enfin le capital social qui renvoie à l'ensemble des réseaux de sociabilité et de relations mobilisables pour obtenir des avantages.

Le rapport inégal à la détention du capital économique d'une part, du capital culturel d'autre part, permet de cerner les frontières des classes, et des fractions de classes. Il permet aussi d'identifier des classes dominantes et des classes dominées. Ces dernières, les classes populaires, se définissent selon lui par le cumul des manques ; elles ne sont détentrices ni de capital économique ni de capital culturel un tant soit peu important. Les classes dominantes, quant à elles, se répartissent autour d'un pôle économique (grands patrons et hommes d'affaires relativement moins dotés en capital culturel *stricto sensu*), et d'un pôle culturel (intellectuels à forte notoriété, hommes politiques et hauts fonctionnaires influents, souvent beaucoup moins bien dotés en capital économique). Il existe néanmoins des phénomènes d'osmose partielle, la détention de capital économique favorisant l'accès au renforcement du capital culturel (surtout social), et inversement. Entre les dominants et les classes populaires se situent les classes intermédiaires où Bourdieu distingue un pôle « petite bourgeoisie établie » c'est-à-dire les petits patrons à capital culturel restreint, et un pôle « petite bourgeoisie nouvelle », composée de cadres et d'enseignants mieux dotés en diplômes. Même si tout cela est un peu simplificateur, ces classements sont utiles en première approximation pour comprendre grossièrement des tendances sociales.

La définition extensive du capital, bien au-delà des significations précises qu'il revêt en science économique, permet de repérer différentes formes de compétitions dans lesquelles vont entrer les agents sociaux selon la nature et l'importance du capital qu'ils peuvent mobiliser dans leurs pratiques. Ainsi se construit le champ social comme espace structuré de positions et de propriétés de situations, influençant considérablement les capacités d'initiative des agents. Les individus qui occupent les positions les plus favorables dans le champ, celles qui procurent le plus de pouvoir par exemple, ou le plus de notoriété, sont portés à adopter des stratégies de conservation. Dans les champs à prédominance intellectuelle, cela prend la forme d'une défense de l'orthodoxie ; dans les champs à prédominance économique, la préservation des avantages matériels acquis. Au contraire, les nouveaux venus, et ceux qui occupent des positions inférieures dans le champ, sont tentés soit de se réfugier dans le surconformisme voire la servilité, soit d'adopter des stratégies de subversion ou, du moins, de critique ouverte ou larvée de l'organisation du champ. Discours hétérodoxes, sinon radicalement critiques, chez les intellectuels ; formes de résistance passive (absentéisme) ou active (grèves) chez les salariés subalternes d'une entreprise ; telles sont quelques-unes des stratégies de refus caractéristiques de ces logiques de champs auxquelles se trouvent soumis les dominés.

Chez Alain Touraine, les classes sociales demeurent bien des acteurs majeurs mais l'accent se trouve déplacé sur les rapports conflictuels qui les opposent dans la définition de ce que doit être l'histoire du groupe. Celle-ci est donc présentée comme une dynamique sociale produite par la société. D'où la place centrale du concept d'historicité dans l'œuvre de Touraine. L'auteur de *La Société post-industrielle* (1969) et surtout de : *Production de la Société* (1973) mettait en avant le concept de « système d'action historique ». Selon lui, les classes dominantes sont celles qui s'identifient à l'investissement collectif, qu'il s'agisse de gérer l'accumulation de capital économique, la reproduction élargie des savoirs et des connaissances, ou encore l'imposition des modèles culturels de comportements. Elles se heurtent à des résistances qui proviennent de « mouvements sociaux » attachés soit aux schémas culturels des classes sociales menacées par le développement (paysannerie, petit commerce), soit à des initiatives de créativité peu ou pas compatibles avec les logiques économistes dominantes du développement social (mouvement étudiant de Mai 1968, mouvements féministe, écologiste, consumériste, etc.). Ainsi voit-on s'opérer, dans l'œuvre de Touraine, un glissement progressif du concept de classe vers celui de mouvement social comme acteur principal d'une histoire structurée par les luttes pour la définition de l'avenir légitime du groupe.

B Les ressources des agents

L'intérêt du concept de ressource, qui a derrière lui une longue tradition de recherche, est de s'intégrer très facilement dans une problématique interactionniste ; à la différence de celui de capital politique aux connotations plus spontanément substantialistes. Dans la ligne des travaux de Robert Dahl, Michel Crozier, François Chazel, et des problématiques dites de la mobilisation des ressources[1], on définira les ressources de pouvoir comme des moyens susceptibles, dans une situation déterminée[2], de peser sur les comportements des partenaires de l'interaction. Ce concept renvoie aussi à celui de « répertoire d'action », proposé par Charles Tilly chez qui il désigne l'ensemble des ressources susceptibles d'être effectivement mises en œuvre par les acteurs[3].

Exercer du pouvoir suppose donc la capacité, au moins virtuelle, de mobiliser ces outils[4]. Quels sont-ils ? L'analyse devenue classique d'Amitaï Etzioni distinguait le pouvoir fondé sur la coercition (*Physical Power*), le pouvoir fondé sur la capacité de distribuer ou refuser des avantages matérialisables (*Material Power*), enfin le pouvoir fondé sur

1. Didier LAPEYRONNIE, « Mouvements sociaux et action politique. Existe-t-il une théorie de la mobilisation des ressources ? », *Revue française de sociologie*, 1988, p. 593 et sq.
2. Le recours, ici, au concept de structure des opportunités politiques se révèle utile. Pour référence et clarification, voir Olivier FILLIEULE (Dir.), *Sociologie de la protestation. Les formes de l'action collective dans la France contemporaine*, Paris, L'Harmattan, 1993, p. 48.
3. Charles TILLY, « Les origines du répertoire d'action collective en France et en Grande-Bretagne », *Vingtième Siècle*, 1984, nº 4, p. 99 et sq.
4. Jean-Patrice LACAM, « Le politicien investisseur », *Revue Française de Science Politique*, 1988, p. 27 et sq.

l'aptitude à mobiliser des convictions (*Normative and Symbolic Power*)[1]. Kenneth Boulding en a donné une version légèrement modifiée. Le premier type de pouvoir est analysé par lui comme reposant sur la menace de détruire ou d'infliger un dommage : *Threat Power* ; le second s'appuie sur la capacité de produire et d'échanger des marchandises, en relation avec le droit de propriété : c'est l'*Economic Power* ; enfin le troisième qu'il appelle *« Integrative Power »* se fonde sur des relations sociales émotionnellement marquées par le respect, l'affection, la légitimité, mais aussi l'identité sociale et le sentiment d'appartenance au(x) groupe(s)[2]. Dans les relations internationales aujourd'hui, on oppose couramment le *hard power* au *soft power*. Joseph Nye qui est à l'origine de ce vocabulaire, voulait souligner l'importance de l'influence culturelle par opposition aux pressions militaires, ou même économiques lorsqu'elles sont irrésistibles. L'un se fonde sur la menace ou l'exercice effectif de représailles, l'autre sur une capacité de séduction. Le *soft power* américain qu'il décrit, dans les années 1970, résulte de cet essor remarquable de « l'industrie culturelle » (pop culture, cinéma, musique, *Hollywood entertainment*), qui assoit son hégémonie sur une grande partie de la planète. Il contribue à façonner, dans le monde entier, les aspirations de centaines de millions de personnes à la liberté, la permissivité, l'individualisme. Or ce sont les valeurs qu'incarnent, en principe tout au moins, les institutions des États-Unis[3].

Les typologies tripartites qui viennent d'être évoquées, trouvent leur pertinence dans le fait qu'elles sont rattachables à une vision globale de la société. Toute vie sociale en effet suppose, pour perdurer, des solutions stabilisées à trois grands types de problèmes. Il faut d'abord que soit géré le problème de la production de biens destinés à satisfaire des désirs ou des besoins, à commencer par les plus élémentaires : se nourrir, se loger, se vêtir, se déplacer. Il faut également que les individus puissent communiquer entre eux, se parler et se comprendre pour pouvoir échanger. Il faut enfin que la violence de tous contre tous soit maîtrisée afin d'instaurer une sécurité physique

1. Amitaï ETZIONI, « Social Control » *International Encyclopaedia of the Social Sciences*, 1968, vol. 14, p. 396 et s. Également, du même auteur, *The Comparative Analysis of Complex Organizations,* New York, Free Press, 1961, p. 7 et sq.
2. Kenneth BOULDING, *Power. A General Theory,* Londres, Sage, 1989, p. 72 et sq.
3. À l'époque de la guerre froide, l'URSS est en état d'infériorité manifeste sur ce terrain du *soft power*. Aujourd'hui, les observateurs relèvent une érosion internationale du *soft power* américain due, sans aucun doute, à la politique d'intervention militaire des États-Unis mais aussi à la résistance croissante de sociétés qui rejettent, au moins partiellement, les schèmes culturels hollywoodiens (sexe, violence, arrogance naïve).

et juridique minimale. Ainsi peut-on concrètement identifier trois grandes catégories de ressources de pouvoir, respectivement associées au fonctionnement du champ économique, du champ symbolique et du champ coercitif.

1. Les ressources liées à la maîtrise des biens matériels et services

Dans le champ économique, au sens le plus large du terme, les individus nouent entre eux des rapports juridiques, techniques et sociaux au sein d'entreprises dont l'objectif est de produire ou commercialiser des biens. Le salarié, par exemple, est lié à son employeur par un contrat ; il occupe un emploi déterminé dans la division du travail ; il a acquis un savoir-faire qui lui confère un certain statut, favorable ou défavorable. Divers modes de production économique peuvent coexister dans un même pays, plus ou moins pacifiquement. En Occident, le mode familial de production centré sur la famille comme cellule économique, a longtemps dominé l'exploitation agricole, la petite entreprise artisanale, commerciale ou industrielle. Aujourd'hui, il est en recul marqué devant un mode de production fortement intégré fondé sur la prééminence des grandes entreprises transnationales.

Les ressources, utilisables politiquement, qui se révèlent issues directement ou indirectement de ce champ, sont les suivantes.

L'argent. Toute création de revenu, toute accumulation de patrimoine, toute concentration de capital économique se constituent dans ce champ. Il s'ensuit que les agents sociaux, selon la position hégémonique ou subalterne qu'ils y occupent, selon leur capacité élevée ou faible de production, de consommation ou d'épargne, ont un accès très inégal à cette ressource politique fondamentale. Or l'argent permet de financer des activités de tous ordres, y compris de communication politique. Il est indispensable non seulement à l'État (les ressources fiscales sont prélevées sur l'appareil économique) mais aussi à la vie de toute organisation stable (partis, groupes d'intérêts). Il offre la possibilité de susciter des allégeances, récompenser des dévouements, assurer des fidélités.

La capacité distributive. C'est le contrôle de l'attribution d'emplois, de prébendes ou de privilèges. Elle n'est pas toujours liée à la propriété privée tant s'en faut. Ainsi le directeur salarié d'une entreprise, le maire d'une ville importante disposent-ils d'une possibilité non négligeable d'exercer un pouvoir d'influence : sur ceux dont ils peuvent faciliter la carrière professionnelle ; sur ceux auxquels ils peuvent garantir des marchés ou accorder des promesses d'avantages. Cette capacité est l'une des bases de la constitution de clientèles.

La compétence technique. Envisagée ici comme un savoir-faire relativement spécialisé et productif, elle peut directement contribuer à faciliter l'exercice de tâches politiques. On pense ici, naturellement, aux tâches d'expertise exercées auprès d'un ministre, dans le cadre de son cabinet, ou auprès de gestionnaires de collectivités locales. Mais les pouvoirs publics peuvent aussi rechercher les éléments d'appréciation nécessaires à la prise de décision (surtout dans des matières très techniques comme, par exemple, la santé), auprès de leurs partenaires économiques et sociaux. Non sans courir le risque de dépendre d'une information orientée.

2. Les ressources liées à la maîtrise des outils de la communication

Aucune société ne peut se constituer ni se pérenniser sans la mise en place de langages permettant une intercompréhension minimale entre les individus qui la composent. On entend par là non seulement des langages au sens strict, adaptés à des destinataires ciblés (langage « châtié » ou « proche du peuple » ; codes vestimentaires, rituels et cérémonies...) mais, plus largement, les savoirs, valeurs, croyances et références qui cimentent l'unité du groupe entier (ou des sous-groupes en son sein). Certaines institutions socioculturelles jouent un rôle particulièrement important dans la définition des valeurs légitimes, dans la production et transmission des savoirs qui comptent, dans la circulation enfin de l'information. Au sein de chaque société interviennent ainsi, avec une influence inégale selon les domaines, des autorités religieuses ou une intelligentsia laïque, l'École, l'Université ou « l'expérience de la vie », la presse écrite, la télévision ou bien la mémoire orale, le face-à-face de la conversation privée, etc. On peut énumérer, comme suit, les principales ressources de pouvoir liées à ce champ.

Le contrôle de l'information. Cette ressource peut renvoyer à des situations très différentes. La position hiérarchique, dans une organisation, est un carrefour d'informations descendantes et montantes ; à ce titre, elle fournit la possibilité de tirer du pouvoir d'influence à partir de la simple rétention d'informations utiles. L'insertion d'un individu dans plusieurs réseaux d'information indépendants les uns des autres lui confère un rôle d'intermédiaire ou d'interprète que Michel Crozier a appelé avec bonheur le pouvoir du « marginal sécant »[1]. Mentionnons aussi le contrôle d'un groupe de presse tout entier ou, simplement, la rédaction d'une rubrique spécialisée d'un journal, la production d'une émission de radio ou de télévision.

1. Michel CROZIER, Erhard FRIEDBERG, *L'Acteur et le système,* Paris, Seuil, 1977, rééd. 1981, p. 73.

La notoriété. Elle se construit autour de la reconnaissance des « mérites » d'un individu à focaliser l'attention, ce qui rehausse l'impact des prises de parole du bénéficiaire. En effet, dans les sociétés modernes saturées de messages, la capacité de se faire entendre est plus importante que la liberté d'expression elle-même. Il s'agit d'une ressource précieuse, souvent dépendante de réseaux, qui ne s'acquiert pas sans difficulté ni conformité à certains itinéraires ; mais la notoriété une fois acquise s'alimente assez aisément d'elle-même. Catégorie voisine, la popularité est une notoriété associée à des perceptions émotionnelles positives, se situant sur le registre de l'admiration ou de l'affection.

La légitimité. Elle repose sur un système de croyances qui confère à celui qui en bénéficie une précieuse présomption d'autorité. Elles peuvent relever de normes morales sur le fondement desquelles un individu se trouve crédité de qualités dignes d'être reconnues ; ou encore de normes intellectuelles (diplômes valorisés, titres de compétence, œuvre consacrée) ; enfin de normes sociales qui attestent un consensus au moins partiel autour de certaines personnes (représentativité politique, expérience attestée par la carrière passée ou les réalisations inscrites à leur actif). Si, en revanche, le dévoilement de scandales ou d'affaires peut constituer une arme politique redoutable, c'est parce que ceux-ci sont de nature à détruire une légitimité acquise en mettant en évidence, par exemple, la violation clandestine des principes sur lesquels une personnalité politique avait bâti sa réputation publique[1].

3. Les ressources liées à la maîtrise de la coercition

La vie en société suppose la mise en place de mécanismes tendant à la régulation de la violence physique car celle-ci est profondément désorganisatrice du tissu social. À l'époque moderne, il existe une forte tendance à centraliser l'usage légitime de la contrainte matérielle pour la placer exclusivement au service du droit édicté par l'État. Ceci contraste avec les formes extrêmes de « décentralisation », caractéristiques des sociétés anarchiques ou féodales, systèmes où la violence privée, la justice exercée par soi-même conservaient une large place.

1. Véronique PUJAS, *Les Scandales politiques en France, en Italie et en Espagne. Constructions, usages et conflits de légitimité,* Thèse Institut universitaire européen, Florence, 1999 ; Jean-Dominique LAFAY, Marie SERVAIS, « The Influence of Political Scandals on Popularity and Votes », *in* Michael LEWIS-BECK (Éd.), *How France Votes,* New York, Chatham House, 2000, p. 189-205.

Cependant même dans les régimes contemporains, la violence sociale et politique conserve une importance non négligeable. D'où l'émergence de ressources (politiques) spécifiques.

Le contrôle de l'armée et des forces de l'ordre. Ces instruments de coercition collective sont utilisés dans des conditions strictement codifiées dès lors qu'il existe un pouvoir central ; les États de droit y ajoutent des formes procédurales minutieuses pour assurer le respect des droits des citoyens. Les agents sont situés dans une hiérarchie dont le sommet de la pyramide est le chef de l'exécutif. Cependant le contrôle exercé sur cet appareil coercitif peut se révéler défaillant, par exemple lorsque se multiplient les « bavures policières » ou que se constituent des services parallèles plus ou moins indépendants du gouvernement.

La légalité. Est légale une norme exécutoire adoptée par l'autorité compétente dans les formes prescrites. Cette qualité confère à la décision prise une présomption de légitimité qui en facilite la mise en œuvre, y compris contre les récalcitrants. C'est en ce sens qu'elle constitue une ressource politique. En cas de violation de la règle juridique, des sanctions sont prévues dont la garantie d'effectivité repose *in fine* sur l'emploi de la contrainte.

L'aptitude à troubler l'ordre public. Les modalités de ces formes d'action peuvent être très inégalement violentes. Elles incluent en effet aussi bien la manifestation publique pacifique, la grève avec ou sans occupation des lieux de travail, que l'émeute ou l'activité terroriste qui constituent seules des violences à proprement parler, dirigées contre les personnes et contre les biens. Mais leur trait commun est de provoquer (ou démontrer) l'affaiblissement de l'autorité publique afin de créer un rapport de forces plus favorable à la prise en considération des exigences présentées.

Cette énumération ne doit pas masquer le fait que les ressources de pouvoir n'existent qu'en situation. Leur efficacité dépend du point de savoir dans quelle mesure elles sont mobilisables pour obtenir un avantage. Le recours à la grève est plus facile en période de plein-emploi que de chômage ; il est plus efficace s'il paralyse une activité vitale mais peut devenir contre performant lorsqu'il suscite à terme une forte réprobation (les services d'urgence dans un hôpital peuvent-ils cesser le travail ?). Le contrôle des forces de l'ordre revêt une importance majeure en période de tensions sociales, aussi bien pour déjouer d'éventuelles provocations que pour assurer l'ordre public ; il en a beaucoup moins en conjoncture paisible. C'est pourquoi l'étude des ressources politiques mobilisables doit toujours être contextualisée et historiquement située.

Observons aussi que ces ressources sont diversement cumulables. La maîtrise de moyens financiers importants est la plus polyvalente des ressources. L'argent permet à des groupes d'intérêt de recruter des experts, de sponsoriser des opérations susceptibles d'améliorer notoriété et popularité. Dans certaines périodes troublées, il sert même à recruter des agitateurs pour intimider des adversaires par la force (les *pistoleros* du temps de la IIe République espagnole, les hommes de main de certains latifundiaires au Brésil ou de certains « oligarques » en Russie aujourd'hui). En revanche, la notoriété est une ressource plus fragile si elle n'est pas étayée par un accès privilégié à des moyens d'informations importants ou par la détention d'un mandat politique majeur, source d'autorité légitime. La compétence technique peut, de même, rapidement devenir obsolète, ou perdre de son poids si elle devient plus largement diffusée. Le président de la Banque centrale européenne ne peut certes pas compter sur l'arme de la popularité. En revanche, il cumule une forte réputation d'expert avec la notoriété et l'indépendance de sa compétence juridique en matière monétaire.

Rappelons enfin que les relations de pouvoir ne sont pas unidirectionnelles. Si inégalement réparties que soient les ressources politiques entre les agents, celles-ci ne sont jamais totalement inexistantes ; elles permettent un minimum de réponse à la pression subie. En d'autres termes, celui qui exerce un pouvoir, c'est-à-dire mobilise des ressources pour obtenir d'un tiers le comportement prescrit ou attendu, doit s'attendre à une forme ou une autre de résistance. Le ministre dispose d'un pouvoir hiérarchique d'injonction sur ses subordonnés : il a pour lui la légalité, la légitimité (sous certaines conditions) et, peut-être, une bonne information sur l'environnement ainsi qu'une influence sur la gestion des carrières (capacité distributive). Rien n'exclut pourtant la possibilité que ses ordres soient exécutés avec retard, détournés subtilement de leur signification première, voire désobéis. L'inertie ou la mauvaise volonté des subordonnés s'appuiera par exemple sur la protection conférée par un statut ou, tout simplement, la solidarité syndicale ; sur la capacité de rétention d'informations de terrain, sur l'exagération de difficultés techniques d'application, etc.

§ 3. Le concept de domination

Cette notion, couramment utilisée dans des travaux d'inspiration très diverse, a néanmoins deux terrains d'élection originels. Le premier est celui de la sociologie weberienne, le second celui d'une sociologie teintée de néo-marxisme (chez Pierre Bourdieu, le concept de domination y remplace avantageusement celui d'exploitation).

A L'acception weberienne

Observant la spécificité du phénomène politique dans les communautés humaines, Max Weber le définit comme un mode de domination qui associe le contrôle de la coercition à des systèmes déterminés de légitimation.

Pour lui, alors que le pouvoir (*Macht*) décrit seulement la relation sociale qui permet de faire triompher la volonté de celui qui l'exerce, indépendamment au point de savoir quelles ressources sont utilisées pour triompher des résistances rencontrées, la domination (*Herrschaft*) met l'accent sur les ressources mobilisables et les contraintes subies ; en d'autres termes, ce concept vise à identifier l'ordre social organisé qui permet l'exercice effectif du pouvoir. Pour l'auteur de *Économie et Société*, la domination est « la chance pour des ordres spécifiques (ou pour tous les autres), de trouver obéissance de la part d'un groupe déterminé d'individus »[1]. Cette définition ouvre le célèbre chapitre III consacré à l'élaboration d'une typologie tripartite[2].

Insistant vigoureusement sur la notion de légitimation, Max Weber fait de cette variable culturelle le critère distinctif de trois types idéaux (idéal-types) de domination politique aux traits fortement contrastés. Cette classification présente l'avantage de situer chaque acte de pouvoir (l'ordre du supérieur hiérarchique, l'interdit moral posé par le chef religieux...) dans une perspective globale où se trouve éclairé le double problème des ressorts de l'obéissance et celui des modalités de l'injonction.

La domination légale-rationnelle. Elle peut se manifester dans l'appareil d'État comme dans la sphère des grandes entreprises, voire des Églises ou des partis de masse. Le type pur en est, à ses yeux, la « direction administrative bureaucratique ». À l'époque moderne, la domination politique est exercée par une entreprise (c'est-à-dire une organisation) de caractère institutionnel : l'État, qui tire de la société à la fois les moyens d'exercer le monopole de la force et les moyens de légitimer sa prétention à se faire obéir. Dans ce système de pouvoir, prédominent des éléments d'organisation impersonnelle, fondés sur la

1. Max WEBER, *Économie et Société* (1922), Trad., Paris, Plon, réédition Agora, 1995, p. 95.
2. Max WEBER, *Économie et Société, loc. cit.* p. 285 sq.

compétence juridique des agents. Ceux-ci sont recrutés non par faveur personnelle mais selon des règles techniques qui permettent d'apprécier la qualification professionnelle et la maîtrise des savoirs spécialisés indispensables pour l'exercice de leurs fonctions. Aucune appropriation de l'emploi ou du poste de commandement n'est possible ; dans la sphère politique notamment, triomphe le principe du mandat à durée déterminée. Enfin l'exercice du pouvoir est organisé d'avance par des textes qui répartissent les compétences entre les individus selon un principe hiérarchique. Ainsi tout assujetti peut-il identifier qui a édicté la règle et, le cas échéant, faire appel devant l'autorité hiérarchique supérieure.

Pour Max Weber, l'État bureaucratique moderne est la forme principale de domination légale rationnelle, surgie progressivement des formes traditionnelles de domination[1]. Et si le rôle suprême d'autorité peut être dévolu à quelqu'un qui dispose d'une légitimité de type traditionnel (le monarque héréditaire) ou charismatique (le leader politique à forte popularité), ces modes de légitimation étrangers au système légal-rationnel demeurent circonscrits et fragiles. L'essentiel en effet se situe dans la juridicisation des rapports de pouvoir.

À ce schéma de domination correspond un type d'action qualifié par Weber de *Zweckrational.* Dans ce cas de figure, l'individu se comporte rationnellement par rapport à un objectif défini lui aussi rationnellement. Sa conduite se caractérise par un calcul qui lui permet d'arriver à ses fins compte tenu des règles du jeu. Il s'oppose au type d'action *Wertrational* c'est-à-dire à l'action subordonnée non pas à la poursuite d'un objectif calculé mais à la fidélité à des valeurs[2].

La domination traditionnelle. C'est un système de gouvernement qui puise sa légitimité dans « des coutumes sanctionnées par leur validité immémoriale et par l'habitude enracinée en l'homme de les respecter »[3]. Le processus de naturalisation des institutions, grâce au temps écoulé et à la force des réflexes acquis d'obéissance, leur confère une autorité dont l'origine ou les fondements ne sont plus discutés ; ils sont tenus pour justifiés du seul fait de leur existence. La force des croyances est assurée par la communauté d'éducation

1. Pour le rappel d'un débat théorique important sur la conception weberienne de la féodalité opposée à l'État bureaucratique moderne, Otto HINTZE, *Féodalité, capitalisme et État moderne,* Textes choisis par Hinnerk BRUHNS, Paris, M.S.H., 1991.
2. « Nous appelons comportement rationnel par finalité celui qui s'oriente exclusivement d'après les moyens qu'on se représente (subjectivement) comme adéquats à des fins saisies (subjectivement) de manière univoque ». Max WEBER, *Essais sur la théorie de la science,* Trad., Paris, Plon, 1965, p. 328.
3. Max WEBER, *Le Savant et le politique,* Trad., réédition Paris, Plon, 1979, p. 102.

c'est-à-dire l'enseignement transmis par des institutions (l'Église au Moyen Âge et dans les monarchies d'Ancien Régime) mais aussi les données de l'expérience dans un ordre culturel qui ne valorise pas le changement.

Ce type de domination politique est caractérisé par la prédominance des relations de type personnel entre le seigneur et ses vassaux, entre le prince et ses sujets. De même observe-t-on un faible degré d'institutionnalisation juridique même si Max Weber distingue des formes patriarcales (les plus archaïques) et des formes patrimoniales (monarchies européennes à partir du XVe siècle). Dans son esprit, ce mode de domination politique est le propre de régimes politiques généralement disparus au début du XXe siècle en Europe. (V. *infra* le concept de *Gemeinschaft* emprunté à Tönnies). Mais elle peut néanmoins être repérée de nos jours chaque fois que s'observent des comportements d'obéissance opérés par habitude ou déférence instinctive à l'égard des usages établis. À ce schéma de domination correspond en effet ce que Weber appelle le type d'action *Traditional,* c'est-à-dire l'obéissance par souci de conformité à un rôle défini, d'où toute préoccupation consciente de calcul rationnel et délibéré est absente.

La domination charismatique. Max Weber lui-même avait conscience du caractère asymétrique de sa distinction tripartite. En effet alors que les dominations traditionnelle et légale-rationnelle sont des formes de domination normales qui excèdent largement la question des personnes qui l'exercent, avec cet idéal-type l'accent se trouve placé sur une situation exceptionnelle de séduction. À raison des qualités hors du commun attribuées au chef, celui-ci exerce une forte emprise émotionnelle sur ceux qui s'abandonnent à lui[1]. La domination charismatique du tribun démagogique sur les foules, du prophète inspiré sur les disciples fervents, du chef d'État plébiscitaire sur son peuple ne s'insère pas dans des structures d'organisation stables comme dans les deux formes précédentes. Ou bien elle fait l'économie de ces relais bureaucratiques ou clientélistes dans un rapport direct et immédiat du leader à la foule, ou bien elle tend à bousculer leur fonctionnement quotidien en introduisant des éléments de désordre ou

1. Le charisme est « la qualité extraordinaire d'un personnage qui est pour ainsi dire doué de force ou de caractères surnaturels, surhumains ou, tout au moins, en dehors de la vie quotidienne, inaccessible au commun des mortels, ou encore qui est considéré soit comme envoyé par Dieu soit comme un exemple et qui est en conséquence considéré comme un chef ». Max WEBER, *Économie et société,* Trad., Paris, Plon, réédition Agora, 1995, p. 320. Plus loin, Max Weber précise que la personnalité charismatique sait créer autour d'elle « une communauté émotionnelle ».

d'arbitraire. Aucune coutume, aucune règle juridique écrite ne peut résister en effet à la volonté du chef charismatique adulé puisque les assujettis sont toujours disponibles pour cette « reconnaissance qui est, psychologiquement, un abandon tout à fait personnel, plein de foi, né de l'enthousiasme ou de la nécessité et de l'espoir »[1].

Max Weber est amené en conséquence à souligner le caractère relativement fragile de cette forme de domination bien particulière. Il lui faut aussi reconnaître que, politiquement, elle peut prendre place au sein même de la domination traditionnelle (monarque exceptionnellement vénéré) ou de la domination légale rationnelle (chef de gouvernement démocratique bénéficiant d'une popularité hors pair). La domination politique charismatique tend en réalité à décrire des phases un peu particulières au sein même des deux autres modes de domination dont elle perturbe plus ou moins longtemps le cours normal. L'échec du leader et, de toute façon, sa succession lorsqu'elle doit s'ouvrir, constituent des moments cruciaux où l'on voit s'opérer le retour à des modalités plus routinières.

B La synthèse de Clegg

Ce sociologue dont l'œuvre entière est consacrée au problème du pouvoir dans les organisations, notamment les entreprises et les administrations, a proposé dans son ouvrage aujourd'hui classique : *Power, Rule and Domination*[2] une vision globale de l'articulation entre l'exercice du pouvoir au quotidien et les contraintes de structure qui pèsent sur celui-ci. Dans sa démarche, le concept de domination joue un rôle essentiel. Fortement inspiré originellement par le néo-marxisme de Gramsci, Clegg comprend la domination comme le niveau fondamental qui commande la distribution (inégale) des ressources de pouvoir. En ce sens, son usage rappelle la place que le marxisme faisait jouer à l'exploitation de classe. Mais le recours au concept de domination permet une analyse plus riche et plus compréhensive. En effet, il invite à prendre en compte non seulement le pouvoir lié à l'appropriation des moyens de production économique mais aussi celui que confère la maîtrise supérieure des outils de la communication ou de la coercition.

1. Max WEBER, *loc. cit.* p. 321.
2. Stewart CLEGG, *Power, Rule and Domination*, Londres, Routledge and Kegan, 1975. Du même auteur, le tableau synthétisant la conception qu'il se fait des « circuits de pouvoir », *Frameworks of Power,* 3e édition, Sage, 1993, p. 214.

Librement dérivé de ses schémas, le tableau ci-après[1] vise à organiser, sous une forme simplifiée, l'ensemble des articulations qui s'opèrent, de façon médiatisée, entre le niveau fondamental des structures sociales et le niveau conjoncturel (superficiel) de l'exercice du pouvoir au quotidien.

Tableau n° 3
Pouvoir, contrôle et domination

Niveau d'analyse	**Champ concerné**	**Conditionnements du pouvoir**	**Concepts**
Superficiel	Interactions	Évaluation des ressources disponibles (jeu de l'information)	Pouvoir
Médian	Modes de rationalités	*Régulations sociales externes* (règles juridiques langages, codes...) *Régulations sociales intériorisées* (Habitus, Ethos de classe...)	Contrôle social
Fondamental	Mode de production – des biens matériels – des élaborations symboliques – de la coercition	Distribution inégalitaire des ressources de pouvoir	Domination

Le niveau fondamental est celui de la structure des trois grands champs sociaux. C'est, en effet, la position dans les modes de production (et gestion) des biens économiques, des biens symboliques et de la coercition qui détermine l'importance des ressources politiques disponibles. L'accès aux moyens d'influence ou aux instruments de pression est fonction de la place qu'occupent les individus, les groupes et les classes dans chacun de ces modes de production. C'est à ce niveau que se détermine l'inégale distribution des ressources de pouvoir évoquées *supra*.

1. Repris de Ph. BRAUD, « Du pouvoir en général au pouvoir politique », *in* M. GRAWITZ, J. LECA (Dir.), *Traité de Science Politique,* Paris, PUF, 1985, t. 1, p. 370.

Mais le niveau fondamental commande aussi l'élaboration des modes de rationalités du niveau médian, c'est-à-dire les logiques de situations et les dispositions cognitives et émotionnelles des acteurs en longue période. Ce seront, par exemple, les dispositions à l'obéissance ou à la rébellion, la confiance ou la méfiance à l'égard du système économique et politique. Ces modes de rationalités sont façonnés pour l'essentiel par des contraintes juridiques et culturelles, perçues comme extérieures, et des codes de comportements intériorisés par le sujet. Ils exercent un double rôle. Le moins visible mais le plus important est d'interdire de penser des problèmes (et des réponses) qui n'entrent pas dans le cadre de cette rationalité ; par exemple, peu d'individus en France sont capables de concevoir l'indépendance de l'Algérie avant 1940, de percevoir les problèmes d'environnement créés par la croissance économique avant les années 1970, d'imaginer aujourd'hui d'autres formes de démocratie que l'actuelle compétition politique. Ce qui est plus visible, en revanche, c'est la contribution de ces modes de rationalité à la formation des attitudes, opinions et comportements des acteurs qui, pour l'essentiel, pensent socialement alors même qu'ils croient penser purement par eux-mêmes.

Ces modes de rationalité, de niveau médian, constituent la forme majeure du contrôle social. Ils sont le cadre largement contraignant au sein duquel se gèrent les relations quotidiennes, faites de rapports de pouvoir et d'échanges d'informations. Mais il existe des possibilités d'effets en retour. Les expériences qu'effectuent les individus dans leur vie quotidienne peuvent s'agréger et, à la longue, infléchir les modes de rationalités collectifs ; les changements de mentalités qui en résultent sont susceptibles de rétroagir, insidieusement ou brutalement, sur les relations macrosociales, provoquant à long terme, soit des blocages soit des changements importants au niveau des modes de production eux-mêmes[1].

1. L'articulation de ces trois niveaux d'analyse sous-tend la mise en œuvre du concept de gouvernance, étudié *infra* dans le chapitre 11.

Orientation bibliographique

Classiques

BARRY Brian, *Power and Political Theory,* Londres, Wiley, 1976.

BLAU Peter, *Exchange and Power in Social Life* (1964), rééd., New York, Transaction Books, 1986.

BOURDIEU Pierre, *Esquisse d'une théorie de la pratique,* Genève, Droz, 1970.

BOURDIEU Pierre, *Le Sens pratique,* Paris, Minuit, 1980.

CLEGG Stewart, *Power, Rule and Domination, A critical and empirical understanding of power in sociological theory and everyday life,* Londres, Routledge and Kegan, 1975.

CLEGG Stewart, *Frameworks of Power*, 3e édition, Londres, Sage, 1993.

CROZIER Michel, *Le Phénomène bureaucratique,* Paris, Seuil, 1963.

CROZIER Michel, FRIEDBERG Erhard, *L'Acteur et le système,* Paris, Seuil, 1977.

DAHL Robert, « Power », *International Encyclopaedia of the Social Sciences,* New York, MacMillan, 1968, p. 405.

ETZIONI Amitaï, *The Comparative Analysis of Complex Organizations*, New York, Free Press (1961), Trad., *Les Organisations modernes*, Genève, Duculot, 1973.

FOUCAULT Michel, *Surveiller et punir,* Paris, Gallimard, 1975.

GOFFMAN Erving, *Asiles* (1961), Paris, Minuit, 1968.

LASSWELL Harold, KAPLAN Abraham, *Power and Society,* New Haven, Yale University Press, 1950.

LUHMANN Niklas, *Trust and Power* (trad. de l'allemand), Chichester, Wiley, 1979.

LUKES Steven, *Power. A Radical View,* Londres, MacMillan, 1974.

MARCH John, *The Power of Power* (1966), rééd. dans John March (Ed.) *Decisions and Organizations,* Londres, Basil Blackwell, 1988, p. 116 à 149.

PARSONS Talcott, « On the Concept of Political Power » (1963), rééd. dans *Sociological Theory and Modern Society*, New York, Free Press, 1967.

SCHELLING Thomas, *Stratégie du conflit* (1960), Trad., Paris, PUF, 1986.

WEBER Max, *Économie et Société* (1920), Trad., Paris, Plon, rééd. Agora, 1995, t. I.

Études contemporaines

BAECHLER Jean, *Le Pouvoir pur,* Paris, Calmann-Lévy, 1978.
BALDWIN David, *Paradoxes of Power,* Oxford, Blackwell, 1989.
BALME Richard, CAUTRÈS Bruno, « La rationalité et les fondements de la démocratie », *L'Année sociologique* (47) 1997, n° 2, p. 17 et sq.
BERGER Joseph, ZELDITCH Morris, *Status, Power and Legitimacy*, Londres, Transaction Books, 1997.
BIRNBAUM Pierre, *Le Pouvoir politique,* Textes choisis, Paris, Dalloz, 1975.
BIRNBAUM Pierre, *Dimensions du pouvoir,* Paris, PUF, 1984.
BLIN Thierry, « Ressources, stratégies et régulation d'un espace d'action collective », *L'Année sociologique*, 2005 (55), 1, p. 170-196.
BOURDIEU Pierre, *La Distinction. Critique sociale du jugement,* Paris, Minuit, 1979.
BOURDIEU Pierre, *Questions de sociologie,* Paris, Minuit, 1981.
BOYER Robert, *La Théorie de la régulation. Une analyse critique*, Paris, La Découverte, 1986.
BOYER Robert, SAILLARD Yves (Dir.), *Théorie de la régulation. État des savoirs*, Paris, La Découverte, 1995.
BRAUD Philippe, « Du pouvoir en général au pouvoir politique », *in* Madeleine GRAWITZ, Jean LECA, *Traité de Science Politique,* PUF, 1985, t. 1, p. 335 et sq.
CHAZEL François, « Pouvoir, cause et force », *Revue française de sociologie*, 1974, p. 441 et sq.
CHAZEL François, « Pouvoir, structure et domination », *Revue française de sociologie,* 1983, p. 369 et sq.
CHAZEL François, « Pouvoir », dans Raymond BOUDON (Dir.), *Traité de Sociologie,* Paris, PUF, 1992.
CHAZEL François, COMMAILLE Jacques (Dir.), *Normes juridiques et régulations sociales,* Paris, LGDJ, 1991.
CLEGG Stewart, DUNKERLEY David, *Organization, Class and Control,* Londres, Routledge and Kegan, 1980.
DEAN Mitchell, *Governmentality*, Londres, Sage, 1999.
EKEH Peter, *Social Exchange Theory,* Londres, Heinemann, 1974.
FINK Evelyn, GATES Scott, HUMES Brian, *Game Theory Topics. Incomplete Information, Repeated Games and N-Player Games*, Londres, Sage, 1998.
FRIEDBERG Erhard, *Le Pouvoir et la règle. Dynamiques de l'action organisée*, Paris, Seuil, 1993.
GALBRAITH John Kenneth, *Anatomie du pouvoir,* Trad., Paris, Seuil, 1985.

GIDDENS Anthony, *Social Theory and Modern Sociology,* Cambridge, Polity Press, 1987.

GOODE William, *The Celebration of Heroes. Prestige as a Social Control System*, Berkeley, University of California Press, 1978.

GOVERDE Henri, CERNY Philip, HAUGAARD Mark, LENTNER Howard (Eds.), *Power in Contemporay Politics. Theories, Practices, Globalizations*, Londres, Sage, 2000.

GRÉMION Pierre, *Le Pouvoir périphérique,* Paris, Seuil, 1977.

HAUGAARD Mark, *The Constitution of Power. A theoretical analysis of power, knowledge and structure*, Manchester, Manchester University Press, 1997.

HINDMOOR Andrew, *Rational Choice,* Basingstoke, Palgrave MacMillan, 2006.

KRAMER Roderick, NEALE Margaret (Eds.), *Power and Influence in Organizations*, Londres, Sage, 1999.

KAUPPI Niilo, *Democracy. Social Ressources and Political Power in the European Union*, Manchester, Manchester University Press, 2005.

LAGROYE Jacques, « La légitimation », *in* Madeleine GRAWITZ, Jean LECA, *Traité de Science Politique,* PUF, 1985, t. 1, p. 395 et sq.

LEMIEUX Vincent, *Les Cheminements de l'influence,* Québec, Presses universitaires Laval, 1979.

LUKES Steven (Ed.), *Power*, Oxford, Blackwell, 1986.

NISBET Robert, « Autorité », *in* Robert NISBET, *La Tradition sociologique,* Trad., Paris, PUF, 1984, p. 139- 219.

NYE Joseph, *Soft Power. The Means to Success in World Politics*, New York, Public Affairs, 2005.

MORROW James, *Game Theory for Political Scientists*, Princeton, Princeton University Press, 1994.

MUTZ Diana, SNIDERMAN Paul, BRODY Richard, *Political Persuasion and Attitude Change*, Ann Harbor, The University of Michigan Press, 1996.

PICAVET Emmanuel, *Choix rationnel et vie publique*, Paris, PUF, 1997.

PORTIER Philippe, « Autorité », *in* Philippe RAYNAUD, Stéphane RIALS, *Dictionnaire de philosophie politique*, Paris, PUF, 1996.

REARDON Kathleen, *Persuasion in Practice,* 2e édition, Londres, Sage, 1991.

RUANO-BORBALAN Jean-Claude, CHOC Bruno (Dir.), *Le Pouvoir. Des rapports individuels aux relations internationales*, Auxerre, Éditions Sciences Humaines, 2002.

REYNAUD Jean-Daniel, *Les Règles du jeu. L'action collective et la régulation sociale*, Paris, A. Colin, 1989.

SADOFSKY David, *Knowledge as Power : Political and Legal Control of Information*, New York, Praeger, 1990.
SENNETT Richard, *Autorité,* Trad., Paris, Fayard, 1981.
SCHELLING Thomas, *La Tyrannie des petites décisions,* Trad., Paris, PUF, 1980.
STEWART Angus, *Theories of Power and Domination. The Politics of Empowerment in Late Modernity*, Londres, Sage, 2000.
TOURAINE Alain, *Production de la Société,* Paris, Seuil, 1973.
WRONG Dennis, *Power. Its Forms, Bases and Uses,* 2e edition, Oxford, Blackwell, 1988.

Voir également la bibliographie du chapitre 11 Le métier et l'action politique.

Chapitre 3
Les groupements sociaux

Les membres d'une collectivité expérimentent son existence de deux manières bien différentes. Soit à travers des pratiques concrètes qui les concernent directement : acquitter une cotisation ou un impôt, s'incliner devant l'ordre d'un responsable ou d'un agent public ; soit à travers un discours sur le groupe, tenu par ses membres, ses dirigeants ou l'environnement extérieur. Ce deuxième mode de connaissance qui nomme le groupe ou évoque son activité, véhicule des représentations mentales qui parlent à l'imagination. Elles tendent à le personnifier en lui attribuant une identité et une volonté particulière, en établissant autour de lui un système de connotations plus ou moins riches, plus ou moins valorisantes. Les groupements sociaux vivent donc une sorte de vie autonome dans les schémas de pensée des citoyens[1]. On peut ajouter, avec Pierre Bourdieu, qu'à certains égards, c'est le représentant qui fait exister le représenté ; ce sont des personnes bien identifiables, les élus du Peuple, qui imposent l'idée abstraite de Peuple. À propos des nations, Benedict Anderson mentionne plus précisément le rôle de ces nouvelles technologies du pouvoir, apparues à partir du XVIe siècle : la cartographie qui permet de visualiser les frontières territoriales du groupe, les recensements et dénombrements qui classifient les populations, les musées qui entretiennent une mémoire[2].

Max Weber constitue une référence majeure dans la problématique classique des groupements sociaux. Cependant beaucoup de travaux ont, depuis lors, réexaminé la question dans une perspective qui s'inspire d'un constructivisme soit avéré soit implicite. Des questions comme celles de la nation ou du groupe ethnique notamment, ont été considérablement revisitées par des historiens, des ethnologues et des anthropologues. Par ailleurs, la mondialisation qui est le

1. Peter BERGER, Thomas LUCKMANN écrivent : « Les institutions, en tant que facticités historiques et objectives, affrontent l'individu en tant que faits indéniables », *La Construction sociale de la réalité*, Trad., Paris, rééd, A. Colin, 1996, p. 86.
2. Benedict ANDERSON, *L'Imaginaire national*, Trad., Paris, La Découverte, 1996, p. 168-185.

phénomène majeur de la seconde moitié du XXe siècle, fait surgir de nouvelles interrogations. Par essence, en effet, elle bouscule les frontières et « clôtures » à l'abri desquelles s'affirmaient nations et communautarismes. De nouvelles analyses sont donc nécessaires pour en rendre compte.

Section 1
Typologies classiques

Dès la fin du XVIIIe siècle, il existe une forte effervescence intellectuelle et politique autour de l'idée de nation et, plus tard, de classe sociale. Bientôt vont se multiplier les revendications nationalistes tandis que s'affiche un « internationalisme prolétarien » dans le mouvement ouvrier révolutionnaire. Il devient scientifiquement essentiel d'introduire des distinctions entre différents niveaux de groupement social pour mieux comprendre les dynamiques à l'œuvre dans les entités qui se fondent sur des solidarités économiques, culturelles ou proprement politiques. Avec Ferdinand Tönnies et Max Weber, dans l'arrière-plan toujours présent de la théorie marxiste, une analyse savante se développe en Allemagne, qui influencera considérablement la manière de penser communautés, nations et classes sociales.

§ 1. Communauté, association, institution

A L'apport de Tönnies

Cet historien allemand a proposé, à la fin du XIXe siècle, une distinction célèbre entre deux types d'appartenance aux groupes sociaux. Elle lui permettait d'opposer société civile traditionnelle et société civile moderne[1].

La *Gemeinschaft* est une communauté fondée sur des liens objectifs : ceux du sang (la famille et la parenté, la race et l'ethnie), ceux du voisinage et du compagnonnage amical (villages, « pays », corporations médiévales). Les relations sociales y sont closes, au sens de Weber, c'est-à-dire à forte tendance endogène : endogamie au

1. Voir la présentation de celle-ci dans Robert NISBET, *La Tradition sociologique*, Trad., Paris, PUF, 1984, p. 96 et sq. L'ouvrage de TÖNNIES a été retraduit en 1977 sous le titre : *Communauté et Société*.

niveau matrimonial, autarcie économique, particularisme culturel, solidarité de famille, de lignage ou de clan. Aux groupes de ce type, on ne choisit pas vraiment d'appartenir, tout au plus peut-on décider dans certains cas de les quitter, non sans déchirements. La *Gemeinschaft* suscite en effet des liens émotionnels forts. Au niveau d'un groupe ethnique ou ethnoculturel, ils se fondent sur la croyance en une origine commune qui implique une forme de « fraternité de sang » entre tous les descendants, la pratique d'une langue pour se comprendre mais aussi élaborer des mythes partagés, le respect de certaines traditions et l'adhésion à une même religion. Ces liens émotionnels sont ravivés par le rappel constant d'une longue histoire, modelée par de grands législateurs, traversée par des personnages héroïques, ponctuée de victoires, de défaites et, surtout peut-être, de souffrances qui ne sauraient s'oublier. Il s'agit donc ici d'une communauté perçue comme « naturelle », c'est-à-dire indiscutable et indiscutée, à la manière d'un phénomène qui va de soi.

La *Gesellschaft,* au contraire, est une société ou un groupement, qui, aux yeux de Tönnies, reflète le processus de modernisation et de laïcisation à l'œuvre dans la civilisation occidentale depuis la fin de l'époque médiévale. Elle est fondée sur l'association volontaire, c'est-à-dire le libre choix d'adhérer ou, du moins, le consentement. Dans la sphère économique, les individus acceptent, par calcul rationnel, d'œuvrer en commun en vue d'atteindre des objectifs jugés souhaitables. Cette logique plus utilitaire qu'émotionnelle caractérise, selon Tönnies, le capitalisme. C'est pourquoi elle se manifeste avec éclat dans l'entreprise et la société commerciale. Cependant, cette démarche s'étend à d'autres sphères de la vie sociale ; elle caractérise notamment l'État moderne puisque les théories philosophiques du Contrat Social postulent la libre adhésion des individus à la société politique. C'est d'ailleurs la raison pour laquelle le pouvoir qui s'exerce en son sein, doit être fondé sur un accord explicite, manifesté par l'exercice du suffrage universel et le triomphe de la loi de la majorité. Tönnies se fonde sur cette *summa divisio* pour tenter d'éclairer les processus historiques qui contribuent à ébranler la société traditionnelle au profit du nouvel ordre social engendré par le capitalisme industriel. À l'époque où il écrit, l'Allemagne est en effet travaillée par une modernisation accélérée qui accroît le fossé entre ses structures économiques et ses institutions culturelles ou politiques restées traditionnelles. Pour lui, ces nouveaux types de liens contractuels font péricliter les anciennes relations de solidarité et minent de l'intérieur la cohésion des communautés traditionnelles au profit de relations fondées sur l'individualisme et la liberté de choix du sujet.

B Les développements de Weber

Soucieux d'éviter toute conception substantialiste qui érigerait les groupes sociaux en entités collectives dotées d'une réalité anthropomorphique, Max Weber adopte comme point de départ de son analyse l'observation des relations qui se nouent entre les individus. Les activités sociales dans lesquelles il relève « de nombreuses régularités tout à fait étonnantes », se fondent soit sur la recherche de l'intérêt (dans le domaine économique notamment) soit sur des habitudes et des coutumes soit enfin sur des règlements à caractère plus ou moins contraignant. Certaines relations sociales sont ouvertes en ce sens qu'aucun interdit ne pèse sur les individus désireux d'échanger avec d'autres individus. D'autres au contraire sont closes ou, du moins, réglementées de telle sorte qu'elles ne sont concevables qu'entre certaines catégories de personnes. Sur cette distinction, l'auteur de *Économie et société* entend fonder le concept de groupement social. Celui-ci est donc un système de relations et de pratiques sociales caractérisé par une relative fermeture : la frontière de l'*in-group* et de l'*out-group*. Par ailleurs, Weber reprend à son compte l'opposition dualiste, formulée par Tönnies, entre communauté « naturelle » et société « contractuelle »[1]. Elle est sous-jacente à la tentative de typologie générale des groupements sociaux qui traverse l'ensemble de son ouvrage.

1. Communalisation et sociation

Pour lui, il y a communalisation (*Vergemeinschaftung*) lorsque les relations sociales sont fondées sur le sentiment subjectif d'appartenir à une même communauté, que ces motivations soient d'ordre émotionnel ou fondées sur le respect d'une tradition. Il y a sociation (*Vergesellschaftung*) lorsque, et tant que, les relations sociales sont basées sur des compromis d'intérêts, chacun recherchant rationnellement un avantage. Comme chez Tönnies, la communauté familiale lui semble une illustration particulièrement pertinente de la première catégorie de liens sociaux, l'entreprise industrielle ou commerciale représentant parfaitement la seconde. Mais, prend-il soin de préciser, « la grande majorité des relations sociales ont en partie le caractère d'une communalisation,

1. Max WEBER, *Économie et société*, Trad., Paris, Plon/Pocket, 1995, Tome 1, p. 78 et sq.

en partie celui d'une sociation »[1]. Dans l'entreprise économique, peuvent naître des « valeurs sentimentales » qui dépassent les fins recherchées sur la base d'un simple compromis d'intérêts comme, à l'inverse, les relations familiales, claniques ou communautaires peuvent être utilisées de manière très calculée pour maximiser des avantages tout à fait matériels. Ainsi l'opposition établie relève-t-elle davantage de l'idéal-type que du type réel ; elle est une manière de mieux penser la complexité des relations sociales au sein des groupes.

Cette matrice conceptuelle permet à Max Weber d'identifier diverses catégories de groupements qui oscillent inégalement entre le pôle communalisation et le pôle sociation. Ce sont les communautés domestiques et les communautés de voisinage dans lesquelles les liens familiaux ou lignagers occupent une place importante. Ce sont également diverses formes de communautés politiques : la tribu, l'ethnie, la nation, qui entretiennent entre elles des rapports variés, influencés par des conditionnements historiques et culturels. Ce sont enfin les communautés à base religieuse à propos desquelles Max Weber reprend l'opposition établie par Ernst Troeltsch entre le type Église et le type secte. Le premier se caractérise par une perspective universaliste, l'acceptation de l'ordre séculier et l'intégration à la société, le second par une éthique du refus du monde, la constitution de groupes, fortement soudés, d'élus ou de « saints » qui ont entre eux des exigences élevées et se pensent comme irréductiblement différents de leur environnement social[2]. Quant aux classes sociales, ce sont des groupes identifiés par « des états de fait » : mêmes niveaux de possession de biens ou mêmes niveaux de capacité de production économique. Elles n'accèdent à la sociation que sous certaines conditions comme l'identification d'un adversaire direct (le patron) ou l'émergence de « chefs qui proposent des buts faciles à comprendre, en règle générale imposés ou interprétés par des individus qui n'appartiennent pas à la classe (intellectuels) »[3]. On reconnaît là une analyse qui fait écho à la distinction marxiste de « classe objective » (définie par des critères comme la place assurée dans le processus de production) et la « classe subjective » qui implique conscience de classe.

1. *Loc. cit.* p. 79.
2. Camille FROIDEVAUX, *Ernst Troeltsch, la religion chrétienne et le monde moderne*, Paris, PUF, 1999, p. 95.
3. Max WEBER, *Économie et société*, *op. cit.*, p. 395.

2. Ordres et classes, associations et institutions

Il est des groupements dont les relations sociales entre les membres sont régies par des règlements statutaires, et d'autres non. Si, à ses yeux, les classes sociales se définissent par l'inégale possession de biens et par la place occupée dans le processus de production économique, demeure l'absence de règlements juridiques qui leur seraient propres. Cet élément distingue clairement les classes sociales d'une part, et, d'autre part, les ordres (clergé, noblesse et Tiers État au sens de l'Ancien Régime) ou encore les castes telles qu'elles ont survécu jusqu'à aujourd'hui en Inde. La mobilité d'une classe à l'autre n'est entravée que par des facteurs d'ordre économique tandis que la mobilité d'un ordre à l'autre, ou d'une caste à l'autre, se heurte, en outre, à des restrictions légales ou des prescriptions coutumières.

Pour Max Weber, les groupements avec statuts s'appellent des associations ou des institutions. Empruntée au droit, la différence entre les deux catégories repose sur le caractère volontaire ou non de l'assujettissement au groupe. Dans l'association, les règlements n'ont de validité que pour ceux qui y sont entrés de leur propre chef ; avec l'institution, les règlements sont obligatoires pour tous ceux qui répondent à des critères très généraux (de naissance ou de domicile le plus souvent). En ce sens, le parti politique (ou le syndicat) est une association, l'État une institution. Mais puisque ces groupements ne sont pas autre chose que des systèmes d'interactions plus ou moins fermés, ils ne continuent d'exister que dans la mesure où les règlements sont effectivement respectés dans les pratiques.

Aux yeux de Max Weber, c'est la notion de clôture, ou de frontière, qui permet de penser le groupe. Une évidence épistémologique, parfois méconnue ! La distinction entre *eux* et *nous* est nécessaire à un double titre. D'abord, d'un point de vue que l'on pourrait appeler pratique, pour identifier clairement ceux qui partagent les mêmes droits, sont soumis aux mêmes obligations. La frontière entre l'interne et l'externe détermine en effet le champ d'application des règles communes, qu'il s'agisse des personnes qui les ont acceptées (adhésion volontaire dans le type *Gesellschaft*) ou de celles qui y sont assujetties d'office (dans le type *Gemeinschaft* mais aussi dans le type institution). Cependant, cette distinction remplit également une autre fonction. Elle est une condition de la survie du groupe. En effet, pour gérer les antagonismes et conflits intérieurs les plus graves, il faut pouvoir mobiliser un lien social spécifique qui autorise l'appel à des solidarités perçues comme légitimement supérieures et devant s'imposer en dernier ressort. Celles-ci se révèleront nécessaires chaque fois qu'il conviendra d'imposer des sacrifices douloureux à telle ou telle composante du groupe pour assurer la défense de l'intérêt collectif. S'agissant des nations ou des groupements d'États, cet indispensable lien social ne saurait acquérir une réelle solidité que s'il s'inscrit dans une épaisseur culturelle et historique suffisante : un minimum d'histoire et de mémoire commune, des références partagées, des conditions concrètes d'existence qui ne soient pas exagérément dissemblables.

§ 2. Nation et citoyenneté

L'opposition établie par Tönnies entre communauté et société traverse en permanence les grandes conceptions de la nation qui se sont affrontées et s'affrontent encore aujourd'hui[1]. Elle gouverne également la manière dont est traitée la question de la citoyenneté.

A Deux visions de la nation

Une distinction célèbre travaille l'analyse savante mais, surtout, la littérature politique pratiquement jusqu'à nos jours. D'un côté une vision de la nation en termes ethnoculturels, c'est-à-dire perçue comme un groupement fondé sur des caractéristiques objectives : l'origine de la population, l'occupation d'un territoire, la langue, la religion, les mœurs, l'histoire politique, etc. L'État apparaît alors comme un « toit » (Gellner) qui abrite et protège le groupe, travaille au renforcement de sa cohésion culturelle et de son identité politique à l'intérieur de ses frontières. Il est aussi l'instrument actif de rassemblement de cette communauté nationale, notamment en direction des minorités coupées de la mère patrie. Il est investi à leur égard d'une responsabilité qui le conduit, quand il en a les moyens, à soutenir l'irrédentisme, c'est-à-dire le désir de rejoindre la communauté nationale. Logiquement on verra alors prévaloir une conception de la nationalité fondée sur le *jus sanguinis* (le droit du sang) qui permet de conférer aux minorités extérieures, coupées de la mère patrie, un droit virtuel à rejoindre le groupe, mais qui tend également à considérer comme des citoyens de second rang les habitants du même pays ayant une autre origine ou une autre langue. Dans ses conséquences ultimes, elle débouche sur le refus

1. Dominique SCHNAPPER, « Deux idées de la nation », dans Dominique SCHNAPPER, *La France de l'intégration. Sociologie de la nation en 1990*, Paris, Gallimard, 1990, p. 33. Et surtout, Rogers BRUBACKER, *Citoyenneté et nationalité en France et en Allemagne*, Trad., Paris, Belin, 1997.

durable d'accorder la nationalité aux résidents de souche étrangère ou de culture jugée inassimilable.

L'autre grande conception de la nation, celle qu'a formulée Renan lors de sa célèbre controverse avec l'allemand Treitschke (*Qu'est-ce qu'une Nation ?* 1882), ne prend pas seulement en compte les éléments objectifs d'appartenance mais aussi le « vouloir vivre ensemble ». La dimension du choix personnel, de l'adhésion ratifiée, y apparaît avec beaucoup plus de force. Formulée en termes modernes, cette approche valorise dans la nation l'idée de communauté purement politique, unie par un lien juridique de citoyenneté, à l'exclusion de toute discrimination fondée sur l'origine, la langue, les traditions, la religion ou les croyances. Aussi, dans cette perspective, l'État devra-t-il adopter une politique ouverte à l'égard des minorités vivant sur son sol, et une attitude de non-ingérence vis-à-vis de ses éventuelles diasporas. En matière de législation sur la nationalité prévaudra en principe le *jus soli*, appelé encore droit du sol, qui favorise l'assimilation des étrangers par octroi quasi automatique de la nationalité au bout d'un certain temps de résidence[1].

Cette distinction est utile pour comprendre le heurt des conceptions allemandes et françaises relatives à l'Alsace lorsque les deux pays se disputaient leurs titres de légitimité aux lendemains de la guerre de 1870. Utile encore pour comprendre aujourd'hui les déchirements qui opposent les peuples de l'ex-Yougoslavie (Serbes, Croates et Albanais), Grecs et Turcs, Russes et peuples du Caucase..., ou encore la logique qui préside à la « Loi du retour » intégrée dans la législation d'Israël, laquelle permet à tout juif de la Diaspora d'obtenir automatiquement la citoyenneté lorsqu'il émigre dans ce pays. Mais déjà ces diverses catégories d'exemples montrent que la distinction des deux conceptions n'est pas toujours aussi claire dans la réalité contemporaine. Tout d'abord, parce que la quasi-totalité des démocraties modernes pratiquent la juxtaposition des deux modes d'accès à la nationalité : toutes mettent en œuvre la filiation à titre principal et si certaines sont, en matière de naturalisation, beaucoup plus libérales que d'autres (pour des raisons souvent économiques et démographiques), aucune n'accorde automatiquement sa nationalité à tous les résidents ni ne renonce entièrement à contrôler les flux d'entrée aux frontières.

1. En France, par exemple, le nombre des étrangers oscille autour de 3,5 % de la population totale ; il est inférieur à la moyenne européenne. Celui des musulmans est évalué à 5 millions soit 8,3 %. Cela signifie donc une politique de naturalisation plus généreuse puisque la plupart d'entre eux peuvent être considérés comme issus d'une immigration relativement récente.

Ajoutons que le fait de raisonner en termes de *droit du sang* opposé à *droit du sol* contribue à dramatiser artificiellement les enjeux, d'autant que l'une et l'autre expression appartiennent au même vocabulaire totalitaire de fâcheuse mémoire.

Par ailleurs, il serait caricatural d'opposer purement et simplement la communauté de sang à la libre association de citoyens. Dans la conception dite ethnoculturelle, la croyance (historiquement fondée ou largement imaginaire) en une origine commune est plus importante que la réalité objective ; elle résulte d'un travail de socialisation, effectué notamment à l'École lorsqu'on enseigne aux enfants une histoire sélective qui souligne l'unité originelle du groupe. Mais ce travail de socialisation n'est pas très différent de celui qui opère dans la seconde conception. En effet, il serait faux de penser que la vision contractualiste de la nation exclut, de son côté, tout conditionnement des individus. Aux États-Unis comme en France depuis la Révolution, l'idée nationale apparaît comme le produit d'un travail politique intense visant à construire ou renforcer une identité collective unifiée. Plusieurs facteurs expliquent son succès. C'est d'abord une puissante mobilisation politique de masse autour d'idées nouvelles : dans le premier cas, l'Indépendance et la démocratie, dans le second l'idéal républicain. Ces deux mouvements révolutionnaires ayant en commun le rejet du principe monarchique, l'appartenance à la nation se substitue à l'allégeance personnelle au monarque. C'est ensuite le développement de la production économique et des échanges qui contraint à l'abandon, parfois douloureux, des particularismes culturels mal adaptés à la réussite sociale : l'adoption de la langue véhiculaire souvent assortie d'un oubli de la langue maternelle, en est l'illustration la plus fréquente. C'est enfin, et surtout peut-être, le développement d'un système éducatif homogène, au service d'une « haute culture ». Ernest Gellner entend par là « une culture dans laquelle *tous* peuvent respirer, s'exprimer et produire... Une culture prestigieuse (qui permet de maîtriser l'écrit et fournit une formation) », sous-entendu : compatible avec les exigences d'une société industrielle avancée[1]. Promue par l'État qui, seul, dispose des moyens de la diffuser efficacement, elle suppose notamment l'enseignement obligatoire, à l'école, d'une même langue et des mêmes représentations du passé, fussent-elles fort idéalisées. Dans la France de Jules Ferry, selon la thèse de Eugen Weber, la nouvelle identité nationale s'est imposée par destruction ou dépassement des identités villageoises locales, transformant les pay-

1. Ernest GELLNER, *Nations et nationalisme*, Trad., Paris, Payot, 1989, p. 60.

sans des terroirs en Français[1]. Tout cela n'est pas allé sans violence symbolique, au moins initialement. Mais il est vrai que l'unité du groupe (national) ne se consolide vraiment que si les individus composant cette population intériorisent largement le sentiment de ce qui les unit, en faisant abstraction de ce qui les sépare ou, du moins, en le faisant passer au second plan.

B Deux conceptions de la citoyenneté

L'inflation contemporaine des usages du mot citoyen ne doit pas masquer le lien primordial qui existe avec la capacité d'exercer des droits de participation à la chose publique : voter, exercer des mandats représentatifs, accéder à l'administration, exprimer ses opinions dans l'espace public. Mais un dilemme apparaît. Les citoyens, membres du corps politique, ont-ils des droits de participation simplement en tant qu'individus ou bien, au contraire, peuvent-ils s'exprimer (et être reconnus) en tant que membres d'une communauté particulière ? Dans les États-Unis d'aujourd'hui, les Noirs, les Latinos (américains de culture hispanique), les Amérindiens (occupants originels du pays), mais aussi le mouvement des femmes, les communautés homosexuelles, revendiquent, parfois avec succès, un statut qui leur permette de s'affirmer politiquement en tant que communauté afin de pouvoir défendre leur identité propre. Au contraire, en France, prévaut une conception selon laquelle l'égalité des citoyens et la laïcité de l'État s'opposent à cette reconnaissance identitaire dans l'espace public. Dès la Révolution française, le courant favorable à l'émancipation des juifs formulait le dilemme dans les termes suivants : tous les droits en tant qu'individus, aucun en tant que communauté. Même s'il plonge ses racines à l'origine même des régimes représentatifs, le débat sur l'unité ou la diversité du corps politique est constamment récurrent dans les démocraties modernes ; il s'exprime dans les oppositions : universalisme/particularisme, individualisme/communautarisme, assimilationnisme/multiculturalisme.

La conception dite universaliste de la citoyenneté, qui est en fait une conception individualiste, met l'accent sur l'unité du corps social,

1. Eugen WEBER, *La Fin des terroirs. La modernisation de la France rurale 1870-1914*, Trad., Paris, Fayard, 1983. Le titre anglais original est plus significatif : *Peasants into Frenchmen*. Conception contestée par Hubert Pérès pour qui, au contraire, l'affirmation nationale, à cette époque, a contribué à revivifier le village et s'est nourrie des identités locales. H. PÉRÈS, *Individus entre village et Nation*, Thèse de science politique, Institut d'Études Politiques de Bordeaux, 1993.

libre association d'individus détachés de toute autre forme d'allégeance ou de dépendance. L'identité des citoyens se définit exclusivement par le lien politique qui les rattache les uns aux autres, à savoir l'égalité de droits devant la loi. Abstraction doit être faite de leurs appartenances religieuses ou ethnoculturelles, à un sexe (*gender*) ou à une race, quand bien même ils se définiraient eux-mêmes, sur le plan identitaire, à partir de l'un ou l'autre de ces critères. C'est l'idéal rousseauiste du citoyen abstrait qui, à ce titre, est rigoureusement l'égal de tous les autres et participe, sur un pied de pleine égalité, à la formation de la Volonté générale.

Cette conception ne pouvait pas triompher totalement lors de la révolution américaine de 1776 car elle aurait impliqué l'abolition immédiate de l'esclavage des Noirs et la reconnaissance de la citoyenneté au profit des Indiens. Néanmoins, elle transparaît fortement dans le credo américain qui ambitionne de fondre en une nation unie (le *melting pot*) les apports successifs d'immigrants d'origines très diverses. Dans cette perspective, l'idéologie libérale qui domine la société offre un puissant soutien à cette ambition puisqu'elle place au premier plan l'individu et sa capacité personnelle d'initiative, au lieu de privilégier les solidarités communautaires[1]. Au contraire, en France, la Révolution pouvait d'autant mieux s'inscrire dans la version rousseauiste des Lumières qu'elle renversait une société cloisonnée, divisée en ordres, où subsistaient encore des discriminations à l'encontre de minorités religieuses. Mais, dans ce pays, la volonté d'unité du corps social s'inscrit moins dans une perspective libérale (au sens américain du terme) que dans la tradition jacobine de centralisation étatique qui, elle-même, prolonge et couronne un mouvement multiséculaire. C'est pourquoi la conception universaliste de la citoyenneté s'est toujours doublée d'une énergique politique d'assimilation culturelle, peu respectueuse des coutumes et des langues locales. Par ailleurs, la conception française de la laïcité cherche à sanctuariser l'École, érigée en lieu neutre ; elle rejette vigoureusement dans l'espace privé l'expression des allégeances religieuses ou communautaires, allant beaucoup plus loin que la plupart des autres démocraties occidentales dans le déni des attaches identitaires particularistes.

La conception (multi)culturaliste plonge de meilleures racines dans l'univers anglo-saxon mais elle se révèle également très vigoureuse dans les sociétés multiethniques, notamment en Europe orientale ou balkanique. Des auteurs canadiens et américains (Michael Sandel,

1. Elise Marienstras, *Les Mythes fondateurs de la nation américaine*, Trad., Paris, Complexe, 1992, p. 14 sq.

Alasdair MacIntyre, Charles Taylor...) ont critiqué la conception individualiste de la citoyenneté, lui reprochant de ne prendre en compte dans l'arène politique qu'un sujet désincarné, dépourvu de toute épaisseur humaine et sociale. En réalité, soulignent-ils, chacun d'entre nous a acquis, en naissant quelque part dans un environnement déterminé, une langue, des références et des croyances, une histoire constitutive d'une part décisive de son identité. Pour Taylor, l'individu ne peut pas se réaliser sans se situer par rapport à cet « horizon » culturel, historique et familial qui lui est propre[1]. C'est pourquoi une société politique réellement libérale doit favoriser la capacité des individus à persévérer dans leur « quête d'authenticité » en protégeant ces particularismes culturels, surtout s'ils sont fragiles, vulnérables ou placés en situation d'infériorité. Dans le passé, les garanties juridiques accordées à des minorités linguistiques ou religieuses, sous les auspices de la SDN ou de l'ONU, relevaient déjà de cette perception de la citoyenneté. Aujourd'hui, leur implication principale est d'autoriser des politiques de discrimination positive au moins momentanées. Ce seront, par exemple, les quotas en faveur des candidatures de femmes dans la vie politique (sinon l'exigence de parité), les mesures dites d'*affirmative action* aux États-Unis au bénéfice des Noirs ou des Peuples premiers, les législations linguistiques au Québec ou en Belgique, pour assurer la protection d'une langue (et d'une culture) menacée.

En fait, ni la conception purement individualiste (universaliste) ni la conception purement culturaliste de la citoyenneté ne peuvent être poussées jusqu'à leurs extrêmes limites. Dans le premier cas, cela signifierait l'octroi automatique de la citoyenneté à tout nouvel arrivant dans un pays, de sorte que l'ensemble des résidents constitue en permanence l'ensemble des citoyens. Même la France s'est toujours gardée de pratiquer cette politique totalement ouverte et sa législation tend aujourd'hui à s'en éloigner encore davantage. De toute façon, l'obtention de la citoyenneté n'empêche pas des pratiques largement répandues de discrimination, ce qui augmente le sentiment de frustration des nationaux d'origine étrangère[2]. Dans le second cas, cela signifierait des naturalisations accordées au compte-gouttes, sous de strictes conditions d'assimilation culturelle pleine et entière. L'Allemagne, devenue un pays de forte immigration (turque notamment), s'est trouvée récemment confrontée aux implications contre-

1. Thèse développée dans Charles TAYLOR, *Le Malaise de la modernité*, Trad., Paris, Cerf, 1994.

2. Sylvain BROUARD, Vincent TIBERJ, *Français comme les autres ? Enquête sur les citoyens d'origine maghrébine, africaine et turque*, Paris, Presses de Sciences Po, 2005.

productives d'une législation qui, longtemps, a été plus restrictive que celle de la France, en matière d'octroi de la citoyenneté. Les immigrés y ont perçu un obstacle supplémentaire à leur assimilation, Quant à la Grande-Bretagne, elle a pratiqué une troisième politique qui consistait à accorder généreusement la citoyenneté tout en respectant le droit des nouveaux entrants de persévérer dans leur culture d'origine. Mais toutes ces stratégies ont montré chacune leurs limites, avec pour conséquences l'émergence inédite d'importants problèmes de coexistence.

Aujourd'hui, dans tous les pays d'immigration forte, c'est-à-dire la majorité des États européens, on constate la juxtaposition de deux types réels de citoyenneté. D'un côté, une citoyenneté vécue comme identitaire, parce qu'elle implique une certaine définition politique et culturelle de soi, compatible avec les valeurs officiellement partagées : attachement à la conception occidentale de la démocratie et des droits de l'homme, individualisme et permissivité. De l'autre, une citoyenneté vécue comme purement instrumentale, qui facilite le règlement de beaucoup de problèmes de vie quotidienne et, surtout, donne la certitude de ne pouvoir être expulsé, ce qui est particulièrement précieux pour les populations d'immigrés récents. Cette « identité de papier » n'empêche pas certains de ses détenteurs de se définir en marge de, voire contre, l'identité majoritaire des populations du pays d'accueil. La dualité d'usages de la citoyenneté est source de malaises et alimente de façon épisodique des frictions susceptibles de déboucher parfois sur des violences.

Section 2
Constructions identitaires

Depuis quelques décennies, sous l'influence d'un constructivisme parfois explicite, plus souvent larvé, la question des allégeances identitaires a été profondément renouvelée dans la littérature scientifique. Le plus souvent, elle s'est cristallisée autour de deux débats principaux : comment sont nés les groupes ethniques (ou les communautarismes) ? comment se sont affirmées les nations ?

§ 1. Le débat sur l'ethnicité et le communautarisme

Si l'idée de nation et de communauté nationale est largement acceptée, aussi bien dans la littérature scientifique que dans la vie politique, la catégorie de l'ethnique demeure sulfureuse en France, comme l'ont montré de récentes polémiques autour de certaines classifications élaborées par l'Ined (Institut national d'études démographiques) qui tendent à identifier, parmi les nationaux, ceux d'origine étrangère pour mieux mesurer le degré d'exclusion qui pouvait les frapper, notamment sur le marché de l'emploi. Il n'en va pas de même dans les pays anglo-saxons. Issu d'une littérature à caractère anthropologique, tournée vers les sociétés longtemps dites primitives, le concept d'ethnicité connaît une grande diffusion aux États-Unis à partir des années soixante, nourrissant de très nombreux travaux consacrés à la société américaine contemporaine. En France, les raisons du blocage persistant sont complexes[1]. La première tient au fait que l'ethnicité est associée à l'idée de race. Et de fait, dans le débat politique, certaines formations en ont fait un usage tout à fait redoutable, en connexion

1. Cf. la décision du Conseil constitutionnel en date du 15 novembre 2007 censurant la possibilité prévue par l'article 63 de la loi Hortefeux de produire des statistiques sur l'origine étrangère des nationaux.

avec la thématique de l'inégalité naturelle. Comme on ne saurait échapper à son origine, insister sur les particularismes qu'elle entraînerait, constitue une manière insupportable de stigmatiser des populations entières. Mais, on le verra, Max Weber mettait l'accent sur un critère très différent : la croyance, fondée ou non, en une origine commune. Or, dans nombre de pays, elle constitue un fait politique qui a son importance. Une autre raison de la résistance opposée à cette catégorie d'analyse, est la répugnance foncière de la culture républicaine à accepter le multiculturalisme, ainsi que la reconnaissance de droits collectifs qui en découle[1]. La troisième est peut-être un héritage du passé colonial lorsque dirigeants et administrateurs admettaient fort bien la catégorie de l'ethnique mais seulement appliquée aux populations de statut indigène dans l'Empire et, plus tard, dans l'Union française. Pour contourner la catégorie de l'« ethnique », on parlera donc de « citoyens issus de la diversité » ou de « minorités visibles » puisqu'il est devenu impossible de ne pas nommer ces catégories de populations à forte spécificité culturelle, et l'on s'efforcera de privilégier des politiques publiques fondées sur le territoire (zones d'éducation prioritaire par exemple) plutôt que sur l'appartenance à une minorité.

Les débats savants se sont focalisés principalement sur la définition même du groupe ethnique, emblématique des problèmes théoriques soulevés par toute définition d'un groupe social.

A Les thèses primordialistes

Dans cette première acception, le groupe ethnique est présenté comme une entité originelle dont on cherchera à identifier les caractéristiques communes à tous ses membres, ce qui lui confère sa cohérence, son unité et son homogénéité. Quelles sont-elles ? Certains auteurs, très peu nombreux aujourd'hui (Van den Berghe), privilégient encore, dans une perspective qui a produit les mobilisations politiques les plus sombres au temps du nationalisme scientiste et du nazisme, des critères sociobiologiques tels que la race ou le phénotype (apparence physique). Ce faisant, ils accordent crédit à l'idée d'une origine biologique réellement commune, thème il est vrai assez souvent présent dans les représentations (imaginaires en général) que

1. Comme le relève avec ironie François Cusset : « Au seul mot de communautarisme, en France, chacun sort son revolver ». François CUSSET, *French Theory. Foucault, Derrida, Deleuze et les mutations de la vie intellectuelle aux États-Unis*, Paris, La Découverte, 2004.

les membres du groupe ethnique se font de leur « parenté »[1]. D'autres, beaucoup plus nombreux, mettent en avant des éléments d'ordre culturel tels que la communauté de langue, de coutumes, de rites et de croyances, ou le sentiment partagé d'avoir sinon un ancêtre commun, du moins une histoire commune. C'est d'ailleurs la définition proposée par Max Weber et reprise par de nombreux anthropologues contemporains (Anthony Smith, Walter Connor). « Nous appellerons groupes "ethniques"... ces groupes humains qui nourrissent une croyance subjective à une communauté d'origine fondée sur des similitudes de l'habitus extérieur ou des mœurs ou des deux, ou sur des souvenirs de la colonisation ou de la migration, de sorte que cette croyance devient importante pour la propagation de la communalisation, peu importe qu'une communauté de sang existe objectivement »[2]. Cependant, Max Weber ne peut être rangé parmi les primordialistes ; il voyait bien en effet les limites d'une définition fondée sur ce que partagent en commun les membres d'un groupe, allant jusqu'à parler d'une catégorie « fourre-tout » qui se « volatilise lorsqu'on tente de la conceptualiser avec précision »[3]. Pourtant les néoculturalistes ont tenté d'aller plus loin, mettant plus particulièrement l'accent sur le système de significations partagées qui donne sens à l'identité collective et fait adopter, par chacun des membres du groupe, une vision particulière du monde qui l'environne. Ainsi, de nos jours, la religion orthodoxe continue d'être une composante fondamentale de l'allégeance nationale en Grèce, en Serbie ou aux confins de la Pologne et de la Biélorussie car elle porte en elle un regard sur la politique différent de celui des peuples qui les entourent (Turcs, Albanais ou Bosniaques musulmans, Polonais ou Lithuaniens catholiques...). Pourtant, on peut se demander s'il est réellement possible de discerner des croyances spécifiques et des pratiques sociales particularistes que tous les membres du groupe partageraient effectivement, et qui leur seraient exclusives.

B Les thèses interactionnistes

Dans cette seconde acception, beaucoup plus subtile, la perspective est totalement renversée. Les traits communs aux membres du groupe importent moins que ce qui se joue dans les relations avec

1. Pour une mise au point récente sur ces problèmes, GOULBOURNE Harry (Ed.), *Race and Ethnicity*, Londres, Routledge, 2001.
2. Max WEBER, *Économie et société* (1920), rééd. Paris, Agora, 1995, t. 2, p. 130.
3. *Loc. cit.* p. 139.

les autres groupes. C'est la thèse interactionniste de Fredrik Barth[1] pour qui les co-ethniques ajustent la définition de leur identité aux situations qui les mettent en relation avec des membres d'autres groupes. L'enjeu n'est pas l'identification d'un aléatoire consensus sur ce qui leur serait commun mais la volonté de maintenir une ligne séparative avec les ressortissants des *out-groups*, de dresser une frontière entre *eux et nous*. Il conviendra alors de valoriser, dans ces situations de rencontre, telle ou telle pratique originale, telle ou telle définition lexicale de soi, telle ou telle spécificité culturelle (réelle ou imaginaire), tel ou tel particularisme psychologique allégué. « Lyman et Douglass montrent comment les Basques espagnols émigrés aux États-Unis ajustent la définition de leur identité ethnique à la situation d'interaction de telle sorte qu'elle mette en relief la différence pertinente à un niveau donné : lorsqu'ils interagissent avec un co-ethnique, ils se définiront par exemple comme Biscayen, alors qu'ils invoqueront leur qualité de Basque espagnol lorsqu'ils rencontrent des Basques français, et qu'ils ne seront plus que Basques lorsqu'ils ont affaire à des non-Basques »[2]. Dans le cas des juifs américains, Peter Novick a souligné l'évolution des défis aussi bien que des réponses apportées au risque de dilution identitaire dans la société américaine. Deux facteurs, écrit-il, avaient garanti jusqu'au lendemain de la seconde guerre mondiale le maintien d'une communauté à forte identité. D'abord, les vagues successives d'immigrants qui comblaient les vides provoqués par l'assimilation ; mais cette immigration se tarit à partir des années 1970. Ensuite, l'antisémitisme et les pratiques discriminatoires qu'il engendrait sur le plan résidentiel, professionnel et social ; or, il s'effondre, au moins dans la population blanche américaine, dès la fin des années cinquante. Selon lui, seul le souvenir de la Shoah, qui s'impose fortement dans l'espace public à partir des années soixante-dix, pouvait donner corps au sentiment d'une identité distincte partagée par tous les Juifs. « Elle ne pouvait être fondée, écrit-il, sur des croyances religieuses, parce que la plupart des Juifs n'en avaient guère. Elle ne pouvait être fondée sur des traits culturels singuliers, puisque la plupart en étaient également dépourvus. Le soutien d'Israël exerçait une force centripète mais, au cours de ces dernières années, les questions touchant à Israël ont divisé les Juifs plus qu'elles ne les ont réunis. Bref, les Juifs américains n'avaient qu'une seule chose en commun : tous savaient que, sans l'immigration de leurs

1. Fredrik BARTH (Éd.), *Ethnic Group and Boundaries. The Social Organization of Culture Difference*, Traduction partielle *in* Philippe POUTIGNAT, Jocelyne STREIFF-FÉNART, *Théories de l'ethnicité*, Paris, PUF, 1995, p. 203-249.
2. Philippe POUTIGNAT..., *loc. cit.* p. 174.

ancêtres proches ou lointains, ils auraient partagé le sort des Juifs européens »[1].

On se voit confronté ici au rôle joué par la mémoire collective. Elle opère inévitablement une sélection dans les événements passés, focalise l'attention sur ce qui touche le groupe de façon singulière, avec une légitimité d'autant plus puissante que les événements auront été plus dramatiques. Mais la perspective identitaire conditionne l'orientation du travail de mémoire. Peter Novick rappelle par exemple qu'il y eut débat chez les intellectuels juifs, jusqu'au début des années quatre-vingt, sur le point de savoir s'il fallait commémorer l'extermination dans les camps « sous la rubrique plus générale des crimes du nazisme », ce à quoi tendaient les plus assimilationnistes (Wiesenthal), ou, au contraire, souligner l'absolue singularité de la Shoah, position qui était naturellement celle des courants les plus désireux d'affirmer l'identité juive[2]. La littérature consacrée au renouveau communautariste aux États-Unis met en évidence l'importance décisive de ce travail de mémoire. De sa réussite ou de son échec, dépend largement la puissance de l'affirmation identitaire particulariste. Un travail analogue a pu obtenir des résultats appréciables dans des groupes comme les Indiens ou les Inuits (peuples premiers) puisque, pour eux, la Conquête fut spécialement traumatisante et a laissé des traces visibles dans leur marginalisation ; chez les Noirs également, en raison du souvenir de l'esclavage et des longues décennies de ségrégation porteuse d'humiliations quotidiennes ; en revanche il est demeuré d'importance réduite s'agissant des Américains d'origine polonaise, grecque, et même irlandaise.

Cependant, l'investissement sur ce qui différencie peut porter aussi sur des pratiques limitées, d'importance restreinte mais qui servent encore efficacement de marqueurs : les fêtes plus ou moins folklorisées (comme la Saint Patrick pour les Irlandais), les habitudes culinaires censées transmettre une tradition, des rites religieux pour les principaux événements de la vie. Il faudrait enfin mentionner la nappe souterraine des jugements de valeur comparatifs, fondés sur des préjugés et des stéréotypes qui nourrissent au quotidien un sentiment de supériorité (ou d'infériorité) rapporté à l'appartenance que l'on revendique ou que l'on assigne à autrui.

Ainsi les rapports étroits et les échanges entre groupes, bien loin d'aboutir à une dilution des références identitaires, les réactivent

1. Peter NOVICK, *L'Holocauste dans la vie américaine*, Trad., Paris, Gallimard, 2001, p. 270.
2. *Loc. cit.* p. 304.

souvent au contraire ; et cela alors même que s'estompent les différences effectives de genres de vie. D'où le paradoxe, fort bien expliqué dans cette perspective, d'un renforcement des affirmations particularistes à l'heure de la mondialisation des échanges culturels et économiques. Le *melting-pot* américain a rapproché les conditions réelles d'existence entre groupes ethniques et pourtant on assiste aujourd'hui à une véritable renaissance de ce mode d'expression identitaire. Il en va de même dans de nombreux autres pays, y compris les vieilles nations européennes où se manifestent des mouvements régionalistes : écossais, gallois, flamand, corse, basque, catalan, etc. Quant aux populations issues de l'immigration, elles empruntent à la fois la voie de l'assimilation des genres de vie du pays d'accueil et celle du réinvestissement sur des signes distinctifs comme la religion ou, simplement, des formes vestimentaires, musicales et artistiques d'expression.

C Les thèses instrumentalistes

Dans cette troisième acception, le groupe ethnique est envisagé comme le produit d'un travail social et politique qui répond à des impératifs stratégiques. C'est la thèse marxiste qui fait du nationalisme un moyen d'étouffer les conflits de classes alors que l'appartenance ouvrière devrait normalement susciter le sentiment de solidarités transnationales plus fortes : l'internationalisme prolétarien. Selon Giddens[1], le vrai succès des démocraties industrielles est d'avoir réussi à « institutionnaliser » les conflits de classes, de sorte que cette capacité régulatrice (négociations collectives, juridictions du travail, officialisation des syndicats...) a permis de limiter les déchirements de l'unité nationale. D'autres auteurs comme Étienne Balibar ont souligné la volonté de certaines catégories dirigeantes d'exacerber (voire d'inventer) les traits d'appartenance à un groupe ethnique pour mieux masquer des conflits d'intérêts et des antagonismes de classes, dissimulation qui ne saurait profiter, à leurs yeux, qu'aux dominants. Des ethnologues africanistes ont insisté, par exemple, sur le rôle de la puissance coloniale, soucieuse à la fois de classer ses sujets et de les diviser entre eux (Jean-Pierre Chrétien à propos de l'apparition du clivage Hutus/Tutsis au Rwanda). En URSS, la politique des nationalités sous Staline a indéniablement facilité des prises de conscience particularistes chez des peuples aux repères identitaires encore indécis : en multipliant les niveaux institutionnels (républiques fédérées, républi-

1. Anthony GIDDENS, *The Nation State and Violence*, Cambridge, Polity Press, 1985.

ques autonomes, districts autonomes) aux frontières enchevêtrées, en assurant, à côté du russe, la promotion de nombreuses langues enseignées à l'école. L'émiettement des nationalités pouvait servir ainsi la consolidation du nouvel ordre social soviétique. Des analystes de la vie politique (Glazer et Moynihan) ont souligné combien, aux États-Unis mais aussi en Inde, au Proche-Orient et dans de nombreux pays africains, des politiciens en quête de positions de pouvoir font appel à la solidarité ethnique comme à un levier efficace de mobilisation électorale. La résurgence des prises de conscience identitaires est alors interprétable dans la perspective d'une matrice de gains : à la fois pour le politicien en quête de suffrages et pour ses électeurs qui se constituent en clientèle. Dans le cas du conflit nord-irlandais, les conflits d'imaginaires sont, de toute évidence, le matériau utilisé par des politiciens qui risqueraient de perdre leur influence politique si le désir de paix de l'ensemble des populations débouchait sur la mise en place d'institutions démocratiques fonctionnant normalement, c'est-à-dire sans mobilisation de la violence ou de la menace de violence. Mais cet exemple montre aussi combien il est difficile de réduire au simple cynisme de dirigeants extrémistes la profondeur du fossé qui sépare protestants et catholiques depuis plusieurs siècles.

Chacune de ces approches éclaire en effet une part de la réalité. S'il n'y avait pas des différences objectivables et repérables entre des groupes d'individus, il serait difficile de les créer de toutes pièces, encore plus malaisé de les instrumentaliser et de les exacerber avec efficacité. Réciproquement, le travail d'instrumentalisation est un élément décisif du renforcement de ces différences, notamment dans les pays où les luttes politiques comportent une importante dimension clientélaire. Enfin, il est fondamental de prendre en compte la dimension interactionniste, voire conflictuelle, des rapports entre les groupes. Ceux-ci n'existent que par rapport à d'autres dont ils veulent différer. Le croyant suppose l'incroyant, comme le possédant suppose le prolétaire ou le compatriote l'étranger. Guerres et affrontements alimentent des imaginaires opposés, apparemment inconciliables, qui, à leur tour, rétroagissent sur la dynamique conflictuelle[1]. Pour identifier les frontières des groupes, seules importent les différences jugées pertinentes, celles qui se déclinent au point de contact avec autrui. On voit mieux alors comment les thèses universalistes servent surtout, malgré leur générosité apparente, à délégitimer certaines formes de

1. Sur les imaginaires croisés en Irlande du Nord ou à Gaza, voir les contributions respectives de Laetitia BUCAILLE et Élise FÉRON, *in* E. FÉRON, M. HASTINGS, *L'Imaginaire des conflits communautaires*, Paris, L'Harmattan, 2002.

solidarité dites particularistes pour y substituer d'autres formes d'affirmation... également particularistes, mais fondées sur la maîtrise d'une langue prééminente, l'identification à des valeurs philosophiques déterminées, la capacité à dominer un marché des idées étendu au-delà des frontières politiques.

Les débats relatifs à l'ethnicité et au communautarisme sont extrapolables. Ils mettent en lumière la complexité des modes d'affirmation de tout groupe : les classes sociales aussi bien que les catégories socioprofessionnelles, générationnelles et même sexuelles. Ils sont également transposables à l'analyse de l'affirmation nationale.

§ 2. La naissance des nations

Alors que la catégorie de l'ethnique a surgi originellement dans des travaux anthropologiques centrés sur les sociétés non européennes, le problème des nations a requis très tôt l'attention des historiens spécialistes de l'Europe. Leur étude est allée de pair avec celle du nationalisme. On voit resurgir la question du primordialisme : les nations sont-elles des entités naturelles dont le nationalisme est l'expression naturelle ? ou sont-elles le produit du nationalisme ? La première réponse qui a été celle d'idéologues et même d'érudits influents au XIXe siècle, est récusée par tous les historiens contemporains. La seconde, en revanche, paraît une simplification un peu brutale d'un processus complexe qui s'est étendu sur de nombreux siècles, avant même l'avènement du nationalisme proprement dit.

A Le rôle du nationalisme

L'historien Hobsbawm date de la première moitié du XIXe siècle l'apparition de mouvements nationaux ou nationalistes qu'il veut distinguer d'un protonationalisme à base paysanne ou religieuse comme celui qui anime la rébellion contre l'empire ottoman de leurs sujets grecs dans les années 1820[1]. Dans un premier temps, le nationalisme est actif surtout en Allemagne ou en Italie où il exprime, chez les intellectuels et les classes moyennes, l'aspiration à l'unité de tous ceux qui parlent la même langue. Il se diffuse ensuite, après les années 1970, dans des communautés toujours plus nombreuses où il

1. Éric HOBSBAWM, *Nations et nationalisme depuis 1780*, Trad., Paris, Gallimard, 1990.

finit par poser des problèmes intérieurs croissants aux empires austro-hongrois, russe et ottoman parce qu'il débouche sur des revendications autonomistes ou séparatistes. À la même époque, il en vient également à colorer la vie politique de presque tous les États déjà constitués, alimentant en France, en Angleterre ou en Allemagne, un sentiment souvent belliciste et xénophobe.

Les mouvements nationaux accordent une importance décisive à la langue. À leurs yeux, celle-ci n'est pas seulement un moyen pratique d'échange dans la vie courante ni même une indispensable voie d'accès à une culture plus large ; elle est perçue de façon romantique comme représentant véritablement « l'âme d'un peuple ». C'est pourquoi elle deviendra le critère prédominant de l'appartenance nationale. Non sans résistance ou indifférence d'ailleurs. Car la grande bourgeoisie d'affaires était souvent plus cosmopolite (francophone en Flandres, germanophone ou russophone en Pologne...) et les populations illettrées se contentaient d'un patois régional ou local. Une langue nationale, nous rappelle Hobsbawm, est presque toujours « une construction semi-artificielle »[1], c'est-à-dire le produit d'un travail de standardisation et d'homogénéisation qui résulte de choix opérés par des érudits mais que sélectionnent et ratifient des mouvements politiques. Elle est celle des institutions prestigieuses, de l'administration ou de l'école[2]. En d'autres termes, la langue partagée n'est pas un phénomène aussi « naturel » qu'on pourrait le croire ; et si elle devient une réalité objective, il n'en reste pas moins qu'il s'agit d'une réalité construite, en grande partie sous l'influence du mouvement national lui-même.

Il en va *a fortiori* de même s'agissant de cet autre critère qu'est l'appartenance ethnique. Apparu un peu plus tardivement, sous l'influence du darwinisme social, c'est-à-dire un scientisme appliqué à classer les peuples sur une échelle de pureté et de mixité génétiques, il avait des bases scientifiques on ne peut plus fragiles. Il n'en a pas moins alimenté toute une littérature qui fut influente dans de larges secteurs de l'opinion, y compris à l'école. Elle conduisait à reconsidérer fortement la question des origines dans un sens simplificateur, en minimisant au maximum le rôle des invasions et des mélanges de populations ; elle poussait à l'exaltation du « génie de la race », même

1. *Loc. cit.* p. 72. Formule atténuée cependant quand l'auteur ajoute plus loin : « Il ne s'agit pas de nier que les langues, ou même les familles linguistiques, aient une réalité populaire » (p. 77).

2. Sur le processus de dépérissement de l'occitan dans la France du sud, Philippe MARTEL, « Occitan, français et construction de l'État en France », *in* Denis LACORNE, Tony JUDT, *La Politique de Babel. Du monolinguisme d'État au plurilinguisme des peuples*, Paris, Karthala, 2002.

si, parfois, le mot ne revêtait qu'une acception assez lâche. C'est l'époque où fleurit la littérature sur le tempérament des peuples qui donne un contenu psychologique généralement naïf à l'identité nationale.

Le nationalisme a joué un rôle dans l'apparition des nouveaux États nations en Europe, au lendemain de la première guerre mondiale notamment. Il a marqué fortement la politique menée par les dirigeants des États déjà constitués en les conduisant à insister sur la primauté de l'allégeance nationale sur toute autre forme d'allégeance, communautaire ou religieuse. Mais les formulations de Hobsbawm ou de Gellner tendant à faire des nations de simples produits du nationalisme, méconnaissent sans doute l'importance des processus de longue période, au moins pour les nations les plus anciennement constituées : tout particulièrement en Allemagne, en Angleterre et en France.

B Le processus historique

Si l'on s'en tient à l'exemple de l'Europe, on peut percevoir une longue marche vers l'idée de nation, au sens moderne, entamée dès le haut Moyen Âge. Un premier indicateur en est la terminologie employée. Carlrichard Brühl s'est intéressé au processus de différenciation historique qui conduit à l'apparition de deux peuples, souvent opposés l'un à l'autre, les Allemands et les Français. Le mot *Francia* signifie longtemps l'héritage franc ; il se situe de part et d'autre du Rhin : *Francia orientalis* et *Francia occidentalis*. Celle de *natio* renvoie à l'origine géographique : les nations, au sens du Moyen Âge, regroupent, dans les Universités ou les conciles ecclésiastiques, des représentants de vastes territoires n'ayant pas nécessairement une langue commune. Cependant, la terminologie : royaume de France et Saint Empire romain de nation germanique triomphe dès le XIVe siècle ; dès lors, on parlera couramment de *natio gallica* et de *natio germanica* dans un contexte qui atteste le sentiment d'un clivage politique et culturel majeur.

Dans les royaumes d'Occident s'impose progressivement une histoire qui n'est plus seulement celle des familles régnantes mais aussi celle des peuples associés à leur destin. Sans doute, comme l'observe Anne-Marie Thiesse, les chapitres en sont-ils encore fort incomplets. Mais le débat sur les origines de la France fait rage dès le XVIe siècle, les uns tenant pour une ascendance gauloise, d'autres pour une ascendance romaine voire troyenne. L'Église ou, du moins, certains secteurs influents, jouent un rôle important dans la prise de conscience identitaire. Bien que le Christianisme soit une religion universaliste, elle est ici fortement travaillée par le gallicanisme, c'est-à-dire une conception qui souligne les particularismes et les coutumes locales. Sur ce point son orientation est puissamment étayée par le sentiment des Parlementaires qui dégagent la fameuse doctrine des « Lois fondamentales du Royaume ». Les conflits religieux, du temps de la Réforme, étaient aussi des prises de conscience particularistes, aussi bien en Allemagne qu'en Angleterre et dans les pays scandinaves où ils ont débouché sur la constitution d'Églises nationales. Cependant, l'essentiel est dans la réalité multiséculaire d'une allégeance au même pouvoir royal. Elle crée, à la longue, une histoire politique commune qui différencie les peuples les uns des autres. C'est bien pourquoi, dans l'Allemagne et l'Italie, demeurées morcelées, le mouvement national sera plus tardif.

La transformation de l'allégeance au monarque en une allégeance à la Nation, avec la Révolution française, n'est donc pas le produit d'une génération spontanée. Cette mutation a été longuement préparée par la dissociation entre la personne physique du Roi et la Couronne (les deux corps du Roi). C'est un fait, néanmoins, que le XIXe siècle est une période d'accélération du processus. Le premier facteur en est la pénétration croissante de l'État et de son administration dans le tissu social. Elle facilite la généralisation d'une langue commune apprise à l'École et celle d'une histoire consensuelle (réaménagée pour ne blesser aucune catégorie importante de population). Le second facteur est le mouvement culturel qui stimule la curiosité des érudits, réhabilite les contes et mélodies populaires, impose un nouveau genre littéraire nourri de réminiscences historiques, érige des monuments aux gloires nationales, célèbre les héros fondateurs (le culte de Vercingétorix en France, celui d'Arminius en Allemagne) et les épisodes les plus significatifs de l'histoire nationale (en France, la Révolution)[1]. Ce mouvement social est particulièrement décisif dans les pays où n'existe pas de pouvoir politique épaulant cette orientation mais où, au contraire, il doit affronter parfois un État ouvertement hostile (empires centraux, ottoman et russe notamment, mais aussi l'Espagne). Un troisième facteur enfin renvoie à la démocratisation de la vie politique et au poids croissant des masses populaires grâce au suffrage universel. Cela ne signifie pas que les ouvriers ou les paysans aient été à la pointe du combat national ; bien au contraire. Mais certaines forces politiques s'approprient les thèmes nationaux pour contrecarrer les tendances centrifuges nées des revendications sociales. On retrouve ici la perspective instrumentaliste qui joue un rôle essentiel, d'autant plus que

1. Anne-Marie THIESSE, *La Création des identités nationales. Europe XVIIIe-XXe siècles*, 2e édition, Paris, Seuil, 2001, p. 167 sq.

dans un contexte d'affrontements entre États-nations (jusqu'à la seconde moitié du XXe siècle), la mobilisation sous les drapeaux de l'ensemble de la population mâle exige de la motiver dans la perspective d'un affrontement militaire avec l'ennemi éventuel.

Les nations n'ont pas toujours existé ; elles n'existeront peut-être pas toujours. Mais il faudra toujours proposer, à un niveau ou à un autre, des réponses aux exigences d'ancrages identitaires. L'individu demeure fondamentalement un animal social (Aristote). Il ne peut survivre en dehors de multiples groupes d'appartenance, fondés sur des intérêts ou des statuts communs (milieux de voisinage, catégories socioprofessionnelles, communautés d'engagement...). Il ne peut non plus décliner une identité culturelle riche sans se rattacher à une communauté d'appartenance qui lui offre les moyens d'épanouir sa « quête d'authenticité » (au sens de Taylor). Il existe en effet des groupes qui ont une capacité supérieure de façonner une part de l'identité individuelle grâce à des représentations et schémas de pensée qu'ils sont en mesure de promouvoir à travers « une palette complète d'activités humaines dans la vie sociale, éducative, religieuse, les loisirs, la vie économique, incluant à la fois la sphère publique et privée »[1]. Plus les droits et avantages liés à cette appartenance sont élevés, plus l'individu sera porté à la revendiquer. Ce sont par exemple les chances d'obtenir un emploi lucratif, d'exercer des fonctions gratifiantes ; mais c'est aussi la possibilité de vivre en conformité avec des normes sociales intériorisées dès l'enfance ; c'est encore l'attrait de gratifications associées au fait de s'identifier à une histoire et une mémoire singulières. Quand ces avantages matériels ou symboliques perdent de leur valeur spécifique, parce qu'ils sont trop largement partagés ou dilués (abandon de la préférence nationale, si vivace jusque dans la première moitié du XXe siècle), l'allégeance tend à se dissoudre dans l'indifférence à moins que ne se mettent en place des « clôtures » du groupe qui tendent à restaurer des barrières juridiques, à réaffirmer une exception culturelle. L'élargissement ou l'abaissement des frontières diminue le sentiment interne de cohésion, de solidarité voire de fierté identitaire. L'évolution de la citoyenneté romaine est exemplaire de ce point de vue. Elle aura longtemps constitué un statut très envié sous la République ; mais, progressivement, elle perd de sa valeur distinctive lorsqu'elle est accordée d'abord à tous les résidents italiens

1. Will KIMLICKA, *Multicultural Citizenship*, Oxford, Clarendon Press, 1995, p. 76 (l'auteur se défend néanmoins d'être « communautarien »). Ces *Cultural Identity Groups* préconisent une manière de vivre qui est inclusive et compréhensive (*encompassing*). Dans le même sens, Amy GUTMAN, *Identity in Democracy*, Princeton, Princeton University Press, 2003.

(au premier siècle avant notre ère), puis à l'ensemble des habitants de l'empire (édit de Caracalla en 212). Aujourd'hui, dans les démocraties contemporaines, la diminution du sentiment national est liée au fait que la nationalité emporte beaucoup moins d'avantages préférentiels que jadis ; surtout, elle n'est plus l'objet d'un investissement émotionnel intense, à l'École ou dans la vie publique, comme ce pouvait être le cas à l'époque des patriotismes exacerbés. On se voit ici confronté à l'importance du travail symbolique, et plus particulièrement à celui de l'État, qui donne sens aux appartenances, contribuant à construire une hiérarchie des allégeances identitaires.

§ 3. Quelle identité pour l'Europe ?

Les fondateurs du projet européen initial : Konrad Adenauer pour l'Allemagne, Robert Schuman pour la France, Alcide de Gasperi pour l'Italie, Paul-Henri Spaak pour la Belgique, envisageaient, dès les années 1950, la formation à long terme d'un ensemble politique unifié. La création d'un marché commun était, à leurs yeux, une première étape, nécessaire et même décisive, pour que s'impose la perception dans les peuples constitutifs, d'intérêts convergents et d'un destin commun. Mais l'arrivée de De Gaulle au pouvoir en 1958, puis l'entrée de la Grande-Bretagne dans la CEE en 1973, ont renforcé le camp de ceux qui voulaient réduire la construction européenne à une simple union économique et conserver aux États le maximum de leur souveraineté. Avec le temps, les divergences de conceptions ne se sont pas atténuées mais, l'intégration économique aidant, les enjeux se sont déplacés. Depuis le traité de Maastricht (1992), le développement des politiques communes et la création d'une monnaie unique, il est évident que des abandons de souveraineté probablement irréversibles ont été acceptés. L'Union européenne n'est plus seulement un simple espace économique de libre circulation des marchandises, des capitaux et des hommes ; elle est devenue un espace politique, avec un mode de gouvernement original, complexe, qui se situe quelque part entre les formes classiquement connues de confédération et de fédéralisme.

L'Union européenne est donc gouvernée. À quelles conditions peut-elle demeurer gouvernable ? Tant que les avantages de l'Union étaient éclatants pour tous, tant que les conflits d'intérêts et d'aspirations restaient limités à quelques six acteurs, un gouvernement par consensus demeurait viable. Par-delà les règles juridiques de son fonctionnement (règles de la majorité ou de l'unanimité au Conseil des ministres), c'était en fait cette cohésion de la « petite Europe » qui lui a permis de s'imposer, non pas contre les États mais avec eux, et l'appui très majoritaire de leurs citoyens. Depuis les élargissements successifs qui ont porté le nombre de ses membres à 27, avec une demi-douzaine de candidats déclarés et davantage encore de postulants potentiels, le problème de la cohésion politique de l'ensemble change de dimension, voire de nature. De même que, dans les États modernes, il a fallu susciter une forte conscience collective d'appartenance pour faire accepter, au nom de la solidarité nationale, les nécessaires sacrifices exigés par la vie en commun, de même est-il illusoire de penser que l'Union européenne pourrait demeurer gouvernable sans émergence d'un puissant lien social entre les populations qui la composent. Et cela d'autant plus que les crises les plus graves, d'ordre politique ou économique, sont sans doute à venir. La construction d'un « Nous » à contenu identitaire suffisamment explicite, permet seule de débloquer les conflits et dépasser les antagonismes d'intérêts inhérents à toute vie en société. Il faut pouvoir invoquer la préservation d'un bien supérieur : la pérennisation et l'épanouissement d'une entité qui suscite des identifications fortes.

Le processus historique de construction des nations a mis en évidence le rôle du pouvoir politique. Le droit édicté, les politiques publiques adoptées, notamment en matière d'éducation, ont, avec le temps, créé des solidarités objectives entre les assujettis, contribuant à façonner chez eux le sentiment de constituer un ensemble. En outre, dans les États démocratiques, la participation des citoyens au choix de leurs dirigeants, au moment des élections, a été l'occasion répétée d'afficher l'importance et de valoriser la nature de cette commune appartenance politique. Ces processus de convergence ont été puissamment étayés par un travail de construction identitaire. L'École, les médias, les intellectuels dans le débat public, ont élaboré et diffusé les représentations de valeurs communes, d'un héritage culturel commun, d'un destin solidaire. Même si ces représentations ont fait une large part à l'imaginaire, ont revisité le passé de façon biaisée et mobilisé parfois des chimères (la continuité entre la « nation gauloise » et la nation française), elles n'en ont pas moins induit des effets de réalité dont l'utilité sociale s'est révélée indéniable pour le triomphe des nécessaires solidarités nationales.

L'Union européenne est confrontée aux mêmes défis que les États nationaux dans leur phase d'affirmation historique. Pour rester gouvernable par gros temps, elle a besoin que s'impose une conscience collective européenne qui transcende les autres allégeances. Cependant le processus de construction d'un lien social fort entre les populations des États membres peut échouer si le gouvernement de l'Union est trop faible pour surmonter les dissensions entre ses composantes, trop incertain surtout sur les valeurs communes à promouvoir. Ces deux obstacles existent encore aujourd'hui. Certes l'adoption du traité de Lisbonne, signé en 2007, permettra, lorsqu'il entrera en vigueur, de prendre des décisions sans redouter l'obstruction d'un ou deux États. Mais le véritable processus de décision repose, en fait, sur un large consensualisme qui peut être paralysé en cas d'oppositions frontales d'intérêts entre blocs d'États. Par ailleurs, les critères dits de Copenhague (1993) qui précisent les conditions de l'adhésion, ne mettent pas explicitement en avant des références identitaires propres à l'Union. Hormis le critère géographique : « L'Union est ouverte à tous les États européens... », les autres conditions posées à l'adhésion sont étrangères à l'idée d'une identité spécifique : ce sont la convergence économique et l'adhésion aux normes de l'économie de marché, l'adhésion aux principes de l'État de droit et aux libertés fondamentales (référence universaliste), l'acceptation de l'acquis communautaire. Or, comme le notait Max Weber, il est impossible de constituer une entité politique forte, de mettre en place des solidarités internes puissantes, sans un minimum de « relations fermées », c'est-à-dire de clôture. Sauf à courir le risque de plonger progressivement dans la paralysie ou, pire encore, d'affronter des crises en restant dépourvu des leviers nécessaires de cohésion sociale.

S'agissant de l'Union européenne, cela signifie s'engager dans une double voie. D'une part, achever une réflexion sur les frontières finales de l'ensemble politique européen ; d'autre part, donner un contenu identitaire plus marqué aux valeurs de référence. En fait, ce double débat est déjà entamé, mais de façon oblique, voire honteuse. La notion nouvelle de « capacité d'absorption », posée comme condition à de nouvelles adhésions depuis 2004, ne s'entend pas seulement sur le seul terrain économique. Aux yeux de beaucoup, elle a aussi une signification culturelle implicite. L'idée selon laquelle la perspective d'adhésion est un stimulant au changement pour des pays éloignés de la culture européenne, perd du terrain. Elle a, en effet, l'inconvénient d'instrumentaliser la gestion politique des candidatures, en faisant perdre de vue l'objectif essentiel du renforcement de l'ensemble existant[1]. Ce n'est d'ailleurs pas un hasard si la candidature d'un pays comme la Turquie est surtout défendue par ceux qui souhaitent que

1. L'argument selon lequel la perspective d'adhésion fait évoluer positivement un État, néglige le fait que celle-ci provoque des tensions croissantes en son sein entre ceux qui veulent « s'occidentaliser » et ceux qui veulent persévérer dans leur particularisme culturel. L'argument du « progrès », outre qu'il est ethnocentré, est donc également réversible. Le cheminement vers l'Union européenne de pays trop éloignés d'elle par leur histoire et leur culture est lourd de menaces pour l'unité et la paix civile du candidat lui-même.

l'Union européenne demeure un simple espace économique (Grande-Bretagne, États-Unis...) tandis qu'elle soulève des inquiétudes chez ceux qui souhaitent un approfondissement de sa dimension politique (même si de médiocres arguments xénophobes viennent, en outre, parasiter ce débat fondamental). Le lien identitaire ne peut se constituer que dans la reconnaissance et l'appropriation d'une culture spécifique. Il n'est pas besoin d'être croyant ou libre penseur pour assumer le double héritage du christianisme et des Lumières auquel est redevable la version européenne de l'universalisme. Depuis des siècles, cet héritage a façonné des mentalités particulières, engendré des pratiques politiques, élaboré des repères culturels qui ne sont pas supérieurs à ceux d'autres civilisations mais constituent ce grâce à quoi les Européens pensent leur rapport singulier au monde.

Section 3
L'impact de la mondialisation

La mondialisation est une tendance lourde des sociétés mais qui se manifeste depuis la seconde moitié du XXe siècle avec une force exceptionnelle. Elle s'inscrit dans la problématique weberienne : relations closes/relations ouvertes, avec cette particularité que jamais jusqu'ici, le phénomène d'ouverture des échanges n'avait été poussé aussi loin. Historiquement, on a pu observer des phases alternatives d'ouverture et de rétractation mais toujours dans un espace qui n'était pas planétaire. La constitution de l'empire romain a permis la naissance d'une « économie-monde » (Wallerstein) mais à l'échelle du bassin méditerranéen seulement. Il en est résulté un brassage de populations et de cultures, une intensification des échanges économiques qu'est venu briser l'effondrement de l'empire en Occident. La féodalité, puis l'avènement de royaumes et principautés souveraines en Europe ont marqué une phase de rétractation. Plus tard, les grandes migrations européennes vers les Amériques et la constitution d'empires coloniaux ont ouvert une nouvelle période de mondialisation à laquelle des puissances comme le Japon et la Chine ont tenté de résister en se fermant au commerce étranger. La fin des blocs, la conversion de la plupart des pays du monde à l'économie de marché ont concrétisé une mondialisation de niveau planétaire que l'avènement d'une Organisation des Nations Unies avait déjà, en quelque sorte, emblématisée.

On s'interrogera d'abord sur la nature de ce processus contemporain avant d'en évaluer les implications proprement politiques.

§ 1. Un phénomène inédit

L'explosion actuelle des échanges de tous ordres, à l'échelle de la planète, n'a pas à proprement parler de précédents, du moins en certains de ses aspects. Elle fait apparaître de nouvelles formes d'interactions sociales, culturelles et politiques qui bousculent les définitions de soi que pouvaient se donner religions, communautés ethnoculturelles et nations, ces principales formes de groupements politiques à l'échelle historique.

A Des échanges démultipliés

L'actuelle mondialisation est, originellement, le produit de la dilatation du monde occidental. Les échanges d'ordre économique sur les cinq continents ont commencé à se développer avec les grandes navigations européennes du XVIe siècle vers l'Amérique et vers l'Asie via le cap de Bonne espérance. Ils ont pris une extension nouvelle avec l'ère industrielle qui a vu naître le double commerce des matières premières et des produits manufacturés. Cette mondialisation a été portée par les doctrines du libre-échange, fortement soutenues par la Grande-Bretagne et les États-Unis, tandis que les puissances européennes continentales tentaient plutôt de s'assurer, dans leurs colonies, la maîtrise monopolistique des débouchés et des approvisionnements. Les résistances à la mondialisation sont le fait de pays qui résistent à l'expansion coloniale comme le Japon et la Chine ; ils vont tenter, au moins pour un temps, de fermer leurs ports au commerce occidental dans lequel ils voient les prémisses de leur assujettissement politique. Plus tard, le véritable obstacle à la mondialisation occidentale est le fait du camp socialiste qui, autour de l'URSS ou de la Chine, met en place un système économique autarcique à son échelle.

Le cadre juridique de la nouvelle mondialisation résulte de la mise en place, sous l'impulsion des États-Unis, d'accords de libre-échange (le *General Agreement on Tariffs and Trade* adopté en 1948 que relaie en 1995 la création de l'Organisation mondiale du commerce). Depuis l'effondrement du bloc socialiste après 1989, un mouvement irrésistible conduit la plupart des pays à rechercher leur adhésion à cette nouvelle organisation même si elle ne s'est pas encore matérialisée en ce qui concerne la Russie et les États d'Asie centrale issus de l'ex-URSS. Des institutions internationales spécialisées (Fonds monétaire international, Banque mondiale, Organisation mondiale de la santé...) ont vu le jour, qui occupent une place croissante dans l'internationalisation des problèmes de développement, de santé, d'éducation, de protection de l'enfance, de lutte contre la pauvreté, etc. Il est devenu de plus en plus difficile aux États de les ignorer, de même qu'il leur faut tenir compte de l'émergence de ces nouveaux acteurs que sont les ONG, sans oublier l'influence des chaînes internationales d'information.

Les traits caractéristiques de la nouvelle mondialisation sont, bien sûr, le développement à une échelle jusque-là inconnue des échanges économiques entre les cinq continents avec leur cortège de délocalisations d'industries, grosses consommatrices de main-d'œuvre, vers les pays à faibles niveaux de salaires ou/et à faible protection sociale des travailleurs. C'est encore l'explosion des flux démographiques. Les uns sont stimulés par l'attrait qu'exercent sur la population des pays pauvres, les régions du globe beaucoup plus prospères, notamment les États-Unis et l'Europe. Certes l'immigration volontaire a toujours existé, au sein de l'Europe comme entre les deux rives de l'Atlantique[1]. Mais, aujourd'hui, les bassins d'émigration sont beaucoup plus variés et concernent pratiquement tous les pays non occidentaux. Les chocs de cultures s'intensifient et se généralisent. Ils sont également nourris par une autre forme de flux démographiques, provisoires ceux-là mais non moins générateurs d'effets structurels : l'explosion du tourisme de masse qui conduit nombre de pays à développer une importante économie de loisirs. Un troisième trait, plus inédit encore, de cette nouvelle mondialisation concerne l'abolition tendancielle de la distance et du lointain grâce aux technologies modernes des télécommunications. L'infiniment grand des connexions concevables, grâce à Internet, permet le maintien de communications à distance, favorise l'émergence de nouvelles solidarités, de nouveaux types d'échanges politiques et culturels qui ébranlent les idéologies traditionnelles, surtout les plus repliées sur leurs valeurs ancestrales. Les frontières des groupes humains, culturelles et même politiques, deviennent plus poreuses et, surtout, sont soumises à un perpétuel défi : celui de la différence et celui de l'adaptation.

B Un renversement d'équilibre dans les modes de sociation et communalisation

Il est possible de compléter la distinction opérée par Max Weber entre « sociation » et « communalisation » avec l'introduction d'une nouvelle dimension qui prend pour critère le territoire. Tout groupe humain mobilise en effet deux types de relations plus ou moins stabilisées. Celles qui s'inscrivent dans un *espace physique* identifiable, et celles qui lui échappent ou, plutôt, appartiennent à un *espace virtuel* parce qu'elles relèvent de la notion de réseau. Les premières caractérisent les relations de voisinage au sein du village ou du tissu urbain ou encore, à un niveau beaucoup plus large, les solidarités

1. Klaus BADE, *L'Europe en mouvement. La migration de la fin du XVIIIe siècle à nos jours*, Trad., Paris, Seuil, 2002.

régionales et nationales, toutes fondées sur le partage d'un espace commun, lui-même assujetti à des règles communes. Le fait de vivre sur un même territoire commande certains types d'échanges économiques, impose l'adoption d'un langage commun et facilite l'exercice d'un pouvoir politique uniforme sur l'ensemble de ses habitants. Les relations en réseau mobilisent des solidarités fondées sur des critères d'affinités professionnelles ou corporatistes, culturelles ou politiques. Elles ne sont pas liées à un espace de référence clairement circonscrit mais se situent aussi bien en deçà qu'au-delà de ses frontières physiques. Ces deux types d'interactions relativement stabilisées sont à la base de tous les groupements humains les uns territorialisés, les autres non. Dans les sociétés largement autarciques comme l'Europe médiévale avec son système économique agro-rural, les formes de sociation en réseau existent mais elles débordent rarement les frontières de l'espace social de référence ou, mieux encore, elles s'inscrivent en son sein. L'exception principale est constituée par l'Église catholique porteuse d'une « religion universelle » qui déborde les frontières des territoires princiers et des royaumes. Cette situation est la source de nombreux conflits entre le pouvoir temporel et le pouvoir spirituel qui se dénouent souvent par la victoire du premier avec l'apparition d'Eglises nationales dans les pays protestants et des tendances « gallicanes » dans la France de l'Ancien Régime. Ainsi, le cadre territorial impose-t-il nettement sa prééminence. Avec l'avènement de l'État-nation, l'espace de référence s'élargit considérablement et, surtout, renforce sa cohésion autour d'un centre politique plus puissant. Si les réseaux de sociabilité se diversifient, ils demeurent généralement inclus dans le cadre national et débordent encore rarement les frontières. Cependant, le développement du commerce international fait progressivement apparaître, dès la fin du XIXe siècle, ces « multinationales » qui échappent à l'emprise exclusive des États souverains. Parallèlement, la contestation du capitalisme favorise le développement d'« Internationales ouvrières » qui lancent un défi aux règles traditionnelles de la vie politique mais suscitent des réactions vigoureuses au nom du nationalisme.

Avec la nouvelle mondialisation, les réseaux transnationaux acquièrent une visibilité et une force sans précédent. Dans le domaine économique, se tissent des relations serrées entre des firmes dont les sites de production ont une implantation multicontinentale, et des établissements bancaires dont les flux financiers se situent dans un espace plus virtuel que physique. Les stratégies des principaux acteurs ignorent largement les frontières des États territoriaux : aussi nombre de salariés dépendent-ils de décisions prises ailleurs que dans le pays où ils travaillent. Les flux démographiques ont pour conséquence de favoriser la constitution de diasporas de plus en plus nombreuses mais de moins en moins coupées de leurs pays d'origine grâce aux facilités de communication à distance. Leur existence lance un défi aux conceptions traditionnelles de la nation, fondées sur des éléments culturels objectifs d'homogénéité et sur un vouloir-vivre ensemble à l'intérieur de frontières protectrices. Par ailleurs, une population aux contours fluides émerge dont le véritable terrain d'action est sinon la planète entière, du moins un espace largement transnational : ce sont les cadres des grandes multinationales, les experts des Organisations internationales, les responsables d'ONG et expatriés en mission d'assistance technique ou humanitaire. Un fossé profond sépare leurs mentalités de celles de leurs compatriotes dont l'horizon quotidien demeure exclusivement celui de la région ou de l'État, du fait de leur insertion professionnelle ou de leur manque de compétence linguistique.

§ 2. Des effets majeurs sur la cohésion des groupements sociaux

S'il est permis d'affirmer que l'identité d'un groupe est d'autant plus forte que ses frontières lui apparaissent plus clairement délimitées, alors il est nécessaire de s'interroger sur les conséquences de cette porosité induite par le phénomène contemporain de la mondialisation. Avec elle, apparaissent des lignes de fracture inédites au sein de chaque entité politique. Elles opposent ceux qui s'identifient pleinement aux bénéfices de la mondialisation et ceux qui les observent avec circonspection ou hostilité. Dans chaque pays, dans chaque minorité culturelle, une fraction de la population plus ou moins importante accueille favorablement cette ouverture accrue, aussi bien sur le marché mondial des biens économiques à cause de la prospérité qui en résulte pour elle, que sur le marché des idées, c'est-à-dire des systèmes de valeurs et des modèles d'achèvement, à cause de l'ouverture d'esprit dont elle bénéficie. Ce sont d'abord les individus qui détiennent, ou pensent pouvoir acquérir, les ressources nécessaires à leur adaptation à un monde de compétition plus intense mais aussi, plus largement, tous ceux qui prisent les surcroîts de biens matériels ou culturels qu'apporte avec elle une mondialisation productrice d'opportunités jusque-là inconnues. En face d'eux, existe une population qui se sent en position de faiblesse pour affronter les exigences de la mondialisation. Les raisons en sont la vulnérabilité économique des entreprises peu performantes, celle des travailleurs âgés ou attachés à leurs terroirs, mais aussi la vulnérabilité culturelle de ceux qui redoutent des changements trop brutaux dans leurs modes de vie et leurs systèmes de valeurs. On peut voir d'ailleurs, dans cette ligne de fracture, la déclinaison moderne du clivage dominants/dominés. Il s'ensuit que la mondialisation exerce sur la cohésion des groupes sociaux des effets contrastés.

A La diversification des allégeances

Des enquêtes de psychologie sociale ont montré que plus un individu évolue dans des milieux de vie diversifiés, plus il apprend à s'adapter, ce qui l'incline à la tolérance, à l'ouverture d'esprit et à la permissivité. Au contraire, l'enfermement dans un milieu qui vit en autarcie (économique et culturelle) favorise une plus forte propension à la rigidité des comportements et des croyances. La mondialisation offre à des catégories de populations toujours plus nombreuses l'occasion de faire l'expérience d'une confrontation à l'altérité et à l'ailleurs. Cette exposition à d'autres coutumes, d'autres habitudes de pensée, d'autres formes de comportements joue un rôle majeur dans la montée en puissance des valeurs de permissivité et de tolérance. Mais celles-ci emportent une autre conséquence : la relativisation des formes d'enracinement identitaire ou, du moins, la volonté de choisir plutôt que de subir une identité assignée, qu'elle soit d'ordre ethnique, national ou religieux. La construction de l'UE, forme « régionale » de mondialisation, a produit l'émergence d'une double allégeance, nationale et européenne, qu'attestent régulièrement les eurobaromètres chez la majorité des citoyens de ses pays membres. Cependant, deux types de populations sont plus directement concernés par le phénomène de mondialisation proprement dit. D'une part, cette frange de nationaux dont le champ d'activité professionnelle déborde en permanence les frontières de leur pays d'origine. Ils ont davantage que la moyenne de leurs compatriotes le sens du grand large. C'est donc chez eux que l'on va rejeter le plus rapidement un nationalisme jugé étriqué. D'autre part, les immigrants attirés par les perspectives d'emploi dans les pays riches mais souvent, aussi, séduits par un mode de vie plus permissif. Ceux qui réussissent leur insertion éprouvent, en général, le besoin de bricoler des compromis entre leur culture d'origine et la culture du pays d'accueil quand ils ne vont pas jusqu'à choisir une assimilation totale que parfois d'ailleurs rejetteront leurs enfants ou leurs petits-enfants. Cette population qui joue la carte de l'intégration, introduit dans le pays d'accueil un élément de diversité et d'enrichissement d'expérience, même quand elle souhaite se fondre totalement dans l'ensemble national. Cependant, une immigration qui atteint une certaine importance numérique, comme cela est devenu la règle dans les pays ouest-européens, jette nécessairement un défi aux conceptions traditionnelles de l'identité nationale. Si l'on accepte pleinement le droit de ces communautés à préserver leurs traditions, voire leur langue d'origine, il faut adopter le concept de société multiculturelle, fort éloigné de la vision classique de la nation comme ensemble réputé homogène, soit ethniquement soit politiquement. Si, au contraire, on souhaite diffuser un corpus de valeurs et de références qui soient communes à l'ensemble de la population, il faut alors accepter un minimum d'adaptation des critères de l'identité pour éliminer de l'héritage commun tout ce qui heurte trop frontalement la sensibilité des nouvelles populations. Ce n'est pas un hasard si, en France, dans les années 1980, a été abandonnée dans les programmes scolaires la référence, pourtant classique depuis un siècle, à « nos ancêtres les Gaulois » ; s'il a fallu également revoir l'enseignement de l'histoire des relations du monde européen avec l'Islam.

L'évolution ne se fait pas sans difficulté. À la différence des États-Unis qui se sont définis dès l'origine comme une « nation d'immigrants », attirant des individus décidés à devenir pleinement « Américains », les vieilles nations européennes sont confrontées à des réexamens plus cruciaux car leur unité s'est fondée sur une logique identitaire enracinée dans un particularisme culturel et historique. Pour elles, le problème se pose notamment à l'École, lieu privilégié de transmission des valeurs communes. Jusqu'à quel point peut-on remettre en cause le privilège d'enseignement de la langue et de la mémoire longue du pays, infléchir les conceptions de la laïcité ou de la permissivité pour mieux prendre en compte les spécificités culturelles de beaucoup de citoyens d'origine étrangère ? L'unité et la solidarité nationales peuvent-elles en être durablement ébranlées ? La vision purement économiste comme la vision purement humanitaire de l'immigration ont en commun de refouler ou même de nier l'existence de la question identitaire. Pourtant elle se pose en pratique chaque fois que l'intégration se heurte à des obstacles ou subit des échecs. Quant aux pays africains ou asiatiques issus des ex-empires coloniaux, ils sont de plus en plus confrontés aux tensions ethno-nationalistes qu'exacerbent les déplacements internes de populations produits par l'urbanisation et la destruction du mode de vie agro-rural. La coexistence de l'allégeance ethnique avec l'allégeance au nouvel État reste fragile et peut voler en éclats à l'occasion d'une crise économique ou politique.

B Les tentations du repli identitaire

La mondialisation provoque une accélération des changements d'ordre économique et culturel. S'ils sont perçus comme bénéfiques par de larges couches de population, ils exercent aussi des effets perturbateurs du seul fait de leur rapidité. Les plus vulnérables économiquement ou les plus attachés à leur mode de vie traditionnel subissent des contraintes d'adaptation dont le coût humain peut être élevé. Dans les pays européens, les victimes de la désindustrialisation : les couches de population les plus âgées, les habitants confrontés aux nuisances des équipements lourds, sont les plus réceptifs aux dénonciations des méfaits de l'ouverture des frontières. Mais le malaise est plus large. Une enquête du Pew Research Center, publiée en octobre 2007, révèle que, dans les 47 pays étudiés, si une majorité se révèle partout pour reconnaître que la mondialisation des échanges économiques et culturels est « une très bonne chose » ou « plutôt une bonne chose », en revanche il existe également partout des majorités pour adhérer à la proposition : « Notre manière de vivre doit être protégée contre l'influence étrangère », ce qui signale pour le moins une sérieuse ambivalence de sentiments. C'est à la force de ce sentiment que l'on doit attribuer depuis la fin du XXe siècle, un peu partout en Europe, la montée en puissance d'un populisme à tendance eurosceptique, souverainiste et xénophobe. Dans ses manifestations plus modérées, il inspire les réactions de « patriotisme économique » et l'adhésion aux politiques européennes de renforcement de ses frontières extérieures.

La tentation du repli identitaire s'exprime également dans la tendance au renforcement des communautarismes. Accepté depuis longtemps aux États-Unis, le communautarisme l'est beaucoup moins en Europe où il est perçu comme un défi ou une menace. Dans les populations issues de l'immigration, s'expriment essentiellement trois tendances. D'une part, une volonté d'assimilation pure et simple à la nation du pays d'accueil, ce qui implique une rupture à peu près complète avec la langue, la culture ou les coutumes du pays d'origine. Encouragée par les pays d'accueil, cette attitude a pu longtemps paraître la seule stratégie réaliste à beaucoup d'immigrants qui, de toute façon, n'avaient pas la possibilité de conserver des liens avec leur milieu d'origine et se trouvaient trop peu nombreux ou trop démunis de ressources pour s'organiser en communautés revendiquant des droits. Aujourd'hui il n'en va plus de même, à la fois parce que les facilités de communication permettent aux diasporas de maintenir des contacts entre elles comme avec la mère patrie, et parce que certaines communautés d'immigrés ont franchi un seuil quantitatif qui facilite leur effort d'auto-organisation. Les pays d'accueil proposent donc aujourd'hui une politique d'intégration qui va à la rencontre des désirs d'une large fraction des populations concernées. Cette seconde attitude débouche sur un compromis identitaire qui fait la plus large part à l'acceptation des valeurs et des mœurs du pays d'accueil, tout en autorisant le maintien de traditions particularistes. Il existe enfin une troisième voie qu'empruntent aujourd'hui des fractions encore très réduites de la population immigrée mais qui semble s'élargir. C'est la volonté déterminée de défendre, au milieu du pays d'accueil, la culture d'origine, au besoin en reconstituant dans des espaces clos un environnement aussi homogène que possible. Cela se traduit par l'utilisation au quotidien, dans la vie sociale, de la langue d'origine, par la mise en place d'une « économie ethnique » et par certaines formes d'institutionnalisation d'un droit particulariste. Les pays qui ont adopté la plus grande tolérance aux communautarismes, comme la Suède ou la Grande-Bretagne, ont commencé à s'inquiéter des conséquences de ce nouvel état d'esprit. Le malaise s'est aggravé en Allemagne lorsque le Premier ministre turc, en février 2007 à Berlin, a qualifié l'assimilation de « génocide culturel », contribuant ainsi à encourager ouvertement le refus de cette communauté de se fondre dans la communauté nationale du pays d'accueil.

Dans sa phase actuelle, la mondialisation produit des effets bénéfiques pour de trop larges couches de population en termes d'amélioration de leurs conditions de vie économique pour qu'un retour en arrière soit envisageable. Cependant, elle ressemble un peu à ces énormes navires dont on aurait supprimé les caissons étanches. Une voie d'eau en un endroit stratégique peut alors produire des effets particulièrement dévastateurs. C'est pourquoi il n'est pas douteux qu'en cas de catastrophe économique ou écologique de très grande ampleur, on verrait immédiatement se relever ces frontières (visibles ou invisibles) à l'abri desquelles les peuples chercheraient, chacun pour soi, un salut précaire.

Orientation bibliographique

Classiques

BENDIX Reinhart, *Nation Building and Citizenship,* Londres, Wiley, 1re édition, 1964.
ÉLIAS Norbert, *La Dynamique de l'Occident* (1939), Trad., Paris, Calmann-Lévy, 1975.
HALBWACHS Maurice, *La Mémoire collective*, Paris, PUF, 1950.
MOSSÉ George, *The Nationalisation of the Masses*, Ithaca, Cornell University Press, 1975.
NORA Pierre (Dir.), *Les Lieux de mémoire*, 7 vol., Paris, Gallimard, 1984-1992.
RENAN Ernest, *Qu'est-ce qu'une nation ?* (1882), Paris, Presses Pocket, 1992.
TÖNNIES Ferdinand, *Communauté et Société. Catégories fondamentales de la sociologie pure* (1887), Trad., Paris, Retz, 1977.
WEBER Eugen, *La Fin des terroirs. La modernisation de la France rurale, 1870-1914* (1976), Trad., Paris, Fayard, 1983.
WEBER Max, *Économie et société* (1922), Trad., Paris, Plon, 1991.

Études contemporaines

ABINALES Patricio, NOBORU Ishikawa, AKIO Tanabe (Eds.), *Dislocating Nations States. Globalization in Asia and Africa*, Kyoto University Press, 2005.
AMSELLE Jean-Louis, *Vers un multiculturalisme à la française*, Paris, Aubier, 1996.
ANDERSON Benedict, *L'Imaginaire national. Réflexions sur l'origine et l'essor du nationalisme,* Trad., Paris, La Découverte, 1996.
ARKWRIGHT Edward, DELAMARRE Manuel, *Citoyenneté et vie démocratique*, Paris, La Documentation française, 2005.
BADE Klaus, *L'Europe en mouvement. La migration de la fin du XVIIIe siècle à nos jours*, Trad., Paris, Seuil, 2002.
BADIE Bertrand, *La Fin des territoires*, Paris, Fayard, 1995.
BALIBAR Étienne, WALLERSTEIN Immanuel, *Race, Nation, classe. Les Identités ambiguës*, Paris, La Découverte, 1997.
BARTH Fredrik, « Ethnic Groups and Boundaries » (1969), *in* Philippe POUTIGNAT, Jocelyne STREIFF-FÉNART, *Théories de l'ethnicité*, Paris, PUF, 1995.
BAUMANN Zygmunt, *Globalization. The Human Consequences*, Cambridge, Polity Press, 1998.

BAYART Jean-François, *L'Illusion identitaire,* Paris, Fayard, 1996.

BEAUD Michel, *Le Basculement du monde, de la terre, des hommes, du capitalisme*, Paris, La Découverte, 2000.

BEAUNE Colette, *Naissance de la Nation France,* Paris, Gallimard, 1985.

BEINER Ronald, *Theorizing Citizenship*, Albany (NY) Suny Press, 1995.

BELLAMY Richard, CASTIGLIONE Dario, *Making European Citizens. Civic Inclusion in a Transnational Context,* Basingstoke, Palgrave MacMillan, 2006.

BERSTEIN Serge, RUDELLE Odile (Dir.), *Le Modèle républicain,* Paris, PUF, 1992.

BIHR Alain, *Le Crépuscule des États-nations. Transnationalisations et crispations nationales*, Lausanne, Page deux, 2000.

BILLIG Michael, *Banal Nationalism*, Londres, Sage, 1995.

BIRNBAUM Pierre (Dir.), *Sociologie des nationalismes,* Paris, PUF, 1997.

BOURETZ Pierre, *La République et l'universel*, Paris, Gallimard, 2002.

BOUVET Laurent, « *E Pluribus Unum ?* » *La nouvelle question identitaire américaine,* Thèse science politique, EHESS, 1998, 2 vol.

BOUVET Laurent, *Le Communautarisme. Mythes et réalités*, Paris, Lignes de repères, 2007.

BRAUDEL Fernand, *L'Identité de la France. Les hommes et les choses*, rééd., Paris, Arthaud-Flammarion, 1986.

BROUARD Sylvain, TIBERJ Vincent, *Français comme les autres ? Enquête sur les citoyens d'origine maghrébine, africaine et turque*, Paris, Presses de Sciences Po, 2005.

BRUBACKER Rogers, *Citoyenneté et nationalité en France et en Allemagne (1992),* Trad., Paris, Belin, 1997.

BRUBACKER Rogers, *Nationalism Reframed. Nationhood and the National Question in the New Europe,* Cambridge, Cambridge University Press, 1997.

BRÜHL Carlrichard, *Naissance de deux peuples. Français et Allemands IXe-XIe siècle,* Trad., Paris, Fayard, 1995.

BRUTER Michael, *Citizens of Europe? The Emergence of a Mass European Identity,* Basingstoke, Palgrave MacMillan, 2005.

CAHEN Michel, *Ethnicité politique,* Paris, L'Harmattan, 1994.

CAMILLERI Carmel, *Stratégies identitaires*, Paris, PUF, 1990.

CANDAU Joël, *Mémoire et identité,* Paris, PUF, 1998.

CAPELLE-POGACEAN Antonela, MICHEL Patrick, PACE Enzo (Dir.), *Religion(s) et identité(s) en Europe*, Paris, Presses de Sciences Po, 2008.

CARLING Alan (Éd.), *Globalizationb and Identity. Development and Integration in a Changing World,* Londres, Tauris, 2006.

CAUTRÈS Bruno, *La Citoyenneté européenne*, Paris, La Documentation française, 2004.

CESARI Jocelyne, *Faut-il avoir peur de l'Islam ?*, Paris, Presses de Sciences Po, 1997.

CHAUCHAT Hélène, DURAND-DELVIGNE Annick, *De l'Identité du sujet au lien social. Étude des processus identitaires*, Paris, PUF, 1999.

COLAS Dominique, *Citoyenneté et nationalité*, Paris, Gallimard, 2004.

CONNOR Walter, *Ethnonationalism. The Quest for Understanding,* Princeton, Princeton University Press, 1994.

CONSTANT Fred, *La Citoyenneté*, 2e édition, Paris, Montchrestien, 2000.

DELANNOI Gil, *Sociologie de la Nation*, Paris, A. Colin, 1999.

DELANNOI Gil, TAGUIEFF Pierre-André (Dir.), *Nationalismes en perspective,* Pariseg, 2001.

DIECKHOFF Alain, *La Nation dans tous ses états. Les identités nationales en mouvement*, Paris, Flammarion, 2000.

DIECKHOFF Alain (Dir.), *La Constellation des appartenances. Nationalisme, libéralisme et pluralisme,* Paris, Presses de Sciences Po, 2004.

DIECKHOFF Alain, JAFFRELOT Christophe (Dir.), *Repenser le nationalisme. Théories et pratiques*, Paris, Presses de Sciences Po, 2006.

DUCHESNE Sophie, *Citoyenneté à la française,* Paris, Presses de Sciences Po, 1997.

FABRY Elvire (Dir.), *Les Européens face à la mondialisation. Sondage international, analyses quantitatives comparées*, Paris, Fondation pour l'innovation politique, 2007.

FAWELL Adrian, *Philosophies of Integration. Immigration and the Idea of Citizenship in France and Britain*, Londres, MacMillan, 1997.

FITZGERALD Valpy, STEWART Francis, VENUGOPAL Rajesh (Eds.), *Globalization, Violent Conflict and Self-Determination*, Basingstoke, Palgrave MacMillan, 2006.

GEARY Patrick, *Quand les Nations refont l'histoire*, Trad., Paris, Aubier, 2004.

GEISSER Vincent, *Ethnicité républicaine. Les élites d'origine maghrébine dans le système politique français*, Paris, Presses de Sciences Po, 1997.

GEISSER Vincent, *La Nouvelle Islamophobie*, Paris, La Découverte, 2007.

GELLNER Ernest, *Nations et nationalisme,* Trad., Paris, Payot, 1989.

GELLNER Ernest, *Nationalism*, Londres, Weidenfeld and Nicolson, 1997.

GOLDMANN Kjell, *Transforming the European Nation State. Dynamics of Internationalization,* Londres, Sage, 2001.

GOULBOURNE Harry, *Race and Ethnicity*, Londres, Sage, 2001.

GREENFELD Leah, *Nationalism: Five Roads to Modernity*, Harvard University Press, 1992.

GUIOMAR Jean-Yves, *La Nation entre l'histoire et la raison,* Paris, La Découverte, 1990.

GUTMAN Amy, *Identity in Democracy,* Princeton, Princeton University Press, 2003.

HEARN Jonathan, *Rethinking Nationalism,* Basingstoke, Palgrave MacMillan, 2006.

HERMET Guy, *Histoire des nations et du nationalisme en Europe*, Paris, Seuil, 1996.

HOBSBAWM Éric, *Nations et nationalisme depuis 1780,* Trad., Paris, Gallimard, 1992.

HUTCHINSON John, SMITH Andy (Eds.), *Ethnicity,* Oxford, Oxford University Press, 1996.

ISIN Engin, WOOD Patricia, *Citizenship and Identity*, Londres, Sage, 1999.

ISIN Engin, TURNER Bryan (Eds.), *Handbook of Citizenship Studies. An Introduction*, Londres, Sage, 2002.

JENKINS Richard, *Rethinking Ethnicity. Arguments and exploration,* Londres, Sage, 1997.

JUDT Tony, LACORNE Denis (Eds.), *Language, Nation and State. Identity Politics in a Multilingual Age*, Basingstoke, Palgrave MacMillan, 2004.

KASTORYANO Riva (Dir.), *Quelle identité pour l'Europe ? Le Multiculturalisme à l'épreuve,* 2e édition, Paris, Presses de Sciences Po, 2005.

KASTORYANO Riva (Dir.), *Les Codes de l'exclusion. Religion, race et origines. L'altérité en France, Allemagne et États-Unis*, Paris, Presses de Sciences Po, 2005.

KAUFMANN Jean-Claude, *L'Invention de soi. Une théorie de l'identité*, Paris, A. Colin, 2004.

KENNEDY Paul, DANKS Catherine (Eds.), *Globalization and National Identities. Crisis or Opportunity?*, Basingstoke, Palgrave, 2001.

KYMLICKA Will, *La citoyenneté multiculturelle. Une théorie libérale du droit des minorités* (1995), Trad., Paris, La Découverte, 2001.

LACORNE Denis, *La Crise de l'identité américaine. Du melting-pot au multiculturalisme*, Paris, Fayard, 1997.

LANE Jan-Erik, *Globalization and Politics*, Aldershot, Ashgate, 2006.

LIPIANSKY Edmond-Marc, *L'Identité française,* Paris, L'espace européen, 1991.

LORCERIE Françoise, *L'École et le défi ethnique*, Issy-les-Moulineaux, ESF, 2003.

MAILLOT Agnès, *Identité nationale et immigration. La liaison dangereuse*, Paris, Les cahiers de l'Info, 2008.

MARTIN Denis-Constant (Dir.), *Cartes d'identité. Comment dit-on « nous » en politique ?*, Paris, Presses de la FNSP, 1994.

MARTINIELLO Marco, *L'Ethnicité dans les sciences sociales contemporaines*, Paris, PUF, 1995.

MICHEL Bernard, *Nations et nationalismes en Europe centrale, XIXe-XXe siècle*, Paris, Aubier, 1995.

MICHEL Johann (Dir.), *Mémoires et histoires. Des identités personnelles aux politiques de reconnaissance*, Rennes, PUR, 2005.

MOREAU-DESFARGES Philippe, *La Mondialisation*, Paris, PUF, 2007.

MOREL Stéphanie, *École, territoires et identités. Les Politiques publiques françaises à l'épreuve de l'ethnicité,* Paris, L'Harmattan, 2002.

MOSK Carl, *Trade and Migration in the Modern World,* Londres, Routledge, 2005.

NICOLET Claude, *La Fabrique d'une nation. La France entre Rome et les Germains*, Paris, Perrin, 2003.

NOIRIEL Gérard, *Le Creuset français,* Paris, Seuil, 1987.

NOIRIEL Gérard, *Population, immigration et identité nationale en France*, Paris, Hachette, 1992.

NOIRIEL Gérard, *État, nation et immigration. Vers une histoire du pouvoir*, Paris, Belin, 2001, rééd., Gallimard, 2005.

NOIRIEL Gérard, *À quoi sert l'identité nationale ?*, Paris, Agone, 2007.

OTAYEK René, *Identité et démocratie dans un monde global*, Paris, Presses de Sciences Po, 2000.

OZKIRIMLI Umut, *Contemporary Nationalism. Issues and Debates*, Basingstoke, Palgrave MacMillan, 2005.

PAPASTERGIADIS, *The Turbulence of Migration. Globalization, Deterritorialization and Hybridity,* Cambridge, Polity Press, 2000.

PIERRE Philippe, « Mobilité internationale des élites et stratégie de l'identité », *Revue européenne des migrations internationales*, 2003 (19), 1, p. 29-49.

PORTERET Vincent, PREVOT Emmanuelle, *Le Patriotisme en France aujourd'hui*, Paris, Documents du CESSD (72), novembre 2004.

POUVOIRS, « Nationalismes », Paris, Paris, PUF, 1991, n° 57.

REDOR Dominique, *Les Gagnants et les perdants de la mondialisation*, Paris, Economica, 2007.

ROGER Antoine, *Les Grandes théories du nationalisme*, Paris, A. Colin, 2001.

RUDOLPH Joseph, *Politics and Ethinicity. A Comparative Study*, Basingstoke, Palgrave MacMillan, 2006.

SALAME Ghassan, *Appels d'empire. Ingérences et résistances à l'âge de la mondialisation*, Paris, Fayard, 1996.

SALAME Ghassan, *Quand l'Amérique refait le monde*, Paris, Fayard, 2005.

SCHIERUP Ulrik, HANSEN Peo, CASTLES Stephen, *Migration, Citizenship and the European Welfare State. A European Dilemma*, Oxford, Oxford, University Press, 2006.

SCHNAPPER Dominique, *La Communauté des citoyens. Sur l'idée moderne de nation*, Paris, Gallimard, 1994.

SCHNAPPER Dominique, *La Relation à l'autre. Au cœur de la théorie sociologique*, Paris, Gallimard, 1998.

SCHNAPPER Dominique, *Qu'est-ce que l'intégration ?,* Folio, Actuel, 2007.

SCHULZE Hagen, *État et Nation dans l'histoire de l'Europe*, Paris, Seuil, 1996.

SENARCLENS Pierre de, *Critique de la mondialisation,* Presses de Sciences Po, 2003.

SENARCLENS Pierre de, *La Mondialisation. Théories, enjeux et débats*, 4e édition, A. Colin, 2007.

SHKLAR Judith, *American Citizenship*, Cambridge (Mass), Harvard University Press, 1991.

SMITH Anthony, *The Ethnic Origins of Nations*, Oxford, Basil Blackwell, 1986.

SMITH Anthony, *National Identity,* Londres, Penguin Books, 1991.

SMITH Anthony, *Myths and Memories of the Nation*, Oxford, Oxford University Press, 1999.

SMITH Anthony, *Nationalism*, Cambridge, Polity Press, 2001.

SOCIÉTÉS CONTEMPORAINES, « Ancrages, brassages », 2001 (43), p. 5-145.

SURYADINATA Leo (Éd.), *Nationalism and Globalization. East and West,* Singapour, Institute of Southeast Asian Studies, 2000.

TAGUIEFF Pierre-André, *La République enlisée. Pluralisme, communautarisme et citoyenneté*, Paris, Éd. des Syrtes, 2005.

TAYLOR Charles, « La Politique de reconnaissance », dans Taylor Charles, *Multiculturalisme. Différence et démocratie*, Trad., Paris, Flammarion, 1992.

TAYLOR Charles, *La Liberté des modernes,* Trad., Paris, PUF, 1997.

VIARD Jean (Dir.), *La Nation ébranlée*, Aix, Éd. de l'Aube, 1996.

WALZER Michael, *Traité sur la tolérance*, Trad., Paris, Gallimard, 1998.

WEIL Patrick, *La France et ses étrangers,* Paris, Calmann-Lévy, 1991.
WEIL Patrick, *Qu'est-ce qu'un Français ? Histoire de la nationalité française depuis la Révolution*, Paris, Grasset, 2002.
WEIL Patrick, *La République et sa diversité. Immigration, intégration, discrimination*, Paris, Seuil, 2005.
WEIL Patrick, *Liberté, égalité, discrimination. « L'identité nationale au regard de l'histoire*, Paris, Grasset, 2008.
WIEVIORKA Michel, *La Démocratie à l'épreuve. Nationalisme, populisme, ethnicité,* Paris, La Découverte, 1993.
WIEVIORKA Michel (Dir.), *Une Société fragmentée ? Le multiculturalisme en débat*, Paris, La Découverte, 1996.
WIEVIORKA Michel, *La Différence. Identités culturelles ; enjeux, débats et politique*, La Tour d'Aigues, Éd. de L'Aube, 2005.
WIHTOL DE WENDEN Catherine (Dir.), *Citoyenneté et nationalité,* Paris, Edilig, 1988.
WIHTOL DE WENDEN Catherine, *La Citoyenneté européenne,* Paris, Presses de Sciences Po, 1997.
WIHTOL DE WENDEN Catherine, *L'Europe des migrations*, Paris, La Documentation française, 2001.

Chapitre 4
L'État

Omniprésent dans le vocabulaire de la vie politique, le concept fait davantage problème dans les sciences sociales. D'aucuns vont même jusqu'à en proposer le bannissement, voyant dans ce concept-écran un obstacle quasi insurmontable au progrès de l'analyse savante[1]. Le mot État – fait-on valoir – recouvre des réalités extrêmement différentes qu'il tend abusivement à rapprocher voire à homogénéiser. Quoi de commun en effet entre le Luxembourg et les États-Unis du point de vue du fonctionnement de la machinerie administrative, militaire ou policière ? Surtout, peut-être, l'emploi du terme suggère l'existence d'un être collectif abstrait, totalement différencié et distinct de la société civile qu'il régit. Or il n'existe en réalité que des individus : gouvernants, agents administratifs, qui entretiennent entre eux et avec les autres acteurs sociaux, des relations constantes, multiples, informelles ou juridiquement réglées (par la Constitution, les lois, les règlements et conventions, etc.). L'État/Puissance publique, prétendument doté d'une volonté unique et cohérente, n'est qu'un système de rapports juridiques complexes qui transcendent l'opposition entre État et société civile.

Formulées dès les années cinquante, sous l'influence du systémisme, ces critiques sont bien entendu pertinentes. Pourtant, elles doivent être relativisées. D'abord parce que beaucoup d'autres mots-clés du langage politique : nation, parti, entreprise, administration, etc. soulèvent des problèmes identiques. Il ne saurait pourtant être question de renoncer à leur emploi, sous peine de s'interdire toute possibilité de communication. Par ailleurs, la démarche constructiviste en sciences sociales[2] a, depuis longtemps, souligné que tout outillage conceptuel est source d'artefacts, c'est-à-dire d'artifices créés par les méthodes et

1. Bernard LACROIX, « Ordre politique et ordre social », *in* M. GRAWITZ, J. LECA, *Traité de science politique,* Paris, Paris, PUF, 1985, t. I, p. 472 et sq. Vingt ans plus tôt, Gérard BERGERON affirmait également : « L'État n'est pas un concept théorique majeur », *in Fonctionnement de l'État.* Paris, A. Colin, 1965, Préface R. Aron.
2. V. *infra,* Chap. 12.

notions utilisées. Enfin, il serait erroné de sous-estimer l'importance du phénomène d'imputation à l'État de ces processus décisionnels qui, bien entendu, naissent dans des conditions beaucoup plus complexes. Il y a là illusion, mais productrice d'effets de réalité qu'il faut bien prendre en compte.

L'un des objectifs de la sociologie politique doit être de s'emparer de concepts politiquement actifs pour en éclairer les dimensions et usages multiples. S'agissant du mot État on observe, en première approche, qu'il renvoie dans le langage courant à deux ordres de réalité distincts. Sur la scène internationale, l'État revêt une acception large. Il est alors synonyme de société globale, juridiquement organisée sur un espace déterminé, prenant part directement (et, pendant longtemps, exclusivement) aux processus créateurs du Droit international. En ce sens, dit le langage courant, le Brésil, l'Inde, l'Algérie sont des États ; les juristes précisent : sujets de droit international. Opposé à « citoyens » ou encore à « collectivités locales », l'État désigne aussi une forme de pouvoir qui s'exerce au sein de la société civile. Ainsi parle-t-on de l'aide de l'État aux entreprises, ou des atteintes de l'État aux libertés individuelles. De même évoque-t-on couramment la dialectique des rapports : État/société civile.

Il existe enfin une troisième dimension à ne jamais oublier mais qui, à vrai dire, traverse les deux autres et ne constitue qu'un cas particulier de l'activité de symbolisation (voir *supra* chap. 1). Autour du mot État gravitent des connotations culturellement apprises, à la fois imaginaires et productrices de réel. Ce sont les « représentations » d'un être collectif personnifié, dissocié de ces individus qui exercent en son nom des prérogatives de puissance publique. Cet être abstrait n'est pas pensable en dehors des élaborations symboliques assimilées par les individus ; or cette dimension d'existence dans les mentalités engendre des effets pratiques essentiels.

Section 1
L’État comme société juridique

Dans certains contextes, le mot État ne désigne pas seulement le pouvoir qui s’exerce au sein de la société civile, mais la société tout entière envisagée du point de vue de son organisation politique globale. Dans le domaine des relations internationales c’est généralement le sens qui prévaut, les États constituant les sujets directs du droit international public.

Au début du XXe siècle, les juristes allemands et français (Jellinek, Laband, Carré de Malberg) ont formulé une « théorie des trois éléments » devenue l’analyse classique de l’État envisagé en son sens large. Elle mérite encore une grande attention, d’autant plus qu’elle invite logiquement à aborder ses implications juridiques sur l’unité de la population et du territoire.

§ 1. La théorie des trois critères

Elle peut se résumer comme suit. Il existe un État lorsque sur un territoire où réside une population s’exerce un pouvoir juridiquement organisé qui monopolise la contrainte légitime.

A Un territoire

Il se définit comme l’espace à trois dimensions (sol, sous-sol et espace aérien) où s’appliquent les règles juridiques posées par les gouvernants. Kelsen nous dit : c’est le domaine de la validité spatiale des normes juridiques[1].

Le territoire délimité par les frontières peut être de taille fort variable : à l’échelle d’un continent comme l’Australie, ou à celle

1. Hans KELSEN, *Théorie pure du droit,* Trad., Paris, Dalloz, 1962, p. 381 et sq.

d'une communauté urbaine comme Singapour. Dans l'Union européenne, le plus petit État a une superficie de 316 km^2 (Malte), le plus grand de 549 000 km^2 (France). La qualification d'État est disputée à certaines microentités : l'île polynésienne de Nauru, le Liechtenstein, Monaco, Saint-Marin... mais, à cet égard, l'adhésion à l'ONU constitue, de nos jours, un mode de légitimation incomparable. L'État disparaît en cas d'absorption totale de son territoire, même si certaines fictions juridiques ont pu se maintenir pour marquer parfois une protestation contre les conditions d'une annexion. Ainsi les représentations diplomatiques des pays baltes, envahis en 1940 par Staline, furent longtemps maintenues auprès du Canada et des États-Unis.

L'État n'est pas seulement l'espace où habite une population. Souvent, le territoire joue un rôle actif dans l'affirmation identitaire de ses habitants. Des liens affectifs se nouent avec des lieux, des sites (fleuves, montagnes, rivages...) mais aussi avec les traces du passé inscrites sur son sol. Ces lieux de mémoire à forte charge symbolique que sont les monuments et toutes les formes d'expression architecturale ou artistique liées à une culture, peuvent soulever d'épineux problèmes politiques lorsque la population résidente est différente de celle qui s'identifie à cet héritage, et que toutes deux revendiquent des titres de légitimité sur le même espace (c'est l'une des dimensions du conflit au Kosovo où les Albanais vivent aujourd'hui dans ce qui fut le berceau de la nation serbe, ou encore à Jérusalem, ville sainte pour les croyants de trois religions).

L'État est rarement un espace géographique naturel délimité par la mer ou un réseau de montagnes infranchissables. De toute façon ses limites sont conventionnelles, c'est-à-dire établies par traités. Cependant le concept de frontière n'a pas toujours revêtu la même signification historique. Dans les sociétés nomades (peuples de la steppe) ou les empires conquérants (Mongols), la frontière s'effaçait devant une autre réalité : celle du contrôle effectif de populations elles-mêmes en mouvement. Tant que le pouvoir central ne réussissait pas à imposer sa loi de façon constante et exclusive, la frontière désignait « une zone contestée et poreuse »[1] : les marches ou les confins. De vastes espaces pouvaient être incontrôlés ou soumis à juridiction épisodique dans les empires carolingien et byzantin à l'époque classique[2]. Plus tard, dans les royaumes d'Occident jusqu'à la fin du XVIIIe siècle, certains confins ont pu être soumis à un ordre juridique mixte : ainsi en était-il des provinces « réputées étrangères » au sein même du royaume de France.

1. Bertrand BADIE, Guy HERMET, *Politique comparée,* Paris, PUF, 1990, p. 146 et sq.
2. Georges OSTROGORSKY, *Histoire de l'État byzantin,* Paris, Payot, 1983.

Dans les États-Unis en formation, la frontière revêtira une importante dimension mythique qui alimentera longtemps le rêve américain. Ce fut, avec John Kennedy, le thème récurrent de « la nouvelle frontière ».

Au sens moderne du terme, la frontière sépare avec netteté deux domaines d'application des normes juridiques. Elle prend son sens le plus rigoureux avec les États-nations aux souverainetés pointilleuses et jalouses, qui se mettent en place en Europe aux XIXe et XXe siècles. Au contraire, la notion de frontière s'affaiblit aujourd'hui avec le renforcement des processus d'interdépendance économique et politique. Cependant, les pays riches cherchent tous, plus ou moins ouvertement, à maîtriser les flux démographiques qui poussent des ressortissants de pays pauvres à frapper à leur porte, notamment les États de l'Union européenne particulièrement concernés par le phénomène. L'Espagne et l'Italie, à cause de leurs dépendances insulaires proches de l'Afrique, sont des portes d'entrée d'une importante immigration illégale. Le contrôle rigoureux des frontières soulève des problèmes très difficiles. Les uns sont d'ordre technique et tiennent à la difficulté d'imposer une étanchéité effective dans un environnement où les échanges économiques sont massifs et les moyens de circulation beaucoup plus accessibles. Les autres sont d'ordre politique : une efficacité totale dans le contrôle des flux d'immigration supposerait la mise en place de législations et de pratiques administratives si autoritaires qu'elles seraient peu compatibles avec le respect des Droits de la personne humaine. Israël, invoquant des raisons impérieuses de sécurité, a érigé un mur qui perturbe considérablement la vie quotidienne des résidents palestiniens. Pour cette raison, il est largement critiqué comme l'est aussi, par les Mexicains, le dispositif mis en place par les États-Unis.

La constitution d'espaces économiques et politiques intégrés a des incidences directes sur la notion de frontière qu'elle tend à diluer ou, selon certains, à redéfinir[1]. En Europe, les accords de Schengen (1991) cherchaient à concilier l'abolition totale des restrictions à la libre circulation des personnes, au sein de l'espace européen, avec le maintien d'une politique efficace de sécurité. Les enjeux techniques et, surtout peut-être, symboliques (la perception physique de la frontière joue son rôle dans la construction du sentiment identitaire), ont paru si imposants qu'ils ont conduit un temps le gouvernement français à en différer la mise en œuvre et la Grande-Bretagne à rester en dehors du

1. En ce sens, Joël MIGDAL, *Boundaries and Belonging. States and Societies in the Struggle to Shape Identities and Local Practices*, Cambridge, Cambridge University Press, 2004.

dispositif. À cette occasion jouent des réflexes de réaffirmation des frontières de l'État. Les mouvements populistes qui percent en Europe depuis une dizaine d'années, surfent tous, avec un certain succès, sur l'angoisse de « dilution » des frontières stato-nationales. Même les États-Unis qui se définissent pourtant comme une nation d'immigrants, ont entrepris la construction d'un barrage à leur frontière avec le Mexique pour juguler les traversées clandestines. Paradoxalement, l'intégration dans un grand ensemble supranational comme l'Union européenne, nourrit les revendications séparatistes (en Flandres, en Écosse, en Catalogne et au pays basque, au Monténégro...) parce qu'elle garantit contre les risques d'un isolement préjudiciable à la survie du groupe.

En dehors de l'aire culturelle occidentale, la notion de frontière demeure parfois peu adaptée aux réalités socioculturelles de nombreux pays d'Afrique ou d'Asie musulmane surtout lorsque subsistent des populations nomades. Les délimitations territoriales rigides, imposées par les puissances coloniales européennes, ont fractionné des unités ethnoculturelles, portant en germe de nombreux conflits ultérieurs comme le montrent les exemples de la Somalie, du Tchad (Darfour) ou de l'Afghanistan. En outre le contrôle effectif de ces frontières demeure souvent hors de portée d'États qui ne disposent pas du minimum de moyens pour les faire respecter. Leur porosité importante est coûteuse car elle alimente une économie de contrebande et beaucoup d'évasion fiscale. En Europe, le souci de mettre en œuvre un contrôle efficace de la frontière a conduit à certaines formes d'externalisation. Des accords de plus en plus nombreux sont passés avec des pays tiers, notamment en Afrique sud-saharienne, afin de mettre en œuvre sur leur territoire des procédures visant à prévenir les départs d'immigrants illégaux ; celles-ci peuvent aller jusqu'à l'ouverture de camps de rétention sur place financés par l'Union européenne.

B Une population

Les individus qui relèvent de l'État sont ceux qui lui sont juridiquement assujettis. Comme l'écrit Hans Kelsen, « la question de savoir si un individu ressortit d'un État n'est pas une question psychologique, une question de sentiments ; c'est une question de droit. On ne peut pas trouver le principe d'unité des hommes qui forment le peuple d'un État ailleurs que dans le fait qu'un seul et même ordre juridique est en vigueur pour tous ces hommes et règle leur conduite. Le peuple de l'État, c'est le domaine de validité personnel de l'ordre juridique étatique »[1].

La population assujettie au droit de l'État relève de deux catégories distinctes : les nationaux et les étrangers. Les premiers sont des ressortissants qui ont acquis cette qualité par filiation ou par naturalisation. Ils ne la perdent pas *ipso facto* en quittant le territoire de l'État. Les seconds, au contraire, sont soumis au droit de l'État en tant que résidents, éphémères ou permanents. La population d'un État est donc composée d'un noyau stable : les nationaux, et d'une couronne périphérique plus ou moins mouvante : les étrangers voués, s'ils deviennent résidents permanents, à acquérir la nationalité pour eux-mêmes ou pour leurs descendants. Les législations des pays européens sont, à cet égard, orientées dans des sens assez différents : la France qui octroie plus facilement sa nationalité, a une population étrangère plus réduite (de l'ordre de 3,5 %) que celle de l'Allemagne ou de la Grande-Bretagne. Mais, psychologiquement et politiquement, ce qui importe peut-être le plus, est le nombre d'assimilés (une notion d'ailleurs hautement problématique) ou, du moins, celui des individus qui se considèrent comme Français (citoyenneté à contenu identitaire par opposition à la simple détention utilitaire d'un passeport). Sous certaines conditions, en effet, l'importance de la population étrangère, ou d'origine étrangère, peut s'imposer dans le débat public comme faisant problème, au-delà d'un certain seuil. L'intensification des échanges économiques et culturels rend pourtant inévitables les flux migratoires à dimension intercontinentale ; mais s'ils deviennent massifs, ils soulèvent des difficultés politiques qu'il est impossible aux gouvernants d'ignorer. Outre les brutales mesures d'expulsion massive, enregistrées ici ou là en Afrique, notamment à la faveur de troubles interethniques, les réponses apportées sont généralement de deux ordres : des législations qui durcissent les conditions d'entrée des étrangers, et une politique d'assimilation culturelle, principalement par l'école. Au sein de l'espace européen, la liberté d'établissement est un principe fondamental consacré par le Traité de Rome (1957) et la mobilité démographique est facilitée par les conventions qui l'organisent professions par professions. Cependant, l'Union européenne tend, elle aussi, à mettre en place des dispositifs communautaires de plus en plus contraignants vis-à-vis des ressortissants de pays tiers, voire en son sein mais temporairement à l'occasion de l'adhésion de dix nouveaux États, le 1er mai 2004.

1. Hans Kelsen, *Théorie pure du droit,* Trad., Charles Eisenmann, Paris, Dalloz, 1962, p. 381.

La population d'un État ne se définit pas seulement, de façon passive, comme l'ensemble des assujettis à un ordre juridique. Elle est aussi, d'un autre point de vue, un acteur. En effet, dans la plupart des États modernes, le Peuple est considéré comme la source de toute légitimité constitutionnelle, qu'il soit ou non réputé « souverain ». Il est une sorte d'être collectif censé préexister à l'organisation juridique de la société. Le Peuple se compose de citoyens. Ce sont les nationaux qui jouissent effectivement de leur droit de « participer à la chose publique », en tant qu'électeurs, représentants élus ou fonctionnaires d'autorité. Cette notion de citoyen est l'objet d'un travail politique et idéologique complexe tendant à construire des représentations valorisantes de cette identité. L'identité citoyenne est un moyen de transcender, sur la scène politique, tous les facteurs de disparité économique, professionnelle, culturelle, afin de stimuler sur une base égalitaire le sentiment d'appartenance commune au grand groupe. En périodes électorales, le langage politique des candidats célèbre le « bon citoyen » réputé informé, attentif, soucieux de choisir les meilleurs gouvernants pour le pays ; il s'agit de flatter en chaque électeur ce sentiment d'estime de soi que récompense le fait d'accomplir son devoir ou d'exercer son droit. À travers la légitimation des représentants par le vote populaire, c'est la légitimation elle-même de l'État comme communauté nationale qui est aussi en jeu. Enfin, dans certaines situations qui engagent de fortes dimensions émotionnelles (surtout la guerre ou la menace de guerre[1]), l'identité citoyenne tend à l'emporter sur toutes les autres identités politiques, notamment partisanes, véhiculant chez certains un patriotisme exclusif de toute autre considération d'appartenance.

C Un pouvoir d'injonction juridiquement réglé

Pour la théorie constitutionnaliste classique, le pouvoir politique à l'intérieur de la société civile apparaît comme une « personne juridique ». Cette notion vise à rendre compte d'une distinction entre l'entité abstraite : l'État, le Gouvernement, les pouvoirs publics..., et les personnes physiques qui le représentent, c'est-à-dire les gouvernants (politiques) et leurs agents (administratifs). La volonté de l'État entendu au sens de pouvoir interne à la société civile, est ainsi réputée distincte des volontés personnelles de ceux qui l'incarnent. De même opère-t-on un type de distinction identique au niveau des patrimoines

1. Les attentats du 11 septembre 2001 ont provoqué ce type de réflexe aux États-Unis.

et des budgets. Dans l'ordre interne, cet État s'affirme face à d'autres personnes juridiques, qu'elles soient de droit privé ou de droit public : notamment les collectivités territoriales comme, en France, la région, le département, la commune et les regroupements de communes. Dans l'ordre international coexistent, de façon assez confuse, deux acceptions du mot État. Il est en effet non seulement ce pouvoir souverain qui exerce son droit de conclure des traités au nom de l'ensemble de la collectivité, mais aussi la collectivité tout entière dont il exprime la « volonté ».

Au sein de la société civile, l'État monopolise la coercition légitime au service de son pouvoir d'injonction juridique. En effet, ce qui caractérise la Puissance publique c'est la capacité d'imposer des actes unilatéraux c'est-à-dire des normes dont la validité est indépendante du consentement de l'assujetti. La loi, le décret, l'arrêté en sont les illustrations principales. Cependant le lien entre le droit et l'État (envisagé comme pouvoir d'injonction) est encore plus fort. En effet, on peut d'une part affirmer que l'État moderne, ayant achevé le processus de centralisation du système juridique, toutes les règles de droit applicables dans la société découlent de lui, directement ou indirectement, par habilitation, délégation, autorisation[1]. On peut d'autre part considérer que c'est lui seul qui garantit l'effectivité des règles juridiques, internes et internationales, quels qu'en soient les auteurs directs, en faisant sanctionner par ses tribunaux leur violation éventuelle. Il lui revient en effet d'imposer, le cas échéant, des peines dont l'exécution est garantie par la contrainte (amendes, prison...). C'est ainsi qu'au sein de l'UE, l'effectivité des règles juridiques communautaires est garantie par les juges nationaux qui le font appliquer.

Producteur du droit, c'est-à-dire, en fait, exerçant le pouvoir d'enjoindre ou d'interdire, l'État est censé en même temps, selon la théorie juridique classique, lui être assujetti. C'est la conception d'un État de droit soumis au respect des libertés fondamentales et contraint de ne pas violer les règles, de procédure ou de fond, qu'il a lui-même édictées. Si admise qu'elle soit dans le langage courant, cette conception n'en recèle pas moins une contradiction majeure : comment l'État peut-il être, à la fois, source du droit et soumis au droit ?

1. Dans la théorie kelsenienne, la constitution définit les conditions de validité de la loi ; la loi à son tour définit les conditions de validité des normes subordonnées, y compris les règles posées par les particuliers (par exemple, c'est l'art. 1134 du Code civil qui donne force juridique à l'accord des volontés individuelles dans un contrat). Il y a donc « construction pyramidale ».

Le juriste Hans Kelsen s'est longuement penché sur ce problème. La contradiction lui paraît en effet logiquement insurmontable, même si elle est justifiée idéologiquement par le souci de légitimer un pouvoir d'injonction étatique qui ne soit pas arbitraire. Au niveau de la théorie politique elle oblige néanmoins à un approfondissement de l'analyse. « La puissance de l'État, écrit-il, n'est pas une force ou une instance mystique qui serait dissimulée derrière l'État ou derrière son droit ; elle n'est rien d'autre que l'efficacité de l'ordre juridique étatique »[1]. Ainsi, l'État se définit-il comme « un ordre juridique relativement centralisé, limité dans son domaine de validité spatial et temporel, soumis immédiatement au droit international, et efficace dans l'ensemble et généralement »[2]. Cette vision moniste qui s'oppose au dualisme : Droit/État, semble apparemment paradoxale ; elle est pourtant d'un profond réalisme. Le pouvoir politique, comme institution gouvernante, ce sont des individus en interactions juridiquement réglées. Ces individus sont, par exemple, membres d'assemblées élues ; à ce titre ils ont un statut qui règle leurs droits et leurs devoirs vis-à-vis d'autres individus (immunités parlementaires) ; ils exercent des compétences opposables à d'autres assemblées, à l'exécutif, à l'administration, donc à des corps constitués eux-mêmes d'individus soumis également à des rapports juridiquement réglés. L'ensemble des pouvoirs publics, au sens constitutionnel du terme, ce sont ainsi des systèmes complexes d'interactions codifiées par du droit : de gouvernants à gouvernants, de gouvernants à gouvernés, d'institutions politiques à institutions administratives, etc. Mais, en dernière analyse, il n'existe concrètement que des personnes physiques ; ce sont les modalités des rapports juridiques qui les unissent ou les séparent, qui permettent de parler d'institutions comme l'Assemblée nationale, le gouvernement, le président de la République, ou encore d'entités comme les contribuables, les électeurs, les fonctionnaires.

Cette vision moniste, d'inspiration weberienne, rend parfaitement compte du fait que le pouvoir politique est un phénomène de puissance qui se coule dans les formes du droit. Or, la règle de droit se définit par deux éléments : son édiction est soumise à des conditions précises de régularité et son inexécution entraîne normalement une sanction. En d'autres termes, il y a alliance de la coercition et de la légitimité. L'ordre juridique étatique s'effondrerait si l'effectivité des règles législatives et réglementaires n'était pas, en dernière instance, garantie

1. Hans Kelsen, *Théorie pure du droit,* Trad., Ch. Eisenmann, Paris, Dalloz, 1962, p. 382.
2. *Op. cit.,* p. 383.

par la menace plausible de la contrainte pour obliger les récalcitrants à s'incliner. Mais sa pérennité se heurterait à de redoutables obstacles si la légalité d'une injonction n'impliquait pas, aux yeux des gouvernés, une présomption minimale de légitimité, celle qui s'attache en effet à toute norme adoptée par les autorités compétentes dans le respect des conditions prescrites[1].

§ 2. Centralisation, décentralisation, fédéralisme

La question posée par ces modes d'organisation internes de l'État est de savoir jusqu'à quel point le statut juridique du territoire et de la population peut demeurer unifié, dans quelle mesure les normes juridiques applicables peuvent-elles émaner toutes de la même source ?

A Données juridiques et institutionnelles

La théorie classique distingue trois formes principales d'organisation interne de l'État. Mais il existe parfois entre elles d'insensibles glissements qui rendent certaines qualifications incertaines ou malaisées, sans parler des mécanismes politiques qui annulent les équilibres juridiques ou en établissent d'autres plus informels.

Dans un *État unitaire centralisé*, les mêmes règles sont uniformément applicables à la population qui habite le territoire. En effet, en tous domaines il n'y a qu'une seule instance pour élaborer les décisions et les faire appliquer : c'est l'échelon national. Cependant, sauf peut-être dans les États exigus, cette formule de gouvernement est en réalité impraticable. Il serait dangereux de vouloir faire remonter au centre toute prise de décision, même peu importante. Le risque serait de provoquer une véritable paralysie du gouvernement, submergé par le nombre des affaires à traiter. Pour concilier à la fois l'unité de direction et l'efficacité du pouvoir, on pratique alors la déconcentration administrative. Elle consiste à mettre en place sur tout le territoire, selon un maillage plus ou moins serré, des représentants de l'État central qui prendront sur place certaines décisions en son nom. Cette formule d'organisation suppose que le territoire soit découpé en circonscrip-

1. Sur ce point, Philippe BRAUD, « Du pouvoir en général au pouvoir politique », *in* M. GRAWITZ, Jean LECA, *Traité de science politique*, Paris, PUF, 1985, t. 1, p. 380. Également, Jacques LAGROYE, « La légitimation », *loc. cit.* t. 1, p. 395 et sq.

tions. Les unes peuvent être dites d'administration générale. Le représentant de l'État y jouit d'une compétence d'ensemble sur toutes les affaires qui lui ont été déléguées. C'était par exemple le cas, dans le système napoléonien, du préfet dans son département, du sous-préfet dans son arrondissement, du maire nommé dans sa commune. À côté de ces circonscriptions générales, existent des circonscriptions particulières pour l'exercice du pouvoir déconcentré dans des domaines particuliers : par exemple pour les affaires militaires (en France, les régions militaires commandées par un général de corps d'armée) ou pour l'enseignement (les académies, à la tête desquelles se trouvent placés des recteurs...).

La déconcentration administrative maintient l'entière prépondérance du pouvoir central par deux mécanismes : d'une part, les compétences dévolues à l'échelon local peuvent toujours être unilatéralement modifiées ; d'autre part, et surtout, le représentant du pouvoir central, nommé et révoqué discrétionnairement, est soumis au pouvoir hiérarchique du gouvernement qui lui donne des instructions et des directives Ainsi, sauf le cas où les agents locaux réussiraient à s'autonomiser et à devenir des barons inexpugnables grâce à des ressources politiques indépendantes (ce fut le processus qui conduisit à la féodalité), la prépondérance du centre demeure bien maintenue.

Dans un *État unitaire décentralisé,* des affaires dites locales pourront être régies par des organes décisionnels qui ne sont plus de simples agents du centre. On parlera alors de collectivités territoriales par opposition à l'État central. À noter qu'il existe aussi une forme de décentralisation fondée non pas sur une répartition spatiale des compétences mais sur la création d'institutions spécialisées (établissements publics, autorités administratives dites indépendantes) qui jouissent d'une large autonomie de décision dans des domaines particuliers comme l'audiovisuel, la protection des libertés publiques face à l'informatique, la gestion des forêts domaniales, etc.

Dans la plupart des démocraties modernes, on observe deux, plus souvent trois niveaux de décentralisation locale, voire davantage dans certains pays comme la France ou la Belgique. Cependant, il existe, au moins en Europe, une double tendance à l'optimisation du nombre d'échelons d'administration locale qui aboutit à privilégier l'échelon régional et l'échelon de l'agglomération urbaine. Certains pays ont procédé par voie de regroupement autoritaire (la Grande-Bretagne), d'autres comme la France ont renforcé ces deux niveaux d'administration territoriale mais sans oser supprimer les petites communes ou l'échelon départemental. Avec l'intercommunalité (communautés de communes, communautés d'agglomération et communautés urbaines), on aboutit ainsi à cinq niveaux réels d'administration locale, ce qui est sans doute beaucoup ! Les collectivités territoriales disposent de la personnalité juridique et d'institutions propres dont l'autonomie par rapport au pouvoir central peut d'ailleurs être inégale. Ce sont d'abord des assemblées, aujourd'hui élues le plus souvent au suffrage universel direct comme, en France, les conseils municipaux, les conseils généraux et les conseils régionaux, respectivement au niveau communal, départemental et régional, alors que les instances intercommunales proviennent d'un suffrage indirect. Ce sont également des exécutifs souvent élus, mais pas toujours, par l'assemblée délibérante (le maire, le président du conseil général, le président du conseil régional...). Ces institutions délibèrent sur les affaires locales de leur ressort, lesquelles sont définies par la loi, c'est-à-dire par les institutions centrales de l'État, notamment le Parlement.

Le degré d'autonomie des collectivités locales ne dépend pas seulement de l'étendue des matières qui leur sont reconnues, au titre de leur compétence propre ou d'une compétence mixte (partagée avec l'échelon supérieur). D'autres facteurs interviennent. Les uns sont d'ordre juridique : c'est l'obligation pour les autorités locales de respecter la législation nationale. Le contrôle peut se faire *a posteriori*, la décision litigieuse étant déférée devant les tribunaux (étatiques) ; il peut aussi être effectué *a priori* par un représentant de l'État central investi de ce que l'on pourra appeler un pouvoir de tutelle, même si l'expression n'est pas toujours en usage. Par ailleurs, la latitude réelle d'action dépend des ressources matérielles et financières dont jouissent librement les autorités décentralisées. À cet égard, le critère crucial est l'existence, et le contrôle local, d'administrations étoffées, suffisamment compétentes pour assurer une bonne préparation des décisions, de même que le volume des ressources fiscales disponibles. Enfin, on observe une tendance générale à opérer moins des transferts de compétences de l'échelon national vers l'échelon local que des partages de pouvoirs par le biais des cofinancements d'investissements lourds dans des domaines aussi variés que les équipements routiers, la santé publique, l'enseignement et le travail éducatif, la prévention des risques, la protection de l'environnement, etc. Si l'unité juridique du territoire est donc atténuée par l'ampleur des compétences décentralisées, elle est cependant maintenue[1].

Avec *l'État fédéral* se trouve instaurée une fragmentation juridique de l'espace plus poussée, même si celui-ci demeure une unité

1. Pour mesurer l'influence du renforcement des acteurs locaux d'une part, de l'Europe d'autre part, sur l'unité du territoire de l'État-Nation, Richard BALME, Philippe GARRAUD, Vincent HOFFMAN-MARTINOT, Évelyne RITAINE, *Le Territoire pour politiques : variations européennes*, Paris, L'Harmattan, 1995.

politique sur l'arène internationale. Le vocabulaire officiel n'est pas toujours rigoureux. Malgré sa dénomination de Confédération helvétique, la Suisse, en réalité, n'est pas une simple alliance organisée d'États mais bel et bien un système fédéral. À l'inverse, l'URSS de Staline (Union des républiques socialistes soviétiques) était un État rigoureusement centralisé en dépit des dispositions très libérales de la constitution de 1936 ; et cela grâce au monopole du Parti unique sur la vie sociale et politique.

Par rapport à l'État simplement décentralisé, ce mode de gouvernement organise une répartition constitutionnelle, et non plus simplement législative, des compétences entre l'État fédéral et les États fédérés dont les frontières se voient garanties par la constitution. Parfois, comme en Belgique, le fédéralisme n'est pas seulement territorial, il concerne aussi des entités culturelles : les communautés linguistiques (flamande, française et allemande) ont ainsi leurs instances de décision particulières. Cette constitutionnalisation signifie que les entités fédérées, à la différence des collectivités décentralisées, bénéficient d'une autonomie plus large mais, surtout, qu'elles sont représentées en tant que telles dans les institutions fédérales. Elles jouissent d'un droit de participation (ou de consentement) à une éventuelle modification de leurs compétences ; la Constitution ne peut être révisée qu'avec une majorité qualifiée (voire à l'unanimité) des États fédérés. Ainsi, sur un même espace, se superposent l'ordre juridique fédéral et l'ordre juridique de l'État fédéré. Cela se matérialise souvent, comme aux États-Unis, en Allemagne ou en Suisse, par la coexistence de tribunaux étatiques, pour garantir l'application des lois de chaque entité fédérée, et de tribunaux fédéraux, couronnés par une Cour Suprême, pour régir les litiges entre États mais aussi pour assurer la prépondérance de la loi fédérale dans son domaine constitutionnel de compétence. Cependant, ces équilibres institutionnels peuvent être perturbés par d'autres mécanismes qui jouent soit en faveur du niveau fédéral soit en faveur des États fédérés : ce sont par exemple les modes de répartition des ressources fiscales et des richesses locales, le régime des partis (l'existence d'un parti unique a toujours faussé le fonctionnement d'un État fédéral), les aspirations plus ou moins particularistes des populations...

B Données sociopolitiques

Théoriquement il existe un lien entre la conception unitaire de la nation et la conception unitaire de l'État. Si la population vivant sur le territoire étatique est homogène du point de vue culturel et linguistique, seules des considérations pragmatiques de bonne gestion conduiront à renoncer à l'État unitaire. Dans le cas de l'Australie, ce sont les contraintes liées à la dimension du territoire qui ont favorisé la mise en place du fédéralisme, de même qu'elles ont joué un grand rôle dans la naissance du Canada au milieu du XIXe siècle. De toute façon, même à côté d'autres ordres de considérations, la question du fédéralisme se pose toujours dans les États de grande dimension géographique (Nigeria, Union sud-africaine, Brésil, Argentine...) ; il n'est guère que la Chine qui ait toujours vigoureusement récusé ce modèle au nom d'une conception exigeante de l'unité du peuple Han.

En fait le fédéralisme relève de deux dynamiques politiques opposées : d'agrégation ou de différenciation. La première caractérise parfaitement la période qui suit la guerre d'Indépendance américaine. Si les treize colonies, émancipées en 1783, ont voulu créer les États-Unis, c'est en raison du sentiment fortement partagé de leur communauté de culture, de langue et de destin ; c'est aussi par conscience des avantages économiques, militaires et diplomatiques de l'Union. Après deux siècles d'évolution, les États-Unis sont-ils devenus un « État uni »[1] ? Il serait excessif d'en arriver à cette conclusion mais la direction générale de la progression ne semble pas douteuse. Une dynamique analogue se dessine sous nos yeux, avec la construction européenne qui se poursuit depuis plusieurs décennies. Le haut niveau d'intégration sur lequel elle débouche fait plutôt émerger un type nouveau d'organisation politique, l'Union européenne n'étant pas un État fédéral au sens classique quoiqu'elle en présente quelques-unes des caractéristiques typiques (soumission du droit national au droit communautaire *via* l'acceptation par les hautes juridictions nationales de la jurisprudence de la Cour des communautés européennes). La seconde dynamique qui est de différenciation, s'affirme lorsque de profondes spécificités ethnoculturelles, linguistiques, religieuses conduisent les gouvernants à concéder une forte autonomie pour tenter de sauver la cohésion de l'ensemble. C'est sur cette base qu'avait été instauré le fédéralisme soviétique pour remplacer l'empire tsariste stigmatisé comme « prison des peuples ». Mais soixante-dix ans plus tard, plusieurs nations, et non des moindres, ont repris leur liberté perdue[2]... De même, l'Inde n'a-t-elle pu éviter un total éclatement, lors de l'indépendance, qu'en mettant en place une Union d'États à base souvent linguistique. Selon les cas, l'une ou l'autre de ces dynamiques

1. Marie-France TOINET, *Le Système politique des États-Unis,* Paris, PUF, 1990, p. 396 et sq.
2. Hélène CARRÈRE D'ENCAUSSE, *La Gloire des nations ou la fin de l'Empire soviétique,* Paris, Fayard, 1990.

politiques l'emporte nettement, ouvrant la voie soit à l'État unitaire décentralisé (Mexique, Argentine) soit aux tensions séparatistes (Inde, Nigeria) soit à l'éclatement (URSS et Yougoslavie depuis 1991).

Beaucoup de pays sont confrontés au problème de populations qui refusent l'assimilation pure et simple au sein de leur environnement culturel et souhaitent affirmer leur différence identitaire. Les sociétés européennes, aujourd'hui, connaissent bien le problème des difficultés d'intégration vécues par les immigrés d'origine africaine ou asiatique[1]. Certaines sont liées à l'attachement d'une partie de la population à la culture du pays d'origine. Mais ces populations, profondément mêlées au groupe majoritaire, soulèvent des revendications très différentes de celles que formulent des minorités culturelles, linguistiques ou religieuses compactes, regroupées sur une fraction du territoire. Deux réponses politiques à ce problème sont théoriquement concevables. La première est le refus de l'hétérogénéité qui implique le renforcement de l'État unitaire. Elle peut déboucher soit sur une politique d'exclusion ou de confinement des autres groupes dans un statut juridique et politique inférieur (indigènes des empires coloniaux, communautés juives dans les États européens jusqu'au XIXe siècle, Arabes dans l'État d'Israël, Albanais de Serbie, etc.) soit sur une stratégie assimilationniste. Cette politique des dirigeants du groupe majoritaire a pu réussir face à des minorités nationales vulnérables : langue très proche de celle du groupe dominant, sentiment subjectif d'infériorité culturelle qui pousse à accepter la culture de l'autre, faiblesse ou dispersion numérique, infériorité économique[2]. Elle échoue, en revanche, et ne fait qu'aggraver les tensions lorsque le groupe dominant n'est pas suffisamment attractif, ni culturellement ni économiquement, et qu'au contraire la minorité partage un sens vigoureux de son identité propre (Basques et Catalans en Espagne, Chinois de Malaisie ou de Thaïlande, Tamouls du Sri Lanka).

L'autre réponse est la reconnaissance politique et juridique des aspirations des groupes minoritaires. c'est-à-dire l'octroi de certains droits collectifs. Exceptionnellement, cela a pu prendre la forme d'un statut octroyé seulement à des collectivités de personnes ; ainsi, dans

1. Gilles Kepel, *Les Banlieues de l'Islam,* Paris, Seuil, 1987. Également Gérard Noiriel, *Le Creuset français,* Seuil, 1987.

2. À l'apogée de l'URSS étaient en voie de russification avancée les Biélorusses, les Ukrainiens (culture très proche), de nombreuses minorités de la toundra sibérienne (peuples sans écriture), les Lettons (faiblesse démographique), certaines couches urbaines des républiques musulmanes pour qui le russe était la langue indispensable dans les emplois industriels et tertiaires. H. Carrère d'Encausse, *L'Empire éclaté,* Paris, Flammarion, 1988, p. 174.

l'empire ottoman depuis les Capitulations du XVIe siècle, des droits d'auto-administration étaient-ils reconnus, en certains domaines, aux quatre communautés historiques de non-musulmans : les Grecs, les « Latins », les Juifs et les Arméniens. Plus souvent, cette autonomie est accordée à une population fixée sur un espace circonscrit lorsque la minorité est regroupée territorialement. C'est le domaine des modes d'organisation fédéraliste ou régionaliste. La différence entre les deux systèmes tient à ce que, dans le second cas, l'autonomie politique n'est concédée que sur une partie de l'espace national : pays basque, Catalogne, Canaries en Espagne ; Sicile, Sardaigne, Val d'Aoste, Trentin-Haut Adige, Frioul-Vénétie julienne en Italie. On notera qu'en France, pays de forte tradition jacobine, le Conseil Constitutionnel a déclaré en 1990 inconstitutionnelle la notion de « Peuple corse », aux motifs qu'elle porterait atteinte à l'unité du Peuple Français. Ce refus d'un symbole coexiste néanmoins avec l'acceptation d'une autonomie administrative spécifique.

Dans les pays de forte immigration, comme les États-Unis le sont depuis l'origine ou comme la majorité des États européens le sont devenus, une partie plus ou moins importante des nouveaux arrivants, et de leurs descendants, peut résister à l'assimilation pure et simple. Sans aller jusqu'à la revendication d'autonomie sur un espace déterminé, ceux-ci exigent parfois des droits collectifs pour protéger leur identité (ethnoculturelle ou religieuse). Se pose alors la question du multiculturalisme. Cette politique implique, par exemple, la reconnaissance du droit à l'éducation des enfants dans leur langue d'origine, le soutien de la puissance publique au financement d'équipements culturels ou d'établissements religieux, voire l'acceptation d'un statut de droit civil dérogatoire au droit commun. Le multiculturalisme, tel qu'il est pratiqué en Grande-Bretagne ou en Suède par exemple, peut être considéré comme un approfondissement du respect des droits de l'Homme. Cette tolérance du pluralisme identitaire a pour effet d'offrir un choix effectif entre l'assimilation volontaire ou le maintien des racines culturelles. Au contraire, l'individualisme classique consacre, en fait, les seuls droits de la culture dominante, ce qui place en position d'infériorité les citoyens qui demeurent attachés à des normes et valeurs qui lui sont étrangères. Mais ce multiculturalisme n'est pas sans danger à long terme puisqu'il complexifie les problèmes de coexistence. Surtout, il doit être soigneusement distingué du communautarisme ethniciste qui dénie aux membres individuels du groupe considéré le droit de faire d'autres choix identitaires que celui de leur identité d'origine (par conversion d'une religion à une autre, par assimilation à une autre communauté linguistique, par émigration...). En France, le multiculturalisme a mauvaise presse quoiqu'il soit compatible avec une « laïcité d'ouverture » qui reconnaîtrait et accueillerait les différences dans l'espace public, sans stigmatiser par la loi certains particularismes. Mais ses adversaires lui reprochent, non sans raison, d'ouvrir la boite de Pandore d'un éclatement du lien social si des fanatiques de tous bords réussissent à exploiter ces différences pour dresser des populations les unes contre les autres.

Tableau n° 4
Modes de gestion des minorités nationales

Institutions concevables / Conditions nécessaires	Formules excluant la coexistence des peuples	Formules institutionnalisant la coexistence des peuples
Minorités à nationalisme faible	Assimilation	Décentralisation administrative Droits spéciaux
Minorités à nationalisme fort	Séparatisme	Régionalisme politique, Fédéralisme

Section 2
L'État comme pouvoir politique

Pour Max Weber, l'État est « une entreprise politique de caractère institutionnel dont la direction administrative revendique avec succès, dans l'application des règlements, le monopole de la contrainte physique légitime »[1]. Dans cette définition célèbre, l'impasse est volontairement faite sur les missions susceptibles d'être assignées à l'État, qu'elles soient restreintes au rôle de « veilleur de nuit » dans la théorie libérale de l'État minimum ou qu'elles soient plus largement entendues (État providence, État-missionnaire). Ainsi, ce qui spécifie l'État ce sont les modalités du pouvoir exercé et non les fins recherchées.

L'État n'est pas une forme de pouvoir « naturel » qui aurait existé au sein de n'importe quelle société. Il apparaît à l'issue d'un processus historique déterminé dont on peut se demander sur quelles perspectives d'avenir il débouche aujourd'hui. C'est seulement au terme d'un long travail historique de différenciation sociale que se dégagent avec netteté ses traits caractéristiques.

§ 1. La genèse de l'État

Pour en élucider la dynamique, deux grands types d'approche coexistent en science politique. Le premier privilégie la comparaison entre les sociétés politiques, existantes ou disparues. L'observation des contrastes vise à dégager la spécificité de l'État moderne par rapport à de nombreuses autres formes d'organisation du pouvoir politique. Le second privilégie une histoire singulière et s'attache à décrire le processus qui, en Occident, aboutit progressivement à l'émergence de l'État tel que nous le connaissons aujourd'hui.

---

1. Max WEBER, *Économie et Société,* Trad., Paris, Plon, 1971, rééd. Pocket, 1995, t. 1, p. 97.

A Comparaison anthropologique

Elle se donne pour objet, nous rappelle Georges Balandier, d'étudier aussi bien « des sociétés archaïques » où l'État n'est pas nettement constitué (que) des sociétés où l'État existe et présente des configurations très diverses[1]. Robert Lowie, auteur d'un *Traité de sociologie primitive*[2], fut l'un des premiers sociologues à aborder ce problème de la genèse du pouvoir politique, dans son important ouvrage : *The Origin of the State* (1927). Avec beaucoup d'érudition, Jean-William Lapierre[3] a, plus tard, réuni de précieux matériaux ethnologiques qu'il s'est efforcé de classer sur une échelle comportant neuf degrés de différenciation politique croissante. L'observation de ces données fait nettement surgir, par contraste, ce qui constitue la spécificité de l'État moderne face à toutes les autres formes de pouvoir politiques rencontrées. Il s'avère en effet qu'il cumule trois caractéristiques majeures.

1. La spécialisation des agents

Nombre de sociétés dites « primitives », généralement de dimensions très modestes et ne connaissant pas l'écriture, ignorent la spécialisation d'individus dans l'exercice du pouvoir sur l'ensemble du groupe. Sans doute des activités politiques comme la définition d'objectifs collectifs, l'édiction de normes collectives obligatoires, y sont-elles assurées, mais par des personnes qui exercent à titre principal d'autres rôles, qu'ils soient d'ordre religieux, économique ou domestique[4]. Il arrive même, comme cela est le cas dans la société inuit (esquimau) traditionnelle, que ces tâches soient dévolues indifféremment au groupe tout entier, chacun pouvant exécuter la punition infligée collectivement à l'un de ses membres[5]. D'autres sociétés, au

1. Georges BALANDIER, *Anthropologie politique* (1967), rééd. Paris, PUF, 1984, p. 8.
2. Robert LOWIE, *Traité de sociologie primitive*, Trad., Paris, Payot, 1936.
3. Jean-William LAPIERRE, *Essai sur le pouvoir politique,* Nice, Ophrys, 1968. Du même auteur : *Vivre sans État ?*, Paris, Seuil, 1978.
4. À Byzance, sous les empereurs macédoniens (Xe siècle), demeurent encore des traces de cette indifférenciation. Ainsi le « gardien de la chambre » du Basileus exerce-t-il d'importantes fonctions politiques. Certains d'entre eux réussiront même à revêtir la pourpre impériale. G. OSTROGORSKY, *Histoire de l'État byzantin*, Trad., Paris, Payot, 1983, p. 276.
5. Jean MALAURIE, *Les Derniers rois de Thulé,* 4e édition, Paris, Plon, 1976, p. 147 et sq. Sur un peuple de Nubie, voir l'ouvrage classique de Edward EVANS-PRITCHARD, *Les Nuer* (1940) Trad., Paris, Gallimard, 1968.

contraire, connaissent la différenciation des rôles politiques et l'émergence de représentants. Mais elles continuent d'ignorer la spécialisation d'agents chargés de faire exécuter les décisions, par la force si nécessaire. Les « gouvernants » sont donc contraints de recourir à la magie coercitive du sorcier, à la puissance de la religion ; ou bien ils délèguent au groupe tout entier, ou à l'un quelconque de ses membres, l'usage éventuel de la violence pour faire respecter les normes ; ou bien encore ils s'engagent dans d'interminables palabres pour dégager un consensus (quasi) unanimitaire. Dans la Grèce archaïque, Homère nous montre des rois constamment obligés de justifier leurs « décisions » pour tenter de se faire obéir par persuasion. Plus tard, les premières Cités grecques démocratiques ne disposeront pas d'une force publique, à proprement parler, qui puisse assurer l'ordre interne. Elles lèvent seulement des troupes (les citoyens en armes) pour affronter les dangers extérieurs[1]. Le droit coutumier mélanésien, en Nouvelle-Calédonie ou au Vanuatu, manifeste aujourd'hui la persistance de pratiques politiques fondées sur une délégation minimale du pouvoir collectif.

Dans les royaumes de l'Occident médiéval aussi bien que dans les empires qui ont régi l'Inde ou la Chine à la période classique, on observe nettement une double spécialisation : celle de dynastes qui se chargent de « représenter » le groupe tout entier et celle d'agents qui, sous la direction des premiers, ont pour mission de faire exécuter leurs décisions. D'une part des gouvernants au sens large du terme, d'autre part des fonctionnaires, des policiers, des juges. Dans les États modernes, la spécialisation franchit encore de nouveaux degrés. On y observe d'abord l'apparition de professionnels de la politique. Depuis le XIXe siècle, les élus dans les démocraties représentatives exercent leur mandat à temps complet et sont pleinement rémunérés. Parallèlement, le processus de spécialisation des agents administratifs s'est renforcé. Ils tendent à être recrutés sur des critères de compétence (par concours notamment) et l'on exige d'eux l'acquisition de savoirs spécifiques, plus ou moins techniques selon la fonction assurée. La professionnalisation des agents, aussi bien administratifs que politiques, apparaît donc comme un point d'aboutissement ultime de la logique de spécialisation.

2. La centralisation de la coercition

La construction d'un centre, caractéristique de l'État moderne, revêt deux aspects qui ne sont pas nécessairement articulés entre eux.

1. Moses FINLEY, *L'Invention de la politique,* Trad., Paris, Flammarion, 1985, p. 43.

Dans les sociétés à base de droit coutumier, il n'y a pas unification du processus d'édiction des normes juridiques qui doivent régir l'ordre social. Selon les villes ou les terroirs, les juges appliquent un droit différent. Cependant, la force publique chargée d'en garantir l'application peut fort bien, elle, être placée sous une autorité unique, celle du monarque par exemple. Telle est largement la situation qui prévaut, un temps, au sein des royaumes d'Occident, lorsque les rois triomphent de la puissance militaire de leurs vassaux (en France, à partir de Charles VII et Louis XI) mais sont encore bien loin d'imposer l'unification administrative et juridique.

En revanche, la centralisation distinctive de l'État moderne se manifeste dans l'émergence d'un système pyramidal de droit (Kelsen) dont l'effectivité est garantie par la monopolisation de la contrainte légitime. Au sommet, la Constitution ; elle détermine « la compétence des compétences » (Jellinek). Avec une autorité immédiatement inférieure, la loi et les règlements. En conformité nécessaire avec eux, les arrêtés des autorités publiques, les conventions passées entre les particuliers et les actes unilatéraux qu'ils sont habilités à émettre. Pour garantir l'effectivité de cette hiérarchie, une Cour supérieure impose ses décisions aux juridictions inférieures. Parallèlement à cette structure pyramidale du droit, il existe une structure pyramidale de l'administration et des services publics. Le principe hiérarchique qui prévaut place tout agent en position de subordination vis-à-vis d'un chef, lui-même dépendant à son tour d'une autorité plus élevée. Ainsi, de proche en proche, remonte-t-on jusqu'à l'instance politique suprême. Enfin, en dehors même de l'appareil administratif, tous les autres pouvoirs politiques qui s'exercent au niveau local ou régional sont dépendants de l'ordre juridique instauré par l'État. On observe ce que l'anthropologue britannique Bailey a appelé « un emboîtement des structures politiques ».

Le contraste entre l'État moderne et l'ordre féodal est donc particulièrement vif. Celui-ci se caractérisait en effet par l'éclatement du droit de recourir à la coercition. Les grands seigneurs détenaient une double prérogative, cruciale de ce point de vue : lever des troupes armées et rendre « haute et basse justice », c'est-à-dire infliger des peines privatives de vie ou de liberté. L'État moderne contraste également avec l'ordre politique observable dans des sociétés traditionnelles comme celle que Clifford Geertz étudie dans l'île de Bali au XIXe siècle[1]. Non seulement il n'existait pas de centralisation du recours légitime à la force mais, en outre, les habitants relevaient

1. Clifford GEERTZ, *L'État à Bali,* Trad., Paris, Gallimard, 1980.

juridiquement de plusieurs réseaux d'allégeance, indépendants les uns des autres, extrêmement complexes, différents selon la nature des tâches accomplies (religieuses, agricoles, commerciales, etc.) mais aussi selon le statut social ou familial des individus.

3. L'institutionnalisation

Dans de nombreux systèmes politiques, le pouvoir était exercé à titre de prérogative personnelle. Ce sont les qualités individuelles du chef qui légitiment le tyran grec de l'Antiquité ou, mieux, la fortune de ses armes. C'est l'appartenance à une famille qui régit l'accès au trône dans les monarchies patrimoniales. Typique de cette faible institutionnalisation du pouvoir politique le fait que, souvent, il n'existe pas de nette distinction entre le patrimoine du prince et ses « États ». À la mort des rois francs ou des empereurs carolingiens, leur royaume était partagé entre leurs fils comme un héritage. De même le monarque puisait-il dans les ressources publiques comme il le ferait dans sa cassette personnelle. Aujourd'hui les monarchies du Golfe, au Proche-Orient, constituent encore un bon exemple de cette faible institutionnalisation du pouvoir d'État. Ni l'Arabie Saoudite ni le Koweït ni même les Émirats ou Oman n'ont actuellement de véritables institutions susceptibles de représenter la « nation » ; le monarque, chef de la famille régnante, est source de tout pouvoir politique. Ce pouvoir individualisé n'est pas nécessairement toujours arbitraire, mais il est fortement discrétionnaire. Ses limites résident moins dans des bornes juridiques que dans la résistance prévisible d'autres forces sociales, voire dans les exigences de sa conscience morale ou religieuse ou celles de la Raison. On sait l'importance du confesseur dans la modération politique de certains rois capétiens. Et l'idéal du despote éclairé qui a tenté bien des Philosophes au XVIIIe siècle (de Voltaire à Diderot), plonge ses racines jusque dans l'antiquité grecque comme le montrent les espérances que Platon avait caressées auprès du tyran de Syracuse.

L'institutionnalisation se manifeste à un double niveau. Tout d'abord c'est la dissociation entre la personne physique des gouvernants et le concept abstrait de puissance publique[1]. Ainsi dans les monarchies modernes observe-t-on la distinction entre le Roi et la Couronne. Distinction préparée dès le haut Moyen Âge par la théorie des deux corps du Roi ; son corps organique était mortel mais son corps

1. Georges BURDEAU, *Traité de science politique,* 3e édition, Paris, LGDJ, 1980, t. 1, vol. 2, p. 119 et sq.

mystique était réputé survivre à sa disparition physique, assurant la continuité du principe monarchique[1]. Les gouvernants deviennent alors organes de l'État. Le Président de la République comme les ministres exercent une fonction. Cette dissociation permet de concevoir la continuité de l'État, qui ne saurait plus, dès lors, être affectée par les changements de personnes physiques susceptibles de l'incarner momentanément. Le contraste est net avec les grands empires non institutionnalisés où la disparition du chef libérait aussitôt les tendances centrifuges. Les généraux d'Alexandre le Grand se sont disputé son empire et les successeurs de Gengis Khan se révélèrent incapables de maintenir la cohésion de l'immense ensemble territorial édifié de la mer du Japon jusqu'à la Vistule.

L'institutionnalisation s'exprime encore dans la généralisation des statuts juridiques constitutifs de l'État de droit. Leur objet est de définir les prérogatives et obligations de tous ceux qui sont assujettis à l'État ou exercent du pouvoir en son nom. C'est le pouvoir légal-rationnel au sens où l'entend Max Weber. Les gouvernants aussi bien que les agents administratifs doivent respecter scrupuleusement les lois et règlements en vigueur. Leur pouvoir ne saurait s'exercer que selon des formes procédurales déterminées et dans des champs de compétences circonscrits. L'arbitraire du bon plaisir, l'incertitude sur le droit applicable sont ainsi normalement exclus à tous les échelons de la hiérarchie étatique. En réalité il aura fallu attendre très longtemps, notamment en France, pour que ces principes soient effectivement mis en œuvre à l'encontre de dirigeants politiques qui ont commis des infractions.

La comparaison entre systèmes politiques différents met donc en évidence le fait que l'État moderne n'est qu'une des formes concevables du pouvoir politique au sein de la Société. C'est ce que vise à résumer le tableau ci-après fondé sur le croisement de deux paramètres ; le degré d'institutionnalisation et le degré de centralisation de la coercition.

1. Ernst KANTOROWICZ, *Les Deux corps du Roi* (1957) Trad., Paris, Gallimard, 1989.

Tableau n° 5
L'État parmi d'autres formes de pouvoir politique

Degré d'institutionnalisation / Régime de la coercition	Faible	Fort
Centralisation imparfaite	Pouvoirs coutumiers Société féodale	ONU et organisations internationales
Centralisation achevée	Tyrannies (au sens grec) Empires conquérants Monarchies patrimoniales	État moderne

B Étude sociohistorique du processus en Occident

L'invention de l'État moderne apparaît fortement liée à l'histoire de l'Europe même si, comme Bertrand Badie l'a rappelé, il existe ailleurs des dynamiques culturelles porteuses d'un autre ordre politique[1]. C'est en France et en Angleterre à partir du XIIIe siècle, que s'amorce l'entreprise de construction proprement étatique[2]. Elle s'inscrit dans une logique continue de différenciation des tâches politiques au sein de la Société. Le pouvoir étatique va s'affirmer victorieusement contre le pouvoir religieux ou seigneurial ; en même temps, il apparaît de plus en plus comme un corps séparé, autonome et distinct de la société civile[3].

1. Bertrand BADIE, *Les Deux États. Pouvoir et Société en Occident et en terre d'Islam*, Paris, Fayard, 1987, p. 41 et sq.
2. Sur cette question, voir notamment Joseph STRAYER, *Les Origines médiévales de l'État moderne,* Trad., Paris, Payot, 1979. Également, Perry ANDERSON, *L'État absolutiste : ses origines et ses voies,* Trad., Paris, Maspero, 1978. Sur le concept et la réalité historique de la féodalité, Otto HINTZE, « Nature et diffusion de la féodalité » (1914), *in Féodalité, capitalisme et État moderne,* Paris, Éditions de la M.S.H. 1991, p. 89 et sq.
3. Il ne faut pas se laisser abuser par l'absence du mot État ou par le fait qu'il revêt longtemps d'autres significations (Bernard Guénée). Le *regnum* dont le monarque disposerait de la *potestas absoluta* est l'équivalent du sens moderne d'État.

1. Les mutations du pouvoir politique

Un premier processus est la constitution d'une identité politique des individus, qui ne se confond pas avec leur identité religieuse. Les luttes entre le Roi (ou l'Empereur) et l'Église débouchent non pas sur la fusion des sphères au profit du Prince (césaropapisme byzantin) ou du pape (théocratie), mais sur la vision de plus en plus nette d'une séparation des domaines. Dès lors, l'individu n'appartient pas seulement à la *christianitas*, c'est-à-dire au peuple chrétien ; il est également à part entière membre de l'*humanitas*. Au début du XIVe siècle, Marsile de Padoue, théorisant la distinction, jette les bases de cette laïcité ou, mieux, cette sécularisation qui caractérise l'État moderne. Avec le triomphe de cette tendance qui fait prévaloir un lien purement politique entre les citoyens, l'appartenance à une religion minoritaire n'est plus un obstacle au plein accès à l'égalité citoyenne.

Un second processus est la réduction des multiples liens de dépendance personnelle dont le système féodal tirait sa substance. Chacun ne connaissait que son suzerain, lui-même vassal d'un seigneur plus puissant. Les rois eux-mêmes, au moins en théorie, pouvaient tenir leur pouvoir d'une autorité supérieure : certains avaient obtenu l'investiture du Pape, et tous devaient affronter les prétentions à la suprématie de l'empereur du Saint Empire romain germanique. L'affirmation du pouvoir royal visera à trancher ces liens de subordination externe (l'idée d'empire meurt avec le traité de Westphalie (1648) qui reconnaît des puissances égales entre elles sur le plan européen) ; dans l'ordre interne, elle imposera l'allégeance directe, et exclusive, de l'ensemble des sujets à la personne du roi. Cette bataille est gagnée en France à la fin du XVe siècle à partir du règne de Louis XI quand s'effondre la puissance de son principal adversaire, le duc de Bourgogne. Une mutation ultime interviendra au moment de la Révolution lorsque le lien d'allégeance dynastique se transforme définitivement en un lien d'allégeance nationale. Le serment de fidélité est transféré du Roi à la Nation ; on célèbre les devoirs envers la Patrie et non plus envers la personne des gouvernants. Le citoyen au sens moderne est né.

Un troisième processus se manifeste dans la diversification des institutions politiques et administratives. Les historiens ont décrit cette différenciation continue qui, à partir de *la Curia Regis*, fait naître non seulement les assemblées représentatives des Grands et des Villes, mais aussi les multiples instances consultatives d'où émergeront progressivement les ministères, les conseils et les chambres spécialisées dans les tâches techniques, bref l'amorce de la bureaucratie moderne. En France, le processus évolue lentement jusqu'aux Valois (François Ier) ;

il s'accélère sous Louis XIV et trouve un premier couronnement dans la réorganisation administrative opérée sous la Révolution et le Premier Empire.

Un quatrième processus enfin concerne la juridicisation de plus en plus étroite des rapports entre gouvernants et gouvernés. La *Magna Carta* de 1215 imposée par ses barons à Jean sans Terre s'inscrivait encore dans la perspective féodale. Les grands textes du XVIIe siècle anglais : *Petition of Rights* (1628), *Bill of Rights* (1689), symbolisent beaucoup mieux l'enfermement progressif du pouvoir politique dans un statut juridique. Ils précèdent de peu le triomphe du régime parlementaire. En France, les jurisconsultes avaient mis en avant, dès le XVIe siècle, la notion plus vague de « lois fondamentales du Royaume » qui s'imposaient même au monarque, notamment en lui interdisant l'aliénation d'une partie de son domaine ou la modification des règles successorales. La Prusse du XVIIIe siècle développe un droit administratif soucieux de rationaliser le fonctionnement des services publics et d'assurer le respect par la bureaucratie elle-même du droit qu'elle édicte. Mais un pas décisif dans la juridicisation est évidemment franchi avec la Révolution américaine, puis la Révolution française, qui inaugurent la tradition des constitutions écrites et, surtout, consacrent la notion de droits de l'homme opposables à l'État. L'État légal-rationnel est en place.

Pierre Birnbaum a rappelé, à juste titre, que ces processus de différenciation peuvent affecter différemment les systèmes sociaux occidentaux. Il est allé jusqu'à considérer la Grande-Bretagne, par contraste avec la France, comme l'exemple particulièrement probant d'une société où « l'État comme structure différenciée y reste largement inconnu »[1]. Le propos est certainement excessif d'autant qu'il en déduit une opposition État fort/État faible qui mériterait d'être appuyée sur des indicateurs plus probants : par exemple, la capacité d'imposer une pression fiscale élevée ou celle de faire respecter la loi par tous les citoyens (leur mise en œuvre pourrait inverser le classement). Il demeure néanmoins vrai que le droit écrit joue, outre-Manche, un rôle plus réduit qu'en France ou en Allemagne et que la fonction publique, moins nombreuse, y est moins strictement centralisée.

1. Pierre BIRNBAUM, « L'action de l'État. Différenciation et dédifférenciation », dans Madeleine GRAWITZ, Jean LECA, *Traité de Science politique,* Paris, PUF, 1985, t. III, p. 665. Également, Bertrand BADIE, Pierre BIRNBAUM, *Sociologie de l'État,* Paris, Grasset, 1979.

2. Les dynamiques de l'évolution

L'approche sociohistorique explique ces processus par des logiques conflictuelles qui font émerger des solutions que personne, à proprement parler, n'a voulu délibérément, mais qui se sont progressivement dégagées des engrenages complexes d'intérêts, à la fois rivaux et interdépendants. On en relèvera deux principales.

C'est tout d'abord la dynamique des rivalités guerrières entre seigneurs, au lendemain de l'effondrement de l'empire carolingien. Les conflits incessants provoquent une concentration croissante du pouvoir au profit des vainqueurs. À l'instar de la concurrence économique, la concurrence militaire généralisée débouche sur des oligopoles inégaux puis sur un monopole au sein d'un espace géographique déterminé. Et cela d'autant plus, comme l'a rappelé Perry Anderson, qu'avec leurs forces limitées les seigneurs (petits ou moyens) devenaient de plus en plus incapables d'affronter le défi à leur autorité que représentaient les villes marchandes. Avec la suprématie militaire, le roi a conquis le contrôle d'une part décisive des terres et du prélèvement fiscal sur la richesse. Les ressources qu'il en tire lui permettent de redistribuer selon son bon plaisir : pour consolider, sans violence, fidélités et allégeances (nobles pensionnés à la Cour) ; pour financer aussi les instruments d'un contrôle renforcé : une armée permanente, des officiers de la Couronne rémunérés par lui. Ainsi se consolide constamment l'unité et la centralisation de l'État[1].

Une autre dynamique concerne plus largement les tendances lourdes à l'expansion économique. À partir du XVIe siècle, les sociétés occidentales en pleine croissance atteignent un niveau plus élevé de différenciation sociale. Il y a segmentation accentuée : noblesse d'épée et noblesse de robe, bourgeois des villes, armateurs et gros négociants, commerçants et artisans, « laboureurs » aisés et paysans plus misérables, tous ont des genres de vie, des intérêts, et des aspirations de plus en plus spécifiques. Aucune de ces forces sociales en présence ne peut espérer s'imposer totalement aux autres ni faire prévaloir ses intérêts exclusifs. Pour réduire les risques d'affrontements majeurs, il devient plus que jamais nécessaire de procéder sinon à un véritable partage du pouvoir du moins à des modes de négociation entre les diverses fractions des catégories dirigeantes ; c'est pourquoi se développent les premières assemblées représentatives d'abord en Angleterre et aux Pays-Bas, dès le XVIIe siècle, puis en France, à la fin du XVIIIe siècle. Il

1. Norbert ÉLIAS, *La Dynamique de l'Occident,* Trad., rééd. Paris, Calmann-Lévy, 1990, notamment p. 83 et sq. Sur le rôle de la guerre, Victor HANSON, *Carnage et culture. Les grandes batailles qui ont fait l'Occident,* Trad., Paris, Flammarion, 2002.

est également indispensable de mobiliser de nouvelles sources de légitimité car la simple autorité du Prince, fondée sur la tradition, ne suffit plus à garantir le respect des complexes ajustements d'intérêts réciproques. Alors, apparaît progressivement le suffrage universel et s'impose le principe de l'égal accès de tous aux fonctions administratives et politiques.

Une fois constitués, entre le XVe et le XVIIe siècle, ces États européens s'affronteront dans des luttes presque incessantes jusqu'à 1945. Ils sont conduits à mobiliser toujours davantage de ressources (en hommes, en argent, mais aussi en légitimité) pour faire face aux menaces extérieures qu'ils contribuent, par ailleurs, à faire surgir. La nécessité de faire la guerre appelle de nouveaux prélèvements fiscaux ; elle conduit à l'organisation de levées en masse de plus en plus lourdes ; enfin elle implique bientôt l'appel à un patriotisme exacerbé pour faciliter la mobilisation militaire de l'ensemble de la population mâle. S'inscrivant dans une dialectique : défi/riposte, au sens de l'historien britannique Toynbee, le processus ne cesse de prendre de l'ampleur jusqu'au XXe siècle. C'est François Ier affrontant Charles Quint ; puis Louis XIV, Frédéric II de Prusse et, bientôt, Napoléon opposés aux autres monarques européens ; c'est encore la guerre qui a permis l'unification de l'Italie puis de l'Allemagne achevée en 1870 ; enfin, ce sont au XXe siècle les deux grands conflits de 1914-1918 et 1939-1945.

Chaque étape est l'occasion de nouveaux bonds dans le renforcement de l'État. Mais celui-ci s'affirme avec d'autant plus de vigueur, en France, en Angleterre, en Prusse puis en Allemagne, qu'il y a parallèlement développement économique et démographique. Il devient possible de financer des troupes (ou une flotte) toujours plus nombreuses et bientôt, dès la fin du XIXe siècle, une armée de conscription générale de tous les citoyens. L'outil militaire aura permis de soutenir les ambitions croissantes de l'État mais il aura aussi constitué l'un des milieux de socialisation les plus propices à la diffusion du sentiment de l'unité nationale[1]. Pourtant, au lendemain des effroyables conflits qui ravagent plus particulièrement l'Europe au XXe siècle, le sentiment finit par prévaloir que l'affrontement des États-nations peut devenir suicidaire. Et comme le développement économique fait en même temps ressentir l'étroitesse de leurs marchés, tout converge pour ouvrir une nouvelle étape dans la vie des États : celle d'une coopération renforcée et d'une interpénétration croissante. Sur le vieux continent, berceau de l'État moderne, le phénomène se

1. Otto HINTZE, *loc. cit.* p. 6 et sq.

traduit par la construction européenne dont l'originalité implique, jusqu'à un certain point, le dépassement de l'État lui-même[1], tandis qu'au niveau mondial, la globalisation économique semble remettre à l'ordre du jour la notion d'empire au bénéfice notamment des États-Unis.

§ 2. Le fonctionnement de l'État

Une tradition d'analyse s'est efforcée d'identifier les fonctions étatiques dans une perspective qui n'était pas seulement descriptive mais normative. L'objectif était en effet de justifier la mise en place d'une série d'équilibres et contrepoids de telle façon que, selon la formule de Montesquieu, « le pouvoir arrête le pouvoir ». Pour l'auteur de l'*Esprit des Lois* (1748), la solution consistait dans la séparation des pouvoirs, c'est-à-dire l'attribution de tâches spécifiques à des institutions étatiques distinctes.

Tableau n° 6
Fonctions et organes de l'État

Fonctions	Organes de l'État concernés
Légiférer	Parlement (loi *stricto sensu*) Gouvernement (règlement autonome) Cours suprêmes (arrêts de principe)
Exécuter	Gouvernement (textes d'application, mesures individuelles) Administration (textes d'application, mesures individuelles, opérations matérielles) Parlement (mesures individuelles exceptionnelles)
Juger	Parlement (lois d'amnistie) Gouvernement et administration (recours gracieux) Autorités juridictionnelles (recours contentieux)

Quelles sont, selon cette conception, les fonctions étatiques ? Aristote distinguait déjà l'activité délibérative (adopter les lois mais aussi décider de la paix ou de la guerre), l'activité de commandement

1. *Infra*, chapitre 10.

(dévolue aux magistrats), enfin l'activité de jugement. Locke, dans son traité sur le gouvernement civil (*Two Treatises of Government,* 1690) opposait la fonction législative à la fonction exécutive, mais considérait le « pouvoir fédératif » (*fædus* = traité) c'est-à-dire celui de conduire les relations extérieures, comme la troisième fonction étatique. C'est seulement à partir de Montesquieu que se précise clairement la classique distinction tripartite du législatif, de l'exécutif et du judiciaire. La fonction législative consiste en l'établissement de normes générales et impersonnelles ; la fonction exécutive est une mise en œuvre de la loi, à la fois par des textes d'application et par des opérations matérielles (financières, coercitives, etc.) ; la fonction juridictionnelle vise à trancher les litiges nés de l'application du droit.

Le principal problème posé par cette classification provient de ce que nulle part ces fonctions étatiques ne sont exercées par des organes strictement cantonnés dans l'exercice d'une seule d'entre elles. Il en résulte certaines confusions. Dans les régimes représentatifs modernes, le pouvoir législatif au sens organique est le Parlement[1]. Or il n'exerce pas seul la fonction législative ; un pouvoir réglementaire autonome est partout reconnu, sous une forme ou sous une autre, au Gouvernement. Aussi convient-il de distinguer la loi au sens matériel (toute norme générale) et la loi au sens organique (norme générale adoptée par les assemblées représentatives). Réciproquement, le Parlement exerce aussi d'autres fonctions qui ne ressortissent pas à sa fonction législative. Son contrôle politique sur le gouvernement est le plus visible, mais il lui arrive aussi de décider dans le domaine des relations internationales (autoriser la ratification d'un traité) voire, plus exceptionnellement, d'adopter des mesures individuelles.

La sociologie politique contemporaine permet d'aborder d'un tout autre point de vue la question des tâches de l'État. En faisant abstraction de la diversité concrète des modes de gouvernement ou de leurs orientations idéologiques, l'analyse systémique considère l'État comme un ensemble ouvert, entretenant d'intenses échanges avec son environnement. Il en tire les ressources sans lesquelles il ne saurait disposer de moyens pour agir. L'activité de l'État est donc dominée par un double mouvement : en provenance de la société civile, il « extrait » ou « mobilise » des ressources ; en sens inverse il répond à certaines attentes et distribue – au sens le plus large du terme – des biens[2].

---

1. Exceptionnellement, il peut exister plus de deux assemblées. Par exemple en France sous le Consulat.
2. Gabriel ALMOND, Bingham POWELL, *Comparative Politics. A Developmental Approach,* Boston, Little, Brown, 1966, p. 190 et sq. Pour une présentation d'ensemble de

A L'activité extractive

Sans potentiel humain, sans moyens matériels, sans soutiens qui légitiment leur action, les organes politiques et administratifs de l'État seraient réduits à n'être qu'un cadre vide, dépourvu de toute existence réelle. Ne pourrait être assurée ni la continuité des pouvoirs publics ni, *a fortiori*, leur capacité de réponse adéquate aux demandes sociales.

1. Les moyens humains

Ce sont d'abord les professionnels de la politique c'est-à-dire des individus qui vivent d'elle et pour elle. Ils exercent leurs activités à temps complet et sont rémunérés. Selon la taille de l'État, ils peuvent être quelques centaines ou quelques dizaines de milliers : parlementaires nationaux, édiles locaux, responsables de l'exécutif. Ce sont aussi des agents administratifs dont le recrutement et la carrière obéissent à des critères de compétence ; d'où l'importance en certains pays du système de concours et de l'avancement au choix.

La nécessité pour l'État de disposer d'une fonction publique efficace, dont les membres sont bien entendu recrutés au sein de la société civile, fait surgir deux problèmes. C'est d'abord celui de *la concurrence avec les autres secteurs d'activité professionnelle*. Dans un pays comme la France, 3 200 000 personnes (dont 2 650 000 fonctionnaires[1]) travaillent au service de l'État, soit près de 14 % des actifs. Si l'État n'est pas en mesure, face à la concurrence du secteur privé, de proposer des gratifications attractives, la qualité des agents recrutés risque d'en être affectée. En effet, même dans une conjoncture caractérisée par un important chômage, il existe des branches d'activités ou des profils d'emplois pour lesquels la rivalité est très vive avec le secteur privé : notamment, ceux qui exigent une formation scientifique de haut niveau ou une grande expérience des problèmes administratifs et financiers. Ainsi Laurent Fabius, alors nouveau ministre des Finances, rencontrera-t-il en avril 2000 de grandes difficultés à

ces thèses, Bertrand BADIE, *Le Développement politique,* 5e édition, Paris, Economica, 1994.

1. Il convient de noter le caractère approximatif des chiffres concernant le total des emplois publics. Dans la fonction publique territoriale, la marge d'erreur serait de... 100 000 personnes ! On évalue, sous toutes réserves, le total des agents publics à 5 700 000 (en y incluant les personnels des établissements publics). En dépit des politiques de gel, périodiquement avancées, même le nombre des fonctionnaires proprement dits continue de progresser lentement.

constituer son cabinet en raison des préférences exprimées en faveur du privé par les personnes qu'il avait pressenties.

Face aux collectivités locales, l'État peut limiter la concurrence en leur interdisant d'offrir à leurs agents des rémunérations supérieures à celles qu'il octroie lui-même, à qualification égale. En revanche, vis-à-vis des entreprises, l'État est plus désarmé dans un système libéral. S'il offre des rémunérations très élevées pour séduire par exemple des experts de haut niveau, il court le risque de déstabiliser l'ensemble de l'échelle indiciaire de la fonction publique, provoquant ainsi des revendications en chaîne du haut en bas de la pyramide de ses salariés. S'il applique simplement les grilles normales de traitements, il est facile aux entreprises de surenchérir car, généralement, les rémunérations de la fonction publique sont plus faibles que celles du secteur privé. L'État compense partiellement ce handicap en offrant à ses agents une sécurité quasi absolue de l'emploi[1]. Il s'ensuit une sorte de coupure dans la société entre deux modes d'activités : l'un moins bien rémunéré, moins productif, mais mieux protégé contre les aléas économiques (secteur public administratif) ; l'autre mieux rémunéré, plus productif mais plus soumis aux stress des changements (la fraction dynamique du secteur privé). L'un et l'autre n'attirent sans doute pas exactement les mêmes types d'individus (effets de dispositions psychologiques).

Le second problème, soulevé par le souci de disposer d'une fonction publique efficace, est *le degré de loyalisme exigible des agents*. L'ambiguïté du service de l'État provient de ce que le pouvoir politique s'exerce sans doute dans l'intérêt de la collectivité toute entière mais il est contrôlé par une majorité gouvernementale, c'est-à-dire par des personnes appartenant à des formations partisanes. Loyalisme à l'égard de l'État ou à l'égard de ses dirigeants ? Cette dualité est particulièrement visible dans certaines activités sensibles : maintien de l'ordre, services de renseignements, ou encore aux échelons les plus élevés de la hiérarchie administrative. À ce problème, il existe deux réponses concevables. La première est celle du *spoil system.* Les nominations, promotions et mutations se font sur critères politiques : chaque changement de majorité entraîne des renversements de carrière. L'inconvénient majeur de cette formule est la création d'un climat d'insécurité, de méfiance et de conflits au sein même de l'administration partagée en réseaux politiques ennemis. La seconde

1. L'État peut aussi offrir à quelques-uns des satisfactions en termes de légitimité supérieure (responsabilités de service public) ou des compléments de rémunérations plus ou moins transparents (primes du ministère des Finances).

réponse est celle de la neutralité de la fonction publique. Protégés par leurs statuts, soumis à une obligation de réserve c'est-à-dire invités à ne pas afficher ostensiblement leurs préférences partisanes, les hauts fonctionnaires peuvent ainsi servir des gouvernements successifs, en se situant sur le strict terrain de la compétence administrative. Tel est le principe généralement affiché dans les démocraties européennes.

En réalité l'apolitisme intégral est hors de portée et son principe même souffre des exceptions. Tout d'abord, non sans polémiques et débats, le syndicalisme a fait son apparition au début du XXe siècle dans la fonction publique ; et bientôt avec son corollaire inévitable : la reconnaissance du droit de grève. Cependant il faut noter que l'exercice de cette prérogative rompt davantage avec le principe de continuité du service public qu'avec l'exigence de loyalisme, du moins lorsqu'il s'agit seulement d'appuyer des revendications professionnelles. Ensuite, on observera que les promotions de hauts fonctionnaires à des postes sensibles du fait soit de l'importance hiérarchique des responsabilités exercées, soit de la nature des fonctions (police), obéissent en fait à des critères de proximité sinon d'allégeances partisanes. Le phénomène est plus visible là où les partis au pouvoir sont des partis plus fortement structurés : la carte d'adhérent matérialise en effet la sympathie politique. Les partis de cadres recourent, eux, à d'autres systèmes de reconnaissance plus discrets : clubs de réflexion voire simples réseaux de relations personnelles[1]. Aussi donnent-ils moins l'impression extérieure de coloniser l'appareil d'État.

2. Les moyens matériels, technologiques et financiers

Ils sont également indispensables à l'État pour lui permettre d'assurer les tâches qu'il a prises en charge et atteindre les objectifs que se fixent les gouvernants. L'impôt constitue aujourd'hui la ressource financière de beaucoup la plus importante[2] ; mais il n'en a pas toujours été ainsi. Les produits du domaine royal, les dons gratuits, voire les

1. Sur les formes françaises de la politisation administrative, J.-L. BODIGUEL, L. ROUBAN, *Le Fonctionnaire détrôné ?*, Paris, Presses de la FNSP, 1991, p. 37 et sq. Également, *Pouvoirs*, n° 40, « Des Fonctionnaires politisés » ?, Paris, PUF, 1987.

2. Il faut cependant considérer les produits financiers de son domaine ou de son portefeuille d'actionnaire (quelques 2 à 3 % du budget total de l'État). Par ailleurs, les privatisations auront, transitoirement, fourni des ressources non négligeables. Selon des évaluations sérieuses, elles ont rapporté (en euros) 13 milliards sous le gouvernement Chirac (1986-1988), 17 milliards sous le gouvernement Balladur (1993-1995), 9,5 milliards sous le gouvernement Juppé (1995-1997) et 31 milliards sous le gouvernement Jospin (1997-2002).

butins de guerre ont joué un rôle important dans les formes plus embryonnaires d'État[1]. Le niveau de développement économique et technique de la société est un premier facteur qui conditionne étroitement la nature et l'importance des ressources mobilisables. Des prélèvements à taux même modestes sur une richesse nationale extrêmement faible procurent de maigres ressources tout en engendrant le sentiment d'une ponction exorbitante, surtout si elle est répartie de façon inégale. L'État ne peut guère y puiser les moyens de financer des actions d'envergure susceptibles de lui attirer en retour la reconnaissance de son utilité et de sa légitimité. Au contraire dans une société économiquement développée, des taux plus élevés de ponction fiscale peuvent être imposés sans susciter le sentiment de l'intolérable (ni la disparition de la richesse imposable). Le rendement des prélèvements sur un produit intérieur brut important offre alors à l'État des possibilités d'action infiniment supérieures qui permettront en retour de satisfaire davantage de revendications.

Tableau n° 7
Le coût politique des prélèvements selon le niveau de développement

	PIB	Taux des prélèvements obligatoires	Produit disponible	Perception subjective du prélèvement	Incidences politiques
Société pauvre	100	10 %	10	Douloureusement ressenti	Légitimité affaiblie
Société riche	1 000	20 %	200	Anesthésié	Légitimité renforcée

Avec des ressources élevées, l'appareil administratif de l'État peut en outre se doter des moyens d'action les plus efficaces fournis par l'environnement technologique. Aujourd'hui par exemple : des équipements militaires performants, des systèmes de télécommunications et de gestion informatique qui facilitent le fonctionnement de l'administration...

Un second facteur, d'ordre socioculturel et politique à la fois, commande le niveau des prélèvements opérés : c'est la conception qui

1. En France, le Clergé s'affranchissait de l'impôt par des « dons gratuits » jusqu'au XVIIIe siècle. Dans l'Amérique espagnole, les « dons » des seigneurs l'emportaient même sur le produit de l'impôt.

prévaut du rôle de l'État dans la société. Dans la conception intégralement libérale, la limitation des ponctions publiques au niveau le plus bas possible est recherchée comme l'idéal à atteindre. Il s'agit en effet de perturber aussi peu que possible les dynamiques économiques « spontanées » qui traversent la société. À l'opposé, la conception d'une société qui serait intégralement socialiste, postule un niveau de prélèvement tendanciellement égal à 100 % du produit intérieur. Les individus n'auraient plus à proprement parler de revenus individuels, étant entendu que leurs besoins seraient pris en charge par l'État ou diverses collectivités publiques. Ni l'un ni l'autre de ces schémas extrêmes n'est applicable mais il est intéressant d'observer où se situe concrètement le curseur entre ces deux pôles, c'est-à-dire le taux des prélèvements financiers obligatoires. C'est là l'indicateur le plus pertinent du degré de socialisation publique dont l'État, les collectivités locales, les établissements publics et organismes assimilés (Sécurité sociale) constituent les instruments. Dans les pays de l'Union européenne, à la différence de ce qui prévaut aux États-Unis ou au Japon, ce chiffre est généralement compris entre 40 % et 45 % du produit intérieur brut. Il est considéré comme excessivement élevé par tous ceux qui critiquent les logiques de l'État-Providence Et comme, aujourd'hui, les pressions en faveur de l'économie de marché sont particulièrement fortes à l'échelle internationale, elles favorisent la réduction des réglementations étatiques protectrices et expliquent la tendance aux privatisations d'entreprises publiques, importante depuis deux décennies aussi bien en Grande-Bretagne, en France et en Italie que dans les nouveaux membres de l'Union européenne.

Les relations qui unissent l'État à son environnement socio-économique et, plus précisément, avec les entreprises et les ménages qui subissent les prélèvements, peuvent être synthétisées de la manière suivante. (V. Tableau n° 8, ci-après).

B L'activité dispensatrice

Il ne s'agit pas d'énumérer toutes les tâches effectivement prises en charge par les États mais d'identifier les catégories d'analyse susceptibles d'en ordonner le classement. Dans le vocabulaire fonctionnaliste d'Almond[1] deux concepts se révèlent particulièrement utiles à ce point de vue.

1. Gabriel ALMOND, Bingham POWELL, *Comparative Politics. A Developmental Approach,* Boston, Little, Brown, 1966, p. 190 et sq.

Tableau n° 8
L'État dans son environnement économique

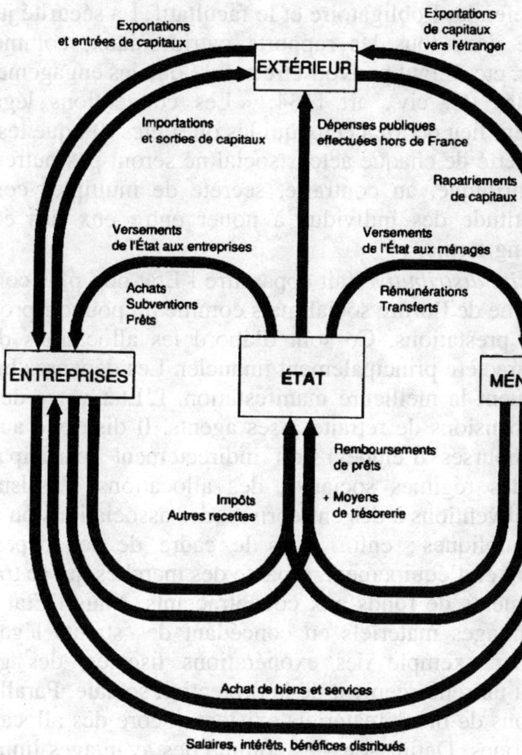

Source : Notes bleues du ministère des Finances.

La capacité régulatrice de l'État vise à l'établissement des règles du jeu qui devront être respectées dans les relations sociales. Le pouvoir politique, en effet, a toujours la préoccupation de faire régner l'ordre ou, plus exactement, un certain ordre. Cela signifie d'abord qu'il se préoccupe de la sécurité physique des citoyens, ce bien le plus précieux, sans lequel la jouissance des autres biens reste vaine. L'existence de forces de police doit concrétiser matériellement la protection des individus plus vulnérables ou plus menacés. Mais, selon les types et de régimes politiques, cet objectif est poursuivi avec une efficacité inégale ; en outre peuvent se manifester des disparités de traitement selon les catégories sociales ou les quartiers de résidence.

Par exemple le taux de quadrillage policier (commissariats) est très différent à Paris et dans les banlieues. Il s'agit aussi d'instaurer la sécurité juridique c'est-à-dire une vision claire de la séparation entre le permis et le défendu, l'obligatoire et le facultatif. La sécurité juridique est essentielle dans tous les rapports patrimoniaux, commerciaux, professionnels, etc. Il faut pouvoir être assuré que les engagements pris seront respectés (C. civ., art. 1134. « Les conventions légalement formées tiennent lieu de loi à ceux qui les ont faites ») ; que les limites posées à la liberté de chaque acteur social ne seront pas outrepassées. L'insécurité juridique, au contraire, secrète de multiples conflits et détériore l'aptitude des individus à nouer entre eux des échanges stables et à long terme.

La capacité distributive fait apparaître l'État non plus comme un simple gendarme de l'ordre social mais comme un pouvoir/providence octroyant des prestations. Ce sont d'abord les allocations de biens matériels, à caractère principalement financier. Les dépenses budgétaires en constituent la meilleure manifestation. L'État verse des traitements et des pensions de retraite à ses agents. Il distribue aussi, soit directement (bourses d'études) soit indirectement (participation au financement des régimes sociaux), des allocations d'assistance. Il accorde des subventions à des entreprises, des associations ou d'autres collectivités publiques ; enfin, dans le cadre de ses dépenses de fonctionnement et d'équipement, il passe des marchés qui se traduiront par des versements de fonds aux cocontractants. Mais l'État procure aussi des avantages matériels en concédant des statuts légaux plus favorables : par exemple des exonérations fiscales, des garanties d'emprunts ou un renforcement de la protection sociale. Parallèlement à ces allocations de biens matériels existent encore des allocations de biens symboliques. Définissons-les comme des avantages immatériels qui tirent leur importance du fait d'être valorisants dans un système donné de croyances. Ainsi des satisfactions de prestige, des marques d'estime, de reconnaissance ou de déférence liées à la détention d'une responsabilité, d'un emploi ou d'une prébende.

Si l'activité distributive de l'État au niveau économique et social n'est jamais nulle, l'observation historique met en évidence des modalités extrêmement contrastées. Mais, comme l'a observé Samuel Eisenstadt[1], l'État providence n'est pas totalement une invention du XXe siècle. Avec les modalités très différentes d'autres systèmes de gouvernement ont pratiqué la (re)distribution : ainsi, les dons de blé à

1. *In* O. AHIMEIR, S. EISENSTADT, *The Welfare State and its Aftermath,* Londres, Croom Helm, 1985, p. 310 et sq.

la plèbe ou de terres aux vétérans, à la fin de la République romaine au premier siècle avant notre ère. Entre l'État intégralement libéral qui réduirait à zéro les dépenses publiques pour y substituer la seule initiative privée dans presque tous les domaines[1], et l'État intégralement socialiste qui maîtriserait directement la répartition de la quasi-totalité du produit intérieur brut (v. les tendances de l'expérience soviétique) s'est concrètement imposé dans les démocraties occidentales un modèle intermédiaire aux variantes d'ailleurs assez accusées. À la différence du Japon et des États-Unis, les pays européens comme la Suède, l'Allemagne, la France et, dans une moindre mesure, la Grande Bretagne du fait des réformes de Margaret Thatcher, connaissent des transferts sociaux importants au profit des retraités, des chômeurs et, plus généralement, de toutes les personnes qui affrontent les risques de l'existence en position plus vulnérable (maladies, accidents...). Sans doute aujourd'hui, le doute s'est-il institué[2] mais si l'État-providence affronte de partout des critiques théoriques et des politiques de privatisation, il n'est en rien démantelé dans l'ensemble de l'Union européenne.

C L'activité responsive

Elle rend compte de la manière dont l'État réagit aux sollicitations de la conjoncture politique, économique, sociale ou internationale. Dans ses relations avec l'environnement il est, en effet, confronté à des antagonismes d'intérêts, à des aspirations et attentes contradictoires, susceptibles de se cristalliser à tout instant en conflits ouverts. L'activité majeure des gouvernants consiste à gérer cette situation : officiellement au mieux de la société tout entière, mais aussi au mieux des groupes sociaux et des intérêts auxquels les gouvernants s'identifient plus particulièrement. Cependant l'on peut dire que prévaudra toujours, chez les dirigeants, la préoccupation de réagir pour faire respecter, autant qu'il leur est possible, leur prétention au monopole de la coercition légitime. Ils ne peuvent en effet tolérer ce qui lui porte durablement, ou gravement, atteinte sans ébranler les fondements mêmes de leur propre pouvoir. Dès lors, la capacité « responsive » de l'État va se déployer à deux niveaux.

1. Robert NOZICK, *Anarchy, State and Utopia,* Oxford, Blackwell, 1974. Ce héraut de l'anarcho-libéralisme s'inscrit dans une perspective ouverte jadis par Friedrich HAYEK : *La Route de la servitude* (1940), Trad., Paris, PUF, 1946.

2. Pierre ROSANVALLON, *La Crise de l'État providence,* Paris, Seuil, 1981. Michel CROZIER, *État modeste, État moderne,* Paris, Fayard, 1987.

Anticiper les conflits. Les gouvernants tenteront de détecter les insatisfactions si possible avant même qu'elles ne se cristallisent en exigences trop puissantes. Une initiative précoce est souvent souhaitable, en termes d'efficacité, pour remédier à un malaise social. Aujourd'hui, il est courant de recourir à des études prospectives (projections dans le futur des tendances économiques, démographiques, etc.) ou de procéder à de discrètes enquêtes d'opinion pour identifier les problèmes à naître, cerner les attentes qui se constituent. Cependant, en démocratie, joue un rôle particulier le relais des élus ainsi que celui des militants politiques et associatifs présents sur le terrain. Grâce à eux, les gouvernants, moins coupés des réalités vécues par leurs concitoyens, sont censés mieux à même de réagir avec sensibilité aux premiers signaux de mécontentement, si ténus soient-ils. Ayant identifié un « problème » ils tenteront d'y apporter une « réponse », sous forme par exemple du dépôt d'un projet de loi.

Cette capacité d'anticiper se déploie, de manière plus ambitieuse, dans l'aptitude des gouvernants à proposer à leurs concitoyens des rêves qui puissent transcender discordes et antagonismes. L'exaltation du sentiment national, la défense de la laïcité, l'ambition européenne ont fait partie de ces thématiques qui rassemblent ou qui, si elles divisent, le font dans des conditions telles qu'elles obscurcissent d'autres conflits d'intérêts, brouillant d'autres clivages politiquement plus redoutés.

Traiter les conflits. Comme tout pouvoir politique, l'État est confronté soit à des menaces extérieures, soit à des dissensions internes qui l'affectent directement ou se situent plutôt au niveau de la société civile. Il ne lui est pas toujours possible d'y apporter à proprement parler une solution, c'est-à-dire une réponse qui « éteigne » définitivement le conflit. Il peut même se faire qu'il ait intérêt au maintien d'un certain niveau d'antagonisme, par exemple en vue de détourner ainsi l'attention d'autres problèmes ou faciliter des rassemblements autour de lui[1].

Face aux conflits, trois stratégies sont concevables. La première est la dénégation. Les dirigeants (avec la connivence si possible de l'opposition) peuvent parfois faire obstinément silence sur des antagonismes bien réels. Généralement, il s'agit de dossiers difficiles voire explosifs ou de questions qui divisent tous les électorats (par exemple les inégalités fiscales). La dénégation peut n'être pas seulement passive mais active, les gouvernants niant explicitement l'existence d'un

1. V. D. VOLKAN, *The Need to Have Enemies and Allies: From Clinical Practice to International Relations,* Dunmore, Jason Aronson, 1988.

problème. Ainsi du ministre réaffirmant le dévouement au bien public de « l'immense majorité » de ses subordonnés à l'occasion d'une enquête qui met en lumière les indices d'un relâchement général à tous les niveaux. Le plus souvent, une dénégation simple ne suffit pas. Les dirigeants ont alors intérêt à lui substituer un autre débat. Parfois il s'agit d'une reformulation qui brouille les termes de l'ancienne alternative. Impôt sur le capital ? impôt sur les grandes fortunes ? impôt de solidarité ? chaque dénomination successive du même type de prélèvement déplace légèrement les enjeux en cause. Parfois, il s'agit d'une substitution de fond : l'irruption plus ou moins organisée d'un nouveau conflit permettant de rejeter dans l'ombre celui qu'il convient d'occulter. La querelle de la laïcité aura joué ce rôle en France à plusieurs reprises depuis le début du XXe pour favoriser des recompositions de majorités politiques par-delà les fossés creusés par la question sociale.

La négociation constitue une autre stratégie, la plus courante, de traitement des conflits. Les dirigeants de l'État disposant du pouvoir de décider unilatéralement (par la loi ou le règlement), la négociation interne se déroule dans un contexte différent de celui qui caractérise la négociation internationale, c'est-à-dire une discussion entre des acteurs juridiquement égaux. Pourtant, même dans les relations entre l'État et ses partenaires de la société civile, la négociation joue un très grand rôle. Souvent elle se greffe sur un processus décisionnel complexe qui aboutira à l'édiction d'une politique publique, à l'adoption d'un texte législatif ou réglementaire. Son utilité, du point de vue de l'État, est de permettre l'exploration des résistances concevables, d'identifier les attentes réelles, voire de dégager les solutions techniques avec l'aide des partenaires lorsque les services administratifs ne disposent pas eux-mêmes de l'ensemble des informations nécessaires.

Mais, dans l'ordre interne comme dans l'ordre international, la négociation est aussi conditionnée par un rapport de forces[1]. C'est pourquoi la mise en œuvre du processus exige la mobilisation maximale d'informations fiables sur les intentions du partenaire, la hiérarchie de ses objectifs, l'étendue des moyens de pression dont il dispose. Réciproquement, elle suppose que le négociateur ait une vue claire des objectifs recherchés par l'État qu'il représente, ainsi que des moyens mobilisables par lui. Il convient donc que règne une excellente coordination entre tous les ministères et services concernés ; ce qui n'est pas nécessairement simple à mettre en œuvre.

1. Sur la notion de négociation, se rapporter à Thomas SCHELLING, *Stratégie du conflit*, Trad., Paris, PUF, 1986, p. 37 et sq.

Concrètement, la négociation prend la forme d'une séquence de propositions et contre-propositions, qui se succèdent dans le temps. Thomas Schelling a bien identifié les éléments susceptibles d'en structurer le déroulement[1]. Secret ou publicité ? ordre du jour ouvert ou fermé ? questions de procédure et questions de fond. Il décrit les mécanismes d'introduction de la menace ou de la promesse, explique pourquoi il convient de se référer à des principes ou à des précédents, éclaire la question du recours si fréquent aux ressources de la casuistique, etc. Lorsque des concessions apparaissent, se dessine progressivement un mécanisme de convergences autour d'une base d'accord qui offre à chaque partie un minimum de rétributions acceptables ; sinon elle aurait intérêt à rompre. C'est donc l'existence de cet intérêt commun à négocier qui confère au processus une précieuse capacité légitimatrice de la solution qui s'en dégage. On comprend dès lors que des gouvernants qui auraient, dans une situation donnée, les moyens d'imposer leur diktat, préfèrent aboutir à un résultat très proche sur le fond, mais après un dialogue voire un accord avec les parties concernées.

La confrontation est le troisième type de stratégie auquel les gouvernants peuvent recourir. Dans l'ordre interne, cela signifie qu'ils choisissent d'utiliser leurs prérogatives de puissance publique pour trancher unilatéralement, et imposer leur point de vue. Pour ce faire, ils disposent du droit d'édicter des normes unilatérales et celui d'employer la contrainte. En cas de résistance ouverte, se déclenche un processus d'exacerbation de la crise. Quelles qu'en soient l'issue et les modalités (recours ou non à la violence), la confrontation laisse toujours des traces émotionnelles dans la vie politique. Sauf, peut-être, comme le pensait cyniquement Machiavel, si la victoire conduit à la destruction totale de la partie adverse. Un échec militaire, une capitulation sont générateurs d'amertumes et de ressentiments qui perturbent longtemps la vie politique d'un pays. De même une grève qui se termine en fiasco, comme celle des mineurs du Yorkshire face à Margaret Thatcher, peut entraîner des effets redoutables à la fois sur le syndicalisme et sur l'image du parti qui l'a brisée. Et quand l'issue de l'affrontement demeure indécise, les protagonistes se retrouvent affaiblis ou épuisés, dans une situation politique généralement détériorée. La confrontation constitue donc toujours un risque. C'est pourquoi les dirigeants des démocraties pluralistes cherchent à éviter les conflits intérieurs trop aigus ou les affrontements les plus graves. Le raidissement inusité du Premier ministre, Dominique de Villepin, au printemps 2006, face à la contestation croissante de sa réforme du CPE (contrat première

1. *Loc. cit.* p. 47 et sq.

embauche) témoigne d'une double erreur : n'avoir pas anticipé la vigueur de la résistance, et n'avoir pas trouvé plus tôt une porte de sortie vers la négociation. En fait, la plupart des processus politiques font alterner des phases de confrontation soigneusement contrôlée avec les phases de négociation, mais c'est la négociation qui, normalement, détermine l'issue finale.

§ 3. L'avenir de l'État

Un certain désenchantement semble affecter aujourd'hui l'institution étatique. Elle s'exprime aussi bien dans une partie de la littérature savante, volontiers encline à évoquer une crise de l'État, que dans les opinions des citoyens. À l'ère du triomphe de l'économie de marché, se fait jour un certain reflux des attentes et de la confiance placée dans son intervention ; qui plus est, la mondialisation affecte fortement son image et ses modes d'action. Mais s'agit-il réellement d'une crise profonde ou d'une simple évolution ?

A Une érosion des croyances ?

Longtemps des croyances politiques fortes ont favorisé l'épanouissement de l'État moderne. Déjà les monarchies d'Ancien Régime trouvaient un avantage évident à la diffusion de conceptions politiques assimilant le monarque à un père de famille et la société à une grande famille : cette association, nous dit Jean Bodin, « de plusieurs mesnages et de ce qui leur est commun » (*La République*, 1576). Le pouvoir royal était crédité de justice et de bienveillance ; et s'il était exercé parfois avec une rigueur nécessaire, c'était en vue du bien commun. Enfin, il était aussi « naturel » que celui du père de famille ; voulu par la divine Providence et dévolu par elle à une famille régnante qu'elle avait distinguée[1].

Ces croyances ont été relayées et remplacées par des conceptions issues de la philosophie politique du XVIIIe siècle. L'idée de contrat social, la pratique du suffrage universel confèrent aux dirigeants une légitimité populaire en même temps qu'elles renforcent la perception d'un État incarnant l'intérêt général. Le Peuple est réputé savoir choisir ses représentants et ceux-ci censés ne vouloir que l'intérêt du Peuple

1. BOSSUET, *Politique tirée de l'Écriture Sainte*. Ouvrage composé entre 1677 et 1704.

qui les a mandatés, à peine d'être sanctionnés par lui. Même la critique marxiste de l'État bourgeois est ambiguë puisque ses connotations négatives se renversent en connotations positives dès lors que, la révolution prolétarienne accomplie, l'État devient l'instrument (provisoire ?) d'émancipation de la classe ouvrière. Ainsi un triple étatisme s'est-il vigoureusement développé, pendant les deux derniers siècles, avec, il est vrai de fortes nuances selon les pays : puissant en France, en Allemagne et dans les pays scandinaves, beaucoup plus modéré aux États-Unis ou en Grande-Bretagne, hormis l'épisode travailliste de l'après guerre (jusqu'aux années Thatcher).

Un étatisme à caractère social érige les pouvoirs publics en redresseurs des injustices et régulateurs des inégalités. C'est l'éloge de la Loi qui libère le faible alors que la liberté l'asservit au plus fort. On attend de cet État qu'il fasse assurer par tous les acteurs sociaux le respect des règles du jeu : loyauté dans la concurrence économique, égalité devant les charges publiques, soumission de tous, y compris des gouvernants, à la souveraineté du droit. Plus activement, l'État est perçu comme l'ultime protecteur des plus démunis, concrétisant le devoir moral de solidarité. Avec la mise en place d'institutions comme la sécurité sociale, l'aide aux familles, le revenu minimum garanti, s'impose la notion d'État providence.

Un second étatisme, à caractère économique et technique, veut faire de la puissance publique le maître d'œuvre du développement. Selon cette conception, l'État doit prendre en charge les investissements lourds qui dépassent les capacités de l'initiative privée (équipements d'infrastructure, recherche, formation de la main-d'œuvre...). En cas de problèmes économiques, on le perçoit comme un recours naturel ; on attend de lui qu'il adopte des mesures de soutien aux entreprises en difficulté, aux régions déprimées, aux secteurs d'activités en péril. Il y a peu, un étatisme encore plus marqué érigeait l'interventionnisme public en règle de droit commun dans la vie économique. Nationalisations, planification, fiscalité incitative étaient considérées comme les principaux outils de cet État entrepreneur et tuteur.

Un troisième étatisme enfin, de caractère missionnaire, fait du pouvoir politique le serviteur privilégié d'une grande Cause. À l'époque des nationalismes triomphants, on le voyait surtout comme fer de lance de la grandeur nationale, catalyseur de l'unité d'un Peuple dispersé... Mais on invoquait volontiers aussi une mission civilisatrice à l'égard du reste du monde, ce qui justifiait, aux yeux de beaucoup, l'expansion coloniale. Depuis la guerre froide, les États-Unis ont chéri une conception qui faisait de leur pays le bastion du monde libre et de la libre entreprise, et du gouvernement fédéral son instrument efficace. Il s'y est développé, notamment pendant les années Bush, une idéologie interventionniste en vue de promouvoir la démocratie libérale, à l'échelle internationale. En France, l'État républicain a particulièrement exalté les Droits de l'Homme et les valeurs de Liberté, d'Égalité et de Fraternité, ce qui a parfois inspiré un certain ton dans les initiatives diplomatiques.

Sans doute a-il toujours existé des discours négatifs ou hostiles : d'un côté l'anarchisme d'un Bakounine, de l'autre les courants libertariens de droite systématiquement hostiles à l'État au nom du marché. Plus largement diffusé que ces doctrines radicales, un antiétatisme spontané a traversé de nombreux segments de la société, se repaissant d'images comme la « gestapo fiscale », « le fonctionnaire budgétivore », « l'État policier ». Mais ces représentations n'ont jamais suffi à contrebalancer le puissant système de légitimations dont bénéficiait l'État.

En va-t-il toujours ainsi aujourd'hui ? Des études menées dans de nombreux pays européens, nord- et sud-américains, tendent à montrer combien, depuis une vingtaine d'années, la confiance des citoyens dans les institutions étatiques a diminué : l'armée et la police mais aussi la haute administration et la justice[1]. Les causes avouées de cette désaffection sont variées : d'un côté le sentiment qu'il y a des abus de pouvoir des dirigeants, de l'autre le scepticisme sur leur efficacité. Sans doute le soupçon de corruption, de favoritisme ou de clientélisme joue-t-il un rôle crucial alors qu'il est probable que ces phénomènes, davantage médiatisés que par le passé, sont néanmoins en recul sensible, en Europe du moins. Plus préoccupant en revanche est le sentiment diffus d'une incapacité croissante de l'État à maîtriser les problèmes qui affectent les citoyens : le chômage, l'insécurité, la drogue, la protection de l'environnement... Ces représentations correspondent-elles à une réalité tangible sur le terrain ou ne sont-elles que le reflet d'un discours nouveau qui fait systématiquement l'éloge du recours au secteur privé face à l'impuissance publique ? Ce qui est certain, c'est que ces croyances, fondées ou non, expliquent en partie la chute de la participation politique des citoyens.

B Une dilution de ses capacités d'action ?

Un phénomène fondamental affecte l'avenir de l'État contemporain : c'est le prodigieux renforcement de l'interdépendance internationale. Celui-ci résulte de deux dynamiques majeures. D'abord, on l'a

1. Mattéi DOGAN, « Erosion of Confidence in Advanced Democracies », *Studies in Comparative International Development* (32), 1997, 3, p. 3-29.

vu dans le chapitre précédent, la globalisation des échanges économiques. Fondée sur l'abaissement des frontières et le déploiement de la concurrence entre les entreprises, elle favorise l'émergence de grandes firmes multinationales qui ont des stratégies à l'échelle d'ensembles régionaux (l'Europe par exemple) ou planétaires. Parallèlement, la nécessité de mettre en place un ordre économique mondial compatible avec ce développement des échanges, a débouché sur la mise en place d'institutions internationales telles que le FMI, le GATT devenu l'Organisation Mondiale du Commerce, le G8 et tant d'autres au niveau des sous-ensembles continentaux. La question majeure est donc de savoir ce qui peut subsister du pouvoir d'intervention étatique en économie ouverte. Ces données nouvelles rendent infiniment plus difficile, en effet, la conduite par les États d'une politique économique, sociale ou monétaire qu'ils pourraient définir en toute souveraineté. L'autre dynamique majeure concerne le développement des échanges culturels et les flux d'informations qui se jouent des frontières politiques. Les nouvelles technologies de la communication à distance facilitent la diffusion de produits de consommation de masse, plaçant les gouvernants des États devant de redoutables dilemmes. Comment protéger les identités culturelles nationales devant la puissance des industries les plus avancées sur le terrain du loisir ou de la création intellectuelle et artistique ? Et, s'il s'agit d'États démocratiques, comment résister sans porter radicalement atteinte aux libertés d'expression et de diffusion ?

Il faudrait enfin faire état des formes de regroupement régional (Mercosur en Amérique latine, Asean en Asie...) qui conduisent les États à renforcer leur concertation, mais dans une mesure qui peut les lier de plus en plus considérablement. C'est évidemment avec l'Union européenne que le défi est le plus spectaculaire puisque l'intégration économique y est particulièrement poussée. Certains auteurs considèrent que les États se transforment, plutôt qu'ils ne voient dépérir leur capacité d'influence. Françoise Massart-Piérard soutient l'idée que la construction européenne, par exemple, aura constitué « un multiplicateur de puissance plutôt qu'un handicap pour la souveraineté » de ses membres[1]. Pourtant, on ne saurait nier que l'Union européenne, surtout depuis l'Acte unique européen de 1986 et la mise en place de l'union monétaire, est en train de devenir (est déjà devenue ?) une sorte d'État

1. Françoise MASSART-PIERARD, *L'Europe en tous ses États. Entre mythe et contrainte communautaire,* Bruxelles, Bruylant, 1993, p. 190. Également, Paul MAGNETTE, *L'Europe, l'État et la démocratie,* Bruxelles, Complexe, 2000 ; Jean-Louis QUERMONNE, *Le Système politique de l'Union européenne,* 2e édition, Paris, Montchrestien, 2002.

fédéral de format nouveau, se substituant largement aux souverainetés de ses composantes[1].

Beaucoup d'autres auteurs insistent, à juste titre, sur l'impact de cette globalisation économique. L'importance croissante des régulations par le marché oblige souvent l'État à renoncer à ses capacités d'intervention au nom de la liberté du commerce à l'échelle internationale[2]. L'extension des « flux transnationaux »[3] (populations, capitaux, biens de consommation) provoque une certaine paralysie de l'initiative des États puisqu'ils ne sauraient agir sur eux sans provoquer des effets au-delà de leurs frontières. Il serait bien sûr excessif de parler d'« État creux » ou d'évidement de l'État selon les formules provisoirement à la mode ; mais le fait est que les gouvernants voient se transformer sensiblement les conditions d'exercice de leur pouvoir. Sur la scène internationale, des acteurs non étatiques s'affirment de plus en plus comme des interlocuteurs à part entière. Dans l'ordre interne, les privatisations sont depuis deux décennies à l'ordre du jour dans la plupart des pays européens qui avaient construit un secteur public puissant (Grande-Bretagne, Italie, France...) ; ce qui traduit une volonté de désengagement mais exprime aussi le poids des contraintes internationales de l'économie de marché. Il leur est également devenu plus difficile de résister totalement aux tentatives de coopération transnationale directe que les grandes villes ou les régions tendent à mener, notamment en Europe. Des réseaux d'acteurs/décideurs associent, par-delà les frontières du public et du privé, de l'interne et de l'international, à la fois des responsables politiques, des dirigeants de firmes privées ou d'organismes internationaux à vocation financière, économique, industrielle, des experts qui ont l'habitude de travailler ensemble, etc.

L'expansion du modèle étatique occidental, au-delà de ses frontières culturelles d'origine, ce que Bertrand Badie a appelé le phénomène d'« importation de l'État »[4], a fait surgir des problèmes particuliers dans les pays non européens. Les nouveaux pays indépendants du XXe siècle se sont dotés de constitutions démocratiques, calquées sur les modèles européens ou américains, à moins qu'ils n'aient emprunté une voie révolutionnaire faite de références au marxisme-léninisme. Toutefois,

1. *Infra,* chapitre 10.
2. Suzan STRANGE, *The Retreat of Power in the World Economy*, 4e édition, Cambridge, Cambridge University Press, 1999.
3. Bertrand BADIE, Marie-Claude SMOUTS, *Le Retournement du monde,* Paris, Presses de la FNSP et Dalloz, 1992, p. 69 et sq. Bertrand BADIE, *La Fin des territoires,* Paris, Fayard, 1995, p. 132 et sq pour le chapitre intitulé : « La décomposition des territoires ».
4. Bertrand BADIE, *L'État importé,* Paris, Fayard, 1992.

depuis l'effondrement de l'URSS, la démocratisation, au moins formelle, s'est imposée à l'ordre du jour de nombreux pays, notamment africains. Le phénomène tend à souligner encore davantage le processus d'occidentalisation du pouvoir politique puisque le pluripartisme et les élections librement disputées constituent incontestablement un héritage de l'Europe et des États-Unis.

Observe-t-on une acclimatation effective du modèle étatique occidental ou doit-on plutôt enregistrer des phénomènes d'hybridation ? Jean-François Bayart soutient, avec de bons arguments la seconde réponse[1]. Pour lui, les formes constitutionnelles importées (présidentielles ou parlementaires) sont réinvesties par les traditions et la culture politique locales. Elles fonctionnent selon d'autres règles du jeu que celles de leur milieu d'origine, tandis que les symboliques politiques s'« indigénisent ». Quant à Bertrand Badie il souligne dans un précédent ouvrage[2] combien, malgré les apparences extérieures, l'État en terre d'Islam se fonde sur un système de légitimation culturelle bien différent de celui du monde occidental, ce qui induit des conséquences majeures en ce qui concerne la conception même de la Loi, et de sa nécessité. Dans un second ouvrage, il insiste sur un autre aspect du problème. L'auteur de *L'État importé* montre en effet pourquoi cette greffe des formes occidentales du pouvoir politique a été génératrice de désordres. Le nouvel État bouscule les logiques traditionnelles de gouvernement, les modes de mobilisation collective, favorisant un vide politique au sommet et la relance à la base de crispations identitaires, de nature confessionnelle ou ethnique. Il s'ensuit, dans la culture politique, une « perte générale du sens » qui débouche, dans nombre d'exemples, sur la paralysie d'institutions, gravement affectées par la corruption, et sur des affrontements parfois très meurtriers (Éthiopie, Afghanistan, Rwanda, Congo Kinshasa et Congo Brazzaville, Sierra Leone, etc.). Depuis vingt ans, plusieurs États ont implosé (Yougoslavie, Somalie, Centrafrique, Irak, Timor...) ; d'autres, plus nombreux encore, ne sont guère que des coquilles vides.

On conclura en soulignant que la faiblesse politique de beaucoup d'États apparaîtra de plus en plus visible avec la poursuite des processus en cours. Outre l'impuissance économique croissante de leurs dirigeants, face aux grandes multinationales et aux processus économiques actifs à l'échelle mondiale, le processus de judiciarisation des relations internationales contribuera davantage encore à la réduction de la liberté d'action et de la souveraineté des plus faibles d'entre

1. Jean-François BAYART, *L'État en Afrique,* Paris, Fayard, 1989.
2. Bertrand BADIE, *Les Deux États,* Paris, Fayard, 1987.

eux[1]. En revanche, un nombre restreint de grandes puissances, et parmi elles les États-Unis en position hégémonique, verront leur rôle accru, soit à la faveur des regroupements régionaux ou mondiaux auxquels elles participent, soit parce que s'affirmeront de nouvelles entités politiques d'un type inédit (Union européenne). Des formes de leadership collectif inégalitaire, notamment dans la conduite d'opérations internationales sous le drapeau des Nations Unies, sont sans doute appelées à se développer. C'est pourquoi la littérature scientifique la plus récente remet à l'ordre du jour la notion d'empire[2]. Sans doute lui donne-t-elle des significations nouvelles par rapport aux représentations mentales associées aux empires romain et byzantin, ou, plus proches de nous, aux empires ottoman, russe, austro-hongrois ou allemand ainsi qu'aux empires coloniaux. Leur caractéristique commune était en effet la domination politique des peuples hétérogènes réunis dans un ensemble politique unique, et, dans la plupart des cas, une prétention idéologique à une forme ou l'autre d'universalisme. Aujourd'hui, la notion d'empire s'inscrit dans le respect au moins formel des formes étatiques. Elle cherche plutôt à prendre en compte l'importance des relations de clientèle qu'un petit nombre de très grandes puissances, en premier lieu les États-Unis, sont capables de nouer à leur profit avec les autres États de la communauté internationale. Cependant, le monde demeure largement multipolaire et les capacités de résistance des puissances de second rang ne saurait être sous-estimée. Aussi l'avènement d'un empire universel demeure-t-il encore une perspective très éloignée.

1. On pense à la création de juridictions pénales internationales ou, dans le cadre européen, à la Convention européenne des Droits de l'Homme. On pense aussi aux interventions humanitaires sous la houlette de l'ONU, de l'UE ou des États-Unis au Soudan et au Tchad, au quasi protectorat imposé au Kossovo.

2. Alexander MOTYL, *Nations, Revolutions, Empires. Conceptual Limits and Theoretical Possibilities*, New York, Columbia University Press, 1999. Également, Justin VAÏSSE, « Les Sens de l'empire », *in* M. WIEVIORKA (Dir.), *L'Empire américain ?*, Paris, Balland, 2004.

Orientation bibliographique

Classiques

CARRÉ DE MALBERG Roger, *Contribution à la théorie générale de l'État,* Paris, Alcan, 1922.

EISENSTADT Samuel, ROKKAN Stein, *Building States and Nations,* Londres, Sage, 1973, Tome II.

ÉLIAS Norbert, *La Dynamique de l'Occident* (1939), Trad., Paris, Calmann-Lévy, 1975.

ENGELS Friedrich, *L'Origine de la famille, de la propriété privée et de l'État* (1884), Paris, Éd. Sociales, 1983.

MADISON James, HAMILTON Alexander, JAY John, *Le Fédéraliste* (1790), Trad., Paris, LGDJ/Economica, 1987.

HOBBES Thomas, *Léviathan* (1651), Trad., Paris, Sirey, 1971.

JELLINEK Georg, *L'État moderne et son droit* (1909), Trad., Giard et Brière, 1911.

KELSEN Hans, *Théorie pure du droit* (1929), Trad., Paris, Dalloz, 1962.

LÉNINE (Vladimir ILLITCH), *L'État et la Révolution* (1917), Paris, Éd. Sociales, 1976.

SCHMITT Carl, *Théorie de la Constitution* (1928), Trad., Paris, PUF, 1993.

STRAYER Joseph, *Les Origines médiévales de l'État moderne* (1970), Trad., Paris Payot, 1979.

TOCQUEVILLE (de) Alexis, *L'Ancien Régime et la Révolution* (1856), Paris, Gallimard, 1967.

WEBER Eugen, *La Fin des terroirs. La modernisation de la France rurale,* 1870-1914 (1976), Trad., Paris, Fayard, 1983.

WEBER Max, *Économie et société* (1922), Trad., Paris, Plon, 1991.

Études contemporaines

ABÉLÈS Marc, *Anthropologie de l'État,* Paris, A. Colin, 1990.

ALLUM Percy, *State and Society in Western Europe*, Polity Press, 1995.

ANDERSON Benedict, *L'Imaginaire national. Réflexions sur l'origine et l'essor du nationalisme,* Trad., Paris, La Découverte, 1996.

ANDERSON James, O'DOWD Liam, WILSON Thomas, *New Borders for a Changing Europe. Cross-border Cooperation and Governance*, Londres, Frank Cass, 2003.

ANDERSON Perry, *L'État absolutiste. Ses origines et ses voies,* Trad., Paris, Maspero, 1978.

APTER David, *Pour l'État, Contre l'État,* Paris, Economica, 1988.

BADIE Bertrand, *Les Deux États,* Paris, Fayard, 1987.
BADIE Bertrand, *L'État importé. L'occidentalisation de l'ordre politique,* Paris, Fayard, 1992.
BADIE Bertrand, *La Fin des territoires,* Paris, Fayard, 1995.
BADIE Bertrand, SMOUTS Marie-Claude, *Le retournement du monde,* Paris, Presses de la FNSP/Dalloz, 1992.
BALIBAR Étienne, *Nous, citoyens d'Europe ? Les Frontières, l'État et le Peuple*, Paris, La Découverte, 2001.
BAYART Jean-François, *L'État en Afrique. La politique du ventre* (1989), rééd., Paris, Fayard, 2006.
BAYART Jean-François, *L'Illusion identitaire,* Paris, Fayard, 1996.
BEAUD Olivier, « Fédéralisme et souveraineté », *Revue de Droit Public*, 1998, I, p. 83 sq.
BERGERON Gérard, *Petit traité de l'État,* Paris, PUF, 1990.
BERGERON Gérard, *L'État en fonctionnement,* Paris, L'Harmattan, 1993.
BERSTEIN Serge, RUDELLE Odile (Dir.), *Le Modèle républicain,* Paris, PUF, 1992.
BIAREZ Sylvie, *Territoires et espaces politiques*, Grenoble, PUG, 2000.
BIRNBAUM Pierre, *La Logique de l'État,* Paris, Fayard, 1981.
BONNEMAISON Joël, CAMBREZY Luc, QUINTY-BOURGEOIS Laurence (Dir.), *Le Territoire. Lien ou frontière ?*, 2 vol., Paris, L'Harmattan, 1999.
BRAUD Philippe, *Penser l'État,* 2e édition, Paris, Seuil, 2004.
BURDEAU François, *Histoire de l'administration française*, Paris, Montchrestien, 2e édition, 1994.
BURGI Noëlle, *L'État britannique contre les syndicats,* Paris, Kimé, 1992.
CAHIERS DU CEVIPOF, *Autour du communautarisme* (43), septembre, 2005.
CAMBIER Alain, *Qu'est-ce que l'État ?,* Paris, Vrin, 2004.
CAMERON David, RANIS Gustav, ZINN Annalisa (Eds.), *Globalization and Self Determination. Is the Nation State under Siege?*, Londres, Routledge, 2006.
CHAUDET Didier, PARMENTIER Florent, PELOPIDAS Benoît, *L'Empire au miroir. Stratégies de puissance aux États-Unis et en Russie*, Genève, Droz, 2007.
CHEVALLIER Jacques, *L'État de droit,* 3e édition, Paris, Montchrestien, 1999.
CHEVALLIER Jacques, *L'État postmoderne*, Paris, LGDJ, 2003.
CLAISSE Alain, MEININGER Marie-Christine, *Fonctions publiques en Europe*, Paris, Montchrestien, 1994.

CLASTRES Pierre, *La Société contre l'État,* Paris, Minuit, 1974.

COHEN Élie, *La Tentation hexagonale : la souveraineté économique à l'épreuve de la mondialisation*, Paris, Fayard, 1996.

CROISAT Maurice, *Le Fédéralisme dans les démocraties contemporaines,* 3e édition, Paris, Montchrestien, 1999.

CROISAT Maurice, QUERMONNE Jean-Louis, *L'Europe et le fédéralisme,* 2e édition, Paris, Montchrestien, 1999.

CROZIER Michel, *État modeste, État moderne,* Paris, Fayard, 1987.

CROZIER Michel, *Comment réformer l'État ?*, Paris, La Documentation française, 1988.

COURTY Guillaume, DEVIN Guillaume, *L'Europe politique, Paris,* La Découverte, 1996.

DEHOUSSE Renaud (Dir.), *Une Constitution pour l'Europe ?* Paris, Presses de Sciences Po, 2002.

DELANTY Gérard, « Borders in a Changing Europe. Dynamics of Openness and Closure », *Comparative European Politics* 2006-2007 (09), no 2/3, p. 183-202.

DELCAMP Alain, LOUGHLIN John (Dir.), *La Décentralisation dans les États de l'Europe*, Paris, La Documentation française, 2002.

DENOIX DE SAINT MARC Renaud, *L'État*, rééd., Paris, PUF, QSJ ?, 2003.

DOORNBOS Martin, *Global Forces and State Restructuring. Dynamics of State Formation and Collapses*, New York, Palgrave MacMillan, 2006.

DROITS, « L'État », Paris, PUF, 1992, t. 1, no 15, t. 2, no 16.

DUPOIRIER Elizabeth, *Régions : la croisée des chemins,* Paris, Presses de Sciences Po, 1998.

DWORKIN Ronald, *Une Question de principe*, Trad., Paris, PUF, 1996.

EWALD François, *Histoire de l'État providence*, Paris, Le Livre de poche, 1996.

FAWELL Adrian, *Philosophies of Integration. Immigration and the Idea of Citizenship in France and Britain*, Londres, MacMillan, 1997.

FUKUYAMA Francis, *State Building. Gouvernance et ordre du monde au XXIe siècle*, Trad., Paris, La Table Ronde, 2005.

GANSHOF François, *Qu'est-ce que la féodalité ?,* 5e édition, Paris, Hachette, 1993.

GEERTZ Clifford, *L'État à Bali,* Trad., Paris, Gallimard, 1980.

GENET Jean-Philippe (Dir.), *L'État moderne : genèse,* Paris, Éd. du CNRS, 1990.

GRAEME Gill, *The Nature and Development of the Modern State*, Basingstoke, Palgrave MacMillan, 2003.

GOLDMANN Kjell, *Transforming the European Nation-State*, Londres, Sage, 2001.

GOYARD-FABRE Simone, *L'État, figure moderne de la politique*, Paris, A. Colin, 1999.

HABERMAS Jürgen, *Après l'État-nation. Une nouvelle constellation politique*, Trad., Paris, Fayard, 2000.

HANSEN Herman, *Polis et Cité-État. Un concept antique et son équivalent moderne*, Trad., Paris, Les Belles Lettres, 2004.

HAY Colin, LISTER Michael, MARSH David, *The State. Theories and Issues*, Basingstoke, Palgrave MacMillan, 2006.

HERMET Guy, *Histoire des nations et du nationalisme en Europe,* Paris, Seuil, 1996.

HIBOU Béatrice (Dir.), *La Privatisation des États,* Paris, Karthala, 1999.

JACKMAN Robert, *Power without Force. The Political Capacity of Nation-States*, Ann Arbor, University of Michigan Press, 1993.

JESSOP Bob, *The Future of the Capitalist State,* Cambridge, Polity Press, 2002.

JOURNÉS Claude, *L'État britannique,* 2e édition, Paris, Publisud, 1994.

KRIEGEL Blandine, *Les Chemins de l'État,* Paris, Calmann-Lévy, 1986.

KRIEGEL Blandine, *État de droit ou empire*, Paris, Bayard Culture, 2002.

KRIEGEL Blandine, *L'État et les esclaves* (1989), rééd., Paris, Calmann-Lévy, 2003.

KING Roger, *The State, Democracy and Globalization*, Basingstoke, Palgrave MacMillan, 2003.

LAPIERRE Jean-William, *Vivre sans État ? Essai sur le pouvoir politique et l'innovation sociale,* Paris, Seuil, 1977.

LE GALÈS Patrick, LEQUESNE Christian (Dir.), *Les Paradoxes des régions en Europe*, Paris, La Découverte, 1997.

LE GLOANNEC Anne-Marie (Dir.), *Entre Union et nation. L'État en Europe,* Paris, Presses de Sciences Po, 1998.

LEVY Jacques (Dir.), *Géographies du politique,* Paris, Presses de la FNSP, 1991.

MAJONE Giandomenico, *La Communauté européenne : un État régulateur,* Paris, Montchrestien, 1996.

MAGNETTE Paul, *La Constitution de l'Europe*, 2e édition, Bruxelles, Éd. de l'ULB, 2002.

MAGNETTE Paul, *L'Europe, l'État et la démocratie*, Bruxelles, Complexe, 2000.

MERRIEN François-Xavier, *L'État providence,* rééd., Paris, PUF, QSJ ?, 2007.

MERRIEN François-Xavier, PARCHET Raphaël, KERNEN Antoine, *L'État social. Une perspective internationale*, Paris, A. Colin, 2005.

MOSTOV Julie, *Soft Borders. Rethinking Sovereignty and Democracy*, Basingstoke, Palgrave MacMillan, 2005.

MOTYL Alexander, *Imperial Ends. The Decay, Collapse and Revival of Empires*, New York, Columbia University Press, 2001.

MOTYL Alexander, *Nations, Revolutions, Empires. Conceptual Limits and Theoretical Possibilities*, New York, Columbia University Press, 1999.

OMAE Kenichi, *The End of the Nation State. The Rise of Regional Economies*, New York, Free Press, 1995.

QUERMONNE Jean-Louis, *L'Appareil administratif de l'État,* Paris, Seuil, 1993.

PADIOLEAU Jean, *L'État au concret,* Paris, PUF, 1982.

PAQUIER Romain, *La Capacité politique des régions, Une comparaison France/Espagne*, Rennes, PUR, 2004.

PAUL Thazhakuzhyil, IKENBERRY John, HALL John, *The Nation State in Question*, Princeton, Princeton University Press, 2003.

PAYE Olivier (Dir.), *Que reste-t-il de l'État ? Érosion ou renaissance ?*, IIe Congrès de l'Association Belge de Science Politique, Louvain la Neuve, Bruylant, 2004.

PIERSON Christopher, *The Modern State*, 2e édition, Londres, Routledge, 2005.

PRESSMAN (Ed.), *Alternative Theories of State*, Basingstoke, Palgrave MacMillan, 2006.

RAPPORT de la Mission sur les responsabilités et l'organisation de l'État (dit *Rapport Picq*), Paris, La Documentation française, 1995.

RÉMOND Bruno, *La Région. Une unité politique d'avenir*, 3e édition, Paris, Montchrestien, 1999.

RÉMOND Bruno, *De la Démocratie locale en Europe,* Paris, Presses de Sciences Po, 2001.

ROKKAN Stein, *State Formation, Nation-Building and Mass Politics in Europe,* Oxford, Oxford University Press, 1995.

ROSANVALLON Pierre, *Le Sacre du citoyen,* Paris, Gallimard, 1992.

ROSANVALLON Pierre, *La Crise de l'État providence*, rééd., Paris, Seuil, 1992.

ROSANVALLON Pierre, *L'État en France de 1789 à nos jours,* 2e édition, Paris, Seuil, 1993.

ROUBAN Luc, *Le Pouvoir anonyme. Les mutations de l'État à la française,* Paris, Presses de la FNSP, 1994.

ROUBAN Luc, *La Fin des technocrates ?*, Paris, Presses de Sciences Po, 1998.

SADRAN Pierre *Le Système administratif français,* 2e édition, Paris, Montchrestien, 1997.

SADRAN Pierre, « The French State and the Challenges of the Twenty-first Century », *in* Susan MILNER, Nick PARSONS (Eds.), *Reinventing France*, Basinstoke, Palgrave, 2003.

SALAMÉ Ghassan, *Appels d'empire. Ingérences et résistances à l'âge de la mondialisation,* Paris, Fayard, 1996.

SEYMOUR Michel (Ed.), *The Fate of the Nation State,* Montréal, McGill University Press, 2004.

SHKLAR Judith, *American Citizenship,* Cambridge (Mass), Harvard University Press, 1991.

SKOCPOL Theda (Ed.), *Bringing the State Back in,* Londres, Cambridge University Press, 1985.

STEINBERGER Peter, *The Idea of State*, Cambridge, Cambridge University Press, 2004.

STRANGE Suzan, *The Retreat of the State. Power in the World Economy*, Cambridge, Cambridge University Press, 1996.

TAGUIEFF Pierre-André, *La République enlisée. Pluralisme, communautarisme et citoyenneté*, Paris, Éd. des Syrtes, 2005.

TILLY Charles (Ed.), *The Formation of National States in Western Democracies,* Princeton University Press, 1975.

TOINET Marie-France (Dir.), *L'État en Amérique,* Paris, Presses de la Fondation nationale des sciences politiques, 1989.

TROPER Michel, *Pour une Théorie juridique de l'État,* Paris, PUF, 1994.

WALLERSTEIN Immanuel, *Le Système du monde du* XVe *siècle à nos jours* (1974/1980), Trad., Paris, Flammarion, t. I, 1980, t. 2, 1985.

WELTZ Pierre, *Des Lieux et des liens. Le territoire français à l'heure de la mondialisation*, La Tour d'Aygues, Éd. de l'Aube, 2004.

WRIGHT Vincent, CASSESE Sabino (Dir.), *La Recomposition de l'État en Europe,* Paris, La Découverte, 1996.

SADRAN Pierre, « The French State and the Challenges of the Twenty-first Century », *in* Susan MILNER, Nick PARSONS (Eds.), *Reinventing France*, Basingstoke, Palgrave, 2003.

SALAMÉ Ghassan, *Appels d'empire. Ingérences et résistances à l'âge de la mondialisation*, Paris, Fayard, 1996.

SEYMOUR Michel (Ed.), *The Fate of the Nation State*, Montréal, McGill University Press, 2004.

SHKLAR Judith, *American Citizenship*, Cambridge (Mass.), Harvard University Press, 1991.

SKOCPOL Theda (Ed.), *Bringing the State Back in*, Londres, Cambridge University Press, 1985.

STEINBERGER Peter, *The Idea of the State*, Cambridge, Cambridge University Press, 2004.

STRANGE Susan, *The Retreat of the State. Power in the World Economy*, Cambridge, Cambridge University Press, 1996.

TAGUIEFF Pierre-André, *La République enlisée. Pluralisme, communautarisme et citoyenneté*, Paris, Éd. des Syrtes, 2005.

TILLY Charles (Ed.), *The Formation of National States in Western Europe*, Princeton, Princeton University Press, 1975.

TOINET Marie-France (Dir.), *L'État en Amérique*, Paris, Presses de la Fondation nationale des sciences politiques, 1989.

TROPER Michel, *Pour une théorie juridique de l'État*, Paris, PUF, 1994.

WALLERSTEIN Immanuel, *Le Système du monde du XV*[e] *siècle à nos jours* (1974/1980), trad., Paris, Flammarion, t. I, 1980, t. 2, 1985.

WELTZ Pierre, *Des lieux et des liens. Le territoire français à l'heure de la mondialisation*, La Tour d'Aigues, Éd. de l'Aube, 2004.

WRIGHT Vincent, CASSESE Sabino (Dir.), *La Recomposition de l'État en Europe*, Paris, La Découverte, 1996.

Chapitre 5
Systèmes et régimes politiques

En sciences sociales, la notion de système est souvent d'un usage incontrôlé. Le fait étant incontestable, rien n'est plus académique que la traditionnelle mise en garde contre les dangers que recèle son emploi. Néanmoins, il demeure nécessaire d'y recourir. En effet, le concept de système permet seul de penser les relations qui s'établissent de façon privilégiée entre des phénomènes fortement interdépendants. En outre, il facilite une double opération intellectuelle, indispensable à la compréhension de l'instance politique : resituer celle-ci dans son environnement extérieur et expliciter les dynamiques internes qui la traversent.

Plus étroite que celle de système politique, la notion de régime rend compte de l'organisation des pouvoirs publics constitutionnels. Elle privilégie plutôt l'aspect juridico-institutionnel. Les règles du jeu définies à ce niveau ont néanmoins une importance suffisante pour justifier des classements significatifs.

Section 1
Le concept de système politique

Selon David Easton, « un système politique peut être défini comme l'ensemble des interactions par lesquelles les objets de valeur sont répartis par voie d'autorité dans une société »[1]. Cette formulation combine deux éléments : une référence à ce que l'on entend généralement par système en philosophie des sciences à savoir une totalité d'éléments interdépendants dont la combinaison est indispensable à la reproduction de l'ensemble ; une définition de ce qui fait l'originalité du système politique, c'est-à-dire un mode collectif d'allocation de biens fondé sur un pouvoir d'injonction.

Pour concrétiser le contenu de ce système politique global, on admettra, à la suite d'Amitaï Etzioni par exemple, qu'il inclut les pouvoirs publics (avec les règles qui les régissent), les partis et groupes d'intérêt qui interviennent sur la scène politique ainsi que l'ensemble des processus de mobilisation, de participation et de représentation à travers lesquels se construisent les relations entre simples profanes et professionnels de la politique, entre gouvernés et gouvernants.

Cette définition soulève bien des problèmes, mais elle constitue cependant un bon point de départ. Elle situe le système politique comme une totalité englobant l'ensemble des phénomènes considérés comme tels par l'analyse savante. Toutefois, on ne doit pas oublier la possibilité d'étudier, à un niveau meso ou micro, de nombreux sous-systèmes politiques : le Parlement comme système d'action politique, ou encore un parti, un réseau, voire une manifestation. Il n'en est pas moins utile de se référer à la notion de système politique comme concept globalisant de façon à permettre de poser deux problèmes qui ne sauraient être esquivés :

1. David EASTON, *Analyse du système politique politique* (1965), Trad., Paris, A. Colin, 1974, p. 23. Également Jean-William LAPIERRE, *L'analyse des systèmes politiques,* Paris, PUF, 1973. *Adde* : l'ouvrage de référence pionnier, L. VON BERTALANFFY, *Théorie générale des systèmes. Physique, biologie, sociologie, philosophie* (1968), Trad., Paris, Dunod, 2e édition, 1973.

– quelle est la place du politique dans l'ensemble des autres systèmes sociaux d'actions ?

– quelles sont ses capacités d'adaptation et de pérennisation ?

§ 1. Modèle abstrait et dynamiques concrètes

Ce sont les ouvrages de David Easton qui ont introduit en science politique l'analyse de système, élaborée d'abord dans des disciplines comme la physique, la chimie ou la biologie. Bien que l'analyse eastonienne subisse aujourd'hui une éclipse, elle mérite néanmoins d'être rapportée. Il s'agit, en effet, d'une tentative très élaborée pour offrir un cadre conceptuel permettant de mieux penser les observations de terrain. Même non reconnue explicitement, son influence est encore considérable sur la manière d'aborder les questions centrales du politique. Parallèlement à ce type de démarche abstraite, des études historiques ou des enquêtes mobilisant des matériaux empiriques se sont efforcés de dégager des lois tendancielles du développement politique dans une perspective qui, au sens large, est également systémique.

A Le système politique chez Easton

Le point de départ adopté par l'auteur est l'idée selon laquelle on peut concevoir, d'un point de vue analytique, un ensemble intégré de comportements politiques soumis à des influences perçues comme « externes ». Comme tout système véritable, ce qui le caractérise c'est sa capacité à se perpétuer malgré les chocs qu'il reçoit de son environnement, prouvant ainsi sa faculté d'adaptation et son aptitude à réagir aux perturbations. En dépit d'un contresens fréquent, cela ne signifie pas nécessairement immobilité ou invariabilité : en effet, grâce à leur capacité de réponse aux stress issus de l'extérieur, les systèmes politiques « peuvent régler leur propre comportement, transformer leur structure interne et même aller jusqu'à modifier leurs buts fondamentaux »[1]. Ce n'est que dans des situations limites où les perturbations venues de l'environnement atteignent une zone critique que sa survie en tant que « mode de répartition autoritaire des biens de valeur » est remise en cause. Ce qui se produit par exemple lorsqu'une crise économique particulièrement grave entraîne « une désorganisation

1. D. Easton, *Analyse du système politique* (1965), Trad., Paris, A. Colin, 1974, p. 20.

Tableau n° 9
Boucles de rétroaction multiples dans un système politique

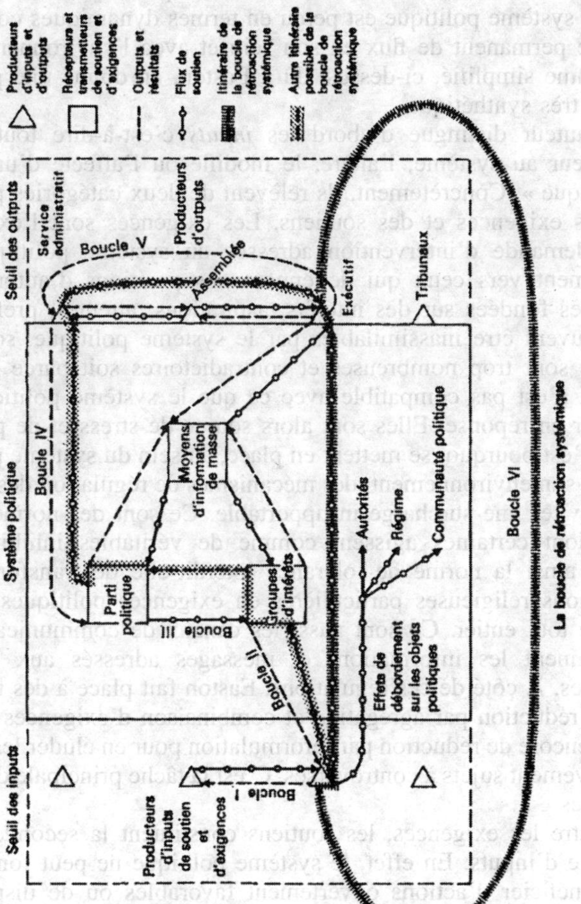

Source : Easton, *Analyse du système politique* (Trad.) A. Colin, 1974, p. 33.

générale et la désaffection à l'égard du système politique ». Les propres termes d'Easton qui s'appliquent si bien à l'histoire de l'URSS des années 1989-1991, prouvent que l'analyse de système n'exclut nullement de son schéma l'effondrement ou la disparition.

Le système politique est perçu en termes dynamiques comme un échange permanent de flux en son sein et avec l'environnement. Le diagramme simplifié, ci-dessus, dû à Easton, en donne une première mesure très synthétique.

L'auteur distingue d'abord les *inputs* c'est-à-dire tout ce qui « extérieur au système, l'altère, le modifie ou l'affecte d'une façon quelconque ». Concrètement, ils relèvent de deux catégories principales : des exigences et des soutiens. Les exigences sont l'expression d'une demande d'intervention adressée au système politique, plus précisément vers ceux qui détiennent des positions d'autorité. Ces exigences fondées sur des intérêts, aspirations, attentes, préférences, etc., peuvent être inassimilables par le système politique, soit parce qu'elles sont trop nombreuses et contradictoires soit parce que leur contenu n'est pas compatible avec ce que le système politique peut accorder en réponse. Elles sont alors source de stress et de perturbations. C'est pourquoi se mettent en place, au sein du système politique ou dans son environnement, des mécanismes de régulation des attentes afin d'éviter une surcharge insupportable. Ce sont des normes culturelles dont certaines agissent comme de véritables inhibiteurs de désirs : ainsi la norme de tolérance interdit-elle de transformer des convictions religieuses particulières en exigences politiques pour le système tout entier. Ce sont aussi les canaux de communication qui sélectionnent les informations et messages adressés aux autorités politiques. À côté de ces régulations, Easton fait place à des mécanismes de réduction par agrégation et combinaison d'exigences disparates, ou encore de réduction par reformulation pour en éluder les aspects excessivement sujets à controverses. C'est la tâche principale des partis politiques.

Outre les exigences, les soutiens constituent la seconde grande catégorie d'inputs. En effet, le système politique ne peut fonctionner sans bénéficier d'actions ouvertement favorables ou de dispositions d'esprit adéquates (attitudes diffuses). Ces soutiens ont pour objet soit la communauté politique (tout ce qui va dans le sens de sa cohésion et du renforcement de son identité), soit les valeurs et principes sur lesquels repose le régime considéré (attachement au pluralisme dans une démocratie libérale), soit enfin les objectifs que se donnent les autorités politiques en place : développement économique, réduction des inégalités, protection des acquis sociaux... L'indifférence et l'apathie constituent un soutien nul et l'hostilité un soutien négatif. Par cette approche, Easton réintroduit la notion de légitimité comme élément nécessaire au fonctionnement du système politique.

Symétriques des inputs, les *outputs* servent à désigner la manière dont le système agit en retour sur son environnement ; ils mesurent en quelque sorte la production du système. Concrètement, ce sont des décisions ponctuelles à caractère politique ou administratif, ou encore des séquences de décisions (politiques publiques) mais aussi des déclarations, messages et informations. Easton prend soin de préciser que l'output émane du système ou résulte du comportement des autorités politiques. En d'autres termes : « parler d'outputs internes au système n'est donc pas une contradiction apparente »[1]. L'important, c'est que la « production » opérée par le système politique exerce des effets directement et/ou indirectement sur l'environnement. Surtout les outputs exercent des effets sur la structuration des attentes et la formulation des exigences. C'est le *feed-back* qui nous renvoie à la notion de boucle de rétroaction. La politique fiscale d'un gouvernement peut se révéler satisfaisante pour certains contribuables dont elle atténue en retour les exigences alors qu'elle peut provoquer chez d'autres catégories le surgissement d'exigences nouvelles.

Dans ce schéma, on voit que l'analyse de système ne débouche pas sur un mécanisme unilinéaire. Plusieurs itinéraires de rétroaction sont possibles au sein et à l'extérieur du système politique. Le plus important à souligner, c'est que le concept classique de causalité, c'est-à-dire la distinction rigoureuse de la cause et de l'effet, tend à s'effacer dans un interactionnisme généralisé qui écarte la notion même d'un facteur générateur initial, tout en « ordonnant » les enchaînements d'actions et de comportements.

L'analyse systémique est applicable, naturellement, à l'étude des relations concrètes entre toute institution et son environnement. Dans l'exemple ci-après du modèle d'État interventionniste, cité par Percy Allum[2], le tableau visualise les interactions majeures entre détenteurs du capital économique, monde du travail et puissance publique. L'État crée les conditions de l'accumulation optimale du capital et reçoit en retour des moyens de financement. Il garantit une protection sociale et un niveau de vie aux travailleurs qui se trouvent ainsi disposés à lui accorder leur soutien. Entre capital et travail, les relations sont sans doute conflictuelles mais il faudrait aussi prendre en compte les intérêts réciproques des parties à la prospérité du système économique.

---

1. *Loc. cit.*, p. 327.
2. Percy ALLUM, *State and Society in Western Europe,* Londres, Polity Press, 1995, p. 15.

Tableau n° 10
Présentation systémique des relations entre économie, société civile et l'État

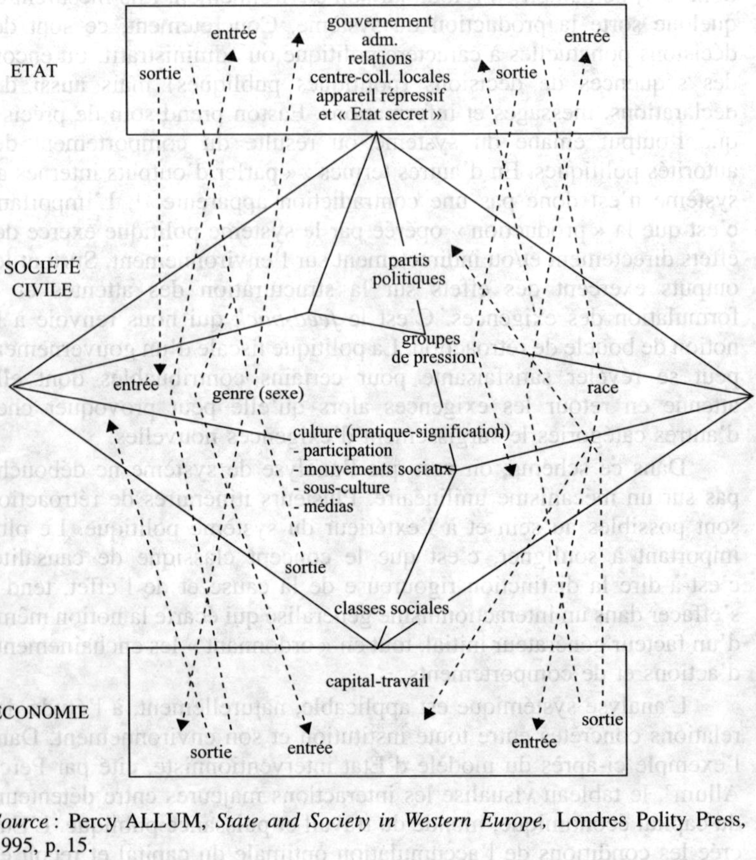

Source : Percy ALLUM, *State and Society in Western Europe,* Londres Polity Press, 1995, p. 15.

Cette approche systémique est également tout particulièrement pertinente pour décrire le fonctionnement concret d'un système décisionnel quelconque. Dans l'exemple retenu par Almond[1], celui du « *push-pull* » observable lors de la mise en place d'une politique

1. Gabriel ALMOND, Russell DALTON, Bingham POWELL, *European Politics Today,* New York, Longman, 1999, p. 510.

Tableau n° 11
Relations État/Société (modèle simplifié)

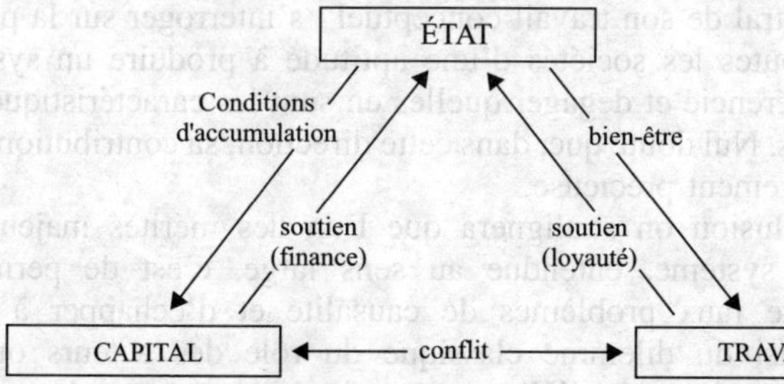

Source : Clarck and Dear, *Modèle d'État interventionniste,* 1981, p. 56.

européenne de l'environnement, on voit que les pressions des groupes d'intérêt et l'état des politiques nationales (avant l'intervention communautaire), constituent les principaux inputs, tandis que l'output est la politique publique finalement arrêtée.

Tableau n° 12
Le chassé-croisé de la politique de l'environnement

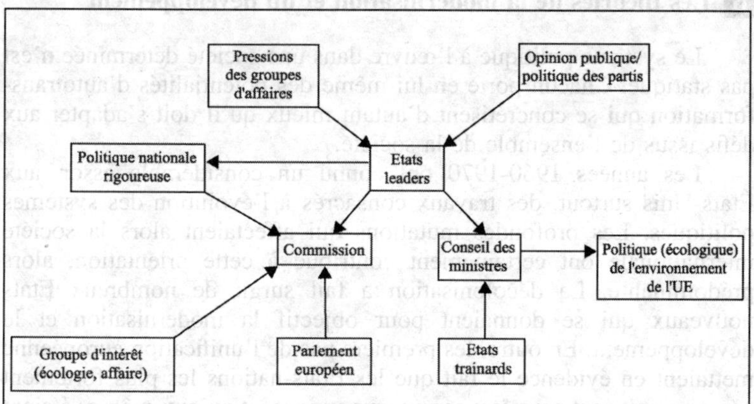

Source : G. Almond, R. Dalton, B. Powell, *European Politics Today,* N.Y. Longman, 1999, p. 510.

Au niveau d'abstraction où l'a placée Easton, l'analyse systémique a soulevé de très nombreuses critiques auxquelles celui-ci a largement répondu. Dans son plaidoyer, il a été conduit à souligner le problème central de son travail conceptuel : s'interroger sur la persistance dans toutes les sociétés d'une aptitude à produire un système politique différencié et dégager quelles en sont les caractéristiques les plus générales. Nul doute que, dans cette direction, sa contribution n'ait été particulièrement précieuse.

En conclusion on soulignera que l'un des mérites majeurs de l'analyse de système, entendue au sens large, c'est de permettre d'identifier de faux problèmes de causalité et d'échapper à leurs impasses Ainsi du dilemme classique du rôle des acteurs ou des structures. Pour les uns, l'Histoire serait façonnée par des grands hommes ou, plus modestement, des acteurs dont l'intelligence et la volonté permettraient d'en infléchir le cours ; pour d'autres, elle serait le fruit de logiques lourdes, voire de déterminismes sociaux qui façonneraient les comportements des individus éliminant l'importance des phénomènes de personnalité. En invitant à généraliser l'analyse des modes d'interaction réciproques, l'analyse de système ouvre la voie à un type de réponse différent, beaucoup plus nuancé. À condition toutefois d'en prolonger les implications par des observations concrètes, réinsérées dans l'histoire.

B Les théories de la modernisation et du développement

Le système politique à l'œuvre dans une société déterminée n'est pas statique. Chacun porte en lui-même des potentialités d'autotransformation qui se concrétisent d'autant mieux qu'il doit s'adapter aux défis issus de l'ensemble de la société.

Les années 1960-1970 ont connu un considérable essor, aux États-Unis surtout, des travaux consacrés à l'évolution des systèmes politiques. Les profondes mutations qui affectaient alors la société internationale ont certainement contribué à cette orientation, alors prédominante. La décolonisation a fait surgir de nombreux États nouveaux qui se donnaient pour objectif la modernisation et le développement. En outre, les premiers pas de l'unification européenne mettaient en évidence le fait que les États-nations les plus fortement enracinés avaient peut-être connu leur apogée, et qu'eux-mêmes étaient susceptibles d'évoluer vers un avenir différent. Cependant, dans le contexte de guerre froide, l'enjeu majeur semblait être l'orientation des États nouveaux soit vers le socialisme dont l'URSS et la Chine constituaient les modèles de référence, soit vers la démocratie libérale et l'économie de marché. Nombre de recherches n'ont pas échappé à ce marquage idéologique. Certaines, notamment, voyaient le développement politique en termes d'étapes à franchir pour rattraper le modèle américain ; elles pensaient donc le progrès et la modernisation selon une échelle linéaire et unidimensionnelle. Ce biais aura beaucoup contribué à la critique des travaux de l'école dite développementaliste[1].

1. Le modèle d'Apter

David Apter définit le développement comme la diversification croissante de l'offre de produits disponibles. À la différence des développementalistes classiques, il admet la pluralité des trajectoires et rejette l'idée d'un processus téléologique unique. Pour lui, le changement politique obéit aussi bien à des dynamiques internes (les facteurs endogènes) qu'à des facteurs externes, y compris les modes de domination subis, qu'ils soient économiques, politiques, culturels ou idéologiques. Le principal facteur du changement, dans des pays africains comme le Ghana qu'il a plus spécialement étudié, lui semble néanmoins l'implantation de nouveaux « rôles » liés au triomphe de la société moderne. Le passage d'une société agraire à une société urbaine contraint impérieusement tout système à se transformer ou à périr.

David Apter a plus particulièrement souligné l'importance de la relation communication/coercition[2]. Dans ses rapports avec la société civile, le système politique se doit d'imposer et protéger son monopole de coercition ; il est également engagé dans des échanges complexes d'informations puisqu'il doit, d'une part, identifier les attentes et exigences qu'il lui faudra gérer et, d'autre part, produire des discours, messages et symboliques grâce auxquelles il fera accepter à la fois ses injonctions et sa propre légitimité à les édicter. Or, si tous les systèmes politiques combinent ces deux aspects, ils le font selon un dosage extrêmement variable. Un système trop coercitif introduit des blocages dans la communication politique. Les gouvernants ont du mal à identifier les véritables mouvements de l'opinion et la crainte décourage les agents étatiques de transmettre à leur hiérarchie les informations défavorables. Ces parasitages entraînent des effets pervers et, notamment, la mise en place de « langues de bois » grâce auxquelles les locuteurs se protègent contre tout écart susceptible d'être réprimé.

1. Pour un résumé de ces arguments qui visent surtout Gabriel ALMOND, Daniel LERNER et Edward SHILS, Bertrand BADIE, *Le Développement politique,* 5e édition, Paris, Economica, 1994, p. 52 sq.
2. David APTER, *Political Change : Collected Essays.* Londres, Franck Cass, 1973.

Le système incline alors à se fossiliser dans la répression, en raison des risques impliqués par toute libéralisation effectuée en situation aveugle ; en cas de contestation, il sera même porté à se durcir encore davantage au risque de provoquer d'irrémédiables blocages[1].

Dans les démocraties pluralistes, la politique du dialogue systématique avec tous les groupes qui présentent des exigences, porte en elle une logique qui peut, elle aussi, se révéler paralysante. C'est le cas lorsque les demandes sont disparates et contradictoires ou, sous un travestissement ou un autre, relèvent tout simplement d'un refus de toute évolution. Une certaine capacité de passage en force, appuyée en dernière instance sur la légitimité des urnes, apparaît comme une exigence de fonctionnement du système. Le succès contemporain des régimes démocratiques, par rapport aux gouvernants autoritaires, se situe dans cette aptitude supérieure à gérer les dynamismes sociaux sans les étouffer. La liberté d'expression permet au système de mieux anticiper les facteurs de crise et facilite l'édiction à temps des réponses adéquates, à condition bien sûr que le gouvernement ait la force (en termes de coercition et de légitimité) de les faire appliquer.

2. Le modèle de Shils

Avec Edward Shils, on se trouve confronté à un modèle dont la prédictivité, à plus de quarante ans de distance s'est révélée assez remarquable. En 1960, il ne craignait pas, en effet, d'affirmer que tous les États ne peuvent que se donner des objectifs de modernisation et de développement économiques ainsi que des objectifs politiques de démocratie et d'égalité, quelles que soient, bien entendu, les réalités concrètes que ces déclarations d'intentions recouvrent. Bien qu'il ne le cite pas, on retrouve ici l'opinion d'Aristote selon laquelle les individus ne peuvent, en tant que collectivité, envisager de revenir délibérément vers un état de moindre abondance des choix offerts. Les obstacles qui se dressent devant ces aspirations au progrès ainsi conçu sont pour l'essentiel, à ses yeux, le poids de la tradition et l'influence des couches sociales qui s'identifient à elle. Les systèmes politiques existants se situent donc sur une échelle de « démocratie » décroissante, liée au poids inégal des forces modernisatrices.

Si l'on a pu critiquer son ethnocentrisme, non sans quelque raison sans doute, force est de reconnaître le caractère apparemment irrésistible des aspirations à la consommation de masse, dans toutes les

1. *Loc. cit.*, p. 110 et sq. L'analyse s'applique évidemment parfaitement à l'URSS brejnévienne et permet de comprendre l'implosion finale du système.

sociétés. Lorsqu'elles demeurent insatisfaites, il en résulte des tensions et des crispations qui, paradoxalement, attestent et confirment leur puissance. En outre, lorsque le développement économique réussit à franchir un certain seuil, comme aujourd'hui dans plusieurs pays asiatiques de la côte du Pacifique, les aspirations à la démocratie libérale se font plus pressantes, en dépit des fortes spécificités culturelles de ces pays (Thaïlande, Taïwan, Corée du sud...). L'extension des institutions de la démocratie libérale dans le monde contemporain, donne du poids rétrospectif aux analyses développées par Shils concernant les nouveaux États[1].

Chez lui, la notion de système postule l'existence d'un centre où se gèrent les attentes venues de la périphérie et d'où partent de nouvelles impulsions[2]. Un seul centre ou plusieurs ? Nombre de systèmes politiques traditionnels sont en effet caractérisés par une forte atomisation des pouvoirs fondés sur la coercition légitime : ce sont les formes multiples de féodalités qui ont existé aussi bien en Occident que dans le reste du monde, notamment en Chine et au Japon (Otto Hintze). Il existe néanmoins une sorte de logique interne au système politique qui pousse à la construction d'un centre unique ou, du moins, prépondérant, et ensuite à son renforcement dès lors que se trouvent réunies les conditions favorables, qu'elles lui soient internes ou externes. La compétition entre les élites dirigeantes est historiquement orientée vers l'émergence d'un pouvoir central : empereur, roi, oligarchie marchande, s'appuyant sur un appareil politique et administratif unifié. Ce qui caractérise l'époque moderne, c'est la généralisation du succès de ce processus dans le cadre de l'État-nation et la puissance acquise par un centre unique, sans aucune mesure de comparaison avec les réalisations historiques antérieures.

Si les facteurs et les modalités en sont extrêmement variés, on peut néanmoins repérer des traits convergents : affaiblissement des allégeances communautaires traditionnelles qui segmentent le système politique (identités tribales et claniques, particularismes ethnoculturels ou religieux) ; développement d'organisations bureaucratiques hiérarchisées selon un modèle qui tend à être légal-rationnel (au sens de Weber) ; éclosion de valeurs et de comportements innovateurs visant à stimuler dans toute la population une allégeance préférentielle aux autorités centrales et au grand groupe.

---

1. Edward SHILS, *Political Development in the New States,* La Haye, Mouton, 1960.
2. Edward SHILS, *Center and Periphery,* Chicago, Chicago University Press, 1976, p. 7. Ses travaux s'inscrivent dans le sillage de ceux d'Eisenstadt (notamment *Tradition, Change and Modernity*).

Ces processus travaillaient depuis plusieurs siècles les sociétés occidentales, mais ils ont aujourd'hui débordé en dehors de leur sphère initiale. Cependant, cette nouvelle « technologie politique » n'opère pas de la même manière dans des univers socioculturels si différents. Des transactions, plus ou moins instables, s'effectuent entre les structures « traditionnelles » (organisations sociales, valeurs religieuses de référence, pratiques socio-économiques, etc.) et ces structures « modernes » centralisatrices. Il s'ensuit que, derrière les apparences de l'uniformité formelle, les systèmes politiques d'Occident, du monde arabe, d'Afrique, d'Asie ou d'Amérique latine conservent des spécificités extrêmement marquées[1].

C L'instabilité politique

Il existe plusieurs indicateurs de l'instabilité susceptible d'affecter un système politique. Relevons d'abord le dépérissement ou l'absence de consensus autour des règles qui gouvernent la compétition politique. Dans ce cas de figure, des systèmes de croyances opposées s'affrontent sur le point de savoir ce que doivent être les formes constitutionnelles du régime politique (libéral ou autoritaire), ses principes fondateurs (laïcité ou référence à une religion), les procédures de solution des conflits (respect du verdict des urnes ?). Ces antagonismes contribuent à miner la légitimité du système politique tout entier et comme ils affectent son efficacité dans le gouvernement de tous les jours, ils aggravent en spirale la crise de légitimité. Telle était la situation de la démocratie parlementaire, au XXe siècle entre les deux guerres, dans de nombreux pays européens ; tel est aujourd'hui le débat, ouvert ou feutré, qui traverse nombre de pays musulmans du Proche-Orient ou du Maghreb. Les formations d'opposition s'y révèlent hostiles au régime politique lui-même. Une seconde catégorie d'indicateurs concerne la difficulté à maintenir la monopolisation de la coercition au profit de l'État. Normalement le système politique vise en effet à forclore toute forme de violence physique pour y substituer des modes d'expression pacifiques : le bulletin de vote, la liberté de la presse, la saisine des tribunaux. C'est le drame de pays comme l'Algérie, les pays africains des Grands Lacs, l'Afghanistan, l'Irak et bien d'autres encore où existent des guérillas et des zones de non droit. Mais la violence, à niveau plus réduit, peut constituer une pratique courante dans les mobilisations de masse, conduisant à pervertir le recours à la grève ou

1. Bertrand BADIE, Guy HERMET, *Politique comparée,* Paris, PUF, 1990, p. 187 et s.

aux manifestations. Enfin, la violation par les gouvernants, ou tout autre acteur politique, des règles juridiques qui régissent les relations entre les pouvoirs publics, notamment la répartition des compétences, constitue une troisième catégorie de signes attestant l'instabilité du système tout entier[1].

Ces indicateurs, isolés ou cumulés, permettent de repérer de vastes zones d'instabilité politique, à diverses périodes historiques et, aujourd'hui, dans certaines régions du globe. À quoi attribuer de tels phénomènes ? Sur quoi débouchent-ils ?

1. Les causes de déstabilisation

Une première série d'études s'est efforcée d'établir un lien privilégié avec une variable dominante. Les observateurs et historiens étant nécessairement frappés par la concomitance des crises économiques avec les crises politiques, c'est donc dans cette direction que se sont orientés en science politique les travaux principaux. Déjà Aristote établissait une relation entre la prospérité économique et la stabilité politique. Et, de nos jours, il est impossible de ne pas être frappé du fait que les pays économiquement les plus développés sont aussi ceux qui jouissent des démocraties pluralistes les mieux consolidées. Les travaux de Huntington ont mis en évidence le fait que ce haut niveau de développement favorise une institutionnalisation plus poussée des procédures de dialogue et facilite de meilleures conditions d'exercice des libertés politiques. Cependant l'attention des auteurs s'est portée sur les incidences du processus de modernisation économique, c'est-à-dire le changement plus ou moins brutal qu'il introduit dans les équilibres traditionnels d'une société. De nombreuses études ont montré que l'instabilité politique affectait des sociétés en croissance économique rapide, lorsqu'elles étaient elles-mêmes encore en deçà d'un certain seuil de performances (mesurées par des indicateurs comme le revenu par tête, la consommation d'énergie, l'emploi dans le secteur primaire, etc.). D'où la fameuse formule : *Modernity breeds stability, but modernization breeds instability*. Charles Tilly en avait proposé l'interprétation suivante : le changement des conditions d'existence induit par l'urbanisation, le passage de l'emploi rural à un emploi industriel, l'émigration vers d'autres cieux, exige la difficile adoption de nouvelles disciplines, de nouvelles normes d'existence ; elles

1. À noter que, dans certains pays l'instabilité institutionnelle a été si banalisée à certaines époques qu'elle en vient à produire une sorte de système « normal » d'attentes. V. Alain ROUQUIÉ, *L'État militaire en Amérique latine,* Paris, Seuil, 1982, p. 336 et s.

aggravent à la fois l'anxiété et le mécontentement. En outre, le nouvel environnement suscite des besoins et des aspirations jusqu'ici inconnues sans que, dans l'immédiat, il offre la possibilité de les satisfaire. Malgré son intérêt, cette thèse n'a qu'une valeur partielle d'explication. En effet, on a montré d'une part que les immigrants n'étaient pas nécessairement les populations les plus turbulentes, bien au contraire : ils acceptent les travaux les plus durs et conservent souvent un profil politique bas pour des raisons liées à la précarité de leur statut ; d'autre part que les facteurs de troubles peuvent fort bien naître dans les couches les plus nanties des nations les plus pauvres ; en Afrique, la fonction publique ou les cadres militaires sont plus contestataires que les paysans démunis et marginalisés.

La faiblesse des modèles d'interprétation de type mono-causal réside dans le fait que les phénomènes d'ordre économique, politique et culturel sont étroitement corrélés entre eux, et cela dès le niveau microsocial. Il s'ensuit que les lectures excessivement unilatérales butent le plus souvent sur l'impossibilité de rendre compte de multiples situations particulières, produites par l'interférence de facteurs absents dans le modèle général d'analyse. Ainsi l'urbanisation produit-elle des comportements politiques extrêmement différents selon la culture originelle des migrants, le maintien ou non de liens traditionnels avec leurs villages d'origine, la mobilité professionnelle permise, les modalités d'expression politique disponibles, etc.

Les études les plus significatives scientifiquement intègrent divers facteurs dans des modèles de type multicausal visant à repérer des déséquilibres structurels globaux dans la société. Karl Deutsch[1] a mis en avant la combinaison de deux éléments : élévation du niveau de la mobilisation politique et maintien d'une forte différenciation sociale. Le premier élément signale l'intensification des exigences politiques, le renforcement de la capacité d'encadrement des organisations, la demande accrue d'une forme ou l'autre de participation. C'est donc globalement un reflux de l'apathie ou de l'indifférence politique. Le second décrit un état de la société où l'intégration des diverses populations en un ensemble homogène demeure faible. Deutsch a souligné les différences susceptibles de persister au niveau de la langue, de l'identité culturelle, de l'appartenance ethnique, des aspirations et des objectifs, des loyautés politiques, etc., avec ce que cela implique au niveau des structures organisationnelles : associations ou partis à base ethnoculturelle, confréries religieuses ou encore réseaux

1. Karl DEUTSCH, *Politics and Government. How People Decide their Fate*, 2e édition, Boston, Houghton Mifflin, 1974, p. 545 et s.

clientélistes fondés sur des allégeances familiales fortes. Bien qu'il n'insiste pas sur les facteurs d'ordre économique, il est clair que le mode de production et la division du travail peuvent engendrer des clivages de classes rigides. Ainsi en a-t-il été du prolétariat ouvrier au XIXe siècle dont on a pu dire qu'il constituait un véritable « émigré de l'intérieur ». *A contrario* la capacité d'assimilation d'un système social est renforcée par les performances économiques, la mobilité sociale et les possibilités d'expression au sein du régime politique ; elles tendent en effet à stimuler le désir d'intégration au groupe dominant, à valoriser notamment l'accès à la nationalité ; sous certaines conditions du moins.

La thèse de Samuel Huntington constitue une tentative de conceptualisation de ce problème. Son point de départ est l'affirmation selon laquelle la mobilisation sociale est beaucoup plus déstabilisatrice que le développement économique[1]. Celle-ci, en effet, contribuerait à faire naître et à intensifier des exigences plus rapidement que les satisfactions apportées par l'expansion de la production. L'écart provoque alors une frustration relative qui conduit à l'instabilité du système politique si, d'une part, il n'existe aucune perspective de mobilité économique ou sociale ascendante (*mobility opportunities*) et si, d'autre part, il n'existe pas d'institutions représentatives souples et ouvertes pour accueillir le surcroît de participation politique provoqué par la frustration. Cette interprétation est résumée par Huntington dans la séquence d'équations ci-après[2] :

(1) Ratio : *Social Mobilization/Economic Development = Social Frustration*

(2) Ratio : *Social Frustration/Mobility Opportunities = Political participation*

(3) Ratio : *Political Participation/Political Institutionalization = Policital instability*

La dernière équation de Huntington signifie que ce n'est pas l'importance excessive de la participation politique (scrutins, manifestations...) ni le degré trop faible de différenciation des institutions politiques qui génèrent en eux-mêmes l'instabilité mais le rapport établi entre les deux ordres de données. La théorie permet, par ailleurs, d'expliquer pourquoi des pays à forte stabilité politique ont été, dans les années 1960, des pays à forte croissance économique (États-Unis, Europe occidentale, Japon...). Changement rapide sur le plan écono-

1. Samuel HUNTINGTON, *Political Order in Changing Societies*, New Haven, Yale University Press, 1968, p. 53.

2. Samuel HUNTINGTON, *Crises and Sequences in Political Development*, Princeton University Press, 1971, p. 65.

mique, fluidité socioprofessionnelle et mobilité sociale, niveau de politisation, degré d'institutionnalisation politique, tous ces facteurs apparaissent étroitement reliés les uns aux autres, produisant ici de la stabilité, là de l'instabilité selon leur combinaison interne.

La thèse de Huntington a été critiquée sous divers aspects, notamment du point de vue de sa capacité à bien intégrer les facteurs culturels de la participation ou les soutiens, en termes de légitimité, aux institutions. Elle n'en est pas moins devenue le cadre conceptuel principal dans lequel se sont inscrits ou auquel se sont affrontés la plupart des travaux empiriques ultérieurs sur les causes de l'instabilité des systèmes politiques à travers le monde.

2. La notion de crise

Le mot est souvent utilisé dans le langage courant d'une manière relâchée, avec le seul souci d'attirer l'attention des interlocuteurs sur un problème, grâce à la dramatisation que l'expression suggère. Sous certaines conditions d'emploi plus rigoureuses, la notion peut également être pertinente dans la littérature scientifique. Plus grave évidemment que la crise parlementaire qui évoque seulement l'idée d'une rupture de majorité aboutissant à la chute du gouvernement, la crise d'un système social ou politique renvoie à l'idée d'une rupture décisive dans les mécanismes d'interdépendance qui régissent habituellement les relations entre les acteurs. René Girard ouvre de stimulants aperçus lorsqu'il décrit ce qu'il appelle la « crise d'indifférenciation » à propos de situations paroxystiques de panique ou d'angoisse collective (il évoque plus particulièrement la Grande Peste de 1348 en Europe mais l'analyse s'applique parfaitement à toutes les situations dites prérévolutionnaires). « L'effondrement des institutions, écrit-il, efface ou télescope les différences hiérarchiques et fonctionnelles, conférant à toutes choses un aspect simultanément monotone et monstrueux », alors que, dans une société normale, « l'impression de différence résulte à la fois de la diversité du réel et d'un système d'échanges qui diffère »[1]. La crise du système social se caractérise donc par la dilution ou la disparition des repères d'ordre moral ou juridique. On ne respecte plus aujourd'hui ce que l'on révérait hier, l'iconoclasme s'en prend à ce qui était considéré jusqu'ici comme sacré. On s'habitue à tout, même à l'horreur des crimes de masse ! Les distinctions de statuts et de rangs ne sont plus opérantes ; les procédures juridiques qui réglaient minutieusement les échanges, pour mieux en consacrer la stabilité, ne

1. René GIRARD, *Le Bouc émissaire,* Paris, Grasset, 1982, p. 23.

sont plus observées ; chacun méconnaît les répartitions de compétences entre les diverses institutions. La crise d'indifférenciation fait naître le besoin irrésistible d'un bouc émissaire à qui l'on reprochera précisément moins d'être différent que de ne pas respecter « les véritables différences ». La violence de tous contre tous constitue la logique ultime de cette disparition des repères et des barrières, à quoi l'on tente alors de remédier par une violence de tous contre un : la victime émissaire. Ce type d'analyse éclaire assez bien ce que vivent les populations en Afghanistan et en Irak, avec la montée en puissance de l'hostilité contre le bouc émissaire de la présence militaire étrangère.

Dans les années 1960-1970, la sociologie politique américaine s'est beaucoup intéressée à la notion de crise dans une perspective systémique. Gabriel Almond, notamment, a cherché à la théoriser en étudiant de manière comparatiste les périodes troublées qui précèdent la naissance du Japon moderne (Meiji, 1868), la IIIe République en France et la République de Weimar en Allemagne, enfin la révolution mexicaine de 1935-1940[1]. Il propose un découpage du processus en quatre phases. La première qualifiée de phase de synchronisation décrit l'état du système avant la crise : des règles juridiques ou coutumières respectées, des logiques de comportement propres à chaque secteur social, une coordination à peu près harmonieuse entre ces diverses logiques sectorielles. La seconde phase, dite de désynchronisation, est caractérisée par une baisse des performances du système sous l'effet de perturbations dans l'environnement (la guerre notamment) ou des effets pervers des logiques sectorielles jusqu'ici à l'œuvre. La troisième phase, constitutive de la crise systémique proprement dite, voit se produire une dissolution des règles sociales, une rétraction des échanges intersectoriels (sur le plan économique, la place retrouvée du troc), enfin, la généralisation de violences dues à la multiplication de groupes armés tandis que des agents de l'État se mettent à agir pour leur propre compte. La sortie de crise suppose, enfin, une phase ultérieure de resynchronisation[2].

1. Gabriel ALMOND, Scott FLANAGAN, Robert MUNDT (Eds.), *Crisis, Choice and Change. Historical Studies of Political Development,* Boston, Little, Brown, 1973.

2. Avec une démarche qui paraîtra souvent théoriciste, Michel DOBRY s'inscrit, lui aussi, dans le sillage de ces auteurs, mais sans originalité particulière. La notion de crise politique comme « désectorisation conjoncturelle de l'espace social », n'en est qu'une transposition, dans un vocabulaire d'ailleurs discutable. Mais son corollaire : « l'interdépendance croissante des activités tactiques d'acteurs localisés en des sites différents de l'espace social » peut faire contresens car l'interdépendance caractérise aussi des sociétés très organisées (l'économie-monde à l'ère de la globalisation). Michel DOBRY, *Sociologie des crises politiques,* Paris, Presses de la FNSP, 1986, p. 141 et p. 161.

Une synthèse des types de crises susceptibles d'affecter les systèmes politiques travaillés par des processus de modernisation a été proposée dans divers travaux de Lucian Pye[1] souvent repris et commentés plus tard. Le tableau ci-après résulte de son propre résumé.

Tableau n° 13
Types de crises

CRISES	ÉLÉMENTS CONSTITUTIFS DU SYNDROME
Identité	Désaccord entre élites et contre-élites sur l'établissement d'un système de valeurs et de symboles communs, et conflits autour des institutions de scolarisation (religions, école, médias).
Légitimité	Désaccords entre élites et contre-élites au sujet des principes fondateurs du système politique susceptibles de mobiliser une commune allégeance au système politique ou à l'État.
Participation	Désaccord entre élites et contre-élites au sujet de l'octroi de droits politiques et sociaux à l'ensemble de la population (y compris le droit de vote).
Distribution	Conflit autour du point de savoir jusqu'où l'appareil d'État peut imposer l'égalisation des conditions socio-économiques entre les segments de la population et/ou les entités régionales ou locales.
Pénétration	Conflit autour du point de savoir jusqu'où l'appareil d'État peut mettre en place un maillage administratif du territoire dont les agents n'obéissent qu'à l'échelon central.

On pourra observer que ces idéal-types de crises peuvent affecter plus ou moins spécifiquement certains types de pays : par exemple les crises d'identité et de légitimité dans les pays en voie de développement où l'État moderne demeure fragile. En outre, elles apparaissent plus ou moins corrélées entre elles et, parfois, elles s'engendrent mutuellement comme on l'observe dans la Yougoslavie et l'URSS des

1. Notamment *in* Léonard BINDER, James COLEMAN, Joseph LA PALOMBARA, Lucian PYE, Sidney VERBA et Myron WEINER, *Crises and Sequences in Political Development,* Princeton University Press, 1971, p. 65.

années 1989-1995. On a même pu affirmer (Stein Rokkan) qu'en un sens ces crises ne sont jamais totalement résolues mais demeurent latentes même dans les démocraties occidentales consolidées.

§ 2. L'articulation du politique, de l'économique et du culturel

Dans les sociétés contemporaines, la prééminence scénique du politique est particulièrement nette. Elle se manifeste par exemple dans la structuration de l'information quotidienne à laquelle procèdent les grands médias, où triomphe, dans la mise en page, une nette primauté hiérarchique des événements d'ordre politique, interne ou international. Elle s'exprime dans les représentations courantes des gouvernants comme décideurs suprêmes dans la société, définissant ses objectifs voire son destin ou son avenir, régissant directement ou indirectement l'ensemble des processus sociaux. Le sens commun est ainsi amené spontanément à considérer la sphère du politique comme couronnant la vie sociale.

La notion de système politique permet de poser en des termes moins élémentaires le problème des relations avec ce qui l'environne. Un système est toujours ouvert, c'est-à-dire en relation constante d'échanges avec ce qui lui est extérieur. Il en tire des ressources nécessaires à son fonctionnement mais, à l'inverse, il peut en surgir des facteurs de dérèglement et d'instabilité.

Pour la commodité de l'analyse, mais il s'agit bien entendu de catégories qui ne doivent pas suggérer des ensembles clos et réifiés, on a souvent distingué dans l'environnement du système politique, deux autres systèmes principaux : l'économique et le culturel. Le premier concerne les modes de production et distribution des biens et des services ; le second les modes de production et diffusion des langages et des savoirs, des croyances et des valeurs. À l'aube des sciences sociales, sous l'influence du marxisme notamment, le problème a été posé de savoir si l'instance socio-économique « conditionnait » le politique ou si, au contraire, des variables d'ordre culturel pouvaient, de façon autonome, jouer un rôle déterminant. Aujourd'hui, ces questions tendent à être envisagées de manière plus systématiquement interactionniste, et surtout plus fine et moins schématisante.

A La détermination du politique par l'économique

C'est au niveau de l'instance économique que la division du travail engendre les processus de différenciation en classes sociales, ce qui a fait surgir le point de savoir si l'analyse en termes de classes ou de rapports de classes n'était pas la clé d'accès à la compréhension de l'ensemble de la société. Cet enjeu a structuré pendant longtemps, explicitement ou non, de nombreuses entreprises de théorie sociale.

Aux États-Unis, en Grande-Bretagne, en Allemagne ou en France, un courant d'analyse sociologique a repris l'héritage d'une problématique qui affirme vigoureusement la dépendance du politique par rapport à l'instance économique. C'était la conception de Marx que ses disciples durciront et simplifieront. Pour l'auteur de la *Critique de l'Économie Politique* et du *Capital,* « la structure économique de la Société est la fondation réelle sur laquelle s'élève un édifice juridique et politique, et à quoi répondent des formes déterminées de la conscience sociale »[1]. Dans ces ouvrages, Marx affirme la fameuse distinction entre l'infrastructure économique, causalité historique première et les superstructures sociales au sein desquelles se situent le politique et l'État. Toutefois, devant l'évidence de certains faits, Marx et Engels admettaient que les superstructures à leur tour rétroagissaient sur le mode de production économique sans toutefois pouvoir en bouleverser radicalement les dynamiques internes. C'est la thèse, assez fluide finalement, de la « détermination en dernière instance », qui constitue d'ailleurs une expression de Engels.

Néanmoins dans les mêmes textes, Marx atténue ses formulations lorsqu'il écrit par exemple que « le mode de production de la vie matérielle domine, en général, le développement de la vie sociale, politique et intellectuelle »[2]. Surtout, Marx définit le mode de production économique, dans le livre I du Capital, en des termes qui l'éloignent d'un pur et simple déterminisme économique. En effet, pour lui, ce concept tout à fait central articule les forces productives dans des « rapports de production » qui intègrent des éléments non exclusivement économiques : par exemple le niveau de développement scientifique et l'innovation technologique, ou encore... les rapports juridiques de production. Il n'en demeure pas moins que Marx concevait l'instance politique comme vouée, en règle générale, à garantir la pérennité du système économique (d'exploitation). C'est la

1. Préface à *Critique de l'Économie Politique, in* Karl MARX, *Œuvres choisies,* Paris, Gallimard, 1968, t. II, p. 10.
2. *Loc. cit.*

thèse que développe encore Engels lorsqu'il explique l'origine de l'État par le souci des classes dominantes d'éviter que la lutte des classes en s'intensifiant n'échappe à tout contrôle et détruise la société tout entière. Pour lui, l'État, neutre en apparence, « est en règle générale l'État de la classe la plus puissante celle qui domine au point de vue économique et qui, grâce à lui devient aussi la classe politiquement dominante et acquiert ainsi de nouveaux moyens pour mater et exploiter la classe dominée »[1].

Ces analyses seront enrichies, complexifiées, voire remises partiellement en cause par les développements du marxisme au XXe siècle. Antonio Gramsci, théoricien du PC italien, mort en 1937, soulignera l'importance de ce qu'il appelle les appareils idéologiques, c'est-à-dire des institutions comme l'Église ou l'École qui, en inculquant des croyances appropriées, contribuent à asseoir la domination politique des classes dirigeantes. Un net déplacement d'accent est donc sensible, des facteurs strictement économiques vers des facteurs culturels.

Tout un courant de la sociologie historique, attachée à dégager les tendances lourdes d'une société, et préoccupée par les phénomènes de longue durée, s'est inscrit dans la problématique de Marx. Parmi les auteurs les plus notables, on citera d'abord Immanuel Wallerstein. Son ambition était d'étudier le capitalisme, du XVIe siècle au XIXe siècle, comme une totalité. Il le voit comme une « économie-monde », c'est-à-dire « un système autosuffisant, en tant qu'entité économique et matérielle, qui se fonde sur une division du travail à grande échelle et qui englobe plusieurs systèmes culturels »[2]. Appuyée sur une impressionnante documentation, sa démonstration vise à prouver que des structures politiques fortes (un État au sens moderne) émergent dans la zone centrale de cette économie-monde, c'est-à-dire en France, aux Provinces-Unies et en Angleterre, là où les profits du commerce et d'une agriculture performante permettent le financement de bureaucraties militaires et civiles. Au contraire, se maintiennent des structures féodales ou semi-coloniales dans les zones périphériques (Europe orientale, Amérique latine...) avec l'absence corrélative de véritables structures étatiques.

Perry Anderson, quant à lui, rattache l'émergence de l'absolutisme à l'apparition de nouvelles classes comme la bourgeoisie marchande qui oblige l'ancien mode de domination féodal à s'adapter. Mais, écrit-il, « l'absolutisme reste pour l'essentiel un nouvel aménagement,

1. Friedrich ENGELS, *L'Origine de la famille de la propriété privée et de l'État,* Paris, Éd. Sociales, 1983, p. 283.
2. Immanuel WALLERSTEIN, *Le Système du monde, du XVe siècle à nos jours* (1974/1980), 2 volumes, Trad., Paris, Flammarion, 1980/1985, tome I, p. 312.

un renforcement de l'appareil de la domination féodale, destiné à maintenir les masses paysannes dans leur condition sociale traditionnelle »[1]. Enfin Barrington Moore[2], dans une étude très stimulante, s'est interrogé sur les facteurs qui expliquent l'évolution historique des États modernes, les uns vers l'absolutisme comme la Prusse ou la Russie, les autres vers la démocratie : Grande-Bretagne, États-Unis et, plus tardivement, la France. L'analyse comparative, fondée elle aussi sur une grande érudition historique, privilégie ce qu'il appelle les alliances de classes : bourgeoisie/aristocratie pour liquider la paysannerie (Angleterre) ou, au contraire, aristocratie/paysannerie dominée (France d'Ancien Régime) voire totalement asservie (Russie). Sa thèse étant que le capitalisme ne peut s'accommoder de la démocratie que là où l'agriculture traditionnelle a été marginalisée.

Tous ces travaux souffrent aujourd'hui du déclin de la notion de classe dans l'analyse savante contemporaine. Néanmoins, un courant néomarxiste, influent notamment en Grande-Bretagne (Bob Jessop, David Harvey), s'est développé à la fin du XXe siècle qui insiste sur la dépendance croissante du pouvoir politique vis-à-vis des marchés, à l'ère de la globalisation économique. Le dynamisme des échanges commerciaux, la prépondérance des investissements privés qui ignorent les frontières des États, l'assujettissement des mondes extra-occidentaux aux puissances hégémoniques de l'hémisphère nord, attestent l'importance des facteurs proprement économiques. Les démocraties occidentales sont d'abord, aux yeux de ces auteurs, des sociétés capitalistes ; c'est ce trait qui constitue le principe organisateur de toutes leurs caractéristiques culturelles et politiques. Cependant, s'il faut accorder leur pleine importance aux mécanismes de dérégulation, au poids des stratégies internationales des firmes privées, au marché comme structure sociale, il ne convient pas non plus de minimiser l'action en retour exercée sur eux par des États hégémoniques (en premier lieu celle des États-Unis qui instrumentalisent en leur faveur ces logiques de marché), ni les facteurs de résistance associés aux mobilisations sociales et politiques[3]. Malgré leur intérêt, ces analyses accordent certainement une place trop restreinte aux variables d'ordre culturel comme la religion et les idéologies, y compris dans le

1. Perry ANDERSON, *L'État absolutiste,* Trad., Paris, Maspero, 1978, p. 18.
2. Barrington MOORE, *Les Origines sociales de la dictature et de la démocratie,* Trad., Paris, Maspero, 1983.
3. Colin CROUCH, Wolfgang STREEK (Dir.), *Les Capitalismes en Europe,* Paris, La Découverte, 1996. Également, Jacques ADDA, *La mondialisation de l'économie,* 4e édition, Paris, La Découverte, 2002, tome II *Problèmes.*

fonctionnement du capitalisme[1] ; et des phénomènes comme la guerre ou le terrorisme peuvent constituer de puissants éléments perturbateurs des logiques purement économiques comme l'atteste éloquemment l'exemple irakien depuis 1991.

B L'autonomie du culturel et du politique

Avec Émile Durkheim ou Talcott Parsons, c'est l'influence des facteurs culturels sur l'instance politique qui se trouve, au contraire, mise en évidence. Pour le premier, « toute société est une société morale. À certains égards, ce caractère est même plus prononcé dans les sociétés organisées »[2]. C'est « la similitude des consciences et la division du travail social » qui constituent le fondement de la vie en société. Le politique émerge progressivement de la religion qui constitue, à l'aube de l'humanité, « la région centrale de la conscience commune ». « À l'origine, écrit-il, elle s'étend à tout ; tout ce qui est social est religieux ; les deux mots sont synonymes. Puis peu à peu les fonctions politiques, économiques, scientifiques s'affranchissent de la fonction religieuse, se constituent à part et prennent un caractère temporel de plus en plus accusé »[3]. Le politique se serait donc imposé par différenciation progressive des institutions. Et dans *Les Formes élémentaires de la vie religieuse*, Durkheim affirme que l'autorité des chefs politiques dans les sociétés qu'il appelle primitives se fonde sur « le pouvoir moral que leur prête l'opinion »[4] bien plus que sur les capacités répressives dont ils jouissent. En soulignant l'importance des croyances, il s'inscrit en faux contre la thèse marxiste qui fait de l'État l'instrument des classes économiquement dominantes, mais aussi contre la thèse weberienne qui voit dans la monopolisation de la violence l'enjeu premier des luttes politiques.

Avec une tout autre approche conceptuelle, Talcott Parsons insiste également sur l'importance des facteurs culturels. Sa théorie sociale, formulée entre 1937 et 1970, est d'une grande complexité dans l'abstraction ; et l'on a pu dire qu'elle ressemble à ces boîtes chinoises dont

1. Sur ce point, l'analyse très stimulante développée dans Luc BOLTANSKI, *Le Nouvel esprit du capitalisme,* Paris, Gallimard, 1999.
2. Émile DURKHEIM, *De la Division du travail social* (1893), 8e édition, PUF, 1967, p. 207.
3. Émile DURKHEIM, *loc. cit.* p. 143.
4. Émile DURKHEIM, *Les Formes élémentaires de la vie religieuse,* 5e édition, PUF, 1968, p. 305. Pour une lecture « politiste » de cet auteur, v. Bernard LACROIX, *Durkheim et le politique,* Paris, Presses de la FNSP, 1981.

chacune ouvre sur une plus petite, qui ouvre sur une autre encore plus petite, et ainsi de suite. Ainsi ce qu'il appelle le « système social », qui constitue l'un des quatre sous-systèmes du « système d'action », est-il à son tour générateur de quatre sous-systèmes : politique, socialisation, économie et, enfin, le difficilement traduisible : *societal community*[1]. Chaque système ou sous-système doit viser quatre fonctions : s'adapter à son environnement (*adaptation*), mobiliser des ressources en vue d'atteindre des buts (*goal-attainment*), maintenir sa cohésion interne par des règles appropriées (*integration*), enfin rechercher perpétuellement un point d'équilibre (*pattern maintenance*). C'est le modèle AGIP qui, transposé au fonctionnement du système social, dessine ainsi les articulations entre les quatre sous-systèmes qui le composent.

Le système économique prend en charge les exigences d'adaptation au monde des ressources matérielles et de l'univers physique ; le système politique définit les objectifs et les procédures de décision qui s'imposent à tous ; le système « *societal community* » met en place les mécanismes du contrôle social qui incluent aussi bien les règles juridiques que les schémas culturels obligatoires de comportements ; enfin le système de socialisation est constitué par l'ensemble des institutions et processus qui transmettent aux individus les valeurs culturelles et les normes de vie en société.

Tableau n° 14
Le système politique dans le modèle AGIP de Parsons

Système social	Adaptation	Goal-attainment	Integration	Pattern maintenance
	Système économique	Système politique	Societal Community	Système de socialisation

On le voit, la vision de Parsons tend à relativiser considérablement le rôle de l'instance économique et à souligner l'importance des autres articulations. Compte tenu de la généralité d'application théorique, selon lui, de ce modèle AGIP, aucun système d'interactions entre

1. Talcott PARSONS, « An Outline of the Social System », *in* T. PARSONS, E. SHILS, A. NAEGELE, J. PITTS (Eds), *Theories of Society : Foundations of Modern Sociological Theory,* New York, Free Press, 1961, p. 30 et sq. L'ouvrage le plus important de PARSONS est : *The Social System,* New York, Free Press, 1951. Pour une présentation accessible de cette œuvre, Guy ROCHER, *Talcott Parsons et la sociologie américaine,* Paris, PUF, 1972. Également, François BOURRICAUD, *L'Individualisme institutionnel. Essai sur la sociologie de Talcott Parsons,* Paris, PUF, 1977.

individus ne peut se mettre en place sans référence à une culture qui propose et produit des significations accessibles à l'ensemble des membres du groupe. Et comme aucun système de valeurs ou de croyances ne peut être transmis sans un minimum d'institutionnalisation, Parsons a tendance à voir dans les organisations qui facilitent l'intégration sociale et l'inculcation des vertus civiques les véritables piliers fondateurs de l'autorité politique. Son œuvre est d'ailleurs marquée par une tendance générale à euphémiser les conflits et à voir dans les mécanismes de construction d'un consensus social le véritable principe d'organisation des sociétés politiques. Pour résoudre les conflits, écrit-il, « deux facteurs fondamentaux sont requis : la conviction que l'objectif particulier en litige concerne la collectivité tout entière et la conviction que les déplacements dans l'équilibre bénéfices/charges sont assez corrects »[1]. Vision sans doute assez irénique qui a été vivement contestée, notamment par Charles Wright-Mills et Ralf Dahrendorf, l'un et l'autre de sensibilité marxiste et portés à souligner l'importance des conflits de classes[2].

À leur niveau de généralité, ces thèses ne sont pas inexactes. Le système politique s'est en effet progressivement différencié du « religieux » entendu largement ; et personne ne saurait nier que tout système politique s'appuie non seulement sur la coercition, ce que Parsons tend tout de même à sous-estimer gravement, mais aussi, de façon absolument nécessaire, sur des élaborations symboliques grâce auxquelles il peut communiquer et, plus précisément, mobiliser des soutiens en termes de légitimité. Cependant, de nombreux travaux tendent à disqualifier cette manière excessivement globale de poser les rapports entre ces trois instances. On se contentera de le montrer à partir de deux études historiques illustres consacrées à l'importance de la réforme protestante à la fois dans l'avènement du capitalisme et dans celui de la démocratie politique moderne.

Avec son ouvrage : *L'Éthique protestante et l'esprit du capitalisme*[3] Max Weber se donne en effet pour ambition de saisir de quelle manière des croyances religieuses favorisent l'apparition d'une « mentalité économique » déterminée, sans laquelle n'aurait pu s'imposer le

1. Talcott PARSONS, « The Political Aspect of Social Stucture and Process », publié dans David EASTON (Éd.), *Varieties of Political Theory,* Englewood Cliffs, Prentice Hall, 1966, p. 89.

2. Charles WRIGHT-MILLS, *L'Imagination sociologique,* Trad., Paris, Maspero, 1967. Ralf DAHRENDORF, *Classes et conflits de classes dans la société industrielle,* Trad., La Haye, Mouton, 1972, avec une préface de Raymond ARON.

3. Max WEBER, *L'Éthique protestante et l'esprit du capitalisme* (1920), Trad., Paris, Plon, 1964.

capitalisme moderne. Le point de départ de ce processus lui paraît se situer dans la révolution religieuse entamée par Luther et développée surtout par le calvinisme des Puritains. La doctrine de la prédestination créant, selon les termes mêmes de Weber, « l'angoisse du Salut », le seul moyen pratique de se rassurer sur ses chances de n'être pas damné, est de déployer, de façon constante et soutenue, une activité terrestre dont le succès prouvera la sollicitude de Dieu, seul maître de la destinée individuelle. Le luthérianisme insistait déjà sur l'idée que « l'accomplissement des devoirs temporels est la seule manière de vivre qui plaise à Dieu »[1]. Mais le puritanisme va plus loin. Comme l'observe Weber, « le Dieu du calvinisme réclamait non pas des bonnes œuvres isolées mais une vie tout entière de bonnes œuvres érigées en système »[2]. C'est la justification morale, au sens le plus fort du terme, par l'activité économique rationalisée. Or c'est elle qui, plus encore que la quête du profit, caractérise spécifiquement le capitalisme, la rentabilité constituant l'indicateur privilégié de cette rationalité. En outre, développant parallèlement un sens aigu de l'ascèse, l'éthique puritaine se trouvait encourager objectivement le processus d'épargne et d'accumulation du capital sans lesquels ne peuvent s'opérer les investissements productifs. Cette théorie établit donc, de façon marquée, le primat de facteurs culturels dans l'apparition du capitalisme occidental. Amplement discutée et critiquée (Hugh Trevor-Roper), parfois avec d'excellents arguments (le premier capitalisme n'est pas exclusivement protestant), elle conserve néanmoins aujourd'hui une importance en quelque sorte emblématique : comme récusation des interprétations purement économistes de l'Histoire.

Avec Michael Walzer, l'éthique calviniste se trouve également interrogée, mais du point de vue de son rôle dans l'apparition de la politique au sens moderne, c'est-à-dire impliquant l'idée d'une participation de masse à la chose publique. Le puritanisme anglais, écrit-il, « a appris à concevoir la lutte contre Satan et ses alliés comme une extension et un reflet du conflit spirituel qu'ils (les croyants) vivaient intérieurement, ainsi que comme une guerre difficile et continue, exigeant une activité méthodique, organisée, des exercices militaires, de la discipline »[3]. Cette tendance introduit pour la première fois, dans la société occidentale, l'idée d'un combat politique révolutionnaire. En ce sens, les « saints » de l'époque de Cromwell anticipent les jacobins français de la Révolution ainsi que les bolcheviques mobilisés autour

1. *Loc. cit.* p. 94.
2. *Loc. cit.* p. 144.
3. Michael WALZER, *La Révolution des saints,* Trad., Paris, Belin, 1987, p. 310.

de Lénine. Mais il y a davantage. Walzer insiste sur le fait que le calvinisme puritain propose une réponse à l'angoisse (celle qu'il produit ou exacerbe), moins dans l'activité économique méthodique que dans la discipline militante. « Dans sa pensée politique comme dans sa pensée religieuse, Calvin cherche un remède à l'angoisse non pas dans la réconciliation mais dans l'obéissance »[1]. C'est en ce sens, affirme Walzer, que les puritains ont préparé historiquement l'avènement du libéralisme politique. Non pas qu'ils aient été eux-mêmes tolérants ; bien au contraire. Mais si le libéralisme et la démocratie pluraliste supposent, au nom des libertés d'expression, un allégement des contrôles sociaux et politiques sur les citoyens, celui-ci n'est envisageable sans risque que dans la mesure où, d'eux-mêmes, les individus se conduiront d'une manière compatible avec l'ordre social existant. Avec l'idéal puritain qui instaure une autocontrainte formidable, le nécessaire contrôle est déjà en place dans les mentalités. « En ce sens, conclut Walzer, le libéralisme dépend de l'existence de saints »[2]. Le paradoxe de cette analyse brillante réside dans l'absence d'intentionnalité qu'elle met en évidence chez les acteurs historiques. Quelque chose s'est produit (la démocratie politique, le libéralisme économique) que la plupart des « saints » avaient, ou auraient eu, en exécration[3].

Par-delà l'importance accordée au phénomène religieux, et il y aurait beaucoup à dire sur sa capacité à développer des allégeances identitaires fortes, notamment avec l'islam ou le judaïsme, l'intérêt de ces analyses est de bien souligner qu'un système politique n'est pas compréhensible si on le dissocie des systèmes de croyances qui s'affrontent dans la société. Il y puise la légitimité de ses institutions ou, au contraire, il se heurte à des valeurs incompatibles ou hostiles. La démocratie pluraliste suppose par exemple un minimum de tolérance aux idées adverses ; mais certaines subcultures en son sein ont une vision très restrictive de ce qui est tolérable. Surtout, ces croyances sont à l'origine de comportements qui sont les uns compatibles, les autres inconciliables avec les exigences de fonctionnement du système politique. Ainsi du fonctionnaire moyen dont on n'attend ni un zèle excessif (que pourrait induire une foi civique trop fervente) ni une

1. *Loc. cit.* p. 45.
2. *Loc. cit.* p. 322.
3. Dans ses « cartes conceptuelles » de l'Europe, Stein Rokkan accorde également une grande importance au facteur religieux (protestantisme ou catholicisme) dans l'émergence de formes différenciées d'États à partir du XVIe siècle. Stein ROKKAN, « Un modèle géo-économique et géopolitique de quelques sources de variations en Europe de l'Ouest », *Communication,* (45), 1987, p. 80 à 83.

indifférence au bon accomplissement des missions du service (que suggérerait un individualisme forcené).

C Pour une articulation de toutes les logiques d'interactions

La distinction des trois instances : politique, économique et culturelle est sans aucun doute nécessaire pour permettre de mieux identifier des enjeux et des problèmes. Mais elle ne doit pas conduire à occulter les profondes intrications qui existent à tous les niveaux, micro ou macrosocial, donnant à chaque type de comportement une dimension profondément intégrée. Aller voter, par exemple, est le fait d'un « bon citoyen » (qui exerce son droit) mais aussi la démarche d'un salarié peut-être mécontent de sa condition économique ou d'un parent d'élève peut-être insatisfait des valeurs inculquées à ses enfants. Des facteurs spécifiquement économiques influencent la vie politique, ne serait-ce que le niveau de prospérité, le taux de chômage, l'imbrication des échanges commerciaux avec d'autres pays, l'inégale distribution des revenus ou des patrimoines. De même, les clivages culturels d'ordre historique (en France l'héritage de l'anticléricalisme, en Allemagne le poids du passé nazi) ou ethnique (les divisions raciales aux États-Unis, en Inde ou en Afrique du Sud) permettent de comprendre la singularité des luttes politiques. Et l'on sait combien certaines formes de revendications sociales sont affectées par l'image positive ou négative du pouvoir central aux yeux des citoyens.

Les mécanismes d'interaction entre phénomènes d'ordre politique, économique et culturel sont donc d'une grande complexité et leur articulation permet de comprendre l'importance de la notion, à la fois fondamentale et floue, de civilisation. Celle-ci peut être définie comme un système relativement intégré de croyances, de comportements, de représentations de soi et du monde (notamment dans l'art et la littérature) qui différencient de grands ensembles de populations les uns par rapport aux autres. Le critère le plus pertinent du lien civilisationnel est sans doute le sentiment, diffusé par les élites, de partager une histoire particulière, réelle ou imaginée. Celle-ci joue le rôle d'un vecteur d'identification pour des masses considérables de populations. Avec le recul de l'historien, il est facile d'identifier, par exemple, une civilisation gréco-romaine aux premiers siècles de notre ère, ou encore une civilisation arabe (de Bagdad à Cordoue), une civilisation chinoise plurimillénaire, des civilisations amérindiennes, et bien d'autres encore. Aujourd'hui, les États qui se situent sur les deux rives de l'Atlantique nord parlent volontiers de leurs valeurs communes. L'expansion de cette civilisation occidentale, née en Europe, s'est fondée d'une part sur des comportements économiques, des technologies et des savoir-faire qui lui ont permis d'asseoir sa domination sur de vastes régions du monde, d'autre part sur des conceptions philosophiques et politiques qui ont servi à légitimer cette suprématie. Face à elle d'autres civilisations cherchent à maintenir ou réaffirmer leurs spécificités. La Chine, le Japon et les pays de l'Océan indien ou du sud-est asiatique, le monde arabo-musulman et les sociétés traditionnelles d'Afrique empruntent beaucoup à l'Occident sur le terrain économique et technologique mais cultivent certaines différences culturelles et politiques.

Dans son ouvrage, *Le Choc des civilisations*, Samuel Huntington s'est efforcé d'identifier les quelques grandes civilisations qui s'étendent aujourd'hui sur la planète. On peut discuter le nombre de ces ensembles ou la pertinence des critères retenus mais on aurait tort de récuser la puissance de ces clivages. Beaucoup d'irénisme ou d'aveuglement sont nécessaires pour masquer le fait que l'aventure occidentale de l'homme est perçue, par d'autres peuples, comme un défi redoutable, voire insupportable. La reconnaissance des différences de civilisations n'empêche pas le dialogue des cultures ; au contraire, elle en est la condition première. Néanmoins il est clair que ces différences constituent aussi le terreau fertile d'incompréhensions réciproques et la cause d'aggravation de conflits d'apparence purement politique ou économique. Samuel Huntington défend la thèse, controversée, selon laquelle, dans le monde actuel et à venir, les conflits ne sont (seront) pas d'abord idéologiques (capitalistes v/s marxistes) ou économiques (compétition pour l'accès à des biens qui se raréfieront comme le pétrole). Ils ont des racines culturelles au sens le plus étendu du terme, engageant les définitions respectives de soi. Les conceptions universalistes qui prévalent en Occident tendent à récuser l'existence de ces frontières invisibles ou fluides. Mais, répond Huntington, « cet universalisme est faux ; il est immoral et il est dangereux. L'impérialisme est la conséquence logique de l'universalisme ». Cette thèse mérite attention. Outre le fait que, conjoncturellement, elle explique bien des mécomptes occidentaux en Irak, en Afghanistan et, plus largement, dans tous les pays où la démocratie est exportée sans ménagement, outre le fait également qu'elle met mieux en perspective la résurgence des communautarismes dans les diasporas musulmanes d'Europe, elle a aussi un intérêt théorique majeur. Beaucoup de conflits, y compris les conflits sociaux, sont également des luttes pour sauvegarder ou améliorer une image collective de soi, pour protéger les valeurs à travers lesquelles on pense pouvoir affirmer sa dignité, pour résister à l'imposition de croyances et de comportements étrangers aux traditions que l'on souhaite respecter. La certitude des occidentaux de la supériorité morale de leur civilisation ne leur facilite pas la compréhension des normes étrangères à leur univers, parce que, au fond d'eux-mêmes, ils ignorent celles-ci ou les méprisent.

L'étude des spécificités d'une civilisation ne peut être envisagée que dans le cadre d'une sociohistoire érudite et attentive. C'est précisément la démarche qu'a adoptée Norbert Élias dans son ouvrage *La Dynamique de l'Occident*. Historien et sociologue, il s'est intéressé au processus de civilisation qui a fait évoluer les sociétés européennes depuis quatre ou cinq siècles ; et ce faisant, il a offert des éclairages stimulants sur la sociogenèse d'un nouveau système politique[1]. Son approche à la fois érudite et bien maîtrisée sur le plan théorique met en évidence plusieurs ordres de phénomènes.

Tout d'abord, Élias établit un lien entre les tendances à la monopolisation de la violence physique, les processus de différenciation sociale des tâches, porteurs d'une intensification des échanges, et l'apparition de nouvelles mentalités qu'il appelle déjà *habitus*. « Les sociétés au sein desquelles la violence n'est pas monopolisée sont toujours des sociétés où la division des fonctions est peu développée, où les chaînes d'actions qui lient leurs membres les uns aux autres sont courtes. Inversement, les sociétés dotées de monopoles de la contrainte physique plus consolidés – monopoles incarnés d'abord par les grandes cours princières ou royales – sont des sociétés où la division des fonctions est développée, où les chaînes d'action sont longues, les interdépendances fonctionnelles des différents individus marquées »[2]. Les contraintes qui pèsent sur les individus changent de nature : ce n'est plus tant la crainte d'atteintes brutales à l'intégrité physique ou aux biens, que la pression sociale constante qui résulte des multiples relations d'interactions et d'échanges dans lesquelles l'individu se trouve inséré. « Le refoulement des impulsions spontanées, la maîtrise des émotions, l'élargissement de l'espace mental, c'est-à-dire l'habitude de songer aux causes passées et aux conséquences futures de ses actes, voilà quelques aspects de la transformation qui suit nécessairement la monopolisation de la violence et l'élargissement du réseau des interdépendances »[3].

Élias voit donc à l'œuvre dans le processus de civilisation occidental des tendances longues à la « rationalisation » et à la « psychologisation ». Là où « les comportements d'un nombre accru de

1. Alain GARRIGOU, Bernard LACROIX (Dir.), *Norbert Élias, la politique et l'histoire*, Paris, La Découverte, 1997.
2. Norbert ÉLIAS, *La Dynamique de l'Occident* (1939), Trad., Paris, Calmann-Lévy, 1990, p. 189.
3. *Loc. cit.* p. 189-190.

personnes doivent être accordés, des actes interdépendants organisés avec plus de rigueur et de précision pour que chaque acte isolé remplisse sa fonction totale »[1], il faut calculer avec soin, anticiper les réactions, analyser les résultats ; il faut aussi contrôler ses émotions, faire preuve de maîtrise de soi, ce qui rend beaucoup plus complexe l'évaluation des sentiments réels et des intentions profondes de ses adversaires ou de ses amis, dans les relations d'interaction. Une telle évolution apporte un changement non pas seulement dans le contenu des idées mais dans le mode de fonctionnement de l'appareil psychique soumis à d'impératifs schémas culturels d'autocontrainte, consciente ou inconsciente (ce que Clegg appelle les « modes de rationalités »).

La sociogenèse du système politique occidental s'inscrit dans cette perspective globale. Au sein de la société de cour qui se développe autour du monarque (à Versailles, à Vienne, à Madrid, etc.) la violence physique est bannie ; mais s'y substituent d'autres formes plus subtiles de compétition et de rivalité en vue d'obtenir la faveur du Prince. C'est là, selon Élias citant longuement La Bruyère, que se mettent en place les comportements et les règles de la vie politique au sens moderne. Ces nouveaux habitus vont être progressivement assimilés par les représentants politiques des autres classes de la société. Il y a en effet « circulation des modèles », c'est-à-dire imitation par des couches sociales plus larges de ces schémas d'attitudes et de comportements ; ceux-ci sont d'autant plus valorisés qu'ils appartenaient en propre à des couches supérieures soucieuses, précisément, de se distinguer du vulgaire.

Le système démocratique occidental issu de ce processus occulte au maximum la violence physique qui est pourtant au principe même de toute organisation politique. Il y substitue le spectacle des rivalités de partis (ou de personnes), celui des affrontements d'idées et des antagonismes de projets. Le système fonctionne dans la mesure où l'ensemble des acteurs ont bien intériorisé les règles qui codifient les manifestations permises de l'agressivité et contraignent à en donner une expression purement symbolique. En ce sens Pierre Ansart a raison d'écrire, se référant à Montesquieu, que « chaque système politique met en place un ou des modèles de gestion des passions »[2]. D'où l'extraordinaire prééminence des phénomènes de langage dans la vie politique et les dimensions symboliques que revêtent facilement les

---

1. *Loc. cit.* p. 185.
2. Pierre ANSART, *La Gestion des passions politiques,* Lausanne, L'Âge d'Homme, 1983, p. 8. Le mot passion suggère une intensité particulièrement forte, c'est pourquoi l'on peut préférer le terme plus large d'« émotions ».

gestes, comportements et décisions des acteurs, voire les politiques publiques elles-mêmes[1].

S'agissant de la démocratie pluraliste contemporaine, il est intéressant d'identifier plus particulièrement les interactions qui s'établissent entre les règles du jeu constitutionnelles, les logiques stratégiques respectives des différents acteurs, et les exigences d'autocontrainte psychologique. La recherche d'un optimum d'indifférence chez les citoyens, la gestion de leurs aspirations à travers la construction d'illusions et un nécessaire travail de deuil, la désignation d'objets légitimes à leur agressivité, la sélection de styles psychologiques de gouvernement, tout cela apparaît comme une dimension essentielle du fonctionnement de tout système politique. C'est bien sur ce terrain : la mise en place d'une maîtrise des dynamismes émotionnels ajustée aux exigences de fonctionnement du système économique (par exemple, la permissivité dans une société de consommation), que s'apprécie la capacité d'adaptation et de pérennisation du système politique[2].

1. Sur ce point, les ouvrages de Murray EDELMAN : *Political Language* (1971) et *The Symbolic Uses of Politics* (1974) plus solides et approfondis que ses livres plus récents.
2. Pour un développement de cette analyse, dans la perspective ouverte par Élias, Philippe BRAUD, *Le Jardin des délices démocratiques,* Paris, Presses de la FNSP, 1991.

Section 2
Les régimes politiques

Cette notion permet de situer les uns par rapport aux autres des modes de gouvernement qui diffèrent entre eux du point de vue de leurs règles constitutionnelles de fonctionnement. Le régime politique est donc un sous-ensemble du système politique.

Si familiers qui nous soyons aujourd'hui des mots : dictature ou démocratie, monarchie ou république, régime plébiscitaire ou système totalitaire, ces catégories d'analyses ont une longue histoire où se mêlent inextricablement le souci de décrire et celui de juger. Il n'est pas simple de dégager ces concepts des inévitables imprécisions du langage courant, ni tout à fait possible de construire des classifications exhaustives autour de formes pures.

À l'époque contemporaine, un grand clivage traverse les États de la communauté internationale. Il oppose les régimes pluralistes et les régimes autoritaires sur la question du statut de l'opposition. Y a-t-il ou non compétition légale, ouverte et loyale autour du pouvoir d'État ? Mais le XXe siècle aura vu émerger un mode de gouvernement d'un type particulier : le totalitarisme dont l'ombre plane encore sur certains pays de la planète. Cette distinction tripartite a le mérite de correspondre aux repères habituels du langage courant tout en reposant sur un principe de classement admissible du point de vue scientifique, à savoir : le degré de consensus exigé des gouvernés. Les démocraties pluralistes légitiment les désaccords politiques ; les régimes autoritaires en prohibent l'expression publique ; les systèmes totalitaires ambitionnent de les extirper en remodelant les mentalités.

§ 1. Généalogie des classements

Le lexique qui sert aujourd'hui à nommer les principales formes de régimes politiques est largement hérité d'une tradition qui remonte à l'Antiquité grecque ; et cette longue histoire n'est pas sans peser sur les connotations actuelles de certains mots clés. En revanche c'est au

XXe siècle seulement qu'apparaît la catégorie du totalitarisme, concept souvent contesté à la fois politiquement ou scientifiquement.

Pour identifier les enjeux de toute classification des régimes politiques, il est intéressant de revisiter les œuvres de trois auteurs illustres qui ont particulièrement influencé la construction de catégories d'analyses encore prégnantes dans la culture occidentale contemporaine.

A Aristote

Dans son *Éthique à Nicomaque* comme dans *La Politique* (c. – 340), l'auteur ambitionne à la fois de classer empiriquement les multiples constitutions qu'il a recensées et de les juger d'un point de vue moral. Pour ce faire, il distingue celles qui ont pour but la justice c'est-à-dire, pour lui, l'intérêt commun, et celles qui n'ont en vue que l'intérêt personnel des gouvernants. Les premières sont justes, les autres qui « sont toutes des déviations des constitutions normales » sont défectueuses ; « elles présentent un caractère despotique alors que la Cité n'est autre qu'une communauté d'hommes libres »[1].

On le voit, la typologie d'Aristote vise à faciliter le jugement de valeur concernant le bon gouvernement ; mais elle repose sur un critère empirique : le nombre des gouvernants appelés à exercer l'autorité. En combinant ces deux critères, Aristote en vient à identifier six régimes politiques, (tableau ci-après).

Dans son commentaire de la distinction entre oligarchie et démocratie, Aristote introduit un élément supplémentaire : le statut socio-économique de ceux qui gouvernent. En effet, écrit-il, « la différence véritable qui sépare la démocratie et l'oligarchie l'une de l'autre, c'est la pauvreté et la richesse »[2], celle-ci étant généralement l'apanage du petit nombre. La démocratie est donc le gouvernement des pauvres qui s'exerce contre les riches (ce qu'il condamne), alors que la *politeïa* est celui qui vise à l'utilité commune, sans exclure qui que ce soit.

1. Aristote, *La Politique,* Trad., 4e édition, Paris, Vrin, 1982, p. 197.
2. *Loc. cit.* p. 203.

Tableau n° 15
La classification aristotélicienne des régimes politiques

	Un	*Plusieurs*	*Multitude*
Forme correcte	Royauté	Aristocratie	Politeïa
Forme corrompue	Tyrannie	Oligarchie	Démocratie

Derrière son apparente simplicité, la classification d'Aristote est complexe, fonctionnant au triple niveau éthique, institutionnel et socio-économique. De là son extraordinaire influence sur la pensée politique ultérieure. Dans son *Discours sur la première décade de Tite-Live* (1510), Machiavel par exemple y fait expressément référence non sans la nuancer aussitôt d'une observation pessimiste : « Un législateur qui donne à l'État qu'il fonde un de ces trois gouvernements le constitue pour peu de temps ; car nulle précaution ne peut empêcher que chacune de ces espèces réputées bonnes, quelle qu'elle soit, ne dégénère dans son espèce correspondante : tant en pareille matière bien et mal peuvent avoir de similitude »[1]. Pourtant, malgré ses mérites, la classification d'Aristote ne s'applique bien qu'à des modes de gouvernement encore peu institutionnalisés. Aujourd'hui la monarchie même absolue n'est certainement pas le pouvoir d'un seul, ni la démocratie le gouvernement effectif de la multitude. Les critères se sont déplacés avec l'avènement des régimes représentatifs. Partout l'autorité effective est toujours exercée par « un petit nombre ». Celui-ci tire sa légitimité soit du plus grand nombre : le Peuple souverain, soit, plus exceptionnellement, d'un seul (monarchie saoudienne) ou d'une minorité (les forces armées dans la Turquie kemaliste).

B Montesquieu

« Il y a trois espèces de gouvernements : le républicain, le monarchique et le despotique » écrit Montesquieu au début du Livre II de son ouvrage *De l'Esprit des Loix* (1748). Cette distinction, qu'il nous dit suggérée par les faits, est influencée aussi par les enjeux politiques de l'époque, notamment la réforme, souhaitée en France par les élites, du système monarchique et le rôle dévolu aux corps

1. MACHIAVEL, *Œuvres complètes,* Paris, Gallimard, 1986, p. 384.

intermédiaires. Constamment, Montesquieu laisse entendre ses préférences qui vont vers un gouvernement monarchique, respectueux des privilèges et prérogatives propres à chaque condition sociale.

Une autre caractéristique de Montesquieu est le lien qu'il établit entre la forme constitutionnelle et le principe de chaque régime. En d'autres termes, un mode de gouvernement n'est pas un simple agencement de règles juridiques ; il repose sur une dynamique sociale qui est propre à chacun. « Comme il faut de la vertu dans une république et dans une monarchie de l'honneur, il faut de la crainte dans un gouvernement despotique »[1]. Montesquieu souligne ainsi les dimensions psychoculturelles de la vie politique : un système de gouvernement se doit de mobiliser les passions les plus appropriées à ses logiques de fonctionnement.

Pour lui, le gouvernement républicain comporte deux modalités bien distinctes. La démocratie est le régime où le peuple tout entier exerce en corps sa souveraine puissance, étant à la fois « monarque et sujet ». Montesquieu s'en fait une conception directement inspirée par les Cités-États de la Grèce antique, dont la population demeurait restreinte. Aussi ne s'étonne-t-il nullement de son échec dans l'Angleterre de Cromwell. « Les politiques grecs, qui vivaient dans le gouvernement populaire, ne reconnaissaient d'autre force qui pût les soutenir que la vertu. Ceux d'aujourd'hui ne nous parlent que de manufactures, de commerce, de finances, de richesses et de luxe même »[2].

Autre forme de gouvernement républicain : l'aristocratie définie comme le régime où la puissance souveraine appartient à une partie du peuple, c'est-à-dire généralement la noblesse. Montesquieu cite les exemples des républiques de Venise, Gênes ou Raguse (Dubrovnik), mais aussi la monarchie élective de Pologne. « La modération est l'âme de ces gouvernements. J'entends celle qui est fondée sur la vertu, non pas celle qui vient d'une lâcheté et d'une paresse de l'âme »[3].

La monarchie est le régime où « un seul gouverne mais par des lois fixes et établies » (Livre II, Chap. I). Cette définition qui s'inspire du modèle anglais idéalisé, érige la volonté du Prince en source légitime de tout pouvoir mais elle exclut le caprice d'un seul. Le Roi doit œuvrer en accord avec « les pouvoirs intermédiaires, subordonnés et dépendants ». Pas de monarchie sans noblesse ! « Abolissez dans une monarchie les prérogatives des seigneurs, du clergé, de la noblesse

1. Montesquieu, *De l'Esprit des Loix*, Livre III, chap. 9, *in Œuvres complètes,* Paris, Gallimard, 1951, t. II, p. 258.

2. Montesquieu, *De l'Esprit des Loix, loc. cit.* p. 252.

3. *Loc. cit.* p. 254.

et des villes, vous aurez bientôt un État populaire ou bien un État despotique »[1]. Et si l'honneur est le « principe » de ce régime, c'est qu'il est dans sa nature d'instituer des préférences et des distinctions.

Troisième forme de gouvernement, l'État despotique dont la figure emblématique est, à ses yeux, l'empire ottoman avec le pouvoir sans partage du « Grand Turc ». C'est un véritable système repoussoir que Montesquieu assimile à l'arbitraire et qu'il voit exclusivement reposer sur la crainte. L'obéissance y est immédiate et sans réserve : « Il ne sert à rien d'opposer les sentiments naturels... les lois de l'homme... ; on a reçu l'ordre, et cela suffit »[2].

Montesquieu avait voulu fonder cette classification des régimes politiques sur l'objectivité du savant qui cherche à comprendre et non sur les normes éthiques du moraliste soucieux de juger. Néanmoins, quoiqu'il s'en défende, ses préférences apparaissent clairement en faveur d'un gouvernement tempéré. Or, malgré tous les mérites de cette œuvre, c'est sans doute cette inclination qui explique le mieux le succès durable de son œuvre. Il est difficile en effet de séparer le jugement porté sur une construction théorique d'avec les usages politiques susceptibles d'en être tirés.

C Rousseau

Bien proche d'Aristote sur ce point, l'auteur du *Contrat Social* (1762) distingue selon le nombre des gouvernants, trois formes de gouvernement : la démocratie lorsque « tout le peuple ou la plus grande partie du peuple » exerce la souveraineté ; l'aristocratie lorsque celle-ci est détenue par une minorité ; la monarchie enfin quand le gouvernement est concentré « dans les mains d'un magistrat unique dont tous les autres tiennent leur pouvoir ». Pour Rousseau, chaque forme de gouvernement est « la meilleure en certains cas et la pire en d'autres »[3]. Mais il croit pouvoir poser la règle selon laquelle « en général » la démocratie convient aux États petits et pauvres, l'aristocratie aux médiocres en grandeur et en richesse, la monarchie aux grands États opulents.

Un grand souffle littéraire et quelques incertitudes traversent cette classification. La démocratie, ce régime où le Peuple adopte les lois et les fait exécuter, « n'a jamais existé et n'existera jamais », du moins

1. *Loc. cit.* p. 247.
2. *Loc. cit.* p. 260.
3. Jean-Jacques ROUSSEAU, *Du Contrat Social,* Livre III, Chap. 3, *in Œuvres politiques,* Paris, Gallimard, 1964, p. 403 et s.

« dans la rigueur de l'acception ». Trop de conditions difficiles à réunir sont nécessaires : un État petit, une grande simplicité de mœurs, beaucoup d'égalité, peu ou point de luxe. Fallait-il alors l'ériger en mode de gouvernement, à moins qu'il ne se soit agi de rêver d'utopie ?

La monarchie est le gouvernement qui a « le plus de vigueur ». Pourtant Rousseau qui n'a en rien anticipé la chute des Bourbons quelque vingt années seulement après sa mort, se livre à une critique mordante des inconvénients de ce régime. « Le but n'est point celui de la félicité publique, et la force même de l'administration tourne sans cesse au préjudice de l'État ». C'est qu'en réalité ; chez lui, le procès du gouvernement monarchique est également celui des grands États où sévissent la corruption et l'intrigue.

Enfin, l'aristocratie fait l'objet de jugements contrastés. L'aristocratie « naturelle » est celle des peuples simples régis par les Anciens. « Les sauvages de l'Amérique septentrionale se gouvernent encore ainsi de nos jours, et sont très bien gouvernés »[1]. L'aristocratie héréditaire, gouvernement par la noblesse, est « le pire ». Mais l'aristocratie élective, selon Rousseau, est bien proche, à certains égards du gouvernement représentatif au sens moderne, puisque l'administration des affaires publiques se trouve confiée par élection « aux plus sages » et à « ceux qui peuvent mieux y donner tout leur temps »[2].

Enfin, Rousseau reprend à Aristote le thème de la propension des gouvernements à dégénérer, mais en lui donnant une explication originale : la volonté particulière des gouvernants agit sans cesse contre leur volonté générale c'est-à-dire, en fait, leur sens de l'intérêt collectif. Ce vice inhérent au corps politique tend à la détruire, « de même que la vieillesse et la mort détruisent le corps de l'homme ».

Tableau n° 16
Les modes de gouvernement d'après le *Contrat social*

Forme correcte	Démocratie	Aristocratie	Royauté
Forme corrompue (anarchie)	Ochlocratie	Oligarchie	Tyrannie

Jean-Jacques Rousseau propose donc une classification des régimes destinée moins à « faire voir » qu'à juger les modes de gouvernements observables. Sa véritable préoccupation n'est pas la question

1. *Loc. cit.* p. 406.
2. *Loc. cit.* p. 408.

du politiste : comment fonctionnent-ils ? mais celle du moraliste : à quelles conditions pourraient-ils être meilleurs ?

Rousseau s'est efforcé d'apprécier les modes de gouvernement par rapport à sa préoccupation centrale : affirmer la liberté de l'homme et l'affranchir des relations d'autorité avec autrui. La solution préconisée dans le Contrat Social a suscité des lectures variées. N'écrit-il pas qu'il faut faire en sorte que « chaque citoyen soit dans une parfaite indépendance de tous les autres et dans une excessive dépendance de la cité : ce qui se fait toujours par les mêmes moyens ; car il n'y a que la force de l'État qui fasse la liberté de ses membres »[1]. Karl Popper dans son livre : *La Société ouverte et ses ennemis*[2] fait explicitement de Rousseau, mais aussi de Platon ou de Marx, les précurseurs de la pensée et de la pratique totalitaires. Le concept de totalitarisme en effet vise à rendre compte de ces situations politiques où semble s'abolir toute distinction du public et du privé, les individus apparaissant totalement absorbés dans les exigences d'un système politique tendanciellement cannibale. L'œuvre de Rousseau ne saurait, bien entendu, relever de cette seule catégorie d'interprétation ; elle oblige néanmoins à penser le problème des prémisses du phénomène totalitaire.

§ 2. Les démocraties pluralistes

Alors que chez Aristote le mot démocratie était péjoratif, aujourd'hui il est porteur de connotations fortement valorisantes, ce qui explique de nombreuses et abusives revendications d'étiquette. Au XXe siècle, deux conceptions rivales se sont longtemps affrontées. D'un côté, les démocraties pluralistes caractérisées par l'existence d'élections libres et compétitives ; de l'autre, les démocraties populaires, régimes à parti unique, qui se voulaient des démocraties réelles et non pas simplement formelles. Les démocraties populaires ont quasiment disparu depuis l'effondrement de l'Union soviétique dans les années 1990 même si le régime du parti unique se maintient en Chine mais avec une idéologie vidée de sa substance. La démocratie pluraliste, au contraire, a le vent en poupe[3]. Elle s'est imposée, à l'issue de multiples

1. Jean-Jacques ROUSSEAU, *Du Contrat Social,* 1re version, Livre II, Chap. 12, *loc. cit.* p. 394.
2. Karl POPPER, *La Société ouverte et ses ennemis,* Trad., Paris, Seuil, 1979.
3. Pour un panorama de ces transformations démocratiques dans le monde, Heraldo MUNOZ, *Democracy Rising. Assessing the Global Challenges*, Londres, Lynne Rienner, 2005.

processus de « transition démocratique », dans les pays européens de l'ex « camp socialiste », en Amérique latine où elle a remplacé des régimes militaires, en Afrique où le parti unique a été progressivement abandonné au profit d'un pluripartisme plus ou moins ouvert. Néanmoins, dans les démocraties consolidées d'Europe et d'Amérique du nord, un certain désenchantement, sinon même un malaise est aisément perceptible. Il est lié à la fois au sentiment d'une impuissance croissante de l'État (voir *supra*) mais aussi à la revendication sourde d'une meilleure influence des citoyens sur les décisions qui gouvernent leur vie quotidienne[1].

Le paradoxe démocratique contemporain tient dans un contraste. L'immense majorité des États proclame la souveraineté du peuple mais leurs constitutions l'encadrent avec soin, au nom du respect des libertés fondamentales et de l'État de droit. Celui-ci repose, en effet, sur le « non-dit » majeur selon lequel non seulement les gouvernants mais le peuple lui-même et ses représentants peuvent mal faire. Contrairement à l'optimisme déraisonnable de certains théoriciens de la démocratie, on sait aujourd'hui, grâce à l'exemple du nazisme arrivé au pouvoir par les urnes, mais aussi grâce à une relecture moins biaisée de la Révolution française, combien la volonté populaire exploitée par des démagogues (ou des idéalistes rigides) peut se révéler terriblement oppressive. Par ailleurs, si l'on s'en tient à la stricte étymologie du mot démocratie : gouvernement du peuple par le peuple, aucun régime politique n'est ou n'a jamais été à proprement parler démocratique. Le gouvernement est toujours exercé « par une fraction » ; bien plus, il est approximatif d'affirmer que cette fraction est désignée librement, du moins dans la rigoureuse acception du terme. Même en laissant de côté les systèmes à parti unique, il existe toujours d'importants filtrages des candidats à la candidature, par les formations politiques et par les médias, par la notoriété et par l'argent.

Concrètement, la démocratie pluraliste articule ensemble deux notions biens distinctes. D'une part, un principe représentatif en vertu duquel le Peuple réputé souverain, délègue à un petit nombre le soin d'exprimer sa volonté ; d'autre part, un principe libéral qui privilégie la libre confrontation des opinions, donc la libre compétition des candi-

1. Russell DALTON, *Democratic Challenges, Democratic Choices. The Erosion of Support in Advanced Industrial Democracies*, Oxford, Oxford University Press, 2006. Pour des données chiffrées sur les pays de l'UE, Eurobaromètre, juillet 2005 (63). 92 % des citoyens au Danemark se disent « très satisfaits » ou « plutôt satisfaits » de la manière dont fonctionne la démocratie dans leur pays, 53 % en Allemagne et en France, 24 % en Lituanie et 20 % en Bulgarie.

dats à la représentation[1]. De sorte que son critère principal est bien l'élection des dirigeants au suffrage universel à travers des élections compétitives, disputées à intervalles réguliers. À partir de cet indicateur, on peut identifier un ensemble de régimes politiques qui relèvent d'une logique commune même s'ils se donnent des visages institutionnels variés.

A Le poids politique de l'élément de participation populaire

L'apparition du suffrage populaire comme procédure de choix des orientations politiques (Grèce antique) ou des gouvernants (démocraties pluralistes modernes) est une réponse à deux types de défis[2].

Premier défi : celui d'une division profonde des catégories dirigeantes. Observateur attentif de la Cité grecque, Moses Finley a relevé les antagonismes d'intérêts extrêmement aigus qui opposaient, à Athènes, les propriétaires terriens et les armateurs tournés vers la mer. Lorsqu'une solution qui assurerait la victoire totale des uns sur les autres parut hors de portée, la tentation se fit jour, chez certains, de manœuvrer pour « s'assurer le soutien populaire à différentes fins »[3]. Dans la cité démocratique de Périclès, *a fortiori* à Rome à l'époque classique de la République, la direction des affaires publiques n'échappe jamais au monopole d'un petit nombre de familles éminentes. La démocratie c'est surtout « un élément de participation populaire » qui permet un arbitrage externe entre les intérêts divergents des catégories dominantes.

Second défi : la mobilisation des masses populaires sur la scène politique. Dans la Cité antique, elle se fonde sur le fait que tous les citoyens sont soldats et directement concernés par la guerre ; mais la question sociale est souvent aiguë, opposant nantis et démunis. Au XIXe siècle, l'industrialisation et l'urbanisation ont fait naître en Europe des demandes très fortes de participation. Elles se concrétisent par exemple dans le mouvement chartiste en Angleterre vers 1840 ; et la chute de Louis-Philippe, en février 1848, est largement due à la question de l'élargissement du suffrage. Guy Hermet a identifié plusieurs scénarios d'apparition de la démocratie pluraliste. En

1. Carl SCHMITT estimait précisément que la démocratie libérale n'était pas viable parce que ces principes lui semblaient se contredire insurmontablement. *Parlementarisme et démocratie* (1923), Trad., Paris, Seuil, 1988.

2. Sur les divers usages du vote, dans une perspective historique, Olivier IHL, *Le Vote,* Paris, Montchrestien, 1996.

3. Moses FINLEY, *L'Invention de la politique,* Trad., Paris, Flammarion, 1984, p. 102.

Grande-Bretagne, un suffrage rigoureusement censitaire consacrait la domination exclusive de la gentry et des milieux d'affaires ; il s'élargit progressivement de 1832 à 1918, « se transformant en instrument d'une propédeutique ouverte »[1]. En France et en Allemagne, ce sont au contraire des régimes clairement autoritaires (respectivement le second Empire de Napoléon III et le gouvernement du chancelier Bismarck) qui ont banalisé le suffrage universel, répondant aux attentes de participation populaire tout en rassurant les possédants sur ses conséquences. En d'autres termes, l'institutionnalisation d'élections disputées au suffrage universel apparaît comme le fruit d'un long processus historique d'encadrement et d'apprivoisement. L'absence d'un tel travail d'acculturation progressive explique bien des mécomptes, aujourd'hui, dans l'exportation brutale du régime démocratique.

Quelles sont aujourd'hui, dans la société, les fonctions exactes de la participation populaire ?

La première est de légitimer les gouvernants, ce qui a pour effet de faciliter l'exercice de leur pouvoir. À ce titre, le triomphe du suffrage universel est à mettre en rapport avec les processus concomitants de développement de l'État et de laïcisation de la société. La « grâce de Dieu » ou la « divine Providence » ne suffisent plus, généralement, à fonder l'obéissance aux pouvoirs établis. Si le recours à une Cause extérieure n'est plus admis, il faut donc chercher à l'intérieur même de la société un principe indiscutable d'adhésion. Bien mieux que la force, ce sera le consentement ouvertement exprimé par le vote. Bien entendu, la capacité légitimatrice d'élections disputées se révèle très supérieure à celle des scrutins dépourvus de toute apparence de choix, là où existe la candidature officielle unique. C'est pourquoi les démocraties pluralistes redoutent davantage l'effondrement de la participation par abstentionnisme excessif, que les votes protestataires. Voter, fût-ce pour un parti hostile à la démocratie pluraliste, c'est déjà commencer à se plier aux règles démocratiques. En ce sens la dynamique électorale peut à long terme, et à condition que d'autres facteurs favorables se trouvent réunis, se révéler un puissant outil de réinsertion des extrémismes dans le jeu politique et l'ordre social.

La seconde fonction de la participation populaire est d'intervenir dans le choix des gouvernants. Intervenir plutôt que choisir à proprement parler. En effet, il est exceptionnel que l'électeur ait une liberté entière de décision. En toute rigueur cela n'existerait que si la loi disposait qu'il n'est pas nécessaire d'être candidat pour être élu. Normalement, le corps électoral se prononce seulement sur des

1. Guy Hermet, *Aux Frontières de la démocratie,* Paris, PUF, 1983, p. 37.

candidats (ou des listes) légalement déclarés. Des mécanismes de sélection extrêmement puissants interviennent pour « organiser » son choix, c'est-à-dire, en fait, le réduire. Ce sont parfois des règles juridiques assez contraignantes : cautionnements, signatures de parrainage, interdiction de figurer au second tour lorsque le score du premier a été inférieur à un certain seuil. Ce sont encore des handicaps financiers pour les candidats isolés ou les petites formations, surtout lorsqu'il faut faire campagne dans une circonscription étendue. Il faut également tenir compte des modes de désignation internes aux grands partis qui confèrent cette investiture sans laquelle la victoire est aléatoire ou impossible. Enfin, en amont, il a fallu franchir les filtres d'accès aux médias sans l'aide desquels on n'atteint pas la notoriété suffisante pour devenir un candidat plausible aux mandats les plus importants. Plus la circonscription est étendue et les élections dominées par les enjeux nationaux, plus la contrainte de ces mécanismes de sélection est draconienne. C'est ce qui faisait écrire, au début du siècle, à Gaëtano Mosca : « Les représentants ne sont pas élus, ils se font élire ».

De fait, dans les démocraties pluralistes modernes, les électeurs arbitrent entre des candidats présentés par un nombre réduit de formations politiques. Néanmoins, ils gardent toujours la possibilité de provoquer l'*alternance* au pouvoir : soit qu'ils préfèrent reconduire la majorité gouvernante, soit qu'ils la mettent en minorité. À noter cependant le cas des scrutins qui se déroulent à la proportionnelle dans un système multipartisan. Même après un sévère échec électoral, un parti dominant peut, grâce à des tractations d'état-major, se maintenir s'il réussit à trouver de nouveaux alliés. C'est ce qu'ont réalisé la démocratie chrétienne en Italie, et le Parti libéral-démocrate au Japon, à plusieurs moments de leur histoire. Les électeurs se voient-ils offrir davantage, c'est-à-dire une véritable *alternative* ? La réponse doit être nuancée. Elle dépend de la manière dont est posé un débat fondamental : celui de l'unité ou de la pluralité des classes dirigeantes[1]. Si l'on admet l'idée d'une convergence profonde entre les intérêts et aspirations fondamentales des diverses élites dirigeantes, les différents partis qui alternent effectivement au pouvoir seront considérés comme fondamentalement unis sur l'essentiel, c'est-à-dire assurer la pérennisation du système social et politique. Le spectacle de leurs divisions secondaires rend plus difficilement perceptible la réalité de leurs profondes convergences ; cela n'en est que plus efficace pour nourrir les illusions de l'alternative. En réalité, le vote pour tel ou tel grand

1. V. *infra,* Chap. 9.

parti entraîne moins une inflexion radicale des politiques suivies qu'une alternance des équipes et des hommes. En dépit de divergences de style, de sensibilité ou d'attention aux problèmes des gens, il y a unité de vues fondamentale sur le projet de société. Si, au contraire, l'on retient l'analyse selon laquelle ces couches dirigeantes partagent des idéologies opposées voire franchement inconciliables, le système politique redevient le lieu où, sur la base de compromis, vont être ajustées leurs attentes, régulés leurs conflits. Dans cette perception, la participation populaire par le canal du suffrage universel pourra retrouver tout son sens. Le verdict des électeurs pèsera en effet sur l'équilibre précaire qui s'instaure entre ces catégories dirigeantes. S'affrontant par partis interposés – ou au sein de chaque parti – celles-ci se livreront en direction du corps électoral à une surenchère qui, d'une part, redonne au peuple une fonction importante d'arbitrage et, d'autre part, lui permet d'en tirer les bénéfices : promesses électorales traduites en politiques publiques. En d'autres termes, souligner les perspectives de choix offertes au peuple ou les minimiser, c'est surtout décliner la position que l'on adopte vis-à-vis de l'ordre social lui-même.

B L'équilibre réciproque des diverses catégories de représentants

Dans les régimes pluralistes, le Peuple n'exerce jamais directement la souveraineté que lui attribue la théorie démocratique, sauf le cas exceptionnel du recours au referendum législatif ou constitutionnel. Cette fonction est déléguée par les urnes à des représentants qui parlent en son nom et décident pour lui[1].

La théorie constitutionnelle distingue classiquement deux idéal-types, susceptibles concrètement de nombreuses variantes. Ce sont les régimes parlementaires et les régimes présidentiels. Mention particulière sera faite enfin des éléments de démocratie directe observables dans ces régimes représentatifs.

Les régimes parlementaires

Depuis les constitutionnalistes du début du siècle (Esmein, Duguit), le régime parlementaire est défini comme suit : le gouvernement

1. Les rares exemples de démocratie directe aujourd'hui ne concernent pas à proprement parler des États. Ce sont les cantons suisses à *landsgemeinde* qui rassemblent 2,5 % de la population de la Confédération. Jean ROHR, *La Démocratie en Suisse,* Paris, Economica, 1987.

(Conseil des ministres) qui exerce le pouvoir au nom d'un chef d'État irresponsable, est politiquement responsable devant un Parlement susceptible d'être dissous. Dans cette épure idéale, la capacité de l'assemblée d'obtenir la démission du ministère est censée équilibrée par l'exercice éventuel du droit de dissolution. Le chef de l'État : monarque en Angleterre, en Belgique, aux Pays-Bas ou en Espagne, président de la République en Italie, en Allemagne ou en France (sous la IIIe République), symbolise l'unité au-dessus des divisions partisanes. Enfin, généralement, le Parlement comporte deux chambres à pouvoirs inégaux[1]. La première, seule issue du suffrage universel direct (sauf dans l'Italie d'aujourd'hui), exerce la plénitude du contrôle sur l'exécutif avec le pouvoir de censurer le gouvernement ; la seconde a des prérogatives plus limitées justifiées généralement par son mode de désignation. Elle sert essentiellement de modérateur à la chambre basse, la navette entre les deux assemblées permettant de « rattraper » des dispositions fâcheuses ou de gagner du temps pour une réflexion supplémentaire.

Si le régime parlementaire idéaltypique instaure un harmonieux équilibre entre des institutions à la fois séparées et interdépendantes, en réalité, les rapports de forces politiques imposent le plus souvent deux variantes, consacrées ou non par la lettre des constitutions.

Le régime d'assemblée. Il désigne un régime parlementaire caractérisé par l'affaiblissement des organes exécutifs. Ce déséquilibre a pu être voulu par les textes. À partir notamment des deux exemples classiques : constitution helvétique de 1874 et constitution française de 1946 (IVe République), on peut identifier les dispositions qui y tendent : absence de restrictions juridiques à la compétence des assemblées ; gouvernement, ou collège exécutif, directement élu et révocable par elles ; obligation pour les ministres de s'incliner devant leurs directives ; autorité hiérarchique faible (voire nulle comme en Suisse) du chef du gouvernement sur ses collègues, droit de dissolution absent ou entouré de conditions draconiennes. Les rapports de forces effectifs dessinent souvent un régime politique bien différent de celui organisé par la constitution. En Suisse, par exemple, les sept membres du Conseil fédéral sont de véritables professionnels, assurés de leur autorité grâce à une très grande longévité à leurs postes. En face d'eux, les membres des Assemblées qui siègent quelques mois par an seulement ont les handicaps de non-spécialistes sur les dossiers importants. Inversement, en France, les lois constitutionnelles de 1875 avaient eu beau instaurer un président de la République doté de

1. Il existe néanmoins un certain nombre d'exceptions : le Sénat italien par exemple.

pouvoirs étendus, particulièrement du droit de dissolution, elles n'ont pas empêché la prépondérance rapide de la Chambre des Députés.

L'exécutif dominant. Situation fréquente dans les régimes parlementaires contemporains : Grande-Bretagne, Suède, Allemagne fédérale, ses causes sont beaucoup plus profondes que les dispositions juridiques instaurant un « parlementarisme rationalisé », à savoir : modalités restrictives de la mise en jeu de la responsabilité politique, maîtrise par le gouvernement de l'ordre du jour des assemblées, limitation de durée des sessions parlementaires, etc. Cette évolution résulte en effet de deux facteurs principaux. Le premier est l'instauration d'un système de partis disciplinés. Il transforme les conditions d'exercice du contrôle parlementaire puisque les dirigeants d'une formation majoritaire siègent au gouvernement, en s'assurant le soutien de leurs troupes au Parlement. Dès lors, sauf révolte exceptionnelle des *backbenchers*[1], ou rupture de coalition entre partis associés au pouvoir, la mise en jeu de la responsabilité politique devient formelle ; quant à l'exercice du droit de dissolution, il permet surtout de choisir la date optimale des élections. L'autre raison majeure de la prépondérance de l'exécutif est l'exacerbation contemporaine du besoin de régir. Dans les sociétés modernes, l'activité législative et administrative s'est considérablement hypertrophiée, traitant de problèmes alourdis d'aspects de plus en plus techniques. Le problème est particulièrement visible au niveau des institutions de l'Union européenne. Pour affronter cette complexité, les Parlements sont moins bien armés que le pouvoir exécutif. En effet dans la phase préparatoire des décisions à prendre, qui revêt aujourd'hui une importance décisive, celui-ci dispose directement des services administratifs. Pour faire étudier à loisir les réponses envisageables, il lui est facile de mobiliser experts et avis techniques. Aussi malgré des tentatives d'amélioration du travail parlementaire, le déséquilibre est-il allé en s'accroissant. Conséquence : non seulement l'exécutif légifère directement par décrets, mais le Parlement vote quasi exclusivement des lois d'origine gouvernementale. Ceci étant, chaque fois que le gouvernement dispose d'une majorité étroite ou indisciplinée, le Parlement peut redevenir un lieu de pouvoir majeur, au moins pour un temps...

Le régime présidentiel

Dans ce type de démocratie représentative est instaurée l'autonomie politique réciproque du pouvoir gouvernemental et des assemblées

1. Députés de base.

délibératives. Le critère principal est négatif : le chef de l'exécutif ne peut dissoudre le Parlement, et celui-ci ne peut renverser le gouvernement. Décrit de façon systématique par James Bryce au début du XXe siècle, cet idéal-type s'applique d'abord à l'exemple des États-Unis d'Amérique. Cependant, le régime présidentiel n'implique pas une absolue (et impossible) séparation des pouvoirs. La constitution de Philadelphie (1787) reconnaît au Président le droit d'émettre un veto législatif (sous certaines conditions) ; il doit, en retour, obtenir l'assentiment du Sénat à la nomination des principaux responsables de départements ministériels : davantage même, il peut être visé par une procédure pénale d'*impeachment*[1]. La pratique permet également au Président de déposer (indirectement) des projets de lois, et d'intervenir dans les débats par des messages.

Élu au suffrage universel, quoique indirect, le Président se voit conférer par cette procédure une légitimité et une autorité incontestables face aux deux chambres du Congrès. Il ne s'ensuit pas néanmoins que toutes les constitutions qui prévoient l'élection du chef de l'État au suffrage universel mettent en place un régime présidentiel authentique. Distinguons deux catégories d'hypothèses.

Dans le régime présidentiel américain, il n'y a pas de chef du gouvernement ni même à proprement parler de cabinet. Les « ministres » sont des collaborateurs du Président qui relèvent directement de son autorité et sont placés par lui à la tête des grandes administrations publiques. L'exécutif est strictement monocéphale. En revanche, dans nombre d'autres pays : Autriche, Irlande, Islande, Finlande, le chef de l'État bien qu'élu lui aussi au suffrage universel, demeure privé de pouvoirs importants ; il existe en effet un chef de gouvernement, responsable devant les Assemblées, qui est le véritable chef de l'exécutif. Ces régimes sont donc à tendance nettement parlementaire. Dans l'Allemagne de Weimar ou dans le Portugal contemporain, le chef de l'État disposait de prérogatives importantes mais ce sont les circonstances politiques qui en ont affaibli la portée. Quant à la France de la Ve République, elle connaît deux régimes différents sous l'empire de la même constitution. Quand le Président de la République dispose d'une majorité parlementaire, il est pleinement le chef de l'exécutif et le Premier ministre joue souvent le rôle d'un simple « fusible » protégeant politiquement le chef de l'État. En période de cohabitation[2], au contraire, le Président est largement paralysé et le Premier Ministre,

1. Pour en éviter l'aboutissement, Richard Nixon a préféré démissionner de la présidence en 1974.

2. Avec l'instauration du quinquennat, la cohabitation va probablement devenir plus exceptionnelle puisque le Président nouvellement élu a toutes chances de gagner les

appuyé sur sa majorité à l'Assemblée nationale, « dirige et conduit la politique de la Nation », même s'il doit tenir compte des prérogatives présidentielles : droit de dissolution, saisine du Conseil constitutionnel, nomination aux hauts emplois civils et militaires. La révision constitutionnelle adoptée le 21 juillet 2008 prend acte du renforcement de la prééminence politique du Président depuis la concomitance des mandats présidentiel et parlementaires ; c'est pourquoi elle accroît utilement les prérogatives du Parlement (Guy Carcassonne) sur un certain nombre de points non négligeables. Et si le Président obtient le droit de s'exprimer devant le Congrès (les deux Chambres réunies), en revanche, il ne peut plus envisager sa réélection qu'une seule fois.

Beaucoup de constitutions sud-américaines ou africaines ont également consacré l'élection au suffrage universel du chef de l'exécutif. Généralement, les compétences juridiques qui lui sont reconnues sont extrêmement étendues : contrôle de l'ordre du jour des assemblées, droit de dissolution, possibilité de légiférer par décret sans véritables restrictions politiques. Le présidentialisme est cette prépondérance de l'exécutif qui exclut les équilibres relatifs maintenus par le régime présidentiel. Si le pluralisme politique y est de pure façade, le présidentialisme n'est alors que le manteau ordinaire qui habille un régime autoritaire.

Les éléments de démocratie directe

Ce sont essentiellement le recours au référendum et le droit de révocation des élus (*recall*).

Lorsque le Peuple se prononce directement sur un projet de loi (ordinaire ou constitutionnelle), il y a mise entre parenthèses du système représentatif[1]. Politiquement parlant, le référendum est une arme qui tend à abaisser le pouvoir des élus. Mais il faut distinguer au moins trois contextes. Dans la tradition bonapartiste (celle de Napoléon I et Napoléon III) le référendum est l'efficace « recours au Peuple » utilisé par le chef de l'exécutif désireux de renforcer sa légitimité face aux assemblées représentatives. Cette question de confiance est d'autant plus redoutable pour ses adversaires qu'il en

élections législatives qui se tiennent dans la foulée de sa propre élection. Il y a désormais correspondance dans la durée des mandats présidentiel et parlementaire (Assemblée nationale).

1. Il faudrait distinguer, en France, l'hypothèse de l'article 11 qui se situe dans ce cas de figure et celle de l'article 89 qui prévoit toujours l'adoption préalable du projet par les assemblées avant qu'il ne soit, éventuellement, soumis à référendum. La dernière consultation de ce type a eu lieu en 2000 avec l'adoption du quinquennat.

choisit librement le thème, le moment et la formulation. L'usage du référendum dans l'Allemagne de Weimar a justifié les pires inquiétudes[1]. En revanche, la pratique de Charles de Gaulle et celle de Georges Pompidou (1972) ont montré que cette arme pouvait s'émousser dans les mains mêmes de celui qui y recourait.

Dans la tradition suisse, comme dans les nombreux états fédérés américains qui l'ont institué, le référendum peut être d'initiative populaire, c'est-à-dire qu'il est obligatoirement organisé dès lors qu'une pétition en ce sens réunit le nombre minimal de signatures exigées par le droit. Il devient alors le moyen d'exprimer un dissensus populaire face à des institutions représentatives qui anesthésient voire écartent certains débats. Cela est particulièrement vrai en Suisse où la représentation proportionnelle favorise une indiscutable sclérose des partis tandis que le Conseil fédéral gouverne de façon consensuelle en associant systématiquement les représentants de toutes les grandes formations (démocratie consociationnelle).

Enfin, dans la pratique occidentale récente : Italie, Scandinavie, Autriche et même en Grande-Bretagne, le recours au référendum est envisagé ou se concrétise sur des questions qui voient les clivages au sein du Parlement ne pas nécessairement recouper ceux de leurs électeurs (entrée dans la zone euro, ratification du projet de constitution européenne). Le référendum est aussi un moyen de légitimer une décision difficile ou de limiter l'apparition de distorsions trop graves entre représentés et représentants. C'est ainsi que l'Italie a instauré le référendum abrogatif de la loi, en pensant, à l'instar de l'Irlande, à des questions de société comme le divorce ou l'avortement.

La révocation des élus par les électeurs, avant le terme de leur mandat, est très rarement permise. Aux États-Unis, il est quelques cas d'application récente de cette procédure, concernant notamment un gouverneur d'État (Californie 2003). Cette prérogative populaire se heurte, bien entendu, à la logique de délégation : elle suscite l'hostilité des élus sur lesquels elle fait planer une menace directe.

§ 3. Les régimes autoritaires

Cette catégorie peut être circonscrite, en première approximation, à partir de deux éléments. Les gouvernants en place ne soumettent pas réellement leur pouvoir aux aléas d'une compétition ouverte lors

1. Aujourd'hui, ni l'Allemagne ni le Japon ne font la moindre place au référendum.

d'élections pluralistes ; en outre, ils ne tolèrent pas en général l'expression publique de désaccords politiques avec eux. Cependant, à la différence des régimes totalitaires, ils n'exigent pas des citoyens qu'ils partagent intimement l'idéologie des gouvernants. Certains se contentent parfaitement d'une indifférence généralisée qu'ils entretiennent parfois par des dérivatifs. D'autres exigent une adhésion publique, mais tout extérieure, sans chercher à véritablement refaçonner les mentalités des citoyens[1].

A Critères d'identification

Le verrouillage institutionnel étroit est la première préoccupation de dirigeants soucieux d'empêcher toute remise en cause de leur présence au pouvoir. Pour atteindre ce but bien des procédés sont théoriquement envisageables même si, en pratique, leur efficacité dépend beaucoup du niveau de développement social et politique de la société considérée. Une première manière d'opérer, particulièrement drastique, consiste à interdire purement et simplement toutes activités politiques organisées. Celles des partis, mais aussi celles de leurs substituts éventuels : syndicats, associations civiques, comités d'intellectuels. Il s'ensuit, bien entendu, l'absence de consultations électorales. Pour être efficace, une telle politique suppose l'inexistence, dans la culture de cette société, de fortes traditions politiques de participation ou bien, dans le cas contraire, elle implique un climat de violence étatique qui puisse intimider les opposants les plus téméraires. De nos jours l'Arabie Saoudite et les États du Golfe illustrent bien le premier cas de figure, la Grèce des colonels[2] le second.

Une autre manière d'opérer consiste à contrôler étroitement la vie politique. Un pseudo-pluripartisme en Amérique latine ou l'institutionnalisation d'un parti unique en Afrique ou certains États arabes, ont longtemps permis de canaliser l'expression populaire en vue de déboucher sur un perpétuel renouvellement de la confiance. Aujourd'hui, dans beaucoup de pays encore, si les élections sont officiellement concurrentielles, il existe en fait divers mécanismes pour en limiter l'impact sur les dirigeants en place. Premier stratagème, elles ne concernent pas le chef effectif suprême du régime : monarque héréditaire (Maroc), guide investi d'un mandat à vie (Libye) ; ou bien,

1. Pour une discussion approfondie de la notion de régime autoritaire, v. Guy HERMET, « L'autoritarisme », dans M. GRAWITZ, J. LECA, *Traité de science politique*, Paris, PUF, 1985, t. II, p. 269 et s.

2. Instauré après un coup d'État en 1967, le régime militaire s'est effondré en 1974.

second stratagème : si elles portent effectivement sur le mandat des dirigeants, elles sont si étroitement contrôlées, voire truquées, que l'issue du scrutin ne fait en réalité de doute pour personne[1]. En Égypte, par exemple, le candidat (longtemps unique) à l'élection présidentielle est choisi par le parti dirigeant, lui-même contrôlé par le chef de l'État. Des mesures d'intimidation découragent les adversaires jugés potentiellement les plus dangereux (Égypte encore, ou Russie[2]).

Pour assurer la pérennisation au pouvoir, il ne suffit pas d'éviter les incertitudes d'une compétition électorale. Il faut aussi contrôler entièrement l'appareil d'État c'est-à-dire s'assurer de rigoureuses fidélités, du sommet jusqu'à la base. Dans les sociétés politiques encore peu différenciées, se trouveront privilégiés les mécanismes d'allégeance personnelle : solidarités familiales, tribales, régionales, ou encore réseaux clientélistes fondés sur la réciprocité des services rendus. C'était la règle dans les monarchies traditionnelles avant l'ère moderne. Dans les sociétés où la différenciation politique et administrative est bien supérieure, ces procédés ne peuvent plus suffire. L'institutionnalisation d'un parti unique et d'un syndicalisme d'État ou le rôle crucial dévolu à l'armée à tous les niveaux d'administration étatique ont souvent assuré la mise en place des relais indispensables, aussi bien en Amérique latine qu'en Afrique, au Moyen-Orient et dans certains pays d'Asie avant la transition démocratique de la fin du XXe siècle. Dans les régimes à proprement parler autoritaires, la préoccupation idéologique et doctrinale demeure néanmoins modeste, partis et syndicats restant avant tout des outils assurant la sélection des cadres fidèles et l'encadrement extérieur des masses.

Si les régimes autoritaires sont monolithiques sur le strict terrain du politique, ils s'accommodent en revanche d'un relatif polycentrisme des pouvoirs et d'un relatif pluralisme idéologique au sein de la société, du moins tant que le maintien indéfini des gouvernants au sommet de l'État n'en paraît pas menacé. C'est ainsi que les monarchies d'Ancien régime respectaient l'ordre social établi : coutumes locales, propriété privée des nobles et des bourgeois, libre activité pastorale de l'Église établie. Au XXe siècle, les régimes autoritaires d'Asie, d'Afrique ou d'Amérique latine se sont bien gardés de vassaliser les grandes firmes ou les acteurs économiques qui, au contraire, ont facilement préservé leur autonomie sur la base d'un pacte, tacite ou explicite, de soutien réciproque. Sur le terrain de l'information et de la communication, les

1. Voir divers exemples *in* Andreas SCHEDLER, *Electoral Authoritarianism. The Dynamics of Unfree Competition*, Londres, Lynne Rienner, 2006.
2. Un paroxysme est atteint lors des élections présidentielle et parlementaire au Zimbabwe au printemps 2008.

régimes autoritaires musellent étroitement la presse, la radio et la télévision. Mais ils laissent survivre en leur sein une relative liberté d'expression dans les domaines qui n'ont pas trop de connexions avec la politique : culture, religion, loisirs. Leur idéologie demeure en effet relativement peu explicitée et surtout assez peu missionnaire. Ils n'ont pas l'ambition de conquérir « les cœurs et les esprits » mais seulement celle d'assurer l'ordre public extérieur, c'est-à-dire une façade d'unanimité. Les techniques de mobilisation de masse (agit-prop, endoctrinement de la jeunesse, etc.) sont faiblement employées ou faiblement efficaces. Bref, sans le dire, ils s'accommodent fort bien de l'apathie des masses et de l'indifférence des élites.

Certains régimes autoritaires bénéficient d'un incontestable consensus, attesté ou non par des plébiscites ou des élections/acclamations. Il ne s'ensuit pas nécessairement qu'ils soient des modes de gouvernement modérés. Lorsqu'ils se sentent menacés par l'apparition d'une critique efficace, les dirigeants peuvent user d'une impitoyable violence. Ils y sont d'ailleurs assez fréquemment acculés : l'absence d'institutionnalisation de l'opposition ne facilitant pas le dialogue avec les forces contestataires lorsqu'elles apparaissent. C'est pourquoi il est souvent recouru dans un premier temps à un traitement purement policier des conflits, que complète la violence judiciaire destinée, à travers les procès politiques, à intimider ou décourager.

B Types de régimes

Si le trait commun des régimes autoritaires est la volonté de leurs dirigeants de se soustraire à toute remise en cause de leur pouvoir, ils divergent considérablement du point de vue de leurs institutions et de leurs systèmes de légitimation. Dans l'abondante littérature qui leur est consacrée, on voit émerger notamment quatre modèles, ordonnés sur une échelle d'étatisme croissant.

L'autoritarisme patrimonial

Max Weber avait déjà souligné les caractéristiques d'un mode de gouvernement, qu'il appelle traditionnel, où l'autorité quasi absolue du Prince se fonde sur celle, « naturelle », du père de famille. Le monarque qui régit l'ensemble de la communauté politique, distingue mal les ressources de l'État de ses biens personnels ni l'intérêt public de ses intérêts propres. La différenciation des institutions demeure relativement peu développée, le roi conservant un pouvoir général

« d'évocation » des affaires traitées par l'un de ses Conseils. Son autorité, censée traversée par la bienveillance à l'égard de ses sujets, est soumise à des limites plus politiques que juridiques. En effet, ces monarchies d'ancien régime, qui perdurent en Europe jusqu'au XIXe-siècle, ont une forte inclination au compromis avec les hiérarchies sociales existantes, c'est-à-dire les Églises instituées, la noblesse de robe ou d'épée, les grandes familles notables des villes.

Eisenstadt a proposé le concept de néo-patrimonialisme pour rendre compte de régimes politiques contemporains à la fois très autoritaires et encore peu différenciés institutionnellement[1]. En Afrique subsaharienne et dans le monde arabe (monarchies du Golfe), il existe des modes de gouvernement caractérisés par l'extrême faiblesse des contre-pouvoirs institutionnels. Le Prince s'arroge à peu près toute prérogative, décidant seul sans formalisme excessif. Pour consolider les allégeances et stimuler le loyalisme de ses soutiens, il distribue discrétionnairement promotions, privilèges et prébendes. Symptôme révélateur de la confusion entretenue entre la sphère étatique et la sphère privée, les dirigeants s'enrichissent en général de façon tout à fait considérable. Dans certains pays d'Afrique on a pu estimer que les avoirs personnels à l'étranger du chef de l'État et de sa famille équivalaient au montant total de la dette publique de leur propre pays. Ces régimes ont souvent des orientations conservatrices, particulièrement marquées dans le cas des monarchies pétrolières arabes ; mais d'autres ont pu tenir un discours « progressiste » exaltant verbalement l'anticolonialisme, le socialisme (africain) ou l'anti-impérialisme (le Ghana de Kwame N'Krumah, la Guinée de Sékou Touré, le Bénin de Mathieu Kérékou, le Zimbabwe de Robert Mugabe).

Les oligarchies clientélistes

Il existe, notamment en Amérique latine, des régimes à façade parlementaire et pluralisme politique apparent[2]. Sous la double menace d'un coup d'État militaire ou d'une irruption réelle des masses populaires sur la scène politique, se sont longtemps tenues des élections législatives et présidentielles qui légitimaient essentiellement

1. Samuel EISENSTADT, *Traditional Neo-patrimonialism and Modern Neo-patrimonialism,* Londres, Sage, 1973. Sur les raisons fondamentales du maintien des régimes autoritaires dans le monde arabo-musulman, Hamadi REDISSI, *L'Exception islamique,* Pais, Seuil, 2004.

2. Alain ROUQUIÉ, *L'État militaire en Amérique latine,* Paris, Seuil, 1982, p. 447 et s. Également du même auteur, *Amérique latine. Introduction à l'extrême Occident,* Paris, Seuil, 1987.

l'alternance au pouvoir des figures politiquement dominantes au sein du monde des grands propriétaires terriens ou des affaires. Le lien clientéliste est encore largement la base réelle des allégeances. En marge de l'État, souvent bien incapable de constituer à lui seul un recours efficace et impartial, se tissent des liens d'échanges directs de services entre partenaires fortement inégaux : salariés et entrepreneurs, paysans sans terre et latifundiaires, etc. La démocratie politique apparente permet surtout un ajustement plus pacifique des intérêts des diverses fractions de l'oligarchie qui, parfois, en viennent même à se partager alternativement le pouvoir par accord préétabli : Colombie, Venezuela, Uruguay jusqu'à une époque récente. Malgré des leaders charismatiques (il y eut Vargas au Brésil, Haya de la Torre au Pérou, la faiblesse de l'État et des institutions démocratiques se manifeste avec éclat dans l'incapacité de garantir la sécurité physique des porte-parole des mouvements populaires (Brésil), dans la corruption généralisée de l'appareil d'État (Colombie, Pérou, Panama, Mexique...), enfin dans la paralysie des institutions engagées officiellement dans la lutte contre la drogue (Colombie)[1].

Bonapartismes et dictatures populistes

Les deux régimes napoléoniens que la France a connus au XIXe siècle conjuguent les traits suivants : prééminence absolue du pouvoir exécutif sous l'égide d'un empereur à vie, référence explicite aux principes de la souveraineté nationale, mobilisation des valeurs patriotiques en vue d'obtenir un large consensus populaire. Le bonapartisme, comme catégorie d'analyse politique, opère donc la conjonction entre d'une part, le souci de « défense sociale », c'est-à-dire l'aspiration à l'ordre et, d'autre part, la prise en compte de l'irruption – canalisée sans doute mais réelle – des masses populaires sur la scène politique[2]. La ferveur qu'inspire l'épopée napoléonienne, la pratique répétée du suffrage universel (plébiscite ou élections législatives) mettent en évidence son aptitude à mobiliser efficacement, pour un temps du moins, une symbolique populiste. Ce faisant, se trouve facilité un apprivoisement du recours au peuple dans une direction qui n'effraie plus les possédants ; en même temps, cela permet à un État dont la légitimité se trouve renforcée, d'accompagner des mutations culturelles (premier Empire) ou économiques (second Empire).

1. Cf. les travaux de Daniel PÉCAUT, *L'Ordre et la violence,* Paris, EHESS, 1987 ; Georges COUFFIGNAL (Dir.), *Réinventer la démocratie,* Paris, Presses de la Fondation nationale des sciences politiques, 1992, p. 19 sq.
2. Guy HERMET, *Aux Frontières de la démocratie,* Paris, PUF, 1983, p. 69 et s.

Ainsi compris, le bonapartisme anticipe les régimes forts du XXe siècle qui, sous la direction d'un militaire prestigieux, s'appuyant sur l'armée et le nationalisme des classes moyennes, vont tenter la modernisation à marches forcées d'une société et, notamment, une laïcisation de la vie publique. Figures emblématiques de ce type de leadership : Mustapha Kemal en Turquie ou Gamal Abdel Nasser en Égypte. Ces dictatures populistes n'ont pas eu peur d'exalter les valeurs d'égalité, d'émancipation voire de révolution au profit des plus démunis. Dans certains cas, il s'agit d'un verbalisme aux conséquences limitées mais que le charisme du dictateur pare d'une vertu émotionnelle indéniable. Ce fut le cas de Juan Peron idole des *descamisados* en Argentine à la fin des années quarante. L'actuel Venezuela du président Chavez montre que cette tradition est encore bien vivace. En revanche, Ataturk ou Nasser ont effectivement introduit des réformes sociales profondes qui, d'ailleurs, auront bénéficié davantage aux classes moyennes qu'aux couches populaires les plus déshéritées. Dans ces pays : Turquie, Égypte et Argentine mais aussi Irak de Saddam Hussein et Algérie de Houari Boumedienne, l'armée, épine dorsale du régime, aura constitué le principal instrument d'ascension sociale pour les enfants des couches modestes ou moyennes dont sont issus leurs dirigeants.

Les bureaucraties autoritaires

Une première variante concerne les États corporatistes de l'entre deux guerres dont le Portugal, avec Salazar mais aussi le Mexique avec Cardenas furent les principales figures de proue. Le pouvoir bureaucratique s'y manifeste apparemment en dehors de l'État puisque les institutions qui régissent étroitement la vie économique, culturelle et professionnelle ont un pouvoir de décision propre. Cependant, les corporations, auxquelles sont représentés obligatoirement patrons et salariés d'une même branche, sont créées sous l'égide de l'État et, en fait, surveillées et contrôlées par lui. Il s'agit essentiellement, comme l'écrit Guy Hermet, d'une « délégation de certains des attributs de l'État à des corps intermédiaires ».

Une seconde variante concerne des régimes « progressistes » à parti unique hypertrophié. Monopolisateur de la vie politique, celui-ci se voit reconnaître une vocation de principe à contrôler l'ensemble des activités sociales, éducatives, culturelles voire économiques. Tous les partis uniques ne relèvent pas de ce modèle bureaucratique-autoritaire. Les uns parce qu'ils sont de simples coquilles vides : cas devenu fréquent en Afrique, les autres parce qu'ils constituent une pièce essentielle d'un dispositif de pouvoir totalitaire (v. *infra*). En revanche, ce modèle rend bien compte de la réalité des régimes politiques post-totalitaires d'URSS et d'Europe de l'Est jusqu'à leur effondrement en 1989. Dès l'époque de Léonid Brejnev en effet, les partis communistes au pouvoir s'étaient largement désidéologisés, avaient de fait renoncé à leurs ambitions révolutionnaires pour se convertir en pures et simples machines de pérennisation des cadres dans leurs emplois dirigeants. Des accommodements explicites (Pologne) ou implicites (RDA, URSS...) avec des forces sociales indépendantes comme les Églises, les intellectuels dissidents, les nationalismes avaient permis l'émergence d'un pluralisme social, limité sans doute mais réel et momentanément compatible avec le monolithisme politique. Ce type de régime survit dans les ex-républiques soviétiques d'Asie centrale comme le Kazakhstan, l'Ouzbékistan, le Turkménistan mais aussi dans la Chine post-maoïste ; il continue enfin de laisser son empreinte sur le régime russe à l'ère Poutine.

§ 4. Les situations totalitaires

Né dans l'entre-deux-guerres, le concept de totalitarisme s'est plus tard imposé comme catégorie d'analyse lors de la guerre froide sous l'influence de penseurs comme Carl Friedrich et Hannah Arendt aux États-Unis ou Raymond Aron en France. La définition du totalitarisme a toujours été au cœur d'enjeux idéologiques importants, ce qu'il faut mettre en évidence avant de décrire les principales caractéristiques des systèmes politiques concernés.

A La notion de totalitarisme

Au début des années trente, apparaissent quasi simultanément deux régimes politiques que l'idéologie semble radicalement séparer mais que des analogies frappantes inclinent néanmoins à rapprocher. Avec la collectivisation des campagnes, la liquidation des koulaks, le lancement des grands plans quinquennaux, s'opère brutalement en URSS une accélération de l'emprise du parti de Staline sur la société soviétique. Parallèlement, l'année 1933 voit l'avènement d'Adolphe Hitler comme chancelier du Reich et, en quelques mois, la liquidation des institutions démocratiques de la République de Weimar. Dans les deux pays, la violence d'État va se déployer en terreur contre des groupes sociaux entiers : en Allemagne, les juifs et les communistes, mais aussi les libéraux ou l'église confessante ; en URSS les paysans enrichis, les croyants, les vieux communistes, les minorités nationales ainsi que tous les opposants virtuels qualifiés de réactionnaires ou d'hitléro-trotskystes.

Au nom d'une idéologie légitimatrice (raciste, prolétarienne, voire religieuse dans l'Iran des mollahs ou l'Afghanistan des Talibans) se met en place une gigantesque tentative d'abolir dans la société tous les clivages spirituels et culturels existants. C'est le rêve démiurgique du retour à l'indifférenciation, c'est-à-dire l'unité fusionnelle de toutes les composantes de la population. Les techniques d'endoctrinement vont donc tenir une place essentielle, notamment en direction de la jeunesse. Les régimes totalitaires n'ont pas pour seule ambition d'instaurer un monolithisme extérieur, c'est-à-dire un ordre public apparent, sans discordances audibles. Il leur faut, bien davantage, obtenir l'adhésion active et sans réserves à leur projet de société. Ceux qui n'accordent pas ce soutien ont vocation à être impitoyablement marginalisés ou éliminés[1]. Il ne suffit pas en effet de se taire ; le dissentiment même passif est insupportable, le maintien d'identités politiques particulières intolérable. Le totalitarisme véritable conjugue cette ambition d'emprise totale sur les esprits avec l'usage des technologies modernes de l'organisation, de la communication et du management. Elles permettent la gestion d'un vaste système concentrationnaire, la mobilisation centralisée des moyens de propagande, la sophistication de l'appareil policier. Par elles le système totalitaire acquiert cet « effet d'échelle » qui le caractérise comme phénomène scientifique du XXe siècle. Il est la barbarie à visage industriel[2].

Ainsi réduite à l'essentiel, la notion de totalitarisme appelle deux observations. Tout d'abord, elle ne peut décrire que des situations politiques relativement éphémères. Fasciné par la destruction et la mort, le totalitarisme véritable suppose en effet une tension permanente des énergies en vue d'éliminer ou d'absorber toute conviction dissidente ; il exige un état de paroxysme constant qu'entretiennent effectivement des crises intérieures, des tensions internationales ou l'état de guerre. Il s'ensuit inévitablement l'épuisement de la société sous

1. À noter l'existence de précédents historiques en ce sens. L'entreprise de mobilisation totale des mentalités et le retour à une forme poussée d'indifférenciation sociale caractérisent une expérience comme celle menée par Jan de Leyde à Munster, dans l'Allemagne de la Réforme. Elle durera près d'un an (1534-1535). De même, également, certaines expérimentations du calvinisme politique en Europe ou en Amérique du Nord au XVIe et XVIIe siècles (l'exemple de Salem).

2. Sur la machine exterminatrice du IIIe Reich, Raul HILLBERG, *La Destruction des Juifs d'Europe,* Trad., Paris, Fayard, 1988, et *Exécuteurs, victimes, témoins. La catastrophe juive,* 1933-1945, Trad., Paris, Gallimard, 1994. Sur les camps soviétiques, Gustav HERLING, *Un Monde à part* (1951), Trad., Paris, Gallimard, 1995.

diverses formes : militaires, économiques, psychologiques. Certains régimes sont renversés par une intervention extérieure que leur politique a largement contribué à attirer sur eux : en Allemagne nazie mais aussi au Cambodge des Khmers rouges. D'autres évoluent vers un véritable enlisement. Au totalitarisme stalinien aura succédé, après la transition khrouchtchevienne, une période d'autoritarisme bureaucratique dont la stérilité prépare l'implosion finale de l'URSS. La Corée du Nord emprunte lentement un chemin à peu près identique. En Iran, le régime des Ayatollahs semble sorti des situations totalitaires qu'il a engendrées, mais son avenir demeure encore incertain. Quant à la Chine, après l'élimination de la « bande des quatre », héritiers de Mao, elle s'est orientée vers une forme originale de bureaucratisme d'État tolérant, puis encourageant, l'émergence d'une économie de marché de plus en plus ouverte sur le monde.

La seconde observation concerne le caractère longtemps sacrilège, véhémentement dénoncé par certains, du rapprochement entre un État raciste et la patrie du communisme. Quels que fussent les excès du stalinisme, les sympathisants de l'URSS n'admettaient pas de gommer les différences idéologiques entre le nazisme « dernier rempart de la bourgeoisie aux abois » et la construction du « socialisme réel », émancipateur des travailleurs. Incontestablement, la notion de totalitarisme a eu des usages purement politiques : associer dans une même réprobation les adversaires de tous bords de la démocratie occidentale (... et du capitalisme libéral). Néanmoins, elle soulève un problème plus profond : les parentés entre modes de gouvernement ont-elles moins d'importance que les différences entre projets de société affichés ? Le politiste ne peut pas l'admettre sérieusement. Outre que, fréquemment, le problème des moyens mis en œuvre conditionne la nature réelle des objectifs atteints (un régime qui s'impose et gouverne par la violence a peu de chances d'atteindre des buts de libération sociale ou démocratique), de toute manière la science politique se focalise sur la question centrale du *comment* fonctionne un système politique. Et c'est bien à ce niveau que le concept de totalitarisme se révèle opératoire. En rapprochant ce qui doit l'être, il permet de comprendre comment des systèmes de légitimation efficaces, associés à des techniques d'encadrement rigoureuses, favorisent la mise en place d'une dynamique de pouvoir délirante et, chez les gouvernés, le basculement du plus grand nombre dans la totale « remise de soi », fervente jusqu'à l'absurde ou au criminel, annihilant toute velléité contestataire, à l'exception de quelques « justes » portés par des convictions éthiques fortes. Le rapprochement des modes de gouvernement fait aussi comprendre comment des passerelles (politiques et psychologiques) permettent à des militants d'évoluer de l'extrême gauche vers l'extrême droite, ou l'inverse ; comment des thématiques « révolutionnaires » ont pu être récupérées par des fractions de l'extrême droite radicale et, à l'inverse, des thématiques antisémites et xénophobes par des régimes communistes.

B Caractéristiques des situations totalitaires

Elles ne sauraient être recherchées au niveau des règles constitutionnelles de fonctionnement. Il n'y a pas de régime juridique propre au gouvernement totalitaire, compte tenu précisément de sa logique profondément destructrice du droit et de la différenciation État/société civile. La constitution stalinienne de 1936 a été, à la lettre, la plus démocratique du monde et la constitution de Weimar ne fut jamais officiellement abolie. Le système totalitaire organise un terrorisme idéologique et policier sur la société. Non pas au profit de l'État et de ses institutions officielles mais, à travers une multiplicité déconcertante de centres de pouvoirs qui se concurrencent, au bénéfice du Chef. Comme l'écrit Hannah Arendt : « Le totalitarisme diffère par essence des autres formes d'oppression politique que nous connaissons, tels le despotisme, la tyrannie et la dictature... Le régime totalitaire transforme toujours les classes en masses, substitue au système des partis non pas des dictatures à parti unique mais un mouvement de masse, déplace le centre du pouvoir de l'armée à la police, et met en œuvre une politique étrangère visant ouvertement à la domination du monde »[1]. Cette dynamique totalitaire, aisément repérable dans l'Allemagne hitlérienne, l'URSS de Staline, la Chine de Mao, le Cambodge de Pol Pot ou l'Iran de Khomeyni[2], s'appuie sur quatre éléments.

Le culte paroxystique du chef

Beaucoup plus qu'un dictateur, investi d'un pouvoir absolu qu'il ne détient pas totalement en réalité, le chef est la tête du mouvement qui doit remodeler la société tout entière ; il est censé exprimer et rendre explicites les aspirations inconscientes des masses à un idéal collectif supérieur. En dernière analyse, lui seul sait, parce que lui seul incarne la « ligne juste » du mouvement ou encore l'âme collective du Peuple. L'équivalent du *Führerprinzip* est, en URSS ou en Chine, la direction prolétarienne du camarade Staline ou du Grand Timonier

1. Hannah ARENDT, *Le Système totalitaire,* Trad., Paris, Seuil, 1972, p. 203.
2. Il faudrait citer aussi la Roumanie des années Ceauscescu et l'Albanie d'Enver Hodja.

Mao, au Cambodge des Khmers rouges la volonté sans visage de « l'Organisation », en Iran, sous l'imam Khomeiny, la consécration constitutionnelle du *Velayat-e fakih.* L'efficacité politique et psychosociale de ce culte de la personnalité se manifeste dans les projections émotionnelles intenses des foules. Les grandes manifestations de masses, notamment, favorisent l'abolition des repères rationnels des individus détachés, pour un temps fort de communion avec le Chef, de tout environnement social structuré. Mais elles sont relayées par l'ensemble des moyens de communication qui portent partout, inlassablement, la parole infaillible du leader. Il s'ensuit que les systèmes totalitaires mobilisent, pendant un temps, un réel consensus fondé sur l'exploitation systématique des angoisses les plus archaïques voire des passions les plus viles.

Le monopole idéologique

Dans tous les systèmes totalitaires, triomphe une conception rigoureuse de la Vérité qui ne tolère ni les doutes ni les discussions et qui, *a fortiori*, rejette dans les ténèbres extérieures du complot l'attachement à des doctrines « erronées ». Ce qui importe n'est pas tant le contenu explicite de doctrines, généralement réduites à des idées simplistes : racisme et antisémitisme scientistes en Allemagne nazie, marxisme-léninisme dans leur version stalinienne ou maoïste (« le petit Livre rouge »), Islam des déshérités dans le chiisme khomeyniste. Bien davantage, c'est un principe de cohérence qui permet d'exiger l'obéissance absolue, et d'entamer la destruction des institutions socioculturelles, des religions et des philosophies au nom de leur « fausseté », créant ainsi le nihilisme des valeurs sur lequel se modèle la nouvelle société[1].

Dans sa perspective dynamique, l'idéologie monolithique favorise la mobilisation constante des masses, en substituant au monde réel un univers de fictions dans lequel les éléments paranoïaques jouent un rôle essentiel. Ainsi vont pouvoir être identifiées des catégories entières d'« ennemis objectifs ». Les juifs, sournoise menace à la pureté du sang aryen ; les comploteurs et saboteurs hitléro-trotskystes en URSS, les « droitistes » en Chine, acharnés à détruire les réalisations du socialisme ; le Grand Satan dressé contre l'Islam, etc., autant de représentations mythologiques qui permettent d'expliquer tous les insuccès et

1. Cette analyse, commune à Rauschning et Hannah Arendt est néanmoins discutée par Claude Lefort et Marcel Gauchet qui soulignent au contraire l'importance de leur contenu idéologique respectif ; à tort à mon avis.

de susciter ces nécessaires frayeurs qui font du Chef un protecteur indispensable.

Le contrôle de tous les moyens de pouvoir et de persuasion

L'instauration du totalitarisme suppose, bien entendu, l'élimination de toutes les institutions susceptibles d'entraver sa dynamique interne d'emprise sur la société. Abolition du pluralisme politique et destruction physique de l'opposition, légale ou clandestine ; mise en tutelle absolue des syndicats, des Églises et de toutes les formes d'institutions sociales ; création de structures d'embrigadement de la jeunesse ; surveillance particulièrement étroite de l'armée, doublée par des milices (SA puis SS en Allemagne, milices ouvrières en URSS, Pasdarans en Iran...) enfin, constitution d'une formidable machine de propagande à usage intérieur et extérieur. Mais le parti unique n'est pas réellement un critère du gouvernement totalitaire, ni le monolithisme de l'appareil d'État. Bien au contraire. Le parti nazi, en rivalité avec la SA de Roëhm au début du régime hitlérien, devient progressivement une coquille vide avec le développement des SS. Le parti communiste stalinien sera largement dépossédé de son pouvoir au profit des organes de sécurité (KGB). En Chine, Mao Zedong lance les Gardes rouges à l'assaut du Parti et, dans l'Iran de Khomeyni, les fractions rivales organisées se déchirent ouvertement[1].

Il en va de même dans la machine administrative de l'État. La multiplication des services en concurrence y est la règle. En raison notamment de la dualité Parti/État ; mais bien davantage parce qu'il s'agit d'une véritable technique de gouvernement. Hannah Arendt en donne la raison pertinente : « Si nous considérons l'État totalitaire en tant qu'instrument du pouvoir seulement, c'est-à-dire en faisant abstraction des questions d'efficacité administrative, de capacité industrielle et de productivité économique, son caractère informe s'avère alors l'instrument idéal pour la réalisation de ce que l'on appelle le principe du Chef. La continuelle concurrence entre les services dont non seulement les fonctions interfèrent, mais dont les tâches sont parfois identiques, ne laisse à l'opposition ou au sabotage aucune chance de se traduire en actes. Un prompt déplacement d'accent qui relègue un service dans l'ombre, tout en accroissant l'autorité d'un autre, peut résoudre tous les problèmes sans que personne prenne conscience du changement qui s'est produit, ou de l'opposition qui

1. Dans le Cambodge de Pol Pot l'Angkar (« l'organisation ») est une réalité fantasmatique multiforme et insaisissable, aux yeux de tous ceux qui la craignent ou la servent.

s'est manifestée »[1]. Ajoutons que la confusion des compétences incite chaque autorité publique à ne se fier utilement qu'à la volonté du Chef, de même que les gouvernés, incertains des règlements qui leur sont effectivement applicables. Ce système qui affaiblit systématiquement toutes les institutions intermédiaires susceptibles de s'interposer entre le Chef et les masses, crée un état d'insécurité juridique généralisée qui constitue une efficace technique d'assujettissement mental.

Le système policier et concentrationnaire

Le flou des incriminations pénales, l'intimidation et la terreur permanente sont les principaux leviers de l'emprise sur les esprits. De la base sociale jusqu'aux sommets, personne n'est totalement à l'abri d'une dénonciation pour « sabotage objectif » de l'entreprise révolutionnaire. La catégorie des suspects se définit sans doute à partir de principes idéologiques : juifs et communistes, ou bien « vestiges des classes exploiteuses » ou encore agents de l'impérialisme et suppôts du Shah. Mais, par extensions excessives, de nouvelles catégories de suspects apparaissent de sorte que la population tout entière a vocation à s'y trouver potentiellement incluse. Tous les observateurs ont noté qu'au paroxysme des situations totalitaires, un climat de défiance généralisée règne entre les individus. L'hypertrophie de l'appareil policier, le montage de « grands procès » sous Staline ou, en Chine, les redoutables « séances collectives d'autocritiques », tendent à faire de chacun le délateur virtuel de son voisin. Les conséquences psychosociales à long terme peuvent être redoutables comme le montre le malaise engendré en Allemagne par l'ouverture des dossiers de la Stasi aux lendemains de l'effondrement du régime de la RDA (1990-1991).

Institution typique du système totalitaire, les camps de concentration permettent de faire disparaître en masse des individus « suspects », donc de créer une pression permanente sur l'ensemble de la population. Mais ils constituent aussi une sorte de laboratoire du totalitarisme achevé, en créant les conditions d'une déshumanisation absolue des victimes (voire de leurs gardiens...). Ils représentent, selon le jugement de David Rousset sur les *Lager* allemands, « la société la plus totalitaire jamais réalisée »[2].

1. *Op. cit.* p. 133.
2. David ROUSSET, *L'Univers concentrationnaire* (1946), rééd. Paris, Minuit, 1965. V. également le remarquable témoignage de Primo LEVI, *Si c'est un homme,* Trad., rééd. Paris, Julliard, 1988. À noter cependant que seuls les nazis ont ouvert des camps d'extermination, c'est-à-dire méthodiquement organisés dans le seul but de l'élimination physique.

Orientation bibliographique

Classiques

ALMOND Gabriel, POWELL Bingham, *Comparative Politics* (1966), 3e édition avec Kaare Strom et Russel Dalton, Longman, Addison Wesley, 1993.

ALMOND Gabriel, FLANAGAN Scott, MUNDT Robert (Eds.), *Crisis, Choice and Change. Historical Studies of Political Development*, Boston, Little, Brown, 1973.

ARENDT Hannah, *Le Système totalitaire*, Traduction de la IIIe Partie de *The Origins of Totalitarianism* (1951), Paris, Seuil, 1972.

ARENDT Hannah, *La Nature du totalitarisme*. Recueil de textes, Paris Payot, 2006.

ARISTOTE, *La Politique* (vers – 325), Trad., Paris, Vrin, 1982.

ARON Raymond, *Démocratie et totalitarisme,* Paris, Gallimard, 1965.

BRYCE James, *Modern Democracies,* Londres, MacMillan, 1921.

EASTON David, *Analyse du système politique* (1965), Trad., Paris, A. Colin, 1974.

ÉLIAS Norbert, *La Dynamique de l'Occident* (1939), Trad., du t. 2 de *Über den Progress der Zivilisation,* Paris, Calmann-Lévy, 1975.

ÉLIAS Norbert, *La Société des individus* (1939), Paris, Fayard, 1991.

FRIEDRICH Carl, *Totalitarian Dictatorships and Autocracy,* Cambridge, Harvard University Press, 1959.

HOBBES Thomas, *Léviathan* (1651), Trad., Paris, Sirey, 1971.

HUNTINGTON Samuel, *Political Order in Changing Societies,* New Haven, Yale University Press, 1968.

KELSEN Hans, *La Démocratie, sa nature, sa valeur* (1929), Trad., Paris, Sirey, 1932, rééd. Economica, 1988.

MILL John Stuart, *Le Gouvernement représentatif* (1861), Trad., Paris, Guillaumin, 1877.

MONTESQUIEU, *De l'Esprit des lois* (1749), Paris, Gallimard, 1985 t. II.

PARSONS Talcott, *Le Système des sociétés modernes* (1971), Trad., Paris, Dunod, 1973.

POLANYI Karl, *La Grande transformation. Aux origines politiques et économiques de notre temps* (1944), Trad., Paris, Gallimard, 1983.

ROKEACH Milton, *The Nature of Human Values*, New York, Free Press, 1973.

ROUSSEAU Jean-Jacques, *Du Contrat social* (1762), Paris, Gallimard, 1983.

SCHMITT Carl, *Parlementarisme et démocratie* (1923), Trad., Paris, Seuil, 1988.

SCHUMPETER Joseph, *Capitalisme, socialisme et démocratie* (1942), Trad., Paris, Payot, 1984.

TOCQUEVILLE Alexis (de), *La Démocratie en Amérique* (1840), Paris, Garnier-Flammarion, 1981.

WEBER Max, *L'Éthique protestante et l'esprit du capitalisme* (1905), Trad., Paris, Plon, 1964.

Études contemporaines

ALMOND Gabriel, *Comparative Politics Today. A World View*, 8e édition, Longman, Addison Wesley, 2004.

APTER David, *Political Change. Collected Essays*, Londres, Franck Cass, 1973.

BADIE Bertrand, *Le Développement politique*, 5e édition, Paris, Economica, 1994.

BERBEROGLU Berch, *Class Structure and Social Transformation*, Westport, Praeger, 1994.

BOLTANSKI Luc, CHIAPPELLO E., *Le Nouvel esprit du capitalisme*, Paris, Gallimard, 1999.

BOURRICAUD François, *L'Individualisme institutionnel. Essai sur la sociologie de Talcott Parsons*, Paris, PUF, 1977.

BRAUD Philippe, *Êtes-vous catholique ?*, Paris, Presses de Sciences Po, 1997.

CROUCH Colin, STREEK Wolfgang (Dir.), *Les Capitalismes en Europe*, Paris, La Découverte, 1996.

COYLE Dennis, ELLIS Richard, *Politics, Policy and Culture*, Boulder, Westview Press, 1994.

DAHRENDORF Ralf, *Classe et conflits de classes dans la société industrielle*, Trad., La Haye, Mouton, 1972.

DOBRY Michel, *Sociologie des crises politiques*, Paris, Presses de la FNSP, 1986.

EASTON David, *An Analysis of Political Structure*, New York, Routledge, 1990.

ÉLIAS Norbert, *Qu'est ce que la sociologie ?*, La Tour d'Aigues, Éd. de l'Aube, 1991.

FITOUSSI Jean-Paul, ROSANVALLON Pierre, *Le Nouvel âge des inégalités*, Paris, Seuil, 1996.

GAUCHET Marcel, *La Religion dans la démocratie. Parcours de la laïcité*, Paris, Gallimard, 1998.

HUNTINGTON Samuel, *Le Choc des civilisations*, Trad., Paris, Odile Jacob, 1997.

HUNTINGTON Samuel, *Who Are We ? The Challenges to America's National Identity*, New York, Simon and Schuster, 2004.

KOHUT Andrew, STOKES Bruce, *America against the World. How We Are Different and Why We Are Disliked*, New York, Times Book, Henry Holt, 2006.

LANE Jan-Erik, *Culture and Politics. A Comparative Approach*, Aldershot, Ashgate, 2002.
LAPIERRE Jean-William, *L'Analyse des systèmes politiques,* Paris, PUF, 1973.
MOORE Barrington, *Les Origines sociales de la dictature et de la démocratie,* Trad., Paris, Maspero, 1983.
REDISSI Hamadi, *L'Exception islamique,* Paris, Seuil, 2004.
RÉMOND René, *Religion et Société en Europe*, Paris, Seuil, 1998.
RYAN Michael, *Politics and Culture,* Basingstoke, MacMillan, 1989.
SANDERS David, *Patterns of Political Instability,* Basingstoke, MacMillan, 1981.
VUILLERME Jean-Louis, *Le Concept de système politique,* Paris, PUF, 1989.
WALLERSTEIN Immanuel, *Le Système du monde. Du XVe siècle à nos jours,* Trad., Paris, Flammarion, t. 1, 1980, t. 2, 1985.
WALZER Michaël, *La Révolution des saints* (1965), Trad., Paris, Belin, 1987.

* *Sur les régimes politiques*

ANDERSON James (Ed.), *Transnational Democracy*, Londres, Routledge, 2002.
AXTMANN Roland (Ed.), *Understanding Democratic Politics. An Introduction*, Londres, Sage, 2003.
BARNETT Clive, LOW Murray (Eds.), *Spaces of Democracy. Geographical Perspectives on Citizenship, Participation and Representation,* Londres, Sage, 2004.
BAYART Jean-François, *L'État en Afrique,* Paris, Fayard, 1989.
BERSTEIN Serge (Dir.), *La Démocratie libérale*, Paris, PUF, 1998.
BLONDIAUX Loïc, MARCOU Gérard, RANGEON François (Dir.), *La Démocratie locale. Représentations, participation et espace public*, Paris, PUF, 1999.
BOBBIO Norberto, *L'État et la démocratie internationale*, Bruxelles, Complexe, 2001.
BOUVET Laurent, *Le Fédéraliste. La Démocratie apprivoisée*, Paris, Michalon, 1997.
BRATTON Michael, *Electoral Authoritarianism. The Dynamics of Unfree Competition*, Londres, Lynne Rienner, 2006.
BRAUD Philippe, *Le Jardin des délices démocratiques,* Paris, Presses de la FNSP, 1991.
BRAUD Philippe, *La Démocratie politique,* 2e édition, Paris, Seuil, 2003.
BRISSON Jean-Paul, VERNANT Jean-Pierre, VIDAL-NAQUET Pierre, *Démocratie, citoyenneté et héritage gréco-romain,* Paris, Liris, 2000.

BRUNETEAU Bernard, *Les Totalitarismes*, Paris, A. Colin, 1999.
BURDEAU Georges, *La Démocratie,* rééd. Paris, Seuil, 1978.
BUTON Philippe, *Une Histoire intellectuelle de la démocratie*, 1918-1989, Paris, Arslan, 2000.
COHEN-TANUGI Laurent, *La Métamorphose de la démocratie,* Paris, Odile Jacob, 1989.
COMMUNISME, « La Question du totalitarisme », n° spécial, Lausanne, L'Âge d'Homme, 1997.
CORTADA James, *Can Democracy Survive in Europe ?*, New York, Praeger, 1997.
COUFFIGNAL Georges (Dir.), *Réinventer la démocratie, Le défi latino-américain,* Paris, Presses de la FNSP, 1992.
COURTOIS Stéphane (Dir.), *Les Logiques totalitaires en Europe*, Monaco, Éd. du Rocher, 2006.
CUNNINGHAM Franck, *Theories of Democracy. A Critical Introduction*, Londres, Routledge, 2001.
DALTON Russell, *Democratic Challenges, Democratic Choices. The Erosion of Political Support in Industrial Democracies,* Oxford, Oxford University Press, 2007.
DIAMOND Leslie, LINZ Juan, LIPSET Seymour (Eds.), *Democracy in Developing Countries*, 3 vol., Boulder, Lynne Rienner, 1988.
DONÉGANI Jean-Marie, SADOUN Marc, *La Démocratie imparfaite,* Paris, Gallimard, 1994.
DONÉGANI Jean-Marie, SADOUN Marc, *La Ve République. Naissance et mort*, Paris, Calmann-Lévy, 1998.
DOORENSPLEET Renske, *Democratic Transitions. Exploring the Structural Sources of the Fourth Wave*, Londres, Lynne Rienner, 2005.
DUHAMEL Olivier, *Droit constitutionnel. t. II. Les Démocraties,* Paris, Seuil, 2000.
DULPHY Anne, LEONARD Yves (Dir.), *De la Dictature à la démocratie. Voies ibériques,* Bruxelles, Pieter Lang, 2003.
DUNN John (Ed.), *Democracy. The Unfinished Journey.* 508 BC to AD 1993, Oxford University Press, 1993.
DUVERGER Maurice, *Les Régimes semi-présidentiels,* Paris, PUF, 1986.
ELSTER Jon (Ed.), *Deliberative Democracy*, Cambridge, Cambridge University Press, 1998.
ESPRIT, « Le totalitarisme », nos 1 et 2, janvier-février 1996.
FAYE Jean-Pierre, *Le Siècle des idéologies*, Paris, Armand Colin, 1996.
FINLEY Moses, *Démocratie antique et démocratie moderne* (1973), Trad., Paris, Payot, 1976.
FINLEY Moses, *L'Invention de la politique,* Paris, Flammarion, 1985.
FRANÇOIS Bastien, *Naissance d'une constitution,* Paris, Presses de Sciences Po, 1996.

GABRIEL Oscar, HOFFMAN-MARTINOT Vincent, *Démocraties urbaines. L'état de la démocratie territoriale dans les grandes villes de quinze pays industrialisés*, Paris, L'Harmattan, 2000.

GAUCHET Marcel, *La Démocratie contre elle-même,* Paris, Gallimard, 2002.

GAXIE Daniel, *La Démocratie représentative,* 4e édition, Paris, Montchrestien, 2003.

GICQUEL Jean, *Droit constitutionnel et institutions politiques,* 22e édition, Montchrestien, 2008.

GRAWITZ Madeleine, LECA Jean (Dir.), *Traité de Science Politique,* Paris, PUF, 1985. Tome II, « Les régimes politiques contemporains ».

GRUGEL Jean (Ed.), *Democracy without Borders*, Londres, Routledge, 1999.

GUILHAUDIS Jean-François, *L'Europe en transition,* 2e édition, Paris, Montchrestien, 1996.

HABERMAS Jürgen, *Droit et Démocratie. Entre faits et normes*, Paris, Gallimard, 1995.

HAYNES Jeff, *Democracy in the Third World*, Londres, Routledge, 2001.

HERMET Guy, *Aux frontières de la démocratie*, Paris, PUF, 1983.

HERMET Guy, *Sociologie de la construction démocratique,* Paris, Economica, 1986.

HERMET Guy (Dir.), *Totalitarismes,* Paris, Economica, 1986.

HERMET Guy, *Le Peuple contre la démocratie,* Paris, Fayard, 1989.

HERMET Guy, *Le Passage à la démocratie,* Paris, Presses de Sciences Po, 1996.

HERMET Guy, *L'Hiver de la démocratie ou le nouveau régime,* Paris, A. Colin, 2007.

ISIN Engin, *Democracy, Citizenship and the Global City* (Éd.), Londres, Routledge, 2000.

JAFFRELOT Christophe (Dir.), *Démocraties d'ailleurs. Démocraties et démocratisation hors d'Occident,* Paris, Karthala, 2000.

JUNG Chang, HALLYDAY Jon, *Mao. L'histoire inconnue*, Trad., Paris, Gallimard, 2006.

KRIESI Hans Peter, *Les Démocraties occidentales. Une approche comparée*, Trad., Paris, Economica, 1994.

LANE Jan-Erik, *Constitutions and Political Theory,* Manchester, Manchester University Press, 1996.

LAVAU Georges, « La Démocratie » dans GRAWITZ Madeleine, LECA Jean (Dir.), *Traité de Science Politique,* Paris, PUF, 1985. Tome II, p. 29 sq.

LAUVAUX Philippe, *Les Grandes démocraties contemporaines,* 2e édition, Paris, PUF, 1998.
LEFORT Claude, *L'Invention démocratique. Les limites de la domination totalitaire,* Paris, Fayard, 1981.
LE GOFF Jean-Pierre, *La Démocratie post-totalitaire*, 2 vol., Paris, La Découverte, 2002-2003.
LIJPHART Arend, *Democracy in Plural Societies,* New Haven, Yale University Press, 1977.
LIJPHART Arend, *Patterns of Democracy. Government Forms and Performances in Thirty Six Countries,* New Haven, Yale University Press, 1999.
LINZ Juan (Dir.), Régimes totalitaires et autoritaires, Trad., Paris, A. Colin, 2006.
MACPHERSON Crawford, *Principes et limites de la démocratie libérale,* Trad., Paris, La Découverte, 1985.
MANIN Bernard, *Principes du gouvernement représentatif,* Paris, Calmann-Lévy, 1995.
MARKOFF John, *Waves of Democracy. Social Changes and Political Change*, Londres, Sage, 1997.
MARSEILLE Jacques (Dir.), *La Démocratie occidentale au XXe siècle. Enjeux et modèles*, Paris, ADHE, 2000.
MÉNY Yves, SUREL Yves, *Politique comparée,* 7e édition, Montchrestien, 2004.
MILANI Carlos, ARTURI Carlos (Dir.), *Démocratie et gouvernance mondiale. Quelles régulations pour le XXIe siècle ?*, Paris, Karthala Unesco, 2003.
MOLNAR Miklos, *La Démocratie se lève à l'Est. Société civile et communisme en Europe de l'Est*, Paris, PUF, 1990.
NAGGLE John, *Democracy and Democratization. Post-communist Europe in Comparative Perspective*, Londres, Sage, 1999.
OFFE Claus, *Les Démocraties modernes à l'épreuve*, Trad., Paris, L'Harmattan, 1985.
PAOLETTI Marion, *La Démocratie locale et le référendum,* Paris, L'Harmattan, 1997.
PAPADOPOULOS Yannis, *Démocratie directe*, Paris, Economica, 1998.
PARRY Geraint, MORAN Michael, *Democracy and Democratization,* Londres, Routledge, 1994.
PASTEUR Paul, *Les États autoritaires en Europe. 1919-1945*, Paris, A. Colin, 2007.
PLASSERAUD Yves, *Les Nouvelles démocraties d'Europe centrale,* Paris, Montchrestien, 1991.
POLIN Claude, *Le Totalitarisme*, Paris, PUF, 1994.

PORTELLI Hugues, *Les Régimes politiques européens*, Paris, Librairie générale française, 1995.

POWELL Bingham, *Contemporary Democracies. Participation, Stability and Violence,* Harvard University Press, 1982.

PRZEWORSKI Adam, *Democracy and the Market*, Cambridge, Cambridge University Press, 1992.

QUERMONNE Jean-Louis, *Les Régimes politiques occidentaux,* 3e édition, Paris, Seuil, 1994.

RANCIÈRE Jacques, *Aux bords du politique*, Paris, La Fabrique, 1998.

RASERA M., *La Démocratie locale*, Paris, LGDJ, 2002.

ROSANVALLON Pierre, *Le Peuple introuvable. Histoire de la représentation démocratique en France*, Paris, Gallimard, 1998.

ROSANVALLON Pierre, *La Démocratie inachevée. Histoire de la souveraineté du peuple en France,* Paris, Gallimard, 2000.

ROUQUIÉ Alain, *L'État militaire en Amérique latine,* Paris, Seuil, 1982.

ROUQUIÉ Alain (Dir.), *La Démocratie ou l'apprentissage de la vertu,* Paris, Métailié, 1985.

ROUSSEAU Dominique (Dir.), *La Démocratie continue,* Paris, LGDJ, 1995.

RUI Sandrine, *La Démocratie en débat*, Paris, A. Colin, 2004.

SADOUN Marc (Dir.), *La Démocratie en France*, 2 vol., Paris, Gallimard, 2000.

SALAMÉ Ghassan (Dir.), *Démocraties sans démocrates,* Paris, Fayard, 1994.

SANTISO Javier (Dir.), *À la Recherche de la démocratie. Mélanges offerts à Guy Hermet*, Paris, Karthala, 2002.

SARTORI Giovanni, *Théorie de la démocratie,* Trad., Paris, A. Colin, 1973.

SARTORI Giovanni, *The Theory of Democracy Revisited,* Chatham (N.J.), Chatham House, 1987.

SEURIN Jean-Louis (Dir.), *La Démocratie pluraliste,* Paris, Economica, 1980.

SIEDENTOP Larry, *La Démocratie en Europe*, Trad., Paris, Buchet-Chastel, 2003.

TÖRNQUIST Olle, *Politics and Development*, Londres, Sage, 1998.

TOURAINE Alain, *Qu'est-ce que la démocratie ?*, Paris, Fayard, 1994.

TSEBELIS George, *Veto Players. How Political Institutions Work,* Princeton University Press, 2002.

WARLEIGH Alex, *Democracy in the European Union. Theory, Practice and Reform*, Londres, Sage, 2003.

Chapitre 6
La socialisation

La socialisation politique est le processus d'inculcation des croyances et représentations relatives au pouvoir (dimension verticale) et aux groupes d'appartenance (dimension horizontale). Il n'y a pas en effet de société politique viable sans intériorisation d'un minimum de convictions communes concernant la nécessité des allégeances à la communauté et la légitimité du gouvernement qui la régit. Peu importe que ces convictions soient fondées ou non en raison ; il suffit qu'elles emportent l'adhésion.

Le processus de socialisation répond à une double exigence : à la fois du point de vue des gouvernants et du point de vue des gouvernés.

Les gouvernants, tout d'abord, ont besoin que soient imposées des croyances qui justifient l'exercice de leur pouvoir et renforcent la cohésion de la société qu'ils dirigent. L'inculcation de ces normes ou de ces valeurs est de nature à faciliter considérablement l'obéissance à la loi ; elle en constitue même une condition nécessaire. Sans doute, le pouvoir de l'État repose-t-il d'abord sur la monopolisation de la coercition mais s'il devait constamment en faire usage pour obtenir le respect des règles qu'il édicte, il serait vite débordé par l'ampleur de la tâche. Il ne lui resterait plus qu'à choisir entre se résigner à tolérer une violation généralisée des lois qui déplaisent, ou alors instaurer, à condition d'en avoir les moyens, un régime de contrainte rigoureuse et permanente pour intimider tous les récalcitrants potentiels. Telle est bien l'alternative dans laquelle se trouvent placés les régimes politiques à faible légitimité socioculturelle : l'anarchie ou l'autocratie. Ainsi en a-t-il été des empires historiquement constitués par violence qui n'ont pas su recueillir durablement l'assentiment des peuples conquis : empires mongol, aztèque, russe...

Une socialisation politique réussie facilite la régression de la contrainte directe. Norbert Élias, analysant les processus historiques qui ont abouti à l'émergence des sociétés contemporaines en Europe, a montré que l'un des piliers de cette construction aura été la substitution progressive d'une autocontrainte, largement acceptée, à l'assujettissement des individus ou des peuples à la seule violence physique[1]. Elle débouche sur l'acceptation du caractère normal de l'obéissance aux lois édictées. Bien sûr subsistent des infractions individuelles mais elles sont considérées comme illégitimes par le plus grand nombre, voire par les intéressés eux-mêmes ; leur punition n'en sera que plus aisée. La socialisation facilite en outre le processus de mobilisation d'un soutien, non plus passif mais actif, au bénéfice du système politique ou des gouvernants. La volonté par exemple de résister aux aventures autoritaires ou aux coups de force constitutionnels est d'autant plus vigoureuse que la croyance aux vertus du pluralisme est plus fortement ancrée dans une partie importante de la population. Une solide culture démocratique joue un rôle dissuasif à l'égard des forces tentées par la solution du coup d'état.

Le processus d'intériorisation des croyances fondatrices de l'ordre social et politique répond aussi à une exigence des gouvernés. Une socialisation efficace facilite psychologiquement l'acceptation des contraintes. En effet, confronté à une règle obligatoire qui le lèse dans ses intérêts ou le frustre de sa totale liberté d'initiative (réglementations, impôts, sujétions militaires) l'individu se trouve placé devant le dilemme suivant : ou bien se rebeller avec le risque de devoir en supporter lourdement le prix si sa résistance est brisée ; ou bien s'incliner devant la force[2]. S'il se persuade, alors, qu'il obéit moins à une violence externe qu'à une norme d'intérêt général[3], la seconde solution lui devient moins pénible au niveau de l'estime de soi. Il en arrive à se représenter la nécessaire obéissance comme l'expression du respect du droit. Cela lui apparaîtra d'autant plus acceptable que ce droit se présente comme légitime parce que, par exemple, il est issu de la volonté générale incarnée par les élus. À la limite même, notre citoyen pourra avoir intériorisé si parfaitement les normes politiques en vigueur qu'il en viendra à penser obéir moins à une loi extérieure qu'à sa propre conscience individuelle ; il conserve alors le sentiment subjectif d'être libre. La socialisation réussie aboutit donc à faire mieux vivre par les gouvernés la nécessité d'obéir à la contrainte. Elle peut

1. Norbert ÉLIAS, *La Dynamique de l'Occident* (1939), Trad., Calmann-Lévy, rééd. Agora, 1990, p. 195 et 196.

2. Dans son ouvrage célèbre, écrit à 18 ans, La Boétie s'interrogeait déjà sur cette « énigme » : pourquoi les sujets acceptent-ils d'obéir au Prince ? Étienne de LA BOÉTIE, *Discours de la servitude volontaire* (1548), rééd. Paris, Payot, 1976. Préface Miguel Abensour.

3. C'est pourquoi l'inculcation et la diffusion de cette notion jouent un rôle central dans les États modernes. François RANGEON, *L'Idéologie de l'intérêt général*, Paris, Economica, 1986.

même les conduire à aimer la loi jusqu'au sacrifice volontaire de leur personne, par dévouement patriotique par exemple.

L'étude de la socialisation politique doit être envisagée sous un double aspect. Comment rendre compte, avec des concepts adéquats, de ces croyances, représentations et opinions partagées par tout ou partie du groupe ? Comment identifier les processus d'inculcation grâce auxquels opère le travail d'assimilation et d'intériorisation ? On se proposera ensuite, parce que les questions sont liées, d'évoquer le rôle des médias et, plus largement, les effets spécifiques de la communication politique.

Section 1
Repères théoriques

Deux concepts-clés sont disponibles pour décrire ces ensembles de valeurs, références et croyances qui contribuent à façonner les comportements individuels : celui d'idéologie et celui de culture politique. L'un et l'autre, surchargés de significations empruntées à des univers intellectuels très différents, soulèvent de grandes difficultés d'analyse.

§ 1. Qu'est-ce que l'idéologie ?

Une grande confusion règne autour de ce terme abondamment utilisé dans des contextes extrêmement variés. Il appartient en effet au langage des responsables politiques comme à celui des sciences sociales. Mais les emplois savants du mot n'ont pas encore dégagé un consensus incontestable. Pourtant, compte tenu de son importance, à la fois du point de vue de ce qu'il désigne et du point de vue de sa fréquence d'emploi, le mot idéologie ne peut être purement et simplement abandonné au profit de concepts voisins.

A La tradition polémique : l'idéologie pour stigmatiser l'adversaire

Depuis la fin du XVIIIe siècle, le mot idéologie s'impose pour désigner péjorativement des doctrines qui ont l'ambition de penser l'ordre social. Dans les débats politiques, on stigmatise « les préjugés idéologiques » ou encore on se félicite de « tourner le dos à l'idéologie »[1]. L'expression désigne un corpus d'idées fausses, coupées des

1. À la convention nationale du PS le 29 juin 1986, au Pré-Saint-Gervais, Lionel Jospin soulignait « la nécessité de fonder les valeurs du socialisme dans la réalité, faute de quoi

réalités concrètes, défendues avec une inclination, voire une passion dogmatique. Son usage dans le langage courant exprime en général une forme de résistance à la pensée des clercs qui, depuis les philosophes du XVIIIe siècle, ont eu l'ambition de guider l'évolution de la société en fonction de leurs schémas globaux d'interprétation du monde. Il s'y joue une rébellion du « pragmatisme » ou du « bon sens » contre « les théories conjecturales ».

Cependant cette tradition polémique est également présente chez les intellectuels eux-mêmes. Karl Marx, au XIXe siècle, opposait vigoureusement l'idéologie à la science, en la définissant comme l'ensemble des représentations (fausses) produites, de façon intéressée, par les dominants afin de justifier leur exploitation de classe. Ainsi dénonçait-il l'humanisme bourgeois des libéraux qui exaltent l'égalité des citoyens au niveau de leurs droits pour mieux masquer, derrière cette illusion d'une égalité formelle, la réalité des clivages entre capitalistes et travailleurs[1]. À l'idéologie (mystificatrice), Marx oppose la science (prolétarienne) qui, faisant voler en éclats les faux-semblants, rétablit la lucidité sur les rapports réels entre les hommes. Or ceux-ci, quels sont-ils ? ce sont des rapports de production caractérisés par une extorsion de plus-value au détriment des travailleurs.

Au XXe siècle, les althussériens, s'inscrivant dans une perspective tracée par le théoricien marxiste italien Antonio Gramsci (mort en 1937), précisèrent le rôle joué par l'idéologie dans la consolidation du capitalisme. Dans ce mode de production, deux éléments leur semblent nécessaires à sa pérennisation : d'une part la reproduction du capital et de la force de travail, c'est-à-dire l'amortissement des équipements, le renouvellement de la main-d'œuvre, etc. ; d'autre part la reproduction des rapports sociaux de production, c'est-à-dire l'inculcation des valeurs, attitudes, comportements, disciplines exigés par le bon fonctionnement de la société capitaliste. Ce sont par exemple le respect de la propriété d'autrui, la loyauté envers l'entreprise, l'amour du travail bien fait... Les « appareils idéologiques » que sont, aux yeux d'Althusser, l'école, la religion, voire les partis et syndicats réformistes,

---

elles risqueraient de se réduire à une idéologie, c'est-à-dire à une vision abstraite et déformée du monde », *Le Monde*, 1er juillet 1986.

1. Karl MARX, *L'idéologie allemande*, publié dans *Œuvres philosophiques* (Traduction Molitor) Paris, Champ libre, 1981, t. 2, p. 78 et sq. Également, *La Sainte Famille, loc. cit.* t. 1, p. 120 et sq.

inculquent donc aux travailleurs des représentations mystificatrices qui renforcent leur adaptation aux exigences du capitalisme[1].

Paradoxalement, des sociologues aussi éloignés du marxisme que Talcott Parsons, Raymond Aron ou Raymond Boudon, ont repris à leur compte dans les années 1950-1970 cette opposition entre idéologie et science, c'est-à-dire la coupure radicale entre le faux et le vrai, l'indémontrable et le vérifiable. Pour eux, le critère essentiel de l'idéologie c'est le refus de l'objectivité scientifique qui se trouve parfois dénoncée, dans les analyses adverses, comme une prétention mystificatrice. Cela suppose donc, explicitement ou non, que le « vrai » sociologue peut toujours se situer ailleurs, au-dessus des préjugés, des prénotions et des croyances indémontrées. Et si nos auteurs admettent que les idéologies (pour eux par exemple le marxisme, alors que Marx au contraire considérait comme savant son propre discours et idéologique celui de Ricardo ou d'Adam Smith !) se nourrissent en partie d'une démarche scientifique, ils considèrent que ce qui leur est spécifique, c'est la part d'aveuglement sur laquelle elles reposent[2].

Dans toutes ces approches les idéologies ont donc un statut péjoratif et infériorisé. La vérité et les illusions ne sauraient être mises sur le même plan : ni, de même, le savoir savant et les croyances indémontrables. Pourtant, la distinction entre ces deux modes de fonctionnement cognitif n'est pas aussi simple. Certes dans toute idéologie : libérale, socialiste, traditionaliste, etc. la fausseté d'un certain nombre d'assertions peut être démontrée. Les faits que l'idéologie prend en compte peuvent être inexistants ou déformés. Par exemple la thèse de Marx selon laquelle la classe ouvrière est le sujet historique de la Révolution dans la société industrielle n'est pas soutenable aujourd'hui. Cependant dans toute idéologie, il est aussi beaucoup de propositions dont ni la vérité ni l'erreur ne peuvent être établies tout simplement parce qu'elles reposent sur des croyances subjectives. L'optimisme des libéraux, le pessimisme des traditionalistes, l'espoir d'une émancipation finale des travailleurs, s'appuient chacun sur des faits qui, diversement valorisés par la doctrine,

1. Louis ALTHUSSER, « Idéologie et appareils idéologiques d'État », réédité dans Louis ALTHUSSER, *Positions*, Paris, Maspero, 1976. Pour une critique vigoureuse de cette analyse, opérée d'un point de vue également marxiste, Perry ANDERSON, *Sur Gramsci*, Trad., Paris, Maspero, 1978.

2. Raymond BOUDON, *L'Idéologie*, Paris, Fayard, 1986, p. 45. Après avoir défini les idéologies comme « des doctrines reposant non sur des théories scientifiques, mais sur des théories fausses ou douteuses, ou sur des théories indûment interprétées auxquelles on accorde une crédibilité qu'elles ne méritent pas », l'auteur se donne le projet de montrer pourquoi « de telles mésinterprétations sont possibles, et pourquoi elles sont si répandues ». Le sous-titre de son ouvrage est d'ailleurs : *L'Origine des idées reçues.*

contribuent à lui donner un minimum de crédibilité, du moins aux yeux de ceux qui y adhèrent. Les idées « fausses » des autres peuvent être « vraies » du point de vue de quelques-uns. En définitive, ce qui fait la force des idéologies, ce n'est pas leur justesse mais leur capacité mobilisatrice. Dans la vie sociale et politique, les individus ne peuvent être motivés par les seules vérités démontrées. Elles sont trop éparses et incertaines, ou trop inaccessibles à l'entendement. Il leur faut des croyances.

B L'orientation savante : l'idéologie pour désigner des représentations

Le mot idéologie est employé pour rendre compte d'ensembles cohérents de représentations mentales relatifs à l'organisation sociale et politique. Cependant, une définition compréhensive doit prendre en considération leur aspect dynamique, c'est-à-dire leur capacité à influencer les pratiques sociales à travers un processus de (re)construction du réel qu'elles induisent. C'est pourquoi on désignera sous le mot idéologie les systèmes de représentations qui fonctionnent doublement à la croyance (politique) et à la violence (symbolique).

Le premier élément de la définition renvoie à l'idée d'organisation. Les idéologies sont des « systèmes de représentations » en ce sens qu'elles reposent sur un minimum de logique interne et de construction rationalisante. Les idéologies ne sont pas de pures et simples juxtapositions de stéréotypes ; elles s'élaborent sur la base d'un travail d'explication théorique et doctrinale. Les plus grandes d'entre elles : libéralisme économique, socialisme révolutionnaire, humanisme philosophique s'adossent à des œuvres majeures dans l'histoire de la pensée politique : Adam Smith, Marx ou Rousseau... D'autres ont une ampleur intellectuelle plus modeste, s'insérant d'ailleurs, éventuellement, comme sous-ensembles d'un courant principal. Ainsi du radicalisme sous la IIIe République, du féminisme ou du tiers-mondisme contemporains. Parfois même, elles sont très proches des stéréotypes du sens commun dans les diverses variétés de populismes par exemple. Mais l'essentiel est là : dans une ambition globalisante et rationalisante.

Le second élément, plus complexe, fait appel à la notion de croyance. Pareto a montré avec vigueur comment les groupes sociaux, aussi bien que les individus, tiennent fréquemment pour assurées des propositions en réalité indémontrées ou indémontrables. Même des théories explicatives sophistiquées peuvent être d'une grande fragilité, en dépit du caractère imposant des références mobilisées. Ainsi en est-il également des valeurs morales qui supposent des préférences collectives mais subjectives ou des choix d'ordre éthique. *A fortiori*, dans la vie quotidienne, s'en remet-on couramment à des usages ou des principes dont on ne discute pas la pertinence réelle.

Les croyances répondent en effet à des exigences fondamentales de la vie sociale. Elles sont d'abord indispensables pour combler les innombrables béances du savoir démontré ; à ce titre elles tendent à dissiper le malaise que fait naître la rencontre avec l'inconnu ou l'indéchiffrable. Ainsi en allait-il des théories du contrat social qui voulaient « expliquer » l'origine du pouvoir politique à une époque où les données anthropologiques fiables étaient encore des plus rares. Surtout, les croyances (politiques) vont servir de repères pour affronter des situations neuves et les juger tant du point de vue pratique (quel comportement adopter ?) que du point de vue éthique (qu'en penser ?). Références doctrinales (liberté d'entreprise, service public...) ou rappel des valeurs (justice sociale, droits de l'homme, etc.) peuvent servir de guide à l'action, facilitant des choix de cohérence au moins apparente lorsque l'acteur hésite entre plusieurs attitudes. Mais elles ont surtout d'autres fonctions. Les idéologies politiques tendent à imposer des représentations du réel, en conformité avec leurs propres principes fondamentaux. Sous l'influence du marxisme, tel salarié pouvait se considérer avant tout comme un travailleur exploité par le capitalisme ; tel autre, sous l'influence du christianisme social, se percevait plutôt comme membre d'un grand corps social dont chacun, à sa place, constitue un élément essentiel. En cas de difficultés économiques, l'inclination à faire grève de ces salariés était diversement influencée par les représentations de leur statut. Ils ne lisaient pas la réalité du conflit de la même manière, ni n'étaient influencés par les mêmes informations. Tel voyait dans la grève le signal d'une prise de conscience révolutionnaire ; tel autre une rupture de la collaboration entre les classes, préjudiciable au Bien commun. Aujourd'hui la séquestration d'un cadre d'entreprise, minimisée au regard de certaines valeurs de lutte, sera jugée avec sévérité dans un autre univers de conceptions sociales.

Systèmes de croyances, les idéologies se distinguent des religions en ce qu'elles n'entretiennent aucun rapport avec les notions de transcendance ou de surnaturel. Alors que ces dernières fondent, en dernière instance, leur autorité sur une Révélation, manifestant l'irruption en ce monde d'un savoir d'origine extérieure (c'est-à-dire divine, au sens large ou étroit du terme), les idéologies s'efforcent au contraire d'asseoir leur légitimité sur des bases rationnelles, voire scientifiques.

En ce sens elles constituent des systèmes de croyances laïcisées[1]. Cependant les religions ne sont pas seulement un discours sur Dieu ou sur l'au-delà. Elles tendent à élaborer des représentations du monde ici-bas qui, explicitement ou non, concernent l'ordre politique ; de ce point de vue on pourra parler de leur dimension idéologique. C'est pourquoi le rapport entre religion et politique est historiquement crucial.

Les religions ont souvent fourni d'efficaces légitimations de l'obéissance due au Prince comme ce fut le cas, par exemple, du catholicisme, du christianisme orthodoxe ou du luthérianisme, mais aussi du confucianisme en Extrême-Orient. Certaines sensibilités religieuses : le puritanisme anglais, l'islam chiite, recèlent des potentialités révolutionnaires soit par l'égalitarisme qu'elles véhiculent, soit par la vigoureuse subordination qu'elles postulent du politique au religieux. Identités politiques et religieuses sont d'ailleurs parfois fort peu dissociées comme le montre encore aujourd'hui l'exemple des Balkans ; et la pérennisation historique du peuple juif n'a pu se réaliser que grâce à une longue fidélité au Livre. Aujourd'hui les grandes religions constituent des systèmes de représentations du monde qui sont sur la défensive du fait des progrès de la connaissance scientifique, mais aussi de la laïcisation de l'espace public dans de nombreux pays[2]. La sécularisation est une tendance lourde des sociétés modernes. On entend par là le fait que l'interprétation des comportements sociaux et politiques, les jugements portés sur l'action publique sont devenus de plus en plus indépendants des normes et valeurs défendues par les autorités religieuses. Le phénomène est, en soi, lourd d'implications politiques : soit qu'il engendre des raidissements de type intégriste ou fondamentaliste, soit qu'il provoque un déficit de croyances favorisant des formes inédites d'anomie sociale. La sécularisation est à l'origine de la laïcisation des institutions sociales et politiques. Cependant, en France, la laïcité a pris une signification assez particulière qui n'a pas toujours de véritable équivalent dans bien d'autres pays européens. Ce mot-clé de la culture politique républicaine constitue, en effet, un produit historique des luttes amorcées avec le triomphe de la Révolution. Dans une première acception, la laïcité à la française est d'abord un combat contre l'influence de l'Église (catholique) ; elle implique

1. Dans le même sens, l'article « Idéologies », publié dans R. BOUDON, F. BOURRICAUD, *Dictionnaire critique de sociologie*, Paris, PUF, 1982, p. 275.

2. On pourra, à titre d'exemple, se référer à trois ouvrages de synthèse : Olivier CARRÉ, *L'Islam laïque*, Paris, A. Colin, 1993 ; Danièle HERVIEU-LÉGER, *La Religion pour mémoire*, Paris, Cerf, 1993 ; Patrick MICHEL, *Politique et religion. La grande mutation*, Paris, A. Michel, 1994.

une vision des croyances religieuses comme simple reliquat d'un obscurantisme hostile aux lumières de la Raison[1]. Dans une seconde acception, la laïcité est une norme de tolérance qui vise au respect de toutes les croyances (religions, agnosticismes, athéismes). Si elle implique l'exclusion de toute situation de domination politique au profit de l'une d'entre elles, elle cherche aussi à garantir la libre expression de toutes les convictions, religieuses ou non, dans un souci d'égalité de traitement. Cette laïcité d'ouverture bute néanmoins sur le caractère plus ou moins acceptable socialement de certaines pratiques religieuses, au regard des normes culturelles dominantes (statut des femmes, mutilations corporelles...). Son souci de neutralité doit alors s'harmoniser avec le fait que tous les héritages religieux et philosophiques n'ont pas exercé la même influence dans la construction identitaire des peuples de l'Europe moderne[2].

Le troisième élément, enfin, fait appel au concept de violence symbolique. Dans le sens où l'emploie Pierre Bourdieu[3] il rend compte assez correctement des processus à l'œuvre dans les modes de diffusion des croyances. À l'origine des processus de violence symbolique se situe le fait que les représentations sociales et politiques qui s'imposent comme hégémoniques dans l'ensemble de la société, sont en réalité élaborées dans certains de ses segments. Ni les individus ni les catégories sociales n'ont en effet une égale capacité à formuler et diffuser les croyances qui leur sont nécessaires pour affirmer leur existence. Ainsi, au sein de la société féodale en Occident, l'Église et ses clercs ont-ils joué à ce niveau un rôle majeur dans lequel ils ont été progressivement supplantés par des intellectuels détachés de toute préoccupation théologique : les philosophes au XVIIIe, l'Université mais aussi les grands partis de masse à la fin du XIXe, etc. Antonio Gramsci défendait l'idée selon laquelle chaque classe sociale secrète sa

1. C'est la conception encore défendue par Jean-Luc Mélenchon dans son pamphlet : *Laïcité : réplique au discours de Nicolas Sarkozy, chanoine de Latran*, Paris, Bruno Leprince, 2008.
2. L'oscillation entre laïcité de combat et laïcité d'ouverture est au principe même des polémiques qui agitent régulièrement la France. Paul Sniderman, se fondant sur une enquête empirique, défend l'idée intéressante selon laquelle la tolérance politique résulte moins de la mise en œuvre d'un principe général d'ordre éthique que du constat sociologique d'un « pluralisme des intolérances ». Par là, il entend le désaccord entre les citoyens sur les groupes qu'ils ne sont pas prêts à tolérer. Paul SNIDERMAN, « Intolérance et culture politique. La spécificité française », *in* Gérard GRUNBERG, Nonna MAYER, Paul SNIDERMAN, *La Démocratie à l'épreuve*, Paris, Presses de Sciences Po, 2002, p. 171 sq.
3. L'auteur s'en explique dans un livre-entretien : Pierre BOURDIEU, avec Loïc WACQUANT, Réponses, Paris, Seuil, 1992, p. 116 sq. Pour une conception différente de la violence symbolique, Philippe BRAUD, *Violences politiques*, Paris, Seuil, 2004.

couche d'intellectuels organiques qui l'aident à prendre conscience de son identité en légitimant ses attentes et ses revendications, en formulant pour elle un projet historique, ou du moins des perspectives d'avenir. À ses yeux, la bourgeoisie avait ainsi ses journalistes, avocats, polémistes et doctrinaires tandis que le prolétariat ouvrier se dotait d'un « intellectuel organique collectif » : le parti communiste, avant-garde éclairée de militants, armés d'un savoir théorique grâce au marxisme.

Analyses et doctrines en compétition sont le fruit d'un travail spécialisé. Elles sont élaborées ou formulées par des individus qui ont un capital culturel élevé et une autorité légitime reconnue : par exemple des intellectuels consacrés, des journalistes influents, des dirigeants de mouvements représentatifs. Surtout, certains acteurs sociaux sont en situation privilégiée pour imposer leurs systèmes de représentations et de croyances parce qu'ils contrôlent ou, du moins, exercent une influence particulière sur des instances de socialisation comme l'École, les organisations religieuses ou politiques, les médias. Pensons simplement à l'enjeu que pouvait constituer à la fin du XIXe siècle la définition officielle du programme des manuels d'instruction civique ou d'histoire (d'où le rôle d'un Ernest Lavisse). La vision développée de la Révolution française, valorisant ses grands principes fondateurs, euphémisant son bellicisme ou sa violence répressive, devait contribuer efficacement à légitimer le nouveau régime de la IIIe République.

Les croyances (valeurs, constructions doctrinales, théories sociales...), se développent donc initialement au sein de milieux restreints : des clercs, des lettrés, des militants. Elles ne peuvent s'imposer dans l'ensemble d'un groupe social ou dans l'ensemble de la société qu'au terme d'un processus d'inculcation dont l'efficacité est conditionnée par deux facteurs :

– la rationalisation en termes d'intérêt général ou d'idéal universel, d'exigences particulières propres au milieu qui les a vues naître. Ainsi, de la revendication de liberté. Pour les intellectuels, elle signifie d'abord liberté de parler, d'écrire et de publier ; pour les chefs d'entreprise, liberté de fixer leurs prix et salaires, d'embaucher ou licencier. Elle devient une valeur universelle lorsqu'elle est érigée en référence positive pour la masse de tous les peuples, y compris pour les individus qui ne savent ni lire ni écrire, ou qui vivent dans une dépendance économique absolue ;

– la diffusion hégémonique de ces croyances grâce à des institutions qui pratiquent en fait l'exclusion ou, du moins, la dévalorisation de croyances adverses. Elles sont proposées, par exemple, au nom de la Raison ou de la Science mais, dans la réalité, c'est l'existence d'un rapport de forces intellectuel, culturel, voire disciplinaire qui seul, en pratique, permet cette exclusion (P. Bourdieu) ou cette « ex-communication » (J. Habermas). Malgré les apparences, il y a toujours police de la pensée même dans les démocraties contemporaines.

Dès lors qu'il existe, dans une société donnée, une hiérarchie de légitimité entre les croyances, et des dispositifs efficaces de diffusion sociale pour faire prévaloir certaines d'entre elles, on voit nécessairement opérer un travail idéologique actif en son sein. En ce sens la notion de « déclin des idéologies » (Daniel Bell) est donc futile[1]. En revanche, ce qui caractérise la société moderne en Occident c'est sans doute un déclin de leur visibilité. La première raison de ce phénomène est l'émergence de consensus, au moins apparents, qui masquent les antagonismes d'intérêts et de croyances. La puissance moderne des moyens de communication de masse contribue en effet à produire de tels effets d'optique. La seconde raison en est l'affaiblissement des organisations qui, dans les sociétés libérales et laïques, contestaient ouvertement les valeurs dominantes : l'Église catholique attachée à une conception religieuse de la société, le mouvement communiste révolutionnaire porteur d'un projet anticapitaliste. Une idéologie moins frontalement contestée se donne moins à voir comme idéologie. La troisième raison tient aux conditions modernes de la formulation des croyances. Il n'est pas excessif de parler aujourd'hui d'idéologie sans idéologues et sans adversaires. Le fait qu'il existe entre les productions intellectuelles une interaction intense et constante, imposée par les technologies contemporaines de communication médiatique, rend problématique toute recherche de paternité véritable ; les auteurs s'influençant réciproquement et payant leur ticket d'entrée dans le débat d'idées en brodant de manière convenue sur les thèmes de l'heure : État de droit, citoyenneté, éthique en politique, etc. Dans les conditions contemporaines de la production intellectuelle, la théorie radicalement critique ne séduit plus comme auparavant. L'absence d'œuvres doctrinales audacieusement utopiques est sans doute à mettre en relation avec la capacité de « désenchantement » que portent en elles l'histoire et les sciences sociales[2]. Leur analyse, en quête de lucidité maximale, est nécessairement démythologisante ; elle sape d'autant plus facilement l'autorité des discours « prophétiques » que demeure élevé le prestige de la science (ce qui renvoie d'ailleurs au problème du néoscientisme comme idéologie moderne !). Certes, on observe des contestations bruyantes de « la pensée unique », mais souvent plus populistes que

1. Sur ces problèmes, Pierre BIRNBAUM, *La Fin du politique*, Paris, Seuil, 1975.

2. Le thème du désenchantement moderne est majeur dans l'œuvre de Max Weber. Sur ce point, Pierre BOURETZ, *Les Promesses du monde. Philosophie de Max Weber*, Paris, Gallimard, 1996, p. 67 sq.

réellement argumentées. Et si les mobilisations dans la rue peuvent être puissantes et passionnées, les théorisations intellectuelles demeurent peu élaborées. Actuellement, il n'existe pas encore d'œuvres fortes qui aient pu suffisamment s'imposer pour permettre de penser le monde autrement que dans les cadres de pensée dominants : mixte de productivisme économique et de sensibilité molle à la solidarité et à l'environnement, éthique du *Be yourself*. Le *hard* en idéologie a fait place au *soft*[1], les logiques de la société médiatique privilégiant subtilement un dénominateur idéologique commun même si, aux frontières, elles laissent s'exprimer des idéologies dissidentes ou extrémistes préservant les apparences du pluralisme.

§ 2. Qu'est-ce que la culture politique ?

L'insistance sur le concept de culture (Boas, Malinovski, Leach, Geertz) est caractéristique d'une discipline comme l'anthropologie. Cependant, celui-ci a essaimé très tôt dans d'autres sciences sociales, notamment dans certains courants de la sociologie. Déjà, Durkheim dans *Les Formes élémentaires de la vie religieuse,* concluait sur l'importance des « représentations collectives » qui, instituées par la société, jouent un rôle majeur dans la construction d'une « conscience collective »[2].

La culture politique est généralement définie comme un ensemble de connaissances et de croyances permettant aux individus de donner sens à l'expérience routinière de leurs rapports au pouvoir qui les gouverne, et aux groupes qui leur servent de références identitaires[3]. Elle comporte une double dimension : rapport au passé, puisqu'elle véhicule une histoire et une mémoire collective plus ou moins élaborée, plus ou moins intériorisée surtout ; projection dans le futur, car la culture politique valorise des modèles d'achèvement (modes idéaux de réalisation de soi), légitime des attentes et des espérances. La culture stimule la construction d'un lien social, sans doute plus imaginaire que

1. François-Bernard HUYGHE, *La Soft-idéologie*, Paris, Laffont, 1987.

2. Émile DURKHEIM, *Les Formes élémentaires de la vie religieuse*, rééd. Paris, PUF, 1968, p. 630 et s.

3. Pour une définition voisine : « Un ensemble de savoirs, de perceptions, d'évaluations, d'attitudes et de dispositions qui permettent aux citoyens d'ordonner et d'interpréter les institutions et processus politiques ainsi que leurs propres relations avec ces institutions et processus ». Gabriel ALMOND, Sidney VERBA (Eds.), *The Civic Culture Revisited*, Boston, Little Brown, 1980, p. 340.

réel, en suggérant l'importance d'un passé commun, en faisant partager des valeurs communes (ou réputées telles), en proposant le cas échéant des tâches collectives à accomplir ensemble. Ainsi chaque membre du groupe est-il invité à se situer dans l'espace complexe du politique en mobilisant un minimum de repères, conscients ou non, pour le guider dans sa trajectoire sociale et dans ses comportements de citoyen (électeur, contribuable, etc.). Wildavsky en résume ainsi le triple rôle : dégager des catégories de pensée qui donnent sens aux choses et aux événements (*meaning function*) ; poser des normes qui délimitent le niveau de responsabilité des individus dans leurs comportements (*responsibility function*) ; identifier les modes de comportements ou les genres de vie perçus comme inacceptables (*boundary maintenance function*)[1].

L'intérêt manifesté en science politique pour le concept de culture résulte d'une triple tradition. Tout d'abord, il faut mentionner la filiation weberienne. L'auteur de *L'Éthique protestante et l'esprit du capitalisme* (1904), suit une démarche sur ce point identique à celle d'Émile Durkheim lorsqu'il recherche dans des valeurs religieuses la matrice originelle des comportements sociaux. La seconde filiation est celle de l'ethnologie culturaliste. Dans les travaux de Ruth Benedict sur les Indiens Pueblo (*Patterns of Culture,* 1934), de Margaret Mead sur les Samoans, ou encore ceux d'Abraham Kardiner (*L'individu et sa société,* 1939) puis Ralph Linton, les facteurs culturels sont étudiés en tant qu'ils structurent spécifiquement la personnalité de chaque individu, au niveau de son surmoi ou de son « idéal du moi ». La troisième filiation enfin est celle de l'empirisme sociologique américain qui s'affirme au début du XXe siècle. L'école de Chicago notamment portera son attention à la mosaïque ethnoculturelle qui se constitue alors sur les bords du lac Michigan, du fait de l'afflux massif d'immigrants de toutes origines[2]. Pourtant le concept de culture est souvent remis en question. En France, Jean-François Bayart en a opéré une critique vigoureuse, proposant de « substituer à l'analyse des cultures politiques l'étude des raisons culturelles de l'action politique »[3]. L'auteur insiste sur l'impossibilité de dégager des contenus culturels qui seraient propres à une nation ou à une ethnie ; il y a toujours emprunts et influences réciproques entre groupes voisins ou

1. Aaron WILDAVSKY, « Choosing Preferences by Constructing Institutions », *American Political Science Review*, 1987 (81) p. 3 sq.

2. Sur l'histoire du concept de culture, Denys CUCHE, *La Notion de culture dans les sciences sociales*, 2e édition, Paris, La Découverte, 2001, p. 31 sq.

3. Jean-François BAYART, *L'Illusion identitaire*, Paris, Fayard, 1996, p. 125. Voir l'ensemble du chapitre intitulé : « La culture : un mot à jeter ? ».

même entre adversaires. Il reproche aussi aux culturalistes de méconnaître l'hétérogénéité des pratiques et la fluidité des valeurs transmises de génération en génération, ce qui conduit à surestimer le poids des déterminismes culturels sur les comportements des individus. Toutes ces critiques sont fondées. Cependant elles visent surtout des conceptions d'anthropologues qu'aveuglaient leur distance à l'objet et leur ethnocentrisme. Les cultures apparaissent comme des combinatoires, relativement instables, de réponses à des défis ou à des problèmes que d'autres groupes peuvent également affronter. Cela suppose des emprunts, des évolutions, des contradictions internes. Une culture ne peut pas être considérée comme un système de références et de pratiques, clos et définitivement stabilisé. Elle entre en rapports constants avec d'autres cultures, ce qui provoque hybridations mais aussi crispations défensives. Elle est une sorte d'« horizon d'attente » (Hans Gadamer, Paul Ricœur) à l'intérieur duquel évoluent les individus, mais qui évolue aussi avec eux. Les auteurs qui s'interrogent sur le rapport au politique et à l'État des grandes traditions religieuses ou philosophiques, qui se penchent sur la spécificité des pratiques nationales de la démocratie, sur les inégales propensions à recourir à la violence comme mode de gestion des conflits, dégagent suffisamment de matériel empirique pour justifier le recours au concept de culture, même si celui-ci doit être envisagé de façon beaucoup ouverte, sans la rigidité de conception des « culturalistes »[1].

Le concept de culture politique entretient des rapports étroits avec la définition savante de l'idéologie. Ce qui les distingue est une différence de regard porté sur un objet à peu près commun : les croyances relatives à l'ordre politique. Parler en termes d'idéologie, c'est souligner le caractère engagé de ces croyances, mettre l'accent sur les usages conflictuels qui en sont faits par les acteurs politiques : partis, théoriciens et doctrinaires voire, dans une problématique très holiste, classes sociales en luttes. Au contraire, raisonner en termes de culture, c'est se placer doublement sur un terrain de « neutralité » : à la fois dans le fait de considérer tous ces systèmes de croyances avec la distanciation clinique de l'ethnologue familier du relativisme ; et dans le fait de suggérer que ces schémas s'imposent davantage par des mécanismes rationnels (réponses adaptées à l'environnement ou aux situations vécues dans « la » société) plutôt que par violence symbolique c'est-à-dire effets de domination exercés au sein de cette société

1. Pour une présentation des conceptions culturalistes américaines, Bertrand BADIE, *Culture et Politique*, 4e édition Paris, Economica, 1993. Du même auteur, *Les Deux États*, Paris, Fayard, 1987.

par des catégories sociales hégémoniques. Le concept de culture est en effet marqué, à l'origine, par la préoccupation, pas toujours satisfaite loin s'en faut, de dépasser l'ethnocentrisme du chercheur dans l'abord de civilisations aux systèmes de représentations éloignés de son propre milieu d'origine.

A Approches anthropologiques

Elles se caractérisent par la mobilisation d'enquêtes empiriques en vue d'identifier les valeurs et les représentations qui constituent en quelque sorte le contenu de cette culture. Les travaux menés en ce domaine par les équipes de Gabriel Almond et Sidney Verba en constituent la référence canonique[1]. Trois aspects y sont classiquement distingués. Tout d'abord, la dimension cognitive, c'est-à-dire l'ensemble des connaissances, fondées ou non, dont le sujet est capable de faire état sur les acteurs et les règles de fonctionnement du système de gouvernement. Ensuite, la dimension affective, c'est-à-dire des perceptions colorées émotionnellement : indifférence *v/s* intérêt pour la politique, attraction *v/s* rejet des individus, événements, symboles et normes qui traversent la scène politique. Enfin, la dimension évaluative c'est-à-dire la capacité de porter des jugements de valeurs, éclairés ou non, sur ce qui s'y déroule ; ils renvoient aux catégories du légal/illégal, de l'efficace/inefficace, du légitime/illégitime, etc.

L'une des tendances marquantes de l'analyse d'Almond et de ses collaborateurs est l'inclination à penser en termes de valeurs consensuelles communément partagées[2]. C'est l'intérêt des travaux d'un Ronald Inglehart de mettre en évidence les ruptures et les conflits de valeurs qui peuvent traverser une société. Se fondant sur des enquêtes conduites dans plusieurs pays occidentaux, l'auteur a été conduit à

1. Une première étude comparative des cultures politiques nationales a été menée par les deux auteurs dans cinq pays : États-Unis, Mexique, Allemagne de l'Ouest, Grande-Bretagne et Italie. Gabriel ALMOND, Sidney VERBA, *The Civic Culture. Political Attitudes and Democracy in Five Nations.* Princeton University Press, 1963. VERBA et NYE, l'ont reprise et prolongée en 1971 en s'intéressant, cette fois, à sept pays : les États-Unis, mais aussi l'Autriche, l'Inde, le Japon, le Nigeria, les Pays-Bas et la Yougoslavie. L'extension de l'enquête donnera lieu à un nouvel ouvrage. Gabriel ALMOND, Sidney VERBA, *The Civic Culture Revisited*, Boston, Little Brown, 1980. À noter particulièrement la contribution de G. ALMOND, « The intellectual history of the civic culture concept », p. 3 et sq., où l'auteur se réclame explicitement de la filiation de Tocqueville.

2. Selon une boutade classique, qui illustre les stéréotypes du sens commun : en Allemagne tout est interdit sauf ce qui est permis ; en France, tout est permis sauf ce qui est interdit ; en URSS, tout est interdit y compris ce qui est permis ; enfin, en Italie, tout est permis notamment ce qui est interdit.

opposer fortement ce qu'il appelle les valeurs postmatérialistes (caractérisées par une plus grande réticence vis-à-vis de l'argent et de la compétition sociale) et les valeurs matérialistes adaptées aux logiques de la société marchande[1]. Défendant sa thèse contre les multiples détracteurs qu'elle a suscités, Inglehart réaffirme : « Il y a moins d'une génération un consensus matérialiste régnait. La gauche et la droite, les marxistes et les capitalistes, tous étaient d'accord pour penser que la croissance économique était une bonne chose. Ils étaient seulement en désaccord sur la manière dont ses fruits devaient être distribués. Aujourd'hui, avec le surgissement du postmatérialisme, la croissance économique elle-même, comme valeur, a été remise en cause et, avec elle, les vues traditionnelles sur le travail, l'autorité, la religion, les normes sexuelles et sociales ; l'épanouissement personnel devenant une fin en soi »[2].

En Europe, trois grandes vagues d'enquêtes ont été réalisées depuis deux décennies avec le même questionnaire en 1990 et en 1999, ce qui autorise d'intéressantes analyses d'évolutions[3]. Celui-ci comporte des questions permettant de tester la plus ou moins grande permissivité, le degré d'ouverture et de confiance concédé à autrui, l'importance de la religion, de la famille, mais aussi les valeurs professionnelles, le degré de proximité partisane, l'attachement à la démocratie, les attitudes à l'égard des immigrés, etc. Le renouvellement des générations contribue à l'évolution des valeurs dans un sens qui confirme largement les analyses de Inglehart, notamment en ce qui concerne la montée des « valeurs relationnelles » ; mais se manifeste également un recul de la permissivité associé cependant à une plus grande tolérance pour les choix d'autrui[4]. Ceci étant, c'est bien le développement économique qui, en longue période, a facilité l'appa-

1. Ronald INGLEHART, *The Silent Revolution*, Princeton University Press, 1977.

2. Ronald INGLEHART, « Observations on Cultural Change and Postmodernism » (Trad. personnelle), dans John GIBBINS (Éd.), *Contemporary Political Culture*, Princeton University Press, 1989, p. 251. Également, Ronald INGLEHART, *Cultural Shift in Advanced Societies*, Princeton University Press, 1989, traduit sous le titre : *La Transition culturelle dans les sociétés industrielles avancées*, Paris, Economica, 1993.

3. Ce European Values Survey est présenté et analysé par Pierre BRÉCHON (Dir.), *Les Valeurs des Français. Évolution de 1980 à 2000*, Paris, A. Colin, 2000, p. 11 sq. Le questionnaire a été repris dans d'autres parties du monde sous le nom de World Values Survey ; il a été administré dans une soixantaine de pays.

4. Olivier GALLAND, « L'évolution des valeurs des Français s'explique-t-elle par le renouvellement des générations ? » *in* P. BRÉCHON, *op. cit.* p. 208. Comparer avec l'enquête Démocratie 2000 du Cevipof, présentée *in* Gérard GRUNBERG, Nonna MAYER, Paul SNIDERMAN, *La Démocratie à l'épreuve. Une nouvelle approche de l'opinion des Français*, Paris, Presses de Sciences Po, 2002, p. 171 sq (contribution de Paul Sniderman).

rition de ces nouveaux clivages culturels. En premier lieu parce que ses bénéficiaires sont d'abord ceux qui ont un niveau de formation élevé ; or il existe une corrélation entre le développement de l'instruction et l'adhésion à un système de valeurs qui légitime l'esprit critique, l'autonomie individuelle et la tolérance (Étienne Schweisguth). Ensuite parce que l'intensification des échanges et la mobilité géographique des personnes qu'autorise un haut niveau de développement économique, poussent les individus à s'affranchir des contraintes culturelles traditionnelles dès lors qu'elles ne sont plus jugées adaptées à leur situation particulière.

Une tendance se manifestait dans les enquêtes d'Almond, Verba ou Nye à juger en termes normatifs. Cela se vérifie d'abord en ce qu'ils opposent des cultures de sujétion (Allemagne, Italie) et des cultures de participation (États-Unis), un vocabulaire qui, bien entendu, n'est pas neutre. Dans le premier type, la perception, selon eux, des rapports entre gouvernés et gouvernants serait dominée par la vision de normes à respecter, de règlements à subir, de bienfaits à espérer. Dans le second, ces rapports seraient envisagés d'un point de vue à la fois « descendant » (sujétion...) et « ascendant » (participation possible et souhaitable aux processus décisionnels qui règlent la vie des citoyens). Cette opposition idéaltypique est, dans la réalité, probablement moins tranchée et l'on trouve dans chaque tradition nationale des éléments de culture de « sujétion » et de culture de « participation », même si la pondération entre eux peut être très diverse.

De même voient-ils dans ce qu'ils appellent la culture parochiale une sorte d'étape primitive dans un processus de modernisation qui devrait conduire à embrasser des horizons plus larges. Sous cette dénomination, ils décrivent en effet des ensembles de représentations mentales du pouvoir (politique) et du groupe, restreintes à l'horizon limité du village, du clan et de la tribu. Dans son ouvrage devenu classique[1], Emmanuel Le Roy Ladurie a montré comment, au début du XIVe siècle, les habitants de Montaillou, un village occitan, vivaient dans une sorte d'« île d'espace et de temps ». Leur identité collective, leur connaissance du monde social, leur expérience du pouvoir se situait dans les dimensions géographiques étroites de leur paroisse, et du terroir un peu plus vaste dans lequel cette paroisse était insérée. Au-delà, il n'existait plus qu'un monde nébuleux d'où surgissaient de façon occasionnelle, le plus souvent maléfique, seigneurs de la guerre, envoyés du Roi, agents de la puissance ecclésiastique. Selon les théoriciens de la modernisation, une culture politique de dimension

1. Emmanuel LE ROY LADURIE, *Montaillou, village occitan*, Paris, Gallimard, 1975.

nationale se construit nécessairement sur la destruction de la culture parochiale, ce que Pierre Vallin a appelé la déterritorialisation[1]. Cependant nombre de travaux consacrés à la France des terroirs aussi bien qu'aux nouvelles tensions de la société internationale, incitent à poser en termes plus nuancés les rapports entre culture parochiale, culture nationale et valeurs universalistes. Dans les dernières décennies du XXe siècle, persistent voire renaissent, même dans la vieille Europe, de vigoureuses affirmations identitaires fondées sur des particularismes politico-religieux, des régionalismes territoriaux, des subcultures de générations. En réaction contre la transnationalisation des échanges économiques et culturels, on semble assister parfois à une nouvelle « ethnicisation » du monde. Elle se manifeste à la fois par une méfiance accrue à l'égard des immigrants, une résurgence de revendications autonomistes, des formes violentes ou larvées de « purification ethnique »[2].

L'approche de la culture politique par enquêtes auprès des populations du groupe concerné soulève un certain nombre de problèmes. Il faut d'abord relever la difficulté à bien identifier, dans les réponses aux questionnaires, la différence entre les normes et valeurs dont les individus prétendent se réclamer et celles qui inspirent effectivement leurs comportements. On peut d'ailleurs se demander si les valeurs ont pour fonction de guider l'action ou bien, au contraire, de la légitimer après coup ou encore d'en masquer les motivations véritables. Ainsi du contribuable qui déclare payer ses impôts parce qu'il croit à la « solidarité nationale » ; en fait, il est possible qu'il s'en acquitte seulement par contrainte mais que, dans l'incapacité de frauder sans risque, il en vienne à se persuader d'avoir agi par éthique citoyenne. Une autre difficulté tient au fait que la culture politique n'est pas, en réalité, véritablement séparable de schèmes culturels plus globaux qui gouvernent la vision de l'autorité, le rapport ouvert ou anxieux à autrui, la valorisation de l'argent, la perception des hiérarchies ou des rangs sociaux, etc. Lasswell et Kaplan avaient, sur ce point, développé des intuitions brillantes qui leur faisaient distinguer des attitudes relatives au pouvoir politique (déférence, respect, loyauté,

1. Pierre VALLIN, *Les Paysans limousins et le pouvoir (1870-1914)*, Thèse Université Paris IV, 1980. Également, Eugen WEBER, *La Fin des terroirs*, Trad., Paris, Fayard, 1983. Cette perspective est contestée avec de bons arguments par Hubert PÉRÈS, *Individus entre village et nation. Une expérience identitaire dans la formation de la France républicaine*, Thèse IEP Bordeaux, 1993, reprogr.

2. Pour une estimation quantitative de cette évolution, Ted GURR, Barbara HARFF, *Ethnic Conflict in World Politics*, Boulder, Westview, 1994, p. 11. Également, Charles TAYLOR, *Multiculturalisme. Différence et démocratie*, Trad., Paris, Aubier, 1994.

affection) et des attitudes relatives au système social (bien-être, richesse, capacités, « lumières »). Ils voyaient les systèmes symboliques de chaque culture s'organiser autour d'une combinaison variable de ces valeurs de référence[1]. Au contraire, en opérant des séparations trop étanches, cette « science politique de la culture » a pu effectivement justifier le grief de procéder davantage par établissement de corrélations statistiques entre comportements et valeurs politiques plutôt qu'elle n'a proposé des modèles suffisamment convaincants d'explication causale.

B Approches sociohistoriques

Illustrées par Max Weber, elles désignent de nombreux travaux qui s'intéressent aux dimensions politiques des traditions culturelles, en privilégiant d'ailleurs souvent les traditions religieuses. Il s'agit donc de repérer ce qui, dans les grands systèmes de croyances globales et dans la longue durée, exerce des répercussions sur les institutions sociales et la vie politique. Max Weber avait cherché dans la culture puritaine l'origine des comportements adaptés aux logiques du capitalisme primitif : ascèse, épargne, souci de réussite matérielle[2]. Reinhart Bendix s'est intéressé à la manière dont les systèmes politiques, en Europe occidentale mais aussi en Russie ou au Japon, ont consolidé leur autorité en mobilisant à leur profit une légitimité construite à partir des schèmes culturels extrêmement différents qui y prévalaient[3]. Ainsi dans la chrétienté occidentale où le pouvoir spirituel s'était affirmé en force distincte dès la chute de l'empire romain, les fondements culturels de l'autorité politique s'inscriront-ils dans un dualisme fondamental entre « le sacerdoce » et « l'empire », la sphère du divin et celle du terrestre. Le roi renforce sa légitimité politique en obtenant, par la cérémonie du sacre (M. Bloch), la reconnaissance d'une sorte de mandat divin ; mais il se heurte dans son action aux limites que lui oppose l'autorité ecclésiastique lorsqu'elle invoque son droit à « juger du péché » s'il y a manquement par lui à la loi de Dieu. Plus tard, dans cette société qui se laïcise, le mandat divin s'efface au profit du mandat populaire assuré aux gouvernants par un autre mode de consécration :

1. Harold LASSWELL, Abraham KAPLAN, *Power and Society. A Framework for Political Inquiry*, New Haven, Yale University Press, 1950, p. 72.
2. Max WEBER, *L'Éthique protestante et l'esprit du capitalisme*, Trad., Paris, Plon, 1964, p. 127 et sq.
3. Reinhart BENDIX, *Kings or People. Power and the Mandate to Rule*. Berkeley, University of California Press, 1978.

le suffrage universel. Comme le rappelle Badie, à la suite de cet auteur, le concept de souveraineté populaire, marqué par une tradition culturelle de limitation de l'omnipotence, ne saurait signifier la même chose dans d'autres univers : la chrétienté orientale et l'Islam par exemple où la séparation du sacré et du profane n'a pas revêtu les mêmes modalités voire a été longtemps inexistante[1].

Cette « sociologie historique »[2] a le mérite de faire éclater la fausse homogénéité de notions trop larges. En soulignant les particularismes culturels irréductibles de chaque société, elle permet d'éviter de grossières approximations d'analyse. Ainsi une exigence politique transversale à tous les systèmes sociaux, telle que le respect des gouvernants, n'éveille nullement les mêmes connotations dans le monde occidental ou dans les pays marqués par la tradition confucéenne (Chine, Corée...). Et même au sein du monde occidental, il existe de ce point de vue des différences culturelles marquées entre pays luthériens de l'Europe du Nord et pays méditerranéens de culture catholique. L'histoire permet donc de revenir à une observation plus attentive des singularités, cependant que la dimension sociologique préserve de la tentation d'une pure et simple description factualiste. Les représentations politiques d'un événement comme la Révolution varient, en France même, de manière extrêmement sensible selon le niveau de formation générale, l'enracinement géographique, la religion, l'école fréquentée. Seule une histoire fine des mentalités, à l'instar de celle opérée dans les travaux d'un Maurice Agulhon pour le Var, d'un Paul Bois pour la Sarthe[3], peut permettre de reconstituer ces généalogies complexes et protéger contre les généralités abusives de la macrosociologie. Ceci étant, on ne s'improvise pas historien et la sociologie historique court, elle aussi, le risque de légitimer des reconstructions hâtivement simplificatrices lorsque ses conclusions ne sont pas étayées par un sens aigu des contextes. Par ailleurs, l'usage de concepts sociologiques savants peut aboutir à rationaliser excessivement ce qui est effectivement intériorisé par les individus et acteurs du système politique[4].

1. Bertrand BADIE, *Les Deux États*, Paris, Fayard, 1987, p. 67 et s. et p. 85.

2. Pour une synthèse sur ce type d'approche en science politique, Bertrand BADIE (Dir.), « La sociologie historique », *Revue internationale des sciences sociales*, 1992, nº 133. Également, Yves DÉLOYE, *Sociologie historique du politique*, Paris, La Découverte, 1997.

3. Maurice AGULHON, *La République au village*, Paris, Plon, 1970 ; Paul BOIS, *Paysans de l'Ouest*, Paris, Flammarion, 1971.

4. Pour une mise au point sur la sociohistoire, Gérard NOIRIEL, *Qu'est-ce que l'histoire contemporaine ?*, Paris, Hachette, 1998, p. 186 sq.

§ 3. Le regard néo-institutionnaliste

Depuis quelques décennies, des auteurs ont repris l'étude de ces problèmes en introduisant un nouveau vocabulaire fondé sur un usage extensif du mot institution. Comme l'écrivent Peter Hall et Rosemary Taylor : « L'institution inclut non seulement les règles, procédures ou normes formelles mais le système de symboles, les schèmes cognitifs et les modèles moraux qui fournissent des cadres de signification guidant l'action humaine »[1]. Dans cette approche que l'on peut rattacher aux travaux de Alfred Schütz, de Peter Berger et Thomas Luckmann, il y a focalisation sur les « significations partagées et tenues pour acquises » qui gouvernent les calculs de rationalité des acteurs. Mais comment celles-ci émergent-elles et s'imposent-elles dans une société donnée ? L'originalité de cette approche réside dans le fait d'associer intimement des phénomènes purement culturels avec des phénomènes politiques et juridiques de pouvoir.

Berger et Luckmann décrivent les processus d'institutionnalisation en trois phases successives. Tout d'abord, des acteurs effectuent une « typification réciproque » d'actions habituelles, c'est-à-dire se mettent d'accord pour construire et utiliser une catégorie d'analyse qui permet de penser des faits, des événements, des individus comme appartenant à un même ensemble. Dans l'ordre politique, ce seront par exemple les typifications : gouvernants/gouvernés, État/société civile, nationaux/étrangers... Dans une seconde phase, ces catégories en viennent à être considérées comme détentrices d'une réalité propre, indépendante des opérations mentales qui les ont constituées. Elles s'imposent aux acteurs comme une réalité extérieure qu'ils doivent prendre en compte comme si elles relevaient d'un fait objectif contraignant pour leurs modes de penser. Enfin, ces institutions prennent corps dans les réalités quotidiennes à travers les « rôles » qu'assument les individus. Pour reprendre leurs propres termes : « Dire que les rôles représentent l'institution revient à exprimer que les rôles permettent à l'institution d'exister à tout jamais comme une présence réelle dans l'expérience des individus vivants »[2].

Dans cette conception, l'accent est placé sur l'existence d'un travail continu d'émergence de représentations collectives à partir d'expériences de la vie quotidienne réinterprétées par les acteurs. Ces

1. Peter Hall, Rosemary Taylor, « La science politique et les trois institutionnalismes », *RFSP* 1997 (47), III, p. 482.

2. Peter Berger, Thomas Luckmann, *La Construction sociale de la réalité* (1966), Trad., Paris, A. Colin, 1996, p. 105.

réinterprétations sont doublement conditionnées. D'abord par des interactions réciproques car toute nouvelle « typification », tout nouveau système de classement suppose des échanges, des confrontations et, finalement, des convergences dans les modes de penser entre les individus concernés. Conditionnement aussi et surtout, par les cadres d'analyse et les catégories de classement déjà en place. Ceux-ci constituent la matrice des nouvelles élaborations, car on ne peut penser qu'à partir de ce qui est déjà pensable. Ainsi les guerres civiles qui bouleversent l'Europe au XVIe siècle sont-elles décryptées, à l'époque, comme des luttes avant tout religieuses tandis que, faute de lectures en termes de classes, sont gommées leurs multiples dimensions sociales : convoitises de la noblesse concernant les biens d'Église, frustrations paysannes, aspirations des nouvelles classes moyennes à une meilleure participation politique. Là où les anthropologues classiques parlent de schèmes culturels ou d'univers symboliques pour nommer ces conditionnements de la pensée, Berger et Luckmann parlent de « machineries conceptuelles », c'est-à-dire de dispositifs qui permettent d'intégrer en un tout relativement ordonné l'ensemble des représentations qui constituent « la production de la société ». Mais quand leur propos se concrétise, on retrouve bien les mythologies et théologies, les philosophies et idéologies qui caractérisent la culture d'une société.

Le recours au terme d'institution présente quelques inconvénients. Le plus évident est l'élargissement de sens qui lui est donné alors que, dans une tradition juridique bien établie, le mot désigne seulement un système de règles de droit applicables à un dispositif permanent de pouvoir. Une certaine confusion peut résulter de la coexistence de ces deux significations. Cependant, l'approche néo-institutionnaliste a le mérite de souligner deux points importants. D'abord que les institutions au sens strictement juridique du terme, ne sont pas seulement productrices de règles normatives ; elles se comportent aussi comme des supports de croyances, de normes et de valeurs et, à ce titre, elles contribuent à façonner les mentalités. Cela est vrai d'un système judiciaire réputé indépendant ou corrompu, d'une administration perçue comme bureaucratique ou efficace au service de l'intérêt général. En outre, ce néo-institutionnalisme permet de mieux rapprocher des phénomènes qui méritent de l'être. De même que les individus ne peuvent opérer des choix qu'en tenant compte des cadres juridiques de l'action mis en place par les institutions au sens strict (ce qui est légal et ce qui ne l'est pas), de même sont-ils contraints par les cadres mentaux qui résultent de la définition même des situations qu'ils appréhendent. Erving Goffman l'a montré en prenant l'exemple d'une réunion d'amis dont plusieurs cadrages sont théoriquement possibles : une célébration d'anniversaire qui glisse à la discussion politique ou à la préparation d'un projet militant. Selon la définition de la situation qui prévaudra, le jugement sur ce qui se fait ou ce qui ne se fait pas sera différent. Dans chaque configuration, le langage utilisé, les leaders du groupe, les clivages internes se révèleront différents. En d'autres termes, les acteurs puiseront dans des segments différents de leur socialisation pour déterminer leurs comportements et juger ceux d'autrui.

Ainsi apparaît-il que le regard institutionnaliste est une manière d'approcher la politique en tant qu'action symbolique, fût-ce avec un vocabulaire spécifique.

Section 2
Processus pratiques

La socialisation est un mécanisme à l'issue duquel les contraintes que des hommes exercent sur d'autres hommes se transforment, par intériorisation, en autocontrainte. Norbert Élias a montré le caractère polymorphe et permanent de ce processus imposé par les nécessités de la vie en société. « Ces autocontraintes – fonction des regards rétrospectifs et prospectifs auxquels on habitue dès l'enfance l'individu inséré dans un ensemble d'enchaînements d'actions en constante extension – se présentent sous la forme d'habitudes soumises à une sorte d'automatisme »[1]. L'interdépendance extrêmement poussée des individus et des groupes dans toute société exige en effet l'acquisition de langages communs et de références partagées, l'assimilation de codes de comportements qui rendent les relations moins imprévisibles, donc moins problématiques. Tout cela suppose un apprentissage fondé sur des frustrations et des renonciations. L'acculturation constitue une dimension de ce phénomène qui concerne plus particulièrement le passage d'un système culturel de normes à un autre. Cette forme de resocialisation qui s'exerce au détriment d'une socialisation antérieure, caractérise notamment des groupes ethniques et des minorités nationales en voie d'assimilation au groupe dominant l'ensemble des chaînes d'interactions.

La socialisation politique n'est qu'un aspect particulier de ce processus général et continu d'inculcation de normes et de repères, de savoirs et de savoir-faire perçus comme utiles ou valorisants. Une importante littérature a été consacrée depuis trente ans aux problèmes suivants. Quels savoirs et quelles croyances, relatives au politique, se trouvent effectivement transmis ? Dans quelle mesure cette transmission gouverne-t-elle ensuite les comportements des individus socialisés ? Par ailleurs, par qui et à quel moment s'opère cette inculquation

1. Norbert Élias, *La Dynamique de l'Occident* (1939), Trad., rééd. Paris, Calmann-Lévy, 1990, p. 198.

de savoirs et de références ? Quelles en sont les conditions optimales de réceptivité ?

§ 1. Les degrés d'intériorisation des croyances, normes et valeurs

Jusqu'à quel point la culture (politique) influence-t-elle les attitudes et comportements des individus, notamment ceux des gouvernés ? Sur l'éventail des réponses possibles, isolons d'abord deux visions extrêmes.

La première, stigmatisée comme hyperculturaliste, tend à considérer les individus comme les vecteurs passifs des schèmes culturels de comportements propres à leur société. C'était l'inclination d'un Émile Durkheim de toujours accorder le primat à la « solidarité sociale » sur l'individu, dans ses théories explicatives. Le concept de « conscience collective » porte à son sommet cette propension à dissoudre l'autonomie individuelle dans le jeu des facteurs culturels[1]. Ce n'est pas un hasard si ces théories ont été développées par des auteurs qui se référaient à des communautés de dimension réduite et faible différenciation sociale. Abraham Kardiner, par exemple, a proposé la notion de « personnalité de base » ou encore de « personnalité modale » pour souligner la prégnance de la culture sur la construction de la personnalité des individus. Cette « personnalité de base », commune à tous les membres du groupe, serait façonnée par une commune exposition, dès l'enfance, à des défis de l'existence identiques : par exemple, dans les sociétés marquisiennes étudiées par Ralph Linton[2], une disproportion numérique entre les sexes et une angoisse alimentaire constante liée à l'étroitesse des ressources. Il en découle, selon eux, des règles et usages qui modèlent très tôt les comportements et perceptions : soins maternels peu attentifs à l'égard des nourrissons, modes de relations agressifs entre hommes et femmes, valorisation de l'orgie de nourriture et de l'obésité, etc. Cette « socialisation primaire » qui s'impose à tous, provoque en retour des comportements à l'âge adulte qui, malgré les spécificités individuelles, attestent la marque « modale » propre à l'ensemble des membres du groupe.

1. « Plus les sociétés sont primitives, plus il y a ressemblances entre les individus dont elles sont formées », ressemblances physiques (!) aussi bien que psychiques. Émile DURKHEIM, *De la Division du travail social*, 1893, 8e édition, Paris, PUF, 1967, p. 103.
2. *In* Abraham KARDINER, *L'Individu et sa société*, Trad., Paris, Gallimard, 1969, p. 255 et sq.

Cette thèse a été vigoureusement critiquée comme faisant fi à la fois des singularités personnelles : attitudes de rejet ou de « déviance », et surtout des disparités qui traversent les cultures les plus monolithiques en apparence (Geoffrey Lloyd). Si fondées que soient ces objections, elles revêtent surtout une grande pertinence dans les sociétés à forte différenciation sociale qui, à l'évidence, font coexister de nombreuses subcultures propres à des classes sociales, des groupes religieux, des espaces régionaux et locaux ou même des générations. Le concept de « personnalité de base » paraît ainsi intransposable dans l'étude des sociétés industrielles contemporaines.

Une autre vision extrême postule, à l'inverse, une très grande autonomie du sujet par rapport aux schèmes culturels dominants. L'individualisme méthodologique (Mancur Olson, Raymond Boudon...) a souligné fortement l'importance des comportements intentionnels fondés sur un calcul rationnel par opposition aux comportements culturellement conditionnés. Selon eux, les normes et valeurs fournissent généralement « des indications floues susceptibles d'interprétations multiples » (Raymond Boudon) et si elles se révèlent peu conformes aux désirs du sujet, celui-ci les adaptera à la situation précise où il se trouve, voire adoptera un comportement déviant. Le passage à l'action est perçu comme « un processus jalonné d'arbitrages et de compromis effectué par le sujet entre les normes qui s'imposent à lui, les valeurs et croyances auxquelles il souscrit, et ses intérêts tels qu'il les conçoit »[1].

Cette analyse insiste donc sur le libre choix effectué en situation par l'individu, et sur l'importance du calcul délibéré : coût/avantage qui s'effectue à cette occasion. Ce faisant, elle sous-estime certainement le poids des rationalités inconscientes qui gouvernent la construction même de ce calcul. Les représentations, par exemple, de ce que le sujet s'imagine être pour lui bénéfique, s'imposent progressivement au cœur d'un processus continu de socialisation dans sa famille et son milieu d'origine, mais aussi à l'école ou encore sous la constante influence des modèles proposés par l'univers médiatique.

Entre ces deux thèses opposées, il y a place pour de nombreuses lectures possibles du rapport culture collective/comportements individuels. On insistera seulement sur deux problèmes.

Le premier est le sens de la corrélation entre normes et valeurs d'une part, attitudes et comportements pratiques d'autre part. Les premières constituent-elles un guide de l'action c'est-à-dire la source

1. François BOURRICAUD, Raymond BOUDON, *Dictionnaire critique de la sociologie*, Paris, PUF, 1982, p. 136.

d'inspiration ou la motivation des actes posés ? L'influence de la psychanalyse sur l'ethnologie et l'anthropologie a contraint d'abandonner ces schémas simplificateurs. Elle aura fourni en effet quelques outils conceptuels qui permettent d'appréhender des interactions moins unidirectionnelles entre normes culturelles et pratiques sociales. On retrouve des mécanismes de rationalisation qui conduisent à inscrire dans une cohérence toute rétrospective des comportements inspirés par des mobiles inconscients et des logiques de situations opaques même à ceux qui les vivent. C'est ce que l'on voit à l'œuvre, par exemple, dans les interprétations purement politiques des comportements électoraux, lorsque les citoyens sont censés n'avoir été inspirés dans leurs choix que par des mobiles de citoyens, c'est-à-dire blâmer la gestion des sortants, vouloir un changement de politique... Mécanismes encore d'idéalisation de soi ou de déni de réalité qui permettent de dégager collectivement des perceptions de soi et du groupe plus avantageuses. Ainsi s'expliquent bien des résistances (au sens proprement psychanalytique) à explorer les zones d'ombre d'un passé encombrant[1], à repérer toutes les formes hétérophobiques du rejet d'autrui, et pas seulement celles d'entre elles qu'il est valorisant de mettre à distance.

Au sein d'une même culture, cc clivage entre valeurs pratiques et valeurs proclamées, peut être très profond et provoquer des stress caractéristiques. Karen Horney l'a montré en conclusion d'un célèbre ouvrage devenu classique[2]. Pour elle, la société américaine contemporaine est culturellement traversée par une triple contradiction. Les valeurs enseignées sont celles de l'idéal chrétien d'amour fraternel et d'humilité ; mais celles qui gouvernent la vie sociale sont la compétition, l'agressivité, la réussite matérielle, c'est-à-dire des valeurs directement antagonistes. L'exaltation constante de la consommation par la publicité ou les techniques commerciales va de pair avec une frustration réelle de la plupart des satisfactions entrevues. Le discours célébrant la liberté et ses bienfaits est en permanence démenti par les contraintes de tous ordres qui pèsent sur la capacité d'initiative des individus. Il en résulte, selon elle, des comportements névrotiques fondés sur la dissociation des valeurs célébrées et des valeurs pratiques d'adaptation.

1. Sur l'Allemagne, V. Alexandre MITSCHERLICH, *Le deuil impossible*, Trad., Paris, Payot, 1972, p. 33 et sq. Également sur la France, Michaël MARRUS, Robert PAXTON, *Vichy et les Juifs*, Trad., Paris, Calmann-Lévy, 1981. *Adde*, Éric CONAN, Henry ROUSSO, *Vichy, un passé qui ne passe pas*, Paris, Gallimard, 1996.

2. Karen HORNEY, *La Personnalité névrotique de notre temps* (1937), Trad., Paris, L'Arche, 1953, p. 209 sq.

Sans doute Karen Horney qui n'est pas sociologue, sous-estime-t-elle le fait que, selon leur âge, leur milieu, leur trajectoire sociale, les individus ne sont pas exposés de la même manière à toutes les dimensions de cette « culture américaine ». Elle a en revanche l'immense mérite de souligner que les schémas culturels, actifs pour un groupe donné de population, peuvent favoriser l'apparition plus fréquente de certains styles psychosociologiques de comportements : l'affirmation de soi par la consommation ostentatoire, par exemple ; stimuler chez certains la libération d'une capacité d'initiative agressive ou provoquer chez d'autres une sorte de culpabilité liée à l'impossibilité de concilier des valeurs antagonistes[1]. Il existe, en outre, plusieurs manières d'intérioriser les valeurs et modèles culturels. Tant au niveau individuel que social, les normes, références et croyances peuvent avoir une fonction d'occultation ou de dénégation aussi bien que de mobilisation pour l'action. La trilogie républicaine : liberté, égalité, fraternité, permet au groupe national de donner de soi une image éthiquement avantageuse. Chacun des éléments de cette devise a pu inspirer des législations et, surtout, servir *a posteriori* de référence. Mais il existe aussi des contradictions entre ces principes : la liberté effective engendre des inégalités sociales que l'affirmation générale du principe peut servir, paradoxalement, à faire accepter ; l'égalité effective suppose la contrainte ; ne peut-on, en son nom, justifier bien des législations attentatoires aux plus élémentaires libertés ? Dès lors, la trilogie, parce qu'elle est indissociée, permet de donner à tous ceux qui s'en réclament l'illusion d'une croyance commune, masquant en réalité de profondes divergences de références. Elle joue ainsi son rôle dans l'affirmation d'identité nationale.

Normes culturelles et comportements pratiqués fonctionnent donc en étroite interaction, ce qui conduisait Ralph Linton à voir dans la culture « la configuration des comportements appris, partagés et transmis par les membres d'une société donnée ». C'est en les observant attentivement, sans s'en remettre aux seuls systèmes de

1. Sur ces mécanismes de rationalisation ou de dénégation collective, Philippe BRAUD, *L'Émotion en politique*, Paris, Presses de Sciences Po, 1996, p. 187 sq. Les travaux de Vincent de GAULEJAC consacrés aux liens entre processus d'ascension sociale et perturbations psychologiques illustrent cette manière d'envisager les rapports entre culture et comportements individuels. Tous les individus ne concilient pas harmonieusement, d'emblée, les valeurs héritées de leur milieu d'origine et celles de leur nouveau milieu d'appartenance. Vincent de GAULEJAC, *La Névrose de classe*, Paris, Hommes et Groupes, 1987.

justifications allégués[1], que l'on peut identifier les véritables schèmes culturels d'une société. Ils ont pour effet d'offrir une réponse aux exigences élémentaires de tous les êtres humains : l'affirmation de soi, l'approbation (ou l'amour) d'autrui, la satisfaction des intérêts, etc. C'est ce que montre bien Marcel Mauss lorsqu'il s'interroge sur la construction culturelle de l'intérêt personnel. Dans nombre de sociétés, il n'a rien à voir avec celui de l'*homo œconomicus* tourné vers la maximisation de ses profits ; il peut tout au contraire se masquer sous la forme du don et du désintéressement. « Si quelque motif équivalent anime chefs trobriandais ou américains, clans andamans, etc., ou animait autrefois généreux Hindoux, nobles Germains et Celtes dans leurs dons et dépenses, ce n'est pas la froide raison du marchand, du banquier et du capitaliste. Dans ces civilisations on est intéressé, mais d'autre façon que de notre temps »[2]. Les processus culturels sont donc producteurs des dimensions psychosociales de la vie collective, y compris politique.

Un autre problème majeur est celui de la conciliation entre les impératifs culturels et les capacités de choix stratégiques des individus affrontant des situations sociales déterminées. À cet égard, la notion d'habitus, telle que l'a travaillée Pierre Bourdieu, offre des perspectives intellectuelles stimulantes. En effet, comme l'a écrit un sociologue présentant son œuvre au public anglo-saxon « l'habitus dépeint la vie sociale et la signification culturelle comme une pratique en constant développement, comparable à la conception de la culture comme processus en perpétuel devenir »[3]. C'était en effet l'ambition clairement affichée dans *Le Sens pratique :* dépasser les alternatives ordinaires « du déterminisme et de la liberté, du conditionnement et de la créativité, de la conscience et de l'inconscient, ou de l'individu et de la société »[4]. De quelle manière ? Tout d'abord, les références extérieures (normes, valeurs, croyances, modèles d'achèvement...) ne sont assimilées qu'autant qu'elles restent compatibles avec les logiques spécifiques des sujets tels qu'ils sont socialement situés. Ainsi des individus appartenant à des milieux culturellement défavorisés n'ont à peu près aucune chance d'intérioriser pour eux-mêmes un idéal de réussite sociale fondée sur l'obtention de diplômes prestigieux. En revanche, il

1. Ils fournissent des informations surtout sur l'image que les individus ou les groupes souhaitent donner d'eux-mêmes.

2. Marcel MAUSS, « Essai sur le don. Forme et raison de l'échange dans les sociétés archaïques » (1923), republié dans Marcel MAUSS, *Sociologie et anthropologie*, Paris, PUF, 1991, p. 270.

3. Cité *in* Pierre BOURDIEU, *Réponses*, Paris, Seuil, 1992, p. 239.

4. Pierre BOURDIEU, *Le Sens pratique*, Paris, Minuit, 1980, p. 92.

y aura assimilation rapide, profonde et durable des « schèmes de perception, de pensée et d'action » qui se seront révélés adaptés à la gestion des situations concrètes affrontées par eux.

Les premières expériences faites par l'enfant ont toutes chances de revêtir une importance considérable dans l'organisation ultérieure des anticipations, attentes, et motivations. « Les dispositions durablement inculquées par les possibilités et impossibilités, les libertés et les nécessités, les facilités et les interdits qui sont inscrits dans les conditions objectives... engendrent des dispositions objectivement compatibles avec ces conditions et en quelque sorte préadaptées à leurs exigences, les pratiques les plus improbables se trouvant exclues, avant tout examen, au titre d'impensable... »[1]. Dans le cadre des limites ainsi constituées, qui se trouvent exclues dans la notion idéaliste de libre arbitre, l'habitus produit des pratiques, rendues possibles et plausibles par les élaborations mentales intériorisées ; il permet la construction de perceptions, d'attitudes et de jeux de rôles[2].

L'intérêt de ce concept, qui n'est d'ailleurs pas sans antécédent dans la pensée occidentale (notamment dans le courant phénoménologique mais aussi dans le concept aristotélicien d'*hexis*), c'est sa capacité de synthétiser diverses approches éclatées. Karl Marx avait souligné avec justesse que les croyances, normes et valeurs sont élaborées en relation avec les exigences particulières des diverses classes sociales, même si les productions des classes dominantes tendent à être érigées en normes universelles. Il n'y a donc pas une culture (politique) mais des subcultures en conflit plus ou moins larvé. La psychologie sociale, de son côté, a mis en avant la notion de rôle : ensemble d'attitudes et comportements prévisibles, voire habitudes acquises, que les individus assument dans une situation socialement construite et qui contribuent à ce que beaucoup de leurs actes ne sont ni calculés ni réfléchis, mais simplement conformes à ce que l'on attend d'eux. Ici les dispositifs de l'inconscient ont une part essentielle dans ce mode de fonctionnement[3]. Enfin, les théories dites de la dissonance cognitive (Léon Festinger) ont souligné combien une

1. Pierre BOURDIEU, *La Distinction*, Paris, Minuit, 1979, p. 49.

2. Réexaminant la question des filiations entre l'œuvre de Lévi-Strauss et celle de Pierre Bourdieu, Pierre Ansart observe que le concept d'habitus permet de penser la manière dont l'action peut échapper à la contrainte rigoureuse de la structure, sans laquelle pourtant elle n'est pas pensable. Pierre ANSART, *Les Sociologies contemporaines*, Paris, Seuil, 1990, p. 40 et s.

3. Sur le « rôle » comme mode de connexion entre l'individu et son environnement, notamment institutionnel, v. Peter BERGER, Thomas LUCKMANN, *La Construction sociale de la réalité*, Trad., réédition, A. Colin, 1996, p. 101 et sq.

information (au sens large) venue de l'extérieur a toutes les chances d'être perçue comme non pertinente, sinon même totalement ignorée, dès lors qu'elle heurte les attentes ou les croyances fortement constituées. Ce phénomène est au principe de tous les négationnismes.

Si l'habitus des individus se construit à partir d'expériences sociales objectives, il s'ensuit que tous ceux qui expérimentent des conditions concrètes d'existence analogues, notamment parce qu'ils appartiennent à la même classe, vont partager une forme de culture commune. L'*ethos* de classe est une manière de désigner cette subculture, qui « définit à chaque moment, pour les différentes classes sociales, les objets et les modes de représentation légitimes, excluant de l'univers de ce qui peut être représenté certaines réalités et certaines manières de les représenter... »[1]. La notion d'ethos de classe qui dépasse le seul univers des représentations esthétiques ou éthiques mais décrit également des manières d'entrer en rapport avec la politique (avec ou sans le sentiment de sa compétence, par exemple) implique la reconnaissance des diversités culturelles d'une société. Dès lors, il y a affrontements entre des systèmes de représentations, les uns dominants les autres dominés, les uns explicités de façon savante ou sophistiquée, les autres réduits à des élaborations frustes voire à des simplismes stéréotypés. Le concept de violence symbolique, au sens de Pierre Bourdieu, permet de rendre compte de ces mécanismes de domination qui opèrent entre des subcultures inégalement pourvues de légitimité.

§ 2. Les vecteurs d'inculcation

Les études sur la socialisation politique sont constituées, pour une part notable, d'un bloc compact qui concerne les processus de socialisation des enfants et adolescents. Cette socialisation initiale est l'objet privilégié des recherches menées aux États-Unis, dès les années 1960, par Herbert Hyman puis Fred Greenstein, Stanley Renshon, Jack Dennis. En France, il faut noter surtout les travaux d'Annick Percheron et Anne Muxel. Cependant, la socialisation politique ne se résume pas à ces tranches d'âge ; en un sens elle est permanente tout au long de l'existence, même s'il est clair que les schèmes assimilés dès l'enfance exercent d'importants effets d'inertie pendant toute la vie adulte.

1. Pierre BOURDIEU, *La Distinction*, Paris, Minuit, 1979, p. 49.

A Milieux et agents de socialisation

Du point de vue analytique, il est utile de distinguer milieux de socialisation et agents de socialisation. La première de ces deux expressions désigne toujours une communauté sociale structurée au sein de laquelle opère l'activité d'inculcation. Ce peut être un milieu restreint : la famille, les pairs (amis, voisins), ou plus large : l'école, voire un milieu coextensif à la société globale : la communauté nationale irriguée par le discours politique qui s'exprime dans les médias, et même « le village planétaire » à l'heure de la mondialisation des échanges de tous ordres. Bien entendu, et ce phénomène complexifie l'analyse des processus de socialisation, les familles sont situées dans des classes sociales ; les écoles de banlieues ouvrières baignent dans un environnement qui n'est pas celui des écoles rurales ou des quartiers urbains résidentiels ; la télévision est présente au cœur même de l'intimité familiale, mais selon le niveau culturel des familles les conditions de réceptivité aux programmes sont très différentes. On peut discuter le point de savoir si une génération (ensemble de classes d'âge) constitue un milieu de socialisation identifiable. On inclinera vers une réponse négative, tant est floue la notion et plus encore son homogénéité interne réelle. En revanche, il est commode de parler de génération (politique) pour évoquer la communauté d'expériences vécues à une période de la vie (l'entrée dans l'âge adulte) où elles laissent des traces plus durables. C'est ainsi qu'on a pu parler d'une génération de la Résistance, ou d'une génération 68. En Allemagne, la première génération née après la guerre s'est trouvée confrontée à un défi spécifique lorsque ces enfants, devenus adultes, ont dû affronter la mémoire des crimes commis par un régime nazi auquel leurs parents avaient souvent adhéré et qu'ils traitaient fréquemment sur le mode du déni. Elle a fortement poussé dans le sens d'une mise à plat d'un passé redoutable. Avec la génération qui la suit, on voit poindre une certaine inclination à clore le travail de mémoire perçu comme excessivement culpabilisant pour des citoyens qui n'ont rien connu de l'hitlérisme. Il va sans dire qu'il serait dangereux d'en déduire une homogénéité d'attitudes ou de comportements mais une certaine sensibilité à des interrogations communes est néanmoins repérable. De même y a-t-il des dilemmes propres aux enfants de la seconde génération d'immigrants, souvent tiraillée entre deux formes d'attraction identitaire, celle de leur milieu d'origine et celle de leur milieu d'appartenance. On parle souvent de l'effet « deuxième » puis « troisième génération », pour rendre compte du souci fréquent qui se manifeste alors de retrouver la trace de racines identitaires que les immigrants de la première génération avaient parfois souhaité ne pas transmettre pour mieux favoriser l'intégration de leurs enfants dans le pays d'accueil.

Au sein de chaque milieu de socialisation opèrent des agents, plus ou moins conscients de leur rôle, plus ou moins maîtres du message intentionnel qu'ils croient émettre. Ainsi, dans le milieu scolaire, l'instituteur est-il un agent de socialisation mais le sont également, sur la cour de récréation, les groupes de pairs et les leaders qui émergent en leur sein. Quant à l'instituteur lui-même, il tient un rôle conditionné par des logiques institutionnelles : à certains égards il est le représentant de la société, à d'autres celui des parents (mais lesquels ?), celui aussi du ministre de l'Éducation lorsqu'il lui faut se plier aux programmes édictés. Même dans la famille où existe longtemps une disproportion écrasante entre l'autorité des parents et l'autonomie limitée des jeunes enfants, on ne doit pas méconnaître l'apparition rapide de processus qui contribuent à influencer les attitudes parentales à partir de ce que l'enfant apprend, par lui-même, de l'école ou de son groupe de pairs.

Outre les milieux de socialisation fondamentaux (école, classe sociale, communauté locale et nationale...) il existe des milieux plus spécifiques. Ils ne concernent pas la population entière et, lorsque les individus en font partie intégrante, l'élément d'adhésion volontaire y joue un plus grand rôle. Ainsi de l'appartenance à une religion, ou encore à des organisations politiques, syndicales, professionnelles, culturelles, sportives. D'authentiques subcultures peuvent s'y développer, surtout lorsque le degré d'engagement exigé de leurs membres y est élevé. C'est ainsi qu'entre 1930 et 1970, le Parti communiste en France ou après 1945 en Italie, s'affirmait comme une véritable contre-société avec son langage, ses valeurs, ses pratiques sociales. La littérature scientifique met de plus en plus en évidence le rôle de la religion dans le réinvestissement identitaire de populations tentées par le communautarisme : en Europe aujourd'hui, il s'agit surtout du judaïsme et de l'islam.

B Le *modus operandi*

Dans tous ces milieux de socialisation, de constantes interactions se manifestent entre les agents, même si certains d'entre eux sont en position institutionnellement dominante. Les processus d'inculcation de savoirs, de normes et de valeurs sont loin d'être tous intentionnels ou délibérés. Il est même probable que la résistance est plus facile aux messages explicites qu'à ce qui se transmet implicitement, dans le non-dit des structures d'encadrement ou le non-perçu des langages inconscients. En effet, la socialisation (politique) opère à trois niveaux cumulatifs.

Premier niveau : celui des discours explicites tenus par les agents dotés d'autorité légitime dans le milieu de socialisation considéré. Par exemple dans la famille, les parents (le père ou/et la mère) peuvent donner des informations sur l'actualité politique, proposer leurs interprétations, formuler des commentaires même embryonnaires[1]. À l'école, la socialisation politique emprunte le canal, très officiel, des enseignements d'histoire, d'instruction civique, voire des leçons de choses. La vie politique engendre ses rites de participation (scrutins, mobilisations dans la rue...) et ses pratiques de commémorations qui rappellent des événements heureux ou douloureux, célèbrent des personnalités exceptionnelles (ou présentées comme telles). Cependant, la transmission n'est pas un processus linéaire. Selon les milieux de socialisation concernés, selon les codes pédagogiques en vigueur, selon aussi la personnalité respective des agents impliqués, il peut y avoir discussions, contestations, rejets. Il est clair que le processus d'inculcation est influencé à la fois dans ses contenus et dans son efficacité par les conditions d'émission des messages visibles, notamment la qualité du climat affectif. On tient généralement pour acquis que les préférences politiques des parents sont largement transmises à leurs enfants, l'identité parfaite des choix atteignant couramment 50 %. Cela est vrai surtout si elles sont clairement exprimées et si les parents sont d'accord entre eux[2]. À noter cependant que des inclinations idéologiques globales sont mieux reprises que des opinions particulières sur un problème politique précis. L'école, quant à elle, transmet des savoirs plus élaborés sur l'histoire du groupe, favorisant ainsi les prises de conscience autour de l'identité nationale. Elle initie, plus que toute autre instance de socialisation, à une connaissance au moins abstraite des institutions politiques, tandis que la télévision fait connaître les acteurs, les péripéties conjoncturelles du jeu politique, contribuant davantage à une perception du système politique en termes fortement personnalisés.

Deuxième niveau : celui des codes effectifs de comportements. En marge des discours explicitement tenus par les agents légitimes de

1. La famille est un enjeu de politiques publiques (Jacques Commaille). Elle est aussi un lieu privilégié d'expérimentation des formes de pouvoir, d'autant plus que le contexte affectif y est important. En un sens, la sortie du triangle œdipien est la première expérience de socialisation politique. Dans cette perspective, Robert LANE, *Political Man*, New York, Fress Press, 1972, p. 62 et s. Chap. « Fathers and Sons ».

2. Annick PERCHERON, *La Socialisation politique.* (Textes réunis par Nonna Mayer et Anne Muxel), Paris, A. Colin, 1993, p. 111 sq.

socialisation, et parfois en contradiction flagrante avec eux, s'expriment d'autres références et d'autres valeurs, directement adaptées aux logiques de situations dans un environnement donné. Par exemple, l'adhérent à un parti politique, découvre avec le temps la distance qui sépare le discours officiel de ses leaders sur la souveraineté des militants au sein du parti, et les pratiques effectives qui empruntent largement, en fait, à des comportements oligarchiques. De même, à l'école, le discours explicite du maître peut-il être démenti par ses propres comportements ou encore par l'efficacité pratique de comportements stigmatisés : la triche ou la violence sur la cour de récréation, les stratégies plurielles du « bon élève » ou celles du « mauvais élève ». Les phénomènes de pouvoir sont alors décryptés en des termes crûment réalistes, qui ne sont pas nécessairement ceux que l'institution reconnaît comme légitimes ou pertinents. Lorsque les écarts se révèlent excessifs entre les apparences (éloges de l'égalité, du mérite...) et les réalités (discrimination, favoritisme, fraude), induisant une forme de *double bind*, il peut en résulter une détérioration profonde des processus d'inculcation qui favorise l'anomie ou le rejet violent des valeurs dominantes.

Troisième niveau : celui des modes de production des messages. Quelque chose « se dit » dans le simple jeu des structures, ou encore dans le contexte et la forme des discours tenus. Indépendamment des prises de parole du Pape ou des évêques sur les sujets politiques, la forme monarchique de l'Église signifie. Lorsque le chef de l'État prononce une allocution, l'ensemble du cérémonial mobilisé, le lieu d'où il parle, le moment choisi, le ton sur lequel il s'exprime, tous ces éléments subtilement indissociables conditionnent le message lui-même et sont en eux-mêmes porteurs de sens. Dans la famille, l'apprentissage inconscient du positionnement de classe s'effectue très jeune chez l'enfant, à travers le système d'objets qui personnalise l'espace où il vit avec ses parents. Le mobilier, la décoration intérieure, le type d'habitat, les modes de loisirs, tout suggère des références économiques en termes de pouvoir d'achat, et des références esthétiques en termes de manières, de bon goût, de distinction... De même, l'École n'est-elle pas un lieu neutre socialement ni par son architecture extérieure (la « communale » des villages n'est pas le « groupe scolaire » des grands ensembles de banlieue), ni par la disposition de son mobilier (une estrade pour le maître ? une disposition des tables en rangées ou en carré ?) ni par les modes de participation à son fonctionnement (élèves associés ou non à la pédagogie, voire à la gestion matérielle).

En définitive, il n'est pas simple de mesurer l'efficacité propre d'une institution dans la transmission des savoirs, des normes ou des valeurs politiques. Les études actuelles sur la socialisation politique tendent néanmoins à montrer l'importance de deux facteurs particulièrement favorables à la reproduction culturelle. D'abord la cohérence, au sein d'une institution donnée, entre les trois niveaux de production de messages. Ce sera par exemple, dans la famille, la convergence entre ce que disent les parents du bon usage de l'autorité, la manière dont ils se comportent dans les relations de pouvoir entre eux ou à l'extérieur, enfin le mode concret de distribution des tâches entre tous ses membres. L'autre facteur est l'interaction entre les divers milieux de socialisation dans lesquels se trouve placée la même personne. S'il y a convergence des signaux, c'est alors que la probabilité de reproduction devient la plus forte. Ainsi les préférences politiques des parents ont-elles de meilleures chances d'être intériorisées par leurs enfants si l'environnement local est lui-même majoritairement marqué- comme, par exemple, les anciennes banlieues « rouges » en France ou en Italie, les régions travaillistes minières d'Écosse ou du Pays de Galles. Des bastions électoraux dans un espace géographique précis ont été fréquemment confortés historiquement par l'école, laïque ou confessionnelle. Inversement l'émigration ou les mutations démographiques internes à un pays (vers la ville), jouent souvent en faveur d'une rupture des processus de pure et simple reproduction culturelle ; mais ce sera au bénéfice d'une nouvelle forme de culture politique si la ségrégation sociale ou ethnique dans des quartiers urbains, reconstitue de nouveaux ensembles de populations homogènes. L'essor des communautarismes est une des manifestations de ces processus endogènes de socialisation politique.

Section 3
Le rôle des médias

En raison de leur importance acquise dans la vie des systèmes politiques (pour la presse écrite, dès le premier tiers du XIXe siècle), il est nécessaire de s'arrêter davantage sur les logiques de fonctionnement propres à ces grandes machineries sociales. Que les gouvernants les contrôlent ou simplement qu'ils s'y expriment, ils ne cessent pas de leur prêter une grande influence, convoitée et redoutée tout à la fois. Quant aux responsables politiques, syndicaux ou leaders d'opinion, ils y trouvent, sous certaines conditions d'ailleurs, une tribune qui leur permet d'affirmer leur visibilité sociale De fait, l'information sur l'actualité politique occupe quotidiennement une place de choix dans la presse écrite, à la radio, à la télévision et sur Internet. Mais, au-delà de ces manifestations les plus directes du rôle politique des médias, des schèmes culturels relatifs à l'ordre social et au pouvoir se trouvent véhiculés dans les rubriques les moins politiques des magazines, dans les émissions et reportages les plus éloignés en apparence des enjeux électoraux ou partisans.

§ 1. Presse écrite et audiovisuelle devant la liberté politique d'expression

A La liberté de la presse écrite

Elle ne s'impose pas sans heurts à l'aube du régime parlementaire, en Grande-Bretagne comme en France. Les affrontements à propos des entraves qui lui sont apportées jouent un rôle essentiel dans la structuration du débat politique. On sait que les ordonnances de Charles X imposant un sévère régime de censure ont été la cause directe de l'insurrection qui provoqua sa chute en 1830. Pourtant c'est seulement dans la décennie 1860/1870 que le journal quotidien devient réellement un moyen de communication de masse, accessible aux couches populaires et, de ce fait, crédité d'une énorme influence sur les attitudes, opinions et comportements. Pionnier de tous, le *Petit Journal* tire à 38 000 exemplaires en 1863, mais à 300 000 en 1870[1]. Il atteindra le million dès 1890.

La création d'organes de presse est le fruit d'initiatives privées et, d'emblée, le contrôle de la ligne rédactionnelle du journal apparaît lié à la propriété du capital. Entreprises diversement prospères, ils font l'objet de prises de contrôle, dans des conditions conformes aux logiques marchandes. Il s'ensuit que, dès la fin du XIXe siècle, les journaux les plus influents sont généralement dépendants de groupes industriels ou financiers puissants, à l'exception de ceux d'entre eux qui sont organiquement liés à des mouvements syndicaux ou politiques. Même dans les pays libéraux, le pouvoir gouvernemental ne reste pas indifférent au statut de la presse, soit qu'il intervienne pour en borner juridiquement les excès, soit qu'il tente de favoriser des prises de contrôle par des personnalités proches de lui. Ailleurs c'est l'instauration d'un régime pesant de censure ou d'interdiction. Mais jusqu'à la révolution bolchevique, nulle part en Europe les entreprises de presse ne sont directement propriété de l'État. La formule napoléonienne d'un quotidien officiel par département n'a pas eu de postérité.

Au lendemain de la seconde guerre mondiale et dans les décennies qui suivent, de profondes mutations interviennent qui changent quelque peu les données classiques des rapports entre la presse, le pouvoir et l'argent. Les unes sont technologiques : les nouvelles conditions d'impression ou de télécommunication exigent de lourds investissements, inaccessibles aux organes de presse isolés et faibles. Les autres sont socioculturelles : il existe une tendance à la dépolitisation en net contraste avec l'âpreté de ton qui régnait jusqu'à la décennie 1950/1960. Surtout, le lectorat de la presse d'information générale a considérablement décrû ces dernières années, sous l'influence de la concurrence d'autres médias comme la télévision et Internet. Plus largement, on enregistre un recul des habitudes de lecture dans tous les pays occidentaux. Partout, aux États-Unis comme en Europe, les 15-24 ans se détournent de la presse écrite en nombre croissant ; ils cherchent de plus en plus sur le Web une information immédiate, gratuite et purement factuelle. Symétriquement, dans la presse quotidienne régionale, le phénomène marquant est le vieillissement du lectorat et sa ruralisation.

1. Entre temps, l'invention de la rotative avait permis le lancement du journal à deux sous.

La fragilisation de la presse écrite est un phénomène général dans les démocraties libérales. Il se traduit d'abord par la baisse annuelle des ventes (plus de 2 % en moyenne depuis 1998 dans les pays de l'Union européenne). Elle est particulièrement marquée en Grande-Bretagne depuis quelques années avec des baisses annuelles qui ont pu atteindre 8 % (entre 2003 et 2004)[1]. Cependant, les habitudes de lecture des journaux demeurent très différentes entre les pays européens comme le montrent les chiffres suivants :

Tableau n° 17
Exemplaires de quotidiens diffusés (pour 1 000 habitants) en 2005

Norvège :	705	Autriche :	365
Suisse :	532	Allemagne :	333
Suède :	509	Pays-Bas :	329
Grande-Bretagne :	402	France :	164

Source : Association mondiale des journaux

En 2007, la plus forte diffusion payée d'un quotidien national est de 3 105 000 exemplaires en Grande-Bretagne (le *Sun*) et de 22 285 000 aux États-Unis (*USA Today*) ; elle est de 534 000 exemplaires en France (*Le Parisien/Aujourdhui*). Pour une population sensiblement comparable, la diffusion totale des quotidiens en France est 2,6 fois inférieure à celle du Royaume Uni. Cependant les « gratuits » comme *20 Minutes* et *Métro* ont réussi une remarquable percée (dans l'ensemble de la France, 2,5 millions d'exemplaires sont diffusés chaque jour en 2007) mais il est difficile de comparer la signification de leur lecture avec celle de la presse classique. En 2007 leur diffusion représente, dans l'Union européenne, 23 % de la diffusion totale des quotidiens. Les journaux de qualité résistent plutôt mieux que les journaux populaires à leur concurrence ainsi qu'à celle d'Internet. Néanmoins, selon une enquête mondiale de World Association of Newspapers (WAN) menée en 2007, 40 % des éditeurs de journaux pensent que les journaux en ligne deviendront, dans dix ans, la manière la plus courante de s'informer contre 35 % qui parient sur le maintien de la suprématie du format papier.

1. Au 31 décembre 2004, en douze mois, le *Financial Times* avait perdu 8,8 % de ses lecteurs, le *Guardian* 7,4 %, le *Daily Mail* 4,0 %, le *Daily Telegraph* 3,8 %. Il en va de même aux États-Unis, à de rares exceptions près (la diffusion payée du *New York Times* a chuté en 2007 de 3,9 %).

Tableau n° 18
Quotidiens nationaux
Tirages journaliers moyens

	2003	2007
Aujourd'hui/Le Parisien	512 663	534 032
La Croix	94 929	98 035
Les Échos	116 903	121 630
Le Figaro	358 954	344 479
France soir	73 438	22 236 (déclaré)
L'Humanité	48 175	51 860 (déclaré)
Libération	158 115	137 831
Le Monde	389 249	354 316
La Tribune	80 459	78 703

Source : OJD 20080. Chiffres contrôlés par l'OJD sauf mention contraire

La seconde manifestation de cette fragilité est la diminution constante du nombre de quotidiens et les problèmes d'équilibre financier que connaissent la plupart d'entre eux. En 1946, il existait 28 quotidiens nationaux (parisiens), imprimés à 6 millions d'exemplaires ; en 2007, ils ne sont plus que 9 passant sous la barre des 2 millions d'exemplaires. Les plus vulnérables sont ceux qui, comme *L'Humanité* ou *Libération* cumulent le double handicap d'une diffusion faible ou en recul marqué, et celui de n'être adossé à aucun groupe multimédia de taille suffisante. Même *Le Monde* se débat depuis plusieurs années dans une grave crise financière due à son fort endettement, au détournement des recettes publicitaires de la presse écrite vers d'autres supports, mais aussi à l'érosion de son lectorat. En France, un double mouvement s'est opéré dans les trente années qui ont suivi la Deuxième Guerre mondiale. D'une part, l'émergence de grands groupes de presse dont le groupe Hersant, au sommet de sa puissance dans les années 1980, constitua longtemps l'illustration emblématique[1]. D'autre part, la constitution de

1. Son bras droit, la Socpresse, est passé en mars 2004 sous le contrôle du Groupe Dassault.

fiefs régionaux dominés par des journaux qui exercent, en fait, un quasi-monopole sur un ou plusieurs départements. Le plus puisant d'entre eux, le groupe SIPA Ouest France, domine une douzaine de départements. Mais, aujourd'hui, cette situation est, elle aussi, en train d'évoluer. Les quotidiens, nationaux ou régionaux, sont tous affaiblis par la chute des recettes publicitaires, surtout depuis 1990, et par l'érosion de la diffusion payée (- 9 % au *Monde*, entre 2003 et 2007). Cela favorise la progression de groupes comme Hachette ou Havas. Pour la première fois, le pouvoir des familles, dans certains grands fiefs régionaux, est menacé par l'arrivée de capitaux étrangers (groupes britanniques ou allemands). Cependant, la prééminence de grands groupes de presse à vocation internationale est beaucoup plus avancée en Allemagne, avec le groupe Springer, et surtout en Grande-Bretagne avec l'influence des holdings fondés par Robert Maxwell ou Rupert Murdoch.

Le problème des libertés d'expression de la presse écrite se pose dès lors en termes renouvelés. La réduction du nombre de titres, la concentration autour de grands pôles multimédias soulèvent de légitimes inquiétudes concernant le maintien du pluralisme de la presse écrite. Des quotidiens devenus peu rentables attirent surtout des groupes financiers en quête d'influence plutôt que de « retour sur investissement » (le groupe Rothschild avec *Libération*, Bernard Arnault/LVMH avec *les Échos*). Cependant on observe une beaucoup plus nette dissociation que par le passé entre la propriété économique et la ligne rédactionnelle. Dans les principaux groupes de presse internationaux, les dirigeants ont surtout une stratégie industrielle et tendent à laisser aux responsables de la rédaction une assez large autonomie professionnelle. Il arrive d'ailleurs que le même groupe (Socpresse, Hachette en France...), possède des titres dont les sensibilités sont traditionnellement antagonistes. Pendant un temps, une certaine affirmation du pouvoir journalistique s'est opérée, même si la formule des sociétés de rédacteurs, gérant ou cogérant le titre, n'a pas réussi en fait à s'imposer, sauf au *Monde* dès 1951. Toutefois les difficultés financières de ce quotidien, à partir des années 1990, l'ont contraint à faire appel à des capitaux extérieurs, ce qui a entraîné une réduction du poids des journalistes (rédacteurs et gérants) dans la répartition des parts sociales et la persistance d'une inquiétude au sein de la rédaction concernant le maintien de son pouvoir de veto sur les grandes décisions stratégiques. Quant au mode de présentation des informations, des critères purement professionnels tendent à triompher davantage qui rendent plus malaisées, sans cependant les exclure, les ingérences extérieures du système notabiliaire, de certains groupes financiers ou du pouvoir politique. D'ailleurs, les pouvoirs publics qui attachent une plus grande importance au médium télévision, ont, dans tous les pays démocratiques, desserré leur surveillance sur le territoire de la presse écrite. L'évolution des mœurs favorise, de toute manière, un affaiblissement général des censures externes sur la liberté de plume des journalistes. En revanche, la précarisation économique contraint à rechercher des formules journalistiques susceptibles de séduire à tout prix le lecteur ; ce qui ne va pas sans peser sur la « ligne » du journal. Ainsi évitera-t-on les interprétations qui fâchent ou divisent le lectorat, ou cèdera-t-on à la tentation de diaboliser un adversaire sur le compte duquel on peut espérer mobiliser à bon compte une indignation unanime[1]. Enfin certains types de « problèmes de société », à capacité d'attraction un peu glauque, se verront accorder une priorité probablement indue.

B La liberté politique à la radio et à la télévision

À l'origine, c'est-à-dire les années 1930, ces médias ont affronté des problèmes différents de ceux de la presse écrite. Du fait de leur puissance de communication perçue comme plus redoutable[2], les pouvoirs publics se sont intéressés de très près à l'apparition de ces nouveaux médias. Dans de nombreux pays, dont la France, la radio et plus encore la télévision ont été prises en charge par des organismes publics, à la différence des formules d'entreprises privées qui ont immédiatement prévalu aux États-Unis. L'idée de service public s'est imposée d'abord sur le terrain de la transmission par les ondes (réseaux hertziens). Les gouvernants mettaient en avant des arguments de sécurité mais aussi d'ordre public (éviter l'anarchie dans l'utilisation des fréquences). Cependant très vite, même en France, des tolérances à l'égard de radios privées périphériques : Radio-Andorre, Luxembourg, Europe I, sont venues affaiblir la portée du monopole. De toute manière, il était possible de dissocier le problème de la diffusion et celui de la production des émissions. En faveur du maintien du monopole public sur l'ensemble des activités de télévision (et subsidiairement de radio), d'autres arguments ont été mis en avant : la défense de la qualité des émissions, jugée menacée si la télévision

1. Sur ce point, le pamphlet fragile mais instructif de Régis DEBRAY, *L'Emprise*, Paris, Gallimard, 2000.
2. Les premières émissions de radio datent de 1891 (Branly dans les jardins de l'Institut catholique de Paris). Quant à la télévision, née presque simultanément en Angleterre, aux États-Unis et en Allemagne, elle fait l'objet en France d'une première émission officielle le 26 avril 1935.

devait se soumettre à des critères purement mercantiles et dépendre pour l'essentiel de ses propres ressources ; la défense aussi du potentiel de création nationale devant « l'invasion culturelle » concrétisée par les séries anglo-saxonnes standardisées dont la compétitivité se révèle hors pair au niveau des coûts. Rarement avancé de manière explicite, l'argument du contrôle politique jouera également un rôle décisif dans le mouvement en faveur du maintien du monopole : pour les uns il s'agissait de compenser par une télévision docile les méfaits d'une presse frondeuse (de Gaulle), pour d'autres, il fallait éviter la mainmise des « puissances d'argent » (partis de gauche), tous ces arguments aboutissant à légitimer le contrôle direct d'un efficace moyen de propagande (argument inavoué de la plupart des gouvernants).

Pourtant le développement énorme de ces médias (ainsi que la multiplication des chaînes câblées ou cryptées) a rendu les changements inévitables. Dans les pays avancés, le desserrement des liens avec l'État est aujourd'hui la règle générale[1]. Plus nombreux et mieux organisés, les personnels de ces médias ont acquis une meilleure capacité de contre-pouvoir. En outre, devant l'inflation des dépenses, l'État a préféré généralement l'appel à ces ressources indolores que sont les recettes publicitaires. Les chaînes privées ou privatisées mais aussi, de plus en plus, les chaînes publiques sont donc soumises aux logiques commerciales du marché[2]. Cela implique une dépendance des producteurs d'émissions moins vis-à-vis des groupes financiers opérateurs que vis-à-vis du public et de ses attentes, ce que certains appellent la dictature de l'audimat. Plus que jamais la programmation actuelle, par ses échecs comme par ses succès, est représentative des schémas culturels dominants dans les populations ciblées. La professionnalisation croissante de l'audiovisuel rend plus rapide la détection des nouveaux créneaux de goûts et d'exigences.

Sommes-nous entrés dans une « société de communication » qui favoriserait l'épanouissement de la démocratie ? Il serait naïf de s'en tenir à cette conclusion hâtive. Les effets pervers d'une saturation d'informations ne doivent pas être sous-estimés ; elle peut produire

1. Il se traduit par la substitution à sa tutelle directe d'organismes publics, en principe indépendants, chargés de veiller au respect d'un cahier des charges (En France, le Conseil supérieur de l'Audiovisuel).

2. Paradoxe : début 2008, les personnels des chaînes publiques de France télévision se sont mis en grève pour protester contre un projet gouvernemental de leur supprimer le recours aux recettes publicitaires. En 2005, les chaînes publiques sont financées par des fonds publics à 85 % en Allemagne, 79 % en Grande-Bretagne, 66 % en France, 52 % en Italie, mais seulement 10 % en Espagne. Source : IIIe Rapport de l'Association mondiale des Journaux, 2007.

banalisation, indifférence, paralysie du jugement sous l'effet de messages contradictoires[1]. Par ailleurs l'autonomie croissante des grandes machineries médiatiques par rapport à l'État n'implique pas l'élimination des phénomènes de manipulation : simplement ils obéissent à d'autres logiques, souvent difficiles à mettre clairement en évidence du fait des liens complexes qui unissent le monde des médias, nationaux ou internationaux, à celui des affaires ou de la politique (les journalistes économiques étant parmi les plus exposés aux pressions). Paul Krugman observe que la BBC, bien que propriété de l'État britannique, s'est révélée plus exigeante, c'est-à-dire en fait plus critique de la politique gouvernementale, que les chaînes privées américaines, avant et pendant la seconde guerre d'Irak[2]. La première dispose en effet de ressources financières sûres et garanties, parce que d'origine publique ; les secondes sont dépendantes de ressources publicitaires plus volatiles, liées notamment à l'audience. Aux États-Unis, l'empire Murdoch qui inclut Fox News, et beaucoup d'autres chaînes locales, ont beaucoup ménagé le gouvernement fédéral non seulement parce qu'il est délicat de critiquer un chef d'État populaire (du moins, tant qu'il le demeure) si l'on souhaite garder une audience élevée, mais aussi parce que le pouvoir fédéral dispose de plusieurs manières de récompenser cette attitude (informations privilégiées, régulations juridiques ou fiscales favorables aux grandes chaînes...)[3]. À l'extérieur du pays, les stratégies commerciales créent d'autres dépendances : l'empire Murdoch, soucieux de s'implanter en Chine, a pratiqué la censure constante d'informations gênantes sur ce régime, allant jusqu'à rompre un contrat de coopération avec la BBC trop rétive à éviter les dossiers brûlants. La gestion privée ne garantit donc pas automatiquement l'indépendance ni, bien entendu, mais pour de tout autres raisons, la gestion publique. Enfin, en marge d'une déontologie professionnelle plus ou moins rigoureuse, il existe une idéologie de la communication pour la communication dont la critique a été entamée dès les années 1970 (Baudrillard). Elle suppose une sorte d'alimentation inflationniste du public en informations sans d'autre but réel que celui d'assurer la reproduction des grandes machines médiatiques et l'élargissement de leurs parts de marché.

1. Sur l'utilisation de la souffrance d'autrui par les médias, et ses effets politiques, Luc BOLTANSKI, *La Souffrance à distance*, Paris, Métailié, 1993.

2. Paul KRUGMAN, « Why Americans Watch the BBC », *Herald Tribune*, 14 mai 2003.

3. Sur les modes de pression applicables aux journalistes de la télévision aux États-Unis, Corey ROBIN, *La Peur. Histoire d'une idée politique*, Trad., Paris, A. Colin, 2006, p. 261-262. Également, Lance BENNETT (Éd.), *When the Press Fails. Political Power and the News Media fom Iraq to Katrina*, Chicago, Chicago University Press, 2007.

§ 2. Médias et socialisation politique

L'importance prise par la propagande radio dans l'entre-deux-guerres, notamment en Allemagne hitlérienne, a très tôt suscité l'attention des chercheurs en sciences sociales. Les nouveaux médias allaient-ils constituer l'arme absolue aux mains de dictateurs soucieux de conditionner leurs peuples ? L'ouvrage de Tchakhotine : *Le Viol des foules par la propagande politique* (1939), eut un retentissement considérable parce qu'il posait crûment la question. Cette inquiétude constituera le point de départ de la littérature savante dont les problématiques vont ensuite considérablement évoluer.

A L'influence exercée par les émetteurs de messages

C'est la question clé dans cette première étape. Dès 1948, Harold Lasswell définissait de la manière suivante les interrogations pertinentes pour l'étude des médias. « Qui dit quoi, par quel canal, à qui, et avec quel effet ? ». Dans cette formulation, la mesure de l'influence passe par une étude comparée des attitudes et opinions des destinataires avant et après la réception des messages. Paul Lazarsfeld et Bernard Berelson adoptent cette démarche lorsqu'ils étudient les effets des campagnes électorales sur les choix des électeurs, et de très nombreux travaux sur la presse écrite ou la télévision s'en sont inspirés. Les locuteurs : journalistes et hommes politiques, sont supposés exercer une influence lorsqu'un changement d'opinions est enregistré après leurs prestations. Le bilan de toutes ces études apparaîtra relativement décevant. Tout d'abord, on a pu montrer que des journaux engagés dans un camp peuvent très bien conserver une part de lectorat qui adopte des comportements politiques opposés. Par exemple, les quotidiens britanniques conservateurs de la presse populaire ont des lecteurs qui votent fidèlement travailliste dans une proportion supérieure à 20 % (Butler et Stokes). En France, l'hostilité à Charles de Gaulle manifestée par certains grands quotidiens régionaux, disposant d'un véritable monopole de fait géographique, ne lui a pas interdit de bonnes performances électorales même dans leurs bastions. À l'inverse, on n'a pas pu établir clairement l'existence d'une corrélation entre détenteurs d'un récepteur de télévision et votes gaullistes entre 1962 et 1965 (Jean Stoëtzel). Des travaux récents ont mis en évidence des modifications d'attitudes ou de comportements du fait de l'information télévisée[1], y compris des modifications d'images des candidats en cours de campagne électorale. Mais à quoi faut-il exactement les attribuer ?

La manière trop simple dont se trouvait alors envisagé le problème de l'influence des médias, est à l'origine des déceptions enregistrées. Le plus souvent ces enquêtes négligeaient la dimension sociologique de la communication, c'est-à-dire les modes d'insertion des locuteurs, du vecteur et des destinataires dans le tissu social ainsi que les rapports réciproques d'interaction qui se nouent entre eux. Le développement des travaux relevant d'une « sociologie de la réception », a tout particulièrement modifié les approches classiques du problème de l'influence de la télévision (mais aussi de la lecture ; Roger Chartier)[2]. Par exemple, le lecteur qui reçoit une information sur un conflit social la perçoit différemment selon qu'elle est ou non compatible avec les modes de penser propres à son milieu professionnel ou à son environnement local. Il n'est donc pas indifférent, lorsque les actualités télévisées évoquent des grèves, que les téléspectateurs soient des salariés ou des travailleurs indépendants, habitent des régions prospères ou déprimées. LE téléspectateur n'existe pas ! Il existe des publics différenciés selon des clivages de classe sociale, de niveau de formation, d'appartenance générationnelle, sexuelle, ethnoculturelle... Les destinataires de messages ne sont ni des individus-masses, formant un public captif et manipulable à merci, ni des individus souverainement libres d'accepter, critiquer ou rejeter les « histoires » qu'on leur raconte et les images « vraies » dont on les abreuve. Même si les filtres sont socialement constitués, les informations ne sont pas absorbées passivement : il s'effectue un travail d'exclusion, d'euphémisation, plus encore peut-être que de critique, dans la masse des messages jugés non pertinents parce que non conformes aux grilles d'analyse du sujet. En revanche, quand le journal sait tenir à ses lecteurs le langage qu'ils attendent, l'on pourra obtenir des corrélations d'un niveau très élevé entre les messages émis et les opinions formulées : il serait néanmoins excessif d'en tirer des conclusions unilatérales sur l'influence des journalistes. En d'autres termes,

1. Vincent TIBERJ, Thierry VEDEL, *Les Effets de l'information télévisée sur les évaluations politiques et les préoccupations des électeurs*, Baromètre politique français, 2e vague, Cevipof, 2006, et des mêmes auteurs : *Les Médias et l'image des candidats. Une exploration des effets de la télévision*, Baromètre politique français, 4e vague, Cevipof, 2007. *Adde* : Philippe GUIBERT, *La Téléprésidente*, Paris, Plon, 2008.

2. Sur la sociologie de la réception, Brigitte LE GRIGNOU, *Du Côté du public. Usages et réceptions de la télévision*, Paris, Economica, 2003. Également, P. BEAUD (Dir.), *Sociologie de la communication*, Paris, Réseaux-Cnet, 1997.

les messages persuasifs sont ceux qui canalisent des passions ou des désirs préexistants. Ils provoquent essentiellement des effets de « renforcement » ou « d'activation » sur des segments limités du public.

Deux acquis importants demeurent néanmoins valides. Tout d'abord, l'importance du registre émotionnel de l'information. Luc Boltanski le montre bien dans son analyse de « la politique de la pitié », c'est-à-dire le traitement par les médias de la souffrance et du malheur du monde (guerres, tortures, famines, détresses multiples). Avec beaucoup de finesse il distingue trois catégories prééminentes dans le traitement de ce type d'informations : une démarche de dénonciation qui associe l'indignation à l'accusation ; une démarche de sentiment, fondée sur une compassion dont on attend en retour quelque gratitude de la victime ; enfin une démarche esthétique mêlant le goût du sublime et celui du pittoresque « sans indignation ni attendrissement »[1]. Dans tous les cas, les médias conservent une capacité élevée à retenir l'attention même si cela n'implique aucune conséquence sur le plan de l'action. Par ailleurs, il existe des types psychologiques d'individus qui sont plus influençables que d'autres : ceux que David Riesman appelait *other-directed*. Une forte estime de soi renforce la résistance à la propagande, à la séduction formelle du discours ou à l'exaltation des valeurs étrangères à l'ethos de l'individu. À l'inverse, les personnes plus influençables sont généralement en proie à l'incertitude ou aux doutes tant sur le plan intellectuel qu'existentiel. Il faut cependant préciser que la forte estime de soi n'est pas automatiquement corrélée avec un bon niveau culturel. Elle repose sur des facteurs psychologiques et psychosociologiques associés entre eux de façon complexe (Otto Kernberg).

Autre acquis, le mode de cheminement de la persuasion. Dès 1955, Elihu Katz affinait le problème de l'influence des médias en proposant son modèle dit du « flux à deux temps » (*Two steps flow of communication*)[2]. Les leaders d'opinions, c'est-à-dire les hommes politiques, les responsables syndicaux, mais aussi les journalistes eux-mêmes et les éditorialistes, sont les plus attentifs aux messages des médias, donc les plus exposés à en subir l'emprise. À la limite d'ailleurs, certains messages sont émis non pas d'abord à destination du grand public mais de catégories restreintes de dirigeants. Les médias eux-mêmes : presse écrite et audiovisuelle surtout, constituent une sorte de système interactif où journalistes politiques spécialisés,

1. Luc BOLTANSKI, *La Souffrance à distance, op. cit.*, p. 91 sq.
2. En collaboration avec Paul LAZARSFELD, *Personal Influence.* Glencoe, Free Press, 1955.

responsables de rubriques ou d'émissions politiques se lisent et s'écoutent, s'influençant mutuellement et, surtout, se montrant interdépendants les uns des autres dans leurs présentations et commentaires[1]. À leur tour, ces guides d'opinions diffusent des messages qui, malgré leurs nuances ou leurs contradictions, relèvent de codes culturels largement convergents, ce que d'aucuns appellent aujourd'hui : la pensée unique. C'est notamment ce principe de sélection qui gouverne l'identification de ce qui, dans la masse énorme d'une actualité, fait événement : dans les années 1990, l'Intifada plutôt que la guerre de sécession au Soudan, la guerre civile en ex-Yougoslavie plutôt qu'au Liberia ou en Somalie (avant l'intervention de l'ONU), le Sida plutôt que le cancer du poumon. Si les médias ne peuvent prétendre imposer ce qu'il faut penser, au moins nous disent-ils à quoi il faut penser. Ce sont les théories dites de *l'agenda setting*.

B L'influence exercée par le vecteur lui-même

Avec la formule fracassante de Marshall Mac Luhan : « Le message, c'est le médium », mais aussi « *Message is massage* », la problématique de recherche est clairement déplacée. Dans ses deux ouvrages : *La Galaxie Gutenberg* (1962) et *Pour comprendre les médias* (1965)[2], le théoricien canadien insiste sur la forme dans laquelle le message est transmis et, notamment, sur les propriétés technologiques du médium utilisé. L'imprimerie avait déjà permis une amplification considérable du pouvoir de stocker l'information, c'est-à-dire de multiplier la capacité de mémoire du cerveau humain. Mais l'écriture contraint l'intelligence du lecteur, confronté à des signes abstraits, à reconstruire activement le message émis. Elle sollicite sa participation, voire son esprit critique. L'audiovisuel, lui, touche un très grand nombre de gens en même temps ; le son et l'image débordent toutes les frontières, réunissant les individus dans le « village planétaire ».

Mac Luhan en dégage trois importantes conséquences. Tout d'abord, ces médias tirent leur puissance et leur capacité d'influence moins de ce que dit le locuteur que de cette sorte d'hypnose qui accompagne la séduction exercée par le son et, surtout, par l'image. Les effets de la communication non verbale, dans ces « médias

1. Sur ce point, Érik NEVEU, *Sociologie du journalisme*, Paris, La Découverte, 2001.
2. Marshall MAC LUHAN, *La Galaxie Gutenberg*, Trad., Paris, Mame, 1967 ; *Pour comprendre les médias*, Paris, Seuil 1968.

chauds », l'emportent sur le message explicite ; à la différence de ce qui se passe dans les « médias froids ». Bien plus qu'intellectuelle, la communication est surtout sensorielle. En outre, ces médias ne permettent pas les effets/retours ; ils sont unidirectionnels, ce qui explique la fameuse passivité du téléspectateur fréquemment stigmatisée par les observateurs. Enfin, la capacité d'influence des médias se situe moins au niveau de l'information ponctuelle qu'ils apportent qu'à celui des mythologies, symboles et modèles d'achèvement qu'ils mettent perpétuellement en scène. À nouveaux médias, nouvelle culture et nouvelle civilisation, résume Mac Luhan.

Dans cette approche, le rôle des médias (chauds) en matière de socialisation politique est perçu comme exceptionnellement intense. L'innovation technologique en ce domaine : passage de la galaxie Gutenberg à la galaxie Marconi, est érigée en véritable cause des changements culturels. Ainsi a-t-on pu soutenir que si l'invention du papyrus avait facilité l'émergence des premiers empires bureaucratiques (Égypte pharaonique), l'imprimerie la diffusion de la réforme protestante en Allemagne, la presse quotidienne populaire l'activation des nationalismes européens, la télévision, quant à elle, œuvrerait à l'effondrement de la distinction public/privé. Prenant largement ses distances avec le pessimisme majoritaire dans les élites intellectuelles, Mac Luhan pensait d'ailleurs que les responsables des grands médias audiovisuels seraient inévitablement débordés par cette dynamique nouvelle de la communication qu'ils ne seraient plus en mesure de contrôler. L'explosion médiatique des années soixante-dix et quatre-vingts, dans les pays industriels avancés, lui a donné largement raison. Loin de demeurer de dociles instruments au service des dirigeants économiques et politiques, radio et télévision semblent obéir à des logiques internes de développement que personne ne maîtrise totalement. Est-ce à dire néanmoins que ces médias qui, selon lui, conditionnent si fortement l'existence de nos contemporains échappent eux-mêmes à tout conditionnement social ? Fasciné par la dimension technologique de ces outils de socialisation, Mac Luhan n'était pas bien armé pour aborder sérieusement cette incontournable interrogation.

Depuis le début du XXIe siècle, c'est surtout la montée en puissance des blogs et des sites d'échanges sur Internet qui attire l'attention. Une circulation de plus en plus intense d'informations politiques s'affranchit des filtres et des prismes des grands médias de la presse écrite ou des chaînes de télévision. Le medium autorise une véritable explosion des prises de parole, si bien qu'on a pu parler d'une « revanche » des citoyens de base contre l'hégémonie des journalistes professionnels et autres « faiseurs d'opinion »[1]. Internet permet non seulement la diffusion de nouvelles qui échappent aux codes classiques du journalisme mais aussi celle de rumeurs plus ou moins contrôlables. L'autocensure y tient peu de place alors qu'elle demeure importante dans les médias qui touchent un public diversifié dont il faut ménager convictions et croyances. Mais cet espace d'informations est aussi une jungle et s'il est facile de s'y exprimer en toute liberté, il est beaucoup plus difficile d'attirer l'attention sur soi. Ce sont souvent des scoops hasardeux ou des scandales porteurs de notoriété soudaine pour des blogueurs, qui susciteront une forte fréquentation. Il en résulte que le niveau déontologique de l'information politique sur Internet nous renvoie aux premiers temps, anarchiques et sauvages, de la presse écrite.

C L'interaction : médium, messages, public

C'est le problème central d'une troisième génération de recherches sur la communication politique (Rémy Rieffel). Jean Baudrillard a mis en avant cette idée importante selon laquelle l'enjeu, dans les médias audiovisuels surtout, ne serait pas le message mais « le fait même que ça communique et que ça continue de communiquer ». C'est ce qu'il appelle la fonction phatique. On joue à communiquer. D'où son pessimisme profond : il y a simulacre généralisé et, de plus en plus, absence de communication authentique[2]. Le discours publicitaire par exemple, politique ou non, n'a pas d'abord à être vrai ou faux : son véritable enjeu est d'être opérationnel c'est-à-dire de « faire croire ».

L'exemple choisi par Baudrillard prouve néanmoins qu'on ne peut s'arrêter à ce constat excessivement restrictif. Le « faire croire » ne relève d'aucun arbitraire. Des agents sociaux ont un intérêt à « faire croire » : fabricants ou diffuseurs du message ; d'autres – les destinataires – ne peuvent croire qu'à condition de se trouver impliqués dans un système qui valorise la réception de ce message ou – s'agissant de publicité – la consommation de ce produit. Les uns et les autres sont interdépendants : on ne peut « faire croire » n'importe quoi, n'importe

1. Joël de ROSNAY, *La Révolte du pronetariat. Des mass média aux média de masse*, Paris, Fayard, 2006.

2. « Les voies de la communication sont celles de la communication pour la communication, c'est-à-dire d'une socialité vide, empathique cool, pathétique mais indifférente, louchant continuellement sur le spectacle de sa propre existence incertaine ». Jean BAUDRILLARD, « L'ère de la facticité », *in* L. SFEZ, G. COUTLÉE, *Technologies et symboliques de la communication*, Grenoble, PUG, 1990, p. 39.

quand, à n'importe qui. Face au médium, les destinataires sont sans aucun doute en situation, parfois, de profonde dépendance. Des chercheurs d'inspiration psychanalytique ont souligné que les flux d'images favorisaient une attitude régressive du téléspectateur, qui accentuerait sa réceptivité[1]. Mais on a aussi montré que tout message, *a fortiori* s'il est élaboré, est profondément polysémique. Il y a un « pluriel du texte » (Barthes) comme il y a pluralité des identifications possibles du spectateur au cinéma ou à la télévision. Et l'on ne saurait sous-estimer les mécanismes de défense des publics ciblés, qu'ils réagissent par l'opposition, l'indifférence ou, plus subtilement, par une « lecture négociée » des messages au cours de laquelle les destinataires trient ce qui leur convient, consciemment ou inconsciemment. Par ailleurs, au moins en ce qui concerne la télévision et Internet, la diversité des « produits » offerts offre au « consommateur » la possibilité de choisir ceux auxquels il s'expose avec prédilection. Ses critères réels seront les satisfactions qu'il en retire et celles-ci peuvent être de nature très variée : acquisition de connaissances et ouverture d'esprit à d'autres mondes que le sien, mais aussi confirmation et renforcement d'opinions déjà acquises, évasion dans l'imaginaire (y compris sur le terrain des luttes politiques), remède à l'isolement quand les émissions regardées, les fréquentations sélectives de blogs permettent de nourrir des échanges avec les groupes aux affinités les plus proches.

Avec les travaux du britannique Stuart Hall, l'effort de penser globalement le problème de la socialisation par les médias, va jusqu'à la prise en compte simultanée des dimensions macro et microsociologiques[2]. Les processus de codage des messages : forme, style, structure narrative, contenus explicites, etc., sont conditionnés d'abord par le médium. Ce sont notamment les contraintes d'espace dans la presse écrite, les contraintes de temps à la télévision. Ils le sont aussi par les capacités culturelles de réception des destinataires ; or le public ciblé est souvent segmenté. Ils le sont enfin par les déterminations économiques et politiques qui pèsent sur le médium : par exemple le fonctionnement des agences transnationales dans la collecte des dépêches à l'échelle mondiale ou, bien entendu, les phénomènes d'intrusion directe du pouvoir d'État dans l'élaboration du contenu

1. On a mis également en évidence le rôle décisif de l'émotion ressentie dans la mémorisation des informations perçues. Par exemple, Daniel MARTINS, *Les Facteurs affectifs dans la compréhension et la mémorisation des textes*, Paris, PUF, 1993.

2. S. HALL, D. HOBSON, A. LOWE, P. WILLIS, *Culture, Media, Language*, Londres, Hutchison, 1980, p. 128 et s. Également, Stuart HALL, « Codage/décodage », *Réseaux*, 1994 (68), p. 27.

informatif. À l'autre extrémité de la chaîne, les processus de décodage des messages, effectués par les destinataires, sont affectés par des éléments contextuels : le vécu quotidien du sujet-récepteur, les milieux d'appartenance microsociale qui sont les siens, l'ampleur de la dissonance entre les messages reçus et l'univers de ses croyances, etc.

On peut tenter de résumer les conclusions qui se dégagent quant au rôle joué par les médias en matière de socialisation politique. Tout d'abord, les effets directs et à court terme des messages émis semblent ne concerner qu'un petit nombre de destinataires ; ce sont essentiellement des effets de confirmation ou d'activation. Ainsi, dans une campagne électorale, les discours qui tendent à réveiller l'identité de gauche ou, inversement, l'hostilité aux socialistes, exercent leur influence sur des publics déjà disponibles ; les autres éludent ce qui ébranlerait leurs convictions acquises.

Ensuite, il faut mentionner la capacité des médias, agissant en profonde et mutuelle interdépendance, de construire les représentations de la réalité politique. Pour beaucoup de gens, la télévision et, dans une moindre mesure, la presse écrite et Internet, sont les seuls moyens de savoir qui sont leurs représentants, ce qu'ils croient (ou sont censés croire), ce qu'ils affirment, ce qu'ils vivent. La classe politique n'existe qu'à travers eux. Ainsi ne saurait-on sous-estimer l'importance du « contact direct » que la télévision organise entre les leaders politiques et la base, contribuant à modifier les modes de fonctionnement internes aux partis et groupes d'intérêt. On relèvera notamment les primes ainsi conférées aux leaders déjà investis de notoriété et la dévalorisation des échelons institutionnels intermédiaires. Plus encore, les médias ont cette capacité de dire non pas tant ce qu'il faut penser mais ce à quoi il faut penser. L'événement important est ce qui fait les gros titres ; l'événement non rapporté est un non-événement. Il est donc légitime de rester indifférent à ce dont on ne parle pas, de n'avoir aucune opinion sur les thèmes absents[1]. Cette action des médias ne s'exerce pas seulement sur le public mais aussi, et parfois surtout, sur les acteurs politiques : candidats en campagne, dirigeants, institutions. Compte tenu des conditions de travail dans lesquelles opèrent les présentateurs de journaux à la télévision et même les journalistes de la presse écrite, l'on peut dire que les médias sont condamnés à une sorte d'idéologie de l'instantané qui ne facilite pas la prise de recul ni l'analyse en profondeur des événements, même si la télévision produit des émissions de réflexion et de discussion (mais leur audience est plus faible),

1. Sur cette fonction d'*agenda setting*, v. Lance BENNETT, *Public Opinion in American Politics*, New York, Harcourt, Brace, 1980, p. 305 sq.

et la presse écrite publie des éditoriaux (peu lus) ainsi que, de plus en plus d'ailleurs, des dossiers à caractère plus ambitieux.

Enfin les médias jouent un rôle au niveau de l'intégration sociale, positivement ou négativement. En consacrant une large place à l'actualité, ils contribuent à la construction d'une histoire et d'une mémoire communes. S'agissant plus particulièrement de la télévision, les médias ont la capacité de suspendre parfois le cours de la vie quotidienne en focalisant l'attention d'un très large public sur des événements à grand rendement scénique : rites monarchiques en Grande-Bretagne, déclenchement de la guerre du Golfe mais aussi compétitions sportives comme, au football, le Mondial ou l'Euro, qui provoquent des expériences d'identification et de communion particulièrement intenses. Le fait de « voir ensemble » est, de toute façon, important pour le renforcement du lien social. Mais le traitement par ces médias des conflits sociaux, politiques, ethniques peut aussi bien contribuer à exacerber les passions qu'à occulter les antagonismes (traitement de l'Intifada). Tout est affaire de choix des victimes : celles dont on montre la souffrance, les blessures ou la mort, et choix des méthodes : euphémisation du drame vécu ou exhibition de l'horreur[1].

Néanmoins un phénomène nouveau, d'importance décisive, contribue à relativiser considérablement les effets d'homogénéisation culturelle et politique exercés par la presse écrite ou les chaînes de télévision généralistes. Il s'agit de l'accès à Internet, c'est-à-dire à une multiplicité innombrable de sites et de blogs qui proposent informations, dialogues, documentation et qui échappent largement à toute censure juridique ou culturelle. Ainsi, chaque individu, chaque groupuscule, chaque minorité se voient offrir la possibilité de trouver des partenaires où que ce soit dans le monde, qui partagent les mêmes préoccupations ou les mêmes convictions. Il devient alors facile pour les « blogueurs » de s'épauler mutuellement dans le renforcement des mêmes croyances, à l'abri d'informations dissonantes ou d'argumentations contradictoires[2]. Grâce à ces mises en réseaux, la perspective de pouvoir persévérer dans des univers mentaux de plus en plus particuliers, sera largement ouverte et, partant, se renforcera la capacité de

1. Luc BOLTANSKI, *La Souffrance à distance, op. cit*, p. 224. « Le problème central auquel doit faire face une politique de la pitié réside dans l'excès de malheureux. Ils sont trop. Non seulement, évidemment, dans l'ordre de l'action (qui exige une hiérarchisation et la définition de priorités), mais aussi dans celui de la représentation ». D'où la « partialité » des visions du malheur.

2. Philippe BRETON, *Le Culte de l'Internet. Une menace pour le lien social*, Paris, La Découverte, 2000.

résister à la pression culturelle ou politique des modes de pensée dominants. Pour le meilleur ou pour le pire.

Orientation bibliographique

Classiques

ALMOND Gabriel (Ed.), *The Civic Culture* (1963), et *The Civic Culture Revisited*, Boston, Little, Brown, 1980.

BARTH Fredrik, *Ethnic Groups and Boundaries. The Social Organization of Cultural Differences* (1969). Trad. partielle dans Ph. POUTIGNAT, J. STREIFF-FÉNART, *Théories de l'ethnicité,* Paris, PUF, 1995.

DOUGLAS Mary, *Purity and Danger* (1966), Trad., *De la Souillure,* rééd., Paris, La Découverte, 2001.

DURKHEIM Émile, *Les Formes élémentaires de la vie religieuse* (1912), 5e édition, Paris, PUF, 1968.

GEERTZ Clifford, *The Interpretation of Cultures,* New York, Basic Books, 1973.

GEERTZ Clifford, *Savoir local, savoir global,* Trad., Paris, PUF, 1980.

GREENSTEIN Fred, *Children and Politics,* New Haven, Yale University Press, 1965.

GREENSTEIN Fred, *Personality and Politics,* Chicago, Markham, 1969.

HALBWACHS Maurice, *Les Cadres sociaux de la mémoire* (1925), Paris, A. Michel, 1994.

HALBWACHS Maurice, *La Mémoire collective*, Paris, PUF, 1950.

INGLEHART Ronald, *The Silent Revolution. Changing Values and Political Styles among Western Politics,* Princeton University Press, 1977.

KARDINER Abraham, *L'Individu et sa société* (1939), Trad., Paris, Gallimard, 1969.

LA BOÉTIE Étienne (de), *Discours de la servitude volontaire* (1548), rééd., Paris, Payot, 1976.

LEACH Edmond, *Culture and Communication,* Cambridge University Press, 1976.

LE GOFF Jacques, *Histoire et mémoire*, Paris, Gallimard, 1988.

LÉVI-STRAUSS Claude, *Tristes Tropiques*, Paris, Plon, 1955.

LINTON Ralph, *Le Fondement culturel de la personnalité* (1945), Trad., Paris, Dunod, 1965.

MAC LUHAN Marshall, *Pour comprendre les médias* (1961), Trad., Paris, Seuil, 1964.

MALINOWSKI Bronislaw, *Une Théorie scientifique de la culture* (1944), Trad., Paris, Maspero, 1968.

MANNHEIM Karl, *Idéologie et utopie* (1929), Trad., Paris, Rivière, 1956.

MARX Karl, *L'Idéologie allemande* (1846), *in Œuvres philosophiques* (traduction Molitor), Paris, Champ libre, 1981.

RIESMAN David, *La Foule solitaire. Anatomie de la société moderne* (1955), Trad., Paris, Arthaud, 1964.

SIMMEL Georg, *Sociologie. Études sur les formes de la socialisation*, Trad., Paris, PUF, 1999.

SOMBART Werner, *Pourquoi le socialisme n'existe-t-il pas aux États-Unis ?* (1906), Trad., Paris, PUF, 1992.

WEBER Max, *L'Éthique protestante et l'esprit du capitalisme* (1904), Trad., Paris, Plon, 1964.

Études contemporaines

ANDERSON Benedict, *L'Imaginaire national*, Trad., Paris, La Découverte, 1996.

ANDRIEU Claire, LAVABRE Marie-Claire, TARTAKOWSKY Danielle (Dir.), *Politiques du passé*, Aix-en-Provence, Publications de l'université de Provence, 2006.

ANSART Pierre, *Idéologies, conflits et pouvoirs,* 2e édition, Paris, PUF, 1984.

AUGÉ Marc, *Pour une Anthropologie des mondes contemporains*, Paris, Flammarion, 1994.

BADIE Bertrand, *Culture et politique,* 3e édition, Paris, Economica, 1993.

BADIE Bertrand, *Les deux États,* Paris, Fayard, 1987.

BAECHLER Jean, *Qu'est-ce que l'idéologie ?*, Paris, Gallimard, 1976.

BALANDIER Georges, *Anthropologie politique* (1967), 4e édition, Paris, PUF, 1984.

BAUBÉROT Jean, *Histoire de la laïcité en France*, Paris, PUF, 2003.

BERSTEIN Serge (Dir.), *La Culture politique en France*, Paris, Seuil, 1999.

BIRNBAUM Pierre (Dir.*), Histoire politique des Juifs de France*, Paris, Presses de Sciences Po, 1990.

BOUDON Raymond, *L'Idéologie. L'origine des idées reçues,* Paris, Fayard, 1987.

BOURDIEU Pierre, *La Reproduction. Éléments pour une théorie du système d'enseignement,* Paris, Minuit, 1970.

BOURDIEU Pierre, *La Distinction. Critique sociale du jugement,* Paris, Minuit, 1979.

BRÉCHON Pierre (Dir.), *Les Valeurs des Français*, Paris, A. Colin, 2000.

BRÉCHON Pierre, LAURENT Annie, PERRINEAU Pascal (Dir.), *Les Cultures politiques des Français*, Paris, Presses de Sciences Po, 2000.

CANDAU Joël, *Mémoire et Identité*, Paris, PUF, 1998.

CEFAÏ Daniel (Dir.), *Cultures politiques*, Paris, PUF, 1999.

CERTEAU Michel de, *La Culture au pluriel,* Paris, UGE, 1974.

CHAMPAGNE Patrick, *Faire l'opinion. Le nouveau jeu politique,* Paris, Minuit, 1990.

CURAPP, *Discours et idéologie,* Paris, PUF, 1980.

CUCHE Denys, *La Notion de culture dans les sciences sociales*, 2e édition, Paris, La Découverte, 2001.

DARGENT Claude, *Les Protestants en France aujourd'hui*, Paris, Payot, 2005.

DESJEUX Dominique, TAPONIER Sophie, *Le Sens de l'autre. Stratégies, réseaux et cultures en situation interculturelle*, rééd. Paris, L'Harmattan, 1994.

DONÉGANI Jean-Marie, *La Liberté de choisir. Pluralisme religieux et pluralisme politique dans le catholicisme français contemporain*, Paris, Presses de la FNSP, 1993.

DROUIN Vincent, *Enquêtes sur les générations et la politique, 1958-1995*, Paris, L'Harmattan, 1995.

DUBAR Claude, *La Socialisation. Construction des identités sociales et professionnelles*, 2e édition, Paris, A. Colin, 1998.

DUBAR Claude, *La Crise des identités. Interprétation d'une mutation*, Paris, PUF, 2000.

DUPRAT Gérard (Dir.), *L'Analyse de l'idéologie,* Paris, Galilée, t. I, 1980, t. II, 1983.

EATWELL Roger (Ed.), *European Political Cultures. Conflict or Convergence ?,* Londres, Routledge, 1997.

ECCLESHALL Robert, FINLAYSON Alan, GEOGHEGAN Vincent (Eds.), *Political Ideologies,* 3e édition, Londres, Routledge, 2003.

ELLUL Jacques, *La Parole humiliée,* Paris, Seuil, 1981.

GAUDARD Pierre-Yves, *Le Fardeau de la mémoire*, Paris, Plon, 1997.

GAUCHET Marcel, *Le Désenchantement du monde*, Paris, Gallimard, 1989.

GAUCHET Marcel, *La Religion dans la démocratie. Parcours de la laïcité,* Paris, Gallimard, 1998.

GRUNBERG Gérard, MAYER Nonna, SNIDERMAN Paul, *La Démocratie à l'épreuve. Une nouvelle approche de l'opinion des Français*, Paris, Presses de Sciences Po, 2002.

HERVIEU-LÉGER Danièle, *La Religion pour mémoire,* Paris, Cerf, 1993.

HOBSBAWM Eric, *The Invention of Tradition*, 2e édition, Cambridge, Cambridge University Press, 1992.

INGLEHART Ronald, *La Transition culturelle dans les sociétés industrielles avancées,* Trad., Paris, Economica, 1993.

INGLEHART Ronald, *Modernization and Postmodernization. Cultural, Economic and Political Change in 43 Societies*, Princeton, Princeton University Press, 1997.

INGLEHART Ronald, WELZEL Christian, *Modernization, Cultural Change and Democracy*, Cambridge, Cambridge University Press, 2005.

D'IRIBARNE Philippe, « Des Cultures politiques », *in* Ph. d'IRIBARNE (Dir.), *Cultures et mondialisation*, Paris, Seuil, 1998.

JENNINGS Kenneth, NIEMI Roger, *Generation and Politics. A Panel Study of Young Adults and their Parents,* Princeton University Press, 1981.

KAASE Max, NEWTON Ken, *Beliefs in Government,* vol. 5, Oxford, Oxford University Press, 1995.

KALIFA Dominique, *La Culture de masse,* t. 1, *1860-1930 ;* Paris, La Découverte, 2001.

KEPEL Gilles, *Les Banlieues de l'Islam,* Paris, Seuil, 1987.

LAVAU Georges, GRUNBERG Gérard, MAYER Nonna (Dir.), *L'Univers politique des classes moyennes,* Paris, Presses de la FNSP, 1983.

LEPENNIES Wolf, *Les Trois cultures*, Trad., Paris, MSH, 1991.

LLOYD Geoffrey, *Pour en finir avec les mentalités,* Trad., Paris, La Découverte, 1994.

MATTELART Armand, NEVEU Érik, *Introduction aux Cultural Studies*, Paris, La Découverte, 2003.

MOORE Stanley, LARE James, WAGNER Kenneth, *The Child's Political World,* New York, Praeger, 1985.

MURACCIOLE Jean-François, *Les Enfants de la Défaite. La Résistance, l'éducation et la culture,* Paris, Presses de Sciences Po, 1998.

MUXEL Anne, *Les Jeunes et la politique,* Paris, Hachette, 1996.

MUXEL Anne, *Individu et mémoire familiale*, Paris, Nathan, 1996.

MUXEL Anne, *L'Expérience politique des jeunes*, Paris, Presses de Sciences Po, 2000.

MUXEL Anne, CACOUAULT Marlaine (Dir.), *Les Jeunes d'Europe du sud et la politique. Une enquête comparative France, Espagne, Italie*, Paris, L'Harmattan, 2001.

NAMER Gérard, *Batailles pour la mémoire. La commémoration en France de 1945 à nos jours*, Paris, Papyrus, 1983.

NORRIS Pippa (Ed.), *Critical Citizens. Global Support for Democratic Governance*, Oxford, Oxford University Press, 1999.

NEVEU Érik, *L'Idéologie dans le roman d'espionnage,* Paris, Presses de la FNSP, 1985.

ORY Pascal, *Une Nation pour mémoire. 1889, 1939, 1989 trois jubilés révolutionnaires*, Paris, Presses de la FNSP, 1992.

PADIOLEAU Jean, *L'Opinion publique,* La Haye, Mouton, 1981.

PÉLASSY Dominique, *Sans foi ni loi ? Essai sur le bouleversement des valeurs,* Paris, Fayard, 1995.

PENA-RUIZ Henri, *Dieu et Marianne. Philosophie de la laïcité*, Paris, PUF, 2001.

PERCHERON Annick, *L'Univers politique des enfants,* Paris, Presses de la FNSP, 1974.

PERCHERON Annick (Dir.), *Les 10-16 ans et la politique,* Paris, Presses de la FNSP, 1978.

PERCHERON Annick, « La socialisation politique », dans M. GRAWITZ, J. LECA, *Traité de Science Politique,* Paris, PUF, 1985, t. III, p. 165 et sq.

PERCHERON Annick, *La Socialisation politique,* Textes réunis par Nonna MAYER et Anne MUXEL, Paris, A. Colin, 1993.

PETERSON Steven, *Political Behavior Patterns in Everyday Life,* Londres, Sage, 1990.

POULAT Émile, *Liberté laïcité. La guerre des deux France,* Paris, Cerf, 1988.

POULAT Émile, *La Solution laïque et ses problèmes*, Paris, Berg International, 1997.

RANGEON François, *L'Idéologie de l'intérêt général,* Paris, Economica, 1986.

RENSHON Stanley (Ed.), *Handbook of Political Socialization,* New York, Free Press, 1977.

REVUE INTERNATIONALE DES SCIENCES SOCIALES, « La sociologie historique », numéro spécial, 1992, vol 133.

RIFFAULT Hélène (Dir.), *Les Valeurs des Français,* Paris, PUF, 1994.

ROLLET Jacques, *Politique et religion. Le christianisme, l'islam, la démocratie,* Paris, LGF, 2004.

ROSANVALLON Pierre, VIVERET Patrick, *Pour une nouvelle culture politique,* Paris, Seuil, 1977.

SCHEMEIL Yves, « Les cultures politiques », dans M. GRAWITZ, J. LECA, *Traité de Science Politique,* Paris, PUF, 1985, t. III, p. 237 et s.

SCHERER Vanessa, *Citoyens sous tensions. Analyse qualitative des rapports à la politique*, thèse IEP de Paris, 2006.

SCHNAPPER Dominique, *Juifs et Israélites*, Paris, Gallimard, 1980.

SHORE Cris, NUGENT Stephen (Eds.), *Elite Culture. Anthropological Perspectives*, Londres, Routledge, 2002.

SIGEL Roberta (Ed.), *Political Learning in Adulthood. A Sourcebook of Theory and Research,* Chicago, University of Chicago Press, 1989.

STEVENSON Nick (Ed.), *Culture and Citzenship*, Londres, Sage, 2000.

STOËTZEL Jean, *Valeurs du temps présent. Une enquête européenne,* Paris, PUF, 1983.

TOURAINE Alain, *Production de la Société,* Paris, Seuil, 1973.

VAN DETH Jan, SCARBOROUGH Elinor (Eds.), « The Impact of Values. Beliefs », *in Government*, vol. 4, Oxford, Oxford University Press, 1995.

VOVELLE Michel, *Idéologie et mentalités,* Paris, Maspero, 1982.

WARNIER Jean-Pierre, *La Mondialisation de la culture*, 2e édition, Paris, La Découverte, 2003.

WYLIE Laurence, *Chanzeaux village d'Anjou,* Paris, Seuil, 1970.

* *Sur les médias*

ALBERT Pierre, *La Presse française,* Paris, La Documentation française, 2004.

ALGER Dean, *The Medias and Politics,* Englewood Cliffs, Prentice Hall, 1989.

ANDERSON Peter, WARD Geoff (Eds.), *The Future of Journalism in the Advanced Democracies*, Londres, Ashgate, 2007.

BALLE Francis, *Médias et sociétés,* Paris, Montchrestien, 13e édition, 2007.

BALLE Francis, *Les Médias*, 3e édition, Paris, PUF, 2007.

BATESON Gregory, *La Nouvelle communication,* Trad., Paris, Seuil, 1981.

BAUDRILLARD Jean, *Simulacres et simulations,* Paris, Galilée, 1981.

BAUDRILLARD Jean, *L'illusion de la fin ou la grève des événements,* Paris, Galilée, 1992.

BEAUD Paul, *La Société de connivence. Médias, médiations et classes sociales*, Paris, Aubier, 1984.

BEAUD Paul (Dir.), *Sociologie de la communication,* Paris, Réseaux-Cnet, 1997.

BELLANGER C., GODECHOT J., GUIRAL P., TERROU F., *Histoire générale de la presse française*, 4 vol., Paris, PUF, 1972-1975.

BENNETT Lance, ENTMAN Robert, *Mediated Politics. Communication in the Future of Democracy,* Cambridge, Cambridge University Press, 2001.

BENNETT Lance (Ed.), *When the Press Fails. Political Power and the News Media from Iraq to Katrina*, Chicago, Chicago University Press, 2007.

BERTHO LAVENIR Catherine, *Les démocraties et les médias au XXe siècle*, Paris, A. Colin, 2000.
BERTRAND Claude-Jean (Dir.), *Les Médias et l'information aux États-Unis depuis 1945*, Paris, Ellipses, 1997.
BOLTANSKI Luc, *La Souffrance à distance,* Paris, A. M. Métailié, 1993.
BOUGNOUX Daniel, *La Communication par la bande,* Paris, La Découverte, 1991.
BOURDIEU Pierre, *Sur la Télévision,* Paris, Liber, 1997.
BOURDON Jacques, *Haute Fidélité. Pouvoir et Télévision (1935-1994),* Paris, Seuil, 1994.
BOURDON Jacques, *Introduction aux médias,* Paris, Montchrestien, 2e édition, 2000.
BRETON Philippe, *L'Utopie de la communication. Le mythe du village planétaire*, rééd., Paris, La Découverte, 2005.
BRETON Philippe, PROULX Serge, *L'Explosion de la communication,* Paris, La Découverte, 1993.
BROCHAND Christian, *Histoire générale de la radio et de la télévision en France,* vol. 2 : 1944-1974, Paris, La Documentation française, 1994 ; vol. 3 : 1974-2000, Paris, La Documentation française, 2006.
CASTELLS Manuel, *L'Ère de l'information*, 3 vol., Paris, Fayard, 1998-1999.
CAYROL Roland, *Les Médias. Presse écrite, radio, télévision,* Paris, PUF, 1991.
CAYROL Roland, *Médias et Démocratie. La dérive,* 2e édition, Paris, Presses de Sciences Po, 2004.
CAYROL Roland, DELANNOY Pascal, *La Revanche de l'opinion. Médias, sondages, Internet*, Paris, Jacob-Duvernet, 2007.
CAZENEUVE Jean, *Les Communications de masse,* Paris, Denoël, 1976.
CEFAÏ Daniel, PASQUIER Dominique (Dir.), *Les Sens du public. Publics politiques, publics médiatiques*, Paris, PUF, 2003.
CHAMPAGNE Patrick, MARCHETTI Dominique, « Le Journalisme et l'économie », *Actes de la Recherche en sciences sociales* (131/132), mars 2000.
CHARAUDEAU Patrick, *Les Médias et l'information. L'impossible transparence du discours*, Bruxelles, De Boeck, 2005.
CHARON Jean-Marie, *Cartes de presse. Enquête sur les journalistes,* Paris, Stock, 1993.
CHARON Jean-Marie, *La Presse en France*, Paris, Seuil, 1994.
CHARON Jean-Marie, *La presse quotidienne*, Paris, La Découverte, 1999.
CHARON Jean-Marie, *Les Médias en France,* Paris, La Découverte, 2003.

CHAUVEAU Agnès, *L'Audiovisuel en liberté ?,* Paris, Presses de Sciences Po, 1997.

CHEVALIER Yves, *L'« expert » à la télévision*, Paris, CNRS Communication, 1999.

CHOMSKY Noam, HERMAN Edward, *La Fabrique de l'opinion publique. La politique économique des médias américains* (1988), Trad., Paris, Le Serpent à plumes, 2003.

CHOMSKY Noam, MACCHESNEY Robert, *Propagande, médias et démocratie*, trad., 2e édition, Montréal, Écosociété, 2005.

COMITÉ d'Histoire de la Radiodiffusion, *Histoire générale de la radio et de la télévision en France*, t. 3, *1974-2002*, Paris, La Documentation française, 2005.

COULOMB-GULLY Marlène, *La Démocratie mise en scènes. Télévision et élections*, Paris, CNRS Communication, 2001.

DAGNAUD Monique, *L'État et les médias*, Paris, Odile Jacob, 2000.

DAGNAUD Monique, *Les Artisans de l'imaginaire. Comment la télévision fabrique la culture de masse*, Paris, A. Colin, 2006.

D'ALMEIDA Fabrice, DELPORTE Christian, *Histoire des médias en France*, Paris, Flammarion, 2003.

DARRAS Éric, « Télévision et démocratie. La télévision forum en France et aux États-Unis », *in* B. FRANÇOIS, E. NEVEU, *Espaces mosaïques*, Rennes, PUR, 1999.

DAYAN Daniel, KATZ Elihu, *La Télévision cérémonielle,* Paris, PUF, 1996.

DELAHAYE Yves, *Journalisme mode d'emploi*, Grenoble, La Pensée sauvage, 1978.

DENNIS Everette, SNYDER Robert (Eds.), *Media and Democracy,* Londres, Transaction Books, 1997.

DERVILLE Gregory, *Le Pouvoir des médias. Mythes et réalités*, 2e édition, Grenoble, PUG, 2005.

DESLANDES Ghislain, *Le Management des médias*, Paris, La Découverte, 2008.

DOYLE Gillian, *Understanding Media Economics*, Londres, Sage, 2002.

DURAND Guillaume, *La Peur bleue,* Grasset, 2000.

DURAND Pascal, *La Censure invisible*, Arles, Actes Sud, 2006.

ELDRIDGE John, KITZINGER Jenny, WILLIAMS Kevin, *The Mass Media and Power in Modern Britain,* Oxford, Oxford University Press, 1997.

ELLUL Jacques, *Propagandes,* Paris, Economica, 1990.

EUROMÉDIA RESEARCH GROUP, *The Media in Western Europe,* 2e édition, Londres, Sage, 1997.

EVENO Patrick, *La Presse quotidienne nationale. Fin de partie ou renouveau ?,* Paris, Vuibert, 2008.

EVENO Patrick, *Le journal « Le Monde ». Une histoire d'indépendance,* Paris, Odile Jacob, 2001.

FERENCZI Thomas, *L'Invention du journalisme en France,* Paris, Plon, 1993.

GEORGAKAKIS Didier (Dir.), *Science des médias. Jalons pour une histoire politique,* Paris, L'Harmattan, 2001.

GERSTLÉ Jacques (Dir.), *Les Effets d'information en politique*, Paris, L'Harmattan, 2001.

GERVEREAU Laurent, *Les Images qui mentent. Histoire du visuel au XXe siècle*, Paris, Seuil, 2000.

GINGRAS Anne-Marie, *Médias et démocratie. Le grand malentendu,* Québec, Presses de l'université du Québec, 2006.

GRABER Doris (Éd.), *Media Power in Politics*, Washington, CQ Press, 2007.

HABERMAS Jürgen, *L'espace public. Archéologie de la publicité comme dimension constitutive de la société bourgeoise*, Trad., Paris, Payot, 1978.

HALLIN Daniel, MANCINI Paolo, *Comparing Media Systems. Three Models of Media and Politics*, Cambridge, Cambridge University Press, 2004.

HERMÈS, « Communication et politique », n° 17/18, Paris, Éd. du CNRS, 1995.

HERMÈS, « Les Journalistes ont-ils encore du pouvoir ? », n° 35, Paris, Éd. du CNRS, 2003.

INSTITUT FRANÇAIS DE PRESSE, *Les Journalistes français en 1990. Radiographie d'une profession,* Paris, La Documentation française, 1992.

IYENGAR Shanto, REEVES Richard (Eds.), *Do the Media Govern ?*, Londres, Sage, 1996.

JAMIESON H., WALDMANN P., *The Press Effect*, Oxford, Oxford University Press, 2003.

JEANNENEY Jean-Noël, *Échec à Panurge. L'audiovisuel public au service de la différence*, Paris, Seuil, 1986.

JEANNENEY Jean-Noël, *Une Histoire des médias. Des origines à nos jours*, 4e édition, Paris, Seuil, 2005.

JEANNENEY Jean-Noël, JULLIARD Jacques, *Le Monde de Beuve-Méry ou le métier d'Alceste*, Paris, Seuil, 1979.

JEANNENEY Jean-Noël, CHAUVEAU Agnès (Dir.), *L'Écho du siècle. Dictionnaire de la radio et de la télévision*, Paris, Hachette, 1999.

KACIAF Nicolas, *Les pages 'Politique' de la presse écrite en France. 1945-2000*, Thèse université Paris I, décembre 2005.

KATZ Elihu, « La recherche en communication depuis Lazarsfeld », *in Hermès,* « Le nouvel espace public », n° 4, Paris, Éd. du CNRS, 1989.

KELLY Mary, MAZZOLENI Gianpetro, MCQUAIL Denis (Eds.), *The Media in Europe,* Londres, Sage, 2003.

KUHN Raymond, NEVEU Erik (Eds.), *Political Journalism*, Londres, Routledge, 2002.

LAMIZET Bernard, SILEM Ahmed, *Dictionnaire encyclopédique des sciences de l'information de la communication*, Paris, Ellipses, 1997.

LAROCHE Josepha, *Canal Plus et les majors américaines*, Paris, Pepper, 2005.

LE BOHEC Jacques, *Les Mythes professionnels des journalistes*, Paris, L'Harmattan, 2000.

LE BOHEC Jacques, *L'Implication politique des journalistes dans le phénomène Le Pen*, 2 vol., Paris, L'Harmattan, 2004.

LE BOHEC Jacques, *Élections et télévision*, Grenoble, PUG, 2007.

LECOMTE Patrick, *Communication, télévision et démocratie,* Lyon, PUL, 1993.

LEGAVRE Jean-Baptiste (Dir.), *La Presse écrite. Objets délaissés*, Paris, L'Harmattan, 2004.

LE GRIGNOU Brigitte, *Du Côté du public. Usages et réceptions de la télévision,* Paris, Economica, 2003.

LEMIEUX Cyril, *Mauvaise Presse. Une sociologie compréhensive du travail journalistique et de sa critique*, Paris, Métailié, 2000.

LE MONDE/COURRIER INTERNATIONAL, « Le tour du monde en 80 journaux », Supplément, 5 décembre 2003.

LÉVÊQUE Sandrine, *Les Journalistes sociaux. Histoire et sociologie d'une spécialité journalistique*, Rennes, PUR, 2000.

LITS Marc, « De la presse écrite à Internet. Opinion, débat public et transformation des modes d'énonciation », *Sociétés et Représentations,* avril 2000, vol. 9, p. 87-104.

MAIGRET Éric, *Sociologie de la communication et des médias*, 2e édition, Paris, A. Colin, 2007.

MARCHETTI Dominique, *Contribution à une sociologie du champ journalistique*, Thèse EHESS, 1998.

MARCHETTI Dominique (Dir.), *En quête d'Europe. Médias européens et médiatisation de l'Europe,* Rennes, PUR, 2004.

MARTHOZ Jean-Paul, *Et maintenant, le monde en bref. Les médias et le nouveau désordre mondial*, Bruxelles, Complexe, 2006.

MARTIN Marc (Dir.), *Histoire et Médias. Journalisme et journalistes français (1950-1990),* Paris, A. Michel, 1991.

MARTIN Marc, *Médias et journalistes de la République*, Paris, Odile Jacob, 1997.

MATHIEN Michel, *Économie générale des médias*, Paris, Ellipses, 2003.

MATHIEU Michel, *Les Journalistes. Histoire, pratiques et enjeux,* Paris, Ellipses, 2007.

MATTELART Armand, MATTELART Michèle, *Penser les médias,* Paris, La Découverte, 1986.

MERCIER Arnaud, *Le Journal Télévisé,* Paris, Presses de Sciences Po, 1996.

MICHEL Hervé, *La Télévision en France et dans le monde,* Paris, PUF, 1989.

MIÈGE Bernard (Dir.), *Le J.T. Mise en scène de l'actualité à la télévision,* Paris, La Documentation française, 1986.

MISSIKA Jean-Louis, WOLTON Dominique, *La Folle du logis. La télévision dans les sociétés occidentales,* Paris, Gallimard, 1983.

MOIRAND Sophie, *Les Discours de la presse quotidienne. Observer, analyser, comprendre*, Paris, PUF, 2007.

MULHMANN Géraldine, *Du Journalisme en démocratie*, Paris, Payot, 2004.

NEVEU Érik, *Sociologie du journalisme*, Paris, La Découverte, 2001.

NICK Christophe, PÉAN Pierre, *TF1. Pouvoir de la télévision, télévision du pouvoir*, Paris, Fayard, 1997.

OLIVESI Claude, *Histoire politique de la télévision*, Paris, L'Harmattan, 1998.

PADIOLEAU Jean, *Le Monde et le Washington Post. Précepteurs et mousquetaires*, Paris, PUF, 1985.

PALETZ David, *The Media in American Politics. Contents and Consequences*, New York, Longman, 1999.

PARACUELLOS Jean-Charles, *La Télévision. Clefs d'une économie invisible,* Paris, La Documentation française, 1993.

PÉAN Pierre, NICK Christophe, *TF1. – Télévision du pouvoir et pouvoir de la télévision,* Paris, Fayard, 1997.

PINTO Évelyne (Dir.), *Pour une Analyse critique des médias*, Bellecombe, Éd. du Croquant, 2007.

PINTO Louis, *L'Intelligence en action. Le Nouvel Observateur*, Paris, Métailié, 1984.

POLITIX, « Télévision et politique », Paris, L'Harmattan, 1997, n° 37.

POUVOIRS, « Télévision », Paris, PUF, 1989, n° 51.

PROULX Serge (Dir.), *Accusé de réception. Le téléspectateur construit par les sciences sociales,* Paris, L'Harmattan, 1998.

REYNIÉ Dominique, *Le Triomphe de l'opinion publique. L'espace public français du XVIe siècle au XXe siècle*, Paris, Odile Jacob, 1998.

RIEFFEL Rémy, *L'Élite des journalistes. Les hérauts de l'information*, Paris, PUF, 1984.

RIEFFEL Rémy, *Sociologie des médias*, 2e édition, Paris, Ellipses, 2005.
RIEFFEL Rémy, *Que sont les médias ? Pratiques, identités, influences*, Paris, Gallimard, 2005.
RINGOOT Roselyne, UTARD Jean-Michel (Dir.), *Le Journalisme en invention. Nouvelles pratiques, nouveaux acteurs,* Rennes, PUR, 2005.
ROSNAY Joël de, *La Révolte du pronetariat. Des mass média aux média de masses*, Paris, Fayard, 2006.
ROUCAUTE Yves, *Splendeurs et misères des journalistes,* Paris, Calmann-Lévy, 1991.
RUELLAN Denis, *Les « Pros » du journalisme. De l'état au statut, la construction d'un espace professionnel*, Rennes, PUR, 1997.
SERFATY Viviane (Dir.), *L'Internet en politique, des États-Unis à l'Europe*, Strasbourg, Presses universitaires de Strasbourg, 2002.
TABLEAUX STATISTIQUES. *Presse 2005. Rétrospective 1985/2005.* Paris, La Documentation française, 2006.
THIBAULT Mireille, *Comprendre les médias*, Paris, Ellipses, 2005.
TIBERJ Vincent, VEDEL Thierry, *Les Effets de l'information télévisée sur les évaluations politiques et les préoccupations des électeurs*, Baromètre politique français, 2e vague, Cevipof, 2006.
TIBERJ Vincent, VEDEL Thierry, *Les Médias et l'image des candidats. Une exploration des effets de la télévision*, Baromètre politique français, 4e vague, Cevipof, 2007.
TOUSSAINT DESMOULINS Nadine, *L'Économie des médias*, 6e édition, Paris, PUF, QSJ ?, 2006.
UTARD Jean-Michel, RINGOOT Roselyne (Dir.), *Le Journalisme en invention. Nouvelles pratiques, nouveaux acteurs*, Rennes, PUR, 2005.
UTARD Jean-Michel, RINGOOT Roselyne (Dir.), *Genres journalistiques. Savoirs et savoir-faire*, Paris, L'Harmattan, 2006.
VIALLON Philippe, *L'Analyse du discours de la télévision,* Paris, PUF, 1996.
VIALLON Philippe (Dir.), *Communication et médias*, Paris, L'Harmattan, 2006.
VIRIEU François Henri de, *La Médiacratie*, Paris, Flammarion, 1990.
WOLTON Dominique, *Éloge du grand public. Une théorie critique de la télévision,* Paris, Flammarion, 1990.
WOLTON Dominique (Dir.), *La Télévision au pouvoir*, Paris, Universalis, 2004.

Voir également, infra, *la bibliographie du chapitre 11 sur la communication politique.*

Chapitre 7
L'action collective et les groupes d'intérêt

L'observation de la vie en société révèle sans peine l'existence d'attentes ou d'exigences collectives. Les salariés d'une entreprise manifestent contre des réductions d'effectifs ; des parents réclament l'ouverture d'un nouveau lycée ; les résidents d'une banlieue se plaignent des moyens de transport insuffisants ; etc. Si disparates qu'ils soient quant à leur objet, leur ampleur ou leur nature, ces mouvements expriment toujours la réalité d'un fossé entre des aspirations d'une part, et le constat d'une réalité jugée insatisfaisante d'autre part. Généralement, l'action collective exprime une volonté de résistance à la politique des pouvoirs publics ou aux revendications d'autres groupes sociaux. Elle se situe alors clairement dans une problématique de conflit. Il existe néanmoins des formes d'action collective qui relèvent d'une volonté de soutien aux gouvernants ou aux institutions en place comme la célèbre manifestation du 30 mai 1968 en faveur de De Gaulle. Elles n'en révèlent pas moins, elles aussi, la permanence d'antagonismes d'intérêts ou d'aspirations au sein de la société puisqu'il s'agit, en effet, de renforcer la capacité de résistance du Pouvoir en place, confronté à des offensives qui visent à le mettre en difficulté.

Une manière simple, sinon simpliste, de décrire ces phénomènes est de les présenter comme des affrontements entre de véritables êtres collectifs : la lutte de la bourgeoisie contre le prolétariat par exemple. Une sociologie de référence marxiste prêtait aux classes sociales de nombreux attributs anthropomorphiques : une volonté et une lucidité, des objectifs à long terme et des stratégies d'adaptation. Il demeure courant néanmoins de camper sur la scène sociale une multitude d'acteurs collectifs cherchant à faire prévaloir leurs intérêts et contribuant à se limiter mutuellement : syndicats et groupes de pression professionnels, mouvements associatifs, organisations à base ethnique, communautaire ou religieuse. Cette description des luttes sociales en termes d'antagonismes opposant des groupes structurés, a le mérite de la commodité d'expression. Elle ne doit pas néanmoins conduire à négliger le problème essentiel du passage de l'action individuelle à l'action collective. Contrairement aux apparences, l'engagement d'un individu dans un mouvement collectif qui vise à satisfaire des aspirations communes à un groupe, n'a rien de naturel. En ce domaine, l'analyse savante doit affronter des questions difficiles. Quelle est la part respective du calcul rationnel et du contrôle social, de l'initiative individuelle et de la contrainte extérieure dans l'émergence d'une action collective ? Quel rôle exact jouent les groupes d'intérêt dans la construction des attentes et aspirations communes au groupe, puis dans la mise en œuvre de stratégies d'intervention ?

Section 1
Les ressorts de l'action collective

Les motivations multiples qui poussent les acteurs à agir collectivement sont les intérêts matériels qu'ils cherchent à défendre, mais aussi des prédispositions de groupe, acquises par socialisation, et des valeurs. Longtemps les considérations purement économiques ont été privilégiées par les analyses scientifiques des mobilisations. Cependant beaucoup d'études récentes (Sears, Kinder) remettent en question le rôle exclusif de l'intérêt et soulignent l'importance des « prédispositions symboliques » dans la formation des opinions revendicatives. Ainsi les travaux consacrés aux attitudes à l'égard de l'immigration, aux États-Unis comme en Europe, ont-ils montré que les opinions négatives (ou positives) sont fondées sur une association de préjugés, d'inquiétudes économiques et de « valeurs » (en l'espèce, les conceptions « nativistes » ou non de l'identité nationale). Le même type d'analyse pourrait être développé à propos des mobilisations sociales en matière de salaire ou de protection de l'emploi. Les facteurs économiques et symboliques y jouent leur rôle côte à côte et, parfois, les premiers sont moins prédominants qu'il n'y paraît. La recherche d'une amélioration du pouvoir d'achat traduit, certes, une revendication purement économiste de mieux vivre et mieux consommer. Cependant, il s'y mêle aussi une aspiration à voir son travail mieux « reconnu », une dimension importante de l'affirmation de soi dans une société qui privilégie les valeurs liées à l'argent et associe en partie la considération sociale à la richesse. En outre, il existe des formes de mobilisation collective qui se présentent comme « désintéressées » : manifestations de solidarité avec des démunis comme les « sans papiers », les « sans logement », ou encore actions en faveur du respect des « droits de l'homme ». Seules, des valeurs et des « dispositions » culturelles ou politiques semblent les inspirer et si l'on peut, à juste titre, parler d'intérêt au désintéressement, les profits escomptables se situent au niveau de l'estime de soi, un concept matriciel pour comprendre en profondeur les motivations de l'acteur[1].

---

1. Philippe BRAUD, *L'Émotion en politique*, Paris, Presses de Sciences Po, 1996, p. 145 sq.

La recherche de biens, qu'ils soient matériels ou symboliques, révèle l'existence d'insatisfactions. L'action collective suscite des résistances ou provoque des convoitises rivales, de sorte que la notion de conflictualité apparaît toujours au cœur de la dynamique sociale. Comme l'écrit Oberschall : « Le but recherché par le groupe en conflit est d'obtenir les biens désirés, mais la conséquence de la lutte est fréquemment la neutralisation, l'atteinte aux intérêts (*injury*) ou l'élimination du groupe rival »[1]. On s'attachera d'abord à montrer les divers aspects de ces mobilisations avant de s'intéresser aux théories qui tentent d'expliquer la genèse de l'action collective.

§ 1. Insatisfactions et mobilisations

Le principal levier de l'action collective est le sentiment que quelque chose doit être entrepris pour sortir d'une situation jugée inacceptable ou éviter, par anticipation, sa concrétisation. Normalement, l'action devrait concerner tous les individus qui subissent les mêmes inconvénients, mais cela est rarement le cas. Beaucoup de personnes hautement concernées s'abstiennent de participer ; en revanche, nombre de mobilisations réussissent à susciter des comportements de solidarité de la part d'individus qui n'ont pas les mêmes raisons de mécontentement. Ce double phénomène, pour banal qu'il soit, met en lumière la complexité du lien entre insatisfaction et action.

Il est exceptionnel qu'une action collective se déclenche spontanément. En général, une (ou plusieurs) organisation(s) déclenche(nt) le signal qui met en route le processus. Le rôle de ces « entrepreneurs » que sont les associations, les syndicats et les groupes d'intérêt (v. *infra* section II) ne saurait être minimisé. Néanmoins, sans les dispositions favorables de la base, il serait réduit à peu de choses. À leur tour, les organisations agissent, plus ou moins efficacement, sur la façon dont les membres du groupe perçoivent leur vécu et contribuent à la formulation de leurs mécontentements ou de leurs exigences.

Les mobilisations des groupes sociaux se nourrissent clairement d'une comparaison de leur condition, jugée défavorable, avec celle d'autres groupes sociaux de référence. Les écarts de revenus, de pouvoir ou de considération, quand ils se creusent entre eux, alimentent un mécontentement qui constitue un puissant potentiel d'action collec-

1. Anthony OBERSCHALL, *Social Conflict and Social Movements,* Englewood Cliffs, Prentrice Hall, 1973, p. 30.

tive. Mais, plus largement, toute réduction d'avantages acquis, et même toute perception d'un manque par rapport à la possession d'un bien jugé légitimement accessible, crée une dynamique de mécontentement favorable à une éventuelle action collective. Cependant, ce sont les processus sociaux de construction des attentes qui jouent un rôle décisif. En effet, le réel n'advient jamais à la conscience individuelle qu'à travers des représentations, c'est-à-dire des schèmes cognitifs de perception et d'évaluation. Les travaux classiques sur la socialisation, qu'ils soient d'approche psychologique (Jean Piaget), sociologique (Fred Greenstein, Stanley Renshon...) ou épistémologique (Peter Berger et Thomas Luckmann) mettent en évidence la manière dont les individus assimilent progressivement, dès la petite enfance, des matrices d'interprétation de leur vécu. Grâce à elles, ils vont apprendre à se situer dans l'espace social et, notamment, identifier soit des convergences d'intérêts ou d'aspirations avec d'autres individus, soit des différences ou des divergences. Sur cette base, se construisent les groupes d'appartenance (*in-groups*) par opposition à l'extérieur (*out-groups*). Ainsi les membres d'une collectivité acquièrent-ils la vision de leur appartenance professionnelle en se situant par rapport à d'autres catégories d'actifs, celle de leur allégeance religieuse par rapport à d'autres croyants ou aux sans religion. Au sein de chaque *in-group*, des individus et des institutions spécialisées éduquent, enseignent, transmettent un ensemble de savoirs et d'attitudes qui permettent d'intérioriser les rôles pertinents et d'en assurer la reproduction. Ce travail de construction est complété par les perceptions du dehors, c'est-à-dire le miroir plus ou moins déformant que renvoient à un groupe donné le regard ou les attitudes des *out-groups*. Ce que signifie, par exemple, être cadre moyen du secteur privé, en termes de revenu, de consommation, de préférences culturelles ou de prestige social s'apprend sous l'influence d'un processus complexe auquel prennent part les échanges d'expériences dans le milieu proche mais aussi les définitions des statisticiens, les revendications des organisations syndicales, les analyses des sociologues, les formulations des médias[1]. Murray Edelman a souligné l'importance du travail linguistique opéré par les dirigeants politiques ou les leaders syndicaux et associatifs, dans la construction sociale des perceptions de « ce qui fait problème » pour une catégorie de population. Ces perceptions contribuent à constituer en groupe victime ceux qui subissent en commun « le problème » ; ses membres vont pouvoir ainsi identifier des objectifs collectifs souhaitables,

1. Luc BOLTANSKI, *Les Cadres. La formation d'un groupe social*, Paris, Minuit, 1982.

percevoir les obstacles ou les ennemis dont il leur faudra triompher[1]. Ce faisant, cet auteur a ouvert la voie à de nombreux travaux qui ont enrichi cette problématique. On peut y rattacher la thèse de Bert Klandermans selon laquelle les attentes revendicatives surgiront lorsque, préalablement, a pu se mettre en place un système de représentations mentales qui érige en « injustice » la situation subie[2].

Insatisfactions et mécontentements peuvent demeurer « sans suite » sous l'influence de divers facteurs comme le sentiment d'impuissance ou l'exposition à une culture politique qui inculque avec succès l'acceptation de l'ordre des choses. Les religions ont souvent joué ce rôle mais aussi un conservatisme social qui souligne les coûts du changement et valorise au contraire les bienfaits de la stabilité, voire de l'immobilisme (on pense à « l'ordre éternel des champs », vanté par l'idéologie traditionaliste du XIXe siècle). Ce fatalisme a pour effet de détourner de l'action collective. Il engendre soit la résignation personnelle, soit des stratégies purement individuelles d'*exit* (au sens de Hirschman[3]). Plutôt que de participer aux mobilisations collectives en vue d'améliorer la condition professionnelle qui est la sienne, l'individu change de métier, voire émigre dans un pays où les perspectives d'emploi sont jugées plus attrayantes. Mais si le choix est fait d'entreprendre ou de participer à une action collective, deux voies bien différentes restent théoriquement offertes.

A Les mobilisations sans politisation

L'action collective prend ici la forme d'une mobilisation d'énergies en vue d'assurer, par l'effort commun, la concrétisation d'aspirations collectives. Cette démarche qui se caractérise par la prise en charge de soi (ou d'autrui), révèle à la fois un pragmatisme et une sensibilité apolitique voire antipolitique. Elle est fortement influencée par des schèmes culturels. En effet aucun problème n'est en soi politique mais n'importe lequel peut le devenir sous certaines conditions de pertinence culturelle et institutionnelle. En Europe, sous l'Ancien Régime, les attentes insatisfaites en matière de santé, d'assistance ou d'éducation ne débouchaient pas sur des revendications

1. Murray EDELMAN, *Political Language. Words that Succeed and Policies that Fail,* New York, Academic Press, 1977, p. 23 sq. Plus particulièrement sur le langage des professions vouées à l'assistance, *op. cit*, p. 57 sq.
2. Bert KLANDERMANS, *The Social Psychology of Protest,* Oxford, Blackwell, 1997.
3. Albert HIRSCHMAN, *Exit, Voice and Loyalty* (1970), Trad., *Défection et prise de parole*, Paris, Fayard, 1995.

présentées au monarque. Les Églises, certains ordres religieux, des personnes charitables, plus tard des organisations philanthropiques s'efforçaient d'agir par eux-mêmes pour tenter de corriger les maux les plus insupportables. L'importance de ces prises en charge, assurées en marge de l'État, a beaucoup diminué avec l'essor de l'État-providence dans les sociétés développées même si cette forme d'action collective demeure loin d'être négligeable. Elle s'inscrit en outre dans des systèmes de valeurs qui dévalorisent l'action purement revendicative, perçue comme alimentant des conflits contraires à l'harmonie sociale. Dans un autre univers politique et culturel, ont également fleuri des mobilisations d'auto-organisation en vue de répondre directement à des carences. Il s'agit de la mouvance coopérativiste et associationniste qui s'impose au XIXe siècle dans le sillage du socialisme dit utopiste. La méfiance à l'égard de l'État (bourgeois), le souci de ne pas lui abandonner l'initiative mais de compter au contraire sur ses propres forces, est au principe de toutes ces expériences qui sont alors tentées pour subvertir le système capitaliste par la « contagion de l'exemple ». Ce sont les phalanstères de Fourier, les Icaries de Cabet, et, moins ambitieuses, les multiples coopératives de producteurs ou de consommateurs qui se mettent alors en place sous les auspices du syndicalisme ou de l'anarcho-syndicalisme. Il en reste aujourd'hui quelques traces dans la sensibilité autogestionnaire qui caractérise une fraction de la gauche européenne. Son action se déploie notamment dans le secteur de l'éducation populaire et de la solidarité sociale. Ailleurs encore, dans des mouvances politiques de sensibilité libérale, donc réservées sur le rôle direct de l'État ou des collectivités publiques en certains domaines, le travail d'auto-organisation, dépourvu de sa pointe revendicative mais associé à une valorisation de l'esprit d'entreprise, continue d'exercer une grande attraction, notamment aux États-Unis et dans les pays d'Europe du nord.

Aujourd'hui, les terrains d'élection de ces mobilisations sont plutôt l'humanitaire ainsi que la protection du patrimoine et de l'environnement, avec comme outils principaux les ONG (non revendicatives) et les fondations privées. Très fréquemment, ces acteurs nouveaux ont un champ d'action qui déborde les frontières nationales (*WorldWildlife Fund*, Médecins du Monde)[1]. Nombreux sont même ceux qui cherchent à coopérer étroitement avec les organisations spécialisées des Nations Unies qui leur reconnaissent parfois un statut officiel d'observateur. Mais, les réticences de certains États, face à

1. Margaret KECK, Kathryn SIKKINK, *Activists beyond Borders. Advocacy Networks in International Politcs*, Ithaca, Cornell University Press, 1998.

certaines de leurs entreprises, les entraînent parfois sur le terrain de la politique, même si ce n'est pas leur vocation première.

B Les mobilisations protestataires

La politisation des mécontentements est favorisée à la fois par la transformation des conceptions du rôle de l'État dans la société et par certaines logiques d'institutions. Aujourd'hui, il est devenu inconcevable que la puissance publique n'intervienne pas pour conjurer des crises économiques, corriger des déséquilibres sociaux, protéger des situations professionnelles menacées. Sans doute existe-t-il nombre de désaccords sur les seuils légitimes de son intervention mais le but de beaucoup de manifestations protestataires est précisément de les abaisser autant que faire se peut, chaque fois que l'intérêt des groupes sociaux concernés semble en jeu. C'est la culture politique de l'État-providence, suprême recours et secours. Par ailleurs, les modes institutionnels d'organisation politique jouent également un rôle très important pour faciliter ou freiner les processus de politisation des insatisfactions. Et cela à plusieurs niveaux. Tout d'abord, la seule existence d'une forte différenciation institutionnelle dans les États modernes, associée au pluralisme partisan dans les régimes démocratiques, met en place des structures d'accueil favorables à la prise en charge sur la scène politique de multiples revendications. Au niveau local, régional, national, ce ne sont pas nécessairement les mêmes majorités qui contrôlent le pouvoir. Elles peuvent se révéler à l'écoute de problèmes différents. Surtout, elles agissent sous l'aiguillon d'une opposition prompte à s'emparer d'une question négligée ou tombée en déshérence. Ce sont les profits politiques escomptables, notamment en termes de suffrages dans la perspective de consultations électorales prochaines, qui constituent le guide le plus sûr des choix opérés par les responsables politiques entre les intérêts collectifs susceptibles d'être pris en charge. À cet égard, les grandes formations ne sont pas nécessairement mues par les mêmes logiques que les petits partis qui jouent le rôle d'intrus. Les premières doivent se garder de reprendre à leur compte des exigences susceptibles de diviser leur électorat ; les seconds, qui n'ont pas grand-chose à perdre à ce niveau, ont intérêt au contraire à s'emparer de tout ce qui peut leur assurer un minimum de visibilité initiale sur la scène politique. Ces logiques antagonistes contribuent, en se conjuguant, à faciliter la prise en charge maximale, mais non totale, des problèmes et conflits de société.

Les manifestations protestataires constituent donc, dans les démocraties libérales, une forme banalisée d'expression sociale et politique

que l'on peut inscrire dans la terminologie de Hirschman comme une prise de parole (*Voice*). Bien qu'elles aient pour objet de permettre à des minorités actives de faire pression sur des gouvernants élus au suffrage universel, voire de les mettre en échec, elles attestent l'existence d'une culture démocratique au sein d'un régime politique. Elles jouent en effet un rôle de signal, en attirant l'attention des pouvoirs publics sur l'existence d'un mécontentement. L'ampleur de la protestation leur donne de précieux renseignements sur la nature et la gravité des risques que leur politique peut éventuellement leur faire encourir. Il leur appartient alors de mesurer le niveau des concessions ou des réorientations nécessaires, pour désamorcer les revendications sans mettre en péril la poursuite de leurs objectifs fondamentaux, mais aussi sans perdre la face aux yeux de leurs soutiens les plus fidèles.

L'analyse scientifique permet de distinguer deux modalités idéal-typiques de mobilisations protestataires : celles qui visent des objectifs immédiats et celles qui constituent une fin en soi. Les premières sont instrumentales en ce sens qu'elles sont, avant tout, le moyen d'atteindre une fin clairement identifiée ; les secondes sont démonstratives.

Les mobilisations instrumentales ont le plus souvent pour objectif le retrait d'un texte ou d'un projet de réglementation jugé contraire aux intérêts des groupes sociaux concernés. L'existence d'une cible facilite la formulation des mots d'ordre dans les manifestations de rue, les pétitions, les campagnes de presse ou de boycott : « Halte au démantèlement du service public », « Non aux licenciements », « À bas la répression », « Non à la guerre », etc. L'écho que celles-ci éveillent, dépend étroitement du degré d'atteinte à des intérêts effectivement lésés (et clairement identifiés) mais aussi de l'efficacité du travail de stigmatisation des intentions gouvernementales. Plus rarement, ces mobilisations cherchent à imposer une réforme, à promouvoir de nouveaux intérêts ou de nouveaux avantages. La position défensive est en effet celle qui est la plus à même de susciter une certaine compréhension dans les autres groupes sociaux. Or, pour augmenter leurs chances d'atteindre leur but, ces mobilisations doivent bénéficier d'un minimum de soutien dans l'opinion publique. Le critère de leur réussite est tout simplement le recul du pouvoir sur ses projets.

Les *mobilisations démonstratives* peuvent, elles aussi, avoir une certaine dimension utilitaire, mais leur objet principal est autre. Il s'agit avant tout d'affirmer une identité spécifique dans l'espace public, en tant que groupe distinct, affichant des valeurs particulières. Les auteurs[1] distinguent parfois les mobilisations culturelles (ou subculturelles) qui ont pour objectif primordial de « dire qui l'on est », d'afficher une demande de considération, et les manifestations contre-culturelles où l'accent se trouve placé sur l'affirmation d'une volonté de rupture. Les premières caractérisent la majorité des mobilisations de femmes (la Journée des femmes), de minorités sexuelles (la Gay Pride), de mouvances régionalistes ou nationalistes (la traditionnelle parade des orangistes en Irlande du nord), mais aussi les manifestations rituelles des syndicats le 1er mai. Les secondes revêtent un caractère plus offensif, soulignant un refus ou un rejet : manifestations anti-guerre (*Not in my name*), anti-mondialisation libérale (mouvements altermondialistes), antiproductivistes (manifestations écologistes pour la promotion d'énergies alternatives ou le rejet de la voiture dans les villes). L'intérêt de cette distinction, aux frontières parfois floues, est de mettre en évidence des différences significatives à la fois dans le style et dans les critères de succès de ces mobilisations. Si l'essentiel, ici, est toujours de montrer combien l'on est décidé, il n'est pas indifférent, dans les manifestations contre-culturelles de pouvoir engranger quelque satisfaction immédiate en termes de recul du pouvoir. Surtout, alors que les mobilisations purement « culturelles » cherchent surtout à séduire, les mobilisations contre-culturelles ne craignent pas de provoquer, au risque de soulever des crispations hostiles. Il importe en effet de pouvoir souligner, de cette manière, une différence irréductible qui ébranle les certitudes du conformisme.

§ 2. Les théories explicatives de l'action

Il existe un paradoxe de l'action collective. En cas de grève dans une entreprise, les avantages arrachés à l'employeur seront accordés à tous les salariés concernés, même non grévistes : alors pourquoi chaque individu prendrait-il le risque de perdre un revenu en cessant le travail ? Lors d'élections nationales, chaque voix pèse mathématiquement d'un poids infime dans le résultat final : pourquoi alors se déplacer aux urnes ? Enfin, pourquoi des individus se lancent-ils dans des entreprises « sans but lucratif », s'ils ne sont pas eux-mêmes victimes de la situation qu'ils perçoivent comme insupportable ?

Chacun de ces exemples illustre des problèmes-clés sur lesquels une importante réflexion théorique s'est déployée, dans quatre directions principales.

1. Hans Peter KRIESI, Ruud KOOPMANS *et alii* (Eds.), *New Social Movements in Western Europe. A Comparative Analysis*, Londres, UCL, 1995, p. 84 sq.

A Les incitations sélectives

Dans son ouvrage *La logique de l'action collective*[1], Mancur Olson s'élève contre l'idée selon laquelle les groupes se comporteraient en tant qu'acteurs selon la même rationalité que les individus. Il ne suffit pas qu'un groupe ait un intérêt commun et les moyens de le réaliser pour que toutes les personnes informées et conscientes qui le composent participent spontanément à la réalisation de cet objectif. Il est, par exemple, de l'intérêt collectif des membres d'une communauté nationale qu'il y ait des impôts pour financer les dépenses de l'État. Or, si les impôts ont un caractère obligatoire, c'est bien parce que, sur une base purement volontariste, pratiquement personne n'accepterait de participer aux charges publiques. Mancur Olson évoque encore le développement du syndicalisme pour souligner que les piquets de grève, voire la violence contre les non-grévistes ou encore les tentatives d'imposer l'adhésion obligatoire, sont liées au paradoxe de l'action collective[2]. Puisque les non-grévistes continuent d'être payés pendant la grève, les salariés ont individuellement intérêt à ne pas participer à ce mouvement : stratégie dite du *free rider* ou encore du ticket gratuit. Pour assurer le succès de la grève, il faut donc bien qu'il y ait contrainte. De ces deux exemples se dégage l'idée selon laquelle les logiques de l'action individuelle ne sont pas les mêmes que celles de l'action collective.

Mancur Olson affirme qu'un individu ne s'engage spontanément dans l'action collective qu'à condition d'y trouver un avantage propre. Dans les groupes de dimension importante, chaque adhérent particulier se trouve dans la situation d'un producteur sur un marché de concurrence pure et parfaite. Ses efforts personnels n'ont pas d'effet notable sur l'orientation de l'action commune ou ses chances de succès. L'espérance d'avantages collectifs ne peut suffire à le motiver puisqu'il s'agit, par hypothèse, de biens non divisibles, c'est-à-dire que tout membre du groupe, qu'il se soit ou non mobilisé, en aura de toute façon sa part (allégement fiscal, hausse de salaire, protection de l'environnement). C'est pourquoi les leaders des organisations vont devoir mettre en place des incitations sélectives qui relèvent de deux catégories[3]. Dans la première se situent les pénalisations du refus de participer. S'il est trop coûteux de rester à l'écart, alors mieux vaut se joindre au mouvement. Ces pénalisations résultent d'injonctions juridiques, de

1. Mancur OLSON, *La Logique de l'action collective* (1966), Trad., Paris, PUF, 1978, préface Raymond BOUDON.
2. *Op. cit.* p. 95.
3. *Op. cit.* p. 83 et sq.

pressions psychologiques, voire physiques. Dans un petit groupe, par exemple, où chacun se connaît et vit dans un esprit convivial, rompre la solidarité de comportement peut entraîner une insupportable mise à l'écart. Au niveau de la société globale, les dirigeants de l'État appuient les mesures d'ordre budgétaire ou militaire sur d'insistants appels à la solidarité et au devoir patriotique mais aussi sur des sanctions juridiques.

L'autre catégorie d'incitations repose sur l'octroi d'avantages spécifiques. Mancur Olson s'intéresse essentiellement à ceux qui sont de nature sociale ou pécuniaire, ce qui s'explique en partie par le fait que l'objet de ses observations est le comportement des groupes de pression à caractère économique. En général, ils travaillent ouvertement à se procurer des gains pour eux-mêmes et ceux qu'ils représentent. Dans la sphère proprement politique, on pourra prendre l'exemple des partis de masse qui fidélisent d'autant mieux leurs adhérents qu'ils sont capables de leur offrir une gamme très étendue de responsabilités, subtilement hiérarchisées sur une échelle d'importance croissante (trésorier, secrétaire adjoint, secrétaire général, président au niveau local puis départemental, régional et enfin national). Dans la même perspective, on peut comprendre pourquoi des militants radicaux s'engagent dans des entreprises à haut risque : activités nationalistes contre la puissance coloniale, activités subversives contre le régime en place. Outre l'espoir d'assurer un bien collectif : la Révolution émancipatrice du peuple tout entier, ils peuvent avoir en vue cette récompense individualisable qu'est l'accès au leadership du groupe voire, après la victoire, l'accès au pouvoir d'État.

Cette analyse permet d'éclairer remarquablement des phénomènes comme le balancement entre attitudes attentistes et participation à l'action collective. Ils reposent en fait sur un calcul judicieux du type coûts/avantages. De même, explique-t-elle avec justesse pourquoi si fréquemment des organisations mettent en œuvre des contraintes de tous ordres pour inciter ceux dans l'intérêt desquels elles se battent, à donner un soutien qu'ils n'offrent pas spontanément. Ceci étant, on relèvera deux catégories de limites à cette approche. La première tient au fait que Mancur Olson sous-estime des incitations d'un autre ordre que l'intérêt matériel, celles que lui-même appelle : « les incitations érotiques, psychologiques et morales »[1]. Recherche de prestige ou de notoriété, plaisirs de l'aventure, satisfaction de se conformer à un code moral valorisant, sont des stimulants de l'action, négligés bien à tort. Mancur Olson considère d'abord qu'il n'existe aucune présomption

1. Mancur OLSON, *loc. cit.*, p. 84.

selon laquelle ils joueraient un rôle social déterminant. Pourtant, leur importance dans la sphère politique saurait difficilement être méconnue. Dans une culture de type démocratique qui célèbre avec insistance le citoyen « éclairé et responsable », le fait par exemple d'aller voter est « récompensé », au moins en partie, par une satisfaction d'ordre moral : celle de s'être comporté en bon citoyen, qui exerce son droit, qui remplit son devoir. De même, la participation à une manifestation s'explique certainement en partie par des incitations d'ordre psychosocial : l'ambiance festive de son déroulement, l'intensité de son traitement médiatique, la rupture avec les routines quotidiennes, l'identification valorisante à une grande cause. Quoique à regret, Mancur Olson admet cependant l'existence de ces types de mobiles mais, considérant qu'ils ne se prêtent pas à une observation empirique savante, il ne veut pas leur accorder une importance significative. On peut néanmoins admettre qu'au moins théoriquement, leur prise en compte sérieuse est compatible avec le schéma d'ensemble. En revanche, la théorie minimise l'importance des coûts du non-engagement. Ils peuvent être décisifs. Citant Mitchell, Guillaume Sainteny a montré que l'adhésion à une association de protection de l'environnement pouvait s'expliquer non par les incitations sélectives offertes par l'organisation mais par le caractère subjectivement insupportable de la dégradation d'un bien auquel l'individu est attaché : disparition irrémédiable d'une espèce animale, destruction irréversible d'un biotope[1].

L'autre faiblesse, plus irréductible, de la théorie d'Olson c'est de postuler que chaque individu se comporte toujours en acteur libre et rationnel, cherchant à minimiser ses coûts et augmenter ses avantages. Cette présupposition est très excessive à la fois parce que nombre de situations où les informations sont imparfaites ne se prêtent pas à ce type de calcul, mais surtout parce que les individus se contentent fréquemment, dans une situation déterminée, de jouer le rôle qu'on attend d'eux et qu'ils ont de longue date intériorisé. Le catholique pratiquant régulier ne se demande pas chaque dimanche s'il est, pour lui, avantageux ou non de se rendre à l'église, ni le permanent syndical, auquel son organisation demande de rédiger un énième tract revendicatif, si l'enjeu compense réellement son effort. Comme l'écrit avec humour Ernest Gellner : « Une bonne part de notre vie est consacrée non pas tant à poursuivre des buts (comme le suggéreraient les sciences sociales inspirées par le modèle fins-moyens) qu'à éviter des gaffes...

1. Guillaume Sainteny, *La Constitution de l'écologisme comme enjeu politique en France,* Thèse Université Paris I, 1992, p. 87. Reprogr.

(Le plus souvent) les hommes ne maximisent rien du tout ni ne cherchent à atteindre un but concrètement identifiable, mais tiennent tout simplement à être intégrés ou à demeurer dans une pièce qui se déroule. Le rôle est sa propre récompense »[1]. Il faudrait encore aller plus loin et admettre que les mécanismes psychologiques de défense dont il est difficile de sous-estimer l'importance dans les comportements personnels (déni, rationalisation, déplacement d'objet...), jouent également un rôle perturbateur des logiques prétendues purement rationnelles du comportement collectif[2].

B L'analyse stratégique

En privilégiant l'étude des organisations, qu'il s'agisse d'entreprises ou d'administrations, Michel Crozier et son école (Grémion, Dupuy, Thoenig) vont contribuer à donner un nouvel éclairage sur les conflits, ainsi que sur les ressorts de l'action collective. Les organisations, soulignent avec force les auteurs de *L'acteur et le système*[3], ne sont pas des entités naturelles ou des êtres anthropomorphiques : ce sont des systèmes de relations entre des groupes d'individus qui ont chacun leurs intérêts et leurs logiques propres. Ce sont eux, et non pas les objectifs collectifs de l'entreprise, qui motivent leurs comportements. Ainsi écrivent-ils : « Alors que la réflexion en termes d'objectifs tend à isoler l'auteur de l'organisation à qui elle l'oppose, la réflexion en termes de stratégie oblige à chercher dans le contexte organisationnel la rationalité de l'acteur et à comprendre le construit organisationnel dans le vécu des acteurs »[4]. Les relations de pouvoir au sein de l'entreprise visent à intégrer, de façon cohérente, ces logiques particulières de façon à atteindre les objectifs globaux qu'elle se donne ; mais compte tenu de ses ressources propres, chaque groupe adopte des conduites (passives ou actives) adaptées à la défense ou à la promotion de ses préoccupations singulières et non pas des objectifs communs.

S'il y a comportement stratégique, cela signifie que chaque acteur ou groupe d'acteurs dispose dans l'organisation d'un minimum de

1. Ernest GELLNER, « L'animal qui évite les gaffes ou un faisceau d'hypothèses », *in* Pierre BIRNBAUM, Jean LECA, *Sur l'individualisme,* Paris, Presses FNSP, 1986, p. 32 et 33.

2. Pour une discussion du modèle olsonien, Emiliano GROSSMAN, Sabine SAURUGGER, *Les Groupes d'intérêt. Action collective et stratégies de représentation*, Paris, A. Colin, 2006, p. 30-44.

3. Michel CROZIER, Erhard FRIEDBERG, *L'Acteur et le système. Les contraintes de l'action collective* (1977), rééd. Paris, Seuil, 1982.

4. *Op. cit.,* p. 49.

marge de manœuvre lui permettant d'adopter un comportement volontariste : soit actif, soit d'inertie délibérée. Il se donne des objectifs plus ou moins clairs, plus ou moins constants, mais au service desquels il utilise les ressources à sa disposition lorsque des situations opportunes apparaissent. Ainsi, dans une administration publique, les subalternes cherchent-ils à maximiser leur autonomie face à leurs supérieurs hiérarchiques, lesquels sont au contraire désireux d'augmenter leur contrôle. La protection statutaire qu'ont arrachée les employés, les systèmes de rémunération ou de promotion à l'ancienneté, leur permettent de résister victorieusement aux tentatives de la direction de leur imposer de nouvelles tâches ou de nouvelles conditions de travail. Mais que soit remis en cause ce statut protecteur, alors ils se mobiliseront pour défendre ce qui constitue leur arme principale dans la résistance aux « empiètements ». Au sommet, le directeur ne saurait, lui, être indifférent à la poursuite de sa carrière. Mais s'il est près du terme, il peut privilégier par prudence une gestion sans risques, c'est-à-dire éviter de brusquer dans leurs préoccupations ou leurs habitudes les personnels placés sous son autorité. Au contraire, un (jeune) directeur, désireux de prouver sa valeur à ses supérieurs, surtout si l'on attend de lui des « résultats », inclinera à mobiliser le maximum de leviers de pouvoir pour obtenir de ses subordonnés une meilleure productivité. Cependant ses propres capacités d'action sont étroitement dépendantes du degré d'organisation des personnels, des divisions qui les opposent ou non entre eux du fait de leurs statuts différents, ou de leurs modes de rémunérations inégaux. En d'autres termes, les ressorts de l'action menée par chaque groupe se situent dans une interaction constante d'initiatives et de résistances ; leurs chances de succès sont elles-mêmes conditionnées par la situation interne à l'organisation (répartition des ressources de pouvoir) et par des éléments extérieurs : le soutien syndical, l'attention de « l'opinion publique » et des médias, les réseaux relationnels politiques ou non politiques, etc.

Ce type d'analyse, développé d'abord au sein de l'entreprise, notamment le monopole des tabacs, a été étendu au système d'administration territoriale et, plus largement encore, aux problèmes du gouvernement de l'État[1]. D'inspiration libérale, comme le montre bien le titre de cet ouvrage publié en 1987 *État modeste, État moderne*, il n'en prend pas moins ses distances avec les paradigmes du choix rationnel qui sont ceux de l'école du *Public Choice*. Michel Crozier rejette l'idée selon laquelle les individus auraient nécessairement un

1. Michel CROZIER, *Le Phénomène bureaucratique,* Paris, Seuil, 1963 ; *La Société bloquée,* Paris, Seuil, 1970 ; *État modeste, État moderne,* Paris, Fayard, 1987, rééd. 1990.

comportement rationnel et, plus encore, l'hypothèse selon laquelle il existerait une rationalité générale que redécouvriraient spontanément de libres acteurs. En réalité, les individus sont soumis à divers ordres de contraintes, notamment la pression de leurs pairs. Ils agissent en fonction des représentations qu'ils se font de leur condition, représentations biaisées par une information imparfaite et, de toute manière, fortement imprégnées par les valeurs d'univers culturels spécifiques. Enfin s'ils poursuivent des objectifs dont ils escomptent des satisfactions accessibles, chaque groupe ne définit pas nécessairement de la même manière les satisfactions souhaitables, les uns recherchant par exemple, la sécurité maximale de l'emploi, d'autres un revenu aussi élevé que possible.

L'accent placé sur les stratégies de pouvoir et d'interaction, à l'intérieur d'organisations qui les structurent, place cette approche dans la perspective d'un systémisme renouvelé. En effet, l'analyse stratégique de Crozier s'intéresse constamment aux relations dynamiques d'échanges qui se constituent entre un ensemble et son environnement ainsi qu'entre sous-ensembles d'un même ensemble. Pourtant, elle diverge du systémisme pur sur deux points essentiels. Alors que celui-ci privilégie les processus d'interaction, constitués par des flux permanents d'informations et d'influence, et tend à dissoudre tendanciellement le rôle des acteurs (David Easton), l'analyse stratégique insiste au contraire sur les marges d'initiative que leur laissent les interstices, les défaillances ou les lacunes de l'organisation. Par ailleurs, alors que le systémisme classique tend à considérer les conflits comme des dysfonctionnements qui révèlent l'échec (momentané) des processus d'autorégulation du système, l'analyse stratégique de Crozier et son école reconnaît l'inéluctabilité des antagonismes d'intérêts et de rationalités, prend acte du caractère inévitable, voire normal, des conflits. En ce sens, elle tend à compenser, par l'analyse fine de situations concrètes, ce qu'a pu avoir de trop abstrait un systémisme qui se cantonne dans la formulation des lois générales de toute organisation.

Cette approche enrichit également la problématique de l'acteur-stratège telle qu'elle était formalisée par la théorie utilitariste classique. En effet, Crozier et Friedberg admettent que « les acteurs n'ont qu'une liberté restreinte et ne sont capables corrélativement que d'une rationalité limitée ». Plus encore, ils admettent que « leur liberté et leur rationalité, leurs objectifs et leurs besoins ou si l'on veut leur affectivité sont des construits sociaux et non pas des entités abstraites »[1]. Timide

1. Michel CROZIER, Erhard FRIEDBERG, *L'Acteur et le système, op. cit.*, rééd. 1981, p. 46 et 47.

reconnaissance explicite du rôle des affects dans les logiques sociales ! Les intentions des agents sociaux peuvent même leur demeurer obscures, reconnaissent-ils, et, doit-on ajouter,elles se révèlent souvent riches d'ambivalences. Ils sont ainsi conduits à donner une définition dynamique, mais aussi très réaliste, du concept de stratégie de l'acteur lorsqu'ils écrivent : « Derrière les humeurs et les réactions affectives qui commandent ce comportement au jour le jour, il est possible à l'analyse de découvrir des régularités qui n'ont de sens que par rapport à une stratégie. Celle-ci n'est donc rien d'autre que le comportement inféré *ex post* des régularités de comportements observées empiriquement »[1].

C La mobilisation des ressources

Dans son ouvrage classique : *Social Conflict and Social Movements*[2] Anthony Oberschall affiche l'ambition d'étudier moins les causes du conflit social ou les sources des mécontentements que les processus de passage à l'action. Bien qu'il affirme sa proximité théorique avec les travaux d'Olson, sa problématique se révèle en réalité foncièrement originale, puisqu'elle place l'accent sur les phénomènes de contrôle social plutôt que sur les choix individuels de l'acteur. La participation de chacun à des mobilisations protestataires lui semble conditionnée par les mécanismes de son intégration au groupe, en d'autres termes par les modalités de sa dépendance sociale.

Les conditions minimales d'une protestation collective sont l'existence d'objectifs communs et la commune identification des personnes qui seront tenues pour responsables des conditions d'existence insatisfaisantes. Mais, observe-t-il, ces conditions réunies permettent tout au plus des formes éphémères de protestations. Pour qu'une revendication ou une résistance se prolongent, il faut une base organisationnelle, et une continuité dans la direction du mouvement. C'est alors qu'il identifie deux catégories de facteurs structurels propices à la mobilisation[3].

1. *Loc. cit.* p. 48.
2. Anthony OBERSCHALL, *Social Conflict and Social Movements,* Englewood Cliffs. Prentice Hall 1973. Pour une présentation en français des problèmes posés par les théories de la mobilisation, v. François CHAZEL, « La mobilisation politique, Problèmes et dimensions », *Revue française de science politique,* 1975, p. 502 et s. Didier LAPEYRONNIE, « Mouvements sociaux et action politique. Existe-t-il une théorie de la mobilisation des ressources ? », *Revue française de sociologie,* 1988, p. 593 et s.
3. *Op. cit.,* p. 107 et sq.

Les premiers relèvent d'une dimension horizontale de l'intégration au groupe. Dans les sociétés traditionnelles, ce sont les solidarités de village, de tribu, de confrérie ; elles sont réactivées par l'allégeance à des leaders reconnus, l'appartenance à des réseaux de relations sociales qui s'étendent jusqu'aux frontières du groupe. Dans les sociétés plus différenciées, il existe des structures de solidarité de type associatif (*Gesellschaft* plutôt que *Gemeinschaft* pour reprendre la distinction de Tönnies). Ce sont les groupes d'intérêt d'ordre économique, professionnel, religieux, civique, etc. Il peut d'ailleurs se faire que dans une phase de mutation politique comme en connaissent nombre de sociétés d'Afrique, d'Asie ou d'Amérique latine, de fortes solidarités communautaires (du type *Gemeinschaft*) engendrent directement des organisations associatives qui revêtent alors une nature mixte : parti à base essentiellement tribale par exemple.

Les seconds relèvent d'une dimension verticale de l'intégration au groupe. Cela concerne le degré de stratification et de segmentation de la société globale, en d'autres termes la nature des liens qui rattachent les groupes entre eux. Comme exemple d'une société à la fois fortement stratifiée et segmentée, c'est-à-dire à faibles liens de solidarité sinon ceux de l'exploitation des dominés par les dominants, Oberschall cite, à la suite de Tocqueville, l'Ancien Régime en France. Une noblesse terrienne, souvent absentéiste, faisait cultiver ses domaines par les paysans tandis que les membres des ordres inférieurs se voyaient interdire tout accès à la classe supérieure. Au contraire, en Angleterre, la même noblesse terrienne remplissait un rôle important de protection sociale, de leadership politique voire religieux, de médiation dans les conflits ; et des gens de talent issus des classes moyennes pouvaient se trouver cooptés dans les couches dominantes. Dans ce pays (la Grande-Bretagne) où la stratification demeurait forte mais la segmentation beaucoup plus faible, les membres des groupes subordonnés pouvaient rechercher la solution à leurs problèmes en s'adressant à des leaders appartenant à la classe dominante.

Au sein des sociétés modernes, fortement stratifiées du fait de la division sociale des tâches, l'intégration verticale se révèle très forte. Soit parce que toutes les couches de populations ont accès au pouvoir grâce à leurs élus ou par l'intermédiaire des groupes de pression et associations qui défendent leurs intérêts (régimes démocratiques) ; soit parce que toutes les couches de population sont fortement subordonnées au pouvoir central en raison d'une forte coercition politique ou policière (régimes à parti unique) ; soit enfin parce qu'il existe une écrasante hégémonie socioculturelle des élites dirigeantes.

En croisant les deux catégories de facteurs, Anthony Oberschall est ainsi amené à décrire une série de situations idéal-typiques où la mobilisation (contestatrice) apparaît d'une probabilité croissante. À un extrême, les groupes à faible solidarité interne et forte dépendance du « centre » ; à l'autre extrême, les groupes fortement structurés qui disposent d'une autonomie maximale.

Dans la région A, commente Oberschall[1], les solidarités communautaires de type traditionnel : communautés villageoises ou professionnelles par exemple, sont fortes mais elles sont bien intégrées verticalement grâce à la prééminence reconnue d'un centre de pouvoir, auquel elles ont accès pour exprimer leurs doléances. C'était le cas des monarchies d'Ancien Régime stabilisées, s'appuyant sur les Corps intermédiaires. Dans ces conditions, l'action collective contestataire avait peu de chances de franchir un stade très local (affrontements circonscrits entre groupes religieux ou collectivités villageoises, communautés ethniques...) ; peu de chances également de se déployer en une protestation globale contre l'ensemble des privilégiés. Il en va de même dans la région C (démocraties représentatives contemporaines) où les fortes solidarités horizontales s'expriment selon des modes d'expression modernisés du type syndicats, partis, groupes d'intérêt mais sans remettre en cause la prééminence du pouvoir central.

Tableau n° 19
Collectivités classées selon les dimensions verticale et horizontale de l'intégration

Dimension verticale Dimension verticale	Organisation communautaire forte	Absence ou faiblesse des organisations	Liens associatifs
Intégrée	A	B	C
Segmentée	D	E	F

Dans la région B, l'absence ou la faiblesse des organisations d'encadrement résulte du fait que toutes les catégories sociales sont elles-mêmes divisées ou cloisonnées par des rivalités de familles, de clientèles, de cantons. Le défaut de liens horizontaux plus larges, associé à la monopolisation du leadership au sommet par des groupes à statut élevé, bloque l'émergence de l'action collective organisée.

1. *Op. cit.* p. 121 et s.

Oberschall se réfère expressément au *Mezzogiorno* italien ou encore à la passivité de la paysannerie dans de nombreux pays d'Amérique latine.

C'est au contraire dans les régions D et F que sont réunies les conditions les plus favorables à des luttes revendicatives intenses, capables de durer dans le temps et, parallèlement, de se structurer autour de mouvements puissants se donnant des leaders reconnus et des buts (de réforme ou de révolution) parfaitement explicites. Dans la région D, ces mouvements seront volontiers à base prophétique et religieuse ; dans la région F, ils renvoient aux formes de luttes révolutionnaires qu'ont connues les sociétés industrielles aux XIXe et XXe siècles. En revanche, la faiblesse des capacités organisationnelles, dans la région E, fait surgir de brèves, et violentes, poussées de révoltes sans perspective politique à long terme, à l'instar des jacqueries décrites par l'historien Rudé dans la France d'avant la Révolution ou encore des émeutes urbaines contemporaines dans les ghettos noirs américains.

Si cette théorie de la mobilisation insiste sur les conditions générales de la structure sociale, qui rendent plus ou moins plausible une action collective, Anthony Oberschall ne néglige pas pour autant les facteurs relatifs aux participants. Trois d'entre eux se révèlent particulièrement importants. Le premier est la perte du contrôle social exercé par les catégories dirigeantes ou, du moins, son affaiblissement provoqué par leurs divisions. Ce facteur constitue un élément décisif du passage à l'action collective des mécontents. On le perçoit comme un préalable à toutes les révolutions ; mais c'est également la paralysie progressive du centre de pouvoir soviétique qui a permis, à partir de 1989, le développement des mouvements séparatistes. Le second est ce que l'on peut appeler la « saillance » d'un problème sur lequel les médias ont braqué leurs projecteurs ; cela favorise la focalisation des revendications sur des objectifs communs et leur contagion sociale de la protestation. C'est à un tel phénomène que l'on a imputé en mai 1968 la diffusion rapide dans l'ensemble du pays des thématiques contestataires. Enfin, troisième facteur, si le mouvement revendicatif réussit à se donner un leader charismatique ainsi qu'une organisation centralisée qui coiffe les multiples organisations composantes, alors le maximum d'énergie et de ressources peut être consacré efficacement à la lutte engagée ; surtout, pourra être maintenue, malgré d'inévitables dissensions internes, la cohésion des participants à l'action. Alors se trouveront réunies les conditions d'une mobilisation durable.

Ce modèle d'Oberschall a nourri nombre d'études socio-historiques des phénomènes contestataires. Dans cette perspective, les travaux les plus connus concernant la France sont ceux de Suzanne

Berger (sur les paysans bretons)[1], Sidney Tarrow (le communisme en Italie et en France)[2] et Charles Tilly[3]. Depuis sa thèse consacrée au soulèvement de la Vendée en 1793, ce dernier auteur s'est notamment intéressé aux mobilisations protestataires qui ont marqué les États européens : avant le développement du mouvement ouvrier, puis avec lui. Soulignant lui aussi l'importance des organisations et des réseaux de sociabilité pour comprendre l'émergence de mouvements collectifs, il met néanmoins l'accent sur les anticipations du succès comme moteur de l'action. La « structure des opportunités politiques », c'est-à-dire l'ensemble des facteurs conjoncturels favorables ou défavorables à l'action (soutiens dans l'opinion, visibilité de la cause défendue, alliances tactiques possibles, etc.) incite, à un moment donné, les acteurs à mobiliser certaines de leurs ressources ; elle construit le principe de sélection des méthodes effectivement retenues[4]. En proposant son concept de « répertoire d'action », qu'il définit comme la configuration des moyens de pression et d'influence théoriquement mobilisables par un groupe, Tilly s'est efforcé de favoriser la prise en considération de cette fluidité des ressources politiques disponibles. C'est en effet au moment où se concrétise une protestation, dans une conjoncture déterminée, que s'opère le choix des moyens qui apparaîtront les plus opérants parmi tous ceux qui se trouvent en principe à la disposition d'un groupe donné[5].

Résumant les problèmes qui demeurent posés aux théories de la mobilisation, Charles Tilly a souligné particulièrement un point. C'est que, dans la réalité, l'action collective se développe de façon extrêmement interactive. Cela signifie qu'elle est un processus continu d'influences réciproques entre groupes alliés ou antagonistes, et au sein de chacun d'entre eux. Par exemple, la participation individuelle aux diverses étapes du déroulement d'une grève est constamment remoti-

1. Suzanne BERGER, *Les Paysans contre la politique* (1972), Trad., Paris, Seuil, 1975.
2. Sidney TARROW, *Democracy and Disorder. Protest and Politics in Italy, 1965-1975,* Oxford University Press, 1989 ; *Power in Movement. Social Movements and Contentious Politics,* 2e édition, Cambridge, Cambridge University Press, 1998.
3. Charles TILLY, *From Mobilization to Revolution,* Reading, Addison, Wesley, 1978 ; Dough MAC ADAM, Sidney TARROW, Charles TILLY, *Dynamics of Contention,* Cambridge, Cambridge University Press, 2001.
4. Pour Herbert KITSCHELT, « Political Opportunity Structure and Political Protest. Anti-nuclear Movements in Four Democracies », *British Journal of Political Science,* 1986, 16, p. 58, la structure des opportunités politiques est « la configuration spécifique de ressources, d'arrangements institutionnels et de précédents historiques à la mobilisation, qui favorisent ou empêchent le développement de mouvements de protestation ».
5. Charles TILLY, « Les origines du répertoire d'action collective en France et en Grande-Bretagne », *Vingtième Siècle,* 1984, n° 4, p. 99 et sq.

vée par l'évolution des conditions de l'affrontement entre grévistes et direction, grévistes et non grévistes, tendances modérées et tendances radicales au sein du mouvement. Les théories de la mobilisation rendent encore assez mal compte de ces dynamismes internes de l'action. Mais après avoir envisagé de perfectionner les modèles en recourant à la théorie des jeux (étude systématique des processus d'influence mutuelle entre les parties en conflit), Charles Tilly conclut : « Au cours de l'action collective populaire, le nombre, l'identité, les limites des acteurs changent souvent et vite. L'identification des acteurs et des enjeux, sans même mentionner les règles du jeu, exige souvent une analyse en profondeur de la structure des classes et du jeu politique. Face à cette complexité, nous devons ou simplifier ou façonner des modèles très compliqués »[1]. Constat lucide des difficultés actuelles de la recherche en ce domaine !

D Les problématiques identitaires

Elles ont acquis récemment une importance majeure dans la littérature sur les mobilisations politiques, à un double titre[2]. Tout d'abord, parce que l'affirmation identitaire, la recherche collective de l'estime de soi à travers la fierté de groupe, est la dimension fondamentale de beaucoup de mobilisations contemporaines. À cet égard, les États-Unis, depuis les années soixante et, surtout, soixante dix, sont devenus un véritable laboratoire pour l'observation de ces nouveaux mouvements sociaux. Cette visibilité croissante de l'*identity politics* a d'abord concerné la minorité noire qui, à partir de la lutte pour les droits civiques, encore dominée par la revendication d'intégration, en est venue à développer un projet d'affirmation identitaire autour d'un afro-islamisme. La *Million Men March,* organisée par Luis Farakhan en octobre 1995 à Washington, s'est elle-même définie comme « une marche pour la dignité et la prise de conscience de l'homme noir ». Depuis trente ans, de nombreuses mobilisations se situent sur ce même terrain identitaire et différentialiste, qu'il s'agisse de minorités ethniques comme les Latinos, les Chicanos, les Amérin-

1. Charles TILLY, « Action collective et mobilisation individuelle », *in* Pierre BIRNBAUM, Jean LECA, *Sur l'Individualisme,* Paris, Presses de la FNSP, 1986, p. 236.
2. Anthony OBERSCHALL, *Social Movements. Ideologies, Interests and Identities*, New York, Transaction Books, 1993. Ted BRADER, Nicholas VALENTINO, « Identities, Interests and Emotions. Symbolic versus Material Wellsprings of Fear, Anger and Enthusiasm », *in* Russel NEUMANN, George MARCUS *et alii*, *The Affect Effect,* Chicago, The University of Chicago Press, 2007, p. 180-201.

diens ou qu'il s'agisse des militantes d'un néo-féminisme (*gender politics*), des homosexuels revendiquant la *gay pride*, etc. Charles Taylor y voit l'expression d'un besoin de reconnaissance qui libère les groupes dominés d'une image dépréciative d'eux-mêmes[1]. Beaucoup d'auteurs redécouvrent alors l'importance des mécanismes de construction et d'activation d'une identité collective. Il existe, au sein d'une population déterminée, des processus de définition de soi qui visent à donner une image positive du groupe (communauté à caractère religieux ou ethnoculturel, nation, classe sociale, etc.), de telle sorte qu'il soit valorisant pour les individus concernés de s'identifier à lui. Cette définition de soi s'élabore autour d'une mémoire partagée au sein de laquelle le souvenir d'injustices subies constitue fréquemment le ciment émotionnel le plus puissant (Peter Novick). Elle s'enrichit de langages communs fortifiés par des institutions qui les transmettent, ou par des pratiques qui les réactivent (cérémonies, manifestations...). Elle met en avant des valeurs partagées (ou réputées telles) et tend à souligner des consensus positifs autour d'attentes et d'exigences acceptées par tous comme légitimes. Les processus de construction identitaire les plus puissants se renforcent de pouvoir invoquer au profit du groupe son attachement privilégié à des valeurs (la justice, l'émancipation, la démocratie...), sa mission historique particulière, voire sa prétention à constituer un peuple ou une classe « élue ».

Les approches identitaires permettent de mieux éclairer le problème du succès ou de l'échec des mobilisations pour l'action collective. Les analyses inspirées d'Oberschall mettaient l'accent sur les facteurs d'organisation de la protestation collective mais négligeaient de s'intéresser directement à ce qui constitue le ressort initial de l'action, à savoir l'existence de griefs et de revendications. Au contraire, en France, les analyses dites des nouveaux mouvements sociaux, d'inspiration tourainienne, focalisaient leur attention sur l'émergence des nouvelles aspirations : écologistes, féministes, anti-xénophobes dans l'espace politique des années 1980 ; mais elles expliquaient mal le pourquoi du faible écho rencontré parfois sur le terrain.

Ces deux approches éclairent chacune des dimensions irréductibles de l'action collective mais il y manquait un niveau d'analyse médian : celui où s'opère l'articulation entre l'existence des griefs et la

1. Charles TAYLOR, *Multiculturalisme. Différence et démocratie,* Paris, Flammarion, 1997, p. 42. « Le défaut de reconnaissance ne trahit pas seulement un oubli du respect normalement dû. Il peut infliger une cruelle blessure, en accablant ses victimes d'une haine de soi paralysante ».

mise en jeu des leviers organisationnels[1]. Le sentiment de partager avec d'autres une identité commune, réelle ou imaginée, favorise la diffusion, au sein du groupe, d'opinions convergentes sur la légitimité de l'action collective. Réciproquement, l'action collective menée en commun, ou au nom du groupe, relance le sentiment identitaire parce qu'elle focalise l'attention sur des enjeux communs et qu'ensuite elle inscrit dans les mentalités le souvenir des luttes menées ensemble. Cette mémoire commune d'émotions partagées sert alors de levier, utilisé par des leaders improvisés ou des organisations déjà implantées, pour inciter plus efficacement à l'action. Si une bavure policière au détriment d'un jeune beur de banlieue suffit parfois à enclencher un mouvement de violence collective, c'est parce que d'autres jeunes se considèrent comme fortement solidaires en raison d'un réflexe identitaire commun. De même si des organisations réussissent à éveiller un écho, en lançant un appel à manifester en faveur d'une grande cause, c'est toujours parce qu'à un niveau ou à un autre se réveille une communauté d'aspirations, de sentiments ou de ressentiments, donc un mécanisme d'identification collective. Certains partis politiques ont particulièrement bien réussi à faire jouer à leur profit des particularismes identitaires préexistants ; en retour, ils ont contribué à les infléchir en leur surajoutant une dimension qui leur est propre[2].

Le travail symbolique qui s'opère, en interaction constante entre les divers agents sociaux impliqués activement ou passivement, peut donc conduire à la construction sociale dans l'espace public d'un véritable acteur collectif (imaginé mais non imaginaire, peut-on dire) : la nation, la classe ouvrière, ou encore les paysans, les classes moyennes, les gays, etc. Il peut aussi déboucher sur des « surinvestissements identitaires » (communautarisme exacerbé, allégeance inconditionnelle à une secte ou à un parti). La « remise de soi » qui est au principe de telles allégeances, éclaire des mobilisations qui bousculent ou transcendent largement les limites d'un calcul individualiste de type coûts/avantages. Cependant, elle demeure généralement très inégale, selon les personnes. C'est qu'il convient d'introduire ici une nouvelle

1. Bert KLANDERMANS, « New Social Movements and Resource Mobilization : the European Approach and the American Approach Revisited », *in* D. RUCHT (Ed.), *Research on Social Movements,* Boulder, Westview, 1991, p. 17 et s. Proches de cette problématique, William GAMSON, « The Social Psychology of Collective Action », *in* A. MORRIS, C. MUELLER (Eds.), *Frontiers in Social Movement Theory,* New Haven, Yale University Press, 1991.

2. À titre d'exemple, l'étude ethnographique conduite sur une ville minière du Nord de la France par Michel HASTINGS, *Halluin la Rouge 1919-1939. Aspects d'un communisme identitaire,* Lille, PUL, 1991.

dimension : celle des styles psychosociologiques des acteurs. À l'issue d'enquêtes comparatives sur l'engagement, Samuel Barnes et Max Kaase ont utilement distingué quatre profils : les activistes qui sont, avec les conformistes, les plus prompts à se donner des légitimations relevant de la remise de soi, les réformistes beaucoup plus circonspects, enfin les inactifs que seule une extraordinaire conjonction de facteurs peut arracher à leur indifférence[1].

En conclusion, on soulignera la nécessité de combiner l'ensemble de ces problématiques pour mieux comprendre la diversité des formes de l'action collective. La distinction tripartite, évoquée *supra*, de Hans Kriesi et Ruud Koopmans est éclairante à ce point de vue[2]. La problématique du calcul rationnel coûts/avantages, de même que les approches stratégiques et organisationnelles se révèlent d'une pertinence suffisante pour comprendre les tactiques utilisées dans les manifestations instrumentales. Au contraire, dans les manifestations culturelles, la dimension « affirmation de soi » revêt une importance privilégiée qu'éclairent mieux les problématiques identitaires. Quant aux mobilisations contre-culturelles, caractérisées par une volonté de rupture avec des attitudes politiques dominantes ou un système de valeurs établi, elles ne peuvent se décrypter complètement qu'en combinant aux approches déjà mentionnées, une lecture en termes psychosociologiques des styles de comportements des acteurs.

1. Samuel BARNES, Max KAASE, *Political Action. Mass Participation in Five Western Democracies,* Londres, Sage, 1979.
2. Hans Peter KRIESI, Ruud KOOPMANS *et alii*, *New Social Movements in Western Europe. A Comparative Analysis,* Londres, UCL, 1995, p. 84 sq.

Section 2
Les groupes d'intérêt

Les individus n'ont pas nécessairement une vision claire de leurs intérêts propres, immédiats ou à long terme. Chaque agent en effet n'est pas réductible à un seul de ses attributs sociaux : citoyenneté, profession, consommateur et producteur, ou encore sexe, âge, religion, statut familial, engagement dans la vie collective. En d'autres termes il appartient toujours à de multiples champs sociaux à la fois. Cette multipositionnalité engendre des conséquences importantes. Le même individu peut avoir du mal à élucider nettement quels sont ses intérêts réels, à la fois en tant que contribuable, usager des services publics, parent d'élève, résident d'une banlieue, propriétaire endetté, fonctionnaire subalterne, etc. Et cela d'autant plus qu'à ces titres divers, certains de ses intérêts peuvent se révéler contradictoires : l'inflation par exemple le lèse en tant que consommateur et lui bénéficie en tant qu'emprunteur (sous certaines conditions). Bien entendu, son niveau général de formation, sa capacité d'accéder à des sources fiables d'information, aggravent ou réduisent cette situation d'incertitude, mais ne sauraient jamais l'éliminer en tous domaines. Ce n'est que dans le cas où une population est privée d'un bien crucial (les sans-logis, les sans-papiers...[1]) que pourra s'imposer clairement la hiérarchie de ses attentes ; mais, là encore, le passage à l'action dépend de représentations collectives, socialement construites, selon lesquelles le succès peut éventuellement couronner la revendication et justifier les sacrifices engagés.

Cette constatation explique pourquoi la formulation d'exigences n'est pas vraiment spontanée chez les membres du groupe qui revendique, même si elle prend comme point de départ l'agrégation, à la base, de réactions individuelles. Des collectifs doivent s'organiser pour orchestrer ou consolider une revendication commune. Généralement, la mobilisation d'attentes et d'exigences est le fait d'organisations spécialisées : syndicats et associations surtout. Ils s'efforcent

1. Daniel MOUCHARD, *Les Exclus dans l'espace public,* Thèse IEP Paris, 2001.

d'acquérir une représentativité en se faisant les interprètes de catégories déterminées de la population. Leur rôle ne se cantonne pas à prendre en charge les attentes existantes. Ces organisations vont au contraire s'efforcer d'identifier activement des intérêts collectifs, au besoin les susciter ; il leur faudra ensuite tenter de persuader les populations concernées de se reconnaître dans le combat qu'elles mènent pour les promouvoir. Ce travail de construction et qualification des intérêts, de formulation d'exigences revendicatives, de définition de stratégies, joue un rôle décisif dans la prise de conscience que des individus peuvent avoir d'appartenir à une catégorie socioprofessionnelle ou socioculturelle déterminée ou encore, comme le notait jadis Gramsci (avec son concept d'intellectuel organique), à une classe sociale. La virtualité mobilisatrice de ce travail militant est d'autant plus forte qu'il débouche sur une définition des situations vécues en termes de valeurs fortement ancrées dans la culture du groupe considéré. À cet égard le fait de pouvoir se définir comme victime d'une injustice (William Gamson, Bert Klandermans) contribue puissamment à augmenter la probabilité de comportements protestataires, du moins lorsque la société met ces valeurs au premier plan de son éthique officielle[1].

C'est également pour pouvoir s'inscrire dans la durée que l'action collective doit faire une large place aux organisations. À côté des partis politiques qui jouent un rôle spécifique, il s'agit de ce qu'il est désormais convenu d'appeler, depuis David Truman, les groupes d'intérêt. Par cette expression, on entend en effet toute organisation constituée qui cherche à influencer le pouvoir politique dans un sens favorable aux insatisfactions sociales qu'elle prend en charge.

Cette définition comporte plusieurs éléments qui permettent de situer les groupes d'intérêt par rapport à d'autres modalités d'action collective. En tant qu'organisations constituées tout d'abord, ils se distinguent des foules (de manifestants ou de grévistes...) ou des groupes latents, tels que les communautés ethniques, les classes sociales, c'est-à-dire ce que Almond et Powell désignaient respectivement comme *anomic groups* et *nonassociational groups* par opposition

1. William GAMSON (Ed.), *Encounters with Unjust Authorities,* Homewood, The Dorsey Press, 1982. Dans un pays comme les États-Unis, la figure positive de la victime ne s'est imposée qu'avec le renouveau de la revendication identitaire que l'on peut situer dans les années soixante lorsque les Noirs d'abord, suivis par de nombreux autres groupes (minorités ethniques, femmes, homosexuels...) ont mis en avant cette problématique pour légitimer l'écoute de l'opinion et l'attention des Pouvoirs Publics. Auparavant, cette figure était plutôt dépréciée, donc beaucoup moins mobilisatrice. Peter NOVICK, *L'Holocauste dans la vie américaine,* Paris, Gallimard, 2001, p. 269.

aux *associational groups*. Un autre aspect de la définition concerne la place faite aux intérêts. Certains auteurs en ont regretté les connotations « matérialistes » alors qu'il existe des mouvements voués à défendre « des idées ». Important dans les années 1950 et 1960 (Meynaud, Lavau), ce débat révélait surtout une méfiance culturelle profonde à l'égard d'activités soupçonnées de perturber la démocratie. D'autres ont souligné que les intérêts ne sont pas identifiables tant qu'ils ne sont pas explicitement défendus, d'où la préférence pour le vocable groupes de pression qui semble connoter, à tort, une activité permanente d'intimidation auprès des pouvoirs publics.

L'élément essentiel de la définition est celui qui évoque leur démarche : influencer les pouvoirs publics. Ce critère autorise une double clarification. Vis-à-vis des partis politiques d'abord, lesquels ont pour objectif premier d'exercer le pouvoir ou d'y participer. Concrètement, c'est le fait de présenter ou non des candidats aux élections générales qui permet de tracer la ligne séparative entre les uns et les autres. Vis-à-vis de l'administration ensuite. En effet, les services publics en tant que tels : la police, l'éducation nationale, la magistrature..., constituent l'appareil d'État ; ils ne sont pas, par eux-mêmes, des groupes d'intérêt ou de pression. En revanche, les agents de ces services peuvent constituer des syndicats ou des associations qui ne font pas partie des services de l'État mais jouent le rôle d'organisations de défense des intérêts de leurs membres. Par exemple, dans l'administration de la Justice, l'Union fédérale des magistrats et le Syndicat national de la Magistrature.

Faibles ou puissants, peu structurés ou fortement institutionnalisés, les groupes d'intérêt sont des catalyseurs d'action collective puisqu'ils explicitent des attentes sociales et interviennent activement pour assurer leur prise en considération par les pouvoirs publics. Ce faisant ils constituent des acteurs à part entière du système politique dont ils contribuent à façonner les règles effectives de fonctionnement.

§ 1. Les groupes d'intérêt et la formulation d'exigences

Si l'objectif minimum commun à tous les groupes d'intérêt est d'assurer (au moins auprès des pouvoirs publics) la visibilité sociale d'attentes collectives, celles-ci, rappelons-le, naissent rarement spontanément. Les organisations jouent donc un rôle actif dans la construction des prises de conscience, des exigences, et, *a fortiori*, dans l'émergence des mobilisations. Cependant leur démarche n'est pas la même selon qu'elles s'adressent ou non à une base sociale préexistante ayant une identité collective déjà constituée.

A Le problème des intérêts pris en charge

Distinguons de ce point de vue, deux catégories de groupes d'intérêt avant d'envisager quelles sont les stratégies qu'ils mettent en œuvre.

Les groupes d'intérêt à caractère identitaire

Ils sont fondés sur le souci de représenter une strate de population dont l'identité s'est déjà imposée dans les représentations mentales : les agriculteurs, les jeunes, les cadres, etc. Les exemples, fort nombreux, peuvent être regroupés autour de deux pôles. Le pôle socio-économique tout d'abord. On pense, bien sûr, aux catégories socioprofessionnelles et aux classes sociales. En relation avec elles, existent des syndicats d'agriculteurs, de salariés, d'enseignants et de cadres ; des organisations de patrons et de professions libérales. On pense également, même si les représentations mentales sont ici beaucoup moins claires, aux consommateurs et aux usagers des services publics d'où, récemment, a surgi un syndicalisme de type nouveau. Le second pôle, socioculturel, renvoie à des groupements collectifs fondés sur une commune allégeance (religieuse, ethnolinguistique) ou bien sur une expérience historique partagée (les anciens combattants, les anciens déportés...) ou bien encore sur une semblable formation intellectuelle (les étudiants, les polytechniciens...). Aucune de ces strates de populations, à forte identité sociale, n'ignore l'existence d'organisations qui les représentent ou aspirent à les représenter auprès des pouvoirs publics, devant l'opinion publique et dans les médias.

Ces groupes d'intérêt ont une vocation identitaire en un double sens. D'abord parce qu'ils s'intéressent virtuellement à toutes les aspirations qui découlent du sentiment d'appartenance au groupe. En effet, une organisation patronale entend défendre *tous* les intérêts des chefs d'entreprise, comme le syndicalisme de salariés ou de cadres *tous* les intérêts des catégories professionnelles concernées[1]. Ce seront aussi bien des avantages matériels que des gratifications en termes de statut

1. Naturellement, cela ne signifie pas nécessairement que toutes les personnes concernées y adhèrent. En France, le taux de syndicalisation est particulièrement faible : moins de 6 % dans le secteur privé, à peine 10 % des salariés en y incluant la fonction publique et le secteur public (d'après Dominique Andolfatto).

ou de considération sociale. Mais, en luttant pour faire respecter ou renforcer ce qu'ils considèrent être la place légitime du groupe dans la société, ils contribuent à consolider son existence aussi bien aux yeux des tiers qu'auprès de ses propres membres, conscients ou inconscients.

Leur démarche sera donc aussi attentive que possible à l'ensemble des attentes, même les plus informulées, susceptibles de surgir au sein de la strate de population concernée. Elle se prolonge surtout par une écoute maximale des insatisfactions, mécontentements et ressentiments, au risque de devoir prendre en charge des demandes contradictoires. Les grandes confédérations ouvrières ou enseignantes connaissent bien ces tensions[1] mais aussi le Medef au sein duquel les représentants des diverses branches industrielles peuvent avoir des intérêts fort divergents : déréglementation pour les entreprises en position dominante, protection légale pour les plus vulnérables. Ces groupes d'intérêt devront donc élaborer des plates-formes revendicatives ou des catalogues d'exigences fondés sur des compromis. Cela implique de filtrer les attentes issues de la base. Certaines, considérées comme trop démagogiques, ne pourront être prises en considération car elles nuiraient à la crédibilité ou à la respectabilité du syndicat ; par exemple, interdire tout licenciement, tolérer la fraude fiscale... Cela implique aussi de ramener la diversité à l'homogénéité en agrégeant ensemble des revendications connexes sous des formules larges et fluides, susceptibles de satisfaire le maximum de représentés : « défendre la liberté du chef d'entreprise » (organisations patronales) ou bien, « garantir le pouvoir d'achat des travailleurs » (confédérations syndicales de salariés), en évitant de mettre en avant les problèmes qui divisent : respectivement, les conditions de la concurrence entre petites et grandes entreprises, le réexamen de la grille des salaires.

Les groupes d'intérêt supports d'une Cause

Ne dépendant pas d'une base sociale préconstituée ils n'affrontent pas ce type de dilemme, mais ils s'affirment dans l'arène sociale en se faisant les porte-parole d'une aspiration ou d'une conviction[2]. Cela signifie que le groupe d'intérêt se construit une plate-forme précise,

1. La Fédération de l'Éducation Nationale (FEN), créée en 1929 par les instituteurs du SNI, n'y a pas résisté. Affaiblie par de graves scissions qui ont rendu caduque son ambition d'unir tous les enseignants du premier et du second degré, elle s'est transformée, en décembre 2000, en Unsa-Éducation, une fédération parmi d'autres qui affronte une difficile conjoncture de désyndicalisation.

2. Sur ce sujet, « Causes entendues », *Politix*, 1991, n° 16 et *Politix*, 1992, n° 17.

cohérente, identifiable, dans laquelle pourront se reconnaître librement adhérents et sympathisants. Par exemple : la défense des prisonniers politiques dans le monde pour Amnesty International ; la protection de l'environnement pour les associations de défense de la Nature ; la lutte contre le racisme ou la xénophobie pour la Ligue des Droits de l'Homme. Ces groupes d'intérêt ont donc une vocation spécialisée en ce sens qu'ils ont des objectifs d'emblée circonscrits, stables dans le temps et, en principe, acceptés par tous leurs adhérents. Cependant, comme l'ont montré les changements de la signification du sigle MRAP, des débats sévères peuvent surgir concernant des réorientations majeures de stratégie[1]. Les militants peuvent être mûs par de toutes autres motivations que la recherche d'avantages matérialisables, personnels ou collectifs, ce qui est plus rarement le cas dans la catégorie précédente. Le seul fait de se battre contre la guerre ou la torture, la faim dans le monde ou la destruction de la planète, peut constituer en soi une rétribution de l'engagement, à savoir la satisfaction de remplir un devoir (ce que Salisbury appelait *Purposive Benefit*). Les membres de ce type de mouvement adhèrent aux buts de l'organisation ou bien ils la quittent. Dès lors, ces groupes d'intérêt sont en mesure d'adopter un langage plus précis, plus déterminé, n'ayant pas à gérer, en principe, des intérêts contradictoires majeurs qui exigeraient des compromis instables ou des formulations fluides. Les divergences internes sont normalement circonscrites à des questions tactiques d'opportunité ou de choix des moyens.

La distinction entre ces deux catégories de groupes d'intérêt permet de mettre en évidence la nature mixte de certaines associations. Les chômeurs, les sans-papiers, les sans-logis, toutes ces catégories de populations en difficulté ont suscité des mobilisations en leur faveur et la naissance d'organisations visant à les défendre. Une partie de ces militants appartiennent à la catégorie concernée et, en ce sens, ils affichent leur identité sociale d'exclus. Mais une autre partie se situe plutôt sur le terrain du soutien à leur Cause, se mobilisant pour des raisons morales ou politiques (lutte contre les méfaits du capitalisme). Motivations, ressources politiques, coûts et bénéfices de l'engagement ne sont pas du tout de même nature chez les uns et les autres, et peuvent même entrer en conflit.

Groupes d'intérêt à caractère identitaire ou supports d'une Cause particulière, tous sont conduits à effectuer un travail actif de commu-

1. Le sigle de cette organisation, fondée à la Libération et longtemps proche du Parti communiste, signifiait : Mouvement contre le Racisme, l'Antisémitisme et pour la Paix ; il est devenu Mouvement contre le Racisme et pour l'Amitié entre les Peuples (MRAP), dans le souci de ne singulariser aucune forme d'hétérophobie.

nication en direction de leurs représentés ou de leurs sympathisants potentiels. Ce travail vise d'abord à imposer des représentations du réel favorables à la légitimation d'attentes ou d'exigences. Ainsi, la thématique du chef d'entreprise dynamique, mais paralysé par une bureaucratie tatillonne et des charges fiscales écrasantes, sera-t-elle privilégiée par les organisations patronales. Les syndicats de la fonction publique mettront ordinairement en avant l'attachement au service public qui les crédite d'emblée d'un dévouement (insuffisamment reconnu) et d'une mission directement associée à l'intérêt général (donc supérieure aux intérêts particuliers)[1].

Le travail de communication effectué par les groupes d'intérêt à caractère identitaire vise à réactiver le sentiment de solidarité collective dans leur base sociale car il servira de levier pour faciliter le passage à l'action. C'est ce que François Chazel appelle mobiliser des loyautés, c'est-à-dire des allégeances[2]. Les enseignants par exemple se voient rappeler par leurs organisations syndicales qu'ils ont une vocation spécifique dans la société, un statut à part (insatisfaisant), et des aspirations communes (élevées) malgré la diversité des corps et des situations pédagogiques. Dans des cas beaucoup plus limités, les groupes d'intérêt au service d'une Cause peuvent réussir également à créer le sentiment d'une identité collective là où elle n'existait pas. La conscience d'être écologiste est née du travail effectué par les premières associations de défense de l'environnement ; l'identité ethnoculturelle de multiples minorités européennes au XIXe siècle fut redevable aux organisations qui ont défendu l'usage d'une langue menacée, dans les services publics, à l'école, ou dans les lieux de loisirs. C'est en ce sens que Gellner a pu dire que les nations avaient été créées par le nationalisme.

Le travail de communication opéré par les groupes d'intérêt vise aussi à souligner le lien étroit qui existe, à leurs yeux, entre les exigences formulées par les organisations et les besoins ou les aspirations des représentés. Cela suppose une politique de communication et d'information qui favorise les « prises de conscience », la mise en place d'argumentaires qui confortent les convictions par des analyses voire, plus modestement, par le recours à des thématiques simplificatrices sinon parfois simplistes. Ainsi des slogans ou des formules : « Les patrons peuvent payer ! » ou encore : « Pas d'avenir

1. Sur les thèmes revendicatifs des fonctionnaires des Impôts, Catherine POLAC, « Protestation et crédibilité des agents des Finances. Analyse de la grève de mai à novembre 1989 », *in* Olivier FILLIEULE (Dir.), *Sociologie de la protestation*, Paris, L'Harmattan, 1993, p. 67 sq.
2. François CHAZEL, *Action collective et mouvements sociaux*, Paris, PUF, 1993, p. 159.

sans paysans ! ». De cette activité de propagande, au sens large, doit résulter la mobilisation de soutiens soit passifs (simple sympathie) soit actifs : contributions financières, participation aux meetings, réunions publiques, manifestations voire, lorsqu'elles existent, votes aux élections professionnelles. Ce sont ces attitudes qui donnent du sens et du poids politique aux initiatives prises par les groupes d'intérêt. En effet, le défi majeur qu'ils affrontent, c'est celui de conquérir une représentativité et de la renforcer sans cesse : à la fois pour s'imposer face à leurs rivaux et pour se poser en interlocuteurs incontournables des pouvoirs publics.

B Le problème de la représentativité alléguée

Ici la notion de représentativité est aussi fondamentale que fuyante. Fréquemment, le langage des groupes d'intérêt assène l'équivalence entre le discours du représentant et les attentes supposées des représentés, ce qui fait dire à un syndicat d'étudiants : « Les étudiants pensent que... » ou encore à une organisation de consommateurs : « Les consommateurs ne veulent plus que... ». Comme l'écrit Patrick Champagne : « Lorsque par exemple 100 000 agriculteurs défilent à Paris, ce ne sont plus, aux yeux de la classe politico-journalistique et même des manifestants eux-mêmes, *des* agriculteurs qui manifestent mais *tous* les agriculteurs »[1]. Dans les démocraties pluralistes, la représentativité d'un parti par rapport à ses concurrents se trouve attestée à partir d'indicateurs simples : le nombre de voix obtenues aux élections générales, le nombre d'élus siégeant sous son étiquette dans les institutions nationales, régionales et locales. En revanche, le problème se pose en termes beaucoup plus flous pour les groupes d'intérêt. D'abord parce qu'il existe peu de scrutins où ils puissent tester leur audience réelle, à l'exception notable des élections sociales (comités d'entreprises, chambres de commerce ou des métiers...) et prud'homales (représentants au sein des juridictions du travail). Surtout, selon les catégories d'intérêts concernés et les populations ciblées, la représentativité ne peut être mesurée à la même aune. Le Medef, organe du patronat français, ne fonctionne pas comme la CGT ni, *a fortiori*, les mouvements à vocation spécialisée comme Droit au logement (Dal) ou la Ligue des chasseurs.

Trois catégories d'indicateurs peuvent être retenus pour mesurer la représentativité d'un groupe d'intérêt. Le premier, fragile et approxi-

1. Patrick CHAMPAGNE, « La manifestation comme action symbolique », *in* Pierre FAVRE (Dir.), *La Manifestation*, Paris, Presses de la FNSP, 1990, p. 351.

matif, est la notoriété, génératrice d'identification. Par là on entend le processus en vertu duquel le nom d'une organisation est fortement associé soit à la défense d'intérêts catégoriels : le Sni et les instituteurs, le Cid-Unati et les artisans, soit à une grande Cause : Médecins sans frontières et Médecins du Monde avec l'intervention humanitaire d'urgence, SOS Racisme avec la lutte contre la xénophobie, etc. Un deuxième indicateur de représentativité est la capacité de mobilisation : nombre d'adhérents ou de cotisants, puissance financière, aptitude à faire respecter des consignes d'action ou de boycott. Bien entendu, selon la nature du groupe d'intérêt, les signes caractéristiques de cette capacité mobilisatrice sont différents ; on ne s'attend pas à ce que la Société des Agrégés rassemble des foules dans la rue et l'on admet sans peine que le Syndicat national de la presse quotidienne soit représentatif puisqu'il regroupe l'ensemble des titres concernés.

Un troisième indicateur est la reconnaissance extérieure, par les pouvoirs publics ou les médias, de la représentativité alléguée. Il s'agit parfois d'une consécration juridique. Le droit du travail français, par exemple, connaît la notion d'« organisation syndicale représentative » qui emporte un certain nombre de conséquences en ce qui concerne la mise en œuvre des conventions collectives signées par elles[1]. De même, nombre d'organismes publics, à caractère plus ou moins consultatif, font une place ès qualités à des associations qualifiées de représentatives : usagers des services publics, défense des consommateurs. De manière plus informelle, c'est le fonctionnement même des médias dans les sociétés contemporaines développées qui contribue à la reconnaissance de représentativité. Ainsi, à l'occasion d'un débat de société sur le problème des exclus, le fait pour la télévision d'inviter sur ses plateaux des porte-parole d'organisations caritatives déterminées implique sans doute (en principe) la constatation d'une représentativité déjà avérée, mais en même temps elle la renforce et la consolide... voire la constitue peut-être. De même, la façon dont la presse couvre un conflit, contribue de manière importante à construire l'image que le public et les acteurs eux-mêmes se feront de l'audience des groupes d'intérêt impliqués. C'est pourquoi les plus solidement organisés d'entre eux mettent en place des services chargés des relations avec les médias. Ils fournissent aux journalistes informations et repères qui, tout en facilitant leur tâche, visent surtout à obtenir la

1. La création des syndicats Sud et Unsa (enseignants), en faisant éclater le paysage syndical, a multiplié les contestations puisque la reconnaissance de représentativité n'est accordée automatiquement qu'aux cinq centrales traditionnelles : CGT, CFDT, FO, CGC (cadres) et CFTC.

meilleure visibilité possible de leur action, donc la démonstration de leur représentativité. Les groupes d'intérêt qui cherchent le maximum de visibilité convoitent, dans un ordre croissant, des commentaires radios, une couverture dans les magazines et la presse régionale, un traitement dans la presse quotidienne nationale, un passage aux journaux télévisés du 13 heures et du 20 heures (hiérarchie susceptible néanmoins d'être modifiée selon le type d'action entrepris).

§ 2. Les groupes d'intérêt et leur insertion dans le mode de gouvernement

Les groupes d'intérêt formulent des exigences en vue de faire pression sur les pouvoirs publics et obtenir des résultats. Soit ils agissent comme *veto groups,* c'est-à-dire qu'ils veillent à contrer toute modification législative ou réglementaire susceptible de léser les intérêts qu'ils représentent. Soit, ce qui est plus difficile comme l'a montré jadis David Riesman, ils cherchent à provoquer des réformes voire initier une politique publique globalement favorable. Plus généralement, ils ont l'ambition de faire reconnaître leur existence et leur influence, se posant ainsi en interlocuteurs virtuels de la puissance publique. Compte tenu de leur nombre, il en résulte une multiplicité foisonnante d'initiatives et de résistances, de pressions et de contre-pressions qui ne peut manquer de faire apparaître le système politique sous un jour nouveau.

A Les modalités d'intervention

Les groupes d'intérêt cherchent à influencer les pouvoirs publics qui ont compétence pour gérer un problème qui s'est imposé sur l'agenda politique. Ainsi, selon les cas, les cibles de leur action peuvent-elles être l'instance nationale, les collectivités locales et, de plus en plus souvent, les instances européennes ou l'arène internationale. On comprend facilement que la structure de l'État, interventionniste ou libéral, décentralisé ou centralisé, conditionne l'orientation de leur action. Avec le renforcement considérable des compétences juridiques exercées par les institutions européennes, il arrive de plus en plus fréquemment que « Bruxelles » soit prise comme cible et l'on voit se multiplier des regroupements professionnels au niveau européen[1]. Ainsi les organisations patronales se sont-elles, les premières, associées au sein de l'UNICE (Union interprofessionnelle des chefs d'entreprises) tandis que de nombreux syndicats de salariés se retrouvent au sein de la CES (Confédération européenne des syndicats) fondée en 1973[2]. Il est également fréquent que les régions entretiennent une délégation auprès des institutions européennes, se comportant ainsi comme de véritables lobbies. À tous les niveaux, infra-étatique, national ou européen, ils agissent selon les circonstances auprès des assemblées délibérantes, des instances exécutives, ou même directement auprès des services administratifs. À l'ère de la mondialisation, l'action des groupes d'intérêt au niveau international ne peut que revêtir une ampleur accrue. Elle existait depuis longtemps du fait des grandes firmes multinationales dont les intérêts ont toujours débordé les frontières étatiques. Le phénomène le plus nouveau est l'émergence de mobilisations protestataires orchestrées par des organisations aux structures encore très lâches, mais vouées, de ce fait, à inventer de nouvelles tactiques de pression sur les pouvoirs politiques, notamment à l'occasion des grandes rencontres internationales (réunions du G7 et du G8, conférences de l'ONU sur le réchauffement climatique...).

Les formes d'intervention des groupes d'intérêt sont extrêmement variées et, bien sûr, conditionnées par la nature des ressources politiques dont ils disposent. Distinguons schématiquement, dans la relation entre groupes d'intérêt et pouvoirs publics, les pressions externes, dans la rue ou dans les couloirs du pouvoir, et la participation au processus décisionnel.

1. Les pressions externes

La descente dans la rue

Les groupes d'intérêt qui font descendre dans la rue leurs troupes en grève cherchent à attester leur capacité de mobilisation. Le nombre (et la discipline) des manifestants constituent un signe de force qui doit conduire les pouvoirs publics à se montrer attentifs à leurs revendications. Le but recherché est souvent très précis : s'imposer à la table de

1. Politique européenne, « Les Groupes d'intérêts et l'Union européenne » n° 7, printemps 2002 ; Didier CHABANET, « Vers une européanisation de l'action collective ? », *in* Arnaud MERCIER (Dir.), *Vers un Espace public européen ? Recherches sur l'Europe en construction,* Paris, L'Harmattan, 2003, p. 43-73.

2. Guillaume DEVIN, *Syndicalisme : dimensions internationales,* Éditions européennes Erasme, 1990.

négociation ou peser sur une négociation en cours. C'est la tactique habituelle des syndicats de salariés, d'agriculteurs ou de travailleurs indépendants, à ceci près que, selon les traditions nationales (en Europe du moins) la grève et les manifestations qui l'accompagnent, constituent ici un ultime recours, là un préalable à l'entrée dans des négociations sérieuses. Mais l'objectif est aussi de prendre à témoin l'opinion publique. En démocratie pluraliste, celle-ci joue un rôle non négligeable en raison des fréquentes échéances électorales. Il s'agit donc de capter l'attention, l'intérêt voire la sympathie. Pour y parvenir il est nécessaire de transcrire des exigences catégorielles en formulations attractives pour de plus larges couches sociales c'est-à-dire, au fond, rationaliser en termes d'intérêt général la défense d'intérêts particuliers. Ainsi les syndicats de médecins souligneront-ils le lien nécessaire entre leurs revendications matérielles et la défense de la santé de leurs patients ; les syndicats d'enseignants mettront-ils en avant leur attachement à un meilleur projet éducatif pour les enfants. Il est également opportun de rechercher des alliés ; ce qui conduit à préconiser des formules d'unité d'action ou de solidarité, notamment à l'occasion des conflits du travail. Cependant, un dilemme risque de surgir. Ou bien le mouvement revendicatif noue des alliances très larges au nom de la solidarité : par exemple, une grève et une « journée d'action » de toute la fonction publique, ou encore de tous les personnels de santé (des patrons et internes jusqu'aux infirmiers et aides-soignantes). Il y gagne en principe une mobilisation du plus grand nombre mais la spécificité des revendications catégorielles, propres à un groupe déterminé, risque de s'y trouver diluée. Ou bien, au contraire, il fait cavalier seul (mouvement des infirmières, des conducteurs de train...) de façon à mieux affirmer son identité et ses problèmes spécifiques, mais cette solitude diminue considérablement sa capacité de pression sur les pouvoirs publics. Au sein des grandes confédérations patronales, ouvrières ou agricoles, l'oscillation entre spécificité et solidarité y est donc permanente.

Le lobbyisme

Alors que les mouvements de masse sont les seuls à pouvoir utiliser efficacement l'arme de la grève, du boycott, de la manifestation voire celle des consignes de votes aux élections générales, en revanche, pratiquement tous les groupes d'intérêt font du démarchage auprès des élus, des services administratifs et, au plus haut niveau, auprès des instances gouvernementales. Ils plaident la cause ou les intérêts catégoriels qu'ils représentent, avec des argumentaires politiques ou/et techniques ; ce qui, dans ce dernier cas, suppose un travail préparatoire assuré par des experts. En effet, mieux le coût, l'impact et les retombées d'une revendication sont analysées avec rigueur et habileté, mieux ils peuvent emporter la conviction de leurs interlocuteurs officiels.

Le démarchage ou lobbyisme, est plus ou moins bien reconnu selon les régimes politiques et les univers culturels[1]. Longtemps en France, cette pratique a été considérée comme une perversion de la démocratie, une inadmissible pression des intérêts particuliers sur les représentants du Peuple. Aux États-Unis au contraire, le lobbyisme a été très officiellement accepté depuis longtemps, et réglementé à partir de 1946 ; les groupes d'intérêt devant faire enregistrer les noms de leurs mandataires auprès des membres du Congrès. Une législation analogue a été instaurée en Allemagne à partir de 1972. En fait, dans toutes les sociétés développées, il existe une interpénétration croissante, quoique souvent informelle, entre les dirigeants de l'État (ou des collectivités publiques) et les représentants des principaux groupes d'intérêt. Beaucoup d'entre eux, en effet, partagent une même formation intellectuelle : université, grandes écoles..., adoptent un langage économiste commun, se réfèrent à des valeurs analogues. Cette osmose met en place les conditions d'un dialogue permanent chaque fois que les circonstances l'exigent. Une telle situation présente d'ailleurs des avantages dans la mesure où elle permet de mieux appréhender les préoccupations particulières d'un groupe social ou les dimensions techniques de dossiers complexes : choix industriels (normes techniques pour la TV haute définition), décisions d'équipements lourds d'infrastructure (tramway ou métro urbain ?), retombées prévisibles sur l'environnement des effluents d'une usine chimique ou d'une centrale nucléaire. Mais elle risque aussi d'obscurcir sérieusement la capacité du législateur à discerner l'intérêt public dans la mesure où les groupes d'intérêt concernés sont inégalement présents et influents auprès de lui.

Le problème du lobbyisme est devenu particulièrement crucial au niveau européen en raison de la masse des fonds budgétaires qui transitent par ses instances (politique agricole, fonds structurels, soutien aux régions), en raison aussi des implications financières considérables des décisions prises en matière de respect des règles de concurrence. À plusieurs reprises, ces problèmes ont créé un malaise qui a plus particulièrement affecté la Commission (démission en 1999 de l'équipe Santer). Dans le dossier dit de « la vache folle », les responsables européens à Bruxelles, confrontés à la solution de

1. Gilles LAMARQUE, *Le Lobbying,* Paris, PUF, 1994.

l'embargo sur les viandes originaires de Grande-Bretagne, étaient nécessairement obligés de s'en remettre à des experts qui ne pouvaient faire totalement abstraction des énormes enjeux en cause, les uns de santé publique, les autres de survie économique des éleveurs (britanniques). Cette interpénétration des politiques et des experts crée des conditions favorables à des entreprises de corruption pure et simple. Le phénomène est bien connu des commissions payées à l'occasion de certains marchés, comme l'ont montré plusieurs affaires récentes à l'échelle internationale (par exemple, les arrière-plans de la vente de frégates à Taïwan, en 1992, révélés par la justice en 1998, ou encore le scandale déclenché en Allemagne, en 1999, par le financement illégal de la CDU). Susceptible d'affecter tous les pays, même les plus sourcilleux sur le fonctionnement de l'État de droit, la corruption n'en est pas moins inégalement répandue comme le révèlent les classements opérés par l'ONG : *Transparency International*[1].

Il faut aussi noter les liens étroits, personnels, juridiques ou financiers qui peuvent unir certains groupes d'intérêt à des partis politiques. Des dirigeants syndicaux ont pu siéger ès qualités au bureau politique de certaines formations (CGT et PCF notamment) ; des adhésions collectives ont été parfois instituées : les Trade-Unions comme membres du Labour Party en Grande-Bretagne. Surtout, beaucoup plus généralisées sont les contributions et facilités matérielles accordées par des groupes d'intérêt à des partis pour en faciliter le fonctionnement ou assurer le financement de leurs campagnes électorales. À propos du lobbyisme américain, Kay Lawson cite ce commentaire révélateur d'un homme politique de Pennsylvanie : « Je crois qu'il existe une division du travail... Vous nous envoyez au Congrès, nous adoptons des lois grâce auxquelles vous faites davantage d'argent et, sur les profits réalisés, vous contribuez ultérieurement à nos fonds de campagne pour nous renvoyer (au Congrès) adopter davantage de lois qui vous permettront de faire davantage d'argent »[2].

1. Sur la valeur de ce travail d'évaluation effectué par *Transparency International*, Charles SAMPFORD, Arthur SHACLOCK, Carmel CONNORS, Fredrik GALTUNG, *Measuring Corruption*, Aldershot, Ashgate, 2006. Est examinée notamment la manière dont sont construits les indices CPI (*Corruption Perception Index*) et BPI (*Bribery Perception Index*).

2. Kay LAWSON, *The Human Polity,* 4e édition, Boston, Houghton Mifflin, 1997, p. 228.

2. Les pressions de l'intérieur

La participation institutionnalisée aux processus décisionnels

De manière ponctuelle ou permanente, les pouvoirs publics organisent eux-mêmes la concertation avec des groupes d'intérêt avant d'opérer leurs choix ou d'adopter une politique publique. Ils y trouvent un double avantage. Technique tout d'abord. La coopération avec ces partenaires vise à améliorer la connaissance que peuvent avoir les services de l'État des dimensions méconnues d'un problème. La décision de créer un Parc naturel régional doit beaucoup à des considérations d'ordre écologique : équilibres du biotope, spécificités de la faune et de la flore, identification des menaces chimiques qui pèsent sur lui ; mais elle a également des implications économiques. En tous ces domaines, la collaboration avec les Sociétés de protection de la nature, les ligues de chasseurs, mais aussi les chambres de commerce et d'agriculture se révèle indispensable. Elle l'est aussi pour des raisons politiques. Toute décision publique étant constitutive d'un compromis entre des intérêts contradictoires diversement puissants, la concertation est le meilleur moyen d'identifier à temps la force des exigences et des résistances, de façon à dégager une solution qui soit susceptible d'être mise en œuvre sans difficultés excessives.

La participation institutionnalisée aux processus décisionnels prendra diverses formes. C'est d'abord, au stade préparatoire, la représentation ès qualités de tels ou tels groupes d'intérêt ; qu'il s'agisse de les auditionner en commission parlementaire ou de les faire participer aux travaux de comités mixtes associant responsables politiques, hauts fonctionnaires et experts. Les grandes organisations professionnelles d'employeurs ou de salariés sont ainsi représentées dans de multiples comités préparatoires constitués en prévision d'un projet de législation. Une seconde forme de participation relève de ce que l'on appelle l'administration consultative ou encore la polysynodie. Auprès du chef de gouvernement, d'un ministre voire d'une simple direction de ministère sont institués de nombreux Hauts comités, Conseils supérieurs, Commissions des sages, etc. Ils sont généralement composés à la fois de personnalités « particulièrement qualifiées », nommées discrétionnairement, et de représentants des organisations professionnelles, sociales, culturelles... Jean-Pierre Beurier a évalué leur nombre à un millier environ en France, les uns à forte notoriété et dotés de réels pouvoirs autonomes : le Conseil supérieur de l'audiovisuel, le Conseil supérieur de la magistrature, la Halde (Haute Autorité de lutte contre les discriminations à l'emploi)... ; d'autres, au contraire, entrant à peine nés dans un profond sommeil. On ne saurait néanmoins sous-estimer l'importance de ces structures multiples de dialogue pour anticiper ou gérer les conflits d'intérêts. On en retrouve l'équivalent au niveau des institutions européennes, et, avec un statut différent, auprès des Nations Unies.

Une troisième forme enfin de participation institutionnelle est l'attribution de sièges dans des assemblées délibérantes. Chargées explicitement d'organiser la concertation entre des intérêts antagonistes ou simplement différents, elles ont généralement une vocation purement consultative, ce qui les distingue des chambres corporatistes dotées, elles, de pouvoirs législatifs. En France les meilleurs exemples en sont les Comités économiques et sociaux créés en 1972 au niveau de chacune des régions, et le Conseil Économique et Social, qui a son équivalent dans plusieurs pays (Italie), et dans les institutions de l'Union européenne (art. 193 du Traité de Rome). Le Conseil économique et social français comporte 230 membres dont 69 représentants des salariés, 72 représentants des entreprises (agricoles, non agricoles, publiques et artisanales), 17 représentants des « activités sociales » (familles, logement, épargne), 3 représentants des professions libérales et, par ailleurs, 40 personnalités qualifiées dans le domaine économique, social, culturel ou scientifique. Il doit être consulté obligatoirement sur « tout plan ou tout projet de loi de programme à caractère économique et social ».

La gestion directe d'une mission de service public

Cette hypothèse demeure relativement exceptionnelle dans les démocraties libérales. Ce sont par exemple les Ordres de médecins, d'avocats, d'architectes dont l'existence témoigne des traces laissées par le corporatisme doctrinal, ou encore les structures de gestion créées dans le domaine agricole : Safer (Société d'aménagement foncier et d'équipement rural), Commissions de remembrement, Mutualité sociale agricole. La construction européenne tend à remettre en cause, au nom de la libre concurrence, ces structures à connotation dirigiste. On peut également y inclure la participation des organisations syndicales (de patrons et de salariés) à la gestion des organismes de gestion de la Sécurité sociale.

La pratique fréquente de la négociation avec les pouvoirs publics et, surtout, la participation à des processus de décision place un certain nombre d'organisations devant le dilemme suivant : préserver jusqu'au bout leur liberté de revendication en refusant toute codécision, ou accepter les compromissions de l'intégration institutionnelle ? Si, par exemple, les directives de la Commission européenne ou les réformes du système de retraite national ont été négociées avec les grandes organisations ouvrières ou patronales, est-il possible ensuite d'en dénoncer les méfaits lorsque surgissent les mécontentements ? Dans l'hypothèse où se produirait une révolte de la base, les organisations représentatives concernées se trouveraient placées dans une situation embarrassante qui pourrait, en outre, favoriser des organisations rivales. En revanche, conserver une attitude purement protestataire, refuser de siéger dans les instances de concertation où se glanent de précieuses informations sans même parler des facilités matérielles ou logistiques qu'elles procurent, c'est risquer de manquer des occasions d'infléchir dans le sens souhaité le processus décisionnel. Il n'existe pas dans l'absolu de solution satisfaisante à ce dilemme, d'autant que les groupes d'intérêt sont dans une situation très différente selon que leur base est ou non turbulente, selon qu'ils représentent des strates concrètes de populations ou simplement de (grandes) Causes. Ceci étant, tous inclinent à préférer siéger dans des instances à caractère *consultatif,* qui leur évitent de se lier trop visiblement les mains.

B Un néocorporatisme ?

Mobilisant des ressources différentes, avec une efficacité inégale, les groupes d'intérêt pèsent dans les processus décisionnels de l'État, des collectivités locales ou des instances européennes, voire internationales. Ils contribuent à susciter une politique, à l'infléchir, voire à l'abandonner. Généralement, on l'a dit, ils ont surtout une capacité d'entraver (*Veto Groups*) ; certains, néanmoins, sont suffisamment proches du pouvoir pour être capables d'inspirer des initiatives publiques. Dans tous les cas, se constitue un réseau d'interactions et d'influences réciproques, entre les pouvoirs publics et les groupes de pression concernés.

Les exigences des groupes d'intérêt, et les stratégies par eux mises en œuvre pour les faire aboutir, provoquent en retour des réponses : rejet pur et simple ou acceptation de la négociation. À ces attitudes des pouvoirs publics, les groupes d'intérêt réagissent, suscitant un second niveau de comportements ou de propositions ; et ainsi de suite. Cette dynamique des relations entre pouvoirs publics et groupes d'intérêt constitue un aspect fondamental des processus réels de gouvernance. Elles confèrent au système politique son style tendu (prédominance de la confrontation) ou conciliant (prédominance de la négociation), sa nature rigide ou flexible. En s'inspirant librement de l'arbre des choix stratégiques établi par Anthony Oberschall[1], on peut visualiser ces phénomènes de la manière suivante :

Tableau n° 20
Arbre des choix stratégiques

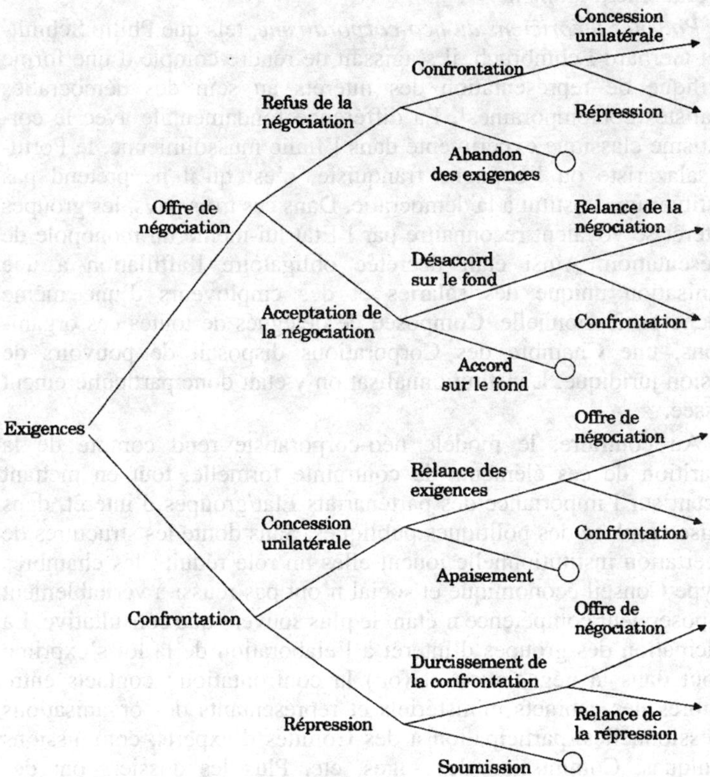

1. Anthony OBERSCHALL, « A Decision Tree for Moves and Countermoves », *in* Mayer ZALD, John MCCARTHY, *The Dynamics of Social Movements,* Cambridge (Mass), Winthrop Publishers, 1979, p. 49. On suppose ici que l'initiative (formulation d'exigences) est le fait d'un groupe d'intérêts.

Cette interaction constante entre les pouvoirs publics et les groupes d'intérêt, dans un jeu permanent de négociations, pressions et résistances, pose en définitive la question de la nature réelle du régime politique. Un fort mouvement d'idées dans les années 1970 et 1980 s'est interrogé sur la signification globale de cette interpénétration des institutions de la démocratie représentative et des organisations professionnelles, sociales ou culturelles. Ce fut le débat corporatisme/pluralisme.

Pour les théoriciens du néo-corporatisme, tels que Philip Schmitter et Gerhard Lehmbruch, il s'agissait de rendre compte d'une forme spécifique de représentation des intérêts au sein des démocraties pluralistes contemporaines[1]. La différence fondamentale avec le corporatisme classique expérimenté dans l'Italie mussolinienne, le Portugal salazariste ou l'Espagne franquiste, c'est qu'il ne prétend pas constituer un substitut à la démocratie. Dans ces trois pays, les groupes d'intérêt se voyaient reconnaître par l'État lui-même un monopole de représentation. Ainsi était décrétée obligatoire l'affiliation à une organisation unique des salariés et des employeurs d'une même branche professionnelle. Composée de délégués de toutes ces organisations, une Chambre des Corporations disposait de pouvoirs de décision juridique. L'institutionnalisation y était donc particulièrement poussée.

Au contraire, le modèle néo-corporatiste rend compte de la disparition de ces éléments de contrainte formelle, tout en mettant l'accent sur l'importance des partenariats État/groupes d'intérêt, dans la mise en place des politiques publiques. Sans doute les structures de concertation institutionnelle jouent-elles un rôle réduit : les chambres du type Conseil économique et social n'ont pas réussi à véritablement s'imposer, leur compétence n'étant le plus souvent que consultative. La participation des groupes d'intérêt à l'élaboration de la loi s'exprime surtout dans la négociation et (ou) la confrontation : contacts entre membres des cabinets ministériels et représentants des organisations professionnelles, participation à des Comités d'experts, commissions techniques, Commission des sages, etc. Plus les dossiers ont des aspects techniques d'une grande complexité, plus visiblement vole en éclats le mythe de l'exclusivité de décision des représentants élus. On soulignera le fait que les dirigeants politiques inclinent fortement à prendre en compte les exigences des organisations socioprofessionnel-

1. Pour une mise au point, Patrick HASSENTEUFEL, « Où en est le paradigme corporatiste ? », *Politix,* 1990, nº 12, p. 75 et sq. Du même auteur, *Les Médecins face à l'État. Une comparaison européenne,* Paris, Presses de Sciences Po, 1997.

les lorsque deux conditions sont réunies : d'une part une grande puissance d'encadrement dans leur branche, associée à une forte combativité (mais au Medef elles ne revêtent pas la même forme que dans le syndicalisme enseignant ou au syndicat CGT des dockers) ; d'autre part une compatibilité de leurs exigences avec les grands équilibres économiques. En effet, dans le schéma néo-corporatiste tout se passe comme si s'établissait un échange mutuellement bénéfique entre l'État et les partenaires sociaux : le premier renforce sa légitimité grâce au consensus qui se crée autour de lui, les seconds renforcent leur poids dans l'ordre social existant.

Le concept de néo-corporatisme a souvent été critiqué. Selon l'acception qu'on lui donne, on peut en effet qualifier de néo-corporatistes la plupart des sociétés industrielles existantes ou, au contraire, le définir si rigoureusement que ses incarnations sont quasi-introuvables. À la suite d'Alan Cawson[1], on distinguera divers niveaux d'analyse. Le macro-corporatisme décrit la régulation globale des équilibres économiques et sociaux effectuée par l'État, le patronat et les grandes organisations de salariés ; le meso-corporatisme porte seulement sur des secteurs déterminés : par exemple, l'agriculture ou la santé... ; le microcorporatisme (qui ne retient pas ici notre attention) concerne les rapports au niveau d'une firme. Dans cette perspective, il n'est guère que l'Autriche contemporaine et, peut-être, la Suède qui puissent être considérées comme ayant relevé un temps du modèle néo-corporatiste au niveau macro. En revanche dans de nombreux autres pays dont la France, on peut trouver des éléments de néo-corporatisme au niveau meso, notamment dans la gestion des problèmes agricoles au début de la Ve République[2].

Des études plus récentes, influentes notamment en Grande-Bretagne, se sont systématiquement situées à ce niveau intermédiaire de l'analyse, c'est-à-dire ni micro ni macro. Abandonnant la référence jugée encombrante au corporatisme, elles mettent en avant de nouveaux concepts, et un nouveau vocabulaire, pour mieux cerner les modes de relations concrètes qui se nouent entre l'État (ou l'Union européenne), les collectivités locales et les groupes d'intérêt[3]. Les

1. Alan CAWSON (Ed.), *Organized Interests and the State. Studies in Mesocorporatism,* Londres, Sage, 1985, p. 11 sq.

2. V. notamment, Pierre COULOMB (et autres), *Les Agriculteurs et la politique,* Paris, Presses de la FNSP, 1990, p. 147 et s. Sur les corporatismes sectoriels en France, v. Bruno JOBERT, « La version française du corporatisme », publié dans Dominique COLAS (Dir.), *L'État et les corporatismes,* Paris, PUF, 1988, p. 3 sq.

3. David MARSH, Rod RHODES (Eds.), *Policy Networks in British Government,* Clarendon Press, 1992. Pour une évaluation de ces théories par rapport aux analyses

policy communities sont des communautés fermées de partenaires, tant publics que privés, qui s'imposent comme interlocuteurs incontournables dans un secteur déterminé des politiques publiques de l'État : recherche scientifique par exemple. Et cela en raison à la fois de leurs ressources propres (position hiérarchique, compétence technique, maîtrise d'informations stratégiques, capacité d'influence, etc.) et de la solidarité profonde d'intérêts qui les unit par-delà l'hétérogénéité de leurs statuts respectifs (hauts fonctionnaires, politiques, patrons, banquiers, intermédiaires divers...). La *policy community* constitue sinon le réseau des décideurs effectifs du moins une contrainte majeure pour la définition et la mise en œuvre d'une politique.

Le concept de *policy network* est plus large puisqu'il englobe non seulement ce type de relations fortement intégrées (*policy communities*) mais aussi des réseaux plus ouverts, plus éphémères, nés d'une conjoncture décisionnelle particulière. Dans tous les cas, la distinction entre représentants de la puissance publique et représentants du privé voit son importance réduite ; au sein de ces réseaux, il y a porosité relative de la frontière cependant qu'à l'inverse, l'État ne se montre pas sous le jour d'un acteur monolithique, ayant une volonté univoque, une rationalité unidimensionnelle. Ces études soulignent au contraire la segmentation de ses objectifs, la fragmentation de ses intérêts, perceptible selon qu'ils se trouvent formulés par les représentants de tel ministère ou de tel autre, exprimés à un niveau hiérarchique supérieur ou subalterne. Cependant, ces approches soulèvent des débats importants, notamment autour de la question de l'État, et de sa place comme concept dans l'analyse scientifique des politiques publiques. D'ores et déjà certains auteurs les critiquent. Il est possible en effet qu'après avoir, à juste titre, souligné les limites de la cohérence étatique, ils tendent à verser dans l'excès inverse, c'est-à-dire minimiser le poids spécifique de son mode d'organisation institutionnelle (légalité, hiérarchie) sur les rationalités des acteurs qui s'autorisent de lui.

Les signes d'une crise du partenariat gouvernant : État/Patronat/Syndicats se sont multipliés depuis une décennie, y compris dans les bastions autrichiens ou suédois. Les principales raisons en sont la déréglementation imposée à la fois par la concurrence internationale et le renforcement de l'Union européenne, la crise générale du syndicalisme qui affaiblit les organisations représentatives, l'ébranlement des monopoles professionnels de tous ordres sous l'effet

---

néo-corporatistes ou néo-pluralistes, Mark THATCHER, « Les réseaux de politique publique : bilan d'un sceptique », *in* Patrick LE GALÈS, Mark THATCHER, *Les Réseaux de politique publique. Débat autour des policy networks,* Paris, L'Harmattan, 1995, p. 229 sq.

de l'ouverture des frontières. Il n'en demeure pas moins que, dans les sociétés modernes, les législations ne peuvent être adoptées qu'à l'issue d'une concertation complexe et semée d'embûches, qui permet d'ajuster des intérêts contradictoires au plus près des rapports de force existants. Les dirigeants politiques y cherchent à la fois des solutions techniques aux problèmes excessivement complexes qu'il leur faut gérer, et la mise en œuvre des meilleures conditions de recevabilité sociale des décisions prises. Une politique économique, sociale ou fiscale acceptée, au moins tacitement, par le patronat *et* les syndicats de salariés a de meilleures chances de se révéler applicable. Encore faut-il des partenaires fiables, représentatifs, conservant une bonne capacité d'encadrement de leurs bases respectives[1]. Nul doute qu'aujourd'hui encore les uns et les autres ne soient conscients des convergences d'intérêts qui les unissent.

Orientation bibliographique

Classiques

CROZIER Michel, FRIEDBERG Erhard, *L'acteur et le système,* Paris, Seuil, 1977.

DURKHEIM Émile, *De la Division du travail social* (1893), 8e édition, Paris, PUF, 1967.

ERHMANN Henry (Ed.), *Interest Groups in Four Continents,* Pittsburgh, Pittsburgh University Press, 1958.

HIRSCHMAN Albert, *Exit, Voice and Loyalty* (1970), Trad., *Défection et prise de parole*, Paris, Fayard, 1995.

HIRSCHMAN Albert, *Bonheur privé, action publique* (1982), Trad., Paris, Fayard, 1983.

MEYNAUD Jean, *Les Groupes de pression en France,* Paris, Cahiers de la Fondation nationale des Sciences politiques, 1958.

OBERSCHALL Anthony, *Social Conflict and Social Movements,* Englewood Cliffs, Prentice Hall, 1973.

OLSON Mancur, *Logique de l'action collective* (1966), Trad., rééd., Paris, PUF, 1987.

SALISBURY Robert (Ed.), *Interest Group Politics in America,* New York, Harper, 1970.

1. D'où cet apparent paradoxe : depuis 1991, c'est le ministère de l'Intérieur qui œuvre, non sans difficultés, pour faire surgir une instance représentative des musulmans de France, acceptable par toutes ses composantes.

TRUMAN David, *The Governmental Process. Political Interests and Public Opinion* (1951) 2e édition, New York, Alfred Knopf, 1971, IIIe partie.

WEBER Max, *Économie et Société* (1922), Trad., Paris, Plon, 1971.

Études contemporaines

* *Sur l'action collective*

AGRIKOLIANSKY Éric, FILLIEULE Olivier, MAYER Nonna (Dir.), *L'Altermondialisme en France. La longue histoire d'une nouvelle cause,* Paris, Flammarion, 2005.

BALME Richard, CHABANET Didier, WRIGHT Vincent (Dir.), *L'Action collective en Europe,* Paris, Presses de Sciences Po, 2002.

BAUMGARTNER F., LEECH B., *Basic Interests. The Importance of Groups in Politics and Political Science*, Princeton, Princeton University Press, 1998.

BENNANI-CHRAÏBI Mouna, FILLIEULE Olivier, *Résistances et protestations dans les sociétés musulmanes,* Paris, Presses de Sciences Po, 2003.

BERGER Suzanne, *Organizing Interests in Western Europe*, Cambridge, Cambridge University Press, 1981.

BÉROUD Sophie, MOURIAUX René (Dir.), *Le Souffle de décembre*, Paris, Syllepse, 1997.

BOUDON Raymond, *Effets pervers et ordre social* (1977), rééd., Paris, PUF, 1989.

CAPDEVIELLE Jacques, *Modernité du corporatisme,* Paris, Presses de Sciences Po, 2001.

CATHERIN Véronique, *La Contestation des grands projets publics. Analyse microsociale de la mobilisation des citoyens*, Paris, L'Harmattan, 2000.

CEFAÏ Daniel, *Pourquoi se mobilise-t-on ? Les théories de l'action collective*, Paris, La Découverte, 2007.

CEFAÏ Daniel, TROM Dany (Dir.), *Les Formes de l'action collective. Mobilisations dans les arènes publiques,* Paris, EHESS, 2001.

CHAZEL François, « Individualisme, mobilisation et action collective », *in* P. BIRNBAUM, J. LECA (Dir.), *Sur l'individualisme,* Paris, Presses de la FNSP, 1986, p. 244 sq.

CHAZEL François, « Les mouvements sociaux », *in* R. BOUDON (Dir.), *Traité de sociologie,* Paris, PUF, 1992, p. 263 sq.

CHAZEL François (Dir.), *Action collective et mouvements sociaux*, Paris, PUF, 1993.

COLAS Dominique (Dir.), *L'État et les corporatismes,* Paris, PUF, 1988.

COULOMB Pierre (et autres), *Les Agriculteurs et la politique,* Paris, Presses de la FNSP, 1990.

CRETTIEZ Xavier, SOMMIER Isabelle (Dir.), *La France rebelle. Enjeux, mouvements et acteurs de la contestation*, 2e édition, Paris, Michalon, 2006.

DALTON Russell, KUECHLER Manfred (Eds.), *Challenging the Political Order. New Social and Political Movements in Western Democracies*, Oxford, Polity Press, 1990.

DAVIS Gerald, MCADAM Doug, SCOTT Richard, ZALD Mayer, *Social Movements and Organization Theory*, Cambridge, Cambridge University Press, 2005.

DELLA PORTA Donatella, KRIESI Hans Peter, RUCHT Dieter (Eds.), *Social Movements in a Globalizing World,* Londres, MacMillan, 1999.

DUCLOS Nathalie, *Les Violences paysannes sous la Ve République,* Paris, Economica, 1998.

EDMONSON Ricca (Ed.), *The Political Context of Collective Action*, Londres, Routledge, 1997.

FILLIEULE Olivier (Dir.), *Sociologie de la protestation. Les formes de l'action collective dans la France contemporaine,* Paris, L'Harmattan, 1993.

GREENWOOD Justin, *Representing Interests in the European Union*, Londres, MacMillan, 1997.

GUIDRY John, KENNEDY Michael, ZALD Mayer (Eds.), *Globalization and Social Movements,* Ann Harbor, The University of Michigan Press, 2000.

HASSENTEUFEL Patrick, « Pratiques représentatives et construction identitaire : une approche des coordinations », *Revue française de science politique*, 1991, p. 5.

HERNANDEZ Valeria *et alli* (Dir.), *L'Action collective à l'épreuve de la mondialisation*, Paris, L'Harmattan, 2007.

HONNETH Axel, *La Lutte pour la reconnaissance*, Trad., Paris, Cerf, 2002.

IMIG Dough, TARROW Sidney, *Contentious Europeans. Protest and Politics in an Emerging Society*, Lanham, Rowman Littlefield, 2001.

JOBERT Bruno, MULLER Pierre, *L'État en action. Politiques publiques et corporatismes*, Paris, PUF, 1987.

JORDAN Grant, *Interest Group Politics. Enhancing Participation ?,* Basingstoke, Palgrave MacMillan, 2006.

KECK Margaret, SIKKINK Kathryn, *Activists beyond Borders. Advocacy Networks in International Politcs*, Ithaca, Cornell University Press, 1998.

KEELER John, *The Politics of Neo-Corporatism in France,* Londres, Oxford University Press, 1987.

KLANDERMANS Bert, *The Social Psychology of Protest*, Oxford, Blackwell, 1997.

KLANDERMANS Bert, KRIESI Hanspeter, TARROW Sidney (Eds), *International Social Movement,* vol. 1, *From Structure to Action : Comparing Social Movement Research across Cultures*, Greenwich, JAI Press, 1988.

KRIESI Hans Peter, KOOPMANS Ruud, DYVENDAK Jan (Eds.), *New Social Movements in Western Europe. A Comparative Analysis,* Londres, UCL, 1995.

LAFARGUE Jérôme, *La Protestation collective,* Paris, Nathan, 1998.

LAFARGUE Jérôme, *Protestations paysannes dans les Landes. Les gemmeurs en leur temps (1830-1970*), Paris, L'Harmattan, 2001.

LAGROYE Jacques (Dir.), *La Politisation,* Paris, Belin, 2003.

LAPEYRONNIE Didier, « Existe-t-il une théorie de la mobilisation des ressources ? », *Revue Française de Sociologie*, 1988, n° 4, p. 593.

LAWSON Kay, MERKL Peter (Eds.) *When Parties Fail. Emerging Alternative Organizations*, Princeton, Princeton University Press, 1988.

LEHMBRUCH Gerhard, SCHMITTER Philip, *Patterns of Corporatist Intermediation,* Londres, Sage, 1982.

LE GALÈS Patrick, THATCHER Mark, *Les Réseaux de politique publique. Débat autour des policy networks,* Paris, L'Harmattan, 1995.

MALONEY William, *Interest Group Politics. Internal and External Dynamics*, Basingstoke, Palgrave MacMillan, 2005.

MANN Patrice, *L'Action collective. Mobilisation et organisation des minorités actives*, Paris, A. Colin, 1991.

MARCUSSEN Martin, TORFING Jacob (Eds.), *Democratic Network Governance in Europe*, Basingstoke, Palgrave, MacMillan, 2006.

MARSH David, RHODES Rod (Eds.), *Policy Networks in British Government,* Oxford, Clarendon Press, 1992.

MARSH David (Ed.), *Comparing Policy Networks*, Buckingham, Open University Press, 1998.

MATHIEU Lilian, *Comment lutter ? Sociologie et mouvements sociaux*, Paris, Textuel, 2004.

MAURER Sophie, *Les Chômeurs en action (décembre 1997-mars 1998). Mobilisation collective et ressources compensatoires*, Paris, L'Harmattan, 2001.

Mc Adam Douglas, Mc Carthy John, Zald Mayer (Eds.), *Comparative Perspectives in Social Movements. Political Opportunities, Mobilizing Structures and Cultural Framings,* Cambridge, Cambridge University Press, 1996.

Mac Adam Douglas, Tarrow Sidney, Tilly Charles, « Toward an Integrated Perspective on Social Movements and Revolution », *in* Lichbach M., Zuckerman A. (Eds), *Comparative Politics, Rationality, Culture and Structure*, Cambridge, Cambridge University Press, 1997.

Mouchard Daniel, *Les Exclus dans l'espace public. Mobilisations et logiques de représentation dans la France contemporaine*, Thèse IEP Paris, 2001.

Muller Pierre, Saez Guy, « Néo-corporatisme et crise de la représentation », *in* F. D'Arcy (Dir.), *La Représentation,* Paris, Economica, 1985, p. 121.

Neveu Érik, *Sociologie des mouvements sociaux*, 3e édition, Paris, La Découverte, 2005.

Oberschall Anthony, *Social Movements. Ideologies, Interests, and Identities*, New York, Transaction Books, 1993.

Offe Claus, *Contradictions of the Welfare State,* Trad., Londres, Hutchinson, 1984.

Pedler Robin (Ed.), *European Union Lobbying. Changes in Arena*, Basingstoke, Palgrave, 2002.

Pernot Jean-Marie, Groux Guy, *La Grève*, Paris, Presses de Sciences Po, 2008.

Réseaux, *Médias et mouvements sociaux* (17), 2000, n° 98.

Rosanvallon Pierre, *La Contre démocratie*, Paris, Seuil, 2006.

Segrestin Denis, *Le Phénomène corporatiste,* Paris, Fayard, 1985.

Siméant Johanna, *La Cause des sans-papiers,* Paris, Presses de Sciences Po, 1998.

Smith Martin, *Pressure, Power and Policy. State Autonomy and Policy Networks in Britain and the United States*, Hempstead, Harvester Wheatsteaf, 1993.

Sommier Isabelle, *Le Renouveau des mouvements contestataires à l'heure de la mondialisation,* 2e édition, Paris, Flammarion, 2003.

Tarrow Sidney, *Power in Movement. Social Movements and Contentious Politics,* Cambridge, Cambridge University Press, 1998.

Tartakowsky Danielle, *Les Manifestations de rue en France, 1918-1968*, Paris, Publications de la Sorbonne, 1997.

Thoenig Jean-Claude, *L'Ère des technocrates,* 2e édition, Paris, L'Harmattan, 1987.

TILLY Charles, *From Mobilization to Revolution,* Reading, Addison Wesley, 1978. Compte rendu par François CHAZEL, *in Revue Française de Sociologie,* 1983, p. 653.

TILLY Charles, « Les origines du répertoire d'action collective », *Vingtième Siècle* (4) 1984, p. 89.

TOURAINE Alain, WIEVIORKA Michel, DUBET François, *Le Mouvement ouvrier,* Paris, Fayard, 1984.

VAKALOULIS Michel (Dir.), *Faire mouvement. Novembre-décembre 1995* (Dir.), Paris, PUF, 1998.

WILLIAMSON Peter, *Corporatism in Perspective. An Introductory Guide to Corporatist Theory,* Londres, Sage, 1989.

ZALD Mayer, MAC CARTHY John (Eds.), *The Dynamics of Social Movements. Resource Mobilization, Social Control and Tactics,* Cambridge (Mass), Winthrop Publishers, 1979.

ZALD Mayer, MAC CARTHY John (Eds.), *Social Movements in an Organizational Society. Collected Papers,* New York, Transaction Books, 1987.

* *Sur les groupes d'intérêt*

AGRIKOLIANSKY Eric, *La Ligue des Droits de l'Homme et du citoyen depuis 1945,* Paris, L'Harmattan, 2002.

AMADIEU Jean-François, *Les Syndicats en miettes,* 2e édition, Paris, Seuil, 2003.

ANDOLFATTO Dominique, *L'Univers des élections professionnelles*, Paris, Éditions ouvrières, 1992.

ANDOLFATTO Dominique (Dir.), *Les Syndicats en France*, Paris, La Documentation française, 2007.

ANDOLFATTO Dominique, LABBÉ Dominique, *La CGT. Organisation et audience depuis 1945,* Paris, La Découverte, 1997.

ANDOLFATTO Dominique, LABBÉ Claude, *Sociologie des syndicats,* 2e édition, Paris, La Découverte, 2007.

ANDOLFATTO Dominique, LABBÉ Claude, *Histoire des syndicats (1906-2006),* Paris, Seuil, 2006.

AUBERT Véronique (et autres), *La Forteresse enseignante, La FEN,* Paris, Fayard, 1985.

BAGGOTT Rob, *Pressure Groups Today*, Manchester, Manchester University Press, 1996.

BARTHÉLÉMY Martine, *Associations : un nouvel âge de participation ?,* Paris, Presses de Sciences Po, 2000.

BASSO Jacques, *Les Groupes de pression,* Paris, PUF, 1983.

BERGER Suzanne (Ed.), *Organizing Interests in Western Europe. Pluralism, corporation and the transformation of politics*, Cambridge, Cambridge University Press, 1981.

BERGOUNIOUX Alain, *Force ouvrière,* Paris, PUF, 1982.

BEVORT Antoine, LABBÉ Dominique, *La CFDT : organisation et audience depuis 1945*, Paris, La Documentation française, 1992.

BIBES Geneviève, MOURIAUX René (Dir.), *Les Syndicats européens à l'épreuve,* Paris, Presses de la FNSP, 1990.

BRUGIDOU Mathieu, LABBE Dominique, *Le Discours syndical contemporain. CFDT, CGT, FO. 1996-1998,* Grenoble, CERAT, 2000.

BRUNETEAU Bernard, *Les Paysans dans l'État*, Paris, L'Harmattan, 1994.

BRUCY Guy, *Histoire de la FEN (Fédération de l'Éducation nationale),* Paris, Belin, 2003.

BUNEL Jean, SAGLIO Jean, *L'Action patronale. Du CNPF au petit patron*, Paris, PUF, 1979.

CAIRE Guy, *Les Syndicats ouvriers en France*, Paris, PUF, 1973.

CAWSON Alan (Ed.), *Organized Interests and the State. Studies in meso-corporatism*, Londres, Sage, 1985.

CAWSON Alan, *Corporatism and Political Theory,* Oxford, Basil Blackwell, 1986.

CIGLER Allan, LOOMIS Burdett, *Interest Group Politics,* (1983) Washington, Congressional Quarterly Press, 6e édition, 2002.

COSTE Thierry, *Le Vrai pouvoir d'un lobby (chasseurs et écolos). Des politiques sous influence,* Paris, Bourin, 2006.

COULOMB Pierre, DELORME Hélène, HERVIEU Bertrand, JOLLIVET Marcel, LACOMBE Philippe, *Les Agriculteurs et la politique,* Paris, Presses de la FNSP, 1990.

COURTY Guillaume, *Les Groupes d'intérêt*, Paris, La Découverte, 2006.

DELACROIX Xavier (Dir.), *Influencer la démocratie, démocratiser l'influence. Enjeux et perspectives d'un lobbyisme démytifié*, Paris, AFCAP, 2004.

DEVIN Guillaume (Dir.), *Syndicalisme. Dimensions internationales*, Paris, Erasme, 1990.

GARRIGUES Jean (Dir.), *Les Groupes de pression dans la vie politique contemporaine, en France et aux États-Unis, de 1820 à nos jours*, Rennes, PUR, 2002.

GEAY Bertrand, *Le Syndicalisme enseignant,* Paris, La Découverte, 1997.

GRANT Wyn, *Pressure Groups in British Politics*, Basingstoke, MacMillan, 2001.

GREENWOOD Justin, *Inside the EU Business Associations,* Basingstoke, Palgrave, MacMillan, 2003.

GROSSMAN Emiliano, SAURUGGER Sabine, *Les Groupes d'intérêt. Action collective et stratégie de représentation*, Paris, A. Colin, 2006.

GROUX Guy, MOURIAUX René, *La CGT. Crises et alternatives,* Paris, Economica, 1992.

GRUNBERG Gérard, MOURIAUX René, *L'Univers politique et syndical des cadres,* Paris, Presses de la FNSP, 1979.

HASSENTEUFEL Patrick, *Les Médecins et l'État. Une comparaison européenne*, Paris, Presses de Sciences Po, 1996.

HREBENAR Ronald, *Interest Group Politics in America,* New York, Sharpe, 1997.

LABBÉ Dominique, *Syndicats et syndiqués en France depuis 1945,* Paris, L'Harmattan, 1996.

LABBÉ Dominique, COURTOIS Stéphane (Dir.), *Regards sur la crise du syndicalisme*, Paris, L'Harmattan, 2001.

LABBÉ Dominique, CROISAT Maurice, *La Fin des syndicats ?*, Paris, L'Harmattan, 1992.

LAVILLE Jean-Louis, SAINSAULIEU Renaud (Dir.), *Sociologie de l'association,* Paris, Desclée de Brouwer, 1997.

MARESCA Sylvain, *Les Dirigeants paysans,* Paris, Minuit, 1983.

MAZEY Sonia, RICHARDSON Jeremy, « Pluralisme ouvert ou restreint ? Les groupes d'intérêt dans l'Union européenne », *in* R. BALME, D. CHABANET, V. WRIGHT, *L'Action collective en Europe*, Paris, Presses de Sciences Po, 2002.

MARIE Jean-Louis, *Agriculteurs et politique*, Paris, Montchrestien, 1994.

MEYNAUD Jean, *Nouvelles études sur les groupes de pression en France*, Paris, A. Colin/Presses de la FNSP, 1962.

MICHEL Hélène (Dir.), *Lobbyistes et lobbying de l'Union européenne. Trajectoires et pratiques des représentants d'intérêts,* Strasbourg, Presses universitaires de Starsbourg, 2005.

MOURIAUX René, *Le Syndicalisme enseignant en France*, Paris, PUF, 1996.

MOURIAUX René, *Le Syndicalisme en France depuis 1945,* Paris, La Découverte, 1994.

MOURIAUX René, COURS-SALIÈS Pierre (Dir.), *L'Unité syndicale en France, 1895-1995*, Paris, Syllepse, 1997.

MOURIAUX René, ETZEL Anne-Marie, LEFÈVRE Josette, TOURNIER Maurice, *Le Syndicalisme à mots découverts, 1970-1991*, Paris, Syllepse, 1998.

NOBLECOURT Michel, *Les Syndicats en questions,* Paris, Éditions ouvrières, 1990.

NOWNES James, *Pressure and Power. Organized Interests in American Politics*, New York, Houghton Mifflin, 2001.

OFFERLÉ Michel, *Sociologie des groupes d'intérêt,* 2e édition, Paris, Montchrestien, 1998.

PERNOT Jean-Marie, *Syndicats. Lendemains de crise ?,* Paris, Gallimard, 2005.

POCKETT GUIDE, *Lobbying in the European Union*, 4e édition, Andover, Routledge, 2005.

REYNAUD Jean-Daniel, *Les Syndicats en France,* réédition. Paris, Seuil, 1985.

ROSANVALLON Pierre, *La Question syndicale. Histoire d'avenir d'une force sociale,* Paris, Calmann-Lévy, 1988.

SAURUGGER Sabine, *Européaniser les intérêts ? Les groupes d'intérêt économiques et l'élargissement de l'Union européenne,* Paris, L'Harmattan, 2003.

SIWEK-POUYDESSEAU Jeanne, *Les Syndicats de fonctionnaires depuis 1948*, Paris, PUF, 1989.

SIWEK-POUYDESSEAU Jeanne, *Le Syndicalisme des cols blancs,* Paris, L'Harmattan, 1996.

SOUBIRAN-PAILLET Francine, *L'Invention du syndicat (1791-1884). Itinéraire d'une catégorie juridique*, Paris, LGDJ, 1999.

TIXIER Pierre-Éric, *Mutation ou déclin du syndicalisme. Le cas de la CFDT*, Paris, PUF, 1992.

VAN DETH Jan (Ed.), *Private Groups and Public Life. Social Participation and Political Involvement in Representative Democracies*, Londres, Routledge, 1997.

WARNTJEN Andreas, WONKA Arndt, *Governance in Europe. The Role Of Interest Groups*, Baden-Baden, Nomos, 2004.

WIEVIORKA Michel, *L'État, le patronat et les consommateurs*, Paris, PUF, 1977.

WILSON Franck, *Interest Group Politics in France,* Cambridge, Cambridge University Press, 1987.

WILSON Franck, *Interest Groups*, Oxford, Basil Blackwell, 1990.

Chapitre 8
La participation politique

Elle peut être définie comme l'ensemble des activités, individuelles ou collectives, susceptibles de donner aux gouvernés une influence sur le fonctionnement du système politique. Dans les régimes démocratiques où cette norme est érigée en valeur fondamentale, elle est associée au concept de citoyenneté.

Il y a plusieurs manières d'appréhender le contenu de cette notion qui, toutes, soulignent le lien avec l'idée de participation. C'est d'abord, dans la théorie politique classique, « l'exercice de la puissance souveraine » (J.-J. Rousseau). Cette définition du citoyen qui renvoie à la tradition antique des cités grecques et de la République romaine, exprime l'exigence d'une implication active dans les affaires publiques. Elle connaîtra une très grande fortune en France à l'époque révolutionnaire. Une seconde approche, juridique celle-ci, établit la liste des droits civiques (Constitution française, art. 34), c'est-à-dire attachés directement à la qualité de citoyen : on y trouve le vote, l'éligibilité, la possibilité de servir l'État dans l'administration et sous les armes dans des fonctions d'autorité. De façon significative, ces prérogatives sont réservées normalement aux nationaux, et l'on sait les résistances soulevées par les projets d'extension du droit de vote aux étrangers, même au simple niveau des collectivités locales. Une troisième approche enfin est opérée par les enquêtes empiriques qui visent à cerner les représentations que les individus se font du bon citoyen. Trois dimensions en émergent : à côté de l'adhésion à un comportement moral, et du sentiment d'allégeance nationale, l'idée d'une implication politique active est toujours fortement valorisée même si, au-delà du devoir électoral, ses contours apparaissent assez flous.

À l'instar du sens commun, l'analyse de science politique reconnaît dans le vote une modalité essentielle de la participation politique. De fait, celle-ci est presque universellement reconnue comme telle, y compris dans les pays où la liberté de choix du candidat demeure exclue. Cependant, d'autres modalités existent. Certaines relèvent simplement d'une attention minimale à la chose publique (lecture de la presse, discussions des informations...). D'autres se concrétisent dans l'adhésion à des organisations sociales ou des mouvements politiques ; d'autres encore expriment une volonté, parfois intense, de peser sur la décision publique : par exemple, par des grèves et des manifestations destinées à influencer les gouvernants. Enfin, il existe des formes paradoxales de participation qui visent à contester les règles du jeu institutionnel normal en tentant d'y substituer d'autres normes.

L'éventail des formes observables de participation politique est donc plus large que le seul vote. Un clivage majeur le traverse et l'ordonne. Alors que les consultations électorales constituent le moyen d'expression privilégié de la majorité (silencieuse) des citoyens – il est relativement exceptionnel, et toujours inquiétant que la barre de l'abstentionnisme se situe au-dessus de 50 %[1] – d'autres formes de participation mobilisent des minorités (actives). Dans certains cas, se trouve posé le problème de la violence en termes très concrets alors que, précisément, la loi des urnes vise à en forclore la légitimité. « On compte les voix pour éviter d'avoir à casser les têtes » écrivait brutalement André Tardieu. Pourtant la violence est bien une forme de participation ; elle est même parfois bien davantage : l'exigence d'un accès à l'exercice direct du pouvoir politique. On constate donc que, partout, coexistent à côté du vote d'autres formes d'intervention dans la vie publique.

1. Lors des élections européennes des 12-15 juin 2004, les records de non-participation enregistrés (80 % en Slovaquie, 78,8 % en Pologne, et même les 56,9 % en France) ont suscité une certaine consternation dans la classe politique.

Section 1
Le vote

Dans les démocraties pluralistes où les électeurs sont sollicités par différents candidats, il est facile d'oublier que le vote n'a pas pour unique fonction le choix des gouvernants et le jugement d'une politique. Une grande partie des critiques du suffrage universel, formulées à l'époque de sa généralisation en Europe, se trouve considérablement affaiblie par cette erreur d'appréciation. Gaetano Mosca, par exemple, tirait argument du fait que le vote des masses populaires n'a pas changé fondamentalement la distribution oligarchique du pouvoir, pour stigmatiser le suffrage comme simagrée inutile et inopérante. À l'inverse, d'autres auteurs tout aussi hostiles à la démocratie (de Taine à Pareto, ou de Flaubert à d'Annunzio) s'indignaient que le jugement porté sur les affaires du pays soit confié aussi bien aux ignorants qu'aux esprits compétents ; de cette absorption des élites dans la masse, ils redoutaient les plus néfastes conséquences.

En fait, le suffrage universel remplit au moins deux autres fonctions majeures : conférer un surcroît d'autorité légitime à ceux qui exercent le pouvoir, et réactiver chez les gouvernés le sens de leur appartenance au grand groupe grâce à l'exercice collectif d'une prérogative partagée[1]. C'est cela seulement qui permet d'éclairer quelques paradoxes apparents du suffrage universel. Si des gouvernements autoritaires ont pu organiser à large échelle des élections avec candidature unique, il ne suffit pas d'expliquer ces comportements persistants par le simple goût de la mascarade. En fait, ils savaient les bénéfices politiques qu'ils en tireraient : renforcer leur autorité en démontrant leur capacité d'assurer une participation massive (d'où la nécessité de réduire l'abstentionnisme à sa plus simple expression) ; disqualifier à l'avance les manifestations d'opposition en obtenant des

---

1. Cela inclut cette fonction de responsabilisation qu'avait déjà aperçue John Stuart Mill. « Le vote est un moyen de cultiver l'esprit public et l'intelligence politique ». *On Liberty* (1859) cité par P. BOURETZ, *Dictionnaire des œuvres politiques*, 2e édition, Paris, PUF, 1989, p. 711.

électeurs les apparences extérieures d'une adhésion. À l'inverse, si dans les démocraties pluralistes, le choix des candidats était la seule fonction du recours aux urnes, on ne pourrait dénouer correctement le fameux paradoxe du votant, dans beaucoup de situations. Par exemple, dans une circonscription législative où sont inscrits 80 000 électeurs, la voix de chacun pèse d'un poids infinitésimal (0,0012 %). Le seul raisonnement « logique » qui puisse inciter l'électeur à participer avec le sentiment d'être efficace, repose sur deux hypothèses : l'une, irréaliste, est qu'il existe une probabilité non nulle que chacun des autres électeurs s'abstienne, auquel cas la voix de celui qui participe retrouve une importance majeure ; l'autre, parfaitement réaliste mais relativement minoritaire, est le cas où les chances des candidats en compétition apparaissent à peu près égales[1].

Bien loin d'être un simple choix d'hommes ou d'équipes, le vote s'inscrit donc dans un processus efficace de légitimation des instances de gouvernement si, du moins, la participation demeure à un niveau socialement acceptable.

§ 1. L'encadrement juridique et politique du comportement électoral

Rien n'est plus éloigné d'une prise de parole « sauvage » que l'expression des citoyens à travers le bulletin de vote. Les électeurs se déplacent aux urnes sur convocation officielle par décret. Les candidats qui se présentent à leurs suffrages portent une étiquette qui les positionne quelque part dans un champ politique soigneusement balisé. Le déroulement de la campagne électorale donne quelque justesse à l'appréciation selon laquelle les représentants du Peuple « se font élire » plutôt qu'ils ne sont élus. En d'autres termes, l'exercice de la prérogative du citoyen est doublement régulé par des règles juridiques et des schèmes culturels et idéologiques dont s'affranchissent les non-votants.

A Les lois électorales

Elles établissent les règles du jeu concernant la définition de l'électeur et de l'éligible, la durée du mandat, la dimension des

1. Sur ces approches, Jean-Louis BOURSIN, *Les Paradoxes du vote*, Paris, Odile Jacob, 2004.

circonscriptions, le nombre de sièges à pourvoir, la manière de comptabiliser les voix pour proclamer le(s) vainqueur(s). Il est essentiel d'observer d'emblée que ce sont les gouvernants qui décident en la matière. Leur propension à considérer comme préférables des dispositions qui favorisent leurs formations par rapport à celles de l'opposition ne saurait être minimisée. Mais elle se heurte à la nécessité d'adopter une réglementation qui préserve une suffisante façade de légitimité, ce qui, dans les démocraties pluralistes consolidées, limite les excès possibles, sans les annuler totalement.

À la suite du débat Duverger/Lavau[1], dans les années 1950, les politistes ont beaucoup disputé la question de savoir quelle était l'influence de ces dispositions juridiques sur le comportement des électeurs comme sur le fonctionnement du système politique. La difficulté réside dans le fait qu'il est illusoire de penser pouvoir isoler l'influence spécifique du mode de scrutin. Celui-ci exerce ses effets en constante interaction avec des données de conjoncture politique, des traditions culturelles et historiques, enfin des facteurs institutionnels. Ceci explique que le même mode de scrutin uninominal majoritaire à un tour n'a pas engendré les mêmes effets en Grande-Bretagne, où le bipartisme est généralement dominant, et au Canada où il coexiste avec un système multipartisan à l'échelle de l'État fédéral. De même, le scrutin majoritaire à deux tours, pratiqué en France sous la IIIe République, sera jugé responsable de l'indiscipline des élus comme de l'opacité du débat politique ; mais le même scrutin, assorti de quelques modifications mineures, s'est révélé compatible sous la Ve République avec l'émergence de majorités stables.

S'il existe de très nombreuses variantes, les lois électorales peuvent néanmoins être rapportées à deux grandes familles : les scrutins majoritaires et les scrutins proportionnels, ce qui, bien entendu, inclut la possibilité de mixage entre eux[2]. Les principaux paramètres qui permettent d'enrichir la palette sont la taille de la circonscription, la possibilité d'inclure sur le bulletin de vote des préférences entre plusieurs choix, l'existence d'un éventuel second tour, des dispositions limitant l'accès à la candidature. Citons, à titre d'exemples, quelques configurations caractéristiques.

1. Maurice DUVERGER (Dir.), *L'Influence des systèmes électoraux sur la vie politique*, Cahiers de la FNSP, n° 16, Paris, A. Colin, 1960.

2. Pour une présentation de ces législations, Pierre MARTIN, *Les Systèmes électoraux et les modes de scrutin*, 2e édition Paris, Montchrestien, 1997.

Tableau n° 21

Principaux modes de scrutins

Paramètres retenus / Types de scrutins	Nombre de sièges	Dimension de la circonscription	Nombre de tours	Répartition des sièges
Scrutin majoritaire	Uni-nominal	Circonscription sur mesure	Un ou deux	Majorité relative Majorité absolue au premier et majorité relative au second
	Pluri-nominal	Commune Département Région Pays tout entier		
Scrutin proportionnel	Pluri-nominal	Commune Département Région Pays tout entier	Un (sauf exception)	Répartition à la plus forte moyenne Répartition au plus fort reste Exclusion éventuelle des petites listes

Les scrutins majoritaires étaient la règle dans toutes les élections politiques jusqu'au début du XXe siècle. Mais, à cette époque, le mouvement pour la représentation proportionnelle réussit à inspirer de nombreuses législations électorales, surtout entre 1899 (Belgique) et 1920 (Allemagne). Aujourd'hui, tout au moins en Europe, la proportionnelle reste le mode de scrutin le plus répandu aux élections législatives ; toutefois il est généralement tempéré par diverses dispositions destinées à en limiter les inconvénients, notamment l'exigence d'un minimum de voix pour avoir accès à la répartition des sièges. Dans les vingt-sept États de l'Union européenne, trois seulement ont un mode de scrutin majoritaire : France, Grande-Bretagne et Lettonie ; trois autres ont adopté un système mixte : Allemagne, Hongrie,

Lituanie[1] ; les vingt et un autres s'en tiennent à la proportionnelle (avec vote préférentiel à Chypre, vote transférable en Irlande et à Malte). En revanche, le mode de scrutin majoritaire (à un seul tour) l'emporte dans beaucoup d'autres pays, notamment les États-Unis et les ex-dominions britanniques comme le Canada ou l'Australie tandis que le Japon pratique un système mixte où près des deux tiers sont élus au scrutin majoritaire et le reste à la proportionnelle.

Il convient d'observer que le débat sur les mérites respectifs de ces deux familles de scrutins a souvent été circonscrit au dilemme : stabilité gouvernementale ou équité de la représentation. De ce double point de vue, aucun système n'est totalement satisfaisant, les premiers pouvant provoquer de très grosses inégalités, les seconds favoriser la multiplication des partis, donc l'instabilité.

Pour apprécier les effets tendanciels des modes de scrutin, il est nécessaire d'échapper à cette alternative trop rigoureuse qui laisse dans l'ombre d'autres aspects également essentiels. C'est pourquoi l'on se réfèrera à cinq critères principaux d'évaluation.

1. La clarté des enjeux

Avec le suffrage universel le droit de vote se trouve accordé non seulement aux citoyens politisés, attentifs et informés mais aussi à une masse d'électeurs peu concernés en temps normal par la politique voire largement indifférents. Le souci de clarté tend à privilégier une simplification maximale des termes de la consultation électorale. À cet égard, rien n'est plus approprié qu'une alternative simple : soutenir la majorité sortante (ou le sortant), ce qui signifie en gros lui donner quitus de sa gestion passée ; ou bien soutenir l'opposition qui conteste son bilan et propose une autre voie. Parce qu'il pèse en faveur du bipartisme le scrutin majoritaire à un tour, du type britannique, crée les conditions d'un choix appauvri sans doute mais parfaitement clair. À l'autre extrémité des systèmes concevables, la proportionnelle intégrale (de type israélien) favorise la multiplication des partis avec leurs programmes, leurs objectifs, leurs stratégies spécifiques ; il en résulte une abondance de thèmes de campagne qui peut désorienter l'électeur profane.

1. Après avoir adopté un système mixte dans la dernière décennie du XXe siècle (75 % d'élus au scrutin majoritaire, 25 % à la proportionnelle), l'Italie de Berlusconi est revenue en 2007 à la proportionnelle avec prime majoritaire pour la seule chambre basse (d'où le retour de l'instabilité).

Il faut néanmoins rappeler que le mode de scrutin n'est qu'un facteur parmi d'autres de clarification des enjeux. La « saillance » d'une question majeure peut donner un sens très précis à des élections générales à la proportionnelle, les transformant en une sorte d'affrontement bipolaire. Sous la IVe République, la question de la paix en Algérie a joué ce rôle aux élections du 2 janvier 1956 ; de même en Israël, aux élections de 1996, où l'avenir du processus de paix (Oslo) avec les Palestiniens a pesé lourdement sur la campagne. À l'inverse, en Grande-Bretagne, le bipartisme est beaucoup moins clarificateur quand les deux grands partis sont eux-mêmes divisés intérieurement sur des questions majeures comme l'adoption de l'euro, l'attitude à l'égard de Bruxelles, ou encore lorsque leurs dirigeants sont d'accord sur une politique que récusent un très grand nombre d'électeurs (la guerre contre l'Irak aux côtés des États-Unis). Face à une majorité sortante, l'existence dans beaucoup de pays de plusieurs oppositions, antagonistes entre elles, complexifie souvent les choix de l'électeur. Tous ces facteurs dépendent, bien entendu, de considérations politiques excédant le simple jeu des modalités du scrutin.

2. La liberté de choix de l'électeur

Ce critère joue dans un sens diamétralement opposé au précédent. Dans un système qui consacre la majorité relative au premier et unique tour de scrutin (législatives en Grande-Bretagne), l'électeur soucieux de voter utile est fortement incité à choisir entre les seuls candidats des deux principales formations puisque la chance des tiers partis d'accéder à la majorité relative est des plus minces. L'introduction d'un deuxième tour, comme en France, permet d'effectuer d'abord un premier vote de préférence ou d'inclination, tandis qu'au second réapparaît la logique du vote utile. Cette marge de manœuvre plus importante encourage ici candidats et formations politiques à tenter leur chance, de sorte que se trouve élargie la gamme des choix possibles. Encore faut-il observer que des conditions draconiennes sont parfois imposées pour se maintenir. À l'élection présidentielle en France, les électeurs n'ont le choix, au second tour, qu'entre deux candidats ; et la règle selon laquelle il faut obtenir aux législatives 12,5 % des inscrits pour pouvoir figurer au second tour conduit fréquemment les électeurs à arbitrer un simple duel qui parfois, – comble du verrouillage – oppose deux candidats de sensibilité voisine. Au contraire avec la représentation proportionnelle non assortie de correctifs, comme en Israël où il suffit d'obtenir 1 % des suffrages exprimés dans l'ensemble du pays pour avoir des élus, la contrainte du vote utile devient très faible. Cependant le libre choix n'en demeure pas moins limité pour d'autres raisons. À la proportionnelle simple, les électeurs ne peuvent pas modifier l'ordre de présentation des candidats sur la liste. Or les dignitaires ou les protégés de l'appareil du parti, placés en tête, ne sont pas nécessairement les plus populaires. Si la proportionnelle offre un large choix de listes, en revanche elle restreint drastiquement le choix des personnes. Pour restaurer une certaine liberté de l'électeur sur ce terrain, il faut introduire des dispositions comme le vote préférentiel (Irlande), le vote transférable (Malte) ou le double bulletin (Allemagne), c'est-à-dire un vote pour une liste et un autre pour une personnalité. Mais ce sont des dispositions qui complexifient le dépouillement du scrutin, et peuvent créer des effets de brouillage.

3. L'équité de la représentation

Les scrutins majoritaires sont susceptibles d'engendrer de très grandes inégalités car, par hypothèse, ils donnent une prime à la formation dont les candidats sont arrivés en tête. Cependant, ces tendances sont diversement amplifiées par deux séries de facteurs. La première concerne le nombre de circonscriptions. Plus celui-ci est restreint, plus il y a risque de distorsions graves entre les voix détenues et les sièges attribués. À la limite un scrutin majoritaire de liste peut se dérouler dans le pays tout entier considéré comme une seule circonscription. C'est ce qu'ont pratiqué certains pays africains francophones au lendemain de l'indépendance ; la liste arrivée en tête (avec ou sans majorité absolue) emportait la totalité des sièges, quelle qu'ait été l'ampleur en voix de son avance. Ces dispositions extrêmes préparaient la voie au parti unique. Une seconde catégorie de facteurs concerne la structuration du système de partis. En Angleterre, lorsque les deux plus grands partis sont presque à égalité, la prime accordée au vainqueur reste modérée. Mais chaque fois qu'une troisième force semble pouvoir bénéficier du déclin de l'un ou l'autre des partis dominants, les déséquilibres de représentation s'accentuent. Ce fut le cas au bénéfice des conservateurs en 1987, des travaillistes en 1997. Dans ces deux occasions, avec moins de 45 % des voix ils ont obtenu plus de 55 % des sièges, convertissant une majorité relative en majorité absolue.

Les effets directs du scrutin majoritaire sont fortement conditionnés par les stratégies et comportements des acteurs politiques. Un parti isolé, comme le PCF en 1958, subit une très grave sous-représentation ;

allié à la FGDS en 1967, il bénéficie, avec le même mode de scrutin et un niveau de voix à peine supérieur, d'une multiplication par 7 du nombre de ses sièges. Les alliances jouent donc un rôle capital pour atténuer voire renverser les inégalités. C'est aujourd'hui le problème du Front national. Isolé, celui-ci n'obtient aucun siège aux législatives de 2002 alors qu'il dépasse 11 % des suffrages exprimés. Mais c'est aussi un défi pour la droite modérée. Lorsque l'extrême droite atteint un niveau de voix qui lui permet de se maintenir au second tour dans de nombreuses circonscriptions, la multiplication des triangulaires, faute d'alliance concevable, met la droite en situation périlleuse face à la gauche. Ce fut la cause de son échec aux élections législatives de 1997. À partir de 2002, il aura suffi d'un recul du FN de quelques points pour réduire le nombre de triangulaires à 9, et assurer le triomphe de l'UMP qui, avec 47,26 % des suffrages exprimés au second tour, obtient au total 61,52 % des sièges (355), évolution confirmée aux élections de 2007.

La représentation proportionnelle, au contraire, tend par nature à rapprocher aussi fidèlement que possible le pourcentage des sièges obtenus du pourcentage des suffrages exprimés. C'est pourquoi elle est réclamée par les petits partis ou les formations qui refusent la dépendance des alliances. L'électeur pourra y gagner un profond sentiment de satisfaction à constater que sa voix n'est jamais vraiment perdue. Cependant il faut nuancer cette appréciation. D'abord parce que la proportionnalité mathématique ne se déploie vraiment que dans les circonscriptions où il y a beaucoup de sièges à pouvoir : par exemple, une ville qui élit plusieurs dizaines de conseillers ou, aux élections européennes avant 2004, quand la France entière était considérée comme une seule circonscription (liste de 87 noms)[1]. En revanche, dans le cadre départemental aux législatives, si des circonscriptions peu peuplées disposent seulement de deux ou trois députés, la répartition proportionnelle entre plusieurs listes trouve vite ses limites ; c'est pourquoi on a pu proposer, en France, d'instaurer la proportionnelle aux législatives dans les seuls départements qui dépassent un million d'habitants. En outre il est courant d'exclure de la répartition des sièges les listes n'ayant pas franchi un seuil minimal de voix (5 % des suffrages exprimés en Allemagne aux élections législatives ou, en France, aux élections européennes et régionales).

1. Depuis 2004, aux élections européennes, la France est découpée en huit circonscriptions dont une pour l'Outre-Mer. Les effets de la proportionnelle y sont donc fortement atténués par comparaison avec le système antérieur, d'autant plus que le nombre total de députés à élire est passé de 87 à 78.

Cependant, plus que l'équité objectivement mesurée par la proportionnalité mathématique, ce qui importe c'est le sentiment que le système électoral est, tout compte fait, légitime. Des facteurs culturels et historiques façonnent sur ce point des mentalités différentes. Malgré les distorsions qu'elle peut éventuellement engendrer, la loi britannique n'est pas perçue dans ce pays comme moins acceptable que la loi helvétique ou israélienne. Compte tenu des avantages et inconvénients respectifs de chaque système électoral, la bataille pour légitimer un mode de scrutin plutôt qu'un autre est, parfois, un élément du débat politique entre les partis. Bataille indécise, là où l'on change plus souvent les règles du jeu avec le risque d'être accusé de manipulation ; victoire incontestée lorsque seules des forces marginales s'élèvent contre les dispositions en vigueur.

4. L'influence du scrutin sur la constitution d'une majorité gouvernante

Avec les systèmes majoritaires la probabilité de dégager des majorités nettes est beaucoup plus forte même si, répétons-le, les effets propres d'un mode de scrutin ne peuvent être dissociés de leur environnement politique et culturel. L'existence d'une prime de sièges en faveur du parti ou de l'alliance majoritaire, tend à donner à toute consultation électorale un prolongement logique sur le terrain gouvernemental. Quand une majorité indiscutable sort des urnes, le chef du parti vainqueur devient le chef de l'exécutif, que ce soit au niveau national ou local. Les électeurs y gagnent un sentiment accru de l'« efficacité » de leur choix.

Avec la représentation proportionnelle, qui favorise ou consolide le multipartisme, la constitution d'une majorité gouvernementale dépend davantage des tractations d'état-major aux lendemains du scrutin que directement des résultats eux-mêmes. Dans des pays comme l'Italie (jusqu'à 1993), Israël (jusqu'à 1996)[1], les électeurs ne pouvaient déduire avec certitude quel chef de gouvernement se dégagerait du verdict des urnes. Il en résultait un perceptible sentiment d'aliénation politique qui, dans certains milieux, entachait la légitimité d'un mode de scrutin à d'autres égards pourtant plus « équitable ». En outre les enseignements politiques du scrutin sont généralement moins

1. La représentation proportionnelle intégrale est maintenue mais le Premier ministre est élu au suffrage universel, donc au scrutin uninominal majoritaire.

visibles. Alors que la logique majoritaire amplifie l'impact en sièges des déplacements de voix et désigne clairement un vainqueur (France 2002 et 2007), les résultats successifs d'élections à la proportionnelle n'offrent pas d'aussi vigoureux contrastes. Les gains enregistrés par certains bouleversent rarement l'équilibre global des forces dans les Assemblées. Il est donc plus facile aux états-majors de conclure des alliances parlementaires qui ne se situent pas dans la perspective exacte des indications données par l'électorat. L'effet de telles manœuvres peut encourager une désaffection à l'égard du suffrage universel comme cela a été constaté en France sous la IVe République ou en Italie avant la réforme de 1993.

Aux élections municipales, le législateur français a adopté des dispositions radicales pour imposer l'existence d'un pouvoir stable à la mairie. Il est vrai que les enjeux d'une bonne gouvernance urbaine sont devenus très importants aujourd'hui, notamment dans les grandes agglomérations. La liste arrivée en tête se voit attribuer la moitié des sièges ; quant à la moitié restante, elle est répartie au prorata des voix obtenues par toutes les listes ayant obtenu au moins 5 % des suffrages exprimés. Si l'opposition est ainsi assurée de siéger, elle peut rarement, en fait, atteindre le tiers des mandats.

5. La proximité élus/électeurs

Il ne suffit pas, en démocratie, que les gouvernés soient représentés ; il faut encore qu'ils le ressentent. C'est là un élément important de la légitimité du régime politique, voire de son efficacité sociale. À cet égard, le clivage majeur existe moins entre scrutins majoritaires et proportionnels qu'entre scrutins uninominaux et plurinominaux (candidats inscrits sur une liste). Le scrutin uninominal favorise la personnalisation du lien de représentation ; il introduit un élément, illusoire ou réel, de contact humain. Bien entendu, la part d'imaginaire est grande lorsque l'élu représente le pays tout entier (chef de l'État aux États-Unis, en France, en Finlande...) mais elle n'est pas sans produire des effets de réalité : à savoir l'imbrication des dimensions émotionnelles et politiques du soutien (ou du rejet). La personnalisation repose sur des éléments plus concrets lorsqu'il s'agit des liens qui unissent les électeurs à leur député ou, dans les petites communes qui connaissent panachage et vote préférentiel, à leur maire. Cet élément humain de la représentation politique se matérialise dans la bonne connaissance du nom de l'élu, l'existence d'un abondant courrier et même une certaine familiarité d'approche. Dans les sociétés postindustrielles où la vie quotidienne des gens se trouve souvent régie par des dispositifs bureaucratiques anonymes (administrations publiques, entreprises multinationales...), la personnalisation de ces rapports politiques joue le rôle d'utile contrepoids. Elle permet d'atténuer les effets pervers des logiques de gouvernement trop purement économistes ; elle met en place des modes de communication parallèles, propres à attirer efficacement l'attention sur les difficultés de terrain de l'application des mesures d'ordre général.

Avec les scrutins de liste, le lien personnel entre les élus et les électeurs se trouve généralement distendu. Sans doute faut-il faire exception pour le leader de la liste aux élections municipales : candidat au fauteuil du maire, il polarise sur sa personne l'enjeu du débat. En revanche, édiles locaux, députés nationaux ou européens issus d'un mode de scrutin plurinominal ont peu d'attaches directes avec les citoyens, surtout si la circonscription est particulièrement étendue. En effet, pour être élus, ces candidats ont dû mener une bataille décisive afin d'être placés en rang utile sur la liste. En France, aux européennes avant 2004, dans la liste de 87 noms présentée par un grand parti, les premiers étaient absolument sûrs d'être élus et les derniers non moins assurés de ne pas l'être. La sélection, qui dépend des états-majors des partis et d'inévitables intrigues, est plus importante que l'élection elle-même. En revanche, ces élus n'ont pas de raison décisive de se mettre intensément à l'écoute des électeurs de leur circonscription puisque l'important est surtout de conserver des titres de mérite auprès des instances de décision du parti qui les a fait élire. Ceci explique pourquoi en France, même les élus régionaux *a fortiori* les députés européens désormais désignés dans le cadre de circonscriptions tout à fait artificielles, sont, la plupart du temps, parfaitement inconnus de leurs mandants. Il s'ensuit une légitimité affaiblie qui a d'ailleurs été parfois délibérément souhaitée par les auteurs de la loi électorale.

B La structuration de l'espace politique : la dimension droite/gauche

Depuis que le suffrage universel s'est généralisé, les élections politiques se déroulent dans un contexte où, le plus souvent, électeurs et candidats ne se connaissent pas familièrement. Il a donc été très tôt nécessaire que se mettent en place des repères qui puissent faciliter l'identification des projets, programmes et candidats. Aujourd'hui, l'investiture d'un parti est une pratique généralisée qui répond à la double nécessité de clarifier le profil politique des candidats en lices et discipliner la vie politique en régulant l'accès à la candidature. Cette étiquette revêt un sens d'autant plus net qu'elle renvoie à une échelle sur laquelle les partis se situent, ou sont situés, les uns par rapport aux autres. C'est l'axe droite/gauche dont l'importance est particulièrement visible dans les régimes à partis multiples, là où leur nombre pourrait précisément engendrer une plus grande confusion. Fondamental dans des pays comme la France, l'Italie, l'Espagne, la Suisse, les Pays-Bas mais aussi la Pologne ou les pays baltes, l'axe droite/gauche s'impose avec moins d'évidence dans les pays à tendance bipartisane (Angleterre, États-Unis...) même s'il y joue également un rôle non négligeable au sein de chaque parti, sous un vocabulaire différent.

1. La fonction apparente de l'axe droite/gauche

Il s'agit de permettre aux citoyens d'identifier les grandes familles politiques et idéologiques. Les partis en compétition occupent sur cet axe un rang assez stable de sorte que leurs candidats représentent tel ou tel segment de l'éventail : centre droit, extrême gauche, etc. Symétriquement, les électeurs se situent sur cette échelle ou par rapport à elle : ils se considèrent comme de droite, du centre ou de gauche ou encore : ni de droite ni de gauche[1].

Ces positionnements sont-ils l'expression d'une orientation idéologique précise ou, du moins, d'un ensemble structuré d'attitudes et d'opinions politiques ? La réponse est en réalité moins simple qu'on ne le pense souvent. Historiquement on constate d'abord certains chassés-croisés entre la droite et la gauche. Ainsi le nationalisme moderne est-il né en France avec la Révolution ; c'est pourquoi le souvenir des soldats de l'An II est cultivé avec prédilection à gauche pendant tout le XIXe siècle. Au contraire, la droite, souvent monarchiste à cette époque, préférait la notion d'allégeance dynastique à celle de citoyenneté nationale ; elle s'empare de la rhétorique nationaliste seulement au tournant du XXe siècle. En deux siècles, les contenus doctrinaux et les

1. Jérôme JAFFRÉ et Anne MUXEL observent : « En 1995, même si près des trois quarts des Français (72 %) considèrent que les notions de gauche et de droite sont dépassées, la quasi-totalité d'entre eux continue de se classer sur une échelle gauche/droite en sept cases... Si un quart des Français se classe sur la case centrale (25 %), les trois positions de gauche recueillent 36 % des classements tandis que les trois positions de droite totalisent 37 % des choix ». Jérôme JAFFRÉ et Anne MUXEL, « Les repères politiques », dans Daniel BOY, Nonna MAYER, *L'Électeur a ses raisons*, Paris, Presses de Sciences Po, 1997, p. 68 et 69. Les chiffres demeurent à peu près inchangés en 2007. D'après le Panel électoral français Cevipof/Ministère de l'Intérieur (vague 2, p. 66), 35 % se disent « plutôt de gauche », 36 % « plutôt de droite », 29 % « ni de droite ni de gauche ».

références idéologiques ont donc évolué. En outre l'échelle droite/gauche s'est révélée multidimensionnelle. C'est ainsi qu'à l'antagonisme institutionnel (monarchie ou République ?), s'est ajoutée la question sociale comme source de nouveaux clivages, ou encore les rapports entre l'Église et l'État, l'expansion coloniale, l'évolution des mœurs, la construction européenne, etc.

Des enquêtes empiriques ont cherché à identifier des corrélations entre les positions que les individus s'attribuent sur l'échelle droite/gauche et des attitudes fondamentales dans le domaine du libéralisme économique d'une part, du libéralisme culturel d'autre part. Pour Gérard Grunberg et Étienne Schweisguth, il existe une forte liaison statistique entre libéralisme culturel et orientation à gauche d'une part, libéralisme économique et orientation à droite d'autre part. Mais c'est la combinaison des deux échelles qui se révèle la plus discriminante. « L'opposition entre le type 2, favorable au libéralisme économique mais hostile au libéralisme culturel, et le type 3, favorable au libéralisme culturel mais hostile au libéralisme économique, correspond au clivage traditionnel entre droite et gauche. Elle met face à face, écrivent-ils, d'un côté la France des catholiques pratiquants et des personnes âgées et inactives, de l'autre la France des non-pratiquants et des sans-religion, des jeunes et des personnes actives »[1].

Cette analyse que leurs auteurs ont d'ailleurs eux-mêmes nuancée[2], appelle néanmoins quelques réserves. Il faut en effet observer que, selon les régions géographiques, les mêmes paysans âgés par exemple se déclarent ici majoritairement à gauche (Limousin, Bretagne intérieure) et ailleurs non moins massivement à droite (Savoie, Aveyron, Ouest intérieur). Il est douteux que leurs pratiques sociales soient très différentes. Les familles politiques, identifiées sur cet axe, sont elles-mêmes traversées par des sensibilités politiques fort diverses. On peut par exemple se déclarer « de gauche » et partager des convictions jacobines ou autogestionnaires, réformistes ou révolutionnaires, nationalistes ou tiers-mondistes, industrialistes ou écologiques... Pour Jérôme Jaffré, les sondages d'opinion, depuis 1999, mettent en évi-

1. Étienne SCHWEISGUTH, « Les Valeurs et le vote » Panel électoral français Cevipof/Ministère de l'Intérieur 2007 (vague 1, tableaux 1 et 2) ; Gérard GRUNBERG, Étienne SCHWEISGUTH, « Libéralisme culturel et libéralisme économique », *in* Daniel BOY, Nonna MAYER, *L'Électeur français en questions,* Paris, Presses de la FNSP, 1990, p. 58. V. également, dans le même ouvrage, la contribution de Guy MICHELAT, « À la recherche de la gauche et de la droite », p. 71.
2. Gérard GRUNBERG, Étienne SCHWEISGUTH, « Recompositions idéologiques », dans Daniel BOY, Nonna MAYER, *L'Électeur a ses raisons,* Paris, Presses de Sciences Po, 1997, p. 142 et p. 149.

dence une nette césure au sein de la droite entre les électeurs jeunes et les électeurs âgés sur des questions comme l'immigration, la mondialisation, le Pacs, et même sur les syndicats ou les 35 heures. Réciproquement, des convergences majeures peuvent se manifester par-delà les clivages gauche/droite. Face à des situations concrètes et non plus des principes généraux sans implications personnelles, les gens, qu'ils se positionnent à gauche ou à droite ont, en gros, les mêmes réactions[1]. Les bouleversements politiques qui contraignent à des choix porteurs de sens, mettent en évidence la fragilité de ces identifications comme moteur de l'action[2].

L'échelle droite/gauche est le produit d'un long travail historique fait de controverses et d'affrontements. Théoriciens, hommes politiques (de gauche comme de droite) ont proclamé hautement leurs valeurs, cité leurs références, affiché leurs croyances. Leurs adversaires les ont récusées, attaquées, stigmatisées. De ces combats subsistent aujourd'hui des traces émotionnelles qu'entretiennent les protagonistes afin de tirer profit des connotations positives qu'elles évoquent, et rejeter sur leurs adversaires celles qui seraient dépréciatives. En d'autres termes, alors que les implications pratiques des positionnements sur l'échelle demeurent floues, le système de connotations émotionnelles reste suffisamment riche pour mobiliser la capacité des individus à se situer.

Se dire de droite ou de gauche c'est donc assumer ce qui, de ces connotations symboliques, parvient jusqu'à l'individu[3]. S'il est peu intéressé par la politique et peu informé, les significations de son positionnement seront particulièrement pauvres. Par exemple, être de gauche exprimera simplement une hostilité polymorphe « aux patrons » ; être de droite une répulsion primaire à l'égard des « fonctionnaires ». Plus positivement, la gauche sera associée à la « générosité », la droite au « réalisme ». Inversement, chez les individus fortement concernés par la politique, le positionnement (à gauche ou à droite) pourra signifier des convictions fortes, un enracinement motivé dans une tradition intellectuelle, une élaboration sophistiquée d'analyses sociales ou économiques.

---

1. Laurence WYLIE, *Un village du Vaucluse,* Trad., Paris, Gallimard, 1968, et *Chanzeaux, Village d'Anjou,* Trad., Paris, Gallimard, 1970.
2. Les munichois et anti-munichois, en 1938, se sont recrutés aussi bien à gauche qu'à droite ; de même, les Collaborateurs et les Résistants. Plus tard, l'esprit soixante-huitard a également ignoré largement ces clivages au sein de la jeunesse.
3. Les sondages d'opinion recueillent « moins des comportements, des pratiques ou même, ce qui peut paraître paradoxal, des opinions que des déclarations sur les comportements, les pratiques ou les opinions avec toutes les déformations que cela implique ». Patrick CHAMPAGNE, *Faire l'opinion,* Paris, Minuit, 1990, p. 103.

2. Les fonctions politiques réelles de l'axe droite/gauche

Elles sont plus remarquables que son aptitude supposée à mettre en lumière des comportements réellement différents lorsque les individus se trouvent placés dans des situations réellement comparables. Se situer *sur* ou *par rapport* à l'axe droite/gauche, permet d'abord aux citoyens d'endosser une identité politique. Il existe en effet, en France comme en Europe, des cultures politiques de gauche et de droite, fondées sur des systèmes de valeurs et de justifications privilégiées, sur des références choisies à des événements ou des personnalités historiques prestigieuses[1]. Connotations et références sont suffisamment positives pour qu'il soit valorisant de s'identifier à elles. Mais ces cultures politiques fournissent moins des principes d'action que des repères identitaires ; elles offrent des balises susceptibles de faciliter des choix incertains. Lors des élections qui se succèdent sur des enjeux différents, il est difficile aux électeurs d'évaluer avec précision leurs intérêts réels d'autant qu'ils peuvent être contradictoires ; difficile aussi d'apprécier correctement la validité des discours, promesses et programmes qui leur sont soumis. L'existence d'un ancrage permanent sur l'échelle droite/gauche facilite la solution d'insolubles dilemmes face à des candidats qui préconisent avec assurance les uns plus d'Europe, les autres plus de protection nationale, pour atteindre le même objectif : « garantir le meilleur niveau de vie des Français ». Comment trancher, sinon en s'en remettant aux leaders qui occupent l'espace politique (« de gauche », « de droite », ou « du centre ») auquel on a pris l'habitude de se référer ? D'ailleurs le positionnement sur cette échelle laisse une marge concrète d'adaptation à la conjoncture électorale. On peut se dire « du centre » ou « de droite » et, selon les circonstances, voter pour un candidat de l'UDF ou de l'UMP, voire du PS, des Verts ou du FN. Des études récentes ont montré l'importance en France de cette non-conformité entre le positionnement allégué des électeurs et leur vote effectif au premier tour ; mais très logiquement, il retrouve sa prégnance au second lorsqu'il faut faire un choix draconien[2]. La

1. Pierre BRÉCHON, « Cultures politiques de gauche et de droite en Europe », *in* Pierre BRÉCHON, Bruno CAUTRÈS (Dir.), *Les Enquêtes eurobaromètres. Analyse comparée des données sociopolitiques*, Paris, L'Harmattan, 1998, p. 251 sq.

2. Daniel BOY, Jérôme JAFFRÉ, Anne MUXEL, « Dissonances sur la dimension gauche/droite », dans Daniel BOY, Nonna MAYER, *L'Électeur a ses raisons*, Paris, Presses de Sciences Po, 1997, p. 273. Les auteurs l'évaluent à au moins 40 %. Également, Sylvain BROUARD, Henry REY, *La gauche, la droite. Les limites d'une identification politique*. Rapport d'analyse. Baromètre politique français 2006-2007 vague 4, Cevipof/Ministère de l'Intérieur, Cahier du Cevipof 2007 (46).

constance relative de l'auto-positionnement sur l'échelle permet d'habiller de continuité et de cohérence des choix successifs contradictoires. « Je ne vote plus communiste, mais je reste de gauche ».

Tableau n° 22
Connotations élémentaires associées à l'échelle droite/gauche

	Patronages doctrinaux	Valeurs Morales	Grands Hommes (ou événements/ symboles)	Thématiques privilégiées
GAUCHE	Le socialisme, « Les Lumières »	Égalité, Solidarité	Jaurès Blum/Lénine, Front Populaire	Service public, Droits de l'Homme, Émancipation des travailleurs
DROITE	Le libéralisme, Le nationalisme	Liberté individuelle Responsabilité Esprit National	Poincaré De Gaulle/ Pinay	Fierté nationale Rigueur économique, Initiative privée
CENTRE	Le personnalisme, Le radicalisme	Justice sociale, Refus des « extrêmes »	Robert Schuman, Les pionniers de la construction européenne	L'économie au service de l'Homme

L'échelle droite/gauche joue un rôle encore plus important pour identifier, dans les régimes fortement pluripartisans, les alliances susceptibles d'être perçues comme légitimes. Le fait que le PS et le PCF, en France, soient considérés (et se considèrent) comme deux partis de gauche, a rendu normale la perspective d'une alliance soit purement électorale (désistements réciproques) soit également programmatique. Et cela, malgré les divergences profondes d'analyses ou de sensibilités qui pouvaient les séparer. À l'inverse la tentative de Jean-Pierre Chevènement, aux élections de 2002, d'ignorer le clivage a finalement été jugée très sévèrement par le corps électoral. L'appel à « l'union de la gauche » se révèle mobilisateur de solidarités entre des couches sociales que bien des intérêts opposent : grands bourgeois libéraux, ouvriers des banlieues, enseignants voire, dans certaines régions, paysannerie ou petits commerçants. L'efficacité stratégique du mot « droite » a longtemps été nettement moins importante mais elle se renforce à son tour. Néanmoins, beaucoup préfèrent encore se dire « du centre » ou « ni de droite ni de gauche ». Cette inégalité est la marque du succès remporté depuis l'affaire Dreyfus par les intellectuels et hommes politiques de gauche pour associer à « la droite » des connotations dépréciatives, finalement acceptées dans de larges secteurs de l'opinion. Cependant, là encore, c'est bien la proximité des partis sur l'échelle qui détermine les alliances électorales envisageables ou concevables. C'est pourquoi la droite modérée s'est trouvée confrontée, lors de l'installation du Front national dans le paysage politique, au redoutable dilemme d'avoir à accepter ou à refuser ses désistements et reports de voix.

C Les non-votants

Il s'agit d'une catégorie hétérogène dans laquelle il convient de bien distinguer les non inscrits et les abstentionnistes. Pour voter, il faut en effet être inscrit sur les listes électorales de façon à exercer son droit de vote dans un bureau et un seul. Lors d'enquêtes par sondage, le phénomène est fortement minimisé dans les réponses aux questionnaires. Le nombre des non inscrits est évalué, en France, par l'Insee à près de quatre millions de personnes (autour de 11 % des personnes en âge de voter), par rapprochement entre les statistiques électorales et les données des recensements. En dépit de la mise en œuvre du principe d'inscription automatique, en 1997, le phénomène perdure, surtout chez les ouvriers, les artisans et les jeunes, travailleurs ou non actifs, à forte mobilité résidentielle. Il semble caractéristique d'une apathie civique voire d'un rejet explicite de toute participation politique. Il affecte probablement surtout des individus qui ne se sentent pas intégrés dans la société et ne ressentent absolument aucun intérêt pour la politique. Il faut aussi prendre en considération la structure de l'habitat. Dans les grandes agglomérations où règne un plus grand anonymat, la non-(ré)inscription est facilitée par l'absence de pression sociale ; au contraire, dans les petites communes rurales où chacun se connaît, l'inscription sur les listes est effectuée d'office, sans pratiquement de résidus. Si l'on prenait en considération les non inscrits dans les statistiques électorales, la visibilité de l'abstention en serait accrue ; ce que ne peuvent pas souhaiter les dirigeants politiques[1].

L'abstentionnisme électoral proprement dit, c'est-à-dire le fait pour un inscrit de ne pas participer à un scrutin, tend à augmenter en Europe depuis trente ans, sans atteindre cependant le niveau américain[2]. L'interprétation correcte du phénomène suppose que l'on ne considère pas les abstentionnistes comme un bloc homogène de gens qui ne votent jamais. On considère en effet que moins de la moitié des inscrits votent dans toutes les consultations ; inversement, moins de 10 % s'abstiennent constamment. Ces derniers ont toute chance d'appartenir à des populations mal insérées socialement. Alain Lancelot avait montré que les électeurs très jeunes, les femmes au foyer ou divorcées, les habitants de régions isolées, les résidents de grands ensembles mal intégrés au tissu urbain, les citoyens d'origine immigrée votent nettement moins que la moyenne nationale. Ils signifient par là, passivement, qu'ils se sentent étrangers aux enjeux qui mobilisent le groupe tout entier. Toutefois, à l'autre extrémité, il existe un abstentionnisme de gens très intéressés par la politique, aux convictions très arrêtées mais qui ne sont pas satisfaits de l'offre électorale, lorsque le choix leur apparaît excessivement restreint (par exemple au second tour, en France, après élimination des « petits » candidats). Entre ces deux pôles, une population flottante d'électeurs se déplace aux urnes seulement lorsqu'ils ont la conviction qu'il existe un enjeu important, une compétition serrée dont peut dépendre leur propre sort personnel[3]. Ainsi l'abstentionnisme a-t-il reculé considérablement aux élections italiennes de 2001 (20,2 %, en chute de plus de 10 points par rapport aux précédentes législatives) car l'enjeu était la conquête du pouvoir par Silvio Berlusconi ; de même, au référendum de juin 2006, la participation a-t-elle été plus élevée que dans les consultations précédentes de même nature, car l'enjeu n'était rien moins que l'unité italienne (et, accessoirement, la confirmation de la récente victoire de

1. Un taux d'abstentionnistes de 29 %, par exemple, correspond à 32,2 % de non-votants par rapport à la population en âge de voter.

2. En France, aux élections législatives, l'abstention a pour la première fois dépassé la barre des 30 % en 1988 et s'y est maintenue depuis. En 2002 a été atteint un record de 39,68 % au second tour, dépassé en 2007 avec 40,01 %. Il est vrai qu'il s'agit d'élections législatives postprésidentielles ; comme en 1981 ou en 1988, la participation s'y révèle plus faible que lors des élections en cours de mandat présidentiel.

3. Dans le contexte américain, des auteurs distinguent, sur la base d'une enquête auprès d'un échantillon national représentatif, cinq profils d'abstentionnistes : *doers* (efficaces et pratiques), *unpluggeds* (électrons libres), *irritables* (éternels mécontents), *don't knows* (pas au courant), *alienated* (marginalisés). Jack DOPPELT, Ellen SHEARER, *Non Voters. America's No Shows*, Baltimore, Sage, 1999.

Romano Prodi sur Sylvio Berlusconi). En France, l'abstentionnisme est élevé aux élections législatives qui suivent immédiatement une élection présidentielle, beaucoup d'électeurs se comportant comme si les jeux étaient faits alors que l'élection présidentielle elle-même, se révèle très mobilisatrice (16,03 % seulement d'abstentions au second tour en 2007 contre 40,01 % au second tour des législatives un mois plus tard).

Cette tendance calculatrice explique certainement l'augmentation de l'abstentionnisme en longue période, car les électeurs votent de moins en moins par obligation (morale ou civique). Stratèges, ils se déplacent seulement lorsqu'ils ont le sentiment que leur vote peut revêtir de l'importance. Leur abstentionnisme est l'expression soit d'un manque de confiance dans la capacité des élus à répondre à leurs attentes (l'abstentionnisme ouvrier est particulièrement élevé en France depuis 2002), soit d'un refus conjoncturel de se laisser enfermer dans les choix qui leur sont offerts : enjeux du scrutin, candidats et partis en lices. En d'autres termes, les fluctuations du comportement civique expriment l'évolution du sentiment d'insertion individuelle mais aussi une aptitude à porter un jugement plus exigeant sur les enjeux réels de la compétition. Les records de non-participation atteints lors des élections européennes de juin 2004, mais aussi les écarts significatifs enregistrés d'un pays à l'autre, constituent un terrain privilégié pour la compréhension des mécanismes modernes de l'abstention. Quand le pouvoir politique paraît lointain, les enjeux peu lisibles, les désillusions à l'égard de l'Europe importantes (surtout chez les nouveaux pays membres), les électeurs se montrent peu empressés de se déplacer. Mais à Malte, petit pays où l'équilibre entre les deux plus grandes formations est toujours très précaire, où la tradition catholique du devoir de voter demeure forte, où l'interconnaissance élus/électeurs facilite le choix, tous les facteurs favorables au vote se trouvent réunis (participation supérieure à 90 %), en dépit du petit nombre de députés que ce pays envoie au Parlement de Strasbourg.

§ 2. L'analyse savante du comportement électoral

La sociologie électorale connaît aujourd'hui un très grand développement dont les racines sont assez anciennes. En France, parmi les ouvrages pionniers en ce domaine il faut citer à part le célèbre *Tableau politique de la France de l'Ouest* d'André Siegfried[1]. Cette étude,

1. André SIEGFRIED, *Tableau politique de la France de l'Ouest sous la IIIe République* (1913), rééd. A. Colin, 1980.

restée longtemps isolée, reposait sur une méthode d'analyse qui privilégiait l'approche géographique. Siegfried comparait systématiquement des cartes visualisant la géologie du sol : granitique ou calcaire, l'habitat : dispersé ou groupé, le régime de la propriété : grande ou petite, en faire-valoir direct ou en fermage, la pratique religieuse : inexistante, faible ou forte, enfin les comportements électoraux sur la base de la dichotomie droite/gauche.

Plus tard, une nouvelle naissance de la sociologie électorale se produit aux États-Unis. Paul Lazarsfeld inaugurera la méthode d'enquête par interviews au cours de la campagne électorale pour l'élection présidentielle de 1940. Recourant à des entretiens successifs avec les 600 personnes de son échantillon, l'auteur de *The People's Choice*[1], avait pour ambition de saisir la manière dont se forme, se transforme et se développe l'opinion de l'électeur sous l'influence de la propagande à laquelle il est soumis. Plus tard, un autre ouvrage fondateur, *The American Voter*, sera à l'origine du modèle dit de Michigan[2]. Axée sur une démarche différente, cette étude cherche à établir des corrélations entre comportement électoral et caractéristiques sociologiques des individus.

Depuis lors, les études savantes se sont multipliées notamment en Angleterre (Butler, Rose, Himmelweit), en Allemagne (Kaase, Klingemann), en Belgique (Delwit, Magnette) et en France[3]. Les principales raisons tiennent à l'importance des enjeux en cause. Il existe une forte demande sociale concernant l'analyse et la prévision électorale. Elle provient des acteurs politiques, notamment les partis, mais aussi des médias qui contribuent au financement de certaines enquêtes et simulations. Il faut également observer que la sociologie électorale se prête particulièrement à la collecte de matériaux ainsi qu'à leur traitement statistique et mathématique, ce qui, dans une certaine vision de la science, lui confère un statut privilégié au sein de la discipline.

1. Paul LAZARSFELD, *The People's Choice. How the Voter Makes up his Mind in a Presidential Campaign*, 1re édition, Columbia University Press, 1944. Une seconde édition, avec une documentation fortement enrichie, est publiée en collaboration avec BERELSON et GAUDET, en 1948 et une troisième en 1967.

2. Angus CAMPBELL, Philip CONVERSE, Warren MILLER, Donald STOKES, *The American Voter*, 1re édition, New York, Wiley, 1960. Les grands textes de la sociologie électorale américaine sont réunis dans Richard NIEMI, Herbert WEISBERG, *Classics in Voting Behavior*, Washington, CQ Press, 1993.

3. Pour ce pays, il convient de mentionner les enquêtes électorales (Panel électoral français 2007 du Cevipof, en collaboration avec le ministère de l'Intérieur) et les ouvrages collectifs consacrés aux consultations électorales depuis 1956 (avec quelques interruptions). Dus aux chercheurs du Cevipof, ils sont généralement publiés aux Presses de la FNSP, aujourd'hui Presses de Sciences Po. Depuis 2002, le Cevipof.

Schématiquement il existe deux grandes familles d'approches en matière d'explication du vote, chacune comportant d'importantes variantes.

A Les analyses stratégiques

1. Exposé

En arrière-plan de ces schémas d'interprétation, se situe la notion de marché politique. Une tradition illustrée par Max Weber mais aussi Schumpeter, assimilait déjà les formations politiques en quête de suffrages à des entrepreneurs. Cependant le premier véritable ouvrage de référence, pour ces analyses, est celui d'Anthony Downs. Avec lui naît le concept d'électeur rationnel, ou encore d'électeur stratège[1]. Lors d'une consultation générale, les candidats en lices présentent des programmes, formulent des promesses qui sont constitutives d'une *offre* de biens. Ce peuvent être des allégements fiscaux, des mesures sociales mais aussi bien une politique de croissance économique, une vision globale du développement. L'électeur chercherait à maximiser son « utilité » c'est-à-dire tenterait d'obtenir de son vote une incidence optimale sur ses conditions concrètes d'existence. Cela suppose qu'il identifie ses intérêts, et puisse les classer sur une échelle de préférence. Cela suppose aussi qu'il bénéficie d'une information fiable sur le bilan des sortants et la crédibilité des promesses de leurs opposants.

Downs n'ignore pas que ces conditions sont malaisément réunies, notamment dans les régimes multipartisans. Le langage des partis est affecté par des considérations idéologiques ou tactiques qui rendent leurs intentions ambiguës voire opaques. « Tout cela, conclut-il, rend difficile le calcul rationnel de l'individu mais s'il existe un consensus suffisant dans l'électorat (autour du système politique), la démocratie peut fonctionner efficacement même si la société ne peut atteindre une totale rationalité »[2].

Cette problématique de l'électeur rationnel et calculateur tourne chez Downs autour de la notion de *gain matérialisable*. Elle s'inscrit en effet dans une perspective théorique plus large qui est, en gros, celle de l'individualisme méthodologique. Mais rien n'exclut en principe, si ce

1. Anthony DOWNS, *An Economic Theory of Democracy*, New York, Harper, 1957, p. 36.
2. *Op. cit.* p. 163. Pour une discussion de cette problématique, Nonna MAYER (Dir.), *Les Modèles explicatifs du vote*, Paris, L'Harmattan, 1997.

n'est la difficulté pratique d'investigation, d'y comprendre d'autres formes de gratifications escomptables par l'électeur : le plaisir par exemple de suivre un leader charismatique (la « remise de soi ») ou encore celui de s'identifier à une grande cause. Cette vue est d'ailleurs plus réaliste, parce que moins réductionniste qu'une approche purement économiste des gains recherchés ; mais elle conduit à remettre en question l'universalité du « calcul rationnel ». En effet les comportements électoraux, comme tous les autres d'ailleurs, peuvent fort bien relever d'une rationalité indiscutable sans être le fruit d'un calcul conscient. Les individus, par exemple, sont mus par des répulsions dont ils ignorent souvent l'origine complexe, voire la signification profonde ; pourtant sur cette base se constitueront des votes de rejet.

Les analyses stratégiques sont conduites également à s'intéresser aux *conditions de l'offre* politique. Elles commandent en effet le choix rationnel de l'électeur. On entend par là tout d'abord les termes dans lesquels se définissent les enjeux de la compétition. Quels sont ceux qui se dégagent le plus fortement des thèmes de campagne et des données de la conjoncture : le chômage ou l'immigration ? la construction européenne ou l'insécurité ? C'est le problème de la « saillance ». Les partis luttent entre eux pour imposer certains débats ou, au contraire, tenter d'en éviter d'autres. Ils sont néanmoins très dépendants des données de conjoncture économique (indicateurs, bien ou mal orientés, concernant le chômage, l'inflation, les équilibres commerciaux...[1]), voire de la conjoncture internationale (tensions diplomatiques, menaces terroristes...). La structure de l'offre c'est encore le nombre de candidatures, les formations politiques en présence, les investitures distribuées, les alliances affichées ou susceptibles d'être anticipées. L'électeur rationnel pourra préférer un compétiteur qui partage des idées moins proches mais dont les perspectives de succès sont meilleures (vote utilitaire) ; de même pourra-t-il ne prendre en compte qu'un aspect seulement du programme des candidats s'il estime qu'il concerne directement son intérêt personnel. En d'autres termes, cet électeur-stratège calcule ; comme l'*homo œconomicus*, il cherche à optimiser son gain dans une situation déterminée.

1. Pour une mise au point récente sur l'influence de la conjoncture économique dans le vote des électeurs, Hans DORUSSEN (Ed.), *Economic Voting*, Londres, Routledge, 2002. Les contributions concernent le cas de la Grande-Bretagne, l'Espagne et l'Italie.

2. Discussion

Ce type de modèle explicatif permet de rendre compte assez bien de deux phénomènes. L'existence des indécis tout d'abord. Les enquêtes électorales mettent en évidence le fait que c'est en début de campagne qu'on trouve la proportion la plus élevée de citoyens qui ne savent pas encore s'ils vont voter ou, lorsqu'ils y sont décidés, n'ont pas arrêté leur vote. On peut donc imaginer qu'ils s'apprêtent à s'informer avant de décider. Dès lors, le bilan des gouvernants, la qualité de la campagne avec ses enjeux et ses thèmes saillants, les personnalités qui la mènent, joueraient un rôle majeur pour déterminer les citoyens à participer et pour orienter leur suffrage.

Autre phénomène qu'appréhendent mieux les analyses stratégiques : la volatilité électorale, c'est-à-dire la mobilité des comportements d'une consultation à l'autre. D'après l'enquête longitudinale de Hilde Himmelweit[1], 30 % des Britanniques seulement ont toujours voté pour le même parti dans six consultations nationales successives. Cette mobilité, aujourd'hui accrue dans les démocraties occidentales contemporaines, peut être interprétée comme significative d'une nouvelle « maturité » de l'électeur. Dégagé de solidarités préfabriquées, « désireux d'être moins captif des mots d'ordre et des appels mobilisateurs des grands appareils » (Georges Lavau), le citoyen moderne fait preuve d'une plus grande inclination à juger par lui-même des bilans et des programmes ; surtout, il mesure de façon plus critique la confiance que lui semblent mériter candidats et partis politiques. Si, à tort ou à raison, il estime que les jeux sont déjà faits, cet électeur stratège peut souhaiter envoyer un message de mécontentement à celui dont il souhaite néanmoins le succès. Ce fut le cas en France d'une fraction des bulletins de vote qui, au premier tour de l'élection présidentielle de 2002, se sont détournés soit de Jacques Chirac, soit de Lionel Jospin, croyant leur présence de toute façon assurée au second tour[2]. De tels comportements calculateurs ont toujours existé et permettent d'expli-

1. Hilde HIMMELWEIT, Patrick HUMPHREYS, Marianne JAEGER, *How Voters Decide. A longitudinal study of political attitudes and voting extending over fifteen years,* 2e édition révisée, Stratford, Open University Press 1985, p. 35. L'enquête longitudinale consiste à interroger le même échantillon représentatif pendant une certaine période de temps (en l'occurrence ici, quinze ans). À rapprocher du fait que de 1995 à 1997, seuls 8 % des électeurs français inscrits sur les listes électorales se seraient toujours abstenus. Compte tenu du nombre élevé des abstentionnistes à chaque scrutin (autour de 30 %), cela signifierait que beaucoup pratiquent le vote intermittent. *INSEE Première* (546), 1997.
2. Sur ce que l'on a appelé « le vote stratégique inversé », André BLAIS, « Y a-t-il un vote stratégique en France ? », *in* Bruno CAUTRÈS, Nonna MAYER (Dir.), *Le Nouveau désordre électoral. Les leçons du 21 avril 2002,* Paris, Presses de Sciences Po, 2004,

quer une part des menues variations, voire des grandes surprises, enregistrées entre les évaluations des sondeurs à la veille d'un scrutin et les résultats effectivement enregistrés.

Malgré leur intérêt, ces modèles « consuméristes » appellent deux catégories de réserves. Tout d'abord, quant à la place accordée au choix rationnel. Ce qui oblige à en percevoir les limites, c'est l'observation des mécanismes mêmes de la vie politique. En démocratie pluraliste, les candidats sont portés à tenir des discours de séduction tous azimuts c'est-à-dire en direction des catégories sociales les plus variées : les jeunes mais aussi les retraités, les salariés des villes mais aussi le monde rural, les intellectuels aussi bien que les ouvriers, les petits commerçants ou les ingénieurs, etc. Il s'ensuit un langage à sorties multiples qu'il n'est pas simple d'interpréter. Comment hiérarchiser les promesses cumulées et, parfois, contradictoires ? À supposer que l'électeur veuille opérer un choix éclairé, et totalement rationnel de son point de vue, il ne se trouve jamais dans les conditions optimales d'information : celle-ci surabonde (saturant le récepteur) ou fait défaut ; même pertinente, elle peut être contredite de façon apparemment justifiée, tandis qu'à l'inverse bien des informations non vérifiables lui sont proposées sans examen. Ajoutons enfin que les contraintes de tous ordres qui pèsent lourdement sur les gouvernants, qu'elles soient d'ordre juridique, financier, technique, économique, politique, etc. ne permettent jamais de garantir l'adéquation entre les promesses électorales et les mises en œuvre gouvernementales, et cela sans qu'il faille nécessairement imputer ce décalage à la tromperie ou la mauvaise foi.

Les théories du choix rationnel ne peuvent donc appréhender la généralité des motivations de l'ensemble des électeurs. Le calcul coûts/avantages joue un rôle mais parmi d'autres facteurs ; et ce rôle est plus ou moins considérable d'une part selon les catégories de citoyens (très attentifs ou, au contraire, peu attentifs à la politique), d'autre part selon les conjonctures électorales (paisibles ou passionnelles, confuses ou dominées par des enjeux clarifiés).

Une seconde catégorie de réserves concerne la notion même de marché, lieu symbolique où s'ajuste une offre : celle des professionnels de la politique, et une demande : celle des électeurs en quête de satisfactions optimales. L'attraction du terme est telle que son emploi

p. 279 sq. Également, sur les abstentionnistes stratèges, François Heran « Voter toujours, parfois... ou jamais », *loc. cit.* p. 364 sq.

a largement débordé son milieu intellectuel d'origine ; il s'est répandu notamment dans la sociologie politique qui s'inspire de Pierre Bourdieu[1]. Or, si intéressantes que soient cette approche et l'analogie entrepreneuriale qu'elle implique, il faut néanmoins relever les traits qui différencient marchés économique et politique. Tout d'abord le concept de « capital politique » n'est pas véritablement l'analogue du concept de biens de production à caractère économique. Les « ressources » de l'homme politique sont sans doute en partie matérielles (argent, moyens de communication...) ; mais, beaucoup plus qu'ailleurs, elles sont constituées de représentations positives de son identité, elles-mêmes fondées sur des croyances partagées. Ainsi de la notoriété et de la popularité qui ont un rôle presque aussi central dans l'activité politique que la monnaie dans l'activité économique. Lorsque Pierre Bourdieu évoque la conversion de capitaux personnels (fortune, diplômes...) en capital politique, il suggère la recomposition d'un capital envisagé en termes substantialistes ; ce qui rigoureusement parlant n'a pas grand sens. L'expression, parce qu'elle permet de condenser commodément du sens, est néanmoins utile, mais comme métaphore plutôt que concept savant.

De même observe-t-on une fausse symétrie entre la demande économique et la demande politique de biens. S'il existe certainement une fraction des électeurs qui attendent du fonctionnement du système politique une amélioration de leurs conditions concrètes d'existence, beaucoup d'autres en revanche exercent leur droit de vote non pour le monnayer mais tout simplement pour remplir leur rôle de citoyen, parce qu'ils en ont intériorisé l'exigence. Nombre de votants (près de 50 % dans certaines enquêtes) sont à peu près indifférents à la politique, se déclarant « peu » ou « pas intéressés » par ce qui s'y passe. Il est difficile de les assimiler à des consommateurs examinant activement une offre de biens tangibles et identifiables comme les produits ou services mis sur le marché par des entreprises économiques. L'on peut donc penser que le terme de « transaction », employé par certains auteurs (Daniel Gaxie) pour rendre compte de l'opération électorale, n'est pas du tout approprié à nombre de comportements.

La notion de marché ne mérite pas cependant d'être complètement rejetée. Outre sa capacité à condenser du sens, fût-ce dans l'approximation, elle a le mérite de souligner qu'en démocratie pluraliste tout au moins, la représentativité politique n'est pas autoproclamée. Elle se

1. Daniel GAXIE, *Enjeux municipaux,* Paris, PUF Curapp, 1984, p. 30 et s. et son introduction à *Explication du vote,* Paris, Presses de la FNSP, 2e édition, 1989, p. 15 et s.

conquiert dans un espace de concurrence sans doute ni pure ni parfaite mais néanmoins décisive. C'est bien la rivalité politique entre les candidats en compétition qui façonne les conditions dans lesquelles les électeurs vont effectuer leur vote.

B Les analyses écologiques

À la différence des analyses stratégiques centrées sur les composantes du choix individuel, les modèles explicatifs de ce type dégagent plutôt la vision d'une sorte d'électeur captif, conditionné par des solidarités sociales. Malgré leur grande diversité, les analyses écologiques partagent toutes, en effet, la préoccupation de mettre en relation les comportements des électeurs avec les caractéristiques de leur environnement sociologique.

1. Exposé

Une première tradition, qui peut se référer à l'ouvrage précurseur d'André Siegfried, insiste sur la description des *espaces géographiques.* Dans son *Tableau politique de la France de l'Ouest* (1913) l'explication électorale était recherchée, dans une première étape, au niveau des facteurs morphologiques : la nature du sol, le mode d'habitat et le régime de la propriété. Leur combinaison, différente selon les terroirs, aurait favorisé un climat social et politique de type plus ou moins égalitaire ; l'influence de l'Église y aurait trouvé un milieu d'accueil plus ou moins réceptif. Ainsi Siegfried pouvait-il dégager plusieurs chaînes explicatives. Dans les zones granitiques d'habitat dispersé (pays de bocages) où dominent la grande propriété associée à la petite exploitation (fermiers, métayers), le catholicisme et l'influence du clergé se sont maintenus plus vigoureusement qu'ailleurs : ce sont des bastions du vote de droite. Dans les zones de sol calcaire où l'eau plus rare contraint à un habitat regroupé, vivent des populations de petits et moyens propriétaires au tempérament plus égalitaire et volontiers « détachés » du christianisme : ce sont des bastions de gauche. En d'autres termes, l'analyse insiste sur les conditionnements des électeurs : en l'espèce à travers le contrôle social exercé ou non par le grand propriétaire (noble comme en Anjou) et par le prêtre. André Siegfried ne méconnaissait pas l'existence d'exceptions à la règle, ni la persistance d'énigmes irrésolues. Des travaux d'inspiration sociohistorique comme ceux de Charles Tilly sur la

Vendée[1] ou de Paul Bois sur la Sarthe[2] ont d'ailleurs contribué à donner des éclairages en partie contradictoires avec les travaux de Siegfried. Surtout peut-être, cette analyse a vieilli parce qu'elle prenait pour objet un espace de terroirs à civilisation rurale où la communication et les échanges, au sens moderne, demeuraient restreints. Elle n'en demeure pas moins un très brillant exemple d'analyse scientifique des comportements politiques.

L'analyse écologique d'inspiration géographique s'est prolongée de nos jours dans les travaux de François Goguel et surtout d'Yves Lacoste[3]. Elle souligne la permanence de sensibilités politiques locales malgré l'atténuation des spécificités les plus marquées. Les bastions géographiques de la gauche ou de la droite se maintiennent, même amoindris ; parfois, plus subtilement, ils s'expriment dans une manière différente d'être de gauche ou de droite. Ainsi, le vote socialiste n'a-t-il pas exactement la même signification en Midi-Pyrénées et en Bretagne où persistent, respectivement, la culture politique du radicalisme et celle du catholicisme social.

Une seconde tradition d'analyse écologique met l'accent non plus sur les espaces mais sur les *milieux sociologiques* d'appartenance. Inaugurée par Paul Lazarsfeld et Bernard Berelson, elle est illustrée surtout par les travaux du *Survey Research Center* de l'Université de Michigan qui en constituent la référence classique. Ils inspirent en France les nombreux et importants travaux des chercheurs du Cevipof, étayés sur des enquêtes par sondages et des enquêtes dites « sortie des urnes »[4]. Le fil directeur de ces analyses est la mise en évidence de corrélations entre des variables sociologiques lourdes et les comportements électoraux. Présentant la « variante française du paradigme de Michigan », Nonna Mayer et Pascal Perrineau en dégagent de façon parfaitement claire les caractéristiques majeures. « C'est un modèle qu'on peut qualifier de sociologique parce qu'il fait des communautés auxquelles les individus appartiennent le facteur décisif de leur comportement électoral. Il ne s'agit pas d'un modèle déterministe. Les variables lourdes n'entraînent que des probabilités, plus ou moins fortes, de voter pour la gauche ou pour la droite... Il ne s'agit pas d'un

1. Charles TILLY, *La Vendée. Révolution et contre-révolution*, Trad., Paris, Fayard, 1970.
2. Paul BOIS, *Paysans de l'Ouest,* réédition, Paris, Flammarion, 1971.
3. Yves LACOSTE (Dir.), *Géopolitiques des régions françaises,* Paris, Fayard, 1986, 3 vol.
4. Pour une présentation synthétique, Nonna MAYER, Pascal PERRINEAU, *Les Comportements politiques,* Paris, A. Colin, 1992, p. 74 sq. (également les ouvrages cités en bibliographie de ce chapitre, sous la direction de Pascal PERRINEAU et Colette YSMAL).

modèle causal. Il postule seulement l'association entre variables lourdes et choix politiques »[1].

Les analyses écologiques mobilisent généralement trois types de variables lourdes.

Des variables socio-démographiques

Ce sont le sexe, l'âge et le lieu de résidence. Aujourd'hui hommes et femmes se répartissent à peu près également entre la droite et la gauche. Il n'en est pas toujours allé de même en France où, longtemps, elles ont été plus réservées vis-à-vis de la gauche. En revanche, elles continuent de manifester une plus grande réticence à l'égard des extrêmes. Le vote FN en particulier est le plus masculin de tous. En ce qui concerne l'âge, on note, au fur et à mesure qu'il s'élève, une tendance à une diminution de l'orientation à gauche. Les personnes âgées, surtout les femmes, manifestent une certaine préférence à droite ou au centre quoique l'électorat communiste, en déclin marqué, soit lui-même l'un des plus âgés. Quant à la jeunesse, elle a tendance à amplifier les tendances électorales qui se manifestent dans une conjoncture donnée, plutôt qu'à se révéler orientée à gauche ou à droite[2]. Mais Jérôme Jaffré a montré que les jeunes qui se disent de droite ont des valeurs de référence souvent très différentes de celles de leurs aînés, notamment sur les questions de mœurs et de société. Enfin, le lieu de résidence renvoie aux zones géographiques précédemment évoquées. À noter toutefois, les contrastes de comportements entre Paris et sa banlieue, les villes et leur arrière-pays rural y compris dans les zones où les campagnes sont orientées à gauche. Le sud-ouest donne plus volontiers ses suffrages à des candidats de gauche, le nord-est à des candidats de droite, tandis que la Bretagne ne cesse de glisser à gauche depuis trente ans.

Des variables socio-économiques

Ce sont l'appartenance socioprofessionnelle, le niveau de revenu et, parfois, la détention d'un patrimoine. Jacques Capdevielle et Élizabeth Dupoirier ont, par exemple, mis en évidence le fait que le pourcentage des votes de droite s'accroît à mesure qu'augmente le nombre d'élé-

1. *Op. cit.* p. 83.
2. Annick PERCHERON (Dir.), *Âge et politique,* Paris, Economica, 1991.

ments de patrimoine possédés[1]. Nonna Mayer a montré l'importance du clivage entre les travailleurs indépendants et les salariés[2]. Les premiers votent très majoritairement à droite ou au centre, qu'ils soient agriculteurs, commerçants ou petits industriels, les seconds votent beaucoup plus souvent à gauche. Cependant ni le salariat ni même la classe ouvrière ne sont des univers homogènes. Parmi les salariés, ceux du secteur public, en particulier les enseignants, sont beaucoup plus favorables à la gauche que ceux du secteur privé ; de même, les petits salariés et cadres moyens le sont davantage que les cadres supérieurs. Quant aux ouvriers, ils ne constituent plus ce fort bastion de la gauche (communiste et non communiste) qu'ils ont longtemps été jusqu'à 1978. C'est dans les grandes entreprises industrielles qu'ils demeurent plus volontiers orientés à gauche à la différence de ceux des petites et moyennes entreprises, surtout lorsque celles-ci se situent dans des secteurs marginaux comme la manutention, la réparation, le nettoiement, ou sont vulnérables à la conjoncture comme le bâtiment. Les études récentes suggèrent que ces ouvriers « non industriels » sont les plus enclins au rejet du système politique soit par un comportement d'abstention, soit par un vote en faveur de l'extrême droite. C'est en effet l'enseignement des scrutins qui se sont tenus, en France, depuis 1988.

Tableau n° 23
Évolution du vote des ouvriers (en % des suffrages exprimés)

	Législatives 1978	Présidentielle 1988	Présidentielle 1995	Législatives 1997	Présidentielle 2002	Présidentielle 2007
Gauche et extrême gauche	70	63	49	52	43	38
Droite et centre	30	20	31	24	31	46
Extr./droite	1	17	21	24	26	16

Sources : Enquêtes électorales du Cevipof (chiffres arrondis)

Des variables socio-culturelles

Les plus fréquemment mobilisées sont d'une part le niveau d'instruction, d'autre part l'appartenance religieuse. Le premier est

1. Voir notamment « L'effet patrimoine », *in* Jacques CAPDEVIELLE et autres, *France de la gauche, vote à droite,* Paris, Presses de la FNSP, 2e édition, 1990, p. 169 et sq.
2. Nonna MAYER, *La Boutique contre la gauche,* Paris, Presses de la FNSP, 1986.

mesuré à partir des diplômes possédés, ce qui introduit des distorsions entre les tranches de population les plus âgées et les plus jeunes puisque le nombre de bacheliers par classe d'âge a beaucoup évolué en quarante ans et, de ce fait, a pris une tout autre signification. Il est admis qu'un niveau d'études élevé augmente la propension à voter et à s'intéresser à la politique[1] ; il est probable que ce facteur contribue à l'adoption plus fréquente d'un comportement de « stratège » sans qu'il faille néanmoins exagérer la portée de cette évolution.

La religion demeure un facteur assez prédictif des comportements électoraux. S'agissant de la France, les catholiques pratiquants réguliers sont longtemps restés massivement réticents à un vote de gauche. Une certaine évolution, constatée depuis une quinzaine d'années (P. Bréchon), doit tenir compte du fait que la pratique religieuse a considérablement diminué de sorte que la définition du « catholique pratiquant régulier » est devenue plus laxiste dans les enquêtes : celui qui va à la messe au moins une fois par mois, et non plus comme auparavant celui qui s'acquitte scrupuleusement chaque semaine de l'obligation dominicale. À statut socioprofessionnel ou âge identiques, les catholiques pratiquants réguliers votent toujours beaucoup plus souvent au centre et à droite que les autres électeurs mais demeurent plus rebelles que la moyenne à l'extrême droite. Quant à l'appartenance à la religion musulmane, elle constitue un facteur évidemment corrélé, de façon étroite, à une immigration récente, laquelle signifie souvent de plus grandes difficultés d'intégration. S'il n'y a pas de vote musulman au sens d'un électorat fixé sur des partis communautaires, il y a certainement spécificité des préoccupations au sein de la société française.

2. Discussion

En définitive, hormis la pratique religieuse (catholique) et l'appartenance au monde des agriculteurs et travailleurs indépendants qui restent largement prédictives du vote à droite, tandis que les enseignants et les petits fonctionnaires inclinent clairement à gauche, il existe en France des corrélations directes plutôt modérées entre variables dites écologiques et comportement électoral. Quand ces corrélations existent, elles soulèvent deux difficultés d'interprétation.

1. Étienne SCHWEISGUTH, « La Dépolitisation en questions », *in* G. GRUNBERG, N. MAYER, P. SNIDERMAN, *La Démocratie à l'épreuve*, Paris, Presses de Sciences Po, 2002, p. 80.

Tableau n° 24
Élection présidentielle française de 1988
Deuxième tour

Sur 100 suffrages exprimés	François Mitterrand	Jacques Chirac
Ensemble	54	46
Hommes	53	47
Femmes	55	45
18-24 ans	60	40
25-34 ans	63	37
35-49 ans	51	49
50-64 ans	51	49
65 ans et plus	47	53
Agriculteurs	35	65
Artisans, commerçants, chefs d'entreprises	37	63
Cadres, professions intellectuelles sup., prof. intermédiaires	36	64
Employés	61	39
Ouvriers	68	32
Inactifs, Retraités	52	48
Travaille à son compte	33	67
Salariés	62	38
dont sal. secteur public	66	34
dont sal. secteur privé	60	40
Instruction primaire	58	42
– secondaire	51	49
– technique et commerciale	56	44
– supérieure	49	51
Catholiques pratiquants réguliers	27	73
Catholiques pratiquants occasionnels	44	56
Catholiques non pratiquants	58	42
Sans religion/Autre religion	75	25

Tableau n° 25
Élection présidentielle française de 1995
Deuxième tour

Sur 100 suffrages exprimés	Lionel Jospin	Jacques Chirac
Ensemble	47	53
Hommes	48	52
Femmes	47	53
18-24 ans	49	51
25-34 ans	48	52
35-49 ans	52	48
50-64 ans	43	57
65 ans et plus	36	64
Agriculteurs	23	77
Artisans, commerçants, chefs d'entreprises	23	77
Cadres, professions intellectuelles sup., prof. intermédiaires	55	45
Employés	51	49
Ouvriers	57	43
Inactifs, Retraités	40	60
Travaille à son compte	22	78
Salariés	53	47
dont sal. secteur public	66	34
dont sal. secteur privé	60	40
Âge de fin d'études :		
14 ans et moins	47	53
15 et 16 ans	50	50
17 et 18 ans	47	53
19 et 21 ans	51	49
22 ans et plus	45	55
Catholiques pratiquants	26	74
Catholiques non pratiquants	41	59
Sans religion/Autre religion	69	31

Nota : On n'a pas fait figurer les données concernant l'élection présidentielle de 2002 car le duel Chirac/Le Pen rend tout rapprochement non pertinent avec les élections présidentielles antérieures.

Tableau n° 26
Élection présidentielle française de 2008
Deuxième tour

	S. Royal	N. Sarkozy
Ensemble	*46,9*	*53,1*
Sexe		
Homme	47	53
Femme	47	53
- 18-24 ans	63	37
- 25-34 ans	50	50
- 35-49 ans	49	51
- 50-64 ans	47	53
- 65 ans et plus	33	67
- Agriculteur	22	78
- Petit commerçant et artisan	29	71
- Cadre et prof. Intellectuelle	46	54
- Prof. Intermédiaire	54	46
- Employé	45	55
- Ouvrier	48	52
- Inactif	53	47
- Travaille à son compte	29	71
- Salarié du privé	46	54
- Salarié du public	52	48
- Chômeur	65	35
- Sans diplôme, certificat d'études	39	61
- BEPC, CAP, BEP	47	53
- Baccalauréat	54	46
- Niveau Bac plus 2	55	45
- Diplôme du supérieur	56	44
- Catholique pratiquant	23 %	77 %
- Catholique non pratiquant	38 %	62 %
- Autres religions	69 %	31 %
- Sans religion	66 %	34 %

Source : Panel électoral français 2007, vague 2 – CEVIPOF/Ministère de l'Intérieur.

Tableau n° 27
Élection présidentielle américaine (novembre 2004)

PERCENTAGES OF VOTERS		FOR BUSH	FOR KERRY
100	Total	51%	48%
46	Men	55	44
54	Women	48	51
17	18 to 29 years old	45	54
29	30 to 44 years old	53	46
30	45 to 59 years old	51	48
24	60 or over	54	46
77	White	58	41
11	Black	11	88
8	Hispanic/Latino	44	53
2	Asian	44	56
54	Protestant	59	40
27	Catholic	52	47
3	Jewish	25	74
10	None	31	67
23	White evangelical or born-again Christian	78	21
37	Republican	93	6
26	Independant	48	49
37	Democrat	11	89
4	Gay, lesbian or bisexual	23	77

Source : Pew Research Center.

– La première, assez simple, peut être résolue par un traitement statistique approprié. C'est le fait qu'une corrélation visible peut en cacher une autre plus explicative. Ainsi, quand les personnes âgées votent plus volontiers à droite, est-ce parce qu'il s'agit d'une population plus pratiquante ? ou possédant davantage d'éléments de patrimoine ? La question posée est donc celle de savoir s'il demeure une autonomie du facteur âge. La même interrogation se retrouve, de façon inversée, quand il s'agit de comprendre l'inclination à gauche des plus jeunes.

La seconde concerne le sens de la corrélation. Les catholiques pratiquants réguliers votent-ils conservateur parce qu'ils sont catholiques ? ou, à l'inverse, sont-ils restés pratiquants réguliers parce qu'ils sont conservateurs ? Dans nombre de situations, il est clair qu'il y a moins un facteur causal, engendrant un effet, qu'une interaction. Ce qui renvoie à la recherche d'une interprétation située à un niveau plus globalisant.

Les politistes de cette école en sont bien conscients eux-mêmes. C'est pourquoi ils ne s'enferment pas dans l'analyse de corrélations simples. Guy Michelat et Michel Simon se sont efforcés, à partir d'analyses typologiques, de mettre en évidence, pour la France, l'existence de deux modèles polaires de comportement politique, agrégeant ensemble la dimension classe sociale et la dimension religion. C'est d'une part le type : ouvrier communisant irréligieux, et d'autre part le catholique déclaré, conservateur, appartenant à la classe moyenne[1]. À chaque modèle correspond un univers culturel différent, fortement structuré par des croyances et des références spécifiques. Il en résulte que les variables lourdes les plus prédictives ne produisent rien par elles-mêmes : « Les individus se déterminent à partir de perceptions du réel (et du possible) et de principes d'évaluation (affectivement très connotés quelle que soit la tonalité plus ou moins intellectuelle du discours manifeste) qui peuvent profondément différer selon les sous-cultures dont ils relèvent en fonction de leurs groupes d'appartenance passés et actuels »[2]. Il existe en effet des schèmes culturels qui sont spécifiques à des strates de populations déterminées :

1. Guy MICHELAT, Michel SIMON, *Classe sociale, religion et comportement politique*, Paris, Presses de la FNSP/Éditions Sociales, 1977. Pour un bilan de ces analyses, Guy MICHELAT, Michel SIMON (Dir.), *Les Ouvriers et la politique. Permanences, ruptures, réalignements. 1962-2002*, Paris, Presses de Sciences Po, 2004.

2. G. MICHELAT, « Religion, classe sociale, patrimoine », *in* D. GAXIE, *Explication du vote*, 2e édition, Paris, Presses de la Fondation nationale des sciences politiques, 1989, p. 319 sq.

les ouvriers, les cadres, mais aussi la jeunesse musulmane des banlieues, les communautés protestantes du Languedoc, etc.[1].

Cette analyse met sur la voie d'une réestimation des dimensions proprement psychologiques de la vie politique. Les auteurs de *The American Voter* ne les avaient pas négligées lorsqu'ils étudiaient l'importance (contestée plus tard) de l'identification partisane. Très généralement répandue à l'époque, souvent héritée du milieu familial, dotée d'une forte stabilité, cette identification (aux Démocrates ou aux Républicains) fonctionne comme un principe de sélection des informations pertinentes pour l'électeur.

L'existence de ces mécanismes d'identification permet de mieux comprendre pourquoi peuvent participer de nombreux électeurs qui se déclarent « très peu » intéressés par la politique ou « très peu » informés. Même s'ils ignorent le contenu précis des programmes proposés, même s'ils ne se soucient pas réellement des capacités concrètes d'action des formations ou des leaders qu'ils soutiennent, ils iront néanmoins voter, autant par habitude que par conviction, autant par fidélité que par choix délibéré. Cette identification à un parti ou à une famille idéologique joue le rôle d'une sorte de code comportemental : elle affecte la manière dont l'électeur discrimine ce qui l'intéresse dans les événements d'une campagne électorale et, surtout, elle l'incite à voter, sans calcul, pour le candidat le plus proche de sa famille.

En définitive l'intérêt principal de ces analyses écologiques est de faciliter la compréhension des permanences du comportement électoral. Permanences d'ordre géographique[2], socioprofessionnel et socioculturel. En revanche, elles sont moins bien armées pour appréhender les phénomènes de volatilité électorale, c'est-à-dire ces glissements brusques de l'électorat d'une formation vers une autre ; sur ce plan les analyses stratégiques abordent le problème avec de meilleures questions puisqu'elles s'intéressent aux conditions conjoncturelles de l'offre politique. Les unes et les autres sont donc essentiellement complémentaires. Ce qui le montre encore davantage, ce sont les tendances récentes observées dans la littérature scientifique aux États-

1. Sur une subculture ouvrière, Michel HASTINGS, *Halluin la Rouge, 1919-1938. Aspects d'un communisme identitaire*, Lille, PUL, 1991. Également, Sylvie STRUDEL, *Votes juifs. Itinéraires migratoires, religieux, politiques*, Paris, Presses de Sciences Po, 1996.

2. Dans tous les pays d'Europe occidentale, on observe des clivages spatiaux relativement stables dans le temps. En ce qui concerne la France ils sont visibles non seulement à l'échelle nationale (l'Ouest et l'Est n'ont pas la même sensibilité politique que le Sud-Est ou la face occidentale du Massif central) mais aussi à une échelle microrégionale. Ainsi une ligne invisible sépare-t-elle en deux, du point de vue de leur inclination à gauche ou à droite, nombre de départements : Deux-Sèvres, Côtes d'Armor, Pas-de-Calais, Allier, Isère, etc.

Unis et en France. L'analyse stratégique dominait dans les travaux américains, sous l'influence de l'école du *Public Choice* ; mais il existe aujourd'hui un regain d'intérêt pour le rôle des variables lourdes et des clivages d'ordre idéologique. Au contraire en France où ces facteurs ont toujours été largement privilégiés, il existe une interrogation croissante sur le maintien de leur influence[1].

Pourtant, il restera toujours difficile, en l'état actuel de la sociologie électorale, de bien saisir cette part d'imaginaire et d'émotions primaires qui dynamisent les comportements des électeurs. On se contentera ici de signaler quelques pistes. Tout d'abord, il faut souligner que les électeurs qui sont « peu ou pas du tout intéressés par la politique », peuvent avoir un niveau d'implication particulièrement faible dans le geste de voter. Beaucoup se contenteront de la facilité qui consiste à donner sa voix à des candidats familiers, des partis connus, des programmes politiques rassurants. Ils sont mus par la recherche d'une tranquillité intérieure.

D'autres électeurs, politisés ou non, verront dans le geste électoral le moyen de libérer une agressivité nourrie de frustrations accumulées, d'origine sociale, professionnelle ou même privée. Ils s'en prendront à des boucs émissaires en émettant un vote de rejet des sortants, voire de la classe politique elle-même ; ou bien, ils soutiendront, par défi, le parti ou le leader diabolisé par les médias et les autres formations politiques. Les chômeurs et les ouvriers ont longtemps donné leurs suffrages à un parti communiste qui faisait encore peur à cause de son projet révolutionnaire et de son alliance avec l'Union soviétique. En abandonnant un PC qui n'est plus diabolisé, en soutenant en 1997 et 2002 Lutte Ouvrière et surtout Jean-Marie Le Pen, beaucoup d'entre eux sont moins en rupture de comportement qu'il ne le paraît superficiellement, au vu du seul paramètre politique ; ils demeurent éminemment protestataires.

Une partie importante des électeurs veut pouvoir rêver à un avenir meilleur, cultiver des illusions consolatrices ou dynamisantes. Les débats verrouillés, les candidats ternes constituent des repoussoirs qui favorisent l'abstention ; au contraire, l'ambition affichée des projets, l'éclat de la rhétorique, le durcissement des affrontements idéologiques

1. L'éclatement du vote ouvrier est l'un des phénomènes qui remet en cause l'influence traditionnelle de l'appartenance de classe. En 1997, 28 % des ouvriers déclaraient avoir voté PS, 24 % FN, le PC n'arrivant qu'en quatrième position (Jacques CAPDEVIELLE, *Cahier du Cevipof,* n° 21). En 2002, la majorité des salariés modestes vote à droite ou à l'extrême droite (les ouvriers davantage encore que les employés). Comme l'écrit Éric Dupin, la gauche s'est « déprolétarisée ». Cependant, les élections de 2007 ont atténué cette évolution.

les ramènent aux urnes[1]. Enfin, proches de ce comportement, il est des électeurs qui se situent dans un mécanisme d'identification à une grande Cause, voire de remise de soi au profit d'une personnalité perçue comme exceptionnelle. Ils cherchent ainsi une forme de dépassement qui les grandisse et les valorise[2]. Dans ces deux derniers cas de figure, le succès électoral est vécu de manière particulièrement intense mais les risques de déception à terme sont proportionnels aux attentes suscitées. En ce sens, la participation aux urnes est source de profits psychologiques bien réels, même s'ils sont soigneusement masqués derrière des arguments purement politiques.

Une observation attentive de la manière dont les électeurs justifient leur vote, met ainsi en évidence la coexistence de deux dimensions de leur comportement électoral : *un choix* (entre des avantages et des risques), et *une définition de soi*. Dans le premier cas, l'électeur est plus attentif aux conséquences de son acte, même s'il est rarement dans une situation d'information optimale ; aussi se laisse-t-il plus volontiers influencer par les thèmes de campagne et par ses perceptions de la solidité des candidats ou des programmes. Dans le second cas, il s'agit surtout, pour lui, d'afficher une allégeance à des valeurs considérées comme faisant partie d'une image valorisante de soi. Cette attitude explique l'identification préférentielle à des candidats qui semblent incarner ce même idéal du moi. C'est à ce niveau qu'il faut chercher l'explication de phénomènes comme la percée inattendue de Barack Obama aux primaires américaines de 2008 ou celle de Ségolène Royal pendant l'année 2006, au détriment de dirigeants du PS beaucoup plus chevronnés. Les thèmes de campagne jouent, certes, un grand rôle mais aussi ces marqueurs sociaux (*social clues*) que sont les attitudes des candidats, leur gestuelle et même leur physique. L'aisance patricienne n'éveille pas les mêmes échos que « l'application à bien faire » de candidats moins bien nés ; de même, la réserve bourgeoise dans les manières (avec ses variantes de gauche et de droite), envoie des signaux qui ne sont pas ceux de la familiarité populaire (populiste) qui se manifeste volontiers aux extrêmes. Que les

1. À l'occasion de la mise en place du Baromètre politique français, en 2006-2007, les chercheurs du Cevipof ont, pour la première fois, introduit dans les questionnaires d'enquête, la préoccupation de « l'image émotionnelle » des candidats. Cela est positif. Il serait néanmoins préférable d'y substituer le concept de « profil symbolique » pour rendre compte du système global de connotations émotionnelles et cognitives, que les candidats suscitent dans les représentations des électeurs.

2. On a souligné combien la stratégie qui consiste à invoquer des valeurs partagées est payante dans les campagnes électorales. Elle conforte en effet le sentiment d'estime de soi des électeurs. John WHYTE, *The New Politics of Old Values*, 3e édition, Hanover, University of New England, 1998.

sourires des candidats ou leur rhétorique semblent « sonner faux » ou, au contraire, paraître « authentiques », qu'ils rappellent inconsciemment des héros admirés dans la petite enfance ou des figures archaïques haïes, alors se met en marche un mécanisme d'identification ou de rejet qui exerce un effet contagieux au cours d'une campagne électorale.

Nous savons encore très peu de choses sur la manière dont les citoyens, êtres humains vulnérables à la peur, avides d'espoir, soucieux de reconnaissance, forment réellement leur jugement politique. Ce qui est certain, c'est que la part du calcul rationnel conscient y est très faible. Les travaux les plus récents de psychologie clinique montrent combien les émotions, même les plus discrètes, façonnent les perceptions, les savoirs, les motivations des individus, et jouent un rôle majeur dans la sélection des informations pertinentes. Pour mieux comprendre le rôle de ces associations émotionnelles dans la production des jugements politiques, il faudrait s'appuyer sur une solide théorie du fonctionnement du cerveau humain, qui manque encore cruellement aux analyses électorales des politistes[1].

1. Outre les travaux disponibles en français d'Antonio DAMASIO, citons Joseph LEDOUX, *Synaptic Self. How Our Brains Become Who We Are*, 2e édition, New York, Penguin Putnam, 2003.

Section 2
Autres formes de participation

Dans les démocraties contemporaines, la participation ne se réduit pas à l'activité électorale même si c'est elle – et de loin – qui concerne le plus d'individus. Elle s'exprime sous d'autres formes, parfaitement intégrées au jeu politique ou, au contraire, en opposition irréductible avec lui. À cet égard fonctionne une coupure essentielle entre des modalités pacifiques de participation et des modalités violentes, les premières ayant toujours vocation, en démocratie, à acquérir droit de cité. Il n'en va pas de même des secondes. En effet, le pouvoir d'État tendant au monopole de la coercition, la violence, qui est à la fois rébellion et exigence de participation, lui pose donc un problème spécifique.

§ 1. Les pratiques pacifiques de participation

Dans l'Europe d'Ancien Régime, où les canaux institutionnels d'expression étaient peu développés, la participation politique pouvait prendre des formes non orientées vers l'exercice direct du pouvoir. Pour la noblesse, par exemple, vivre à la Cour était une manière de signifier sa loyauté à la personne du monarque ; on ne se retirait pas délibérément sur ses terres sans susciter méfiance ou mécontentement. Au niveau des masses populaires, la participation revêtait des formes encore plus détournées : prières publiques pour le Prince, cérémonies religieuses de deuil ou d'actions de grâces politiques, carnavals à virtualités contestatrices.

À l'époque moderne, est apparue la notion d'engagement politique. Il s'agit d'un comportement généralement valorisé, en tant qu'expression par le citoyen du sens de ses responsabilités dans la société. L'engagement suppose des convictions même s'il est motivé par des intérêts ou, du moins, par la recherche de gratifications les unes matérialisables en termes de gains de pouvoir, les autres symboliques en termes de meilleure estime de soi. Mais ce qui importe ici c'est le lien qui relie l'engagement au fonctionnement du système politique. Réfléchi et raisonné, il constitue un élément nécessaire à la vitalité des régimes démocratiques. Et cela de deux manières. Au niveau des institutions elles-mêmes, en alimentant le vivier des candidats au métier de représentant. Au niveau de la société civile, où les pratiques associatives contribuent à dynamiser la vie politique, faisant souvent émerger des formes de contre-pouvoir face aux gouvernants issus des urnes.

A Niveaux d'engagement politique

En un sens large, la participation politique commence avec la démarche même de s'inscrire sur les listes électorales, lors de la majorité civique. Elle est encore présente dans cette attitude générale qui consiste à rechercher dans les médias une information susceptible de nourrir la discussion des événements d'actualité et, dans la perspective d'un vote, de se forger un jugement sur les personnalités politiques. Le seuil de l'engagement proprement dit est franchi lorsque l'individu pose des actes qui l'associent à une action collective. Engagement éphémère dans la simple participation à des manifestations ou des campagnes de mobilisation, engagement permanent avec l'adhésion à des organisations du type associations politiques, syndicats ou partis. Cette adhésion peut demeurer passive ou, au contraire, recouvrir un activisme de grande intensité qui mobilise beaucoup de temps et d'énergie.

La diffusion des pratiques de participation démocratique est très contrastée selon les cultures politiques, comme le montrent bien les enquêtes transnationales réalisées depuis une trentaine d'années. Elle est plus forte aux États-Unis qu'en Europe occidentale (contrairement à la participation électorale) ; et, s'agissant de la simple adhésion à une organisation politique ou syndicale, la France en Europe se situe loin derrière la Grande-Bretagne ou l'Allemagne. L'explication renvoie d'abord à des schèmes culturels qui valorisent inégalement l'engagement collectif ; le protestantisme calviniste par exemple a encouragé de longue date un activisme politique (Walzer) et une participation aussi bien constructive que contestataire. Elle renvoie aussi à des situations contextuelles. Ainsi aux États-Unis, pays d'immigrants et de minorités ethnoculturelles, l'auto-organisation des groupes a une utilité directement identifiable : lutter contre les diverses formes de discriminations, conquérir des positions de pouvoir et d'influence. En France, au contraire, pays de forte tradition centralisatrice, l'État tend à être spontanément investi du soin de remédier à tous les maux. Enfin, en Grande-Bretagne ou en Allemagne, des dispositions juridiques favorisent, ou ont favorisé, les adhésions collectives de syndiqués aux partis, ce qui gonfle artificiellement leurs effectifs. Ceci étant, dans tous ces pays, se retrouvent avec une acuité différente des problèmes largement communs. En effet, l'observation des pratiques conduit à se poser deux questions.

Pourquoi la faible participation civique du plus grand nombre ?

Les pratiques d'engagement, on l'a dit, sont généralement associées à un idéal de comportement perçu comme fortement souhaitable pour la démocratie. Le « bon citoyen » est celui qui s'informe et, le cas échéant, se mobilise pour défendre une cause d'intérêt général, dépassant le strict souci de ses intérêts particuliers. En réalité, on peut estimer aujourd'hui en France à bien moins de 1 % la proportion de citoyens qui adhèrent à un parti politique ; elle n'a cessé de décroître, depuis la dernière décennie dans la plupart des pays d'Europe occidentale. De même, le militantisme associatif est touché par cette déperdition d'effectifs mais selon des modalités qui affectent surtout les organisations stables[1]. Et si beaucoup de citoyens se déclarent, dans des enquêtes d'opinion, prêts à donner de l'argent et du temps pour une cause d'intérêt général, peu le font effectivement. En revanche, la recherche d'informations politiques à travers la presse écrite ou parlée, et, plus récemment, Internet, demeure largement répandue[2]. Les mobilisations ponctuelles sur des objectifs précis comme l'opposition à la réouverture du tunnel du Mont Blanc, la protection d'un site menacé, l'amélioration de la sécurité routière sont plutôt en développement.

Comment expliquer ce très faible degré d'engagement pratique ? À cette question les réponses sont bien entendu plurielles. Pour Daniel Gaxie, s'inscrivant sur ce point dans le cadre des analyses anglo-saxonnes d'un Milbrath ou d'un Di Palma, l'inclination d'un individu à se comporter en citoyen actif serait corrélée avec son niveau de compétence politique ou, plutôt peut-être, à l'idée plus ou moins optimiste qu'il s'en fait. Par là, il faut entendre la connaissance des acteurs et des enjeux, la « maîtrise des schémas politiques de classifi-

1. Martine BARTHÉLÉMY, *Associations : un nouvel âge de la participation ?,* Paris, Presses de Sciences Po, 2000.

2. Cité par Nonna MAYER, Pascal PERRINEAU, *Les Comportements politiques,* Paris, A. Colin, 1992, p. 24. Sur les formes conventionnelles de la participation politique, on trouvera une excellente synthèse dans ce même ouvrage, p. 12 à 38.

cation et d'évaluation »[1]. Or la probabilité d'acquérir cette « compétence », objective selon Gaxie mais surtout subjective en réalité, est elle-même en rapport avec son niveau culturel et son insertion professionnelle. L'appartenance à la catégorie des cadres supérieurs et, de façon plus large, aux professions à haut niveau de diplômes est un facteur qui prédispose à l'acquisition des savoirs politiques indispensables. Cette thèse trouve sa limite dans le fait qu'il y a eu, depuis trente ans, à la fois élévation du niveau général de connaissances et déclin de la participation. Dès lors, à moins d'incriminer le rôle de l'école dans ce processus de désapprentissage civique ou, plus exactement, de soulever, comme le font les travaux de Pierre Bourdieu et Jean-Claude Passeron, le problème de l'inégalité devant l'école, il faut se tourner vers d'autres explications.

Une autre approche se place du point de vue du contrôle social, c'est-à-dire des pressions qui s'exercent (ou non) pour inciter, voire contraindre (psychologiquement), l'individu à la participation. On voit alors se manifester une très grande différence, au sein des sociétés démocratiques tout au moins, entre les injonctions culturelles à s'inscrire sur les listes électorales et voter, et les injonctions culturelles au véritable engagement politique. Dans le premier cas, le devoir électoral – au reste peu coûteux en temps et en implication – est rappelé avec insistance par l'ensemble des autorités morales et politiques ; dans le second cas, ce sont pratiquement les seules organisations concernées qui plaident en faveur de l'adhésion ou du soutien. Encore faut-il souligner que beaucoup d'entre elles (y compris des partis) ne souhaitent pas voir affluer le maximum de militants, craignant la déstabilisation de leur fonctionnement (et de leurs dirigeants). Tout se passe comme si la stabilité du système politique démocratique exigeait un équilibre entre politisation et indifférence, apathie et participation[2]. Une caractéristique notable des systèmes totalitaires, en revanche, est la permanence et l'intensité de la politisation qui se manifeste notamment par une participation juridiquement obligatoire à de nombreuses organisations politiques, syndicales ou sociales, et la dilution tendancielle du clivage entre espace privé et espace public.

Il faudrait surtout retenir une troisième catégorie de facteurs. L'élévation générale du niveau des connaissances et du jugement critique pousse à prendre conscience de la difficulté de changer les choses par des engagements volontaristes. À l'ère de la globalisation,

1. Daniel GAXIE, *Le Cens caché,* Paris, Seuil, 1978, p. 65 sq.
2. Sur ce point, Ph. BRAUD, *Le Jardin des délices démocratiques,* Paris, Presses de la FNSP, 1991, p. 27 sq. avec la bibliographie citée.

les gouvernants eux-mêmes ont une marge de manœuvre limitée. *A fortiori*, en est-il de l'action menée par des associations dépourvues de moyens importants, parfois instrumentalisées sans vergogne par les formations politiques. Certes, le sentiment d'impuissance est encore plus élevé chez les membres de catégories sociales privées de ressources politiques importantes, c'est-à-dire sans réseaux, sans notoriété ou, tout simplement, sans moyens financiers, mais il affecte tous les groupes. La montée de clairvoyance n'a d'ailleurs pas que des effets démobilisateurs. Au contraire, elle pousse les citoyens à mieux cibler leur mobilisation sur des enjeux accessibles, là où des résultats concrets peuvent être obtenus. Cependant, l'action ponctuelle a ses limites ; elle peut même générer un certain aveuglement égoïste dans la lutte contre les nuisances de la société moderne. Ce que l'on appelle la stratégie NMY du *not in my yard*. C'est pourquoi les militants associatifs les plus chevronnés aiment à rappeler le principe : penser globalement, agir localement.

Pourquoi, dans un contexte général d'apathie, l'engagement de quelques-uns ?

De toute évidence, il ne suffit pas d'avoir du « capital culturel » pour se mobiliser activement dans une organisation ou une association. Après tout les étudiants en ont moins que ceux de leurs aînés qui ont conquis diplômes et positions sociales, et pourtant ils sont davantage activistes. Et d'ailleurs, parmi ces derniers, seul un petit nombre de ceux qui remplissent ces conditions objectivement favorables franchissent le pas de l'engagement.

Diverses études empiriques permettent de mieux comprendre les facteurs impliqués dans le passage à l'acte. On insiste parfois sur l'importance des convictions. L'activiste étant quelqu'un qui ne supporte pas que ses valeurs demeurent inopérantes, il agit pour les faire passer dans la société. Une telle interprétation est assez bien adaptée pour rendre compte du militantisme moral (lutte contre la guerre, engagement dans le tiers-monde ou le quart-monde, combat contre toutes les formes d'oppression...). Mais elle est rarement suffisante, même en ce domaine. D'autres approches ont mis l'accent sur le besoin de s'affirmer dans l'espace public, soit pour compenser victorieusement un sentiment d'infériorité (Lasswell) soit, au contraire, pour recueillir les dividendes d'une forte estime de soi. D'autres encore soulignent le poids des solidarités identitaires ou bien encore les facteurs d'opportunité, tels que la rencontre d'autres personnes engagées. Celle-ci a pu avoir lieu dès l'enfance dans le milieu familial ou plus tard dans la vie adulte, rencontre d'autant plus influente que les

« sponsors » étaient eux-mêmes très bien introduits dans une organisation partisane, syndicale ou associative. En fait, la décision de s'engager, qui est individuelle, obéit à une logique de choix rationnel, au sens large. Il est d'autant plus rationnel d'être actif sur le plan civique que l'on maîtrise bien les ressources nécessaires pour y réussir (le surinvestissement en temps et en énergie ne débouche pas nécessairement sur une impasse ou, en tout cas, il ne met pas en péril la sécurité économique ou professionnelle) ; que l'on accorde de l'importance à la valorisation de soi par une activité publique (quête de notoriété, de popularité...) ; que l'on peut en escompter des avantages matériels ou/et moraux beaucoup plus difficiles à obtenir dans une activité non politique.

On assiste en Europe, depuis les années 1980, à une sensible évolution des modèles d'engagement civique et politique. Dans un contexte de forte affirmation de l'individualisme, les anciennes pratiques militantes sont sérieusement remises en cause. L'investissement massif de temps et d'énergie dans une organisation, au détriment de la vie personnelle, est en recul sensible. Aucune grande cause ne semble justifier aujourd'hui des sacrifices exorbitants d'ordre culturel ou affectif, familial ou professionnel. En revanche, émergent de nouvelles formes d'engagement plus distanciées, plus ciblées, volontiers indépendantes des organisations politiques classiques, et rebelles à des structures excessivement centralisées. En quête d'un nouveau répertoire d'action, les jeunes enquêtés par Anne Muxel paraissent « à la recherche d'une politique sans étiquette », incluant une vision souvent très planétaire des problèmes et un souci de l'efficacité pratique sur le terrain[1]. L'engagement se veut fréquemment débarrassé d'excessives pesanteurs collectives, s'inscrivant alors dans « des rassemblements de durée et d'objectifs limités, contractuels en droit comme en fait, correspondant généralement à des intérêts monofonctionnels »[2]. Il faudrait donc parler moins de dégénérescence que de transformation profonde des pratiques civiques qui se trouvent, aujourd'hui, davantage déconnectées de la politique classique des « politiciens ».

---

1. Anne MUXEL, *Les Jeunes et la politique*, Paris, Hachette, 1996, p. 83. Également, Jacques ION (Dir.), *L'Engagement politique,* Saint-Étienne, Publications de l'Université, 2001.

2. J. ION, « L'évolution des formes de l'engagement public », *in* P. PERRINEAU (Dir.), *L'Engagement politique. Déclin ou mutation ?*, *op. cit.* p. 36.

B Les manifestations

Les rassemblements sur la voie publique en vue d'influencer politiquement les gouvernants sont attestés sous les régimes politiques les plus divers, aussi bien dans les monarchies d'ancien régime que dans la Rome républicaine ou l'empire byzantin (pour s'en tenir au seul espace européen). À l'époque de la Révolution française beaucoup d'entre eux sont des cortèges de pétitionnaires qui se dirigent vers les Tuileries ou la Convention pour porter le texte d'une revendication soutenue par des milliers de signatures. Dans les systèmes fondés sur la passivité totale des gouvernés, il faut une exceptionnelle effervescence pour provoquer la participation à un mouvement collectif volontiers perçu comme illégal ou anormal. La mobilisation se fonde alors sur la colère provoquée par une défaite militaire, un assassinat politique voire une catastrophe naturelle ; plus rarement sur l'euphorie déclenchée par un événement heureux : chute du tyran, victoire militaire inespérée, prodige surnaturel... Manifestations et attroupements sont donc associés à la notion de turbulence. Comme l'indique d'ailleurs l'étymologie du mot, la manifestation signale une affirmation collective d'existence politique, échappant peu ou prou au contrôle du pouvoir d'État. Spontanée ou organisée, elle menace les canaux institutionnels et la sérénité de l'ordre public.

Si cette dimension volcanique de la manifestation n'est pas totalement oubliée de nos jours dans les pays occidentaux (Gênes 2001), il est clair néanmoins qu'une profonde mutation s'est opérée avec l'avènement de la démocratie pluraliste au XIXe siècle. Non sans violences ni résistances, la manifestation s'est banalisée, légalisée, pacifiée, se différenciant par là même clairement de l'émeute insurrectionnelle. Danielle Tartakowsky a observé de façon minutieuse cet assagissement progressif et l'émergence d'une « culture de manifestation » qui fixe les bornes de ce que les organisateurs et les responsables des forces de l'ordre acceptent consensuellement de tolérer[1]. Dans les grandes villes aujourd'hui, les manifestations peuvent devenir quasi quotidiennes et concerner les catégories sociales les plus diverses, débordant totalement leur milieu d'élection qui était, au siècle dernier, le monde ouvrier. Les manifestations au sens moderne sont devenues un mode d'expression légitime des attentes collectives, constitutives d'une forme de participation politique officiellement reconnue. Elles témoignent de l'irruption contemporaine des masses dans la vie

1. « Manifester ». Débat entre Danielle TARTAKOWSKY et Patrick CHAMPAGNE, *in Sociétés et Représentations,* 1998, (6), p. 377 sq.

politique routinière, à l'instar du suffrage universel qui l'institutionnalise et des partis qui la canalisent. Ceci explique que de nombreuses manifestations se déroulent selon un cérémonial convenu, voire figé, qui semble avoir étouffé toute fièvre. Néanmoins, il en est d'autres qui recourent à des modes d'expression fortement théâtralisés (manifestations antinucléaires, antisida...) renouant même, dans certains cas, avec la dimension médiévale du carnaval comme « fête des fous », c'est-à-dire défi radical à l'ordre social (*Gay Pride*).

Pierre Favre a distingué trois types de manifestations[1]. Les premières qu'il appelle « initiatrices » ont pour fonction majeure d'imposer sur la scène politique avec le maximum de visibilité, un enjeu ou un problème occulté par le jeu institutionnel. C'est de cette manière que, dans les années 1970, les féministes ou les écologistes ont réussi à faire prendre en compte leurs exigences : légalisation de la contraception et de l'avortement, protection de l'environnement... Les secondes, dites « routinières », permettent à des organisations de rappeler périodiquement leur capacité mobilisatrice et leur représentativité. Les mots d'ordre revendicatifs ont alors la double fonction d'exprimer les préoccupations du moment : défense du pouvoir d'achat, réintégration de délégués licenciés..., et de réaffirmer l'identité d'une organisation. C'est la catégorie des manifestations syndicales classiques. Les troisièmes enfin sont associées à des crises politiques globales. Le 6 février 1934, le 30 mai 1968, l'enjeu des mouvements de foules n'est plus la prise en charge de revendications spécifiques à certains groupes sociaux, mais le maintien ou la chute des pouvoirs publics.

Le plus important à souligner peut-être est la double dimension, instrumentale et identitaire, de toute manifestation, même si elle se décline dans des proportions qui peuvent être fort inégales. Dire qui l'on est, dire ce que l'on veut ; et cela, soit dans le cadre du système politique, soit contre lui. Ainsi observe-t-on d'évidentes connexions entre le jeu politique institutionnel et les rassemblements dans la rue. La capacité d'un parti à mobiliser ses partisans, directement ou par l'intermédiaire d'organisations relais, constitue une ressource politique importante, c'est-à-dire un moyen de pression sur les gouvernements, sur les autres partis ou sur les partenaires sociaux. Encore faut-il que la manifestation soit perçue comme un succès, ce qui repose sur des critères d'évaluation numériques assez fluides mais aussi sur l'intensité du travail d'orchestration médiatique qu'elle a suscitée. Une tendance existe à l'organisation de manifestations « pour la caméra » ou pour les

1. Pierre FAVRE (Dir.), *La Manifestation,* Paris, Presses de la FNSP, 1990, p. 34 et s.

journalistes, que Patrick Champagne a appelées les « manifestations de papier »[1]. La réussite des mobilisations de rue exerce un effet d'amplification sur l'inclination à manifester, de même que leur échec entraîne l'effet inverse. D'où l'existence en longue période de cycles, mis en évidence par beaucoup de travaux empiriques[2].

§ 2. La violence politique

Il pourrait paraître singulier de considérer ce phénomène sous l'angle de la participation politique. Dans les régimes démocratiques tout au moins, recourir aux méthodes violentes constitue l'aveu d'un échec ou d'un refus.

Pourtant, l'usage de la violence est, *de facto*, un moyen d'accéder à l'existence politique en s'imposant comme interlocuteur aux différents acteurs du jeu institutionnel : les gouvernants bien sûr, mais aussi les autres partis et forces sociales contraints de se situer par rapport aux objectifs bruyamment affichés. Plus encore, la violence revêt souvent le visage d'une protestation contre l'exclusion ou la marginalisation sur la scène institutionnelle. En Afrique du Sud, ce fut la lutte armée contre l'apartheid ; c'est aujourd'hui encore le cas des Palestiniens, des Tchétchènes, de certaines minorités au Sri Lanka ou aux Philippines, d'opposants au régime en place en Irak ou en Arabie Saoudite. Même en Europe persiste le combat de l'IRA irlandaise ou de l'ETA basque alors que des moyens politiques d'expression leur demeurent pourtant ouverts. On observe ainsi une interaction entre l'illégalité qui frappe ces organisations et le recours à la force qui les caractérise. Mais il est également clair que des groupes délaissent délibérément les modes d'expression démocratiques par fanatisme idéologique (l'islamisme radical d'Al Quaeda) ou par gangstérisme économique (la narco-violence en Colombie, la violence maffieuse en Sicile...).

A Définitions. Violence symbolique et violence physique

Il n'est pas facile de définir la violence politique. Une simple énumération met en évidence à la fois la diversité de ses modalités et

1. Patrick CHAMPAGNE, « La manifestation comme action symbolique », *in* P. FAVRE, *op. cit.*, p. 334 et sq.

2. Hans Peter KRIESI, et alii, *Social Movements in Western Europe. A Comparative Analysis,* Londres, UCL Press, 1995, p. 74.

le délicat problème de la frontière qui la sépare, sur ses marges, de l'action pacifique. Insurrections contre l'État, attentats terroristes, émeutes se caractérisent par l'emploi commun des armes, mais à une échelle extrêmement dissemblable : organisations militarisées tenant des maquis, cellules clandestines, acteurs improvisés. On entre dans une autre catégorie avec les occupations de bâtiments (usines, préfectures, ministères), les séquestrations de personnes, l'isolement rigoureux d'un quartier, s'il n'est fait usage d'aucune arme, alors même que la coercition physique demeure pleinement évidente. Enfin, catégorie plus ambiguë, la contrainte matérielle repose parfois sur un boycott économique, un refus de fournitures vitales (électricité, eau, téléphone...) ou encore des entraves à la libre circulation des véhicules et des personnes. S'agit-il toujours de violence ? Faudrait-il alors y inclure les manifestations sur la voie publique parce qu'elles interdisent le trafic automobile ou les piquets de grève parce qu'ils restreignent la liberté du travail ?

Du fait que la violence est, en général, réputée illégitime, au moins du point de vue de l'État et de ses soutiens, la définition de ses limites exactes devient un enjeu politique majeur en certaines circonstances. Ce qui en témoigne clairement c'est le lien, établi ou refusé, entre violence d'État et violence contre l'État, ainsi que la fréquente utilisation, dans le premier cas de figure, d'un lexique euphémisant : coercition, contrainte matérielle, rétablissement de l'ordre, etc. La violence d'État est ordinairement légitimée par le souci d'assurer la sécurité des citoyens contre les fauteurs de troubles : la provocation appelle la répression. La violence protestataire, au contraire, se donne volontiers comme excuse absolutoire le devoir de lutter contre l'asservissement : c'est la répression qui justifie l'insurrection. C'est pourquoi dans l'histoire de la pensée politique se repèrent, à toutes époques, des théories défendant le tyrannicide ou préconisant le droit de résistance à l'oppression (Constitution de 1793).

Classiquement les études théoriques sur la violence politique relevaient d'une démarche philosophique centrée sur le problème de son acceptabilité morale. Ce débat occupe encore une place importante dans la réflexion de Marx ou de Sorel, de Jean-Paul Sartre ou de Hannah Arendt. Plus représentatifs d'une perspective de science politique sont les travaux qui apparaissent aux États-Unis à partir des années 1970 : d'une part de grandes enquêtes, conduites par Ted Gurr, Ivo Feierabend ou Douglas Hibbs, accumulent des données empiriques qui seront modélisées ; d'autre part, des études sociohistoriques, dues à des auteurs comme Barrington Moore, Charles Tilly ou Theda Skocpol s'efforcent de penser le rôle de la violence dans le changement social. Les meilleurs travaux n'envisagent pas la violence politique sous son aspect purement physique. Ce serait, en effet, l'expression d'un aveuglement scientifique assez remarquable. Les dommages infligés aux personnes ou aux biens comportent toujours une dimension émotionnelle et symbolique. C'est celle-ci, en réalité, qui confère à la violence sa véritable signification politique. Les événements du 11 septembre 2001, par exemple, ce ne sont pas seulement 4 000 morts et un trou béant au cœur de Manhattan. Leur pleine signification réside dans ce défi inouï lancé à la puissance américaine. Les attentats ont fait naître une souffrance collective, un sentiment de vulnérabilité et d'humiliation, qui constitueront le levier principal des réactions politiques qu'ils enclenchent : en l'espèce une intervention militaire en Afghanistan et la définition du terrorisme comme menace principale pesant sur la superpuissance américaine. Le trait commun à toute violence, même de basse intensité, est d'humilier les victimes, de leur faire éprouver leur fragilité, voire leur impuissance momentanée. C'est en ce sens que l'on peut dire que la violence est symbolique : elle blesse les représentations identitaires de soi.

S'il n'y a jamais de violence physique sans violence symbolique, en revanche celle-ci peut s'affirmer sans que soient infligés des dommages corporels ou matériels. Les injures xénophobes, racistes, sexistes visent explicitement à humilier et fragiliser autrui, sur le terrain d'un attribut identitaire : la nationalité, l'origine, le genre... Les pratiques d'apartheid, juridiques comme en Afrique du sud jadis, ou simplement sociales ont les mêmes effets. Toute affirmation de mépris à l'encontre d'une religion, d'une culture ou d'une civilisation, toute arrogance de caste ou de classe véhiculent des formes silencieuses de violence, homologues de celles qui accompagnent la violence physique : humiliation, fragilisation, sentiment d'infériorité et d'impuissance. Plus subtilement, la mise en place, avec l'État-Providence, de catégories juridiques d'assistés, enferme les « bénéficiaires » dans un statut dévalorisant. Avec cet exemple on perçoit combien la violence symbolique peut n'être pas intentionnelle mais résulter d'effets de structure non rapportables à une volonté dépréciative. Il en va de même quand l'évolution sociale ébranle les repères référentiels d'un peuple ou d'une communauté ethnoculturelle.

Peu d'auteurs osent étudier la violence symbolique en elle-même, faute d'outils méthodologiques maîtrisés. Pourtant, les enjeux scientifiques en sont particulièrement importants. C'est bien la dimension symbolique de la violence physique qui détermine son véritable impact politique. Pour prendre un exemple simple, l'assassinat d'un ambassadeur pèse plus lourd que le meurtre de plusieurs touristes ; c'est évidemment à raison de ce qu'il représente. Surtout, il existe des liens, à la fois étroits et complexes, entre l'intensité de la violence symbolique subie et la probabilité d'émergence de la violence physique. Des décennies de dépréciation d'un groupe ethnique ou social, par la propagande et l'entretien des préjugés, voire des siècles dans le cas de l'antisémitisme, du racisme, de la xénophobie, « autorisent » des individus violents à commettre des agressions contre les personnes et les biens de ces populations stigmatisées, tandis que les membres du groupe dominant s'habituent plus facilement à ne pas s'en émouvoir. Inversement, le fait de subir humiliations, mépris et arrogance alimente dans le groupe dominé une double attitude : intériorisation du sentiment d'infériorité chez un grand nombre, mais aussi affirmations crispées, voire violentes, du refus de cette infériorisation, chez quelques-uns. Enfin, la recherche des facteurs d'émergence des émeutes, des conflits armés ou du « terrorisme » ne peut faire l'économie d'une analyse approfondie des formes de violence symbolique qui ont provoqué ou facilité le surgissement des violences physiques[1]. Cette approche plus globale peut conduire à renverser l'analyse des responsabilités originelles dans le déclenchement des conflits armés.

B Le modèle explicatif de Gurr

Ted Gurr emprunte au psychologue Berkowitz sa théorie dite « *frustration/aggression* ». La frustration est l'état douloureux, ou désagréable, qui résulte d'une interférence dans un comportement orienté vers un but. En d'autres termes, un plaisir escompté va se révéler inaccessible ou interdit. Pour Berkowitz la réponse habituelle est la séquence : colère → ; identification d'une cible → ; infliction d'un dommage → ; diminution de la pulsion agressive (grâce à un assouvissement au moins partiel) et réduction momentanée du sentiment de frustration.

Ted Gurr replace cette analyse dans un schéma sociologique où, à l'origine de la violence sociale, se situe la notion de frustration relative (*relative deprivation*). Celle-ci résulte du sentiment d'une différence (négative) entre les biens que l'individu se sent autorisé à convoiter et les biens qu'il peut effectivement se procurer. Si cette distance est perçue comme très importante, si l'individu ne peut pas atteindre des satisfactions compensatoires d'un autre ordre, si enfin peu d'occasions lui ont été offertes par la société de réaliser ses aspirations, alors les conditions se trouvent réunies d'un maximum de ressentiment. Les

1. Sur ce point, Philippe BRAUD, *Violences politiques*, Paris, Seuil, 2004, p. 161-218.

potentialités de violence sociale sont à leur sommet lorsqu'un maximum d'individus se trouvent placés dans une situation identique.

La violence politique résulte du potentiel de violence sociale qui l'alimente. Mais le glissement de l'une à l'autre n'est pas automatique. Deux sortes de considérations interviennent soit pour le faciliter soit pour l'entraver ; ce que visualise le tableau ci-après[1].

Tableau n° 28
Les conditions du passage à la violence politique

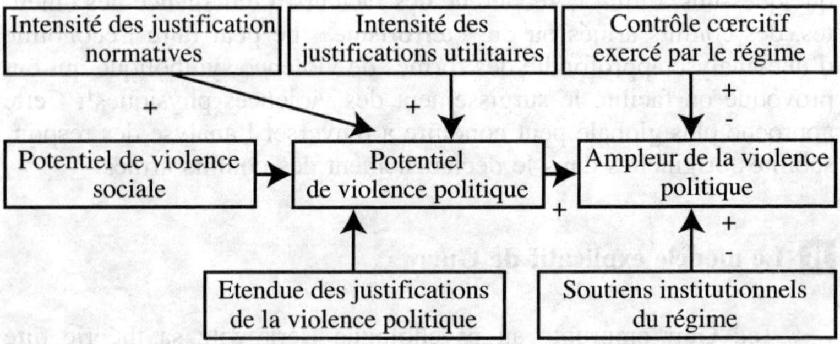

Le passage à la violence politique est favorisé tout d'abord par la diffusion de normes éthiques justificatrices. Bien entendu, là où le pouvoir politique monopolise à son profit la coercition légitime, il encourage, à l'école ou dans la vie publique, les discours qui reconnaissent au seul profit de l'État, le droit de recourir à une certaine violence pour assurer l'ordre social. Même les libéraux du XIXe siècle, soucieux d'une contrainte minimum, admettent « l'État-gendarme » ; tout au plus certains soulignent-ils qu'à terme une administration (pacifique) des choses devrait se substituer au gouvernement des hommes. Cependant peuvent être plus ou moins largement répandues des convictions selon lesquelles la résistance à l'oppression est un devoir qui implique éventuellement l'emploi de la violence. À l'époque des luttes religieuses en Europe occidentale aux XVIe et XVIIe siècles, la théorie du régicide ou l'appel à des forces armées étrangères contre un souverain oublieux de la « vraie foi » faisaient l'objet d'une argumen-

1. D'après Ted GURR, *Why Men Rebel*, Princeton University Press, 1970, p. 320.

tation morale chez nombre d'auteurs soit catholiques (les Ligueurs) soit protestants (les monarchomaques, y compris Théodore de Bèze)[1].

Lorsque, au XIXe siècle, apparaissent les tensions sociales liées à l'avènement de la grande industrie, de nouvelles théories justificatrices de la violence apparaissent, dans le sillage du marxisme ou de l'anarcho-syndicalisme. L'État étant un État de classe, il est illusoire d'espérer un renversement de la domination des exploiteurs par les seuls moyens politiques ; au stade ultime de l'affrontement, la violence est perçue comme inéluctable, « en réponse » à la violence des dominants. Aujourd'hui, de manière beaucoup moins élaborée, des justifications éthiques sont souvent alléguées après des violences de rues : « la juste colère des travailleurs » « les provocations policières », « le désespoir des paysans », thèmes qui veulent rappeler la problématique de la légitime défense. Il faudrait enfin évoquer la nature et la densité des symboles agressifs dans les médias qui peuvent contribuer, sous certaines conditions, à renforcer des schémas culturels valorisant la violence.

Le passage à la violence, nous dit encore Ted Gurr, est favorisé par la conviction selon laquelle elle peut se révéler payante. Cet auteur énumère un certain nombre de facteurs propices : les succès déjà obtenus par le groupe social grâce au recours dans le passé à la violence ; l'exemple des succès arrachés par d'autres groupes qui invite à l'imitation par contagion mimétique ; la place de la violence dans la mémoire historique ; la manière de souligner son efficacité dans les productions culturelles ou le traitement médiatique de l'actualité ; enfin le sentiment subjectif d'être marginalisé dans le jeu institutionnel normal. Tout cela, en effet, peut renforcer la conviction que seule la violence, sous une forme ou sous une autre, permet d'obtenir la prise en considération des exigences collectives.

Mais, à l'inverse, le modèle de Gurr prend également en considération les facteurs qui contribuent à rendre la violence moins justifiée ou moins efficace. Ce sont pour l'essentiel les soutiens dont peut se targuer le régime constitutionnel. Celui-ci cherche toujours, en effet, à imposer la forclusion de la violence physique dans les luttes politiques. Si le système de gouvernement est enraciné depuis longtemps, si un large consensus entoure son mode de fonctionnement, si ses dirigeants sont prestigieux et respectés, si enfin l'ensemble de la population a la conviction de pouvoir se faire entendre (par exemple à travers des élections libres), les discours qui légitiment la violence contre l'État

1. On pourrait également citer la figure du « héros vengeur » du type Robin des Bois en Angleterre, ou du bandit d'honneur, populaire au cours des siècles dans de nombreux pays méditerranéens ou balkaniques. Cf. chez Eric HOBSBAWM, *The Noble Robber,* dans son ouvrage classique : *Bandits,* 2e édition, Londres, Penguin Books, 1972, p. 20 sq.

auront un impact considérablement amoindri[1]. Par ailleurs, lorsque les gouvernants disposent de moyens techniques appropriés pour maintenir l'ordre : forces de police nombreuses, loyales et bien équipées, ils élèvent le seuil à partir duquel la violence se révèle efficace. Soit parce qu'ils tuent dans l'œuf tout processus de désordre, soit parce qu'ils en font payer chèrement le prix (répression sévère dans les dictatures...), soit surtout parce qu'ils utilisent des techniques évoluées permettant généralement de canaliser l'agressivité destructrice. C'est ainsi que les démocraties occidentales confient les opérations de maintien de l'ordre à des forces soigneusement formées et spécialement équipées pour contenir plutôt que détruire l'adversaire[2].

Bien entendu les variables qui interviennent dans ce modèle ont une importance différente selon la forme sous laquelle émerge la violence : désordres de rue (manifestations dures, émeutes, rébellion localisée), conspirations (incluant actions terroristes, mutineries, tentatives de coups d'État...) ou enfin guerre civile c'est-à-dire opérations armées à grande échelle. Il faut aussi faire la part de la conjonction exceptionnelle d'une multiplicité de dysfonctionnements institutionnels qui contribue au franchissement du seuil de violences, encore qu'elle ne soit jamais entièrement le fait du hasard. Une critique peut enfin être adressée à Gurr d'avoir construit son modèle essentiellement autour de la violence protestataire et d'avoir, dans ses travaux, presque complètement négligé la violence d'État. Or nombre d'auteurs, parmi lesquels Georges Rudé, Charles Tilly ou Barrington Moore, ont souligné qu'elle s'était révélée de beaucoup la plus destructrice dans l'Europe moderne depuis quatre siècles[3].

1. Sur les différences culturelles qui peuvent, à cet égard, séparer deux pays voisins, Isabelle SOMMIER, *La Violence politique et son deuil. L'après 68 en France et en Italie,* Rennes, PUR, 1998.

2. Patrick BRUNETEAUX, *Maintenir l'ordre,* Paris, Presses de Sciences Po, 1996.

3. Charles TILLY, *La France conteste,* Paris, Fayard, p. 531. « De 1816 à 1980, il semble que les guerres extérieures aient fait parmi les Français quatre-vingts fois plus de morts que les grands conflits intérieurs ». De même, Ekkart ZIMMERMANN cite comme exemples récents les génocides perpétrés en Ouganda sous Idi Amin (300 000 morts), en Guinée équatoriale sous Nguema (50 000 personnes sur 330 000 habitants), au Cambodge sous Pol Pot (plus d'un million de morts), *in* Ekkart ZIMMERMANN, *Political Violence, Crises and Revolutions,* Cambridge (Mass) Schenkman, 1983, p. 63. Pour des statistiques détaillées, Charles TILLY, *The Politics of Collective Violence,* Cambridge, Cambridge University Press, 2003, l'ensemble du chapitre 3. Les centaines de milliers de victimes des troubles génocidaires du Rwanda en mai-juin 1994 – 10 % de la population totale du pays ? – peuvent en partie être imputées à la violence d'État ; même si les crimes ont été perpétrés par des milices incontrôlées, celles-ci avaient été armées par le gouvernement en place.

C Violence et changement social : les révolutions

La violence d'État est généralement conservatrice, c'est-à-dire qu'elle se déploie pour protéger « l'ordre social » et se fonde sur une norme justificatrice : la légitime défense collective. Cependant, l'histoire nous offre des exemples où cette violence d'État, militaire et policière, se trouve expressément mise au service d'un processus révolutionnaire qu'il s'agit alors d'approfondir et de consolider. C'est la thèse léniniste de la dictature du prolétariat, phase coercitive de transition avant le progressif dépérissement de l'État et l'avènement de la société sans classes. C'est l'ambition aussi, au XXe siècle, de beaucoup de régimes militaires issus d'un coup de force. En Turquie avec Mustapha Kemal, en Égypte avec Gamal Abdel Nasser, en Irak avec Saddam Hussein, l'appareil coercitif de l'État est mis au service d'une transformation vigoureuse de la société, en l'espèce dans le sens d'une modernisation accélérée.

À l'inverse, la violence protestataire n'est pas toujours associée à un projet politique de transformation. Les jacqueries paysannes d'Ancien Régime, les révoltes urbaines des banlieues à l'ère industrielle, se situent au niveau d'une explosion de violence colérique. Elles expriment avant tout une exaspération. Dans certains cas limites, la violence des « casseurs » n'a pas d'objectif politique même ponctuel : elle est un but et une fin en soi[1].

Il n'en demeure pas moins qu'un lien privilégié existe entre la violence politique et le concept de révolution. Si, après Theda Skocpol[2], on définit la révolution comme un processus de participation populaire visant à une transformation sociale et aboutissant à l'institutionnalisation d'un nouvel ordre politique, il est clair que la révolution ne peut s'opérer sans susciter de très fortes résistances qui débordent de beaucoup le strict cadre de la légalité. En fait, il faut aller plus loin dans son analyse. Toute révolution authentique est, intrinsèquement, une forme paroxystique de violence symbolique puisqu'elle se donne l'ambition de « faire table rase » de l'ordre ancien. Cela

1. C'est la violence comme « réalisation de soi » (L. COSER). Cet auteur écrit encore : « Dans le domaine de la violence (urbaine), les chances de gloriole qui partout ailleurs étaient un leurre, s'ouvrent soudain devant l'individu. Dans la jungle des villes, comme aux frontières, le revolver devient un moyen efficace d'"égaliser les chances". » Lewis COSER, *Les Fonctions du conflit social,* Trad., Paris, PUF, 1982, p. 128.

2. Theda SKOCPOL, *États et Révolutions sociales. La Révolution en France, en Russie, et Chine*, Trad., Paris, Fayard, 1985, p. 21.

signifie destruction des repères et références qui structuraient l'univers du permis et du défendu, du légitime et de l'illégitime. Cela libère à la fois une volonté de résistance par les armes chez tous ceux qui demeuraient attachés à ces références (les contre-révolutionnaires qui seront, à leur tour, combattus par les armes), mais, plus important encore, cela autorise aussi une sorte d'affranchissement général des formes du contrôle social dans la phase initiale du processus révolutionnaire. L'effondrement des normes qui prohibaient le recours à la violence verbale ou physique explique la montée en puissance d'un personnel politique qui se caractérise par une perpétuelle surenchère dans l'appel aux mesures radicales. Historien de la Révolution française, Patrice Gueniffey a distingué à juste titre trois formes de violence entre 1789 et 1794 : les violences sauvages et spontanées (essentiellement dans les premières années) qui embarrassent les dirigeants modérés ; la terreur comme politique délibérée, mise en œuvre par des lois qui punissent de mort des délits définis de façon si vague que personne ne peut se sentir totalement à l'abri (lois des suspects, notamment celle du 17 septembre 1793) mais son rôle essentiel demeure encore d'intimider ; enfin les mesures d'extermination (loi du 22 prairial 1794) qui visent purement et simplement à détruire des catégories déterminées de personnes[1]. Au XXe siècle, le dilemme du socialisme démocratique, face à la pression des partis communistes léninistes, aura précisément été celui-ci : peut-on rester attaché à l'idée d'une rupture radicale avec le capitalisme tout en récusant les méthodes violentes ? Peut-on accéder au pouvoir politique et transformer la société par la seule voie des urnes ?

Diverses théories savantes ont entendu analyser les processus révolutionnaires, aussi bien du point de vue de leurs conditions d'émergence, que de leur déroulement et résultats. Trois catégories d'analyses peuvent être repérées.

Les modèles séquentiels

Leur point commun est l'attention portée au fait selon lequel le processus révolutionnaire connaîtrait un certain nombre d'étapes successives, produites logiquement par sa dynamique interne. Pour Crane

1. Patrice GUENIFFEY, *La Politique de la Terreur. Essai sur la violence révolutionnaire. 1789-1794,* Paris, Fayard, 2000, p. 24 à 42.

Brinton par exemple[1], les prodromes de la Révolution sont l'intensification des conflits de classe et la crise de légitimité du pouvoir politique qui suscite un détournement d'allégeance chez les intellectuels, voire au sein des élites sociales. Dans une première phase, le gouvernement tente d'employer la force pour résister aux revendications mais, affaibli généralement pour des raisons politiques et financières, il échoue. Dans une seconde, le pouvoir appartient à des révolutionnaires modérés qui se trouvent contestés doublement : par des secteurs plus conservateurs et des secteurs plus radicaux de l'opinion publique. La troisième phase se caractérise par la prééminence absolue des révolutionnaires les plus durs, qui exercent un pouvoir dictatorial. Elle se clôt par une tentative de consolidation. C'est la fameuse réaction thermidorienne, que Trotsky avait cru pouvoir déceler dans la politique de Staline après 1924, par analogie avec la période qui, en 1794, suivit immédiatement la chute de Maximilien Robespierre.

La thèse de Brinton, fondée sur l'étude historique de quatre révolutions : anglaise au XVIIe siècle, américaine et française au XVIIIe, bolchevique au XXe siècle, a le mérite d'éclairer des enchaînements historiques effectifs même si, selon les cas, telle ou telle étape revêt une importance différente. Si elle souligne bien la dynamique d'emballement de la violence, elle n'en reste pas moins fondamentalement descriptive plutôt qu'explicative ; enfin elle risque d'autoriser des simplifications d'analyse dans l'observation des processus révolutionnaires contemporains.

Les modèles psychosociaux

Ils mettent l'accent sur l'intensité de la frustration subjective pour expliquer le point de départ d'un processus révolutionnaire. James Davies par exemple affirmait : « La révolution a le plus de chances de se produire quand une période prolongée de progrès économiques et sociaux est suivie par une courte période de retournement aigu, devant laquelle le fossé entre les attentes et les gratifications s'élargit rapidement, devenant intolérable. La frustration qui en résulte, dès lors qu'elle s'étend largement dans la société, cherche des modes d'expression dans l'action violente »[2].

1. Crane BRINTON, *The Anatomy of Revolution,* 1re édition, New York, Vintage Books, 1938.
2. James DAVIES, « Vers une théorie de la révolution », *in* P. BIRNBAUM, F. CHAZEL (Dir.), *Sociologie politique,* textes, Paris, A. Colin, 1971 ; t. II, p. 254.

Tableau n° 29
La loi de Davies

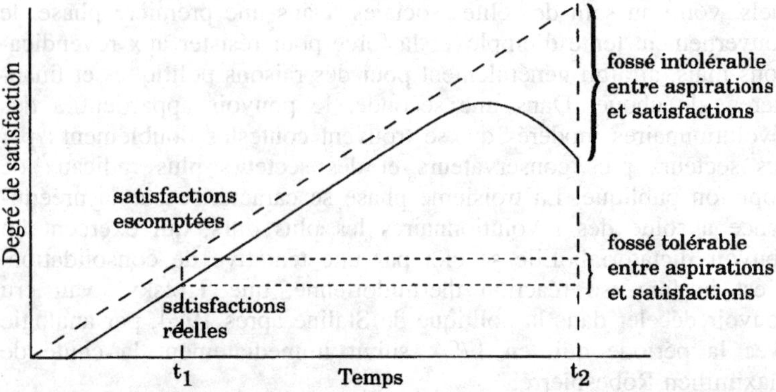

Sur cette courbe en J renversé, le temps t2 est celui où éclate le processus révolutionnaire (Tableau n° 29).

Davies qui n'est pas éloigné des célèbres hypothèses de Tocqueville[1], ou même de Karl Marx, considère que son analyse s'applique aussi bien à la Révolution russe de 1917, au coup d'État nassérien de 1952 qu'à la Révolution française de 1789 ou à celle du Mexique de 1911. Cependant, sa thèse s'adapte mal à d'autres situations, la révolution chinoise par exemple. Surtout elle simplifie excessivement la physionomie des situations prérévolutionnaires. Le sentiment de frustration n'a d'importance politique qu'à condition d'être mobilisé par des organisations et des leaders qui affrontent les gouvernants. En revanche, il peut être d'une telle intensité qu'il déborde les dirigeants modérés et fait le lit des organisations plus radicales, comme on l'observe dans la situation des Palestiniens aujourd'hui. La violence symbolique entretient en effet d'étroits rapports avec la violence physique[2]. Il est également essentiel de savoir quel est le degré de résistance du régime à la vague révolutionnaire, non seulement quant à l'ampleur des moyens techniques mobilisables mais aussi quant au degré de fidélité des personnels engagés dans la lutte.

1. Alexis de TOCQUEVILLE, *L'Ancien Régime et la Révolution,* Paris, Gallimard, t. I, p. 223.

2. Philippe BRAUD, « Violence symbolique, violence physique. Éléments de problématisation », *in* J. HANNOYER (Dir.), *Guerres civiles. Économies de la violence, dimensions de la civilité*, Paris, Karthala-Cermoc, 1999, p. 33 sq. Également, *Violences politiques, op. cit.* p. 161-218.

Les modèles sociohistoriques

Fondés sur une analyse comparative des phénomènes révolutionnaires, ils insistent sur les facteurs globaux d'explication, en mobilisant aussi bien leurs caractéristiques communes que les « cas négatifs », c'est-à-dire les situations où la révolution ne s'est pas produite.

Dans son ouvrage classique, *Les Origines sociales de la dictature et de la démocratie* (1966)[1], Barrington Moore se donne l'ambition d'expliquer les rôles politiques qu'ont joués les aristocraties foncières et les classes paysannes dans la transformation en sociétés industrielles des sociétés agraires européennes. L'auteur distingue trois grands scénarios de modernisation révolutionnaire : les types démocratique, fasciste et communiste. Se situant dans une problématique marxiste, quoique peu orthodoxe, Moore met l'accent sur le rôle des classes sociales. Il privilégie, dans le premier scénario, l'alliance entre la bourgeoisie et des masses paysannes liguées contre l'aristocratie foncière (cas français)[2]. Dans le second scénario, la révolution opérée d'en haut, est menée autour d'une bureaucratie puissante par une bourgeoisie moyenne et une aristocratie foncière qui contrôle des masses paysannes peu protestataires mais partageant des valeurs répressives (Allemagne impériale). Enfin, dans le troisième scénario, la révolution s'effectue par une large participation de masses paysannes (en Russie comme en Chine) qui prend pour cibles principales l'aristocratie foncière et l'absolutisme impérial, la bourgeoisie et les classes moyennes trop faibles jouant un rôle simplement marginal.

Disciple de Barrington Moore, Theda Skocpol insiste sur des phénomènes sans aucun doute sous-estimés dans l'analyse précédente, à savoir le poids des facteurs internationaux (défaites militaires notamment...) et le rôle autonome des élites politiques, capables ou non de mobiliser les énergies révolutionnaires des masses[3]. C'est pourquoi elle insiste également sur les conséquences proprement politiques des révolutions, c'est-à-dire la construction d'un nouveau type d'État, instaurant des formes inédites de participation populaire.

Enfin procédant à une analyse critique des théories formulées avant lui par les politistes, Ekkart Zimmermann propose un modèle causal directement centré sur les facteurs proprement politiques de la

1. Barrington MOORE, *Les Origines sociales de la dictature et de la démocratie*, Trad., rééd., Paris, La Découverte/Maspero, 1973, L'ouvrage original porte en sous-titre : *Lord and Peasant in the Making of the Modern World.*
2. *Op. cit.*, p. 43 et sq.
3. Theda SKOCPOL, *États et Révolutions sociales. La Révolution en France, en Russie et en Chine* (1979), Trad., Paris, Fayard, 1985, p. 224 et s.

révolution. Pour lui, il s'agit d'abord de mentionner la perte de légitimité du régime politique, favorisée par l'impuissance des gouvernants à maîtriser une crise (économique ou militaire) et la nécessité d'affronter des masses populaires profondément mécontentes. Il s'agit ensuite de la désertion des élites, notamment des intellectuels, dont beaucoup peuvent alors se révéler disponibles pour l'encadrement des mécontents dans des organisations protestataires. Il s'agit enfin du degré de loyauté et de puissance des forces de coercition, policières ou militaires. Si elles sont elles-mêmes divisées, affaiblies par une défaite extérieure ou mécontentes du statut qui leur est reconnu, la probabilité de succès du processus révolutionnaire s'en trouve renforcée[1].

Ainsi la violence, comme arme révolutionnaire, joue-t-elle un rôle majeur dans la déstabilisation des régimes politiques. Elle peut, à l'inverse, renforcer la cohésion du groupe qui se sent menacé dans son existence. On le voit en Israël où la politique de répression des Palestiniens recueille un large consensus. De même aux États-Unis, les attentats du 11 septembre 2001 ont-ils provoqué, au moins momentanément, un puissant ralliement autour de la politique présidentielle de lutte contre le terrorisme international. Cette « vertu de rassemblement » a favorisé, historiquement, la fuite en avant, dans des aventures militaires, de régimes qui se savaient fragiles (les révolutionnaires de 1792, les dirigeants austro-hongrois en 1914, les militaires argentins en 1983). Mais les effets à long terme sont plus incertains. Une guerre, un conflit ou une lutte qui s'éternisent, alimentent les interrogations et les doutes d'autant que les souffrances qui en résultent reçoivent aujourd'hui un plus grand écho dans les médias. Les démocraties qui voudraient totalement réduire la violence politique (le « terrorisme international ») sont affrontées au redoutable risque de devoir s'engager dans des mesures permanentes d'exception, peu compatibles avec leurs principes fondateurs. La virtualité de la violence demeure en effet au cœur des comportements sociaux. Il y aura toujours des individus fascinés par le recours aux armes. Plus largement, l'affirmation de soi, individuelle ou collective, dans le champ politique, revêt une dimension irrémédiable d'agressivité même si, comme le montre brillamment Norbert Élias, en longue période il existe une tendance à la mise en place d'une autocontrainte, culturellement imposée, qui se substitue à l'exercice de la pure violence physique.

1. Ekkart ZIMMERMANN, *Political Violence, Crises and Revolutions,* Cambridge (Mass), Shenkman, 1983, p. 398 et s. Cette analyse ne s'applique pas totalement à l'exemple de la révolution iranienne, en 1978/1979.

Orientation bibliographique

Classiques

ARENDT Hannah, *Eichmann à Jérusalem. Rapport sur la banalité du mal*, Paris, Gallimard, 1966.

BERELSON Bernard, LAZARSFELD Paul, *Voting,* Chicago, University of Chicago Press, 1954.

BERGER Suzanne, *Les Paysans contre la politique* (1972), Trad., Paris, Seuil, 1975.

BOIS Paul, *Paysans de l'Ouest,* Paris, Flammarion, 1971.

CAMPBELL Angus, CONVERSE Philip, MILLER Warren, STOKES Donald, *The American Voter,* 1re édition, New York, Wiley, 1960.

DOWNS Anthony, *An Economic Theory of Democracy,* New York, Harper and Row, 1957.

DUVERGER Maurice, *L'Influence des systèmes électoraux sur la vie politique*, Paris, A. Colin, 1960.

GIRARD René, *La Violence et le sacré* (1972), rééd. Grasset, 1980.

GURR Ted, *Why Men Rebel,* Princeton University Press, 1971.

HOBSBAWM Éric, *Les Primitifs de la révolte* (1959), Trad., Paris, Fayard, 1966.

LAZARSFELD Paul, BERELSON Bernard, GAUDET Hazel, *The People's Choice,* 2e édition, New York, Columbia University Press, 1948.

MILBRATH Lester, *Political Participation. How and Why People Get Involved in Politics*, 2e édition, New York, Rand Mc Nally, 1977.

NIEMI Richard, WEISBERG Herbert, *Classics in Voting Behavior*, Washington, CQ Press, 1993 (recueil de textes).

OBERSCHALL Anthony, *Social Conflict and Social Movements,* Englewood Cliffs, Prentice Hall, 1973.

RAE Douglas, *The Political Consequences of Electoral Laws,* New Haven, Yale University Press, 1967.

SIEGFRIED André, *Tableau politique de la France de l'Ouest* (1913), rééd., Genève, Slatkine, 1980.

SOREL Georges, *Réflexions sur la violence* (1908), rééd., Paris, Seuil, 1990.

Études contemporaines

* *Sur la participation électorale*

ADAMS James, MERRILL Samuel, GROFMAN Bernard, *A Unified Theory of Party Competition. A Cross-National Analysis Integrating*

Spatial and Behavioral Factors, Cambridge, Cambridge University Press, 2005.

ALIOT Louis, *L'Élection du Président de la Ve République au suffrage universel direct,* Paris, de Guibert, 2003.

BALINSKI Michel, *Le Suffrage universel inachevé*, Paris, Belin, 2004.

BARNES Samuel, KAASE Max (Eds.), *Political Action : Mass Participation in Five Western Democracies*, Beverley Hills, Sage, 1979.

BAUMGARTNER Jody, FRANCIA Peter, *Conventional Wisdom and American Elections. Exploding Myths, Exploring Misconceptions*, Lanham, Rowman, Littlefield, 2008.

BIBBY John, *Politics, Parties and Elections in America*, 4e édition, Chicago, Nelson hall, 1999.

BOURSIN Jean-Louis, *Les Dés et les urnes. Les calculs de la démocratie,* 2e édition, Paris, Seuil, 2004.

BOY Daniel, MAYER Nonna, *L'Électeur en questions,* Presses de la FNSP, 1990.

BOY Daniel, MAYER Nonna (Dir.), *L'Électeur a ses raisons,* Paris, Presses de Sciences Po, 1997.

BRACONNIER Cécile, DORMAGEN Jean-Yves, *La Démocratie de l'abstention. Aux origines de la démobilisation électorale en milieu populaire*, Paris, Gallimard, 2007.

BRADY Henry, JOHNSTON Richard (Eds.), *Capturing Campaign Effects*, Ann Arbor, University of Michigan Press, 2006.

BRAUD Philippe, *Le Jardin des délices démocratiques,* Paris, Presses de la FNSP, 1991.

BRAUD Philippe, *Le Suffrage universel contre la démocratie*, Paris, PUF, 1980.

BRÉCHON Pierre, *La France aux urnes. Soixante ans d'histoire électorale*, 4e édition, Paris, La Documentation française, 2004.

BRÉCHON Pierre (Dir.), *Les Élections présidentielles en France. Quarante ans d'histoire politique*, rééd., Paris, La Documentation française, 2008.

BROUGHTON David, *Religion and Mass Electoral Beahavior*, Londres, Routledge, 2000.

BUTLER David, *Referendums around the World. The Growing Use of Direct Democracy,* Oxford, Oxford University Press, 1997.

CALLAGHER Michael, MITCHELL Paul, *The Politics of Electoral Systems,* Oxford, Oxford University Press, 2008.

CAPDEVIELLE Jacques (*et alii*), *France de gauche, vote à droite ?*, 2e édition, Presses de la FNSP, 1990.

CARAMANI Daniele, *The Nationalization of Politics. The Formation of National Electorates and Party Systems in Western Europe*, Cambridge, Cambridge University Press, 2004.

CAUTRÈS Bruno, MAYER Nonna (Dir.), *Le Nouveau désordre électoral. Les leçons du 21 avril 2002,* Paris, Presses de Sciences Po, 2004.

CAUTRÈS Bruno, TIBERJ Vincent, *Les élections européennes de juin 2004*, Cahiers du Cevipof, 2005 (41).

CENTRE D'ANALYSE STRATÉGIQUE, *Organiser l'expression citoyenne. Pratiques électorales, déroulement du scrutin, technologies du vote,* Actes du Colloque du 5 avril 2007, Paris, La Documentation française, 2007.

CEVIPOF/MINISTÈRE DE L'INTÉRIEUR, *Le Baromètre Politique Français 2006-2007*, vagues 1 à 4, Cahiers du Cevipof, 2007 (46).

COTTERET Jean-Marie, ÉMERI Claude, *Les Systèmes électoraux,* 6e édition, Paris, PUF, 1994.

DALTON Russell, *Citizen Politics*, 2e édition, Chatham, Chatham House, 1996.

DABÈNE Olivier (Dir.), *Amérique latine. Les Élections contre la démocratie ?,* Paris, Presses de Sciences Po, 2007.

DABÈNE Olivier, HASTINGS Michel, MASSAL Julie, *La Surprise électorale. Paradoxes du suffrage universel (Colombie, Équateur, France, Maroc, Suède, Turquie)*, Aix-en-Provence/Paris, Karthala, 2007.

DÉLOYE Yves (Dir.), *Dictionnaire des élections européennes*, Paris, Economica, 2005.

DÉLOYE Yves, IHL Olivier, *L'Acte de vote,* Paris, Presses de Sciences Po, 2008.

DELWIT Pascal, POIRIER Philippe (Dir.), *Parlement puissant, électeurs absents. Les élections européennes de juin 2004*, Bruxelles, Éd. de l'ULB, 2005.

DELWIT Pascal, DE WAELE Jean-Michel (Dir.), *Le Mode de scrutin fait-il l'élection ?,* Bruxelles, Éd. de l'ULB, 2000.

DENVER David, *Elections and Voters in Britain*, 2e édition, New York, Palgrave MacMillan, 2007.

DIAMANTOPOULOS T., *Les Systèmes électoraux aux présidentielles et aux législatives*, Bruxelles, Éd. de l'ULB, 2004.

DOLEZ Bernard, HASTINGS Michel (Dir.), *Le Parachutage politique*, Paris, L'Harmattan, 2003.

DONÉGANI Jean-Marie, *La Liberté de choisir. Pluralisme religieux et pluralisme politique dans le catholicisme français contemporain*, Paris, Presses de la FNSP, 1993.

DOPPELT Jack, SHEARER Ellen, *Non Voters. America's No Shows*, Baltimore, Sage, 1999.

DORUSSEN Hans (Eds.), *Economic Voting*, Londres, Routledge, 2002.

DROUIN Vincent, *Enquêtes sur les générations et la politique 1958/1995*, Paris, L'Harmattan, 1995.

DUHAMEL Olivier, JEANNENEY Jean-Noël, *Présidentielles. Les surprises de l'histoire. 1965-1995,* Paris, Seuil, 2002.

DUPOIRIER Élizabeth, GRUNBERG Gérard, *mars 1986 : La drôle de défaite de la gauche,* Paris, PUF, 1986.

DUPOIRIER Élizabeth, PARODI Jean-Luc (Dir.), *Les Indicateurs socio-politiques*, Paris, L'Harmattan, 1997.

EVANS Geoffrey, NORRIS Pippa, *Critical Elections. British Parties and Voters in Long-Term Perspective*, Londres, Sage, 1999.

EVANS Jocelyn, *Voters and Voting. An Introduction*, Londres, Sage, 2003.

FARRELL David, SCHMITT-BECK Rüdiger, *Campaign Effects in Elections and Referendums*, Londres, Routledge, 2002.

FAVRE Pierre, *La Décision de majorité*, Paris, Presses de la FNSP, 1976.

FISHKIN James, *The Voice of the People. Public Opinion and Democracy*, New Haven, Yale University Press, 1995.

FRANKLIN Mark, MACKIE Tom, VALEN Henry (Eds.), *Electoral Change. Response to Evolving Social and Attitudinal Structures in Western Countries,* Cambridge, Cambridge University Press, 1992.

FROGNIER André-Paul, DE WINTER Lieven, BAUDEWYNS Pierre (Dir.), *Élections : le reflux ? Comportements et attitudes lors des élections en Belgique*, Bruxelles, De Boeck, 2007.

GALLAGHER Michael, MITCHELL Paul, (Eds.), *The Politics of Electoral Systems. A Handbook*, Oxford University Press, 2005.

GARRIGOU Alain, *Histoire sociale du suffrage universel*, Paris, Seuil, 2002.

GAXIE Daniel, *Le Cens caché,* 2e édition, Paris, Seuil, 1992.

GAXIE Daniel (Dir.), *Explication du vote,* 2e édition, Paris, Presses de la FNSP, 1990.

GAXIE Daniel, LEHINGUE Patrick, *Enjeux municipaux. La constitution des enjeux politiques dans une élection municipale*, Paris, PUF, 1984.

GINSBERG Benjamin, STONE Alan, (Eds.), *Do Elections Matter ?*, 3e édition, Armonk (NY), Sharpe, 1996.

GUIONNET Christine, *L'apprentissage de la politique moderne. Les élections municipales sous la monarchie de Juillet*, Paris, L'Harmattan, 1997.

GOGUEL François, *Chroniques électorales,* Paris, Presses de la FNSP, 1981-1983, 3 vol.

GROFMAN F., LIJPHART Arend, *Electoral Laws and their Political Consequences,* New York, Agathon Press, 1986.

HABERT Philippe, PERRINEAU Pascal, YSMAL Colette, *Le Vote sanction. Les élections législatives des 21 et 28 mars 1993,* Paris, Presses de la FNSP, 1993.

HERMET Guy, *Le Peuple contre la démocratie*, Paris, Fayard, 1989.

HERMET Guy, ROUQUIÉ Alain, LINZ Juan, *Des élections pas comme les autres,* Paris, Presses de la FNSP, 1978.

HEYWOOD Paul, JONES Erik, RHODES Erik, *Development in West European Politics*, Basingstoke, Palgrave, 2002.

HIMMELWEIT Hilde, HUMPHREYS Patrick, JAEGER Marianne, *How Voters Decide,* 2e édition, Londres, Open University Press, 1985.

HOOGE Marc, *Political Participation. Citizens and Politics in Western Democracies,* Basingstoke, Palgrave MacMillan, 2006.

HUARD Raymond, *Le Suffrage universel en France. 1848-1946*, Paris, Aubier, 1991.

IHL Olivier, *Le Vote*, 2e édition, Paris, Montchrestien, 2000.

KARVONEN Lauri, KUHNE Stein, *Party Systems and Voter Alignments Revisited*, Londres, Routledge, 2000.

KATZ Richard, *Democracy and Elections*, Basingstoke, Oxford University Press, 1997.

LANCELOT Alain, *L'Abstentionnisme électoral en France*, Paris, Presses de la FNSP, 1968.

LANCELOT Alain, *Les Élections nationales sous la Ve République*, 3e édition, Paris, PUF, 1998.

LANCELOT Alain (Dir.), *Les Élections de l'alternance,* Paris, Presses de la FNSP, 1968.

LAURENT Annie, DELFOSSE Pascal, FROGNIER André-Paul, *Les Systèmes électoraux : permanences et innovations*, Paris, L'Harmattan, 2004.

LEDUC Lawrence, NIEMI Richard, NORRIS Pippa, *Comparing Democracies. New Challenges in the Study of Elections and Voting*, 2e édition, Londres, Sage, 2002.

LEHINGUE Patrick, *L'Analyse des transactions électorales. Problèmes de méthodes*, Thèse Université de Picardie, 1996.

LEWIS-BECK Michael (Ed.), *How France Votes*, Londres, Chatham House, 2000.

LIJPHART Arend, *Electoral Systems and Party Systems. A Study of Twenty-Seven Democracies*, 1945-1990, Londres, Oxford University Press, 1994.

LIJPHART Arend, *Patterns of Democracy. Government Forms and Performances in Thirty Six Countries*, New Haven, Yale University Press, 1999.

LINDON Denis, WEILL Pierre, *Le Choix d'un député. Un modèle explicatif du comportement électoral*, Paris, Minuit, 1974.

MAIR Peter, MÜLLER Wolfgang, PLASSER Fritz (Eds.), *Political Parties and Electoral Change. Responses to Electoral Markets,* Londres, Sage, 2004.

MARTIN Pierre, *Les Systèmes électoraux et les modes de scrutin*, Paris, Montchrestien, 3e édition, 2006.

MARTIN Pierre, *Comprendre les évolutions électorales. La théorie des réalignements revisitée*, Paris, Presses de Sciences Po, 2000.

MARTIN Pierre, *Les Élections municipales en France depuis 1945*, Paris, La Documentation française, 2001.

MASSICOTE Louis, BLAIS André, YOSHINAKA Antoine, *Establishing the Rules oh the Game. Election Laws in Democracies*, Toronto, Toronto University Press, 2004

MAYER Nonna, *Ces Français qui votent FN*, Paris, Flammarion, 1999.

MAYER Nonna, *La Boutique contre la gauche,* Paris, Presses de la FNSP, 1986.

MAYER Nonna (Dir.), *Les Modèles explicatifs du vote,* Paris, L'Harmattan, 1997.

MICHELAT Guy, SIMON Michel, *Classe, religion et comportement politique,* Paris, Presses de la FNSP/Éditions Sociales, 1977.

MICHELAT Guy, SIMON Michel, *Les Ouvriers et la politique. Permanences, ruptures et réalignements. 1962-2002,* Paris, Presses de Sciences Po, 2004.

MILLER Warren, SHANKS Merrill, *The New American Voter*, Cambridge (Mass) Harvard University Press, 1996.

NORRIS Pippa, *Electoral Engineering. Voting Rules and Political Behavior*, Cambridge University Press, 2004.

OFFERLÉ Michel, *Un Homme, une voix. Histoire du suffrage universel*, Paris, Gallimard, 1993.

PAOLETTI Marion, *La Démocratie locale et le référendum,* Paris, L'Harmattan, 1997.

PERRINEAU Pascal, *Le Symptôme Le Pen. Radiographie des électeurs du Front national,* Paris, Fayard, 1997.

PERRINEAU Pascal (Dir.), *Le Vote européen 2004-2005,* Paris, Presses de Sciences Po, 2005.

PERRINEAU Pascal, REYNIÉ Dominique (Dir.), *Dictionnaire du vote*, Paris, PUF, 2001.

PERRINEAU Pascal, YSMAL Colette (Dir.), *Le Vote des douze. Les élections européennes de juin 1994,* Paris, Presses de Sciences Po, 1995.

PERRINEAU Pascal, YSMAL Colette (Dir.), *Le vote de crise. L'élection présidentielle de 1995,* Paris, Presses de Sciences Po, 1995.

PERRINEAU Pascal, YSMAL Colette (Dir.), *Le vote surprise. Les élections législatives des 25 mai et 1er juin 1997,* Paris, Presses de Sciences Po, 1998.

PERRINEAU Pascal, YSMAL Colette (Dir.), *Le vote de tous les refus. Les élections présidentielles et législatives de 2002,* Paris, Presses de Sciences Po, 2003.

PERRINEAU Pascal (Dir.), *Le Vote européen 2004-2005. De l'élargissement au référendum français,* Paris, Presses de Sciences Po, 2005.

PERRINEAU Pascal (Dir.), *Le Vote de rupture. Les Élections présidentielle et législatives de 2007,* Paris, Presses de Sciences Po, 2008.

PERRINEAU Pascal (Dir.), *Atlas électoral. Qui vote quoi, où, comment ?*, Paris, Presses de Sciences Po, 2007.

PLASSER Fritz, PLASSER Gunda, *Global Campaigning. A Worldwilde Analysis of Campaign Professionals and their Practices*, Westport, Praeger, 2002

PLATONE François, « Les électorats présidentiels sous la Ve République », *Revue française de science politique*, 1995, (45), p. 131 sq.

POLSBY Nelson, *Presidential Elections. Strategies and Structures in American Politics*, 10e édition, New York, Chatham House, 2000.

PONCEYRI Robert, *Le découpage électoral*, Paris, Economica, 1986.

REDLAWSK David, CIVETTINI Andrew, LAU Richard, « Affective Intelligence and Voting. Information Processing and Learning in a Campaign », *in* Russell NEUMANN *et alii*, *The Affect Effect*, Chicago, University of Chicago Press, 2007, p. 152-179.

ROSANVALLON Pierre, *Le sacre du citoyen. Histoire du suffrage universel en France*, Paris, Gallimard, 1992.

ROSE Richard, MC ALLISTER Ian, *The Loyalties of Voters. A lifetime learning model,* Londres, Sage, 1990.

SALTMAN Roy, *The History and Politics of Voting Technology. In Quest of Integrity and Public Confidence,* New York, Palgrave, MacMillan, 2006.

SCHAFFER Frederic, *Elections for Sale. The Causes and Consequences of Vote Buying*, Boulder, Lynne Rienner, 2006.

SELTZER Richard, NEWMAN Jody, *Sex as a Political Variable. Women as Candidates and Voters in US Elections,* Boulder, Lynne, Rienner, 1997.

STONECLASH Jeffrey, *Political Parties Matter. Realignment and the Return of Partisan Voting,* Boulder, Lynne, Rienner, 2006.

SUBILEAU Françoise, TOINET Marie-France, *Les Chemins de l'abstention,* Paris, La Découverte, 1992.

VAN DER BRUG Wouters, VAN DER EIJK CEES, FRANKLIN Mark, *The Economy and the Vote. Economic Conditions in Fifteen Countries*, Cambridge, Cambridge University Press, 2007.

WAHL Nicolas, QUERMONNE Jean-Louis, *La France présidentielle. L'influence du suffrage universel sur la vie politique*, Paris, Presses de Sciences Po, 1995.

YSMAL Colette, *Le Comportement électoral des Français,* 2e édition, Paris, La Découverte, 1990.

* *Sur d'autres formes de participation et sur l'engagement politique (V. également la bibliographie citée* supra, *chapitre 7. L'action collective).*

ANDRIEU Claire, LE BÉGUEC Gilles, TARTAKOWSKY Danielle, *Associations et champ politique*, Paris, Publications de la Sorbonne, 2001.

BARNES Samuel, KAASE Max (Eds.), *Political Action : Mass Participation in Five Western Democracies*, Beverley Hills, Sage, 1979.

BARTHÉLÉMY Martine, *Associations : un nouvel âge de la participation ?,* Paris, Presses de Sciences Po, 2000.

BEVORT Antoine, *Pour une Démocratie participative,* Paris, Presses de Sciences Po, 2002.

BRÉCHON Pierre, *Comportements et attitudes politiques*, Grenoble, PUG, 2006.

DALTON Russell, *Citizen Politics in Western Democracies,* Chatham House, 1988.

DENNI Bernard, *Participation politique et démocratie,* Thèse IEP Grenoble, 1986.

FAVRE Pierre (Dir.), *La Manifestation,* Paris, Presses de la FNSP, 1990.

FILLIEULE Olivier (Dir.), *Le Désengagement militant*, Paris, Belin, 2005.

FILLIEULE Olivier, *Stratégies de la rue. Les manifestations dans la France des années 80*, Paris, Presses de Sciences Po, 1996.

FILLIEULE Olivier, TARTAKOWSKY Danielle, *Les manifestations*, Paris, Presses de Sciences Po, 2008.

HIRSCHMAN Albert, *Bonheur privé, action publique,* Trad., Paris, Fayard, 1983.

HIRSCHMAN Albert, *Défection, prise de parole et loyauté,* Trad., Paris, Fayard, 1995.

HUDON R., FOURNIER B. (Dir.), *Jeunesse et politique. Conceptions de la politique en Amérique du Nord et en Europe,* Presses de l'Université Laval/L'Harmattan, 1994.

ION Jacques, *La Fin des militants ?*, Paris, Éd. de l'Atelier, 1997.

ION Jacques (Dir.), *L'Engagement au pluriel*, Saint-Étienne, Publications de l'Université, 1999.

MAYER Nonna, PERRINEAU Pascal, *Comportements politiques,* Paris, A. Colin, 1992.

MEMMI Dominique, « L'engagement politique », *in* M. GRAWITZ, J. LECA, *Traité de Science Politique,* PUF, 1985, t. III, p. 310.

MOSSUZ-LAVAU Janine, SINEAU Mariette, *Enquête sur les femmes et la politique en France,* Paris, PUF, 1983.

MUXEL Anne, *Les Jeunes et la politique*, Paris, Nathan, 1996.

PENNETIER Claude, PUDAL Bernard (Dir.), *Autobiographies, autocritiques, aveux dans le monde communiste,* Paris, Belin, 2001.

PLONCHON Sylvie, DERVILLE Gregory, *Les Femmes et la politique,* Grenoble, PUG, 2004.

PERRINEAU Pascal (Dir.), *L'Engagement politique. Déclin ou mutation* ?, Presses de la FNSP, 1994.

PERRINEAU Pascal (Dir.), *Le Désenchantement démocratique*, La Tour d'Aigues, Éd. de l'Aube, 2003.

POLITIX, « Entrées en politique. Apprentissages et savoir-faire », Presses de Sciences Po, 1996 (35).

PHARO Patrick, *Le Civisme ordinaire,* Paris, Méridiens, 1985.

SOMMIER Isabelle, *Le renouveau des mouvements contestataires à l'heure de la mondialisation,* 2e édition, Paris, Flammarion, 2003.

TARROW Sidney, *Power in Movement. Social Movements, Collective Action and Politics,* Cambridge, Cambridge University Press, 1994.

TARTAKOWSKY Danielle, *Le Pouvoir est dans la rue. Crises politiques et manifestations en France,* Paris, Aubier, 1998.

THOMAS Hélène, *Vieillesse dépendante et désinsertion politique*, Paris, L'Harmattan, 1996.

VERBA Sidney (Ed.), *Voice and Equality. Civic Voluntarism in American Politics,* Cambridge (Mass), Harvard University Press, 1995.

WEISBEIN Julien, *Construire la citoyenneté européenne. Les mobilisations associatives autour de l'intégration communautaire*, Thèse IEP de Paris, 2001.

* *Sur la violence*

ACHCAR Gilbert, *Le Choc des barbaries. Terrorisme et désordre mondial*, Bruxelles, Complexe, 2002.

ARENDT Hannah, *Essai sur la révolution,* Trad., Paris, Gallimard, 1967.

APTER David, « Penser la violence », *in* D. APTER, *Pour l'État, contre l'État,* Paris, Economica, 1988, p. 221.

AUDOUIN-ROUZEAU Stéphane (Dir.), *La violence de guerre. 1914-1945,* Paris, Complexe, 2002.

BECKETT Ian, *Modern Insurgencies and Counter-Insurgencies*, Londres, Routledge, 2001.

BERTRAND Michel, LAURENT Natacha, TAILLEFER Michel, *Violences et pouvoirs politiques*, Toulouse, Presses du Mirail, 1996.

BIGO Didier, HERMANT Daniel (Dir.), *Approches polémologiques. Conflits et violence politique dans le monde au tournant des années 1980*, Paris, FEDN, 1991.

BIGO Didier, *Polices en réseaux, l'expérience européenne,* Paris, Presses de Sciences Po, 1996.

BODY-GENDROT Sophie, *Villes et violence,* Paris, PUF, 1992.

BRAUD Philippe (Dir.), *La Violence politique dans les démocraties européennes occidentales*, Paris, L'Harmattan, 1993.

BRAUD Philippe, *Violences politiques*, Paris, Seuil, 2004.

BRAUD Pierre-Antoine, *L'Ordre de la violence. Ordre politique, historicité des violences et gestion des conflits au Rwanda et au Burundi dans les années 1990*, Thèse IEP Paris, 2005.

BRODEUR Jean-Paul, *Visages de la police*, Montréal, Presses de l'université de Montréal, 2004.

BROWNING Christopher, *Des Hommes ordinaires*, Trad., Les Belles Lettres, 1994.

BRUNETEAUX Patrick, *Maintenir l'ordre*, Paris, Presses de Sciences Po, 1996.

BRUNETEAUX Patrick, *Le Siècle des génocides. Violences, massacres et processus génocidaires de l'Arménie au Rwanda*, Paris, A. Colin, 2004.

BURTON John, *Violence explained,* Manchester, Manchester University Press, 1997.

CHAZEL François et autres, « Sociologie de la révolution », n° spécial, *Revue Française de Sociologie,* 1989, n° 3-4.

CORBIN Alain, MAYEUR Jean-Marie (Dir.), *La Barricade,* Paris, Publications de la Sorbonne, 1997.

COURTOIS Stéphane et autres, *Le Livre noir du communisme. Crimes, terreur, répression*, Paris, Laffont, 1997.

CRETTIEZ Xavier, *Violence et nationalisme*, Paris, Odile Jacob, 2006.

CRETTIEZ Xavier, *La Question corse*, Bruxelles, Complexe, 1999.

CRETTIEZ Xavier, *Le Silence des armes ? L'Europe à l'épreuve des séparatismes violents*, Paris, La Documentation française, 1999.

DANDEKER Christopher (Ed.), *Nationalism and Violence,* Londres, Transaction Books, 1997.

DELLA PORTA Donatella, *Social Movements, Political Violence and the State*, Cambridge, Cambridge University Press, 1995.

DELPECH Thérèse, *Politique du chaos. L'autre face de la mondialisation,* Paris, Seuil, 2002.

DERRIENNIC Jean-Pierre, *Les Guerres civiles*, Paris, Presses de Sciences Po, 2001.

DIEU François, *Politiques publiques de sécurité*, Paris, L'Harmattan, 1999.

DIEU François, *Policer la proximité*, Paris, L'Harmattan, 2003.

DUCLOS Nathalie, *Les Violences paysannes sous la Vᵉ République*, Paris, Economica, 1998.

FEIN Helen, *Genocide. A Sociological Perspective*, Londres, Sage, 1993.

FERRO Marc (Dir.), *Le Livre noir du colonialisme. XVIᵉ-XXIᵉ siècle*, Paris, R. Laffont, 2003.

FORD Franklin, *Le Monstre politique : du tyrannicide au terrorisme*, Paris, PUF, 1990.

FRANKS Jason, *Rethinking Terrorism. Roots of Terrorism*, Basingstoke, Palgrave MacMillan, 2006.

GAMBETTA Diego, *Making Sense of Political Suicide,* Oxford, Oxford University Press, 2006.

GUENIFFEY Patrice, *La Politique de la Terreur. Essai sur la violence révolutionnaire. 1789-1794,* Paris, Fayard, 2000.

GUIOMAR Jean-Yves, *L'Invention de la guerre totale. XVIIIᵉ-XXᵉ siècle*, Paris, Éd. du Félin, 2004.

GURR Ted, HARFF Barbara, *Ethnic Conflict in World Politics*, Boulder, Westview Press, 1994.

HANNOYER Jean (Dir.), *Guerres civiles. Économies de la violence, dimensions de la civilité*, Paris, Karthala-Cermoc, 1999.

HIBBS Douglas, *Mass Political Violence,* New York, Wiley, 1973.

HIGGINS Rosalyn, FLORY Maurice, *Terrorism and International Law*, Londres, Routledge, 1997.

HILLBERG Raul, *Exécuteurs, victimes, témoins. La catastrophe juive 1933-1945,* Trad., Paris, Gallimard, 1994.

HUMPHREY Michael, *The Politics of Atrocity and Reconciliation*, Londres, Routledge, 2002.

JOBARD Fabien, *Les Violences policières. État des recherches dans les pays anglo-saxons*, Paris, L'Harmattan, 1999.

KEANE John, *Violence and Democracy,* Cambridge, Cambridge University Press, 2004.

KOKOREFF Michel, *Sociologie des émeutes*, Paris, Payot, 2008.

LAGRANGE Hugues, OBERTI Mario (Dir.), *Émeutes urbaines et protestation. Une singularité française,* Paris, Presses de Sciences Po, 2006.

LOUBET DEL BAYLE Jean-Louis, *Police et politique. Une approche sociologique*, Paris, L'Harmattan, 2006.

LUTZ Brenda, LUTZ James, *Terrorism. Origins and Evolution*, Basingstoke, Palgrave MacMillan, 2006.

MANNONI Pierre, *Un Laboratoire de la peur. Terrorisme et* médias, Marseille, Hommes et Perspectives, 1992.

MARTIN Jean-Clément, *Violence et Révolution*, Paris, Seuil, 2006.

MICHAUD Yves, *Violence et politique,* Paris, Gallimard, 1978.

MICHAUD Yves, *Changements dans la violence*, Paris, Odile Jacob, 2002.

MIDLARSKY Manus, *The Killing Trap. Genocide in the Twentieth Century*, Cambridge, Cambridge University Press, 2005.

MULLER Edward, *Aggressive Political Participation,* Princeton University Press, 1979.

NICOLAS Jean, *La rébellion française. Mouvements populaires et conscience sociale*, Paris, Seuil, 2002.

PAPPE Ilan, *Le Nettoyage ethnique de la Palestine*, Trad., Paris, Fayard, 2008.

PÉCAUT Daniel, *L'Ordre et la violence : évolution sociopolitique de la Colombie*, Paris, EHESS, 1987.

RAISONS POLITIQUES, « Questions de violence » (9), Paris, Presses de Sciences Po, 2003.

ROSIÈRE Stéphane, *Le nettoyage ethnique. Terreur et peuplement*, Paris, Ellipses, 2006.

SEMELIN Jacques, *Purifier et détruire. Usages politiques des massacres et génocides*, Paris, Seuil, 2005.

SHAW Martin, *War and Genocide. Organized Killings in Modern Society*, Cambridge, Polity Press, 2003.

SKOCPOL Theda, *États et révolution sociales. La Révolution en France, en Russie et en Chine*, Trad., Paris, Fayard, 1985.

SOMMIER Isabelle, *La Violence politique et son deuil. L'après 68 en France et en Italie,* Rennes, PUR, 2e édition, 2008.

SOMMIER Isabelle, *La Violence révolutionnaire*, Paris, Presses de Sciences Po, 2008.

SOMMIER Isabelle, *Le Terrorisme*, Paris, Flammarion, 2000.

TARTAKOWSKY Danielle, *Le Pouvoir est dans la rue. Crises politiques et manifestations en France*, Paris, Aubier, 1998.

TARTAKOWSKY Danielle, *Les Manifestations de rue en France. 1918-1968*, Paris, Publications de la Sorbonne, 1998.

TILLY Charles, *From Mobilization to Revolution,* Reading, Wesley, 1978.

TILLY Charles, *La France conteste. De 1600 à nos jours,* Trad., Paris, Fayard, 1986.

TILLY Charles, *The Politics of Collective Violence,* Cambridge, Cambridge University Press, 2003.

TILLY Charles, *Contention and Democracy in Europe. 1650-2000*, Cambridge, Cambridge University Press, 2004.

TILLY Charles, TARROW Sidney, *Politique(s) du conflit. De la grève à la révolution*, Trad., Paris, Presses de Sciences Po, 2008.

VEDEL Thierry, *Comment devient-on président (e) de la République ? Les stratégies des candidats,* Paris, R. Laffont, 2007.

WALZER Michael, *Guerres justes et injustes*, Trad., Paris, Belin, 1999.

WELZER Harald, *Les Exécuteurs. Des hommes normaux aux meurtriers de masse*, Trad., Paris, Gallimard, 2007.

WIEVIORKA Michel, *Sociétés et terrorisme,* Paris, Fayard, 1988.

WIEVIORKA Michel, *La Violence*, Paris, Balland, 2004.

ZIMMERMANN Ekkart, *Political Violence, Crises and Revolutions.* Cambridge, Shenkman, 1983.

Chapitre 9
Les partis

Les partis sont des organisations, relativement stables, qui mobilisent des soutiens en vue de participer directement à l'exercice du pouvoir politique au niveau central et/ou local. Cette définition renvoie à un certain nombre d'éléments constitutifs déjà largement analysés par diverses écoles scientifiques.

Organisations, les partis relèvent donc de la notion d'entreprise politique (Max Weber, Joseph Schumpeter). Cela veut dire que des individus mettent en commun des ressources pour agir sur la scène politique. Ces entreprises se donnent un minimum d'institutionnalisation, ce qui conduit à attirer l'attention sur leurs structures juridiques (Duverger). Les partis ont une ambition de mobilisation (Oberschall). Ils cherchent en effet à s'imposer comme représentatifs d'une population, ou porteurs d'un projet de société, d'une grande Cause... Il leur faut donc travailler à faire partager la justesse de leurs vues, à convaincre de la valeur de leurs objectifs ou de leur programme. Ce faisant, ils entrent en compétition les uns avec les autres, tout au moins dans les régimes pluralistes. S'ils se heurtent également à la concurrence d'autres formes d'organisations : syndicats, associations, il arrive aussi parfois qu'ils les utilisent ou les suscitent comme relais. Les partis se spécifient enfin en ce que leur action est orientée vers l'accès aux institutions politiques. À la différence des groupes d'intérêt, ils veulent y exercer le pouvoir, seuls ou coalisés avec d'autres. À l'époque moderne, il existe un lien privilégié entre cette activité primordiale qui est la leur, et l'institution du suffrage universel comme mode de désignation des gouvernants. Choisir des candidats, tenter de les faire élire, soutenir et orchestrer leur action, telles sont quelques-unes des fonctions les plus visiblement propres aux partis.

Comme tout acteur collectif dans la vie publique, les partis acquièrent, en raison des effets de langage, une vie double. D'une part, ce sont des réseaux d'individus (dirigeants, militants actifs, simples adhérents) liés entre eux par des rapports d'interaction et disposant, dans ces relations, de ressources inégales. Les dirigeants ont, par exemple, sur les simples militants l'avantage d'une certaine notoriété ;

quelques-uns disposent de prérogatives administratives ou financières, en tant que responsables fédéraux ou nationaux ; certains membres du parti sont aussi des élus cumulant des mandats, d'autres encore ne sont que candidats à la candidature... Au sein de ces réseaux existent des tensions entre les personnes et les clientèles ; des fidélités se nouent, mais se construisent aussi des antagonismes. Les membres du parti partagent sans doute des croyances communes, mais ils ont aussi des logiques d'intérêts et des analyses particulières.

Parallèlement à cette réalité sociale concrète, le parti existe également au niveau symbolique du langage. Le nommer c'est faire vivre une entité unifiée, cohérente, repérable comme acteur collectif. Les responsables, investis du droit de parler « au nom du parti », lui prêtent ainsi un visage et une voix ; ils le créditent d'une volonté, d'une analyse, de prises de positions. Ils ne sont pas les seuls d'ailleurs. Les adversaires qui l'accusent ou le dénoncent, les observateurs (journalistes) qui commentent ses faits et gestes, tous contribuent à construire les connotations, positives ou négatives, qui entourent le sigle du parti, lui donnent une présence quasi anthropomorphique sur la scène sociale. « Le parti a décidé... le parti hésite... le parti souhaite..., etc. », toutes ces expressions expriment, et masquent à la fois, cette réalité qu'un individu ou un groupe d'individus, statutairement investis, s'expriment au nom et à la place d'un plus grand nombre (pas forcément au courant, pas forcément d'accord...) sans pouvoir être, par eux, légitimement contredits avec efficacité.

Les premiers partis, au sens moderne du terme, sont nés avec les régimes représentatifs qui émergent en Grande-Bretagne au XVIIIe siècle, puis en France. Dès cette époque, à la Chambre des Communes, les députés se regroupaient, de façon encore très informelle, sous les étiquettes *Whig* ou *Tory* selon l'attitude qu'ils adoptaient vis-à-vis du gouvernement désigné par le monarque. De la même manière, les assemblées révolutionnaires françaises verront se créer des groupes de députés qui prendront l'habitude de se retrouver ensemble dans des Clubs (Club breton à la Constituante, Clubs des Feuillants, des Cordeliers et des Jacobins à la Législative...) ou encore viendront siéger sur les mêmes travées supérieures (la Montagne sous la Convention).

Mais c'est l'élargissement du droit de suffrage qui pousse à la création de structures permanentes en dehors des enceintes parlementaires. En effet, pour se faire correctement identifier par des électeurs toujours plus nombreux, il devient indispensable aux candidats d'associer leur profil politique à un sigle et un « programme » largement connus dans le public. De façon caractéristique, en Angleterre c'est seulement après la réforme électorale de 1832 qui élargit le corps électoral, que se sont mis en place des *Registration Societies*, c'est-à-dire des comités électoraux visant à faciliter l'inscription des nouveaux électeurs et l'organisation de la campagne du candidat. Dans une étape ultérieure (entre 1867 et 1874), groupes parlementaires et comités électoraux se sont agrégés dans une structure encore assez lâche mais néanmoins à l'échelle nationale. Les premiers grands partis : conservateurs et libéraux, étaient nés. Ce ne sont encore que des machines électorales au service d'un leader de premier plan : à l'époque, Disraëli ou Gladstone.

Le milieu du XIXe siècle voit également naître une autre génération de partis, en connexion avec le développement de la question sociale et l'émergence du mouvement ouvrier. Lorsque Marx publie, en 1848, son *Manifeste du parti communiste,* l'expression retenue en français ne doit pas faire illusion. Cette brochure s'adresse à la « fraction » communiste du mouvement révolutionnaire, c'est-à-dire un courant de pensée radical ; il n'existe pas encore de parti au sens moderne. Le premier véritable parti, né du mouvement ouvrier et révolutionnaire, est l'ADAV (Association générale des travailleurs allemands). Mais Lassalle qui l'a fondé en 1863 est tué en duel l'année suivante. Marx aurait aimé en assurer la direction ou, du moins, en devenir le maître-penseur. De cette formation naîtra, par fusion avec d'autres organisations, le parti social-démocrate allemand au Congrès de Gotha en 1875. Il devient, au sein de la IIe Internationale, le leader et le modèle des autres partis socialistes qui vont éclore un peu partout en Europe jusqu'à la Première Guerre mondiale. Ces formations, parfois liées aux organisations syndicales de façon explicite, se montrent soucieuses de doter le mouvement ouvrier d'un instrument de combat dans les enceintes parlementaires ; elles jouent d'emblée le jeu des élections politiques, non sans succès d'ailleurs. Leur programme est révolutionnaire et elles ne renoncent pas, en principe du moins, à d'autres formes de lutte comme l'action directe dans la rue. Certaines de ces organisations sont des partis de masses en ce sens qu'ils attirent des dizaines voire des centaines de milliers d'adhérents ; d'autres, au contraire, demeurent des groupuscules à faible capacité militante, proches du cercle de pensée ou de la secte activiste. Mais ce qui permet toujours de parler d'eux en termes de partis politiques, c'est la présence de leurs candidats dans les luttes électorales.

Avec la révolution bolchevique s'ouvre en Europe une période de profonde instabilité, caractérisée par l'émergence de partis de masse d'un type encore nouveau. D'une part, en URSS, se concrétisent les vues que Lénine avait exprimées, dès 1902, dans sa fameuse brochure : *Que faire ?* À son Xe Congrès, en 1920, le parti communiste d'URSS se donne une direction centralisée et une discipline de fer qui fera école dans toutes les organisations se réclamant de la IIIe Internationale. Parallèlement, sur le modèle du fascisme italien de Mussolini, s'affirment d'autres organisations de masse d'essence totalitaire (parti nazi) qui ambitionnent, comme les PC léninistes, un embrigadement systématique des esprits et des mentalités. Il y a là une nouveauté radicale dans les mobilisations politiques de masse, à l'exception peut-être du mouvement puritain anglais à l'époque de Cromwell. Cette caractéristique et leur refus d'accepter les logiques du pluralisme démocratique, les distinguent nettement des formations précédentes.

Cette triple généalogie a perdu aujourd'hui une part de son importance avec l'effondrement des organisations issues du modèle léniniste. Le système pluraliste de partis s'est imposé largement, au moins en apparence, bien au-delà de sa sphère géographique originelle. C'est lui qui contribue à façonner les traits dominants des partis contemporains.

Section 1
La représentativité des partis

D'un point de vue empirique, la représentativité des partis peut être évaluée à partir de deux critères : la structure sociale de leurs adhérents et celle des électeurs dont ils réussissent à drainer les suffrages. Mais, ici, on se situera d'abord sur un autre plan : celui de l'image qu'ils réussissent à imposer dans la sphère publique. Dans quelle mesure peuvent-ils revendiquer un lien plausible, ou établi, entre les aspirations sociales et politiques présentes au sein de la population et les ambitions qu'ils affichent ?

§ 1. Partis politiques et clivages sociaux

Les organisations politiques reflètent-elles la réalité des fractures sociales ? Pour donner quelques éléments de réponses, il est indispensable de bien distinguer le cas des partis uniques et celui des partis en compétition au sein d'une démocratie pluraliste.

A L'ambition des partis uniques

Même s'ils appartiennent ou ont appartenu à des univers idéologiques ou géopolitiques différents, leur trait commun est le monopole de la vie politique, ce qui les rapproche sensiblement entre eux. Dans l'Europe des années 1920 à 1945 il y eut d'abord les partis de la constellation corporatiste, fasciste ou nazie : au Portugal puis en Espagne, en Italie, en Allemagne, enfin de façon éphémère en Croatie, en Roumanie ou en Slovaquie. D'autre part, dans les pays qui constituaient autour de l'URSS, mais aussi de la Chine, le « camp socialiste » entre 1945 et la fin des années 1980, les partis au pouvoir affichaient une filiation directe avec le modèle léniniste : référence marxiste et centralisme démocratique. Plus tard, dans les territoires qui s'émancipaient des métropoles coloniales, de nombreux mouvements de libération nationale se sont constitués en parti unique, soit avant soit après l'indépendance. L'Afrique surtout, mais également le monde arabe, en ont été les principales aires de diffusion.

Une grande majorité de ces partis uniques se sont revendiqués comme *partis d'avant-garde.* Dans la conception de Lénine, le parti est l'avant-garde éclairée de la classe ouvrière, elle-même promue par la conception marxiste en sujet historique de la Révolution. Formée de militants aguerris dans les luttes de classes et rigoureusement éduqués au niveau idéologique, cette avant-garde a donc le droit de se considérer comme le représentant exclusif des aspirations révolutionnaires des travailleurs. C'est pourquoi, une fois arrivée au pouvoir, elle ne tolère ni partis concurrents – ils ne sauraient représenter que des classes exploiteuses –, ni tendances en son sein – elles conduiraient à diviser la classe ouvrière elle-même. Sans doute ce parti de la classe ouvrière n'était-il pas composé exclusivement d'ouvriers. Pour Lénine, l'essentiel était en effet que dirigeants et militants adoptent une « ligne prolétarienne juste » dans leurs analyses et comportements. Il n'en demeure pas moins que les partis communistes, issus du modèle léniniste, se sont toujours efforcés de valoriser la composante ouvrière et paysanne de leurs adhérents, au besoin en « infléchissant » dans les biographies officielles les origines sociales des membres de la direction.

Autres variantes du parti d'avant-garde, nombre de mouvements de libération nationale, entre 1950 et 1960, se sont considérés comme le creuset de la Nation à faire (re)naître, ou comme le « foyer » de la résistance des peuples opprimés à l'impérialisme (« Che » Guevara). Le lien affiché entre avant-garde et classe sociale s'atténue par rapport au modèle léniniste. Fréquemment, ces partis recrutent en fait dans les couches intellectuelles qui constituent le fer de lance de la résistance aux puissances coloniales : étudiants, enseignants, cadres de la fonction publique ainsi que dans les classes moyennes de commerçants et d'entrepreneurs indépendants.

La perception de soi comme parti d'avant-garde emporte un certain nombre d'implications. Tout d'abord, le langage du parti se réfère souvent à une doctrine ferme, sinon rigide, qui légitime la prétention à se considérer comme le porte-parole exclusif d'une dynamique sociale. Pour les partis communistes, c'était le marxisme, généralement transformé en vulgate ; pour les partis du tiers-monde, une idéologie nationaliste et socialiste : l'unité arabe, avec le Baas en Irak ou en Syrie, le « socialisme africain » ailleurs. En outre, se considérant comme une avant-garde éclairée, les partis de ce type n'envisageaient pas de rapports d'alliances réellement égalitaires avec les autres formations politiques ou sociales. Si, avant la prise du pouvoir, ils concluaient des accords, ceux-ci n'avaient de sens que comme étape dans le cheminement vers le contrôle exclusif de l'appareil d'État. C'est le malentendu fondamental qui dominera les rapports entre socialistes et communistes en Europe occidentale des années 1930 aux années 1970.

Les partis d'avant-garde, installés au pouvoir, ont parfois évolué en *partis-peuples.* Cette variante du parti unique a été consacrée officiellement en URSS lors de la réforme des statuts du PCUS en 1961. De même, dans les pays du tiers-monde, la transformation s'est effectuée de façon plus naturelle encore dans la mesure où ces partis, issus de luttes d'indépendance, avaient une vocation directe à s'ériger en parti-nation. Par exemple, le FLN algérien dès les années 1960. Cette transformation s'est manifestée tout d'abord au niveau du recrutement. Le parti s'ouvrait en fait à toutes les couches sociales, notamment aux catégories de gens qui exerçaient, ou ambitionnaient d'exercer, des responsabilités dans les secteurs politique, économique, administratif ou culturel. De ce fait, il accueillait en son sein les antagonismes d'intérêts et les logiques spécifiques à tel ou tel secteur de la société. Derrière la façade inchangée d'unité doctrinale, son rigoureux monolithisme idéologique cédait du terrain à une grande diversité d'opinions, d'attentes et d'exigences pragmatiques. Une sorte de pluralisme interne informel finit par s'instaurer au sein de ce type de parti unique où se déployaient à loisir les rivalités de clans, se construisaient des coalitions et des alliances de clientèles (le PCUS sous Brejnev, le FLN algérien sous Chadli).

Les partis de la mouvance corporatiste, fasciste ou nazie ont eu en commun la volonté d'abolir en leur sein la division de la société en classes sociales antagonistes. Ils se prétendaient l'expression de l'unité de la Nation, de l'État ou du *Volk*. En ce sens, de tels partis n'étaient pas sans analogie avec le concept de parti-peuple. Mais généralement ces organisations n'ont constitué qu'un outil passif, voire une coquille vide, aux mains d'un leader (Hitler, Mussolini, Franco), sans jamais acquérir cette autonomie politique qui leur aurait permis de devenir le lieu privilégié où se seraient affrontés et ajustés les intérêts contradictoires de diverses couches sociales.

L'ambition commune à tous ces partis uniques était d'imposer une image de puissance et de cohésion autour d'un projet de société. Le recours au suffrage universel constituait un moyen de tester leur capacité d'encadrement de la population ; c'est pourquoi un taux d'abstention normal en démocratie pluraliste prenait très vite la signification d'un échec, de même qu'un vote favorable trop inférieur à 99 %. En outre, les élections étaient censées conférer une légitimité supplémentaire aux gouvernants puisqu'elles attestaient un consensus même si, faute de choix possible, celui-ci était d'une qualité psychologique et politique fort médiocre. Aujourd'hui, les partis uniques cèdent partout le terrain au profit du pluripartisme, ne se maintenant au pouvoir que dans quelques pays arabes (Syrie et, *de facto*, Égypte ou Tunisie), en Chine et, selon le schéma traditionnel du léninisme, en Corée du Nord. Les raisons de ce recul peuvent être dues à des causes endogènes (aspirations démocratiques des couches sociales issues de la modernisation économique comme en Corée du Sud, à Taïwan, au Maghreb ; volonté de se démarquer du système soviétique dans les pays issus de la désintégration de l'URSS qui se tournent vers l'Union européenne[1]...) mais, plus souvent, à la combinaison de ces facteurs internes avec des facteurs internationaux (pressions occidentales en Afrique, en Asie du Sud-Est ou en Amérique latine).

B La réalité sociohistorique des partis occidentaux

Dans les démocraties pluralistes, les partis se situent les uns par rapport aux autres en faisant référence à des doctrines ou, au moins, à des mots idéologiquement marqueurs : nationalisme, libéralisme, démocratie chrétienne, socialisme démocratique, socialisme révolutionnaire, anarchisme et, aujourd'hui, écologie. Sur ce terrain, les partis sont censés représenter des familles spirituelles, des courants de pensée. En revanche, il est exceptionnel qu'ils prétendent défendre les intérêts d'une seule strate de population ou d'une seule classe sociale. Sans doute les partis communistes, voire socialistes, se sont-ils voulus « ouvriers », mais ils avaient un projet politique plus large que les seuls horizons d'attente du monde des travailleurs manuels. Quant aux partis paysans ou agrariens, ils ont toujours conservé une place modeste dans l'ensemble des démocraties européennes (sauf en Scandinavie et dans l'Europe centrale de l'entre-deux-guerres).

Est-ce à dire que les partis demeurent indépendants des clivages sociaux ? qu'ils se meuvent exclusivement dans l'univers des idées et des doctrines politiques ? À cette question Stein Rokkan a répondu en développant une thèse d'un intérêt tout particulier[2]. Pour lui, les partis politiques contemporains sont nés à la suite d'une série de fractures qui

1. À l'inverse, des pays comme l'Azerbaïdjan, le Kazakhstan ou le Turkménistan ont, en fait, rétabli le monopole du parti gouvernemental, grâce aux pressions multiples exercées par le pouvoir sur les libertés d'expression politique.
2. Stein ROKKAN, *Citizens, Elections, Parties. Approaches to the Comparative Study of the Processes of Development*. Oslo Universitets Forlaget 1970. Analyse présentée en

constituent le tissu de l'histoire des pays européens depuis le XIXe siècle.

Une première fracture se situe autour de *la question de l'État.* Certaines forces sociales s'identifient à la poussée centralisatrice qui caractérise le développement du pouvoir politique à partir du XIXe siècle. Le phénomène est lui-même associé aux progrès d'une culture (et d'une langue) nationale, ainsi qu'à l'extension des échanges commerciaux qui se délocalisent davantage grâce aux nouveaux moyens de communication routiers ou ferroviaires. Dans la fonction publique mais aussi dans les entreprises en expansion, nombreux sont ceux qui vivent ces changements avec satisfaction parce qu'ils leur offrent des perspectives plus larges en termes de carrière professionnelle ou de débouchés économiques. Cependant d'autres forces sociales résistent parce qu'elles se sentent menacées dans leurs traditions, leur équilibre économique ou leur identité. Le désenclavement perturbe les routines des anciennes conditions d'existence et les campagnes ont parfois beaucoup à perdre au développement des centres industriels urbains. L'élargissement enfin des horizons culturels ébranle l'intégrité des identités de terroirs, obligeant les minorités religieuses ou linguistiques à adopter une attitude défensive. À cet antagonisme du national et du local correspond, nous dit Stein Rokkan, le clivage qui sépare les partis « jacobins » et les partis « girondins ». Les premiers mettent l'accent sur l'unité politique, administrative, culturelle et linguistique du pays, œuvrant en faveur des réformes qui uniformisent. Les autres, au contraire, s'efforcent de préserver les particularismes locaux, célébrant l'autonomie régionale face au pouvoir central, les singularités culturelles face à la culture dominante. Dans la variante américaine, pèse lourd la méfiance des Républicains à l'égard du pouvoir fédéral tandis que les Démocrates acceptent davantage son interventionnisme.

Une seconde fracture concerne la question des rapports entre *religion et politique.* Dans une société qui se sécularise de plus en plus, sous l'influence des philosophies rationalistes, certaines couches sociales s'identifient pleinement à ce mouvement, exigeant la séparation entre les Églises et l'État ainsi que la marginalisation du pouvoir d'influence politique de la religion. Le principal enjeu est le contrôle du système scolaire et universitaire en raison de son rôle croissant dans la transmission des valeurs. D'autres, au contraire, s'identifient aux forces religieuses qui s'élèvent contre cette sécularisation et dénoncent la société ou l'école « sans Dieu ». Généralement, ce sont les croyants, à

français par Daniel-Louis SEILER, *De la Comparaison des partis politiques*, Paris, Economica, 1985, p. 109 sq.

deux importantes exceptions près : certains, surtout dans les religions minoritaires, acceptent la dissociation d'avec le politique tandis que des agnostiques épris d'autorité défendent parfois l'Église (catholique, anglicane ou luthérienne...) comme principe d'ordre moral. À ce nouvel antagonisme, virulent dans certains pays jusqu'à la seconde moitié du XXe siècle, correspond la lutte entre partis anticléricaux et partis cléricaux.

Une troisième fracture est issue de *la révolution industrielle.* À chaque étape du processus certaines catégories sociales s'identifient pleinement aux logiques de la croissance et du développement économique parce qu'elles en sont directement bénéficiaires. Ce sont aussi bien les patrons que les salariés des branches industrielles en expansion ; des cadres administratifs et techniques comme des membres de professions libérales, chaque fois que leur avenir apparaît directement dépendant de la prospérité de la société industrielle. Toutes ces couches sociales ont partie liée, très généralement, avec la civilisation urbaine. Face à elles, les oubliés, les exclus ou les victimes de la croissance appartiennent plus souvent au monde rural ou à des modes de production économique caractérisés par la prédominance de l'exploitation familiale : petits entrepreneurs dans l'industrie, le commerce, l'artisanat ou l'agriculture. Pour eux la modernisation signifie en réalité l'accroissement de la concurrence et leur marginalisation du fait de leur médiocre productivité. On comprend dès lors l'opposition sourde entre partis industrialistes et partis agrariens ou indépendants/paysans (sous la IVe République).

Une quatrième fracture enfin, la plus visible peut-être pendant une longue période, se situe au sein même du mode de production industriel devenu dominant. Elle met face à face, en rapports souvent conflictuels, d'un côté les propriétaires des moyens de production (les patrons), voire de façon plus large les possédants et, de l'autre, les salariés surtout ceux d'entre eux qui sont dépourvus de toute participation à l'exercice de responsabilités dans l'entreprise (les ouvriers). C'est l'antagonisme classique *bourgeoisie/prolétariat* dont la traduction politique est le clivage partis conservateurs/partis socialistes, ou encore partis bourgeois/partis ouvriers.

L'analyse de Stein Rokkan débouche ainsi sur l'identification de huit idéal-types de partis. En réalité les formes pures sont rares[1]. Sans doute existe-t-il des partis strictement autonomistes ou régionalistes

1. Dominique Pélassy souligne également que ces clivages marquent très différemment les pays européens. Dominique PÉLASSY, *Qui gouverne en Europe ?,* Paris, Fayard, 1992, p. 42 sq.

(clivage 1) ; encore sont-ils souvent les uns de mouvance conservatrice les autres de mouvance radicale, voire révolutionnaire comme au pays basque espagnol. Sans doute encore se sont constitués historiquement des partis de classe, relevant du clivage 3 : partis paysans en Europe centrale ou en Scandinavie, et du clivage 4 : partis ouvriers. Mais leur évolution les a rapidement conduits à accueillir des militants d'origine sociale plus large, et, surtout, leurs électorats ont toujours été multicatégoriels. Ainsi en a-t-il été des partis communistes occidentaux qui se sont considérés comme l'avant-garde de la classe ouvrière mais ont eu également des dirigeants et des adhérents issus des classes moyennes, des couches intellectuelles voire du monde des travailleurs indépendants ou des professions libérales.

L'analyse de Stein Rokkan ne doit pas être utilisée pour établir une classification des partis existants mais bien plutôt comme guide de lecture des contradictions et conflits de sensibilités politiques existant au sein même des partis. Militants et dirigeants sont partagés entre des inclinations qui se situent sur des plans différents ; c'est ce phénomène qui donne aux partis (surtout les plus grands) leur épaisseur politique. Ainsi la CSU bavaroise, associée en Allemagne à la CDU, est-elle à la fois un parti du clivage 2 (tendance cléricale), un parti du clivage 3 (elle s'appuie beaucoup sur le monde rural et celui des petits entrepreneurs et commerçants), enfin un parti du clivage 4 (elle bénéficie du soutien des milieux d'affaires). Au sein d'un même parti peuvent d'ailleurs être représentées les réponses contraires aux dilemmes affrontés. Le PS français des années soixante-dix et quatre-vingt, faisait coexister des sensibilités fortement régionalistes à côté de sensibilités nettement jacobines ; il est demeuré un parti implanté aussi bien en milieu urbain que rural, dans le monde des cadres supérieurs de la fonction publique mais aussi dans celui des petits agriculteurs parcellaires du Limousin ou de la Bretagne intérieure.

Klaus Von Beyme a repris et prolongé l'analyse de Stein Rokkan en soulignant la présence de deux clivages supplémentaires dans la période contemporaine[1]. Sur la question de l'État-Providence, s'affrontent en effet d'une part les bénéficiaires directs de ses prestations (ainsi que les catégories d'agents chargés de les distribuer) et, d'autre part, ceux qui estiment insupportable le coût économique et financier de ses « largesses ». Sur la question également de la société de consommation, les écologistes mettent en évidence l'importance de ce qui les oppose aux partis attachés à la croissance en termes purement

1. Klaus VON BEYME, *Political Parties in Western Democracies*, Aldershot Gower, 1985.

économiques ; leur spécificité est la revendication d'un mode de développement plus qualitatif et le combat plus engagé pour « sauver la planète »[1].

Ces analyses ont le mérite de donner à voir des clivages très réels mais souvent internes aux partis et masqués par le langage ou le programme qu'ils adoptent. En effet, les règles de la compétition politique conduisent à faire des grands partis des conglomérats de sensibilités très diverses s'adressant au maximum de catégories d'électeurs. Dans la perspective d'un accès au pouvoir par les urnes, leur intérêt stratégique n'est pas de « coller » trop étroitement aux antagonismes sociaux ; ils risqueraient de s'enfermer dans un ghetto minoritaire tant les sociétés contemporaines sont différenciées et segmentées. Il n'y a pas d'avenir majoritaire pour un parti des patrons, un parti des classes moyennes ou un parti des fonctionnaires. Les formations politiques ne représentent donc pas avec clarté, ni avec fidélité, les clivages de la société. Au contraire, elles les occultent partiellement, par nécessité électorale, en pratiquant un langage ouvert à presque toutes les strates de population. Ainsi contribuent-elles à substituer aux antagonismes effectifs d'intérêts des antagonismes codés en vertu de critères largement indépendants des fractures sociales. C'est pourquoi on peut dire que les partis jouent bien souvent un rôle de brouillage des conflits qui traversent la société. Ce faisant, en dépit du « bruit » et des polémiques qui accompagnent leur activité, ils remplissent en réalité une fonction paradoxale de pacification sociale[2].

§ 2. Partis politiques et logiques d'élections disputées

Le poids du suffrage universel dans la vie politique exerce une influence énorme sur les modes d'existence des partis. Alors que, dans les régimes à parti unique, le recours aux urnes servait seulement à légitimer les gouvernants et tester une capacité d'encadrement des électeurs, dans les systèmes pluralistes il constitue le temps fort de la compétition entre formations soucieuses d'accéder au pouvoir ou de s'y maintenir. Dès lors, les règles et les logiques qui gouvernent cette compétition exercent une influence très profonde sur les stratégies, les langages et les programmes des partis. De ce point de vue distinguons des partis gestionnaires et des partis protestataires.

1. Sur ces nouvelles thématiques, Dominique PÉLASSY, *Qui gouverne en Europe ?*, *op. cit.* p. 64 sq.
2. Ph. BRAUD, *Le Suffrage universel contre la démocratie,* Paris, PUF, 1980, p. 51.

A Les partis gestionnaires

Ce sont des partis installés près du pouvoir. Cela signifie qu'ils ont une vocation en quelque sorte routinière, au gré des aléas de l'alternance démocratique, à constituer une majorité ou à entrer dans une coalition gouvernementale. L'exercice de responsabilités étatiques ou l'attente crédible d'un retour aux affaires influencent en permanence leur langage et leur stratégie, qu'ils soient conservateurs ou réformistes, orientés à droite, au centre ou à gauche.

Du point de vue de la taille et de l'implantation électorale on peut distinguer des rassemblements à vocation majoritaire et ce que l'on appellera des *syndicats d'élus*. Ces derniers ne se constituent que pour permettre à leurs membres de tirer bénéfice de la législation électorale ou profiter de leur position stratégique lorsqu'ils sont indispensables à la constitution d'une majorité de gouvernement. Ces partis n'ont pas de véritable implantation sociale, faute de militants voire de structures organisées ; ils n'ont pas non plus de véritable projet politique aux contours arrêtés. Ils survivent lorsqu'ils bénéficient de deux types de facteurs favorables : d'une part l'absence de majorité nette qui rend leur concours stratégiquement précieux ; d'autre part des personnalités fortement implantées (députés-maires par exemple) qui assurent dans l'espace public une continuité de l'image partisane. Ainsi en est-il de nombreux petits partis du centre gauche sous la IVe République en France (Valoisiens, RGR, UDSR, etc.) et dans l'Italie contemporaine (PS.D., Républicains), ou de certaines formations dissidentes qu'encourage en Israël une représentation proportionnelle intégrale (scissionnistes du Likoud, des travaillistes ou des partis religieux).

Les rassemblements à vocation majoritaire ont une image publique et un poids politique beaucoup plus forts en raison du nombre de leurs électeurs et de l'importance des mandats qu'ils détiennent. Ce sont en effet les deux indicateurs principaux de la représentativité dans un système démocratique pluraliste. Il s'agit concrètement des grandes formations qui alternent au pouvoir à l'issue du verdict des urnes. Ces rassemblements à vocation majoritaire ont des langages et des stratégies politiques fondamentalement conditionnées par deux logiques contraires. La première est celle de la séduction tous azimuts. Chaque parti tente d'éveiller l'intérêt dans toutes les catégories professionnelles et toutes les strates de population. Aucun qui ne puisse négliger les jeunes, les femmes, les retraités, les ruraux et les citadins, les salariés du secteur public et ceux du secteur privé, les petits employés, les cadres supérieurs, etc. Les partis de gauche s'emploieront à rassurer les travailleurs indépendants, les dirigeants d'entreprises ou les épargnants ; les partis de droite souligneront leur souci des ménages à revenus modestes et des petits salariés. Ce phénomène tend à rapprocher singulièrement promesses et programmes lorsque les batailles électorales se jouent dans une marge étroite.

Mais il existe une autre logique à respecter : celle du positionnement politique c'est-à-dire, en fait, la nécessité de préserver une image et une identité spécifique. Il ne faut pas, en effet, que l'effort entrepris pour gagner de nouveaux électeurs aboutisse à rebuter un plus grand nombre d'autres, qui pourraient notamment se réfugier dans l'abstention ou se tourner vers des partis plus extrêmes. Si multicatégoriels qu'ils soient, ces rassemblements à vocation majoritaire, *catch all parties* comme on les a appelés, ont un enracinement historique dans des bastions sociologiques déterminés. Les non-salariés et les catholiques pratiquants inclinent traditionnellement plus volontiers à droite ; les ouvriers de l'industrie, les salariés de la fonction publique, vers la gauche ; le centrisme a l'oreille des ruraux dans certaines régions, les socialistes ont des liens étroits avec les grandes organisations d'enseignants ou les cercles de pensée laïques, etc. Un discours trop œcuménique risque de mécontenter ces noyaux durs ; or, c'est sur le soutien sans failles d'une base militante et électorale fidèle que repose, dans une large mesure, la continuité des formations politiques. Une politique d'ouverture trop hardie désoriente les noyaux fidèles, comme l'a expérimenté le parti communiste aux élections de 2002 ou même le PS, divisé sur la question de l'alliance avec le centre de Bayrou en 2007). Pour éviter cette dilution/dissolution d'identité, les partis de rassemblement doivent respecter des traditions de langage : références doctrinales obligées, même si elles ont assez peu d'implications visibles (libéralisme, socialisme, voire humanisme) ; hommages rituels rendus à des « grands hommes » comme en France, Jean Jaurès, Antoine Pinay, Charles de Gaulle... ; mots marqueurs qui renvoient à des catégories d'analyse suffisamment simples pour structurer le champ idéologique même auprès d'électeurs peu informés ou peu attentifs : allégement des charges des entreprises *v/s* cadeaux au patronat, compétitivité économique *v/s* solidarité sociale...

Selon le nombre de leurs militants, on distinguait traditionnellement des partis de masse aux effectifs nombreux, encadrés dans des structures institutionnelles diversifiées, (par exemple cellule, section, fédération), et les partis de cadres à base militante restreinte où la discipline interne, de même que la préoccupation de réflexion doctrinale ou programmatique, y sont beaucoup plus faibles. Cependant, la chute des effectifs tend aujourd'hui à rapprocher les uns et les autres même si demeurent des traces d'un héritage différent. Bien des partis de masse aujourd'hui ne doivent cette qualité (numérique) qu'à l'existence d'adhérents indirects comme les syndiqués en Allemagne ou en Grande-Bretagne.

Les rassemblements à vocation majoritaire sont tous, en effet, des partis d'électeurs (J. Charlot). Cela signifie qu'ils ont vocation d'abord à capter la représentation de ce que l'on appelle « la majorité silencieuse » à savoir une masse d'électeurs peu attentifs à la politique, peu formés à en comprendre les mécanismes réels, peu concernés par ses enjeux, du moins en conjoncture routinière. En France, plus de la moitié des citoyens qui se déplacent aux urnes se déclarent « peu » ou « pas intéressés » par la politique[1]. Dans ce large créneau électoral le risque est grand d'effaroucher ; d'où l'inclination de ces partis à tenir un langage lénifiant qui évite les mouvements imprévus ou les démarches aventureuses. Ce sont aussi par vocation des partis multi-catégoriels et multiclassistes. En effet, dans les sociétés à haute différenciation sociale, on ne construit pas une majorité politique avec le soutien électoral d'une seule classe sociale. Leurs électeurs ont donc des intérêts divergents voire contradictoires. Citadins et ruraux, ouvriers et cadres, demandeurs et détenteurs d'emplois, jeunes et retraités, etc., tous ont des aspirations ou des exigences qui ne se concilient pas nécessairement ; loin de là. Les rassemblements à vocation majoritaire vont donc adopter publiquement un langage prudent, à sorties multiples, suffisamment scintillant pour séduire mais assez vague pour ne heurter personne. C'est pourquoi en campagne électorale seront systématiquement explorées les possibilités ouvertes par des formules à la fois frappantes et équilibrées : « le changement dans la continuité », « le respect des différences, ciment de l'union », « une réforme audacieuse qui respecte les acquis ».

B Les partis protestataires

Nés d'abord d'un refus, ils tentent de se frayer un chemin dans l'électorat en captant des mécontentements ou des frustrations, ce qui d'emblée colore émotionnellement le langage politique qu'ils adoptent. Les uns se font le porte-parole de groupes sociaux qui se perçoivent comme opprimés ou exclus du jeu politique. Les partis communistes occidentaux ont longtemps excellé dans cette « fonction tribunicienne » (Georges Lavau). De même, entre les deux guerres, des partis agrariens ou paysans, des partis des « classes moyennes » ont tenté de

1. Daniel BOY, Nonna MAYER (Dir.), *L'Électeur a ses raisons,* Paris, Presses de la FNSP, 1997, p. 27 et 29.

se constituer pour enrayer une évolution sociale qui leur était défavorable. Mais les conditions de la compétition électorale ne sont pas propices à des formations qui, collant trop exclusivement aux attentes d'un seul groupe social, s'enferment dans un ghetto minoritaire dont elles ne réussiront pas, de toute façon, à s'assurer le monopole de représentation. D'où, en Europe, l'échec d'un parti des femmes, la quasi-disparition des partis à base purement catégorielle ou religieuse. À noter cependant, en France, le phénomène contemporain des chasseurs. Quoique modestes et relativement éphémères, leurs succès électoraux n'en attestent pas moins l'existence de forts ressentiments accumulés contre les innovations introduites par les directives européennes ou contre les prises de conscience écologiques.

D'autres partis protestataires se constituent plutôt autour des revendications que les rassemblements à vocation majoritaire ont négligées soit par inadvertance soit, surtout, parce qu'elles étaient susceptibles de diviser leurs propres électorats. Ainsi, l'hostilité à la croissance économique sauvage ou le refus du nucléaire civil et militaire ont-ils été la plate-forme politique des partis écologistes en Europe occidentale, à partir des années soixante-dix. De même, une xénophobie ouverte aura été le trait commun aux partis d'extrême droite qui renaissent un peu partout en Europe, à partir des années quatre-vingt, notamment en France, en Autriche, en Belgique ou aux Pays-Bas. Les inquiétudes économiques ou politiques, engendrées par l'ouverture des frontières dans le cadre européen ou mondial, alimentent la montée des populismes et des « souverainismes » ; elles profitent également à l'extrême gauche lorsqu'elles peuvent être décodées en termes de luttes contre la mondialisation capitaliste ou l'impérialisme américain. En Italie, les résistances à l'État central ont favorisé l'émergence de la Ligue lombarde de Umberto Bossi, tandis que les refus d'une occidentalisation du monde, perçue comme aliénante culturellement, assurent aujourd'hui la prospérité de nombreux partis islamistes, du Maghreb au Machrek en passant par la Turquie. Enfin, certains partis protestataires souhaitent demeurer les témoins pétrifiés d'une « grande cause », plus ou moins ensevelie par l'évolution sociale : aujourd'hui, ce sont les partis monarchistes en France, républicains en Scandinavie et Grande-Bretagne ; ou encore, un peu partout, les nostalgiques de Lénine, Trotsky, voire Staline ou Mao. Leur rôle est souvent moins politique que thérapeutique : c'est-à-dire gérer les désarrois nés d'un deuil impossible.

Les partis protestataires cherchent à s'imposer dans le paysage politique en adoptant un langage abrupt qui tranche avec les prudences lénifiantes des rassemblements à vocation majoritaire. Tout d'abord, il leur est facile de dénoncer les pratiques de la « politique politicienne » tant qu'ils n'ont pas encore eu véritablement à exercer le pouvoir, au moins au niveau national. Surtout, ils trouvent leur raison d'être dans leur capacité à prendre en charge un problème de société, trop peu consensuel ou trop inquiétant politiquement. Le nouveau venu se construit une identité forte avec l'orchestration maximale de problèmes laissés pour compte. Dans la période récente, ce fut la question de l'immigration étrangère dont s'est emparée la nouvelle extrême droite ; ou encore, chez les Verts, la résistance à l'industrialisme et au productivisme destructeurs des écosystèmes ; ou, enfin, au RPF de Charles Pasqua et Philippe de Villiers en France, à l'UKIP[1] en Grande-Bretagne, la défense de la souveraineté nationale face à l'Europe et le « retour aux valeurs ». Leurs prises de positions nettes, tranchantes (la Ligue lombarde et allée jusqu'à réclamer l'indépendance de la « Padanie »), captent des insatisfactions et stimulent des engagements militants lorsque la conjoncture politique devient favorable[2].

Bien entendu les partis en place opposent de la résistance à ces « intrus ». Guillaume Sainteny a montré par exemple les deux grands systèmes de défense utilisés par les partis dominants contre la mouvance écologiste. Maintien de barrières juridiques qui rendent plus difficile le décollage de mouvements protestataires : ce sont les dispositions des lois électorales défavorables aux petites formations. Tentatives de récupération, à la fois des thèmes (infléchissement du programme), des électeurs (« Nous avons toujours été écologistes »), et des dirigeants (propositions de promotion politique), enfin brouillage de l'offre politique par soutien au pullulement des candidatures[3].

Les partis protestataires, dans leur combat pour conquérir une véritable représentativité politique et sortir de la marginalité, affrontent deux types d'écueils. Le premier tient au fait que les insatisfactions des gens peuvent ne pas s'ajouter les unes aux autres mais se contredire. Le Front national de Jean-Marie Le Pen qui épouse vigoureusement la cause des petits commerçants hostiles aux « fonctionnaires budgétivores » peut rebuter des agents de l'État qui auraient été sensibles à ses diatribes anti-immigrés. Nombre d'électeurs communistes désapprouvaient les attaques du Parti de Georges Marchais contre les socialistes, de même qu'une majorité d'électeurs acquis à Jean-Marie Le Pen

1. Le *United Kingdom Independence Party* obtient 17 % des voix aux élections européennes de juin 2004.

2. Bruno VILLALBA, « Les petits partis et l'idéologie », dans Annie LAURENT, Bruno VILLALBA, *Les Petits partis. De la petitesse en politique*, Paris, L'Harmattan, 1997, p. 80.

3. Guillaume SAINTENY, *La Constitution de l'écologisme comme enjeu politique en France,* Thèse Université Paris I, 1992.

n'admettent pas sa virulence contre les formations de la droite classique. Le second écueil est la nécessité de ne pas effrayer les électeurs sympathisants qui adhèrent aux analyses mais en redoutent les formulations brutales ou les excès. L'histoire des mouvements protestataires met en évidence l'existence d'un seuil de respectabilité qui ne se franchit qu'à condition d'abandonner des thématiques trop radicales et un style d'action politique trop éloigné des pratiques politiques conventionnelles[1].

Paradoxalement, les succès électoraux des partis protestataires les contraignent à affronter un dilemme difficile. Il n'est pas possible, en effet, de conserver durablement électeurs et élus dans l'isolement politique. À long terme, l'impuissance à entrer dans des alliances avec des partenaires modérés, peut exercer un effet démobilisateur. Mais les compromis nécessaires à la constitution de coalitions gouvernementales brouillent leur identité protestataire. Dans l'un ou l'autre cas, le risque existe soit de décevoir les militants impatients d'exercer des responsabilités effectives, soit de choquer les durs de la première heure, attachés à une ligne radicale. L'éclatement du Front national, en décembre 1998, a été le résultat direct de ce type de tensions entre un courant désireux de jouer la respectabilité et la modération pour pouvoir conclure des alliances avec la droite et un autre courant qui voulait rester intransigeant, voire provocateur, dans ses thèmes de combat. Des tensions analogues ont traversé les communistes et les Verts au temps de leur participation gouvernementale aux côtés des socialistes (gouvernements Mauroy puis Jospin). Le déclin électoral du Parti communiste aura coïncidé avec son rapprochement avec les socialistes quand l'union de la gauche arrive au pouvoir en 1981. Sans doute cette évolution négative a-t-elle bien d'autres explications, plus profondes, dans la structure sociale. Mais la présence de ses ministres dans le gouvernement de Lionel Jospin, de 1997 à 2002 a, sans conteste, favorisé l'essor d'une extrême gauche protestataire et désorienté beaucoup de ses militants. En Autriche, le parti populiste de Georg Haider a entamé son recul électoral après des années de présence dans le gouvernement présidé par les Conservateurs.

La recomposition d'un paysage politique, en démocratie, passe parfois par l'assimilation d'un parti protestataire qui s'insère progressivement dans le jeu institutionnel normal ; associé au pouvoir, il en vient à modérer, en pratique, ses exigences initiales. En Europe, ce fut

1. Lorsque Jean-Marie Le Pen affiche, entre les deux tours de l'élection présidentielle de 2002, sa volonté de sortir du cadre européen, il inquiète certainement une partie de ses sympathisants, contribuant ainsi à son insuccès final.

le cas des socialistes à la fin du XIXe siècle, puis des communistes à partir des années soixante ; ce fut encore celui des néofascistes italiens dans les années 1990, et des Verts dans l'Allemagne de Gerhard Schroeder. En revanche, dans la république de Weimar, les partis de la droite classique n'ont pas réussi, comme l'espéraient von Schleicher ou von Papen, à dominer le parti nazi, échec qui déboucha sur la catastrophe que l'on sait ; il est vrai que l'Allemagne était en état de crise profonde, à la fois économique, sociale, culturelle et institutionnelle. Mais ce phénomène de l'assimilation progressive des partis protestataires demeure quantitativement exceptionnel. Beaucoup de formations de ce type sont vouées à rester marginales parce qu'elles n'atteignent pas une taille critique ; elles remplissent alors une fonction d'abcès de fixation pour des électeurs mécontents et d'aiguillon pour les partis installés. En Europe, c'est la situation générale des extrêmes gauches ainsi que celle des partis souverainistes qui plafonnent à un niveau modeste ou se contentent de succès éphémères. Sans doute, un Front national avec 15 % d'électeurs, un VVB flamand à plus de 20 % posent-ils bien des problèmes au système politique démocratique, de même, à gauche, que les succès personnels d'Olivier Besancenot à l'élection présidentielle de 2007. Jusqu'ici cependant, ils n'ont pas réussi à imposer une alliance avec des partis de gouvernement, qui leur serait bénéfique, ni à provoquer l'éclatement de ceux qui leur résistent.

Section 2
Le rôle des partis

Divers facteurs contribuent à diversifier fortement les fonctions remplies par les partis. Les uns tiennent à l'environnement social et politique dans lequel ils se situent : démocraties pluralistes ou régimes dictatoriaux, nations industrialisées ou pays à faible niveau de développement économique, sociétés fortement consensuelles sur le plan culturel ou, au contraire, traversées de tensions internes graves. Les autres tiennent à des caractéristiques propres à chaque parti : dimension, représentativité, idéologie, projet politique. Apparemment, il n'est rien de commun entre un modeste parti régionaliste, dépourvu d'élus, et ces partis dominants que furent la démocratie chrétienne en Italie, le parti social-démocrate en Suède, ou le parti conservateur en Grande-Bretagne.

Pourtant, parce qu'ils sont tous des rouages d'un système politique, parce que tous visent la participation directe au pouvoir d'État, enfin parce qu'ils cherchent tous à maximiser leur représentativité, on peut affirmer, sans sous-estimer les énormes contrastes qui les séparent, qu'ils assument des fonctions fondamentales du même ordre ; avec une efficacité bien entendu fort inégale. Une seule catégorie, en fait, s'exclut de l'analyse : ce sont les partis-milices, c'est-à-dire ces organisations paramilitaires qui n'envisagent la prise du pouvoir que par la violence, sans recourir exclusivement aux moyens proprement politiques. À cette seule exception, les partis sont tous, à la fois des machines électorales, des arènes pour débattre (politiquement) et des agents de socialisation.

§ 1. Les partis en tant que machines électorales

C'est l'aspect le plus visible de leur activité en démocratie pluraliste, et parfois le seul réellement important. Les échéances électorales scandent leur vie interne, faisant alterner les périodes de mobilisation intense et de relative (ou totale) passivité.

Une première fonction des partis, de ce point de vue, est de *sélectionner des candidats aux élections* locales et nationales. Le seul fait d'entrer en lices suffit à les distinguer des groupes d'intérêt. Sans doute il arrive, exceptionnellement, que ceux-ci défendent devant les électeurs leurs revendications propres. Ainsi, en France, des organisations de chasseurs présentent-elles régulièrement des candidats sous le sigle « Chasse Pêche Nature Tradition », depuis les élections européennes de 1989. Quand la démarche demeure isolée, il s'agit d'exprimer ponctuellement un mécontentement d'une manière particulièrement spectaculaire ; si, en revanche, il s'agit d'un changement durable de stratégie, cela signifie la mutation de l'organisation en un véritable parti. Ce fut le cas en 1956 pour des groupements de défense des commerçants et artisans devenus l'UDCA dirigée par Pierre Poujade.

Les procédures de sélection des candidats varient selon les statuts des partis qui accordent aux militants de base des droits plus ou moins étendus. Parfois même, comme dans certains États américains ou, en Italie, au sein de la gauche, ce sont des assemblées primaires ouvertes à des non-adhérents qui participent au processus de désignation. Il est exceptionnel néanmoins que la direction centrale du parti ne se réserve pas au moins le droit de confirmer les investitures effectuées localement ; beaucoup plus fréquemment elle se donne celui de les influencer, voire de les décider. Dans les partis à forte structuration interne, les procédures sont davantage juridicisées ; au contraire dans les partis de cadres et les syndicats d'élus le mode de désignation relève de conduites plus informelles de cooptation, entérinées ou imposées par l'instance dirigeante.

En France, depuis l'adoption constitutionnelle du principe de la parité, les partis sont incités financièrement à désigner des candidates. En cas de présentation inférieure à 50 %, la loi du 6 juin 2000 impose une pénalité proportionnelle à l'écart constaté. Elle diminue d'autant le montant de l'aide publique accordée aux partis au titre de leurs élus, ce qui équivaut à des sommes importantes pour les plus grands d'entre eux. Aux législatives, la loi a permis une progression du nombre des candidates de 19,8 % en 1997 à 38,5 % en 2002 et 41,58 % en 2007. Mais ce chiffre, pour être apprécié à sa juste valeur, doit être mis en rapport avec le nombre des élues (en 2002 : 71 sur 577, soit 12,3 % ; en 2007 : 95 sur 577, soit 16,46 %). De toute évidence, les circonscriptions réservées aux femmes ne sont pas toujours les plus faciles.

La désignation des candidats équivaut pratiquement à leur élection dans deux cas de figure. D'une part, lorsqu'il y a parti unique et monopolisation du droit de présenter des candidats au suffrage. D'autre part, dans les élections disputées à la représentation proportionnelle, car le fait d'être placé en bon rang sur la liste, quand il s'agit d'un parti à forte audience électorale, équivaut à la certitude d'être élu (surtout s'il s'agit, comme aux élections européennes, d'une liste très longue pour une circonscription très vaste). Cette situation est de nature à renforcer les prérogatives de la direction centrale du parti.

Il faut cependant noter, avec Kay Lawson, une certaine perversion de cette fonction au moins dans les grandes machines électorales américaines, mais aussi dans certains partis européens, notamment centristes. Beaucoup de candidats aux élections sont des gens qui ont acquis une grande notoriété professionnelle ou bénéficient du soutien de groupes non-partisans riches et puissants ; cela leur permet d'obtenir l'investiture du parti auquel, parfois, ils n'ont d'ailleurs adhéré qu'au dernier moment. Dans ce cas, ce ne sont plus véritablement les partis qui remplissent le rôle de sélection des candidats ; ils se laissent imposer des choix de l'extérieur[1]. Des signes d'une évolution de ce type sont également perceptibles en France comme en témoigne l'exemple du Parti radical en 1970 mettant à sa tête Jean-Jacques Servan-Schreiber, ou celui des Radicaux de Gauche rangés, après 1993, sous la bannière d'un homme d'affaires comme Bernard Tapie (on peut également citer le parcours, en 2007, de Jean-Marie Cavada). Mais là où les législations limitent la possibilité de recevoir des financements extérieurs d'origine privée, le phénomène reste nécessairement plus limité.

Une deuxième fonction des formations politiques est de *mobiliser des soutiens* afin d'affronter la bataille électorale dans les meilleures conditions. À cet égard, les partis fortement organisés disposent d'atouts particuliers. Ils mettent à la disposition de leurs candidats la puissance de leur appareil. Cela signifie d'abord des ressources financières indépendantes des subsides exceptionnels quêtés pendant la campagne. Cela signifie surtout un rodage, acquis par expérience, des activités de propagande : distribution de tracts et journaux, collage d'affiches, organisation de porte-à-porte auprès des électeurs, repérage des différents groupes cibles au sein de la circonscription. Il est vrai que le développement contemporain du recours aux sociétés spécialisées dans le marketing politique amoindrit considérablement cet avantage relatif, surtout si le parti dispose de moyens financiers très considérables. En revanche, ce que la forte organisation d'un parti garantit toujours en propre, ce sont les atouts d'une discipline militante qui évite les discordances d'analyses et de stratégies pendant la campagne : celles-ci ont toujours un effet négatif sur l'électorat. Dans les élections locales et régionales surtout, mais aussi aux législatives, la présence des dirigeants nationaux dans les grands médias (télévision, radio, presse écrite) ne suffit pas à suppléer l'absence sur le terrain de

1. K. LAWSON, « Why We Still Need Real Political Parties », *in* J. BURNS (Ed.), *The Democrats Must Lead*, Boulder, Westview, 1992, p. 17.

structures partisanes dynamiques. Il a fallu l'affaiblissement contemporain des grands partis de masse et l'augmentation du rôle de l'argent dans les campagnes électorales pour réduire l'écart sur ce point entre partis de cadres et partis de masses.

Une troisième fonction enfin est de *choisir des dirigeants nationaux.* Dans les partis les plus importants, la consécration à ce niveau est la condition d'accès aux plus hautes fonctions de l'État, soit automatiquement dans les régimes à parti unique, soit à la faveur d'une alternance dans les régimes pluralistes. On hésite cependant à parler d'un choix opéré par le parti ; l'expression est porteuse ici de trop d'ambiguïtés. Il s'en faut de beaucoup que la base militante ait toujours réellement la possibilité de « choisir » ses leaders, à la faveur par exemple d'un Congrès. Les dirigeants sont très souvent en mesure de contrôler les instances de décision censées les élire ou les confirmer. Dans ce cas la lutte pour la prééminence au sommet est donc circonscrite à l'intérieur d'un cercle restreint de caciques influents. Ainsi en est-il plus particulièrement dans les partis à base militante réduite (partis dits de cadres) ou encore dans les partis à structure fortement centralisatrice (partis communistes, partis d'extrême gauche et d'extrême droite). En fait, un choix réellement ouvert des dirigeants, par la base, comme ce fut le cas au PS en janvier 1994, au profit de Lionel Jospin, ou à son Congrès de novembre 2007 pour départager de multiples prétendants, demeure assez exceptionnel.

En système multipartisan, les partis vont généralement devoir conclure des alliances pour atteindre la majorité électorale ou, après les élections, la majorité parlementaire. Cette nécessité crée des difficultés car, dans une démocratie pluraliste, les partis politiquement proches sont au moins aussi dangereux électoralement que les adversaires.

Cette situation de partenaires/rivaux est fortement influencée par les règles du jeu posées par la loi électorale. S'il existe un système de représentation proportionnelle particulièrement pur, l'indépendance mutuelle des partis pendant la campagne est la plus forte. La question des alliances ne se pose pas avant la consultation, mais au soir des résultats. Pendant la campagne, la liberté de se combattre mutuellement demeure pleine et entière, sous réserve de savoir ensuite oublier les coups et cicatriser les blessures entre les partis qui constitueront ensemble une majorité de gouvernement. S'il existe, au contraire, une proportionnelle très atténuée ou un mode de scrutin majoritaire, l'interdépendance impose sa loi dès l'entrée dans la compétition électorale : soit accords de désistements réciproques en vue du second tour, soit partage des circonscriptions dès le premier tour et candidatures uniques. Il convient donc de gérer deux exigences contradictoires : mobiliser par tous les moyens le maximum d'électeurs mais aussi sauvegarder la cohésion de la coalition. Durant la campagne, le premier souci prédomine et des bavures (candidats dissidents contre le candidat d'union, polémiques entre des candidats liés par un accord de désistement réciproque au second tour) peuvent se produire qui secouent la cohésion de l'alliance. Au lendemain du scrutin s'impose, au contraire, l'oubli des invectives. Les électeurs, tout comme les militants, en sont parfois désorientés. Ces volte-face qui alimentent une certaine hostilité envers les hommes de parti coupables de « retourner leur veste » sont pourtant logiques, compte tenu des règles stratégiques imposées par le suffrage universel.

Les stratégies d'alliances sont également influencées par la position respective des partis sur l'échiquier politique. Les coalitions concevables associent normalement des formations perçues comme proches, c'est-à-dire voisines sur un axe de classement socialement accepté comme instrument de mesure : généralement, l'axe droite/gauche. Les partis situés aux extrêmes ont moins de possibilités théoriques de choix que les partis situés plus près du centre. Les partis modérés de centre-droit peuvent s'allier vers le centre ou sur leur droite, voire à l'extrême droite ; de même les partis de gauche modérée pourront privilégier l'alliance sur leur gauche ou vers le centre. Il arrive même que les modérés de droite et de gauche s'allient ensemble dans une « grande coalition ». Cette plus grande capacité virtuelle de manœuvre confère aux modérés de tous bords un atout supplémentaire dans les négociations politiques en vue de constituer une majorité. En d'autres termes, les partis situés plus près du centre ont plusieurs fers au feu tandis que les partis situés aux extrêmes sont plus strictement dépendants du bon vouloir de leurs partenaires « naturels », lorsqu'il s'agit de constituer une coalition électorale (avant le scrutin) ou une coalition parlementaire (au lendemain des résultats). C'est ce qu'indiquent le diagramme et le tableau ci-après (p. 543).

Tableau n° 30
Hémicycle théorique

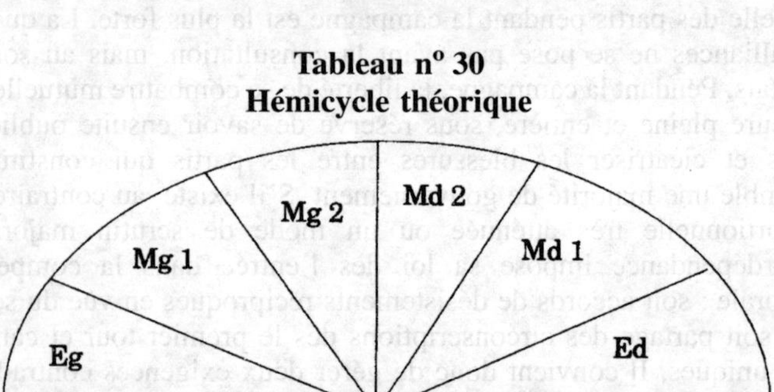

Tableau n° 31
Coalitions concevables

	Formule de coalition parlementaire	Désignation dans le vocabulaire de la IIIe République
Scénario 1	Eg Mg1 Mg2	UFP / Front Populaire
Scénario 2	Mg1 Mg2	Bloc / Cartel des gauches
Scénario 3	Mg1 Mg2 Md2	Bloc républicain (variante 1)
Scénario 4	Mg1 Mg2 Md2 Md1	Union nationale
Scénario 5	Mg2 Md2	Bloc républicain (variante 2)
Scénario 6	Mg2 Md2 Md1	Bloc national (variante 1)
Scénario 7	Md2 Md1	Bloc national (variante 2)
Scénario 8	Md2 Md1 Éd.	Bloc national (variante 3)

Dans ce tableau, il apparaît que l'extrême gauche et l'extrême droite ne sont, chacune, parties prenantes que dans une coalition sur huit, tandis que les partis du centre le sont six fois. Sans doute les résultats du suffrage universel réduisent-ils considérablement la panoplie des formules concevables. Mais en système fortement pluripartisan : la France de la IIIe et IVe République, l'Italie depuis 1947, Israël, les Pays-Bas, la Belgique, les pays d'Europe centrale comme la Pologne et les républiques baltes, il est exceptionnel que les indications des urnes ne laissent pas subsister plusieurs possibilités de coalitions entre les partis désireux de former un gouvernement. Constituer une alliance solide suppose un accord qui permette de dépasser largement la majorité arithmétique afin de ne pas se mettre à la merci du chantage politique d'un partenaire qui menace de faire défection (hypothèse courante en Israël). Mais plus les partenaires sont nombreux, plus il faut partager largement les bénéfices du pouvoir ne serait-ce qu'au niveau de la répartition des postes ministériels et administratifs ; en outre les risques de discordances au sein de la majorité en sont accrus. Il y a donc un équilibre à rechercher entre ces deux exigences contraires : la sécurité arithmétique et la cohérence politique.

§ 2. Les partis en tant qu'arènes de débat

Que cette fonction soit ou non explicitement consacrée par les textes constitutionnels, les partis concourent toujours à la formation de la volonté générale en ce sens qu'ils influencent, orientent, guident l'opinion grâce aux débats qu'ils provoquent. Certains sont surtout internes, comme ceux qui traversent leurs congrès ou leurs instances dirigeantes ; ils permettent à la base militante de se prononcer sur la ligne du parti. D'autres se situent dans les enceintes parlementaires où s'affrontent majorité et opposition(s), l'enjeu immédiat étant le contrôle exercé sur l'activité gouvernementale. D'autres enfin sont portés sur le devant de la scène médiatique, empruntant le canal d'émissions télévisées, d'articles de presse.

Avec les débats, se trouvent prises en charge des attentes réputées émaner de la société, qu'il s'agisse d'exigences parfaitement claires de telle ou telle catégorie de population, ou qu'il s'agisse d'insatisfactions et d'espérances polymorphes, informulées, fluides, auxquelles les partis vont donner un contenu explicitement formalisé. À ces attentes extérieures au parti s'ajoutent des préoccupations propres, concernant directement les logiques de l'appareil (en matière de loi électorale par exemple), ou celles des militants et des dirigeants (convoitises d'emplois et de prébendes, réformes des règles du jeu politique...). Il peut même arriver ponctuellement que les intérêts du parti soient contradictoires avec ceux de ses électeurs. Aucune formation d'opposition, par exemple, ne peut ouvertement souhaiter l'aggravation d'une crise économique dont, pourtant, dépend parfois son arrivée au pouvoir ! Dans le même ordre d'idées on rappellera le fait, aujourd'hui bien établi, que les dirigeants du PCF en 1981 ne se sont pas réjoui autant que leurs électeurs, de la victoire de François Mitterrand à l'élection présidentielle.

La prise en charge, par le débat, des attentes sociales peut s'effectuer à un niveau extrêmement concret. C'est le travail de terrain, conduit par les élus et les militants, pour écouter les doléances des gens, les rassembler et les rationaliser. Il peut aussi s'effectuer à un niveau très global. C'est le travail d'élaboration idéologique et doctrinale qui vise à fonder la légitimité d'un vaste projet de société, considéré comme donnant les véritables réponses aux insatisfactions multiformes des diverses couches de populations.

De toute évidence, à côté des *pragmatic-bargaining parties* (Almond et Coleman), il est des partis plus idéologiques c'est-à-dire accordant une importance forte à la doctrine et aux références théoriques. Plusieurs facteurs se conjuguent pour favoriser cette tendance. Tout d'abord, la nécessité d'afficher dans le champ politique une identité attractive. Se donner une certaine hauteur intellectuelle de vues renforce l'image du parti aux yeux de ses adhérents et sympathisants. D'où les références à des « valeurs », des « convictions », des « principes », inégalement rassemblés en une théorie élaborée. Chez les partis de gouvernement, cette exigence identitaire peut demeurer assez vague car leurs actes suffisent à les positionner clairement dans le paysage politique. En revanche les partis révolutionnaires ont toujours éprouvé le besoin de légitimer « scientifiquement » leur condamnation sans appel de la société, et celui d'expliquer les voies et moyens du bouleversement à opérer. C'était l'intérêt de la référence au marxisme dans les partis communistes : elle avait une capacité d'intimidation intellectuelle, fondée sur un prestige indéniable. Dans l'entre-deux-guerres, les formations hostiles à la démocratie libérale ont voulu également s'appuyer sur une doctrine aux contenus plus ou moins approfondis : corporatisme, fascisme, national-socialisme. Un second facteur renforce les tendances doctrinales de certains partis : c'est le poids des intellectuels en leur sein. C'est pourquoi les partis de gauche, traditionnellement plus attractifs pour cette catégorie sociale, ont manifesté un goût prononcé pour les débats de théorie politique. Enfin, le seul fait d'être tenu pour longtemps à l'écart des responsabilités du pouvoir pousse à compenser le sentiment d'impuissance par un travail théorique qui réaffirme la pertinence d'objectifs globaux à long terme. On le voit bien dans l'histoire du socialisme démocratique où les périodes d'accès à l'exercice du pouvoir coïncident avec un dépérissement des débats à caractère idéologique alors qu'ils s'épanouissent dans les longues années d'attente (pour le PS, les années 1971-1980)[1]. Enfin, dans les partis divisés en tendances, il est utile, en termes d'acceptabilité sociale, de transcrire les rivalités de personnes et de clientèles en courants idéologiques, de masquer les affrontements de clans en débats d'idées.

Cependant, même dans les partis les plus idéologiques, il faudrait distinguer divers niveaux de préoccupation doctrinale : celui d'abord des intellectuels et théoriciens du parti, qui est le plus fortement rationalisé ; celui, plus souple, des dirigeants, fréquemment amenés à distinguer les compromis de l'action à court et moyen terme, des références doctrinales valides pour le long terme ; celui, plus fidéiste, des militants soudés par des convictions et des symboliques commu-

1. La nouvelle « Déclaration de principes », adoptée par le PS en juin 2008, s'inscrit également dans ce schéma, avec pour perspective l'horizon présidentiel 2012.

nes ; celui, enfin, des électeurs sympathisants, généralement vague et fondé sur d'approximatives connotations.

À mi-chemin du simple pragmatisme et de la théorie abstraite se situe la fonction programmatique des partis. Catalogue de principes d'action et de propositions concrètes, le programme adopté se présente comme un engagement solennel vis-à-vis des électeurs. D'où l'importance récurrente de l'image du « contrat » passé avec le Peuple. En réalité, les conditions d'exercice du pouvoir sont telles qu'il est bien rare de le voir intégralement mis en œuvre. De nombreux travaux ont montré, au contraire, la très faible capacité des partis à inspirer le contenu des politiques publiques. Néanmoins la discussion et l'adoption d'un programme a des effets symboliques importants. Vertu certificative tout d'abord. Son existence vise à convaincre l'opinion publique du sérieux avec lequel le parti envisage son accès au pouvoir ; des engagements précis, des mesures validées par des discussions d'experts sont de nature à rehausser son autorité dans l'opinion publique. Vertu pédagogique ensuite. Les militants ont eu, en amont, à se prononcer sur les orientations du programme et, ce faisant, ils ont été conduits à en assimiler les dispositions principales (bien plus qu'ils n'ont été en mesure de les infléchir) ; en aval, le programme s'efforce de faire connaître au grand public un Projet de Société, en jetant un pont entre une idée-force : le libéralisme, le socialisme, l'écologie... et les préoccupations quotidiennes des diverses catégories sociales. Vertu stratégique enfin. Les divers volets du programme s'attachent à séduire chaque strate de population par des propositions qui reprennent leurs aspirations ou formulent pour elle des espoirs d'amélioration ; c'est l'aspect catalogue de mesures sectorielles.

Aujourd'hui, le débat politique existe de plus en plus en dehors des partis. C'est sur la scène médiatique qu'il se déroule désormais pour l'essentiel, entre acteurs qui disposent d'une notoriété suffisante. Il n'en demeure pas moins une pièce essentielle de la démocratie pluraliste. Sans doute existe-t-il aussi dans les régimes autoritaires. Mais, le plus souvent, il y est feutré, secret, circonscrit étroitement au sein des sphères dirigeantes. Au contraire, dans les systèmes pluralistes, le débat public est la règle. Alimenté en permanence par des confrontations d'analyses ou de simples polémiques, il joue un rôle important dans le contrôle de l'action des gouvernants. Ceux-ci se voient en effet constamment imputer par l'opposition les erreurs, négligences ou inactions attribuables à une politique erronée. Au contraire, les partis de la majorité défendent la politique suivie, l'expliquent, la justifient, en soulignant la faiblesse des projets de leurs adversaires. Ces débats peuvent contribuer à éclairer l'opinion ; c'est du moins leur fonction essentielle au regard des principes démocratiques. En réalité, ils ont surtout pour effet de structurer le champ politique en situant les acteurs dans un camp, les uns par rapport aux autres : majorité/opposition ou encore opposition parlementaire/opposition extraparlementaire. Ils alimentent la scène politique avec des mots marqueurs qui fournissent des repères aux citoyens et facilitent leur intériorisation d'une identité politique : droite/gauche, ou encore : libéral/socialiste/écologiste, etc. Enfin, le débat politique a pour vertu de disqualifier la violence ou les affrontements physiques auxquels il substitue l'échange d'idées et l'affrontement verbal. Débat à prédominance « économiste » lorsqu'il se réduit à des affrontements de chiffres, de dossiers, de bilans ou, au contraire, débat à prédominance « éthique » lorsque les protagonistes mobilisent surtout le combat pour des valeurs et ce qu'ils appellent des « convictions ».

§ 3. Les partis en tant qu'agents de socialisation

Les partis sont des organisations qui tendent à discipliner les élus et favoriser la prise de conscience de solidarités entre groupes sociaux différents. Doctrine, programme ou simples thèmes de campagne véhiculent en effet des messages qui vont servir de références communes, non seulement aux membres de la même formation mais aussi à leurs électeurs et sympathisants. Il s'agit de compromis concrets entre des intérêts différents auxquels pourront se rallier locataires et propriétaires (politiques du logement) enseignants et parents d'élèves (politique d'éducation), ruraux et citadins (politique d'aménagement du territoire). Il s'agit, surtout, de valeurs aux contours suffisamment imprécis : Liberté, Responsabilité, Justice, Solidarité, Droits de l'Homme, Valeurs familiales... pour créer au moins l'illusion de croyances communes entre des catégories de citoyens qui partagent parfois, en réalité, des aspirations très différentes. Mais cette illusion construit le sentiment de solidarités transversales par-delà les clivages d'âge, de classe ou d'appartenance locale. Elle favorise donc l'intégration sociale.

Il y a davantage. La capacité persuasive des partis politiques n'est jamais aussi forte que quand ils convergent, explicitement ou implicitement, pour délivrer en fait le même message alors que, sur la scène politique, ils ont normalement vocation à s'affronter. La réceptivité des citoyens à l'intériorisation du message est alors maximale parce qu'il n'y a pas de dissonance entre les sources émettrices ; au contraire leur accord contribue à considérer comme « naturels », c'est-à-dire « allant de soi », les attitudes ou les comportements encouragés. Ainsi tous les partis, conservateurs, réformistes ou révolutionnaires (à quelques très rares exceptions près) acceptent les logiques du suffrage universel en présentant des candidats ; ce qui les conduit à faire admettre le principe fondamental du respect de la loi de majorité ou encore à reconnaître et faire reconnaître l'autorité légitime des élus dans la Société. L'invitation générale à participer au scrutin consolide les schémas culturels qui font du citoyen, libre et responsable, la base de l'édifice démocratique.

Pour beaucoup de partis, le rôle de socialisation qu'ils assurent s'arrête à peu près là. Cependant, certains d'entre eux constituent bien davantage une véritable contre-société. Cela est déjà vrai de groupuscules fortement structurés et soudés du point de vue de leur idéologie ou de leur discipline intérieure. Qu'ils soient d'extrême droite ou d'extrême gauche, monarchistes, trotskystes ou régionalistes, ils constituent des réseaux de sociabilité intense[1]. D'un parti comme Lutte ouvrière, on peut dire qu'il constitue une véritable niche identitaire, fondée sur la transmission d'une forme bien précise de culture politique, ouvrière et révolutionnaire au sens de la tradition léniniste. Une vie de parti particulièrement soutenue encourage la conviction d'avoir un mode de vie profondément singulier. Cette forte interactivité et interconnaissance des membres de l'organisation déborde sur les relations privées, développant un sentiment aigu de l'identité politique. Vécue comme une implication globale de la personne, elle se forge dans les nombreuses réunions internes où s'acquiert un langage, des modes de penser, des références spécifiques ; elle s'affirme dans les activités externes de propagande qui sont d'autant plus impliquantes, psychologiquement, qu'il faut véhiculer des messages plus radicaux.

Tous ces traits caractéristiques se retrouvent à une échelle beaucoup plus visible lorsqu'il s'agit de grands partis de masse qui s'efforcent de développer un projet de société irréductible au monde dans lequel ils évoluent. À l'époque de leur plus grande influence, les partis communistes occidentaux constituaient des illustrations particulièrement pertinentes de ce phénomène de « contre-société », selon l'expression popularisée par Annie Kriegel. Prolongé par ses organisations de jeunesse, d'anciens combattants, de femmes, d'intellectuels et renforcé par le tissu social et administratif des municipalités qu'il contrôlait, le PCF, comme le PCI en Italie ou le parti socialiste belge en Wallonie, a pu devenir pour nombre de ses militants « un mode et un

1. Pour le Front national, v. Birgita ORFALI, *L'Adhésion au Front national,* Paris, Kimé, p. 129 et s., Guy BIRENBAUM, *Le Front national en politique,* Paris, Balland, 1992, p. 220 et s.

milieu de vie »[1], faire de ses permanents l'équivalent de ce que fut le clergé pour l'Église catholique. De ces partis communistes, Antonio Gramsci a voulu montrer qu'ils constituaient en quelque sorte « l'intellectuel organique du prolétariat ». L'expression visait à rendre compte de ce qu'étaient, selon lui, les fonctions sociales des intellectuels : faciliter la prise de conscience par chaque classe de ses intérêts et aspirations collectives, formuler en son nom des idéaux et des projets d'affirmation, légitimer les représentations qu'elle se fait de son identité et de son destin historique. Ce type de parti n'est donc pas un simple acteur de la vie politique. Dans un autre langage, on dira volontiers aujourd'hui qu'il relève des mouvements identitaires qui ne sont pas seulement à base de classe (comme les partis communistes se définissant comme ouvriers) mais aussi à base ethnoculturelle (partis de libération nationale contre la puissance coloniale) ou religieuse (mouvements islamistes)[2]. Cette originalité puissante explique les mélancolies persistantes qu'alimente le reflux, voire la disparition de ce type d'organisations.

1. Annie KRIEGEL, *Les Communistes français*, Paris, Seuil, 1968, p. 119.
2. Sur ces partis qui fonctionnent comme « groupes de réassurance identitaire », Jacques ION, « L'évolution de l'engagement public », *in* P. PERRINEAU, *L'Engagement public. Déclin ou mutation* ?, Paris, Presses de la FNSP, 1994, p. 31.

Section 3
Le fonctionnement des partis

Trois problèmes, à ce titre, sollicitent particulièrement l'attention. Quels sont les moyens d'action matériels dont disposent les partis ? Quelle est l'importance de leur potentiel militant ? Comment s'exerce leur gouvernement interne, ce qui conduit à s'interroger sur l'existence d'un phénomène oligarchique.

§ 1. Les moyens d'action matériels

Le fonctionnement d'une organisation requiert toujours un minimum d'exigences financières, c'est-à-dire des dépenses qu'il faut couvrir.

A Principaux postes de dépenses

Quelle que soit l'importance du parti, on peut toujours en identifier quatre catégories.

– Les coûts fixes de fonctionnement intérieur. Ce sont des locaux, en propriété ou en location, des frais de secrétariat et de liaisons à distance entre les structures nationales et locales (téléphone, télécommunications...) ; des dépenses de documentation et d'archivage ; des frais de représentation d'ampleur évidemment très inégale selon l'image du parti et son influence dans la société ; dépenses causées par l'organisation des congrès et réunions institutionnelles.

– Les dépenses de formation des militants, des cadres, des candidats et des élus. Dans les plus petits partis, elles peuvent être réduites à l'infime grâce au bénévolat ; dans les partis de cadres à forte assise financière, elles revêtiront au contraire une très grande importance, prenant fréquemment la forme de sessions de formations confiées à des organismes spécialisés. On peut y assimiler les frais de publication de bulletins intérieurs, d'organes de liaison pour les militants, voire de revues théoriques.

– Le coût des activités externes de propagande et d'insertion dans le tissu social. L'impression de tracts ou de périodiques, les frais d'organisation de meetings ne sont jamais nuls même dans un très petit parti. Dans les plus grands s'y ajoutent, le cas échéant, des campagnes d'image par affiches ou, dans certains pays, des spots publicitaires dans la presse écrite et audiovisuelle.

– Le financement des campagnes électorales. Presque toujours une répartition des dépenses s'opère entre celles qui sont assumées par le candidat à titre personnel (à charge pour lui de trouver des sources de financement via, par exemple, ses « comités de soutien »), et celles que le parti prend à son compte, sur son budget national ou local. Généralement, moins les élections sont politiques, plus la participation personnelle du candidat est élevée. Ainsi en est-il lors des élections municipales et cantonales ; ce sont d'ailleurs également celles où les candidats présentés sont les plus nombreux. En revanche, lors d'une élection présidentielle en France, il est inévitable que le parti s'engage financièrement au maximum, ne serait-ce qu'en raison de l'importance des sommes en jeu compte tenu de la dimension de la circonscription. Cependant, il ne supporte pas la totalité de la dépense à la fois parce le candidat en campagne lève des fonds propres et qu'une aide publique importante lui est versée si celui-ci réalise un score supérieur à 5 %. À l'élection présidentielle de 2007, les candidats ont ainsi déclaré les chiffres de dépenses suivants[1] :

Candidats au seul premier tour

François Bayrou	9,7 millions
Jean-Marie Le Pen	9,7 millions
Marie-George Buffet	4,8 millions
Philippe de Villiers	3,1 millions
Arlette Laguiller	2,1 millions
Dominique Voynet	1,4 million
José Bové	1,2 million
Olivier Besancenot	0,9 million
Frédéric Nihous	0,8 million
Gérard Schivardi	0,7 million

1. Publiés au *JO* du 27 juillet 2007, ils sont ensuite contrôlés par la Commission nationale des comptes de campagne et des financements politiques pour ouvrir droit aux remboursements forfaitaires prévus par la loi.

Candidats aux deux tours de scrutin

Nicolas Sarkozy	21,04 millions
Ségolène Royal	20,71 millions

Le plafond des dépenses de campagne était limité à 16 166 millions d'euros pour les candidats du premier tour et à 21 594 millions d'euros pour ceux du second tour. Aux législatives, existe également un plafonnement fixé en 2007 à 38 000 euros par candidat + 15 centimes par habitant de la circonscription.

Ces chiffres n'ont qu'une signification assez relative, notamment en raison de l'impossibilité d'isoler totalement les facilités dont dispose un candidat du fait de ses fonctions officielles (Nicolas Sarkozy en 2007, Jacques Chirac et Lionel Jospin en 2002). On remarquera aussi que ces montants sont sans commune mesure avec les énormes sommes dépensées par les candidats aux élections présidentielles américaines.

B Modes de financement

Cette question est révélatrice d'un certain nombre de contradictions propres aux démocraties pluralistes. Alors que, dans les régimes à parti unique, l'interpénétration entre l'État et le parti donne à celui-ci des moyens tout à fait officiels et confortables de fonctionner, il en va tout différemment dans des pays qui affirment l'indépendance des organisations politiques vis-à-vis de l'État. Au nom de ce principe, aux États-Unis, prévaut la règle d'un financement purement privé, sans autre restriction que la nécessité de respecter la transparence sur l'origine des fonds. On estime que l'aptitude d'une formation ou d'un candidat à lever des fonds (le *Fund Raising*) est un critère pertinent de sa représentativité. Les pays européens, au contraire, sont attentifs à d'autres considérations. Des inégalités flagrantes peuvent en effet surgir qui faussent le respect du pluralisme, du fait de l'aptitude supérieure de certains partis à obtenir des fonds de grandes entreprises disposant de ressources particulièrement importantes. Leur influence sur la compétition électorale risque alors de devenir prépondérante. Pour mieux faire respecter l'égalité entre les candidats, plusieurs types de dispositions sont envisageables. Plafonner les dépenses de campagne ; limiter, voire interdire certaines catégories de soutiens financiers extérieurs ; accorder une aide publique sur des critères objectifs de représentativité électorale. Nombre de pays européens se sont engagés dans cette voie, depuis les années 1970 et 1980[1]. Toutefois il est très difficile de faire respecter ces règles. En effet, l'augmentation constante des dépenses de campagne n'a pas pour seule origine la surenchère entre les formations en compétition ; elle s'explique aussi par les conditions modernes de la communication politique et l'irruption de nouvelles technologies coûteuses : sondages d'opinion, campagnes nationales d'affiches, clips télévisuels, rémunérations de conseillers, sous-traitance à des sociétés spécialisées d'activités de promotion d'image...

Au terme de cette évolution, les ressources des partis aujourd'hui ne sont plus comparables avec celles du passé, ni en volume ni en structure. Les chiffres suivants concernent les formations politiques françaises représentées au Parlement (moyenne générale en 2007).

Financement public	46,3 %
Cotisations des adhérents	13,8 %
Contribution des élus	20,5 %
Dons de personnes physiques	7,2 %
Autres (fêtes, produits dérivés...)	11,9 %

Distinguons, pour la commodité de l'analyse, quatre catégories :

Les cotisations des adhérents et militants

Du point de vue de l'idéal démocratique, c'est la catégorie la plus légitime. Elle témoigne concrètement de l'attachement des citoyens à l'expression de leurs opinions politiques. En réalité, leur poids relatif est devenu très modique même dans les partis de masse. Recherchant une large adhésion dans toutes les couches de la population, y compris les plus modestes, ils fixent un taux de cotisation assez bas, même s'il peut être modulé en fonction du revenu déclaré par l'adhérent. Surtout, la déflation générale des effectifs depuis une vingtaine d'années, au moment même où s'accroissaient les dépenses électorales, a beaucoup

1. En Allemagne fédérale dès 1959. Seule la Grande-Bretagne fait encore exception à ce mouvement général.

réduit l'importance réelle de ces ressources budgétaires. En 2007, les cotisations des adhérents représentaient 8,1 % des ressources du Front national, 11,8 % à l'UMP, 6,1 % à l'UDF, 19,6 % au PS, 9,0 % au PCF et 14,5 % chez les Verts. On les estime également à environ 20 % des ressources de la LCR et de LO. Néanmoins, dans les petits partis de tendance révolutionnaire, l'idéal de rigueur idéologique et la plus grande difficulté à trouver d'autres ressources que militantes, se combinent pour pousser à des taux élevés de contributions.

À cette catégorie doivent être rattachés les produits des fêtes de parti (où l'engagement bénévole demeure important) et, surtout, les prélèvements opérés sur les indemnités des élus. Très importants autrefois dans les partis communistes, variables ailleurs, ils ne sont jamais négligeables pour ceux qui les supportent. La justification avancée est presque toujours le fait que l'investiture du parti a joué un rôle décisif dans la victoire électorale. En outre, à l'extrême gauche comme au PCF, l'importance du prélèvement vise à éviter de creuser un fossé, psychologique et matériel, entre les travailleurs et les élus. En 2007, ce poste contribuait à 52,5 % des ressources du PCF ; d'où les incidences financières graves de ses échecs électoraux. Chez les Verts comme au PS, il avoisine 25 % tandis qu'il tombe à 3,8 % des ressources de l'UMP et 1,9 % de celles de l'UDF.

Les libéralités des particuliers et des entreprises

Le principe de liberté d'action des partis interdit d'exclure cette source de revenu ; mais le principe d'égalité dans la compétition politique oblige à porter attention aux graves distorsions qui peuvent en résulter. Interviennent aussi des considérations de transparence politique (qui finance qui ?) et de sécurité de l'État (protection contre de possibles manipulations extérieures). Les nombreuses législations en vigueur dans les pays occidentaux opèrent généralement une distinction entre les dons des personnes physiques et ceux des personnes morales, sociétés ou institutions bancaires, les premiers étant plus volontiers admis sans réticences que les seconds. La législation française s'est mise en place en deux temps. La loi du 15 janvier 1990 a prévu que les dons soient plafonnés : 7 600 € (50 000 F) pour une même personne physique, 76 000 € (500 000 F) pour une personne morale. Quant aux dons consentis par une personne morale aux candidats en campagne, ils étaient limités à 10 % des dépenses électorales effectives, sans pouvoir dépasser un plafond de (500 000 F) 76 000 € (élections législatives). La loi du 19 janvier 1995 a renforcé les limitations introduites[1]. Les versements des personnes morales sont désormais interdits ; seuls sont autorisés ceux des personnes physiques (y compris le produit de souscriptions lancées dans le public). En outre, elle distingue les contributions au fonctionnement d'un parti, plafonnées à 7 600 € (50 000 F), et celles qui permettent le financement d'une campagne électorale (plafond abaissé à 4 600 € soit 30 000 F). Pour assurer le respect de ces dispositions le législateur français a prévu la publication simplifiée, au Journal Officiel, des comptes de campagne des candidats. En cas de violation de la loi, peut être prononcée l'inéligibilité temporaire. En combinant la limitation du montant de ces dons et l'octroi d'une déductibilité fiscale à laquelle ils donnent droit, il apparaît clairement que le législateur a voulu réhabiliter la contribution des citoyens au détriment des financements, généreux jusqu'à en être suspects, des groupes privés ou publics.

Les financements occultes

Les versements en espèces ou sur des comptes situés à l'étranger, de même que les dons anonymes, constituent une pratique courante que les législations récentes tendent aujourd'hui à prohiber au nom de la transparence des comptes des partis. Autres modes de financement difficiles à faire disparaître : les mises à disposition gratuite de locaux, matériels de secrétariat, ou même de personnels. Les glissements de fonction peuvent concerner des agents publics (fonctionnaires mis à disposition, membres de cabinets pléthoriques dans les grosses municipalités), ou des permanents d'associations remplissant en fait leurs fonctions au service du parti. La Ville de Paris par exemple avait triplé, entre 1980 et 1985, le nombre d'attachés de cabinet qui atteindra alors près de 300 personnes ; la gestion désastreuse de la Mnef dans les années 1980 a également révélé des pratiques d'emplois fictifs au bénéfice de militants et de dirigeants politiques.

Il est d'autres catégories de ressources qui contreviennent aux dispositions du droit commercial ou du droit administratif. Ce sont, d'une part, les facturations de travaux fictifs ou, du moins, très surestimés : stages de formation professionnelle organisés par des associations proches du parti, prise en charge par des entreprises de factures d'imprimerie correspondant en réalité à des dépenses de

1. À noter que le rapport Chartier, remis au président de l'Assemblée nationale, le 21 avril 2004, propose de renforcer encore ces dispositions, notamment en prohibant tous les dons de personnes physiques et en réduisant de 25 % le plafond des dépenses de campagne autorisées aux législatives. L'État rembourserait la quasi-totalité des dépenses engagées.

propagande électorales (factures détournées), bureaux d'études proches du parti vendant des « enquêtes techniques » à des entreprises peu sourcilleuses sur le prix ou la qualité des prestations effectives fournies, etc. C'est la catégorie dite des fausses factures qui pénalisent le fisc et constituent juridiquement des « détournements de biens sociaux », même s'il est fréquent qu'à l'occasion de ces opérations clandestines aucun bénéfice personnel illicite ne soit réalisé par les individus eux-mêmes : dirigeants du parti ou candidats. Ce sont, d'autre part, les commissions « suggérées » à l'occasion de la passation de marchés publics. Des scandales retentissants : Lockheed aux Pays-Bas (1986), frégates de Taïwan en France (1992), fonds secrets d'Elf-Aquitaine versés en France et en Allemagne, pour n'en citer que quelques-uns, ont révélé l'ampleur que pouvaient prendre ces pratiques à l'occasion de tractations d'intérêt majeur puisqu'il s'agissait de fournitures d'avions, d'armes et navires de guerre ou d'investissements industriels. Mais, à une échelle plus modeste, de telles habitudes étaient devenues générales au niveau de collectivités locales à l'occasion des passations de marchés de travaux publics[1].

Il est très difficile de lutter efficacement contre ces pratiques qui ont deux origines différentes : soit le désir des entreprises d'obtenir, en retour de leur générosité, des contreparties fructueuses, soit leur dépendance à l'égard du pouvoir politique (nécessité de se prêter au système des commissions pour ne pas être exclues des marchés). À ce point de vue, l'implantation locale d'un parti dans les grandes villes ou dans les collectivités régionales joue un rôle essentiel dans son aisance financière ; à quoi s'ajoute, pour les formations de la majorité gouvernementale, l'accès aux « fonds secrets » attribués discrétionnairement par le Premier ministre sans aucun contrôle politique ou financier.

Les aides publiques

Depuis longtemps, l'État accorde une aide aux candidats sous forme de remboursement forfaitaire, ainsi que des facilités aux groupes parlementaires. Ces formes de soutien constituent une aide indirecte aux partis. Mais, à partir des années soixante, s'est manifestée dans les démocraties occidentales une forte tendance à la mise en place d'une importante aide directe[2]. En France, la loi organique du 20 janvier 1995 se situe dans un dispositif global qui articule la lutte contre les

1. Yves MÉNY, *La Corruption de la République,* Paris, Fayard, 1992, p. 257 sq.
2. D'après Dominique Pélassy : « Le SPO autrichien tire encore plus de la moitié de ses revenus des contributions de ses membres. Mais 20 à 30 % lui viennent des caisses de l'État... En République fédérale, les subsides alimentent les petits partis à hauteur de 80

ressources suspectes et leur remplacement par des subventions dont le montant est lié à des critères de représentativité. Du fait de ses modalités relativement généreuses, du fait aussi de l'effondrement des autres ressources légales des partis, elle est devenue de beaucoup leur poste de recettes le plus important.

L'ensemble des aides publiques se ventile désormais, en France, de la manière suivante :

– Remboursement forfaitaire des dépenses électorales (sur justificatifs) engagées par les candidats ayant obtenu 5 % des suffrages exprimés. Le cautionnement est restitué et sont intégralement remboursés les frais d'impression des bulletins, affiches et circulaires. Pour les autres dépenses électorales, le remboursement ne peut excéder 50 % du plafond autorisé ; aux élections législatives, ce plafond est de 38 000 euros (+ 15 centimes par habitant de la circonscription) ; à l'élection présidentielle, il s'élève à 14 millions par candidat du premier tour et 18,5 millions pour les deux candidats présents au second tour. En limitant le montant des dépenses de campagne électorale, la législation introduit une manière de réduire indirectement le handicap dont souffrent les partis moins nantis.

– Facilités accordées aux groupes parlementaires. Dans les assemblées, les partis ou leurs groupes parlementaires bénéficient de bureaux, franchise postale, capacités de secrétariat et de documentation. Une aide proportionnelle au nombre de députés inscrits leur est accordée (rémunération d'attachés parlementaires). En périodes électorales, ils bénéficient de temps d'antenne gratuits à la radio et à la télévision.

– Aide directe aux partis. La dotation publique est devenue la première source officielle de revenus pour les partis représentés au Parlement. Elle n'est supplantée qu'au PCF en raison de l'importance relative de ses prélèvements sur les élus. Depuis 1995 cette manne est divisée en deux parts égales. La première va aux partis et groupements qui ont présenté des candidats aux élections législatives dans au moins 50 circonscriptions. Le Conseil Constitutionnel dans sa décision du 11 janvier 1990 avait censuré l'exigence d'obtenir 5 % des suffrages exprimés pour l'obtention de cette aide, considérant qu'« en raison du seuil choisi il était de nature à entraver l'expression de nouveaux courants d'idées et d'opinions ». Mais en raison des dérives constatées (multiplication de candidatures inspirées par le seul souci de bénéficier

à 90 %. Au début des années 1980 les formations socialistes suédoise et finlandaise attendaient respectivement des subsides publics 54 % et 78 % de leurs recettes. » Dominique PÉLASSY, *Qui gouverne en Europe ?*, Paris, Fayard, 1992, p. 114.

de cette manne, mais ne correspondant à aucune activité politique réelle), un seuil de 1 % des voix a été finalement accepté. Le nombre de voix obtenues sert de base pour calculer la subvention ; elle est de 1,63 euro par suffrage obtenu. La seconde part de l'aide publique va aux partis et groupements représentés au Parlement, au prorata du nombre de leurs élus. Un parlementaire (député ou sénateur) « rapporte » à son parti 44 394 euros. Entre l'UMP et le PS d'un côté, les autres partis de l'autre, la disproportion des ressources financières devient écrasante. Aujourd'hui, la victoire électorale signifie l'aisance financière, la défaite des difficultés qui peuvent être très graves.

– La contrepartie de ce soutien public est le contrôle des comptes de campagne. Il est effectué par la Commission nationale des Comptes de Campagne et des Financements Politiques qui assiste le Conseil Constitutionnel et les tribunaux administratifs, juges de la régularité des élections.

§ 2. Le potentiel militant

Il n'est pas d'organisation viable sans engagement actif d'un minimum d'individus au service des objectifs qu'elle se donne. Le militant (un terme qui apparaît dans le lexique politique à la fin du XIXe siècle[1] est plus qu'un simple adhérent, même cotisant. Il a, dans le parti, des pratiques de participation. *A fortiori,* se distingue-t-il du sympathisant qui n'a pas opéré la démarche formelle de l'adhésion.

Le militantisme partisan est difficile à apprécier en termes chiffrés. Comme l'écrivait Colette Ysmal : « Les fichiers d'adhérents restent un secret de parti... (Les chercheurs) sont donc soumis aux déclarations incontrôlables des formations politiques pour lesquelles le nombre d'adhérents mesure la force supposée de l'organisation »[2]. Les estimations se fondent sur des confidences de responsables ou sur le nombre des mandats aux Congrès. Les chiffres publiquement affichés par les dirigeants doivent toujours être accueillis avec prudence, même s'ils indiquent une tendance. Ainsi, fin 2004, le PCF revendique 132 820 adhérents contre 590 000 dix ans plus tôt et les Verts 6 000 (chiffre

1. René MOURIAUX, *Les Syndicats dans la société française,* Paris, Presses de la FNSP, p. 53.

2. Colette YSMAL, « Transformations du militantisme et déclin des partis », *in* P. PERRINEAU, *L'Engagement politique. Déclin ou mutation ?*, Paris, Presses de la FNSP, 1994, p. 46. L'auteur proposait à l'époque (1992) les évaluations suivantes : PCF 220 000, PS 125 000, RPR à 200 000, Front national 50 000.

stable). À la fin de 2007, le PS annonce 120 000 adhérents et l'UMP 370 000. Tous ces chiffres doivent en général être réévalués sérieusement à la baisse, les fichiers étant rarement « nettoyés » en temps réel. Mais il est certain que le succès ou l'échec électoral, lors d'une échéance nationale, influence les flux et reflux d'adhésions[1]. On relève par ailleurs l'existence de grandes disparités entre les pays européens. Les plus forts taux d'adhésion s'observent dans les pays scandinaves, en Autriche et en Belgique mais aussi en Italie, en Allemagne et en Grande-Bretagne ; il est vrai que l'adhésion syndicale entraîne avec elle, parfois automatiquement, l'adhésion au parti socialiste (ou travailliste). En 2003, dans trois pays à population comparable, les adhérents socialistes sont 120 000 en France (mais moins de 90 000 d'entre eux ont voté sur les motions présentées cette année-là au Congrès de Dijon), 250 000 en Grande-Bretagne (adhérents directs seulement) et 650 000 en Italie. Ils sont encore 370 000 en Espagne, 700 000 en Allemagne et, dans la petite Autriche, pas moins de 400 000. À noter l'influence des conjonctures électorales, les succès d'une formation entraînant un regain d'adhésion surtout lorsque se précise une perspective d'accès au pouvoir. Cependant, par-delà ces péripéties, il existe, depuis l'entre-deux-guerres, une tendance longue à l'érosion du militantisme. Elle semble due à plusieurs facteurs fondamentaux : la moindre virulence des conflits idéologiques dans les démocraties pluralistes, encore accentuée par l'effondrement contemporain des partis communistes, les désillusions à l'égard de la classe politique, mais aussi l'émergence d'autres formes d'engagement politique (voir *supra*, chapitre VIII) et la concurrence d'autres modes de socialisation notamment la télévision et le sport[2].

Les militants des partis politiques se recrutent de manière inégale dans les diverses strates de population. On note une tendance générale à la surreprésentation du sexe masculin et, selon les partis considérés, de catégories socioprofessionnelles précises. Ainsi sont proportionnellement beaucoup plus nombreux au PCF les agents du secteur public (retraités) et les enseignants ; au PS, les hauts fonctionnaires, les professeurs et les professions intermédiaires de la fonction publique[3] ; à l'UMP, les professions indépendantes et les cadres supérieurs ; partout, les étudiants.

1. Ainsi les effectifs affichés de l'UMP varient de 260 000 adhérents (juillet 2007) à 370 000 en décembre, pour retomber à 200 000 (juillet 2008).
2. Sur ce point la contribution précitée de Colette YSMAL, *loc. cit.* p. 51 et sq.
3. Henri REY, Françoise SUBILEAU, Colette YSMAL, *Les Adhérents socialistes,* Paris, Cahiers du Cevipof, 1999.

A Les rétributions du militantisme

L'engagement militant nous renvoie au paradoxe olsonien de l'action collective. Pour motiver à agir suffit-il d'escompter sa part des avantages (aléatoires) qui résulteront pour tous les citoyens d'une amélioration de la politique suivie ? En réalité, au regard des coûts individuels, en termes de temps et d'énergie dépensée, il est clair que cela ne suffit pas. Les militants doivent être mûs par des « rétributions » plus particulièrement individualisables.

Certaines sont matérielles ou, du moins, matérialisables. Un parti fidélise ses militants, il en attire de nouveaux, grâce à sa capacité distributive. Au sein d'une organisation fortement structurée et hiérarchisée, il existe des postes attractifs susceptibles d'offrir une carrière dans l'appareil ; ce sont moins les « permanents », généralement mal rémunérés et confinés dans des tâches d'exécution, que les responsables qui ont fait le choix de la politique professionnelle. Les partis qui occupent des positions de pouvoir au niveau national ou local (municipalités, régions...) sont en mesure de favoriser l'accès et la promotion à des emplois, ou encore de faciliter l'octroi de dérogations, la passation de marchés publics. Dans certains pays, le phénomène semble plus particulièrement accentué. Après avoir évoqué les cas extrêmes de la Grèce et de l'Italie, Dominique Pélassy écrit à propos de l'Autriche : « Ceux qui ont franchi le pas de l'adhésion donnent comme mobile de leur affiliation la recherche de bénéfices matériels ou d'avantages professionnels, dans 24 à 37 % des cas en ce qui les concerne, dans 70 à 78 % des cas en ce qui concerne les autres »[1].

D'autres rétributions se situent davantage dans l'ordre des plus-values de pouvoir escomptables. Une organisation qui compte des niveaux fortement différenciés de responsabilités et de statuts peut rendre attrayante la perspective d'en gravir les échelons : secrétaire de section, responsable fédéral, membre du comité directeur ou du secrétariat national ; et cela, surtout s'il s'y attache un prestige tout particulier comme cela pouvait être le cas à la période classique des partis communistes où, par exemple, être promu « membre du comité central » était un honneur convoité... En outre, une partie des militants peut envisager de se porter candidat à la candidature aux élections locales ou nationales. S'engager et se dépenser pour le parti constitue un ticket d'entrée dans la vie politique professionnelle et l'exercice de responsabilités publiques.

1. Dominique PÉLASSY, *Qui gouverne en Europe ?*, Paris, Fayard, 1992, p. 26.

Une troisième catégorie enfin de rétributions du militantisme se situe au niveau directement psycho-affectif. C'est, par exemple, la rencontre d'une forme particulière de convivialité[1], ou encore les plaisirs de l'intrigue, la proximité des « grands » ; c'est surtout la possibilité de s'identifier à une véritable Cause si, du moins, le parti a su construire autour de son projet un idéal mobilisateur : la Patrie ou la Révolution, la Justice sociale ou le développement du Tiers-Monde, etc.[2]. À l'inverse, Henri Weber, directeur de la *Revue socialiste*, relève comme facteur dissuasif le côté rebutant des « réunions rébarbatives » ou le « climat de tension » qui prévaut en période de désignation des candidats.

Ces mobiles désintéressés, qui sont à mettre en relation avec la quête d'estime de soi ou de réalisation de soi, peuvent susciter d'intenses dévouements et d'indéfectibles attachements. Que l'on pense par exemple au lyrisme des poèmes d'Aragon exaltant son Parti « qui m'a rendu les couleurs de la France ». De telles motivations ont une efficacité politique propre car elles donnent de l'organisation l'image d'un parti tout entier tourné vers l'intérêt général et le dépassement des simples convoitises personnelles de pouvoir. Ce fut longtemps un atout important des communistes.

La fidélisation des militants, leur attachement au parti, est donc fonction des « rémunérations » qu'ils sont durablement susceptibles d'y trouver. Beaucoup d'entre eux, en réalité, n'y font qu'un bref passage car il existe un important *turn over* dans la plupart des organisations politiques. À côté d'un noyau de militants stables et chevronnés, exerçant généralement les responsabilités les plus importantes, les militants éphémères constituent, par leur inexpérience politique, une masse de manœuvre au profit des leaders. Les départs s'expliquent soit par un faible investissement initial dans la valeur des « rétributions » offertes, soit par la déception/frustration de n'avoir pas obtenu les avantages escomptés, désenchantement relatif à la Grande Cause... C'est la défection (*exit*) dont parle Hirschman. Certains partis tendent à être de simples associations d'élus entourés d'aspirants à la candidature.

1. Jacques ION évoque la persistance de niches, « petits noyaux à forte cohésion et grande connotation affective », au sein des partis qui ont évolué vers des modes de fonctionnement moins intégrateurs, Jacques ION, « L'évolution de l'engagement public », *in* P. PERRINEAU, *L'Engagement public. Déclin ou mutation* ?, Paris, Presses de la FNSP, 1994, p. 31.

2. Anne MUXEL, « Jeunes des années quatre-vingt-dix », *in* P. PERRINEAU, *L'Engagement public. Déclin ou mutation* ?, Paris, Presses de la FNSP, 1994, p. 260.

La diversité des motivations, des ambitions et des trajectoires militantes met en évidence le fait qu'un parti, comme toute organisation au sens de Crozier, est en fait un système de rationalités particulières plus ou moins spontanément articulées entre elles. Pour se donner à voir comme une entreprise cohérente, tournée vers des objectifs communs, et non pas simplement un réseau de réseaux, le parti doit opérer un travail constant d'appropriation de certaines valeurs par lui privilégiées ; il doit se doter d'un langage avec ses mots marqueurs, ses références spécifiques, ses « principes » ; il lui faut construire une histoire et une mémoire qui lui confèrent une stabilité identitaire. Le sigle du parti joue à cet égard un rôle important de condensation de sens. S'il acquiert de fortes connotations positives, il facilite une meilleure identification psychologique des militants (et des électeurs). L'ancienneté historique d'une dénomination (parti radical, SFIO, parti communiste) constitue un capital symbolique qui contribue à la survie d'organisations en fait déjà très nécrosées[1]. Quant au positionnement du parti sur l'échelle droite/gauche, il joue un rôle essentiel pour renforcer chez les militants le sentiment d'une identité collective : au PS un parti « ancré à gauche » ou bien, au Front national, « la droite qui ose dire son nom ».

B Les fonctions du militantisme

On peut aborder cette question tout d'abord du point de vue des tâches militantes à accomplir. Classiquement elles sont ordonnées selon une échelle d'implication croissante dans la vie du parti. C'est en premier lieu la présence aux réunions, purement passive ou marquée par la prise de parole, ainsi que la participation aux activités de propagande électorale : collage d'affiches, distribution de tracts... C'est en second lieu un travail d'appropriation et d'incorporation de ce qui construit l'identité collective du parti : lecture de sa presse ou de ses bulletins internes, discussions et assimilation de ses objectifs politiques, son programme, sa doctrine, ses références théoriques ou historiques... C'est enfin une implication directe et intense dans les tâches d'organisation interne ou externe : animation d'un journal de quartier ou d'entreprise, travail de propagandiste sur le terrain, participation à l'élaboration de « la ligne »...

1. Sur les fonctions symboliques du sigle des partis, Philippe BRAUD, *Le Suffrage universel contre la démocratie,* Paris, PUF, 1980, p. 41 sq.

Quelle est l'importance du militantisme dans l'efficacité politique d'un parti ? La réponse diffère selon le type d'organisation dont il s'agit. Les partis qui sont de pures machines électorales, organisées autour de candidats afin de faciliter au maximum leurs chances de succès devant les urnes, peuvent aujourd'hui faire assurer une grande partie de ces tâches techniques par des sociétés spécialisées dans le marketing politique. Ils peuvent également rémunérer des agents qui suppléeront l'absence de militants bénévoles, voire assureront avec plus de professionnalisme des activités indispensables comme le service d'ordre, l'affichage, la prospection de dons financiers. Ces formations peuvent donc parfaitement souhaiter ne pas avoir beaucoup de militants, parce qu'elles les considèrent comme susceptibles de leur attirer des embarras : par exemple, lorsqu'il s'agira de désigner les candidats aux fonctions électives, de définir les objectifs politiques de campagne. Les partis de cadres à très faible potentiel militant évitent ainsi un type de conflit virtuel, classique dans les partis de masses : l'antagonisme entre militants chevronnés de l'appareil, plus rigides sur la défense du programme voire de la doctrine, et les titulaires de mandats électifs tournés, avec plus d'œcuménisme, vers les attentes de leurs électeurs.

Inversement, les partis de masse souhaitent en principe avoir le maximum de potentiel militant. Ils y voient le gage d'une meilleure implantation dans le tissu social, surtout s'ils réussissent, grâce à eux, à animer des organisations spécialisées : en direction par exemple des femmes, des entreprises, des professions libérales, des intellectuels (clubs de réflexion) etc. Ils regardent avec davantage de suspicion l'accomplissement purement « technique » des tâches de propagande électorale (sous-traitées alors sans problème à des agences spécialisées), voulant davantage y voir un travail de conviction. Enfin, ils considèrent que la ligne du parti, sa doctrine aussi bien que ses objectifs s'élaborent avec les militants dans un échange politique continu entre la base et les dirigeants. Dans ce type de formation, souvent issu du socialisme démocratique, les militants mûris par les luttes opérées sur le terrain sont censés avoir toujours le dernier mot. Néanmoins, la crainte de voir renversés les équilibres politiques au sein d'une section locale conduit parfois les militants chevronnés à multiplier les obstacles à l'adhésion de candidats qui ne leur paraissent pas complètement « sûrs » ou, au contraire, à provoquer à la veille de choix importants des vagues d'adhésion un peu suspectes.

Les nouvelles technologies de la communication exercent un effet d'amplification de ces tendances contraires. Aujourd'hui tous les partis politiques ont ouvert des sites sur Internet et bien des militants ont leurs blogs. Pour les uns, cela permet d'avoir une politique de communication à la fois ambitieuse et peu onéreuse en mobilisant des experts ; pour les autres, il devient possible de s'exprimer en temps réel de façon beaucoup plus riche et de se concerter entre eux, par-delà les cloisonnements de fédérations ou de sections. Ces phénomènes pourraient à terme influencer considérablement la vie démocratique du parti.

§ 3. Les modes de gouvernement

A L'organisation de la direction

Les partis ont *des statuts* qui prévoient, en dehors de l'instance souveraine du Congrès, divers niveaux d'encadrement et de décision. Selon le schéma le plus fréquent, il existe à la base des cellules ou des sections dotées d'un faible pouvoir d'initiative, si ce n'est dans l'exécution des directives du sommet. À un niveau médian, se situent les fédérations (en France dans le cadre départemental). Au niveau national, certains organes sont de type parlementaire : Conseil national[1], Conseil interrégional, Comité directeur, Comité central, etc. Le problème principal de leur composition est celui de l'équilibre entre les membres élus par les militants et les membres nommés ou cooptés, notamment parmi les titulaires de mandats électifs. Les organes exécutifs, plus ou moins diversifiés selon l'importance de la formation, sont de deux types : collégial (bureau politique, bureau exécutif) et personnalisé (secrétaire général et/ou président du Parti). Souvent les deux instances coexistent, mais il arrive que la volonté de collégialité prédomine : chez les Verts, par exemple, où il existe plusieurs porte-parole, au risque de rendre la communication moins audible.

Plus importants que les statuts, *des rapports de force* internes commandent la distribution réelle du pouvoir de décider. Ils relèvent de deux logiques distinctes. D'une part, des effets de situation. L'action politique quotidienne exige souvent des décisions ou des interventions publiques rapides, sans possibilité de consultations élargies ; elle suppose aussi une connaissance approfondie des ressources du parti ou de l'état d'esprit de ses militants ; enfin elle implique une professionnalisation des fonctions de représentant ou de porte-parole. Pour toutes

1. Au PS le Conseil national, qui a succédé au Comité directeur depuis 1992, est composé de 204 membres élus à la proportionnelle par le Congrès et des 102 premiers secrétaires fédéraux.

ces raisons, le pouvoir de direction tend à glisser de la base vers le sommet et, au sommet, des organes collégiaux à effectifs pléthoriques vers un cercle très restreint de dirigeants.

Autres logiques à l'œuvre dans les rapports de force : celles des luttes de tendances et conflits de sensibilités, de clientèles et de personnes. Au sein d'un parti, les rivalités pour le leadership sont virtuellement très âpres. Dans certains cas elles sont légitimées, donc ouvertement acceptées, au nom du pluralisme. On voit alors s'organiser des tendances ayant leurs propres leaders, leurs réunions particulières, un minimum de moyens d'expression. Cette situation peut donner du parti une image attractive si elle connote l'esprit démocratique, la tolérance, l'ouverture ; à l'inverse si les rivalités de courants paraissent trop vives, elles risquent de susciter la représentation péjorative d'un parti déchiré en querelles intestines. Dans d'autres cas, le parti cherche d'abord à donner de lui-même une image d'unité associée à son corollaire supposé, l'efficacité. Tout sera fait alors pour masquer, autant que possible, les luttes de tendances et les rivalités de clientèles. Les dirigeants mettront en œuvre les moyens propres à leur assurer le contrôle de l'ensemble de l'organisation, ce qui suppose la surveillance étroite des flux d'adhésion, l'intervention directe dans le processus de désignation des candidats aux élections, la mise en place de fidèles dans les instances nationales, la préparation soigneuse du déroulement des congrès.

L'indiscipline des militants ou des élus, dans un parti, est de nature à affaiblir gravement sa capacité d'influence. C'est en effet la convergence des prises de parole qui impose, dans la vie publique, l'idée que ce ne sont plus des individus qui s'expriment mais une organisation ; c'est l'aptitude à prévenir ou sanctionner des comportements (électoraux) dissidents qui assoit l'autorité légitime des dirigeants. Un aspect majeur du travail politique effectué au sein d'un parti consiste donc à maîtriser les initiatives publiques des militants et des élus de façon à créer ce halo d'autorité qui s'attache à une organisation qui parle d'« une seule voix ». Cela implique généralement la monopolisation des prises de parole au profit d'un très petit nombre d'individus. Dans certains cas, l'identification à une personnalité est si forte qu'on en vient à utiliser couramment des expressions comme : « le parti de Maurice Thorez », ou « le parti de Jean-Marie Le Pen ».

Pourtant, selon les formations politiques, on observe *des styles de leadership* différents, reposant sur des modes de légitimation irréductibles. Premier type : le parti à leadership charismatique. Dans ce cas de figure, il est clair – quelles que soient les dispositions statutaires – que le pouvoir d'impulsion descend d'en haut et qu'à tous les échelons les responsables, nommés ou élus, ne tiennent leur autorité que de la confiance du chef, laquelle est toujours révocable. Ce modèle de gouvernement inspirait, dans l'entre-deux-guerres, des organisations comme les Croix de Feu, puis le PSF, autour du colonel de la Rocque et, surtout, le PPF, autour de Jacques Doriot. Il influencera aussi le RPF du général de Gaulle et le PCF à l'époque du culte de la personnalité. En France, l'hôte de l'Élysée exerce généralement une autorité toute particulière sur le parti dont il est issu. Avec François Mitterrand comme avec Jacques Chirac, on aura été confronté à un panachage de charisme personnel et de charisme institutionnel.

Un deuxième idéal-type est celui du parti de masses à direction démocratique. La base y est censée déterminer en dernière instance les options du parti et choisir en toute souveraineté les dirigeants qui vont les incarner. Cela implique statutairement de nombreuses dispositions qui consacrent l'élection des responsables à tous les niveaux, la reconnaissance du droit de tendance, voire le principe d'une direction collégiale à mandats limités dans le temps. La réalité est souvent très différente. Un cercle restreint de personnages influents, soit au niveau local soit au niveau national, détient la réalité du pouvoir de direction. S'ils jouissent de la confiance des militants, les apparences démocratiques sont sauves ; sinon ils suscitent désaffection ou impatience. À ce modèle appartiennent notamment les partis dont la référence commune est le socialisme démocratique. Plus ambitieux encore que le PS sur le terrain de la démocratisation réelle de leurs instances, les Verts ont souvent déconcerté et créé une impression d'impuissance.

Un troisième idéal-type enfin est celui des partis à direction cooptative. Ce sont, dans la terminologie de Duverger, les partis de cadres. Face à une base militante restreinte, ils consacrent en droit comme en fait, la prédominance des élus. Des dispositions statutaires essentielles leur garantissent une place prééminente comme membres de droit dans toutes les instances où se prennent des décisions importantes. Ce modèle de gouvernement inspire nombre de partis, notamment dans la mouvance du centre (gauche) et de la droite modérée. En France, la désertion des parlementaires du parti que dirigeait François Bayrou, a logiquement conduit à l'effondrement électoral de sa formation.

B La question oligarchique

Si réelles que soient les différences entre ces trois styles de gouvernement, elles ne doivent pas néanmoins être surestimées. L'observation révèle en effet dans tout parti qui atteint un minimum d'importance, la force du phénomène oligarchique, même lorsque émerge un leader incontesté[1]. Dans son ouvrage classique : *Les Partis politiques. Essai sur les tendances oligarchiques des démocraties* [2], Roberto Michels s'est interrogé sur les mécanismes qui aboutissent à perpétuer en leur sein le pouvoir d'un cercle dirigeant étroit. Pionnier de l'observation-participation, l'auteur avait, à l'époque, choisi d'étudier minutieusement le fonctionnement interne d'une organisation qui poussait particulièrement loin l'exigence d'un fonctionnement démocratique : le parti social démocrate allemand. Or l'auteur relève qu'en dépit de ce climat favorable, cette formation n'échappait nullement aux pesanteurs oligarchiques ; les raisons qu'il en fournit sont encore transposables aujourd'hui.

Si les dirigeants jouissent d'une grande longévité politique, c'est à la fois parce qu'ils souhaitent rester au sommet et qu'ils en ont les moyens. Michels était ainsi amené à évoquer d'abord des facteurs d'ordre psychologique. Lorsque des leaders réussissent à s'imposer, ils en tirent un sentiment accru de leur importance, qui leur rend insupportable la perspective d'un retour à la base. Mais ce sont les nécessités d'ordre organisationnel qui leur facilitent ce maintien désiré au sommet. Quelles sont-elles ? En modernisant quelque peu son analyse, on en identifiera trois grandes catégories.

Tout d'abord les dirigeants bénéficient de *privilèges statutaires.* Une organisation importante exige la mise en place d'instruments de gestion : finances, fichier des adhérents, personnel administratif d'exécution, centre de documentation, etc. Par nature, ceux-ci doivent être centralisés, ce qui confère aux responsables de ces services des moyens d'action pratique dont ne bénéficient pas dans la même proportion leurs adversaires dans le parti. Les statuts confèrent en outre aux dirigeants une certaine marge de manœuvre pour décider du moment, et du lieu, le plus favorable pour la convocation des instances de décision collégiales ; de même peuvent-ils considérablement en influencer l'ordre du jour et le déroulement, voire la composition.

Ensuite les dirigeants bénéficient de *privilèges d'information.* Situés à la tête d'un parti dont l'organisation est nécessairement pyramidale, ils sont les mieux placés pour avoir les premiers une vue d'ensemble des mouvements d'insatisfaction qui le traversent ou, au

1. Sur les partis oligarchiques à tendance monocratique, William SCHONFELD, *Ethnologie du PS et du RPR,* Paris, Economica, 1985.

2. Roberto MICHELS, *Les Partis politiques. Essai sur les tendances oligarchiques des démocraties* (Leipzig 1911), Trad., rééd. Paris, Flammarion, 1984. Sur cet auteur, W. SCHONFELD, « La stabilité des dirigeants des partis politiques : la théorie de l'oligarchie de Roberto Michels », *Revue française de science politique,* 1980, p. 846 et s. Également, même revue, p. 477 et s.

contraire, des soutiens qui leur demeurent acquis. Ils peuvent donc adapter leurs attitudes à l'évolution politique des militants, anticiper ou apaiser leurs attentes. Lorsque les règles disciplinaires du parti interdisent les contacts transversaux, stigmatisés comme fractionnistes, ce privilège d'information s'en trouve encore renforcé. Mais ce dernier comporte également un autre aspect. Diriger un parti, c'est réagir aux influences extérieures, répondre aux adversaires, analyser constamment la conjoncture politique pour en tirer le meilleur profit. Ce qui se joue alors c'est l'inévitable professionnalisation de la fonction. Les responsables du parti ne peuvent que tirer profit de leur expérience accumulée à temps plein, au meilleur niveau d'observation.

Enfin les dirigeants bénéficient d'un *privilège de notoriété* externe autant qu'interne. Aujourd'hui, cet aspect a pris une importance encore plus considérable du fait du développement de la société médiatique. Avec le temps, les hautes fonctions assurées à la tête d'un parti, même modeste, facilitent un accès suffisamment régulier aux médias pour que la personnalité de son leader acquière une notoriété dépassant largement le cercle des militants. Ainsi d'Alain Krivine, d'Olivier Besancenot ou d'Arlette Laguiller, leaders de deux petites formations trotskystes, de Dominique Voynet ou Noël Mamère un temps, chez les Verts. C'est dans cette mouvance que les résistances des militants à ce mécanisme sont particulièrement vives, mais avec des effets largement contre-productifs pour leur image d'organisation. Dans les grands partis, la notoriété de leurs principaux leaders contribue à les faire considérer comme « ministrables », voire « présidentiables », surtout si elle s'accompagne d'une bonne popularité. Ils deviennent ainsi des locomotives électorales derrière lesquelles l'ensemble du parti a intérêt à faire bloc. Une notoriété, en effet, ne se construit pas sans difficultés et les effets d'inertie en sont importants. Il apparaît donc dangereux pour les militants de laisser détruire ce capital par une contestation inconsidérée. Mais quand la notoriété se construit dans les médias, indépendamment des hiérarchies du parti, des tiraillements sont inévitables, comme le montrent le phénomène Rocard en 1980 et le phénomène Ségolène Royal en 2006.

Sans doute, comme l'a fait remarquer Hans Daalder, y a-t-il compétition interne pour le leadership dans beaucoup de partis européens. Mais ce phénomène n'est pas incompatible avec les tendances oligarchiques ; au contraire, l'observation révèle que les conflits de tendances ou les rivalités de personnes y deviennent rapidement figés après la période initiale de mise en place des instances gouvernantes. Dans les organisations qui admettent le pluralisme interne (parti socialiste), les votes de motions, lors des congrès, sont l'occasion de mesurer les rapports de forces entre les leaders respectifs des tendances ; ils évoluent avec lenteur et figent pour longtemps leur statut de « barons » ou de caciques. Les changements de personnes affectent rarement l'ensemble de la direction. Si des déplacements d'influence, au sein du cercle dirigeant, conduisent parfois à l'élimination d'une personnalité, c'est surtout parce que cette dernière, affaiblie par les échecs électoraux du parti, peut être érigée en bouc émissaire. Cependant même ces mouvements sont trop épisodiques pour faire oublier l'extraordinaire stabilité et longévité politique des équipes dirigeantes, qu'elles soient collégiales ou dominées par la figure d'un leader incontesté (oligarchies à tendance monocratique)[1]. Ainsi, la popularité d'un Michel Rocard, hiérarque minoritaire au sein du PS, n'a-t-elle pu résister à la stratégie éliminatrice de François Mitterrand en 1980-1981.

En conséquence, dans les partis dont l'histoire est longue, il est possible de détecter l'émergence d'un cycle de vie idéal-typique. (V. Tableau n° 32 ci-après.) Bien entendu, il s'agit d'une simple grille de lecture qu'il convient d'adapter à l'histoire de chacun. Certaines formations végètent longtemps au stade de la « construction », sans pouvoir jusqu'ici le dépasser, comme les Verts en France et nombre de petits partis à l'extrême gauche surtout, mais aussi à l'extrême droite. D'autres connaissent, dans une histoire longue, une alternance de phases de vieillissement et de refondation. C'est le cas des socialistes chez qui l'on peut distinguer, à ce jour[2], trois refondations majeures : 1920 après la scission du Congrès de Tours d'avec les communistes, 1946 au lendemain de l'Occupation et des changements induits par la Résistance, 1971 avec le Congrès d'Épinay. Ce fut aussi le cas des gaullistes qui se retrouvent successivement au RPF (1947-1951), puis à l'UNR devenue l'UDR (1959 1976), puis au RPR (1976-2002), enfin, mais fortement dilués, à l'UMP. La phase de vieillissement peut se révéler interminable (chez les radicaux), provoquer la naissance de surgeons maigrelets (le CNI actuel, avatar d'un grand parti du même nom sous la IVe République) et les refondations s'amorcer sans aboutir (le PCF des années 1990). Mais il est important de souligner que dans un cycle pleinement épanoui, les phases de succès portent en elles-mêmes les promesses du déclin.

1. Sur ce point, John COURTNEY, *Do Conventions Matter ? Choosing National Party Leaders in Canada*, Montréal, McGill's University Press, 1995, ainsi que Kay LAWSON (Éd.), *How Political Parties Work. Perspectives from Within,* Westport, Praeger, 1994.
2. Une phase supplémentaire de refondation pourrait peut-être se dessiner avec la nouvelle Déclaration de principes, adoptée en juin 2008, et le choix d'un nouveau secrétaire général.

Tableau n° 32
Cycle de vie politique des partis (France)

Séquences chronologiques	Caractéristiques politiques
Phase 1 Construction	– Ferveur militante – Forte inclination au débat d'idées – Cercle dirigeant en équilibre fluide – Jeunesse relative des leaders
Phase 2 Consolidation	– Succès électoraux – Nouveaux militants préoccupés d'« efficacité » – Renforcement de l'emprise sur le parti, des élus ou, le cas échéant, des responsables gouvernementaux – Stabilisation des luttes au sein du cercle dirigeant
Phase 3 Vieillissement	– Stagnation électorale – Dépérissement des débats d'idées internes – Fossilisation des luttes au sein du cercle dirigeant – Vieillissement biologique des leaders
Phase 4 Reconstruction ou échec des tentatives de renouvellement	– Déclin électoral – Émergence au sein du parti de courants « Jeunes Turcs » – Contestation ouverte du leadership institué – Renversement de l'équipe dirigeante ou nécrose du parti

Orientation bibliographique

Classiques

CHARLOT Jean, *Le Phénomène gaulliste,* Paris, Fayard, 1970.

DAALDER Hans, MAIR Peter (Eds.), *Western European Party Systems. Continuity and Change,* Londres, Sage, 1983.

DUVERGER Maurice, *Les Partis politiques,* 1re édition, Paris, A. Colin, 1951.

KRIEGEL Annie, *Les Communistes français. Essai d'ethnologie politique*, 2e édition, Paris, Seuil, 1968.

LAPALOMBARA Joseph, WEINER Myron (Dir.), *Political Parties and Political Development,* Princeton University Press, 1966.

LAVAU Georges, *Partis politiques et réalités sociales. Contribution à une étude réaliste des partis politiques,* Paris, A. Colin, 1953.

LIJPHART Arend, *Electoral Systems and Party Systems. A Study of Twenty-Seven Democracies, 1945-1990,* Londres, Oxford University Press, 1994.

MICHELS Roberto, *Les Partis politiques. Essai sur les tendances oligarchiques des démocraties* (1911), Trad., rééd., Paris, Flammarion, 1984.

OSTROGORSKI Moisei, *La Démocratie et l'organisation des partis politiques* (1902), rééd., Paris, Seuil, 1979 ; édition abrégée sous le titre : *La Démocratie et les partis politiques*, Paris, Fayard, 1993.

RÉMOND René, *La Droite en France* (1954), *Les Droites en France,* Paris, Aubier, 1982.

ROKKAN Stein, *Citizens, Elections, Parties,* Oslo, Oslo University Press, 1970.

SARTORI Giovanni, *Parties and Party Systems. A Framework for Analysis*, rééd., Oxford, ECPR Press, 2005.

TOUCHARD Jean, *La Gauche en France depuis 1900,* Paris, Seuil, 1977.

Études contemporaines

AGRIKOLIANSKY Éric, *Les Partis politiques en France au XXe siècle*, Paris, A. Colin, 2000.

ALEXANDRE-COLLIER Agnès, JARDIN Xavier, *Anatomie des droites européennes,* Paris, A. Colin, 2004.

ANDOLFATTO Dominique, *PCF. De la mutation à la liquidation*, Monaco, Éd. du Rocher, 2005.

ANDOLFATTO Dominique, GREFFET Fabienne, OLIVIER Laurent, *Les Partis politiques : quelles perspectives ?,* Paris, L'Harmattan, 2002.

ANDRIEU Claire, *Pour l'amour de la République. Le Club Jean Moulin 1958-1970,* Paris, Fayard, 2002.

AUCANTE Yohann, DEZE Alexandre, *Les Systèmes de partis dans les démocraties occidentales. Le modèle du parti-cartel en question,* Paris, Presses de Sciences Po, 2008.

AVRIL Pierre, *Essais sur les partis politiques,* 2e édition, Paris, Payot, 1995.

BAAL Gérard, *Histoire du radicalisme,* Paris, La Découverte, 1994.

BACOT Paul, *Les Dirigeants du PS. Histoire et sociologie*, Lyon, PUL, 1979.

BENHAMIAS Jean-Luc, ROCHE Agnès, *Des Verts de toutes les couleurs. Histoire et sociologie du mouvement écolo*, Paris, Albin Michel, 1992.

BERGOUNIOUX Alain, GRUNBERG Gérard, *L'Ambition et le remords. Les socialistes français et le pouvoir (1905-2005),* Paris, Fayard, 2005.

BERGOUNIOUX Alain, GRUNBERG Gérard, *L'Utopie à l'épreuve. Le socialisme européen au XXe siècle*, Paris, de Fallois, 1995.

BERNARD Guillaume, DUQUENOY Éric (Dir.), *Les Forces politiques françaises. Genèse, environnement, recomposition*, Paris, PUF, 2007.

BERSTEIN Serge, *Histoire du parti radical*, Paris, Presses de la FNSP, t. 1, 1980, t. 2, 1981.

BEYME (von) Klaus, *Political Parties in Western Democracies,* Aldershot Gower, 1985.

BIBBY John, *Two Parties or More ? The American Party System,* Boulder, Westview, 1998.

BIRENBAUM Guy, *Le Front national en politique,* Paris, Balland, 1992.

BLEVINS Dave, American Political Parties in the 21st Century, Londres, Mcfarrland, 2006.

BLOMBERG Elizabeth, *Green parties and Politics in the European Union*, Londres, Routledge, 1998.

BORELLA François, *Les Partis politiques,* 5e édition, Paris, Seuil, 1990.

BOUMAZA Magali, *Le Front national et les jeunes. De 1972 à nos jours,* Thèse de doctorat de science politique, IEP Strasbourg, 2002.

BOURDET Yvon, *Qu'est-ce qui fait courir les militants ? Analyse sociologique des motivations et des comportements*, Paris, Stock, 1976.

BOY Daniel, PLATONE François, REY Henri, SUBILEAU Françoise, YSMAL Colette, *C'était la gauche plurielle,* Paris, Presses de Sciences Po, 2003.

BRÉCHON Pierre, *Les Partis politiques français*, Paris, La Documentation française, 2005.

BRÉCHON Pierre, *Les Partis politiques*, Paris, Montchrestien, 1999.

BRÉCHON Pierre, DERVILLE Jacques, LECOMTE Patrick, *Les Cadres du RPR,* Paris, Economica, 1987.

BRUNET Jean-Paul, *Histoire du Parti communiste français,* Paris, PUF, 3e édition, 1996.

CAMBY Jean-Pierre, *Le Financement de la vie politique en France*, Paris, Montchrestien, 1995.

CAMUS Jean-Yves, *Le Front national. Histoire et analyse*, Paris, Olivier Laurens, 1997.

CARAMANI Daniele, *The Nationalization of Politics. The Formation of National Electorates and Party Systems in Western Europe*, Cambridge, Cambridge University Press, 2004.

CAROTHERS Thomas, *Confronting the Weakest Link. Aiding Political Parties in New Democracies,* Washington, DC, Carnegie Endowment for International Peace, 2006.

CASAS-ZAMORA Kevin, *Paying for Democracy. Political Finance and State Funding for Parties*, Colchester, ECPR Press, 2005.

CHARLOT Jean, *L'UNR. Étude du pouvoir au sein d'un parti politique*, Paris, A. Colin, 1967.

CHARLOT Monica, *Le Parti travailliste britannique*, 2e édition, Paris, Montchrestien, 1996.

COLLIARD Jean-Claude, *Les Républicains indépendants et Valéry Giscard d'Estaing*, Paris, PUF, 1971.

COOSEMANS Thierry, *Les Partis politiques transnationaux et les groupes politiques dans l'Union européenne*, Bruxelles, Publications du Crisp, 2000.

COURTOIS Stéphane, LAZAR Marc, *Histoire du Parti communiste français,* 2e édition, Paris, PUF, 2000.

CROWLEY John, *Le Nouveau travaillisme et la troisième voie*, Paris, La Documentation française, 1999.

DALTON Russell, *Citizen Politics. Public Opinion and Political Parties in Advanced Industrial Democracies, Washington, DC, CQ Press, 2006.*

DALTON Russell, WATTENBERG Martin (Eds.), *Parties without Partisans. Political Change in Advanced Industrial Democracies*, Oxford, Oxford University Press, 2000.

DELWIT Pascal (Dir.), *Où va la social-démocratie européenne ? Débats, enjeux, perspectives,* Bruxelles, Éd. de l'ULB, 2004

DELWIT Pascal (Dir.), *Libéralismes et partis libéraux en Europe*, Bruxelles, Éd. de l'ULB, 2002.

DELWIT Pascal (Dir.), *Le Parti social-chrétien. Mutations et perspectives*, Bruxelles, Éd. de l'ULB, 2002.

DELWIT Pascal, DE WAELE Jean-Michel (Dir.), *Les Partis politiques en Belgique,* Bruxelles, Éd. de l'ULB, 1996.

DE WAELE Jean-Michel (Dir.), *Partis politiques et démocratie en Europe centrale et orientale*, Bruxelles, Éd. de l'ULB, 2002.

DE WINTER Lieven, TURSAN Huri, *Regionalist Parties in Western Europe,* Londres, Routledge, 1998.

DONÉGANI Jean-Marie, SADOUN Marc, *La Démocratie imparfaite. Essai sur le parti politique*, Paris, Gallimard, 1994.

DOUBLET Yves-Marie, *Le Financement de la vie politique,* Paris, PUF, 1990.

DOUBLET Yves-Marie, *L'Argent et la politique en France*, Paris, Economica, 1997.

DREYFUS Michel, GROPPO Bruno, PENNETIER Claude, PUDAL Bernard, WOLIKOW Serge (Dir.), *Le Siècle des communistes*, Paris, L'Atelier, 2004.

FAUPIN Hervé, *Le Contrôle du financement de la vie politique. Partis et campagnes*, Paris, LGDJ, 1998.

GAFFNEY John (Éd.), *Political Parties and the European Union,* Londres, Routledge, 1996.

GIDDENS Anthony, BLAIR Tony, *La Troisième voie. Le renouveau social-démocrate*, Trad., Paris, Seuil, 2002.

GUILLAUME Sylvie (Dir.), *Le Centrisme en France aux XIXe et XXe siècles. Un échec ?,* Pessac, Maison des Sciences de l'Homme, 2005.

GRUNBERG Gérard, HAEGEL Florence, *La France vers le bipartisme ? La présidentialisation du PS et de l'UMP,* Paris, Presses de Sciences Po, 2007.

HAEGEL Florence (Dir.), *Partis politiques et système partisan en France,* Paris, Presses de Sciences Po, 2007.

HANLEY David, LOUGHLIN John (Eds.), *Spanish Political Parties,* Cardiff, University of Wales Press, 2006.

HERMET Guy, SEILER Daniel-Louis (Dir.), *Les Partis politiques en Europe de l'Ouest*, Paris, Economica, 1998.

HEURGON Marc, *Histoire du PSU*, Paris, La Découverte, 1994.

HIX Simon, LORD Christopher, *Political Parties in the European Union,* New York, St Martin's Press, 1997.

HUARD Raymond, *La Naissance du parti politique en France*, Paris, Presses de Sciences Po, 1996.

ION Jacques, *La Fin des militants ?*, Paris, Éd. de l'Atelier, 1997.

IVALDI Gilles, *Droites populistes et extrêmes en Europe occidentale*, Paris, la Documentation française, 2004.

KATZ Richard, CROTTY William (Eds.), *Handbook of Party Politics,* Londres, Sage, 2006.

KATZ Richard, MAIR Peter (Eds), *How Parties Organize. Change and Adaptation in Party Organizations in Western Democracies*, Londres, Sage, 1994.

KERGOAT Jacques, *Histoire du parti socialiste,* Paris, La Découverte, 1997.

KITSCHELT Herbert, *The Radical Right in Western Europe,* Ann Arbor, Michigan University Press, 1995.

KITSCHELT Herbert, *The Logics of Party Formation*, Ithaca, Cornell University Press, 1989.

KLINGEMANN Hans, HOFFERBERT Richard, BUDGE Ian, *Parties, Policies and Democracy,* Oxford, Westview, 1994.

KNAPP Andrew, *Parties and the Party System in France. A Disconnected Democracy ?,* New York, Palgrave, 2004.

LAGROYE Jacques, LORD Guy, MOUNIER-CHAZEL Lise, PALARD Jacques, *Les Militants politiques dans trois partis français,* Paris, Pedone, 1976.

LANE Jan-Érik, PENNINGS Paul (Eds.), *Comparing Party System Change,* Londres, Routledge, 1998.

LAURENT Annie, VILLALBA Bruno, *Les Petits partis. De la petitesse en politique,* Paris, L'Harmattan, 1998.

LAVAU Georges, *À quoi sert le PCF ?,* Paris, Fayard, 1981.

LAWSON Kay, *How Political Parties Work. Perspectives from Within,* Westport (Conn), Praeger, 1994.

LAWSON Kay, MERKL Peter (Eds.), *When Parties Prosper. The Uses of Electoral Success*, Boulder, Lynne Rienner, 2007.

LAWSON Kay, RÖMMELE Andrea, KARASIM-EONOU Georgi (Eds.), *Cleavages, Parties and Voters. Studies from Bulgaria, the Czech Republic, Hungary, Poland and Romania*, New York, Praeger, 1999.

LAWSON Kay, POGUNKTE Thomas, (Eds.), *How Political Parties Respond*, Londres, Routledge, 2004.

LAZAR Marc, *Maisons rouges. Les partis communistes français et italien de la Libération à nos jours*, Paris, Aubier, 1992.

LAZAR Marc (Dir.), *La Gauche en Europe depuis 1945. Invariants et mutations du socialisme européen*, Paris, PUF, 1996.

LAZAR Marc, *Le Communisme, une passion française*, Paris, Perrin, 2002.

LECOMTE Cécile, *L'Europe face au défi populiste*, Paris, PUF, 2005.

LEES Charles, *Party Politics in Germany. A Comparative Politics Approach,* Basingstoke, Palgrave, MacMillan, 2005.
LEFEBVRE Rémi, SAWICKI Frédéric, *La Société des socialistes. Le PS aujourd'hui*, Bellecombe en Bauges, Éd. du Croquant, 2006.
LEFRANC Georges, *Les Gauches en France,* 1789-1972, Paris, Payot, 1973.
LETAMENDIA Pierre, *Le Mouvement républicain populaire : le MRP,* Paris, Beauchesne, 1995.
LÉVÊQUE Pierre, *Histoire des forces politiques en France,* tome I *1789/1880,* tome II *1880/1940*, Paris, A. Colin, 1992.
LEWIS Paul, *Political Parties in Eastern Europe*, Londres, Routledge, 2000.
MAIR Peter (Éd.), *The West European Party System*, Oxford, Oxford University Press, 1990.
MAIR Peter, *Party System Change. Approaches and Interpretation,* Oxford, Clarendon Press, 1997.
MASSART Alexis, *L'Union pour la Démocratie Française (UDF),* Paris, L'Harmattan, 1999.
MAYER Nonna, PERRINEAU Pascal (Dir.), *Le Front national à découvert,* 2e édition, Paris, Presses de la FNSP, 1996.
MAYEUR Jean-Marie, *Des Partis catholiques à la démocratie chrétienne, XIXe-XXe siècles,* Paris, A. Colin, 1980.
MELCHIOR Éric, *Le PS. Du projet au pouvoir*, Paris, Éd. de l'Atelier, 1993.
MÉNY Yves, SUREL Yves, *Par le peuple, pour le peuple. Le populisme et les démocraties*, Paris, Fayard, 2000.
MÉNY Yves, SUREL Yves, *Politique comparée,* 8e édition, Paris, Montchrestien, 2008.
MOTHÉ Daniel, *Le Métier de militant,* Paris, Seuil, 1973.
OFFERLÉ Michel, *Les Partis politiques,* Paris, 5e édition, PUF, 2006.
PANNEBIANCO Angelo, *Political Parties. Organization and Power,* Cambridge, Cambridge University Press, 2e édition, 1988.
PÉLASSY Dominique, *Qui gouverne en Europe ?*, Paris, Fayard, 1992.
PERRINEAU Pascal (Dir.), *Les Croisés de la société fermée,* La Tour d'Aigues, Éd. de l'Aube, 2001.
PERRINEAU Pascal (Dir.), *Le Désenchantement démocratique,* La Tour d'Aigues, Éd. de l'Aube, 2003.
PINGAUD Denis, *La Gauche de la gauche*, Paris, Seuil, 2000.
PLATONE François, *Les Partis politiques*, 2e édition, Toulouse, Milan, 2007.
POIRMEUR Yves, *Contribution à l'étude du phénomène des tendances dans les partis et les syndicats*, Thèse Université de Picardie, 1988.

POMBENI Paolo, *Introduction à l'histoire des partis politiques*, Trad., Paris, PUF, 1992.

POUVOIRS, « L'argent des élections », Paris, PUF, 1994, n° 70.

PORTELLI Hugues (Dir.), *L'Internationale socialiste,* Paris, Éd. ouvrières, 1983.

PORTELLI Hugues, *Le Parti socialiste,* 2e édition, Paris, Montchrestien, 1998.

PUDAL Bernard, *Prendre parti,* Paris, Presses de la FNSP, 1989.

REVUE INTERNATIONALE DE POLITIQUE COMPARÉE, « Le Changement des systèmes partisans en Europe », 2007 (14), n° 2, p. 225-339.

REY Henry, SUBILEAU Françoise, *Les militants socialistes à l'épreuve du pouvoir,* Paris, Presses de la FNSP, 1991.

REY Henry, SUBILEAU Françoise, YSMAL Colette, *Les Adhérents socialistes en 1998,* Paris, Cahiers du Cevipof, 1999.

RIHOUX Benoît, *Les Partis politiques. Organisations en changement. Le test des écologistes*, Paris, L'Harmattan, 2001.

ROCHER Bertrand, LION Valérie, *Le Centre des Démocrates Sociaux*, Paris, LGDJ, 1994.

SADOUN Marc, *De la Démocratie française. Essai sur le socialisme*, Paris, Gallimard, 1992.

SAINTENY Guillaume, *Les Verts,* 3e édition, Paris, PUF, 1997.

SAINTENY Guillaume, *L'Introuvable écologisme français ?,* Paris, PUF, 2000.

SALLES Jean-Paul, *La Ligue Communiste Révolutionnaire et ses militant(e)s. 1968-1981,* Thèse de doctorat d'histoire, Université Paris I, 2004.

SANTAMARIA Yves, *Histoire du Parti communiste français,* Paris, La Découverte, 1999.

SAWICKI Frédéric, *Les Réseaux du parti socialiste. Sociologie d'un milieu partisan*, Paris, Belin, 1997.

SCARROW Susan, *Parties and their Members. Organizing for Victory in Britain and Germany*, Londres, Oxford University Press, 1996.

SCHONFELD William, *Ethnographie du PS et du RPR. Les éléphants et l'aveugle*, Paris, Economica, 1985.

SEILER Daniel-Louis, *Partis et familles politiques,* Paris, PUF, 1980.

SEILER Daniel-Louis, *De la Comparaison des partis politiques,* Paris, Economica, 1986.

SEILER Daniel-Louis, *Les Partis politiques,* 2e édition, Paris, A. Colin, 2000.

SEILER Daniel-Louis, *Les Partis politiques en Occident. Sociologie historique du phénomène partisan*, Paris, Ellipses, 2003.

SIRINELLI Jean-François (Dir.), *Histoire des droites en France*, 3 vol., Paris, Gallimard, 1992.

TOLINI Nicolas, *Le Financement des partis politiques,* Paris, Dalloz, 2007.

VIALATTE Jérôme, *Les Partis Verts en Europe occidentale,* Paris, L'Harmattan, 1996.

WARE Alan, *Political Parties and Party Systems*, Londres, Oxford University Press, 1996.

WATTENBERG Martin, DALTON Russell (Eds.), *Parties without Partisans. Political Change in Advanced Industrial Democracies,* Oxford, Oxford University Press, 2000.

WILSON Franck, *The European Center-Right at the End of the Twentieth Century,* New York, St Martin's Press, 1998.

YSMAL Colette, *Les Partis politiques sous la Ve République,* Paris, Montchrestien, 1989.

Chapitre 10
Représentants et gouvernants

Au sens large du terme tout système de gouvernement est représentatif hormis, peut-être, dans le cas des sociétés de dimension extrêmement réduite[1]. En effet, l'impossibilité technique que tous parlent et agissent au nom de tous implique nécessairement des processus de délégation – ou d'appropriation – du pouvoir de décision collective. Les gouvernants, quelle que soit la source réelle de leur autorité, sont réputés exprimer la volonté du groupe tout entier.

Le phénomène de représentation n'est pas étranger au mouvement plus général de division sociale des tâches, avec spécialisation croissante des rôles qui, seul, permet la constitution de vastes ensembles démographiques, économiques et culturels viables. Mais dans les sociétés contemporaines développées, le processus de différenciation des tâches politiques est devenu encore plus complexe. Tout d'abord parce que le pouvoir s'exerce dans des conditions qui font une plus large place à l'exigence de légitimité : les gouvernants doivent constamment démontrer leur représentativité conformément aux critères de la démocratie. Ensuite parce que la professionnalisation de la vie politique – de plus en plus de gens « vivent d'elle et pour elle » (Max Weber) – s'est considérablement accentuée depuis deux siècles en Occident. La notion de carrière politique est liée au processus de professionnalisation et l'accès aux mandats représentatifs ainsi qu'au gouvernement de la Cité, se déroule selon les voies d'un *cursus honorum* nettement codifié. Par ailleurs, cette professionnalisation s'est accompagnée d'une intensification des rapports entre la sphère politique *stricto sensu* et les sphères de l'administration publique, de l'économie et de la culture..., ce qui pose en termes nouveaux la question : qui gouverne en dernière instance dans la société ?

---

1. On appelle parfois sociétés acéphales ces communautés autrefois indépendantes qui semblent ignorer tout pouvoir délégué. Par exemple, certains peuples nilotiques comme les Nuer ou certains Amérindiens de l'Amazonie.

Section 1
Le problème de la représentation

Les représentants parlent et agissent au nom d'autres individus, dès lors enfermés dans un statut beaucoup plus passif. Représenter c'est donc, au sens le plus extensif du terme, tenir lieu de..., être là à la place de... C'est aussi exercer, au nom d'autrui, une fonction de clarification de ses intérêts et aspirations, voire de direction d'un groupe. Ce qui soulève la question du mode de leadership exercé.

§ 1. La fonction de tenant-lieu

Il s'agit là d'une dimension familière du processus de représentation. Des individus parlent au nom d'autres individus silencieux ou absents ; ils expriment, en leur lieu et place, une volonté qui sera réputée – sous certaines conditions et dans une certaine mesure – être également la leur. Cette banalité sociale du mécanisme n'annule pas sa complexité politique comme le met en évidence une rapide interrogation dans trois directions.

A Le « coup de force symbolique » de la représentation

Cette heureuse expression de Pierre Bourdieu met l'accent sur un aspect proprement magique du concept de représentation. Bien entendu, le problème avait été perçu avant lui mais il lui a donné une qualification qui fait sens. En effet, même dans la démocratie pluraliste qui instaure le système des élections disputées, demeure difficilement explicable, selon les purs canons de la logique rationnelle, le fait que l'élu d'une majorité d'électeurs soit considéré comme le représentant de tous les habitants de la circonscription, y compris donc ceux qui n'ont pas l'âge de voter, ceux qui ne se sont pas déplacés aux urnes (non-inscrits et abstentionnistes), ceux enfin qui ont voté pour ses adversaires. C'est pourtant une fiction nécessaire à laquelle s'attachent fortement les représentants lorsqu'ils s'expriment politiquement ès qualités. Non seulement chacun proclame qu'il sera « le maire de tous les Parisiens » ou « le Président de tous les Français », mais davantage encore il affirme que ce sont eux qui parlent ou décident à travers sa personne. « Les Lorrains savent bien que... », « les Français ne veulent plus que... ».

En toute rigueur logique cette rhétorique, unanimement pratiquée pourtant, ne saurait rendre compte de ce qui se passe réellement. Il est hautement problématique de prêter à l'ensemble des habitants de la circonscription un savoir commun ou une volonté unanime. *A fortiori* lorsque le représentant s'autorise d'une référence à la nation, voire à la communauté internationale. Le représentant incarne parfois une personne morale : la commune, la région, l'État. Derrière ce concept, construit par le langage juridique en vue de résoudre des problèmes pratiques d'imputation (répartition des compétences, responsabilité en cas de dommages), il n'y a pas d'autre réalité que celle d'individus liés entre eux par des rapports juridiques : les uns ayant compétence pour édicter des règles, les autres y étant assujettis. Pierre Bourdieu a donc raison de formuler cette analyse : « C'est parce que le représentant existe, parce qu'il représente (action symbolique) que le groupe représenté symbolisé existe, et qu'il fait exister en retour son représentant comme représentant d'un groupe »[1]. Ce jugement vaut encore davantage lorsqu'il n'y a pas d'élections libres, ni de choix authentique des gouvernants ; ainsi des monarchies héréditaires traditionnelles où le roi peut affirmer qu'il « fait corps avec la Nation », ou encore des dictatures dont le leader se proclame l'interprète de la volonté populaire.

Le processus qui conduit le représentant à se considérer comme un « tenant lieu » n'est pas réellement déchiffrable en dehors d'une analyse stratégique dont l'objet est d'identifier tous les bénéfices susceptibles d'être retirés par les acteurs (mais aussi par le système politique tout entier), de cette activité effectivement un peu « magique ».

Invoquer une volonté collective, même dénuée de réelle consistance pratique, s'en proclamer l'interprète autorisé et légitime, c'est *renforcer le lien qui unit représentés et représentant.* Les citoyens se voient crédités d'aspirations, de savoirs ou d'exigences. « Les Français souhaitent que... Les Français ne tolèrent plus que... Les Français repoussent avec indignation l'idée que... ». Ce procédé rhétorique

1. Pierre BOURDIEU, « Délégation et fétichisme », repris *in* Pierre BOURDIEU, *Choses dites,* Paris, Minuit, 1987, p. 194.

courant ne peut que contribuer à éveiller ou stimuler leur attention à la vie politique : qu'ils se reconnaissent pleinement dans ce que l'on dit d'eux, qu'ils y découvrent la formulation précise d'attentes flottantes et inconscientes ou qu'ils endossent avec plaisir le crédit d'intelligence politique et d'exigence morale qui leur est généreusement ouvert. Aux yeux des candidats à la représentation, les électeurs ont en effet des attentes toujours légitimes ; ils ont des valeurs toujours empreintes de pertinence éthique ; ils sont mus par le désir de Justice, de Liberté ou de Solidarité. Les gouvernants élus ne peuvent que gagner en légitimité s'ils réussissent à stimuler de cette manière l'intérêt porté par les gouvernés à leur discours. Cette attention minimale est la forme élémentaire – et essentielle – du soutien que les citoyens accordent au gouvernement représentatif.

La seconde exigence stratégique qui se trouve au principe de ce discours de pouvoir, est la nécessité de *construire un dispositif symbolique protecteur* face aux adversaires politiques. L'élu d'une circonscription doit faire oublier qu'il a été choisi par une fraction seulement de la population, fraction encore plus mince s'il l'a emporté avec une simple majorité relative, dans un scrutin caractérisé par un fort abstentionnisme. S'adressant aux électeurs, et non pas à ses seuls électeurs, le représentant consacré par les urnes dit en substance : « Vous, c'est moi... » pour signifier aux rivaux : « Me critiquer, c'est critiquer le Peuple, c'est dénigrer la ville (le pays, la région) ». Plus il réussit à formuler des vues qui peuvent être présentées comme des convictions communes à la totalité des habitants de la circonscription, plus il se trouve efficacement protégé contre la contestation de ses challengers. Ce mécanisme n'a pas seulement des effets bénéfiques pour les représentants qui l'utilisent ; il conforte le principe même du gouvernement représentatif en facilitant l'acceptation par tous des décisions prises par quelques-uns.

Le représentant, comme tenant lieu, est investi d'une qualité qui peut déboucher à terme sur des conclusions contradictoires : faire taire les représentés ou, au contraire, les faire parler. D'un côté, on lui reconnaîtra la liberté totale de juger ou décider au nom de ses mandants, puisqu'il participe à leur place à l'exercice du pouvoir ; de l'autre, on le maintiendra dans un rôle de porte-parole aussi fidèle et docile que possible des citoyens qui l'ont choisi. La théorie politique démocratique a mis en évidence cette dualité de conceptions concevables lorsqu'elle souligne le glissement de sens opéré avec le passage de la notion de souveraineté nationale à celle de souveraineté populaire. Chez Sieyès, la souveraineté nationale n'implique pas nécessairement le suffrage universel comme mode de désignation des représentants. Pourquoi ? parce que ceux-ci n'ont pas à se faire les commis voyageurs des intérêts particuliers des représentés ; ils s'expriment en tant qu'interprètes exclusifs de l'intérêt général. Ce faisant, ils rendent les citoyens politiquement muets. Le concept de souveraineté populaire porte en lui une dynamique inverse, plus radicale : le Peuple est censé vouloir et décider à travers ses représentants qui s'expriment, certes à sa place, mais aussi, et surtout, dans la fidélité à ses exigences. C'est la loi « expression de la volonté générale » (Roger Carré de Malberg). Dès lors le suffrage universel s'inscrit naturellement dans cette logique mais aussi, et plus encore, le mandat impératif et le *recall* des élus[1]. En pratique pourtant, ces deux procédures ont été écartées, ce qui souligne combien l'a emporté dans les régimes pluralistes, la conception selon laquelle les représentants sont des « tenant-lieu », au sens fort d'un pouvoir de décider à la place de... (Joseph Schumpeter). Mais demeure la tension dynamique entre la volonté propre du représentant, la formation de son jugement personnel, indépendamment de toute pression extérieure, et la nécessité pour lui – ne serait-ce que pour assurer sa réélection – de tenir compte d'intérêts et d'aspirations collectives qu'il ne partage pas nécessairement en son for intérieur.

B Représentation universaliste ou particulariste ?

Toute théorie du gouvernement représentatif est nécessairement confrontée au dilemme suivant. Convient-il de représenter l'unité du groupe ou bien la diversité de ses composantes ? De Hobbes à Rousseau, l'accent est placé sur la première conception. Les représentants ne sont pas les délégués de telle ou telle fraction de la population ; ils incarnent l'ensemble du corps politique, ils en expriment la volonté générale. Cette thèse peut à son tour autoriser deux types de lectures. Si l'intérêt général doit l'emporter sur les intérêts particuliers, l'unité sur le foisonnement des diversités, il en résulte une forte inclination à privilégier, soit la représentation à travers un personnage unique, soit les procédures qui permettent de dégager une volonté unanime. C'est la voie tendanciellement totalitaire qui permet de comprendre pourquoi la théorie rousseauïste a pu être invoquée par les doctrinaires léninistes du parti unique. Une autre lecture, celle qui prévaut dans la conception républicaine de la citoyenneté, souligne que le corps des représentés doit être considéré comme un ensemble unifié, fondé sur la seule

1. Le mandat impératif implique que l'élu est lié par les engagements souscrits auprès de ses électeurs ; le *recall* est une procédure qui permet aux représentés d'obtenir la démission de leur représentant lorsqu'ils ne se reconnaissent plus dans ses prises de position.

existence du lien politique, à l'exclusion de toute autre considération particulariste d'origine ethnique, de religion, de langue, de culture.

Si l'on privilégie la représentation de la diversité, là encore deux lectures peuvent être repérées dans la pratique des États démocratiques. Tout d'abord, on observe chez les Libéraux du XIXe siècle (Benjamin Constant, Anatole Prévost-Paradol, James Bryce), l'idée selon laquelle la représentation doit permettre l'expression sur la scène politique des conflits d'intérêts et d'aspirations qui résultent inévitablement de la fragmentation de la société en classes et catégories sociales. Le Parlement est ainsi conçu comme un champ clos où s'ajustent, par la négociation et le compromis, des logiques différentes voire contradictoires. Plus tard, le mouvement en faveur de la représentation proportionnelle s'inscrit dans une perspective analogue, surtout quand les partis apparaissent liés à des ensembles sociaux bien identifiés : partis agrariens, partis ouvriers, partis « bourgeois »... auxquels la loi électorale cherche à garantir leur juste part dans la répartition des sièges. Mais il existe aussi une tout autre conception de la représentation de la diversité du corps social, celle qui vise à garantir à des ensembles socioculturels à forte identité particulière (en pratique, souvent des minorités ethniques ou linguistiques), une équitable représentation, assurant la prise en compte de leurs aspirations spécifiques. La France républicaine est toujours restée fortement allergique à cette conception qui heurte la tradition jacobine. En revanche, celle-ci s'est concrétisée non seulement dans les traités, issus du premier conflit mondial, qui protégeaient les minorités nationales dans plusieurs États européens mais aussi, à l'époque contemporaine, dans des pays comme la Belgique et l'Espagne démocratique ou encore le Royaume-Uni, depuis les lois de dévolution écossaise et galloise, et l'Allemagne fédérale. En outre, cette aspiration à représenter la diversité des populations s'exprime avec force dans le débat contemporain sur le multiculturalisme aux États-Unis.

Dans la pratique des régimes pluralistes, coexistent les deux conceptions qui se font en quelque sorte équilibre mais impliquent une sorte de hiérarchie des légitimités. Aux États-Unis par exemple, le Président représente l'intérêt national et l'unité du Peuple américain, mieux que les élus à la chambre des Représentants dont on admet ouvertement qu'ils expriment des intérêts catégoriels : géographiques, professionnels tandis que le Sénat représente les États sur une base strictement égalitaire. En France, de Gaulle a fait prévaloir le point de vue selon lequel le Président élu au suffrage universel dans la circonscription France, incarnait davantage l'intérêt supérieur du pays que l'Assemblée nationale qui réunit les élus de multiples circonscriptions restreintes. *A fortiori* observe-t-on une hiérarchie de légitimités entre les dirigeants des collectivités locales et ceux de la collectivité nationale. Conséquence : au niveau du représentant individuel, chacun doit donc, tant bien que mal, concilier la défense d'intérêts catégoriels, souvent contradictoires entre eux, et, plus encore, les concilier avec un intérêt général aux contours parfois incertains.

Cependant le débat sur l'unité de la représentation a pris un tour nouveau, dans les années 1990, avec la revendication d'une égalité réelle des sexes dans la sphère politique. Alors que, dans les pays scandinaves, le nombre des femmes au Parlement ou au gouvernement atteint couramment 40 %, voire davantage, la France, patrie de la conception universaliste, a longtemps conservé l'un des taux les plus faibles parmi les pays démocratiques[1]. Il existait donc une revendication tendant à l'instauration soit d'une règle de parité dans toutes les instances représentatives, soit de quotas assurant aux femmes une présence minimale (de l'ordre de 30 % par exemple)[2]. La réforme du 8 juillet 1999 a inscrit dans la Constitution l'objectif du principe de parité dont la mise en œuvre soulève quelques difficultés. Pouvait-on imposer la parité au niveau des élu(e)s ou seulement des candidatures ? La distinction a peu d'importance dans les scrutins de liste à la proportionnelle si l'on pratique rigoureusement l'alternance des noms ; en revanche, elle est majeure dans un mode de scrutin uninominal. La loi du 6 juin 2000 a retenu la seconde hypothèse qui violente moins le paysage électoral. Pour ne pas trop porter atteinte au principe de la liberté des candidatures, le législateur s'est contenté d'infliger une pénalité proportionnelle à l'écart constaté (voir *supra* chapitre 9). Les adversaires du mouvement des femmes ont invoqué le principe de l'universalisme républicain qui n'admet aucune atteinte à l'égalité juridique de traitement des citoyens. Dans la même logique, ils soulignaient aussi le risque de dérive communautariste ; par la brèche ainsi ouverte, d'autres groupes sociaux pourraient faire valoir l'exigence d'une représentation plus conforme à leur importance numérique ou se plaindre de la surreprésentation d'autres groupes. À quoi les femmes ont beau jeu de répondre que « l'universalisme républicain

1. D'après une enquête portant sur 135 parlements nationaux, opérée au 30 juin 1995 par l'Union interparlementaire, la France était au soixante-douzième rang pour la proportion de femmes, derrière la quasi-totalité des pays démocratiques européens. Depuis lors, la situation s'est légèrement améliorée : à l'Assemblée nationale, elles sont passées de 35 en 1993 à 62 en 1997, 71 en 2002 et 107 en 2007 soit une progression de 6,06 % en 1993 à 18,54 % en 2007.

2. Françoise GASPARD (Dir.), *Les Femmes dans la prise de décision en France et en Europe*, Paris, L'Harmattan, 1997 ; Janine MOSSUZ-LAVAU, *Femmes/Hommes : pour la parité*, Paris, Presses de Sciences Po, 1998.

s'est accommodé sans sourciller de l'inégalité entre hommes et femmes pendant soixante-dix ans » (Édith Cresson faisait ici allusion à l'instauration, en 1945 seulement, du vote féminin), l'ancien Premier ministre ajoutant : « L'universalisme est le refuge idéologique des dominants »[1]. Même à ceux qui ne partagent pas cette analyse, il demeure difficile de se désintéresser totalement des effets pratiques d'un principe qui se veut égalitaire ; le fait est qu'il sert à légitimer des inégalités majeures de surreprésentation ou de sous-représentation ; ce qui permet d'ailleurs de comprendre certains des soutiens dont il bénéficie. Certes, beaucoup de ces inégalités sont sans doute inévitables mais il n'est pas indifférent de savoir quelles sont les « égalités » auxquelles une société attache une importance symbolique décisive dans l'image qu'elle veut donner d'elle-même. On pense ici, notamment, aux maigres résultats électoraux obtenus, jusqu'ici, par ceux que l'on appelle pudiquement « les candidats de la diversité ».

C L'attestation de représentativité

La représentativité des gouvernants va-t-elle se définir à partir d'une ressemblance photographique qui ferait des représentants le double des représentés, c'est-à-dire – par exemple – faire de l'Assemblée nationale l'exacte reproduction en microcosme des composantes sociologiques de la Nation tout entière ? Une telle conception est illusoire parce qu'impraticable jusqu'au bout. Dans les sociétés fortement diversifiées, cette exigence déboucherait rapidement sur des impasses. Il est impossible de représenter exactement la structure des classes sociales, la ventilation salariés/travailleurs indépendants, les tranches d'âge, les familles spirituelles, etc. Néanmoins, le problème ne peut pas être totalement esquivé. Le découpage des circonscriptions assure, dans les Parlements, une certaine représentativité géographique et sociologique, même approximative, qui, bien entendu, a été voulue par le législateur. Inversement, la surreprésentation manifeste de certaines catégories comme les énarques au gouvernement, ou les ruraux au Sénat français peut créer conjoncturellement un malaise politique[2]. Tout se passe, néanmoins, comme si des écarts de représentativité

1. Déclaration à *ENA Mensuel* « Quelle égalité ? » (272), mai 1997, p. 15.

2. Aux élections législatives en France, deux groupes socioprofessionnels sont fortement surreprésentés : les professions libérales et les fonctionnaires. En 1981, année où le nombre des enseignants culmine à l'Assemblée nationale, les professeurs des lycées et collèges atteindront, avec le maigre renfort des instituteurs et des universitaires, la proportion de 34,01 % des députés.

étaient parfaitement tolérables à condition de ne pas franchir le seuil, culturellement très relatif, à partir duquel ils deviendraient « criants ».

La représentativité ne peut non plus se définir par l'adéquation exacte entre les opinions des représentants et celles des représentés. En effet, il est impossible que les logiques respectives des uns et des autres conduisent à des analyses semblables. Sur beaucoup de problèmes ou de dossiers complexes, les opinions des seconds, quand elles existent, sont généralement fluides, sommaires ou incertaines, le plus souvent peu étayées ; au contraire, c'est l'une des tâches des représentants que de contribuer à éclairer leurs mandants et de travailler à obtenir une sorte de crédit de confiance. En fait, bien loin de constituer aujourd'hui un quelconque attribut de la personne, ou un élément stable attaché au statut ou aux opinions, la représentativité résulte d'une lutte incessante, jamais achevée, pour conquérir le droit de parler avec autorité au nom d'autrui face aux prétentions adverses. Quel que soit le système de gouvernement considéré, la bataille pour la représentativité est au cœur de toutes les luttes politiques ; elle en constitue l'élément le plus structurant au niveau symbolique.

Pour l'attester, il faut prouver sa capacité de mobilisation. Dans les démocraties pluralistes contemporaines, le suffrage universel joue à cet égard un rôle majeur. Remporter une élection c'est avoir démontré son audience et son pouvoir d'influence sur les électeurs. Cela fait toute la différence avec les indications fournies par les sondages d'opinions qui se contentent de mesurer des intentions ou des préférences, mais sur un mode passif dénué d'implications pratiques (et juridiques). Cependant si décisif que soit le test électoral, il n'est pas le seul moyen probant. Dans ces régimes politiques coexistent en réalité deux catégories d'indicateurs : ceux qui mettent en évidence la capacité de mobiliser les majorités silencieuses – c'est le rôle normal du recours aux urnes d'enregistrer le soutien de masses peu ou pas politisées – et ceux qui soulignent la capacité de mobiliser des minorités actives. Dans cette catégorie, on rangera l'aptitude à construire un parti d'adhérents nombreux, motivés, engagés ; la capacité d'organiser des manifestations massives et disciplinées, celle de faire respecter des consignes d'action ou d'abstention (boycott). Il y a crise de la représentation démocratique lorsque, précisément, les deux séries d'indicateurs ne convergent pas et produisent des signaux trop manifestement contraires. Ou encore, lorsque les médias donnent une image trop décalée de la réalité en assurant la promotion excessive de « manifestations de papier » (Patrick Champagne), c'est-à-dire sans véritable importance, ou, au contraire, en ignorant des organisations qui pèsent dans le jeu politique (en Italie, la presse Berlusconi et le traitement des mouvements sociaux).

La représentativité s'atteste différemment dans les régimes non pluralistes. Elle est largement autoproclamée par les gouvernants qui s'arrogent le droit de rendre impossible la preuve contraire grâce au contrôle des modes d'expression qui permettraient d'affirmer une prétention adverse. Dans les régimes à parti unique, les élections non disputées visent à démontrer la capacité d'encadrement des gouvernants pour qui le test majeur est le niveau des abstentions (mais elles sont facilement identifiables et exposent donc les « contrevenants » à des représailles). Dans les monarchies traditionnelles, il y avait « naturalisation » de la représentativité. Le droit du monarque à dire la volonté du corps social tout entier (tout comme celui des principaux bourgeois des villes à dire celle de leur communauté), s'enracinait dans une tradition épisodiquement réactivée par des cérémonies d'allégeance : couronnement, prières publiques pour le monarque, voyages dans les « bonnes villes » avec rituels de remise des clés... Cette présomption de représentativité, fondée sur le contrôle effectif du pouvoir, ne pouvait être tenue en échec que par un coup de force : renversement dynastique, émeutes, révolution.

§ 2. La fonction de leadership

Les représentants ne sont pas seulement des « tenant-lieu » mais, beaucoup plus activement, ils sont aussi des leaders. Le concept de leadership, comme l'a bien noté James Burns[1], souffre dans la littérature savante d'une dissociation entre les études, de tendance souvent élitiste, consacrées aux dirigeants ou aux « grands hommes » et celles qui s'intéressent aux masses. En réalité, le phénomène de leadership est une structure d'interaction qui engage dirigeants (*leaders*) et « suiveurs » (*followers*) dans un rapport d'influence à la fois dynamique, réciproque et inégal. Bien entendu, tous les représentants n'entrent pas avec les représentés dans une relation équivalente : de nombreux facteurs contribuent à en diversifier les caractéristiques, ne serait-ce que la nature du mandat exercé (inégalement prestigieux) ou les qualités personnelles de l'élu. En s'inspirant des analyses de Burns, centrées sur ce qui se joue d'essentiel dans cette relation, on distinguera un leadership de pure transaction et un leadership de recomposition.

1. James BURNS, *Leadership,* New York, Harper and Row, 1978 p. 3. Également John GARDNER, *On Leadership*, New York, The Free Press, 1990.

A Le leadership de transaction

Dans cette modalité, de beaucoup la plus courante, la relation entre représentés et représentants est dominée par l'attente d'un échange mutuellement productif. Lorsque le leader s'adresse à ceux dont il possède (ou espère) le soutien, fondamentalement ce qu'il leur propose c'est une contrepartie à ce soutien. Par exemple, le candidat en campagne promet, en échange des votes qu'il sollicite, une action vigoureuse en faveur du développement de la circonscription. C'est à ce type de situation que s'appliquent particulièrement les théories du marché politique : elles assimilent les propositions des candidats à un mandat électif à une « offre », face à la « demande » que constituent les aspirations des représentés. Les leaders cherchent à identifier les intérêts, explicites ou latents, de la population à laquelle ils s'adressent ; ils doivent percevoir avec précision et réalisme ce que sont ses valeurs et ses croyances. C'est à partir de ces données que les représentants bâtissent un programme, un système de propositions ou un cahier de revendications afin de mobiliser en leur faveur les représentés, à l'occasion d'un scrutin ou de toute autre forme d'expression (manifestations...).

Mais, avec les représentés, s'établit aussi une autre modalité de transaction dans laquelle domine une forte volatilité des relations d'échange. En effet, sur la scène politique des démocraties pluralistes, le débat est permanent et les affrontements d'opinions constants. L'attention du public, si souvent sollicitée, peut être de qualité très variable. Il s'ensuit que la transaction se fonde parfois simplement sur une éphémère conjonction entre signaux émis et attentes inconscientes. La prestation réussie d'un leader politique à la télévision suscite une approbation largement fondée sur des gratifications à durée de vie limitée. Gestes, sourires, intonations, formules, contribuent au succès du message au moins autant que son contenu. Il s'agit en effet pour le représentant de séduire. Au désir d'imposer une image favorable de soi, et de sa Cause, répond chez le « suiveur » celui de s'identifier positivement à une figure ou à un projet perçus comme valorisants. Cependant, compte tenu de la variété des messages auxquels les représentés sont exposés de la part de leaders en compétition, les humeurs sont changeantes, les opinions labiles et toujours à reconquérir, la conjoncture globale en permanente évolution[1]. Dès lors l'adaptabilité des leaders aux mouvements d'opinion qu'ils perçoivent dans le public est, dans ce type de leadership, une règle majeure. Ce qui est

1. Murray EDELMAN, *Political Language*, New York, Academic Press, 1977, p. 10 et 11.

visé, c'est la réduction de l'écart entre les opinions affichées par les représentants et les attentes identifiables des représentés. Il y a relation de réciproque influence, dans un contexte d'inégalité relativement faible.

De nos jours, *le marketing politique* sert à systématiser cette recherche d'une transaction mutuellement fructueuse entre le candidat à la représentation et le public cible. Pour ce faire, la dissociation entre l'individu et l'image en constitue l'élément-clé. Les techniques de communication de masse permettent en effet de créer l'illusion d'une grande proximité entre représentants et représentés alors même que l'élargissement de l'espace communicationnel (la TV couvre l'ensemble du territoire d'un État et parfois bien au-delà) implique le maintien d'une distance irréductible entre l'individu réel et son public. Le conseil en marketing remplit cette fonction de rapprochement en trois étapes :

– cerner les attentes probables ou effectives des publics visés en procédant à des enquêtes d'opinion ou à des études sur la structure sociale de la circonscription, ses caractéristiques économiques, démographiques, culturelles, etc., afin d'en inférer les « besoins » ou les aspirations virtuelles ;

– identifier dans la population ciblée les perceptions de l'image du parti, de ses candidats ou de ses leaders nationaux, les représentations que les diverses catégories de populations se font de leurs réalisations ou de leurs intentions ;

– rapprocher, par une politique de signaux appropriés, l'image réellement perçue de l'image idéalement séductrice. Compte tenu des attentes identifiées, les stratégies de communication mises en place chercheront à créer l'impression que le candidat ou le représentant est celui qui les prendra le mieux en charge. Il convient donc d'effacer les aspects parasites de la réalité pour forger l'image d'un leader nettoyée de ses côtés ingrats, dépouillée de toute surcharge de traits qui brouillerait la clarté du message.

Cependant le leadership transactionnel ne se situe pas dans le seul face à face avec les représentés. Il se prolonge naturellement dans la vie partisane ou parlementaire, en direction des militants, des responsables de rang inférieur, des rivaux/alliés potentiels parmi les dirigeants. Dévouements, promesses de soutien mutuel, services à rendre en contrepartie de services rendus, ces échanges incessants *(logrolling)* permettent à des individus d'émerger comme dirigeants influents, au sein d'un parti ou d'un Parlement. Ils sont aussi au principe des alliances, éphémères ou stables, que cherchent à constituer entre eux des leaders afin d'améliorer leur capacité globale d'agir ; et cela en dehors (ou presque) de tout charisme personnel.

B Le leadership de recomposition

Alors que, dans une relation de type transactionnel, le représentant se contente d'exploiter, aussi méthodiquement que possible, les conditions de l'échange telles qu'elles apparaissent dans une situation donnée, un dirigeant de ce type adopte une attitude beaucoup plus dynamique qui vise à transformer les cadres mêmes dans lesquels se concevait la relation de représentation. Les « grands hommes » de l'Histoire, législateurs antiques, réformateurs et révolutionnaires modernes, libérateurs, « pères de la patrie », etc., s'inscrivent naturellement dans cette pratique ambitieuse de leadership. Mais, à un niveau plus modeste, on discerne, jusque dans la vie politique routinière, des individus qui font bouger les règles du jeu en tenant des raisonnements qui vont à contre-courant des opinions admises, en mobilisant des émotions ou des aspirations demeurées jusqu'ici totalement latentes. Autant l'adage « Je suis leur chef, je les suis » peut s'appliquer au leadership de type transactionnel, autant ici se creuse l'écart entre la capacité respective d'influence des *leaders* et des *followers*.

Deux formes idéaltypiques de ce leadership de recomposition peuvent être distinguées : l'un plus personnalisé, l'autre plus idéologique[1].

Avec le premier mode, on rencontre une situation d'interaction proche de celle que Max Weber entendait par autorité charismatique, et que James Burns appelle « leadership héroïque »[2]. Chez Max Weber, le charisme du leader semble surtout dépendre des qualités exceptionnelles de l'individu bien plus que des aspirations projectives de ceux qui le suivent. Pourtant, il convient de ne pas dissocier ces deux éléments et de s'intéresser à la nature de la *relation* qui se met en place[3].

Le leadership charismatique peut être compris dans un sens large. La grande popularité d'un dirigeant signale en effet un rapport *leader/follower* important, émotionnellement coloré qui ouvre, au profit de son bénéficiaire, de meilleures capacités d'action. En ce sens,

1. James BURNS, *Leadership,* New York, Harper and Row, 1975, p. 186 sq.

2. Dans le cadre de cette analyse dite *new leadership perspective*, qui s'inspire expressément de Max Weber pour la confronter au monde de l'entreprise, Alan BRYMAN, *Charisma and Leadership in Organizations,* Londres, Sage, 1992.

3. Ann-Ruth WILNER, *The Spellbinders,* New York, Yale University Press, 1984, p. 13 sq. Également, Joseph NYE, *The Powers to Lead,* Oxford, Oxford University Press, 2008. L'auteur insiste sur l'importance des talents d'orateur (qualité personnelle) mais aussi sur les conditions culturelles de réceptivité qui produisent les admirateurs et sur l'importance de la conjoncture politique. C'est l'association de ces trois dimensions qui construit l'efficacité du charisme.

on peut parler du charisme d'un Tony Blair ou d'une Angela Merkel. Mais c'est dans ses formes paroxystiques que se manifeste le mieux l'essence du leadership charismatique. Celui-ci émerge plus particulièrement dans des sociétés ou des organisations qui vivent une profonde crise de valeurs, notamment sur le terrain identitaire. C'est le cas lorsqu'elles sont affectées par des changements brutaux (crises de modernisation dans les sociétés traditionnelles, défis extérieurs générateurs d'une grave insécurité), ou qu'elles entrent dans des phases de déclin : défaites sévères de l'État sur le plan militaire, impasses économiques d'un groupe social menacé par une évolution très défavorable, crise de légitimité du système politique. D'intenses besoins émotionnels demeurent insatisfaits en termes de sécurité psychologique. L'anxiété se cristallise autour des problèmes d'identité et d'avenir du groupe. Comment nous définir ? Comment faire face aux menaces (réelles ou fantasmées) qui pèsent sur nous ? Pouvons-nous survivre, en tant que communauté, ou nation ?

Les individus se mettent alors en quête d'un leader avec lequel ils puissent vivre une relation totalement libérée de la contestation et de la critique. Ce qui prime sur toute autre considération, c'est le besoin de « remise de soi » à un individu considéré comme hors du commun : un de Gaulle ou un Churchill aussi bien qu'un Roosevelt ou un Mandela. Cette qualité extraordinaire, prêtée parfois avec une excessive générosité, a pour effet d'apaiser les angoisses nées des défis du moment, mais aussi d'idéaliser, à leurs propres yeux, ceux qui suivent aveuglément le « personnage d'exception ». Le leader bénéficiaire de cette *fides implicita*, y gagnera une beaucoup plus large liberté d'action pour remodeler les attentes et aspirations de ceux qui le suivent. Mais une sorte de feed-back permanent tend à s'établir entre *leader* et *followers*, qui conduit à une intensification de la relation. Ce mode de leadership se caractérise en effet par l'importance des contacts directs qui s'établissent à l'occasion de meetings, manifestations publiques, liturgies de congrès, cérémonies commémoratives ou festives. Applaudissements et déferlements d'enthousiasmes ont une influence communicative à la fois sur la masse et sur le leader, porté en quelque sorte par la vague de projections émotionnelles dont il est l'objet[1]. C'est en ce sens que des personnages comme Mussolini ou Hitler ont été construits par l'adulation des foules qu'ils ont su, eux-mêmes, susciter, dans une conjoncture politique hautement favorable au développement patholo-

1. Il n'est pas rare, même dans les démocraties contemporaines, que ces projections s'étendent à une famille, comme l'ont montré les exemples de la dynastie Nehru en Inde, et, plus brièvement, celle des Kennedy aux États-Unis.

gique de leur « moi grandiose » (Kohut). Les réticences ou l'esprit critique des individus qui suivent le leader sont annihilés, noyés par cette « contagion mimétique » (René Girard) dont l'effet majeur est de souder dans une même communion les fidèles assemblés. Réciproquement les barrières politiques ou psychologiques qui pourraient entraver les initiatives, même aventureuses, du leader tendent à être affaiblies par toutes les manifestations d'un soutien affectif sans réserve.

Avec le leadership de type idéologique, James Burns désigne au contraire une relation caractérisée par un investissement doctrinal important, destiné à faciliter la compréhension et l'interprétation de l'environnement social. Des schèmes rigides de perception du monde sont offerts à des populations avides de comprendre, ainsi que des valeurs de référence strictement hiérarchisées pour juger les comportements. La force d'une idéologie, c'est de produire du réel en imposant des représentations plausibles et, surtout, fortement cohérentes de la réalité. Celles-ci doivent répondre positivement à de puissantes aspirations, explicites ou latentes, des gouvernés ; en retour, elles contribuent activement à les modifier, faisant naître de nouvelles exigences qui occulteront d'anciennes perceptions[1]. Au XXe siècle, des idéologies aussi différentes que le nationalisme, le marxisme-léninisme, le fascisme et le nazisme, le sionisme et le panarabisme, voire le libéralisme néoconservateur dans sa version américaine... ont été capables de remodeler les valeurs et les croyances de populations entières. Pour certains dirigeants, le seul fait de pouvoir incarner l'État, le parti ou le projet messianique est à l'origine d'une forme de charisme institutionnel qui, parfois, précède le charisme personnel (Staline) et, en tout cas, le nourrit considérablement. Plus la barrière amis/ennemis se trouve renforcée par l'infranchissable fossé des affrontements idéologiques, mieux chaque camp deviendra soudé autour de son leader.

Dans la pratique, les modes de leadership charismatique sont le plus souvent à la fois de type personnel et de type idéologique. À la tête d'une Nation, il est difficile à un leader de s'imposer sans identification à une grande Cause : le combat pour la Paix chez Jaurès, la libération de la France et la reconstruction de l'État avec de Gaulle ou encore le New Deal de Roosevelt, la « nouvelle frontière » de John Kennedy.

1. Murray EDELMAN, *Political Language*, New York, Academic Press, 1977, p. 126 et sq. C'est ce que David APTER, dans ses travaux sur la Chine de Mao, a nommé des systèmes politiques « logo-centrés ».

Inversement, il est exceptionnel qu'un leader appuyé sur une idéologie fortement transformatrice de la société ne se construise pas une forte *aura* personnelle, génératrice alors d'une autonomie vis-à-vis de l'orthodoxie, ce qu'ont montré des dirigeants comme Napoléon et Lénine, Ataturk, Ben Gourion ou Mao Zedong.

Section 2
L'accès à la classe politique

La question de savoir comment se recrute le personnel politique professionnel revêt une importance particulière, à la fois pour l'analyse savante et pour la légitimation du système constitutionnel. De nombreuses études empiriques se fondent, explicitement ou non, sur l'idée qu'il existe un lien entre l'origine des gouvernants et la nature des intérêts qu'ils font prévaloir. Si naturelle qu'elle puisse paraître, cette conception ne va pas de soi. En effet, elle suppose audacieusement que les dirigeants ont une liberté d'action suffisante pour faire prévaloir leurs convictions face aux multiples contraintes politiques, juridiques, économiques, financières, administratives, internationales, qui pèsent lourdement sur eux. En outre, elle minimise le fait que les gouvernants entrant en fonction sont amenés à endosser un nouveau rôle, particulièrement prégnant : cela les conduit à modifier considérablement leurs façons initiales de percevoir ou résoudre les problèmes, de même qu'ils « se défont progressivement de certaines manières d'être et habitudes pour adopter un nouveau style et mode de vie »[1].

En revanche, il y a bien un problème majeur de légitimité du régime politique lorsque l'on peut constater des surreprésentations de certaines catégories sociales, corrélatives bien entendu de sous-représentations symétriques. Dans les systèmes politiques qui se réclamaient de la dictature du prolétariat (URSS et démocraties populaires), *il fallait* que les dirigeants puissent apparaître issus de la classe ouvrière, de la paysannerie ou des intellectuels liés au prolétariat. Dans les régimes pluralistes, la sous-représentation massive de certaines catégories de populations : par exemple, les classes populaires et, de nos jours, surtout les femmes et les Français issus de l'immigration, crée un certain malaise susceptible d'émerger dans le débat politique.

L'analyse classique s'intéresse généralement aux critères sociaux de sélection du personnel politique en mettant l'accent sur les inéga-

1. Philippe GARRAUD, *Profession : homme politique,* Paris, L'Harmattan, 1989, p. 79 sq.

lités de ressources mobilisables selon les milieux d'appartenance. Mais il ne suffit pas d'être en position de *pouvoir* plus facilement faire de la politique pour s'y engager et y réussir ; encore faut-il aussi le *vouloir,* ce qui renvoie à d'autres critères de discrimination. C'est, enfin, le désir fondamental d'y persévérer comme « professionnel » qui se trouve au principe de toute carrière politique, laquelle suppose à la fois une hiérarchie des mandats et un parcours d'obstacles à franchir.

§ 1. Pouvoir faire de la politique

Les nombreux travaux menés en ce domaine permettent de dégager quelques tendances lourdes.

À l'aube des régimes représentatifs modernes (jusqu'au dernier tiers du XIXe siècle), on constate une surreprésentation, dans le personnel politique dirigeant, de l'aristocratie ou, aux États-Unis, de ce que l'on a appelé les « patriciens ». De même sont fortement présents, aussi bien dans les assemblées qu'au gouvernement et dans la haute fonction publique d'État, des notables qui appartiennent à une grande bourgeoisie d'affaires ou de robe. Avec la généralisation du suffrage universel et l'introduction croissante des critères de compétence dans les recrutements de fonctionnaires, une évolution sensible se dessine. Elle privilégie davantage les professions libérales : médecins, avocats, hommes de loi, et les membres de ce que l'on désignera comme le pôle intellectuel des classes moyennes : journalistes, professeurs, quoique certains d'entre eux jouissent d'une autorité sociale exceptionnelle. On s'achemine en France vers ce que Thibaudet appellera, en 1930, la « république des professeurs ». Parallèlement, avec l'essor du mouvement socialiste à la fin du XIXe siècle, apparaissent, au moins dans les chambres basses, des représentants du monde ouvrier aussi bien en Grande-Bretagne[1] qu'en Allemagne ou en France.

La seconde moitié du XXe siècle est caractérisée par une nouvelle inflexion qui favorise, surtout au niveau des ministres et de leurs collaborateurs, l'aristocratie de la fonction publique. Cette « noblesse d'État » (Bourdieu) est particulièrement puissante en France, alors qu'en Grande-Bretagne ou aux États-Unis demeure une plus forte présence des milieux d'affaires (la moitié des députés conservateurs britanniques en provient) ou des hommes de loi. Cependant, partout se

1. Le pic est atteint en 1931 avec 83 % des députés du Labour à se proclamer d'origine ouvrière.

manifeste une tendance à la monopolisation des mandats par les classes moyennes supérieures, caractérisées par un haut niveau de diplômes, tandis que décline la représentation des petits salariés, des agriculteurs ou des chefs d'entreprises. Enfin, sauf dans les démocraties scandinaves, demeure une écrasante surreprésentation des hommes par rapport aux femmes. Longtemps, et cela est fort instructif, une telle situation ne faisait pas réellement problème ; mais sous l'influence d'une véritable révolution culturelle intervenue au cours des années 1970, une forte revendication s'est affirmée pour remettre en cause la prépondérance masculine. Elle s'est concrétisée, en France, dans la pratique de la stricte parité chez les Verts, dès 1983, aux élections à la proportionnelle, pratique qui a fait tache d'huile puisqu'aux européennes de 1994 et 1999, de même qu'aux régionales de 1998, plusieurs autres listes l'ont également mise en œuvre. La modification constitutionnelle aboutissant à l'inscription de la parité (juillet 1999), rend cette évolution probablement irréversible même si, en France, le *ratio* hommes/femmes demeure encore très inférieur à celui de la plupart des pays européens[1].

Comment s'expliquent ces distorsions considérables de représentation dans les régimes pluralistes ? Il convient d'abord d'évoquer des mécanismes purement politiques. Le déclin contemporain des partis communistes occidentaux (France, Italie), soucieux de pratiquer une politique volontariste de sélection sociale de leurs élus, a contribué au recul des représentants de la classe ouvrière ou des petits salariés comme les employés ou les instituteurs. De même le réajustement des circonscriptions aux nouvelles réalités urbaines et démographiques précipite la régression des notables ruraux traditionnels. Cependant pour comprendre véritablement l'existence de viviers sociaux privilégiés, dans le recrutement du personnel politique dirigeant, il faut se tourner vers d'autres facteurs explicatifs. Deux paraissent essentiels.

A L'inégal accès à la compétence requise

Fréquemment les responsables politiques reconnaissent avoir porté un intérêt précoce à la politique ; et cela notamment grâce au milieu familial. C'est d'abord le cas, un peu particulier, des exemples d'engagements politiques dans la parenté immédiate, parents, grands-parents, conjoint. L'héritage joue un rôle non négligeable dans l'accès

1. On trouvera un premier bilan de l'application de cette loi, informé et subtil, dans Catherine ACHIN *et alii*, *Sexes, genre et politique*, Paris, Economica, 2007.

aux premiers mandats politiques importants (maire d'une grande ville, député...), ce qui atteste la capacité des milieux politiques à contrôler directement leur propre recrutement[1]. C'est aussi le cas de ces familles où l'on s'intéresse beaucoup à la politique et où l'on en discute fréquemment. Mais ces microclimats favorables ne se manifestent pas avec la même probabilité dans tous les milieux sociaux. Certaines subcultures contrarient nettement sinon l'intérêt pour la politique du moins la reconnaissance de son indiscutable légitimité ; aussi défavorisent-elles la recherche d'une affirmation sociale ou professionnelle dans cette sphère.

Il y a d'abord l'exemple de ces couches sociales modestes, à faible niveau de diplômes pour qui « la politique ce sont des choses trop compliquées ». Chez les petits salariés, comme chez les agriculteurs et travailleurs indépendants, la politique est l'art du verbe facile qui intimide ou irrite, réactivant un sentiment d'infériorité culturelle[2] ; elle est aussi le masque d'une impuissance à prendre en considération leurs intérêts de manière efficace à leurs yeux. De même, chez les cadres supérieurs du secteur privé ou les grands patrons, les valeurs dominantes sont souvent l'efficacité économique, le profit et la rationalité marchande. Dans ses aspects les plus radicaux, cette subculture tend à réduire le responsable politique au personnage, un peu parasitaire, du politicien bavard et incompétent, prompt à gaspiller l'argent des contribuables ou à oublier les impératifs de la rationalité économique.

Certaines professions, au contraire, offrent les moyens et le temps de se préparer avec efficacité à entrer en politique[3]. Les grands patrons disposent d'argent et de facilités logistiques, qu'ils peuvent également mettre à la disposition de leurs cadres. Cependant cet avantage est fréquemment compensé par d'autres handicaps : une image peu « sociale », qui ne favorise pas le candidat aux élections ; des modes de penser peu compatibles avec les exigences de la communication politique ; enfin, et surtout peut-être, une mobilisation intense d'énergie au service exclusif de leurs entreprises. La fonction enseignante offre de larges plages de temps libre, de même que la (haute) fonction publique, surtout quand la disponibilité résulte d'une mise à l'écart par suspicion politique, ou d'un désintérêt pour le travail requis. Lester

1. Claude PATRIAT (Dir.), *L'hérédité en politique,* Paris, Economica 1992.
2. À rapprocher des analyses de Pierre BOURDIEU ou de Daniel GAXIE sur le sentiment d'incompétence politique dans les couches sociales dominées. En particulier, Daniel GAXIE, *Le Cens caché,* Paris, Seuil, 1978, p. 105 sq.
3. Mattéi DOGAN, « Les Professions propices à la carrière politique. Osmose, filières et viviers », *in* Michel OFFERLÉ (Dir.), *La Profession politique – XIXe-XXe siècles*, Paris, Belin, 1999, p. 171 sq.

Milbrath a souligné le fait que certaines activités demandent l'acquisition de compétences analogues à celles qu'exige le métier politique[1]. C'est là un facteur qui prédispose puissamment non seulement à s'intéresser à la politique mais éventuellement à s'y engager. Il en va ainsi des catégories professionnelles qui exigent une formation juridique et administrative (hauts fonctionnaires...) ou qui permettent d'acquérir une bonne capacité de débateur, par oral ou par écrit (journalisme, barreau...). En outre les hauts fonctionnaires et certains intellectuels, les professionnels des médias et les responsables associatifs sont, de par leur statut ou leur activité, des observateurs privilégiés de la vie politique. Leur bonne connaissance de ses lois réelles de fonctionnement est un élément favorable à la naissance du désir d'y faire carrière. Mentionnons le cas particulier de ces hauts fonctionnaires qui ont travaillé discrètement dans l'ombre d'hommes politiques de premier plan. Ayant acquis une connaissance extrêmement précise de ses rouages et de ses lois, ils en arrivent parfois à souhaiter bénéficier, à leur tour, des possibilités d'action et des avantages symboliques de la légitimité politique. Ainsi nombre de collaborateurs personnels de Georges Pompidou, puis de Jacques Chirac, ont-ils tenté ultérieurement leur chance dans la politique au grand jour, avec un succès d'ailleurs inégal : Édouard Balladur, Marie-France Garraud et Michel Jobert, Alain Juppé et Dominique de Villepin.

B L'importance des coûts sociaux de l'engagement

Dans tous les milieux sociaux qui échappent aux représentations dénigrantes de la politique, les coûts de l'engagement sont considérablement affaiblis. La politique y sera perçue comme une activité sociale d'autant plus séduisante qu'on pourra comparer avantageusement les gratifications qu'elle offre avec celles de la vie professionnelle. À des individus enfermés dans des perspectives peu exaltantes, elle apparaîtra volontiers comme une voie d'ascension sociale particulièrement attractive ; par exemple, chez les enseignants, les cadres moyens ou certains membres des professions libérales. Mais si le militantisme perturbe le bon déroulement d'études astreignantes, ou si la situation sociale ou professionnelle devient vulnérable, en cas d'exercice ou de tentative d'exercice d'un métier politique, la probabilité d'engagement devient plus faible. C'est le cas des petits patrons de l'industrie et du commerce dont la présence à la tête de leur entreprise est une garantie de ses

1. En collaboration avec M.-L. GOËL, *Political Participation. Why People get involved in Politics ?*, 2e édition, Chicago Rand MC Nally, 1977, p. 103 et 104.

bonnes performances. Ils courent un risque en délaissant leurs affaires pour des activités militantes trop absorbantes. Cependant, pour certains, l'engagement dans la vie publique a des retombées professionnelles bénéfiques, ne serait-ce que par élargissement du réseau relationnel chez l'avocat ou l'entrepreneur (au risque parfois de mélanger les affaires et la politique). Une activité politique prolongée rend également plus problématique le maintien de compétences professionnelles de haut niveau chez des ingénieurs, des cadres techniques ou même des notaires, des cadres de banque ou des médecins[1]. Une défaite électorale leur sera donc plus coûteuse s'ils doivent revenir à leur métier d'origine.

Dans les démocraties pluralistes, il n'y a pas lieu, en principe, de redouter les pressions du pouvoir politique. Dans plusieurs pays, les fonctionnaires de l'État sont même dans une position particulièrement favorable puisqu'ils peuvent bénéficier de détachements de longue durée qui leur assurent une sécurité enviable. Le phénomène suffit à expliquer leur forte présence dans la classe politique en France ou en Allemagne, alors que les obstacles demeurent importants pour eux en Grande-Bretagne (diverses interdictions de candidatures). Néanmoins, il est toujours plus inconfortable de se lancer dans la politique active sous la bannière d'un parti situé aux extrêmes ; il en résulte un marquage idéologique susceptible de déplaire aux supérieurs hiérarchiques (dans l'entreprise ou l'administration), voire à la clientèle, dans les professions libérales ou indépendantes[2].

Lorsque l'on rapproche propensions positives et caractères négatifs on comprend mieux la surreprésentation contemporaine des avocats et des enseignants, surtout dans les assemblées, et, en France, celle des hauts fonctionnaires, surtout à la tête des ministères et dans les cabinets.

§ 2. Vouloir faire de la politique

La seule étude des probabilités sociales d'accéder aux milieux dirigeants ne suffit pas à comprendre comment opèrent les processus de

1. Cependant les médecins sont relativement nombreux dans la classe politique car leur métier les fait paraître « proches des gens », ce qui constitue un notable avantage.
2. À propos du Front national, Guy BIRENBAUM écrit : « Le peu d'attrait suscité par ses listes (aux municipales de 1989) s'explique par le fait que l'étiquette reste lourde à porter : une certaine pression sociale, notamment au niveau local et dans les zones rurales, dissuade certains de se présenter sous ses couleurs », *in* Guy BIRENBAUM, *Le Front national en politique,* Paris, Balland, 1992, p. 163. La situation a évolué depuis, mais l'extrême droite continue à rencontrer des difficultés spécifiques.

sélection. Il existe en effet des individus qui, appartenant aux viviers socioprofessionnels privilégiés, se détournent de la politique ou bien ne désirent pas y faire carrière avec cette obstination intense et soutenue qui est nécessaire à la réussite. S'agit-il d'un constat purement anecdotique qui ne relèverait pas réellement du champ des sciences sociales ? On pourrait superficiellement le penser dans la mesure où seraient concernés les seuls mobiles personnels des individus. Pourtant, ce point de vue n'est pas soutenable. En effet, le désir de faire de la politique ne se conçoit que par rapport aux gratifications qu'elle est susceptible d'offrir à ceux qui veulent en faire leur profession. Or ce système de gratifications (et de coûts) est lui-même révélateur des logiques réelles de fonctionnement d'un système politique. Il permet d'en explorer des pans entiers, occultés par le discours des acteurs sur leurs propres motivations.

A Les profits logiquement escomptables

Il existe de nombreuses manières de faire de la politique, porteuses de profits psychologiques inégalement attractifs. Et d'abord entrent en considération les règles du jeu politique au sens constitutionnel du terme. Dans un régime à parti unique par exemple, les voies de l'ascension vers les sommets sont étroitement dépendantes de la confiance inspirée par les prétendants aux diverses catégories de hiérarques, à chaque niveau de la carrière. Au sein du PCUS sous Léonid Brejnev, Voslensky a montré combien il était nécessaire d'afficher constamment un style terne, une loyauté sans faille, une grisaille rassurante qui impliquent une constante maîtrise de soi confinant à la dépersonnalisation[1]. Au contraire, dans les démocraties pluralistes, le ticket d'entrée normal dans la politique professionnelle est l'élection disputée au suffrage universel. Pour gagner dans un scrutin uninominal, il vaut mieux manifester des qualités de séduction et faire preuve d'une grande labilité psychologique. On entend par là cette capacité de souplesse et d'adaptation qui permet de « comprendre » des aspirations extrêmement différentes : aussi bien chez les jeunes que chez les personnes âgées, chez les petits salariés comme chez les cadres, les travailleurs indépendants, les femmes ou les minorités de tous ordres.

Au sein de la démocratie pluraliste, il existe également des façons de faire de la politique qui sont dominées par des exigences de situations très contrastées. Un exemple particulièrement frappant est

1. Mikhaïl VOSLENSKY, *La Nomenklatura,* Trad., Paris, Belfond, 1980 p. 127 sq.

celui qui oppose le comportement du ministre et celui de ses conseillers. Alors que le premier est constamment placé sous les feux de la rampe, avec ce que cela implique comme obligation de ne pas perdre la face, d'avoir réponse à tout, d'occuper le terrain médiatique, les seconds doivent demeurer soigneusement reclus dans l'ombre. Cela ne sollicite évidemment pas le même style psychologique. On peut également observer que pour s'imposer comme candidat dans un parti à fort potentiel de militants, convaincus et dévoués mais, peut-être aussi, sourcilleux et rigides, il faut déployer un savoir-faire que pourra se permettre d'ignorer le notable coopté par un parti de cadres.

Malgré cette diversité des exigences, on peut dégager quelques traits communs qui gouvernent toute pratique politique. Deux paraîtront tout à fait essentiels. Le premier est l'intensité de la compétition (exacerbée par des convoitises contraires) autour des positions de pouvoir et des mandats électifs. Il est impossible politiquement de vivre dans la sécurité absolue. La faveur du Prince ou celle des électeurs doivent constamment être reconquises et protégées contre des ambitions rivales. Pour se maintenir, voire progresser dans le *cursus honorum*, il faut donc savoir (et aimer) se battre avec persévérance ; il faut aussi mobiliser le maximum de soutiens, ce qui exige un sens aigu de l'instrumentalisation des rapports humains, c'est-à-dire rechercher systématiquement des relations « productives » avec autrui, et construire en conséquence son réseau relationnel[1].

Le second trait commun à toute pratique politique est la surcharge de rôle, du moins à partir d'un certain niveau de carrière. On entend par là cette nécessité de situer tout acte, toute prise de parole dans le cadre strict d'un code de comportement d'autant plus contraignant qu'en démocratie, tout écart est susceptible d'être exploité durement par les médias ou la classe politique. On en a vu la démonstration avec la chute de l'image de Nicolas Sarkozy à l'automne 2007, liée en partie à la surexposition de sa vie privée et à l'adoption d'attitudes jugées peu conforme à la « dignité présidentielle ». Une forte aptitude au contrôle de soi (notamment de ses émotions spontanées) est donc une qualité indispensable pour réussir dans la vie politique, même s'il faut donner l'impression (mais cela n'est pas contradictoire) de l'authenticité[2].

1. Pour une description très concrète de ces réseaux d'« amitiés » particulièrement utiles dans la France d'aujourd'hui, Sophie COIGNARD, Marie-Thérèse GUICHARD, *Les Bonnes fréquentations*, Paris, Grasset, 1997.
2. Ce que recommande déjà Catherine de Médicis dans les célèbres « avis à son fils Charles IX ». Également les fines observations, sur ce point, de Saint-Simon dans ses *Mémoires* concernant la fin du règne de Louis XIV et les années de la Régence.

La surcharge de rôle est particulièrement intense aux sommets de l'État. En effet, chef de l'exécutif et ministres doivent se conformer strictement à un système écrasant d'attentes et de croyances construit en vue de magnifier l'autorité de la puissance publique et faciliter ainsi l'obéissance des gouvernés à la loi. Cet enfermement est aggravé par les phénomènes de cour qui guettent même les dirigeants les plus sincères dans leurs convictions démocratiques. Il faut savoir les supporter (en raison des risques politiques) sans en devenir victime. À un degré plus modeste, cette surcharge concerne aussi tout élu du suffrage universel. L'impératif de la réélection lui commande d'observer de très près, voire d'anticiper les flux et reflux d'aspirations de toutes les catégories de populations qu'il représente. Il doit gérer avec le maximum de précision l'écart probable entre ses convictions personnelles et ce que ses électeurs peuvent tolérer comme prises de position concernant leurs intérêts. Il s'ensuit une certaine dépossession de soi qui a des effets politiques d'autant plus significatifs qu'elle est culturellement et politiquement conditionnée.

B Leur inégal attrait selon les personnalités des individus

Le métier politique suscite une ambivalence de sentiments, attestée aujourd'hui par de nombreux sondages. Les manifestations de rejet peuvent aussi bien être interprétées comme l'expression d'une déception politique par rapport à des espérances, que comme une médiocre estime de ce qui fait le prix et l'attrait de cette activité pour les professionnels. En revanche, on peut considérer que l'entrée en politique et, surtout, le fait d'y persévérer intensément pour y réussir, s'expliquent par la valorisation des profits psychologiques attendus. On entend par là une différence positive entre les avantages et les coûts en termes d'expression de la personnalité, ce que les psychologues appellent la « réalisation de soi ».

Si l'on raisonne sur le seul exemple des élus, quelles sont les principales gratifications escomptables au niveau psychosociologique ? Elles sont nombreuses. Obtenir un mandat c'est d'abord acquérir un « plus » de notoriété et d'autorité légitime. La *notoriété* est souvent considérée comme flatteuse et, à ce titre, source de nombreuses satisfactions au niveau de l'estime de soi ; elle sera même recherchée comme un but en soi, par certains types de personnalités alors que d'autres au contraire la redouteront en raison de ses implications : plus grande dépendance au regard d'autrui, risques d'intrusion dans la *privacy*, perturbations diverses d'activités sociales ou institutionnelles qui exigent du secret. Quant à l'*autorité légitime* attachée à l'onction du suffrage universel, elle permet d'acquérir un pouvoir d'influence voire d'accéder à des positions de pouvoir effectif, en tant que gestionnaire d'une ville ou d'un département ministériel. Sans doute, est-il bien d'autres manières d'obtenir notoriété ou pouvoir sur autrui, par exemple dans la sphère des affaires ou de la création intellectuelle. Cependant les logiques de la vie politique démocratique tendent à assurer une prééminence scénique décisive aux activités de ceux qui « gouvernent la Cité » ; quelle que soit la réalité de leur poids effectif dans les processus décisionnels. Surtout, elles offrent la possibilité d'idéaliser tout particulièrement les mobiles de l'engagement, ce à quoi s'emploient constamment beaucoup d'hommes politiques (davantage peut-être que les femmes). Inscrire son action dans l'Histoire, promouvoir l'Intérêt général, agir au service de la Société, combattre pour la Justice et la Solidarité constituent des idéaux culturellement valorisés parce qu'ils connotent l'ouverture sur des horizons plus larges, la préoccupation d'exigences éthiques plus nobles. On comprend dès lors pourquoi, dans les milieux socioculturels où l'on demeure attaché à des convictions morales fortes, où l'engagement politique se trouve traditionnellement compris comme le service désintéressé de la Cité, le dévouement désintéressé à des valeurs supérieures, les vocations politiques soient particulièrement nombreuses. La Justice sociale, la Révolution, la Solidarité avec le Tiers-monde ont constitué des motivations d'autant plus attractives qu'elles se situent dans l'ordre éthique. Cependant la crise contemporaine des « grandes causes » affaiblit l'importance relative de ce type de facteurs, même s'il contribue encore à expliquer bien des engagements.

Le métier de représentant est de nature à offrir de très importantes gratifications à ceux dont l'estime de soi dépend tout particulièrement de l'approbation d'autrui puisqu'il confronte au test de l'élection. Mais, en retour, il exige une très grande « labilité » psychologique. L'élu est soumis à l'opinion publique et à ses états changeants. Il doit savoir s'adapter à des auditoires différents, tenir des langages multiples, se pencher sur des problèmes dépourvus de tout lien entre eux, ce qui le contraint à travailler vite et, dans beaucoup de cas, superficiellement. Dans la perspective d'un retour aux urnes, il est prudent pour lui de savoir abandonner des analyses décalées par rapport aux attentes de ses électeurs ; il lui faut infléchir l'expression publique de convictions devenues contre-productives. Tous ces éléments tendraient à favoriser l'émergence de personnalités souples au point de paraître inconsistantes, capables d'une intelligence aiguë des rapports sociaux mais dénuées de fermeté dans leurs croyances aux valeurs. En réalité, la vie politique démocratique fait naître des exigences plus complexes. En effet, les citoyens sont également en quête de repères stables qui leur permettent de se situer durablement comme proches d'un leader, d'un parti ou d'une grande Cause. Ce qui se joue ici, c'est le paradoxe de l'identité politique. Celle-ci est, en effet, quête d'un ancrage, là où (et parce que) tout évolue. Pour répondre à ces logiques contradictoires, les représentants ont besoin de faire preuve d'une extrême souplesse tout en donnant constamment l'impression d'être des « hommes et des femmes de convictions ». Difficile exercice auquel certains styles de personnalités sont mieux adaptés que d'autres[1].

La nécessité de supporter ces contraintes psychosociales de la vie politique constitue un principe de sélection qui explique bien des échecs de carrières. Elle joue son rôle dans la marginalisation relative de certains styles de comportements (psychorigides ou moralistes par exemple). Les personnalités cassantes qui répugnent à reculer ou à passer des arrangements au détriment de leurs convictions, voient rapidement les difficultés s'accumuler devant elles. Des qualités qui sont précieuses dans les cabinets ministériels (fermeté d'analyse, haut niveau d'expertise, rigueur intellectuelle) se révèlent désavantageuses dans la politique au grand jour. Sauf circonstances exceptionnelles, elles conduisent rapidement à l'impopularité. Au contraire, une forte labilité psychologique permet non seulement de durer davantage ; elle constitue aussi un élément décisif du fonctionnement de la démocratie. Elle facilite l'intériorisation d'une subculture politique faite de compromis et de tolérance, qui permet de gérer avec plus de souplesse les crises ou les contestations dues à des mouvements sociaux.

§ 3. Faire carrière

La professionnalisation de la vie politique s'est imposée à partir du moment où l'exercice des mandats électifs importants s'est trouvé pleinement rémunéré[2]. Vivre de la politique permet alors d'y faire carrière. Cela signifie à la fois durer et nourrir l'espérance d'en gravir progressivement les échelons hiérarchisés. Les travaux consacrés à ce problème ont permis de dégager deux profils idéal-typiques de carrière, l'un et l'autre très significatifs des tendances qui travaillent en profondeur l'espace politique.

1. Pour un approfondissement de cette question, Philippe BRAUD, *Le Jardin des délices démocratiques,* Paris, Presses de la FNSP, 1991, p. 179 à 213. Avec la bibliographie citée. Notamment, sur la sous-représentation des femmes en politique, p. 191 et sq.
2. Sur le cursus politique à l'orée de la professionnalisation, Éric PHELIPPEAU, *L'Invention de la politique moderne*, Paris, Belin, 2002.

A Le cursus classique

Il peut être décomposé en quatre phases.

La première est un *apprentissage* opéré à la base, c'est-à-dire en tant que détenteur de mandats locaux d'importance encore réduite : conseiller municipal ou maire adjoint d'une grande ville, conseiller général. Dans certains cas, il a fallu obtenir l'investiture d'un parti en se montrant un militant loyal, dévoué, exerçant probablement déjà quelque responsabilité modeste dans l'appareil local. Les « ressources politiques[1] » initiales du candidat sont donc étroitement liées à la confiance que lui a consentie une organisation suffisamment structurée et implantée pour que le candidat tire profit de cette dépendance. Dans d'autres cas, généralement dans les partis peu ou pas structurés, le nouvel élu s'est imposé comme candidat grâce à ses ressources personnelles. On entend par là une notoriété locale fondée sur sa compétence professionnelle, son expérience associative ou syndicale, voire un statut individuel privilégié : appartenance à une famille en vue, parenté avec un personnage politique influent.

La deuxième phase est caractérisée par une véritable *implantation locale.* Elle se construit non seulement par l'obtention de mandats plus importants : mairie d'une grande ville, responsabilité en vue au Conseil général ou régional, députation à l'Assemblée nationale mais, surtout en France, grâce à un minimum de cumul ; d'où les sourdes oppositions à la politique de limitation du nombre des mandats électifs, mise en œuvre depuis quelques années. Jusqu'au vote de la loi du 5 avril 2000, il était possible, par exemple, à un député de cumuler plus d'une fonction exécutive locale : président de région, de Conseil général ou maire d'une commune de plus de 3 500 habitants. Cela lui permettait de peser plus efficacement sur les systèmes de cofinancements : État/collectivités locales, qui gouvernent toute décision un tant soit peu importante. Par ailleurs, la détention de plusieurs mandats renforçait le potentiel de notoriété de l'élu en multipliant les occasions d'une couverture médiatique de ses activités : inaugurations, cérémonies officielles, campagnes électorales... Enfin, elle le protégeait mieux contre un brutal revers de fortune en étalant dans le temps les

1. Beaucoup d'analystes emploient l'expression : capital politique (Bourdieu, Gaxie, Offerlé). Sa commodité d'emploi ne doit pas en masquer les inconvénients sérieux : tentation permanente de poursuivre la comparaison avec le capital économique sur des bases purement métaphoriques ; glissement possible d'une perspective strictement interactionniste vers une forme ou l'autre de substantialisme.

renouvellements de ses mandats. L'accession au statut de notable local, bien implanté électoralement, fait naître la possibilité de frictions avec les militants lorsque l'élu, ainsi assuré d'une base d'influence autonome, appartient à un parti de masses fortement structuré. Une manière fréquente de les résoudre est la prise de contrôle par l'élu de l'appareil local. Cela entraîne néanmoins un effet pervers : la démobilisation des militants qui se trouvent à la fois mis en tutelle et privés de perspectives.

La troisième phase, infranchissable à beaucoup, est celle de *l'implantation nationale.* Elle nécessite la mobilisation de ressources politiques importantes en termes de notoriété et d'autorité légitime. Pour devenir un parlementaire influent : président de Commission, rapporteur général d'un budget..., *a fortiori* pour devenir président d'un groupe parlementaire, secrétaire d'État ou ministre, il faut s'être imposé par une indiscutable représentativité. Cette notion renvoie au sentiment, largement partagé, qu'il existe une identification privilégiée de l'élu à l'espace dont il est issu (région, terroir...[1]) ou à un type de problèmes dont il a acquis une maîtrise particulière grâce à son expérience de terrain (agriculture, aménagement du territoire, restructurations industrielles, problèmes de la mer, etc.). Dans ce cursus traditionnel, c'est en effet la connaissance directe du milieu humain, normalement enrichie par une longue pratique gestionnaire, qui attitre. Mais en réalité, ce qui compte surtout, c'est le profil symbolique que l'élu a réussi à construire c'est-à-dire, par-delà sa personne et autour d'elle, un ensemble de signes porteurs des significations sociales attendues.

La quatrième phase, enfin, est celle qui fait accéder à *une stature nationale.* Seuls quelques professionnels de la politique, en petit nombre, peuvent s'imposer sur ce plan, c'est-à-dire crédibiliser une vocation à diriger l'État, à la tête de l'exécutif. Non pas qu'il y ait rareté virtuelle des talents ; après tout il existe certainement beaucoup d'individus qui, placés dans des conditions favorables d'apprentissage, pourraient largement balancer l'intelligence, le savoir-faire ou l'habileté politique des dirigeants de premier plan. Le problème se situe ailleurs, comme une exigence de système. Dans les régimes autoritaires, l'une des préoccupations du dirigeant suprême est précisément d'écarter tous les rivaux potentiels ou de faire en sorte qu'ils ne puissent émerger. Le dauphin intronisé, quand il existe, est toujours

1. À titre d'exemple, Jacques Chaban-Delmas à Bordeaux, Gaston Defferre à Marseille, Pierre Mauroy à Lille ont été des barons très représentatifs de ce type de cursus. D'où l'importance aujourd'hui du mandat de président de région.

sous surveillance. La démocratie pluraliste nécessite au contraire – et rend possible – l'apparition de prétendants : présidentiables crédibles en France ou aux États-Unis, chefs de l'opposition parlementaire ailleurs. Mais chaque parti n'a pas intérêt à avoir trop de présidentiables s'il veut éviter en son sein des divisions préjudiciables, comme l'a bien montré l'histoire récente du Parti socialiste ou du RPR (UMP). De même, la clarté de la campagne électorale commande-t-elle une réduction drastique des candidats crédibles. C'est pourquoi, fût-ce au risque de la sclérose, le club des responsables politiques de stature nationale est un club fermé et qui, à leurs yeux, doit le rester.

B Le cursus moderne

Dit encore inversé, il se caractérise par une articulation différente des quatre phases précédentes.

La *phase d'apprentissage* ne s'opère plus à la base du système politique, ce qui signifie en réalité loin du centre, mais, bien au contraire, au cœur même du dispositif politico-étatique. Côté pouvoir, l'entrée en politique se fait dans les cabinets ministériels comme membre officiel ou, plus probablement, officieux ; côté opposition, elle suppose l'introduction dans l'entourage des leaders de premier plan ou dans le cercle des experts consultés par les instances nationales du parti. Deux catégories de ressources sont nécessaires. D'une part, une compétence socialement reconnue et hautement valorisée, celle qu'atteste en France, par exemple, le diplôme d'une grande école prestigieuse ; d'autre part, l'appartenance à un réseau porteur qui permet la mise en relation décisive. Ces deux ressources se trouvent aisément cumulées par l'énarque ou le polytechnicien qui adhèrent à un parti, fréquentent un Club de réflexion proche d'un leader, voire appartiennent eux-mêmes, familialement, au milieu politique. Toutefois, la seule solidarité de grande École constitue un atout non négligeable dans la mesure où beaucoup de responsables politiques sont en quête de collaborateurs susceptibles de faire jouer des réseaux transversaux au sein du milieu décisionnel central.

La deuxième phase est encore celle d'une *implantation électorale,* mais plus ouverte que dans le schéma précédent. Dans l'hypothèse la plus favorable, il peut y avoir accès direct à une responsabilité nationale. En France, la victoire de François Mitterrand en 1981 comme celle de Valéry Giscard d'Estaing en 1974, ont permis à de jeunes loups d'entrer directement au gouvernement ou de recueillir un poste-clé dans le parti (Lionel Jospin succédant à François Mitterrand comme premier secrétaire). En mal de sauvetage, le parti radical s'était lui aussi donné, en 1992, à Bernard Tapie. Dans l'hypothèse plus courante, c'est le parachutage dans une circonscription sûre ou demi-sûre (selon l'influence acquise) et, s'il s'agit d'un scrutin proportionnel, l'inscription en rang éligible sur la liste des candidats. Le parachutage, dont l'importance culturelle et politique est trop sous-estimée, soulève généralement, mais pas toujours, des récriminations sur le terrain : là où des candidats locaux « méritants » se voient évincés de l'investiture[1].

La troisième phase est caractérisée par une stratégie de *consolidation locale.* Pour éviter une dangereuse dépendance à l'égard de l'autorité d'investiture, dont la bienveillance peut être révocable, il est nécessaire de se ménager un fief, ce qui suppose, comme dans le cursus traditionnel, une bonne connaissance des acteurs de terrain influents (notamment dans les médias locaux) et le cumul des mandats autorisés. Encore faut-il que des opportunités se manifestent : retrait volontaire d'un sortant appartenant à la même famille ou vulnérabilité suffisante des adversaires qui détiennent les mandats convoités.

La quatrième phase voit s'opérer le rapprochement entre les deux cursus. Accéder à la *stature nationale,* au sens défini ci-dessus, devient largement indépendant des points de départ. Les facteurs politiques et partisans jouent un rôle décisif dans l'exploitation optimale d'une chance éventuellement ouverte par la conjoncture : par exemple la course à la candidature présidentielle dans une grande formation. On observera néanmoins que bien des candidats qui ont commencé leur carrière comme personnalités choyées par la faveur initiale du prince (Raymond Barre, Édouard Balladur ou Alain Juppé, Jacques Delors, Laurent Fabius ou Lionel Jospin) ont un style politique et un rapport aux règles du jeu de la compétition, bien différents de ceux qui ont dû se battre âprement et continûment pour s'imposer à chaque étape du cursus traditionnel (Pierre Mauroy, Jean-Pierre Raffarin).

L'opposition idéaltypique de ces deux types de cursus est en effet révélatrice de tendances lourdes qui travaillent le système politique et social. C'est la tension centre/périphérie. Dans le cursus classique, le capital de départ peut se construire en dehors du centre de pouvoir partisan, notamment à partir d'une forte notoriété notabiliaire ou militante de base ; dans le cursus moderne, ce cas de figure est exclu et

1. Bernard DOLEZ, Michel HASTINGS (Dir.), *Le Parachutage politique,* Paris, L'Harmattan, 2003.

le soutien direct des structures nationales, voire la faveur des plus hauts responsables, constituera le Sésame indispensable à la réussite électorale. L'opposition entre les deux carrières se redouble au niveau des viviers respectifs de recrutement. Les candidats qui empruntent le cursus classique doivent être solidement enracinés dans le tissu local : être « proches des gens », bien connaître « le terrain » et, dans les partis de masse, jouir de la confiance des militants de base. La probabilité de voir émerger des enseignants du secondaire, des petits chefs d'entreprise, des membres de professions libérales y est plus forte que dans le cursus moderne. En effet, cette filière privilégie les diplômés des établissements les plus prestigieux, les cadres supérieurs des grandes entreprises, les héritiers de familles patriciennes et, en France, les hauts fonctionnaires issus de l'ENA, bref des individus à qui leur compétence spécifique a permis de se familiariser d'entrée de jeu avec les dossiers nationaux dans l'entourage immédiat des dirigeants de la majorité ou de l'opposition[1]. C'est dans les allées du pouvoir que se situent les voies d'accès efficaces à ce type de trajectoire, suscitant en retour de discrets murmures dans les autres strates de la classe politique.

Le fait que le cursus moderne soit la voie empruntée par une fraction croissante du personnel politique reflète le poids des processus de centralisation au sein d'une société ; à cet égard, l'Espagne et l'Allemagne sont bien différentes de la France. Parallèlement, il rend visible le déplacement qui s'est opéré au niveau des valeurs légitimatrices : la réputation de compétence entrant victorieusement en balance avec la réputation de dévouement (militant). Avec le cursus moderne, c'est un autre profil symbolique de personnel politique qui monte en puissance. Et lorsque les parachutages de candidats nationaux soulèvent des difficultés locales, derrière les apparences mesquines de rivalités de personnes, ce qui se joue c'est, en réalité, un véritable basculement des rapports de forces entre centre et périphérie(s)[2].

Avec les règles de plus en plus rigoureuses concernant le non-cumul (en Grande-Bretagne, il n'a jamais existé), un autre glissement s'opère à la faveur de l'élargissement du marché des mandats accessibles qui en résulte. En effet, les notables locaux

1. Caractéristique à cet égard est le recrutement respectif des candidats Verts et Génération Écologie aux élections régionales et cantonales de 1992. D'un côté, beaucoup de militants associatifs, liés au système scolaire et universitaire, de l'autre beaucoup de hauts fonctionnaires et cadres supérieurs, issus du cabinet ministériel de Brice Lalonde ou des administrations qu'il avait dirigées en tant que ministre.

2. Sur cette dimension, Michel HASTINGS, « Parachutages politiques et construction symbolique de la démocratie représentative », *in* B. DOLEZ, M. HASTINGS (Dir.), *op. cit.*

susceptibles de se constituer des bastions quasi inexpugnables en sont les premières victimes. Contraints d'opérer des choix, ils peuvent sans doute chercher à mettre en place de fidèles seconds couteaux ; mais l'entreprise n'est jamais totalement sans risque. En revanche, de meilleures perspectives s'ouvrent à des catégories de candidats que brimait l'étroitesse du marché des mandats réellement « ouverts » ; ce dont bénéficient notamment les femmes et les jeunes.

Section 3
Le milieu décisionnel du pouvoir politique

En utilisant l'expression de « milieu décisionnel central »[1], Catherine Grémion offre l'opportunité de mieux penser la réalité des structures effectives de gouvernement souvent masquée derrière une trompeuse apparence : celle du pouvoir souverain des dirigeants politiques installés aux leviers de l'État. Ceux-ci, en fait, ne décident pas seuls mais en interaction constante avec des partenaires qui appartiennent à l'appareil d'État (hauts fonctionnaires) ou qui lui sont totalement extérieurs (grands patrons, responsables d'organisations professionnelles, syndicales, associatives, etc.). Il y a même « démographie galopante des acteurs » dans l'élaboration des politiques publiques en ce sens que, dans les États modernes, de plus en plus de partenaires sont associés à un processus décisionnel ou disposent de moyens externes de l'influencer[2]. S'ensuit-il un éclatement du pouvoir, un fractionnement en catégories dirigeantes opposées, défendant des logiques particulières ? ou peut-on encore parler d'une classe dirigeante ? Avant d'évoquer les théories qui interprètent le phénomène, il convient de procéder à un premier travail (limité à l'exemple français) de repérage des groupes concernés.

§ 1. Les trois sphères du milieu dirigeant

Il est toujours dangereux d'aborder d'un point de vue global et abstrait le problème du pouvoir de décision dans la collectivité[3]. En effet, selon les enjeux identifiés, selon le secteur concerné, la configuration des décideurs peut considérablement varier. Certaines questions, d'une très haute technicité, sont en réalité tranchées pour l'essentiel au

1. Catherine Grémion, *Profession : décideur,* Paris, Gauthier-Villars, 1979.
2. Gilles MASSARDIER, *Politiques et action publiques,* Paris, A. Colin, 2003, p. 76.
3. Exemple-limite d'un dérapage stérile, l'œuvre de Nicos POULANTZAS dans les années 1970.

niveau des experts, les ministres ou le chef du gouvernement se contentant de suivre les avis réputés unanimes. Ainsi en a-t-il été en matière de santé publique lorsqu'il fallut dans les années 1983-1985 mettre en place une politique de lutte contre le sida : les experts consultés et les conseillers du pouvoir politique se sont mis d'accord entre eux pour présenter des recommandations convergentes avalisées par les ministres concernés (d'où les difficultés ultérieures lors des poursuites judiciaires engagées dans le dossier dit du sang contaminé). Des réformes comme celles de l'éducation ou de la fiscalité ne sollicitent le concours ni des mêmes ministères ni des mêmes partenaires extérieurs. Enfin on ne peut pas évoquer sans précautions le poids politique propre à la Présidence de la République ou au ministère des Finances : la conjoncture constitutionnelle, la personnalité de leur titulaire, les fluctuations de leur autorité liées à leurs succès ou à leurs échecs, tout cela concourt à majorer ou réduire la place d'une institution particulière dans l'ensemble de la structure décisionnelle.

Parmi les partenaires potentiels d'une décision publique, certains relèvent de l'instance politique, d'autres de l'instance administrative, d'autres enfin sont extérieurs à l'appareil d'État. Mais il ne s'agit pas, bien entendu, de trois milieux imperméables les uns aux autres : au contraire, se nouent entre eux de nombreuses relations d'interdépendance et d'interaction.

A La sphère politique *stricto sensu*

Les professionnels de la politique n'exercent pas tous – tant s'en faut – une influence dans le milieu décisionnel central. Dans la majorité, les parlementaires de base *(backbenchers),* dépourvus de responsabilité au gouvernement ou dans les grandes commissions parlementaires, peuvent avoir une influence très restreinte. Les membres de l'opposition sont tenus, en principe, à l'écart des processus d'élaboration de la politique générale. Cependant, en périodes de crise ou, simplement, pour le traitement de certains dossiers à forte résonance nationale[1], des formes de coopération, plus ou moins formelle, sont volontiers mises en œuvre dans les démocraties pluralistes.

Les véritables dirigeants sont ceux qui détiennent des responsabilités à la tête d'un ministère ou, *a fortiori,* à la tête du gouvernement

1. Par exemple, en vue de la présidence de l'Union européenne par la France, le 1er juillet 2008, le président de la République, Nicolas Sarkozy, a consulté les responsables de tous les grands partis ainsi que l'ancien Premier ministre socialiste Lionel Jospin.

et de l'État. Encore faut-il distinguer du commun ceux – moins nombreux – vers qui remontent normalement tous les processus décisionnels en cours. En France, il s'agit du Président de la République assisté de ses collaborateurs les plus proches et les plus polyvalents, c'est-à-dire surtout le secrétaire général de la Présidence et son directeur de cabinet. Il s'agit aussi du Premier ministre, assisté du secrétariat général du Gouvernement[1], et de son propre cabinet. Il s'agit enfin du ministre des Finances et de son état-major puisque, pratiquement, toute mesure importante a des incidences budgétaires. À noter, dans certains cas particuliers, l'importance ponctuelle d'une instance comme le Conseil constitutionnel capable de contraindre le pouvoir à modifier le contenu de ses décisions pour le conformer à la Constitution. Les présidents des assemblées parlementaires, les présidents et rapporteurs généraux des grandes commissions appartiennent aussi à ce cercle dirigeant puisque leur position leur confère une grande influence sur le déroulement de la procédure législative.

En régime parlementaire, le Conseil des ministres est l'instance normale de prise de décision au niveau de l'Exécutif. Celle-ci n'existe pas dans un régime présidentiel comme celui des États-Unis. Cependant, ses réunions sont fortement ritualisées et bien des ministres ne sont pas en mesure d'y prendre utilement la parole sur les dossiers dont ils ont été tenus à l'écart, en amont. Plus décisives sont les nombreuses réunions interministérielles qui permettent de progresser dans la mise au point d'un texte législatif ou réglementaire ; elles sont réservées aux représentants des seuls ministères impliqués sous l'autorité du Premier ministre ou du chef de l'État. Bien des ministres peuvent donc être tenus à l'écart de dossiers très importants. Soit, ce qui est normal, parce qu'ils ne concernent pas leur secteur, soit parce que, dans le domaine de leur compétence, ils sont délibérément court-circuités (dans ce cas, cela signifie des manœuvres politiques d'interprétation toujours particulière au contexte).

À noter cependant que l'expression : dirigeants politiques, a un sens plus large dans le langage courant, puisqu'elle désigne tous ceux

1. Institution particulièrement importante de coordination, c'est une structure légère – une quarantaine de personnes – dont l'origine remonte à 1935. Sous l'autorité du Secrétaire général, un personnage qui survit aux changements de majorités, le Secrétariat prépare l'ordre du jour du Conseil des ministres, suggère la tenue de réunions interministérielles pour mettre au point les projets de textes, gère le programme (semestriel) de travail de l'exécutif. C'est l'instance la plus interdisciplinaire des comités d'experts qui assistent le pouvoir politique. Sur l'histoire de cette institution, Jacques FOURNIER, *Le travail gouvernemental,* Paris, Presses de la FNSP, Dalloz, 1987.

et celles qui exercent des responsabilités dans le fonctionnement d'un parti ou d'un groupe parlementaire.

B La sphère de l'administration publique

Les services publics de l'État sont les outils indispensables du pouvoir politique *stricto sensu.* À la fois comme lieux de préparation, d'élaboration, voire de conception d'une politique d'ensemble, et comme instruments de mise à exécution des décisions prises. Cependant n'ont de chance d'être véritablement associés à la conduite d'un processus décisionnel que les hauts fonctionnaires exerçant des responsabilités de premier plan dans le secteur qui est le leur. Il convient de noter que, dans beaucoup de pays, les militaires constituent un monde à part, soit parce qu'ils gèrent de façon largement autonome les questions de défense et sécurité, soit parce qu'ils se considèrent comme ayant une responsabilité particulière dans la protection du système constitutionnel et politique (Thaïlande, Turquie, certains pays d'Amérique latine...).

La place des hauts fonctionnaires dans les sphères dirigeantes doit être appréciée à partir de trois points de vue différents. Le premier les considère en tant que titulaires des emplois les plus élevés dans leur hiérarchie administrative : par exemple, en charge de la Direction du budget, du trésor ou du commerce extérieur au sein du ministère des Finances. Leur intégration dans le milieu décisionnel central est fonction des dossiers traités. Chaque fois – mais chaque fois seulement – que leur administration est concernée, à titre principal ou latéral, ces hauts responsables vont être consultés et se trouver en mesure d'intégrer leurs vues dans le dispositif législatif ou réglementaire en cours.

Un deuxième point de vue envisage les hauts fonctionnaires en tant que conseillers, lorsque, détachés dans les cabinets présidentiels et ministériels où ils sont clairement prépondérants[1], ils deviennent les collaborateurs personnels du Prince ou des ministres. Ils se trouvent alors placés hors hiérarchie ; et leur intégration dans les processus de décision dépend uniquement de la confiance, toujours révocable, que leur manifeste le « patron ».

1. Aline COUTROT, Isabelle BOUSSARD (Dir.), *Quarante ans de cabinets ministériels*, Paris, Presses de la FNSP, 1982. Plus récemment, Luc ROUBAN, « Les Cabinets ministériels 1984-1996 », *Revue Administrative*, 1997, n° 297, p. 253-267, n° 298 p. 373-388, n° 299, p. 499-509.

Un troisième point de vue enfin envisage les hauts fonctionnaires détachés à la tête de grandes entreprises publiques[1], institutions financières, organismes internationaux, sans oublier ceux qui pantouflent dans le secteur privé ni ceux qui sont entrés par la grande porte en politique (ministres fonctionnaires). En France, l'extension du secteur public a longtemps donné une importance considérable à cette catégorie de grands commis. Mais le mouvement de libéralisation de l'économie avec les privatisations qu'il implique, a réduit leur importance. Il est néanmoins nécessaire de mentionner que les membres des Grands Corps de l'État conservent une propension exceptionnellement élevée à quitter leurs fonctions d'origine pour un détachement de plus ou moins longue durée.

Sans doute, ces hauts fonctionnaires ne constituent-ils pas un milieu homogène, ne serait-ce qu'en raison du caractère plus ou moins distendu des liens qui les rattachent à la fonction publique *stricto sensu*. Mais il serait erroné de minimiser deux éléments. D'une part, les solidarités transversales créées par une commune formation : qu'il s'agisse de l'ENA lorsqu'elle est préparée à Sciences Po/Paris, ou encore des grandes écoles scientifiques au premier rang desquelles figure Polytechnique[2]. D'autre part, les solidarités fondées sur les réseaux d'interconnaissance constitués au sein d'un même grand Corps ou au cours du trajet dans les cabinets ministériels. Ainsi s'établissent des ponts entre collaborateurs de ministres différents, entre administrations de l'État et secteur public ou privé, voire – en cas d'alternance – entre « clients » des ministres en place et « clients » de leurs prédécesseurs. Il y va d'une logique d'intérêts professionnels bien compris : amortir notamment les effets des soubresauts politiques sur les carrières. Mais, plus largement, la cohérence du milieu décisionnel central y trouve un puissant aliment car, selon l'heureuse formule de Pierre Muller, ces hauts fonctionnaires (en poste ou détachés) ont en commun « une capacité à aborder de manière technique les problèmes

1. Sur la transformation des « grands commis de l'État » en « patrons d'État », voir Ezra SULEIMAN, Guillaume COURTY, *L'âge d'or de l'État. Une mutation annoncée*, Paris, Seuil, 1997, p. 132 sq.

2. Déclaration de Pierre Chatenet, Président de la Commission de la privatisation créée en 1987. « Nous nous connaissions tous et nous avons travaillé dans un très grand esprit de confiance et d'amitié... Il s'agissait de relations tout à fait naturelles de hauts fonctionnaires appartenant soit au même corps soit à des corps voisins comme le Conseil d'État, la Cour des comptes, l'Inspection des Finances. Nous nous connaissions tous depuis la rue Saint Guillaume ». Rapport Douyère. Auditions. Cité par Frédéric LASSAGNE, *L'État privatiseur*, Mémoire de DEA, Université Paris I, 1991.

politiques et de manière politique les problèmes techniques[1] ». Si cette aptitude est source d'influence, elle a aussi son revers. Face aux multiples mécontents, le stigmate de la « bureaucratie » ou de la « technocratie » sert commodément à les ériger en boucs émissaires, avec la complicité des élus désireux de se protéger contre l'impopularité[2].

C La sphère des partenaires extérieurs

On ne s'attardera pas particulièrement sur ces acteurs plus ou moins occasionnels de la décision politique centrale puisqu'ils ont déjà été évoqués *supra* à propos du lobbyisme des groupes d'intérêt. Cependant, il est intéressant de rappeler qu'ils relèvent de deux pôles principaux.

Le premier renvoie au monde de l'entreprise économique. Les pouvoirs publics peuvent difficilement éviter la concertation avec les principaux acteurs impliqués dans le secteur concerné dès lors qu'ils s'interrogent sur leur politique industrielle, commerciale, agricole, ou encore sur l'aménagement du territoire, la défense de la monnaie, la réforme de la fiscalité, etc. Ils y trouveront d'ailleurs un double avantage : compléter leur information sur les données techniques des dossiers à traiter, et identifier les lignes de résistance concevables afin de mieux les réduire ou les contourner. Ces acteurs qui deviennent partenaires de l'État dans les processus décisionnels susceptibles d'affecter leur secteur d'activités, peuvent être des responsables de terrain : dirigeants d'entreprises (publiques ou privées), experts de haut niveau attachés à des firmes leaders. Ce peuvent être aussi les représentants de groupements professionnels économiques qui organisent l'ensemble d'une branche, voire fédèrent des intérêts encore plus globaux : grand patronat de l'industrie, institutions financières et bancaires. Au sens large du terme, tous ces partenaires de l'État, présents dans les processus d'élaboration des politiques économiques, sont des *managers*.

Un second pôle de partenaires extérieurs susceptibles de s'intégrer au milieu décisionnel central, selon les problèmes abordés, renvoie plutôt au monde des *clercs*, c'est-à-dire des agents spécialisés dans le travail direct sur les représentations et les croyances. Par cette

1. Pierre MULLER, *Les Politiques publiques,* Paris, PUF, 1991, p. 70.
2. Vincent DUBOIS, Delphine DULONG (Dir.), *La Question technocratique. De l'invention d'une figure aux transformations de l'action publique,* Strasbourg, Presses de l'université de Strasbourg, 1999.

expression un peu laborieuse, on désigne des individus ou des groupes sociaux capables d'influencer, de façon autonome, la perception des attentes et des mécontentements, capables même de contribuer à les façonner. Il dépend beaucoup de la presse écrite, de la radio ou de la télévision qu'un événement « fasse événement ». Des troubles non mentionnés, un conflit social ignoré n'existent pas politiquement. Et l'on dit qu'un scandale « éclate » lorsque l'information sur des comportements réputés illégaux ou illégitimes accède au grand public par le truchement de la presse. De cette manière, les « faiseurs d'opinion » que sont les journalistes et les éditorialistes, influencent les gouvernants de façon directe ou indirecte[1]. L'importance contemporaine de ces phénomènes explique que ministres et chefs de gouvernements se dotent de conseillers en communication chargés d'analyser la presse écrite et parlée, d'établir ou entretenir des rapports privilégiés avec les « relais d'information ».

Les dirigeants syndicalistes, les animateurs de mouvements sociaux, les porte-parole des « collectifs de luttes » sont également des leaders d'opinion, chacun à leur manière. Ils permettent à des groupes sociaux de prendre conscience d'intérêts jusqu'ici mal perçus ; ils leur assignent des objectifs légitimes, des espérances accessibles ; ils contribuent à la hiérarchisation de leurs attentes et de leurs exigences revendicatives. Lorsqu'ils réussissent à créer un rapport de forces qui leur soit favorable, ils deviennent des interlocuteurs incontournables des gouvernants. Évoquons également l'influence de personnalités à forte notoriété : Prix Nobel[2] aussi bien qu'artistes de variétés, sportifs de haut niveau et savants réputés dans leur discipline. Parfois considérés comme représentants de la Société civile[3], ils peuvent être, ponctuellement, intégrés dans le milieu décisionnel central surtout s'il s'agit de dossiers à forte charge morale ou émotionnelle. On peut évoquer, à titre d'exemple, la création en France en 1982 d'un Comité national d'éthique consulté sur des questions comme l'euthanasie, les expérimentations en génétique, et, plus récemment, la création du HCI (Haut commissariat à l'intégration) et de la Halde (Haute autorité de lutte contre les discriminations et pour l'égalité).

1. L'expression « faiseurs d'opinion » est en réalité très excessive, car les journalistes eux-mêmes sont soumis à d'étroites contraintes professionnelles, dont les plus importantes – en régime de liberté de la presse – sont précisément les attentes du public et sa capacité de réceptivité à l'information offerte.

2. Sur leur influence internationale, Josepha LAROCHE, *Les Prix Nobel,* Paris, PUF, 1995, p. 99 sq.

3. Pour une définition de la société civile, Benoît FRYDMAN (Dir.), *La Société civile et ses droits,* Bruxelles, Bruylant, 2004.

§ 2. Unité ou pluralisme de la classe dirigeante ?

Une controverse, déjà ancienne, a permis de formuler les enjeux les plus fondamentaux de ce problème notamment du point de vue de la logique démocratique. À la vision dite polyarchique (ou pluraliste), soucieuse de souligner les spécificités de chaque composante s'oppose une thèse moniste qui postule la convergence profonde d'intérêts de toutes les fractions dirigeantes associées à l'exercice du pouvoir.

A La thèse polyarchique

Pour Robert Dahl comme pour Raymond Aron, qui écrivent dans les années soixante, le concept de classe dirigeante est trompeur. À leurs yeux, il n'existe pas un bloc homogène de dominants unis par des objectifs identiques, développant des stratégies similaires. Au contraire, une grande diversité d'aspirations et d'exigences, de même que des logiques bien particulières d'intérêts, se décèlent dans leurs comportements. Au sein du milieu dirigeant on peut donc observer des groupes voués, soit à s'affronter, soit à négocier entre eux des compromis.

Dans sa classique étude sur le pouvoir municipal à New Haven, Robert Dahl distinguait plusieurs strates historiques de dirigeants : les patriciens appartenant aux familles les plus en vue, les entrepreneurs liés au monde des affaires, les représentants issus de milieux populaires, enfin des « hommes nouveaux » du type bureaucrate ou expert. Chacune de ces catégories dispose de moyens d'influence, c'est-à-dire de ressources de pouvoir à la fois distinctes et inégalement efficaces selon les conjonctures ou les dossiers traités : politiques d'éducation, de santé, d'équipements, etc. Passant ensuite en revue les principaux modèles susceptibles de rendre compte de la structure du pouvoir dans une démocratie comme celle des États-Unis, Dahl en retenait trois qui lui paraissaient particulièrement adaptés à décrire la réalité[1].

La coalition de coalitions centrée sur un leader. Dans l'Amérique de Franklin Roosevelt ou de Harry Truman, des dirigeants élus et des responsables de groupes d'intérêt, représentant chacun différents segments de la communauté nationale, font alliance entre eux ; cette alliance est coordonnée et consolidée par l'émergence d'un chef de l'exécutif doté d'une forte autorité ou même d'un véritable leadership

1. Robert DAHL, *Who Governs ?*, New Haven, Yale University Press, 3e édition, 1969, p. 186 et s.

charismatique. Ainsi, derrière l'unité de direction, voire grâce à elle, se maintient une authentique diversité du milieu décisionnel central.

La coalition de barons. Ce qui la distingue du modèle précédent lui paraît surtout être une différence de degré. Là où une hiérarchie visible s'imposait entre les leaders, notamment au profit du chef de l'exécutif, on trouve ici une structure de concertation et de négociation non dominée par un arbitre incontestable. C'est, selon Dahl, la manière habituelle dont se forment les coalitions, partisanes ou non partisanes, qui contrôlent la politique au Congrès et, principalement, au Sénat. Même si certains barons sont beaucoup plus influents que d'autres, ils n'en demeurent pas moins mutuellement dépendants s'ils veulent atteindre pleinement leurs objectifs. C'est pourquoi ils sont condamnés à échanger entre eux informations et, surtout, faveurs et services. C'est la pratique du *logrolling*.

Le partage de sphères d'influence. Dans cette structure de pouvoir, chaque secteur de politique publique est contrôlé par des leaders dont les objectifs et stratégies sont directement adaptés aux intérêts des segments de la société dont ils se font les représentants. Dahl cite en exemple l'ouvrage classique de Woodrow Wilson (*Congressional Government*) qui décrit le système américain du début du siècle comme étant dominé par des comités virtuellement autonomes les uns par rapport aux autres.

En insistant ainsi sur les clivages d'intérêts et d'aspirations qui peuvent séparer les diverses fractions des milieux dirigeants, la thèse polyarchique (ou pluraliste) souligne, indirectement ou directement, les capacités d'influence dont disposent les citoyens dans l'exercice de leur vote. La participation populaire, comme le notait déjà Moses Finley à propos de la Cité antique, ne prend sens politiquement que si elle contribue à déplacer les rapports de forces entre les catégories dirigeantes. En démocratie, celles-ci entrent en compétition pour s'assurer le soutien politique des électeurs mais certaines d'entre elles y réussissent mieux que d'autres, ce qui leur permet l'obtention de mandats représentatifs plus nombreux et confère un « plus » de légitimité aux exigences qu'elles prennent en charge. Il en résulte une inflexion des politiques adoptées par le milieu décisionnel central. Selon cette conception polyarchique, les électeurs disposeraient donc d'un pouvoir de choix, limité sans doute mais réel. Leurs préférences, exprimées le jour du scrutin, se traduiraient concrètement par des politiques publiques différentes de ce qu'elles auraient été sans le verdict des urnes. La démocratie, comme gouvernement du Peuple, demeurerait une réalité tangible.

B La thèse moniste

À l'opposé de cette vision pluraliste du milieu décisionnel central, s'opposait la thèse marxiste de l'unité profonde de la classe dirigeante. Jadis formulée en science politique, avec une vigueur particulière par Wright-Mills *The Power Elite* (1956), elle mettait en avant deux types d'argumentaires.

Tout d'abord celui de l'interpénétration des diverses fractions de la classe dirigeante. Nombre d'études, conduites d'ailleurs par des auteurs étrangers à cette problématique, lui ont apporté des matériaux pertinents parce qu'elles insistent sur la communauté de formation intellectuelle (universités prestigieuses, grandes écoles...) qui unit le personnel politique influent, les hauts fonctionnaires et les experts des groupes d'intérêt dominants ; parce qu'elles soulignent l'importance des réseaux transversaux de solidarité ou d'interconnaissance, qu'ils se fondent sur une commune trajectoire (origine sociale ou géographique, diplômés des mêmes grands établissements, expérience politique partagée), ou qu'ils se construisent grâce à la mobilité des emplois occupés (pantouflage des hauts fonctionnaires vers le secteur privé ou la vie politique active[1] ; échanges croisés – beaucoup plus rares en France – entre responsabilités exercées dans les affaires et responsabilités politiques). S'agissant de ce pays, on soulignera que les anciens élèves de l'ENA ou de Polytechnique sont présents, et influents, non seulement dans la haute fonction publique mais aussi dans la classe politique et le management des grandes affaires[2]. Ezra Suleiman avait attiré l'attention sur ce phénomène en notant « la présence quasi exclusive, dans les postes de direction du secteur privé (les grandes entreprises dynamiques) et du secteur public, d'une élite partageant la même formation et la même origine[3] ». Les grandes firmes privées recrutent certains hauts fonctionnaires précisément afin de tirer avantage de leurs relations dans les ministères ; parallèlement la direction des grandes entreprises publiques, même privatisées, était souvent devenue une chasse gardée des anciens élèves de l'X ou de l'ENA.

L'autre argumentaire tendant à montrer la profonde unité de la classe dirigeante s'appuie sur l'existence d'une communauté d'objectifs fondamentaux. C'est encore Ezra Suleiman qui note la complète convergence à partir des années soixante-dix entre les élites adminis-

1. Sur ce point, *Cahiers du Cevipof*, « L'inspection générale des Finances. 1958-2000. Quarante ans de pantouflage » (31), juin 2002.
2. Jean-François KESSLER, *L'ENA. La Société et l'État*, Paris, Berger-Levrault, 1985. Yves MÉNY, *La Corruption de la République*, Paris, Fayard, 1992, p. 127 et s.
3. Ezra SULEIMAN, *Les Élites en France*, Trad., Paris, Seuil, 1979, p. 272.

tratives (et politiques) et le monde industriel français des grandes affaires, autour des impératifs de la croissance, de la compétitivité et de l'élargissement de l'espace économique au-delà des frontières nationales. Cette classe dirigeante est conduite, en outre, à juger une politique non pas « d'après son contenu mais selon la façon dont elle va affecter son propre pouvoir sur des sphères qu'elle contrôle »[1]. En d'autres termes, les catégories bénéficiaires de l'ordre social en vigueur ont fatalement un intérêt décisif à sa conservation et à sa reproduction.

Une analyse néomarxiste (Bob Jessop) tend, aujourd'hui, à réduire l'importance accordée au thème de l'unité de la classe dirigeante, voire à restreindre l'importance du concept même de classe sociale pour rendre compte du système décisionnel étatique[2]. Ces auteurs reconnaissent que les milieux dirigeants sont traversés par des contradictions qui peuvent être profondes ; que les forces sociales, et même les individus, développent des choix stratégiques qui leur paraissent dictés par les perspectives de gains. Ils se comportent donc en stratèges calculateurs et non comme de simples agents d'une classe ou d'une fraction de classe. Les structures de décision étatiques sont façonnées par l'héritage des luttes sociales : à ce titre, elles assurent la prééminence de certaines catégories sociales en leur sein, et favorisent plutôt certaines approches des problèmes que d'autres. Par exemple, il n'est pas indifférent de savoir que les ministères de l'Environnement sont issus du ministère de l'Intérieur en Allemagne, du ministère de l'Équipement en France. Leur vision du contrôle social à imposer s'en est trouvée, initialement au moins, fortement affectée.

§ 3. Synthèses contemporaines

La thèse pluraliste et la thèse moniste (même si, de cette dernière, il ne reste plus grand-chose) contenaient chacune une part de vérité, dont le poids respectif dépend beaucoup de deux facteurs : la distance à l'objet étudié et le niveau d'analyse retenu. Si les auteurs pensent la société qu'ils analysent, à partir d'une position très extérieure, c'est-à-dire en révolutionnaires ou en contestataires comme Wright-Mills ou, simplement, à distance culturelle minimale, comme l'américain Suleiman par rapport à la France, ils inclineront à valoriser les éléments de profonde homogénéité qui unissent les parties prenantes au milieu

1. Ezra SULEIMAN, *op. cit.*, p. 281.
2. George TAYLOR, « Marxist Theories of the State », *in* D. MARSH, G. STOKER (Eds.), *Theories and Methods in Politics*, Basingstoke, MacMillan, 1995.

décisionnel central, malgré les indéniables conflits secondaires qui les opposent du point de vue de leurs intérêts, de leurs aspirations ou de leurs schèmes de perceptions. En revanche, les auteurs qui sont totalement intégrés dans les logiques de la société étudiée ou qui ne pensent jamais en termes de rupture radicale avec l'ordre existant, seront portés à valoriser l'importance des luttes secondaires ; ils y liront les marques d'authentiques oppositions entre analyses, stratégies et comportements qu'ils retraduiront en termes de pluralisme. La prédominance de l'une ou l'autre perspective est ainsi affectée par une conjoncture idéologique globale. La désuétude contemporaine de l'idée de Révolution, la difficulté de penser de manière plausible un « ailleurs » ou une altérité radicale, favorisent aujourd'hui un décodage du milieu décisionnel central dans les termes de la problématique du pluralisme ; si relatif qu'il soit.

L'autre facteur qui pèse sur l'interprétation en termes de monisme ou de pluralisme, est de nature très différente. Il s'agit en effet de distinguer les niveaux décisionnels. Pour Lowi par exemple, l'analyse pluraliste conserve toute sa force lorsqu'il s'agit de prendre des décisions en des domaines élargis qui intéressent différents secteurs de la société ou bien commandent l'attribution de biens non divisibles comme les principes de base de la fiscalité, l'organisation administrative du pays, la protection de l'environnement, etc. Devant la perspective d'une modification du droit en vigueur, il existe alors toute une série de groupes d'intérêt qui sont susceptibles de se mobiliser et poursuivre chacun les objectifs auxquels ils sont plus particulièrement attachés. En revanche, lorsqu'il s'agit de prendre des décisions à caractère beaucoup plus sectoriel, peuvent se mettre en place des configurations de décideurs relativement stables qui veillent à défendre leurs chasses gardées respectives et, dans ce but, concluent des alliances avec leurs partenaires (les *community networks*).

Ces interactions entre groupes d'intérêt dominants, haute fonction publique et dirigeants politiques peuvent s'exprimer selon deux modalités principales. La première implique des contacts institutionnels très développés au sein de comités consultatifs, groupes mixtes d'experts, conseils économiques et sociaux : c'est le modèle néocorporatiste décrit dans les années 1980 par Schmitter ou Lehmbruch. Dans ce type de figure, les élites dirigeantes évitent de poser les problèmes devant l'opinion publique et d'appeler à la mobilisation de leurs bases respectives, car les compromis et ajustements d'intérêts s'opèrent plus facilement quand le débat n'a pas introduit des polarisations émotionnelles excessives. Cependant, il peut leur arriver d'être débordées par une base impatiente comme cela se produit fréquemment en France dans le secteur de l'agriculture ou de l'éducation nationale. Restent, en revanche, à l'écart de ce milieu décisionnel intégré les dirigeants politiques d'opposition et, surtout, ceux des responsables syndicaux ou associatifs qui demeurent voués à des stratégies protestataires bruyantes, dans les médias ou dans la rue. Ponctuellement efficaces lorsque le rapport de forces est favorable, celles-ci expriment en règle générale l'impossibilité de peser utilement de l'intérieur sur les processus décisionnels effectifs.

La seconde modalité privilégie les contacts informels, facilités par les relations de commune formation et d'interconnaissance. Dans l'enquête menée par Franck Wilson auprès des dirigeants de groupes d'intérêt français, près de 70 % des représentants d'organisation patronales déclaraient avoir « très souvent » ou « presque tous les jours » des contacts avec des hauts fonctionnaires ou des élus réputés très efficaces[1]. C'est ce que l'on appelle aujourd'hui les réseaux d'action publique. Ils prennent la forme de *policy communities*, c'est-à-dire de communautés décisionnelles largement hermétiques qui fonctionnent dès lors qu'une initiative doit être prise dans un secteur déterminé : l'énergie nucléaire par exemple, la santé publique ou l'enseignement[2]. Ils peuvent aussi constituer de simples réseaux d'interconnaissance ou se mettre en place, de façon plus éphémère, autour d'un problème précis à régler ; on pourra alors parler de « réseaux thématiques » (*issue networks*)[3]. Comme l'écrit Gilles Massardier : « La notion de réseaux d'action publique assure une jonction entre deux approches des relations État/société qui ont toujours été opposées : élitisme et pluralisme »[4]. Les réseaux remettent en question la coupure privé/public ; ils mettent aussi en évidence la pluralité des rationalités d'acteurs, qu'ils soient des politiques, des fonctionnaires, des responsables économiques ou des associatifs. En même temps, ils ne sauraient faire oublier la clôture qu'implique leur seule existence, puisque la masse des citoyens ordinaires reste à l'écart de ces relations de connivence.

Dans les travaux des dix dernières années, une évolution sensible concerne l'importance reconnue aux acteurs individuels. Ils sont

1. Franck WILSON, « Les groupes d'intérêt sous la Ve République », *Revue française de science politique*, 1983, p. 239.
2. L'une des principales raisons de la chute de Claude Allègre en avril 2000 est d'avoir voulu modifier la configuration des partenaires décisionnels concernant la réforme des lycées et collèges.
3. Andy SMITH, « Réintroduire la question du sens dans les réseaux d'action publique », *in* P. LE GALÈS, M. THATCHER, *Les Réseaux de politique publique. Débat autour des policy networks*, Paris, L'Harmattan, 1995, p. 113 sq.
4. Gilles MASSARDIER, *op. cit.* p. 139.

largement absents des thèses monistes d'inspiration marxiste qui privilégient les classes sociales ou les fractions de classes. Ils le sont également dans les approches de type pluraliste ou néocorporatiste qui insistent sur les rapports de force entre organisations, institutions et bureaucratie. Luc Bostanski et Laurent Thévenot ont souligné l'importance des systèmes de légitimation de l'action propres à des milieux sociaux différents : le monde des managers d'entreprise qui pensent en termes de profitabilité, celui des experts qui valorisent la rationalité technique, ou encore le monde des politiques pour qui le soutien des citoyens est l'exigence primordiale[1]. Dans les négociations avec les partenaires du processus décisionnel, il en résulte des types d'argumentaires et des stratégies de présentation de soi contrastés dont l'efficacité immédiate n'est pas sans rapport avec les qualités personnelles de persuasion de chacun des acteurs.

Orientation bibliographique

Classiques

BOTTOMORE Tom, *Élites et société* (1964), Trad., Paris, Stock, 1967.

BURNS James, *Leadership,* New York, Harper and Row, 1978.

DAHL Robert, *Qui gouverne ?* (1961), Trad., Paris, A. Colin, 1971.

EDELMAN Murray, *The Symbolic Uses of Politics,* Chicago, University of Illinois Press, 1964, Chap. IV.

ÉLIAS Norbert, *La Société de cour* (1969), Trad., Paris, Flammarion, 1985.

HOBBES Thomas, *Léviathan* (1651), Trad., Paris, Sirey, 1971.

LIPSET Seymour, *L'Homme et la politique* (1959), Trad., Paris, Seuil, 1963.

MACHIAVEL, *Le Prince* (1513), Trad., *in Œuvres complètes,* Paris, Gallimard, 1952.

MILBRATH Lester, GOËL M.L., *Political Participation. Why People Get Involved in Politics ?* 2e édition, Chicago, Rand Mc Nally, 1977.

MILL John Stuart, *Considérations sur le gouvernement représentatif* (1861), Trad., Paris, Guillaumin, 1862.

PARETO Vilfredo, *Traité de sociologie générale* (1916), Trad., Paris, Plon, 1959.

PARETO Vilfredo, *The Rise and Fall of the Elites. An Application of Theoretical Sociology*, Trad., Totowa, Bedminster Press, 1968.

1. Luc BOLTANSKI, Laurent THÉVENOT, *De la Justification,* Paris, Gallimard, 1991.

ROUSSEAU Jean-Jacques, *Le Contrat Social* (1762), rééd., Paris, Gallimard, 1964, *Écrits politiques*, p. 350 et s.
WEBER Max, *Le Savant et le politique* (1919), Trad., Paris, Plon, 1959.
WRIGHT-MILLS Charles, *L'Élite du pouvoir* (1956), Trad., Paris, Maspero, 1969.

Études contemporaines

ACHIN Catherine *et alii*, *Sexes, genre et politique,* Paris, Economica, 2007.
ACHIN Catherine, LEVÊQUE Sandrine, *Femmes en politique*, Paris, La Découverte, 2007.
BRIQUET Jean-Louis, SAWICKI Frédéric (Dir.), *Le Clientélisme politique dans les sociétés contemporaines,* Paris, PUF, 1998.
BERTIN-MOUROT Bénédicte, *Vers un Modèle européen de dirigeants ? Comparaison Allemagne/France/Grande-Bretagne,* Paris, Éd. du CNRS, 1996.
BURDEAU François, *Histoire de l'administration française,* Paris, Montchrestien, 1991.
BUSINO Giovanni, *Élite(s) et élitisme,* Paris, PUF, 1992.
CAYROL Roland, PARODI Jean-Luc, YSMAL Colette, *Le Député français,* Paris, Presses de la FNSP, 1973.
CHAGNOLLAUD Dominique, *Le Premier des ordres,* Paris, Fayard, 1991.
CLAISSE Alain, MEININGER Marie-Christine, *Fonctions publiques en Europe*, Paris, Montchrestien, 1994.
COLLOVALD Annie, « La République des militants. Recrutement et filières de la carrière politique des députés socialistes » *in* P. BIRNBAUM, *Les Élites socialistes au pouvoir, op. cit.* p. 11.
COSTA Olivier, KERROUCHE Éric, *Qui sont les députés français ?,* Paris, Presses de Sciences Po, 2007.
CREAM, *Le Cumul des mandats et des fonctions*, Paris, La Documentation française, 1998.
D'ARCY François (Dir.), *La Représentation,* Paris, Economica, 1985.
DE BAECQUE Francis, QUERMONNE Jean-Louis, *Administration et politique sous la Ve République,* Paris, Presses de la FNSP, 1981.
DOGAN Mattéi (Éd.), *Pathways to Power. Selecting Rulers in Pluralist Democracies*, San Francisco, Westview Press, 1989.
DOGAN Mattéi (Éd.), *Elite Configurations at the Apex of Power,* Leiden, Brill, 2003.
DUBET François, *Le déclin des institutions,* Paris, Seuil, 2002.
DUBOIS Vincent, DULONG Delphine (Dir.), *La Question technocratique. De l'invention d'une figure aux transformations de l'action publique*, Strasbourg, Presses universitaires de Strasbourg, 1999.

DUPUY François, THOENIG Jean-Claude, *L'Administration en miettes,* Paris, Fayard, 1983.

DUPUY François, THOENIG Jean-Claude, *Sociologie de l'administration,* Paris, A. Colin, 1983.

FOURNIER Jacques, *Le Travail gouvernemental,* Paris, Presses de la FNSP, 1987.

GAÏTI Brigitte, « Politique d'abord. Les chemins de la réussite ministérielle dans la France contemporaine », *in* P. BIRNBAUM, *Les Élites socialistes au pouvoir, op. cit.* p. 3.

GASPARD Françoise (Dir.), *Les Femmes dans la prise de décision en France et en Europe*, Paris, L'Harmattan, 1997.

GIDDENS Anthony, HELD David, *Classes, Power and Conflict. Classical and Contemporary Debates*, Basingstoke, MacMillan, 1982.

GILL Graeme, *The Dynamics of Democratization. Elites, Civil Society and the Transition Process*, Basingstoke, St Martin's Press, 2000.

GILL Roger, *Theory and Practice of Leadership*, Londres, Sage, 2006.

GRÉMION Catherine, *Profession : décideur. Pouvoir des hauts fonctionnaires et réforme de l'État*, Paris, Gauthier-Villars, 1979.

HICKMAN Gill (Éd.), *Leading Organizations. Perspectives for a New Era,* New York, Sage, 1998.

HOLLINGER Robert, *The Dark Side of Liberalism. Elitism v/s Democracy,* Westport, Praeger, 1996.

JEANNENEY Jean-Noël, *L'Argent caché. Milieux d'affaires et pouvoirs politiques dans la France du XXe siècle*, Paris, Fayard, 1981.

JOBERT Bruno, MULLER Pierre, *L'État en action. Politiques publiques et corporatismes*, Paris, PUF, 1989.

KESSLER Jean-François, *L'École Nationale d'Administration, la société, l'État,* Paris, Berger-Levrault, 1985.

KRAMER Roderick, *Psychology of Leadership. New Perspectives and Research*, Mahwak (NJ) Erlbaum, 2004.

LEHMBRUCH Gerhard, SCHMITTER Philip, *Patterns in Corporatist Intermediation,* Londres, Sage, 1982.

LEMIEUX Vincent, *Les réseaux d'acteurs sociaux*, Paris, PUF, 1999.

LÉVÊQUE Sandrine, « L'entrée en politique. Bibliographie sur les conditions sociales de la professionnalisation et de la « réussite » politique en France », *Politix*, 1996, n° 40, p. 171-187.

MENDRAS Henri, SULEIMAN Ezra (Dir.), *Le Recrutement des élites en Europe,* Paris, La Découverte, 1995.

NYE Joseph, *The Powers to Lead,* Oxford, Oxford University Press, 2008.

PÉLASSY Dominique, *Qui gouverne en Europe ?,* Paris, Fayard, 1992.

PIONCHON Sylvie, DERVILLE Grégory, *Les Femmes et la politique,* Grenoble, PUG, 2004.

PFISTER Thierry, *La République des fonctionnaires,* Paris, A. Michel, 1988.

POLITIX, « Entrées en politique. Apprentissages et savoir-faire », Paris, Presses de Sciences Po, 1996, n° 40.

PUTNAM Robert, *Democracies in Flux. The Evolution of Social Capital in Contemporary Society*, Oxford, Oxford University Press, 2002.

QUERMONNE Jean-Louis, *L'Appareil administratif de l'État,* Paris, Seuil, 1991.

RÉMOND René, COUTROT Aline, BOUSSARD Isabelle, *Quarante ans de cabinets ministériels,* Paris, Presses de la FNSP, 1982.

SINEAU Mariette, *Des Femmes en politique,* Paris, Economica, 1988.

SMITH Andy, SORBETS Claude (Dir.), *Le Leadership politique et le territoire. Les cadres d'analyse en débat,* Rennes, PUR, 2003.

THOENIG Jean-Claude, *L'Ère des technocrates,* 2e édition, Paris, L'Harmattan, 1987.

TSEBELIS George, *Veto Players. How Political Institutions Work*, Princeton University Press, 2002.

* *Sur les catégories dirigeantes*

ABERBACH Joel, PUTNAM Robert, ROCKMAN Bert, *Bureaucrats and Politicians in Western Democracies*, Cambridge, Harvard University Press, 1981.

BAUER Michel, *Les 200. Comment devient-on un grand patron ?,* Paris, Seuil, 1987.

BAUER Michel, COHEN Élie, *Qui gouverne les groupes industriels ?,* Paris, Seuil, 1981.

BAUER Michel, BERTIN-MOUROT Bénédicte, *L'ENA est-elle devenue une Business School ? Étude sociologique sur les Énarques devenus cadres d'entreprises de 1960 à 1990,* Paris, L'Harmattan, 1997.

BELLIER Irène, *L'ENA comme si vous y étiez,* Paris, Seuil, 1993.

BIRNBAUM Pierre, *Les Sommets de l'État. Essai sur l'élite du pouvoir en France*, Paris, Seuil, 1977, rééd, 1994.

BIRNBAUM Pierre (Dir.), *Les Élites socialistes au pouvoir,* Paris, PUF, 1985.

BLOCH-LAINE François, *Profession : fonctionnaire*, Paris, Seuil, 1976.

BODIGUEL Jean-Luc, QUERMONNE Jean-Louis, *La Haute fonction publique sous la V*[e] République, Paris, PUF, 1983.

BODIGUEL Jean-Luc, ROUBAN Luc, *Le Fonctionnaire détrôné ?,* Paris, Presses de la FNSP, 1991.

BOURDIEU Pierre, *La Noblesse d'État. Grandes Écoles et esprit de corps*, Paris, Minuit, 1989.

CEVIPOF, « Les Énarques en cabinets. 1984-1996 », Cahiers n° 17, juin 1997.
CEVIPOF, « Les Préfets de la République. 1870-1997 », Cahiers n° 26, janvier 2000.
CHAGNOLLAUD Dominique, *Le Premier des ordres,* Paris, Fayard, 1991.
CHARLE Christophe, *Les Hauts fonctionnaires en France au XIXe siècle*, Paris, Gallimard, 1980.
CHARLE Christophe, *Les Élites de la République*, Paris, Fayard, 1987.
COENEN-HUTHER Jacques, *Sociologie des élites*, Paris, A. Colin, 2004.
CURAPP, *La Haute administration et la politique*, Paris, PUF, 1986.
DAGNAUD Monique, MEHL Dominique, *L'Élite rose. Qui gouverne ?,* 2e édition, Paris, Ramsay, 1988.
ESTÈBE Jean, *Les Ministres de la République,* Paris, Presses de la FNSP, 1982.
EYMERI Jean-Michel, *La Fabrique des Énarques,* Paris, Economica, 2001.
GRÉMION Pierre, *Le pouvoir périphérique. Bureaucrates et notables dans le système politique français*, Paris, Seuil, 1976.
HARTMANN Michael, *The Sociology of Elites,* Londres, Routledge, 2007.
KESSLER Marie-Christine, *Les Grands corps de l'État,* Paris, Presses de la FNSP, 1986.
LACAM Jean-Patrice, *La France, une République de mandarins ?*, Bruxelles, Complexe, 2000.
LACORNE Denis, *Les Notables rouges,* Paris, Presses de la FNSP, 1980.
POUVOIRS, « Des fonctionnaires politisés », Paris, PUF, 1987, n° 40.
POUVOIRS, « L'ENA », Paris, Seuil, 1997, n° 80.
PUTNAM Robert, *The Comparative Study of Political Elites*, Englewoods Cliffs, Prentice Hall, 1976.
RONDIN Jacques, *Le Sacre des notables. La France en décentralisation*, Paris, Fayard, 1985.
ROUBAN Luc, *La Fonction publique,* 2e édition, Paris, La Découverte, 2004.
ROUBAN Luc, *La Fin des technocrates ?*, Paris, Presses de Sciences Po, 1998.
SULEIMAN Ezra, *Les Élites en France. Grands Corps et grandes écoles*, Paris, Seuil, 1979.
SULEIMAN Ezra, *Les Hauts fonctionnaires et la politique*, Trad., Paris, Seuil, 1976.
WILLIAMS Hywell, *Britain's Power Elites. The Rebirth of a Ruling Class*, Londres, Constable, 2006.

Chapitre 11
Le métier et l'action politique

L'activité politique des représentants et gouvernants a toujours revêtu une forme de spécificité dans les sociétés organisées, quelle soit la nature du régime en place : monarchies absolues, dictatures militaires, oligarchies marchandes, etc. Mais, à l'époque moderne, le processus de différenciation a connu des développements inédits du fait de la complexification des institutions politiques. La classe politique s'est étoffée : elle ne se réduit plus au Prince et à ses conseillers. Elle s'est professionnalisée : représentants et gouvernants ont conscience d'exercer un métier, pour lequel ils obtiennent d'ailleurs une rémunération. Dans les démocraties pluralistes, les rapports entre représentés et représentants ont acquis une certaine sophistication, du fait des élections à répétition et de la pression constante que l'opinion publique exerce sur les gouvernants. Il leur faut constamment faire campagne, justifier l'action entreprise, répondre aux critiques. Depuis la naissance de la presse écrite jusqu'au triomphe contemporain d'Internet, les révolutions technologiques qui se sont succédé dans le domaine de l'information, ont bouleversé les conditions d'exercice du métier politique. Enfin, les capacités administratives et financières d'intervention des gouvernants dans la société se sont considérablement accrues, offrant la possibilité de mettre en œuvre des politiques publiques ambitieuses dans des domaines aussi variés que la sécurité, l'éducation, la santé publique, les moyens de communication, la culture, la préservation de l'environnement ou la protection du patrimoine.

L'action politique vise toujours à satisfaire des attentes. Ne serait-ce que pour se pérenniser, tout système de gouvernement a besoin de mobiliser des soutiens. Même les dirigeants d'un régime dictatorial doivent, au moins, offrir des motifs de satisfaction aux forces de répression sur lesquelles s'appuie leur pouvoir ; ils s'y emploient en concédant des avantages matériels (soldes élevées, privilèges économiques, butins de guerre) et des gratifications symboliques (un statut prestigieux dans la société, la possibilité de s'identifier à une Cause valorisante comme la gloire du Prince ou la grandeur de la Patrie). Dans une démocratie qui se définit comme « un gouvernement *pour* le Peuple » (Lincoln), la satisfaction des citoyens est la seule ambition vraiment légitime des représentants. L'action politique est censée viser systématiquement cet objectif, ce que traduit la notion d'intérêt général. Mais, bien entendu, la lutte contre les motifs de mécontentement de toutes les catégories sociales n'exclut pas une attention particulière aux exigences de celles dont la capacité de résistance est la plus redoutable ou l'appui politique jugé le plus décisif.

La satisfaction des gouvernés est une notion subjective[1]. Certes, elle s'inscrit dans un cadre objectif qui facilite ou décourage son émergence. On conçoit bien que la montée du chômage, la baisse du pouvoir d'achat, les atteintes à la qualité de l'environnement multiplient les mécontents. Cependant, il n'existe pas de relation linéaire entre ces indicateurs et l'état de l'opinion publique. L'insatisfaction est, en effet, le produit d'un écart entre deux ordres de représentations. D'un côté, les perceptions négatives d'une situation (fondées ou non), de l'autre, les attentes d'amélioration considérées comme légitimes. Il s'ensuit que l'action politique des représentants et des gouvernants est gouvernée par deux stratégies. La première consiste à opérer directement au niveau de la situation elle-même, avec l'espoir de provoquer par voie de conséquence un recul des jugements négatifs et une progression des appréciations positives. Cette action sur le réel prend la forme d'une recherche des solutions les plus appropriées aux défis qui ont été identifiés : par exemple, quelles mesures efficaces faut-il prendre pour favoriser les créations d'emplois, améliorer le pouvoir d'achat, protéger la qualité de vie ? La seconde implique une politique de communication afin d'agir sur les représentations du réel, ainsi que sur les croyances qui les fondent, de façon à resserrer l'écart entre la perception de ce qui *est* et la perception de ce qui *devrait être*[2]. Vanter l'action entreprise (et les résultats obtenus quand on est au gouvernement), brosser le tableau d'un avenir meilleur à la fois possible et attrayant quand on est dans l'opposition, ces deux stratégies forment la dualité idéaltypique de toute activité politique routinière : l'action matérielle et l'action symbolique, l'une et l'autre étant d'ailleurs étroitement liées. En pratique, agir c'est réformer (ou ambitionner de le

1. V. chez John Stuart MILL, l'opposition entre bonheur et satisfaction, entre *happiness* et *content*. John Stuart MILL, *L'Utilitarisme* (1861), Trad., Paris, Flammarion, 1988, p. 53.
2. Murray EDELMAN, *Political Language. Words that Succeed and Policies that Fail.* New York, Academic Press, 1977, p. 9 sq. Dans une expression du type : « Le chômage est insupportable mais le gouvernement fait ce qu'il peut », manque cet élément qui fait basculer l'insatisfaction en attente vis-à-vis des pouvoirs publics.

faire quand on est éloigné du pouvoir[1]), mais communiquer c'est aussi agir. Quant aux gouvernants, ils ne peuvent se contenter de prendre des initiatives isolées ou de réagir au coup par coup à la pression de l'actualité. Leur action doit pouvoir s'inscrire dans la durée et afficher un minimum de cohérence. La notion de « politique publique » et celle, plus récente, de « gouvernance », rendent compte de cette dimension de continuité.

1. Cela signifie aussi, dans certaines conjonctures politiques, former un projet révolutionnaire.

Section 1
L'exercice du pouvoir

Le métier de gouvernant et de représentant s'exerce dans des conditions bien particulières. Relevons trois caractéristiques particulièrement notables de l'action législative et gouvernementale.

La première est *l'abolition tendancielle de la coupure entre les paroles* (réputées stériles) *et les actes* (réputés féconds). L'action politique met clairement en évidence la fragilité de cette opposition qu'affectionne pourtant le sens commun. Prendre position (en faveur d'une politique, d'un projet de loi...), plaider un dossier ou combattre une réforme par la parole, c'est déjà agir. Quant au processus de décision proprement dit, s'il comporte une phase de mise en œuvre matérielle sur le terrain, c'est en amont que se manifeste plus particulièrement le rôle des représentants et des gouvernants : dans la définition des problèmes à traiter, dans la formulation des solutions concevables, dans la justification des mesures prises ou à prendre. La capacité d'analyse et de persuasion joue un rôle prépondérant, de même que l'aptitude à communiquer (*infra*, section II).

Une seconde caractéristique est *le poids des contraintes* de tous ordres qui réduisent considérablement la marge de manœuvre des gouvernants. Il existe un fort contraste entre l'ampleur des pouvoirs constitutionnellement dévolus au législateur, et la réalité de ses capacités concrètes de réforme ; entre les espérances soulevées par les candidats lors des campagnes électorales, et les résultats qu'ils obtiennent dans l'exercice de leur mandat. Ces contraintes sont de nature variée. Mentionnons d'abord l'importance des engagements juridiques : internes, européens et internationaux. Si, dans le budget de l'État par exemple, les dépenses publiques atteignent un volume élevé, en fait, plus de 90 % d'entre elles renvoient à des obligations rigides qu'il est très difficile d'éluder. Elles correspondent soit à des dépenses de fonctionnement, d'entretien et de maintenance, soit aux rémunérations d'agents titulaires protégés par le statut de la fonction publique, soit aux tranches en cours d'exécution de programmes pluriannuels d'équipements. Quant aux initiatives réellement nouvelles, elles s'inscrivent nécessairement dans un réseau complexe de contraintes administratives, techniques et financières auxquelles s'ajoutent les résistances prévisibles de groupes d'intérêt, voire de catégories sociales tout entières. Une politique à la fois ample et innovatrice a pour effet d'engendrer de proche en proche des vagues successives de mécontents car les bénéfices escomptés apparaissent généralement avec un temps de retard tandis que les coûts des remises en cause sont perçus immédiatement. Les réformes les plus longtemps différées, quand même elles sont les plus nécessaires, sont celles qui contiennent des dispositions impopulaires et n'entraînent des effets positifs qu'à long terme.

Dans les démocraties pluralistes, les échéances électorales rapprochées rendent particulièrement délicates, pour les gouvernements, ces déstabilisations transitoires qui accompagnent les changements effectifs. Il s'ensuit que les transformations sociales envisageables sans risque politique majeur sont celles qui s'inscrivent si étroitement dans les exigences du développement de la société qu'elles sont reprises ou confirmées (après un éventuel « délai de décence ») par les adversaires politiques eux-mêmes, lorsqu'ils arrivent à leur tour au pouvoir. L'histoire des trente dernières années dans les démocraties industrielles a montré que celles des politiques publiques innovatrices qui ont pu effectivement être mises en œuvre, ont été, *de facto*, consensuelles c'est-à-dire non affectées par l'alternance politique[1].

Une troisième caractéristique est *la difficulté d'anticiper et maîtriser les effets à terme* d'une action législative concrète, ce qui rend donc aléatoire l'évaluation des satisfactions qu'elle pourra engendrer. Par exemple, des mesures de lutte contre le chômage ont souvent été adoptées qui n'ont pas produit les effets souhaités. Soit par méconnaissance de leur intérêt réel, chez les entrepreneurs ou les demandeurs d'emploi ; soit par suite d'erreurs d'appréciation sur les conditions concrètes du marché du travail. Plus largement, toute action réformatrice suscite des « effets émergents », produits par l'agrégation de réactions individuelles, qui débouchent sur des résultats non prévus. L'amélioration des axes de pénétration routière dans les grandes villes a conduit, par exemple, aux embouteillages et engorgements que l'on souhaitait précisément combattre (effet pervers, c'est-à-dire ni souhaité ni souhaitable). Enfin, bien des initiatives d'ordre social peuvent se

1. Bruno JOBERT, Pierre MULLER, *L'État en action. Politiques publiques et corporatismes,* Paris, PUF, 1987, p. 151 sq. Richard ROSE, *Do Parties Make a Difference ?,* Londres, MacMillan, 1984. Également, Ezra SULEIMAN, Guillaume COURTY, *L'Âge d'or de l'État*, Paris, Seuil, 1998, p. 300-304.

révéler, avec le temps, dysfonctionnelles ou excessivement coûteuses du fait de la transformation des conditions économiques. Or il est toujours difficile de revenir sur les « acquis sociaux ».

En termes de satisfactions offertes, l'action des gouvernants s'apparente à bien des égards à l'entreprise de Sisyphe avec son rocher. C'est le problème de la frustration relative (Dollard, Gurr) dans une société d'intense communication où la comparaison entre les satisfactions respectivement obtenues par les uns et par les autres est toujours possible. Deux facettes doivent être considérées. Tout d'abord le fait que d'indéniables avantages accordés à une catégorie sociale ou à une région, relancent ailleurs le sentiment d'être défavorisé ou injustement oublié. L'existence de régimes spéciaux de retraites, plus avantageux, aura alimenté le mécontentement envieux de ceux qui en étaient exclus ; l'excellent développement autoroutier d'un département intensifie l'impression que, dans le département voisin, on se trouve « enclavé » ou à l'écart. L'autre facette de la frustration relative renvoie au souci de « distinction », envisagé ici comme la préoccupation de se démarquer, de maintenir la distance qui valorise[1]. Une politique globale de relèvement des plus bas salaires suscite des insatisfactions dans les catégories qui se trouvent rattrapées, provoquant la relance de nouvelles exigences. Le phénomène est bien connu dans la fonction publique où toute amélioration accordée à un corps risque de déclencher de proche en proche des grappes de revendications analogues. Les concessions matérielles et statutaires faites aux gendarmes (automne 2001) ont relancé les revendications des policiers. Cette situation contribue finalement à provoquer une rigidification considérable des hiérarchies indiciaires, compensée le cas échéant par des rémunérations invisibles. Ainsi peut-on dire qu'une politique globale visant à offrir des satisfactions est toujours génératrice d'autres insatisfactions. D'où ce décalage, parfois, entre d'incontestables réalisations matérielles des pouvoirs publics et la persistance d'un mécontentement important dirigé contre eux.

Identifions maintenant les activités politiques routinières des représentants et gouvernants avant d'évoquer, dans un développement séparé, les rapports toujours complexes en démocratie, du politique et de l'expert.

1. Pour une analyse du rôle de la consommation comme moyen de maintenir les écarts entre classes sociales, Jean BAUDRILLARD, *Pour une critique de l'économie politique du signe,* Paris, Gallimard, 1972.

§ 1. L'univers des pratiques

Celles-ci peuvent être regroupées autour de quatre axes.

A Plaider

Les représentants et dirigeants politiques se doivent d'être des avocats, des passeurs et des courtiers. Une première acception de ce rôle consiste à démarcher les autorités dont dépendent les initiatives souhaitées. Les députés interviennent en faveur de leur circonscription et de leurs électeurs, ou encore en faveur d'intérêts sectoriels de groupes sociaux particuliers... sans oublier de se battre pour l'idée qu'ils se font de l'intérêt général. Les ministres consacrent une part essentielle de leur énergie à tenter d'obtenir du gouvernement des arbitrages favorables à leur département, tout en cherchant à convaincre leurs interlocuteurs sociaux du bien-fondé des choix qu'ils envisagent de faire ou qu'ils ont déjà arrêtés. Tous font état, en retour, des résultats obtenus ou escomptés, jouant ainsi le rôle de courroies de transmission entre les gouvernés et d'autres gouvernants. Une seconde acception renvoie à la qualité d'intermédiaire qui jette des ponts entre des mondes qui se connaissent mal. En contact avec des catégories d'électeurs extrêmement différentes (personnes âgées et jeunes chômeurs, milieux d'affaires et petits salariés...), l'élu doit savoir traduire leurs aspirations auprès d'institutions ou d'experts qui ne parlent pas leur langage, n'ont pas nécessairement les mêmes valeurs de référence. En matière de sécurité urbaine par exemple, il n'est pas simple de dégager un dénominateur commun entre le point de vue des services de police et celui des usagers des transports publics, les frayeurs de certaines populations vulnérables et les exigences des associations de défense des droits de l'Homme, sans oublier cette fluide « opinion publique » influencée par la presse locale. À ce niveau, les élus jouent normalement un rôle essentiel dans la construction d'un minimum de compréhension commune du problème à gérer[1].

Dans l'exercice de cette activité, les représentants doivent savoir déployer tout un éventail de qualités associées à des capacités d'adaptation et de persuasion. C'est d'abord l'art de la parole ciblée,

1. Sur ce rôle d'intermédiaire en politique, Olivier NAY, Andy SMITH, « Les Intermédiaires en politique. Médiation et jeux d'institutions », *in* O. NAY, A. SMITH, *Le Gouvernement du compromis,* Paris, Economica, 2002, p. 11-17.

qui renvoie aussi bien à l'éloquence du tribun de meeting qu'à l'habileté d'expression en comités restreints ; à la télégénie dans les médias aussi bien qu'à l'art de la controverse en séance publique du Parlement. C'est aussi la capacité d'extraire d'un dossier complexe, voire techniquement rebutant, les éléments d'argumentation propres à valoriser la solution soutenue et neutraliser les résistances prévisibles dans l'opinion publique. Cela suppose une forme déterminée d'agilité intellectuelle, différente par exemple de celle qu'on exige de l'expert. C'est enfin la maîtrise de techniques de séduction propres à mobiliser des soutiens. De l'art du compliment choisi à la politique du service rendu, en passant par l'affichage de sa « proximité », l'arsenal est large des techniques utilisables par un responsable politique en direction de ses électeurs et de ses collègues ; en direction également des journalistes, des leaders d'opinion, des partenaires économiques et sociaux. Avoir le sens du dialogue ou, simplement, celui des gestes qui incitent les partenaires sociaux ou politiques à se montrer plus coopératifs, ou simplement moins hostiles, est une qualité d'importance majeure dans la culture démocratique contemporaine.

L'un des problèmes essentiels du métier politique, envisagé sous ce rapport, c'est l'émergence de contradictions parfois insolubles entre les intérêts défendus. Si l'on raisonne sur le seul exemple du député, on voit bien qu'il n'y a pas nécessaire convergence entre les plaidoyers prononcés, les uns en faveur de l'ensemble de la circonscription, les autres en faveur des noyaux les plus fidèles de son électorat. Se battre pour faire reconnaître les aspirations majoritaires des électeurs peut contredire les intérêts de groupes de pression influents. Dans une circonscription rurale à population âgée, la préoccupation de lutter contre le déclin économique incite normalement le député à se battre pour favoriser la création d'emplois ; mais l'arrivée d'une grosse entreprise est de nature à bouleverser les conditions de vie d'une partie de son électorat, voire à susciter quelque crainte au sein d'un patronat local qui lui était jusqu'ici acquis. Ces contradictions constituent le tissu quotidien des problèmes que doit affronter le représentant. *A fortiori* en est-il de même pour le ministre qui reçoit les doléances contradictoires de différents partenaires économiques et sociaux. Il lui faut néanmoins s'efforcer d'apparaître comme un arbitre impartial sous peine de susciter la suspicion, puis l'hostilité de ceux qui le jugeront comme le défenseur d'intérêts partisans.

B Participer à des processus décisionnels

Selon des modalités inégales, les élus et responsables politiques sont parties prenantes aux processus législatifs ou réglementaires, certains d'entre eux jouant un rôle plus important d'initiative et de direction du processus. En démocratie, la participation des représentants à l'élaboration de la loi est organisée par la constitution, les lois organiques et les règlements des assemblées. L'examen des textes en commission, avant la discussion en séance plénière et publique, est la règle. Mais si la majorité parlementaire est disciplinée, la marge de manœuvre des élus de l'opposition se trouve considérablement réduite, ce qui les contraint à se contenter pour l'essentiel d'effets rhétoriques.

Le pouvoir d'initiative est un élément-clé de tout processus décisionnel. Il a d'abord une signification d'ordre purement juridique. C'est ainsi que la constitution française reconnaît aux députés et sénateurs le droit de déposer des propositions de loi... qui ont généralement vocation à rester lettre morte. En revanche, les projets de lois d'initiative gouvernementale bénéficient d'une priorité de discussion devant les assemblées. Mais le pouvoir d'initiative, au sens fort, c'est la capacité de lancer un processus décisionnel en suscitant une dynamique d'études, de concertations et de négociations. Dans les démocraties contemporaines, cette prérogative appartient toujours à l'exécutif. Au niveau national, c'est principalement le rôle des ministres et, surtout, du chef de l'exécutif qui a autorité sur eux. En mobilisant leurs administrations, en mettant en place des comités d'experts, en ouvrant un dialogue avec des partenaires sociaux représentatifs, les gouvernants dessinent ainsi les contours du système d'interactions ou, si l'on préfère, de la « configuration décisionnelle » (*issue network*) au sein de laquelle prendra progressivement forme le projet de texte. Dès lors, conduire un processus d'élaboration législative ou réglementaire, c'est d'abord coordonner les interventions de tous ceux (hauts fonctionnaires, membres des cabinets, experts, responsables d'organismes professionnels, syndicaux ou associatifs, etc.) qui, à un moment ou à un autre, de façon permanente ou ponctuelle, interviennent dans le travail d'étude et rédaction du projet. Mais le pouvoir d'initiative, c'est aussi celui de peser politiquement sur l'évolution des négociations en cours, mobiliser des soutiens, trancher des points controversés, réduire les résistances qui se manifestent contre telle ou telle disposition ; en d'autres termes, c'est faire vivre une « structure de décision ». Un aspect essentiel de cette tâche est la coordination des points de vue des divers ministères concernés, assurée par les arbitrages successifs du chef de l'exécutif (en France, cela suppose une bonne harmonie entre le président de la République et son Premier ministre).

Cette tâche d'impulsion et de coordination requiert des élus et des gouvernants, comme le notait déjà Roberto Michels, « une connaissance approfondie de l'engrenage social et surtout du mouvement et du fonctionnement de la machine politique ». Concrètement, cela signifie d'abord maîtriser des connaissances sociologiques d'ordre empirique : il faut savoir saisir les aspirations et problèmes des groupes sociaux, jauger l'intensité réelle de leurs attentes, identifier les résistances prévisibles et les acteurs incontournables. Cela signifie aussi des connaissances juridiques, au moins élémentaires, sur l'organisation et le fonctionnement des pouvoirs publics, les dispositions qui régissent, dans leurs grandes lignes, les dossiers traités. Enfin, cela suppose une aptitude particulière à identifier, dans la sphère des catégories dirigeantes, qui fait quoi pour évaluer rapidement représentativité, autorité, capacité de soutenir ou d'entraver. En effet, l'activité d'impulsion d'un processus décisionnel ou, plus largement, d'une politique publique, suppose un sens stratégique développé, c'est-à-dire l'art de coordonner au meilleur moment les ressources indispensables (informations, pressions, moyens de persuasion) pour atteindre un objectif analysé comme accessible, et ce, malgré les obstacles qui ne manqueront pas de surgir.

C Décider et endosser des décisions

Les membres d'une Assemblée qui appartiennent à la majorité gouvernante et, plus largement, ceux qui votent le texte de loi, en assument la paternité mais aussi la responsabilité politique. Il en va de même des ministres qui ont siégé au Conseil où a été adopté un règlement ou un décret. Cette double dimension (décider et assumer) se matérialise juridiquement, chez les gouvernants, par la signature ou le contreseing qu'ils apposent au bas du texte législatif ou réglementaire ; mais elle a une traduction publique dans ces formules courantes du langage politique : « Le Parlement a adopté... » ; « Le Gouvernement a décidé... » ; « J'ai pris la décision de... ». Ces procédés banals d'endossement recouvrent cependant une réalité à multiples facettes où se distinguent trois situations.

Tout d'abord les gouvernants sont conduits à apposer leur signature au bas de décisions si mineures à leurs yeux qu'ils se sont désintéressés en fait de leur contenu, totalement préparé par leurs collaborateurs ou leurs services administratifs. Ainsi de nombreuses nominations à des emplois peu sensibles politiquement ; ainsi, encore, d'actes de procédure sans portée remarquable ou de règlements à caractère technique. Le rôle du politique, représentant élu, est de donner à ces mesures une aura supérieure d'autorité légitime et, parallèlement, de protéger les hauts fonctionnaires restés dans l'ombre contre tout effet en retour suscité par des mécontents.

Dans une seconde situation, les auteurs de la décision le sont au sens plein et fort du terme, ayant continûment exercé sur le processus une emprise décisive, de l'impulsion initiale à la mise en forme substantielle et au choix des solutions au fond. Cette hypothèse n'est certainement pas très fréquente ; elle ne peut concerner que des processus décisionnels courts mais jugés d'importance particulière voire exceptionnelle. Le terrain d'élection de ce type de décisions est celui de la manœuvre diplomatique délicate ou encore de la nomination aux emplois politiquement sensibles, dans la haute fonction publique d'État notamment.

C'est en fait dans une troisième hypothèse que le rôle des gouvernants apparaît dans sa réalité routinière. Des processus décisionnels complexes, qu'ils ont d'ailleurs souvent impulsés, évoluent selon leur dynamique propre ; leur attention n'a été sollicitée qu'à des phases-clés du processus, pour le relancer ou l'infléchir. Mais au stade final de maturation du projet, il leur revient d'*arrêter* la décision. L'expression doit être comprise dans son double sens : d'une part, stopper le processus de consultation et concertation, y mettre un terme ; d'autre part clicher juridiquement le produit du travail complexe effectué en amont de l'approbation définitive. Lorsque le ministre, par exemple, arrête un règlement ou le gouvernement dépose un projet de loi, ils dessaisissent la « structure de décision », informelle ou formelle, qu'ils avaient constituée pour l'étude du texte. À la fluidité constante des diverses rédactions d'avant-projets et projets se substituent la fixité et la stabilité qui caractérise le contenu d'une décision adoptée, ou soumise au vote des parlementaires.

Endosser, c'est également assumer la responsabilité politique des mesures prises, quelle que soit la part réelle d'influence exercée dans le processus d'élaboration. Il convient de rappeler que, dans la société actuelle, la solution d'un problème un tant soit peu complexe suppose la prise en compte de nombreuses contraintes : économiques, financières, techniques, administratives, juridiques voire internationales, de sorte que la latitude réelle d'action d'un dirigeant politique, fût-il très puissant, est toujours fortement limitée. Dès lors, endosser une décision, c'est surtout en travailler la meilleure « présentation sociale » possible. Sous cette expression on entend, par analogie avec la présentation commerciale d'un produit dans la sphère marchande, l'activité qui consiste à montrer la politique suivie sous le jour le plus attractif. Si les gouvernants ont constamment à expliquer leur politique, ce n'est pas avec des arguments d'ordre essentiellement technique (financier, économique, administratif...), d'autres sont mieux placés qu'eux pour le faire dans les aréopages restreints où leur compétence spécialisée peut se déployer utilement. Pour éviter le risque majeur d'ennuyer ou décevoir leur public (c'est le plus souvent le téléspectateur du 20 Heures, le badaud des inaugurations officielles), ils se doivent d'être simples sinon simplificateurs, « proches des gens » quand l'expert intimide, pugnaces et chaleureux plutôt que doctes ou précis, car l'émotion retient mieux l'attention que le raisonnement. La compétence irremplaçable des personnalités politiques, ce n'est donc pas cette illusoire super-compétence qui coifferait par le haut celle de tous leurs conseillers ou l'ensemble de leurs services ; c'est l'aptitude du pédagogue à traduire, en termes « présentables » à tous, les données d'un problème qui ne saurait être réellement accessible dans tous ses aspects ; c'est aussi l'habileté du séducteur qui suscite l'adhésion à sa personne pour obtenir le soutien aux décisions qu'il cautionne ; c'est enfin la sensibilité aux attentes du plus grand nombre qui permet de se faire le défenseur de mesures largement attendues.

D Contrôler

Bien sûr, cette fonction est d'abord l'apanage de l'opposition dont l'intérêt stratégique évident est de passer au crible d'une attention méticuleusement critique les faits et gestes, les prises de position et décisions des membres de la majorité gouvernante. Il faut en effet suggérer que les gouvernants ont failli, au moins en partie, et que l'opposition aurait su « faire mieux ». Mais cette mission de contrôle appartient aussi aux politiques installés au pouvoir. Comme ils seront tenus pour responsables des agissements de leurs services, ils ont à faire preuve d'une grande vigilance pour prévenir erreurs et bavures, anticiper des réactions hostiles sur le terrain ou désamorcer des scandales susceptibles d'être exploités contre eux. Une bonne capacité de suspicion – aux antipodes de toute naïve candeur – leur est donc nécessaire. Elle peut parfois se révéler nettement obsessionnelle, surtout dans des secteurs sensibles (le renseignement, le maintien de l'ordre, les « affaires »...), ou dans des conjonctures exceptionnellement difficiles (crises sociales...). Quant aux députés de base de la majorité, puisque leurs chances de réélection sont liées aux succès de la politique gouvernementale, ils ont également intérêt à signaler les insuffisances du gouvernement, voire à prendre leurs distances par rapport à ses échecs. Mais il leur faut aussi éviter de donner l'impression de lutter contre leur camp ; ce qui les engage parfois dans un dilemme difficile à résoudre concrètement.

La fonction de contrôle exige non seulement des dispositions d'esprit propices à la vigilance ou à la méfiance mais aussi des savoir-faire. Chez l'opposant, tout particulièrement, une bonne connaissance des maquis juridiques permet de débusquer des anomalies ou de mieux pénétrer les objectifs réels d'une politique dont la limpidité n'est pas nécessairement celle des déclarations officielles d'intentions. Le contrôle suppose aussi l'accès à des sources d'informations. En régime démocratique, celui-ci est favorisé de diverses manières : documents budgétaires obligatoires et présentation codifiée (en France, par la loi organique relative aux lois de finances, dite LOLF), rapports préparatoires aux délibérations législatives, auditions des membres du gouvernement, mise en place de commissions parlementaires d'enquêtes, etc. Il n'en demeure pas moins que subsiste une inégalité certaine entre gouvernants et opposants puisque les services administratifs, source particulièrement précieuse d'informations, sont sous l'autorité hiérarchique des ministres. Cependant, il est d'autres moyens d'investigation disponibles : outre la presse, ce sont les contacts individuels c'est-à-dire les réseaux relationnels tissés par les politiques avec des hauts fonctionnaires, des journalistes, des responsables d'organisations représentatives, etc. Ils fournissent un indispensable aliment à l'efficacité du contrôle politique.

Si la suspicion systématique, voire l'acharnement à déceler des faux pas, parait si souvent ternir la vie politique démocratique, elle constitue l'inévitable contrepartie d'une vertu de vigilance critique qui, elle, est parfaitement fonctionnelle. Les logiques propres aux diverses catégories de représentants œuvrent dans le même sens que les principes de la démocratie pluraliste qui postulent la plus large circulation possible d'informations. L'intérêt des gouvernants est de publier toutes les données qui leur sont favorables ; celui de l'opposition est de fournir au public celles que les premiers auraient voulu cacher parce qu'elles leur paraissaient embarrassantes. En définitive, ces deux rationalités contribuent, en se combinant, à offrir aux citoyens davantage d'éclairages sur les processus qui les gouvernent. Mais le bénéfice principal est sans doute ailleurs, de l'ordre d'une efficacité fonctionnelle supérieure. Une meilleure transparence facilite la détection plus rapide des dysfonctionnements, des erreurs et des anomalies qui, à terme, paralysent l'efficacité d'un régime politique. C'est en quoi la démocratie, dans les sociétés complexes, se révèle aujourd'hui, en dépit des apparences, un mode de gouvernement plus performant que les systèmes autoritaires.

§ 2. Le politique et l'expert

L'expert est le détenteur d'un savoir spécialisé, suffisamment rare pour être difficilement substituable. Les experts qui gravitent le plus fréquemment dans l'arène politique sont des économistes et des financiers, des militaires, mais aussi des spécialistes des problèmes de santé publique et d'environnement. Cependant, au sein de n'importe quel ministère, la poursuite d'un projet de réforme implique presque automatiquement la consultation de personnalités réputées pour leur connaissance des éléments spécifiques du problème à traiter. Aujourd'hui, les processus de décision politique comportent de plus en plus des dimensions techniques d'une grande complexité. Il suffit d'ouvrir le Journal officiel de l'Union européenne pour en prendre la mesure.

A Le dilemme démocratique

Faut-il être spécialiste des problèmes agricoles pour devenir ministre de l'agriculture, être militaire pour avoir la responsabilité de la défense nationale ? De toute évidence, les « exceptions » sont nombreuses. Le cursus des responsables politiques aux sommets de l'État met en évidence une autre logique. Une carrière couronnée de succès débute classiquement avec un secrétariat d'État (logement, affaires sociales, universités...) ; elle progresse avec un ministère de plein exercice dans un secteur aux enjeux réputés bien circonscrits : l'agriculture, les transports, le commerce... ; elle s'affirme avec les grands ministères-clés : les finances, l'intérieur, la défense ou les affaires étrangères ; elle est parfois couronnée avec un super-ministère aux attributions particulièrement larges. L'élément frappant est donc l'interchangeabilité des responsabilités qui contredit directement la notion de compétence spécialisée d'expert. Cette interchangeabilité implique nécessairement, chez le responsable politique, une connaissance plus lointaine des dimensions techniques des dossiers à traiter. Cette dissociation entre le politique et l'expert résulte aussi de la logique démocratique elle-même. Les maires, les présidents de région, les ministres et le chef de l'exécutif sont issus du suffrage universel. Or le savoir-faire nécessaire pour s'imposer électoralement n'est pas de même nature que le savoir-faire du gestionnaire de collectivité locale ou d'une administration publique. Arracher une bonne investiture, constituer une bonne liste, faire une bonne campagne, tout cela relève d'une forme d'habileté qui a peu à voir avec les capacités requises d'un manager.

Le problème qui se pose se décline à deux niveaux. Pour tout un courant de pensée qui trouve son origine dans la pensée saint-simonienne du XIXe siècle, il existe une opposition fondamentale entre la politique et la science. Dans une fameuse fable, Saint-Simon allait jusqu'à considérer les personnages politiques de son époque comme purement inutiles tandis qu'il préconisait l'installation directe des savants et des « industriels » au pouvoir. « Au gouvernement des hommes » devait se substituer idéalement « l'administration des choses ». Cette sensibilité a nourri une forme d'antiparlementarisme dans la première moitié du XXe siècle où il devient courant dans certains cercles (X Crise), de préconiser un gouvernement de techniciens. Saint-Simon voulait abolir la politique au nom d'une forme supérieure de démocratie ; dans cette nouvelle sensibilité, la démocratie est associée à l'incompétence et au bavardage. Avec le souhait de montée en puissance des experts, certains veulent changer de régime politique tandis que d'autres, plus nombreux il est vrai, souhaitent surtout l'amender et le réguler.

Aujourd'hui la norme démocratique n'est plus remise en cause mais la difficulté qui demeure, dans la prise de décision, est celle de la dépendance du politique par rapport à l'expert. Cela est particulièrement aigu dans les dossiers les plus techniques comme l'a montré l'affaire du sang contaminé. Le ministre qui a tardé à interdire certaines pratiques de transfusion, sur l'avis de ses conseillers médecins, avait-il une réelle liberté de jugement ? Mais cette dépendance est également avérée, s'agissant de la mise en œuvre d'une nouvelle doctrine de défense nationale, ou de l'adoption du principe de précaution en matière environnementale. Que resterait-t-il alors de la liberté politique des citoyens si leurs représentants devaient être eux-mêmes ligotés par les avis d'experts ? À l'inverse, vouloir les ignorer risque de favoriser l'adoption de décisions désastreuses ou de politiques vouées d'emblée à l'échec.

B Trois scénarios de réponse

Pour concilier la nécessaire prééminence du politique avec la non moins grande nécessité de prendre des décisions éclairées sur les dossiers les plus complexes, on observe la mise en œuvre de plusieurs stratégies qui, chacune, ont leurs limites.

La première consiste à *nommer des experts* reconnus comme décideurs politiques. La question se pose notamment à propos des nominations de ministres. Certes, les pays les plus attachés aux traditions parlementaires écartent cette solution au profit exclusif d'élus du suffrage universel. C'est le cas notamment du Royaume-Uni. En France, si les gouvernements sont habituellement composés de personnalités politiques, selon de subtils dosages partisans, il n'est pas rare que certains portefeuilles ministériels soient réservés à des « techniciens ». Le signal envoyé est généralement celui de la nécessaire rigueur à introduire dans le département concerné. Dans les premières années de la Ve République, à la tête du ministère des finances, le gouverneur de la Banque de France succèdera à un poids lourd de la politique : Antoine Pinay. Plus tard, Raymond Barre, gratifié par le président de la République du titre de « meilleur économiste de France » deviendra Premier ministre à la place de Jacques Chirac, limogé par Valéry Giscard d'Estaing. De nos jours, trois personnalités issues du monde des affaires se sont succédé depuis 2002 au ministère des finances : Francis Mer, Thierry Breton et, après un bref intervalle, Christine Lagarde[1]. Sous de Gaulle, beaucoup de ministres ont été des hauts fonctionnaires sans passé politique. Ce type de ministre souffre néanmoins d'une grande vulnérabilité politique. À la fois parce qu'ils manquent de réseaux susceptibles de les soutenir efficacement au sein de la classe politique, parce qu'ils ont tendance à sous-estimer les résistances « irrationnelles » à leurs projets, mais aussi parce que, généralement, ils ont quelque difficulté à renoncer à leur franc-parler d'expert, ce qui finit par favoriser l'hypercritique de leur activité. Pour ces mêmes raisons, il est presque impensable de voir un expert investi comme candidat à la magistrature suprême. D'ailleurs comme on ne peut être expert polyvalent, il demeurerait nécessairement profane sur la grande majorité des multiples dossiers qu'il lui faudrait traiter. En revanche ce sont les chefs d'État ou de gouvernement disposant d'une assise politique déjà très forte, qui peuvent se permettre de préférer des experts à des amis politiques, sans trop dangereusement aliéner leurs soutiens partisans. À charge pour eux de soutenir leurs ministres sans faiblir, avec le risque que les « maladresses » politiques de leurs protégés ne rétroagissent négativement sur leur propre image.

La deuxième consiste, pour les politiques, à *devenir experts*. La figure du politique/expert a été fortement symbolisée par des hommes comme Pierre Mendès France puis Michel Rocard qui, tous les deux, sont devenus chefs de gouvernement. Leur réputation de compétence en matière financière ou économique a toujours constitué un élément

1. Francis Mer a écrit, après son expérience de deux années à la tête du ministère des Finances, un ouvrage dont le titre marque bien sa différence : *Vous les politiques*, A. Michel, 2005.

important de leur bonne image politique. Cependant, les apparences, même si elles sont flatteuses, peuvent être trompeuses car il est difficile à un politique, absorbé par les tâches proprement politiques, de conserver le niveau de compétence pointue auquel se maintient plus facilement un savant qui consacre tout son temps et son énergie à actualiser ses connaissances. À un niveau plus ordinaire, de nombreux parlementaires se spécialisent dans des domaines bien particuliers (questions militaires ou internationales, problèmes d'éducation, d'environnement, de fiscalité, etc.). Certains deviennent, de ce fait, de véritables experts dont la voix peut devenir influente, notamment dans les débats en commission. Pour eux, le risque existe d'investir excessivement dans des matières qui demeurent d'un rendement électoral faible car elles ne concernent qu'une faible partie de leurs électeurs. Il est en effet impossible de réussir politiquement si l'on raisonne exclusivement en termes de pure rationalité scientifique et technique.

La troisième consiste à *s'entourer d'experts*. Les maires et présidents de collectivités locales importantes, les ministres et chefs de gouvernement sont assistés par les responsables des services placés sous leur autorité ; ce sont de hauts fonctionnaires qui ont une expérience et une compétence d'ordre administratif. Ils disposent également d'un cabinet dont les membres sont, les uns des conseillers politiques, les autres des « conseillers techniques », qui jouent un rôle de spécialiste dans des domaines déterminés. Enfin, dans tout processus décisionnel important, sont sollicités des experts extérieurs. On pourrait penser qu'il suffit aux politiques de multiplier les consultations sur les dimensions techniques d'un problème pour préserver leur liberté de jugement. En réalité, il n'y a pas de solution magique. D'abord parce qu'il n'existe pas toujours une grande diversité d'experts, indépendants les uns des autres, comme c'est assez souvent le cas en matière militaire ou nucléaire, ou encore sur des dossiers très pointus. Et quand cette pluralité existe, les difficultés sont d'ordre différent. Si les experts se divisent, sur quelles bases réellement trancher entre leurs avis divergents quand ceux-ci paraissent tous solidement argumentés ? Et s'ils opinent tous dans le même sens, comment éviter de se ranger à leurs avis ?

Le rôle du politique n'est pas celui d'un super-expert. Il se situe à un niveau tout à fait différent. D'abord parce qu'il lui faut penser globalement, ce qui suppose souvent d'adopter en un domaine déterminé une solution « peu rationnelle » parce que ses incidences en d'autres domaines se révèleront moins négatives. Il lui faut aussi être particulièrement attentif aux conditions de réception des choix retenus :

prendre en considération les craintes ou les résistances des gouvernés, que celles-ci soient fondées ou infondées ; savoir en évaluer la force pour éviter l'échec. Il doit maîtriser l'art de la manœuvre pour désarmer l'opposition des groupes d'intérêt les plus hostiles et, par-dessus tout, communiquer de manière habile afin d'entraîner l'adhésion. Il s'agit bien d'un véritable savoir spécialisé mais qui n'a rien à voir avec la démarche de l'expert *stricto sensu*.

Section 2
La communication politique

Une composante essentielle de l'exercice du pouvoir renvoie à l'exercice de la parole. S'agit-il d'une activité largement stérile, voire parasitaire ? Cette opinion traverse parfois les jugements du sens commun, alimentant ainsi une sourde hostilité aux politiciens. En réalité, les effets de langage, démultipliés par l'écho que leur donnent les moyens modernes de diffusion, font partie intégrante d'une action efficace auprès des gouvernés. Dans toute communication politique, celle des gouvernants comme celle des opposants, deux niveaux sont toujours à considérer. Celui de l'information proprement dite, quand il convient d'afficher une prise de position, faire part d'intentions ou de propositions, annoncer des décisions. Celui aussi de la légitimation. Il s'agit de justifier les analyses ou les choix opérés en multipliant les signaux qui doivent fortifier la confiance des destinataires dans celui qui parle, voire, plus largement, dans sa famille politique sinon même dans le système politique tout entier. Savoir communiquer a toujours été une tâche importante des responsables politiques, à toute époque, mais, de nos jours, avec le développement des outils modernes de communication et l'importance en démocratie du soutien de l'opinion publique, cette dimension du travail politique est devenue fondamentale. On s'intéressera ici, successivement, aux enjeux de la communication, aux stratégies mises en œuvre, enfin aux outils et contraintes qui lui confèrent ses caractéristiques.

§ 1. Les enjeux de la communication politique

Ce qui est décisif en politique, ce sont moins les raisons objectives que les citoyens peuvent avoir de se montrer satisfaits ou insatisfaits de leurs gouvernants, que les perceptions de leur vécu. Il s'ensuit qu'une bonne communication politique peut atténuer considérablement le niveau des mécontentements alors que des erreurs commises en ce domaine peuvent se révéler ravageuses. Les critères de succès sont la capacité d'inspirer confiance et l'aptitude à faire partager ses propres grilles d'analyse des situations.

A Imposer une crédibilité

En politique, la crédibilité des représentants et des gouvernants repose sur un assemblage complexe de facteurs où se mêlent intimement d'authentiques arguments rationnels et de puissants éléments d'ordre émotionnel. Au niveau de la politique nationale, les médias modernes imposent une image d'apparente proximité entre les citoyens et ceux des responsables politiques qui ont accédé à la notoriété. En réalité, ce que perçoivent d'eux les citoyens, ce n'est pas la réalité vivante d'une personnalité aux diverses facettes ; c'est un « profil symbolique », c'est-à-dire un ensemble relativement stylisé et figé de connotations, positives ou négatives, qui lui sont associées. Ces connotations sont fondées, certes, sur des faits concrets (prises de position passées, style de comportement...) mais aussi sur l'étiquette politique du personnage (elle favorise d'emblée l'identification ou le rejet) et, surtout peut-être, sur la construction d'une réputation qui émerge du marché concurrentiel des commentaires politiques suscités par des faits et gestes hautement médiatisés. Il est certain, par exemple, que l'homme Balladur correspond très approximativement à l'image pseudo « aristocratique » que les chroniques du *Canard Enchaîné* ou les marionnettes des *Guignols de l'Info* ont réussi à imposer de lui lorsqu'il était Premier ministre. Même au niveau local, le fait d'endosser le rôle de maire d'une grande ville ou celui de député, introduit un biais inévitable dans les perceptions que les citoyens ont de leur représentant, dû au travail de mise en scène médiatique qui les saisit inévitablement. Dès lors, la maîtrise de la communication joue un rôle décisif dans le processus qui façonne l'image du responsable politique, telle qu'elle sera perçue par les citoyens. Le trait le plus important à construire ou à préserver est la crédibilité, c'est-à-dire l'aptitude à se faire écouter et, par là, la capacité d'exercer une influence sur les débats de l'heure.

La position institutionnelle d'élu, *a fortiori* celle de gouvernant, confère en elle-même une crédibilité minimale, surtout initialement. D'abord parce qu'elle témoigne d'un succès devant les urnes ou d'un crédit de confiance accordée par une autorité légitime (dans le cas de la nomination d'un ministre). Ensuite parce qu'elle investit d'une compétence au sens juridique : au sens large, celle de légiférer. Certains dirigeants sont même en situation, parfois, de dire ce qui va advenir et, ce faisant, ils le font exister. Ainsi du Président d'Assemblée déclarant la séance ouverte ; du candidat aux élections acceptant (ou refusant) de se désister ; du Congrès de parti approuvant le rapport d'un de ses membres et le transformant en document officiel de référence. C'est ce que l'on appelle l'énoncé performatif : une prise de parole qui exécute une action[1]. Il tire sa crédibilité et son efficacité du statut de son auteur qui est en situation de pouvoir. Mais il faut aussi, d'une certaine manière, la connivence des destinataires, qu'elle soit spontanée ou contrainte. En effet, selon la formule de Pierre Bourdieu, « le langage d'autorité ne gouverne jamais qu'avec la collaboration de ceux qu'il gouverne, c'est-à-dire grâce à l'assistance des mécanismes sociaux capables de produire cette complicité[2]... ».

La crédibilité politique d'un responsable politique (ou d'un parti) n'est jamais définitivement acquise. Il s'agit d'une bataille constante autour de la pertinence des propositions, des projets, des programmes et, quand il s'agit des gouvernants, du bien fondé de leurs politiques. Le langage adopté est dominé par la nécessité sinon de convaincre du moins de séduire. Cependant, gouvernants et opposants affrontent des logiques de situations assez différentes. Les premiers sont soumis au dilemme suivant. Ou bien ils adoptent un discours prudent consistant à afficher des objectifs modérés : ils risquent alors de décevoir ceux qui les soutiennent et d'inciter ceux qui nourrissent des rêves plus ambitieux, à reporter ailleurs leurs espérances. Ou bien ils proposent un vaste dessein, prennent des engagements ambitieux : ils peuvent alors craindre d'être rapidement démentis par leur bilan ou d'avoir à affronter une question embarrassante : pourquoi n'avoir pas déjà profité de l'exercice du pouvoir pour mettre en œuvre un programme aussi séduisant ? Sans doute un Premier ministre nouvellement intronisé peut-il difficilement se dispenser d'offrir de larges perspectives ; cette attitude permet d'engranger les dividendes du fameux « état de grâce ». Mais, gouverner, c'est décevoir ; aussi, à plus ou moins long terme, le gouvernement subira-t-il l'effet de *backlash* (choc en retour lié aux désillusions engendrées).

Afin d'échapper à ce piège, les gouvernants paraissent fréquemment tentés par une autre démarche. Grâce à leurs services ministériels, grâce aussi aux moyens multiples d'investigation que favorise le contrôle du pouvoir, ils sont en mesure d'acquérir plus tôt que leurs adversaires une meilleure connaissance des tendances lourdes qui se font jour dans le pays (dans la région, dans la ville...) ; mieux placés

1. John AUSTIN, *Quand dire c'est faire* (1962), Trad., Paris, Seuil, 1970. V. cependant une critique de « l'illusion performative », *in* Olivier DUCROT, *Dire et ne pas dire*, 3e édition, Paris, Herman, 1991, p. 297 sq.

2. Pierre BOURDIEU, *Ce que parler veut dire*, Paris, Fayard, 1982, p. 113.

aussi pour anticiper avec plausibilité les évolutions favorables. Leur tâche consiste alors à reprendre ces données à leur compte en leur conférant la cohérence d'un projet politique. Ainsi se mue en programme politique ce qui, à l'origine, pouvait être seulement un ensemble de projections technocratiques. De nos jours, des thèmes comme la construction européenne, la modernisation économique, l'adaptation de l'enseignement ou encore la lutte contre l'exclusion, la baisse des prélèvements obligatoires, ont fait l'objet de ce type de travail politique. Cela suppose des simplifications, des remises en perspective et, surtout, l'utilisation d'un lexique de mots marqueurs positifs qui rappellent aux destinataires du message, le positionnement idéologique ou partisan des dirigeants. Habiller un programme de diminution d'impôts (pour les plus gros contribuables) sous l'expression de *Tax Relief* (soulagement fiscal) chez George Bush, ou de « bouclier fiscal » chez Nicolas Sarkozy, est une habileté langagière qui tend à présenter l'action menée comme un combat contre une « souffrance » ou une « menace ».

Les opposants ont des préoccupations différentes. Par nécessité tactique, ils sont portés à exacerber attentes et exigences, à surenchérir sur les espérances à faire naître. Leur intérêt en effet est de souligner ou susciter les mécontentements susceptibles d'affaiblir les gouvernants. Cependant, ceux d'entre eux qui n'ont jamais approché les responsabilités du pouvoir sont plus libres de faire miroiter des réponses radicales aux problèmes de l'heure. En revanche, ils encourent le risque de rapidement décevoir si, arrivés (ou associés) au pouvoir, ils ne sont pas en mesure de répondre concrètement aux espérances imprudemment soulevées. Le danger de perdre leur crédibilité est encore plus grand pour les opposants à vocation gouvernementale confirmée, dès lors qu'ils ont déjà exercé le pouvoir dans un passé proche. On leur opposera leur gestion récente ou bien on soulignera leur irresponsabilité ou leur incompétence. C'est pourquoi les cycles d'alternance courts favorisent la modération du langage des dirigeants qui se succèdent au pouvoir, alors qu'un long confinement dans l'opposition pousse à une radicalisation du langage et des programmes.

Tous néanmoins, gouvernants et opposants, sont dépendants des savoirs et croyances hégémoniques qui peuvent faire indûment barrage à la crédibilité de leurs propositions, voire à leur intelligibilité. L'insuffisante compréhension, jusqu'au début des années quatre-vingt-dix, du fonctionnement de l'écosystème mondial au niveau climatique et, surtout, les conceptions fortement ancrées d'un progrès apprécié en termes purement économiques et quantitatifs, tout cela a longtemps fait obstacle à l'irruption des thèmes écologistes aujourd'hui largement diffusés. Des propositions comme la croissance zéro, la régulation démographique, le partage de l'emploi, la protection des équilibres planétaires au niveau de la faune et de la flore ne sont rationnelles et compréhensibles que par référence à des univers de connaissances et de convictions autres que ceux des décennies passées. Inversement, la diffusion dans les pays occidentaux d'une meilleure information sur des mécanismes économiques élémentaires, empruntant les canaux de l'école et des médias, a sans doute beaucoup contribué à marginaliser des problématiques miracles comme : « l'entreprise aux travailleurs », « abattre la gestapo fiscale » ou même « faire payer les banques ».

Les sondages d'opinion révèlent des « différentiels de crédibilité » entre personnalités politiques (et partis politiques) sur la capacité à affronter les différents problèmes inscrits sur l'agenda politique. Ce sont les questions du type : « À qui faîtes vous le plus confiance pour... » assurer la sécurité ou combattre les inégalités, favoriser la croissance économique ou réduire la fiscalité ? Il est de l'intérêt des bénéficiaires d'entretenir, par une communication adaptée, leur avance en tel ou tel domaine. Il est, au contraire, dangereux de brouiller son image par des prises de position perçues comme hésitantes ou contradictoires. Il est risqué de s'écarter trop abruptement des thématiques ou des références attendues dans son propre camp ; il convient de critiquer si l'on est dans l'opposition, de soutenir si l'on appartient à la majorité au pouvoir. Les opinions dissidentes, même les mieux fondées rationnellement, ouvrent toujours un abîme d'incertitude sur le déroulement futur de la carrière politique.

B Offrir des grilles de lecture

Murray Edelman a montré que les croyances mais, surtout, les demandes et exigences politiques qu'elles génèrent, ne sont, chez la plupart des citoyens, ni rigides ni définitivement stabilisées. Bien au contraire, si l'on excepte les fractions extrêmement politisées de la population, elles apparaissent en réalité fréquemment sporadiques dans leurs manifestations, variables en intensité, ambivalentes dans leur contenu[1]. Sur un problème comme celui du niveau des aides sociales aux chômeurs, la plupart des citoyens évoluent entre l'inattention quotidienne et l'intérêt temporairement réveillé ; certains passent alternativement de l'adhésion sans réserve à la réticence, selon la conjoncture politique globale ou les microinfluences de leur entourage.

1. Murray EDELMAN, *Politics as Symbolic Action,* New York, Academic Press, 1971, p. 3 sq.

Les enquêtes par sondages, qui recueillent des réponses explicites à une question précise, clichent – au sens photographique du terme – une opinion ; à la limite même, ils la « construisent » (P. Champagne). En effet, entre deux moments d'enquêtes, il y a fréquemment inconstance sinon même inconsistance de l'opinion dont la fluidité s'observe lorsque les sujets sont suivis avec attention et persévérance sur une période de temps suffisamment significative.

Cette observation est fondamentale car elle ouvre aux responsables politiques, en interaction avec d'autres leaders d'opinion, la possibilité d'œuvrer en faveur d'une restructuration des perceptions du vécu ainsi que d'une inflexion des attentes l'avenir[1]. C'est ce que l'on appelle les « cadres de l'action » ou, dans un autre vocabulaire, les « univers symboliques » de référence. Ainsi, le succès de l'action politique, évalué en termes de satisfaction des citoyens, dépend-t-il non seulement des mesures concrètement favorables mais aussi, voire bien davantage, des représentations positives que les gouvernants réussissent ou non à susciter. Ce travail s'effectue à travers le langage mais il est également le fruit des dimensions symboliques qui s'attachent à une action concrète. Le lancement réussi des premières fusées Ariane attestait une volonté d'affirmation nationale dans l'espace ; l'ouverture d'un chantier d'autoroute signalera l'effort et la sollicitude en faveur d'une région. À la limite, et paradoxalement, l'activité gestionnaire vise moins, dans certains cas, à produire des résultats décisifs sur le terrain qu'à favoriser l'émergence de ces représentations positives qui génèrent de la satisfaction (effets d'annonce). C'est fréquemment le cas dans le secteur du travail social où l'effort de réinsertion trouve vite ses limites mais vaut néanmoins par la démonstration visible d'une « solidarité », surtout auprès de ceux qui n'ont qu'une connaissance vague des problèmes de ce type[2].

La bataille peut porter, au niveau le plus global, sur des visions antagonistes du monde social, c'est-à-dire des reconstructions cohérentes – à partir d'un certain point de vue – de l'histoire et du destin d'une société. Mais elle concerne aussi la structuration plus quotidienne du champ politique. Il y a lutte pour imposer les mots qui font voir et qui font croire, mais parfois aussi consensus tacite aux fins de légitimer des représentations nécessaires à tous les protagonistes.

1. Lance BENNETT, *Public Opinion in American Politics,* New York, Harcourt, 1980, p. 117 sq.
2. Ce que EDELMAN appelle « The political viability of unsuccessfull policies », *in* Murray EDELMAN, *Political Language. Words that Succeed and Policies that Fail,* New York, Academic Press, 1977, p. 146 sq.

L'observation montre que ces grilles de lecture se situent à quatre niveaux différents.

Affirmer la prééminence du politique dans le cours des événements, en d'autres termes, construire une causalité politique. S'il est un terrain de convergence entre tous les acteurs du champ politique, quelles que soient par ailleurs les divergences qui les séparent, c'est bien d'assurer la prééminence de l'instance politique comme élément moteur de la vie sociale. Pour les gouvernants, il s'agit de légitimer leur action au pouvoir en lui rapportant le maximum d'effets bénéfiques. Leur communication s'efforcera d'établir systématiquement un lien de cause à effet entre leurs initiatives et tout événement positif, tout indicateur économique favorable, tout phénomène social positif. Ce que l'on appelle le discours d'« auto-imputation[1] ». À l'inverse, celui des opposants soulignera la « responsabilité » des pouvoirs publics dans l'émergence de tout phénomène négatif. Contre les enfermements dans la « pensée unique », on proclamera : « Une autre politique est possible... La situation n'est pas fatale ». C'est ainsi que le reflux de la criminalité, la bonne croissance économique ou, au contraire, la montée du chômage, les délocalisations d'emplois, voire les catastrophes naturelles, seront mis au crédit (ou au débit) du seul gouvernement, même si ces phénomènes ont aussi bien d'autres explications, parfois infiniment plus importantes, tels que les cycles économiques, la conjoncture internationale, voire le simple hasard heureux ou malheureux. La logique communicationnelle des gouvernants et celle des opposants se conjuguent donc pour mettre en place un processus de surévaluation du rôle de l'instance politique dans le déroulement de la vie sociale. Les gouvernés, eux aussi, éprouvent d'ailleurs le besoin de se percevoir non pas comme des individus dominés par des forces aveugles ou des processus sans Sujet, mais dirigés par d'autres êtres humains et, qui plus est en démocratie, des représentants qu'ils se sont *librement* donnés. Aussi le langage qui, de toutes parts, souligne l'importance de la causalité politique, rencontre-t-il un écho fondamental : il restitue aux gouvernés le sentiment de pouvoir identifier des responsables, que l'on pourra soutenir ou sanctionner ; il écarte l'inconfort de se sentir impuissant ou démuni, en situation d'adversité.

La surévaluation du rôle de l'instance politique se redouble d'une survalorisation du rôle des personnalités politiques. La personnalisation du pouvoir est un phénomène qui a toujours existé parce qu'il correspond à des attentes psychologiques profondément enracinées.

1. Christian LE BART, *La Rhétorique du maire entrepreneur*, Paris, Pédone, 1992, p. 27 sq. L'analyse est transposable au niveau national.

Mais elle s'est accentuée avec la surexposition, involontaire ou délibérée, qu'autorise le développement des modernes médias. Dès lors, la communication politique implique un travail constant sur l'image d'un leader. Il importe de construire autour de lui un ensemble de connotations positives qui puissent, de manière plausible, être rattachées à son style de personnalité, tel qu'il se manifeste en public. C'est ainsi qu'en 2007, la compétition électorale entre Nicolas Sarkozy et Ségolène Royal n'a pas été seulement une bataille de projets, mais une bataille d'images. D'un côté, « une femme énergique et courageuse », « une figure de la compassion » voire, *mezza voce*, une « femme victime » (des hommes) ; de l'autre, « un ambitieux décomplexé », « un gagneur », « un modernisateur de la vie politique ». Comme si le cours des événements pouvait être maîtrisé par une personne prééminente, et infléchi par son style.

Formuler les accomplissements souhaitables, c'est-à-dire proposer des objectifs collectifs à l'aune desquels sera jugée la politique des dirigeants. Sur ce point, les familles politiques opposent leurs visions antagonistes d'autant plus fortement que celles-ci constituent une dimension majeure de leur identité. Les uns affirmeront la priorité de la lutte contre les inégalités et le souci de protection sociale des plus démunis ; d'autres insisteront sur les bienfaits de l'économie de marché et la nécessaire responsabilité individuelle ; d'autres encore mettront l'accent sur le dérèglement des écosystèmes et la nécessité d'une action planétaire à long terme « pour assurer l'avenir de nos enfants ». Derrière ces thématiques, transparaît le « combat pour des valeurs ». Les valeurs sont des croyances (au sens de Pareto) qui permettent de porter un jugement de légitimation ou de stigmatisation d'attitudes, de comportements, de choix politiques. Elles ne font pas seulement appel à la compréhension rationnelle mais aussi à un investissement émotionnel impliquant affection ou répulsion, adhésion ou refus. Le discours politique en effet ne peut pas se tenir sur le pur registre gestionnaire, économiste et technicien. S'il est souvent utile d'invoquer les conclusions des experts ou d'enrôler la science au service de sa Cause (certains scientifiques acceptent d'ailleurs la confusion des discours militants et des discours savants, même si la rigueur du raisonnement doit parfois en souffrir[1]), il est impossible, sur cette seule base, de mobiliser suffisamment de soutiens. Les responsables politiques doivent aussi invoquer les grands principes fondamentaux, identifier leur combat à une grande cause, d'ordre moral ou éthique : la

1. Philippe HAMMAN *et alii* (Dir.), *Discours savants, discours militants : mélange des genres,* Paris, L'Harmattan, 2004.

Justice ou le Progrès, la Religion ou la Raison, voire, aux États-Unis, la lutte du Bien contre le Mal.

L'intérêt du glissement sur ce terrain des valeurs est, d'abord, de faciliter le rassemblement autour de soi de citoyens aux intérêts disparates, voire antagonistes. En effet, la labilité même des valeurs : Liberté, Solidarité, Égalité des chances, etc., c'est-à-dire cette fluidité qui se prête à des acceptions très plurielles, favorise des projections larges d'attentes et d'espérances. La défense de la liberté parle à l'entrepreneur et au syndicaliste, à l'intellectuel et au journaliste, au petit commerçant et au travailleur immigré même si ce n'est pas du tout sur le même registre. Cette labilité favorise un dépassement des conflits concrets d'exigences, une occultation des antagonismes larvés de perceptions ; elle permet de rassembler plus largement autour de soi. Le discours sur les valeurs présente aussi l'avantage d'*auréoler* celui qui le tient, en faisant tendanciellement du dirigeant politique une autorité morale. Se placer sur le terrain de la responsabilité ou de la générosité, c'est montrer son aptitude au dépassement des simples luttes de pouvoir ou d'intérêts. C'est aussi une manière de valoriser les citoyens auxquels on s'adresse, en leur prêtant des mobiles élevés, des idéaux exigeants ; bref, c'est situer la relation dirigeants/dirigés à un niveau ennoblissant, plus largement mobilisateur. Or dans cette lutte pour s'identifier à des valeurs porteuses, les familles politiques ne sont pas exactement armées de la même manière. La tradition historique, le passé récent favorisent des associations préférentielles : la droite « paraît » plus crédible lorsqu'elle invoque le respect de la liberté (d'entreprise), la défense des valeurs traditionnelles ou annonce son souci de la sécurité des personnes ; la gauche est « créditée » d'une sincérité plus grande lorsqu'elle proclame son attachement à la solidarité sociale, aux droits de l'Homme ou à la défense des travailleurs[1]. Le débat politique, au niveau du langage, est donc marqué par l'acharnement à conserver ou accroître le différentiel de confiance dont bénéficie chaque famille politique lorsqu'elle s'identifie à des valeurs déterminées[2].

1. À l'élection présidentielle de novembre 2004, les électeurs américains (22 %) qui privilégiaient l'enjeu des « valeurs morales » à défendre, ont voté à 80 % pour George Bush et à 18 % pour John Kerry ; au contraire, ceux (20 %) qui privilégiaient la « défense de l'emploi » ont voté à 80 % pour John Kerry et à 18 % pour George Bush. Source : Edison/Mitovsky Nationwide Survey du 4 novembre 2004 (Sondage : sortie des urnes).
2. Philippe BRAUD, « La réactivation du mythe présidentiel. Effets de langage et manipulations symboliques », *in* B. LACROIX, J. LAGROYE, *La Présidence de la République. Usages et genèses d'une institution*, Paris, Presses de la FNSP, 1992, p. 389 sq.

Qualifier les situations et les événements. Toute politique de communication vise à promouvoir ou à imposer des interprétations de l'actualité. Lorsque Tony Blair, Premier ministre britannique, déclare devant l'Assemblée nationale française, en février 1998, qu'une politique économique se juge seulement au fait qu'elle est « bonne ou mauvaise », il se démarque de son homologue socialiste Lionel Jospin selon lequel celle-ci est, ou non, « de gauche ». En arrière-plan, se profilent deux cadres de référence qui permettront de sélectionner diversement les informations pertinentes et de mobiliser des critères d'évaluation parfois incompatibles. Définir comme menace principale, à l'époque contemporaine, « le terrorisme international » (George Bush) plutôt que le dérèglement climatique ou les délocalisations d'emplois dues à la mondialisation, c'est changer de focale pour l'appréciation des résultats d'ensemble de l'action gouvernementale. Sans doute, ces menaces ont-elles toutes un réel degré de plausibilité, sinon à l'échelle des individus, du moins à celle des nations. Néanmoins l'insistance sur l'une d'entre elles permet de mieux faire oublier (ou justifier) l'inaction sur d'autres fronts. Les batailles de communication entre la majorité et l'opposition, ou encore entre sortants et challengers dans une compétition électorale, tournent constamment autour du point de savoir s'il y a lieu d'être confiants ou inquiets. Les gouvernants n'ont pas nécessairement intérêt à nier l'existence ni même la gravité des problèmes car ils seraient accusés d'aveuglement. Cependant, ils insisteront sur le côté maîtrisable des phénomènes ; ils souligneront l'importance des progrès déjà réalisés et le caractère prometteur des solutions envisagées. Au contraire, l'opposition, surtout si elle est depuis longtemps éloignée du pouvoir, cherchera à brosser un tableau beaucoup plus sombre, en insistant sur le caractère intolérable de la situation, avec éventuellement des accents catastrophistes. Le même incident de fonctionnement de la machine administrative peut être qualifié par les uns de « dysfonctionnement regrettable mais remédiable » et par les autres de « scandale insupportable, révélateur d'une crise ». Politiquement, ce qui importe, c'est le différentiel d'écho éveillé dans l'opinion publique par l'une ou l'autre interprétation[1].

Sélectionner les éléments de comparaison pertinents. L'un des outils qui permet aux responsables politiques de mettre leur action en perspective favorable, est la comparaison dans le temps et dans l'espace. En effet, celle-ci sert de « référentiel » à l'aune duquel le

1. Lance BENNETT, *Public Opinion in American Politics,* New York, Harcourt 1980, p. 232 sq. (sur les difficultés du Président Carter à imposer dans l'opinion une perception favorable de sa nouvelle politique énergétique). À noter également l'échec d'Alain Juppé à donner de ses réformes une présentation positive, en 1996-1997.

même bilan, les mêmes réalisations, apparaîtront sous un jour relativement plus positif ou relativement plus négatif.

Tableau n° 33
Le débat politique et le rapport au temps
(logiques de langage)

	Présent (t)	Passé (t – 1)	Futur (t + 1)
GOUVERNANTS	Nous travaillons avec ardeur. Nos réalisations sont déjà tangibles	Le poids d'un héritage néfaste. L'importance du chemin parcouru	Beaucoup reste à faire, nous nous y employons. Donnez-nous le temps nécessaire
	CONVICTION	PROGRÈS	OPTIMISME
OPPOSANTS	Un immobilisme désastreux. Des résultats en trompe l'œil	Nous ne sommes pas tournés vers le passé	L'avenir est sombre. Une autre politique est possible
	AFFLICTION	INVITATION AU CHANGEMENT	DRAMATISATION, OPTIMISME CONDITIONNEL

Le passé sert aux gouvernants à valoriser le présent et celui-ci à extrapoler un avenir meilleur. Dans les sociétés où les concepts de croissance et de développement entraînent des connotations favorables[1], les dirigeants se doivent de focaliser l'attention sur ce qui est dynamique, c'est-à-dire en mouvement ascendant : *croissance* de l'emploi et du pouvoir d'achat, *meilleure* justice sociale ou fiscale, *élévation* du niveau de l'éducation, de la santé, etc. Cette approche qui mobilise des indicateurs chiffrés en hausse[2], vise à susciter chez les citoyens des représentations de leur vécu en termes de satisfaction relative. La comparaison dans le temps est surtout sollicitée lorsqu'il

1. Ce qui n'a pas toujours été le cas dans toutes les sociétés historiquement connues, bien au contraire. Cf. Pierre Clastres, *La Société contre l'État,* Paris, Minuit, 1974.
2. Aujourd'hui le professionnalisme des grands instituts de statistiques, (INSEE, INED, etc.) limite l'ampleur des contestations sur les chiffres eux-mêmes. Elles existent néanmoins.

est possible d'adopter comme période de référence une époque où des adversaires étaient au pouvoir et réalisaient de moindres performances, selon le type d'indicateurs retenus. Dès lors, il est permis de rejeter les mécomptes du présent sur un « lourd héritage », sur des choix antérieurs erronés ou malheureux, voire des bombes à retardement sournoisement léguées. Inversement, les opposants qui ont un passé gouvernemental et dont les échecs sont encore dans la mémoire des citoyens, insisteront sur la nécessité de se tourner résolument vers l'avenir ; ils savent en effet qu'un bilan est toujours nuancé (quand il n'est pas franchement négatif sur certains points) et qu'il est donc facile aux détracteurs de concentrer l'attention sur ce qu'ils n'ont pu pleinement réaliser. Le futur sera envisagé avec de sombres perspectives, sous la conduite des dirigeants en place, mais on insistera sur le fait qu'« une autre politique » pourrait être mise en œuvre.

La comparaison dans l'espace contribue, elle aussi, à donner du sens aux jugements portés sur l'expérience vécue. Comparaison entre pays de systèmes différents : la référence aux maigres performances des pays du bloc soviétique a longtemps joué un rôle commode de repoussoir notamment face à une opposition qui comprenait une composante communiste (Italie, France, Espagne...). La comparaison entre pays de systèmes proches apparaît en pratique plus légitime parce que les références y sont communes : standards de consommation, productivité économique, conception de la qualité de la vie ou de la protection sociale... Le discours politique s'emploiera à valoriser, ou contester, des indicateurs de comparaison toujours partiellement discutables, qu'il s'agisse dans une perspective plutôt triomphaliste, d'affirmer la place du pays « dans le peloton de tête des nations développées », ou qu'il s'agisse dans une perspective plus modeste d'évoquer « les difficultés analogues de nos partenaires ». Cette bataille entre dirigeants et opposants pour susciter des représentations avantageuses ou désavantageuses du présent, ne peut faire l'économie des systèmes de référence que sont les croyances propres à chaque culture. On atténuera le constat de l'infériorité relative du niveau de vie en insistant sur la qualité de l'existence ou de l'environnement. On minimisera les performances à caractère purement économique du pays rival en soulignant la meilleure protection chez soi de valeurs humanistes. C'est un peu dans cette perspective que les Européens proclament volontiers, face aux États-Unis, leur attachement à un « modèle social de croissance » tandis qu'à l'inverse, les Américains tendent à souligner « les rigidités bureaucratiques » qui entraveraient, de ce côté-ci de l'Atlantique, le plein épanouissement de l'économie de marché.

Jusqu'à quel point ce travail de (re)construction des représentations peut-il être mené indépendamment des données concrètes ? Bien des facteurs entrent en jeu, et d'abord la capacité à contrôler l'information mise en circulation. Les régimes autoritaires sont à cet égard dans une position plus favorable que les dirigeants des régimes démocratiques[1]. On sait combien les premiers commentaires des journalistes ou des dirigeants influents, sur une initiative gouvernementale, orientent lourdement les perceptions de l'opinion publique. S'ils convergent, il est difficile à « l'homme de la rue » de résister à leur jugement, et plus difficile encore aux gouvernants d'inverser la tendance. Dans les pays démocratiques, si les gouvernants cherchent naturellement à imposer leurs schèmes d'analyse et d'interprétation, ils se heurtent aux conditions modernes de diffusion de l'information. L'intervention américano-britannique en Irak a été justifiée principalement par l'existence d'armes de destruction massive aux mains du dictateur Saddam Hussein. Comme l'écrit Nicholas Kristof[2], l'administration Bush a mis en place un schème de lecture, largement accepté au départ : « Nous Américains altruistes, nous risquons nos vies pour libérer le monde d'une menace, et faire triompher la démocratie et les Droits de l'Homme ». Ce schéma narratif s'oppose radicalement à celui que véhiculent les chaînes mondiales de télévision arabe : « Les Yankees viennent s'emparer des champs de pétrole irakien et infligent de cruelles blessures aux femmes et aux enfants irakiens ». Le destin respectif de ces deux modes d'interprétation est néanmoins très différent. Le premier se verra progressivement ébranlé, aux États-Unis mêmes, par des reportages indépendants de journalistes et, surtout, par les enquêtes bipartisanes diligentées à l'initiative du Sénat prouvant l'absence d'une menace imminente, tandis que le second conserve sa capacité d'attraction parce qu'il n'existe pas, dans le monde arabe, des sources d'information plus légitimes professionnellement que la chaîne Al Jazeera. Il est plus difficile, en démocratie, d'échapper définitivement à l'établissement des faits, même si leur sélection ou leur orchestration dépend bien, là aussi, d'un choix de valeurs de référence, c'est-à-dire d'une politique symbolique. La conviction que « les soldats d'une démocratie ne peuvent adopter des comportements

1. Cet aspect essentiel du travail politique n'est pas nouveau. Ainsi Yves-Marie Bercé écrit-il, à propos de Richelieu : « Richelieu savait de longue date que la maîtrise de l'opinion, le contrôle des nouvelles, le façonnement même de ces nouvelles, le choix des versions convenables des faits pour les contemporains et aussi par la postérité étaient des pièces essentielles de l'art de gouverner », *in* Yves-Marie BERCÉ, *La Naissance dramatique de l'absolutisme 1598-1661,* Paris, Seuil, 1992, p. 138.
2. *International Herald Tribune,* 5 juillet 2004.

contraires aux droits de l'Homme », confère ainsi à l'épisode des sévices et tortures dans la prison irakienne d'Abu Graïb une importance majeure qu'il n'aurait pas eu dans un régime dictatorial replié sur lui-même.

À travers cet exemple, on peut appréhender les catégories d'obstacles que rencontrent les dirigeants politiques. La mise en circulation d'images qui contredisent le récit d'une armée accueillie à bras ouverts, ou mettent en scène des citadins privés de services élémentaires par la destruction des infrastructures vitales, constitue un frein puissant à l'intériorisation totale d'une perception positive de la guerre. Mais, de toute façon, la résistance aux représentations façonnées par le pouvoir sera plus forte chez les individus (les victimes et leurs proches) qui expérimentent directement une dissonance entre ce qu'ils perçoivent et ce qu'ils sont invités à percevoir ; elle sera forte, aussi, chez ceux qui considèrent les critiques comme émises par une source particulièrement légitime à leurs yeux : électeurs sympathisants d'un parti d'opposition, citoyens considérant le point de vue de tel expert indépendant ou de telle institution respectée comme particulièrement pertinent dans le secteur considéré.

§ 2. Les stratégies de communication

La construction des représentations du réel échappe donc, en démocratie pluraliste, au monopole des dirigeants politiques en place. Celles-ci émergent d'un débat permanent, dominé par la compétition entre acteurs politiques (et commentateurs) pour l'imposition du sens légitime à donner à l'action. Sans doute, celui-ci peut-il être faussé par des pressions exercées sur les sources d'information ; pour illégitimes qu'elles soient, elles appartiennent encore à la pratique courante des démocraties contemporaines[1]. Cependant les interférences trop brutales ou trop visibles sont susceptibles de se révéler très contre-performantes tandis que le *soft power* (séduction, relations de connivence, pressions financières indirectes...) est plus efficace que la répression. C'est dans ce cadre que se situent les politiques de communication, systématiquement mises en place aujourd'hui aux niveaux de pouvoir les plus importants.

1. Sur ce point, voir les exemples donnés dans la IIe partie du livre de Corey ROBIN, *La peur. Histoire d'une idée politique*, Trad., Paris, A. Colin, 2006.

A Le pouvoir des mots et des gestes

Le débat politique caractérise la vie politique démocratique. Il n'a pas pour principale fonction de permettre aux adversaires de se convaincre mutuellement de la justesse de leur position, même si cela peut très exceptionnellement se produire. En réalité, comme l'a bien vu Edelman, « il permet aux partenaires d'accepter une solution qui puisse dévier de leurs propres croyances sur la politique optimale[1] ». En d'autres termes, il légitime le fait que le problème soit remis entre les mains des politiques plutôt que devenir un enjeu d'affrontements anarchiques.

Le travail de persuasion, fondé des faits empiriques établis, appuyé sur des arguments rationnels, serait d'une efficacité limitée s'il n'était intimement associé à l'activation d'émotions élémentaires. La communication politique mobilise toujours, de façon discrète ou appuyée, la peur et le rêve, le besoin de s'identifier à des « Causes justes » et celui de stigmatiser des opinions ou des actes « insupportables ». Le langage politique se doit d'être rassurant, y compris au second degré en attisant des frayeurs artificielles pour mieux affirmer une capacité de les maîtriser, dans l'exercice du pouvoir. Il se doit aussi d'entretenir l'espoir d'un avenir meilleur, soit par des promesses que l'on présente comme soigneusement réalistes, soit, au contraire, par des perspectives ambitieuses qui ne négligent pas, le cas échéant, de flatter le désir d'utopies. Surtout, il doit départager les territoires du Bien et du Mal, car les militants comme les simples citoyens ont besoin de légitimer leurs choix sur un plan moral, même implicite, même masqué par des arguments purement politiques en apparence. Dans les conjonctures tendues, cela favorise les crispations émotionnelles, le sentiment qu'un fossé infranchissable sépare les camps en présence ; les processus de diabolisation de l'adversaire, voire les chasses aux sorcières deviennent alors une dangereuse possibilité.

L'activité discursive s'inscrit le plus fréquemment dans un très petit nombre de registres que l'on peut appeler, au sens de Barthes, des « codes »[2].

L'assignation. Le lexique politique abonde en termes qui attribuent à chacun une place nécessaire, ou un positionnement possible, dans le champ politique. Les gouvernés sont des citoyens quand ils

1. Murray EDELMAN, *Politics as Symbolic Action,* Chicago Markham, 1971, p. 45.
2. Pour une typologie des langages politiques du point de vue du pouvoir mis en œuvre, Murray EDELMAN, *The Symbolic Uses of Politics,* Chicago, University of Illinois Press, 2e édition, 1985, p. 133 sq.

exercent leurs droits ou accomplissent leurs devoirs, des électeurs quand ils sont envisagés dans leur rapport au vote, des administrés ou des usagers des services publics quand ils sont assujettis au droit en vigueur. Il est intéressant d'observer parfois une dichotomie significative entre le vocabulaire spécifiquement politique et le langage courant ou l'analyse sociologique. Ainsi les exploitants agricoles deviennent-ils, dans le vocabulaire de certains partis, des « paysans » ; les classes moyennes traditionnelles, dans un autre registre, une « petite bourgeoisie » ; les travailleurs manuels « la classe ouvrière » voire, plus récemment, au PCF « les gens ». Dans chaque cas, l'expression identitaire véhicule un ensemble de riches connotations, valorisantes ou dévalorisantes. Elle s'enracine dans une mémoire historique : les paysans comme socle d'une société traditionnelle stable, la classe ouvrière comme « moteur de l'histoire » ; enfin, elle charrie avec elle des valeurs positives (solidité, bon sens chez la paysannerie) ou négatives (mesquinerie, âpreté, étroitesse d'esprit chez la « petite bourgeoisie » vue par les intellectuels « révolutionnaires[1] »).

Un travail symbolique particulièrement important s'opère autour de la désignation des acteurs de la vie politique. Il s'agit pour eux en effet de se donner une identité qui associe à leur autodésignation le maximum d'échos positifs. Bien entendu, leurs adversaires s'efforcent parallèlement de contrer la construction de ces connotations favorables et d'y substituer des connotations plus dépréciatives. C'est dans cette perspective qu'il faut comprendre le combat mené par Jean-Marie Le Pen, y compris devant les tribunaux, contre l'appellation « parti d'extrême droite » par laquelle la presse désigne ordinairement le Front national. L'un des enjeux majeurs des luttes symboliques qui se déroulent en France tourne d'ailleurs toujours autour de l'échelle de classement : droite/gauche, les uns la répudiant parce qu'ils y occuperaient une position défavorable, les autres la valorisant parce qu'ils souhaitent tirer parti de l'*aura* attachée à certains positionnements ; par exemple, la gauche associée au libéralisme culturel et à la préoccupation sociale[2]. L'association systématique de mots-clés à la dénomination d'une famille politique complète le travail d'assignation (positive ou négative). Geoffrey Nunberg, dans un titre parodique d'ouvrage, souligne

1. Pour une analyse d'un certain nombre de codes identitaires, Edmond-Marc LIPIANSKY, *L'identité française. Représentations, mythes, idéologies,* Paris, L'Espace européen, 1991, p. 59 sq.
2. Gérard GRUNBERG, Étienne SCHWEISGUTH, « Libéralisme culturel et libéralisme économique », *in* D. BOY, N. MAYER, *L'Électeur en questions,* Paris, Presses de la FNSP, 1990, p. 45 ; ainsi que Guy MICHELAT, *loc. cit.* p. 71 et sq.

comment la droite américaine, sous George Bush, « turned liberalism into a tax-raising, latte-drinking, sushi-eating, Volvo-driving, New York Times-reading, Hollywoodloving, left-wing freak show ».

L'entre-soi. L'identité d'une organisation politique se décline notamment à partir de son sigle. Mais, plus profondément, elle se discerne dans un langage spécifique où se repèrent des références privilégiées (à un grand homme, un événement fondateur) ainsi que des mots marqueurs sur le plan doctrinal, organisationnel ou militant. À noter, par exemple, l'importance du mot « compagnon » chez les gaullistes, du mot « camarade » chez les communistes mais aussi chez les socialistes désireux de marquer symboliquement leur ancrage dans le mouvement ouvrier. Le militant chevronné parle par abréviation : « la Fédé », ou par initiales : le CC, le CD, le BP, etc. À la limite se développe une langue d'initiés, un système de mots de passe, grâce auxquels se dessinent fermement les limites de l'*in-group* (nous) et de l'*out-group* (eux). Ce que Jacques Gerstlé écrivait du discours des socialistes est sans aucun doute transposable à l'ensemble des formations politiques : « Un langage clos pour se comprendre, un langage ouvert pour s'adapter »[1]. Il convient simplement de relever des niveaux très différents de sophistication du langage « intérieur » selon le degré d'intégration propre à chaque parti : d'un parti de masse à un parti de notables, d'un parti révolutionnaire à un parti d'électeurs. Au contraire, la crise d'identité qui peut affecter une formation s'exprime dans un brouillage des codes linguistiques les plus éprouvés. Au PCF, ce fut par exemple la disparition, en 1976, d'un syntagme marqueur : « dictature du prolétariat » ou, au PS après 1983, celle de « rupture avec le capitalisme »[2].

La justification. Les mots de la communication doivent constamment se référer à l'intérêt collectif. Cette référence, observent Luc Boltanski et Laurent Thévenot, est seule à pouvoir conférer un sens légitime à l'action dans ce qu'ils appellent la « cité de la sphère civique »[3]. Cela implique des messages qui soulignent la pureté des buts recherchés par rapport à des motivations clientélistes ou népotis-

1. Jacques GERSTLÉ, *Le Langage des socialistes,* Paris, Stanké, 1979, p. 171 et 173.

2. Sur l'histoire d'une expression politique célèbre : J. PERUS, « Un emprunt au russe dans la terminologie politique des années trente : front populaire », *Mots,* 1987 (15), p. 189 sq. V. également le rôle joué par l'attachement sentimental aux symboles du communisme classique : drapeau rouge, faucille et marteau, parti communiste lorsque, en janvier 1992, des scissionnistes ont refusé la transformation du Parti communiste italien en Parti de la gauche démocratique (Congrès de Rimini).

3. Luc BOLTANSKI, Laurent THÉVENOT, *De la Justification. Les économies de la grandeur*, Gallimard, 1991.

tes, ou des objectifs corporatistes. De la même façon que les groupes d'intérêt doivent prendre soin de « rationaliser » leurs revendications « en termes d'intérêt général », de même représentants et gouvernants doivent prouver leur volonté de se hisser au-delà de préoccupations « partisanes », synonymes d'injustices ou de sectarismes. Les nécessités de l'activité gouvernementale conduisent parfois à des pratiques qui se rapportent mal à l'identité politique affichée. Le travail symbolique opéré par le langage conduira à d'intéressants déplacements de lexique. Ainsi là où les gouvernements libéraux parlent de maintien de l'ordre, expression qui, déjà, euphémise l'idée de violence, les gouvernements de gauche précisent « maintien de l'ordre républicain » parce que l'adjectif a des connotations légitimatrices face à des adversaires qui évoquent la « répression policière ». La République n'est-elle pas le suprême bien collectif ? Le vocabulaire « restructuration industrielle » s'est imposé dans les années soixante-dix et quatre-vingt pour éviter à des dirigeants productivistes ou progressistes de parler de désindustrialisation ou de licenciements. Néologisme des années 1990, le terme « délocalisation » pour désigner l'implantation hors de Paris d'établissements publics ou de grandes écoles, est une impropriété[1] qui permet cependant d'éviter d'autres termes : « décentralisation » parce qu'il connote un abandon de compétence étatique, mal vu dans une culture qui associe État et intérêt général, ou encore « déplacement », « déménagement », qui attirent trop à eux le stigmate de « déportation ».

L'affirmation d'un pouvoir d'emprise. C'est d'abord dire une autorité. Lorsque cette prise de parole s'effectue dans un cadre fortement institutionnalisé comme les interventions à l'Assemblée nationale ou au Conseil des ministres, elle est régie par des normes très précises qui attestent la compétence (juridique) de celui qui parle ainsi que sa représentativité. C'est pourquoi il est si important d'être désigné porte-parole du parti ou du groupe parlementaire, surtout dans l'opposition où les positions de pouvoir effectif sont plus rares. Dans les arènes de la vie politique (débats contradictoires sur un plateau de télévision, interventions à la tribune d'un Congrès) la prise de parole est également soumise à une réglementation, à peine moins précise parfois. Le seul fait de participer à des émissions politiques prestigieuses ou d'être celui qui tire les conclusions d'un débat au sein d'un parti consacre une notoriété, atteste une autorité légitime. La prise de parole vise aussi à attester une maîtrise idéelle du réel, c'est-à-dire une emprise qui peut se situer exclusivement au niveau des représentations.

1. Si localiser signifie situer dans un endroit déterminé, délocaliser veut dire ne plus situer en un lieu précis (!).

L'opposition qui affiche un programme d'action, le mouvement doctrinaire qui développe un projet de société ou formule un grand dessein, cherchent à attester leur capacité potentielle de peser sur la réalité alors même qu'ils sont éloignés des leviers du pouvoir effectif. On peut d'ailleurs observer qu'un parti a une propension d'autant plus grande à donner un contenu doctrinal à ses débats qu'il est tenu plus durablement à l'écart des affaires publiques, ou sans espoir d'y revenir bientôt. Mais les gouvernants sont, eux aussi, parfois dénués de toute capacité effective d'action, soit sur des événements ponctuels, soit sur les tendances lourdes de la société. Leur discours vise alors à masquer une impuissance en donnant, par exemple, l'illusion de l'initiative alors qu'ils se trouvent contraints, ou encore en prenant à leur compte des enchaînements d'événements alors même qu'ils les subissent. L'affichage d'une fermeté : « L'État ne reculera pas ! », est plus d'une fois le signe avant-coureur, puis le masque d'une concession forcée.

La disqualification de l'adversaire. Les batailles de communication entre adversaires politiques, notamment entre la majorité et l'opposition, se déroulent sur deux terrains de prédilection. Tout d'abord, celui de la compétence dans la gestion des affaires publiques. Les gouvernants en place auront toujours intérêt à promouvoir l'image d'une équipe dynamique et entreprenante, courageuse mais attentive aux « problèmes des gens ». La communication se fera autour de projets et de bilans chiffrés, énumérant les mesures prises ou à prendre, détaillant les crédits, les chantiers, les résultats escomptés ou atteints. L'objectif, parfois seulement implicite, est de souligner une supériorité par rapport à des adversaires, condamnés à l'inaction ou porteurs d'un bilan passé plus mince. Les opposants se doivent, eux, de souligner les carences, les erreurs d'appréciation, le caractère insuffisant des réponses aux défis de l'heure. Mais comme les batailles de chiffres et les débats trop techniques rebutent la grande majorité des citoyens, ce qui opère principalement, c'est l'image associée au débat. Un bilan détaillé peut avoir une vertu certificative en soi pour les citoyens profanes, politiquement proches de la majorité ; sous bénéfice d'inventaire pour les mieux informés ; faible ou nulle pour les soutiens de l'opposition. La bataille pour les valeurs est le second grand terrain d'affrontements. Il importe de pouvoir s'identifier de façon étroite aux références les plus largement consensuelles : la paix et la sécurité, le développement économique et le progrès social, les droits de l'Homme et la lutte contre les inégalités. D'où l'importance des mots marqueurs qui disent une supériorité morale et celle des labels qui désignent l'adversaire de façon péjorative. La droite fera grief à la gauche de son « dogmatisme idéologique » et essuiera le stigmate de « réactionnaire ». Une politique de communication bien conduite tend à promouvoir une Cause sans adversaire légitime. C'est ainsi que l'on se fera ici l'artisan de la « modernisation économique » (renvoyant alors les adversaires dans l'archaïsme), tandis que là on se fera le défenseur d'une « Europe sociale » (un qualificatif qu'il est difficile de récuser). Il en va de même des combats « contre les discriminations » ou « pour la démocratisation de l'enseignement ». L'opposition frontale est impossible dans le système actuel de valeurs. Enfin un procédé rhétorique efficace consiste à définir les options politiques en termes ternaires. « Ni isolement, ni diktat bruxellois », « ni démagogie, ni faiblesse », ces formulations postulent la pratique d'une troisième voie : celle du juste milieu entre des excès contraires (ceux des diverses catégories d'opposants).

S'il y a omniprésence du langage, oral ou écrit, sur la scène politique, il ne faut pas perdre de vue néanmoins que d'autres formes de communication non verbale sont également à l'œuvre. Le voyage officiel, la conférence diplomatique au sommet qui focalise l'attention des médias, ce n'est pas seulement une série de prises de paroles mais aussi une liturgie protocolaire, une théâtralisation de la communication. Le choix du lieu et du moment, le décorum mis en place, le type de service d'ordre, tout contribue à produire du message. Il y a donc indissociabilité des éléments verbaux et non verbaux de la communication. Il en va de même dans ces rituels que sont les inaugurations de chantiers ou les ouvertures de manifestations culturelles. La prééminence scénique des personnalités politiques, à elle seule, facilite l'affichage de leur rôle d'initiative, la perception de leur capacité d'action et de maîtrise. Davantage encore, la simple présence d'un député, d'un ministre ou du chef de l'État dans des manifestations comme un match sportif ou une exposition scientifique, suggère une attention bienveillante, voir un lien, même relâché, entre l'action politique et les éventuels succès collectifs que l'événement met en scène. Enfin l'on sait la portée immense de gestes muets comme l'image en 1970 du chancelier allemand, Willy Brandt, agenouillé devant le monument érigé en mémoire des insurgés du ghetto de Varsovie.

Il y aurait lieu, pour conclure, de souligner l'évolution du langage politique en longue période. Christian Le Bart pose des questions pertinentes lorsqu'il s'interroge sur sa pacification croissante, notamment par rapport aux pratiques de violence verbale qui caractérisaient les luttes politiques jusqu'aux années 1950. Il souligne également le rôle croissant réservé au discours d'expert ou aux thèmes de la proximité[1]. On constate, en longue période, une tendance à la désidéologisation de la communication politique qui se rapproche ainsi des pratiques du marketing commercial ; ce qui s'explique à la fois par les changements de la structure sociale (notamment l'élévation du niveau moyen d'éducation des citoyens) et par la montée en puissance des « spécialistes » de la communication auprès des politiques.

B Les agents de la communication politique

Rien n'est plus dangereux en matière de communication politique que l'improvisation et, surtout, l'envoi de messages contradictoires. Maîtriser le moment, le contenu et la forme de l'information dispensée est une tâche primordiale pour un responsable politique. Tout gouvernement parce qu'il est au centre de l'attention médiatique, doit accorder la plus grande attention à la distribution des rôles. La structure pyramidale du pouvoir contraint les hauts fonctionnaires ou les collaborateurs du prince à une stricte obligation de discrétion. Les ministres eux-mêmes doivent respecter une obligation de solidarité gouvernementale qui implique normalement une concertation préalable avec le chef de l'exécutif avant toute prise de position publique d'importance. Ce dispositif n'empêche pas toujours les fuites incontrôlées qui, généralement, signalent l'existence d'une manœuvre destinée à nuire à quelque rival. Le critère le plus évident de la faiblesse d'un chef de gouvernement est l'indiscipline de ses ministres en matière de rapports avec la presse ; de même que, dans un parti politique, c'est l'incapacité de son patron à réguler les prises de position discordantes de ses barons. Généralement, au niveau gouvernemental, un porte-parole est plus spécialement chargé de gérer la communication quotidienne, par des rencontres régulières avec la presse accréditée où sont lus et brièvement commentés les communiqués officiels. Le Premier ministre, ou le chef de l'État dans les régimes à prédominance présidentielle, conservent seuls une réelle liberté d'intervention. Le choix des modalités est en lui-même un message. L'allocution radiotélévisée est plus solennelle, la conférence de presse plus dynamique, l'interview « exclusive » plus marquée par la connivence. S'exprimer à partir du bureau présidentiel ou d'un chef-lieu de province, devant un aréopage de militaires, d'intellectuels ou de dirigeants patronaux n'a évidemment pas le même sens.

1. Christian LE BART, avec Rémi LEFEBVRE (Dir.), « Proximité », *Mots* (77), mars 2005 ; avec Paul BACOT (Dir.), « Dire la démocratie aujourd'hui », *Mots* (83), mars 2007.

Pour gérer au mieux leur capacité d'initiative, les responsables politiques éprouvent aujourd'hui le besoin de s'entourer de conseillers en communication. Cette tendance favorise la prééminence médiatique de l'exécutif au détriment des assemblées parce que la communication politique va de pair avec la personnalisation du pouvoir. Les conseillers sont parfois nombreux au point de nécessiter la création d'une cellule de coordination avec un responsable attitré. Leur rôle est d'abord de suivre de très près les mouvements de l'opinion publique et les flux d'informations qui circulent dans la société. Dans cette tâche, ils sont assistés aujourd'hui par des services spécialisés, généralement rattachés directement au chef de l'exécutif comme, en France, le Service d'Information du Gouvernement (SIG) qui existe, sous d'autres formes, dans la plupart des pays européens. Même la Commission européenne a mis en place une Direction générale (la DG X) spécialement chargée de sa communication officielle. Ce rôle est aussi de suggérer des initiatives destinées à améliorer l'image des gouvernants et de leur action. Ainsi parle-t-on familièrement « les plans com' », c'est-à-dire les enchaînements programmés d'interventions dans les médias, avec mention des contenus et des formes de communication à valoriser. De plus en plus, les politiques de communication développent des tactiques sophistiquées d'interventions auprès des médias, de manière à compenser l'impossibilité, en démocratie, d'un contrôle brutal et direct. L'ensemble de ces tactiques que l'on appelle le *spin control*, vise toujours à orienter l'information fournie aux citoyens de façon à présenter l'action gouvernementale sous le jour le plus favorable et désamorcer autant que faire ce peut les critiques adverses. On se souciera d'accorder la primeur d'une annonce à des journalistes soigneusement choisis, sachant que ce sont les premiers commentaires qui orientent d'emblée les perceptions du public. On lancera une information spectaculaire à un moment choisi pour faire diversion dans une actualité embarrassante (publication d'un rapport accablant par exemple). On lancera des ballons d'essai, alimentés par des fuites calculées, pour tester les réactions possibles de l'opinion ou des groupes d'intérêt. On mettra en doute une information négative en invoquant la nécessité d'une enquête approfondie qui amortira dans le temps le choc de la révélation. Ces tactiques ont leur incontestable efficacité mais aussi leurs limites. Un excès d'habileté peut finir, à la longue, par se retourner contre ses auteurs. C'est ainsi que le Premier ministre britannique, Tony Blair, a dû se séparer de son principal conseiller en communication, Peter Mandelson, à qui la presse imputait d'excessives manœuvres souterraines.

C Les contraintes de la communication politique

Le langage des représentants et gouvernants se situe dans un jeu de relations entre le locuteur, son ou ses publics, et les vecteurs de communication utilisés. De ce fait, les acteurs politiques sont soumis à des logiques de situation que connaissent également, même si ce ne sont pas les mêmes, les journalistes de la presse écrite ou audiovisuelle, qui rendent compte des péripéties de l'actualité. Relevons-en brièvement quelques implications.

1. La relation du locuteur à son public

Elle pèse lourdement sur la forme et le contenu du discours adopté. Premier élément à considérer : le statut politique. Plus le mandat exercé est hiérarchiquement important, plus la contrainte de rôle est sévère : du maire d'une petite commune au président de la République, il est visible que la liberté de ton est affectée de manière croissante. En effet, les attentes et les projections qui se portent sur le locuteur investi d'un mandat élevé, sont beaucoup plus complexes, à la fois par leur nombre, leur hétérogénéité et leur intensité. Seule une forte ritualisation du langage tenu, portant sur le style du discours et sur les thèmes abordés, permet d'éviter de créer trop d'illusions auprès des uns, trop de déceptions auprès des autres, en balisant soigneusement le champ des anticipations légitimes. Pour avoir voulu ignorer cette dimension, certains responsables politiques ont vu leur image lourdement atteinte.

Second élément : la dépendance vis-à-vis du suffrage universel. Élus, et généralement candidats à la réélection, les politiques doivent chercher à mobiliser des soutiens dans les secteurs les plus différents de la société. Quand ils sont conduits à intervenir publiquement, en campagne électorale aussi bien que dans les instances institutionnelles où ils siègent, l'un de leurs principaux problèmes est celui de la segmentation du public atteint. Si l'auditoire est homogène sur le plan professionnel ou socioculturel (public de petits commerçants, de cadres supérieurs, de dirigeants d'entreprises), les responsables politiques qui s'adressent à eux peuvent leur tenir un langage directement adapté à ses attentes, langage plus précis, plus technique, plus exigeant aussi du point de vue des arguments évoqués. On ne propose pas, en effet, le même discours économique aux petits commerçants, aux associations de défense de l'environnement, aux patrons des grandes entreprises. Au contraire, si le public n'est pas segmenté et qu'il agrège des catégories sociales hétérogènes (comme c'est le cas, par exemple, des téléspectateurs d'une émission politique à une heure de grande écoute, ou encore des lecteurs d'un grand quotidien régional détenteur d'un quasi-monopole géographique), dans cette hypothèse, le public étant nécessairement traversé d'intérêts et d'attentes contradictoires, le langage doit se cantonner davantage dans les généralités. Il faut éviter de provoquer le mécontentement des uns en voulant satisfaire les autres. Il convient néanmoins de compenser l'inévitable banalité du propos par des formules bien ciselées, du brio rhétorique, quand ce ne sont pas des pointes assassines. Les arguments d'ordre émotionnel y sont plus pertinents que les analyses rationnelles, même s'il existe un seuil au-delà duquel l'excès se retourne contre son auteur. En ce domaine, chaque pays a ses traditions et la ligne jaune à ne pas franchir ne se situe pas au même endroit dans la presse britannique, allemande ou française.

Dans les enceintes parlementaires, la contrainte d'efficacité conduit à encadrer lourdement le temps de parole accordé aux intervenants en dépit des conventions tacites qui peuvent assouplir la mise en œuvre stricte du règlement. Mais la présence ou l'absence de public dans les tribunes et, surtout, celle de la télévision conduisent les orateurs à modifier leurs argumentaires voire le style de leurs interventions[1].

2. La relation du locuteur à la conjoncture

Les dirigeants politiques s'expriment en public sous la dépendance étroite de l'actualité. Constamment en effet, ils sont sommés de réagir, commenter, prendre position, juger. À l'échelon plus modeste des mandats locaux, la pression émane simplement des interlocuteurs sociaux rencontrés à chaque instant de la vie publique ; aux échelons plus élevés, ce sont les journalistes de la presse nationale ou internationale. Parler c'est donc s'insérer dans un système sans fin de prises de positions et de réactions où ce qui s'est dit hier commande étroitement la façon de s'exprimer aujourd'hui, laquelle doit anticiper ce qui se dira demain. Le responsable politique désireux de durer doit constamment imposer une image de cohérence, de continuité et de solidité ; mais il lui faut également s'adapter sans jamais donner l'impression de se contredire. C'est pourquoi il doit cultiver les jugements souples à sorties multiples, éviter de se laisser enfermer dans des prises de position « définitives », pratiquer enfin l'art difficile qui consiste à ne

1. Jean-Philippe HEURTIN, *L'Espace public parlementaire. Essai sur les raisons du législateur*, Paris, PUF, 1999. Également, pour la IIIe République, Nicolas ROUSSELIER, *Le Parlement de l'éloquence,* Paris, Presses de Sciences Po, 1997.

répondre vraiment qu'aux questions que l'on a soi-même sélectionnées et préparées.

La conjoncture (politique, économique et sociale...) constitue le cadre contraignant des prises de parole. En effet, les perceptions du réel que tente d'imposer le langage politique sont tributaires du climat créé aussi bien par les enchaînements d'événements jugés dignes d'être rapportés par les médias que par les prises de position, analyses et réactions qu'ils entraînent. Mais les responsables politiques, surtout s'ils sont de niveau très élevé, ne sont pas dépourvus de tout moyen d'action pour tenter d'infléchir la conjoncture[1]. Ils peuvent intervenir directement en cherchant à créer l'événement : déclarations solennelles, voyages officiels, prises de position fracassantes, révélations sur une « affaire », etc. Ils peuvent intervenir indirectement en essayant d'influencer le travail journalistique de mise en scène des faits d'actualité : c'est le jeu subtil des rétentions d'informations et des fuites bien maîtrisées ; c'est aussi, si possible, la création de liens de bienveillante connivence avec les « faiseurs d'opinion ».

Dans les débats publics organisés sur des problèmes locaux, élus et simples citoyens (souvent, en fait, des militants associatifs) recourent à un petit nombre de codes langagiers que Sandrine Rui a su dégager avec bonheur[2]. Il existe trois rhétoriques fondées sur un constant appel à l'intérêt général, la première privilégiant le volontarisme, la seconde le compromis pragmatique, la troisième la connaissance des faits réels. En marge de ces trois modalités du discours de l'intérêt général, elle observe l'existence d'une tout autre rhétorique fondée, elle, sur la « reconnaissance de l'Autre », c'est-à-dire sa légitimité à s'exprimer sur la conjoncture, au nom de la norme démocratique. On retrouve ici, en filigrane, l'opposition mentionnée *supra* entre travail sur le réel et travail sur les représentations, politique pragmatique et politique symbolique.

3. La relation du locuteur aux vecteurs de communication de masse

Ces vecteurs constituent le passage obligé de la partie la plus importante de la communication politique dans l'espace public. Indé-

1. Jacques GERSTLÉ, *La communication politique,* Paris, PUF, 1992, p. 90. Du même auteur, l'étude des thèmes de campagne électorale lors de l'élection présidentielle de 1995, puis des élections législatives de 1997, dans P. PERRINEAU, C. YSMAL (Dir.), *Le vote de crise,* Paris, Presses de Sciences Po, 1995, et *Le vote surprise,* Paris, Presses de Sciences Po, 1998, respectivement p. 21-46 et p. 55-75.
2. Sandrine RUI, *La Démocratie en débat,* Paris, A. Colin, 2004, p. 93.

pendamment même de toute censure, la presse écrite et la télévision imposent leurs contraintes techniques.

Un responsable politique ne saurait dicter le compte rendu de ses interventions publié par un quotidien ou un magazine. Le journaliste s'interpose à divers titres : soit parce qu'il choisit ou non de rendre compte, soit parce qu'il sélectionne les informations à sa disposition, soit encore parce qu'il lui revient de les mettre en valeur grâce au titrage ou à la mise en page. Hormis le cas des pressions directes ou indirectes sur l'équipe de rédaction, le dirigeant politique est démuni d'influence sur le compte rendu de ses propres prises de parole. Il lui est seulement loisible de s'adapter aux critères professionnels du journalisme en vue de faciliter la prise en compte de l'essentiel de son message. Cela le conduira à rechercher la formule susceptible de séduire, à travailler la limpidité d'un raisonnement dans l'espoir de le voir repris intégralement. Les dirigeants de premier plan mobilisent, on l'a vu, l'assistance d'experts en communication. Néanmoins les résultats sont toujours relativement aléatoires, de sorte que le responsable politique peut vivre l'impression d'une véritable dépossession. Il n'est guère que le genre interview, qui puisse assurer un relatif contrôle direct par le locuteur de ses propres déclarations ; surtout si celui-ci a été en position de discuter préalablement les questions posées et de remanier le texte de ses réponses avant publication.

La télévision n'impose pas une présence intermédiaire aussi forte que celle du journaliste de la presse écrite. Un dirigeant politique peut même avoir l'impression euphorisante d'un contact direct, sans barrières, avec le public le plus large. En réalité, les contraintes du médium sont également très puissantes. D'abord parce que la nécessité de retenir à tout prix l'attention des téléspectateurs implique un rythme (rapide), un ton (vivant), et un traitement des thèmes (suffisamment simple), qui façonnent la spécificité du langage télévisuel. Ensuite, parce que le langage qui atteint le public n'est pas seulement celui des mots prononcés, il est aussi celui des gestes, des attitudes physiques, des expressions de visage ; bref le produit d'un engagement global de la personnalité qui se donne à voir, parfois à son insu. C'est pourquoi le langage télévisuel exige un véritable apprentissage et l'apprivoisement de ses multiples codes. Il en va de même avec Internet dont les sites ouverts par les partis et les personnalités politiques sont appelés à connaître un grand développement. Mais ces sites peuvent être très inégalement attrayants et interactifs ; compte tenu de la diversité du public susceptible de les consulter, leur conception suppose de redoutables choix politiques et techniques.

Section 3
Politiques publiques et gouvernance

L'action publique s'est longtemps limitée, dans les monarchies européennes traditionnelles, au maintien de l'ordre et aux relations extérieures. À partir du XVIIIe siècle les pouvoirs publics manifestent un intérêt pour le développement des communications (creusement de canaux, création en France de l'École des Ponts et chaussées) ainsi que pour les techniques susceptibles d'accroître les rendements agricoles (notamment au Royaume Uni). L'interventionnisme de l'État s'amplifie au XIXe siècle, et se diversifie, incluant notamment le secteur de l'éducation et de la santé. Parallèlement les États modernes mettent en place un maillage plus serré et plus cohérent d'administration territoriale. Mais c'est le XXe siècle qui verra s'épanouir les politiques de l'État-Providence, caractérisées par le double souci de protection sociale et de redistribution des ressources (y compris par la démocratisation de l'accès au savoir). En outre beaucoup de pays européens expérimenteront des formes d'interventionnisme étatique dans la sphère économique. Le recours à la planification, contraignante dans les pays du bloc socialiste, indicative et incitative à l'ouest de l'Europe, et le rôle stratégique du secteur public sont les deux outils majeurs de cet interventionnisme, avec la politique d'incitation fiscale. Des mécanismes de régulation légale et réglementaire sont mis en place afin d'encadrer ou corriger les tendances du marché.

Aujourd'hui, cet interventionnisme est sévèrement limité par le triomphe des principes de l'économie de marché à l'échelle européenne et mondiale. Depuis l'effondrement des économies socialistes du camp soviétique, le mouvement s'est accéléré. Deux facteurs réduisent aujourd'hui le rôle de l'État dans la vie économique. La construction européenne tout d'abord. Elle a favorisé un mouvement de déréglementation en imposant à tous les pays membres les logiques de la libre concurrence dans tous les secteurs qui l'ignoraient encore. Parallèlement, Bruxelles s'est affirmée au détriment des États comme l'agent principal de régulation à travers les directives communautaires et le droit qu'elles génèrent. Politique agricole, politique énergétique, politique des transports, politique monétaire, politique de santé, politique fiscale sont devenues les maîtres mots du langage européen[1]. Le second facteur de rééquilibrage est le net retour au local. Il se manifeste un peu partout en Europe, comme d'ailleurs dans le reste du monde, sous des formes différentes. D'une part, il s'agit de forts mouvements régionalistes, voire nationalistes (Pays Basque, Catalogne, Écosse, Flandres, Sicile et Sardaigne...) qui revendiquent, et obtiennent parfois, de larges dévolutions de compétences au détriment de l'État central. D'autre part et surtout, on observe très fréquemment des mouvements de décentralisation au profit des régions ou des villes. L'une des raisons invoquées est la volonté d'alléger les compétences du centre pour lui redonner son efficacité. En France par exemple, la loi du 2 mars 1982 et la réforme constitutionnelle du 28 mars 2003 ont cherché à libérer une capacité d'initiative managériale des élus locaux. Mais il s'agit aussi, beaucoup plus profondément, d'une recomposition des relations entre les échelons *infra* et supranationaux. À l'ère de la globalisation des marchés, les processus décisionnels font l'objet de réaménagements décisifs. Si le phénomène concerne la plupart des pays du monde, il prend un visage singulier dans le cadre de l'Union européenne du fait de l'intégration croissante des sociétés politiques qui la composent.

La science politique contemporaine a pris acte de ces évolutions, voire de ces bouleversements. L'analyse classique des politiques publiques se situait essentiellement dans le cadre national et privilégiait l'action *top/bottom* de l'État ou des collectivités territoriales ; l'élargissement des échelles d'action spatiale impose un autre regard. Par ailleurs, une meilleure attention à la manière dont s'élaborent ces politiques publiques conduit à valoriser la notion de gouvernance, et même celle de gouvernance multiniveaux pour rendre compte de l'articulation croissante de l'étatique avec l'*infra* et le supra-étatique. Des auteurs comme Pierre Lascoumes et Patrick Le Galès, proposent même de délaisser le terme de politique publique au profit de celui d'action publique afin de mieux prendre acte, dans le langage, de ces mutations décisives[2].

1. Christian LEQUESNE, Pierre MULLER, « La Commission européenne. Cultures, politiques, paradigmes », *Revue française de science politique*, 1996 (46), p. 389 sq.
2. Pierre LASCOUMES, Patrick LE GALÈS, *Sociologie de l'action publique*, Paris, A. Colin, 2007, p. 6.

§ 1. L'analyse classique de politiques publiques

Elle constitue, aujourd'hui, l'un des secteurs les plus dynamiques de la science politique. Depuis vingt ans se sont multipliés les travaux menés dans un cadre national ou dans une optique comparatiste, de pays à pays, sans oublier l'essor des études portant sur les politiques européennes[1]. Les raisons en sont fort diverses mais, parmi elles, on soulignera le souci de mieux rapprocher l'analyse savante des problèmes de terrain ainsi que la préoccupation symétrique, chez les dirigeants, de rendre plus productifs les efforts juridiques, financiers et administratifs de la puissance publique, à l'heure où son désengagement est à l'ordre du jour sous l'influence du néolibéralisme qui prévaut à l'échelle internationale. Celui-ci contraint à mieux « justifier » les politiques d'intervention ou d'encadrement, en étudiant davantage leur dynamique et leurs effets réels. Par ailleurs, les excès du néolibéralisme font émerger la nécessité de nouvelles formes d'action pour tenter de prévenir l'apparition de risques inédits à l'échelle de la planète : destruction irréversible de l'environnement, perturbations graves des équilibres climatiques, raréfaction des ressources non reproductibles, menaces de diffusion foudroyante des pandémies dans un monde à circulation élargie (personnes et marchandises).

Les politiques publiques sont l'expression d'une volonté gouvernementale d'action (ou d'inaction). On peut les définir comme des ensembles structurés, réputés cohérents, d'intentions, de décisions et de réalisations, imputables à une autorité publique locale, nationale ou supranationale[2]. Ainsi parlera-t-on de la politique de santé publique, de logement, d'aménagement touristique, etc. Elles prennent la forme d'actes législatifs et réglementaires adoptés par des organes de décision élus. Mais l'important est surtout qu'il s'agit d'*allocations de biens ou de ressources* en vertu de procédures juridiquement contraignantes qui attestent la prérogative de puissance publique. Notons enfin que la notion de politique publique connote l'idée d'une cohérence, intentionnelle ou dégagée rétrospectivement. Cela ne signifie certes pas que ses auteurs aient nécessairement, *a priori*, une vue claire de tout ce qui se joue ; encore moins une certitude quant aux effets escomptables des actions entreprises. Simplement, la notion de politique publique incite

1. Voir bibliographie, *infra*.
2. Pour Jean-Claude Thoenig, une politique publique est « un programme d'action propre à une ou plusieurs autorités publiques ou gouvernementales ». Jean-Claude THOENIG, « L'analyse des politiques publiques » *in* M. GRAWITZ, J. LECA, *Traité de Science politique,* Paris, PUF, 1985, t. IV, p. 6.

à penser les décisions non plus isolément mais intégrées dans une continuité minimale, conditionnées par un amont et conditionnant un aval.

A Les préalables à l'intervention publique

L'analyse contemporaine a mis l'accent sur deux questions principales, d'ordre à la fois théorique et pratique. La première est celle du passage au politique d'un problème de société. À quelles conditions des enjeux collectifs, des ajustements d'intérêts catégoriels deviennent-ils objet de politiques publiques, appelant mobilisation de moyens administratifs et techniques, mises en œuvre de procédures, établissement de budgets ? Cette inscription à l'ordre du jour des préoccupations de dirigeants élus constitue ce qu'il est convenu d'appeler la mise sur agenda politique. La seconde est relative à l'univers des représentations, des savoirs et des perceptions qui constitue la toile de fond du processus décisionnel enclenché. Élaborer une politique publique, écrit Pierre Muller, suppose « une image de la réalité sur laquelle on veut intervenir ». C'est ce qu'il appelle le référentiel d'une politique.

1. La notion d'agenda politique

Reprenant l'analyse de Cobb et Elder, Jean Padioleau définit l'agenda comme « l'ensemble des problèmes perçus comme appelant un débat public, voire l'intervention des autorités politiques légitimes[1] ». En effet, dans la masse des conflits d'intérêts, des difficultés sociales, et des aspirations collectives de tous ordres, une partie seulement est portée sur la scène politique (locale, nationale ou *supra* nationale) et prise en charge comme problème à résoudre ou, du moins, à gérer. Un mécanisme de sélection opère. Sur la base de quels critères ?

Un premier renvoie à *la délimitation des compétences légales* des diverses autorités susceptibles de se sentir concernées. Dans les États unitaires décentralisés, la notion d'affaires locales n'est pas extensible à l'infini. Des mécanismes de verrouillage juridique (tutelle *a priori* ou *a posteriori*) interdisent à des collectivités publiques de se saisir, pour intervention, de n'importe quelle question. En France, dans l'entre-

1. Jean PADIOLEAU, *L'État au concret,* Paris, PUF, 1982, p. 25. Également, Roger COBB, Charles ELDER, *Participation in American Politics : the Dynamics of Agenda Building,* Baltimore, The Johns Hopkins University Press, 1975, p. 14.

deux-guerres, les municipalités qui ont voulu ouvrir des commerces de détail, afin d'offrir aux consommateurs à faibles ressources un minimum de produits de base à prix coûtant, ont vu leurs décisions annulées par le juge administratif. Plus récemment, des maires désireux de pratiquer une politique de « rééquilibrage démographique » dans les écoles communales ou dans les attributions de HLM ont été également condamnés pour « discrimination ». Au niveau européen, les traités fondateurs de la CEE, déterminaient des domaines de compétences qui ont fait l'objet d'interprétations extensives ; néanmoins les résistances des États ont conduit, ici ou là, à marquer des bornes à l'intervention des instances communautaires. En revanche, ce critère de la compétence juridique pèse de peu de poids à l'encontre des gouvernants sur la scène politique nationale. En effet, la souveraineté, dont les organes politiques élus sont dépositaires, autorise une autosaisine de principe dans une très large mesure. Toutefois la répartition des compétences entre les différents ministères, établissements publics et autres services administratifs constitue un élément important qui gouverne la procédure de mise sur agenda. Il n'est pas indifférent en effet que le problème de l'immigration soit considéré comme étant du ressort d'un ministère de la Population ou d'un ministère de l'Intérieur.

Un deuxième critère est celui de *la nature du problème posé*. Sans doute aucune question n'est-elle politique par essence. Le chômage ne l'était pas sous Louis XV ni la protection de l'environnement à l'ère de l'industrialisation européenne. Alors que l'acuité du phénomène de l'emploi pouvait être supérieure à celle d'aujourd'hui, il n'existait même pas d'expression pour le nommer politiquement. Les caractéristiques qui facilitent la prise en compte d'un problème de société par une instance politique, sont liées en fait aux représentations qu'il génère, dans un univers donné de croyances admises. Sentiment, partagé par les intéressés ou leurs représentants, que quelque chose « ne va pas », et que cette situation est remédiable par les pouvoirs publics. À l'époque de l'État-Providence à son zénith, il y avait naturellement extension maximale de cette propension ; au contraire, le retour en force d'un credo libéral tend à freiner l'émergence de ce type de représentations.

Pour être prise en compte par les pouvoirs publics, la question doit être problématisée en termes politiques. On entend par là en premier lieu les processus de construction d'un soutien organisé. Des acteurs sociaux « représentatifs » s'en saisissent, qu'il s'agisse de collectifs de luttes, d'associations, de syndicats ou, bien sûr, d'élus appartenant soit à l'opposition soit à la majorité. Il faut en second lieu qu'elle acquière un minimum de visibilité. Le degré peut en être très variable : simple sensibilisation des interlocuteurs officiels concernés ou médiatisation massive en direction du grand public. Il faut enfin que le problème soit traduit en langage politique ; c'est notamment ce qu'il est convenu d'appeler la procédure d'« étiquetage », qui consiste à nommer l'enjeu en des termes tels qu'il apparaît relever de la compétence d'une autorité publique. Ainsi dans les années soixante a-t-on labellisé « démocratisation de l'enseignement » le problème posé par la demande croissante d'enseignement long (post-baccalauréat), considéré à l'époque, par des couches sociales de plus en plus larges, comme une voie d'accès possible et légitime à l'ascension sociale.

Un troisième critère enfin est *l'inclination des acteurs politiques, stricto sensu*, à se saisir ou à saisir l'instance gouvernante. Ils peuvent y être spontanément favorables ou, au contraire, subir une pression extérieure plus ou moins résistible. Roger Cobb distingue pertinemment trois modèles d'agenda différents, selon l'initiative des acteurs et la stratégie suivie. Le premier, dit *Outside initiative model,* souligne que la saisine a été imposée, de l'extérieur, par des organisations non officielles, notamment sous l'effet d'une mobilisation protestataire ; il y a passage d'un « agenda public » (saisine de l'opinion) à « l'agenda formel » (inscription à l'ordre du jour institutionnel). Le second, qualifié de *Mobilization model* se caractérise par une initiative interne aux sphères gouvernementales mais la volonté de rechercher un soutien dans l'opinion implique une inscription quasi-simultanée sur « l'agenda public » et « l'agenda formel ». Le troisième est l'*Inside initiative model.* Les initiateurs de la mise sur agenda formel cherchent spécifiquement à éviter que la question traitée fasse l'objet d'un débat public, souhaitant rechercher des solutions purement techniques ou, tout simplement, à l'abri de mobilisations émotionnelles jugées dangereuses ou paralysantes[1]. Dans certains cas, il y a consensus entre la majorité et l'opposition parlementaire pour débattre et engager un processus d'action. Il s'agit de problèmes dont, à un moment donné dans une société déterminée, le refus de les prendre en charge affecterait la légitimité des représentants. Aujourd'hui, il est inconcevable pour les édiles locaux de se désintéresser d'une importante suppression d'emplois dans leur ville ou, pour le gouvernement, d'ignorer durablement un puissant mouvement de grève national. Parfois, il existe un consensus négatif entre majorité et opposition afin d'empêcher l'accès d'un problème difficile, délicat ou explosif, à l'agenda politique. Généralement, il se fonde sur la crainte de diviser

1. R. COBB, J.-K. ROSS, M.-H. ROSS, « Agenda Building as a Comparative Political Process », *American Political Science Review,* 1976, p. 127-128. Les auteurs précisent que la probabilité de recours à l'un ou l'autre de ces modèles est affecté par le mode de stratification sociale (*op. cit.,* p. 137).

leurs électorats respectifs en faisant surgir des clivages nouveaux aux conséquences imprévisibles (ce fut longtemps le cas de l'immigration non européenne) ; il peut encore se nourrir du sentiment d'impuissance ou de la crainte de remettre en cause les grands équilibres économiques (la fiscalité mobilière).

C'est dans ces conditions que des partis politiques marginaux peuvent s'emparer de thèmes laissés en déshérence. N'ayant pas de capital électoral important au départ, ils ont tout intérêt à tenter de bousculer le jeu politique qui se joue dans la cour des grands. Dans certains cas, ils deviennent assez forts pour imposer un problème de société au cœur d'un débat politique qui avait voulu le forclore. Ainsi du thème de l'immigration avec la propagande du parti Le Peniste autour de la « préférence nationale », ou encore la protection de l'environnement, replacée par les Verts dans une perspective hostile au « productivisme sauvage ». Mais dans les conjonctures routinières, c'est aussi au travers de la « dispute » permanente à laquelle, en démocratie pluraliste, se livrent majorité et opposition, que s'opère le mécanisme de sélection des objets légitimes d'une initiative publique. Il y a alors controverse sur la définition même de l'enjeu et sur le bien fondé d'une éventuelle intervention. La question des nationalisations puis celle des privatisations se sont imposées sur l'agenda politique, dans les années quatre-vingt et quatre-vingt-dix, en raison même de leur aptitude à focaliser les différences idéologiques entre la gauche et ses adversaires.

2. La notion de référentiel

Pour concrétiser ce concept, Pierre Muller prend un exemple. « Les propositions que l'on pourra faire en matière de politique de la santé dépendront de la représentation que l'on se fait du statut de la maladie dans la société moderne (et, au-delà, de l'image de la vie et de la mort) et du statut des personnels chargés de mettre en œuvre les systèmes de soins[1] ».

Le référentiel d'une politique publique c'est donc en premier lieu un ensemble de perceptions, de normes et de valeurs à partir duquel se trouvera construit un problème à traiter et définis les cadres de l'action envisageable. Il n'y a pas de savoirs exhaustifs sur les données d'une question que les pouvoirs publics décident d'aborder. Dans la phase d'analyse, les informations disponibles proviennent d'un certain nom-

1. Pierre MULLER, *Les Politiques publiques*, Paris, PUF, 1990, p. 43. Également, Bruno JOBERT, Pierre MULLER, *L'État en action*, Paris, PUF, 1987, p. 65 sq.

bre de canaux qui conditionnent d'emblée la manière de définir les déséquilibres à rétablir, les changements à accompagner ou à faciliter. Sources statistiques, bien sûr, établies par les services administratifs ou les Instituts spécialisés (Insee, Credoc, Ined, Observatoires divers...) selon une logique qui leur est propre et qui valorise les capacités de traitement mathématique ; enquêtes de terrain et consultations de spécialistes ayant, aux yeux des gouvernants, autorité légitime sur la matière dont il s'agit. À côté de ces canaux qui privilégient l'expertise, c'est-à-dire un « savoir savant », il en existe d'autres qui transmettent plus directement les préoccupations, les attentes ou les exigences des groupes sociaux concernés. Pour reprendre l'exemple de la santé publique, on mentionnera les informations fournies par les organisations syndicales des diverses catégories de personnels soignants ou encore – puisque le phénomène se développe – par les associations de défense des usagers ou des malades ; en outre laboratoires et industriels producteurs de médicaments, pharmaciens, directeurs d'hôpitaux... tous, à un titre ou à un autre, ont un point de vue à faire valoir, un éclairage supplémentaire à donner.

Ces informations et représentations ne sont pas nécessairement convergentes : elles valorisent une dimension du problème, contribuent à en occulter d'autres aspects. Il est illusoire de penser qu'il puisse s'en dégager une synthèse objective, exhaustive et harmonieuse. L'information prise en compte dépend largement de la capacité de chaque partie à s'imposer institutionnellement dans le processus d'analyse et d'examen : par exemple, à travers des représentants au sein des Comités spécialisés qui assistent l'autorité politique et administrative. Elle dépend également de sa pertinence, c'est-à-dire de sa compatibilité avec ce-que-l'on-sait-déjà ou encore ce-sur-quoi-on-ne-saurait-revenir parce que programmes et crédits ont déjà été engagés.

Le référentiel d'une politique publique, c'est aussi un ensemble de normes et de valeurs acceptées à un moment donné. En matière de santé, l'idée selon laquelle il pourrait y avoir une médecine à deux (ou plusieurs !) vitesses, selon la solvabilité de la demande, n'est pas publiquement légitime car elle implique acceptation de l'inégalité devant la mort. Même s'il y a, dans la pratique, de nombreux compromis avec cet état d'esprit, cela ne doit pas être dit ; et même cela doit rester contenu par des mesures qui tendent à rétablir, au moins en apparence, un minimum d'égalité d'accès aux thérapeutiques existantes. Ces normes et ces valeurs jouent donc un rôle dans la sélection des informations disponibles et dans le choix des modes d'intervention envisageables. Elles rendent possibles et justifient les jugements portés par les acteurs politiques selon lesquels telle situation « n'est plus tolérable », tel problème « appelle une solution », telle crise « exige une intervention ». C'est parce que la maladie n'est plus considérée aujourd'hui comme une fatalité irrémédiable (jugement de valeur + savoir technique) que l'apparition d'une nouvelle pathologie (Sida) déclenche une intervention publique tendant à mobiliser les moyens de la juguler.

Comme l'écrit Pierre Muller, le référentiel d'une politique publique joue donc un double rôle : « Opérer un décodage du réel grâce à l'invention d'opérateurs intellectuels qui permettent de diminuer l'opacité du monde en définissant de nouveaux points d'appuis pour agir ; opérer un recodage du réel à travers la définition de modes opératoires susceptibles de définir un programme d'action politique[1] ».

Le référentiel d'une politique publique c'est, en second lieu, le rapport qui se construit dans les représentations intellectuelles entre un secteur identifiable (par exemple : l'automobile, la culture, la formation des jeunes, etc.) et la société globale (la France entière, l'Europe, voire l'économie-monde). Une politique publique est toujours sectorielle mais son objet est de gérer les désajustements de ce secteur avec son environnement, c'est-à-dire d'autres segments de la société globale. La politique de formation des jeunes suppose que, dans les cercles dirigeants, on ait identifié à la fois « les jeunes » comme groupe à part, et « la formation » comme tâche spécifique. Cette politique ne peut être pensée qu'en relation avec ce qui se passe dans d'autres secteurs : le chômage dans l'industrie, l'aptitude de l'Université à se rénover, les performances en amont du système scolaire, l'existence ou l'absence d'institutions de formation continue. Il existe ainsi des découpages sectoriels qui, pour sembler naturels, n'en sont pas moins socialement et politiquement construits, ne serait-ce qu'à travers le processus d'émergence progressive des départements ministériels tels que nous les connaissons aujourd'hui. Secteurs et sous-secteurs peuvent évoluer, comme le montre l'apparition relativement récente d'une politique de l'environnement et, en son sein, la naissance des politiques de l'eau, des déchets, du patrimoine naturel, des énergies renouvelables.

Les politiques locales posent le problème de l'articulation entre un espace et un secteur. Agir dans le cadre d'une agglomération urbaine ou d'une région, n'est-ce pas rompre avec la logique d'un secteur tout entier puisque celui-ci ne se laisse pas enfermer dans d'aussi étroites limites géographiques ? En revanche, c'est rétablir la proximité avec les citoyens. Plus la taille de la circonscription et son poids démographique sont faibles (commune rurale, petite ville...), plus s'estompe l'aspect « politique sectorielle » à proprement parler tandis que prévaut

1. Pierre MULLER, *op. cit.* p. 44.

la préoccupation de globalité : désenclavement, maintien de la population au pays, protection de la cohésion sociale et des traditions spécifiques. À ce niveau, le maire n'a pas les moyens de mener une politique d'emploi ou de formation, ni même une politique culturelle. En revanche, un nouveau type de management intégré fait des nouveaux maires les garants et défenseurs de cet espace qui cherche à survivre comme une entité cohérente et vivante[1].

B Les modalités de l'intervention publique

La mise en œuvre concrète d'une politique publique est affectée par un certain nombre de données : délimitation exacte des problèmes à prendre en charge, ressources disponibles en potentiel humain, matériel et financier, scénarios de solutions concevables, opportunités offertes par la conjoncture quant au moment de l'intervention. De nombreux schémas d'analyse ont été proposés[2], parmi lesquels on retiendra deux des plus classiques.

1. L'analyse séquentielle

Cette approche classique vise à offrir un découpage idéaltypique du processus d'élaboration et de mise en œuvre. La distinction d'un certain nombre d'étapes ou de phases ne signifie pas que, concrètement, cet enchaînement et cet ordre soient toujours respectés ; mais elle permet de clarifier la vision d'ensemble des multiples opérations rattachables au processus. L'analyse séquentielle la plus fréquemment citée est celle de Charles Jones à laquelle font volontiers référence des auteurs français.

La première étape est celle de l'identification et de la *délimitation du problème* considéré comme relevant du travail gouvernemental à venir. À ce stade s'opère d'abord un travail de perception. Des événements vont être relevés, rapprochés entre eux, qui feront sens aux

1. Yves MÉNY. « Les politiques des autorités locales », *in Traité de Science Politique,* PUF, 1985, t. IV, p. 433. « L'autorité locale est (parfois) un *policybroker,* un courtier. C'est ce rôle d'assembleur qui fait des principaux décideurs locaux des spécialistes du démarchage administratif et du montage financier. »

2. Pour une présentation synthétique mais déjà un peu ancienne, voir dans M. GRAWITZ, J. LECA, *Traité de science politique* précité, les contributions de J.-C. THOENIG (p. 17) et Y. MÉNY (p. 423). Également, Pierre MULLER, Yves SUREL, *L'analyse des politiques publiques*, Paris, Montchrestien, 1998 ; Gilles MASSARDIER, *Politiques et actions publiques,* Paris, A. Colin, 2003.

yeux des acteurs responsables de la politique publique engagée. Par exemple, des déprédations contre les équipements collectifs, le développement d'une petite délinquance, les difficultés de fonctionnement du système scolaire etc., rapportées par la presse ou signalées en interne par les autorités locales concernées, seront analysés comme indicateurs d'un « malaise des banlieues ». Des cas isolés de maladies épidémiques contractées dans des hôpitaux, des indications statistiques sur l'existence de lits vacants, des mobilisations protestataires de personnels infirmiers, autant d'éléments disparates d'information qui, rapprochés, favorisent la perception d'un problème de « réforme des hôpitaux ». Un travail d'organisation des structures de réflexion et d'analyse doit alors être opéré. Quels types d'instances de concertation et de réflexion seront mis en place ? Qui sera appelé à y donner son avis, invité à siéger de façon permanente, désigné pour conduire les études destinées à éclairer les pouvoirs publics ? Le dilemme : participation des intéressés ou recours à des experts indépendants (s'ils existent), se pose ici avec acuité car l'orientation future du processus dépend étroitement des solutions apportées à ce stade.

La deuxième étape est celle d'une étude et d'un *choix des solutions concevables.* Les experts travaillent sur divers scénarios en évaluant les performances attendues, les contraintes à respecter, les coûts à prévoir. Ils auront tendance à valoriser les types de savoirs qui se rapportent directement à leurs créneaux de compétence, à privilégier les informations qui leur « parlent » tout particulièrement au regard de la formation qu'ils ont eux-mêmes reçue. Les données statistiques disponibles peuvent laisser dans l'ombre des éléments d'appréciation importants. Le silence, par exemple, des données démographiques sur l'origine étrangère des citoyens français, rend plus difficile l'évaluation des discriminations sur le marché de l'emploi. Mais certaines dimensions des objectifs souhaitables ne sont pas facilement quantifiables, comme l'impact psychologique des mesures favorables à une population sur les attentes d'autres populations. Plus largement, le bon sens ou l'intuition peuvent-ils prévaloir contre des chiffres clairement établis ? Les « politiques », eux, sont beaucoup plus sensibles à l'acceptabilité sociale des solutions envisagées. Ils seront préoccupés d'identifier les soutiens que chacune d'entre elles peut espérer obtenir ou les résistances qu'elle peut susciter. Ils anticipent en réalité deux types de situations : la manière dont le projet final, pourrait être accueilli dans les instances de décision politique (notamment les assemblées délibératives), et les réactions qu'il pourrait susciter dans l'opinion publique (présentation donnée par les médias, satisfaction ou mécontentement des parties directement et indirectement concernées par le projet).

La troisième étape est celle de la *mise en œuvre des décisions prises.* Elle suppose que soient mis à disposition des responsables de l'exécution, les moyens budgétaires, les services administratifs et tous équipements techniques nécessaires. Ce seront parfois des partenaires extérieurs, jugés parfois plus aptes que l'administration à remplir pleinement la mission. Mais sur quels critères fonder ce choix de gestion au profit d'établissements publics, de sociétés d'économie mixte, voire d'associations ? La mise en œuvre d'une politique publique entraîne nécessairement des incertitudes ou des difficultés d'interprétation, qui donneront lieu à la production de directives supplémentaires. Il n'est nullement exclu, bien au contraire, qu'à l'occasion des obstacles rencontrés sur le terrain ou encore à la faveur des interprétations fournies, il y ait inflexion sensible des intentions et des choix. En outre, la politique affichée n'exclut pas une autre politique, à la fois latente et délibérée, qui résulte des effets, attendus mais non avoués, de l'ensemble des mesures prises. C'est l'exemple classique des politiques de rénovation urbaines menées par des maires dans l'espoir d'infléchir en leur faveur la composition sociologique des quartiers restructurés.

La quatrième étape est celle de *l'évaluation.* Dans son ouvrage consacré à la diversité des méthodes envisageables, Éric Monnier met l'accent sur l'évolution des critères retenus[1]. L'analyse classique se bornait à comparer les résultats obtenus aux objectifs initialement affichés. Ce faisant, elle ne tenait pas compte de deux éléments essentiels. Tout d'abord les intentions proclamées ne sont pas toutes destinées à être suivies d'effets : l'autorité publique peut souhaiter se contenter d'afficher une volonté (effet d'annonce) tandis qu'à l'inverse des souhaits délibérés ont pu n'avoir jamais été explicités. En outre, il y a toujours un processus de dérive, c'est-à-dire, en cours de processus, des reformulations successives des objectifs pour tenir compte des réactions et résistances sur le terrain.

L'analyse traditionnelle n'envisageait pas non plus systématiquement le rapport entre l'intérêt des objectifs atteints et le coût des moyens déployés. Sans doute n'est-il pas facile, s'agissant des administrations, de chiffrer le coût exact d'une opération, le rendement effectif d'un service, la productivité moyenne d'un agent. Encore plus difficile est l'évaluation des profits sociaux d'une politique culturelle

1. Éric MONNIER, *Évaluation de l'action des pouvoirs publics,* Paris, Economica, 1987. Également, J.-P. NIOCHE et R. POINSARD, *L'Évaluation des politiques publiques,* Paris, Economica, 1984. Pour une mise au point plus récente, P. DURAN, « La recherche sur les méthodes d'évaluation », *in* Conseil Scientifique de l'Évaluation, *L'Évaluation en développement*, Paris, La Documentation française, 1997, p. 249-282.

ou d'une restauration de la sécurité dans les quartiers urbains. La culture de la haute fonction publique demeure encore peu favorable, en France, à ces procédures d'évaluation[1]. Cependant, plus avancée dans les pays scandinaves et en Europe du Nord, elle tend à s'imposer dans toute l'Union européenne grâce au rôle moteur de la Commission[2]. D'ores et déjà, la mise en place d'approches gestiologiques, (calcul d'optimisation des moyens mis en œuvre) et le développement d'indicateurs quantitatifs affinés ont profondément transformé la manière d'envisager l'évaluation. En France, depuis la « loi organique relative aux lois de finances » (LOLF) adoptée le 1er août 2000, les administrations de l'État sont constitutionnellement contraintes de déterminer avec précision les objectifs d'action, qui légitiment leurs dotations budgétaires, et de définir des indicateurs de réussite ou d'échec. Les enjeux d'une authentique évaluation sont, en effet, devenus majeurs en raison de l'ampleur des moyens engagés par l'État, les collectivités locales ou les établissements publics. S'il n'est pas du tout sûr que les bonnes performances d'une autorité politique suffisent à lui garantir la bienveillance du corps électoral, en revanche l'énorme poids des prélèvements obligatoires sur le PIB exclut aujourd'hui qu'on se désintéresse de la productivité de leur usage, dans un environnement national et international où l'exigence de compétitivité est constamment plus pressante.

La cinquième étape, enfin, dans le schéma de Jones, est *la clôture du programme.* Elle intervient parce que le problème est résolu, ou simplement parce que l'autorité publique a achevé d'utiliser les crédits destinés au programme. Il s'ensuit une réorientation des moyens administratifs et humains vers d'autres objectifs voire, dans certains cas assez rares, la dissolution de la structure administrative chargée de la politique mise en œuvre. Ainsi, en matière de villes nouvelles : Cergy-Pontoise, Évry, l'Isle d'Abeau..., lorsque celles-ci eurent progressivement atteint leur maturité démographique, elles furent érigées en communes à part entière et l'établissement public responsable de chaque projet a été supprimé.

Ce schéma est idéaltypique en ce sens que, dans la pratique, il peut arriver que certaines étapes soient difficiles à identifier, voire absentes. On notera également que Jones n'isole pas une étape qui serait celle de la décision proprement dite. En effet, dans sa vision en termes de

1. En ce sens, Pierre LASCOUMES, « L'impossible évaluation des politiques publiques ? », *in Cahiers du Cevipof,* (44), juin 2006, p. 7-24.
2. Bernard PERRET, *L'Évaluation des politiques publiques*, Paris, La Découverte, 2001, chapitre 3 consacré à l'état des pratiques au niveau mondial.

processus, il y a des décisions, politiques ou non politiques, prises tout au long de cet enchaînement séquentiel.

2. L'analyse stratégique

Quelle est la marge de calcul et de choix dont disposent les autorités publiques désireuses d'impulser un processus d'intervention ? Il est clair que, pour de nombreuses raisons, celles-ci ne se trouvent jamais en situation de table rase. Agir, c'est prendre parti dans un tissu social traversé par des antagonismes d'intérêts, des conflits de rationalités, des aspirations non conciliables spontanément. Il y a donc des résistances à prévoir, certaines étant insurmontables en raison des ressources politiques mobilisables par certains protagonistes. En outre l'intervention publique est soumise à des contraintes institutionnelles (répartition des compétences entre État et collectivités locales, respect d'engagements européens ou internationaux), auxquelles s'ajoutent des contraintes financières, techniques, juridiques (respect des droits acquis, continuité du service public).

Une politique publique nouvelle émerge donc dans un espace de choix plus ou moins étroit. Cet aspect était fortement mis en lumière dans le modèle classique de Charles Lindblom, dit incrémentaliste[1]. Pour lui l'action des pouvoirs publics, au sein des sociétés modernes hautement différenciées, est fondamentalement une *action à la marge*. Les politiques menées antérieurement sont rarement annulables dans leur totalité. Elles constituent au contraire une base de départ, plus ou moins bien acceptée, pour une inflexion, un changement d'accent, une réactivation ou un ralentissement. L'exemple du budget de l'État en constitue un exemple éclatant puisque, à plus de 90, il s'agit de dépenses nécessairement reconduites soit pour des raisons juridiques (contrats signés, statuts constitutifs de droits, absence de rétroactivité) soit pour des raisons économiques (respecter les grands équilibres). Le présent est toujours hypothéqué par des tendances lourdes héritées du passé que personne, en réalité, ne maîtrise[2].

L'analyse stratégique, en termes de coûts (politiques) et de soutiens, permet d'abord de mieux comprendre les facteurs déclen-

1. Charles LINDBLOM, *The Policy Making Process,* Englewood Cliffs, Prentice Hall, 1968. Également, Pierre MULLER, Yves SUREL, *L'analyse des politiques publiques*, Paris, Montchrestien 1998, p. 124 sq.

2. D'où ces surprenantes continuités de politiques publiques sectorielles, malgré des changements politiques radicaux : de 1936 à 1947 en matière de crédit (Claire ANDRIEU, *op. cit.,* p. 284) ; de 1973 à 1985 en matière de télécommunications (Bruno JOBERT, Pierre MULLER, Paris, PUF, 1987, p. 115 sq.).

chants et les incidents de parcours subis par une politique sectorielle quelconque. Pour le montrer Cobb et Elder ont dressé le tableau de quatre situations types[1].

– Dans la situation 1, la politique publique mise en œuvre est en fait un aménagement exigé par un groupe social. Des groupes d'intérêt ont réussi à obtenir une intervention des autorités compétentes parce qu'ils ont su créer un rapport de forces favorable : soit ils disposaient de ressources politiques particulièrement efficaces à un moment opportun, soit ils se situaient dans une logique globale de marchandage réciproque de soutiens.

– Dans la situation 2, la politique publique est initiée à la suite d'une prise de conscience chez des acteurs politiques qu'ils ont un profit (notamment en termes de légitimité) à en retirer. Ils exploitent ou amplifient un problème alors même que les publics intéressés se situent dans une attitude de non-attente. C'est par exemple le phénomène de sollicitude préélectorale.

– Dans la situation 3, la politique publique est le produit d'une réaction imposée par les circonstances. La bavure d'un service de renseignement, un scandale judiciaire, déclenchent un projet de réorganisation.

– Dans la situation 4, les dirigeants politiques identifient un problème d'intérêt public : ils s'en saisissent alors même qu'ils n'ont pas nécessairement de profit direct à en retirer et qu'ils peuvent même redouter beaucoup de résistances et de mécontentement. L'illustration la plus nette est celle des politiques d'austérité budgétaire.

Dans tous ces cas de figure, les facteurs de conjoncture, l'aptitude à présenter le processus décisionnel sous un jour favorable, l'autorité et la compétence dont sont crédités les dirigeants jouent un rôle très important dans la construction d'un environnement politique favorable au bon achèvement du travail engagé.

Systématisant l'analyse coûts/bénéfices (politiques), Jean Padioleau a proposé une description des styles de politiques publiques qui intègre à la fois le facteur temps et le facteur niveau de perception de ceux qui la subissent ou en tirent avantage[2]. Il arrive souvent, par exemple, qu'une politique de restructuration économique ne porte des fruits appréciables qu'à moyen terme alors que ses coûts sociaux (réductions d'emplois) sont visibles dans le court terme. Un tel décalage est source de fragilisation politique. Une politique fiscale

1. Roger COBB, Charles ELDER, *Participation in American Politics,* Baltimore, The Johns Hopkins Press, 1975, p. 103 sq.

2. Jean PADIOLEAU, *L'État au concret,* Paris, PUF, 1982, p. 90.

Tableau n° 34
L'influence du calcul coûts/profits politiques sur le processus décisionnel

	Type 1 Bénéfices concentrés Coûts diffus	Type 2 Bénéfices concentrés Coûts Concentrés	Type 3 Bénéfices diffus Coûts concentrés	Type 4 Bénéfices diffus Coûts diffus
Degré d'institutionnalisation	Élevé	Élevé	Élevé	Faible
Type/style	Négociation Discrétion	Arbitrage Exposition publique	Autorité Exposition publique	Consentement Discrétion/ opposition
Mise en œuvre	Coopération	Rapports de force	Conflits	Consentement
Probabilité de succès	Forte	Moyenne	Incertaine	Forte

fondée surtout sur l'imposition de la consommation (plus indolore que l'impôt sur le revenu) diminue, voire occulte totalement, les coûts de l'intervention aux yeux de nombreux assujettis. Ainsi, les bénéfices et les coûts d'une politique publique peuvent-ils être « concentrés » ou « diffus » c'est-à-dire toucher visiblement des catégories de personnes bien identifiées ou, au contraire, se déployer dans des couches plus larges à un niveau de perceptions plus faible. Croisant ces deux catégories de paramètres dans le tableau n° 34 ci-après, Jean Padioleau est ainsi en mesure de montrer pourquoi peuvent échouer des politiques parfaitement souhaitables *in abstracto* mais qui ont l'inconvénient de susciter immédiatement des coûts concentrés (suscitant alors d'énergiques protestations) alors que leurs bénéfices sont diffus et repérables seulement à terme. Dans une perspective voisine, inspirée de la théorie des jeux mais attentive aux logiques concrètes de négociations et de marchandages, des auteurs ont montré pourquoi des processus décisionnels complexes ou des décisions prises à la majorité (dans les assemblées délibératives) peuvent assez fréquemment déboucher sur des conclusions que les divers partenaires au processus décisionnel sont tentés de considérer comme irrationnelles, même s'ils ne peuvent l'avouer publiquement[1].

L'évolution récente des modes d'élaboration des politiques publiques dans les États européens illustre un certain « retrait » de l'État[2] et une crise de la démocratie représentative qu'atteste la montée des populismes. Du fait de l'allongement et de la complexification des processus décisionnels qui, aujourd'hui, comportent le plus souvent à la fois une dimension européenne[3] et une dimension locale (effet de la décentralisation), on ne peut plus véritablement raisonner comme si la décision finale était le fruit discrétionnaire de la volonté des dirigeants politiques ou résultait du simple exercice de compétences institutionnelles rigoureusement définies. C'est pourquoi on assiste à de nouveaux développements de l'analyse scientifique.

§ 2. L'émergence du concept de gouvernance

Avant de s'imposer en sociologie politique, l'expression apparaît d'abord dans les travaux d'économistes et de sociologues soucieux de décrire comment se gèrent effectivement les organisations internationales ou les firmes privées. Leurs décisions en effet n'obéissent pas à des logiques purement internes. Il leur faut composer avec l'état du marché, avec les règles politiques et administratives qui s'imposent à elles, avec diverses exigences sociales ou culturelles issues de la société civile. Ce que les économistes appellent les « coûts de transaction ». D'emblée, la notion de gouvernance met donc l'accent sur l'enchevêtrement des logiques et des contraintes internes et externes qu'on peut analyser comme des « régulations »[4]. En cela, elle

1. Paul JOHNSON, *Social Choice. Theory and Research*, Londres, Sage, 1998. Également, Christian MOREL, *Les Décisions absurdes*, Paris, Gallimard, 2002. L'auteur analyse surtout des décisions non politiques.

2. La part de l'emploi public par rapport au total de l'emploi salarié a évolué en France de 10,5 % en 1985 à 5,3 % en 2000. Les privatisations en sont la cause qui ont rapporté 70 milliards d'euros à l'État français (dont 31 milliards sous le gouvernement Jospin) et atteint, pour la même période, le total de 563 milliards dans l'Union européenne (Rapport de la Commission des Finances de l'Assemblée nationale, 16 novembre 2001).

3. Pierre MULLER, « L'européanisation des politiques publiques » Introduction à *Politiques et Management public*, n° spécial (1), 1997.

4. P. Lascoumes et P. Le Galès parlent de « boucles étranges et hiérarchies enchevêtrées ». Pierre LASCOUMES, Patrick LE GALÈS, *Sociologie de l'action publique*, *op. cit.*, p. 7.

se distingue de la notion classique de gouvernement qui met surtout l'accent sur le rôle du politique et les moyens constitutionnels dont il dispose. Cependant, une vue réaliste des choses tend à rapprocher les deux termes car, en matière de politiques publiques, le processus décisionnel est toujours un processus complexe au sein des sociétés développées. Dans la littérature américaine, les deux termes de *government* et *governance* sont d'ailleurs pratiquement synonymes.

L'introduction du concept de gouvernance dans l'analyse de la décision publique, a concerné d'abord l'étude des organisations internationales, telles que le FMI, la Banque mondiale ou l'Organisation mondiale du commerce[1], mais aussi l'Union européenne ; il est clair que, dans ces entités, le processus de décision s'écarte largement du modèle classique de la décision étatique décrit par les constitutionnalistes. Un autre terrain d'élection aura été celui du gouvernement des villes et des agglomérations. C'est d'ailleurs à ce propos que, dès 1995, Patrick Le Galès justifiait l'emploi du terme, alors nouveau, de gouvernance pour mieux rendre compte de la complexité des mécanismes de règlement des problèmes qui se posent à elles. Ces travaux, nombreux et stimulants, ont rétroagi sur l'analyse classique des processus décisionnels au sein de l'État central et des autorités décentralisées. Le néo-institutionnalisme, notamment, a montré combien les institutions juridiques ne sont pas seulement les cadres au sein desquels se prennent les décisions ; elles sont aussi des enjeux. La création de nouvelles structures, leur évolution ou leur suppression constituent des phases, essentielles parfois, dans le processus de décision lui-même, selon qu'elles incluent ou excluent telle ou telle catégorie d'acteurs.

Avec la notion de gouvernance politique, une attention particulière est portée sur deux éléments. D'une part, la notion de territoire car le pouvoir politique, à la différence de celui des firmes privées, s'exerce sur un espace délimité par des frontières, étatiques ou administratives. D'autre part, l'autonomie de l'instance politique dans le système global de régulations puisqu'il est crucial en effet d'identifier ici sa marge d'initiative, sa capacité d'impulsion et de direction, ainsi que les types de coopération ou de coordination qui s'instaurent entre les divers niveaux de pouvoir *infra* para ou supra-étatiques.

1. Rorden Wilkinson, *Global Governance*, Londres, Routledge, 2002.

A La gouvernance à niveaux multiples

Le lien rigoureux établi par la théorie constitutionnaliste classique entre l'exercice d'une autorité politique et les frontières d'un territoire est, de toute évidence, aujourd'hui distendu. Dans les relations internationales, les interlocuteurs de l'État ne sont pas seulement d'autres États mais aussi des Organisations internationales, intergouvernementales ou non gouvernementales (les ONG), voire des groupes d'intérêt transnationaux. Souvent aussi, même dans la négociation internationale, l'État doit tenir compte des attentes ou des pressions d'autorités administratives décentralisées, telles que des régions ou des villes, agissant éventuellement en réseaux. Ce qui affaiblit considérablement la pertinence des distinctions entre l'interne et l'international. Ce partage du pouvoir d'influence se manifeste aussi dans l'élaboration des politiques publiques à l'intérieur de ses propres frontières. La plupart du temps, les collectivités locales les plus puissantes (au niveau de la région ou des grandes agglomérations, surtout), interviennent efficacement dans les processus décisionnels nationaux qui les concernent. Ainsi parle-t-on parfois de gouvernement polycentrique ; mais l'expression n'est pas sans inconvénient si elle conduit à effacer la distinction des niveaux. En effet, les ressources politiques d'une autorité décentralisée ne sont pas exactement assimilables à celles de l'État central ou d'instances transnationales, ni celles des organisations non politiques comparables aux institutions de type gouvernemental. C'est pourquoi on préfèrera, avec beaucoup d'auteurs, la notion de gouvernance à niveaux multiples.

1. Deux modèles idéaltypiques

En matière de politiques publiques, la dispersion du pouvoir de décider est un phénomène favorisé par deux catégories de facteurs. D'une part, des facteurs proprement politiques. On citera surtout l'aspiration à rapprocher le pouvoir du citoyen qui a provoqué le renforcement, face à l'État, des structures administratives de niveau régional et urbain. Souvent, comme en France, la décentralisation aura été favorisée par le souci de l'État lui-même de se dessaisir de problèmes trop nombreux, et trop lointains pour lui, afin d'éviter des erreurs de gestion ou, tout simplement, la paralysie. Ajoutons en outre les progrès de la construction européenne qui ont abouti à la mise en place d'un étage nouveau de structures de décision. Une seconde catégorie de facteurs de dispersion relève d'une autre logique. Les problèmes les plus importants auxquels ces autorités politiques sont affrontées, dépassent souvent le cadre des frontières administratives (voire politiques). C'est évidemment le cas des investissements en matière d'infrastructure routière, portuaire ou aéroportuaire. Certains équipements de pointe sont si coûteux (dans les hôpitaux par exemple), qu'ils exigent des localisations optimales. En matière de sécurité, la mise en place de fichiers n'a de sens que centralisée à l'échelle européenne puisqu'existe la liberté de circulation. Un problème comme l'extension de l'aéroport de Bâle a tout naturellement suscité la naissance d'une structure de concertation associant le département français du Haut-Rhin et deux cantons suisses ; de même le canton de Genève coopère-t-il avec le département de la Haute Savoie et des communes ou communautés de communes frontalières pour gérer des problèmes de desserte routière. Il arrive donc couramment que plusieurs catégories de décideurs doivent coopérer ensemble à la fois pour donner une réponse plus rationnelle à des problèmes qui les concernent tous mais aussi pour mieux répartir entre eux la charge des financements. La concertation peut même résulter simplement du souci de réaliser des économies d'échelle, par exemple dans le cas où des collectivités locales s'associent pour obtenir les meilleurs prix de leurs fournisseurs.

Si la gouvernance politique est donc fondamentalement « un processus de coordination d'acteurs » pour dégager une décision, il convient d'opérer avec Liesbet Hooghe et Gary Marks une distinction importante selon le type d'autorités impliquées[1].

Selon eux, un premier type de gouvernance se caractérise par la prééminence d'instances décisionnelles à caractère territorial prononcé ; c'est pourquoi, même s'il ne s'y réduit pas, il entretient des rapports étroits avec le fédéralisme ou la décentralisation classique. C'est sans doute au niveau de la gouvernance urbaine que le phénomène est le plus sensible car l'expansion démographique des villes, la zone d'attraction économique qu'elles structurent, ignorent généralement les délimitations des territoires municipaux. Mais elle implique aussi des concertations étroites avec des agences privées directement en charge de la production de biens comme l'eau, l'énergie, les travaux publics, voire l'éducation, la santé, la formation professionnelle et l'emploi. Dans ce modèle, coexistent et s'influencent réciproquement des pouvoirs institutionnels, en nombre relativement limité, qui se trouvent dotés d'une compétence générale. Tel est bien le cas de l'État, des diverses collectivités locales (communes et regroupements de

1. Liesbet HOOGHE (Ed.), *Cohesion Policy and European Integration.* Building Multilevel Governance, Oxford, Clarendon Press, 1996.

communes, départements, régions) et des entités fédérées dans l'État fédéral. Sans doute, cette « compétence générale » est-elle plus ou moins largement définie selon qu'il s'agit des affaires locales d'une commune, d'une agglomération ou d'une région, en comparaison de ce qui demeure la compétence législative de l'État. Mais ce qui les rapproche en dépit de ces différences, c'est que tous ces territoires disposent d'institutions représentatives stables, avec assemblées délibératives et exécutifs, issus directement ou indirectement, du suffrage universel.

Il en résulte une conséquence importante. Les collectivités publiques à base territoriale ont une population qui peut avoir une conscience assez forte, voire très forte, d'une identité à préserver, d'un genre de vie à protéger ou à améliorer. Cela fait la force de slogans du type : « vivre et travailler au pays ». Et comme elles disposent du pouvoir de choisir leurs représentants, soit directement, soit indirectement (au niveau des structures d'agglomération), elles exercent une pression revendicative qui, même minoritaire, peut difficilement être tenue pour négligeable par les décideurs s'ils veulent éviter de courir le risque d'être battus lors des prochaines échéances électorales. Aussi se voient-ils obligés de prendre soigneusement en considération toutes les dimensions du problème examiné et non pas seulement celles qui intéressent l'usager (d'un équipement ou d'un service). Les habitants peuvent se sentir également concernés en tant que contribuables, ou encore en tant que résidents attachés à leur quartier ou à leur terroir, soucieux de protéger leur culture, leur environnement, leur tranquillité...

Autre caractéristique de ce premier type de gouvernance à niveaux multiples, le fait que les limites de la compétence territoriale respective des collectivités publiques ne s'enchevêtrent pas ; elles se superposent seulement en conformité avec le principe de la subordination des autorités décentralisées au pouvoir central. Les décisions des autorités locales ne peuvent violer la loi nationale ni celle-ci aller à l'encontre d'engagements internationaux. Outre l'exercice éventuel d'un pouvoir de tutelle par le représentant du centre, il existe des tribunaux qui font respecter cette hiérarchie des normes. Toutefois, en marge de ce rapport purement institutionnel, jouent d'autres facteurs. L'articulation des logiques propres à chaque institution territoriale est facilitée par l'existence d'éventuelles proximités partisanes entre dirigeants des collectivités publiques concernées par le programme d'ensemble. On le sait, le fonctionnement d'une communauté urbaine peut être paralysé par des dissensions entre maires de gauche et maires de droite, facilité dans le cas contraire ; et les exécutifs régionaux ont de meilleures chances de convaincre les échelons ministériels de cofinancer un projet qui leur tient à cœur, quand ils appartiennent à la majorité gouvernementale.

Le second type de gouvernance est moins territorial que fonctionnel. Il présente de ce fait des caractéristiques différentes. Des instances spécialisées sont créées, à l'initiative des autorités publiques ou de groupements de particuliers, en vue de faciliter la solution de problèmes bien spécifiques. On y voit associés, selon les modalités les plus diverses, États, collectivités locales de niveau différent, établissements publics, associations, groupes privés. Le plus souvent, ces structures transcendent les territoires administratifs (ou politiques) précisément parce que leur naissance est justifiée par l'impérative nécessité d'en dépasser les limites trop étroites afin de mieux appréhender des problèmes qui les débordent. L'approvisionnement en eau, la mise en place de transports interurbains, la collecte des déchets, la gestion des forêts constituent quelques-uns de ces problèmes qui ont plus particulièrement suscité la naissance de telles structures. Il arrive de plus en plus fréquemment que ces formes de coopération soient transfrontalières : par exemple, des réseaux de métropoles régionales, d'universités, de pôles scientifiques, se sont constitués au sein de l'Union européenne voire au-delà. La lutte contre la pollution du Rhin, la gestion des parcs nationaux adossés de chaque côté d'une frontière (Luxembourg/Allemagne, France/Italie, France/Espagne...), la construction d'un cyclotron européen ne peuvent être gérés que dans ce cadre transnational.

Cette forme de gouvernance est le produit d'arrangements fondés sur le souci prédominant de l'efficacité pratique. Le niveau de technicité souvent élevé, la confidentialité fréquente des processus de décision, aboutissent à réduire au maximum, dans un souci de « rationalité » diront les décideurs, l'influence des pressions extérieures de nature proprement politique. Ce mode de gouvernance tend à fonctionner de façon indépendante des débats partisans qui traversent la société, et même en dehors de tout contrôle démocratique, car les préférences des citoyens ne s'y expriment pas directement. Le critère d'inclusion dans la catégorie des acteurs décisionnels est, en effet, celui de leur compétence concernant l'accomplissement de tâches qui demeurent spécifiques. Seul un haut niveau de mécontentement, suscité par des dysfonctionnements graves, peut conduire à des mobilisations contre une gestion qualifiée alors de « technocratique ». Il a fallu les tempêtes qui ont provoqué de graves dégâts dans les forêts au tournant de ce siècle, pour provoquer un débat public sur des modes de gestion dont la discussion restait jusque-là purement interne aux instances de décision. Paradoxalement, alors que le principe démocratique a acquis une légitimité exclusive dans les pays occidentaux, on voit prospérer un mode de gouvernance qui lui est étranger puisque ses liens avec le suffrage universel et l'organisation des préférences des citoyens sont, pour le moins, ténus. Sans doute, ces structures ont-elles parfois été expressément mises en place à la demande de dirigeants politiques ; mais il n'en est pas toujours ainsi. Sans doute aussi, des élus y siègent-ils parfois, avec une influence qui peut n'être pas négligeable ; mais ce n'est pas toujours le cas. Et pourtant, on voit mal comment il serait possible de renoncer à ce type de management du moins tant que ses résultats se révèlent, en pratique, adaptés à une gestion satisfaisante de biens collectifs précieux. Il en résulte un important questionnement, encore peu élaboré dans les travaux actuels : à quelles conditions sociopolitiques ces formes de gouvernance multiniveaux peuvent-elles, en pratique, se développer efficacement, soit qu'elles acquièrent une légitimité politique suffisante, soit qu'elles réussissent à fonctionner au milieu de l'indifférence ou de l'ignorance des citoyens ?

2. Les outils de la concertation

Quand on envisage le problème de la gouvernance, la question cruciale demeure celle de l'articulation des niveaux multiples de codécision. Les acteurs impliqués, qu'ils disposent d'un pouvoir juridique ou, simplement, d'une capacité d'influence, doivent ne pas se paralyser mutuellement. Cela suppose des lieux pour confronter les informations et ajuster les rationalités particulières ; des modes de régulation qui permettent de dégager des compromis et déboucher sur des solutions acceptables. En d'autres termes, des structures, institutionnelles ou non, des techniques juridiques et des leviers politiques.

Les structures de concertation bourgeonnent aujourd'hui. Certaines ont été instituées par le législateur. En France, l'exemple le plus caractéristique est la mise en place des Établissements publics de coopération intercommunale (EPCI). Syndicats de communes, communautés de communes, communautés urbaines, communautés d'agglomération organisent juridiquement la concertation entre des collectivités locales de rang égal (ce sont toutes des communes) mais en réalité de poids démographique et de richesse fiscale extrêmement inégaux. Il existe aussi des structures de concertation flexibles, et même éphémères. Elles prennent la forme de rencontres entre maires ou exécutifs locaux, conférences entre hauts fonctionnaires et agences chargées de la prévision ou de la mise en œuvre d'un projet déterminé, commissions interrégionales associant des élus et des fonctionnaires, voire délibérations communes d'élus relevant d'institutions différentes. Elles complètent et enrichissent les structures de concertation institutionnelle établies par la constitution ou la loi. Il existe aussi des réseaux, formels ou informels, d'acteurs qui, en des domaines déterminés, constituent des partenaires pratiquement incontournables pour l'examen d'un problème nouveau et l'étude des solutions envisageables, qu'il s'agisse d'élus spécialisés, d'experts, de représentants de la société civile à travers le tissu associatif.

Lieux de concertation mais aussi techniques de coopération et de codécision. Certaines sont de type hiérarchique et renvoient à l'organisation pyramidale du pouvoir dans l'administration ou la sphère politique : l'autorité des ministres sur leurs fonctionnaires, le pouvoir de tutelle du centre sur les agents des collectivités décentralisées. D'autres sont de type coopératif car elles opèrent sur la base de négociations et de transactions. La technique contractuelle, aujourd'hui, est en plein essor à tous les niveaux de décision. Depuis longtemps, elle gouverne les rapports entre ministère de l'Éducation et universités pour la définition d'objectifs et l'attribution de moyens adaptés. Mais c'est surtout dans la coopération entre l'État et les collectivités locales qu'elle est le plus solidement établie. Les régions sont considérées comme l'interlocuteur privilégié dans le processus de contractualisation car elles sont considérées comme les chefs de file de l'aménagement du territoire. Il en résulte une multiplication des cofinancements d'équipements et la mise en place de critères de sélection des projets qui seront soutenus. Conséquence logique, les contrats État-Région servent de cadre aux contrats de pays, aux contrats d'agglomération et aux contrats de ville en ce sens que les seconds ne peuvent contredire les stratégies définies par les premiers. Mais, en de nombreux domaines, les représentants locaux cherchent à intégrer leurs vues dans les négociations qui précèdent la conclusion des contrats État-Région, en activant divers réseaux de solidarité, partisane ou non. Inversement, la volonté de l'État ne se présente pas comme unifiée, en dépit des apparences. Chaque ministère, l'Équipement en particulier, et chaque direction déconcentrée au niveau régional, peut avoir sa stratégie propre ; ce qui suppose une complexification des arrangements qui doivent être dégagés. Depuis l'apparition d'une politique de la Ville, la coopération contractuelle a trouvé un nouveau champ de diversification qui requiert des accords entre les structures communales et intercommunales d'une part, les départements, les régions et l'État d'autre part. Même dans un domaine régalien comme celui de la police et de l'ordre public, on voit apparaître la notion de contrat de sécurité. Il s'agit de conventions passées, par exemple, entre l'État, une ou des collectivités locales, mais aussi le Procureur qui représente la Justice, le Recteur et des responsables d'établissements scolaires, un mandataire des organismes de transports en commun, voire des responsables d'Universités (pour la mise en place d'Observatoires chargés de recueillir des données ou d'évaluer les résultats). Cette évolution vers la contractualisation n'est pas propre à la France ; elle se manifeste dans la plupart des pays européens[1].

La concertation et la négociation supposent la mobilisation de leviers politiques et l'usage de moyens d'influence pour augmenter les chances de faire prévaloir ses vues. On a déjà évoqué l'importance des proximités partisanes entre représentants de collectivités publiques. De même, des réseaux de solidarité, formels et informels, doivent être activés pour aboutir à des résultats. Il peut se faire, par exemple, que des associations soient représentées par des personnalités qui sont, par ailleurs, proches de certains élus, en raison d'affinités politiques ou, simplement, d'une longue interconnaissance fondée sur des échanges de services rendus. D'une manière générale, l'activation de réseaux et le *logrolling,* ou réciprocité des services, constituent les moyens habituels de dégager des accords entre des représentants d'intérêts différents, voire opposés, ou entre des collectivités rivales. La longue détention de positions de pouvoir facilite, à long terme, la constitution de clientèles (élus de petites collectivités, partenaires de la société civile...) qui pourront se révéler utiles dans la configuration des acteurs appelés à jouer un rôle dans les processus décisionnels.

B La gouvernance dans l'espace européen

Ici la distribution du pouvoir de décider illustre parfaitement le concept de gouvernance à niveaux multiples. À la fois du fait de l'enchevêtrement de l'interétatique et du supra-étatique dans l'architecture institutionnelle européenne, mais aussi du fait de la complexité des relations verticales et horizontales qui se nouent dans l'exercice effectif du pouvoir sur le territoire de l'Union.

1. Logique communautaire et logique intergouvernementale

Dans un État fédéral, on distingue clairement les institutions de l'Union et celle des entités fédérées ; elles ne sont pas de même niveau

1. Pour une étude comparative, voir Gérard MARCOU, François RANGEON, Jean-Louis THIÉBAULT (Dir.), *La Coopération contractuelle et le gouvernement des villes*, Paris, L'Harmattan, 2001.

juridique et la solution de conflits éventuels suppose toujours le respect du droit fédéral. Dans l'espace européen, il n'y a pas de dissociation aussi achevée entre les organes de décision qui relèvent d'une coordination interétatique, même si celle-ci est très poussée, et ceux qui relèvent de l'étage proprement européen. Dans cette dernière catégorie, se situent le Parlement, la Commission européenne ainsi que la Cour de Justice qui siège à Luxembourg. Leur mode de désignation et les pouvoirs qu'ils exercent les font échapper nettement à la logique intergouvernementale. Le Parlement de Strasbourg, élu au suffrage universel direct, est indépendant des organes nationaux ; il exerce des pouvoirs propres, limités sans doute mais qui ont connu une récente extension : pouvoir de censurer la Commission, pouvoirs budgétaires, pouvoir de codécision en certaines matières. Les Parlements nationaux n'entendent pas néanmoins se laisser totalement déposséder de leurs prérogatives. Ainsi, dans certains pays (Autriche, Danemark, Finlande...), accordent-ils un « mandat de négociation » à leur représentant au Conseil des ministres ou au Conseil européen. En France, après Maastricht, un nouvel alinéa de l'article 88 de la Constitution oblige le gouvernement à soumettre pour avis aux deux assemblées (Assemblée nationale et Sénat), « les propositions d'actes communautaires comportant des dispositions de nature législative ». Mais elles n'ont que la possibilité de voter des résolutions sans valeur juridique contraignante.

Autre organisme non intergouvernemental, la Commission, actuellement présidée par Manuel Barroso, ancien Premier ministre portugais, est un collège de commissaires qui ont chacun en charge un domaine de la politique communautaire et, à ce titre, exercent une autorité directe sur les fonctionnaires européens. La Commission formule des suggestions politiques et propose des directives juridiques qui constituent la matière du droit communautaire obligatoire pour chacun des États membres. Si les commissaires sont, pour l'instant encore, désignés par chacun des vingt-sept États membres, leurs attributions sont déterminées par le président de la Commission, après négociations officieuses multiformes. Enfin la Cour de Justice des communautés européennes, instance également indépendante, garantit la soumission au droit communautaire des États et de leurs juridictions nationales. En revanche, l'interpénétration des deux niveaux, étatique et européen, est très nette dans le fonctionnement du Conseil des ministres de l'Union. Comme son nom l'indique, il réunit les représentants des gouvernements de chacun des États pour adopter, au plan européen, les directives dans les domaines qui les concernent : ministres des Finances, ministres de l'Agriculture, ministres des Transports etc. Il en va de même avec le Conseil européen, créé en 1974. Rassemblant les chefs d'État et de gouvernement ainsi que le président de la Commission, il est l'instance ultime qui débloque les dossiers difficiles ou enlisés. Comme il se réunit de plus en plus fréquemment (jusqu'à quatre fois par an), son rôle tend à grandir.

La coexistence d'une logique communautaire (supranationale) et d'une logique intergouvernementale se manifeste aussi dans les distinctions qui sont faites en matière de compétences exercées. Dans les domaines qui relèvent de la mise en place du marché unique (le premier « pilier » qui inclut, depuis 1997, la politique d'immigration), la logique communautaire prévaut : le pouvoir de proposition appartient à la seule Commission et les décisions sont prises à la majorité. Dans les autres domaines, et même si l'unanimité n'est pas exigée (ce qui est fréquent car le traité de Maastricht a posé le principe de la règle de majorité tout en multipliant les exceptions), on vote peu en réalité et les États recherchent des compromis consensuels en utilisant les ressources du *logrolling* : échanges de bons procédés, octroi de compensations ou de dérogations.

Les décisions prises au niveau européen prennent la forme de directives juridiquement obligatoires dans les États membres. Leurs tribunaux sont donc tenus de les faire prévaloir sur les règles juridiques d'origine nationale. Mais l'articulation des niveaux de gouvernance trouve là encore à se concrétiser. D'abord parce qu'en vertu du principe de subsidiarité, dans les domaines qui ne relèvent pas de leur compétence exclusive, les instances communautaires interviennent seulement si les objectifs ne peuvent pas être atteints par les États de manière satisfaisante, ou s'ils peuvent être réalisés de meilleure manière au niveau communautaire. Les États ont donc un pouvoir de concrétisation des directives communautaires, celles-ci se contentant souvent de fixer des objectifs à atteindre. Outre la mise en œuvre de ce principe, les décisions des juridictions nationales peuvent conduire à ce que les mêmes textes européens soient interprétés différemment dans les États membres. Dans le cas étudié par Chris Boyd, les Ciments Lafarge se trouvaient confrontés à quatre interprétations différentes d'une directive communautaire concernant la lutte contre le réchauffement du climat[1]. Il est clair que la disparité des situations juridiques, culturelles et politiques des États membres favorise ces divergences quant à la compréhension de règles pourtant communes. L'existence du « recours en carence » intenté contre un État devant la Cour de Justice, siégeant à Luxembourg, ouvre la possibilité d'intervention d'un nouvel acteur. La haute juridiction peut sanctionner un État qui n'a pas pris les mesures nécessaires pour

1. Chris BOYD, *in* Robin PEDLER (Éd.), *European Union Lobbying. Changes in Arena*, Basingstoke, Palgrave, 2002, *op. cit.* p. 57.

atteindre l'objectif communautaire fixé. C'est ainsi que, par un arrêt du 12 juillet 2004, elle a rappelé le caractère obligatoire du Pacte de stabilité monétaire auquel se sont soustraits successivement la France, l'Allemagne et l'Italie. Cependant, la négociation et les pressions politiques sur le ou les État(s) récalcitrant(s) demeurent le levier le plus couramment employé pour résoudre ce type de contradictions.

2. Logiques institutionnelles et pratiques concrètes

Il est des domaines où les États n'ont officiellement plus aucune compétence directe à exercer. Tel est le cas de la politique monétaire, en ce qui concerne les seize États qui ont adhéré à l'euro. Ce faisant, ils ont accepté de déléguer leur pouvoir d'intervention à la Banque centrale européenne. Cette institution agit donc, en principe, en toute indépendance. Néanmoins, cela n'exclut pas toute contrainte. En fait, ses décisions sont étroitement soumises aux pressions du marché international des capitaux ainsi qu'à l'évolution des indicateurs économiques. Même les pressions politiques en provenance des gouvernements ne sont pas totalement exclues et les mobilisations sociales, d'organisations de salariés ou du patronat, peuvent altérer le contexte dans lequel elle prend ses décisions.

L'adoption des directives communautaires n'obéit pas seulement au schéma institutionnel évoqué ci-dessus. Au sein de chaque État, les collectivités publiques et les groupes d'intérêt cherchent à faire entendre leurs voix de sorte que la position adoptée par le ministre au Conseil des ministres de l'Union européenne est elle-même la résultante de transactions et de compromis opérés en amont. Ainsi la position ferme de la France, dans les instances européennes, sur des questions telles que la réforme de la politique agricole commune (PAC), ou la libéralisation du marché de l'énergie, est-elle étroitement corrélée aux négociations que le gouvernement de ce pays a menées respectivement avec les dirigeants agricoles et les représentants d'EDF ou du CEA (Commissariat à l'énergie atomique), sans parler des négociations internes entre les diverses administrations concernées[1]. Pour mieux faire entendre leur voix, les collectivités territoriales et les groupes d'intérêt se regroupent en réseaux plus ou moins formels, par-delà les frontières des États membres. Ils font alors du lobbying auprès de plusieurs États en même temps, soit dans leurs capitales respectives, soit auprès de leurs repré-

1. Sur ces processus, voir Christian LEQUESNE, *Paris-Bruxelles. Comment se fait la politique européenne de la France ?*, Paris, Presses de Sciences Po, 1993, ainsi que son étude plus récente consacrée à la politique de la pêche (2000).

sentations permanentes à Bruxelles, en cherchant le cas échéant à jouer de leurs contradictions. Le lobbying peut également prendre pour cible la Commission européenne et les administrations qu'elle dirige. Il est d'ailleurs prévu par les traités que la Commission, dans l'exercice des pouvoirs qui sont les siens, s'entoure de comités d'experts où siègent aussi des élus et des professionnels. La nébuleuse européenne des Comités est tout à fait complexe, non seulement parce qu'ils sont très nombreux mais aussi parce qu'ils ont une durée d'existence très variable et que les règles de leur recrutement sont assez obscures. Même s'ils ne s'opposent jamais frontalement à la Commission, ils exercent sur elle une influence importante ; et les vues qui y prévalent ont des incidences directes sur les intérêts commerciaux des firmes. On estime qu'il existe environ 15 000 lobbyistes à Bruxelles. Certains parlementaires européens estiment qu'ils exercent une influence excessive, et non transparente, sur la rédaction des projets de directives ; c'est pourquoi a été décidé un enregistrement officiel des groupes d'intérêt mais « sur une base volontaire », à la différence des dispositions de la loi américaine[1]. Les fédérations européennes des syndicats de patrons ou de salariés ne sont plus considérées comme des partenaires automatiquement privilégiés par la Commission. Elle préfère en effet favoriser des experts capables de défendre à la fois les points de vue économiques et commerciaux des firmes et les préoccupations de la société civile. Cette attitude contraint les groupes d'intérêt européens à construire des alliances élargies afin de pouvoir intégrer dans leurs argumentaires toutes les dimensions du problème susceptibles de recueillir l'attention de la Commission.

L'Union européenne exerce aussi un impact direct sur le mode de fonctionnement des collectivités locales et sur leurs stratégies. Celui-ci se manifeste principalement dans les modalités de mise en œuvre des politiques de soutien aux régions menacées par des déséquilibres économiques. Les Fonds structurels qui en constituent l'outil, permettent d'attribuer des subventions d'investissement et d'équipement aux montants élevés. Or, depuis une réforme de 1989, a été adopté le principe du partenariat qui doit régir tous les stades de la décision et de la mise en œuvre. Cela suppose la mise en place d'une concertation

1. Proposition Jo Leinen (SPD allemand) adoptée en mai 2008. Les industries chimique et pharmaceutique sont réputées avoir pesé lourdement sur la définition des listes de produits considérés comme dangereux. On a pu également prouver que WorldWildlife avait réussi à influencer significativement l'agenda de la mise en place d'une politique européenne de l'environnement. « WorldWildlife European and Global Climate Policy », *in* Robin PEDLER (Ed.), *European Union Lobbying. Changes in Arena*, Basingstoke, Palgrave, 2002, p. 87-104.

intégrée, au triple niveau communautaire, étatique et local. Dans ce but, l'Union européenne a créé un Comité des régions pour institutionnaliser la consultation des collectivités territoriales (et pas seulement des régions au sens administratif français, comme pourrait le laisser penser la dénomination retenue). Par ailleurs, à la suite de décisions prises par les ministres de l'aménagement du territoire, la politique des Fonds structurels doit désormais s'inscrire dans le cadre du Schéma de Développement de l'Espace Communautaire (SDEC). Ce document a l'ambition de définir les orientations et les modulations des politiques d'aménagement avec pour objectif de « soutenir la croissance économique, la création d'emplois et le développement durable dans l'ensemble de l'Union ». La version adoptée à Postdam en 1999, recommande le renforcement de la coopération entre les régions afin de construire des ensembles capables de « développement autocentré », le soutien à l'émergence de métropoles urbaines d'équilibre, leur mise en réseau et la recherche de complémentarité entre territoires urbains et territoires ruraux. L'attribution de subventions au titre des Fonds structurels est conditionnée à la concrétisation de ces formes de coopération. La recherche de la manne européenne implique donc, de la part des dirigeants régionaux et locaux, l'adoption de comportements nouveaux qui supposent des changements de stratégies. Comme le remarque Patrick Le Galès, pour faire triompher leurs projets de développement, villes et régions « sont susceptibles de pouvoir mobiliser une gamme beaucoup plus étendue d'acteurs partenaires publics, privés, européens, centraux, infranationaux, et de ressources. Cependant, ce processus est rendu plus facile si les villes et les régions disposent déjà d'importantes ressources financières, de pouvoirs, de capacité d'action collective (qui peut s'appuyer par exemple sur une forte identité, des intérêts organisés ou des mouvements régionalistes). À l'inverse les plus faibles dans ce système risquent d'avoir du mal à tirer profit des nouvelles règles du jeu »[1].

Si la contractualisation constitue la forme juridique qui prédomine dans ces processus décisionnels, il est clair que, d'un point de vue économique et politique, on assiste au triomphe d'une nouvelle forme de gouvernance, caractérisée par l'efficacité de réseaux, intégrant des acteurs de statuts différents (étatiques et infra-étatiques, politiques et non politiques) qui disposent de ressources inégales (institutionnelles

1. Patrick Le Galès, « Région, gouvernance et territoire », *in* Bruno Jobert, Jacques Commaille (Dir.), *Les Métamorphoses de la régulation politique,* Paris, LGDJ, 1999, p. 14.

et non institutionnelles)[1]. La dissociation entre zones de compétences administratives ou étatiques et zones d'action fonctionnelle y est menée plus loin que partout ailleurs. Si les politiques publiques demeurent toujours, en un sens, territorialisées, c'est la notion même de territoire qui prend aujourd'hui une signification très différente de celle qui était la sienne dans le schéma weberien où dominait la figure de l'État monopolisateur de la contrainte légitime. Le débat constitutionnel européen, ouvert en 2002 avec les travaux de la Convention présidée par Valéry Giscard d'Estaing, avait soulevé la question de savoir s'il convenait de couler la gouvernance européenne dans le schéma classique du fédéralisme. Les choix finalement opérés (traité de Lisbonne, 2007) s'inscrivent dans la continuité des innovations empiriques qui ont toujours marqué la construction institutionnelle. Il en résulte un schéma constitutionnel de type nouveau où règne en maître le principe de la gouvernance multiniveaux[2].

Orientation bibliographique

Sur le métier politique

Classiques

BAILEY George, *Les Règles du jeu politique* (1969), Trad., Paris, PUF, 1971.
LANE Robert, *Political man*, New York, Free Press, 1972.
LIPSET Seymour, *L'Homme et la politique* (1959), Paris, Seuil, 1963.
MACHIAVEL, *Le Prince* (1513), Trad., *in Œuvres complètes*, Paris, Gallimard, 1952.
WEBER Max, *Le Savant et le politique* (1919), Trad., Paris, Plon, 1959.

Études contemporaines

ABÉLÈS Marc, *Jours tranquilles en 89. Ethnologie d'un département français*, Paris, Odile Jacob, 1989.
ABÉLÈS Marc, *La Vie quotidienne au Parlement européen*, Paris, Hachette, 1992.

1. Philippe Schmitter recourt aux termes de consortium et de condominium pour rendre compte de ces phénomènes.
2. Renaud DEHOUSSE (Dir.), *Une Constitution pour l'Europe ?*, Paris, Presses de Sciences Po, 2002, notamment p. 139 sq.

BEMELMANS Marie-Louise, RIST Ray, VEDUNG Evert, *Carrots, Sticks and Sermons,* Londres, Transaction Books, 1997.

BRAUD Philippe, *Petit traité des émotions, sentiments et passions politiques*, Paris, A. Colin, 2007.

BRAUD Philippe, *La Vie politique,* 4e édition, Paris, PUF, 1996.

BRAUD Philippe, *Le Jardin des délices démocratiques,* Paris, Presses de la FNSP, 1991.

BRIQUET Jean-Louis, SAWICKI Frédéric (Dir.), *Le Clientélisme politique dans les sociétés contemporaines,* Paris, PUF, 1998.

COLLOVALD Annie, *Jacques Chirac et le gaullisme,* Paris, Belin, 1999.

COLOMBANI Jean-Marie, PORTELLI Hugues, *Le Double septennat de François Mitterrand. Dernier inventaire*, Paris, Grasset, 1995.

DUPIN Éric, *L'Après-Mitterrand,* Paris, Calmann-Lévy, 1991.

EDELMAN Murray, *Pièces et règles du jeu politique,* Trad., Paris, Seuil, 1991.

FONTAINE Joseph, LE BART Christian (Dir.), *Le Métier d'élu local,* L'Harmattan, 1994.

GARRAUD Philippe, *Profession : Homme politique,* Paris, L'Harmattan, 1989.

GAXIE Daniel, *Le Cens caché,* 2e édition, Paris, Seuil, 1993.

GAXIE Daniel, LEHINGUE Patrick, *Enjeux municipaux,* Paris, PUF, 1984.

GEORGAKAKIS Didier (Dir.), *Les Métiers de l'Europe politique, Acteurs et professionnalisations de l'Union européenne* Strasbourg, Presses de l'Université de Strasbourg, 2002.

GIROUD Françoise, *La Comédie du pouvoir,* Paris, Fayard, 1977.

HAEGEL Florence, *Un Maire à Paris*, Paris, Presses de Sciences Po, 1994.

JACOT Henri, FOUQUET Annie (Dir.), *Le Citoyen, l'élu et l'expert. Pour une démarche pluraliste d'évaluation des politiques publiques*, Paris, L'Harmattan, 2007.

JOANA Jean, *Pratiques politiques des députés français au XIXe siècle. Du dilettante au spécialiste*, Paris, L'Harmattan, 1999.

JOANA Jean, SMITH Andy, *Commissaire européen : technocrate, diplomate ou politique ?*, Paris, Presses de Sciences Po, 2002.

JULY Serge, *Les Années Mitterrand,* Paris, Grasset, 1986.

KAWATA Junichi (Ed.), *Comparing Political Corruption and Clientelism*, Aldershot, Ashgate, 2006.

LAURENS André, *Le Métier politique. La conquête du pouvoir*, Paris, A. Moreau, 1980.

NAY Olivier, SMITH Andy (Dir.), *Le Gouvernement du compromis. Courtiers et généralistes dans l'action politique,* Paris, Economica, 2002.

MÉNY Yves, *La Corruption de la République*, Paris, Fayard, 1992.
OFFERLÉ Michel, *Sociologie de la vie politique*, Paris, la Découverte, 2004.
OFFERLÉ Michel (Dir.), *La Profession politique. XIXe-XXe siècles*, Paris, Belin, 1999.
PFISTER Thierry, *La Vie quotidienne à Matignon au temps de l'union de la gauche*, Paris, Hachette, 1985.
PHELIPPEAU Éric, *L'Invention de l'homme politique moderne*, Paris, Belin, 2002.
POIRMEUR Yves, MAZET Pierre, (Dir.), *Le Métier politique en représentations*, Paris, L'Harmattan, 1999.
POLITIX, « Le métier d'élu », Paris, Presses de Sciences Po, 1994, n° 28.
ROCCA Jean-Louis, *La Corruption,* Paris, Syros, 1993.
SCHARPF Fritz, *Games Real Actors Play. Actor-centerd Institutionnalism in Policy Research*, Boulder, Westview Press, 1997.
STRAUSS Anselm, *La Trame de la négociation*, Trad., Paris, L'Harmattan, 1997.

* *Sur le langage et la communication politique*

Classiques

BARTHES Roland, *Mythologies,* Paris, Seuil, 1970.
BOURDIEU Pierre, *Ce que parler veut dire,* Paris, Fayard, 1987.
EDELMAN Murray, *Political language. Words that Succeed and Politics that Fail*, New York, Academic Press, 1977.
FAYE Jean-Pierre, *Langages totalitaires,* Paris, Hermann, 1972.
HABERMAS Jürgen, *Théorie de l'agir communicationnel* (1981), Trad., Paris, Fayard, 1987.
HABERMAS Jürgen, *Sociologie et théorie du langage* Trad., Paris, Gallimard, 1995.
HIRSCHMAN Albert, *Deux siècles de rhétorique réactionnaire* (1991), Trad., Paris, Fayard, 1991.
WATZLAWICK Paul, BEAVIN Janet, JACKSON Donald, *Une Logique de la communication* (1967), Trad., Paris, Seuil, 1972.

Études contemporaines

ALBOUY Serge, *Marketing et communication politique,* Paris, L'Harmattan, 1994.
ALDRIN Philippe, *Sociologie politique des rumeurs*, Paris, PUF, 2005.

AMOSSY Ruth, PIERROT Anne, *Stéréotypes et clichés. Langue, discours, société,* Paris, Nathan, 1997.

ANGENOT Marc, *La Parole pamphlétaire*, Paris, Payot, 1995.

BACOT Paul, REMI-GIRAUD Sylvianne (Dir.), *Mots de l'espace et conflictualité sociale,* Paris, L'Harmattan, 2007.

BENNETT Lance, ENTMAN Robert, *Mediated Politics. Communication in the Future of Democracy,* Cambridge, Cambridge University Press, 2001.

BILLIG Michaël, *Ideology and Opinions. Studies in Rhetorical Psychology*, Londres, Sage, 1991.

BOISSOU Lionel, BOLLMANN Yvonne, BRUNETEAU Bernard, *Vocabulaire du politique. Des mots sous influence*, St-Germain de Calberte, Centre de sociologie historique, 2004.

BON Frédéric, « Langage et politique », *in* M. GRAWITZ, J. LECA, *Traité de Science Politique,* Paris, PUF, 1985, t. III, p. 537 sq.

BONNAFOUS Simone, CHIRON Pierre, DUCARD Dominique, LÉVY Carlos (Dir.), *Argumentation et discours politique*, Rennes, PUR, 2004.

BOURDIEU Pierre, *Langage et pouvoir symbolique*, Paris, Seuil, 2001.

BRÉCHON Pierre (Dir.), *La Gouvernance de l'opinion publique*, Paris, L'Harmattan, 2003.

BRETON Philippe, *L'Argumentation dans la communication,* 4e édition, Paris, La Découverte, 2003.

BRETON Philippe, PROULX Serge, *L'Explosion de la communication. Introduction aux théories et pratiques de la communication*, Paris, La Découverte, 2005.

BRUGIDOU Mathieu, *L'Élection présidentielle. Discours et enjeux politiques*, Paris, L'Harmattan, 1995.

CEFAÏ Daniel, PASQUIER Dominique (Dir.), *Les Sens du public. Publics politiques, publics médiatiques*, Paris, PUF, 2003.

CHARAUDEAU Patrick, *Le Discours politique. Les masques du pouvoir*, Paris, Vuibert, 2005.

CHEVALIER Yves, *L'« expert » à la télévision*, Paris, CNRS Communication, 1999.

CHILTON Paul, *Analyzing Political Discourse. Theory and Practice,* New York, Routledge, 2004.

CORNER John, PELS Dick (Eds.), *Media and the Restyling of Politics*, Londres, Sage, 2003.

COTTERET Jean-Marie, *Gouverner, c'est paraître,* Paris, 2e édition, Paris, PUF, 1997.

COTTERET Jean-Marie, GERSTLÉ Jacques, MOREAU René, *Giscard d'Estaing/Mitterrand. 54 774 mots pour convaincre,* Paris, PUF, 1974.

CUMINAL Isabelle, SOUCHARD Maryse, WAHNICH Stéphane, WATIER Virginie, *Le Pen, les mots. Analyse d'un discours d'extrême droite*, Paris, Le Monde Éditions, 1997.

CURAPP, *La Communication politique*, Paris, PUF, 1991.

DALLMAYR Fred, *Language and Politics,* New York, New York University Press, 1982.

DANBLON Emmanuelle, *Argumenter en démocratie,* Bruxelles, Labor, 2004.

DENQUIN Jean-Marie, *La Politique et le langage,* Paris, Houdiard, 2007.

ESSER Frank, PFETSCH Barbara, *Comparing Political Communication. Theories, Cases and Challenges*, Cambridge, Cambridge University Press, 2004.

FRANKLIN Jean, *Le Discours du pouvoir,* Paris, UGE, 1975.

GAFFNEY John, *The Language of Political Leadership in Contemporary Britain*, Londres, MacMillan, 1991.

GALASINSKI Darius, *The Language of Deception. A Discourse Analytical Study*, Londres, Sage, 2000.

GAMSON William, *Talking Politics*, Cambridge, Cambridge University Press, 1992.

GEORGAKAKIS Didier, *La République contre la propagande. Aux origines de la communication d'État en France (1917-1940),* Paris, Economica, 2005.

GERSTLÉ Jacques, *La Communication politique,* Paris, A. Colin, 2004.

GERSTLÉ Jacques, *Les Effets d'information en politique*, Paris, L'Harmattan, 2001.

GERSTLÉ Jacques, *Le Langage des socialistes,* Paris, Stanké, 1979.

GHIGLIONE Rodolphe, *Je vous ai compris ou l'analyse des discours politiques*, Paris, A. Colin, 1989.

GINGRAS Anne-Marie (Dir.), *La Communication politique,* Sainte Foy, Presses de l'UQAM, 2003.

GUILBERT Thierry, *Le Discours idéologique ou la force de l'évidence,* Paris, L'Harmattan, 2008.

JEANDILLOU Jean-François, *L'Analyse textuelle*, Paris, A. Colin, 1997.

KACIAF Nicolas, *Les pages 'Politique' de la presse écrite en France. 1945-2000*, Thèse université Paris I, décembre 2005.

KRIEG-PLANQUE Alice, *« Purification ethnique ». Une formule et son histoire,* Paris, Éd. du CNRS, 2003.

LABBÉ Dominique, *Le Vocabulaire de François Mitterrand,* Paris, Presses de la FNSP, 1990.

LABBÉ Dominique, *Le Discours communiste,* Paris, Presses de la FNSP, 1977.

LABBÉ Dominique, MONIÈRE Denis, *Le Discours gouvernemental. Canada, Québec, France. 1945-2000*, Paris, Champion, 2003.

LAKOFF Robin, *Talking Power : the Politics of Language in our Lives*, New York, Basic Books, 1990.

LE BART Christian, *Le Discours politique,* Paris, PUF, 1997.

LE BART Christian, *La Rhétorique du maire entrepreneur,* Paris, Pedone, 1992.

LEGAVRE Jean-Baptiste, *Conseiller en communication : l'institutionnalisation d'un rôle,* Thèse Université Paris I, 1993.

LENOBLE Jacques, BERTEN André, *Dire la norme. Droit, politique et énonciation*, Bruxelles, Bruylant, 1996.

LEVY Maurice, *Les 100 mots de la communication*, Paris, PUF, 2006.

LIPIANSKY Edmond-Marc, *L'Identité française. Représentations, mythes, idéologies,* Paris, L'Espace européen, 1991.

MAAREK Philippe, *Communication et marketing de l'homme politique*, 3e édition, Litec, 2007.

MAIR Peter (Dir.), *Langage et politique,* Trad., Bruxelles, Bruylant, 1982.

MAR-MOLINERO Clare, *Language Ideologies, Policies and Practices. Language and the Future of Europe*, Basingstoke, Palgrave MacMillan, 2005.

MAYAFFRE Damon, *Paroles de président. Jacques Chirac (1995-2003) et le discours présidentiel sous la Ve République,* Paris, Honoré Champion, 2004.

MARQUIS Lionel, *Sondages d'opinion et communication politique*, Cahiers du Cevipof (38) 2005.

MATTELART Armand, MATTELART Michèle, *Histoire des théories de la communication,* Paris, La Découverte, 2002.

MIÈGE Bernard, *La Société conquise par la communication. T. II La communication entre l'industrie et l'espace public,* Grenoble, PUG, 1997.

MIÈGE Bernard, *La Pensée communicationnelle,* Grenoble, PUG, 1994.

MICHAUD Yves, *Chirac dans le texte. La parole et l'impuissance*, Paris, Stock, 2004.

MOTS, (75) « Émotion dans les médias », (77) « Proximité », Paris, ENS Éditions, mars 2005.

NEVEU Erik, *Une Société de communication ?*, 3e édition, Paris, La Découverte, 2002.

NEWMAN Bruce, *Handbook of Political Marketing*, Londres, Sage, 1999.

NORRIS Pippa, CURTICE John (Eds.), *On Message*, Londres, Sage, 1999.

PÉCHEUX Michel, *L'Inquiétude du discours.* Textes choisis et présentés par Denise MALDIDIER, Paris, Éd. Cendres, 1990.

PERLOFF Richard, *Political Communication. Politics, Press and Public in America,* Lawrence, University of Kansas Press, 1997.

PROST Antoine, *Les Anciens combattants et la société française,* t. III, « Mentalités et idéologies », Paris, Presses de la FNSP, 1977.

RANGEON François (Dir.), *La Communication politique,* Paris, PUF/ CURAPP, 1991.

RESTIER-MEILLERAY Christiane, *Que sont nos campagnes devenues ?*, Bordeaux, PUB, 2002.

RIUTORT Philippe, *Sociologie de la communication politique,* Paris, La Découverte, 2007.

ROUSSELIER Nicolas, *Le Parlement de l'éloquence*, Paris, Presses de Sciences Po, 1997.

RUI Sandrine, *La Démocratie en débat. Les citoyens face à l'action publique,* Paris, A. Colin, 2004.

THOM Françoise, *La Langue de bois,* Paris, Julliard, 1987.

THOUERON Gabriel, *La Communication politique aujourd'hui,* Bruxelles, De Boëck Wesmaël, 1990.

TIBERJ Vincent, GOUGOU Florent, LAPLANCHE-SERVIGNE Soline, *Les Mots des présidentielles,* Paris, Presses de Sciences Po, 2007.

TOURNIER Maurice, *Les Mots de Mai 1968, Toulouse,* Presses du Mirail, 2007.

TOURNIER Maurice (Dir.), *Présidentielle. Regard sur les discours télévisés*, Paris, Nathan/INA, 1995.

WATZLAWICK Paul, *La réalité de la réalité. Confusion, désinformation, communication,* Trad., Paris, Seuil, 1984.

* *Sur politiques publiques et gouvernance*

Classiques

DOWNS Anthony, *An Economic Theory of Government Decision – making in a Democracy*, Stanford, Stanford University Press, 1956.

LASSWELL Harold, *Who Gets What, When, How ?,* Cleveland, Meridian Books, 1936.

LINDBLOM Charles, *The Policy Making Process*, Englewood Cliffs, Prentice Hall, 1968.

SIMON Herbert, *Administrative Behavior. A Study of Decision-making Processes in Administrative Organizations*, New York, The Free Press, 1947.

SIMON Herbert, *Administration et processus de décision*, Trad., Paris, Economica, 1983.

TRUMAN David, *The Governmental Process*, New York, Alfred Knopf, 1951.

Études contemporaines

AARON Henry (Ed.), *Values and Public Policy,* Washington, Brookings, 1994.

ANDERSEN Svein, ELIASSEN Kjell (Eds.), *Making Policy in Europe*, 2e édition, Londres, Sage, 2001.

L'ANNÉE SOCIOLOGIQUE, « Contributions à une sociologie des politiques publiques », Paris, PUF, 1990, vol. 40.

BALME Richard, *Le Territoire pour politique. Variations européennes*, Paris, L'Harmattan, 1994.

BALME Richard, FAURE Alain, MABILEAU Albert, *Les Nouvelles politiques locales. Dynamiques de l'action publique*, Paris, Presses de Sciences Po, 1999.

BAUMGARTNER Frank, JONES Bryan, *The Politics of Attention. How Government Prioritizes Problems*, Chicago, University of Chicago Press, 2005.

BÉNÉTON Philippe, *Le Fléau du bien. Essai sur les politiques sociales occidentales*, Paris, Robert Laffont, 1983.

BENHAYOUM Gilbert, LAZZERI Yvette, *L'Évaluation des politiques publiques de l'emploi*, Paris, PUF, 1998.

BEZÈS Philippe, *Gouverner l'administration. Une sociologie des politiques de la réforme administrative en France. 1962-1997*, Thèse IEP Paris, 2002.

BORRAZ Olivier, *La Politique des risques,* Paris, Presses de Sciences Po, 2007.

BORRAZ Olivier, GUIRAUDON Virginie, (Dir.), *Politiques publiques. La France dans la gouvernance européenne*, Paris, Presses de Sciences Po, 2008.

BÖRZEL Tanja, *Nations and Regions in Europe*, Cambridge, Cambridge University Press, 2001.

BOUSSAGUET Laurie, JACQUOT Sophie, RAVINET Pauline (Dir.), *Dictionnaire des politiques publiques,* 2e édition, Paris, Presses de Sciences Po, 2006.

BOYER Robert, SAILLARD Yves (Dir.), *Théorie de la régulation. État des savoirs,* Paris, La Découverte, 1995.

BROMLEY Simon (Ed.), *Governing the European Union*, Londres, Sage, 2001.

BURGESS Michaël, *Federalism and European Union. The Building of Europe. 1950-2000*, New York, Routledge, 2000.

CAILLOSSE Jacques, RENARD Didier, DE BÉCHILLON Denis, *L'Analyse des politiques publiques aux prises avec le droit*, Paris, LGDJ, 2000.

CEVIPOF, « L'Évaluation des politiques publiques entre enjeu politique et enjeu de méthode », *Cahiers* n° 44, juin 2006.

CHATY Lionel, *L'Administration face au management*, Paris, L'Harmattan, 1997.

CLARK Jan, *Governance, the State and Industrial Relations*, Londres, Routledge, 2000.

COBB Roger, ELDER Charles, *Participation in American Politics,* 2e édition, Baltimore, The Johns Hopkins University, 1983.

COHEN Élie, *L'État brancardier,* Paris, Calmann-Lévy, 1989.

COHEN Élie, *L'Ordre économique mondial. Essai sur les autorités régulatrices,* Paris, Fayard, 2001.

COMMAILLE Jacques, *Territoires de la justice. Une sociologie politique de la carte judiciaire*, Paris, PUF, 2000.

COMMAILLE Jacques, JOBERT Bruno (Dir.), *Les Métamorphoses de la régulation politique*, Paris, LGDJ, 1999.

DEHOUSSE Renaud (Dir.), *Une Constitution pour l'Europe ?*, Paris, Presses de Sciences Po, 2002.

DELORME Hélène (Dir.), *La Politique agricole commune. Anatomie d'une transformation*, Paris, Presses de Sciences Po, 2004.

DELORME Robert, ANDRÉ Christine, *L'État et l'économie,* 1870-1980, Paris, Seuil, 1983.

DJELIC Marie-Laure, SAHLIN-ANDERSSON Kerstin, *Transnational Governance. Institutional Dynamics of Regulation* (Éd.), Londres Routledge, 2006.

DOGAN Mattéi, PÉLASSY Dominique, *Le Moloch en Europe, Étatisation et corporatisation,* Paris, Economica, 1987.

DONZELOT Jacques, *L'État animateur*, Paris, Éd. Esprit, 1994.

DOUENCE Jean-Claude, *L'Action économique locale,* Paris, Economica, 1988.

DUPUY François, THOENIG Jean-Claude, *L'Administration en miettes,* Paris, Fayard, 1985.

DURAN Patrice, *Penser l'action publique,* Paris, LGDJ, 1999.

EDWARDS G., SHARKANSKY I., *Les Politiques publiques : élaboration et mise en œuvre,* Trad., Paris, Éd. d'organisation, 1981.

FAURE Alain, NÉGRIER Emmanuel, *Les Politiques publiques à l'épreuve de l'action locale. Critique de la territorialisation*, Paris, L'Harmattan, 2007.

FAURE Alain, POLLET Gilles, WARIN Philippe, *La construction du sens dans les politiques publiques. Débats autour de la notion de référentiel*, Paris, L'Harmattan, 1995.

FONTAINE Joseph, HASSENTEUFEL Patrick (Dir.), *To Change or not to Change. Les changements de l'action publique à l'épreuve du terrain*, Rennes, PUR, 2002.

GAUDIN Jean-Pierre, *Les Nouvelles politiques urbaines*, Paris, PUF, 1994.

GAUDIN Jean-Pierre, *Gouverner par contrat. L'action publique en questions*, Paris, Presses de Sciences Po, 1999.

GAUDIN Jean-Pierre, *Pourquoi la Gouvernance ?*, Paris, Presses de Sciences Po, 2002.

GAUDIN Jean-Pierre, *L'Action publique. Sociologie et politique*, Paris, Presses de Sciences Po et Dalloz, 2004.

GUIRAUDON Virginie, *Les Politiques d'immigration en Europe : Allemagne, France, Pays-Bas*, Paris, L'Harmattan, 2000.

HALL Peter, *Governing the Economy. The Politics of State Intervention in Britain and France*, Oxford, Oxford University Press, 1986.

HAYWARD Jack, WRIGHT Vincent, *Governing from the Centre. Core Executive Coordination in France*, Oxford, Oxford University Press, 2003.

HÉRITIER Adrienne, *Policy Making and Diversity in Europe : Escaping Deadlock,* Cambridge, Cambridge University Press, 1999.

HERMET Guy, KAZINCIGIL Ali, PRUD'HOMME Jean-François, *La Gouvernance. Un concept et ses applications*, Paris, Karthala, 2005.

HOOGHE Liesbet (Ed.), *Cohesion Policy and European Integration. Building Multi-level Governance*, Oxford, Clarendon Press, 1996.

HORROCKS Ivan, HOFF Jens, TOPS Pieter, *Democratic Governance and New Technology*, Londres, Routledge, 2000.

JOBERT Bruno, SAEZ Guy, *L'État sans qualités,* Paris, PUF, 1982.

JOBERT Bruno, MULLER Pierre, *L'État en action. Politiques publiques et corporatismes,* Paris, PUF, 1987.

JOHN Peter, *Local Governance in Western Europe*, Londres, Sage, 2001.

JOSSELIN Daphné, *Les Réseaux en action*, Paris L'Harmattan, 1996.

KAST Robert, *La Théorie de la décision*, 2e édition, Paris, La Découverte, 2002.

KINGDOM John, *Agendas, Alternatives and Public Policies*, New York, Harper Collins, 1995.

KOOIMAN Jan, *Governing as Governance,* Londres, Sage, 2003.

LABORIER Pascale, TROM Dany, *Historicités de l'action publique*, Paris, PUF, 2002.

LACASSE François, THOENIG Jean-Claude (Dir.), *L'Action publique*, Paris, L'Harmattan, 1998.

LASCOUMES Pierre, *L'Éco-pouvoir, environnement et politiques*, Paris, La Découverte, 1994.

LASCOUMES, *Expertise et action publique*, Paris, La Documentation française, 2005.

LASCOUMES Pierre, CALLON Michel, BARTHE Yannick, *Agir dans un monde incertain. Essai sur la démocratie technique*, Paris, Seuil, 2001.

LASCOUMES Pierre, LE GALÈS Patrick, *Sociologie de l'action publique*, Paris, A. Colin, 2007.

LASCOUMES Pierre, LE GALÈS Patrick, *Gouverner par les instruments*, Paris, Presses de Sciences Po, 2004.

LASSALLE (de) Marine, *L'Impuissance publique. La politique de la lecture publique en France*, Thèse Université Paris I, 1996.

LATOUR Bruno, *Aramis ou l'amour des techniques,* Paris, La Découverte, 1992.

LE GALÈS Patrick, *Gouvernement et gouvernance des territoires*, Paris, La Documentation française, 2006.

LE GALÈS Patrick, « Gouvernance », *in* Laurie BOUSSAGUET, Sophie JACQUOT, Pauline RAVINET (Dir.), *Dictionnaire des politiques publiques*, Paris, Presses de Sciences Po, 2006.

LE GALÈS Patrick, *Le Retour des villes européennes. Sociétés urbaines, mondialisation, gouvernement et gouvernance,* Paris, Presses de Sciences Po, 2003.

LE GALÈS Patrick, LEQUESNE Christian (Dir.), *Les Paradoxes des régions en Europe*, Paris, La Découverte, 1997.

LE GALÈS Patrick, THATCHER Mark (Dir.), *Les Réseaux de politique publique. Débat autour de la notion de policy networks*, Paris, L'Harmattan, 1994.

LEQUESNE Christian, *Paris-Bruxelles. Comment se fait la politique européenne de la France ?*, Paris, Presses de la FNSP, 1993.

MABILEAU Albert (Dir.), *À la recherche du local,* Paris, L'Harmattan, 1993.

MARCH John (Dir.), *Décisions et organisations* (1988), Trad., Paris, Éd. de l'Organisation, 1991.

MARCOU Gérard, RANGEON François, THIÉBAULT Jean-Louis (Dir.), *La Coopération contractuelle et le gouvernement des villes*, Paris, L'Harmattan, 2001.

MARKS Gary, SCHARPF Fritz, SCHMITTER Philip, *Governance in the European Union*, Londres, Sage, 1996.

MASSARDIER Gilles, *L'État savant. Expertise et aménagement du territoire*, Paris, L'Harmattan, 1996.

MASSARDIER Gilles, *Politiques et action publiques*, Paris, A. Colin, 2003.

MATHIOT Pierre, *Acteurs et politiques de l'emploi en France. 1981-1993,* Paris, L'Harmattan, 2000.

MAURY Jean-Pierre, *La Construction européenne, la sécurité et la défense*, Paris, PUF, 1996.

MÉNY Yves, MULLER Pierre, QUERMONNE Jean-Louis (Dir.), *Les Politiques publiques en Europe*, Paris, L'Harmattan, 1995.

MÉNY Yves, THOENIG Jean-Claude, *Politiques publiques,* Paris, PUF, 1989.

MONNIER Éric, *Évaluation de l'action des pouvoirs publics*, Economica, 1987.

MONTAIN-DOMENACH Jacqueline, *La Sécurité intérieure en Europe,* Paris, Montchrestien, 1998.

MOREL Christian, *Les Décisions absurdes. Sociologie des erreurs radicales et persistantes,* Paris, Gallimard, 2002.

MULLER Pierre, *Les Politiques publiques,* 7e édition, Paris, PUF, 2008.

MULLER Pierre, SUREL Yves, *L'Analyse des politiques publiques*, Paris, Montchrestien, 1998.

MULLER Pierre, SUREL Yves (Dir.), « Les Approches cognitives des politiques publiques », *Revue française de science politique* (50), vol. 2, 2000.

NIOCHE Jean-Pierre, POINSARD Robert, *L'Évaluation des politiques publiques,* Paris, Economica, 1984.

PADIOLEAU Jean, *L'État au concret,* Paris, PUF, 1982.

PALIER Bruno, *La réforme des systèmes de santé,* Paris, PUF, 2004.

PAPADOPOULOS Yannis, *Complexité sociale et politiques publiques,* Paris, Montchrestien, 1995.

PASQUIER Romain, *La Capacité politique des régions. Une comparaison France-Espagne*, Rennes, PUR, 2004.

PEDLER Robin (Ed.), *European Union Lobbying. Changes in Arena*, Basingstoke, Palgrave, 2002.

PERRET Bernard, *L'Évaluation des politiques publiques*, 2e édition, Paris, La Découverte, 2008.

PETERS Guy, *The Future of Governing. Four Emerging Models*, Lawrence, University of Kansas Press, 1997.

RANGEON François (Dir.), *L'Évaluation dans l'Administration,* Paris, PUF/CURAPP, 1993.

RAPPORT, *Federalism and Regionalization in Europe. Optimizing Multilevel Governance in the EU*, Washington, Brookings Institution, 2007.

REVUE FRANÇAISE DE SCIENCE POLITIQUE, « Enjeux, controverses et tendances de l'analyse des politiques publiques » (46), février 1996.

RHODES Rod, *Understanding Governance. Policy Networks, Governance, Reflexivity and Accountability*, Buckingham, Open University Press, 1997.

RODRIGUEZ-GARCIA Silvina, *Complexité territoriale et aménagement de l'intercommunalité française au sein de l'Union européenne*, Paris, L'Harmattan, 2002.

ROSENAU James, *Along the Domestic-Foreign Frontier. Exploring Governance in a Turbulent World*, Cambridge, Cambridge University Press, 1997.

ROUBAN Luc, *Le Pouvoir anonyme. Les mutations de l'État à la française*, Paris, Presses de la FNSP, 1994.

ROUBAN Luc, *La Fonction publique,* 2e édition, Paris, La Découverte, 2004.

SABATIER Paul, *Theories of the Policy Process*, 2e édition, Boulder, Westview, 2007.

SAEZ Guy, LERESCHE J.-P., BASSAND M. (Dir.*), Gouvernance métropolitaine et transfrontalière*, Paris, L'Harmattan, 1997.

SCHARPF Fritz, *Gouverner l'Europe*, Paris, Presses de Sciences Po, 2000.

SADRAN Pierre, *Le Système administratif français*, 2e édition, Paris, Montchrestien, 1997.

SCHMITTER Philip, *How to Democratize the European Union... and Why Bother ?*, Boulder, Rowman and Littlefield, 2000.

SFEZ Lucien, *Critique de la décision,* Paris, Presses de la FNSP, 4e édition, 1992.

SMITH Andy, *L'Europe politique au miroir du local*, Paris, L'Harmattan, 1995.

SMITH Andy, *Le Gouvernement de l'Europe*, Paris, LGDJ, 2004.

SMITH Andy, SORBETS Claude (Dir.), *Leadership politique et territoires*, Rennes, PUR, 2003.

SPENLEHAUER Vincent, *L'Évaluation de politique. Usages sociaux. Trois études de cas d'évaluation*, Paris, L'Harmattan, 1995.

SULEIMAN Ezra, COURTY Guillaume, *L'Âge d'or de l'État. Une métamorphose annoncée*, Paris, Seuil, 1997.

THOENIG Jean-Claude, « L'analyse des politiques publiques », *in* Madeleine GRAWITZ, Jean LECA, *Traité de Science Politique,* Paris, PUF, 1985, t. IV, p. 1 et s.

VENNESSON Pascal, *Politique de défense. Institutions, innovations, européanisation*, Paris, L'Harmattan, 2000.

WARIN Philippe, *Les Usagers dans l'évaluation des politiques publiques*, Paris, L'Harmattan, 1993.
WEIL Patrick, *L'Analyse d'une politique publique : la politique française d'immigration, 1974-1988,* Thèse IEP Paris, 1988.
WRIGHT Vincent, CASSESE S. (Dir.), *La Recomposition de l'État en Europe*, Paris, La Découverte, 1996.

Chapitre 12
Décrire ou (re)construire la réalité ?

Être profane dans une discipline savante incline à partager l'illusion spontanée selon laquelle le savoir serait une photographie du réel. Ainsi, la sociologie politique mais aussi l'histoire, la physique ou la biologie identifieraient les faits et processus qui se dérobent aux yeux du commun des mortels en les dévoilant *tels qu'ils sont.* Anthony Giddens rapporte au besoin de « sécurité ontologique » cette aspiration à croire que le monde naturel et le monde social sont tels qu'ils paraissent être [1] Cette vue des choses est erronée. C'est pourquoi une des caractéristiques majeures du discours scientifique est de réfléchir sur les conditions mêmes de sa validité. Son ambition d'élucider un objet exige en effet que soient au moins soupçonnés les systèmes de déformation (ou mieux d'invention) du regard sur l'objet. Dans une discipline comme la science politique, dont le champ d'observation *semble* à la portée de tout un chacun, grâce aux médias qui déversent chaque jour une abondante information, la nécessité de repérer les mécanismes producteurs d'illusions est particulièrement impérative ; prise au sérieux, elle devrait même constituer un axe fondamental de cette science sociale.

Après avoir évoqué quelques-uns de ces mécanismes qui pèsent sur le déroulement de la recherche, nous chercherons à donner des éléments de réponse à la question centrale de la sociologie politique : que signifie « comprendre » un phénomène politique ?

---

1. Anthony GIDDENS, *La Constitution de la société,* Trad., Paris, PUF, 1987, p. 443.

Section 1
L'élaboration du discours scientifique

Comme toute discipline, la sociologie politique produit du concept pour rendre compte des découvertes opérées. Cela signifie une délicate traduction, dans un lexique approprié, des résultats acquis à partir de méthodes et techniques d'investigation déterminées. En fait ni la « traduction », ni la mise au point de méthodes valides ne vont de soi ; c'est pourquoi les véritables chercheurs doivent toujours conserver une attitude de vigilance épistémologique. À l'inverse, se spécialiser dans la « Critique de... » c'est risquer, à bon compte, de se poser en censeur extérieur des insuffisances d'une démarche que les véritables chercheurs savent déjà insuffisante et perfectible.

§ 1. Les imperfections et limites de l'objectivation

Les travaux de philosophie des sciences, publiés depuis cinquante ans, ont attiré l'attention sur les multiples biais susceptibles de parasiter la recherche aux différentes étapes de son élaboration et sa diffusion. Il n'est pas inutile de rappeler quelques-unes de ces conclusions, surtout lorsqu'elles se révèlent particulièrement pertinentes pour la sociologie politique ; mais il faut aussi aborder des difficultés spécifiques à cette discipline.

A Production et réception du discours savant

La recherche scientifique n'obéit pas à de pures logiques intellectuelles ; tant s'en faut. On ne parlera pas ici du problème, très important en réalité, des moyens matériels de la recherche. Les grosses enquêtes supposent des investissements financiers relativement importants, du moins au regard des capacités courantes de la plupart des laboratoires de recherche en France et même en Europe[1] ni du rôle de la demande sociale. L'essor de la sociologie électorale, d'une certaine conception du moins, est liée aux attentes des partis politiques et des médias ; de même, celui des politiques publiques met-il en évidence la demande d'expertise croissante de la part des exécutifs locaux, nationaux et européen. On se contentera d'évoquer ci-après deux problématisations particulièrement fécondes pour comprendre les enjeux en cause.

1. La sociologie de la connaissance

Dans le sillage de Mannheim (*Idéologie et utopie*, 1929), certains auteurs insistent particulièrement sur la nécessité de cette approche. C'est notamment, en France, le cas de Pierre Bourdieu et de son école. Pour l'auteur de *Le sens pratique* : « Objectiver l'objectivation » c'est s'interroger sociologiquement sur « le rapport subjectif du savant au monde social et le rapport (social) objectif que suppose ce rapport subjectif »[2]. En d'autres termes, les modes de penser mis en œuvre par l'analyse scientifique ne peuvent être correctement compris ni utilisés si l'on ne s'interroge pas sur leur généalogie, sur l'histoire des luttes intellectuelles, idéologiques, institutionnelles à la faveur desquelles ils se sont imposés. Le langage des sciences sociales ne saurait être neutre politiquement ; ne le sont, par exemple, ni le concept de classe, ni la question de l'existence ou de la non-existence des classes. Pierre Bourdieu y voit au contraire « un enjeu de la lutte des classes ». Le processus d'objectivation entendu comme la visibilisation et la formulation savante de ce que vivent les agents sociaux doit s'appliquer également aux intellectuels et aux savants même si, spontanément, ils se trouvent toujours d'accord « pour laisser hors jeu leur propre jeu et leurs propres enjeux ». En écrivant *Homo Academicus*, Pierre Bourdieu applique ces préceptes au milieu universitaire lui-même, mettant en œuvre ce qu'il appelle « l'objectivation participante », pour découvrir qu'il y existe « toute une série d'institutions qui ont pour effet de rendre

1. À noter cependant, depuis 2005 en France, à l'instar de ce qui existe déjà dans quelques pays européens, l'association du Cevipof et du ministère de l'Intérieur pour commanditer de grandes enquêtes longitudinales sur les comportements politiques des Français.

2. Pierre BOURDIEU, *Le Sens pratique*, Paris, Minuit, 1980, rééd. 1989, p. 49. Également du même auteur : *Réponses,* Paris, Seuil, 1992, p. 175. Pour une importation de ce thème en science politique, Bernard LACROIX, « Ordre politique et ordre social », *in* M. GRAWITZ, J. LECA, *Traité de science politique,* Paris, PUF, tome I, p. 469 sq. Voir une analyse concrète du problème dans Bruno LATOUR, *La Science en action,* Paris, La Découverte, 1989.

acceptable le décalage entre la vérité objective et la vérité vécue de ce que l'on fait... (c'est-à-dire notamment...) les systèmes de défense collectifs qui, dans des univers où chacun lutte pour le monopole d'un marché dans lequel il n'a pour clients que des concurrents et où, par conséquent, la vie est très dure, permettent de s'accepter en acceptant les subterfuges ou les gratifications compensatoires qui sont offerts par le milieu[1] ».

La théorie des champs permet d'éclairer l'influence des logiques institutionnelles sur le choix des catégories d'analyse scientifique. Elles apparaissent en effet doublement conditionnées. D'abord par des *effets de positions.* On entend par là le fait que le chercheur occupe une place déterminée dans un champ intellectuel lui-même historiquement constitué[2]. En d'autres termes, le champ scientifique est structuré par le niveau de développement des connaissances et des institutions qui l'organisent : laboratoires, centres de recherches, traditions intellectuelles, écoles de pensée, débats saillants, etc. À son tour, il conditionne les chercheurs qui y occupent une position centrale ou périphérique (en termes d'influence, de notoriété, d'autorité scientifique...), c'est-à-dire une position dominée ou dominante. *Effets de dispositions* également. Les chercheurs en tant qu'individus sont influencés par les savoirs qu'ils ont acquis, mais aussi par leurs inclinations affectives, politiques ou éthiques, leurs stratégies rivales d'affirmation, leurs affiliations intéressées à des réseaux. Tout cela joue un rôle dans l'adoption des thèmes de travail et des partis pris méthodologiques, dans la sélection des faits observés et l'orientation des interprétations.

Une production scientifique – par exemple une analyse des partis politiques – ne peut être comprise sans référence à ce champ intellectuel où s'affrontent des théories dotées d'une autorité inégale et diversement marquées du sceau de la légitimité. Le professeur (non militant) s'exprimant devant des étudiants sur un mouvement de grève (il parlera alors probablement de mobilisation protestataire), le dirigeant d'un parti évoquant le même événement devant des foules acquises ont, chacun dans la situation créée, les meilleures chances de faire prévaloir « la » bonne interprétation du problème abordé. Mais, bien entendu, les facteurs constitutifs de l'autorité savante ne sont pas les mêmes que ceux de l'autorité du leader politique, en partie tout au moins. Dans le premier cas importent surtout son érudition (citation de travaux pointus et de références théoriques), sa réputation dans la

1. Pierre BOURDIEU, *Réponses,* Paris, Seuil, 1992, p. 225.
2. Pierre BOURDIEU, « Le champ scientifique », *Actes de la recherche en sciences sociales,* 1976, p. 88 sq.

communauté scientifique, ou encore son aptitude à faire état de méthodes d'investigation canoniquement reconnues (enquêtes de terrain, travail d'archives...). Dans le second cas, l'autorité du leader se fonde surtout sur sa capacité à dégager une lecture des événements qui puisse s'inscrire sans difficulté dans la vision stratégique de son parti.

Un des éléments essentiels de l'autorité savante repose donc sur des mécanismes institutionnels. Ce qui est certainement regrettable mais, probablement, en partie inévitable. Pour un jeune chercheur, la caution donnée par des autorités académiques est essentielle, quelles qu'en soient les raisons profondes. Pour un universitaire consacré, il s'agira plutôt de sa capacité à contrôler, peu ou prou, l'expression d'analyses susceptibles de contredire les thèses qu'il défend. En d'autres termes, des effets de pouvoir, de type hiérarchique ou clientéliste, interfèrent constamment pour biaiser le débat proprement savant ; et cela encore davantage si l'intellectuel est lui-même un acteur engagé. Les nier contribue encore à les aggraver[1].

2. Le problème de la pertinence

Au sens de Festinger, théoricien de la communication[2], une proposition a d'autant plus de chances d'être acceptée comme vraie par le destinataire qu'elle conforte des croyances auxquelles le sujet tient particulièrement ; ou encore parce qu'elle va dans le même sens que des propositions émises par d'autres autorités réputées, à ses yeux, légitimes. En d'autres termes, une étude scientifique qui s'inscrit dans le cadre des opinions généralement partagées dans la communauté savante (ou au sein d'une École particulière), n'a pas besoin de s'appuyer sur une argumentation aussi rigoureuse qu'une autre étude qui emprunte des voies foncièrement originales. Il y a une douzaine d'années, avancer la thèse selon laquelle le Front national attirait à lui de nombreux électeurs communistes devait être soigneusement étayé ; de nos jours cette affirmation est si naturellement admise que c'est la proposition inverse qui devrait s'entourer du maximum de précautions méthodologiques. Il en va de même des problématiques plus générales : dans les années 1970, une analyse en termes de classes sociales

1. Sur ce problème dans les sciences exactes, Bruno LATOUR, *La Science en action*, Paris, La Découverte, 1989, p. 49 sq. Ces phénomènes de pouvoir peuvent engendrer de déplorables stratégies de citations, multipliant les références à des ouvrages pourtant peu utilisables ou trop riches d'analyses et de formules empruntées à des tiers.

2. Léon FESTINGER, *A Theory of Cognitive Dissonance,* Evanston, Row, 1957. Pour une introduction élémentaire mais commode, Jean-Pierre POITOU, *La Dissonance cognitive,* Paris, A. Colin, 1974.

allait tellement de soi qu'on a vu alors fleurir bien des affirmations approximatives ; aujourd'hui, il demeure encore très risqué de défendre des explications politiques en termes psychosociologiques.

La pertinence d'une représentation scientifique de la réalité peut être entendue dans un autre sens, celui que retient Dan Sperber[1]. Une théorie savante, mais aussi une simple proposition, est d'autant plus pertinente qu'elle entraîne chez le destinataire le maximum d'effets cognitifs pour le minimum d'efforts. En d'autres termes, c'est celle qui traite le plus d'informations, offre le plus d'explications fécondes sans soulever trop de problèmes d'incompatibilité avec ce qui est considéré comme acquis soit par l'enseignement des maîtres soit par observation ou expérimentation directes. Elle entraîne en effet le minimum de coûts pour les chercheurs conformistes, le minimum de risques pour ceux qui débutent dans un champ dominé par des phénomènes d'autorité, le minimum enfin d'obsolescence des savoirs accumulés par les savants déjà consacrés ou en fin de carrière.

D'autres considérations encore conduisent à relativiser la pertinence de toute théorie savante (y compris dans les sciences exactes, mais là dans une bien moindre mesure). C'est le fait qu'une théorie s'appuie toujours, comme l'a noté Thomas Kuhn, sur un paradigme c'est-à-dire un ensemble de présupposés qui, tout en étant indispensables à son émergence et à son développement, ne sont pour autant ni toujours démontrables ni même toujours conscients[2]. Il s'agit là d'un phénomène majeur en sociologie, en anthropologie et en science politique que met bien en évidence l'histoire de ces disciplines. Le couple rationnel/irrationnel était indiscuté hier, il soulève aujourd'hui des abîmes de perplexité ; les analystes de la vie politique s'intéressent aux électorats mais les électorats existent-ils réellement puisqu'après tout, il n'y a d'électeurs que le jour des élections ? Les révolutions scientifiques sont des changements de paradigmes, c'est-à-dire une modification du système de questionnements et/ou un bouleversement des concepts et du lexique utilisés. Dans l'analyse des politiques publiques, par exemple, il est intéressant d'observer l'enchaînement ou la récurrence depuis quarante ans des paradigmes présents dans les approches en termes d'analyse pluraliste (elle insiste sur les rivalités

1. Dan SPERBER, Deirdre WILSON, *La Pertinence : communication et cognition,* Trad., Paris, Minuit, 1989. Pour un exposé accessible, Deirdre WILSON, Dan SPERBER, *Ressemblance et communication, in* D. ANDLER (Dir.), *Introduction aux sciences cognitives,* Paris, Gallimard, 1992, p. 228 sq.

2. Thomas KUHN, *La Structure des révolutions scientifiques* (1962), Trad., Paris, Flammarion, 1972.

des acteurs), de néo-corporatisme (qui souligne au contraire les partenariats État/groupes d'intérêt), d'analyse de réseaux (où s'estompent les distinctions institutionnelles). En se succédant, les paradigmes dominants modifient la vision des phénomènes observables, obscurcissant les uns, valorisant les autres et, surtout, façonnant la construction même des faits.

B Biais et contraintes du langage

La langue de communication n'est jamais neutre ; elle ne se réduit en aucun cas à une pure fonctionnalité. Dire ou écrire, c'est mettre en avant des mots, des concepts ou des catégories d'analyse qui en remplacent d'autres virtuellement possibles ; c'est mobiliser des connotations et des associations cognitives qu'il est impossible de totalement maîtriser ; c'est surtout se plier aux logiques propres d'un outil aussi générateur de malentendus qu'il est indispensable à notre entendement mutuel. Pour prendre la mesure du problème, trois écueils seront brièvement évoqués.

1. Catégories de la vie politique et catégories de l'analyse politique

Parmi les sciences sociales, la sociologie politique affronte, avec une intensité particulière, le problème de la concurrence d'autres discours. L'activité gouvernementale, les élections, la vie des partis, pour ne citer que les exemples les plus visibles, sont en permanence couverts par les médias, tandis que les responsables politiques s'emploient en ces domaines à imposer non seulement leurs analyses et leurs jugements, mais aussi leur manière de définir les enjeux, leurs qualifications des faits, des idées ou des acteurs. Bref, les uns et les autres sont producteurs d'un lexique et d'un arsenal de concepts par rapport auxquels le politiste doit se situer. Inutile de préciser que ni le biologiste, ni le physicien, ni même, à ce degré, l'économiste ne se trouvent confrontés à une situation analogue.

La pression en faveur de l'adoption, dans l'analyse savante, des catégories de la vie politique se révèle très forte pour des raisons qui concernent directement la place de la science politique dans la vie sociale. Relevons d'abord le poids d'une certaine logique de facilité. Bien avant les études politistes de sociologie électorale, acteurs et observateurs parlaient déjà d'opinion publique et d'électorat. Il était donc naturel de s'interroger sur leur composition, leur formation, leurs lois d'évolution avant même qu'on en vienne à questionner la validité scientifique de ces concepts. L'évaluation des politiques publiques, mise en place à l'initiative des gouvernants, requiert, au moins en partie, l'adoption des catégories juridiques créées par les besoins de l'administration. De même, les enquêtes préélectorales par sondages, commanditées par les pouvoirs publics, ou des partis, des groupes de presse, etc., s'intéressent d'abord aux instruments de mesure qui permettront d'anticiper le plus tôt possible les résultats d'un scrutin. D'où l'importance, dans cette perspective pratique, de notions comme la proximité partisane, l'intention de vote à gauche ou à droite.

À ces facteurs qui expliquent l'osmose des lexiques et des outils conceptuels, on peut encore ajouter la préoccupation d'intelligibilité. La sociologie politique la partage avec d'autres disciplines, comme l'histoire. L'une et l'autre, en effet, se donnent pour objet d'identifier et d'expliquer des pratiques, vécues par des populations, dont une partie au moins a le souci d'élucider ce qui s'y joue. Leur utilité sociale n'est donc pas de même nature que celle de la physique ou de la biologie. Ici le grand public se contente pour l'essentiel d'en apprécier les applications concrètes (télévision, télématique, thérapeutiques de pointe, etc.). Au contraire, l'histoire ou la sociologie politique sont confrontées à une demande sociale élargie de *voir mieux* grâce à leurs analyses ; elle ne concerne pas seulement les observateurs professionnels de la vie politique ou les décideurs mais, directement ou indirectement, d'assez larges fractions de citoyens. Ajoutons enfin que la notoriété obtenue par un langage « grand public » est, pour les historiens ou les politistes/politologues consacrés, source de profits psychologiques, culturels voire institutionnels, rien moins que négligeables. Elle contribue souvent à fausser les hiérarchies intellectuelles réelles.

Les inconvénients de la proximité des lexiques et des concepts résultent du fait que les logiques respectives de la vie politique et de l'analyse scientifique sont tout à fait différentes. Dans la vie politique, les nécessités de la communication entre gouvernants et gouvernés et, plus encore, les conditions permanentes d'affrontements entre partis et personnalités en compétition pour le contrôle du pouvoir, sont au principe même de lectures mythologisantes des réalités. La causalité politique met l'accent sur le rôle des acteurs, qu'il s'agisse de s'approprier, par auto-imputation, tous les événements bénéfiques (redressement de l'économie, recul du chômage, chute de la criminalité), ou qu'il s'agisse d'imputer à l'adversaire la responsabilité des événements négatifs (violences sociales, inflation, retards d'équipements). Il y a donc lutte permanente pour imposer des qualifications des faits qui soient valorisantes pour son propre camp, et dévalorisantes pour le camp adverse[1]. Le langage conceptuel utilisé obéit à des visées stratégiques ; il s'inscrit irréductiblement dans la dynamique des luttes politiques. L'analyse scientifique repose, au contraire, sur une logique d'élucidation globale des processus. Elle conduit souvent à ramener le rôle des dirigeants à de plus justes proportions en soulignant les contraintes de situations, le poids des tendances lourdes de l'économie, de la démographie, de la culture... Elle interroge, dans une perspective inévitablement démythologisante, le fonctionnement des catégories du langage politique. Par exemple, quand le Parti communiste parlait des « républicains de progrès », il désignait un ensemble de personnalités extérieures à la gauche socialiste avec qui il lui paraissait cependant légitime de s'allier électoralement. Le concept n'a aucun sens en dehors de cette préoccupation d'alliance, mais le lexique utilisé se justifiait du point de vue du PCF parce que chacun des deux termes accolés véhicule des connotations culturellement positives dans de vastes secteurs de la société.

Plus largement, c'est l'ensemble des catégories linguistiques utilisées par les acteurs pour structurer l'espace idéologique qui doit être questionné par la sociologie politique. Droite et gauche ? conservateurs ? socialistes ? centristes ? que signifient exactement ces étiquettes des familles politiques ? Elles ont, bien sûr, une fonction et des usages dans le système politique : par exemple, offrir des repères simples aux électeurs ; indiquer les alliances concevables (en fonction de la proximité partisane), etc. Mais une observation plus fine montre immédiatement l'extraordinaire hétérogénéité des populations qu'elles désignent, du point de vue de leurs intérêts, de leurs comportements pratiques et des valeurs ou croyances réelles qui les sous-tendent. Conservateurs ? oui, mais de quoi ? Centristes ? oui, mais par rapport à qui ?

Bien des concepts enfin, d'usage scientifique peu contournable, se trouvent revêtus dans le langage courant de significations anthropomorphiques. Assimilée à une personne, l'administration se trouve non seulement créditée d'une volonté ou d'une capacité d'action, mais aussi d'attributs psychologiques : elle est efficace ou paralysée, bienveillante ou sourde aux problèmes humains. De même des partis dont on dira volontiers qu'ils sont indisciplinés, querelleurs, versatiles. Les connotations mythologisantes et psychologisantes que leur attribue le langage des acteurs, exigent un travail critique constant pour en évacuer les significations scientifiquement parasites.

1. Pour une mise en évidence de ces mécanismes au niveau local, Christian LE BART, *La Rhétorique du maire entrepreneur,* Paris, Pedone, 1992.

Le recours sans précaution aux catégories de la vie politique peut facilement empêcher de se poser des questions majeures : à quoi servent-elles en pratique ? quels sont les enjeux de leur utilisation ou de leur contestation ? Il peut aussi déboucher éventuellement sur des démonstrations purement circulaires : sont de gauche les gens qui se disent de gauche ; et les valeurs de gauche sont celles que déclinent les gens qui se considèrent de gauche... À l'inverse, certaines catégories d'analyse comme l'ethnicité (objet de polémique chez les statisticiens de l'INED) se voient récusées moins pour des raisons d'ordre scientifique que de « political correctness » ; il est vrai que celle-ci soulève, en France du moins, des problèmes délicats quant aux usages qui pourraient en être faits par certaines familles politiques[1]. La sociologie politique doit donc adopter vis-à-vis d'elles une distance méthodologique faite de vigilance et de réexamen. Elle doit construire et développer ses propres catégories, même s'il lui est impossible de répudier tout le vocabulaire du langage politique courant. Sur ce point, on reprendra le sage conseil d'Émile Durkheim. « Dans la pratique, c'est toujours du concept vulgaire et du mot vulgaire que l'on part. On cherche si, parmi les choses que connote confusément ce mot, il en est qui présente des caractères communs. S'il y en a et si le concept formé par le groupement des faits ainsi rapprochés coïncide sinon totalement (ce qui est rare), du moins en majeure partie, avec le concept vulgaire, on pourra continuer à désigner le premier par le même mot que le second et garder dans la science l'expression usitée dans la langue courante. Mais si l'écart est trop considérable, si la notion commune confond une pluralité de notions distinctes, la création de termes nouveaux et spéciaux s'impose[2] ».

2. La dépendance à l'égard de sources qui sont des récits

Les faits qui mobilisent le chercheur en sciences sociales ne lui sont accessibles, dans la quasi-totalité des situations, qu'à travers du langage et des représentations socialement construites. C'était déjà la thèse de Georg Simmel[3]. Notre compréhension des réalités sociales, observait-il, n'est pas fondée sur une saisie immédiate des faits. Ni leur

1. Les contributions de Michelle FINE, « Working the Hyphens. Reinventing Self and Other in Qualitative Research » et John STANFIELD, « Ethnic Modeling in Qualitative Research », *in* Norman DENZIN, Yvonne LINCOLN, *The Landscape of Qualitative Research. Theories and Issues*, Londres, Sage, 1998.

2. Émile DURKHEIM, *Les Règles de la méthode sociologique,* rééd., Quadrige, Paris, PUF, 1990, p. 37.

3. Georg SIMMEL, *Problèmes de la philosophie de l'histoire* (1982), Trad., Boudon, Paris, PUF, 1984.

matérialité ni, *a fortiori*, l'ensemble des microrationalités d'acteurs individuels ne nous sont accessibles directement. Ce que nous appelons un fait se révèle, en réalité, le produit d'un processus de reconstruction à travers le langage de celui qui le consigne : témoin, chroniqueur, enquêteur, journaliste, statisticien... La difficulté est redoublée lorsqu'on se voit confronté à ce que Searle appelle des « faits dépendants du langage », c'est-à-dire des faits qui incluent des représentations mentales, elles-mêmes exprimées par des mots[1]. Or, concrètement, cela concerne le vaste monde des institutions. Un État, une personne juridique, un collectif de représentants sont des acteurs qui ont une double réalité, matérielle et langagière.

Si le chercheur n'est pas témoin direct, ce qui est presque toujours le cas, il va donc travailler exclusivement sur des *récits*, oraux ou écrits. Il en résulte une double servitude. Un événement passé, non enregistré par des archives, est un non-événement, de même qu'aujourd'hui un fait non traité par les médias ; du moins tant qu'ils demeurent inaccessibles par d'autres voies comme la trace archéologique, la modification d'un habitat... Le travail de l'historien est donc extraordinairement conditionné par les choix de mémoire opérés par les auteurs des diverses sources écrites demeurées disponibles ; de même que l'analyste de l'actualité dépend, par exemple, des silences ou des vigilances des agences de presse internationales qui couvrent inégalement les pays et les activités des groupes sociaux. Dans l'hypothèse inverse où l'observateur se présente comme un témoin direct, d'autres biais demeurent actifs. Lors de la guerre d'Irak en 2002, les journalistes ont pu être inclus dans des unités combattantes et couvrir de très près les opérations militaires (*Embedding Program*). Leur vision de la guerre est devenue beaucoup plus proche des réalités militaires mais elle a été fortement influencée par le point de vue des soldats avec lesquels ils partageaient conditions de vie et expériences du risque. Après une analyse des contenus des reportages, Andrew Lindner conclut : « The majority of the news coverage of the war was skewed toward the soldier's experience and failed to fully recognize the extent of the human and material costs »[2].

Il y a davantage. On ne peut rendre compte des faits qu'à travers un lexique et des codes narratifs déterminés culturellement. Ainsi, ce qui est agitation sociale pour les uns est mobilisation pour les autres. Les témoins oculaires, ceux d'un coup d'état par exemple, ne perçoi-

1. John SEARLE, *La Construction de la réalité sociale* (1995), Trad., Paris Gallimard, 1998, p. 871.

2. Andrew LINDNER, « Controlling the Media in Iraq », *in* American Sociological Association, *Understanding People in their Social Words*, Spring, 2008, p. 37.

vent en fait que des indices morcelés : ici deux chars à l'entrée d'une avenue, là un bureau officiel envahi par des « énergumènes », ailleurs un changement de présentateur à la télévision et l'irruption d'une musique martiale, etc. Ce qui donne sens et cohérence à ces événements épars, c'est la notion de coup d'État. Mais celle-ci a elle-même une histoire ; elle éveille des connotations différentes selon les pays, les cultures, les convictions démocratiques partagées. Quand les premiers témoignages sur les crimes de masse commis au Cambodge par les Khmers rouges, dès 1975, commencèrent à toucher l'Occident, le recours au terme de génocide suscita longtemps une forte incrédulité dans certains cercles ; il semblait en effet impensable que puisse se dégager la moindre analogie avec les génocides arménien et juif. Des résistances du même ordre se manifesteront lors des effroyables tueries du Rwanda en 1994, contribuant un temps à sous-estimer leur ampleur. Pensant au domaine de la physique, mais son raisonnement est *a fortiori* pertinent en sciences sociales, Paul Feyerabend dégageait cette conséquence paradoxale : « Les faits sont eux-mêmes constitués par des idéologies plus anciennes, et une rupture entre les faits et les théories peut être la marque d'un progrès »[1].

3. Les écueils au niveau de l'exposition de la recherche

Si rigoureux que soit le travail opéré sur les termes utilisés pour communiquer, ceux-ci engendrent par eux-mêmes des biais dans la compréhension du réel. Comme l'écrivait Paul Veyne : « Un concept historique permet de désigner un événement comme étant une révolution ; il ne s'ensuit pas qu'en employant ce concept on sache ce qu'est une révolution »[2]. Le mot qui nomme n'est pas la chose nommée ; plus encore, l'existence du mot n'implique pas nécessairement celle de la chose. Par exemple, la démocratie définie comme gouvernement du Peuple par le Peuple et pour le Peuple, n'est observable nulle part. Et pourtant, il est courant d'utiliser ce terme bien qu'il recouvre, en pratique, d'autres acceptions. Si une réflexion plus approfondie permet facilement d'identifier ce divorce, les catégories du langage (vocables, notions, concepts) n'en gardent pas moins une fâcheuse tendance à s'autonomiser et se constituer en « essences » faussement universalistes. De cette inclination résultent au moins trois conséquences importantes :

– Tout d'abord, la création d'illusions d'invariance. Les mots : France, Français, s'appliquent à désigner des réalités d'aujourd'hui

1. Paul FEYERABEND, *Contre la méthode,* Trad., Paris, Seuil, 1979, p. 55.
2. Paul VEYNE, *Comment on écrit l'histoire* (1971), rééd., Paris, Seuil, 1978, p. 90.

aussi bien que du passé : s'agit-il pourtant du même pays, et de la même population ? À bien des égards, l'industrialisation, l'urbanisation ont remodelé si puissamment les paysages, les modes de vie et les valeurs depuis le XVIIe siècle qu'on soupçonne sans trop de peine combien les Français de l'époque de Louis XIV se sentiraient profondément étrangers dans la France contemporaine. Le signifiant gomme les différences, créant spontanément le sentiment de la similitude. Cette illusion constitue un piège redoutable pour tous ceux qui étudient ce que les historiens appellent « le temps long ».

– Autre péril du langage essentialiste, la suggestion de pseudo-rapprochements entre des réalités sociales qui sont, en fait, très différentes. Paul Veyne prenait l'exemple de *la* religion. « Les religions sont autant d'agrégats de phénomènes appartenant à des catégories hétérogènes et aucun de ces agrégats n'a la même composition que l'autre... Les nuances seront insensibles qui sépareront une religion d'un folklore, d'un mouvement de ferveur collective, d'une secte politique, philosophique ou charismatique... Avec le bouddhisme du Petit Véhicule, on a une religion athée »[1]. Dans un même ordre d'idées, on observe combien des concepts, parfaitement légitimes à un certain point de vue, inclinent à des comparaisons hasardeuses à d'autres points de vue. Par exemple, l'État, lorsqu'il est défini comme une société juridiquement organisée, sujet du droit international, inclut dans la même catégorie d'analyse les États-Unis et Bahrein ou le Qatar. Si le rapprochement est justifié du strict point de vue des prémisses de la définition, il trouve vite ses limites sur d'autres plans : la production du droit, l'exercice de la coercition, le régime des libertés publiques, les processus de mobilisation politique, les systèmes de légitimation du pouvoir. Cela n'implique pas qu'il faille renoncer à ce concept. Il faudrait alors éliminer du langage savant beaucoup d'autres termes qui posent des problèmes analogues : parti politique, administration publique, groupe d'intérêt, etc. ; et communiquer deviendrait une entreprise impossible. Simplement, il faut prendre conscience des risques de débordements hors du noyau de cohérence qui justifie la construction d'un concept déterminé.

– Enfin, le recours au langage est constamment guetté par l'illusion de linéarité. On entend par là le fait que, spontanément, se trouve sous-estimée la polysémie d'un mot, d'une proposition[2], *a fortiori* d'un ouvrage. L'auteur, écrivait Barthes, ne produit que des

1. Paul VEYNE, *Comment on écrit l'histoire*, *loc. cit.*, p. 92.

2. « Il est bien connu que la structure linguistique d'un énoncé ne détermine que très partiellement son interprétation. La signification linguistique est en général ambiguë, elle peut être elliptique ou vague ; elle contient des expressions référentielles dont les

« présomptions de sens ». Le phénomène fonctionne même dans le langage savant malgré la plus grande attention portée au problème de la rigueur d'expression. Les mots et les concepts ont une histoire ; ils s'enrichissent de connotations plurielles. Que l'on pense par exemple à l'oligarchie chez Aristote, Montesquieu, Pareto, à la République chez les puritains anglais, les pères fondateurs de la constitution américaine ou les jacobins français, sans même parler de notions aussi larges que celles de structure, d'opinion, de rôle. La culture et les dispositions intellectuelles du lecteur lui font toujours projeter sur le texte des nuances de sens inaperçues ou refusées par l'auteur. De sorte que l'analyse savante est porteuse de lectures plurielles du réel, même à son insu. On le voit bien dans le travail de glose des textes fondateurs de grands auteurs : on ne compte plus les relectures de Marx, de Durkheim ou de Weber ; et périodiquement les grandes problématiques du « développement politique », de la « personnalité autoritaire », de « l'acteur rationnel » ou de « la mobilisation des ressources », ont été, comme on dit, revisitées.

Ainsi toutes les œuvres savantes, même les plus fortes, sont criblées d'approximations car le seul fait de *dire* signifie appauvrir, travestir ou trahir la réalité. Dès lors, il est facile d'adopter à leur égard une posture purement critique qui méconnaît ces contraintes du langage et permet de se draper dans une sorte de supériorité intellectuelle à bon marché. Il est au contraire plus constructif d'associer systématiquement deux attitudes : distanciation, doute méthodique, qui supposent le refus des déférences académiquement consacrées, et recherche d'une compréhension « de l'intérieur » pour identifier les logiques d'une œuvre innovatrice.

§ 2. Les tyrannies de la méthode

Le choix des méthodes et techniques d'investigation effectivement mises en œuvre commande l'éclairage qui sera donné de l'objet. Sur une question, par exemple, comme le surgissement de la violence politique dans les comportements protestataires, on « verra » des réalités différentes selon que la recherche est menée à partir d'analyses de discours, d'enquêtes par sondages, d'observation ethnologique de terrain, ou encore par entretiens semi- ou non directifs. L'idéal serait,

référents sont indéterminés ». Deirdre WILSON, Dan SPERBER, *Ressemblance et communication, in* D. ANDLER (Dir.), *Introduction aux sciences cognitives,* Paris, Seuil, 1992, p. 228.

bien entendu, de pouvoir combiner ensemble les différentes méthodes. Mais outre le coût et la lourdeur de ce type de démarche, ce qui en explique la rareté, il faut aussi se résigner à admettre que, selon l'objet observé, selon la problématique retenue, les techniques d'investigation sont inégalement disponibles. Le souci très légitime d'asseoir la sociologie politique sur des bases solides, face à un discours purement spéculatif, a conduit à privilégier des méthodes empiriques qui ont fait leurs preuves dans d'autres disciplines scientifiques ; mais ce faisant, on a laissé en friche des pans entiers de la réalité parce qu'ils ne se prêtent pas à ce type d'approche, faute de données aisément quantifiables. Comme l'écrit Dan Sperber à propos de l'antipsychologisme en sciences sociales : « Les phénomènes mentaux sont omniprésents, et de façon essentielle, dans les processus sociaux. Les ignorer sous prétexte que leur matérialité est douteuse ou difficile à établir, pour se consacrer à l'étude des phénomènes dont la matérialité paraît plus évidente, c'est éviter les problèmes et non les résoudre, c'est aussi renoncer à toute théorie générale[1] ».

Une méthodologie soigneusement mise au point est indispensable au progrès de l'investigation savante. Il est utile néanmoins de savoir qu'elle produit aussi des artefacts[2] et qu'elle contribue à reléguer dans l'ombre d'autres dimensions essentielles du phénomène étudié. Pour l'illustrer, on raisonnera sur trois exemples.

A Le traitement statistique des données

« Nous n'avons qu'un moyen de démontrer qu'un phénomène est cause d'un autre, c'est de comparer les cas où ils sont simultanément présents ou absents... (Mais) ce qu'il faut c'est comparer non des variations isolées, mais des séries de variations, régulièrement constituées, dont les termes se relient les uns aux autres par une gradation aussi continue que possible, et qui, de plus, soient d'une suffisante étendue[3] ». En écrivant ces lignes en 1895, Émile Durkheim pensait déjà à l'exploitation d'informations statistiques. Elles permettent en effet à la fois d'enregistrer des régularités de comportements, consti-

1. Dan SPERBER, « Les sciences cognitives, les sciences sociales et le matérialisme », *in* D. ANDLER (Dir.), *Introduction aux sciences cognitives*, Paris, Gallimard, 1992, p. 419.
2. Phénomène artificiellement construit par l'emploi des méthodes d'observation ou d'analyse du réel. Par exemple, la technique du sondage d'opinion fait émerger une opinion chez une partie des enquêtés, là où il y avait indifférence ou ignorance.
3. Émile DURKHEIM, *Les Règles de la méthode sociologique* (1895), rééd. Quadrige, Paris, PUF, 1987, p. 124 et 134.

tutives par elles-mêmes de faits sociaux (par exemple la comptabilisation des suffrages qu'ont obtenus dans chaque circonscription les candidats d'un parti) et, par ailleurs, de permettre une mise en perspective avec d'autres phénomènes (suffrages obtenus aux mêmes élections par d'autres partis ou, encore, dans le même pays à des périodes différentes ou, enfin, dans des scrutins de pays différents). La représentation quantitative est une voie d'accès à des catégories d'analyse univoques, transparentes et homogénéisantes.

En fait, jusqu'à un certain point seulement. En effet, pour en faire le meilleur usage, il est nécessaire d'interroger les conditions de production des outils statistiques[1]. On observe d'abord que les données quantifiables sont inégalement disponibles et fiables. Les pays développés à forte tradition administrative mettent à la disposition du politiste davantage de données exploitables que bien des pays d'Asie, d'Afrique ou d'Amérique latine. Ce phénomène limite la possibilité de beaucoup de comparaisons internationales alors même que l'objet de la recherche exigerait la construction d'un échantillon de pays aussi divers que possible[2]. Là où les statistiques sont fiables (mathématiquement du moins) surgit une autre difficulté : elles sont abondantes seulement dans des secteurs déterminés, concernant des variables précises. Ainsi dispose-t-on généralement dans l'ensemble des pays occidentaux de données chiffrées concernant le personnel politique. Elles concernent surtout la répartition par sexe, âge, origine sociale et géographique, niveaux et filières de formation. La formulation des questions pertinentes, sur les mécanismes de sélection du personnel politique sera donc conditionnée par l'existence de statistiques démographiques et socio-économiques. Cela conduit à privilégier un type déterminé de variables, et fera oublier (ou redouter !) la possibilité de formuler d'autres questions de nature radicalement différente : les conditionnements de l'ambition politique, les aptitudes caractérologiques qui favorisent ce projet, les liens entre mécanismes institutionnels de sélection et styles de comportement psychologique. Or, la structure des statistiques disponibles n'est pas sans signification ; elle est au contraire le reflet des préoccupations majeures de l'institution qui les

1. Mattéi DOGAN, « L'analyse quantitative en science politique comparative : us et abus », *Revue internationale de politique comparée*, 1994, n° 1, p. 37 sq.

2. Par exemple, parce qu'il s'agit d'étudier les corrélations entre niveaux de développement économique et formes d'instabilité politique. V. les cinquante-huit pays étudiés par Douglas HIBBS, dans son ouvrage, *Mass Political Violence. A cross-national causal analysis,* New York, Wiley, 1973.

produit (Chamboredon), mais aussi le reflet de ses déficiences ou de ses réticences[1].

Là enfin où les données quantifiées sont abondantes et fiables (mathématiquement), il ne faut pas oublier néanmoins que les problèmes de qualification des catégories statistiques peuvent troubler l'apparente homogénéité des séries. Les exemples sont bien connus en matière d'évaluation du chômage. Les définitions du BIT (Bureau international du travail), de l'OCDE et de l'Insee ne coïncident pas exactement. La tentation existe, chez les gouvernants impuissants à créer de meilleures conditions d'emploi, de modifier la définition du chômeur dans un sens plus restrictif (celui/celle qui cherche activement un emploi, par exemple, en omettant celui/celle qui a renoncé par découragement). Le problème de qualification est également aigu en sociologie électorale. On agrège ensemble des intentions de vote ou des votes qui n'ont pas la même signification ni la même intensité. Certains suffrages valent adhésion à la personne du candidat, d'autres à l'étiquette du parti qui l'a investi ; d'autres encore sont surtout des votes de rejet de l'adversaire, ou encore des votes utiles (au 2e tour). Ces agrégats hétérogènes sont comparés, dans le temps ou dans l'espace, avec d'autres agrégats constitués dans des conditions différentes de compétition électorale. Les votes en faveur de la gauche non communiste, dans les années 1950, dans les années 1970 et dans les années 1990, ne sont pas obtenus par les mêmes formations politiques et, surtout, pas sur les mêmes programmes. Enfin, les études concernant la structure socioprofessionnelle des électorats partisans affrontent la difficulté de définir qui est ouvrier, cadre supérieur, employé, etc. Parce que la qualification des activités professionnelles est un enjeu social, « il serait vain en la matière de vouloir réduire cette polysémie dans les enquêtes statistiques, soit en privilégiant un sens (jugé plus objectif, ou plus objectivable, ou plus important), soit en dissociant complètement ceux qu'on peut distinguer[2]... ». Dans ces conditions la comparaison internationale des données électorales peut se révéler approximative puisque toutes les qualifications (politiques ou socioprofessionnelles) et toutes les données contextuelles (enjeux dominant la compétition, structure des candidatures) ne sont pas totalement homologues.

1. Cf. le virulent débat à l'INED sur l'éventuelle introduction, dans les enquêtes, de questions concernant l'origine étrangère des Français.

2. Dominique MERLLIÉ, « La construction statistique », *in* P. CHAMPAGNE *et alii*, *Initiation à la pratique sociologique,* Paris, Dunod, 1990, p. 151. Également, Mathieu LEMOINE, « Débattre de la mesure », *Lettre de l'OFCE* (286), 11 juin 2007.

B Les sondages d'opinion et l'enquête de terrain

Aujourd'hui les sondages d'opinion constituent une importante source d'informations en sociologie politique. Non seulement pour mesurer les préférences d'une population sur les grands problèmes de l'heure ou encore leurs attitudes à l'égard des leaders politiques de premier plan, mais aussi pour mieux cerner des comportements à partir de ce qu'en déclarent les individus enquêtés. En outre, la répétition des mêmes questions, à intervalles réguliers, permet d'établir des « baromètres de l'opinion » qui mesurent par exemple, à propos des principales personnalités, l'évolution de leur popularité, ou leur cote d'avenir[1].

Les sondages d'opinion, en matière politique, ont un statut scientifique ambigu[2]. Sans doute sont-ils désormais réalisés – du moins ceux des grands Instituts –, dans des conditions de rigueur méthodologique tout à fait satisfaisantes : construction et renouvellement des échantillons représentatifs, mise au point du questionnaire, mode d'administration par des enquêteurs contrôlés, exploitation statistique des résultats[3]. Cela ne signifie pas qu'à ces niveaux techniques ne demeurent pas des problèmes ; mais ils sont bien identifiés. La probabilité de distorsions de représentativité entre l'échantillon et la population totale peut être calculée ; de même, s'il existe des « biais » importants introduits par le simple libellé des questions (il est difficile par exemple d'adopter un lexique qui soit compris par tout le monde de la même façon), il est possible d'en réduire les inconvénients en répétant à intervalles les mêmes questionnaires, qui mesurent alors l'évolution des opinions plutôt que l'opinion elle-même.

Néanmoins les sondages d'opinion ne sont pas des techniques purement anodines de collecte des données. Trois phénomènes méritent à cet égard d'être relevés :

– Tout d'abord, les enquêtes par sondages, en matière politique, conduisent à faire naître des opinions là où elles n'existaient pas encore,

1. Élizabeth DUPOIRIER, Jean-Luc PARODI (Dir.), *Les Indicateurs sociopolitiques aujourd'hui*, Paris, L'Harmattan, 1997 ; Pierre BRÉCHON, Bruno CAUTRÈS (Dir.), *Les Enquêtes Euro-baromètres. Analyse comparée des données sociopolitiques*, Paris, L'Harmattan, 1999.

2. Sur ce problème, Patrick CHAMPAGNE, *Faire l'opinion*, Paris, Minuit, 1990 ; et, surtout, Patrick LEHINGUE, *Subunda. Coups de sonde dans l'océan des sondages*, Bellecombe en Bauges, Éd. du croquant, 2007 ; une critique, de ton très alerte, mais précise et informée, de la surestimation scientifique du sondage d'opinion en matière politique. Dans un sens différent, Lionel MARQUIS, « Sondages d'opinion et communication politique », *Cahiers du Cevipof*, n° 38, janvier 2005.

3. Il n'en a pas toujours été ainsi. Sur ce point, Loïc BLONDIAUX, *La Fabrique de l'opinion. Une histoire sociale des sondages*, Paris, Seuil, 1998, p. 523.

à clicher des formulations là où il y avait oscillations, hésitations, ambivalences. Patrick Lehingue souligne avec raison le caractère biaisé de l'équation fondatrice de tout sondage : « Sans réponse = Sans opinion ; Réponses = Opinions »[1]. Sans doute existe-t-il toujours une fraction d'enquêtés ayant sur le problème posé une opinion arrêtée, préexistante au sondage. Cette proportion est variable selon la nature des questions posées. On conçoit bien qu'il y ait davantage de Français à s'être formés un jugement, positif ou négatif, sur la personne du président de la République plutôt que sur l'opportunité de modifier le découpage des régions. Pourtant, tous les autres individus interrogés ne se réfugieront pas dans les « sans opinion ». Des enquêtes de contrôle ont montré que l'on pouvait recueillir beaucoup de jugements positifs ou négatifs, sur un homme politique qui n'existait pas, ou encore sur un ministre dont on ignorait le nom[2]. Cela ne doit pas surprendre. L'administration du questionnaire à réponses fermées et, plus particulièrement, la relation enquêteur/enquêté « sollicite » une réponse ; il est plus confortable en effet de masquer une ignorance, une insouciance ou une indécision en fournissant une « opinion », de toute façon peu impliquante, et ce dans un contexte qui n'est pas sans rapport avec une situation de jeu. Ainsi, les sondages politiques produisent-ils une opinion publique, soit à partir de jugements déjà exprimés en privé, soit à partir d'une absence totale de réflexion ou d'information préalable du sujet interrogé. De toute manière, ils figent une opinion qui, généralement, est caractérisée, au contraire, par une certaine plasticité, sauf chez les sujets très rigides et dogmatiques. Les opinions existent « en situation » et non pas en soi. Elles se forment en relation avec des individus déterminés, dans un contexte spatial et temporel jamais anodin, étant affectées constamment par l'histoire singulière et l'environnement social du sujet.

1. Patrick LEHINGUE, *op. cit.,* p. 161. L'auteur attire aussi l'attention sur le phénomène croissant des refus de répondre, ce qui fausse la représentativité des échantillons et contraint à de délicats exercices de « redressement ».

2. Le phénomène touche à des ressorts profonds du comportement des individus désireux d'affirmation à tout prix. L'effet d'imposition des questions peut aller loin. Le 11 mai 1992, étaient diffusées à la télévision sept interviews qui avaient en commun les caractéristiques suivantes : les personnes interrogées donnaient de façon détaillée leur sentiment sur la valeur d'un film, le scénario, les performances des acteurs, leur intérêt pour le style de l'auteur ; à la dernière question posée, elles répondaient, sans gêne apparente, qu'elles n'avaient pas vu le film dont elles parlaient. L'expérience renouvelée le lendemain avec les mêmes résultats concernera non plus un film réel mais un film qui n'a jamais existé. Canal +, *Nulle part ailleurs,* 11 et 12 mai 1992. Ce type de faits n'est pas du tout anecdotique. Il mérite une grande attention méthodologique et psychologique.

– La pratique répétée des enquêtes par sondages, en matière politique, fait advenir à l'effectivité des phénomènes qui modifient le fonctionnement des régimes démocratiques. Tout d'abord, ils concourent au travail de célébration du citoyen, réputé informé, attentif, conscient. Avec ce type d'enquêtes, tout le monde est censé avoir une opinion sur tout problème ou toute personnalité politique un peu notoire. Mais c'est la logique même de la *doxa* démocratique qui fonde le principe : un homme = une voix. Les sondages d'opinion tendent aussi à devenir des miniréférendums à répétition dont les résultats acquièrent une certaine autorité politique. La masse énorme – et croissante – de données collectées par sondages construit dans le paysage institutionnel une nouvelle magistrature : celle de « l'opinion publique ». Sans doute n'est-elle pas devenue l'homologue de la « volonté populaire » dans la théorie démocratique classique ; les constitutionnalistes soulignent les différences entre la valeur juridique d'une consultation électorale et la valeur indicative d'un sondage. Il n'en demeure pas moins que les usages politiques et médiatiques des résultats d'enquêtes contraignent les représentants élus à les intégrer dans leurs analyses ou leurs calculs. De mauvais résultats aux baromètres de satisfaction ou de confiance incitent les gouvernants à la circonspection ou à la vigilance ; des distorsions trop fortes entre l'opinion publique et les dirigeants sur le mode de solution d'un problème obligent à un travail d'explication plus approfondi, etc. Ainsi une technique d'enquête permet-elle non seulement d'observer mieux les réalités politiques mais aussi d'en créer.

Enfin, il faudrait évoquer le problème des rapports entre le sondage d'opinion et l'enquête de terrain par questionnaires. Dans le premier cas, l'opinion enregistrée est une déclaration recueillie par un enquêteur dans une situation à la fois ponctuelle et artificielle. Or, ce que déclare l'enquêté peut obéir psychologiquement à des motivations très contrastées : dire une préférence effective, dissimuler une préférence « illégitime », masquer une indifférence dans un jeu sans conséquence, donner une réponse de bonne volonté ou de complaisance vis-à-vis de l'enquêteur, etc. Dans l'enquête de terrain au contraire, surtout lorsqu'elle dure plusieurs semaines voire davantage, le chercheur a le loisir de confronter les opinions qu'il recueille aux comportements effectifs, de comparer entre elles les opinions émises en fonction des situations concrètes vécues par l'enquêté ; surtout peut-être, il saisit des opinions en interactions, c'est-à-dire des affrontements, des débats, des connivences entre membres du groupe observé. Ainsi, le sondage d'opinion produit-il des informations plus pauvres mais extrapolables statistiquement à une population plus large ; l'enquête « ethnologique » produit des informations incomparablement plus riches mais plus difficilement transposables à d'autres groupes et non aisément traitables statistiquement. Ajoutons enfin que le chercheur de terrain, surtout s'il fait de l'observation participante, aborde son objet d'études avec des dispositions intellectuelles et psychologiques qui gouverneront constamment le choix des faits, la sélection des lectures possibles du phénomène observé etc. Sans un travail constant sur ses propres mécanismes de défense et ses propres systèmes de projection[1], il a peu de chances de simplement soupçonner l'existence de ces biais majeurs.

C La typologisation

L'univers politique ne peut être pensé sans recours à des catégories globalisantes qui le structurent, organisant et ordonnant les perceptions de ceux qui y vivent. Les typologies, qui sont une modalité de ces classements, se construisent par oppositions fondées sur la présence ou l'absence de traits caractéristiques considérés comme discriminants. Certaines sont d'un usage si courant dans la vie politique qu'elles se trouvent en quelque sorte « naturalisées », c'est-à-dire considérées comme allant de soi, enracinées dans la réalité des choses. Ainsi, l'opposition : État/collectivités locales, ou encore la coupure : problème politique/problème technique, partis/groupes de pression, syndicats/associations, etc. D'autres, d'usage social plus restreint, sont construites pour satisfaire aux nécessités de la recherche, qu'il s'agisse de typologies élaborées à partir d'un effort de réflexion théorique, d'un examen de matériaux empiriques, ou enfin d'un travail mathématique tendant à extraire des dichotomies fondées sur des corrélations statistiques de facteurs (analyse typologique *stricto sensu*).

La construction de typologies peut emprunter deux directions différentes. Celle des types réels et celle des idéal-types. Émile Durkheim emprunte essentiellement la première lorsqu'il donne ce conseil : « Ne jamais prendre pour objet de recherche qu'un groupe de phénomènes préalablement définis par certains caractères extérieurs qui leur sont communs et comprendre dans la même recherche tous ceux qui répondent à cette définition »[2]. En d'autres termes, les phénomènes classés comme étant de même type sont considérés alors comme devant être effectivement identiques, du moins sous l'angle des

1. Mécanismes de sélection et systèmes de projections qui sont aussi très largement ceux de sa communauté scientifique d'appartenance.

2. Émile DURKHEIM, *Les Règles de la méthode sociologique* (1895), Paris, PUF, 5e édition, 1990, p. 35.

critères de définition retenus. C'est une démarche que Daniel Seiler a appliquée plus particulièrement à l'étude des partis politiques et des régimes politiques avant d'en théoriser la mise en œuvre[1].

Max Weber a développé, au contraire, la méthodologie de l'idéal-type. Il mettait en garde contre une interprétation « réaliste » des catégories de classement. Elles ne décrivent pas à proprement parler des systèmes, des pratiques ou des agents tels qu'ils fonctionnent dans une situation particulière. C'est pourquoi il substitue l'idéal-type au type réel (ou encore au type moyen, c'est-à-dire fondé sur une moyenne empirico-statistique) lorsqu'il s'agit d'appréhender des réalités sociologiques, toujours mouvantes, sous une forme intellectuellement stable[2]. L'idéal-type de la bureaucratie légale rationnelle, par exemple, ne saurait prétendre rendre compte de toutes les formes historiques que prennent les statuts ou les pratiques de l'administration dans les différents pays concernés ; et le patrimonialisme n'a sans doute jamais existé sous sa forme pure. Néanmoins, ce sont des instruments de lecture des phénomènes qui permettent de les jauger par rapport à une échelle commune de référence. Dit d'une autre manière, l'idéal-type autorise la mise en œuvre de comparaisons pertinentes. Il permet de mettre en évidence des interactions dynamiques plutôt que des faits stabilisés.

Les typologisations sont porteuses, en proportion variable bien sûr, d'une double capacité d'élucidation et d'enfermement. *Élucidation* d'abord en ce que le choix de critères réellement significatifs permet d'aller plus loin dans l'observation et l'analyse. Ainsi Yves Déloye a-t-il dégagé, à partir d'un corpus de manuels d'instruction civique, parus à la fin du XIXe siècle, deux systèmes de représentations idéaltypiques de la citoyenneté[3]. L'intérêt de cette opposition duelle entre modèle républicain et modèle catholico-centré, est de dégager une claire synthèse là où il y a profusion d'arguments et variété des combinatoires (v. tableaux nos 35 et 36, p. 744-745). En outre, elle facilite le déchiffrement des luttes anticléricales qui vont bientôt structurer de façon hégémonique le débat politique. Bien entendu, la capacité d'une typologie à faciliter l'observation et l'analyse est étroitement conditionnée par le choix des critères discriminants, lesquels peuvent varier à l'infini. En un domaine : les partis en régime démocratique, où les statuts juridiques sont bien loin d'avoir l'importance des stratégies électorales, où le nombre de militants n'est pas un

1. Daniel-Louis SEILER, *La Méthode comparative,* Paris, A. Colin, 2004.
2. Max WEBER, *Économie et société,* Trad., rééd., Paris, Agora, 1995, t. I, p. 49 à 51.
3. Yves DÉLOYE, *École et citoyenneté,* Paris, Presses de la FNSP, 1994, p. 111.

indicateur décisif des ressources réelles, où les programmes constituent d'éphémères révélateurs des intentions pratiques, des typologies qui privilégient les structures organisationnelles ou les références doctrinales sont moins éclairantes que celles qui se fondent sur les fonctions effectivement assurées dans le système politique en tant que partis d'électeurs (Jean Charlot) ou partis protestataires (Georges Lavau).

Tableau n° 35
Modèle républicain de la citoyenneté

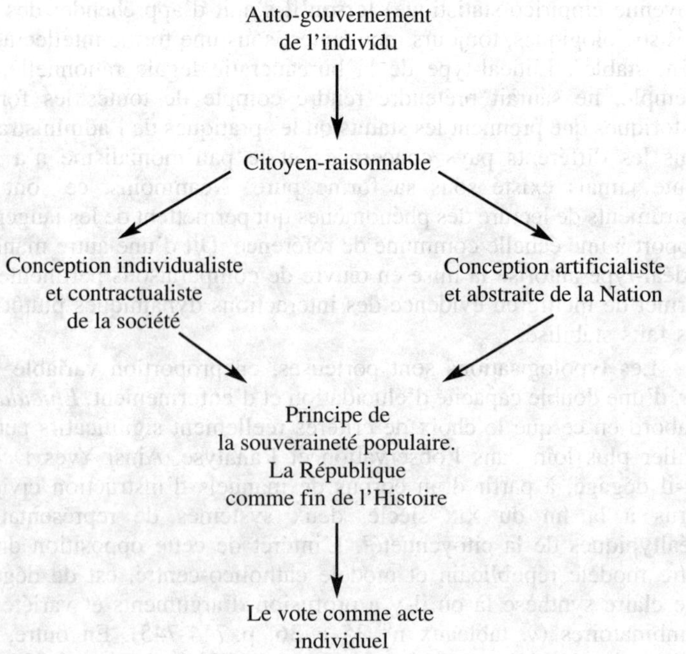

Les typologisations recèlent également une capacité d'*enfermement* de l'analyse qu'il ne faut jamais sous-estimer. Ainsi dans l'exemple précité de l'analyse d'Yves Déloye, les deux idéal-types conduisent à sous-estimer l'importance, et l'influence, de ces nombreux catholiques qui se situaient dans l'entre-deux des modèles dégagés. Soit parce que, de culture thomiste, ils ne répudiaient nullement le principe de la souveraineté populaire, soit, tout simplement, parce que leur conception prétendue naturaliste et communautaire de la nation ne débouchait pas du tout sur une vision du vote comme un acte communautaire. Ce genre de modélisation peut donc aboutir à caricaturer la réalité par dérive du souci de simplifier. Autre péril : les idéal-types les plus répandus imposent dans la vie politique la réalité de représentations qui vont être acceptées comme des entités non fictives, et produire des effets sociaux d'aveuglement. Ainsi la trilogie : démocraties libérales, régimes autoritaires, systèmes totalitaires, conduit-elle les gouvernés à ne plus voir des éléments de culture autoritaire voire d'authentiques situations totalitaires, au sein même des régimes pluralistes : par exemple, au niveau du gouvernement des partis ou des collectivités locales. L'opposition entre oligarchie et démocratie masque le fait que les démocraties sont aussi des oligarchies et ce, dans la cité antique comme de nos jours. Le clivage droite/gauche conduit à souligner les différences qui opposent les partis de chaque camp mais fait obstacle à la prise en considération des fortes convergences qui les unissent à d'autres niveaux peut-être plus fondamentaux (par exemple sur un productivisme industrialiste ou sur une vision essentiellement économiste du développement).

Tableau n° 36
Modèle catholico-centré de la citoyenneté

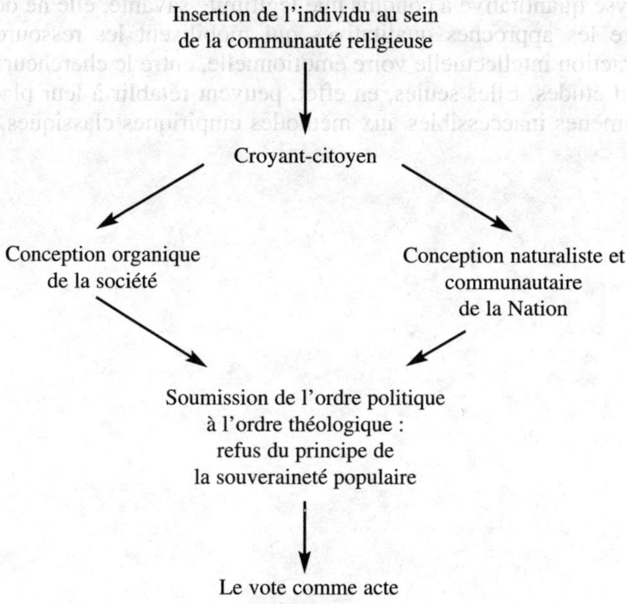

S'il existe des typologies plus ou moins fécondes, aucune n'échappe en fait au danger de masquer partiellement les situations intermédiaires ou les réalités politiques qui leur demeurent étrangères. C'est pourquoi le chercheur doit nécessairement s'interroger sur les conditions culturelles, sociales et psychologiques qui le conduisent à choisir ses critères de distinction. Les phénomènes d'écoles, les stratégies d'affirmation institutionnelle, le conformisme personnel ou le courage intellectuel jouent un rôle, souvent occulté, dans l'adoption des modes de typologisation. Dès lors, renouveler une recherche signifie le plus souvent changer de paradigme, modifier les principes de classements, introduire des critères discriminants inédits.

Quelles que soient les méthodes d'approches utilisées pour observer et interpréter « le réel », chacune a ses propres limites. C'est pourquoi le pluralisme méthodologique, entendu au sens d'une pluralité mais aussi d'une diversité intellectuelle des approches et des techniques d'investigation, constitue une nécessité inhérente au discours scientifique. Cela signifie, par exemple, qu'il faut recourir à l'enquête standardisée (envisagée dans les sondages) aussi bien qu'à l'entretien approfondi ; faire place à l'observation participante qui implique parfois fortement la subjectivité du chercheur, même si, ailleurs, on privilégie scrupuleusement l'idéal de distanciation. Et si l'analyse quantitative a conquis une légitimité savante, elle ne doit pas exclure les approches qualitatives qui mobilisent les ressources de l'interaction intellectuelle voire émotionnelle, entre le chercheur et son objet d'études. Elles seules, en effet, peuvent rétablir à leur place des phénomènes inaccessibles aux méthodes empiriques classiques.

Section 2
L'explication d'un phénomène politique

L'entreprise, assurément, est ambitieuse et ardue. Les phénomènes sociaux sont en effet d'une particulière complexité, notamment par rapport à ceux d'ordre physico-matériel ; ils doivent souvent une part de leur existence à des micrologiques individuelles qui demeurent insaisissables, dans leur totalité et leur instantanéité, par les acteurs eux-mêmes. Il y aura donc toujours, du point de vue du chercheur, un déficit des informations nécessaires à la compréhension d'un processus ; à quoi s'ajoutent les considérations, rappelées *supra,* sur les biais de tous ordres qui parasitent nos perceptions du réel, même les plus éprouvées méthodologiquement.

S'il est donc hors de question de vouloir expliquer de façon exhaustive tout phénomène politique, il n'en demeure pas moins que l'analyse savante permet de mettre en place des cadres d'analyse qui limitent la déperdition du sens, attirent l'attention sur des faits négligés, minimisés ou occultés. Dans les sciences sociales, une discipline ne se caractérise pas par sa capacité à donner des réponses globales et définitives sur un phénomène, mais par son aptitude à fournir à l'observateur un système de questions pertinentes qui favorisent une élucidation très supérieure à celle que permettrait une simple observation « naïve ». Et ceci, grâce à ses paradigmes, ses concepts, ses modes de raisonnement, son lexique[1].

L'entreprise savante d'explication est un processus qui n'est jamais clos. Pour progresser, elle doit se donner les moyens de repérer les principales dimensions pertinentes de l'objet à étudier, et réfléchir surtout sur ce que « expliquer » veut dire.

1. Encore faut-il observer que dans toute discipline, notamment les plus jeunes et les moins assurées, il existe des docteurs Diafoirus qui, à l'instar des médecins de Molière, emploient un jargon ésotérique. Sa fonction classique est double : occulter une insuffisante (ou impossible) maîtrise de l'objet et intimider le destinataire afin de lui imposer un rapport de sujétion illégitime. Pour une interprétation sociologique du phénomène contemporain, Mattéi DOGAN, Robert PAHRE, *L'innovation dans les sciences sociales. La marginalité créatrice,* Paris, PUF, 1991, p. 48 sq.

§ 1. Les dimensions de l'objet à étudier

Hormis les mathématiques, toute discipline scientifique étudie des systèmes d'interactions, la physique aussi bien que la biologie ou la psychologie. Dans les sciences sociales, ces systèmes impliquent des individus dont l'existence et les agissements ne sauraient être voilés derrière les concepts désignant des « êtres collectifs » comme l'État, l'entreprise, le syndicat, ou encore des processus complexes : l'action collective, la participation politique etc. Ces individus ne sont pas des monades (au sens de Leibniz) mais des êtres qui interagissent, les uns avec les autres, dans le cadre de situations socialement structurées. Leurs pratiques, productrices d'effets de réalité qu'ils sont bien loin de toujours maîtriser, constituent le matériau privilégié des sciences sociales car, ainsi que le déplorait à juste titre Anselm Strauss, « l'analyse sociologique s'intéresse moins à l'interaction en tant que processus détaillé qu'à ses résultats et produits[1] ». Pourtant, une authentique explication doit se donner pour objectif une vision intégrée de ces trois niveaux de l'analyse : situations, agents, pratiques.

A Des situations socialement structurées

Le concept de « configuration » (Norbert Élias), celui de « champ » (Pierre Bourdieu), ou encore celui de « système d'action » (Michel Crozier) permettent, chacun à leur manière, de repérer les trois niveaux essentiels de la structuration des situations[2].

– C'est d'abord celui *des enjeux,* « Quatre hommes assis autour d'une table pour jouer aux cartes forment une configuration » écrit Élias[3]. Pour participer utilement, pour que la situation décrite par les termes : « des individus jouent aux cartes », acquière un sens, il faut

1. Anselm STRAUSS, *Miroirs et masques. Une introduction à l'interactionnisme,* Trad., Paris, Seuil, 1992, p. 75. Également, Bernard LAHIRE, *L'Homme pluriel. Les ressorts de l'action*, Paris, Nathan, 1998. L'auteur critique la théorie de l'habitus chez Bourdieu en soulignant qu'elle fait trop bon marché des contradictions internes au sujet. Dans une autre perspective, celle du matériel autobiographique, Philippe LEJEUNE, *Les Brouillons de soi*, Paris, Seuil, 1998.

2. Pour Giddens, il y a « dualité du structurel » en ce sens que les structures ne sont pas seulement des ensembles de contraintes qui pèsent sur l'action humaine, mais, à la fois, « des conditions et des résultats des activités accomplies par les agents qui font partie de ces systèmes ». Préface à A. GIDDENS, *La Constitution de la société*, Trad., Paris, PUF, 1987, p. 15.

3. Norbert ÉLIAS, *Qu'est-ce que la sociologie ?*, Trad., Aix-en-Provence, Éd. de l'Aube, 1991, p. 157.

qu'ils partagent des savoirs et des croyances leur permettant de valoriser comme un objectif désirable le fait de gagner la partie. Il leur faut donc un minimum de repères sur la symbolique des cartes, sur le plaisir du jeu, sur la coupure partenaires/adversaires. Il en va de même en ce qui concerne les situations sociopolitiques. Des individus ayant échappé totalement à toute socialisation de type démocratique considéreraient comme parfaitement inintelligibles les enjeux de pouvoir autour desquels se structurent un débat parlementaire ou l'organisation d'une campagne électorale.

– Le deuxième niveau est celui des *règles,* productrices de logiques sociales. Il est commode de distinguer des règles au sens juridique et institutionnel. Ce sont les normes constitutionnelles, légales et réglementaires qui définissent des situations conformes ou contraires au droit. Sortir de la légalité peut s'avérer dangereux s'il existe des mécanismes efficaces de contrôle et de sanction ; banal dans le cas contraire. On observe également l'existence de règles au sens culturel du terme, c'est-à-dire des normes morales, des coutumes ou des usages qui renvoient au respect de certaines croyances. Elles érigent, pour le groupe tout entier, ou pour certaines fractions seulement, une coupure entre ce qui est perçu comme légitime et illégitime. Ainsi en matière de pratiques illégales concernant le financement des partis politiques, beaucoup d'individus adhèrent à la norme selon laquelle ce comportement n'est inacceptable que si les sommes détournées ont permis un enrichissement personnel. Dans ce cas, règle juridique et norme culturelle ne se recoupent pas exactement. Enfin on repère des règles au sens purement stratégique du terme, c'est-à-dire des logiques de calcul coûts/avantages qui, pour un niveau donné d'informations, commandent chez l'acteur « rationnel » le comportement retenu. Par exemple, aux échecs, ne pas découvrir son Roi ; dans la vie politique, ne pas favoriser la carrière d'un rival virtuel.

– Le troisième niveau est celui de la répartition des *ressources de pouvoir.* Dans une situation socialement construite, les individus sont placés en position inégale du double point de vue de l'accès aux informations qui leur seraient utiles, et du pouvoir qu'ils peuvent exercer sur autrui : par injonction (légale ou de fait) ou par influence. Dans une campagne électorale par exemple, malgré le principe de l'égalité des candidats, les représentants des petits partis disposent de plus maigres ressources financières, ils ont un accès plus malaisé aux technologies modernes de communication et jouissent d'un capital de notoriété et de crédibilité inférieur. Avec la notion de champ, Pierre Bourdieu a insisté tout particulièrement sur les logiques différentes des acteurs selon qu'ils y occupent une position dominante ou dominée, centrale ou marginale, ascendante ou déclinante. Quant à Michel

Crozier il souligne le fait qu'un agent, si dominé soit-il, n'est jamais totalement dépourvu de ressources de pouvoir susceptibles d'être exploitées dans la situation vécue (la fameuse dialectique du maître et de l'esclave).

Il convient encore de souligner deux aspects essentiels de toute situation, qu'elle soit macro ou microsociale. C'est d'abord le fait qu'il puisse y avoir antagonismes et conflits autour des règles applicables. Par exemple, contradictions entre normes légales et valeurs éthiques, ou encore dissensions autour de ce qui constitue la norme légitime. C'est pourquoi dans un groupe social, il n'y a pas de consensus autour des « règles du jeu » qui ne soit au moins partiellement imposé, ne serait-ce que par l'éducation. L'autre aspect à considérer est le degré de visibilité ou d'opacité des éléments qui structurent la situation. Les enjeux apparents dissimulent souvent d'autres enjeux larvés ; les règles officiellement applicables peuvent masquer des règles clandestines, mieux respectées dans les rapports réels d'interaction. Il est utile, ici, de transposer à la vie politique la célèbre distinction de Goffman entre la scène et la coulisse ou encore entre « région antérieure » et « région postérieure[1] ».

Plus les règles sont définies de façon rigide, plus elles introduisent de la prévisibilité dans les relations d'interaction. C'est pourquoi on les rencontre dans les situations où l'importance des enjeux en cause exige la réduction maximale des risques de mésinterprétation. Aux sommets de l'État, des rituels protocolaires très minutieux protègent l'autorité des personnes qui assument les plus hautes responsabilités en codifiant de façon exceptionnellement contraignante leurs manifestations officielles. De même les conventions extrêmement rigides du langage diplomatique sont-elles destinées à limiter au maximum les erreurs d'interprétation, tout en ménageant au mieux la confiance des partenaires et la susceptibilité des adversaires, Dans un tout autre domaine, les fonctionnaires d'exécution ont des compétences strictement définies, tout particulièrement les personnels chargés du maintien de l'ordre. Il s'agit d'introduire le maximum de sécurité dans les relations avec les supérieurs hiérarchiques, comme avec les usagers. L'objectif recherché est à la fois la discipline productrice d'efficacité, l'évitement de bavures liées à des initiatives personnelles malencontreuses mais aussi la protection des agents subalternes eux-mêmes, lesquels, sans une définition précise de la situation, renonceraient à prendre toute initiative c'est-à-dire, à leurs yeux, tout risque.

1. Erving GOFFMAN, *La Mise en scène de la vie quotidienne,* Trad., Paris, Minuit, rééd., 1983, tome I, p. 110 sq.

B Des individus en interaction

Les relations d'interaction micro ou macrosociales se caractérisent par des flux constants d'échanges qui concernent à la fois du pouvoir et de l'information *« Nothing never happens ! »*. Il n'arrive jamais que rien ne se passe (E. Goffman). Dans une relation, tout comportement même de silence ou d'abstention, exerce une influence si infime soit elle, et livre une information. En outre, aucun rapport de pouvoir et de communication n'est totalement unidirectionnel. Le dictateur le plus absolu n'échappe pas à l'influence qu'exercent sur lui les marques de déférence ou de soumission craintive, les signaux d'apathie ou de haine reçus des populations assujetties.

1. Le problème de la liberté de l'individu en situation

A-t-il une capacité de choix ? Si oui, cela implique pour lui la possibilité de calculer son comportement en tenant compte des réactions escomptables de ses partenaires. L'interaction devient alors, au sens de la théorie des jeux, « échange de coups ». Mais la théorie psychologique attire aussi l'attention sur les phénomènes d'ambivalence du sujet et d'indétermination relative du moi[1]. Les individus peuvent ne pas avoir d'opinions arrêtées sur le problème qui se pose à eux ; devant la nécessité d'agir ils font couramment l'expérience de l'indécision qui, sous certaines conditions, peut se révéler coûteuse. C'est pourquoi pour gérer l'angoisse susceptible d'en résulter, l'individu souhaitera peut-être abdiquer toute liberté de choix et se conformer sans réserve à des prescriptions externes. C'est la « remise de soi » à un tiers fortement valorisé, ou encore la préoccupation rigoureuse de conformité à un « rôle ». On entend par là un agencement d'attitudes et de comportements attendus d'un individu à raison de son statut juridique ou/et de son positionnement dans le champ social.

Dans l'interaction, l'individu se trouve sollicité par deux démarches théoriquement concevables.

– Opérer un calcul coûts/avantages. D'après le paradigme utilitariste c'est l'activité rationnelle par excellence. L'individu raisonne consciemment en adaptant les fins recherchées (avantages matériels, imaginaires, symboliques) aux moyens dont il dispose. C'est la *Zweckrationalität.* Elle revêt une dimension stratégique dans la mesure

1. Anselm STRAUSS, *Miroirs et masques,* Trad., Paris, Métailié, 1992, p. 40 sq.

où l'acteur doit savoir évaluer les ressources disponibles dans la situation affrontée, hiérarchiser ses objectifs en termes de préférences, anticiper les réactions d'autrui susceptibles d'affecter le niveau des profits et des coûts escomptés. Il convient pourtant de souligner que les acteurs opèrent beaucoup plus souvent cette analyse à leur insu, si paradoxal que cela puisse paraître à première vue. Se laisser porter par son intuition, réagir au *feeling*, relève d'un authentique calcul coûts/avantages, mais effectué à un niveau inconscient.

– Se conformer à un rôle assigné. Hormis le cas d'une situation sociale entièrement inédite, l'individu entre dans un système d'interactions avec des repères déjà en place. Il sait quels sont les comportements plausibles attendus de lui et il peut s'y résoudre délibérément ou par habitude. Ainsi du ministre en exercice dont les compétences constitutionnelles, le profil politique, l'exigence de solidarité gouvernementale, etc., dessinent rigoureusement l'ensemble des réponses probables dans chaque situation qu'il lui faut gérer. Cependant, un rôle, si institutionnalisé qu'il soit, peut aussi se décliner selon des modalités différentes, avec des marges d'interprétation qui ne sont jamais nulles. L'individu sélectionne alors ses réactions en fonction de préférences sociales ou psychologiques qui lui sont personnelles. C'est la thèse de Donald Searing concernant la façon dont les députés de Westminster vivent leur métier de parlementaire. Les uns choisissent d'investir dans la promotion de grandes causes, d'autres s'investissent dans l'action de terrain, d'autres encore dans une stratégie de carrière à long terme, voire dans la simple sociabilité parlementaire[1]. Peu, selon lui, peuvent assumer toutes les dimensions du rôle de MP ; ils opèrent des choix mus par la recherche de satisfactions personnelles prioritaires.

Parfois, au contraire, le rôle est défini juridiquement et/ou culturellement de façon particulièrement étroite, de sorte qu'il ne reste plus à l'acteur aucune possibilité de choix, même virtuelle, sinon celle de s'y conformer strictement ou de le transgresser : par exemple, les membres des forces de l'ordre, soumis à une stricte discipline.

2. Stratège calculateur ou fonctionnaire d'un rôle : les facteurs de choix

L'inclination vers l'une ou l'autre attitude est influencée d'abord par des dispositions. On entend par là, d'une part, un ensemble de ressources intellectuelles et de savoirs mobilisables (dimension cogni-

1. Donald SEARING, *Westminster's World. Understanding Political Roles*, Cambridge (Ma:), Harvard University Press, 1994.

tive), d'autre part, une inclination affective ou éthique (au sens d'Aristote) à effectuer quelque chose. C'est ainsi que le sentiment subjectif de leur compétence politique conduit des électeurs à calculer leur vote tandis que d'autres, peu informés et peu intéressés par la politique, pourront effectuer un vote purement mimétique sous l'influence de leur proche environnement (le conjoint, les collègues...). Ces dispositions sont conditionnées par les mécanismes de socialisation mais aussi par les expériences singulières des individus ou celle des groupes auxquels ils s'identifient de façon privilégiée. De telles expériences sont décryptées à travers des effets de mémoire, c'est-à-dire une reconstruction du passé qui opère par sélection, occultation ou surestimation de certains aspects. Colorées émotionnellement, les « dispositions » ne sont pas nécessairement adaptées à l'exploitation optimale des ressources disponibles dans la situation affrontée. Des mécanismes de défense pourront se mettre en place, qui feront barrage à la recherche d'informations utiles à l'acteur : déférence excessive à l'égard d'autorités établies qui biaise le jugement critique, ou encore réflexes de peur, générés par un traumatisme politique et capables de survivre aux rapports de force objectifs qui les ont fait naître. Autres formes de « dispositions » héritées : les habitudes de pensée ou de comportement qui sont productives de reproductions d'actions (compulsions de répétition), et favorisent l'enfermement dans les frontières d'un rôle étroitement conçu. Ainsi, ce que l'on appelle la routine bureaucratique met-elle en évidence combien peuvent être profonds les processus d'intériorisation d'habitudes et traditions perçues comme sécurisantes ; elles dispensent de toute analyse sérieuse des ressources disponibles dans la situation affrontée.

La probabilité de se comporter soit en stratège calculateur soit en fonctionnaire d'un rôle est également conditionnée par les marges de manœuvre concrètes. Ce que l'on appelle aujourd'hui la « structure des opportunités politiques ». Il est des situations plutôt ouvertes, c'est-à-dire caractérisées par des possibilités d'initiative ou de choix importantes, et des situations plutôt fermées où l'alternative apparaît comme particulièrement restreinte ou coûteuse. L'électeur ne peut être « calculateur » dans un système politique où le vote est obligatoire et la candidature unique ; il ne lui reste qu'à jouer le rôle assigné, sauf à transgresser à ses risques et périls. Dans un système pluraliste où cette possibilité de calcul coûts/avantages existe théoriquement, tous ne l'utiliseront pas néanmoins. C'est que, comme l'écrit Ernest Gellner, « dans la plus grande partie de leur vie, les hommes ne maximisent rien du tout, ni ne cherchent à atteindre un but concrètement identifiable, mais tiennent tout simplement à être intégrés, ou à demeurer dans une pièce qui se déroule[1] ». Des électeurs peuvent voter simplement parce qu'ils tiennent à s'affirmer comme « bons citoyens », ce mode de participation étant fortement valorisé dans le langage démocratique ; et s'ils votent pour tel parti, c'est, disent-ils, parce qu'ils se sentent « proches de lui », en d'autres termes parce qu'il est un élément d'affirmation identitaire. On le voit, l'existence d'une situation ouverte ne suffit pas à provoquer des comportements de type calculateur. En revanche, lorsque le sujet se trouve confronté à une situation inédite, l'incertitude qui en résulte crée des conditions favorables à un minimum de recours au calcul stratégique, compte tenu des informations disponibles. C'est, par exemple, l'événement exceptionnel (catastrophe naturelle, crime politique, explosion sociale...) qui oblige le représentant élu à sortir des limites de son rôle routinier ; c'est le grain de sable dans une machinerie bien huilée qui contraint un responsable de terrain à prendre une initiative imprévue du fait de l'urgence.

Dans l'oscillation entre l'initiative calculatrice et la simple mise en œuvre de rôles assignés, les individus sont influencés par les satisfactions qu'ils en escomptent ou les déplaisirs qu'ils espèrent éluder. Plaisirs du conformisme et de la sécurité, confort de se sentir adapté ; plaisirs du calcul, du jeu aventureux, de la transgression de rôle ; plaisirs enfin d'affirmer une identité valorisante, soit en « s'abîmant » totalement dans un comportement social (hautement) reconnu, soit au contraire en libérant des potentialités de créativité dans la prise de distance vis-à-vis des rôles imposés. C'est, par exemple, la figure du « bon citoyen », soucieux de se conformer scrupuleusement à ses devoirs civiques, *versus* celle du « rebelle », fier de ses opinions critiques et de ses postures de défi. Quelle que soit l'identification prioritaire, chacune est source de gratifications spécifiques en termes d'image de soi. Cependant, les logiques culturelles, sociales et politiques à l'œuvre dans une société, influencent considérablement la distribution des gratifications et des pénalités attachées à chacune de ces attitudes. S'il est totalement erroné d'interpréter par le « tempérament ethnique » les particularités de comportements observables dans un peuple, en revanche il est clair que la probabilité de voir émerger plus fréquemment tel type de réponses à tel type de situation, est affectée par les mécanismes socioculturels de construction des gratifications et des pénalités qui s'attachent à chacune d'entre elles. Une rhétorique perçue ici comme lyrique pourra être ailleurs dévalorisée comme emphatique ; une vengeance privée sévèrement jugée comme

1. Ernest GELLNER, « L'animal qui évite les gaffes », *in* P. BIRNBAUM. J. LECA, *Sur l'individualisme,* Paris, Presses de la FNSP, 1985, p. 33.

incivique pourra apparaître dans un autre contexte comme une affirmation de soi digne d'un « vrai homme ». C'est pourquoi la probabilité de distribution des réponses, données par les agents sociaux à des situations en apparence homologues, n'est pas la même selon les pays ni même selon les groupes sociaux dès lors qu'ils ont des systèmes de valeurs spécifiques. Ce phénomène explique la persistance de la conclusion simpliste selon laquelle il existerait une « psychologie des peuples ».

C Des pratiques productrices d'effets de réalité

Qu'ils soient opérés à l'issue d'un calcul stratégique élaboré ou, au contraire, en conformité étroite avec les exigences d'un rôle, les comportements d'un agent social s'insèrent dans une chaîne continue d'actions et de réponses, intégrant des intentions, des anticipations et des évaluations. Ces pratiques sociales et ces « effets de processus » constituent le tissu même des interactions ; ils ont des effets émergents qui, généralement, échappent au contrôle des acteurs.

1. Les phénomènes collectifs comme interactions de comportements individuels agrégés

Ces comportements sont, pour l'essentiel, des opérations matérielles et des faits de langage (au sens le plus large du terme). Certains, en effet, s'inscrivent physiquement dans la réalité observable : l'ouverture d'un chantier public, la prestation d'un candidat à la télévision, la chaise vide d'un partenaire à la table de négociations. Ces manifestations matérielles révèlent toujours, à travers les représentations qui s'en dégagent, une dimension symbolique, c'est-à-dire une surcharge de sens conférée par les connotations éveillées au double niveau cognitif et émotionnel. La dispersion d'un attroupement par la force, c'est aussi aux yeux des acteurs et des spectateurs, l'affirmation de la prééminence de l'État, une forme de violence condamnable ou une démonstration d'énergie justifiée : elle rassure ou, au contraire, nourrit l'amertume.

Dans la sphère politique, beaucoup d'effets de réalité se situent au seul niveau des représentations. C'est le cas notamment des prises de position qui provoquent des réactions et des enchaînements de réponses constitutifs d'un « débat » ou d'une « polémique ». Des faits non avérés, voire parfaitement imaginaires, produisent, eux aussi, des effets de réalité dès lors qu'il s'en diffuse des représentations actives socialement. Le phénomène est courant en matière électorale. Au temps de la guerre froide, bien des informations infondées ont contribué à faciliter l'adoption par le Congrès américain de programmes militaires supplémentaires. Aujourd'hui, avec la couverture médiatique de la planète, il existe couramment des décalages instructifs entre les faits observés sur le terrain (une famine), les images et représentations qui en sont transmises (une calamité ordinaire, une catastrophe humanitaire, un scandale politique international), les conclusions pratiques qu'en tireront les diverses catégories de téléspectateurs (indifférence, mobilisation, indignation).

Dans les situations où il existe un grand nombre d'acteurs individuels agissant simultanément dans le même sens sous l'influence des conditionnements créés (foule de manifestants, consultation électorale nationale), la somme des actions individuelles produit de toute évidence un résultat collectif qui est de nature distincte. La réponse de 300 ou de 30 000 personnes à une consigne de défilé dans la rue engendre un phénomène dont la dynamique est différente ; la comptabilisation des suffrages, exprimés dans les formes prescrites, entraîne un effet juridique et politique que n'a pas le simple sondage. Il y a donc apparition d'effets collectifs distincts des effets individualisables. Cela est vrai aussi des situations où ne figurent qu'un petit nombre d'acteurs comme une négociation. Les effets émergents résultent d'un enchaînement d'actions et de réponses, ou encore d'un « échange de coups ».

2. La maîtrise des effets émergents

Le phénomène collectif existe parce qu'il y a agrégation dynamique, c'est-à-dire interactive, d'actes individuels (plus ou moins intentionnels d'ailleurs), et non pas parce qu'il serait le produit de la volonté d'un acteur collectif[1]. Dans beaucoup de situations, il échappe à la maîtrise de chacun des participants pris isolément. Sans doute, ces effets ont-ils pu être délibérément recherchés. Mais il est beaucoup plus fréquent que se produisent des effets non intentionnels qui peuvent être perçus soit comme positifs, soit comme négatifs. Dans ce dernier cas, on parlera, avec Raymond Boudon, d'effets pervers. Plusieurs phénomènes expliquent l'apparition de ces effets non délibérés c'est-à-dire ni voulus ni, *a fortiori*, calculés.

C'est d'abord l'influence du nombre des acteurs qui sont parties prenantes à la situation. Pour reprendre la comparaison avec le jeu de

1. Le recours fréquent à cette notion d'acteur collectif : l'État, le parti, le peuple, est une simple facilité d'expression linguistique qui permet de condenser du sens grâce à la construction d'une métaphore.

cartes, à laquelle recourt Norbert Élias, plus les joueurs sont nombreux et leurs capacités de jeu égales, plus le déroulement de la partie échappe à la maîtrise de chacun pris individuellement. Ce sont des situations dont se rapprochent le marché de concurrence pure et parfaite et, beaucoup plus approximativement il est vrai, le suffrage universel puisque chaque électeur dispose d'une seule voix. C'est, au contraire, dans un jeu à deux joueurs seulement, dont l'un est très fort et l'autre très faible, que la partie se déroule le mieux selon la volonté individuelle de l'un d'entre eux. Si l'on intègre le problème de la hiérarchisation des préférences individuelles, il peut même arriver que leur agrégation aboutisse (« effets de composition ») à un résultat collectif qui contredise expressément le vœu de la majorité. C'est ce que l'on appelle, en mathématique électorale, l'effet Condorcet[1].

C'est ensuite l'erreur de prévision. Faute d'informations suffisantes ou pertinentes, une partie voire la totalité des acteurs, a pu mal apprécier les réactions que provoquerait son choix individuel. Les partenaires ou les adversaires ont pu aussi adopter des réponses imprévisibles, c'est-à-dire « irrationnelles » ou relevant de rationalités mal connues, propres à des univers culturels différents. Ainsi, étaler sa force « pour n'avoir pas à s'en servir » ne suscite pas les mêmes réponses selon les populations destinataires de ces signaux. La guerre du Golfe en 1991 a peut-être éclaté en partie sur une incompréhension par Saddam Hussein de la détermination américaine. L'erreur de prévision ou d'anticipation est plus particulièrement probable lorsqu'il s'agit d'effets à long terme. Michel Foucault a étudié un exemple historique où l'on voit se manifester des effets émergents en contradiction avec les intentions des décideurs. Dans *Surveiller et punir,* il argumente la thèse selon laquelle les prisons ne diminuent pas le taux de criminalité alors même qu'elles constituent depuis la suppression des tortures au XVIIIe siècle et celle de la peine de mort au XXe siècle, la pièce maîtresse de la politique pénale d'intimidation. Au contraire, elle apparaît même comme un facteur de récidive lorsqu'elle transforme le délinquant occasionnel en truand confirmé[2]. Autre illustration : le courant de pensée favorable à la représentation proportionnelle souhaitait plus d'équité dans l'expression des préférences populaires et non pas la paralysie parlementaire que celle-ci a provoquée en maints pays.

---

1. La probabilité, que l'on peut calculer, de voir apparaître une décision collective qui contredit les préférences individuelles, existe dès que trois options sont soumises à leur choix.
2. Michel FOUCAULT, *Surveiller et punir,* Paris, Gallimard, 1975, p. 269.

De cette distinction entre effets délibérés et non délibérés, résulte méthodologiquement une conséquence : c'est qu'il est imprudent d'inférer d'un résultat ce que fut l'intention des auteurs[1]. Aussi est-il normal que la sociologie politique accorde peu d'importance à la psychologie individuelle des acteurs. Sous deux réserves cependant. Celle-ci conserve sa valeur lorsqu'il s'agit d'étudier des situations caractérisées par un très faible nombre de « joueurs », disposant d'une réelle marge de manœuvre (ce qui, en réalité, n'est pas si fréquent quoique journalistes et responsables politiques aient tendance à surestimer cette dimension). D'autre part, cela ne signifie nullement que les facteurs émotionnels et psychosociologiques n'aient pas une très grande influence dans l'émergence des effets collectifs, mais ils sont intégrés dans la construction des logiques sociales, notamment dans l'existence des systèmes de gratifications ou de pénalisations escomptables sur le terrain de l'estime de soi.

Une politique publique, un mouvement protestataire, une révolution peuvent à la rigueur être qualifiés de « processus sans sujet » (Althusser), à condition d'en souligner le côté profondément paradoxal. Aucun acteur, collectif ou individuel, n'a anticipé, mûri ni maîtrisé l'émergence du phénomène ; mais parallèlement, il n'y a rien qui ne se soit produit en dehors des individus agissant au sein de systèmes d'interactions socialement construits. C'est pourquoi sur l'immense débat entre déterminisme et volontarisme, c'est-à-dire sur le rôle respectif des contraintes sociales et de la liberté individuelle, il est possible de répondre en récusant, avec Élias, l'idée même d'une opposition entre Individu et Société. « L'activité individuelle des uns fait l'inféodation sociale des autres ». En conséquence, « la société et ses lois ne sont rien en dehors des individus ; la société n'est pas simplement un objet face aux individus isolés ; elle est ce que chaque individu désigne lorsqu'il dit nous[2] ».

§ 2. Les dimensions de la compréhension

Il existe en sciences sociales un consensus général autour de la nécessité de dépasser une pure et simple description des phénomènes ;

1. D'où le problème complexe de « l'irrationalité » de l'action publique. Sur ce point, Christian MOREL, *Les Décisions absurdes. Sociologie des erreurs radicales et persistantes*, Paris, Gallimard, 2002.
2. Norbert ÉLIAS, *La Société des individus* (1939), Trad., Paris, Fayard 1991, p. 97 et 105.

enregistrer n'est pas suffisant, il faut tenter d'expliquer et comprendre. Mais qu'est-ce que comprendre ? La question soulève en fait d'innombrables problèmes qu'il est impossible d'aborder ici de manière approfondie. On se contentera de repérer trois grandes réponses concevables qui constituent autant d'axes de la réflexion méthodologique en ce domaine.

A Identifier les causes

Avec Paul Veyne, on distinguera préalablement la causalité *stricto sensu* et la rétrodiction. La première suppose la mise en évidence, appuyée sur du matériel empirique, d'un rapport nécessaire d'engendrement entre un ordre de faits et un autre. La seconde, beaucoup plus fréquente en pratique, est la construction d'une hypothèse plausible de lien nécessaire, faute d'éléments suffisants pour démontrer la causalité. La rétrodiction joue ainsi au passé le même rôle que la prédiction tournée, elle, vers le futur : celui d'une proposition de probabilité. Paul Veyne prend l'exemple de l'énoncé suivant : Louis XIV devint impopulaire parce que les impôts étaient trop lourds. Il y a causalité s'il y a évidence, lisible dans les sources, de ce lien entre impopularité et pression fiscale ; il y a simple rétrodiction si, les deux phénomènes étant établis, l'historien tient pour très probable, voire allant de soi, l'existence du lien qui les unit[1].

1. Deux conceptions de la causalité

Elles apparaissent nettement en sciences sociales, dès la fin du XIXe siècle. Dans *Les Règles de la méthode sociologique* Émile Durkheim, s'élevant contre la démarche de Spencer ou de Comte, opérait la mise au point suivante : « Faire voir à quoi un fait est utile n'est pas expliquer comment il est né ni comment il est ce qu'il est[2]... Il faut, ajoutait-il, « rechercher séparément la cause efficiente qui le produit et la fonction qu'il remplit[3] ».

– L'approche fonctionnaliste primitive, héritière à certains égards de l'organicisme spencerien, tend en effet, surtout chez l'ethnologue

1. Paul VEYNE, *Comment on écrit l'histoire,* rééd., Paris, Seuil, 1978, p. 97 sq.
2. Émile DURKHEIM, *Les Règles de la méthode sociologique* (1895), Paris, PUF, 5e édition, 1990, p. 90.
3. *Loc. cit.* p. 95.

Malinowski[1], à définir la société comme un système de besoins ou de tâches qui, pour être satisfaits, exigent l'émergence d'institutions, d'attitudes et de comportements adéquats. De même que la nécessité de communiquer fait naître et se développer les organes des sens, de même le besoin de justifier l'obéissance au pouvoir expliquerait, dans une culture déterminée, l'apparition de croyances légitimatrices. Mais, plus tard, un néofonctionnaliste comme Robert Merton affinera cette problématique en répondant à quelques-unes des objections les plus criantes. Une institution peut continuer d'exister « par habitude » après avoir perdu son utilité initiale. L'apparition de nouvelles fonctions, non prévues par les auteurs d'une innovation sociale, peut expliquer pourquoi elle se maintient, se consolide ou évolue, alors qu'elles n'expliquent en rien son apparition. Merton était ainsi conduit à signaler la pluralité fonctionnelle de beaucoup d'institutions, distinguant notamment les fonctions manifestes et les fonctions latentes. Le syndicalisme ouvrier par exemple, né avant tout d'une exigence revendicatrice, remplit aujourd'hui des fonctions de régulation sociale des conflits (dont se félicite parfois le patronat) ainsi que des fonctions de socialisation, d'assistance, voire de promotion sociale pour ses cadres.

La recherche des causes efficientes (et non plus des fonctions remplies) est le mode d'explication auquel Durkheim attachait une valeur prééminente. Dans sa formulation élémentaire cela signifie l'établissement d'une relation de cause à effet entre deux variables : par exemple, la mauvaise campagne du candidat sortant et l'échec électoral qu'il subit. Mais, en réalité, cet échec est sans doute produit par des causes multiples parmi lesquelles l'image en déclin du parti dont il se réclame, la qualité de ses adversaires, les tendances de la conjoncture économique, etc. Il y a fréquemment surdétermination, c'est-à-dire excès de facteurs efficaces.

Une vision plus réaliste de la causalité efficiente consiste à raisonner en termes de relations structurales. Dans l'exemple ci-dessus, la mauvaise campagne du candidat n'est pas un facteur causal isolé ; il est au contraire intégré dans une constellation de facteurs qui interagissent entre eux : bilan de gestion défavorable, démobilisation des militants, dynamisme des adversaires. La cause efficiente devient alors un système de facteurs. Réciproquement l'effet produit par cette structure causale n'est pas simplement un événement isolé : la non-réélection du sortant. Il se trouve associé à d'autres événements tels

1. Bronislaw MALINOWSKI, *Une Théorie scientifique de la culture* (1944), Trad., Paris, Seuil, 1970.

que le déclenchement d'une contestation interne au sein de son parti, le retrait de certains soutiens (financiers) extérieurs, l'affaiblissement général de la formation à laquelle il appartient.

L'analyse systémique conduit encore plus loin en soulignant l'absence de relation purement unidirectionnelle du type A *produit* B. En effet, B rétroagit sur A ; en d'autres termes les phénomènes engendrés par une structure déterminée de facteurs peuvent modifier en retour l'équilibre initial de ces facteurs. Au début du XXe siècle, le syndicalisme de type révolutionnaire, en arrachant d'indéniables conquêtes sociales au profit de la classe ouvrière, a favorisé un processus d'intégration qui, en retour, contribuera à le faire évoluer vers un syndicalisme réformiste voire gestionnaire. L'existence de ces boucles de rétroaction, mises en évidence par les analyses de type systémiste, tend à dissoudre la notion de causalité au profit d'agencements complexes d'interactions.

2. Les pièges de l'analyse causale

Lorsqu'on cherche à établir des rapports de nécessité entre deux ordres de faits sociaux, un certain nombre de difficultés vont apparaître. Dans *Les règles de la méthode sociologique*, Durkheim mettait explicitement en garde contre un premier danger. Décrire, même avec le plus grand scrupule, la succession chronologique des faits n'implique pas la découverte d'un rapport d'engendrement. Il ne faut pas confondre les enchaînements historiques d'événements et le lien d'explication causale même si, spontanément, la confusion est attractive. La succession des séquences révolutionnaires (modérées puis radicales) ne vaut pas explication des causes de la révolution et ce n'est pas parce que la défaite de la France en 1870 précède la montée en puissance de l'Allemagne unifiée que ceci est causé par cela. À noter que le risque de dérapage méthodologique est particulièrement important chez le biographe qui cherche à reconstruire après coup le sens d'une vie ou d'une œuvre. Les péripéties de l'enfance ou de l'adolescence risquent, après coup, d'être érigées en facteurs explicatifs, sinon même en signes annonciateurs d'un destin (illusion téléologique).

Un autre danger réside dans les erreurs d'interprétation commises à l'occasion de la mise en évidence de corrélations statistiques, ou de covariances entre deux catégories de phénomènes. Découvrir de telles relations correspond à une première étape de l'investigation à laquelle il serait dangereux de se tenir. La sociologie électorale fournit nombre d'illustrations des pièges à éviter. La force de la corrélation entre vote à droite et pratique religieuse (catholique) régulière a été bien établie statistiquement, sur une longue période. Cela signifie-t-il que les individus inclinent à voter à droite parce qu'ils sont catholiques ou sont-ils restés pratiquants (dans une conjoncture caractérisée en longue période par le reflux des obligations dominicales) parce qu'ils sont attachés à des valeurs d'ordre et de tradition ? Selon l'hypothèse retenue, le sens de la corrélation est renversé et, avec lui, le facteur causal. Ou bien encore peut-on considérer que vote à droite et attachement à une pratique régulière sont deux manifestations parallèles d'une structure mentale qui puise ses racines dans un tout autre ordre de considérations : attachement à un héritage identitaire, valorisation d'un univers familial-refuge, inclination pour des valeurs d'ordre moral, importance donnée à l'existence de normes qui encadrent les comportements individuels[1] ?

D'autres illustrations peuvent être empruntées à la sociologie électorale. Il est des corrélations qui se situent à un niveau de globalité excessif et ne résistent pas à l'affinement des unités d'analyse. Dans ses *Chroniques électorales* consacrées à la IVe et au début de la Ve République, François Goguel avait établi un lien entre départements à fort dynamisme économique et démographique et vote gaulliste ou communiste, tandis que les départements à plus faible dynamisme auraient, selon lui, davantage favorisé les partis dits de la troisième force[2]. De même, Hervé Le Bras et Emmanuel Todd, dans leur *Invention de la France* [3], établissaient-ils une corrélation d'une part entre les bons résultats obtenus par la gauche dans une trentaine de départements et, d'autre part, l'importante proportion de « familles communautaires », définies par eux comme celles où cohabitent des ménages de générations différentes. Dans l'un et l'autre cas il faudrait tout d'abord tenir compte du fait que certains départements sont fort peu homogènes (l'est et l'ouest du Morbihan, de la Sarthe, du Pas-de-Calais, du Nord, etc. votent en sens contraire, sans parler des distinctions entre villes et campagnes) ; il faudrait aussi établir qu'au sein de chaque département, les forces modernistes ou les familles communautaires émettent le

1. Philippe BRAUD, « L'inclination à droite des catholiques pratiquants réguliers », *in Mélanges G. Burdeau,* Paris, LGDJ, 1977, p. 377.
2. François GOGUEL, *Chroniques électorales,* Paris, Presses de la FNSP, 1981, p. 117.
3. Hervé LE BRAS, et Emmanuel TODD, *Invention de la France*, Paris, Librairie Générale Française, p. 53. Analyse développée dans les ouvrages ultérieurs de Emmanuel TODD, *La Troisième planète,* Paris, Seuil, 1983, et *La Nouvelle France,* Paris, Seuil, 1988. Pour une critique sévère mais justifiée, voir Hugues LAGRANGE, Stéphane ROCHE, « Types familiaux et géographie politique en France », *Revue française de science politique*, 1989, p. 941 sq.

vote attendu, plus que les autres groupes sociaux. À supposer enfin la corrélation établie à ce niveau, il conviendrait de l'interpréter en recourant à des hypothèses plurielles.

B Dégager des lois

Depuis Platon, comprendre un ensemble de phénomènes est entendu au sens d'une activité de théorisation, impliquant la formulation de relations générales, abstraites et reproductibles entre des éléments caractéristiques de ces phénomènes. Il faut, dit Socrate dans *Euthyphron* [1], avoir une définition générale du Pieux et de l'Impie, pour pouvoir discriminer parmi des milliers d'actions (en l'espèce l'action en justice du fils contre le père) celles qui sont pieuses ou impies. C'est la première étape à partir de laquelle doivent être construites des hypothèses. Ces propositions ne sauraient se contenter, pour avoir valeur explicative, de simplement récapituler les données disponibles ; il faut qu'elles puissent avoir une prédictibilité concernant les relations entre des données non traitées ou des données futures. Ainsi, on ne peut parler d'une « loi d'airain de l'oligarchie » dans les partis politiques (Roberto Michels) que si l'hypothèse formulée à propos d'un nombre limité de partis étudiés s'applique, de façon pertinente, à d'autres partis non étudiés ou aux partis qui naîtront ultérieurement. Si cette double condition de la reproductibilité et de la prédictivité caractérise la notion de loi, il est clair que les sciences sociales se voient confrontées à des difficultés spécifiques par rapport aux sciences dites exactes.

1. Le problème de l'existence des lois en sciences sociales

Pour Karl Popper, la connaissance scientifique est fondamentalement une dans sa démarche. Donc même si, du fait de la complexité particulière du social, les lois sont plus difficiles à mettre en évidence, elles n'en doivent pas moins exister. Lorsqu'on lui objecte qu'il est impossible de savoir si une loi du fonctionnement social est réellement valable au-delà des périodes dans lesquelles elles ont été observées, il répond que cette affirmation est également valable pour les sciences de la nature. Néanmoins, la démarche scientifique postule toujours, à ses

1. PLATON, « Dialogues », *in Œuvres complètes,* Paris, Gallimard, 1950, t. I, p. 373.

yeux, que « nous recherchions des lois dont le domaine de validité ne soit pas limité »[1]. Une telle conviction soulève deux difficultés majeures.

L'existence de catégories universelles d'analyse

Y a-t-il compatibilité entre cette conception de la science et le souci de replacer les phénomènes dans leur contexte socioculturel particulier ? Peut-on penser l'histoire dans des catégories universelles (ou universalisables) comme l'implique la notion de loi ? Toute une tradition, illustrée notamment par Marx ou Durkheim, se situe clairement dans cette perspective d'élucidation globale qui permettrait d'anticiper l'avenir et d'annoncer l'émergence de faits sociaux. C'est la recherche, chez l'auteur du *Capital*, des lois de l'économie capitaliste (prolétarisation et paupérisation croissantes, baisse tendancielle du taux de profit) et, plus largement, la conviction développée dès *Le Manifeste* de 1848 qu'il existe une lecture globale et scientifique de l'histoire des sociétés à partir de la lutte des classes. C'est, chez Durkheim, le rôle explicatif majeur attribué au phénomène de division sociale du travail qui engendre des solidarités de type organique et suscite, par compensation, un développement de l'individualisme. Cette tradition qui insiste sur les déterminismes sociaux, voire le fatalisme qui les gouverne, était prête intellectuellement à admettre l'existence de ces « lois cachées » que le savant aurait précisément pour vocation de mettre en évidence. De nos jours, les travaux d'un Bourdieu ou d'un Touraine, si différents voire contradictoires qu'ils apparaissent, s'inscrivent assez largement dans cette perspective qu'avait incarnée avant eux Marcel Mauss ou Georges Gurvitch.

Chez Claude Lévi-Strauss, la recherche de lois s'est orientée vers l'identification des systèmes de relations significatives qui gouvernent les phénomènes. Dans son ouvrage : *Anthropologie structurale*[2], il insiste sur la nécessité de mettre d'abord en évidence les oppositions binaires de base qui structurent les solutions sociales possibles d'un problème donné. Au niveau des « structures élémentaires de la parenté », il évoque par exemple une première opposition entre régime patrilinéaire et régime matrilinéaire de filiation ; une seconde concerne la tonalité des relations, les unes fondées sur l'affection, la familiarité, la tendresse exprimée, et les autres fondées sur la froideur, la réserve ou la ritualisation ; etc. Ainsi, la parenté, en tant qu'institution sociale,

1. Karl Popper, *Misère de l'historicisme*, Trad., rééd., Paris, Agora, 1988, p. 131.
2. Claude Lévi-Strauss, *Anthropologie structurale*, Paris, Plon, 1958, notamment p. 37 sq.

apparaît-elle comme une combinatoire d'options particulières retenues à chaque niveau d'oppositions basiques. Cette combinatoire n'est compréhensible que par rapport à d'autres théoriquement possibles mais qui n'ont pas été sélectionnées dans la culture considérée. Il est d'ailleurs intéressant intellectuellement d'observer si des combinatoires non retenues ici l'ont été ailleurs, ou ne l'ont été nulle part. Il y a là un défi à relever qui est producteur d'intelligibilité. Transposée à des problèmes plus spécifiques à la sociologie politique, la méthode consisterait par exemple à rechercher, à propos de la démocratie pluraliste, en quoi elle est l'articulation nécessaire de solutions particulières à des schémas élémentaires d'opposition binaire : sujétion/participation, gouvernement direct/gouvernement représentatif, responsabilité/irresponsabilité, etc. La structure globale doit en effet obéir à un principe de cohérence pour se pérenniser et, de ce fait, elle joue un rôle de sélection rigoureuse des solutions possibles.

Max Weber a dénoncé cette prétention selon laquelle la totalité de l'histoire serait intelligible à la lumière du principe de raison. Pour lui ce serait une illusion de croire que « le but, si éloigné soit-il, des sciences de la culture pourrait consister à élaborer un système clos de concepts qui condenserait, d'une manière ou d'une autre, la réalité dans une articulation définitive à partir de laquelle on pourrait à nouveau la déduire après coup »[1]. La notion même de loi appartient-elle en propre à l'univers du rationalisme occidental ou peut-on admettre qu'elle transcende les frontières de tout système historique et culturel ? La réponse n'est pas simple et Max Weber, en prônant une « sociologie compréhensive », s'est débattu dans de redoutables contradictions : ambitionner de rendre les faits empiriques plus intelligibles à la lumière de catégories intellectuelles d'analyse qu'il est impossible d'absolutiser ; traduire un système de croyances propres à un univers culturel déterminé en des termes qui fassent sens en dehors de lui, dans une communauté scientifique internationale par exemple.

L'imprévisibilité relative des comportements humains

La capacité de réflexion et d'initiative propre aux êtres humains n'invalide-t-elle pas définitivement la notion de loi prédictive ? L'énonciation de lois du mouvement social ou historique heurte de front tous ceux qui s'insurgent contre la minimisation du facteur personnel. C'est la position traditionnelle de nombreux philosophes ; ils voient dans

1. Max WEBER, *Essais sur la théorie de la science,* Trad., Paris, Plon, 1965, p. 175. Texte commenté par Pierre BOURETZ, *Les Promesses du monde. Philosophie de Max Weber,* Paris, Gallimard, 1994, p. 68.

cette démarche une indisponibilité radicale à l'irruption de l'événement singulier ou à la capacité de résistance au cours des choses chez des hommes exceptionnels (thèmes abondamment développés, comme le rappelle Pierre Bouretz, par Hannah Arendt ou Claude Lefort). De même, pour les tenants de l'individualisme méthodologique, les choix des acteurs ne seraient jamais totalement prévisibles puisqu'il existe toujours une marge de liberté irréductible à tout déterminisme social rigoureux[1]. En outre, la connaissance de la loi engendre des prises de conscience qui contribuent à modifier les réactions sociales. L'annonce d'une crise boursière inévitable à moyen terme peut suffire à la provoquer à court terme (la *self-fulfilling prophecy*). À l'inverse, la prévision d'une défaite électorale ou d'un effondrement du système politique peut constituer cet aiguillon mobilisateur qui permettra de prendre à temps les mesures efficaces pour l'éviter. Ainsi se trouve affectée la rigueur de la prédictivité d'une loi, telle du moins qu'on la conçoit en sciences de la nature.

Ces objections ont une très grande importance. Il n'en demeure pas moins que les réactions « créatrices » à l'annonce de l'inéluctable peuvent elles-mêmes obéir à des lois, tout aussi bien que l'exercice par l'individu de sa liberté en situation d'incertitude (calcul coût/avantage). Et si, en un sens, le réel est assurément inaccessible à l'observateur scientifique, il est possible de discerner des régularités objectives de comportements et de fonctionnements au sein de formations sociales déterminées. En d'autres termes, il est concevable de relativiser, pour mieux lui faire sa place, la notion même de loi ; de la comprendre dans un sens moins déterministe que probabiliste (le concept de « propension » chez Popper). La principale fragilité des grands systèmes d'explication totalisants[2], c'est leur difficulté à rendre compte de tous les faits mis en évidence par des enquêtes particulières ou des travaux d'historiens appliqués à une période et à un système (politique) bien circonscrit. La méfiance à l'égard des grandes tentatives de synthèse est donc largement justifiée. Mais il faut aussi savoir les considérer comme d'utiles étapes dans un processus de connaissance jamais clos, voire des outils pour apprendre à voir, tant il est vrai que « c'est la théorie qui décide de ce que nous pouvons observer » (Einstein).

1. En ce sens Raymond BOUDON, *Effet pervers et ordre social,* rééd. Paris, PUF 1989, p. 35 sq. V. également Michel CROZIER, Erhard FRIEDBERG, *L'Acteur et le système,* Paris, Seuil, 1977.

2. Par exemple le célèbre modèle AGIP de Parsons (précité). À ce sujet Guy ROCHER, *T. Parsons et la sociologie américaine,* Paris, PUF, 1972. Pour une mise au point plus récente R. ROBERTSON (Ed.), *Talcott Parsons. Theorist of Modernity,* Londres, Sage, 1991.

2. Le problème de la démonstration en sciences sociales

C'est la soumission à l'épreuve des faits qui consacre, ou non, la validité de l'hypothèse théorique. Pour Karl Popper, « la découverte d'exemples qui confirment une théorie a très peu de signification si nous n'avons pas essayé, sans succès de découvrir des réfutations »[1]. On n'a pas dégagé une loi simplement parce que l'on a découvert des faits qui illustrent l'hypothèse. En effet, rien ne garantit que d'autres faits, involontairement écartés ou non soupçonnés, ne contredisent pas les premiers. Une théorie explicative n'a donc de réelle validité qu'à condition d'être falsifiable. Aux yeux de Popper, un système d'hypothèses remplit cette condition lorsqu'il permet de « diviser en deux groupes l'ensemble de tous les énoncés possibles : ceux avec lesquels il est contradictoire et ceux avec lesquels il est compatible. Nous trouvons, parmi ces derniers, les conclusions qui peuvent en être dérivées[2] ». Une loi qui s'applique, quels que soient les résultats enregistrés de l'observation, n'est pas une loi ; elle n'est pas prédictible. Mais, dans le même ouvrage, Popper considère qu'il est très difficile de réunir les conditions nécessaires à l'épreuve de falsifiabilité, donc de prouver une explication savante et ce, y compris dans les sciences de la matière (ou sciences dures). Il observe qu'en fait une loi sera souvent réputée vraie parce qu'elle rend compte, de façon acceptable logiquement, du plus grand nombre possible de données, à la fois distinctes entre elles et minutieusement établies. Or, en sciences sociales, il est tout à fait exceptionnel que ces conditions soient réunies : les matériaux disponibles étant pratiquement toujours insuffisamment abondants, et jamais totalement comparables, pour être définitivement probants.

Dès lors faut-il, parce que la barre se trouve placée trop haut, renoncer à l'idée de démonstration dans l'étude des processus sociaux ? Jean-Claude Passeron ne le pense pas. Relevant à juste titre combien malgré l'engouement officiel, les sciences sociales sont en réalité fort peu popperiennes, il considère que, contrairement à l'hypothèse d'unité du raisonnement scientifique, les critères de validation sont tout à fait différents ici de ce qu'ils sont dans les sciences de la matière. En physique ou en biochimie, la soumission à l'épreuve empirique privilégie l'expérimentation. Cela signifie que le chercheur intervient sur les conditions de l'expérience, peut manipuler les variables et reproduire la situation d'expérimentation. En sociologie,

1. Karl POPPER, *Misère de l'historicisme*, Trad., rééd., Paris, Agora, 1988, p. 168.
2. Karl POPPER, *La Logique de la découverte scientifique,* Trad., rééd., Paris, Payot, 1990, p. 90.

c'est l'observation des faits et non l'expérimentation qui est la règle. Elle se caractérise par la difficulté voire l'impossibilité d'intervention et par la non-reproductibilité du contexte. Dès lors, on ne peut jamais soumettre l'énoncé théorique à l'épreuve de falsifiabilité au sens de Popper. Pourtant, à ses yeux, la soumission à l'épreuve empirique est susceptible d'avoir une capacité de validation, proportionnellement au degré de « protocolarisation du langage de description » de la réalité[1]. Il entend par là un accord rigoureux sur les conventions de langage, sur la définition et les limites des techniques d'investigation. La conclusion à laquelle se rallient en fait les chercheurs en sciences sociales, c'est qu'il existe différents critères de scientificité et, partant, une diversité de conceptions concernant la notion même de loi[2].

C Saisir ce qui fait sens

Pour Durkheim, le milieu social est la source de toute explication des faits sociaux. « Puisque l'autorité devant laquelle s'incline l'individu quand il agit, sent ou pense socialement, le domine à ce point, c'est qu'elle est un produit de forces qui le dépassent et dont il ne saurait, par conséquent, rendre compte. Ce n'est pas de lui que peut venir cette poussée extérieure qu'il subit ; ce n'est donc pas ce qui se passe en lui qui le peut expliquer[3] ». Cette démarche tourne donc le dos à toute entreprise de reconstitution généalogique du phénomène collectif à partir des comportements individuels agrégés et, *a fortiori*, des micromotivations des acteurs.

Max Weber insiste au contraire sur la possibilité de comprendre n'importe quel phénomène collectif (politique) dès lors qu'on en dégage la rationalité particulière, c'est-à-dire ce qui fait sens aux yeux des acteurs eux-mêmes, engagés dans des relations sociales concrètes. « La notion de sens veut dire ici ou bien le sens *visé* subjectivement et réellement par un agent dans un cas historiquement donné... ou par des agents dans une masse donnée de cas, ou bien ce même sens visé subjectivement dans un *pur* type construit conceptuellement par l'agent, ou les agents conçus comme des types. Ce n'est donc pas un sens quelconque objectivement *juste* ni un sens *vrai* élaboré métaphysiquement. C'est en cela que consiste la différence entre les sciences

1. Jean-Claude PASSERON, *Le Raisonnement sociologique*, Paris, Nathan, 1992, p. 362.
2. En ce sens, Anthony GIDDENS, *La Constitution de la société*, Trad., Paris, PUF, 1987, p. 410 à 414.
3. Émile DURKHEIM, *Les Règles de la méthode sociologique* (1895), rééd. Paris, PUF, 1990, p. 101.

empiriques de l'activité comme la sociologie ou l'histoire, et toutes les sciences dogmatiques... qui cherchent à explorer le sens juste et valable de leur objet »[1]. Le noyau dur de sa sociologie compréhensive se trouve présent dans cette définition. Il ne s'agit plus de lire les phénomènes étudiés à la lumière d'une Raison universelle, qui juge (et condamne) les errements ou les écarts, mais de mobiliser un principe de rationalité limitée, attentifs aux dimensions émotionnelles comme aux jugements de valeurs propres à l'univers considéré.

Toute institution, y compris les pratiques magiques auxquelles il aura consacré une brève étude, est donc rationalisable dans le contexte social qui est le sien, compte tenu des schémas culturels en vigueur, des niveaux de connaissance atteints, des rapports sociaux dominants. L'observateur pourra la « comprendre », c'est-à-dire saisir les logiques à l'œuvre, les significations dont elle est porteuse, les fonctions qu'elle remplit, à deux conditions : d'une part accumuler une masse suffisante d'informations sur les agents sociaux ; d'autre part s'évader de ses propres schémas mentaux qui lui rendent difficile l'interprétation de ce qui se passe dans un autre univers que le sien (problème de l'ethno- ou du sociocentrisme). Autant en effet on peut postuler que, dans le cadre de la *Zweckrationalität* (rationalité instrumentale), les logiques de maximisation des intérêts ou d'optimisation (coûts/avantages) soient universellement partagées, autant la *Wertrationalität*[2] introduit l'observateur dans des systèmes de croyances hautement différenciées aussi bien dans l'espace que dans le temps. Comprendre les Nambikwaras du Brésil demande à Claude Lévi-Strauss un double travail, de distanciation par rapport à sa culture d'origine et d'empathie vis-à-vis de celle qu'il étudie, dont on peut toujours douter qu'il puisse être mené à bien jusqu'au bout. Clifford Geertz a consacré à ce problème une étude qui met en évidence, avec beaucoup de finesse et d'humour, les dangers et travers auxquels ont succombé les plus célèbres ethnologues[3].

À l'opposé de la démarche weberienne, la perspective holiste, qui était celle de Durkheim, irrigue de nombreux courants des sciences sociales au XXe siècle, de Lévi-Strauss à Bourdieu. Pourtant, ce dernier semble également admettre l'importance d'être attentif à ce qui fait sens au niveau des acteurs eux-mêmes, pour affiner (ou assurer) la compréhension du phénomène social. L'auteur de *La Distinction* reconnaissait déjà la nécessité de compléter l'analyse statistique par des analyses qualitatives s'appuyant sur un petit nombre de cas (y

1. Max WEBER, *Économie et société,* Trad., rééd., Paris, Agora, 1995, t. I, p. 28 et 29.
2. Rationalité logiquement adaptée à la concrétisation des valeurs particulières auxquelles adhère l'individu.
3. Clifford GEERTZ, *Ici et là-bas*, Trad., Paris, Métailié, 1996.

compris des « analyses littéraires »). « Capitales pour *comprendre,* c'est-à-dire expliquer complètement ce que les statistiques ne font que constater[1] » sont ces techniques d'observation qui affinent l'analyse des régularités objectives de comportements. Comprendre un phénomène c'est donc à la fois saisir les relations qui s'établissent entre les pratiques des agents et les régulations qu'ils subissent, mais aussi reconstituer la logique propre à ces systèmes de régulations, notamment en relation avec les phénomènes de domination de classe ; c'est aussi identifier quels sont les usages sociaux ou les fonctions effectivement remplies par un phénomène donné.

Pour Raymond Boudon, au contraire, « les méthodes holistes ne correspondent qu'à des phases initiales de la recherche. Elles ont une valeur heuristique plutôt qu'une vertu explicative[2] ». Une corrélation statistique, une régularité objective de comportement social restera à la fois obscure et incertaine « tant qu'on n'aura pas réussi à la ramener aux actions individuelles qui la composent[3] ». En d'autres termes, on ne s'intéressera pas seulement aux causes sociales d'un comportement, mais aussi aux raisons que les acteurs se donnent comme à celles qui les ont effectivement inspirés. Celles-ci impliquent non seulement le calcul dicté par des intérêts, mais plus largement toutes raisons qui font sens pour l'individu : par exemple le souci de se conformer à un rôle prédéfini, celui d'affirmer son attachement à des valeurs. Raymond Boudon observe que, fréquemment, les informations nécessaires font défaut, qui permettraient d'aller jusqu'à ce stade final de la compréhension. C'est pourquoi, en sciences sociales, les explications qui s'arrêtent ainsi à mi-chemin, se révèlent à ses yeux si souvent démenties ultérieurement par les faits, ou incapables d'anticiper réellement ce qui va se passer lorsqu'une cause efficiente varie. Inversement, Boudon relève que même un Durkheim accepte d'être infidèle à ses principes pour aller plus loin dans la compréhension d'un phénomène. Ayant mis en évidence des corrélations statistiques entre cycles économiques et cycles du suicide, il entreprit en effet de formuler des hypothèses psychologiques sur les raisons qui poussent des individus à se donner la mort à tel ou tel moment. Et c'est seulement à partir de ces hypothèses que Durkheim put « comprendre » le sens de la corrélation constatée au niveau macrosocial.

1. Pierre BOURDIEU, *Questions de sociologie,* Paris, Minuit, 1981, p. 291. Cette démarche s'est encore affirmée davantage dans des travaux ultérieurs, notamment *La misère du monde,* Paris, Seuil, 1993.

2. Raymond BOUDON, *L'Idéologie,* Paris, Fayard, 1986, p. 313.

3. Raymond BOUDON, *Dictionnaire de sociologie,* article « Action », Paris, PUF, 1982, p. 6.

Cette controverse sur le niveau auquel chercher l'explication en sciences sociales, et en sociologie politique, interfère avec le point de savoir quelle est la place de l'analyse psychologique dans la démarche sociologique. Rappelons-le, le refus quasi général de tout psychologisme est justifié lorsqu'il vise une compréhension de l'action collective par la mise à nu des mobiles singuliers des acteurs, voire de leurs traits de personnalité. C'est là une entreprise à la fois inaccessible et vaine. En effet, les matériaux pertinents seront presque toujours insuffisants pour permettre une intelligibilité même approximative de ces phénomènes ; en outre, les phénomènes collectifs se construisent à partir d'interactions conditionnées par des situations socialement construites.

Il n'en demeure pas moins que refuser la prise en compte des dimensions émotionnelles de la vie sociale mutilerait gravement l'observation et la compréhension du réel. C'est la force du courant dit de « l'interactionnisme symbolique » (Goffman mais aussi Élias) de prendre au sérieux l'étude des logiques sociales et des politiques publiques productives de gratifications (ou de coûts) au niveau psychosociologique. Les institutions, les systèmes politiques, les mécanismes de socialisation légitiment, ou stigmatisent, diverses formes d'agressivité ; ils instaurent des mécanismes différenciés de gestion de l'angoisse (hétérophobies, discours de haine ou du ressentiment, mises en œuvre d'une responsabilité politique ou pénale...) ; ils offrent à chaque individu des possibilités sélectives de projections qui flattent l'estime de soi (allégeances identitaires, adhésion à des valeurs de liberté ou de solidarité, engagement au service d'une grande cause). Réciproquement, les comportements effectifs, colorés émotionnellement : par exemple la colère des manifestants, la déception des électeurs..., exercent bien entendu des effets en retour sur le fonctionnement du système politique.

Ainsi la compréhension en profondeur des phénomènes politiques implique-t-elle une démarche exigeante mais une posture modeste. En effet, la véritable connaissance n'est jamais achevée ; les interprétations sont toujours provisoires, aucun savoir n'est définitivement clos. Ce constat peut décevoir. Il autorise, pourtant, une éthique de la science qui débouche sur une forme de sagesse, respectueuse des individus, de leurs croyances (même « irrationnelles ») et de leurs aspirations. Claude Lévi-Strauss le dit très bien lorsqu'il confiait dans un entretien, au soir de sa vie : « D'un côté je mets ma foi dans la connaissance scientifique... En même temps, il m'apparaît que chaque problème résolu ou que nous croyons l'être, en fait surgir de nouveaux, et ainsi de suite indéfiniment... Même si nous sommes voués à aller d'apparences en apparences, il n'est pas indifférent de savoir qu'il est sage de s'arrêter quelque part, et où. Entre les apparences de surface et la quête épuisante d'un sens derrière le sens qui n'est jamais le bon, une expérience plurimillénaire semble montrer qu'il existe un niveau intermédiaire où les hommes ont avantage à se placer parce qu'ils y trouvent plus de confort moral et intellectuel... Ce niveau est celui de la connaissance scientifique, de l'activité intellectuelle et de la création artistique »[1].

Orientation bibliographique

Classiques

ADORNO Theodor, POPPER Karl, *De Vienne à Francfort, La querelle allemande des sciences sociales*, Paris, Complexe, 1979.

ARON Raymond, *Introduction à la philosophie de l'histoire* (1938), rééd. Paris, Gallimard, 1986.

BACHELARD Gaston, *La Formation de l'esprit scientifique,* 6e édition, Paris, Vrin, 1969.

BOUDON Raymond, LAZARSFELD Paul, *L'Analyse empirique de la causalité,* La Haye, Mouton, 1966.

BOURDIEU Pierre, CHAMBOREDON Jean-Claude, PASSERON Jean-Claude, *Le Métier de sociologue,* La Haye, Mouton, 1968.

DURKHEIM Émile, *Les Règles de la méthode sociologique* (1895), rééd., Paris, PUF, 1990.

ÉLIAS Norbert, *La Société des individus* (1939), Trad., Paris, Fayard, 1991.

FOUCAULT Michel, *L'Archéologie du savoir,* Paris, Gallimard, 1969.

GOFFMAN Erving, *Les cadres de l'expérience* (1974), Trad., Paris, Minuit, 1991.

HABERMAS Jürgen, *La Technique et la science comme idéologie,* Trad., Paris, Gallimard, 1993.

KUHN Thomas, *La Structure des révolutions scientifiques* (1962), Trad., Paris, Flammarion, 1983.

LAKATOS Imre, *Histoire et méthodologie des sciences* (1986), Trad., Paris, PUF, 1994.

LÉVI-STRAUSS Claude, *Anthropologie structurale,* t. I, Paris, Plon, 1958.

1. Claude LÉVI-STRAUSS, *De près et de loin. Entretiens avec Didier Eribon,* Paris, Odile Jacob, 1988, p. 224-225.

MERTON Robert, *Éléments de théorie et de méthode sociologique* (1957), Trad., Paris, Plon, 1965.

POPPER Karl, *Misère de l'historicisme* (1944), Trad., rééd. Paris, Agora, 1988.

POPPER Karl, *La Logique de la découverte scientifique*, Trad., Paris, Payot, 1990.

SCHÜTZ Alfred, *Le Chercheur et le quotidien* (1971), Trad., Paris, Klincksieck, 1987.

SIMMEL Georg, *Sociologie et épistémologie* (1908), Trad., rééd. Paris, PUF 1981.

WEBER Max, *Économie et Société,* Chap. I (1922), Trad., rééd. Paris, Agora, 1995.

WEBER Max, *Essais sur la théorie de la science* (1922), Trad., Paris, Plon, 1965.

Études contemporaines

* *Sur des problèmes d'épistémologie*

ANDLER Daniel (Dir.), *Introduction aux sciences cognitives,* Paris, Gallimard, 1992.

BALME Richard, CAUTRÈS Bruno (Dir.), « La rationalité et les fondements de la démocratie », *L'Année Sociologique* (47) 1997, p. 17 sq.

BERTHELOT Jean-Michel (Dir.), *Épistémologie des sciences sociales*, Paris, PUF, 2001.

BERTHELOT Jean-Michel, *L'Intelligence du social,* Paris, PUF, 1991.

BOLTANSKI Luc, *Les Cadres. La formation d'un groupe social*, Paris, Minuit, 1982.

BOLTANSKI Luc, THÉVENOT Laurent, *La Justification. Essai sur les économies de la grandeur*, Paris, Gallimard, 1991.

BORELLA François, *Critique du savoir politique,* Paris, PUF, 1990.

BOUDON Raymond, *La Logique du social,* Paris, Hachette, 1979.

BOUDON Raymond, *Effet pervers et ordre social,* rééd., Paris, PUF, 1989.

BOURDIEU Pierre, *Le Sens pratique,* Paris, Minuit, 1980.

BOURDIEU Pierre, *Questions de sociologie,* Paris, Minuit, 1980.

BOURDIEU Pierre, *Homo Academicus,* Paris, Minuit, 1984.

BOURDIEU Pierre, « Comprendre », *in* P. BOURDIEU (Dir.), *La Misère du monde,* Paris, Seuil, 1993, p. 903 sq.

BOURETZ Pierre, *Les Promesses du monde. Philosophie de Max Weber,* Paris, Gallimard, 1996.

BRINBERG David, MCGRATH Joseph, *Validity and the Research Process,* Beverley Hills, Sage, 1988.
CALLON Michel (Dir.), *La Science et ses réseaux,* Paris, La Découverte, 1988.
CHALMERS Alan, *Qu'est-ce que la science ? Récents développements en philosophie des sciences : Popper, Kuhn, Lakatos, Feyerabend* (1976), Trad., Paris, La Découverte, 1987.
DESROSIÈRES Alain, THÉVENOT Laurent, *Les Catégories socioprofessionnelles,* 5e édition, Paris, La Découverte, 2002.
DOGAN Mattéi, PAHRE Robert, *L'Innovation dans les sciences sociales. La marginalité créatrice*, Paris, PUF, 1991.
DOWNS Anthony, *Political Theory and Public Choice*, Cheltenham, Elgar, 1998.
DUBET François, *Sociologie de l'expérience*, Paris, Seuil, 1994.
ÉLIAS Norbert, *Qu'est-ce que la sociologie ?* (1970), Trad., Aix-en-Provence, Éd. de l'Aube, 1991.
ELSTER Jon, *Explaining Social Behavior. More Nuts and Bolts for the Social Sciences*, Cambridge, Cambridge University Press, 2007.
FEYERABEND Paul, *Contre la méthode* (1975), Trad., Paris, Seuil, 1979.
GARFINKEL Harold, *Arguments ethnométhodologiques* (1967), Trad., Paris, EHESS, 1985.
GEERTZ Clifford, *Savoir local, savoir global,* Trad., Paris, PUF, 1986.
GEERTZ Clifford, *Ici et Là-bas* (1988), Trad., Paris, Métailié, 1996.
GIDDENS Anthony, *La Constitution de la société* (1984), Trad., Paris, PUF, 1987.
GIL Didier, *Bachelard et la culture scientifique*, Paris, PUF, 1993.
HABERMAS Jürgen, *Logique des sciences sociales et autres essais*, Trad., Paris, PUF, 1991.
HACKING Jan, *Entre science et réalité, la construction sociale de quoi ?*, Paris, La Découverte, 2001.
JACOB Pierre, *Pourquoi les choses ont-elles un sens ?*, Paris, Odile Jacob, 1997.
LACROIX Bernard, « Ordre politique et ordre social. Objectivisme, objectivation et analyse politique », *in* M. GRAWITZ, J. LECA, *Traité de science politique*, Paris, PUF, 1985, t. I, p. 469 et s.
LAHIRE Bernard, *L'Homme pluriel. Les ressorts de l'action*, Paris, Nathan, 1998.
LATOUR Bruno, *Changer de société. Refaire de la sociologie*, Paris, La Découverte, 2006.
LATOUR Bruno, *La Science en action,* Paris, La Découverte, 1989.
MILLER Gale, HOLSTEIN James (Eds.), *Constructionist Controversies. Issues in Social Problems Theory,* New York, Aldine de Gruyter, 1993.

PADIOLEAU Jean, *L'Ordre social. Principes d'analyse sociologique*, Paris, L'Harmattan, 1986.

PASSERON Jean-Claude, *Le Raisonnement sociologique. L'espace non popperien du raisonnement naturel,* Paris, Nathan, 1992.

QUÉRÉ Louis, *La Sociologie à l'épreuve de l'herméneutique. Essais d'épistémologie des sciences sociales*, Paris, L'Harmattan, 1999.

PUTNAM Hilary, *Représentation et réalité* (1988), Trad., Paris, Gallimard, 1990.

SAYER Andrew, *Realism and Social Science*, Londres, Sage, 1999.

SCHARPF Fritz, *Games Real Actors Play. Actor-centerd Institutionnalism in Policy Research*, Boulder, Westview Press, 1997.

SEARLE John, *La Construction de la réalité sociale,* (1995) Trad., Paris, Gallimard, 1999.

SPERBER Dan, WILSON Deirdre, *La Pertinence. Communication et cognition,* Trad., Paris, Minuit, 1989.

TURNER Jonathan, « A New Approach for Theoretically Integrating Micro and Macro Analysis », *in* C. CALHOUN, C. ROJEK, B. TURNER, *The Sage Handbook of Sociology*, Londres, Sage, 2005.

TOURAINE Alain, *Production de la société,* Paris, Seuil, 1973.

VEYNE Paul, *Comment on écrit l'histoire,* (1971), rééd., Paris, Seuil, 1978.

WALLERSTEIN Immanuel, *The Uncertainties of Knowledge*, Philadelphie, Temple University Press, 2004.

* *Sur des questions de méthodologie*

ANTOINE Jacques, *Histoire des sondages*, Paris, Odile Jacob, 2005.

ARBORIO Anne-Marie, FOURNIER Pierre (Dir.), *L'Enquête et ses méthodes. L'observation directe*, Paris, A. Colin, 2008.

BLONDIAUX Loïc, *La Fabrique de l'opinion. Une histoire sociale des sondages,* Paris, Seuil, 1998.

BONVILLE Jean de, *L'Analyse de contenu des médias. De la problématique au traitement statistique*, Bruxelles, De Boeck, 2006.

BRADY Henry, COLLIER David (Eds.), *Rethinking Social Inquiry. Diverse Tools, Shared Standards*, Lanham, Rowman and Littlefield, 2004.

BRULÉ Michel, *L'Empire des sondages. Transparence et manipulation*, Paris, Robert Laffont, 1988.

CAYROL Roland, *Sondages mode d'emploi*, Paris, Presses de Sciences Po, 2000.

CHAMPAGNE Patrick, *Faire l'opinion. Le nouveau jeu politique,* Paris, Minuit, 1990.

CHAMPAGNE Patrick, LENOIR Rémi, MERLLIÉ Dominique, PINTO Louis, *Initiation à la pratique sociologique,* 3e édition, Paris, Dunod, 1996.

CHARAUDEAU Patrick (Dir.), *Dictionnaire d'analyse du discours*, Paris, Seuil, 2002.

CHAUVEL Louis, *Le Destin des générations. Structure sociale et cohortes en France au XXe siècle*, 2e édition, Paris, PUF, 2002.

CURAPP, *Les Méthodes au concret. Démarches, formes de l'expérience et terrains d'investigation en science politique*, Paris, PUF, 2000.

DÉLOYE Yves, *Sociologie historique du politique*, 3e édition, Paris, La Découverte, 2003.

DESROSIÈRES Alain, *La Politique des grands nombres. Histoire de la raison statistique*, 3e édition, Paris, La Découverte, 2003.

EMMISON Michael, SMITH Philip, *Analyzing Images in Social and Cultural Studies*, Londres, Sage, 2000.

FRADIN Bernard, QUÉRÉ Louis, WIDMER Jean (Dir.), *L'enquête sur les catégories. De Durkheim à Sacks*, Paris, EHESS, 1994.

FRANZOSI Roberto, *From Words to Numbers. Narrative, Data and Social Science,* Cambridge, Cambridge University Press, 2003.

FREYSSINET-DOMINJON Jacqueline, *Méthodes de recherche en sciences sociales,* Paris, Montchrestien, 1997.

GARRIGOU Alain, *L'Ivresse des sondages*, Paris, La Découverte, 2006.

GÉRARD-VARET Louis, PASSERON Jean-Claude (Dir.), *Le Modèle et l'enquête. Les usages du principe de rationalité dans les sciences sociales*, Paris, EHESS, 1995.

LEHINGUE Patrick, *Subunda. Coups de sonde dans l'océan des sondages*, Bellecombe en Bauges, Éd. du Croquant, 2007.

LOUBET DEL BAYLE Jean-Louis, *Initiation aux méthodes des sciences sociales*, Paris, L'Harmattan, 2000.

MAINGUENEAU Dominique, *Analyser les textes de communication*, 2e édition, Paris, A. Colin, 2007.

MAIRESSE Jacques, *Estimations et sondages. Cinq contributions à l'histoire de la statistique*, Paris, Economica, 1988.

MARQUIS Lionel, *Sondages d'opinion et communication politique*, Cahiers du Cevipof (38), janvier 2005.

MAX Alfred, *La République des sondages*, Paris, Gallimard, 1981.

MEYNAUD Hélène, DUCLOS Denis, *Les Sondages d'opinion,* Paris, 2e édition, La Découverte, 2007.

PAILLE Pierre (Dir.), *La Méthodologie qualitative. Postures de recherche et travail de terrain*, Paris, A. Colin, 2006.

PENNINGS Paul, KERMAN Hans, KLEINNIJENSHUIS Jan, *Doing Research in Political Science. An Introduction to Comparative Methods and Statistics*, 2e édition, Londres, Sage, 2005.

PERETZ Henri, *Les Méthodes en sociologie. L'observation*, Paris, La Découverte, 2004.

RIHOUX Benoît, GRIMM Heike (Eds.), *Innovative Comparative Methods for Policy Analysis. Beyond the Quantitative/Qualitative Divide*, Dordrecht, Kluwer Academic Publishers, 2005.

RINGOOT Roselyne, ROBERT-DEMONTROND Philippe (Dir.), *L'Analyse de discours*, Rennes, Apogée, 2004.

SEILER Daniel-Louis, *La Méthode comparative,* Paris, A. Colin, 2004.

VIGNAUX Georges, *Le Démon du classement*, Paris, Seuil, 1999.

VIGOUR Cécile, *La Comparaison dans les sciences sociales*, Paris, La Découverte, 2005.

Lexique

Abstention
Le fait pour un électeur de ne pas se rendre aux urnes à l'occasion d'un scrutin légalement organisé (à distinguer de la non-inscription sur les listes électorales).

Achat de vote
Pratique de corruption qui consiste à rémunérer directement l'électeur pour son vote favorable. Selon le mode de rétribution, plus ou moins différé, cette pratique peut se rapprocher du clientélisme (Schaffer).

Acculturation
Assimilation par un groupe des traits culturels propres à un autre groupe.

Action collective
Mobilisation de groupes d'individus tournée en apparence vers des objectifs communs, mais le plus souvent inspirée par des logiques diversifiées auxquelles un mécanisme intégrateur donne une efficacité globale.

Action publique
À la différence de l'expression : politique publique (voir *infra*) qui renvoie à l'activité d'un État central, la notion d'action publique insiste sur le caractère multiniveaux des processus décisionnels (infra et supra-étatique), et l'importance des partenariats privé/public dans leur mise en œuvre.

Agenda politique
Quand les problèmes de société sont perçus par les politiques comme appelant un débat, voire une intervention des autorités compétentes, le phénomène entraîne une sorte d'inscription à l'ordre du jour de leurs préoccupations.

Agrégation des intérêts
Travail par lequel les groupes de pression ou les acteurs politiques donnent cohérence et unité à des intérêts disparates.

Agressivité
Disposition psychologique génératrice d'attitudes et de comportements à la fois dynamiques et destructeurs. Source de créativité aussi bien que de dommages ou d'altérations dans le système social.

Apolitisme
Attitude faite d'indifférence ou de rejet à l'égard des compétitions partisanes.

Artefact
Phénomène artificiellement construit par le seul effet des méthodes employées au stade de l'observation ou de l'expérimentation d'un phénomène.

Attente
Disposition des acteurs dominée par le sentiment subjectif qu'une action publique à leur avantage doit être entreprise.

Autoritaire (État, régime)
Forme de gouvernement qui interdit l'expression publique d'un *dissensus* (*i.e.* l'affichage de désaccords dans la presse ou l'existence d'une opposition dans la vie politique).

Autorité
Modalité du pouvoir d'influence fondée sur le statut, la compétence ou le charisme de celui qui l'exerce.

Bandwagon (Effet)
Attitude des enquêtés qui consisterait à rallier le candidat qui est situé en tête dans un sondage, augmentant ainsi son avance.

Béhavioralisme
Voir comportementalisme.

Biais
Facteur non contrôlé qui introduit une distorsion dans le rapport de l'observateur à l'objet observé.

Bureaucratie
Littéralement : gouvernement par les bureaux, c'est-à-dire par l'administration. Envisagée de façon péjorative dans les deux traditions libérale et marxiste, elle est, au contraire, l'élément positif fondamental de la domination légale-rationnelle chez Max Weber.

Carrière politique
Activité des représentants (élus ou non) caractérisée par la professionnalisation et l'existence d'un *cursus honorum* hiérarchisé.

Capital politique
Dans le vocabulaire de Pierre Bourdieu, ensemble des ressources qui permettent à des agents sociaux d'exercer du pouvoir ou de l'influence dans l'arène politique.

Catégories (d'analyse)
Schèmes de perceptions de la réalité construits par l'observateur. Au contraire des catégories au sens kantien qui sont des formes *a priori* de l'entendement.

Causalité politique
Processus selon lequel les acteurs politiques s'imputent (ou se voient imputer) la responsabilité exclusive d'un processus décisionnel complexe.

Causalité scientifique
Ensemble des facteurs intercorrélés qui génèrent, de façon plus ou moins probabiliste, un phénomène déterminé.

Champ social
Espace structuré de positions ou de postes dont les propriétés peuvent être analysées indépendamment des caractéristiques de leurs occupants, parce qu'elles sont gouvernées par les logiques sociales du champ (Bourdieu).

Charisme
Capacité de séduction politique d'un leader fondée sur les qualités extraordinaires qui lui sont imputées (Weber).

Citoyenneté
Capacité d'exercer les droits liés à la participation politique de type démocratique.

Classe sociale
Ensemble d'individus, relativement homogène du double point de vue de leurs conditions concrètes d'existence, et des normes et valeurs qu'ils croient partager. Ensemble d'individus défini par leur place dans le processus de production (Marx).

Clientélisme
Système de rapports sociaux à la fois inégalitaires et personnalisés, dominé par un échange de prestations jugé mutuellement avantageux.

Coalition de cause
Traduction du terme *advocacy coalition*, l'expression désigne la convergence des préoccupations qui conduit journalistes, responsables politiques, élus locaux, responsables associatifs à se focaliser sur un même enjeu (la crise des banlieues, le malaise des jeunes...).

Code (culturel)
Schèmes de perceptions, de comportements ou d'appréciations, socialement construits et organisés selon un principe de cohérence.

Coercition
Contrainte physique incluant le cas échéant une violence matérielle.

Communauté
Au sens de *Gemeinschaft :* ensemble d'individus unis par des liens durables, à la fois affectifs et non volontaires : ceux du village ou de la corporation professionnelle, ceux de la famille ou du groupe ethnoculturel (Tönnies).

Communication politique
Stratégie d'échange de messages (informations et signaux symboliques) entre acteurs politiques ou entre eux et les citoyens.

Comportementalisme
Mode d'approche empirique des activités des agents sociaux, par opposition notamment à la théorie purement spéculative, ou encore à la sociologie compréhensive (voir *infra*).

Compréhensive (Sociologie)
Étude de l'activité sociale qui privilégie la recherche de ce qui fait sens pour les individus ou les groupes concernés (Weber).

Configuration
Figure globale et changeante, formée par des individus interdépendants, lorsqu'ils entrent dans une interaction sociale (Élias).

Conflit
Interaction sociale mettant en jeu des opinions, des attitudes, des comportements antagonistes ou hostiles (Coser).

Conjoncture (politique)
Ensemble des circonstances qui façonnent un équilibre momentané des rapports de forces observables sur la scène politique.

Consensus
Convergence, explicite ou implicite, des jugements d'appréciation sur un objet politique déterminé.

Constructivisme
Approche épistémologique, de parenté phénoménologique, qui insiste sur le primat des représentations socialement constituées du réel, par opposition à une connaissance *immédiate* de ce réel (Schütz).

Contextualité
L'environnement d'une action ou d'une interaction dans un espace-temps (Giddens).

Contrôle social
Ensemble des régulations qui pèsent sur les agents sociaux, qu'elles soient ou non rapportables à la volonté des gouvernants.

Corporatisme
Conception de l'organisation politique fondée sur la collaboration obligatoire des classes sociales, notamment les patrons et les salariés, au sein d'organismes (les corporations) dotés de certains pouvoirs réglementaires sous la surveillance de l'État.

Crise politique
1. Renversement du gouvernement ou dislocation de son homogénéité, dans un régime représentatif.
2. Déstabilisation des régulations routinières propres à un régime ou un système politique, sous l'effet d'antagonismes non maîtrisés (Pye, Schelling).

Croyance
Proposition indémontrée ou indémontrable suscitant une adhésion fondée sur une forme de « remise de soi » (Pareto).

Culturalisme
Le mot désigne péjorativement la tendance à privilégier, dans l'explication savante des comportements, le poids des croyances collectives, réputées à tort être communément partagées.

Culture parochiale
Système de perceptions, de savoirs et d'identifications politiques circonscrits à un horizon limité (la *paroisse,* l'espace local ou tribal).

Culture politique
Héritage de savoirs, de croyances et de valeurs qui donnent sens à l'expérience routinière que les individus ont de leurs rapports au pouvoir qui les régit et aux groupes qui leur servent de référence identitaire.

Cumul des mandats
Exercice simultané de deux ou plusieurs mandats électifs.

Décentralisation
Transfert de compétences du pouvoir central au profit d'institutions publiques dotées d'organes distincts de ceux de l'État (collectivités territoriales ou établissements publics).

Déconcentration
Transfert de compétences interne à une institution, du niveau central vers les niveaux inférieurs de décision.

Démocratie
Régime politique considéré par la doxa comme instaurant le *gouvernement du Peuple par le Peuple et pour le Peuple* (Lincoln). Système de gouvernement impliquant un élément important de participation populaire (Schumpeter, Finley).

Démocratie pluraliste
Mode de gouvernement fondé sur la libre compétition des candidats et des partis politiques en vue d'exercer le pouvoir au nom du Peuple.

Dérégulation
Mouvement contemporain tendant à alléger, voire supprimer, les réglementations juridiques imposées à l'activité économique.

Désenchantement (du monde)
Perte de conviction éthique ou de sens du mystère qui affecte les sociétés contemporaines sous l'influence du progrès des sciences (Weber).

Déterminisme
Théorie générale de la causalité des phénomènes sociaux qui insiste sur l'importance des lois par rapport à l'action libre des acteurs.

Développement politique
École de politistes américains qui situe les systèmes politiques sur une échelle linéaire d'institutionnalisation et de modernisation croissante (Apter).

Domination
Mode de gouvernement envisagé sous l'angle de l'assujettissement des gouvernés à des gouvernants (Weber). Mode de distribution inégale des ressources de pouvoir dans la société (Clegg).

Doxa
L'ensemble des représentations sociales admises sans discussion ni examen, comme allant de soi, avec un sentiment d'évidence et de nécessité produit par la convergence des discours dominants (Bourdieu).

Écologique (analyse)
Analyse des phénomènes électoraux privilégiant l'explication par les variables lourdes de l'environnement sociologique.

Effet d'annonce
Pratique des gouvernants recherchant le soutien de l'opinion dans le simple fait de choisir habilement le moment, la forme, le lieu d'une initiative quelconque, indépendamment de la suite concrète qui pourra lui être apportée.

Estime de soi
Motivation profonde de l'agir, fondée sur la quête d'authenticité (Taylor) ou, du moins, la recherche de valorisation personnelle au regard des valeurs de référence dominantes.

État
1. Le pouvoir monopolisateur de la coercition légitime au sein de la société globale.
2. Ensemble territorial juridiquement organisé, envisagé comme sujet de Droit international (les États membres de l'ONU).

État de droit
Caractère d'un État où la protection des droits fondamentaux des personnes se trouve effectivement garantie par la mise en œuvre d'un ensemble de règles institutionnelles, de normes juridiques et de procédures juridictionnelles.

Ethnie
Groupe dont les membres se considèrent, à tort ou à raison, comme ayant une même origine voire un même ancêtre (Weber).

Ethos
Système de dispositions socialement constitué qui structure les perceptions du monde propres à un groupe ou une classe (Bourdieu). Parfois utilisé par cet auteur comme pratiquement synonyme d'habitus collectif.

Falsifiabilité
Caractère d'une hypothèse permettant de diviser en deux groupes l'ensemble des énoncés possibles : ceux avec laquelle ils sont contradictoires et ceux avec laquelle ils ne le sont pas (Popper).

Fédéralisme
Mode d'organisation interne à l'État, caractérisé par une autonomie, constitutionnellement réglée, des entités fédérées.

Fonctionnalisme
Écoles de pensée qui focalisent l'attention de la recherche sur les besoins et aspirations satisfaits par les institutions (comprises au sens large). Il existe plusieurs fonctionnalismes (Malinowski, Merton).

Forclusion
Rejet d'un événement, d'une interprétation ou d'un problème s'accompagnant d'un refoulement producteur de dynamismes émotionnels compensatoires (Lacan).

Frontière
Délimitation d'espaces politiques ayant des implications juridiques mais aussi symboliques.

Frustration
État subjectif douloureux provoqué par une interférence extérieure dans un désir orienté vers un but (Gurr).

Gemeinschaft
Voir Communauté.

Genre
Système, construit socialement, de différenciations des rôles entre les sexes.

Gesellschaft
Association d'individus fondée sur une participation volontaire, et tournée vers une utilité commune (Tönnies).

Gouvernance
Mode de gestion et prise de décision, au sein d'une entreprise ou d'une entité politique, envisagé dans tous ses aspects, institutionnels et non institutionnels.

Groupes d'intérêt
Organisations qui cherchent à influencer le pouvoir d'État dans un sens favorable aux intérêts qu'elles prennent en charge.

Groupes de pression
Synonyme de groupes d'intérêt, insiste néanmoins sur la dimension d'action dans le système politique.

Habitus
Système de dispositions durables et transposables intégrant toutes les expériences du passé et fonctionnant comme une matrice de perceptions, d'appréciations et d'actions (Bourdieu).

Hard power/soft power
Ces deux expressions visent à souligner l'opposition entre deux manières d'influencer des partenaires dans l'arène internationale : moyens militaires ou pressions économiques d'une part, séduction des genres de vie, des valeurs et des idées d'autre part (Nye).

Historicisme
Terme employé notamment par Popper pour stigmatiser une conception selon laquelle l'histoire serait totalement intelligible et déchiffrable d'un point de vue scientifique, grâce à la mise en œuvre d'un principe de Raison extérieur et transcendant. Il existe diverses formes d'historicisme (Hegel, Marx).

Holisme
Approche des phénomènes sociaux qui privilégie les acteurs collectifs ou les comportements agrégés, par opposition à l'individualisme méthodologique.

Ideal-type (ou type idéal)
Définition abstraite et choix de variables concrètes destinées à faciliter, par comparaison, la compréhension d'une réalité qui ne s'accorde jamais totalement avec les caractères significatifs retenus (Weber).

Identité (politique)
Représentation de soi ou d'autrui marquée par le souci d'un ancrage dans la permanence ou la continuité.

Idéologie
Ensemble structuré de représentations du monde social qui fonctionne à la croyance (politique) et à la violence (symbolique).

Incrémentalisme
Politique de changement social fondée sur une action limitée à la marge (par exemple : redistribution des fruits de la croissance, plutôt que transformation du mode de production).

Individualisme méthodologique
Approche des phénomènes sociaux qui préconise comme point de départ de l'analyse les interactions entre les individus et comme mode d'interprétation ce qui fait sens pour eux (Boudon).

Influence (pouvoir d')
Capacité d'obtenir quelque chose de quelqu'un sans recours à la menace d'une sanction imposée par coercition.

Injonction (pouvoir d')
Capacité de prescrire un comportement dont l'inexécution entraîne une sanction garantie par l'usage éventuel de la coercition.

Institution
Structure stabilisée d'interactions juridiquement (ou culturellement) réglées.

Institutionnalisme
Courant scientifique privilégiant l'étude des cadres juridiques de l'action politique. Le néo-institutionnalisme (March) tend à élargir la notion d'institution à tout agencement contraignant de règles juridiques et de normes culturelles, jusqu'à la rendre difficilement utilisable ; mais surtout, ce qui est plus fécond, il souligne combien les institutions ne sont pas elles-mêmes des cadres stables, neutres et invariants, mais des enjeux de pouvoir et des systèmes dynamiques.

Interaction
Relation entre deux ou *n* acteurs, caractérisée par un échange, plus ou moins inégal, d'information et de pouvoir (ou d'influence).

Interactionnisme
Au sens large, problématique fondamentale en sciences sociales, privilégiant comme objet d'étude les relations de pouvoir et d'échanges entre les acteurs plutôt que les acteurs eux-mêmes. Il existe plusieurs interactionnismes.

Intérêts
Dans une perspective utilitariste, facteurs susceptibles de motiver le comportement d'un acteur rationnel.

Interventionnisme sociologique
Conception selon laquelle la recherche en sciences sociales doit déboucher sur des pratiques susceptibles de *débloquer* des situations insatisfaisantes (Touraine).

Labilité psychologique
Disposition des hommes et femmes politiques qui permet de surfer avec souplesse sur les attentes de ceux dont dépend leur représentativité (et leur réélection).

Leadership
Capacité d'un représentant à gérer de façon dynamique des rapports de pouvoir au sein d'un groupe.

Légitimation
Processus d'élaboration d'un système de croyances productrices d'autorité (Weber).

Légitimité
Acceptabilité sociale fondée sur des croyances partagées.

Logrolling
Marchandage parlementaire. Le fait d'accepter de voter en faveur de quelque chose (ou de quelqu'un) malgré indifférence ou réticence, en vue d'obtenir en contrepartie le vote pour un objectif souhaité (Tullock).

Manifestation
Rassemblement visant à l'expression publique d'exigences.

Manipulation
Persuasion clandestine.

Marché politique
Espace symbolique où sont censées se rencontrer une offre : les propositions des *entrepreneurs* politiques (représentants, candidats), et une demande : les attentes des citoyens (électeurs).

Militant
Adhérent actif d'un parti ou d'une organisation sociale (syndicat, association).

Mobilisation
Activité visant à utiliser des ressources politiques dans le cadre d'une action collective (Oberschall).

Modèle
Système d'hypothèses, logiquement corrélées entre elles, grâce auxquelles on explore l'univers des possibles pour le confronter à l'univers des réalités observables.

Mythe (politique)
Idée-force (plutôt qu'idée fausse) dont l'efficacité politique tient à sa capacité de susciter des projections émotionnelles (par exemple : souveraineté du Peuple).

Nation
Forme de communauté politique fondée sur un double critère : le sentiment de partager des caractéristiques communes (réelles ou imaginées) et la volonté de vivre ensemble au sein d'un même État (Renan).

Néo-corporatisme
Concept visant à rendre compte de l'importance des partenariats État/groupes d'intérêt dans le fonctionnement routinier de la puissance publique, en dehors de tous les éléments de contrainte juridique caractéristiques du premier corporatisme (Schmitter, Lehmbruch).

Népotisme
Du latin *nepos* (neveu), désigne la tendance à favoriser indûment la parentèle dans les promotions politiques ou administratives.

Neutralité axiologique
Attitude du savant qui s'interdit tout jugement de valeurs sur les objets qu'il étudie mais s'en tient volontairement à l'exposé de ce qui fait sens pour les acteurs sociaux (Max Weber) ou simplement sépare rigoureusement énoncés descriptifs et jugements normatifs (Habermas).

Notoriété
Ressource politique caractérisée par l'aptitude à focaliser l'attention publique.

Objectivation
Visibilisation et formulation savante des phénomènes vécus (ou produits) par les agents sociaux.

Objectivisme
Conception selon laquelle l'étude empirique des phénomènes pourrait permettre une saisie directe du réel, parce que celui-ci existerait en soi.

Ochlocratie
Chez Rousseau, forme corrompue de la démocratie.

Oligarchie
Gouvernement du petit nombre pérennisé par la cooptation (sous une forme ou sous une autre).

Opinion publique
Représentation socialement construite (par la presse, les sondages, les notables) de ce qu'est censé penser l'ensemble de la population.

Pantouflage
Émigration vers le monde des entreprises de hauts fonctionnaires qui rentabilisent ainsi leur compétence acquise au sein de l'appareil d'État.

Paradigme
Ensemble de propositions conventionnellement acceptées dans tout ou partie de la communauté savante, à partir desquelles se construit une tradition de recherche (Kuhn).

Parti
Organisation, relativement stable, qui mobilise des soutiens en vue de participer directement à l'exercice du pouvoir politique.

Path dependency
Ensemble des contraintes dérivées qui découlent des choix institutionnels initiaux (notamment dans la gestion d'un problème de politique publique).

Patrimonialisme
Mode de domination traditionnelle caractérisée par une faible institutionnalisation et l'appropriation directe du pouvoir politique par une famille, une oligarchie ou un clan.

Persuasion
Pouvoir d'influence caractérisé par la mobilisation d'informations de nature à changer la perception que l'influencé se fait de ses intérêts.

Pertinence
Se dit d'un énoncé auquel on accorde foi moins parce qu'il est vrai que parce qu'il est psychologiquement ou socialement acceptable.

Policy community
Réseau de partenaires, publics et privés, incontournables dans une négociation relative à des politiques publiques ou à des problèmes de société déterminés.

Politeïa
Forme non corrompue de la démocratie (Aristote).

Politique (V. Introduction).

Politique publique
Ensemble, réputé cohérent, d'intentions et d'actions imputables à une autorité publique (exemple : la politique de santé, la politique d'aménagement urbain).

Politisation
Processus de transformation d'un problème de société en problème politique. Également, dimension de la socialisation des individus qui souligne leur intérêt pour la politique.

Popularité
Notoriété à connotation émotionnelle positive. Ressource politique.

Positivisme
Démarche scientifique qui perçoit les faits comme des données extérieures et indépendantes qu'une méthodologie rigoureuse doit permettre de restituer dans leur intégrité en éliminant tous les « biais » dus à l'observation.

Pouvoir
Au sens interactionniste, capacité de *A* d'obtenir de *B* qu'il fasse une action *y* à laquelle il ne se serait pas résolu (Dahl). Au sens institutionnaliste, désigne les gouvernants.

Processus décisionnel
Séquence complexe d'analyses, de concertations et d'arbitrages (associant avec un poids inégal plusieurs parties prenantes) en vue de produire une décision politiquement identifiable.

Profil symbolique
Identité d'un acteur construite à partir de signaux surchargés de significations, conscientes et inconscientes.

Profit psychologique
Ensemble des gratifications individualisables, au niveau cognitif ou émotionnel, que les acteurs sont susceptibles de retirer de leur engagement ou de l'action collective.

Psychosociologique (analyse)
Prise en compte des dimensions émotionnelles et des processus cognitifs qui caractérisent les interactions entre individus.

Puissance
Dans le vocabulaire des relations internationales, soit un État doté d'une certaine capacité d'intervention (sens institutionnel), soit l'aptitude à mobiliser des ressources militaires, diplomatiques ou économiques (sens interactionniste).

Répertoire d'action
Ensemble des moyens de pression théoriquement utilisables par une population mobilisée pour la défense d'intérêts collectifs (Tilly).

Représentation
Activité politique fondée sur une double délégation : être à la place de... décider pour...

Représentativité
Aptitude à mobiliser autour de soi des soutiens politiques de façon à légitimer une prétention à parler au nom d'autrui.

Responsabilité
Procédure d'imputation d'événements ou de décisions à des gouvernants ou des représentants, fondée non pas sur une analyse scientifique des causes mais sur une analyse politique des conséquences (négatives).

Ressource politique
Instrument d'influence dans les rapports de pouvoir.

Rétroaction (effet de)
Influence en retour du processus causé sur le processus qui le cause (Easton).

Rituel
Séquence fortement codifiée d'actes ou de comportements ayant acquis une signification symbolique (Mauss).

Rôle
Agencement d'attitudes et de comportements attendus d'un individu à raison de son statut ou de son positionnement dans le champ social.

Routinisation
Processus à l'issue duquel vont être tenues pour culturellement acquises des attitudes ou des activités d'agents sociaux accomplies par habitude (Weber, Giddens).

Saillance
Visibilité d'un problème social ou politique dans le débat public.

Sécularisation
Processus historique tendant à favoriser la séparation du religieux et du politique et, plus largement, à confiner la religion dans la sphère de l'espace privé.

Sémiologie
Analyse savante de tous systèmes de signes, producteurs de communication sociale, incluant les langages non formels.

Sens commun
Savoir spontané supposé pertinent, par opposition au savoir savant (Geertz).

Situation (sociale)
Espace/temps construit par convergence de variables (économiques, culturelles, politiques...) et constitutif de l'environnement dans lequel se situe toute interaction.

Socialisation politique
Processus d'inculcation des normes et valeurs qui organisent les perceptions par les agents sociaux du pouvoir politique (dimension verticale) et des groupes de référence (dimension horizontale).

Stratégique (analyse)
Problématique qui, dans l'analyse du social, privilégie la manière dont les agents, engagés dans des interactions où s'échangent des « coups », utilisent les règles du jeu à leur profit et exploitent les ressources disponibles.

Surdétermination
Pluralité de causes suffisantes pour expliquer l'apparition d'un phénomène.

Symbolique
1. Adjectif. Par opposition à réel, et à imaginaire, caractérise l'appel à l'émotion et à l'inconscient.
2. Substantif. Système de signes surchargés de sens au double point de vue cognitif et émotionnel, en raison des riches connotations culturellement construites autour des signifiants.

Système d'action
Structure de décision caractérisée par l'existence d'acteurs interdépendants placés dans une situation que caractérisent des contraintes et des marges d'initiative inégales (Crozier).

Systémique (analyse)
Problématique, commune à toutes les disciplines scientifiques, qui privilégie les relations fonctionnelles permettant à un ensemble de se pérenniser.

Totalitaire (situation)
Situation politique caractérisée par la remise en cause au profit d'un leader (Hitler, Staline...) ou d'une organisation (le « Parti ») de toutes les protections juridiques, institutionnelles ou culturelles qui, normalement, assurent aux individus des repères et ancrages indispensables à leur sécurité psychologique.

Traumatisme politique
Stress durable lié à la mémoire d'un événement émotionnellement douloureux et producteur d'effets politiques.

Travail politique
Activité spécialisée des représentants ou des gouvernants comportant une dimension d'action (décider) et une dimension de communication (manipuler des symboles).

Typologie
Système organisé de classements construit par le chercheur.

Utilitarisme
Paradigme selon lequel les comportements des individus peuvent être expliqués à partir d'un calcul coûts/avantages opéré dans une situation d'information donnée (chez Bentham : maximisation du plaisir, évitement de la douleur). L'utilitarisme de type économiste ne retient que les avantages et les coûts matériels, ou matérialisables.

Valeurs
Croyances (au sens de Pareto) qui autorisent des jugements de légitimation ou de stigmatisation à propos d'attitudes, d'opinions ou de comportements.

Violence (politique)
Ressource politique mobilisant la menace ou le recours effectif à la contrainte physique. La contrainte physique comporte néanmoins toujours une dimension symbolique irréductible.

Violence symbolique
Violence invisible, masquée, liée à la mise en œuvre d'un système de domination (Bourdieu) ; atteinte dépréciative à l'estime de soi, vécue comme source de souffrance sur le plan identitaire (Braud).

Index

A

B

C

Q

R

T

Table des matières

MANUELS

Collection dirigée par Bernard AUDIT et Yves GAUDEMET

Ph. ARDANT : *Institutions politiques et droit constitutionnel*, 20e éd., 2008.
B. BASDEVANT-GAUDEMET et J. GAUDEMET : *Introduction historique au droit,* XIIe-XXe siècles, 2e éd., 2003.
A. BATTEUR : *Droit des personnes et de la famille et des incapacités,* 3e éd., 2007.
J.-B. BLAISE : *Droit des affaires,* 4e éd., 2007.
M. BOUVIER, M.-Ch. ESCLASSAN et J.-P. LASSALE : *Finances publiques,* 8e éd., 2006.
B. BRACHET : *Le système fiscal français,* 7e éd., 1997.
Ph. BRAUD : *Sociologie politique*, 9e éd., 2008.
D. CARREAU et P. JUILLARD : *Droit international économique*, 4e éd., 1998.
J.-P. CHAUCHARD : *Droit de la Sécurité sociale,* 4e éd., 2005.
O. CACHARD, *Droit du commerce international*, 2008.
J.-Ph. COLSON : *Droit public économique,* 3e éd., 2001.
G. CUNIBERTI, *Grands systèmes de droit contemporains*, 2007.
I. DAURIAC : *Les régimes matrimoniaux*, 2004.
A. DECOCQ et G. DECOCQ : *Droit de la concurrence, Droit interne et droit de l'Union européenne,* 3e éd., 2008.
A. DECOCQ et G. DECOCQ : *Droit européen des affaires,* 2003.
G. DE GEOUFFRE DE LA PRADELLE et M.-L. NIBOYET, *Droit international privé*, 2007.
E. DERIEUX, *Droit de la communication,* 4e éd., 2003.
E. DERIEUX, *Droit des médias (Droit français, européen et international),* 5e éd., 2008.
J.-Y. FABERON et J. ZILLER : *Droit des collectivités d'Outre-Mer,* 3e éd., 2007.
B. FAGES, *Droit des obligations*, 2007.
F. FAVENNEC-HÈRY et P.-Y. VERKINDT, *Droit du travail*, 2007.
M. FROMONT et H. MAURER : *Droit administratif allemand,* 1995.
Y. GAUDEMET : *Droit administratif,* 18e éd., 2005.
O. GOHIN : *Institutions administratives*, 5e éd., 2006.
G. GOUBEAUX et P. VOIRIN : *Droit civil,* 2 vol., t. 1, 31e éd., 2007, t. 2, 25e éd., 2008.
F. HAMON et M. TROPER : *Droit constitutionnel*, 30e éd., 2007.
J.-J. ISRAEL : *Droit des libertés fondamentales,* 1998.
J.-C. JAVILLIER, M. MOREAU et J.-M. OLIVIER : *Droit du travail*, 7e éd., 1999.
E. JEULAND : *Droit processuel,* 2007.
P. JULIEN et N. FRICERO : *Droit judiciaire privé*, 2e éd., 2003.
P. JULIEN et G. TAORMINA *: Voies d'exécution et procédures de distribution,* 2000.
P. KINDER-GEST : *Droit anglais*, vol. 1 : *Institutions politiques et judiciaires,* 3e éd., 1997.
J. LAROCHE : *Politique internationale,* 2e éd., 2000.
F. LECLERC : *Le droit des contrats spéciaux*, 2007.
D. LEGEAIS : *Droit civil : sûretés et garanties du crédit*, 6e éd., 2008.
J. LEROY : *Droit pénal général,* 2e éd., 2007.
G. LYON-CAEN et J. TILLHET-PRETNAR : *Droit social,* 5e éd., 1995.
B. MATHIEU et M. VERPEAUX : *Contentieux constitutionnel des droits fondamentaux,* 2002.
J. MESTRE et M.-E. TIAN-PANCRAZI : *Droit commercial,* 27e éd., 2006.
H. OBERDORFF, *Droits de l'homme et libertés fondamentales*, 2008.

F. Pérochon et R. Bonhomme : *Entreprises en difficulté, instruments de crédit et de paiement*, 7e éd., 2006.
D. Poracchia, F. Rizzo, J.-M. Marmayou et F. Buy, *Droit du sport*, 2006.
J.-F. Renucci : *Droit européen des droits de l'Homme,* 3e éd., 2002.
L. Richer : *Droit des contrats administratifs,* 6e éd., 2008.
J. Rideau : *Droit institutionnel de l'Union et des Communautés européennes,* 5e éd., 2006.
J.-J. Roche : *Relations internationales*, 3e éd., 2005.
P. Rodière : *Droit social de l'Union européenne,* 2e éd., 2002.
J.-C. Soyer : *Droit pénal et procédure pénale*, 20e éd., 2008.
F. Stasiak : *Droit pénal des affaires,* 2005.
L. Trotabas et P. Isoart : *Droit public (droit constitutionnel, droit administratif, finances publiques, droit administratif spécial)*, 24e éd., 1998.
D. Vidal : *Droit des sociétés*, 5e éd., 2006.

L.G.D.J. - Lextenso éditions
33, rue du Mail, 75081 Paris Cedex 2
Dépôt légal : août 2008
N° d'éditeur : 4349
Imprimé en France

Imprimé en France. — JOUVE, 11, bd de Sébastopol, 75001 Paris. N° 462137V